《中国精神文化大典（哲学卷）》俄文版编委会

主　　编	М. Л. 季塔连科
副 主 编	А. И. 科布杰夫　　А. Е. 卢基扬诺夫
责任秘书	Д. Г. 格拉韦娃
编　　委	С. М. 阿尼克耶娃　　П. М. 科任
	Л. С. 佩列洛莫夫　　И. Ф. 波波娃
	Б. Л. 李福清　　　　В. Ф. 索罗金
	А. Б. 斯塔罗斯金娜　С. А. 托罗普采夫
	В. Н. 乌索夫　　　　В. Ф. 费奥克季斯托夫
	А. Г. 尤尔克维奇

《中国精神文化大典》中文版编译委员会

顾　　问	М. Л. 季塔连科（俄罗斯科学院）　　А. И. 科布杰夫（俄罗斯科学院）
	А. Е. 卢基扬诺夫（俄罗斯科学院）　　吴元迈（中国社会科学院）
	李明滨（北京大学）　　项　楚（四川大学）
主　　编	刘亚丁（四川大学）
编　　委	（以姓氏笔画为序）
	王志耕（南开大学）　　　　刘文飞（首都师范大学）
	刘亚丁（四川大学）　　　　李志强（四川大学）
	何剑平（四川大学）　　　　张建华（北京外国语大学）
	柳若梅（北京外国语大学）　夏忠宪（北京师范大学）
	阎国栋（南开大学）

《中国精神文化大典》中文版学术委员会

（以姓氏笔画为序）

叶舒宪（上海交通大学）　　　　江晓原（上海交通大学）

李　忠（北京中医药大学）　　　杨国荣（华东师范大学）

张　法（四川大学）　　　　　　张立文（中国人民大学）

张晋藩（中国政法大学）　　　　陈晓明（北京大学）

金冲及（中央党史和文献研究院）高桂清（火箭军工程大学）

黄德宽（清华大学）　　　　　　曹顺庆（四川大学）

彭　锋（北京大学）　　　　　　舒大刚（四川大学）

谢阳举（西北大学）　　　　　　赖永海（南京大学）

詹石窗（四川大学）　　　　　　霍　巍（四川大学）

《中国精神文化大典》中文版出版委员会

主　　任　甘　霖　汪劲松

副 主 任　李正赤　刘　超　姚乐野

执行主任　侯宏虹　张宏辉

委　　员　庞国伟　李志勇　张建全　邱小平　杨岳峰　欧风偃
　　　　　　朱兰双　李金兰　陈　爽　马晓芳　王小碧　罗　丹

鸣　谢

中共中央宣传部　　　　　　中华人民共和国教育部　　　中共中央党史和文献研究院

全国哲学社会科学工作办公室　国家出版基金规划管理办公室　中国国家版本馆

中国国家图书馆　　　　　　中共四川省委宣传部　　　　韬奋基金会

俄罗斯科学院远东所　　　　俄罗斯东方文献出版社

ДУХОВНАЯ
КУЛЬТУРА
КИТАЯ

ЭНЦИКЛОПЕДИЯ

ФИЛОСОФИЯ

主 编：
М. Л. 季塔连科　　　А. И. 科布杰夫
А. Е. 卢基扬诺夫

译 者：
夏忠宪　韩万舟　刘亚丁　穆新华　贾 茜　陈爱香
王艳卿　张晓东　孙雪森　佟宝慧

译 校：夏忠宪

四川大学出版社

中国精神文化大典

哲学卷

上

图书在版编目（CIP）数据

中国精神文化大典．哲学卷／（俄罗斯）季塔连科等主编；夏忠宪等译．－－成都：四川大学出版社，2024.
10． －－ ISBN 978-7-5690-7010-1

Ⅰ．K207.8-53

中国国家版本馆CIP数据核字第2024DE7429号

四川省版权局著作权合同登记图进字21-24-164号

书　　名	中国精神文化大典（哲学卷）
	Zhongguo Jingshen Wenhua Dadian（Zhexue Juan）
主　　编	（俄罗斯）M.Л.季塔连科　等
译　　者	夏忠宪　等

出 版 人：侯宏虹
总 策 划：张宏辉
选题策划：舒　星　邱小平　王　军
责任编辑：高庆梅
责任校对：罗永平　张宇琛
参与编校：张宏辉　欧风偎　杨岳峰　余　芳　陈小雨　曾悦琳
　　　　　朱兰双　王　冰　徐　凯　黄蕴婷　张伊伊
装帧设计：吾然设计工作室
责任印制：李金兰

出版发行：四川大学出版社有限责任公司
　　　　　地址：成都市一环路南一段24号（610065）
　　　　　电话：（028）85408311（发行部）、85400276（总编室）
　　　　　电子邮箱：scupress@vip.163.com
　　　　　网址：https://press.scu.edu.cn
印前制作：成都墨之创文化传播有限公司
印刷装订：四川宏丰印务有限公司

成品尺寸：185mm×260mm
印　　张：56.75
插　　页：8
字　　数：1146千字
版　　次：2024年10月 第1版
印　　次：2024年10月 第1次
定　　价：450.00元（全二册）

四川大学出版社
微信公众号

本书俄文原版著作权属于原作者集体所有。本书部分文字作品稿酬已向中国文字著作权协会提存，敬请相关著作人联系领取。电话：010-65978917，传真：010-65978926，E-mail：wenzhuxie@126.com

---

本社图书如有印装质量问题，请联系发行部调换

版权所有　◆　侵权必究

定价：450.00元（全二册）

出版说明

一、《中国精神文化大典》是由俄罗斯科学院编撰、俄罗斯汉学泰斗季塔连科院士主编的一部大型百科全书式的海外中国学巨著。全书共6卷，分别为《哲学卷》《神话·宗教卷》《文学·语言文字卷》《历史思想·政治与法律文化卷》《科学·技术和军事思想·卫生和教育卷》《艺术卷》，对从夏商周到21世纪之初的中国精神文化做了历史性和学理性的全面研究，并对相关领域的主要观念、重要事件或事物、代表人物、经典文献等进行了系统梳理与阐释，代表了同期俄罗斯汉学研究的最高水准。本书俄文原版于2006—2010年先后出版，得到中俄两国国家领导人的高度肯定。主编季塔连科，副主编科布杰夫、卢基扬诺夫因本书荣获俄罗斯国家奖。季塔连科院士被中国授予"中俄关系60周年杰出贡献奖"，并当选为国际儒学联合会第五届理事长。2013年3月23日，习近平主席首次访俄会见俄罗斯汉学家时指出：俄罗斯科学院出版了6卷本《中国精神文化大典》，全面诠释了中国5000多年博大精深的文化，集中体现了俄罗斯汉学研究的成果。

二、本书俄文原版主编、副主编及重要作者毕生从事东方学研究，具有渊博的中国文化知识、宏阔的学术视野，对中国精神文化体系的研究与阐释充分体现了"辨章学术，考镜源流"的旨趣，具有评点中西、多维对话、互鉴交流的特点。《中国精神文化大典》以其所涉猎学科之完备，考索问题之渊博，思想诠释之深入，互通互鉴之彰显，置诸世界汉学界，实罕有出其右者。

三、本书中文版翻译工程系国家社科基金重大项目。为保证翻译工作顺利推进，提高翻译质量，并通过中文版的翻译出版实现对俄文原版的纠误和提升（俄文版副主编卢基扬诺夫语），使《中国精神文化大典》成为一部体现中俄高水平学者之间进行跨文化对话和比较研究的传世之作，特成立《中国精神文化大典》中文版编译委员会，以四川大学刘亚丁教授为首席专家、中文版主编，聘请俄文原版主编季塔连科，副主编科布杰夫、卢基扬诺夫三位教授作为俄方顾问，李明滨、吴元迈、项楚三位教授作为中方顾问，编译委员会委员及翻译团队成员囊括了国内多所高校和科研机构的优秀学者，并由每卷译者中的第一位译者主持本卷的翻译。

四、本书中文版在出版环节获得了2020年度国家出版基金资助。鉴于本书全面系统地涵盖了中华文化各领域，学术性、专业性强，体量大、

I

内容广、知识点多，为加强中文版出版环节的学术交流与内容审读，保障本书高质量出版，增强该书在促进中外学术对话、传播弘扬中华文化方面的影响力，更好地发挥其在推进世界文明交流互鉴等方面的重要作用，我们还特别组建了《中国精神文化大典》中文版学术委员会，按照各卷内容，聘请国内各相关领域的一流专家学者担任学术委员。

五、为便于中国读者阅读和从整体上认识与了解俄罗斯的中国学及中国文化研究，中文版体例在俄文原版的基础上做了适当调整与完善。与俄文原版相比，中文版增加了由项目首席专家刘亚丁教授撰写的《〈中国精神文化大典〉译序》，并将之与俄文原版第一卷《哲学卷》卷首两篇总序性质的重要文章一起放在每卷的卷首，列入各卷目录；将俄文原版各卷开头的引言及编者序列入目录。同时，保留俄文原版篇章体例上的特点，各卷正文仍按照俄文原版，以中国传统文化中的十天干"甲、乙、丙、丁……"为序，分成多个板块（部），并在书籍的切口错落设置板块标识，以便读者能快速找到欲翻阅的某部。但各卷的词条部分不再按词条的俄文音序编排，而是改用汉语拼音顺序编排。

六、俄文原版将每卷缩略词、索引、参考文献等附录性内容作为全书非常重要的内容，设置为与正文内容并列的相对独立的板块（部），并在索引、年代表等部分直接提供了中俄双语对照，便于读者对照查阅。中文版最大限度地保留了俄文版各卷的附录性内容，并对附录中各类栏目的编排顺序、层级等进行了统一，在补充中文翻译的同时保留中俄双语对照特点，但考虑学术出版物惯例，对缩略词、参考文献等栏目仅保留俄文版原文。同时，为方便中文版读者查阅，我们对俄文原版的中俄双语对照式索引条目进行了重新编排，不再以俄文为词头，而是改为将各词条的中文作为词头置于俄文音译和意译之前，按中文词条的汉语拼音顺序重新排列，并标注了中文版页码，不再保留俄文原版页码。这样的处理，希望有助于专业读者在阅读中开展中俄语言及文化的互鉴比较。

七、俄文原版出版时间较早。第一卷《哲学卷》于2006年出版；此后，第二卷《神话·宗教卷》（2007）、第三卷《文学·语言文字卷》（2008）、第四卷《历史思想·政治与法律文化卷》（2009）、第五卷《科学·技术和军事思想·卫生和教育卷》（2009）、第六卷《艺术卷》（2010）陆续出版。因此，书中关于当代中国的相关内容时间下限截止于21世纪头十年，涉及中国精神文化的个别内容及其理解相对于我国学界当前的学术认知而言略显陈旧，尤其是《历史思想·政治与法律文化卷》

《科学·技术和军事思想·卫生和教育卷》等，未能涵盖党的十八大以来中国政治、经济、文化、社会发展的最新成果，殊为遗憾。鉴于本书为翻译作品，我们只能尊重和保持俄文原版面貌，不对相关内容另作更新补充，以免蛇足之讥，祈读者明辨。

八、不同国家及民族之间的文化与文明差异会带来认知视野的差异与局限，这是人类认识世界不可逾越的客观规律，然而正是这种差异凸显了文明互鉴与文化交流的价值。作为一部大型百科全书式的海外中国学研究作品，本书涉及中国精神文化各方面十分广博的内容，加上俄文原版编著人员所受本国及西方文化视野的影响，使得本书难免存在一些对历史上中国政治、经济、文化、科技、社会等内容的认知偏差或误读误解，对"中国精神文化"内涵及外延的界定，对部分内容的认识与理解，或许同国内学界的相关认知不完全一致，甚至还存在个别明显的知识性错误，乃至对政治问题的认知偏见。在中文版出版过程中，我们针对不同情况采取了不同处理办法：对于部分内容进行了适当删节；对于明显笔误之类，直接予以修改；对于一般性的误读误解或一些表述不规范、不准确的内容，或按照原版所涉内容，依据国内权威资料予以改正，或尽量保留俄文原貌，而在个别地方采取添加译者注等方式予以纠正或补充说明，以便读者辨析。

九、本书中文版出版工作自2018年7月启动以来，四川大学出版社将之视为代表国家水平的重大出版工程，组建了专门的编辑出版团队，历时6年辛勤耕耘，至2024年10月，全6卷得以完成出版。其间得到了中俄两国学术界、文化界、出版界相关机构和社会各界众多人士的关心、支持、指导和帮助。除各卷卷首所载之外，还有各领域众多专家参与了本书的审读、学术指导等工作，他们是（以姓氏笔画为序）：王大伟、王银宏、邓星盈、左大成、田海华、史全伟、刘志超、刘伯根、李洁琼、李黎、杨林、何江涛、余家涛、闵丽、宋守江、张勇、张洪、陈廷湘、邵建斌、林斯澄、易建鹏、侯文富、侯安国、洪澄、骆晓平、黄金武、崔宪、董华锋、樊宪雷、滕胜霖等。谨此表示崇高敬意和衷心感谢！梁泽好、郭宴宏、桑子滨、王慧、杨璐嘉、何姝、罗美欣、沈雨乐、郭凤玲、范冰冰、张钰奇、王凯、英智虹、杨倩楠、邓义超、杨蕊、朱可馨、朱静姝（Arina Chechetkina，俄罗斯）等同学参与了中文版索引的调整编排、有关文献核校等工作，吴秋雨、张婧等同志参与了装帧设计工作，谨此表示感谢！本书在翻译出版过程中参考了国内大量文献资料，在此对这

些文献资料的所有作者、编者、出版者一并表示谢意！

十、由于本书体量巨大，内容涉及中国精神文化众多领域，虽经翻译团队、学术团队、出版团队全体成员多方努力，但学海无涯，挂一漏万，书中难免错讹之处，恳请方家不吝赐教，以便我们在今后进一步修订完善。

2024年10月

目 录

《中国精神文化大典》译序 …………………………………………… 一

中国的精神文化 ………………………………………………………… 二七
作为汉学集大成之作的《中国精神文化大典》………………………… 四六

甲部 概论

中国哲学和精神文化 …………………………………………………… 2
  起源及一般历史特点 ……………………………………………… 3
  方法论上的特色 …………………………………………………… 5
  主要的学派 ………………………………………………………… 8
  儒家的主干作用 …………………………………………………… 10
中国哲学的自我界定 …………………………………………………… 14
中国哲学和文化的基本概念和范畴 …………………………………… 27
中国的逻辑学和辩证法 ………………………………………………… 44
  古代中国原逻辑与中国对逻辑的了解 …………………………… 44
  中国辩证法的特色与原逻辑的概念基础 ………………………… 49
  共同性概括 ………………………………………………………… 66
  价值－规范认识论的方法论观点 ………………………………… 84
  缺乏系词"是"和概念"存在"的一般世界观结果 ………………… 86
中国伦理思想 …………………………………………………………… 94
  作为超级伦理的中国哲学 ………………………………………… 94
  中国伦理学的起源和形成 ………………………………………… 97
中国美学思想 …………………………………………………………… 107

乙部　词条

阿赖耶识	118
阿毗昙	119
安世高	120
八不中道	120
八　识	121
《白虎通》	122
班　固	123
鲍敬言	124
兵　家	124
般若学	126
蔡　谟	127
《参同契》	128
禅　学	129
禅　宗	130
陈健夫	132
陈　铨	133
成实宗	134
成中英	134
诚	136
程　颢	138
程　颐	139
《春秋》	141
《大乘起信论》	142
大　同	144
《大学》	148
戴　震	152
淡	154
当	155
道	156
道　安	164
《道藏》	165
《道德经》	167
道　家	175
道　生	180

道　统	181
德	182
邓　牧	184
邓　析	185
《邓析子》	185
丁文江	186
东林学派	187
董仲舒	188
动　静	190
杜光庭	194
杜　顺	194
杜维明	195
顿　悟	196
多元认识论	197
二　谛	198
法	201
法　藏	202
法　家	203
法　相	207
法相宗	209
法性宗	209
范　晔	210
范　缜	210
方东美	212
方以智	213
风　流	217
冯友兰	219
佛　法	223
佛　教	224
傅统先	232
傅伟勋	233
高攀龙	235
格　物	235
葛　洪	236

公　案	237
公孙龙	238
《公孙龙子》	241
《公羊传》	241
功夫　工夫	242
龚自珍	244
共	245
顾宪成	246
顾炎武	246
卦	248
《关尹子》	255
管　仲	257
《管子》	258
《鬼谷子》	260
郭　象	262
《国语》	265
韩　非	266
《韩非子》	268
韩　愈	269
《汉书》	272
翰林院	274
何承天	274
何心隐	275
和	277
河图洛书	279
贺　麟	282
洪亮吉	284
洪　谦	286
洪仁玕	287
洪秀全	290
胡　适	293
华严宗	296
《淮南子》	298
《黄帝内经》	303
黄老学派	304
黄宗羲	306
惠　施	312

慧　琳	316
慧　能	317
慧　远	318
混　沌	319
魂　魄	321
机	322
吉　藏	324
即身成佛	324
稷　下	325
蒋维乔	326
金岳霖	327
经　济	329
经　纬	330
经　学	332
精	335
井　田	337
净土宗	338
竟陵子良	342
鸠摩罗什	342
九　畴	344
君　子	345
康僧会	346
康有为	347
科学与玄学论战	353
空	355
孔　子	357
老　子	360
礼	363
《礼记》	367
李　塨	369
李　觏	371
李泽厚	374
李　贽	375
理	382
理　事	385
理　学	386
良　能	388

目录

良　知 …… 389	菩提达摩 …… 463
梁启超 …… 391	朴　学 …… 464
梁漱溟 …… 395	气 …… 464
梁武帝 …… 397	器 …… 467
《列子》 …… 398	钱德洪 …… 468
林则徐 …… 399	钱　穆 …… 469
林兆恩 …… 401	清　谈 …… 470
《临济录》 …… 402	全真教 …… 472
临济宗 …… 403	人生观 …… 474
刘师培 …… 404	仁 …… 475
刘　向 …… 405	《仁学》 …… 477
刘宗周 …… 406	如来藏 …… 478
柳宗元 …… 408	儒　家 …… 479
六家七宗 …… 410	阮　籍 …… 484
《六祖坛经》 …… 411	三　才 …… 486
陆　贾 …… 412	三　乘 …… 491
陆九渊 …… 413	三谛圆融 …… 493
轮　回 …… 415	三纲五常 …… 494
《论语》 …… 416	三　教 …… 495
《吕氏春秋》 …… 417	三论宗 …… 497
律　宗 …… 421	三　昧 …… 499
马一浮 …… 423	僧　肇 …… 500
孟　子 …… 424	《山海经》 …… 502
密　宗 …… 431	《商君书》 …… 504
民　本 …… 433	商　鞅 …… 505
民生哲学 …… 434	上清派 …… 508
名　家 …… 434	《尚书》 …… 509
明　堂 …… 443	邵　雍 …… 512
命 …… 445	申不害 …… 515
墨　家 …… 448	神 …… 516
墨　翟 …… 453	神不灭 …… 520
《墨子》 …… 457	《神灭论》 …… 521
牟　子 …… 458	沈　约 …… 523
牟宗三 …… 459	生　生 …… 524
涅　槃 …… 461	圣 …… 525
农　家 …… 462	《诗经》 …… 527
欧阳竟无 …… 462	十三经 …… 530

《史记》	532
司马光	534
司马迁	536
四象	539
宋尹学派	540
孙绰	542
孙中山	542
《孙子》	546
太极	548
《太平经》	553
谭嗣同	555
汤一介	561
唐君毅	562
陶弘景	564
体用	565
天	568
天理人欲	573
天台宗	574
童心	579
汪中	581
王安石	581
王弼	583
王充	585
王夫之	587
王符	592
王艮	593
王国维	594
王畿	596
王韬	598
王廷相	599
王通	600
王玄览	601
王阳明	602
王阳明学派	605
为	607
《为中国文化敬告世界人士宣言》	608
唯识宗	610
魏伯阳	611
魏源	611
文	612
《文子》	615
无为	616
无我	617
《吴子》	618
五行	619
五经	627
五蕴	627
五种性	628
《武经》	628
物	629
仙学	630
象数学	631
《孝经》	635
孝悌	635
心	636
新儒学	638
信	642
形	644
性	647
熊十力	651
修身	653
虚	654
徐复观	657
玄学	658
荀悦	660
荀子	661
严复	670
颜元	673
《晏子春秋》	677
扬雄	679
杨荣国	681
杨朱	683
业	685

依　他……686	正一道……721
以　太……686	郑观应……722
义……687	郑鲜之……725
《阴符经》……690	支　遁……726
阴　阳……691	知　行……726
阴阳家……693	智……729
尹　文……694	中　道……732
尹　喜……697	《中庸》……734
有　无……697	忠　恕……736
宇　宙……699	仲长统……736
杂　家……700	周敦颐……737
《战国策》……701	《周礼》……739
战国策派……701	《周易》……740
湛若水……702	朱　熹……745
张伯端……704	庄　子……748
张岱年……705	拙……755
张东荪……707	子　产……756
张　衡……709	子孟学派……757
张　载……711	自　然……758
章炳麟……713	宗　密……759
真……717	纵横家……760
真　如……718	邹　衍……761
真　心……719	《左传》……762
正　名……720	

丙部　附录

缩略词……	766
人名索引……	770
作品索引……	781
术语索引……	798
主要参考文献……	818
年代表……	827
本卷作者名单……	828

《中国精神文化大典》译序

刘亚丁

摆在读者面前的这部巨著《中国精神文化大典》，是由已故的俄罗斯科学院院士季塔连科主编、俄罗斯众多优秀汉学家倾力编撰的百科全书式汉学著作。书名的俄文原意是《中国精神文化百科全书》。《中国精神文化大典》共六卷，俄文原版于2010年出齐。这部巨著受到中俄领导人和各界人士的高度关注与好评。2011年，季塔连科、科布杰夫、卢基扬诺夫因"在发展祖国和世界汉学中，在编纂具有重大价值的、科学院本的《中国精神文化大典》中的杰出贡献"荣获俄罗斯国家奖。①2009年3月17日，中共中央总书记、中国国家主席胡锦涛授予《中国精神文化大典》主编季塔连科"中俄关系60周年杰出贡献奖"。②2013年3月23日，中共中央总书记、中国国家主席习近平访俄，在会见俄罗斯汉学家时，他指出：俄罗斯科学院出版了6卷本《中国精神文化大典》，全面诠释了中国5000多年博大精深的文化，集中体现了俄罗斯汉学研究的成果。③

在我们努力实现中华民族伟大复兴的历史关头，在"文明因多样而交流，因交流而互鉴，因互鉴而发展"已成为共识的当下，《中国精神文化大典》的写作翻译出版开风气之先，顺世道之势，应学界之需。《中国精神文化大典》的编者是什么样的学者？他们何以要编写这套书？这套书在世界中国学中有什么地位？它对中国传统文化有何发明？它对中国传统文化在当代的创造性转化有何阐释？这些是我们试图回答的问题。

一

《中国精神文化大典》得以完成，季塔连科（1934—2016）院士厥功至伟。我们知道，一项重大的学术成果，必定有一位主要的思想创意者、发起人、组织者。玉成如此规模的学术巨著，总其事者，其学术水准之高、学术眼识之明、学术人脉之广、学术素养之厚、领导能力之强，自非寻常学者可比。除其他学术成就（如俄罗斯对外战略、俄中关系、俄中

---

① Указ Президента Российской Федерации от 8 июня 2011г. No. 724//Российская газета,10 июня 2011 г.
② 吴绮敏、张光政：《回顾历史 寄语未来——记胡锦涛主席出席中俄建交60周年庆祝大会》，载《人民日报》2009年6月18日。
③ 杜尚泽、施晓慧、林雪丹、谢亚宏：《"文化交流是民心工程、未来工程"——记习近平主席会见俄汉学家、学习汉语的学生和媒体代表》，载《人民日报》2013年3月25日。

发展战略对比等研究领域），仅在中国精神文化领域，季塔连科就取得了很高的学术成就。

1934年4月，季塔连科出生在远东的布里亚特州拉克马亚·布达村一个农民家庭。1953年，他考进莫斯科大学哲学系。大二时，他偶然得到了俄文版《道德经》和《阴符经》，捧读之后，非常喜欢，于是大胆地给郭沫若先生写了一封信，表示自己要学中国哲学。没想到，两三个月后，他居然收到了郭沫若的回信。郭沫若赞赏他学中国哲学的想法，同时告诉他，要学中国哲学，必须学汉语，而且要学古代汉语。于是他向系里提出请求，随后他开始跟着两位老师学习汉语。1957年，周恩来总理访苏，希望苏联向中国派留学生。季塔连科有幸成为第一批苏联派遣到中国留学的55名学生之一，到北京大学学习。到北大后，冯友兰、任继愈成了他的中国哲学老师。任继愈还将自己研究墨子"非攻"思想的一本著作赠送给他。季塔连科说："我看后非常喜欢，立志要研究墨子。"1959年至1961年，他又前往复旦大学哲学系，在胡曲园教授等的指导下学习中国哲学。有了老师和同学们的关心和帮助，他顺利地毕业了。①

1961—1965年季塔连科在苏联驻上海总领馆、苏联驻华使馆工作。在此期间，他在莫斯科大学哲学系函授研究生班学习，研究墨子及其学派。

季塔连科1965年获得副博士学位。1985年，季塔连科的学术著作《中国古代哲学家墨子及其学说》出版。该书共8章：墨子学派诞生和消亡的历史条件；墨子生平和墨家；《墨子》的诞生及其内容；墨家的思想起源；墨家的社会政治观点及其对儒家"礼学"和贵族遗产的批判；早期和晚期墨家的伦理学说；早期墨家的认识论；等等。季塔连科写道："墨子（前5世纪）是中国古代伟大的思想家、政治家，他在自己国家的哲学和政治思想史上占有重要位置。在标志中国社会进入宗法－农奴制崩溃的暴风雨般的社会政治震荡的时代，他是自由劳动者的代言人。墨子和他所创立的哲学流派在前5—前3世纪的思想斗争中发挥了重要的作用，一开始是同早期儒家作斗争，后来又同名家和庄子哲学中的相对主义原理作斗争。"②他指出："早期墨家观念以其复杂、折中和矛盾性而著称。墨子及其早期门徒的自然观（'天'）和世界观整个罩着旧的宗教外衣，但是创造性的思想已经向摆脱神秘主义和神话思维方面迈出了重要一步。作为

---

① 参见刘亚丁：《"米沙同志"——访俄罗斯科学院远东所所长季塔连科院士》，载《人民日报》2014年3月23日；刘亚丁《缅怀中华文化传播家季塔连科》，载《光明日报》2016年3月19日。季塔连科院士曾任俄罗斯科学院远东所所长、俄中友好协会会长、第五届国际儒联理事长。
② М.Л.Титаренко. Древнекитайский философ Мо Ди, его школа и учение. М.: Наука, 1985, с.203.

'兼爱'思想的鼓吹者,在墨子的思想中,还保留着体现善的最高标准和超越性力量的'天命''鬼神'等传统观念,但是在墨子的学说中,已经包含了明显表现出来的唯物主义倾向,尤其是他在一系列观点中,在克服先天'命定'论的同时,鲜明地表达了对人的积极的、改造性的活动的认知。"①季塔连科不但分析了墨子的认知论价值,而且对墨子及墨家"兼爱"原则的社会政治价值作了深入分析。季塔连科的这部著作不但在俄罗斯产生了比较大的影响,1996年其日文译本也在东京出版。②

除了自己研究中国精神文化所取得的成就,季塔连科对中国精神文化在俄罗斯的推广也作出了特殊贡献。1972至1973年莫斯科出版了由杨兴顺（Ян Хин-шу）主编、布罗夫和季塔连科等任编委的《古代中国哲学》第1、2卷,包括《诗经》《尚书》《道德经》《论语》《墨子》《孙子》《孟子》《庄子》《国语》《荀子》《韩非子》《商君书》及杨朱学派著述等的俄文选译、提要和注释。1990年出版了杨兴顺主编、布罗夫和季塔连科等任编委的《中国古代哲学·汉代卷》。该书收录了苏联汉学家翻译的《黄帝内经》《淮南子》《春秋繁露》《盐铁论》《论衡》《太平经》等著作片段。至此,苏联的读者直接读到了中国哲学著作的俄文译本。

1994年,由季塔连科主编的《中国哲学百科词典》出版。该书认为,中国哲学和社会政治思想的特点有如下几点：(1)在中国,关于人和世界的哲学观点在社会发展的远古时期就产生了。(2)在中国,哲学知识是同伦理学和政治密不可分的。(3)尽管中国思想的某些学说是在宗教的范围内产生的,但在中国,哲学与其说是奉神的,不如说是奉传统的。(4)中国智慧看待事物的特点是在整体发展中观察事物,把人、自然和精神看成是互相联系的有机整体,特别强调现实结构中的有机性和整体性。(5)中国哲学的范畴和概念体系具有独特性和悠久的历史。在中国思想近三千年的发展历程中,关于自然和社会的独特观念有机地形成了概念体系。(6)在中国哲学和传统观念同质性与稳定性的背景下,中国哲学还积极回应与文明交往相联系的外来观念,如纪元之初外来的佛教,再如19世纪初中国文化同西方文化的交流。③《中国哲学百科词典》对从先秦到当代的中国哲学流派和代表人物作了全面介绍。后来,季塔

---

① М.Л.Титаренко. Древнекитайский философ Мо Ди, его школа и учение. М.: Наука, 1985, с.203.
② РАН.Михаил Леонтьевич Титаренко. М.: Наука, 2004, с.27.
③ Китайская философия. Энциклопедический словарь. Главный редактор М.Л.Титаренко, М.:Мысль, 1994, сс.5-8.

连科组织《中国哲学百科词典》作者的原班人马投入《中国精神文化大典》第一卷（《哲学卷》）的写作中。季塔连科积极倡导"新欧亚主义"（новоевразийство），它有利于破除西方中心主义的偏见，也成了《中国精神文化大典》写作中的一条精神红线。①

除了积极推广中国精神文化，季塔连科还开创了研究中国哲学的学派，致力于培养中国精神文化研究人才。1970年，由季塔连科提议，莫斯科大学哲学系开办了中国文化讲习班，讲授中国文化和汉语，当时在苏共中央国际部工作的季塔连科、科学院远东所的费奥克蒂斯托夫和哲学所的布罗夫去讲课，莫斯科大学亚非学院的教师们，如尼科利斯卡娅、卡拉佩吉扬茨（高辟天）、谭傲霜（Тань Аошуан）、刘凤兰（Лю Фенлань）、波梅兰采娃、波兹德涅耶娃等任教。从这个班上毕业了7名学生，现在他们中的一些人成长为俄罗斯研究中国哲学的中坚力量。比如，俄罗斯科学院蒙古学、藏学和佛教研究所的扬古托夫，俄罗斯科学院东方学所的科布杰夫和远东所的卢基扬诺夫，即《中国精神文化大典》的两位副主编。这几位学者把研究中国哲学当成自己的志业，而不仅仅是个人赖以生存的职业，因而津津有味，孜孜不倦，都作出了很大的贡献。学者们肯定了季塔连科的功绩，"借中国智者的话说，季塔连科和费奥克蒂斯托夫成了这个学派的开山祖师"。②

季塔连科1985年任苏联科学院远东所所长，1997年当选为俄罗斯科学院通讯院士，2003年当选为俄罗斯科学院院士。③他还担任国际儒联理事长。这使他具有相应的学术组织号召力，为他的学术组织才干的施展提供了更加广阔的空间，成为他组织写作《中国精神文化大典》的丰厚的"学术资本"。

回顾季塔连科的学术经历，环顾俄罗斯汉学界，以学术声望、学术眼识、组织驾驭才能而论，实无能出其右者。《中国精神文化大典》的思想创意者、发起人和组织者，非季塔连科莫属。

---

① 新欧亚主义是一个具有精神文化内涵的术语，它与具有地缘政治倾向的杜金所宣扬的欧亚主义截然不同。《中国精神文化大典》是这样概括新欧亚主义的："俄罗斯囊括了欧洲和亚洲空间的部分，并将它们结合在欧亚之中，因而容纳欧洲和亚洲的文化因素于自己的范围内，形成了最高级的、人本学、宇宙学意义上的精神文化合题。"（Духовная культура Китая: Энциклопедия. Философия. Редакторы М. Л. Титаренко, А. И. Кобзев, А. Е. Лукьянов, М.: Восточная литература, 2006, с.29.）
② Философиский мир ДАО в ИДВ РАН//Проблемы Дальнего Востока,No.5,2006.См.,М.Л.Титаренко,А.Е.Лукьянов, А.В.Ломанов.Филосовский МИР ДАО//Люди и идеи.Ответственный редактор А.В.Островский, М.:ИДВ РАН, 2006, с.143.
③ 若干资料所载季塔连科被选为通讯院士和院士的年份有误，请参见俄罗斯科学院出版的介绍其院士的丛书《季塔连科》: РАН. Михаил Леонтьевич Титаренко, М.,: Наука, 2004, сс.17,23.

二

《中国精神文化大典》有二百余位作者，他们分别来自莫斯科、圣彼得堡、乌兰乌德、符拉迪沃斯托克（海参崴）和新西伯利亚的汉学研究机构。由于人员众多，限于篇幅，我们下面仅介绍副主编卢基扬诺夫、科布杰夫，以及老一代俄罗斯汉学家中的杰出人物——李福清院士、佩列洛莫夫（嵇辽拉）等四位，他们既担负分卷编委的重责，又把自己的科研成果转化为《中国精神文化大典》的有关文章和词条。

李福清（1932—2012）[①]，1955年毕业于列宁格勒大学东方系中国语文科，1965—1966年在北京大学进修，俄罗斯科学院院士，俄罗斯科学院高尔基世界文学研究所首席研究员。1961年，他以《万里长城的传说与中国民间文学的体裁问题》获副博士学位。1970年，他以《中国讲史演义与民间文学传统——论三国故事的口头和书面异体》获博士学位。其著作的中文本主要有：《中国古典文学研究在苏联》（1987）、《中国神话故事论集》（1988）、《汉文古小说论衡》（1992）、《李福清论中国古典小说》（1997）、《关公传说与〈三国演义〉》（1997）、《〈三国演义〉与民间文学传统》（1997）、《神话与鬼话——台湾原住民神话故事比较研究》（2001）、《古典小说与传说(李福清汉学论集)》（2003）、《中国各民族神话研究外文论著目录》（2007）、《东干民间故事传说集》（2011）、《李福清中国民间年画论集》（2012）等。2003年，他荣获中国教育部颁发的"中国语言文化友谊奖"。李福清的学术成就涉及若干领域，除中国民间文学、中国神话、中国当代文学而外，他还对中国年画、中国古籍珍本在世界的流传等进行考索。

李福清研究中国文学的主要方法是大量搜集原始材料并开展比较研究，从中找出规律性的东西。通过对有关孟姜女的大量材料的搜集、整理、对比、研究，他发现了一个很重要的现象，即中国汉族的民间文学有一个特点：同一个情节往往会在各种体裁中反复出现，这是中国文化一笔极其宝贵的财富。孟姜女的故事，有民歌，有鼓词，有宝卷，还有大量的

---

① 关于李福清的学术成就，请参见钟敬文、马昌仪为《李福清神话故事论集》（台湾学生书局，1984年）写的序言；李明滨先生在为《古典小说与传说——李福清汉学论集》（中华书局，2003年版）写的序言；刘亚丁《"我钟爱中国民间故事"——俄罗斯汉学家李福清院士访谈录》（上、下），载《文艺研究》2006年第7、8期；刘亚丁《历史形态学的启示——李福清院士的文学研究方法》，载《国外社会科学》2013年第3期；Лю Ядин.Методика литературоведа Б.Л.Рифтина:синтез типологии и исторической поэтики//Общество и государство в Китае.Том XLIV, часть 1, Институт Востоковедения РАН,2014.

地方戏，等等，这就构成了李福清的副博士论文《万里长城的传说与中国民间文学的体裁问题》的主要内容。他研究孟姜女故事在各种体裁中是如何变化的：宝卷中的孟姜女故事有很强的佛教色彩；传说中孟姜女到长城的行程叙说得很简略，但在戏曲里则很详尽，因为在戏曲里，可以用各种唱腔来表达人物在去长城时的思绪和情感。在《〈三国演义〉与民间文学传统》中，李福清实际上是以三国的题材为核心，展开对这个题材的历史流变考察。他对三国题材的流变史是从三个层面来加以研究的，即研究意识形态层、描写层和叙述层。在该书第一部分，李福清分析了《三国志》及裴松之《注》、民间的《三国志平话》，认为它们是《三国演义》的源泉；在第二部分，李福清以丰富的材料考察了书面的《三国演义》向民间各种体裁"回流"的过程。

李福清还曾参加大型工具书的组织和写作工作，如参加1980年苏联大百科全书出版社出版的由塔科列夫主编的《世界各民族神话百科全书》（两卷本）的若干项工作。在这本书中，李福清的作用非同寻常，他三种身份兼备：10位编委之一，14位编审委员之一，73位作者之一。除佛教神话的词条，中国神话的词条基本上是李福清一人写的。1990年，他同《世界各民族神话百科全书》的若干作者共同荣获苏联国家奖。后来，李福清出任《中国精神文化大典》编委及其《神话·宗教卷》的编者，他的很多前期研究成果也转化为此卷和《文学·语言与文字卷》的文章与词条。

佩列洛莫夫[①]（1928—2018，稽辽拉）的父亲是中国人，名叫稽直，曾与恽代英、任弼时共同组织工人运动，1924年被派到莫斯科东方劳动者共产主义大学学习。1925年"五卅"运动爆发，稽直回到上海，在腥风血雨中加入中国共产党。1926年，稽直第二次来到苏联，在符拉迪沃斯托克（海参崴）爱上了教自己俄文的西伯利亚姑娘佩列洛莫娃，并成就了一段异国姻缘。1928年，佩列洛莫夫出生。稽直多次往来于苏联和中国，并加入了苏联共产党，曾受苏共委派化名潜回新疆从事地下工作，第二次世界大战期间参加过莫斯科保卫战，战功显赫。1955年在张闻天的帮助下，稽直回到祖国参加新中国的建设。

父母分离后，佩列洛莫夫留在了苏联。他于1946年毕业于莫斯科第

---

① 关于佩列洛莫夫其人其事，请参见李明滨《佩列洛莫夫：莫斯科的孔夫子》（中文），载 Л.С.Переломов.Конфуций.Лунь юй. М.: Восточная литература,1998；阎国栋《俄罗斯有个儒学大师》，载《环球时报》2006年1月13日；Янь Годун. Корифей Конфуцианства//Проблемы Дальнего Востока, No.2, 2006, а так же:Люди и идеи.Ответственный редактор А.В.Островский, М.:Памятник исторической мысли. М.:ИДВ РАН, 2006, сс.83—86.

一炮兵学校，1951年毕业于莫斯科东方学院，1951—1972年在苏联科学院中国学研究所工作，在那里以《秦帝国之建立与覆亡（前221—前207）》通过副博士学位论文答辩，1970年以《法家与中国第一个集权国家之形成》通过博士学位论文答辩。1973年调到苏联科学院远东所工作，为首席研究员，担任俄罗斯儒学基金会主席。

他的《孔子及论语》于1998年在莫斯科出版。该书有三大部分：佩列洛莫夫写的"孔子研究"，以及他翻译注释的《论语》和附录。在"孔子研究"部分，包括孔子时代中国的政治经济制度、孔子生平事迹、孔子学说、孔子学说的命运等内容。在"孔子学说"这部分，佩列洛莫夫对儒学中的若干重要概念作了深入的探讨，而且列出了"仁""义""礼""道""三纲""五常""中庸""大同"等概念，并作了比较辨析。佩列洛莫夫的孔子研究引经据典，征引了程树德、杨树达、钱穆、范文澜、冯友兰、杨伯峻、赵纪彬、匡亚明、成中英、毛子水等人的相关研究成果，体现了其学术态度之严谨和学术视野之宽广。如在研究孔子生平的"任司寇"一节中，佩列洛莫夫引用了《论语》之语："子曰：'禄之去公室五世矣，政逮于大夫四世矣，故夫三桓之子孙微矣。'"接下来佩列洛莫夫引用杨伯峻的研究，列出了"五世""四世"和"三桓"的具体人物。①佩列洛莫夫的《论语》翻译也很有特色，可称之为"研究性翻译"。他反复比较各种译本、注本，最后才落笔译出。比如《论语》中的某些句子，他引述阿列克谢耶夫（阿理克）、克里夫佐夫（克立朝）、谢麦年科、马良文的俄文翻译，理雅各、亚瑟·韦利、刘殿爵、莫利兹、程艾兰等的英、德、法文翻译，以及中文的现代汉语翻译，甚至日文、韩文的翻译，经过比较后，推敲斟酌，才译出俄语句子。

2004年，佩列洛莫夫主持的"四书"译注由莫斯科东方文献出版社出版。②该系列包含了科布杰夫译注的《大学》、卢基扬诺夫译注的《中庸》、佩列洛莫夫本人译注的《论语》，以及一百年前俄国汉学家柏百福翻译的《孟子》。每种书的译文之前，都有译者写的小序（《孟子》的小序和注释是马伽作的）。小序包括对这四种书基本内容和它们在欧洲

---

① Л. С. Переломов. Конфуций. Лунь юй. М.: Восточная литература, 1998, с.101.
② 关于俄罗斯从18世纪到21世纪的儒学研究，参见刘亚丁《孔子形象在俄罗斯文化中的流变》，载《东北亚外语研究》2013年第2期；刘亚丁《20世纪90年代俄罗斯对中国智者形象的建构》，载《俄罗斯研究》2009年第3期。

他国与俄罗斯翻译情况的介绍。书的前面有时任中国驻俄大使、上合组织秘书长张德广写的序言《理解中国，认识孔子》。佩列洛莫夫写了长达60页的序言《"四书"：认识儒学的关键》，该文详尽罗列了孔子的学说。关于孔子对人的论述，他认为，孔子把人分为三类：君子、人、小人，并且孔子详细分析了君子的四种品性——仁、文、和、德。关于文，佩列洛莫夫举例说："文，即是'社会的精神文化'，孔子在他的时代捍卫了这个概念的原初意义。孔子离开魏国去陈国，被匡的暴民围攻，他在危急时刻说的话，就证明了这一点。'子畏于匡。曰："文王既没，文不在兹乎？天之将丧斯文也。后死者不得与于斯文也。天之未丧斯文也，匡人其如予何？"'①佩列洛莫夫挖掘了孔子对社会的论述，他指出："孔子认为理想的社会是建立在氏族社会（община）的道德规范和道德价值之上的，孔子本人对远古社会的道德规范作了新的解释和规范。"②这就是"仁""孝""礼""智"。佩列洛莫夫还讨论了孔子关于国家的观点。他认为，孔子非常注重礼在国家管理中的作用："上好礼，则民易使也。"③佩列洛莫夫又详细讨论了孔子的语录对国家司法的影响："在孔子建构的国家管理模式中，对乡党（община）的理解具有非常重要的地位。这里不仅涉及教育，还涉及乡党的法律特权：'吾党有直躬者，其父攘羊，而子证之。'子曰：'吾党之直者异于是，父为子隐，子为父隐，直在其中矣。'在那个时代，这段语录表明，孔子肯定了乡党领导人的司法权力。……此后，孔子的这句话不仅对中国，而且对儒家文化圈的司法实践有很大的影响。"④显然这里不乏以俄罗斯的文化模式来解读孔子学说之意。佩列洛莫夫的序言还涉及孔子与商鞅的关系，孔子和孟子学说在20世纪70年代中国大陆的命运，小康与中国当代社会等方面。佩列洛莫夫的孔子研究、儒学研究的不少成果直接转化为《中国精神文化大典》的内容，如《孔子的论语》和《"四书"：认识儒学的关键》的一些内容经过修改转化为《中国精神文化大典》的相关文章和词条。2004年这

---

① Л. С. Переломов. «Четверокнижие» — ключ к пониманию конфуциансова//Конфуцианское «Четверокнижие»(Сы шу). М.:Восточная литература, 2004, с.19.
② Л. С. Переломов. «Четверокнижие» — ключ к пониманию конфуциансова//Конфуцианское «Четверокнижие»(Сы шу). М.:Восточная литература, 2004, с.21.
③ Л. С. Переломов. «Четверокнижие» — ключ к пониманию конфуциансова//Конфуцианское «Четверокнижие»(Сы шу). М.:Восточная литература, 2004, с.25.
④ Л. С. Переломов. «Четверокнижие» — ключ к пониманию конфуциансова//Конфуцианское «Четверокнижие»(Сы шу). М.:Восточная литература, 2004, с.31.

本《"四书":认识儒学的关键》作为国礼由普京总统赠送给了胡锦涛主席。

《中国精神文化大典》的副主编卢基扬诺夫(1948—2021)①,曾任国际儒联副会长。他于1975年毕业于莫斯科大学哲学系,1978年研究生毕业,1979年以《中国古代哲学的发生学研究》通过副博士学位论文答辩,1991年以《早期道家之道与德》通过博士学位论文答辩。他曾在各民族友谊大学任教,1997年任俄罗斯科学院远东所东亚文明比较研究中心主任。在《哲学在东方的发祥·古代中国、印度》一书中,他提出,在中国和印度都有过前哲学时期,这就是氏族内的神话—典礼—禁忌共同发挥作用的时期。他比较了《易经》和《奥义书》:自然之体与人的融合提供了微观世界和宏观世界同一的观念。在人和自然之间形成了精神和形体相互协调的思想状态:身体的部分和颂诗意识形成交互关系。这种平衡就是古代中国人和印度人的前哲学世界观的基本特点。②卢基扬诺夫还比较了《道德经》中的道和《奥义书》中的奥义。该书附有卢基扬诺夫翻译的《易经》的"系辞传"。

2001年卢基扬诺夫出版了《老子和孔子的道之哲学》,这实际上是两本书,即《老子的道之哲学》和《孔子的道之哲学》,附有作者自己翻译的《道德经》和《论语》。在《老子的道之哲学》中,卢基扬诺夫研究了老子哲学与宇宙观、道的诞生、道与名、道的本体论、道的认识论、道的心理学和道之君子、天下的和谐、老子与孔子、老子与赫拉克利特和恩培多克勒、老子的哲学自传等问题。他的一些见解是值得关注的,比如他写道:"在自然领域,老子、赫拉克利特、恩培多克勒与无名的本质相嬉戏,在同人类文明交往时,他们不得不将自然的和谐倾倒进语言——逻各斯和道。它在同样的程度上既是肉体的,同时又是精神的,又是理想的。

---

① 参见刘亚丁:《咏中华经典 探文化精髓——访俄罗斯汉学家、〈中国精神文化大典〉副主编卢基扬诺夫》,载《人民日报》2013年11月17日。有必要说明:2010年10月四川大学当代俄罗斯研究中心成立时,卢基扬诺夫率8位俄罗斯汉学家代表前来祝贺,赠送给中心一套完整的《中国精神文化大典》。这是促成我们发愿翻译这套巨著的重要原因。在我们翻译《中国精神文化大典》的过程中,卢基扬诺夫多次率团来四川大学给予我们支持。他还主讲了四川大学中华文化研究院"观涟堂:汉学家论中国文化"系列讲座第一讲(2019年4月29日),笔者是主持人。2021年4月23日卢基扬诺夫遽然离世,我含泪以近体诗一首遥送他魂归道山:"犹记当年图籍前,神州向往貌拳拳。八人儒硕来相贺,六卷宏文意更妍。君讲'观涟'声大吕,吾翻《大典》着韵鞭。来函旬日商询后,盼尔回音竟隔天。"

② См, А.Е. Лукьянов. Становление философии на Востоке. Древний Китай и Индия. М.: УДН, 1989, с.107.

它的言语同时是身体行为、精神信仰和绝对思维。它当然是魔鬼式的（更准确地说是开创式的）宇宙语言、生产式的语言。赫拉克利特、恩培多克勒和老子连同他们的逻各斯和道被视为从地心里钻出来的先知、黑魔法师、魔术师、预言家、估价师、诗人、智者、学者、哲学家和魔鬼。但是他们的语言不是自然本身，而是自然在文明环境中的反射性本质。"①在《孔子的道之哲学》中，卢基扬诺夫研究了《论语》与孔子，新人概念、君子和理想和孔子之道，道的精神原型与天下之国，孔子、《易经》和老子等问题。卢基扬诺夫认为道的精神原型是德、仁、义、礼、信。②卢基扬诺夫将中国文化与外国文化做汇通研究的成果，在《中国精神文化大典》的文章和词条中也得到了再现。

科布杰夫1953出生，1975年毕业于莫斯科大学哲学系本科，1978年研究生毕业。1978年以《王阳明的哲学(1472—1529)》通过副博士学位论文答辩，1989年以《中国古典哲学的方法论》通过博士学位论文答辩。从1978年开始任职于苏联科学院东方学所，从2011年起任该所中国部主任，从2011年起兼任俄罗斯人文大学东方哲学科教中心主任。他还任国际易联理事。科布杰夫关于中国哲学和中国文化的著述宏富。1993年出版《中国古典哲学中的象数学》，在该书中，科布杰夫研究了中国哲学与科学的关系，认为象数学是古代中国哲学和科学认识世界的，内容丰富且运用广泛的方法。他区分了显性的和隐性的象数学，分析了象数学与逻辑学的关系，具体研究了"三"与天文学的关系，研究了五行的本体论和认识论价值。在该书中，科布杰夫还研究了中国象数学与西方哲学的关系，比如他着重分析了其与毕达哥拉斯学说的相似关系。③2002年科布杰夫出版了《中国理学哲学》一书，研究了10世纪至20世纪初的新儒学。他分析西方汉学界的"新儒学"概念，将其同"宋学"等概念作比较辨析。他着重研究了王阳明的哲学，将其同朱熹、陆九渊学说作比较，同道家哲学和佛教相对比，借此建构王阳明的主观本体论的基本结构；他还分析了王阳明的"德""善""道""太极""仁""义"等概念，分析了王阳明关于知行的价值认识论和晚清的儒学遗产。④科布杰夫在《中国精神文化大典》

---

① А. Е. Лукьянов. Лао-цзы и Конфуций: Философия ДАО. М.:Востчная литература, 2000, с.155.
② А. Е. Лукьянов. Лао-цзы и Конфуций: Философия ДАО. М.:Востчная литература, 2000, сс.253-259.
③ См, А.И.Кобзев. Учение о символе и числах в китайской классичесой философии. М.:Восточная литература, 1993.
④ См, А. И. Кобзев. Философия китайкого неоконфуцинства. М.:Восточная литература, 2002.

中撰写了大量词条。①

上述因素，成就了《中国精神文化大典》这样一套巨著。我们还注意到，中国文旅部、驻俄大使馆、中国国家开发银行，以及一些企业、基金会对这套书的问世，也有不同程度的贡献。

三

国内有些同行对翻译出版《中国精神文化大典》这项工作表示不理解：俄罗斯人谈中国的东西，中国人又翻译回来，有什么价值呢？以下从外部因素和内在价值等方面来解读《中国精神文化大典》，尝试解答诸如此类的疑惑。②

从世界范围着眼，在历时性的维度上，基督教传教士、思想家和职业汉学家从事中国知识的生产，其产生的时间有先后，且相互影响；从共时性的维度看，其所产生的中国知识的宗教性面相、思想性面相和专业汉学研究面相互影响。愈到晚近，部分专业汉学家向思想性面相靠近的趋向愈发显明。中华传统文化是否能够创造性转化的问题，成为从事中国研究的学者们普遍关注的问题。

世界有关中国知识的生产，由17世纪的耶稣会传教士开启。他们通过翻译中国经典和撰写报告、游记等著作来传播他们对中国的认知和解释。他们的主要贡献在于对中国经典的译介以及编写学习汉语的书籍。比如意大利耶稣会传教士利玛窦用意大利文写的日记，后经比利时耶稣会士

---

① 科布杰夫一直关心《中国精神文化大典》的翻译工作。2022年6月24日，科布杰夫主讲了四川大学中华文化研究院"观澜堂：汉学家论中国文化"系列讲座第九讲"俄罗斯和苏联的汉学"，笔者是主持人。在讲座中他把俄苏的汉学区分为两种学派：注重传统的俄罗斯汉学和注重研究现实问题的苏联汉学。笔者在《中国传统文化的创造性转换：俄罗斯〈中国精神文化大典〉价值平议》（《四川大学学报》2016年第2期）中指出俄罗斯汉学界长期具有研究中国国情学和中国传统文化的两种路径，并认为，东正教驻北京使团的汉学家就有大量研究中国国情学的成果。
② 中国学者介绍、评论《中国精神文化大典》的文章请参见：刘亚丁《鸿篇巨制传友情》，载《人民日报》2010年2月12日；刘亚丁《"永乐大典"在海外——俄罗斯科学院〈中国精神文化大典〉侧记》，载《中外文化交流》2011年第4期；刘亚丁《俄罗斯〈中国精神文化大典〉：翻译与思考》，载《俄罗斯文艺》2013年第3期；刘亚丁《探究中国哲学 溯源华夏心智——俄罗斯〈中国精神文化大典·哲学卷〉管窥》，载《甘肃社会科学》2013年第4期；刘亚丁《中国传统文化的创造性转换：俄罗斯〈中国精神文化大典〉价值平议》，载《四川大学学报》2016年第2期；李志强、谢春燕《踵事增华 汉学奇葩——评〈中国精神文化大典〉》，载《中国俄语教学》2010年第1期；李明滨《俄罗斯汉学的百科全书传统》，见《国际视野中的中国研究——历史与现状》，中国社会科学出版社，2013年，第99—102页；柳若梅《评俄罗斯科学院远东所〈中国精神文化大典〉》，载《国外社会科学》2009年第4期；Лю Ядин. Понимание и диалогичность: значение энциклопедии «Духовная культура Китая»//Проблемы Дальнего Востока, No.4, 2014; Ли Чжисян, Се Чуньянь. Важный мост между культурами. Об энциклопедии «Духовная культура Китая»//Проблемы Дальнего Востока, No.1, 2014.

金尼阁整理翻译为拉丁文，书名为《利玛窦中国札记》，1615年出版。①类似的著作有葡萄牙耶稣会传教士曾德昭1643年出版的《大中国志》②等。毋庸讳言，传教士在谈论中国文化时，往往会在不经意间流露出文化偏见。比如利玛窦叙及佛教的世界起源："看起来，这第二种教派的创始人有些概念是从我们西方哲学家那里得来的。例如，他们只承认四元素，而中国人则很愚蠢地加进了第五个。根据中国人的理论，整个物质世界——人、动植物以及混合体——都是由金、木、水、火、土五种元素构成的。"③从这里不难察觉到欧洲中心主义的文化傲慢。

传教士对中国文化典籍的翻译不失为西方中国知识生产的一个途径。利玛窦曾将"四书"翻译成拉丁文，但此稿下落不明。金尼阁的"四书"拉丁文译本曾在杭州出版。④1687年柏应理在巴黎出版了拉丁文本的《中国哲学家孔子》（《四书直解》），但缺了《孟子》。德国传教士卫礼贤把《易经》翻译成了德文。英国传教士理雅各在王韬等人的襄助下将多种中国经典译成了英文，出版了《中国经典》五卷，包括"四书""五经"《庄子》《道德经》《阴符经》等。这些译文对于在西方传播中国精神文化无疑具有积极作用。在对这些文化传播者满怀敬意之际，也应看到其明显的"文化误译"。有中国学者认为，柏应理的翻译不止是借译宣教，更是在宣扬一种中国文献中早有与天主教教义所谓一致的思想观点。⑤费乐仁发现，理雅各在对《论语》《大学》和《中庸》的翻译中表现出明显的汉学东方主义倾向。⑥

针对西方传教士对中国的研究，牟宗三、徐复观等指出："其动机乃在向中国传教，所以他们对中国思想之注目点，一方是在中国诗书中言及上帝，与中国古儒之尊天敬神之处，而一方则对宋明儒之重理重心之思想，极力加以反对。"⑦美国学者莱·M.詹森也发现了耶稣会士们所传播的中国知识是不可靠的，他以孔子为例作了分析："'孔子'作为想象的本土因素的等价物，依然是耶稣会士的虚构。对那些作为外人、对当地的环境缺乏亲近感的神父们来说，圣人只是多义的，但有特别意义的指涉对

---

① 利玛窦、金尼阁：《利玛窦中国札记》，何济高等译，广西师范大学出版社，2001年。
② 曾德昭：《大中国志》，何济高译，商务印书馆，2012年。
③ 利玛窦、金尼阁：《利玛窦中国札记》，何济高等译，广西师范大学出版社，2001年，第73页。
④ 张西平：《传教士汉学研究》，大象出版社，2005年，第137页。
⑤ 吴孟雪：《明清时期欧洲人眼中的中国》，中华书局，2000年，第191—192页。
⑥ 费乐仁：《理雅各〈中国经典〉第一卷"引言"》，in The Chinese Classics, Vol. I by James Legge, 华东师范大学出版社，2011年，第11页。
⑦ 牟宗三、徐复观、张君劢、唐君毅《为中国文化敬告世界人士宣言》，见封祖盛编《当代新儒家》，生活·读书·新知三联书店，1989年，第4页。

象。'孔子'从他们所研究的中国文化中剥离出来,成了他们发明的前提条件。中国的圣人只是表达耶稣会士的本土化的意愿载体,他已经不是中国的了,而是折射传教士的文化适应性、传达对付梵蒂冈日益增长的疑虑的文化适应性的载体,但这对于欧洲的学者而言却有很高的价值。"①这些讨论,仿佛是某种清醒剂,让人冷静下来,以便进一步认识传教士汉学的复杂性。

传教士和汉学家提供的材料,让一些启蒙思想家,如伏尔泰、魁奈等人得以建构"乌托邦中国",以阐发自己的思想。尤其是伏尔泰,在《百科全书》里他推崇孔子,在自己的《风俗论》和《路易十四时代的风俗》中他构建了"理想国"——中国,将中国构筑成了与西方相反的模式。伏尔泰对中国文化满怀敬意,他在《风俗论》中征引了耶稣会士宋君荣、李明等人的旅华札记。②传教士对思想家产生影响,或许最有代表性的个案是莱布尼茨和荣格。德国哲学家、数学家莱布尼茨从八卦中得到启发,论证了二进制。③

20世纪的汉学出现了明显不同的进路,一部分职业汉学家在中国传统文化领域深耕,一部分汉学家则更多地关注历史上的中国与今天的世界的关系。

对于学术性的汉学在欧洲出现的时间,学界大致有比较一致的看法:1914年11月11日法兰西学士院设立汉语鞑靼语满语教授讲座,雷慕沙成为首席教授,此即为欧洲汉学的滥觞。④职业汉学家对中国的研究别开生面,与传教士汉学家相比较,呈现出聚焦专题研究因而异常深入的特点。在对传统中国展开学术研究方面,法国汉学家马伯乐堪称典范。他从1920年起任职法兰西学院中国语言文学的讲席教授,以对汉语、中国史和道教的研究为志业,著有《古代中国》(1927),其弟子整理出版了他的《道教与中国宗教》(1971)。在后一部著作中,第一辑为《中国宗教及

---

① Lionel M. Jensen, Manufacturing Confucianism: Chinese traditions and universal civilization, Durhan and London: Duke University Press, 1997, p.86.
② 伏尔泰:《风俗论》上册,梁守锵译,商务印书馆,1995年,第216—217页。
③ 参见莱布尼茨《致德雷蒙先生的信:论中国哲学》,见何兆武、柳卸林《中国印象:外国名人论中国文化》,中国人民大学出版社,2011年,第119—121页。李约瑟、艾田普以1703年莱布尼茨读到白晋的信时已然发明了二进制为由,否定莱氏受八卦影响发明二进制之说。胡阳、李长铎则论证了1687年底莱布尼茨就读到了包含六十四卦图的柏应理的《中国哲学家孔子》。参见胡阳、李长铎《莱布尼茨二进制与伏羲八卦图考》,上海人民出版社,2006年,第1—35页。
④ Herbert Frake, In Search of China: Some General Remarks on the History of European Sinology, in Europe Studies China, edited by Ming Wilson and John Cayley, London: Han-Shan Tang Books, 1995, p.13.张国刚:《文明的对话:中西关系史论》,北京师范大学出版社,2013年,第265—266页。对俄罗斯学术性汉学产生的历史概括与此有所不同,即将东正教使团成员的汉学视为学术性汉学的起点,请见下文。

其发展》,他研究了远古宗教、战国及宗教危机、道教、佛教和儒家。马伯乐善于从学者们忽视的细节入手来研究问题,得出结论。一般人认为,唐代在儒学发展中几无建树,而马伯乐首先肯定了孔颖达作《五经正义》的功劳,还详细介绍了韩愈对人性的分析以及他所提出的解决之道:通过教育来植善倾恶。他认为韩愈"将人的动机的古老问题置于世界和天性的领域来思考,主张与其将这个问题放在玄学中,不如放在道德和心理学领域来解决。"①有评述者将此辑称为"着眼于发生期的关于中国宗教传统的洞见纷呈的概论"②。这实际上是马伯乐研究中国宗教的纲领之作。接下来,马伯乐研究了中国现代的神话、古代中国的社会和宗教、佛教进入中国等问题。

荣格则因为受到卫礼贤翻译的《易经》和《金花的秘密》的影响,心理学观念发生了改变。1949年,荣格为故友卫礼贤的《易经》译文写了长篇序言,其中分析了鼎、坎、井等卦的爻辞。在他的序言中,可以明显感到《易经》对他的观念的冲击,他指出,"这种假设涉及我所谓同步性的奇异概念,它是同因果关系完全对立的。后者仅仅是统计学上的真相,而非绝对真理,它只是假设一件事是如何从另一件事发展而来的假设,而同步原理则立足于时间与空间的巧合,这是一种比变化更有意义的现象,它既是事件之间客观的依赖关系,同时又是一种主观的(心理的),即观察者之间的依赖关系。"③有学者认为,正是通过与《易经》等集东方智慧之大成的典籍进行对话,荣格才真正获得了原型假设的跨文化依据和进一步的研究突破,通过《易经》可以呈现荣格所受的中国文化影响的意义和价值。④

汉学家影响思想界的趋势继续保持,同时,一些职业汉学家逐渐像一些思想家那样,不但思考中国传统的意义和价值,也考察中国的历史传统是否适应现代的问题,从而形成了西方汉学和西方思想界研究中国问题的一条重要进路。就汉学界而言,这体现了汉学研究的汇通性和现实性。儒学之于当下价值如何?是否能进行现代转化?不但是吾人念兹在兹的大哉问,也是世界汉学史和思想史学术视野的聚焦点。

---

① Henri Maspero, Taoism and Chinese Religion, Translated by Frank A. Kierman, Jr., Amherst: The University of Massachusetts Press, 1981, pp.68–70.
② J. Russell Kirkland, Taoism and Chinese Religion, in The Journal of Asian Studies, Vol. 42, No.2, 1983, p.395.
③ C.G. Jung, Foreword, in The Iching, or Book of Changes, Richard Wilhelm translation from Chinese into German, Rendered into English by Cary F. Baynes, Princeton: Princeton University Press, 1990, p.xxiv.
④ 参见李娟、沈士梅:《荣格的〈易经〉心理学思想探微》,载《周易研究》2011年第5期;申永荷、高岚:《荣格与中国文化》,首都师范大学出版社,2019年。

从思想界来看，德国学者马克斯·韦伯的《中国的宗教：儒教与道教》值得特别关注。韦伯于1915年出版了《中国的宗教：儒教与道教》，与其德国同胞黑格尔相似，他沉浸于一种西方欧洲中心论和历史终结论的迷思，似乎将新教伦理下的德意志资本主义视为人类历史的最高阶段，或曰历史终结。从这种迷思出发反推儒教和道教伦理下的中国，他写道："令人惊讶的是，在这个无休止的、强烈的经济盘算与非常令人慨叹的极端的'物质主义'（Materialismus）下，中国并没有在经济层面上产生那种伟大的、讲求方法的经营观念——具有理性的本质，并且是近代资本主义的先决条件。"①《中国精神文化大典》中，作者便以详尽的分析，对这种以资本主义为历史终结的迷思作了"隔空"反驳。

20世纪五六十年代，美国汉学家列文森在《儒教中国及其现代命运》中写道："从19世纪60年代开始，儒家与西方之间不同信仰的调和开始充斥思想生活。虽然这些都发生在改良主义者的圈子内，而不是发生在反儒教的革命者的圈子内，但它们极大地削弱了儒教的权威……这种转换，使儒教在思想上变得陈腐平庸，在社会上变得不起作用了。"②谈及儒学在当代中国的命运，列文森认为，保护孔子主要并不是想复兴儒学，而是把他作为博物馆的收藏物，其目的就是要把它从现实的文化中驱逐出去。③于是就此形成了当时所谓"儒学是博物馆收藏物"之说。随着"亚洲四小龙"的经济崛起，人们开始关注以儒家学说为代表的中国传统文化在现代的价值，国际汉学界也给予关注，如日本和韩国在20世纪六十年代曾举行过"儒家传统与现代化"的国际学术会议，我国香港也在八十年代举行过"中国文化与现代化"的国际学术会议。

从俄苏学界本身来看，1991年苏联学者Б.波斯别洛夫在《作为经济发展事实的儒家文化与西方文化的综合》一文中全面研究了这个问题，他首先指出日本、韩国、新加坡，以及中国台湾、香港地区取得了非常可观的经济成就。他介绍了儒家文化关于处理人际关系和人与国家关系的基本原则：仁、义、孝、忠、礼，认为它们具有现代价值。他分别分析了在这些国家和地区儒家文化与西方文化相互影响的状况，指出："在西方意识形态和道德规范的影响下，儒家观点的体系发生了变革。在日本、韩国、中国这种变革的形态不同，但是应该指出，恰恰是在东亚大多数国

---

① 马克斯·韦伯：《中国的宗教：儒教与道教》，康乐、简惠美译，上海三联书店，2020年，第329页。
② 列文森：《儒教中国及其现代命运》，郑大华、任菁译，中国社会科学出版社，2000年，第248页。
③ 列文森：《儒教中国及其现代命运》，郑大华、任菁译，中国社会科学出版社，2000年，第337—338页。

家中儒家文化与西方文化互相影响的结果形成了现代工业文明最重要的因素，这种工业文明被称为'人性化的事实'，保障这些国家步入了经济发达的前列。"①波斯别洛夫实际上也是在韦伯设定的框架内来思考问题的。

上述思路和举措都未能摆脱韦伯迷思之阴影，但《中国精神文化大典》则另辟新路，在拒绝承认西方话语对现代化的垄断的条件下认定：中国现代化的发展与儒学的新生有内在的关联性。在《历史思想·政治与法律文化卷》的《编者序》中，作者指出："与儒教文化圈的其他国家——建成了'儒家资本主义'的日本、韩国、新加坡不同，中华人民共和国在对早期与儒学相似的价值观做出重新解释的基础上，正在创建世界上前所未有的'中国式的市场社会主义'模式。"②《中国精神文化大典》的作者还表达了寻找中国经验对世界的，普遍性意义的意图。作为本书总序，《中国的精神文化》一文中写道："《中国精神文化大典》是俄罗斯和西方汉学界首次以如此宏大的规模出版的百科全书，本套书尝试展示从远古时代至今中国精神文明的独特性、整体性和丰富性。编撰这套百科全书是为了回应我们这个时代的科学和教育需求，与公众对中国文化的兴趣、对这个国家的现代化经验的非凡增长有关。百科全书的作者和编撰者，不仅考虑到中国精神文化对中国许多邻国文化的重要影响，还考虑到中国文化是世界文化宝库重要的组成部分这个事实，除此之外，也关注到在实施改革开放政策的进程中，迅速变化的中国已经成为世界强国之一，并在很大程度上决定了人类和世界文明的未来。"③

从汉学界来看，集体性、长期性的研究计划的出现，催生了多人合编、体量宏大的汉学（中国学）研究巨著，费正清主编的"剑桥中国史"与李约瑟主编的《中国科学技术史》最为典型。这些汉学家的史学、科学史学著作，实际上可视为与思想面相合流之作，它们在研究中国传统时，都是以西方的现实为参照。

费正清主编"剑桥中国史"，作者阵容强大，引证详尽，既参照最新史学成果，又能深入到史实内部，是不可多得的史学巨著。这套书以

---

① Поспелов Б. Ситез конфуцианской и западной культур как фактор экономического роста. Проблемы Дальнего Востока,1991, No.5.
② Духовная культура Китая: Энциклопедия. Историческая мысль. Политическая и правовая культура. Редакторы М. Л. Титаренко, Л. С. Переломов и др., М.: Восточная литература, 2009, с.15.
③ Духовная культура Китая: Энциклопедия. Философия. Редакторы М. Л. Титаренко, А. И. Кобзев, А. Е. Лукьянов, М.: Восточная литература, 2006, с.13.

《剑桥中国晚清史》为全书的逻辑节点。有西方学者在高度肯定《剑桥中国晚清史》价值的同时，也指出了它的不尽如人意之处："在此书中还可以发现其他问题，比如费正清试图将中国现代史简化为一元模式，即黑格尔式的'革命'进程以共产党的胜利而达到顶峰。"①中国学人也反思这套书的价值和问题。在这套书中，总体上透视出哈佛学派的"冲击—回应"模式，即夸大了西方文明在中国近代化、现代化进程中的积极作用，而无视现代中国崛起的内在动因。这种研究方式下，在研究20世纪中国的历史和革命时，主要关注西方文化和思想对中国的冲击与影响，以及中国对此的回应。②

李约瑟的《中国科学技术史》是首部对中国传统科学技术做出专题研究的史学巨著：不仅把科学技术置入思想史的纵深层面予以考察，探究科技的文化起源，分析中国社会转型期科技发展或停滞的影响机制，这成为《中国科学技术史》的重要特点，而且以详尽的材料论证了中国难题的深层结构。从这里可以看到李约瑟的研究方法和研究目的之间存在矛盾：研究中国科学的发展，却以欧洲的近代科学为标准。③尽管该巨著也从文明、制度等层面研究中国科学与技术，但就学科而言，它重在科学技术的各个分支。

无论是传教士对中国的解释，还是与思想界合流的西方汉学家对中国文化是否适应现代的阐述，往往都是在以西方的宗教或社会为人类基本模式的话语背景下，以西释中，以我化人（当然，也有启蒙思想家借中国的历史来建构自己未来的个案）。今天，这样的中国知识生产模式的局限性已日益显露，其合法性正在受到质疑。

在这样的大背景下，俄罗斯汉学界的《中国精神文化大典》具有突出的意义。《中国精神文化大典》既顺应西方汉学家和思想界合流的趋势，又在中国文化能否适应现代的问题上给予肯定回答，而且以其学科的全面性独具一格。具体而言，首先，《中国精神文化大典》在解释传统中国与今天中国的关系方面，凭借其区别于西方汉学界的话语方式，以

---

① Thomas A. Metzger, In The Cambridge History of China. by John K. Fairbank, in Pacific Affairs, Vol. 53, No.1 (Spring, 1980), p.124.
② 参见侯且岸《费正清与美国现代中国学》，载《史学理论研究》，1995年第2期，第108—109页；张铠《从"西方中心论"到"中国中心观"——当代美国中国史研究的发展趋势》，载《中国史研究动态》1994年第11期，第2—10页；冯天瑜、唐文权、罗福惠《评〈剑桥中国晚清史〉的文化观》，载《历史研究》1988年第1期，第87—95页。
③ 桂质亮：《李约瑟难题究竟问什么？》，载《自然辩证法通讯》1997年第6期。

新欧亚主义为对话的基础，对中华传统文化在现代社会的转化和对世界的意义等问题给出了肯定性答案（详见此序后文第五部分）。其次，它所展示的学科全面性（涉及哲学、宗教、文学、语言、历史思想、政治和法律文化、科技、军事思想、艺术等方面），使它成为俄罗斯汉学和世界汉学绝无仅有的大作。简而言之，《中国精神文化大典》既有职业汉学的专门性和深刻性，又不乏融合了思想界因素的汉学的汇通性和现实性。

四

俄罗斯汉学在整个世界汉学界举足轻重。研究中国国情和研究中国精神文化并行，是俄罗斯汉学的基本特征。

俄罗斯汉学始终对中国的精神文化和中国国情给予高度关注。俄罗斯的汉学滥觞于俄国开始派遣东正教使团到北京的时候（1725—1729年）。[1]俄罗斯汉学从一开始就注重翻译介绍体现中国精神文化精髓的经典，并对中国精神文化某些具体领域进行深入研究。А.列昂节夫翻译了《大学》《中庸》。[2]东正教使团团长、俄罗斯帝国科学院院士比丘林（Н. Бичурин）翻译了《三字经》[3]，还出版了《中国的民众及道德状况》[4]等著作。东正教使团的随团学生、后来的帝国科学院院士王西里（瓦西里耶夫）在文学、历史学等方面都很有建树，他开创了俄罗斯的佛教研究，出版了《东方的宗教儒释道》[5]和《中国文学史纲》[6]。

从今天国情学的角度来看，俄罗斯汉学家利用东正教使团成员的身份，在中国居留期间对中国进行了全面的研究，发表了大量研究性的报

---

[1] П.斯卡奇科夫：《俄罗斯汉学史》，柳若梅译，社会科学文献出版社，2011年，第67页。阎国栋：《俄国汉学史》，人民出版社，2006年，第105页。

[2] Алексей Леонтьев. СЫ ШУ ГЕЫ,КНИГА ПЕРВАЯ.философа Конфуциуса.Санктпетербург: Императоская Академия наук, 1780.在此之前的一年，1779年《圣彼得堡通报》（Санкт-Петербургский вестник）5月号发表了匿名作者的译作《大学，中国的最高哲学》（Та-гио, или великая наука, заключающая в себе высокаю китайскую философию），这是俄国作家冯维津对《大学》的俄文译本，他是根据汉学家冯国英（P.-M. Cibot）的法文本翻译的。若追溯更早，则有俄国科学院德裔院士拜耶尔（Байер）于1730年出版的《中文博览》（Museum sinicum），该书第一卷讲解汉语语法和中国文学，收录汉语的《大学》《孔子生平》和其拉丁文译文。

[3] Иакинф. Сань-цзы-цзинь или Троесловие. С. Петербург, Типография X. Киица,1829.

[4] Н. Бичурин. Китай в гражданском и нравственном состоянии. Москва, Восточный Дом, 2002.

[5] В. Васильев. Религии Востока: конфуцианство, буддизм и даосизм. Санктпетербург, типография В. С. Балашева, 1873.

[6] 参见李明滨《中国文学在俄罗斯传播史》，学苑出版社，2011年，第23—29页；柳若梅《沟通中俄文化的桥梁——俄罗斯汉学史上的院士和通讯院士》，外语教学与研究出版社，2010年，第183—198页；赵春梅《瓦西里耶夫与中国》，学苑出版社，2007年。

告或译文。1837年比丘林发表了《大清帝国统计概述》①。王西里则根据实地考察写了大量的地理考察记，如1852年他在《国民教育部杂志》发表了《中亚和中国控制的主要山峰》，从1853年到1857年，他在《俄国皇家地理学会学报》发表了《满洲志》《宁古塔纪略》《流入阿穆尔河（黑龙江）的河流》《满洲的火山》等。②1899年，H.维诺格拉茨基在皇家地理学会的资助下出版了《大清帝国地理学、民族学、统计学概述》。该书以非常详尽的统计数据，对大清国的国境、气候和灌溉、舰队和军队、汉族、蒙古族、藏族、行政区划及其财政等作了描述。③这些大都是应俄罗斯帝国与大清国各方面交往之需而作的。

在苏联时代，阿列克谢耶夫院士为汉学研究扩展了新的领域，他以中国文学研究和年画搜集研究为主攻方向，旁及儒释道。④阿列克谢耶夫翻译了《聊斋志异》中的几乎所有作品，并发表了《〈聊斋志异〉中的儒生悲剧与官吏观念》⑤等研究《聊斋》的论文。他还翻译了朱熹所注《论语》的前三章。⑥在1937—1938年的肃反运动中，从莫斯科到列宁格勒，从喀山到远东，一大批苏联汉学家同其他东方学家一起蒙受迫害，有的被逮捕，有的被处决。如精通多种语言的青年汉学家Ю.休茨基（楚紫气），他翻译了《易经》《抱朴子》，在参加完博士学位论文《中国经典〈易经〉语文学研究及翻译》⑦答辩两个月后，他于1937年8月以"间谍罪"被捕，次年2月被枪决。750名汉学家遭到迫害，其中三分之二的人被枪决或死于关押中。⑧苏联汉学界蒙受了难以估量的损失。劫后余生，施图金在中风之后依然完成了《诗经》的全译本，斯卡奇科夫完成了《俄国汉学史》和《汉学书目》。

到了20世纪60年代末70年代初，由于中苏交恶，两国的关系降至冰点，部分苏联汉学家陷入对中国政治的狂热批判之中。尽管如此，那些真正的汉学家并未放弃对中国精神文化的探究。即使在中苏关系恶化的时

---

① Иакинф. Статистические сведения о Китае// Журнала Министерства народного просвещения, т. 16, 1837 г., No. 10, c. 227-246.
② Васильев (Василий Павлович)//Энциклопедический словарь Брокгауза и Ефрона,т.Va, Санкт - Петербург,1892, c.607.
③ Н. Виноградский. Китай. Географическое, этнографическое и статистическое описание Китайской империи, С.-Петербург, Невская типография, 1899.
④ В. Алексеев. Наука о Востоке, М.:Наука,1982, c.302.
⑤ В. Алексеев.Труды по китайской литературе.М.:Восточная литература РАН, кн.1, cc. 415-433.
⑥ В. Алексеев.Труды по китайской литературе.М.:Восточная литература РАН, кн.2, cc. 161-248.
⑦ Щуцкий Ю. К. Канон И цзин. СПб., Изд. Дом Нева. М.: ОЛМО ПРЕСС,2000.
⑧ Люди и судьбы.Изд. подг. Я. В. Васильков, М. Ю. Сорокина. СПб. : Петербургское востоковедение, 2003.

期，依然可以看到研究中国文化的著作。1972年莫斯科出版由杨兴顺主编、布罗夫和季塔连科等任编委的《古代中国哲学》第一卷，包括《诗经》《尚书》《道德经》《论语》《墨子》《孙子》《孟子》《庄子》《国语》及杨朱学派著述的译文、提要与注释。①1982年在莫斯科出版了三部苏联汉学家研究中国哲学的集体论文集，涉及儒、释、道等方面，如《儒学在中国》②《佛教、国家和社会在中世纪中亚和东亚》③《道与道教在中国》④。70年代，季塔连科倡导在莫斯科大学哲学系开设中国哲学史和汉语课程，他本人和波梅兰采娃（《淮南子》专家）等授课，激发了学生对中国哲学和传统文化的浓厚兴趣。从1985年起，季塔连科成为苏联科学院远东所所长。1994年季塔连科主编的《中国哲学百科词典》⑤出版。从1995年开始，远东所坚持举办"东亚哲学与现代文明"大型学术研讨会。

值得注意的是，自1970年至今，苏联（俄罗斯）几乎逐年出版《中华人民共和国年鉴》，1970年至1986年由苏联科学院远东所所长斯拉德科夫斯基任主编，从1987年开始，由他的继任者季塔连科任主编。《中华人民共和国年鉴》逐年对中国的政治、经济、文化和外交等领域的新进展作出及时描述。比如2014年的《中华人民共和国年鉴》就涉及2012年的中共十八大和2013年的十二届全国人大一次会议、"中国梦"和中美新型大国关系等内容。⑥对中国持续的国情学研究构成了编撰《中国精神文化大典》的基础条件。

在苏联时期，形成了由学术权威担纲、集体撰写大型学术著作的传统，直到世纪之交，这种注重集体协作的苏联学术传统之余绪在俄罗斯汉学界并未彻底式微。⑦在季塔连科的精心组织下，从20世纪90年代开始，

---

① Древнекитайская философия. М.:Мысль, 1972.
② Конфуцианство в Китае: Проблемы теории и практики. М.: Наука, 1982.
③ Буддизм и государство и общество в в странах Центральной и Восточной Азии в средние века. М.: Изд. Наука, 1982.
④ Дао и Даосизм в Китае. М.:Наука, 1982.
⑤ Китайская философия.Энциклопедический словарь. М.: Смысль, 1994.
⑥ См.,Китайская Народная Республика: Политика, экономика, культура: К 65-летию КНР / РАН. Ин-т Дал. Востока; Гл. ред. Титаренко М.Л. М.: Форум, 2014.
⑦ 如20世纪50年代起出版了苏联科学院世界史所所长Е. М. 茹科夫（Е. М. Жуков）院士主编的10卷本《世界史》（1953—1965），80年代起出版了由苏联科学院高尔基世界文学所所长Г. П. 别尔德尼科夫（Г. П. Бердников）通讯院士主编的8卷本《世界文学史》（1983—1991），2014年上海译文出版社出版了由刘魁立、吴元迈两位先生任总主编的该书的中译本。更值关注的是，2017年俄罗斯科学院远东所齐赫文斯基院士主编的《中国通史》第十卷出版，其第一卷以考古材料描述新石器时代的中国历史，第十卷则写到了21世纪。南开大学阎国栋教授于2018年开始主持翻译这部巨著的国家社科基金重大项目。

俄罗斯科学院远东所、东方学所等汉学机构和高校众多汉学家鼎力协作，《中国精神文化大典》全六卷于2010年始告完成。

从俄罗斯汉学艰难的发展历程看，《中国精神文化大典》的问世，既是对正在复兴的中国文化的正面回应，又是俄罗斯汉学发展的内在逻辑结果。当中俄两国关系处于良性发展阶段时，俄罗斯汉学界对中国文化往往给予正面评价；但是在中俄两国关系处于低谷时，俄罗斯汉学界对待中国文化的立场就会产生分化。其中某些俄罗斯汉学家在逆境中的坚守，令人肃然起敬。在中国改革开放取得极大成就的时候，俄罗斯汉学界通过编撰《中国精神文化大典》，阐明中国今天的发展同中国数千年文明史的内在关联，这是对俄罗斯汉学将中国精神文化研究与中国国情学相结合的传统的继承。

"扶正祛邪"既是中国传统医学的要旨，也应是中国学术界对待国外汉学（中国学）的态度。今天，俄罗斯汉学界又面临多重挑战，首先，正在进行的俄罗斯科学院改革，对研究中国传统文化的学术机构和学术人才势必产生冲击；其次，俄罗斯汉学界如同俄罗斯整个学术界一样，正转向更注重现状、更注重对策的研究。《中国精神文化大典》的问世，像是俄罗斯老一代汉学家划下了一个比较完满的句号。在这样的背景下，《中国精神文化大典》值得我们倍加珍视。

五

对中国的学术界来说，《中国精神文化大典》具有明显的学术价值。

《中国精神文化大典》倡导"新欧亚主义"，展开文化对话。认识《中国精神文化大典》的学术价值，要从中俄两个民族的历史渊源着眼。20世纪90年代以来笔者论证了历史上中俄两大民族文化上曾有的隔膜：俄罗斯人自认为是《旧约》中亚当子孙雅弗的后裔，同时把自己统治者的血脉上溯到罗马王公，因而同处于东方的中国文化异源异流，多有隔膜。[①]《中国精神文化大典》为中俄之间的文化沟通创造了契机。《中国精神文化大典》的作者群体提出了新的理论设想，他们通过倡导"新欧亚主义"来消除中俄文化间的隔膜。所谓"新欧亚主义"，其核心观念为：俄罗斯在地理上和文化上处于欧洲和亚洲两大板块，因而能够吸收欧洲文化和亚

---

① 参见刘亚丁《苏联文学沉思录》（四川大学出版社，1996年）第四章第二节"弥赛亚：苏联文学中的世界幻象"、刘亚丁《观象之镜：俄罗斯建构中国形象的自我意识》，见乐黛云主编《跨文化对话》第20辑（2007年）。

洲文化各自的优长，从而形成新的文化空间。在《中国的精神文化》一文中，作者指出："俄罗斯精神上的自我反省具有现实意义并使新欧亚主义的理念具体化。"①这种"新欧亚主义"消除了俄罗斯原来自恃的东正教（基督教）文化的傲慢和居高临下。正是在这个意义上，在《中国精神文化大典》中，俄罗斯汉学家将中国文化的元命题"道"同其他民族文化的元命题并置。"道"在《哲学卷》中被提到了"本体论"的高度，作者还将它同俄罗斯文化中的"言"（Глагол）相比较。他们认为，俄罗斯的"言"同中国的"道"、印度的"真言"和西欧的"逻各斯"一样，都是文化的原型。②

《中国精神文化大典》探讨中国文化的元命题，为我们认识中华文化的核心价值、演进规律以及未来走向提供了独特的参照。在《中国精神文化大典》中，俄罗斯汉学家对中国精神文化进行逻辑性归纳，为我们认识中国精神文化的价值提供了可贵的参照。在《中国的精神文化》一文中，作者强调了"道"在中国文化中的基础性地位，在俄罗斯汉学家看来：多层次的中国天下文化的宇宙之书获得了共同的文化命名，这就是"道"。中国的智者和哲学家详尽描绘了"道"的文化功能的有机结构。从中国的古籍来看，道的文化是充盈着肉体的、精神的和理想性品质的活的机体。在原型的层面上，可以发现建筑在宇宙最高法则"道"基础上的精神文化的一系列特征。其一，在道的文化中可以发现其特有的人与宇宙（天）的统一："天人合一"。其二，在道文化的原型中形成了文明主体言与行的逻辑、行为基础，"言行，君子之枢机……言行，君子之所以动天地也"。《易经》的作者借此肯定了宇宙的社会人本学地位，也就是说，人类生活的流程体现在天地自然矩阵中的社会规律。其三，人是道文化的精神实质的基本承担者。人是通灵者，是天之理念和地之物质汇聚、结合和分散的媒介。因此可以说，道的文化在归一中获得表达，即是说，发展着的精神文化与人本中心应统一。孔子用这样一句话来强调这一点："人能弘道，非道弘人。"③《中国精神文化大典》的作者还论述了道在

---

① Духовная культура Китая: Энциклопедия. Философия. Редакторы М. Л. Титаренко, А. И. Кобзев, А. Е. Лукьянов, М.: Восточная литература, 2006, с.29.
② Духовная культура Китая: Энциклопедия. Философия. Редакторы М. Л. Титаренко, А. И. Кобзев, А. Е. Лукьянов, М.: Восточная литература, 2006, с. 31.
③ Духовная культура Китая: Энциклопедия. Философия. Редакторы М. Л. Титаренко, А. И. Кобзев, А. Е. Лукьянов, М.: Восточная литература, 2006, с.20.

中国各种哲学思潮中的地位。以儒家为例,儒家复兴道的方法是发挥个体和群体的能动性,其手段是扩展人之德(德乃社会形态之道的精神性相似语,即精神原型"五常"的概括性表达),其精神领袖是君子,其终极目标是经由"小康"达到"大同"。在《中国精神文化大典》的作者们看来,"道"这个概念在中国哲学,甚至整个中国精神文化中,具有基础性作用。《中国精神文化大典》还从本体论、认识论、伦理学等角度,阐释了中国文化的50对基本范畴。①

《中国精神文化大典》为中国学术界的相关研究提供了启发和参照。中国学术界在研究中国问题的时候有时会只顾自我沉思,或只同国内同行争鸣对话,而不顾国际同行的相关研究,更遑论与之对话、争鸣,共同将学术推进到新的层面。《中国精神文化大典》在中国文化的若干领域提出了俄罗斯汉学界的独特视角、独特观点,在不少方面足以拓展我们的视野,启发我们的思路,补充我们的研究。比如在《科学・技术和军事思想・卫生和教育卷》,作者论及中国先秦的"象数学"(нумерология)时认为,象数学的深处隐藏着令人震惊的科学材料,《管子》《吕氏春秋》《淮南子》和《山海经》都援引了"土地规划者"禹的说法:四海之内,东西二万八千里,南北二万六千里。《中国精神文化大典》的作者将这些数字按照周代的里数换算,然后作了比较:地球赤道直径为12756.28千米,上述古籍中为13379.52千米;地球南北两极直径为12713.52千米,上述古籍中为12423.84千米。《中国精神文化大典》的作者指出:"这些数字,与地球穿过地心的东西直径、南北直径的公里数惊人的近似。"②这是值得中国古代科技史研究者关注的断语。再如,在《哲学卷》和《神话・宗教卷》,俄罗斯的汉学家探讨了道佛交融问题和儒释道三教和平相处的问题。我国的宗教问题研究者,不应对这些研究置之不顾。

对于今天的中国社会而言,《中国精神文化大典》的意义也不容忽视。

《中国精神文化大典》对中华传统文化在现代政治实践中的转化作了论述。前面已经叙及,西方汉学(中国学)界曾经流行的一种观点是,

---

① См., Лю Ядин, Понимание и диалогичность: значение эциклопедии «Духовная кулитура Китая»// Проблемы Дальнего Востока, No. 4, 2014, cc.137-143.
② Духовная культура Китая: Энциклопедия. Наука, техническая и военная мысль, здравоохранение и образование. Редакторы М. Л. Титаренко, А. И. Кобзев и др., М.: Восточная литература, 2009, сс.20–21.

以儒家为代表的传统文化在现当代中国已经成了"博物馆的陈列物"。《中国精神文化大典》的作者群体则阐发了与之相反的观点。在《历史思想·政治与法律文化卷》中有篇研究文章——《中华人民共和国政治文化中的儒家与法家思想》，文中分析了儒家和法家在新中国政治中的命运。谈及1987年邓小平在中共十三大上描绘小康生活目标时，该文作者指出，邓小平宣布要达到"小康"水平，提出了中国特色社会主义与儒家理想社会的合题。[①]该文还指出，2001年江泽民在中宣部的讲话中宣布，从今以后要把"依法治国"和"以德治国"联系起来，然后分析了当年颁布的《公民道德建设实施纲要》中提出的基本道德规范"爱国守法、明礼诚信、团结友善、勤俭自强、敬业奉献"，认为它与汉代董仲舒提出的儒家"五常"规范及后来朱元璋、康熙提出的道德准则有相似之处。[②]作者还分析了胡锦涛在"三个代表"重要思想理论研讨会上的讲话，认为讲话中"立党之本、执政之基、力量之源"的说法，是借助孟子的"仁政"理论，活用了儒家的术语。[③]该文还分析了胡锦涛所作十七大报告，认为报告中"努力使全体人民学有所教、劳有所得、病有所医、老有所养、住有所居，推动建设和谐社会"的提法，体现了儒家的社会理想——"大同"。作者指出："事实上，胡锦涛和现在的中共领导层接过了邓小平的接力棒，创造性地发展儒学思想，使之成为中国意识形态的组成部分，并逐渐由小康走向大同。"[④]

足见，不论是从世界汉学，还是从俄罗斯汉学着眼，《中国精神文化大典》都具有不容忽视的地位。由于对中国文化和中国现实的深入研究，它对中国的文化建设和学术建设都具有重要的参照价值。所谓"他山之石，可以攻玉"，全面了解俄罗斯汉学家的这些研究成果，有利于提升我们的文化自信和道路自信。

唐人《初学记》序云："非吾圣人直为是炳炳琅琅者，以夸耀于千万世之人也。由是以载其道，而济千万世之人者也。"[⑤]《中国精神文

---

① Духовная культура Китая: Энциклопедия.Историческая мысль. Политическая и правовая культура. Редакторы М. Л. Титаренко, Л. С. Переломов и др., М.: Восточная литература, 2009, c.212.
② Духовная культура Китая: Энциклопедия.Историческая мысль. Политическая и правовая культура. Редакторы М. Л. Титаренко, Л. С. Переломов и др., М.: Восточная литература, 2009, c.213.
③ Духовная культура Китая: Энциклопедия.Историческая мысль. Политическая и правовая культура. Редакторы М. Л. Титаренко, Л. С. Переломов и др., М.: Восточная литература, 2009, c.214.
④ Духовная культура Китая: Энциклопедия.Историческая мысль. Политическая и правовая культура. Редакторы М. Л. Титаренко, Л. С. Переломов и др., М.: Восточная литература, 2009, cc.215-216.
⑤ 徐坚等：《初学记》，中华书局，2004年，第1页。

化大典》的俄文版已可见出中国文化济外方人士之功,此系她不贾吾人之力,直入外人之心的"主动"走出去。现在《中国精神文化大典》中文版的出版,会为深化中俄学界的学术对话提供新的可能,双方可以围绕俄罗斯汉学界对中国文化的研究等方面展开对话。①新儒牟宗三先生已为我们导夫先路,他讲中西哲学会通的可能性,讲王阳明致良知与西方哲学,讲黑格尔跟王船山的会通,讲中国传统思想与西方民主精神的会通与相济。②以此而言,从更宏观的角度着眼,中国文化会在与域外文化的对话中获得新的生机,我们应该主动展开中国文化与俄罗斯文化的对讲,与俄罗斯哲学的对讲,汲取其精华,这是促进中国文化与域外文化会通并增进自身生机的方略,是文明交融互鉴的坦途。

****

《中国精神文化大典》中文版能够问世,有赖诸位领导大力支持,他们是吴元迈、陈众议、杨泉明、罗中枢、晏世经、姚乐野、李昆、熊兰、古立峰、李怡、彭亮、段峰等;众多学者相助,他们是陈建华、吴笛、舒大刚、姜生、何剑平、黄立良、蔡尚伟、何江南、匡宇和傅珩等先生和朋友;四川大学出版社领导和编辑团队为此书付出辛劳,尤其是侯宏虹社长、张宏辉总编、邱小平编审、舒星主任、杨岳峰主任和各位责任编辑。在长达八年的翻译过程中,季塔连科主编和卢基扬诺夫、科布杰夫副主编给予大力支持,中方的学术顾问项楚、李明滨先生时时与闻,不吝赐教。出版社领导不辞奔波劳累,用心筹划组建中文版学术委员会,叶舒宪、江晓原、李忠、杨国荣、张法、张立文、张晋藩、陈晓明、金冲及、高桂清、黄德宽、曹顺庆、彭锋、舒大刚、谢阳举、赖永海、詹石窗、霍巍(以姓氏笔画为序)共18位来自全国12所著名大学和研究机构的先生们,在万忙之中阅览卷帙浩瀚的译稿,在肯定该书的同时,更是

---

① 笔者也尝试做过这样的工作,2006年11月笔者曾与俄罗斯科学院东方学所圣彼得堡分所(现俄罗斯科学院东方文献所)首席研究员С.А.马尔蒂诺夫进行对话,马氏翻译了《论语》,并对儒学作了深入研究。对话的内容首先发表于《跨文化对话》第22辑"海内外儒学专号"(《儒学具有巨大的机遇》,[俄]亚·马尔蒂诺夫/刘亚丁),后又作为附录收入刘亚丁《龙影朦胧——中国文化在俄罗斯》(北京大学出版社,2018年,第282—291页)。
② 参见牟宗三著、罗俊义编:《中西哲学之会通十四讲》,上海古籍出版社,2007年。

提出了不少中肯、专业的意见和建议。除我担任《神话·宗教卷》的分卷主编，其他五位分卷主编——夏忠宪、刘文飞、张建华、李志强和王志耕呕心沥血，我们带领六十多位学者移译甚勤……我想到的名字很多，难以尽述，感激之意，岂能言表。"俄罗斯《中国精神文化大典》中文翻译工程"作为国家社科基金重大招标项目，结项时受到专家们高度认可，被评定为"良好"。出版时这套书又受到国家出版基金资助。六卷十四册的《中国精神文化大典》中文版篇幅宏大，所涉学科甚多，翻译中错讹难免，望读者诸君不吝指正。作为这套巨著翻译工作的主持者，感慨良多，不免赋诗言情：

> 友俄赞夏意宛蜒，格物致知著巨篇。
> 聘籍儒行知俗圣，羲轩彝鼎辨愚贤。
> 西来童寿圆通义，东返慈恩遍照诠。
> 端赖同侪皆勠力，八音迭奏韵悠然。

谨为译序。

刘亚丁：四川大学中国俗文化研究所研究员、四川大学文学与新闻学院教授

中国的精神文化

М.Л.季塔连科　　А.Е.卢基扬诺夫

《中国精神文化大典》是俄罗斯和西方汉学界首次以如此宏大的规模出版的百科全书，本套书尝试展示从远古时代至今中国精神文明的独特性、整体性和丰富性。编撰这套百科全书是为了回应我们这个时代的科学和教育需求，与公众对中国文化的兴趣、对这个国家的现代化经验的非凡增长有关。百科全书的作者和编撰者，不仅考虑到中国精神文化对中国许多邻国文化形成的重要影响，还考虑到中国文化是世界文化宝库重要的组成部分这个事实，除此之外，也关注到在实施改革开放政策的进程中，迅速变化的中国已经成为世界强国之一，并在很大程度上决定了人类和世界文明的未来。

不同于近些年来在俄罗斯和西方出版的一般概述性的参考书和辞典，五卷本[①]百科全书旨在提供关于中国精神文化的综合概念，展示其在世界文化中的作用。百科全书的首卷为《哲学卷》，它揭示了中国精神文化的基础，即古代和现代所有重要的哲学思潮和流派具有代表性的学说。第二卷为《神话·宗教卷》，涵盖了中国古代的神话和宗教思想，它们是在宗教体制和日常信仰之中形成的。第三卷向读者介绍中国文学和艺术的丰富遗产。独特的历史思想、政治文化和法律意识是百科全书第四卷的内容。第五卷的内容涵盖最广泛的人文科学和自然科学领域——从教育学、经济学到数学和天文学等。《中国精神文化大典》与《中国哲学百科词典》（莫斯科，1994）一样，成为对俄罗斯汉学的创始人——Н.Я.比丘林、П.И.巴拉第、В.П.王西里、В.М.阿理克的遗训的回应。这些人都在研究和出版关于我们伟大邻邦的、具有重要价值的著述方面树立了榜样。正如编撰者所希望的那样，这套百科全书将有助于解决启蒙的难题：面向读者首次以如此巨大的规模用俄文出版揭示中国深邃思想和精神的材料。百科全书力求从整体上再现中国作为天下之国的精神全貌，揭开许多中国文化现象未知且神秘的面纱，这些文化现象通常不能纳入俄罗斯和西方流传的概念和价值体系框架。

---

① 后又增加了第六卷《艺术卷》。——译者注

中国国家的形成也像整个文明的形成一样，一直基于灌溉农业的发展，始于夏商时期。大规模灌溉和水利工程的实施不仅需要集中整个国家的经济和政治资源，而且还需要由氏族贵族阶层掌控的大批人力的集体努力。作为国家、氏族、家庭最高权威的权力来源的祖先崇拜和对天的崇拜，维系了这种氏族贵族阶层的统治地位。上帝和祖宗神的灵魂起到了一种有机联系的统一体的作用，对他们的崇拜奠定了宗教天命观的基础。氏族贵族内部、统治者及其官员与氏族贵族阶层之间的关系，以及平民阶层与政府官员之间的关系，都受到严格的礼仪规范的约束。基于对天的崇拜，这个礼仪规范形成（转化）为一个完整的政治思想管理体系，它"赋予"统治者至高无上的权力和对祖先的崇拜。与此同时，亦保留了对"亲亲"的尊崇规则，而父慈子孝、兄友弟恭、尊长爱幼等，则成了宗族内、家庭内、家庭间关系的调节器。

在西周、春秋、战国，直至建立大秦帝国的时代，可以发现中国人围绕着对礼、对作为最高权力来源的天、对作为天意的实现的命、对效仿其始祖的传统立场取向及传统礼仪与新的法典的相互作用等问题的解释，持续不断地发生争论和尖锐的思想斗争。围绕着其体现者（世袭封号继承者）的权利与侵犯这些权利的新富地主和商人之间，也产生了尖锐的矛盾。因此，"正名"的思想具有特殊的现实意义，这些冲突也反映了氏族特权阶层和新贵之间的冲突。氏族特权阶层力争恢复其政治地位，新贵则力求在由传统礼仪调节的、现行的政治体系框架内拥有一席之地。在《庄子·天下》中，这一情景是以下列意识形态话语呈现的："以天为宗，以德为本。"

人与灵性的宇宙（天）和周围世界（地）的复杂关系记录于哲学典籍之中，呈现为以下情节：气化的辩证法式的演变，五行的相生相克，最高法则道与太极的辩证衍化，对立能量阴阳的相互作用。它们的相互影响、相互转换及蜕变的过程通过中国哲学一系列专门的范畴和概念再现出来：天与人，神灵与凡人，包容与单一，一与多，直与曲，静与动，古与今，恒与变，有与无，知与行，心与物，它们的相互关系也具有相互影响、相互转换的辩证性质。

中国文明的承载者是地球上人口众多的超级族群——中华民族，它始终如一地历经了人类历史发展的所有阶段，因此可以作为东方文明起源的典范。纵观其五千年的历史，中国文明表现出非凡的生命力和凝聚力。

中国精神文明是在相同的地理空间和族群社区的基础上形成的（在汉族占主导地位的情况下，内部部落和语言的差异只强调统一）。这促成了人们对自己的历史家园产生长久的热爱之情，并发展出深厚的族群内部团结的传统。

中国文明在世界观、意识形态和政治上构建为中央之国。时间和空间的周期循环和节奏在这里以这样一种方式组建起来，即离心力始终存在并被专注于社会自然中心的向心力所平衡。该中心体现了民族的自我认同、自给自足、经久稳定的理念，并为内在文明运动设定了指导方针。

诚然，在现实中，中国文明史比在社会演变规律逻辑上的理论再生产要丰富得多。它不仅包括中华民族（首先是汉族）发展和繁荣的时代，而且也包括悲剧性的同室操戈，还有兄弟相争，以及统一的中华国家体制的衰落甚至分裂的阶段。曹植著名的《七步诗》就是其鲜明写照。他的皇兄胁迫他写诗，否则他会遭到可怕的惩罚。曹植面对坐在王位上的兄长，走了七步，并诵咏了以下即兴诗：

> 煮豆持作羹，
> 漉豉以为汁。
> 萁在釜下燃，
> 豆在釜中泣。
> 本自同根生，
> 相煎何太急？

中国文明始终在自身内部找到活力和更新的内在资源。这方面最重要的前提是其最强的适应性、注重自我完善、从其他文化的经验中学习。自孔子（前6世纪—前5世纪）时代以来，中国人自我意识的主要表现就在"修身"和"好学"上。

中华民族的地理位置在其自我意识中被定义为中心，其特征在于，最初的几个世纪以来中国一直在自身的基础上发展，与其他文明发展的中心——古希腊、古罗马、古印度、波斯、阿拉伯国家并没有密切的和直接的相互影响。

直至秦始皇时代，大秦帝国才开始与中亚国家和游牧民族接触。在此之前，汉族仅与邻国交流，其文化发展水平超过了邻国。中国与这些部落和族群进行交流，建立了朝贡关系。其中许多部落被征服和同化，另一些部落，如匈奴则离开了与这些国家和地区毗邻的领土，完成了从亚洲到欧洲的大迁徙。他们一路上与其他许多部落同化，成为芬兰等民族的祖先。

大约在公元1世纪，佛教从印度传入中国。然而，在中国的土地上，佛教经历了显著的变化并吸收了中国民间信仰、道家和儒家思想的许多因素，而被韩国、日本和越南所接受的正是中国版的佛教。在中国精神文化"修身"这一传统的影响下，佛教发展出一种深刻的精神和身体自我调节、自我完善的哲学与心理学体系。这一体系在当时的日本得以广泛的传播和发展。佛教也从日本以禅宗的名义传播到欧洲和北美，在知识精英中特别流行。

公元9—10世纪，伊斯兰教传到中国，部分汉人接受了它。传统的中国文化与伊斯兰文化的综合，在中国超级族群范围内造就了一个独立而完整的族群——东干人。

思想观念变化的例子还可以继续列举，例如，孙中山的思想体系，即本着中国传统的精神，将西方现代主义的自由主义思想和社会主义思想重新加工并综合成一种统一的学说。

这些思想在毛泽东的解释中一度成为动员民族解放斗争和中国伟大复兴以及中国文明发展的意识形态。

在现代中国，沿着毛泽东思想，马克思主义"中国化"发展形成中国特色社会主义的新概念，在构建和谐社会的口号下，它基于以下三种文化的发展和繁荣：

——物质文化（经济的发展与人口福利的增长）；

——精神文化（文化、科学、教育的全面发展）；

——政治文化（立足于中国特色，不断发展和完善人民民主）。

中国精神文化的显著特点之一是它的世俗性，即不依赖于宗教的独立性。中国人可同时善待不同的宗教——基督教、道教、佛教等的仪式和习俗，即中国精神文化素有的特点是信仰宽容和愿意对话。

虽然传统的民间信仰、万物有灵、道教、佛教，以及伊斯兰教、天主教、新教、东正教，都以某种方式对中国哲学乃至整个社会思想产生过影响，但在中国五千年的历史上，上述任何一种宗教并没有成为占主导地位的意识形态。

国际经济、政治和文化发展的现状和前景表明，中国因素和中国文明的经验，在支持不同文明之间建设性的对话方面发挥着越来越重要的作用。因此，我们可以认为，中国文明的崛起及其影响力的增长，从总体上看，将成为整个人类文明发展的重要促进因素。

中国精神文化的概念

今天任何一种严肃的人文学科都离不开"文化"这一概念。然而，每一学科均以自己的方式、目的、认知能力和价值取向来界定文化。因此，在现代研究文献中出现了数十种对"文化"的定义，但它们并未给予文化完整的解释。这种状况也反映在对通过文化所界定的"文明"范畴的理解上。文明被称为"广义上的文化""文化的完整性""文化特征和现象的汇集""城市文化""文化的命运"等。结果出现了许多有关文明概念的定义，这些定义非但未使"文化"这一定义深化和相互补充，反而招致更多的混乱。当精神文化和精神文明现象成为研究对象时，问题不仅更趋复杂，而且发展成一个研究课题。

似乎可以通过揭示文化和文明形成的关键因素，使这个问题在相当程度上得到简单解决。这种关键因素固定在一些名称中，例如中国的"道"、印度的"真言"和西欧的"逻各斯"、俄罗斯的"言"。定义文化和文明的这种方法以它们的结构-功能原型为基础。在这种情况下，中国文化和"道"的文明就可以作为例子。

"цивилизация"这个术语在汉语中用"文明"两个汉字来表示，而"культура"这个术语在汉语中用"文化"两个汉字来表示。"文明"这个术语的字面意思是"文采光明""文治教化"，而"文化"这个术语的字面意思是"文化发展""文化化"。这些概念直接表明"文明"源自"文"。换言之，中国文明，在理性的"明"和历史的"化"的程度上，是"文"的一个发展阶段。

"文"这个术语从词源上可追溯到"纹"和"图案装饰"义。在哲学语境中，它历经了内容上的变化，已经开始表示天网和地纹，每一种哲学学说都将其对自然和人类生活的理解置于其中。例如，在古代典籍《易经》中就能见到"文明"一词，在《文言传》里就揭示出第一卦（乾卦）九二爻的含义："《易》曰：'见龙在田'，天下文明。"这里提到的龙象征着人的土生土长、氏族的实质，其意义体现在龙纹上。潜龙（乾卦的初九爻）、见龙在田（九二爻）、龙纹使宇宙之光——阳光和月光明媚。因此在平面纹路上排列着海量的"象"，人从中可以读取其氏族生活的含义。

"文明"这个词在对第四十九卦（革卦）解释性的语句中也能见到，这一卦为异卦相叠（离下兑上）。"文明以说，大亨以正。"在此，

亦可发现内在与外在的结合——隐藏在"文"和"明"中"道"的实质，后来它反映在文明的概念中。它集文化内在的奥秘及其外在的自觉意识与实际的体现于一身。

随着时间的推移，在文明时代的更替序列里，永恒定格在天地宇宙之纹中的"文"得到越来越新的启蒙阐释。这样一来，层层叠加，延续扩展，就形成了多层次的中国天下文化的宇宙之书，通称为道文化。

中国圣贤和哲学家详细描述了道文化的有机结构和功能。根据古老的文字资料，道文化是一个活生生的有机体，充盈着物质的、精神的和理念的（思维的）特质。其生命进程是由宇宙能量阴和阳促进的，根据《易经》的说法，中国文化的名称由此而来："一阴一阳之谓道。"阴和阳是从每个定性成分中形成五阴和五阳的元素。从物质定性的阴和阳分离出物理性的元素——木、火、土、金、水，被统称为五行。从精神定性得出仁、义、礼、智、信，它们被统称为五常。从理念（思维）定性得出数字元素——十进制内5个奇数和5个偶数：阳——1，3，5，7，9；阴——2，4，6，8，10，被统称为天数和地数，它们总括起来构成五数。在道文化中，阳的元素垂直分布，阴的元素横向呈十字形分布（一个元素在中间，四个元素在十字形对角线的两端）。这些元素均镜像般地成双成对并相互关联，沿着封闭的环状路径运动。它们相遇在其构成中心并在一个完整的循环周期中编织着物质的、精神的和理念的三位一体的螺旋曲线。后者扮演着道文化的结构功能原型的角色并携带其遗传密码。螺旋曲线在道文化原型的总螺旋曲线里是其精神原型。每个原型成分——五行、五常、五数乃是其宇宙域的基础：五行是物质领域（物质圈）的基础，五常是精神道德领域（伦理圈）的基础，五数是理智领域（智力圈）的基础。

在道的原型元素的结合过程中，天下宇宙被建构起来：理念－思维品质构成天和理智领域（智力圈），物质品质构成大地和物质领域（物质圈），精神品质构成中心和精神道德领域（伦理圈）。与此同时，实现人、物、祖先（氏族图腾）的综合，它们分散在宇宙的各个层面：祖先升天成仙，物质下降大地，而人立于这个精神中心。由此产生中国古代哲学关于人类学的格言，如杨朱（前5世纪—前4世纪）所言，人乃"有生之最灵者"。一旦一个人改变了精神中心阴阳能量脉动的节奏，哪怕是一点点，就会立即引起整个精神的变化，随之而来的是道的、物质的和思想的调整。这就是为什么中国人自古以来就如此珍视保持其精神的和谐运行，并称之为"五常"。

在此，在原型的层面上，已经显现出一系列具有道的精神文化和文明的特性，它们建立在道——宇宙最高法则的构成原则基础上。

第一，在道文化中呈现出亘古以来人与宇宙（天）的内在同一性，古语曰："天人合一，天人相生相克。"这种同一性展开为基本的思维反省模式，根据这一模式，活生生的宇宙以人的形象进行思维，而人则按照宇宙的法则典范思考，达到所求的精神上的统一和启智澄澈，如《易经》中写道："子曰：天下何思何虑？天下同归而殊途，一致而百虑。天下何思何虑？日往则月来，月往则日来，日月相推而明生焉。"

第二，道文化的原型奠定了文明主体的言行逻辑和行为基础："言行，君子之枢机……言行，君子之所以动天地也。"这就是《易经》的作者所说，并由此确认了宇宙的社会学地位，即人类生活的进程依照体现在天地自然矩阵中的社会规律。

第三，道文化中精神实质的主要体现者是人。人是通灵者，是天之理念和地之物质的品质在他身上根据自己的位置汇聚、统一和分化的媒介。若没有一般的人类灵性，道文化的整个和谐结构就会崩溃。因此，可以得出结论，以统一状态表现出来的道文化是一种以"人"为中心的不断发展的精神文化。孔子用自己的话巩固了这一点："人能弘道，非道弘人。"

随着时间的流逝，由于人无限度的自由和活动，尚未稳固的文明和谐被破坏。从世界观来看，这表现为人与世界的中间环节脱节。他降落到大地上，在自己对世界的感受中与"万物"平等。人与宇宙的联系断裂，精神中心空虚，整个世界陷入混沌。在重建昔日和谐的愿望中，中国人从其大众精神领袖中挑选出了"圣人"。他们弥合了巨大的精神鸿沟，按照道的原型组成了联盟，融入自然节奏，使新的社会节奏与之相协调，开辟了国家社会结构的前景，也发展了道文化原型的新模式。他们创造的结果构成了由八卦演变而成的六十四卦爻组成的螺旋图。

这是对《易经》中描写的道文化的和谐进行精神修复的首次尝试。哲学家们保持了自己导师的美德和能力，继承了圣人的智慧、预言的天赋和诗性。他们取代了圣人的位置，实现了对道文化进行精神修复的第二次尝试，为道家和儒家的产生奠定了基础。

老子（前6世纪）被认为是道家的创始人，道家的学说基于道的横向构成原型。它在世界观上指向氏族的过去。道家修复道的方法——"无为而无不为"，依靠的是自然；手段——常德（精神原型"五常"的概括性

表达和道的道德类比);精神领袖——圣人;最终的目标——恢复业已丧失的人与自然和祖先的统一。道家的哲学信条用"绝学"这个术语来表示,它具有双重含义:在儒家方面"断绝巧智之学",以及在道家学派的自我意识方面"完善学识智慧"。

  孔子是儒家的创始人,儒家的学说基于道的纵向构成原型。它在世界观上面向未来,面向世俗社会的理想。儒家对道进行修复的方法——根据古代道德-精神样板弘扬道的个人和集体的积极性;手段——人所扩展的德(精神原型"五常"的概括性表达和社会形态的道的道德类比);精神领袖——君子;最终的目标——通过"小康"社会的中间阶段,建设"大同"社会。儒家的哲学信条用"好学"("哲学")这个术语来表示,它与道家的"绝学"概念相对立。

  道家和儒家基于世袭的文化原型发展出了各自道的原型。它们充分地反映在书面文献《淮南子》(前2世纪)和《白虎通》(前1世纪)中,这些文献对古代道家和儒家的发展做出了总结。然而,这两大学说虽然在世界观上有不同的指向,但如果在《易经》的基础上结合起来,或许能够形成一种和谐的综合学说。这种和谐综合是双方在中国漫长的历史长河中试图实现的,在郭店发掘的竹简特别能证明这一点。

  应当指出的是,在战国时期,还存在过其他哲学流派,其代表人物积极地与道家和儒家信徒展开辩论。其中占有特殊位置的是伟大的智者和中国逻辑及认知理论的创始人墨翟(前5世纪)及其追随者——"后期墨家"。他们为了将自己导师的原则付诸实践,创建了为"兼相爱""交相利"的理想而奋斗的独特团体。墨家是这些年代产生的工匠、商人、浪迹天涯的学者、读书人等人数众多的阶层的代言人。

  与儒家相反,墨翟及其学派所倡导的上下之间关系的调节,并不基于礼仪,而是基于在社会中贯彻百姓和明君的"圣王""尚同"的契约原则。墨翟试图将自己的学说与"天命"相提并论,同时反对儒家关于每个人的命运都是预定的见解。

  在前3世纪—前2世纪之交,墨家失去了其继续存在的社会和思想基础,退出了哲学舞台。直到18世纪末,特别是在20世纪上半叶,墨翟具有民粹主义性质的类似于原基督教乌托邦的思想才再次引起列夫·托尔斯泰等研究者和道德家的关注。

  总的说来,儒家、道家和《易经》按照道的原型模式对道文化——宇宙和人真正的道的和谐——进行的修复,部分地运用了战国时期"名家"

的精神价值、共相和范畴，实质上成为中国精神文化和文明的基础。这一自觉而又有明确目的的修复变成了真正的创造。它根据时代的需求将神话和宇宙的纹（形象地说是龙纹）变为文化的"文"（道的纹）及其"明"，并将它"化"于时代的需求且体现在中国精神文明（文明、义化）中。本书的基本内容论证了所有这一切。

通常，精神文化的概念及其范围仅限于哲学和宗教，即反映精神和灵魂的那些理智和信仰领域。在本书中，这些框架得到了显著的扩展，而且在我们看来是有理由的：每个部分都根据其对象和方法的特色反映了道的精神文化的发展。例如，文学以神话-仪式性祖先的道为出发点，在精神话语中掌握其奥秘（《易经》曰："神也者，妙万物而为言者也"），在道的原型模式中，以音乐和诗歌的韵律展开，编织出一幅浩瀚的道的精神心灵之书卷（《易经》曰："《易》之为书也，广大悉备，有天道焉，有人道焉，有地道焉"），其流派、体裁、风格倍增，在神形、兽形与人形的形象中体现了《易经》、道家和儒家的道，以氏族和社会礼仪使之充满活力，在口头和书面语中把它们拓展到人民的广度，提升到中国官僚等级的高度，在人及其自然环境中将它们本体论化，以精神的道充盈现实。

历史意识也起着精神变化的作用。中国史学的奠基人之一司马迁（前2世纪—前1世纪）将历史进程视为封闭的循环。司马迁运用阴阳家学派主要代表邹衍（前4世纪—前3世纪）提出的原理，把这些循环投射到五行——道的原型的物理建构上。根据五行的数量，司马迁引用了临近他所处时代的相互更替的五个王朝：英雄大禹的王朝与土元素相关，夏朝与木元素相关，殷朝与金元素相关，周朝与火元素相关，秦朝与水元素相关。继秦朝之后，又从土元素开始了新的历史循环。

司马迁就这样将朝代置于原型模式中。然而，这还仅仅是历史自发的现象部分，它借助于原型结构载入中国的宇宙学。同时，历史的道德意义表现在"五常"的五种精神美德中，它们与"五行"和朝代所指称的物理元素一起，通过道的原型产生联系并循环往复。在它们中间起作用的还有性情率直、孝敬长辈等。这种理解历史意义的原型方法，在中国的世界观中牢固地占据了一席之地。它被运用于建构古代的历史概念，也在现代使用。因此，历史意识的部分理所当然地包含在精神文化的构成中。

读者或许最没想到的是，中国的经济思想会被纳入精神文化的范畴，然而自古以来，正是在这里，"利益"这一经济原则与"责任/正义"这一精神原则之间最密切的联系可以得到追溯。例如，为了平定天下

三五

的混乱，儒家提出了两个相互关联的社会观念：其中第一个被称为"大同"，它对应于"天下为公"的和谐阶段。"大同"之后，混沌时期到来，"大道既隐，天下为家"，为了克服这种失去和谐的状态，儒家提出了"小康"这一过渡性的概念。它完全基于道的精神原型，在《礼记》中能够见到对它的清晰描绘："今大道既隐，天下为家。各亲其亲，各子其子，货力为己。大人世及以为礼，城郭沟池以为固。礼义以为纪，以正君臣，以笃父子，以睦兄弟，以和夫妇，以设制度，以立田里，以贤勇知，以功为己。故谋用是作，而兵由此起。禹、汤、文、武、成王、周公，由此其选也。此六君子者，未有不谨于礼者也；以著其义，以考其信，著有过，刑仁讲让，示民有常。如有不由此者，在势者去，众以为殃。是谓小康。"

上述概念，现在已经按从"小康"奔向"大同"的顺序，表现在中国的现代生活中。然而，它并非作为遥远古代的令人难忘的事实，而是作为官方构建和谐发达社会的文化、政治和经济纲领。例如，中国的"中国特色社会主义"建设就是在更新小康观念的背景下进行的，小康将每个家庭"实现平均收入"和全民"建设精神文明"结合起来。"精神文明"应该吸收道的精神文化中的一切精华。与此同时，它的影响力还超出了中国的边界。对于亚太地区而言，形成诸如"儒家文化圈国家"正在成为现实，其中"道"的儒家精神文化在社会和经济进程中发挥着主导作用。因此，经济思想的篇章在这套百科全书中有其应有的位置。我们在制定本套书的编撰体例时，每个部分的基本原理都是相同的，这反映在文章内容中，因此没有必要在这里正式介绍所有这些基本原理。

中国精神文化的演变与分期

中国精神文化的演变始于它的源头——道的氏族原型。最初它以生动的螺旋曲线内接天地的宇宙纹理，人类就在天地之间，位于宇宙的中心。作为集体氏族共同体的一部分，圣人从宇宙纹理中读取和谐恒常的典范，将其固定在氏族的记忆里，并以精神自我调节的新内容补充它们，将它们再次解读为天地纹理。所有这一切均由人通过集体的神话仪式交流来实施，其快慢与大自然的阴阳节奏一致。由于这种解读，道的精神象征以动物化、神化或拟人化的形式在氏族的意识中形成。《山海经》（前4世纪）中的凤凰就是这方面的例子，它是氏族的精神象征。在凤凰的身上，在低吟、舞蹈和以自然补给能量的过程中，在五彩纹理中，"五常"原型的精神螺旋形图式得以显现："有鸟焉，其状如鸡，五采而文，名曰：凤皇。首文曰德，翼文曰义，背文曰礼，膺文曰仁，腹文曰信。是鸟也，饮食自然，自歌自舞，见则天下安宁。"

随着氏族向国家过渡，道的原型被人类主体复制、图式化，并转移到与之一起被人类主体积极运作的领域，而不管自然节奏的交替和存在的循环过程。与此同时，精神的氏族象征也历经变化，在图式化的过程中撕下了它们的神化、动物化和拟人化①的面纱，其纯粹的概念本质得以揭示，迅即得到了口头名称和书面象形文字符号。老子曰："吾不知其名，强字之曰道，强为之名曰大。"在破除道的神话性时他如此言道。

精神文化之书建立在由宇宙纹理、图形符号和象形汉字组成的"道"的原型螺旋形图解之上，成为内容丰富且具有严格的固定联系和一定数量的概念共相——五阴和五阳范畴。根据正在发生的社会变化，相同范畴名称的新层次建立在它们之上，只不过充满补充的意义，并通过新的联系结合在一起。在这个同心的结构里，每一个范畴层次都是对上一层次的注释、补充、发展并改变"道"的精神面貌。这些层次被松动了，在节点连接之间布满了补充的连接链和范畴，并被压缩，恢复到原初的规模。用古代经典大师的话来说，精神的"道"的文本呈现着变化。

道文化的层次按照"结"或"系"的方法层层相连。例如，根据《易经》八卦和六十四卦的图形系统，复制着铭刻在宇宙纹理中道的原型，天、地之道的画面完全交织在一起。这是氏族祖先与宇宙原型基础联系在一起的第一层。接下来是新的一层，它由引入新的循环、节奏和舞蹈的新形象和词句构成，以圣人与八卦和六十四卦图联系起来，如《易经》曰"圣人立象以尽意，设卦以尽情伪，系辞焉以尽其言，变而通之以尽利，鼓之舞之以尽神"，从而将创建变化体系的优先权交给圣人。

接着是第三层，即哲学家作为作者创作的层面，它与第二层（其中包括连接六十四卦的词句）联系起来。这一方法程序在《易经》中是由孔子亲自完成的："易曰：何校灭耳，凶。"接下来，孔子将自己的阐释与这一覆盖层词句联系起来。"子曰：危者，安其位者也。亡者，保其存者也。乱者，有其治者也。是故君子安而不忘危，存而不忘亡，治而不忘乱，是以身安而国家可保也。"

在道家的论著，例如在《道德经》中也可发现同样的情况。与圣人

---

① 也可译为：神形说、兽形说和人形说。——译者注

有关系的新论旨将作为其结果的某个原初的（原型的）论旨联系起来："为者败之，执者失之。是以圣人无为故无败，无执故无失。"

应当指出的是，将道文化演变的阶段联结起来的"系"（反之为拆解）的方法，具有普遍性。它无所不在——无论是在印度文化的"真言"里（一个囊括无遗的好例子是吠陀语料库的创建和基于它的哲学学说），还是在希腊的逻各斯文化中（在神话转化为逻各斯的任何环节中均可发现）。

有趣的是，"系"的方法，还在英语"引导程序"直译的称谓中，在现代物理学中表现出来。它奠定了将量子力学和相对论相结合的粒子理论的基础，这样一来，保证了西方基础科学方法的激进突破。这一理论的实质集中在拒绝探寻物质宇宙的"最初组成部分"，并将其视为相互关联的事件的动态网络。在建构科学世界观的领域里，"引导程序"理论被引入"引导"哲学的框架中，并被誉为"西方思维最深刻的体系"。显然，在其基本的原理中引导的方法类似于"道"文化原型的同心的扩张和收缩方法。只是道的原型不仅包括物质，而且还包括人的心理和意识。"引导程序"方法和"引导程序"哲学的理念再次证实了：第一，基于螺旋原型文化起源方法的普遍性；第二，"引导性"无论在哪里显露，无论是表现在自然科学中还是哲学中，均既不是独一无二的特点，也不是"西方思想体系"的首先发明；第三，新，就是很好被遗忘的旧。

因此，中国精神文化的演变是对道文化最初本义和形象的层层扩展的注释。每一层都是道的精神起源的一个阶段，以万花筒般的概念和美学形象呈现出来。这种演变运动的驱动力是人类社会的自然（大自然）和历史（文明）的脉动，以道为中心，以它的精神导师——圣人和哲学家为代表。它们与道一起被理论化，与其外形和含义合而为一，与此同时，其注释外壳涵盖了社会的所有生命过程。因此，根据人文主义的目标倾向，精神文化每层的范畴都充满含义内容，它们中的同一套系统在内容方面可以是哲学的、宗教的、政治的、伦理学的，等等。

这并非通常归因于象形文字并被研究者们称为"概念混合主义"的道文化的缺陷，而是哲学语言毋庸置疑的优势，它能够在一个螺旋式的范畴模式中表达道的辩证意义的全部丰富性。除此之外，必须考虑到易学、理学和儒学三大学说中的每一个学说，都提出了自己的分层注释的含义展开，这可以在单个的范畴中得到展现，例如"仁"的范畴。

在仁的神话仪式的象征化中——这就是图腾鸟凤凰——歌者（神话）

和舞者（仪式）世界观身体上的色彩花纹（文），承载着天下和谐的精神意义："膺文曰仁……见则天下安宁。"

在《易经》中，仁被纳入道的宇宙精神生成："一阴一阳之谓道，继之者善也，成之者性也。仁者见之谓之仁。"

在道家老子那里，仁爱与友爱紧密相连，充满善心："与善仁。"

在孔子那里，仁被置入人之道的生成，有其家族和宗族关系的基础，而在家族和宗族关系中，有对长辈的敬畏："君子务本，本立而道生。孝弟也者，其为仁之本与！"

按照道的原型模式对范畴的并置和关联，保障了它们的自我反省，其中每个范畴内的阴阳的对立通过中间环节相互反映，具有正负的模态。这极好地彰显了老子的一系列回文式的哲学范畴："为无为""知不知""学不学""德不德""道可道"等。与此同时，每个范畴也反映了范畴的一般原型结构，并揭示了五个词义。当孔子被问及仁时，孔子曰："能行五者于天下为仁矣。请问之，曰：恭、宽、信、敏、惠。"仁的范畴可以过渡到下一注释层面，并且不是以其专有名称，而是以同义词和范畴定义关系从上一注释层面移到下一注释层面，构成无穷多的填字游戏。

道的精神文化演变的分期乃是其层层叠叠的形成过程，它与中国社会的历史进程交织在一起。它历经氏族社会、过渡社会、国家体制社会的阶段，继而改变其形式，直至现代的共和国。每一重要的历史阶段都会在精神文化的同心建构中对应于自己的圈层。通常，这些阶段由王朝统治的更替来划分。因此，在这套百科全书里，材料的呈现在形式上是按朝代、按时间的先后顺序进行的，但对应为欧洲纪年法，并在道特定的文化层面的语境中对具体现象进行分析阐释。毫无疑问，在诸如哲学、宗教、艺术等某个特定学科领域内部，精神文化演变的动态进程可能不尽相同，有时会断断续续，或是以儒学，或是以道家，或是以易学，或是以中国佛教，或是以它们的综合思想构成为主导。然而，本套书所提出的分期方法考虑到了所有这一切，并有助于再现道的精神演变的总体图景。

新欧亚主义与文化的交响乐

关于中国精神文化百科全书式的编撰工作，是由既在中国本土，也在整个亚太地区所发生的现代进程所推动的。首先，这直接涉及文化—文

明人类学的问题。建构中国精神文明的规划面向教育体系、学者和政权机关提出了塑造新人的任务，它在"以人为本"的纲要中得到言简意赅的表述。历史表明，在从一个发展水平过渡到另一个发展水平的过程中，没有哪一个文明过去和现在解决过这样的问题。

例如，在《山海经》中早已记录了从氏族到国家的过渡，谈到了"能"与"不能"从事经济和政治活动的人的新范畴："此天地之所分壤树谷也，戈矛之所发也，刀铩之所起也，能者有余，拙者不足。封于太山，禅于梁父，七十二家，得失之数皆在此内，是谓国用。"

孔子实现了在精神和道德基础上构建文明的思想，提出了一种理想的新型完人——君子，集"学问"和"自然"的和谐于一身："质胜文则野，文胜质则史，文质彬彬，然后君子。"

道家的创始人老子提出了人与自然统一的理念，塑造了新型的完人——精神领袖，在人造的社会宇宙的那一边，领导着自发形成的精神世界："知其荣，守其辱，为天下谷。为天下谷，常德乃足，复归于朴。""朴散则为器，圣人用之，则为官长……故大制不割。"

所有这些新型的人被作为中国所有民族共同体理想的主体提供给社会。

历经数世纪，中国文明已经过渡到了下一个历史阶段，再次号召必须塑造新人。与中国接壤的一些国家的人民，乃至整个人类都有兴趣知道，这将是何许人也？会用何种方法和精神材料来塑造他？他的理想是否在永恒的天地间的宇宙中心，即在其精神发祥地得以确立，抑或这一理想被置于底层大地之上，置于物质价值和道德邪恶统治的领域？他是何种类型的人：仅是一个中国人，抑或是一个新的地球人？我们应该如何以及基于什么精神基础与他建立关系？他会向我们提出什么样的人道主义要求？我们对他又有什么样的要求？显然，这并非地域性民族的问题，而是一个普遍的课题。中国正在向全球提出其人类学的挑战，而这一挑战我们必须共同面对。

中国的道文化是一种土生土长的文化。它有一个原型基础，并在此基础上持续产生了国家民族的精神价值。这方面的一个例子是公民道德，这是一个发展社会道德原则的纲领，其中包括了数千年高深的精神传统价值。在亚太地区国家政治和经济一体化以及中国融入全球化进程的条件下，中国的道的民族精神价值可以发展成全人类的、能影响其他民族的精神生活的倾向。对此该怎么办：否定抑或接受，保持沉默抑或寻找自己的文化原型并与之对话？它们会带来什么——"中国化"的危险抑或民族文化发展的促进因素？其影响的边界以及整个中国的边界延伸到什么地理范围？中国的道的景观在中国境外是"自己的"还是"异己的"？

中国位于欧亚大陆，不可避免地会参与欧亚世界观的形成，因而，了解中国精神文化对于俄罗斯具有原则性的意义，这对在最为复杂的时期培养民族自我认同思想至关重要。就其位置而言，俄罗斯位于世界上所有伟大的文明，如欧洲－日耳曼文明、美洲文明、希腊文明、中国文明、日本文明、阿拉伯－伊斯兰文明、乌戈尔－芬兰文明、突厥文明的交叉路口。俄罗斯在"历史轴心"上使东西方紧接在一起，这为文明的形成和发展设定了循环周期，使它在欧亚大陆活生生的有机体中发挥了纽带作用。历史不止一次地表明，欧亚大陆所有文明的精神以及随之而来的智力上和身体上的自我感觉在很大程度上取决于俄罗斯精神上的自我感觉：无论是精神因素胜过智力和身体因素，还是智力和身体因素胜过精神因素。因此，在其内在实质和外在表达中了解其他文明的精神文化，是不同文明以交响乐的方式相互接近的必要条件——在保持自身独特性的同时，维护它们的平等和统一，百科全书《中国精神文化大典》的使命就在于此。

了解邻国的精神文化及其相互作用对于俄罗斯来说具有特殊的意义。

首先，中国的精神文化在地理上和种族上有着根深蒂固的深厚传统，历经不间断演变的漫长道路，为世界精神价值的武库做出了重大贡献，并给予日本、韩国、越南、蒙古的精神文化以生气勃勃的推动力。其身后有着数千年的精神经验，掌握了精神共相的集体再生产手段。揭示这种文化的真正面貌有助于俄罗斯精神上的自我反省，并在自己的精神文化中突显一系列亚洲特点。也许读者可能会感到惊讶，但是，例如，人道主义（仁爱）作为俄罗斯精神的一种特质，最初便具有广泛展开的亚洲根源。这一论点源于仁爱的理念和基于人与人之间关系的和谐、人与周围自然世界的和谐、人与国家之间的和谐——这些基本的价值既是俄罗斯欧亚主义，也是我们亚洲邻国的民族意识形态所素有的。中国古代文献《中庸》里的名言"仁者，人也"美妙地"响彻"在这一语境里。

其次，俄罗斯精神上的自我反省具有现实意义并使新欧亚主义的理念具体化。应该专门指出的是，现代俄罗斯欧亚主义是影响到全球客观存在的事实，是地理的、人文的和社会的现实。俄罗斯包括欧洲和亚洲的部

分空间，并将其连接到欧亚大陆，集欧洲和亚洲文化元素于一身，综合了人类学宇宙品质最高的精神文化。俄罗斯欧亚大陆的遗传密码对应于特定类型的世界观，这种世界观浓缩在欧亚主义的理念之中，自俄罗斯诞生以来它就一直存在，然而，它是思想家小圈子的精神财富，遗憾的是，真正意义上的它仅保持在人们的潜意识层面，或者以不适当的宗教形式表达，却被外来的投机的政治学说控制，并被有欧洲中心主义取向的政权蔑视。目前，这些学说变得走味了，以焕然一新的形式出现的欧亚主义理念在俄罗斯族群自我意识中浮出水面。其复兴、范畴化并植根于民族土壤的主体——是俄罗斯科学和精神精英的代表，杰出的俄罗斯哲学和宗教欧亚主义思想家的继承者。

对于俄罗斯来说，新的欧亚主义理念，不仅是解决地缘政治问题的关键，而且也是解决俄罗斯民族的人文精神自我认同问题的关键，并揭示了俄罗斯文明的精神奥秘及其目的论和原则形成基础，没有这一点就不可能与任何一个文明达到相互理解。新的俄罗斯欧亚主义理念赋予俄罗斯文化新的力量，这些力量将俄罗斯民族的其他文化吸引到使人有好感的领域，并为它们开辟了共同发展的新视野。

新的俄罗斯欧亚主义理念给予俄罗斯文化团结和俄罗斯文明繁荣的内在范式，形成伟大民主的俄罗斯复兴的世界观基础，并作为其强国建设的意识形态。它集中并相应地反映着所有民族、所有社会阶层、所有宗教信仰最共同的、生命攸关的切身利益：恢复俄罗斯民族的激情，并肯定俄罗斯人民因共同的历史命运而团结一致的聚合性、互助与合作的原则。

作为欧亚主义的普遍原则，新的欧亚主义理念不仅具有纯俄罗斯和俄罗斯联邦的特色，而且也具有全球的特征。欧亚主义展示了其他文化、文明、族群吸收某些文化、文明、族群的多种可能的抉择方案，它是全球文明间关系未来新秩序的组成部分之一，这些关系能够保障文化和文明的生态，保护种族和文明的多样性。欧亚主义肯定这一点：欧亚主义乃是世界发展的要素，并强调对历史进步的理解恰恰需要各种不同文化的平等和相互丰富。

新欧亚主义是俄罗斯文化伟大聚合性的人文传统的接受者、继承者和保护者。它为克服自古相沿的东方－西方、北方－南方的两极分化提供了可能，并为欧亚空间里所有国家的繁荣发展开辟了道路。新欧亚主义具有独特的机制，能够确保欧亚文化的协调、共同发展和共同繁荣，使深厚的民族传统得到提升、复兴和充满崇高精神，揭示其起源，显示其统一性和差异性，并形成其协调的方式。

在理论和实践的横断面，新欧亚主义带有整个欧亚文化的遗传密码，并将这密码植入民族的土壤和文明的现实（文明的"位置""发展之地"），从而将文明体系精神内核的神圣奥秘祛神圣化，消除封闭的反射作用，并倾向于开放性。与此同时，它保障每个族群文化的无冲突、存续和繁荣发展。

自古以来，欧亚主义的这些规律性在中国文化中清晰可见。例如，它们都反映在墨家的意识形态中，并直接反映在墨子的十项原则中，如"兼相爱，交相利""强扶弱""贵义"，等等。中国现代性以19世纪80—90年代就宣扬的洋务原则（中国完美的精神道德文化与海外工程学技术的结合）为标志，以孙中山在20世纪初发展的创造性借鉴外国经验的原则——化西，如今在开放、改革和现代化的基础上，建设"中国特色社会主义"以及"社会主义精神文明"，"以崇高的精神塑造人"。

所有这一切都证实了欧亚主义的全球客观性，其全球性表明中国精神文化并非与新欧亚主义格格不入，它是其民族文化学的变型。

在世界观的维度上，新欧亚主义创建了一个全球领域，这使得其中的每一种文化，第一，具体化了与其他文化的关系；第二，都重新发现了自己的传统，并积极朝着自我认同方向发展；第三，都根据其性质获得存在和发展的途径；第四，都与其他文化共同参与人类精神词汇的开掘。因此，所有的文化都获得了统一，消除了文化间发生冲突的可能性，进而达到了文化交响乐的状态。

在这个领域可以实现中国和俄罗斯文化真正的对话。从中国方面来看，即将奋起的是一个具有高度精神性的人；从俄罗斯方面来看，即将奋起的则是一个新欧亚人。他们将运用人类精神词汇进行对话。我们出版的百科全书《中国精神文化大典》会在文化交响乐战略中促进这种对话。

善于思考的读者会注意到，中国确实拥有植根于自然景观和中华民族的强大文化。它基于自己的原型，拥有道的名称，专心于人的精神再生产，使真正的本体具有遗传密码。它铭记自己的过去，洞悉自己的未来，使自己的智者、诗人和哲学家发挥启迪作用，并借他们之口说出预言。它既具有可塑性，同时又是稳定的，不惧怕外来文化的入侵，并时刻准备和这些外来文化进行对话。这是一种与伙伴的原型协调构建的对话。是什么，是谁站在古代俄罗斯一边？数十年来理论家们都在谈论俄罗斯文化，却让它无名。俄罗斯文化叫什么名字？它的原型结构是什么样的？谁是我们觉悟了的精神文化的先贤和先知？俄罗斯精神文化在数百年中是如何在中国文化所掌握的领域中表明自身的？中国古代哲学家庄子（前4世纪—前3世纪）曾经说过，道在秋毫之末。无论往哪里看，无论看何处，无论做什么——道无处不在。中国的大自然－人的宇宙就是如此。

在俄罗斯文化中，也有这样的宇宙，即便不是文本构造的，那也是诗意的。这便是——普希金，他的名字在我们这里已经变成了生命的源泉和日常的生活形象。上苍令他成为先知，并说出俄罗斯文化原型的名称：

> 于是我听见上帝的声音在呼唤我：
> 起来，先知，瞧吧，听吧，
> 按照我的旨意行事吧，
> 走遍陆地和海洋，
> 用言去点燃人们的心灵。

言是俄罗斯文化之名及其原型。俄罗斯之言与中国之道、印度之真言和希腊的逻各斯作为原型之名一样，它们都具有言——话语、言语、说话的词义。

对言的歌唱并非只有先知普希金一人，还有罗蒙诺索夫、果戈理、托尔斯泰、陀思妥耶夫斯基，他们用不同的体裁创作做到了这一点。但是，重要的是，人们已经证明，言的原型亦即我们的欧亚空间，不是无亲无故和无精神的虚空。普希金表明，自己的祖国有先知！根据他们所给定的言的原型，我们可以恢复自己的精神性，并与任何精神文化建立对话。

最后，应当强调的是，在十余年里，百科全书《中国精神文化大典》的概念一直发生着变化和发展。在1994年《中国哲学百科词典》问世后，我们产生了超越中国哲学史这一中国文化的精神内核的想法，并试图展现中国精神文化其他部分——历史、文学、艺术、宗教、政治、法律和军事思想的丰富内容。

编撰这样的大典的想法得到了中华人民共和国文化部同行、中国大使李凤林、武韬、张德广、刘古昌，香港著名商人许智铭博士，以及美国学者、黄兴基金会代表薛君度教授的热烈赞许。这个想法还得到玛格丽特·基维特女士——美国著名的基维特慈善教育基金会（美国波士顿）的代表的支持。多亏他们的精神和物质支持，编委会才能够召集到一个高度专业的作者团队，邀请的不仅有俄罗斯科学院远东研究所和莫斯科东方研究所的重要学者，也有一些来自圣彼得堡、乌兰乌德、符拉迪沃斯托克（海参崴）、新西伯利亚和中国的著名专家。筹备关于中国精神文化的两卷本百科全书的最初计划，已经成为出版五卷本百科全书《中国精神文化大典》的大项目。

同时，这套百科全书的编撰者觉得完全有必要说明，这五卷不管是从内容角度来看，还是从分析深度来看，都还与充分地揭示世界上伟大的、最古老的"活的"文化的全部丰富性和独特性相距甚远。我们希望新一代汉学家在与中国学者更紧密的合作中完善这项工作。

季塔连科：俄罗斯科学院远东所所长、院士

卢基扬诺夫：俄罗斯科学院远东所中国文化研究中心主任、首席研究员

（夏忠宪译）

作为汉学集大成之作的《中国精神文化大典》

A.И.科布杰夫

人与其他任何动物之间的主要区别在于人拥有和积极地运用非遗传的信息,即文化。文化在其历史发展中,类似于黑格尔的绝对精神,越来越少地依从于体现它的物质形式。人类的进步恰恰在于物质与精神文化之间的平衡日益变化,有利于后者,最终导致在智力圈理念中形成自我意识。提出这一理念的是20世纪两位杰出的学者和思想家——一位是法国籍的耶稣会士德日进,他在中国生活了20多年,参与鉴定了北京猿人;另一位是使他产生灵感的俄罗斯的В.И.维尔纳茨基院士。令人惊讶的是,诺伯特·维纳的控制论和阿兰·图灵的算法"机器"理论、"通用计算机"理论等其他计算机工艺学的组成部分是同时创建的,并且独立于它们。

智力圈在现代以全球信息文明的身份出现,它的形成至少需要具有三大有重大价值的发明:文字、印刷、计算机。

汉字是当今尚在使用的文字中最为古老的文字。它具有现代信息工程工艺学最宝贵的品质特点,诸如形式化(半人工的、接近逻辑语法的、等级上标准化的、广为术语化的词汇)、紧凑性(自我归档和以超文本的形式展开)和视觉的象征化。

中国印刷术传统同样也是世界上最古老的,因为它起源于这里,此外,它有机地集排字和雕版印刷术于一身,创立了心智分析与视觉综合的统一。

固定在中国书面文化的原型——《易经》从形式上(数量上和几何上)有机地组织起来一套爻、卦——中的普遍二进制的符号化的原则,预示了后来的逻辑运算和莱布尼茨的二进制算术、布尔的二进制代数,而且还被运用于现代的计算机。其首个典范是约翰·阿塔纳索夫在1937年设计的二进制运算法。

因此,上述中国人的发明可以被认为是产生现代后工业文明信息技术工程的先驱,它们在世界智力圈内,在我们的眼前将一切人类知识变成互联网式的超级百科全书。

在这些条件下很难重新评价任何一部参考书,尤其是重新评价关于中国的百科全书的意义。中国本地土生土长、不间断发展的、最古老的文明成就了当今全球化的世界上最大的民族共同体。它向西方先进的"黄金十亿人"①展示了一种同样卓有成效的替代生存方式，同时保留了完全不同且完全独特的文化基础。如此令人印象深刻的成就要求人们对它具有同样清楚的认识，但如果没有关于这一现象真实可信和多方面的信息，则是不可能认识的。

1912年在俄罗斯由著名的布罗克豪斯叶弗龙出版公司出版的书，是最早接近解决编撰关于中国精神文化百科全书问题的。它有代表性地选择了与俄罗斯有密切联系的B.格鲁别（他在彼得堡工作，师承B.П.王西里）关于中国文学、哲学、宗教的单行本。该书非常成功地冠名为《中国精神文化》，尽管其内容并没有这么宽泛。它的主要部分在当代的再版证明，它至今仍未丧失意义（参阅《中国面面观》，第1册，莫斯科，2003年，第15—81页；第2册，2002年，第102—109页、第172—209页；《中国史》，莫斯科，2003年，第103—213页）。同样富有象征性的是，正如序言"编者按"所表明的那样，1912年此书出版的动机针对的是新的全球化形势——"世界联盟"：过去分散的国家和民族进入了"密切而多样性的且愈加复杂的互动"，某些历史进程变成了"全世界的历史——囊括整个人类的统一进程"和"我们星球上所有有人居住的层面"。（B.格鲁别：《中国精神文化》，圣彼得堡，1912年，第3页）

这一被B.格鲁别同时代人的许多见证所证实，又以似曾相识的效果令我们吃惊的、首次尝试的全球化图景，在世界大战状态下被世界联盟激进地改画，并被尖锐地划分为敌对的联盟。但后者同样也导致了两大"阵营"——或三个"世界"内部的联盟，提高了一体化的整体水平，并为一个世纪前"铁幕"崩落之后的世界全球化创造了更为严峻的先决条件。在这种情况下，对统一世界舞台上的重要角色的精神面貌和文化价值的了解，就具有特殊的、至关重要的意义。得到公认的是，中国就是这样的角色，它发挥着越来越重要的作用。中国文化具有独立发展创纪录的持续时间，不仅在其体现者的数量上，而且在内在复杂性的程度上，无疑是世界的引领者。

由此可以直接得出结论：必须最充分、最准确，同时又最方便和最紧凑地描述中国文化的精神特色。而这些特征要求明确地对应于百科全书

---

① 20世纪70年代中期，人们首次谈论"黄金十亿"。它是西方发达国家人口在资源有限的情况下生活水平相当高的一种表达方式。它与美国（3.105亿）、加拿大（3430万）、澳大利亚（2250万）、欧洲联盟（27个国家，总共5亿）、日本（1.274亿）等国家和地区的总人口有关。——译者注

的形式。这一形式的形成恰逢欧洲启蒙运动时代，而其发展自"百科全书派"时代以来，已成为在现代西方文明构建中占主导地位的智力因素之一。

编撰这样一部"汉学集大成之作"，应当基于对中国"精神文化"历史和逻辑的整体描述。中国"精神文化"作为遗传内核，始终决定中国文明的现象型形式。正是这样，中国自古以来一直将自己理解为"礼乐之邦"，其中"文"与质、朴，以及更原始的野与武的对立，被认为是一种赋予符号意义的活动，这首先体现在审美化的象形文字和文学中。由"文"派生的"文化"一词形成于西汉时代。①当时著名的学者刘向写道："凡武之兴，为不服也，文化不改，然后加诛。"在20世纪，这个词已相当于现代西方的"culture"这一术语，在非严格的划分中带有与文明同一"词根"所派生的含义。"焕然一新，此之谓文明"，这可以追溯到周代的文本：《尚书》和《易经》的注释部分。

19世纪末至20世纪初在北京出版的华俄大词典（巴拉第、柏百福，1888；因诺根基亚，1909）尚未记录此类术语。《哲学辞典》专门用来解释西方的术语，1925年由樊炳清在上海出版，文化（culture，Kultur）的概念得以界定，辞典中突出了教化（教育、学习）和修养（教育、培植、完善）两个词，但指出了可以使用"文化"来传达这一西方的概念，而"文物"则可用于对"文明"这一术语的翻译。六年之后，在P.马修斯的辞典（上海，1931）中，教化和文明被界定为"文化"和"文明"，而文化被界定为"文明"和"文化"。时过两年，在《王云五大辞典》（上海，1930）中"文化"与"культура"（culture）平等地得到了规定。后来，文明与"цивилизация"（civilization）一起被平等地收录在宏大的百科全书式详解辞典《辞海》（上海，1947）里。

从上述简短的补论中可以看出1939年B.M.阿理克院士所写的这段话的正确性："文化的这一称谓本身表明了它与儒家文学思想意识的直接联系，因为文化一词可以通过'文学启蒙（或影响）'来表达。"（B.M.阿理克：《中国文学研究》第一册，莫斯科，2002年，第41页）

中国文化特有的文学性质无可争议地由另一个源自"文"的现代术语——"文学"所证实。它可追溯到孔子的《论语（第十一章）》中，其

---

① 在中国古代，"文"与"化"联缀使用最早见于先秦时代的《易经》中，"观乎天文，以察时变；观乎人文，以化成天下"。而"文化"一词正式出现是在西汉刘向的《说苑·指武》中。——译者注

中这个词的意思是"以文学为教也"（在不同的翻译里，"文化"和"文学"出现的概率相同）。儒家哲学的确是在古代中国将文学－文化联系起来的焦点。儒家哲学认为文的创始人是前11世纪周王朝的奠基者——文王（即字面意义上的"文化主宰"或"文化之王"）（《论语》第九章），他使自己的信徒——来自将过去理想化的文人（《尚书》卷四十八、卷五十六）成为文学志士（《韩非子》卷四十六）。

从语文学方面看，"文"这个术语具体表示韵文文本或者追荐祷告体裁；从语言学方面看，"文"这个汉字表示交错呈现的纹理——"错画"①，如第一部大型汉字辞典《说文解字》中的定义，其名称本身也可反映出来。"文"这个字在最大的程度上与周围世界基本意象相似，如天文，或地上的鸟兽之纹、虎豹毛皮的斑纹，或人的文身和手纹，或钱币上的图案和甲骨文。同样，文也系统地反映在阳"—"和阴"--"的"错"和"纵"的抽象语言之中，它们构成"书之书"的卦（三爻卦和六爻卦）。《易经》可供选择的另一个名称《周易》表明它是与周代的文化传统一致的。

在现代语言中，"文"这个范畴并未丧失其语义广度，它一方面表示文字，而另一方面表示文明或一般的文化，包括其精神的（文学）和物质的（文物）以及延伸至大自然的对象（天文学）。

文化－文之最大的奥秘就在于中国历来对人为与自然、人与神的对立的扬弃，这是西方再熟悉不过的，它包括哲学和科学、文学和艺术、诗歌和散文、文言和文物。

中国人自身在编撰各种文选、辞典和百科全书方面，传统上就是"世界冠军"，其各类辞书是整体描述自身文化成就的信息库。中国学者在20世纪上半叶掌握了西方的科学标准后，便开始从事新的学科——文化学。黄文山（他名字的第一个汉字就是文化之意）于1932年开始发表这方面的文章。在这之后，中国学者的活动已获得了特殊的意义。所有这一切甚至促使Б. М. 阿理克在1948年断定："事实上，欧洲汉学家所起的参考书的作用已经结束：现在已经不可能追赶上中国人了。"（Б. М. 阿理克：《中国文学研究》第二册，莫斯科，2003年，第262页）

Б. М. 阿理克在一卷本《中国文学家大辞典》的书评里得出了他的结论。这部辞典囊括了近7000名文学家，1934年由谭正璧首次在上海出版，

---

① "文"字，《说文解字》的注释是"错画也，象交文"，即"文"的基本意义是"错画也"，一是指"纹"，即各种形状的线条，二是指由交错的线条所组成的图案。——译者注

1981年再版。从那时起，现代的中国学者们就已经取得给人越来越强烈印象的成果。在1980年代，已是二卷本的《中国文学家辞典》（《中国文学家辞典》1—2卷，成都，1980—1983），其范围仅涉及从上古到唐代（618—907）部分的中国文学史[①]。除此之外，由马良春和李福田主编的八卷本《中国文学大辞典》于1991年在天津出版，1987年由吴文治编撰的二卷本《中国文学史大事年表》在合肥出版，书中囊括了从公元前772年至1919年的大事件。

在1980至1990年代，由廖盖隆、罗竹风、范源共同编撰的三卷本《中国人名大辞典》，囊括了近3万人，其中包括"历史人物"一卷中的14000人（1990）。另外还有更大型的二卷本《中国历代人名大辞典》（1999），由张㧑之、沈起炜、刘德重共同编撰，囊括了近55000人，近3000页。而在天津由陈炳华编撰的近1000页的《中国古今诗画名人大辞典》（1998，2002），囊括了近3万人。

在上海，出版了由施宣圆编撰的《中国文化辞典》（1987），篇幅1500多页，30个专题，包含了近10000个词条；由虞云国等人编撰的，篇幅1000多页的《中国文化史年表》（1990），收录了从旧石器时代到1949年中华人民共和国成立的现象和事件；由冯至等人共同编撰的十四卷本《中国历史大辞典》（近4万个词条），包括"思想史"（1989）和"史学史"（1983）；六卷本《哲学大辞典》，包含了近13000个词条和"中国哲学史"一卷（1985）。

在北京和上海出版了胡乔木等共同编撰的80卷《中国大百科全书》。它包含的词条数量创造了世界纪录——近10万个，而哲学（1987）和中国文学（1986）两卷的内容均非常丰富。

最后，由罗竹风等编撰的、在汉学信息方面史无前例的12卷百科全书式详解《汉语大词典》（上海，1986—1993年，平均每本1500页，大开本），其中包括近37万个词条。而在北京，1990年姚鹏等共同编撰的《中国思想宝库》（约1400页，大开本小号字）选集，涵盖了100多个文化学问题。2003年，同样在北京，由钟福邦、陈世铙、肖海波等人共同编撰的庞大的中国精神文化辞典《故训汇纂》（2700余页，小号字），其规模超出自己著名的前辈先驱《经籍纂诂》（它是此前200多年由杰出的哲学家戴震和著名的版本学家阮元编撰的）四倍。

[①] 本书涉及中文出版物信息时，有局部差错，为保留文献原貌，局部与实际不符的信息予以保留，下同。——译者注

所以,"关于中国通用的大型工具书项目",В. М. 阿理克在1944年提出,作为战后必须编撰的工具书,资料翔实,内容丰富,实际上历经半个世纪后才在中国得以完成。

俄罗斯关于中国的首批百科全书式的成果,最初由俄国驻北京的传教团成员撰写。第七届传教团(1781—1794)的小教士伊万·奥尔洛夫出版了近1000页的《中华帝国历史和地理最新详志》(莫斯科,1820)。第九届传教团(1807—1821)的团长、俄罗斯汉学的创始人Н. Я. 比丘林(亚金甫神父)赋予其百科全书式的描述以科学研究的性质,其主要的成果:《中国,其居民、道德、习俗、教育》(圣彼得堡,1840);《中华帝国详志》(圣彼得堡,1842;北京,1910;莫斯科,2002);《中国的民情和风尚》(圣彼得堡,1848;北京,1911—1912;莫斯科,2002)。它们在俄罗斯驻中国外交官的出版物中得以继续:И. Я. 廓索维慈《中国人及其文明》(圣彼得堡,1896);А. В. 涂日林《近代中国》第1—2卷(圣彼得堡,1910年),并且补充了翻译文献。

在苏联和最近的后苏联时期,已经不是由单个作者,而是由合作者和集体编撰一系列类似的出版物,它们也是按专题原则编撰的:И. 马马耶夫、В. 克罗克罗夫《中国》(莫斯科,1924);В. М. 阿理克、Л. И. 杜曼、А. А. 彼得罗夫《中国:历史·经济·文化》(莫斯科、列宁格勒,1940);М. Л. 季塔连科《在现代化和改革路上的中国:1949—1999年》(莫斯科,1999年)。

在这方面的最高成就有6本书,它们兼顾材料组织的专题原则和历史原则,综合并始终一贯地描述了从诞生到20世纪初的中华文明,它们是——М. В. 克留科夫、М. В. 索夫罗诺夫、Н. Н. 切博克萨洛夫《古代中国人:民族起源问题》(莫斯科,1978);М. В. 克留科夫、佩列洛莫夫、М. В. 索夫罗诺夫、Н. Н. 切博克萨洛夫《中央帝国时代的中国人》(莫斯科,1983);М. В. 克留科夫、В. В. 马良文、М. В. 索夫罗诺夫《中世纪初的中国民族》(莫斯科,1979);М. В. 克留科夫、В. В. 马良文、М. В. 索夫罗诺夫《中世纪的中国民族》(莫斯科,1984);М. В. 克留科夫、В. В. 马良文、М. В. 索夫罗诺夫《中世纪与近代之交的中国民族史》(莫斯科,1987);М. В. 克留科夫、В. В. 马良文、М. В. 索夫罗诺夫、Н. Н. 切博克萨洛夫《19世纪—20世纪初的中国民族》(莫斯科,1993)。

至于说作为专门研究对象的中国精神文化，在俄罗斯文献中，迄今尚未准确完整地得以呈现。在В. 格鲁别有促进作用及预言精神的书首次尝试之后，紧接着出现了一系列完全建立在俄国学术成就基础上的其他成果。

后续的尝试是在1959—1960年。列宁格勒和莫斯科的汉学家共同筹备编撰多卷本的《中国文化史概要》，然而，未能印刷。这一活动的印迹散见于各出版物，相当晚才问世（参阅С. Е. 亚洪托夫《中国语言研究史：公元前一千纪至公元一千纪》，载《语言学研究的历史：古代世界》，列宁格勒，1980；С. Е. 亚洪托夫《中国语言研究史：十一至十九世纪》，载《语言学研究的历史：中世纪的东方》，列宁格勒，1981；В. А. 维尔古斯《中世纪中国》，莫斯科，1987）。

自20世纪50年代末到90年代初，总共出现了三部研究范畴的书，篇幅都不大，均用流行的特写轻松风格写成：Б. И. 潘克拉托夫总编《汉的国度·古代中国文化概述》（列宁格勒，1959）；В. Я. 西吉赫缅诺夫《中国：历史篇章》（莫斯科，1974年）；И. А. 阿利莫夫、М. Е. 叶尔马科夫、А. С. 马尔蒂诺夫《中央之国·中国传统文化引论》（圣彼得堡，1997）。其中第一部仅涉及古代，第二部涉及清代精神文化和政治文化、日常生活与风尚，第三部篇幅最小——仅涉及中国传统文化的某些方面。

迈出新一步的是Г. А. 特卡琴科编撰的、信息量极大的"辞典参考书"《中国文化》（莫斯科，1999），其中全部材料——256个词条和相应的俄汉对照索引——都按字母顺序排列。然而，这一小型教科书偏重实践与教学应用的倾向决定了其内容的不完善和庞杂，而且缺乏相应的附录，也没有参考文献和引文注释。正如其摘要中所说的那样，М. Е. 克拉夫佐娃尝试在"有重大价值的、百科全书性质的"教科书《中国文化史》（圣彼得堡，1999，2003）里，首次呈现"中国文化从古至今的发展和现状，以及所有构成其传统和精神价值的完整图景"。这本书无疑在材料的系统化程度和广度方面比其前辈具有优势，但其内容要窄得多，仅略微涉及了物质文化，甚至连"中国精神文化"的概念也缩小了，因为它实际上几乎没有涉及哲学方法论、教育学、科学和技术思想、医学和军事艺术。除此之外，显然，教科书的体裁使之缺乏对西方和中国文献的引文注释以及索引。

标志着这项工作大大向前推进了一步的是В. В. 马良文的《中国文明》（莫斯科，2000）一书的问世。其篇幅比之前所有类似的成果大两到三倍，正如在其简介中所指出的，这是"我国首次系统地描述中国人民的生活方式和精神价值的书"。这的确是俄罗斯首部相当充分地描述中国传统精神文化的主要领域和物质文化的某些领域的出版物。但是，这一重要之作还不能被称为严格意义上的百科全书，因为，首先，它体现的是作者的"亲身经验"和"看待中国文明的本性的独创观点"，而不是对公认的和无可争议的整个汉学成就的汇编；其次，除了人名、名称的索引，还缺乏参考书式的和百科全书式的出版物的形式特征，其中包括缺少任何形式的参考书目。

在上述用俄语概述的关于中国精神文化的这个名单里，还应当包括不久前出版的两部文选，尽管选集基于至少半个世纪前的资料：《中国面面观》（2002，2003）和《中国的过去》（2003），以及Ч. П. 菲茨杰拉德的两本书：《中国文化简史》（1998）、《中国史》（2004）。

应当承认，西方汉学家从最开始就遵循如今全世界普遍接受的科学方法论，在过去的两个世纪里在上述方面已经做了大量而卓有成效的工作，尽管要么只涉及中国文明的某些领域，要么虽涉及整个中国文明，但没有分类，没有将中国精神文化作为一个独立的对象。

从19世纪中叶起，西方开始出版涉及面最广的"中国手册"：S. W. 威廉姆斯《中央之国：大清帝国地理、区划、教育、社会生活、宗教考察》[第1—2册，纽约，1848年（1883年、1901年；台北，1965年）]；W. M. 迈耶尔《中国手册：史传、神话、文学》[上海，1874年（1910年；伦敦，1924年）]；H. A. 吉勒斯《远东研究的参考文献》[上海，1878年（1886年、1900年；伦敦，1974年）]；D. 贝尔《中国面面观》[上海，1892年（1893年、1900年、1926年、1934年）]，该书部分被翻译成了俄文《按字母顺序排列的中国问答手册》，第1册，载《符拉迪沃斯托克东方研究所学报》1903—1904年，第8卷第1册；H. E. 戈尔斯《中国》（伦敦，1899年）；S. 科林《中国百科全书》（上海、伦敦），1917年；H. E. 艾克斯《中国》（哥达，1918年）。这些最早的经验逐渐得以完善[例如，参阅：R. 道森《中国遗产》，牛津，1964年；B. 霍克斯《剑桥中国百科全书》（伦敦，1982年）]，并在21世纪初编撰出了内容丰富、质量上乘的参考书，例如，德国长达千页的辞典《中国大百科全书》（达姆施塔特，2003）。除此之外，1987年，在北京面向西方用英语出版了《新中国大百科全书》，1989年，它的俄语版在莫斯科问世。

从19世纪末起,先是开始出现简明的介绍,然后是对中国历史的详细描述并倾向于对中国文化的历史概述,这些为1986年开始出版有重大价值的、包含丰富历史文化内容的十五卷本"剑桥中国史"(到2003年出版了十二卷)奠定了基础。直到20世纪中叶都沿着这样的轨道发展,尽管不算全面,但也出版了概括性的出版物、文集:H. 齐索菲亚的《中国文化专题》(上海,1931);A. F. 赖特等的《中国思想研究》(芝加哥,1953);费正清等的《中国的思想和制度》[芝加哥,1957,1973(第六版)];C. A. 穆尔等的《中国意识》(檀香山,1967);在"认识中国"丛书中出版了董集明的《简明中国历史》[北京,1959(第二版)]。

杰出的英国科学家和百科全书式学者李约瑟与顶尖专家集体合著并持续合作,打造了巨作系列《中国科学技术史》(剑桥),这是中国科技思想史上在理论深度和事实广度方面前所未有的集大成之作。这些内容涉及从哲学、逻辑学、语言学到数学、天文学、地理学、物理学、化学和生物学的中国科学思想史。从1954年到2004年的半个世纪里,这个系列出版了七卷二十册令人印象深刻且篇幅巨大、插图丰富的大开本。

对西方汉学成果的概述表明,20世纪末西方出现了对四百年的交往和两百年中国学术研究中积累的海量信息加以蓄积的明显需求。如同任何科学一样,汉学不断发展、分化。如上所述,这个过程在20世纪80年代的中国蓬勃发展,同样也促进了国内的现代化和国外的全球化。

其中最引人注目的证明之一是1986年12月15日—17日,在那不勒斯召开的题为"中国历史文化百科全书:研究纲要"国际会议,这是一个宏大的项目,旨在以国际汉学协会的力量编撰规模宏大的十卷本《中国历史文化百科全书》。计划第一卷是对中国的一般性描述,接下来的五卷是从新石器时代到现代某些历史时期的描述,从主题视角来看,最后四卷是按字母顺序排列的各种词典条目。这个出色的项目以世界汉学的著名代表,例如兰乔蒂、弗兰克、胡可、罗威、加福利科夫斯基、陈启云等为首,但遗憾的是,该项目没有实施。数十年以后来看,正如兰乔蒂所说,这仍然是一项紧迫的任务。(《欧洲的中国研究》,伦敦,1995年,第74页)

苏联学者也计划积极参与编撰"百科全书",因为俄罗斯/苏联汉学是西方最古老和最强大的汉学之一。在对欧洲汉学史的简述里,弗兰克明确地指出:"在17世纪征服西伯利亚地区之后,俄罗斯和中国已经成为有着数千公里共同边界的邻国。俄罗斯人也成为首批与中国缔结条约(尼布楚,1689;恰克图,1727)的欧洲人,并因此体会到汉学和满洲学发展所

具有的切身利益。"(弗兰克《中国研究:中国汉学史的核心问题》,载《欧洲汉学》,伦敦,1995年,第15页)

这种情况反映了百科全书一般的演变。它从个体发生到系统发生,起初遵循的是内容原则——按照专题、具体内容、问题和时间顺序来排列,然后,遵循的是形式的原则——按字母顺序来排列。这一进程的发展显示出这两种方法的优缺点:第一种方法具有理论上的优势,与现象的意义、逻辑和历史联系相对应,第二种方法具有实践的优势,能保障读者方便快捷地获得信息。由此可见,最佳的是两者相结合。1986年拟定国际项目《中国历史文化百科全书》编撰计划的汉学家们所得出的正是这种合乎逻辑的结论。

俄罗斯百科全书《中国精神文化大典》的编撰者们,基于上述理论和历史前提,以常理为指导,完全独立地制订了类似的计划。与此同时,他们并不奢求像自行车发明人那般的荣耀,而是乐于承认其杰出前辈们的优先权。

除此之外,我们的项目凸显了一系列特点。

第一,其卷数少一半,不过,相应地内容也"少一半"——只是中国精神文化,而不是整个中国文化。五卷本将包括下列组成部分:(1)《哲学卷》;(2)《神话·宗教卷》;(3)《文学·语言文字卷》;(4)《历史思想·政治与法律文化卷》;(5)《科学·技术和军事思想·卫生和教育卷》。顾名思义,各卷可以由几部分组成,它们同样也分章节。

第二,基于这样的划分,此项目第二个最重要的特点,恰恰在于独立成卷或者各卷的某些部分的建构方法。每卷结构的基础是三个部分:(1)概论部,符合内容上的标准要求,在逻辑的相互联系、历史的连贯性和高度的概括性中反映所含内容的基本主题和问题;(2)词条部,符合词条按字母顺序排列的形式标准要求,最大限度地使第一部分的内容具体化;(3)附录部,也符合形式标准要求,包括必要和足够数量的人名、书名、术语索引,以字母顺序排列,并附原作语言,与词条部相配合,以使现在这一版本不仅能发挥百科全书的功能,而且能发挥词典的功能。

第三,在我们这个时代,以丰富的百科全书和词典产品为标志,电子版本的效能成倍增加,甚至将其魅力扩展到美文(例如,参见,M.帕维奇:《哈扎尔辞典》),在这件事上,有必要在斯库拉和卡律布狄斯之

间①（即前者是无所不包的、无边无际的客观主义，后者是满不在乎的或傲慢的主观主义，甚至在其最好的典范中宣称"客观性顶多不过是一种专横的幻觉"）铺设一条艰难的道路。（В. П. 鲁德涅夫：《20世纪文化百科辞典》，莫斯科，2003年，第2页）

在各种自我限定中间，为使我们的出版物不至于"扩散"无形，并赋予它"非一般的表达力"，其核心的、个体化的追求是利用量子物理学的范例，不仅反映主题对象，而且还反映方法，即透过俄国汉学的三棱镜呈现中国精神文化，从而创造一个类似于表现画家画作的超文本。这是非常受人尊敬的，因为是被前辈实践过的，所以现在很流行。

当然，从另外一些学术传统的观点来看，这种方法先验地意味着一定的不平衡。在俄罗斯研究得好的方面，将会呈现得较为详尽，而未被研究的方面，尽管很重要，却可能暂付阙如。然而，这种不平衡类似于面部的不对称性，这种不对称性乃是其最重要的特征之一。

第四，这个项目的第四个主要特征是它的开放性，即进一步发展、补充和矫正上的可能性。

在这种情况下，开放性还指最大限度地广泛地（在体裁限定的框架范围内）参考西方和东方前辈的著述，不过首先是俄罗斯的。П. Е. 斯卡奇科夫在题为《中国专题书目》的"关于中国的图书、期刊文章系统俄语索引"中收集了关于俄罗斯汉学研究最完整的书目数据，其中第一版（莫斯科、列宁格勒，1932）涉及从1730年到1930年的200年。在第二版（莫斯科，1960）里，则截至1957年（含1957）。后来，В. П. 茹拉夫廖娃在1974—1988年发表的年鉴《关于中国的俄语书籍和期刊文章》（《中华人民共和国俄语参考文献索引》，1976—1991）、专题图书目录《1989—1999年关于中国的俄语书籍》（《在现代化和改革路上的中国：1949—1999》，莫斯科，1999）等其他出版物中继续从事这项工作。П. Е. 斯卡奇科夫的《中国专题书目》直接延续了其1957年以后用俄语描述的汉学文献项目，其主要部分将收录在这本百科全书的附录部里，特别是第一卷包含的1958—2005年的哲学专题书目里。

科布杰夫：俄罗斯科学院东方所中国研究部主任、首席研究员

（夏忠宪译）

---

① 斯库拉和卡律布狄斯是古希腊神话中的两个著名角色，是专门溺死过往的航海者的妖怪，分别代表着危险和恐怖。这个典故后来成为"陷入斯库拉和卡律布狄斯之间"（Caught Between Scylla and Charybdis）的表达，用来形容进退两难、左右为难的境地。——译者注

甲部 概论

中国精神文化大典

中国哲学和精神文化

在幸存至今最古老的世界文化中，彼此最不同的是西方文化（就其欧洲－地中海起源而言）和中国文化。它们相互的两极性具有极为深刻的人类学根源，而不仅仅是社会和历史文化根源，表现在心理类型上（"左半脑的"、字母表的、分析的与"右半脑的"、象形文字的、综合的）的不同，也许，也反映出地球上两个不同且相距甚远的现代智人物种进化的不同变体。中国变体是一个心智健全的、社会化的"正常人"的极为发达的文化地位，按德日进的说法，是一个"无限复杂的新石器时代"；西方变体是对"规范"反常的偏离，是一种基于"追求不可能"和"相信荒诞"的"智慧的反常"。这种意识形态的根源可以追溯到古代印欧的焚尸习俗，即对一个最亲爱之人（如他已故的祖先）充分的非物质化，这与古埃及和中国对死者尸体的祭拜形成鲜明对比。

欧洲文明的形成受到一系列独特而不可重复的事件（"希腊奇迹"、资本主义的诞生和科学技术革命）的制约，相应的是，借助于线性时间概念和对诸如神的化身，或者是第二次降临等绝对独特的历史戏剧行为的认可来自我体悟。相反，中国文明是周期性发展的，并在"永远轮回"的理念中自我体悟。

在欧洲的通灵和超理性的世界观里，无论是柏拉图哲学、基督教神学或是科学理论，在其理念的建构中都存在着对世界的加倍超验化。对于中国的感觉论的和悟性的自然主义而言，世界是统一且不可分割的，其中的一切都是内在的，没有什么是超验的，包括最微妙的神圣本质。在西方人的理念世界里，起作用的是抽象的逻辑法则，而在中国人自然主义的世界里，起作用的则是分类的结构。在中国，象数学占据着逻辑学的位置。这种"健全思维"的社会性后果是，在中国，哲学一直是"科学女王"，并永远不会成为"神学的婢女"。

不过，中国哲学还近似于神学，因为它确定不移地使用典籍文本严格规定的一套规范。这个路径要求考虑所有前辈看待典籍问题的观点，这使得中国哲学家不可避免地变成了哲学史家。在他们的著作中，历史论据胜过逻辑论据。不但如此，逻辑因素也被历史化，就像在基督教宗教神学文献中一样，逻各斯被转化为基督，过着人的生活，并开创了历史的新纪元。然而，与"真正的"神秘主义不同，它既否定逻辑因素，又否定历史因素，声称超越了概念和时空的界限，因而在中国哲学中将神话题材成分完全沉浸在历史的具体结构中的倾向占了上风。

中国哲学与古希腊哲学和古印度哲学几乎同时兴起，在公元前一千纪中叶，某些哲学思想、主题，以及后来构成中国传统哲学的大部分思想的许多术语，早就包含在中国最古老的书面文献——形成于公元前1世纪上半叶的《尚书》（《尚书》作为"历史传说"也很著名）、《诗经》（《诗经》作为"诗篇"更为著名）、《周易》（或《易经》）之中。有时这些文献亦作为（特别是中国学者）肯定中国哲学产生于公元前一千纪初的根据。这种观点的动机还在于，这些文献中包括具有发达哲学内容的独立文本，例如《尚书》中的《洪范》或《周易》中的《系辞传》。然而，此类文本的创建或最终成型的日期，通常标注的已是公元前一千纪下半叶。

起源及一般历史特点

孔子（前6世纪—前5世纪）是中国历史上早期的哲学理论创造者。他意识到自己是"儒"——学者、受教育的人、知识分子精神传统的表达者。这一名称后来成为表示儒家思想的术语。

根据传统推定的日期，与孔子同时代的年长者老子，他是道家的创始人——儒家思想流派的主要对手。然而，现在可以确定的是，首批道家作品创作于儒家之后，甚至显然是对儒家作品的反馈。老子作为一个历史人物，他很可能晚于孔子。显然，传统的关于中国哲学史上"百家争鸣"时代的先秦时期（直至公元前3世纪末）的概念是不准确的，因为当时所有存在的哲学学派都是通过自己对儒学的态度来自我界定的。

并非偶然的是，这个时代是以公元前213—前210年秦始皇"反哲学的"镇压而告终的，他反对的正是儒家。从中国哲学出现之初起，儒这个术语表示的与其说是学派之一，还不如说是作为一套统一的思想体系，它集哲学、科学、艺术和宗教特征于一身。在不同的时代，这些特征的表现并不均衡。

在公元前2世纪，儒学已经取得正统的官方地位，但在此之前它就非正式地拥有了这样的地位。可见，整个中国哲学史都与对哲学流派按其与正统观念相关的特征进行的基本划分有联系。这一与神学相关的分类原则在传统的中国具有普遍意义，它延伸到所有文化领域，包括科学学科。孔子和首批哲学家——儒，把在理论上思考社会生活和个人命运视为自己的主要任务。作为文化的体现者和传播者，他们与社会体制以及他们的代表——

士有密切的联系。这些社会体制对文字的，包括历史的、文学的、文献的（汉语中的文化、文字、文学都用同一个"文"字来表示）保存和再生产负责。由此而形成儒家思想的三大主要特点：（1）在体制层面——保持与行政机关的联系或积极联系的愿望，不断追求发挥官方意识形态的作用；（2）在内容层面——占主导地位的是社会政治的、伦理的、社会科学的、人文的问题；（3）在形式层面——承认文本典籍，即符合严格的"文学性"形式标准，作为方法论上有重要意义的规范。

"述而不作，信而好古"（《论语·述而》）从一开始就是孔子纲领性的宗旨。同时，将古代智慧传给未来一代的行为具有文化建设和创造的性质，这仅仅是因为首批儒家弟子们所依靠的古代作品（典籍）很少被同时代的人所理解，需要有认识意义的解释。其结果是，古代经典作品的注释和解经学成为中国哲学中占主导地位的创造力形式，甚至连最大胆的革新者都力求表现自己只不过是古老正统思想观念的解释者或恢复者。在中国，通常理论的创新不仅没有得到强调和明确表达，而且相反，被故意湮没在大量注释文本里。

中国哲学的这一特点是由一系列因素——从社会因素到语言学因素所决定的。中国古代社会不了解古希腊城邦民主制，以及它所产生的哲学家类型。这种哲学家为理解存在本身，有意识地脱离他周围经验世界的生活。在中国，对文字和文化的熟悉程度始终是由社会地位颇高的人决定的，并决定其地位。早在公元前2世纪，随着儒家思想向官方意识形态的转变，科举考试体系开始形成。它既加强了哲学思想与国家体制的联系，又加强了与经典文学——特定的一套典籍文本的联系。自古以来，这种联系就受到获得教育和获得文化的物质载体（首先是书籍）的特殊的（包括语言学的）复杂性的制约。

孔子准备"述"的东西，主要记录在历史和文学文献——《尚书》和《诗经》里。因此，中国哲学的特色不仅取决于它与历史思想的密切联系，而且也取决于它与文学思想的密切联系。传统上，文学形式在哲学著作中占主导地位。一方面，哲学本身并不追求枯燥的抽象性；另一方面，文学饱含哲学"最细腻的精华"。中国哲学的美文化程度可以与俄罗斯哲学媲美。直到20世纪初，中国哲学基本上保留了这些特点，当时，在西方哲学的影响下非传统的哲学理论才开始在中国出现。

中国古典哲学在内容方面的特色，首先是自然主义占统治地位，缺乏柏拉图主义或新柏拉图主义那样发达的唯心主义理论（尤其是近代欧洲古典唯心主义）；而在方法论方面，则缺乏像形式逻辑那样普遍的一般哲学和一般科学研究工具（这是唯心主义不发达的直接后果）。我们说的正是自然主义，而不是唯物主义，因为后者与唯心主义关联，若没有这种关联，"唯物主义"的术语就失去了科学的意义。欧洲哲学从柏拉图唯心主义深处接受了物质概念本身（而术语"理念"是从德谟克利特的唯物主义获得的）。

中国哲学的研究者们通常将理念的概念视为"无"（尤其是在道家那里），或是"理"（特别是在理学家那里）。然而，"无"在最好的情况下只能将柏拉图—亚里士多德的某种类似物表示为纯粹可能性的物质（实际存在的虚无），而"理"表示有序结构的理念（规律性或"合法的地位"），这种结构是每个个体事物内在素有的，且不具有超验的性质。

在中国古典哲学中没有确定理念的概念（理念、形、形式之形式、超验的神）。就这一方面而论，中国不仅缺乏"柏拉图这条线"，而且还缺乏"德谟克利特这条线"。因为丰富的唯物主义思想传统并不是在从理论上弄清且明显表现出与唯心主义对立的意义上形成的，根本没有独立地产生原子论。这一切都证明了自然主义在中国古典哲学中无疑占主导地位，它在类型学上与古希腊德谟克利特抽象深奥的议论相似，但由于数世纪的连续发展，自然主义更为复杂。

方法论上的特色

逻辑学在欧洲一般方法论作用的后果之一是哲学范畴最先从源于古希腊语言的语法模型中获取逻辑意义。"范畴"（catēgoria）这个术语本身指的是"所表达的"或"被肯定的"。中国类似的范畴，在发生学上起源于神话观念，以用于占卦实践、经济秩序活动，首先获得了自然主义哲学的含义，并被用作分类矩阵。例如，二分法（二进制）——阴阳或两仪；三分法——天、人、地或三才；五分法——五行。现代中国术语"范畴"具有象数词源学依据，源自九宫格（根据魔方的3×3的模式）河图洛书，《洪范》就是以此为基础的。所谓的象数学，即形式化的理论体系在中国占据了逻辑学的位置。在它看来，数学或具有数学形象的对象由一整套数字和几何图形结构，然而，它们主要不是按照数学规律，而是按照另一种方法（象征性地、联想地、事实上地、审美地、记忆地、暗示地）彼此产生联系。正如古代中国方法论首批研究者之一胡适在1922年所表明的那样，《周易》中所说的儒家逻辑与《墨子》第四十至第四十五所说的墨家逻辑，即象数学和原逻辑学,是其两大重要变体。最古老的且成为中国经典哲学一般认知方法论自我体悟的典籍形式,在《周易》《洪范》《太玄经》的象数学中以及在《墨子》《公孙龙子》《荀子》的原逻辑学中得以实施,现已引起整个世界汉学日益浓厚的兴趣。

胡适力图证明中国古代哲学中存在"逻辑方法",将它包括在原逻辑学和象数学中。胡适的一个显著成就就是"发现"了在中国古代存在一种发达的一般认知方法论,但是他未能证明其逻辑的性质,B. M. 阿理克迅速地注意到了这一点。在20世纪20年代,欧洲最著名的汉学家佛尔克和马伯乐表明,严格地说,甚至连中国古代方法论中最接近于逻辑学的后期墨家的学说,也是诡辩术,因此,它只具有原逻辑学的地位。

在20世纪30年代中期,Ю. К. 楚紫气令人信服地驳斥了将《周易》理解为逻辑学论著的观点。同时,沈仲涛以展开的形式详尽地表明,《周易》的象数学可以用作一般的科学方法论,因为它是一个严整的符号形式体系,反映了宇宙普遍的数量和结构的规律。遗憾的是,沈仲涛忽略了中国科学和哲学传统在多大程度上实现了这一潜能的问题。杰出的法国汉学家葛兰言出色地证明了象数学在中国传统精神文化最广泛的语境中的方法论作用,他认为象数学是中国"相关性思维"独特的方法论。葛兰言的著述促进了现代结构主义和符号学的产生,尽管其有极高的权威性,但在西方汉学中长久以来没有得到应有的延续。

相关性思维理论在西方最伟大的中国科学史家李约瑟的著述中得到了最大的发展,不过,他从根本上使相关性思维和象数学分离。在他看来,前者因其辩证性成为真正的科学创造力的营养物质,后者虽然由前者导出,与其说促进,还不如说阻碍了科学的发展。李约瑟立场的内在矛盾性通过将中国象数学概念缩小到仅仅是数字的神秘论(当然,不具有一般方法论的地位)而从表面上得到减轻。这一立场遭到了另一位杰出的中国科学史学家H. 席文的批评,他用多门学科的材料具体展示了它们素有的象数理论结构的不可分离的有机性。俄罗斯汉学家B. C. 斯皮林和A. M. 高辟天坚持中国象数学的方法论解释中最激进的观点,捍卫了关于它具有充分的科学性的论点。B. C. 斯皮林首先从象数学中看到了逻辑学,A. M. 高辟天则看到了数学。与此类似的还有中国研究者刘文华,他将《周易》象数学解释为世界上最古老的数理哲学和数理逻辑。B. C. 斯皮林和A. M. 高辟天建议不用"象数学"这个术语或者仅将其用于明显不科学的结构。当然，这种划分是有可能的，但它反映的是现代科学家的世界观，而不是在科学和不科学的研究中都运用统一方法论的中国思想家的世界观。中国象数学的基础由三种类型的对象组成，其中每一种类型均有两种变体：（1）"象"——（a）卦象，（b）爻象；（2）"数"——（a）河图，（b）洛书；（3）"象"和"数"重要的本体论的实体——（a）阴阳，（b）五行。这个系统本身象数学化了，因为它建立在两个原始的象数学的数字3和2之上。这反映了中国传统文化里运用的所有三种主要的图形符号化："象"——几何图形的形式；"数"——数字；阴阳、五行——象形文字。上述事实被解释为中国象数学的古老起源，自远古以来它就履行了文化模式化的功能。甲骨文就是中国文字最古老的典范，它被极大地象数学化，用于占卦。因此，随后的中国典籍文本是根据象数学的标准不断创建的。在一个纯粹传统主义的社会里，最具重要意义的思想理念与符号的刻板套话密不可分，其中汉字或任何其他图形符号的组成部分、数量和空间配置均被严格规定。

在其悠久的历史中，中国象数学的结构已经达到高度的形式化，正是这种情况使中国象数学在战胜原逻辑的过程中发挥了决定性的作用。因为后者既没有成为形式的，也没有成为形式化的，因此不具备方便紧凑的方法论工具的品质。

中国的原逻辑既与象数学对立，同时又非常依赖于象数学。因而，在象数学概念工具的作用下，"矛盾"（"矛盾性"）的概念消融在"对立"（"相反性"）的概念之中，因而原逻辑的思想未能从术语上区分"矛盾"和"对立"的概念。这本身也以极重要的方式影响到中国原逻辑和辩证法的性质，因为无论是逻辑的还是辩证的因素，都是通过矛盾的态度来界定的。在象数学和象数学化了的原逻辑中，核心认识论程序——概括——是基于对象的数量排序，并从它们中间在价值规范上区分出主要的——具有代表性的东西，而没有对整个给定对象固有的理念特征的总和作逻辑上的抽象。普遍化本质上与中国古典哲学的整个概念工具的价值论和规范性相互关联，这决定了中国古典哲学的美文化和文本经典形象性的基本特点。

在"逻辑学—辩证法"的对立在理论上缺乏研究，对唯物主义和唯心主义倾向未加以区分，组合—分类的自然主义普遍占统治地位，逻辑化的唯心主义缺失，以及哲学术语学象征的多义性和概念价值规范等级保守的情况下，从整体上来说，象数学在中国古典哲学中是占优势的。

主要的学派

中国哲学在其存在的初始阶段（前6世纪—前3世纪），在对哲学的、科学的和宗教的知识范畴未加以细分的条件下，呈现出一幅观点和倾向极端多样化的图景，表现为百家争鸣。最先开始尝试对这种多样性进行分类的是重要的哲学学派（儒家和道家）的代表们，他们力争使自己的对手遭受批评。儒家论著《荀子·非十二子》就专门论及这一点。其中除了宣扬孔子及其弟子子贡（前5世纪）的学说，作者还强调了"六说"：成双成对地提及了十二位思想家，对他们提出了严厉的批评。荀子在其著述第二十一章中赋予孔子学说"一家得周道，举而用之"之作用，同样也强调了与之对峙的六大"乱家"。

大约是在同期（尽管根据一些假设，甚至更晚，直到纪元之交），相似的分类也包含在《庄子》（前4世纪—前3世纪）的最后一章"天下"中，那里也强调了继承古代智慧的儒家核心学说，而分为六大派别的"百家"与之对立。

这些结构上相似的六分结构，从真理的统一性（道）及其表现形式的多样性的思想出发，成为对重要的哲学学说（而不仅仅是其代表）最初分类的基础。司马谈（前2世纪）实施了这一分类。他所写的关于"六家"的专门论述，被收入他的儿子司马迁（前2世纪—1世纪）编撰的首部纪传体通史《史记》最后一卷卷一百三十中。在这部作品里，作者列举并描述了六家的特点：（1）"阴阳家"，在西方文献里也被称为"自然哲学学派"；（2）"儒家"，亦即"儒学"；（3）"墨翟"，即墨家；（4）"名家"，在西方文献里也被称为"唯名论"和"辩证—诡辩学派"；（5）"法家"；（6）"道德家"，即"道家"。像儒学在《荀子》和《庄子》的分类中获得最高评价一样，最后一个学派道家在司马谈这里呈现出综合所有其他学派的主要优势。该分类已在杰出学者刘歆的图书分类著作中得到发展，它奠定了中国最古老的，也许是世界上最早的文献目录《艺文志》的基础，成为班固编撰的断代史《汉书》的第三十卷。在《汉书·艺文志》中，有两点变化。第一，分类已增至十家——在原有的六家之外又新添了四家：外交学派"纵横家"、折中的百科全书型的"杂家"、"农家"和"小说家"。第二，对十家中每一家的起源做了分析，囊括了诸子。

刘歆认为，在中国传统文化形成的初期，即在公元前一千纪最初的几个世纪，官员是具有重要意义的社会知识的载体，换言之，"学者"即"官员"，"官员"即"学者"。由于王道式微，即周王室执政力量的削弱，中央集权的行政架构被摧毁，其代表人物失去了他们的官职，不得不接受私人的生活方式，并作为教师、导师、传道人使自己的知识和技能能够保障自己的生存。在国家分裂时代到来之际，曾属统一的管理机构各个领域的代表为争夺对封建领地的统治者的影响而斗争，形成了不同的哲学学派，作为他们共同标志的"家"字（这个汉字的字面意思是"家庭"）本身就证明了他们的私人性质。

施教者乃"助人君顺阴阳、明教化者也"，他们创建了儒家，依靠六艺、"五经""十三经"中收录的经典文本的"文"，并把"仁"和"义"放在首位。编写历史的人创建了道家，他们"盖出于史官，历记成败存亡祸福古今之道"，因此理解通过"清虚以自守""卑弱以自持"来自我保护的"皇家艺术"。专精于天文历算的人创建了阴阳家，他们观异象、日月星辰、宇宙地标、岁月交替。"理官"创建了法家，他们基于"礼"用有"法"可依的奖惩来补充行政。"礼官"创建了名家。古代在官阶和礼仪中名实不符，并产生了将之相互协调一致的问题，因而这成为他们活动的前提。"清庙之守"创建了墨家，他们宣扬节用、"兼爱"，提出尚"贤"、明"鬼"、非"命"和尚"同"。"行人之官"创建了外交纵横家，他们能"言其当权事制宜，受命而不受辞"。谋士创建了折中的百科全书型的"杂"家，他们为了维护国家秩序将儒家和墨家、名家和法家思想相结合。"农稷之官"创建了农家，他们通晓粮食生产和商品流通，在《洪范》中被相应地列入"八政"里的第一政和第二政。来自下层的稗官创建了"小说家"，他们记录民间街谈巷语，以考察民情风俗。

刘歆认为小说家（与其说具有哲学性质，不如说具有民俗性质）创作了未得到应有关注的美文（小说），而其余九家则"相反而相成"，即殊途同归，走向同一个目标，并依靠共同的思想基础——"六经"。由此得出的结论是，哲学流派的多样性是整个国家体系崩溃迫不得已的结果，随着这种体系的恢复和哲学思想回归统一的标准化的儒家轨道，这种崩溃就自然而然地被消除了。

尽管拒绝把"小说家"称为哲学，但在《汉书·艺文志》里哲学流派的十分法被隐含地保留下来，因为在往下专门的章节里分出了"兵家"，它按一般的理论由军事方面的有识之士提出。这十分法分类的起源可追溯到公元前3至公元前2世纪百科全书式的文献《吕氏春秋》和《淮南子》。

刘歆、班固的理论在汉代中央集权形成时期创建，并在传统的学术中获得经典的地位。"汉"的名称成为当时中央国家人民的族名，被称为"汉族"。此后，在整个中国历史期间对它的深入研究仍在继续，章学诚和章炳麟在这方面做出了特殊的贡献。在20世纪的中国哲学中它受到胡适坚决的批评，却得到冯友兰的支持和发挥。冯友兰得出结论，不仅是各种职业，而且还是不同个性和生活方式的代表们创建了主要的六家。知识分子学者造就了儒家，武士义士即流浪武士和工匠造就了墨家，隐士等造就了道家，演说家—善辩者造就了名家，施术者和象数学家造就了阴阳家，政治家和当权者的谋士造就了法家。

虽然在刘歆、班固创建分类之后出现了带有更多元素的分类，特别是隋朝官方史书《隋书》中列举了十四个哲学流派。但早在《史记》中就专门分出的六家分法在中国哲学史进程中发挥了重要作用，现在仍被绝大多数专家所认可。

儒家的主干作用

无论是在中国哲学产生的轴心时代，还是在"百家争鸣"的时代，尤其是在随后思想的意识形态景观已经丧失如此绚丽多样性的时代，儒家思想在中国传统精神文化中发挥了核心作用。因此它的历史对于整个中国哲学史至关重要，抑或至少是其从汉代开始的那一部分哲学史而言，是主干部分。从诞生到现在，儒家思想的历史一般可分为四个时期，其中每个时期的开端均与全面的社会文化危机有联系，儒家思想家在体现仿古化形式的理论革新方面总是能发现摆脱危机的出路。

第一个时期：公元前6世纪—公元前3世纪。最初的儒学产生于公元前一千纪中期，当时的中国被无休止的战争撕扯得四分五裂，非中心化的国家分离出来，相互开战，与来自四面八方的"野蛮人"作战。在精神层面，早期的周代宗教思想体系解体了，被周代之前（商代）信仰的残迹、巫术崇拜以及从侵略性的邻国传到中央国家的另类文化风尚所破坏。为了应对这种精神危机，孔子将周代早期的历史思想体系基础经典化，首先是记录在"书"和"诗"的文本里的历史，其结果是创造了一种全新的文化形态——哲学。

第二个时期：公元前3世纪—公元10世纪。所谓汉代儒学形成的主要动因是恢复其思想领导地位，这种地位在与新形成的哲学流派，特别是道家和法家的斗争中已经丧失。与以前一样，这种反映在形式上来看是落后的，但就其实质而言则是进步的。借助于古代文本，首先是《易》和《洪范》，这一时期以董仲舒（前2世纪）为首的儒家学者对自己的学说进行了重大改革，将其理论对手的问题纳入其中：道家和阴阳家方法论和本体论方面的问题，以及墨家和法家政治和法律方面的问题。

第三个时期：10至20世纪。理学的出现是由于官方化的儒学与新的对手——佛教，以及在其影响下得到改造的道家的对立导致例行的思想危机引起的。这些学说的流行，是由于它们的宗教理论实体本身，同样也由于国家发生的社会政治的剧变。儒家对这一挑战的回应是再次强调其奠基人，首先是孔子和孟子的学说的原创性思想。

第四个时期：这是最后一个时期，也是尚未完结的时期，始于20世纪。这一时期出现的新儒家思想是对世界性灾难和全球信息化进程的反映，特别是表现为外来的异质西方理论在中国的根深蒂固。为了对它们进行创新性的反思，儒家再次转向了儒家和理学家建构的宝库。儒家思想的最后一种形式，即第四种形式，在最大的程度上不同于它之前的所有其他形式，首先是因为它在其整合意图的领域中包含了一种极度异质的，甚至本质上是对立的精神材料。

到21世纪初，与最近关于"历史终结"的预言和西方文化在世界范围内的胜利"进军"相反，很明显，根本不同的世界观模式不仅继续在其亘古以来的地区成功存在，而且还积极地传入西方。在昨日还似乎是泥足巨人的中国，如今提供了暗烬的"浮士德灵魂"式的最激进和最发达的抉择方案。

西方在20世纪没有进行唯心主义的扼杀，抑或至少羞怯地掩盖活生生有血有肉的实际，而是转向了直观的栽培和迎合讨好，这与在身体和活力论方面很有研究的中国人的基本原则相符。这些中国人发明了炼丹术，作为"哲学之石"和"长生不老仙丹"（朱砂）的学说，即长寿延年，首先是延长生命，有同样目的的还有房中术、服食等。后基督教的世俗化的西方充满了同样的理智的自然主义。

现代西方文化的重心，已经从按字母文本表达思想的"左脑"领域转移到重视形象的"右脑"领域，这很容易让人联想到审美化的中国象形文字全面的视觉化。20世纪信息革命的理论基础本身是非常中国化的。根据其创造者莱布尼茨的说法，导致计算机技术诞生的二进制算术在类型学上（也许从发生学上）与象数学体系卦完全相同，而它正是中国"书中之书"

《周易》的核心组成部分。

综上所述，我们不仅要把中国和整个中华文明看作是一个有希望的竞争者，它在地缘政治未来的格局中将发挥主导作用，而且还应被看作是一个奇迹般地适应现代世界价值观的原创哲学的强大体现者。

从这个历史角度来看，世界上最优秀的中国哲学家之一冯友兰的预测看起来比其在1948年出版著作时发表的预测更加令人信服：人类通过哲学接触到的最高价值甚至比通过宗教获得的最高价值更纯粹，因为它们不掺杂想象和迷信。在未来的世界里，哲学将取代宗教，这是由中国传统产生的。

**《中国哲学文选》，莫斯科，1994年；В. Г. 布罗夫《当代中国哲学》，莫斯科，1980年；Ф. С. 贝科夫《中国社会政治与哲学思想的产生》，莫斯科，1966年；Л. С. 瓦西里耶夫《中国思想的起源问题》，莫斯科，1989年；郭沫若《中国古代哲学》，莫斯科，1961年；葛兰言《中国思想》，莫斯科，2004年；《中国古代哲学》，第1—2卷，莫斯科，1972—1973年；《中国古代哲学·汉代卷》，莫斯科，1990年；Г. 久穆连《禅宗史：印度与中国》，圣彼得堡，1994年；《中国近代进步思想家作品选集》，莫斯科，1961年；《中国哲学史》，莫斯科，1989年；《中国哲学百科词典》，莫斯科，1994年；А. И. 科布杰夫《中国古典哲学中的象数学》，莫斯科，1994年；А. И. 科布杰夫《中国理学哲学》，莫斯科，2002年；В. В. 马良文《中国文明》，莫斯科，2002年，第4章；А. А. 彼得罗夫《中国概述》，载《中国》，莫斯科、列宁格勒，1940年；В. А. 鲁宾《中国古代的个人与权威》，莫斯科，1993年；Е. А. 陶奇夫《道家：历史宗教描述尝试》，圣彼得堡，1998年；冯友兰《中国哲学简史》，圣彼得堡，1998年；杨荣国《中国古代思想史》，莫斯科，1957年；葛荣晋《中国哲学范畴史》，哈尔滨，1987年；张岱年《中国哲学大纲》，北京，1982年；《中国百科全书》《哲学》，上下册，北京、上海，1987年；《中国哲学资料选集》：《两汉卷》，上下册，北京，1960年；《近代卷》，上下册，北京，1959年；《魏晋隋唐卷》，上中下册，北京，1990年；《清代卷》，北京，1962年；《宋元明卷》，上下册，北京，1962年；《哲学大辞典·中国哲学史卷》，上海，1985年；Bauer W. Geschichte der chinesischen Philosophie: Konfuzianismus, Daoismus, Buddhismus. Munich, 2001; Chan Wing_tsit (transl.). A Source Book of Chinese Philosophy. Princ., L., 1963 (reprint: L., 1969); Chang C. The Development of Neo_Confucian Thought. Vol. 1-2. N. Y., 1957-1962; Cheng A. Histoire de la pensee chinoise. P., 1997; Chou Hsiang_kuang. A History of Chinese Buddhism. Allahabad, 1956; Creel H. G. ChineseThought: From Confucius to Mao Tse_tung. Chic., 1953;

De Bary W. Th., Chan Wing_tsit, Watson B. Sources of Chinese Tradition. Vol. 1-2. N. Y., 1960; Forke A. Geschichte der neuerenchinesischen Philosophie. Hamb., 1938; Fu Ch. Wei_hsun, Chan Wing_tsit. Guide to Chinese Philosophy. Bost., 1978; Fung Yu_lan. A History of Chinese Philosophy. Vol. 1-2. Princ., 1952-1953; idem. The Spirit of Chinese Philosophy. Boston, 1967; Graham A. C. Disputers of the Dao. La Salle (Ill.), 1989; Hackmann H. Chinesische Philosophie. Mü nchen, 1927; Hall D. L, Ames R. T. Thinking through Confucius. N. Y., 1987; Hansen Ch. A Daoist Theory of Chinese Thought: A Philosophical Interpretation. Oxf., 1992; Ivanhoe Ph., Van Norden B. W. Reading in Classical Chinese Philosophy. N. Y., 2000; Kaltenmark M. La Philosophie chinoise. P., 1997; LoeweM. (ed.). Early Chinese Texts: A Bibliographical Guide. Berk., 1993; Moritz R. Die Philosophie im alten China. B., 1990; Needham J. Science and Civilization in China. Vol. 2. N. Y., 1956.

（А. И. 科布杰夫撰，夏忠宪译）

中国哲学的自我界定

传统的中国哲学缺乏与西方概念完全匹配的关于哲学的术语。例如，"子"的范畴是类似于某种囊括了哲学家、学者、智者、生活导师含义的术语，其含义极为广泛。

在汉字"子"的广泛和多样的语义场里，凸显着相互对照。这些词义与"胚胎""产儿""小孩""儿子"等词义相结合，形成对照。道家的创建者——中国最具独创性的哲学家形象，是中国文化对这一对照的自觉意识最鲜明的见证。他的具有矛盾修饰法的名字——老子（字面上意为"老小孩"）本身就是它的第一性的和重要性的象征。关于他的出生，传说与这一名字有联系：他在娘胎里过了81个年头，出生时是白胡子老头模样的小孩。

在反映这一哲学家的思想和与其名字同名的重要作品《老子》（又称为《道德经》，第十章、第二十八章、第四十九章、第五十五章、第七十六章）里，有对童稚性的辩护，该书借助于"子"这个术语对最高的范畴"道"作了定义（《道德经》，第四章），新生的婴儿成了该书作者的自我认同。

该书哲学整体上建立在对立面相结合的方法论上，特别是建立在"有无相生"（《道德经》，第二章）和"外其身而身存"（《道德经》，第七章）上。

在这一哲学家的关于"心"的定义中，对立的两对范畴——智与愚、精英与百姓交织成为一个整体。百姓之心原来就是圣人之心、孩童之心（《道德经》，第四十九章）。实际上，在这个文化语境中，"孩童"和"百姓"的概念融合到如此程度，以至于它们成为一个词"赤子"（字面意为"红孩儿"，即新生儿、婴儿，有初生、幼小之意，参阅《汉书》卷八十九）。

哲学家获得孩童百姓之心，同时也成为愚人之心的拥有者（《道德经》，第十章）。童与愚的自然而然的联系，把幼稚拟人化，并用《左传·襄公三十一年》中的"童心"这个术语表达了出来。

在同时期和同样具有重大价值的儒家作品《孟子》里，基于同义表达形成了与《老子》完全一致的命题"大人者不失其赤子之心"（《孟子·离娄下》）。儒学创建者的名字本身（孔子）就像他的主要的哲学对手老子的名字一样，蕴含着类似的矛盾修饰法。在《尚书》这本被视为整个中国文化特别是儒家文化的奠基之作里，在《诗经》里，象形文字"孔"的最古老的词义是大、伟岸、巨大、庞大。顺便说一句，在同样的词义中，这个符号也用在《老子》（《老子》，第二十一章）里。因此，"孔子"一词相应地可以直译为"巨孩""巨婴"或者"大童子"。

虽然与老子相比，历史记载的孔子的外貌要可信得多，但他的姓氏符号也有那种与其体现相关的特点。据司马迁所言，"孔子长九尺有六寸，人皆谓之'长人'而异之"（《史记》，卷四十七）。从各种不同的身高可能有的长度单位（尺、寸）来看，哲学家孔子的身高在1.91米至2.65米之间[①]，这在当时是极高的，接近于理论上的巨人高度，因为七尺是标准的身高；根据《史记》卷四十七中援引孔子本人所言，一个人的身高是在3尺到10尺之间。姓氏的持有者与其字面含义的这种令人惊异的对应关系，不妨从两个角度来解释：自然主义的解释和神话学的解释。依照第一种解释，高个子是遗传的，孔子父亲这一脉均是大高个。下列论据有利于这种说法：第一，从司马迁描述的这个"世家"可以看出，孔姓自古以来不属世系之列，而是在世家代表之一——公元前8世纪孔父嘉那里才出现。诚然，司马迁无论如何也解释不了这个事实（《史记》，卷三十八），但即使没有任何解释也会明白，在这种情况下成为姓氏的符号，应当在语义上是确定的，而不是偶然的。第二，在随后专门写孔子的文本中，司马迁还是间接地肯定了我们推论的正确性，告知我们孔子的后裔——子襄（前3世纪—前2世纪）也和自己的祖先一样，是身长九尺六寸的巨人（《史记》，卷四十七）。

依照第二种解释，名字与命名者的协调一致性是神话象征主义的一种表现，这是所有古代文化的典型表现（尤其是中国文化）：都相信名字即命运，也就是说，服从"互渗律"。法国哲学家和人类学家列维－布留尔描述了这一原始逻辑思维的基本规律。他强调，从仔细挑选的角度来看，它意味着"名字受到了神秘力量的制约和限制、互渗"。在其结论中，列维－布留尔利用了汉学家赫罗德的资料，后者断言中国人"有将名字与其体现者视为同一的倾向"。

对司马迁所援引数字的夸张化，以及象数学化，即赋予神话—象征的性质，暗示了现实对"高深的名字"进行的神话学"调整"，抑或相反，

---

① 古代的尺寸度量标准与现代并不完全相同。——译者注

进行相应的"正名"。自称是作为易经学者（《史记》，卷一百三十）的司马迁，运用了这一学说的两个象征数字九和六表示孔子的身高，它们相应地表示卦爻的连线和断线，用来象征阴与阳。这也与其余一切与之互相关联的基本的二元对立的范畴有关[试比较，构建在经典的公式九九八十一上象数学的一致性：与老子的"寿数"相符（在娘胎里81年，符合《老子》的章数）]。显而易见，这样的联系极为重要，暗示了姓氏的象征性参与，孔子名字具有"大、很大、伟大、巨大"的含义。

孔子相关的体貌特点以及本身所具有的符号性质（其中包括作为一种姓氏符号含义的物质化），此前曾引起过他的批评者——道家的注意。例如，《庄子》（第二十六章）里写到孔子的外貌"修上"而"趋下"，即腿短身长。这一描写一方面与关于他的身高的说法相吻合（《荀子》，第五章），另一方面显示了他的形象具有儿童的身体比例。这从后来王充所指出的孔子的身材腰以下偏短的说法（《论衡》，卷第十一）得到证实。总而言之，这两个属性正好与直义理解的孔子的名字相符：巨孩、伟大的后裔、巨婴或巨大的宝宝。

值得注意的是，在这个合成的名字里，看似第二性的"子"的符号实际上扮演了重要的角色。因为孔这个汉字词源上来源于它，这在它所有的图解形式中都很明显。与孔子重要的思想竞争对手——老子的另一个相似之处（老子姓李），老子同样由两个元素组成，后面一字也是"子"。此外，在大多数词源学家看来，"孔"的原始象形图描绘了囟门未合缝的新生儿（它的另一词义"孔、洞、穴、小洞、空洞"由此而来）。

令人惊讶的是，孔子姓氏的词源含义与孔子个人名字的语义有联系，这个语义本身也在他的传记中得以反映，即在司马迁的讲述里（《史记》，卷四十七），孔子生而首上圩顶。

在华俄大辞典里，"圩顶"被称为"头顶之穴"。根据这种理解，В. В. 马良文在孔子与众不同的面貌中注意到"圩顶"，而И. И. 谢麦年科在翻译孔子传记时，允许有明显的内在矛盾："他生于圩顶，因此他名为丘。"在Р. В. 越特金对《史记》的标准翻译里，提供了相反的图景："孔子出生时，在他的头顶发现了一个凸起。"Л. С. 佩列洛莫夫提出了介于二者之间的第三个说法（顺便说一句，这也许是最接近所分析片段翻译的真实版本）："出生时，男孩的头上布满小丘。"

词组"圩顶"字面上的意思是"头顶凹陷"。最早期、最权威的

《史记》阐释者之一司马贞在《史记索隐》中作了以下解释："圩顶言顶上窊也,故孔子顶如反宇。反宇者,若屋宇之反,中低而四傍高也。"司马贞并非偶然地运用"反宇"这一表述,因为在较早时期(1世纪)的文献《论衡》中,它两次被用作对孔子不寻常的外表的界定(用的不是"宇",而是被置换为同音异义词"羽")。类似于P. B. 越特金,Б. Л. 李福清也将后一个词组译为"丘头"。

显然,司马迁和王充用如此巧妙的表达来描述孔子头上不仅仅是凸起,也不止是凹痕,而是凹痕凸边。Б. Л. 李福清在他内容丰富的《从神话到小说》(1979)一书中提请注意这种类型的头,甚至引用了这种描绘,但只针对神话人物,而不涉及孔子。他援引对神话传说中的颛顼的描述,称他拥有可追溯到纪元之交的"渠头",并将其与18世纪和19世纪的所有对主要祖先(盘古、燧人、神农、伏羲)描绘的插图及其某些助手和其他神话传说里的帝王的典型的传统描绘方法联系起来,指出这些人都长着"奇怪的头,似乎都中间凹陷"。书中再现了伏羲相应的形象(参见图1),他的外貌特点被假定地解释为兽形说①:这是返祖现象,头顶乃退化的角。不过,这种解释并不广泛用于与该特性有区别的其他人物。作者本人更喜欢称之为"奇怪的"特性。

对于孔子的形象,不管假借什么样的动物形态都更难描述,尽管"渠头"不仅在结构上(处处都是高地和凹陷的组合),而且在术语上都类似于"圩顶",因为其中确定的字符"渠"和"圩"均与"水"的语义联系在一起。顺便说一句,"宇"也包括在这个语义场内,这是"反宇"的基本语义,其意是"排水道"。

毫无疑问,这种相似性揭示了分析孔子的人类学特征强大的神话化的潜力,象征了上天赐予他和古代神圣的英雄并列的标记。但令人好奇的是,该形象的话语描绘完全符合象形文字"孔"𡥀的象形词源所表示的图形,它们最先出现在青铜器皿上的铭文中(前一千纪上半叶)。这一象

图1

---

① 又译为动物形态说,即把兽类的形状或属性看作神的表现。——译者注

形图描绘了"子",顶如反宇,的确"若屋宇之反"。

后来,《史记》(卷四十七)里写道,孔子"生而首上圩顶,故因名曰丘云"。丘字意为"小丘""土岗""墓穴""空地",即内凹外凸,在殷商金石学(前两千纪下半叶)中,丘字"◠◡"直观呈现出"洞穴"的含义。相应地,在这一描述中出现头顶凹陷、囟门未合缝婴儿(隐含地体现了他姓氏的词源)的形象,明显表现出与他生于洞穴有联系,或者,基于对文本的其他理解,带有洞穴的小土岗,用两个汉字"尼丘"来表示,其中第二个字成为孔子的名。因此,班固在百科全书式的著述《白虎通》专门写该问题的《姓名》一卷里指出,"孔子首类鲁国尼丘山"。后一种情况还类似于老子的姓氏——李,这也与神话传说紧密相连,即他出生在李子树下。

中国哲学的两大支柱孔子和老子的相互关系,包括神奇出生典型的神话类似于阴阳力量的对立和互补,也延伸到其人类学的特性。因此,与孔子生而首上圩顶形成对照,老子身上相应凸起的地方在他的肖像画里鲜明地凸显出来(参见图2)。

图2

与孔子相比,老子外貌的这一特点较为普通,常见的说法是凸出其最接近天空的头顶即身体的最高点,这与那些众所周知的西方现象,诸如天主教剃度和犹太教束发相提并论。在古代印度,头顶处凸起被认为是三十二种殊胜容貌和微妙形相之一,用术语"肉髻"来表示。在佛教中,对(宇宙的、神圣的,具有超凡魅力的)帝王和佛陀的这些特点,《华严经》有专门论述,该经被称为《三十二相经》,自4世纪末以来就在中国众所周知。

M.E.克拉夫佐娃研究了这部佛经并将其从中文翻译成俄文,她得出结论:"关于伟大人格形象的古老起源,也许是在前佛教关于统治者的一套概念的框架内形成的,后来才被佛教宗教学说所接受。"在中国的说法里,"得到广泛使用的词汇是源于国家哲学和政治术语,以及词汇的普遍性",这些术语首先来自道家传统。

这一著述以下列方式描述所考察的特征："顶上有肉，隆起如髻形之相。"M. E. 克拉夫佐娃在这种描述旁加的注释是："在对巴利文佛经版本的翻译中，这个特征可理解为指的是伟人的头形：'顶成肉髻'（第三十二相）。"然而，在绝大多数中国和日本的文本里，如同在这种情况下，谈的正是伟人顶上肉髻相："三十二相——顶上肉髻相，顶上有肉，隆起如髻形之相。"肉髻，即头顶上有一如髻状的肉垛。（《观无量寿佛经》疏）

同样令人好奇的是，根据所引用的典籍，伟人"上身如狮相"。这使人想起孔子的身材类似孩童的比例，如王充所说，它在历史上引起从对其确认直接过渡到与狗的比较。如果我们忽略第一种情况下颂扬的激情和第二种情况下的冷嘲热讽，那么就剩下一个解剖学的含义，尤其是在传统中国的造型文化中，狮和狗彼此很相似。

对上述应该补充的是，根据佛教的理念，佛的头呈现放光明相，这意味着头顶是他与高山世界联系的超自然的通道。

在中国，"二氏"老子和佛陀的形象是如此接近，以至于他们有时会融合成一个神秘存在的形象，即黄面老子。然而，在中国整个世界观的自然主义条件下，伟人头顶凸起被理解为是对纯粹世界内部的、高山的、超世俗的向往与追求。

高山的象征意义与老子和孔子头部的这一特征直接相关，后者在"仁""静"和"寿"这些术语中得以表现。而在道教中，这一思想的象征意义变为实际的高山崇拜，当然，在高山的背后，还有关于高山最深层次的古老观念，即高山是天地之间、下界和上界之间的联系环节，是神灵的居所。

这一体现在孔子"生而首上圩顶"中的象征意义，在儒家的说法中，出现了与其相对照-补充（再次基于阴阳原则）的水的主题。在中国的世界观中，山和水构成包罗万象的通用的坐标网格。其纵向的轴（山）和水平的轴（水）代表着对任何自然现象的接受标准。因此，表示其意义的汉字的组合构成了山水风景的概念。在上面提到过的片段中，孔子格言式地表达了这一世界观图像："知者乐水，仁者乐山；知者动，仁者静；知者乐，仁者寿。"（《论语·雍也》）

上面描述孔子头顶类似于火山口的说法同时包含了水的语义。这种原初形象所假设的山与水、谷地与溪流的结合是先验的，让人联想到器皿的孔口，包含能够从这个口流出并渗透到四面八方、囊括全世界力量的思想。在早期的儒家思想中，这种力量就是"知"和"仁"的综合或"仁知"，一方面它被认为是与生俱来的"童心"，另一方面，它是由哲学思想获得的。因此，正是在历来的儒学中，特别是在《论语》文本中，"子"这个汉字获得了"哲学家"的含义。这一术语化过程是在1世纪完成的，在最古老的中国文献编目《汉书·艺文志》里，"子"已经作为对所有哲学家及其作品分类的范畴。

赋予"君子"一词新的含义，成为孔子的又一个术语学的成就。君子作为他的基础范畴，指的不是统治者之子，而是一种理想的人格类型。这个词义的变化仍然建立在对孩童的提升之上。在这里可以发现另一个矛盾的修辞法：君子，即孩童（子），伟大且高尚，而他的对立者小人，渺小且卑微。

孔子及其最亲近的弟子的另一个最重要的术语创新是赋予"儒"这个汉字以"儒家即信奉孔子学说的人"这一含义。不过，该词不仅意味着学习，而且还意味着弱、柔，与其同源谐音词"孺"为同族词，后者具有"子"的偏旁和相应的"孩童"含义。孔子在《礼记·儒行》一章中对"儒"的词源学含义作了明显的回应。在那里，他特别针对儒者的面貌说道："粥粥若无能也。"根据一些抄本，在原文中不是汉字"粥"，可能是更复杂的同音形近字"鬻"，意为"年轻""不成熟"。考虑到这一情况，"粥粥"一词适宜翻译为"孩童般孱弱"。

继孔子之后儒学的第二个奠基人孟子，与其姓氏孟——汉语中表示长子是完全相符的。他从理论上论证了这种"柔弱"，与上述所援引的著名命题相符：大人——不失童心之人（《孟子·离娄下》）。孟子最著名的追随者王阳明（1472—1529）将这一命题发展成"存童子之心"的一般原则。

中国哲学的两个鼻祖——孔子和老子如此明显地倾心于孩童性，其特征在关于他们传统肖像的传说里得到象征性的反映。《庄子》（第十四篇，第二十一篇）和《史记》（卷四十七、卷六十三）描述了他们的首次相会，通常将站立在他们中间的第三个人描绘为一个孩童（参见图3）。

图3

初看之下，在这种最高智慧与童稚的接近中，反映出全人类都相信儿童之口可以说出真相，哲学家之口也应该说出真相。抑或，用李贽（1527—1602）的话来说："天下之至文，未有不出于童心焉者也。"他将童心与"真心"视为同一。然而，为了更深入地审视，童稚与真相本身的关系需要加以澄清。为此目的，我们适当地指出汉字"子"的词源，此外还应关注借助它而构成的术语"赤子"。

在中国最古老的殷商甲骨文中，"子"表示祭祖仪式上的主要参与者——孩子，他代表了祖先的化身。在周代，开始用"尸"这个术语来表示代死者受祭的人。其象形字词源最初在殷商金石学中，描绘了或蹲着或盘腿的人。显然，葬礼仪式的参与者模仿尸体一动不动的姿态，决定了汉字"尸"兼有两种含义。据推测，这一姿态描绘了一个女人，在1972年湖南省长沙市发掘出土的公元前2世纪的马王堆汉墓T型帛画中，她位于帛画上部中央位置。（参见图4）

图4

中国精神文化大典　哲学卷

"尸"这个术语意为"代死者受祭之子",德国汉学家冯·斯特劳斯、B.格鲁别将之成功地译为"Totenknabe",即直译为"献祭的儿童"。试比较其他不太明确的翻译如下:理雅阁的英译"personator of the dead（departed）",即"亡灵的代替者",或者"representative of the spirit"——"精神的代表";A. A.施图金的俄译是"祖先的代表""亡人的替代者""替代的亡灵"。

替代亡灵的孩童在祭祖习俗中扮演着重要的角色,占据享有特权的位置,首先接受、分享祭礼恩赐,获得来自上苍的荣誉。《诗经》中有一颂诗专门描绘他,其他两首也描绘了祭祖,"尸"进入了主要人物的圈子。据《礼记》记载,依孔子来看,这样的人应该是死者的孙子或"同姓"（《礼记·大传》）,是"尸神象也"（《礼记·曲礼上》）。

《尚书》卷八一开始就讲,夏朝的第三任君主不值得尊敬,因为他行乐,"太康尸位",毁了他的德。后来"尸位"一词具有揭露的特性,进入成语"尸位素餐",意为"空占职位""白吃饭"。这一表达式出现在同期文献《汉书·朱梅云传》和《论衡·量知篇》中,适用于高官。在《论衡》中,它得到专门的解释:"素者,空也;空虚无德,餐人之禄,故曰素餐。无道艺之业,不晓政治,默坐朝庭,不能言事,与尸无异,故曰尸位。"

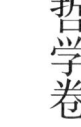

显然,在汉字"尸"的这一用法里保留着替代的思想,即替代或置换——取决于消极或积极的附加意义。类似的情况还有在所援引的成语中的"素"字,例如,它构成源于《庄子·天道》的"素王"一词。素王——"无冕之王",抑或"真正的统治者",从汉代起（《淮南子·主术训》《论衡·定贤》）首先指的是中国哲学的奠基人——孔子。

司马迁奠定了官方史学对孔子的这种态度的基础,有意识地且有根有据地把孔子的传记置于与他的社会地位不相符的"世家"系列,即统治者的传记之中。值得注意的是,这一部分共30卷,除了孔子,作为主要角色出现的只有一个人的名字包括"子"这个附加成分,他原来就是孔子的祖先——宋微子（《史记》,卷三十八）。这个文本学的事实可以解释为间接地表明孔子所属的"子"的地位,具有特殊权威的含义,因此具有继承性,可以追溯到他的祖先过去就是一位真正的统治者。这种解释原则上允许我们视任何伟大的哲学家（子）为最高力量的代表,是同期统治者虚拟的同貌人。

与此完全一致的是，在时间和精神方面相近的百科全书式的文本《淮南子·主术训》中，统治者被定义为最高力量的虚拟替身，类似于哲学家的伟大与渺小："君人之道，其犹零星之尸也。"

中国精神传统将孔子提升到超群的哲学家的等级，称之为"子"。他的字（尼）将描述的象征圈连接起来，表示从"孩童"返回，因为该汉字源自"尸"，直观地表现出两个符号的图像形式。从中可以看出这一名字的词源语义，如司马迁所述，孔子在父亲去世后的童年时期，喜欢玩祭祀仪式游戏扮演尸，为儿"嬉戏，常陈俎豆，设礼容"（《史记》，卷四十七）。

"尸"这个汉字里蕴含的替代思想（生者替代死者，低级替代高级，虚拟替代真实），在古代中国受到反省，并从语言学层面转移到哲学层面。在讨论应有的义的内在或外在动机的问题时，孟子举例说小弟如果在祭祀时占据尸位，就会比年长的叔父更受人恭敬（《孟子》，卷六）。顺便说一句，我们注意到，在这里，汉字"尸"和"位"组合在一起没有任何贬义。孟子所引的例子意在表明，任何事物的真正的含义（汉字"义"也意味着"含义"）是由对它内在的、精神条件的态度决定的，相应地它可以颠倒一切，反之亦然。

在这方面值得注意的是，《诗经·小雅·楚茨》在描写"神保"（即代替亡灵的孩童）参与的祭祀宴时，用了"交错"这个词，极好地传达了仪式中自发元素有重大价值的双重性。在这样的框架内，年轻人成为老一辈人，而统治者成为一具尸体，甚至无法支配自己。

这种仪式随着周王朝和秦王朝统治地位的终结（前3世纪）而停止。当时最高统治者感兴趣的不是生者替代死者，而是彻底克服死亡。有征兆的是，这种转变伴随着哲学在其物质载体——书籍和人身上被清除。

在秦朝短期统治后，汉朝来临，确定了中国文化发展的主要路线，并以朝代名作为自己的民族名称。"尸"这个术语的意义扩展到对已经逝去的个性抽象的替代，例如，远见卓识的"大声"（扬雄《法言》，卷四），并将"子"的意义从人扩展到他们创造的产品（作为文学范畴的"子"）。很明显，"子"这个术语的词源学不仅揭示其与童稚性，而且与更高的智慧有深刻的相互联系。在西方，柏拉图精辟地揭示了这种辩证法，他将哲学定义为死亡的科学，而在后来它被斯多葛学派和其他主要哲学潮流作为他们的主题，直到存在主义视生为"向死而生"。

事实上，基督教将信仰作为复活的科学的对立面，是对同一相互联系的重新解释，但它只是建立在自然的以死克生之上，即超自然的以死克死，顺便说一句，这也是由"儿子"进行的，这就像代替亡灵的孩童一样，在自身三个位格上得到体现：（1）活人——作为人类之子；（2）超自然的存在——作为神之子；（3）尸体——作为十字架上的死者。在这种共同性的背后，似乎存在着祭祀仪式中的祭礼类型学的统一性，在不同的文化中，呈现出不同的发展形式。

在传统的中国文化语境里，对于任何哲学思想而言，关于死亡的"终极"问题都成为"首要的"，抑或"幼稚的"问题，因为从其素有的全面自然主义的立场出发，无知的孩子和睿智的老人虽然处于不同的两端，但同样都临近致命的无——一个刚刚从"无"中出现，另一个则在"窥视靠近"它。

"子"这个汉字在词源学和语义学上固有的激进替代抑或完全改变的思想，具有较为接地气的、社会的应用。如前所述，道家和儒家都相信后者有可能成为第一，尽管所扮演的只是"素王""无冕之王"的角色。在这种看似不牢靠的基础上，强大的中央集权国家体制得以巩固。这种国家体制容许"涂之人可以为禹"，"人皆可以为尧舜"（《孟子·告子章下》《荀子·性恶》），即即使是平民也能够成为皇帝。这在历史上屡屡得以体现。

儒家的模范个性概念中包含了作为终极社会和人类学意义的童稚观念，君子的概念里兼有两种含义："君子大丈夫"和"统治者之子"。同样，由于同一个象形文字"子"，该理念存在于对人性的最高社会表现的标准命名中，即"素王"、"无冕之王"、帝王，即天子。因此，君子和帝王如同哲学家（子）。如果朝相反的方向展开这个定义，那么就是，"君子"即哲学家，他在实践中实施管理和自我管理，帝王即天赐的抑或天生的哲学家。

术语"素王"出现在《庄子》之中（外篇，第十三章），与另一个表示具有至高无上的精神威力的"玄王"同时出现。该词组后来在狭义上与孔子有关。

在"玄王"这一词组里所用的汉字"玄"，不仅意为神秘、秘密，而且还表示红色——象征着鲜血和各种生气勃勃之物，这更加清楚地表述了"玄圣"与"赤子"之间的联系。"赤子"即婴儿，根据《老子》的说法，赤子那么神秘，因为"含德之厚"（《道德经》，第五十五章），本身也具有同样的玄色(《道德经》,第十章)。

在后来,道家炼金术-心理生理学的整个发展都带有丹的红色基调。丹成为"哲学石"的代名词,作为洞察真理和获得不朽的手段,它是决定不朽的"丹胎"的性质及其在体内成熟的位置丹田。该学说的拥护者应当完成"盗机",即颠倒从摇篮到坟墓的自然运动方向,这意味着他真的陷入童年,在自己身上孕育了一个婴儿,经过十个月而成为新的不朽之身并"尸解"。毫无疑问,在新的文化、哲学甚至科学的层面上,这一学说其实再现了中国古代自然主义仪式的古老结构,在这种仪式中,在生育赋予生命的力量的帮助下,战胜了死亡。该思维范式浓缩在象形文字"生"这个汉字的语义里,它将生(即反死亡)与生成联系起来,证为同一。

然而,在儒家和晚期道家所描述的仪式原型的发展中,存在根本差异。儒家与古代宗旨完全一致,沉浸于作为充满生气的世代相传因素的童稚性当中。哲学家被认为是"子",即"孩子",甚至"果实""种子"(这是这个象形文字的另一个含义),成为自己世代相传的因素——人民自然的代表。尽管人民拥有其全部的童稚性,但作为"上天的视听",为哲学家打开了通往最高的(上天的)真理之路。

道家在其学说发展的所谓宗教时期,也许受到佛教的影响,开始将同样的"天堂之路"解释为皈依婴儿期,但没有吸收人民性世代相传的因素。正是因此,他们遭受儒家批评主要是因为个人主义和反社会性。

但另一种童稚的表现拉近了中国哲学思想的两大主要流派。在传统的中国文化框架内,文化自我定位于"文",生成文本是人们创作的主要任务。其实,这被认为完全是自然主义的。正是作为生成之物,书面的文本被认为由有形的实体——字构成,后者是哲学家(子)创作的最自然的产物。这一思想通过一般词源学渗透到术语的语义领域,渗透到表示中国哲学家活动的最终产品——他的学和教的语义领域。在最一般的文化学意义上,这种学说在形式和内容上都走入无的自然主义再生,或者是以生克死的"童稚"哲学。①

为了理解中国传统哲学的特色,准确理解其所采用的名称的含义(包括词源)至关重要。"子"这一概念既指指导师(智者),又指婴儿(幼稚)。中国哲学的两大主要流派——儒家和道家,在理论上已经

---

① "童稚"哲学,又译"童子"哲学。——译者注

掌握了这些含义，分别强调前者或后者。此外，这些典范所定义的身体特征象征性地反映在对儒家和道家创始人孔子和老子的外貌和起源的神话化描述以及他们的名字中。从词源上讲，"子"这个术语还与最古老的祭祖仪式有关。在这一仪式中，小孩代表死者。采用"子"这个名字的哲学传统自我定位为一种自然主义的学说，即关于通过"生生"的有机手段来克服死亡的混沌。

**B. M. 阿理克《中国文学论集》，莫斯科，1978年；B. 格鲁别《中国精神文化》，圣彼得堡，1912年；А. И. 科布杰夫《传统中国的哲学及"哲学"范畴的起源》，载《东方》，2001年第3期；А. И. 科布杰夫《作为以生克死的"童稚"学说的中国哲学》，载《第29届"中国社会与国家"学术研讨会论文集》，莫斯科，1999年；М. С. 哈尤京娜《外来者与彼世：古代中国人喜欢宾客吗？》，载《东方与西方：历史文集（2002年）》，莫斯科，2002年，第149—152页。

（А. И. 科布杰夫撰，夏忠宪译）

中国哲学和文化的基本概念和范畴

从最一般的立场来看，可以说，对任何一个哲学范畴体系的准确、充分的理解，与对这种哲学的领悟具有同等的意义。如果以历史分析来补充这种方法，那么，对哲学范畴体系历史地、符合逻辑地进行准确且充分的描述，就能够最直接地形成历史哲学纲要。某些哲学家尝试以辞典形式提供哲学的和历史哲学的知识就是证明之一，只要回想一下皮埃尔·贝尔的《历史批判辞典》、德尼·狄德罗和让·勒朗·达朗贝尔的《百科全书》、果果茨基的《哲学辞典词汇》、彼得拉舍夫斯基派的《袖珍词典》就足够了。但是，许多详解百科全书，而不是专门的哲学辞典、中国辞典，则是更加鲜明的例子。

传统中国哲学的词汇非常独特。首先，它的特点是其成分的多义性。从最一般的方面来说，它存在着三个层次，具有不同的数量特征。

从广义上来看，这些词汇由于其土生土长性和极端同质发展的文化内组织性，实际上是与自然语言相吻合的。当然，这是在其书面的和文学的语言中，即在相当人为的变体语言——文言中。尤其是，后一种情况解释了为什么为了理解它们，会如此经常地要求必须了解中国的非哲学文本中所使用词汇的哲学含义。

在较为狭窄的含义上来说，传统的中国哲学词汇是一套术语——从几百到几千（自然语言最低限度的词汇量就是这样，参阅后面提到的吴怡关于2600个术语的资料）。在最受欢迎的详解百科辞典《辞海》中，该专题收入了217个词条。确定这一中间层面词汇的组成，完全是有条件的，它取决于对反映数世纪哲学传统语言特点的详尽程度。例如，权威的《哲学大辞典》提供了1147个术语词条，相对于上述217个和2600个词条的数量，这是一个平均值。

让我们感兴趣的是，这一词汇量与传统中国文化的词汇量相吻合。它是相当严格和客观地加以界定的结构，其数量的特征，可以根据以下数字来判断。在20世纪30年代中期，著名的中国哲学家张岱年概述了中国哲学的概念体系（首次出版于1958年，署名宇同）。在这个体系里，概念被分为三类（即宇宙学、人类学、认识论）。这三类本身同样也分成九个范畴。后者囊括46个方面，形成64个术语。在20世纪80年代，张岱年在这一方向进行了较为专门的研究，1989年其再版的著述包括60个方面约90个术语。

中国精神文化大典

哲学卷

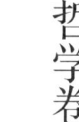

　　1981年，我们就已经开始了类似的工作，这是与中国哲学思想的总体趋势相符合的。正是在20世纪80年代，中国学者对中国哲学的基本概念及其含义展开了广泛的讨论，其中包括由60多个术语组成的清单。这一清单早在中央报刊上公布了。在这一清单的基础上，在中国哲学史重要的专门杂志《中国哲学史研究》上开辟了"中国哲学重要范畴和概念简史"专栏，在其框架下一期接一期地发表了关于某些哲学范畴和概念的文章。

　　在共同兴趣的推动下，主流的中国专家开始撰写短文和内容丰富的专著，发表他们对该专题的看法。例如，汤一介（1981）提出由46个字简要概述传统中国哲学的范畴体系。1987年葛荣晋出版了囊括20个词条约40个术语的词典。1989年，张立文出版了内容丰富的专著，用25个小节系统地描述了40余个范畴。

　　在西方汉学中，在对仔细挑选的问题展开讨论时，中国学者发挥了重要的作用。1952年，著名的中国哲学史家陈荣捷提出了一套由77个方面、115个字构成的相应的术语。1956年，另一位杰出的专家李约瑟提出了较为紧凑的一套由80个方面、82个字组成的科学术语，这对传统中国文化的认识有重大价值。1986年，中国学者吴怡出版了中国哲学最重要的术语辞典，其中第一部分50个方面均由单个汉字表达；第二部分包括100个方面，均由汉字词组表达，辞典还从总词汇表中突出了2600个中国哲学术语。

　　在俄国的文献中，系统研究传统中国哲学和文化的范畴和基本概念的兴趣产生于20世纪80年代初。这种研究的兴趣既是独立的，也与中国同期的现象类似。这一时期出版了一系列重要的成果：1983年的圆桌会议材料《传统中国文化的范畴问题》（《亚非人民》，莫斯科，1983年第3期）、1994年的《中国哲学百科词典》。

　　在这些出版物的第一部中，反映了作者编写传统中国哲学与文化的基本概念和分类清单的争论。这一分类清单由100个方面、140个词条组成。在第二部分的词条中阐述了97个相关术语。

　　此外，应该指出的是，Г. А. 特卡琴科编撰的《中国文化》作为教材于1999年出版，该书描述了51个哲学术语和重要概念。

　　所有这些援引的数字完全与一套对中国文化奠基性的分类相符，包括从60到120个字词的单位。其中显得特别突出的有：（1）从公元前13世纪就熟知的六十甲子两种类型的循环周期符号——十天干和十二地支；（2）从公元前一千纪上半叶就熟知的（也有可能存在于公元前二千纪）《周易》的六十四卦；（3）"九九"乘法表；（4）五行系统和《周礼》所述120个"兆之体"的典籍。衍生分类图的特点是相同顺序的数字：第一部分100（98或96）个范畴和第二部分81（82）个范畴（《易经》《墨子》），120个范畴（《说卦传》对《周易》的评注），扬雄的八十一图式等。

分类或计数词的自然语言系统与这些人工分类系统相关。在最近一千五百年至两千年里，计数词的数量在汉语里从80个单位波动到140个单位。

与计数词一起，上述这套分类还包括从60到140个字词单位的数值振幅。显然，这一分类级别与数字100有关，可以用公式100±40来表示。它本身（同样）也来自与10这个基准数量相关的更为一般的分类级别，并对应于公式10±2。下一个分类级别与1000这个数字关联。A. M. 高辟天认为，它对中国传统文化的最大范畴列表具有决定性意义，并与上述《哲学大辞典》最大限量的术语词条（1147）相关。正如我们在对中国分类法理论基础的专门研究中所展示的那样，在专著《关于中国经典哲学中的象征和数字学说》里，与公式100±40相对应的分类级别是最一般的五分法（即与五行相关）分类系统中的第三个，这也是核心级别，因此也是最重要的级别。

查明中国哲学基本范畴准确而完整的含义、其相互联系的性质及其在哲学思想历史发展过程中的语义转换，以及建立其与其他精神活动形式的基本范畴的联系，或者说，弄清楚中国哲学的基本范畴是否是中国文化的基本范畴，是亟待解决的基本问题。当然，仅解决这些问题是不够的，但对它们充分的理解，至少是了解中国哲学现象，也许是了解整个中国文化的必要前提（如果跟随许多杰出的研究者，例如，冯友兰，就能认识到哲学在中国社会生活中的特殊作用，它不仅一直是"科学之王"，并且从来都不是"神学的婢女"）。

此外，传统的中国哲学思想，在长期连续不间断的独立发展过程中，练就了非常独特的自我表达手段，特别是原创的范畴体系。它在现代中国对哲学语言继续发挥着范式的作用，从而对中国提出的哲学和社会政治观念产生了一定的影响。

在我们看来，情况恰恰相反：翻译和研究最重要的思想意识形态文本之前，完全应该对作为其基础的各种范畴附录（如索引、参考书目、词表、注释等）进行系统研究。在这里也应该从抽象上升到具体，从一般范畴释义上升到具体文本中相应汉字的具体含义探究。否则，对后者的含义的理解会变得像理解不了句子中关键词的含义一样困难。

在准确固定了范畴语义的作用问题（其中包括它们所表示的概念的所有主要和次要的特征，以及其所有广义和狭义的含义，同时考虑到词源和历史演变）之后，应该还有一个更为重要的问题——关于这些范畴的本质，或者可以说，是关于范畴语义的质量问题。该问题是如此重要，以至于对它的回答可能是关于中国哲学可否被认为是严格意义上的哲学的争论中的决定性因素。关于这一点早就有人表示了怀疑，现在它仍被怀疑。

俄国的汉学界，论证并传播着这样的观念（主要是Т. П. 格里戈里耶娃、Е. В. 扎瓦茨卡娅和В. В. 马良文）：传统中国哲学的范畴是伪概念，是原则上无法确定的形象、隐喻，其最高含义是"诗意的令人迷惑不解之物"，它们是独特的，类似于数学中的变量（例如，柳存仁、张岱年所使用的比喻）。这种观念无非是剥夺了中国传统哲学的哲学地位（黑格尔曾经坚持这种看法），或将它译为某种"哲学"原理，或将它转为"汉主义情结"的一个组成部分（顾立雅的提议），或只是将它译为前哲学和类哲学的原理（如А. Н. 恰内舍夫的建议）。

持截然相反立场的代表А. М. 高辟天和В. С. 斯皮林认为，中国哲学范畴是理性主义的且具有具体科学的内容，因此他们倾向于逻辑上有序的描述形式，包括准确的且具形式化的方法。基于原创的研究，他们得出了自己的结论，这实际上是在汉学中开辟了新的方向，其全部的意义现在还很难评价。相反，代表第一种立场的上述一般论断为人熟知（尤其是在西方汉学里），因而并非原创。不言而喻，原创性绝非正确性的保证。在这种情况下，问题在于两种立场在其理性的形式里都有坚实的经验主义的依据，尽管从表面上看它们是互不相容的。

情况的复杂性还在于，"隐喻派"倾向于责备"逻辑派"试图摧毁"诗心之蝶"（庄子之蝶），用能致人于死命的针刺穿了科学标本集。然而，与此同时，也存在着一种ignoratio elenchi（诡辩论证）：从哲学范畴或文化范畴来看，推论被隐含地转移到一般文化范畴，继而，转移到其体现者活生生的精神经验，对他们而言，科学客体化或许的确是毁灭性的。为了避免这种逻辑谬误，应该约定不要将两者混为一谈。哲学范畴和文化范畴是独特的坐标体系，在其框架下人们活生生的精神经验的"变量"得到实现，两者共同构成整个的精神文化。中国思想家们相当清楚地认识到自由的精神探索（道家的"权利区"）与文化范畴严格的架构（儒家的"权利区"）之间的差别，将后者理解为"经纬"（《左传·昭公二十八年》）和"网"。"网"又与"罔"相通：学而不思则罔，思而不学则殆（《论语·为政第二》）。当然，可以认为这个文化范畴严格的构架是某种次要的任务，而将理解某种文化的"灵魂"视为头等重要的任务。然而，没有对文化构架的科学而有根据的重建，就不能达到这一目的。

自然，上述两种摆脱内在对抗性矛盾的立场，可能由"和平协议"统一起来，在这里可能有不同的调和原则。张岱年指出过其中一种，他同时援引韩愈的权威说法。韩愈在著名的文章《原道》里，一方面，区分出"仁"和"义"，另一方面，区分出"道"和"德"，作为"定名"，相应的还有"虚位"。换言之，张岱年对韩愈的理解是这样的：在中国传统哲学的范畴和基本概念中，有些是"实质"的，具有非常明确含义的术语，而另一些则是"形式"和"空格子"，即只不过是具有多种含义变化不定的术语。这是在"横向"方面，在两种哲学范畴和概念之间画出分界线，是"应付的"一种妥协。然而，如果从"纵向"方面来看问题，就可以避免在认识论方面相当不愉快的程序。首先，在保留范畴的"同一构造性"并承认"非空性"的前提下，所描绘的两极立场的相互矛盾性就可以在具有象征性质的中国传统哲学术语综合的意识中被排除，更何况这一哲学本身被认为是"象"，而不是文字和经文能够详尽地表达的最高的"意"（《系辞传》，卷一）。其次，不仅必须弄清楚中国哲学范畴是什么，而且还要弄清它们彼此是如何相互联系的。在范畴是隐喻或完整的概念的情况下，在范畴在结构上是完整的，或者是在历史中形成的无体系的范畴情况下，两种对立的观点就可能都成立。它们共同提出四种理论上可能的变体：（1）概念体系；（2）无结构的一套概念；（3）隐喻体系；（4）无结构的一套隐喻。所有这些变体都是值得从理论上弄清其意义的。

然而，哪怕是初始概念，最一般的定义应该是这样的：中国哲学的范畴也是中国文化的范畴，应将它们理解为象征，需要有意识地要求不同的（包括隐喻的和具体科学的、抽象哲学的、多层面的）阐释。形成作为象征的范畴最重要的因素——即它们的构成：（1）基于母语的多义词，而不是借用外语的术语（如在欧洲自罗马哲学以来一直这样）；（2）在汉字的人工符号系统——文言的框架内完全充满多义性；（3）在分类文化的深处；（4）借助于"相关的（范畴的、联想的）思维"；（5）一般认识的象数学方法论。

由于长期连续的历史发展，在统一的语言基质的基础上，在统一的文化传统的范围内，这些象征形成严整的体系，在阐释的所有层面保留结构的异质同构。在概念方面，意识形态文本象征的通用性解释了通用性分类现象（象征作为潜在的不同实质无限系列的代表，这些实质可以与所有可能的层面和存在的领域有关系）；在语用学方面——依我来看，在极为隐喻化的（诗意的）和非隐喻化的（逻辑-数学的）文本之间缺乏严格的、形式上的区分。它们独一无二的共同特点是结构——象数学的有序性、规整性，同时既在内容层面，又在表达层面扩展。举例言之，如果谈论的是"天地人"三位一体和五行，这样的文本就具有了三一五循环的句子结构（不仅反映在句子的长度方面，而且也反映在它们的数量方面）。

中国传统文化的范畴作为概念可以采取这样的方式处理：最普遍的概念应该是与意义单纯的汉字等值的（从术语的角度看，它们具有墨子所说的"达"的特征），它们处于与中国哲学基本范畴系统的联系之中，它们是精神和文化的各层面的活动的象征性的相似概念，也就是说，它们是科学、艺术、日常生活意识和风俗传统形式中的相似概念。强调与单义汉字等效这种特征的重要性是有意义的。比如说，如果极为努力，那么或许可以在某个中国哲学家那里找到物质的观念，但在中国传统哲学中绝对不可能找到"物质"这样的词，即专门表示物质的术语。在中国传统哲学中没有这样的术语。因此，如果赞同所提出的定义，物质的概念就既不能被定性为中国传统哲学的一个范畴，也不能被定性为中国传统文化的一个范畴。我们如此熟悉的概念，诸如"存在""创造""理念的""道德的""有机的"等，也不是认为的那样。

由此可见，在对中国范畴的研究中，理念的实质（概念）不应该是研究的出发点，它们通常是由我们自己的文化先验给定的产物，而物质客体——汉字术语才应该是其出发点。鉴于上述情况，还产生了一个问题：应当从哪里开始——是从最一般的，还是从最特有（不具有西方的等效概念）的范畴开始研究？然而，在这种情况下也许都是同一个范畴？先不预设答案，让我援引西方某些著名学者的意见，如波梅兰茨（笔名Γ.С.索罗门）在《理解中国文化术语》（1978）摘要中的概括表达："文化研究的一个重要问题是在后者的固有观念中理解另一种文化……通晓外语是从对某些相应科目的某些术语的翻译入手的。对不可译的短语、成语的逐字翻译被推到次要地位，在改写过的文本中它们被排除了。"到20世纪初，亚洲伟大文化的观念大概就曾是这种被改写过的。绝对不能纳入欧洲规范的观念，被从纯理性主义的图解挪到异国情调或者古老风情领域。在现代文化研究著述里，提出研究重心转移的任务。对术语（例如，"仁"和"公"）粗略的了解让位于理解文化完整性的问题，除此之外就不可能理解它的任何个别性、特殊性。

最后，还有一个很重要的问题是，如何根据它们与不同的哲学流派的隶属关系将范畴集内部划分为范畴子集。是每一个流派都有自己的特殊范畴工具，还是它们均使用相同的通用范畴工具？在最极端的表达中，后一种观点导致拒绝任何范畴分类，甚至拒绝单独分析其中每一个范畴。但第一种观点更受欢迎。确实，乍一看似乎很自然，例如，将"道"和"德"视为道家特有的范畴，而将"气"和"太极"视为儒家特有的范畴。然而，如果深入思考，断言这一点就等于在说："物质"这个范畴是唯物主义者的语言特色因素，而"理念"这个范畴是唯心主义者的语言特色因素。上述这些中国范畴，对于中国文化而言，是统一的一般哲学语言因素，本身并不代表任何哲学学派的特色。有趣的是，在起源研究方面，正是唯心主义者（柏拉图、亚里士多德）在使用"物质"范畴上享有第一名的殊荣，相反，唯物主义者（阿那克萨哥拉、德谟克利特）却在使用"理念"范畴上享有第一名的殊荣。正如儒家的术语"气"和"太极"是被道家付诸使用的（《管子》《道德经》《庄子》），而道家的"道"和"德"则是被儒家付诸使用的（《论语》），尤其是，后者解释了中国哲学史上的"谜团"之一：如果认为"道"和"德"是道家特有的范畴，那么令人不解的是，为什么它们最终成双成对，开始在现代语言中用以表示"道德"之意？众所周知，与伦理化的儒家相反，道家面向本体论的问题范围。但这些范畴的儒家起源使它们最终的命运是可以理解的。一般而言，"道"这个范畴在儒家学说里发挥着如此重要的作用，使其不被同时代人称为"道教"（《墨子》），而理学却被称为"道学"。但我们未必可以以类似的方式重新评价"气"在道家存在的整个历史时期的理论和实践中的作用。

似乎"气"和"太极"、"道"和"德"这些词本身，不经批评和再肯定，就相应确定了儒家和道家的语言特色。列举一些最基本的统计数据就足以令人信服：儒家文本中"道家的"术语要比道家文本中"儒家的"术语更常见，反之亦然。当然，在进行专门的和相当大规模的研究之前，我们用不着断言这种划分根本不存在。不过，也许它扩展的并非术语本身，而只是它们拆开的含义，即一个流派的代表更倾向于在一种含义中使用某个术语，而另一个流派的代表更倾向于在另一种含义中使用另一个术语。无论如何，这个问题需要进一步的分析和阐述。

应该强调，今天应当争论的绝非专门研究中国哲学和文化范畴的必要性本身（它是毫无疑问的），而仅仅是这个问题应该用哪些方法来解决。作为有效的进一步研究所用的基础材料和出发点，下面列出由我们编写的传统中国哲学和文化的基本概念和范畴汇总表，其最初的版本发表在上面提及的圆桌会议的材料里（《亚非人民》，1983年第3期，第86—88页）。

传统中国哲学和文化的基本概念和范畴列表汇总

一、方法论	
1. 上 shang，上面，起点 3，30，50	2. 下 xia，下面，终点 30，50，98
3. 本 ben，根源，本质的，自己的 1，5，42，48，52，85	4. 末 mo，上端，次要的 6
5. 内 nei，里面的，内在的 3，42	6. 外 wai，外部的，超越的 4，7，42
7. 正 zheng，正确的 6，13，70，75，81，85，86	8. 反 fan，返回的，反映，对立的 21，40，77
9. 同 tong，相同，类似，一致；异 yi，区别 11，19，21，43，67，70	10. 一 yi，统一的，一致；多 duo，众多；二（两）er（liang），对偶性；万 wan，极多，一万 17，18，22，24，36，37，43
11. 类 lei，种类，等级 9，19，84	12. 数 shu，数量，计算，命运 13，19，58，72，73
13. 方 fang，方法，正方形，方面；圆 yuan，圆形 7，12，22，72，73	14. 法 fa，法律，效法 19，32，73，75，90，91
15. 经 jing，原理，规范，垂直线；纬 wei，纬线，纬书，水平线 32，39	16. 权 quan，权衡，政权，权力，衡器，权宜；势 shi，势力，形势 32，40，75，85
17. 叁（三）san，三个 10，59	18. 伍（五）wu，五 10，79
19. 象 xiang，象征，形象 9，11，12，14，20，32，50	20. 卦 gua，占卜用的图形，三爻卦，六爻卦 19
21. 矛盾 maodun，对立-冲突 8，9	
二、本体论	
22. 道 dao，道路，规律性，理论，逻各斯，方法 10，13，24，25，26，27，30，32，35，36+37，38，60，64，73，74，90，91	23. 德 de，品质，美德，德行；刑 xing，惩罚，33，60，79，84，88，91
24. 太极 taiji，极点；无极 wuji，无限的，没有边界 10，22，36+37	
25. 有 you，有-存在 22，54，66	26. 无 wu，没有-不存在 22，55，66（+66）

27. 自然 ziran，天然，自发性；使然 shiran，制约性 22，30，84+74	
28. 宇 yu，空间 30	29. 宙 zhou，时间 30，68
30. 天 tian，天空，时间，自然，神灵；地 di，土地 1，2，22，27，28，29，58，60，68，98	31. 人 ren，人，他者；己 ji，自身 51，52，53，89，97，98，100
32. 理 li，原理，层次，道理；欲 yu，激情 14，15，16，19，22，53，60，64，66，84，86，90，91	33. 气 qi，气息，灵魂，能量，物质 23，35，51，54，57，60，65，78，79，80
34. 机 ji，机体，（自然的）动力 44	35. 器 qi，用具，才能 22，33，49，53，59，84
36. 阴 yin，消极的力量 10（+37），18+79（+37），22（+37），24（+37），38（+37）	37. 阳 yang，积极的力量 10（+36），18+79（+36），22（+36），24（+36），38（+36）
38. 易 yi，变化，轻易 22，36，37，40，41	39. 常 chang，恒定 15，40，41
40. 变 bian，变化 8，16，38，39	41. 化 hua，变形 38，39，54，55，64，74
42. 中 zhong，中心，中央，平衡；庸 yong，恒定 庸常 3，5，6，56	43. 和 he，和谐；合 he，符合，一致 9，10，45，77
44. 动 dong，运动，行动 34，79	45. 静 jing，安静 43
46. 因 yin，原因；果 guo，结果 77，85	47. 故 gu，根据，意图 80
48. 体 ti，身体－本质，部分，主体 3，50，52，56，65，85	49. 用 yong，使用，功用 35，74，89

三、生物学和人类学

50. 形 xing，身体，外形；色 se，颜色，外观，幻相 1，2，19，48，56，65，84	51. 神 shen，灵魂，神灵的；鬼 gui，鬼魂，魔鬼 31，33，57，94
52. 身 shen，人身，主体 3，31，48，56，68，84，100	53. 物 wu，物体 31，32，35，56，65，78，84，85
54. 生 sheng 生命，出生 25，33，41，58	55. 死 si，死亡 26，41
56. 心 xin，心脏，心理，核心 42，48，50，52，53，60，78，80	57. 精 jing，精液，精神，精华 33，51，78，81
58. 命 ming，命定，命运 12，30，54，60，84	59. 才 cai，才能，力量 17，35，60，62，72，94
60. 性 xing，自然本性，品质，性别 22，23，30，32，33，56，58，59，88	61. 情 qing，特性，感性 76，78
62. 能 neng，能力，潜能 59	63. 所 suo，位置，场所 78，88

四、文化学

64. 文 wen，文字－文化，民事的；武 wu，军事的，22，32，41，72，82，83，84，88，90	65. 质 zhi，事物的根本，物质；朴 pu，简素，原初的 33，48，50，53，69，85

66. 为 wei, 事情, 成为; 事 shi, 行为, 25, 26+66, 32, 79	67. 争 zheng, 斗争; 让 rang, 让步 9
68. 世 shi, 时代, 世界, 代、辈 29, 30, 52, 94	69. 俗 su, 习俗, 世间, 庸俗; 清 qing, 纯洁 65, 90
70. 公 gong 全体的, 社会的, 利他的 7, 9, 93, 95	71. 私 si, 私人的, 自私的
72. 艺 yi, 艺术, 手艺 12, 13, 59, 64	73. 术 shu, 技术, 工艺 12, 13, 14, 22
74. 教 jiao, 教导, 教育, 宗教 22, 27（+84）, 41, 49, 100	75. 政 zheng, 管理; 治 zhi, 秩序; 乱 luan 纷争 7, 14, 16, 78
五、认识论和实践论	
76. 感 gan, 感觉 61	77. 应 ying, 反应 8, 43, 46
78. 知 zhi, 知识, 知觉, 智慧 33, 53, 56, 57, 61, 62, 75, 80, 84, 89, 90, 91, 94	79. 行 xing, 行动, 举动, 队伍, 自然要素; 言 yan, 语言; 说 shuo, 学说 18, 23, 33, 36+37（+18）, 44, 66
80. 意 yi, 意图, 意思; 志 zhi, 意志; 言 yan, 语言 33, 47, 56, 78	81. 诚 cheng, 真实性, 诚意 7, 26, 57, 85, 86, 92
82. 史 shi, 历史, 编年史 64	83. 记 ji, 记忆, 记载 64
84. 名 ming, 名字, 概念, 名声; 分 fen, 部分 7, 11, 23, 27（+74）, 32, 35, 50, 52, 53, 58, 64, 78	85. 实 shi, 现实, 结果; 虚 xu, 虚空 3, 7, 16, 46, 48, 53, 65, 81, 86, 87, 92
86. 真 zhen, 真实; 伪 wei, 虚假 7, 32, 81, 85	87. 是 shi, 真理; 非 fei, 谎话
六、伦理学和美学	
88. 善 shan, 善事, 圆满, 善美, 极好, 善于; 美 mei 美丽, 恶 e, 丑陋, 邪恶 23, 60, 62, 64, 94	89. 仁 ren, 人道 31, 49, 78, 90, 91, 94
90. 礼 li, 体面, 礼仪, 典礼 14, 22, 23, 32, 64, 69, 78, 89	91. 义 yi, 义务, 正义; 利 li, 利益, 好处 14, 22, 23, 32, 78, 89, 92
92. 忠 zhong, 诚实, 忠诚; 信 xin, 可信性 78, 81, 85, 90, 91	93. 恕 shu, 推己及人 7, 70
七、社会学	
94. 圣 sheng, 圣贤, 神圣的; 愚 yu, 愚蠢的 51, 59, 68, 78, 88, 89, 96	95. 王 wang, 皇帝; 霸 ba, 暴君 70, 98
96. 君子 junzi, 人格高尚的人; 子 zi, 儿子, 先生, 哲人	小人 xiaoren, 渺小的人 82, 94
97. 士 shi, 官宦, 学者 31	98. 民 min, 人民 2, 30, 31, 95, 99
99. 国 guo, 98	100. 家 jia, 学术流派, 31, 52, 74

编制传统中国哲学的基本概念列表，可能面临不同的任务。我们可以从整个人类的一套统一范畴的推定出发，或视对象（如亚里士多德），或视主体（如康德）为先验的特性。相反，也可以按斯宾格勒的方式，努力在整个中国文化中、在中国哲学中寻求，例如专门寻求某种欧洲的或者反欧洲的东西。但无论在哪种方法里均无反自然的东西，它们只是反映了不同的任务，相应地使用了不同的描述语言。两种方法都有其逻辑根据，在特定的历史情况下都在一定程度上得以实行。

然而，现在对传统中国哲学概念的内在性进行重构是有现实意义的。我们在完成这一任务的时候可以意识到西方思想的某些基础范畴失去了类似的地位。例如，在对传统中国哲学范畴体系进行重构时，汤一介提出的46个字，从我们的观点来看，就缺少诸如"空间"和"时间"、"前因"和"后果"这样一些重要的概念。而这之前的半个世纪里，20世纪伟大的中国哲学家张东荪则让"同一""矛盾""实体"失去了类似的地位。同时，在这里可能会出现在西方哲学传统中没有的范畴，例如中国哲学家所称之"道""气""神""真"等。

我们导出的中国传统哲学基本概念的汇总表具有非常初步的和辅助的性质。编制时我们遵循以下原则。第一，力求囊括一切最重要的和无法互相归并的传统中国哲学概念，而不只是那些能得到专业评定的范畴。因此，哲学范畴，不管它们是否基于某种特征被分离出来，按照我们的构思，均应包含在此列表中。从上述确切地表述出来的定义可以看出，它应该包括传统中国文化的范畴。在这种情况下，像大多数中国专家一样，我们认为传统中国哲学的概念体系，就其基础而言完全是土生土长的。外来的佛教思想，大部分借助自古以来的中国概念手段就能找到自己的表达。

第二，和陈荣捷、张岱年、葛荣晋、张立文一样，我们试图以系统的形式呈现概念：（1）给它们分栏，（2）使它们相互联系地成对。我们所提出的结构是极为假定的，并且仅声称发挥有效的工具作用。中国哲学的概念很难全部在我们的文化中划分。例如，"性"与"情"构成标准的一对，"性"，通常是指人的本性并列入"人类学"专栏，但它可以指任何单独事物的本性，因而它有理由放在其他相关专栏。同时，"人"这个术语似乎还没有比置于"人类学"更好的地方，但它也与"本体论"有联系，在其最一般的哲学意义上，它指的是人类的世界，形成与自然世界（天）或与天地一起进入宇宙三位一体本体论的对立。因此，在这种情况下，必须遵循一些假定的特征，诸如在这个意义上较为频繁地使用"看来"这个词（我用它来补偿准确统计数据的缺乏），或与配对的元素建立联系。

至于成对的结构，就其本身而言，在其背后显然存在着中国哲学思想——也许是整个哲学思想完全客观的特点。在陈荣捷的列表中，在葛荣晋、张立文的著述中，在汤一介的体系中，以及在《中国哲学史研究》杂志中，大部分的概念均成双成对排列。关于哲学概念配对的问题成为中国学者们争论的对象。在争论过程中，汤一介说出了自己的看法：尽管某些独立的哲学体系没有遵守这一原则，但它必定体现在哲学知识共同发展的进程中。

在我们的列表中，所有成双成对的概念均为传统上相互关联的概念。在这种情况下，只能从可以包含特定概念的数个组合中选择一种，这取决于作者的意愿。例如，"理"—"气"这对元素也构成配对的"理"—"法"和"气"—"精"。这种联系也被考虑在内，并以数字的形式编码，这些数字跟随术语的翻译，在一个或另一个连接或相反（但不是从属）的意义上与之配对。有些术语没有以它们最广为人知的组合形式出现，正是因为这些组合凭借其自证性，很容易被一个主要术语重构。例如，"异"的概念来自配对的"同"和"异"的概念，潜在地包括在"同一性"的概念里。但在这些情况下，仍然要指出所有标准的反义词——紧跟基本词汇之后。

然而，我们可以更进一步，将这种反义词组视为表达相同的概念，例如，类似于"长短"这个词，字面的意思是"长和短"，表示长度这个概念。A. M. 高辟天从较为一般的语言学的见解出发，表达了这样的假设，适用于所有配对的标准术语："汉语的任何成熟的象形文字（特别是从范畴列表中可以看出）都可以在说话者的脑海中表示为特定的配对元素。"由于谓词，即现实的动态表示，是汉语的一个特征，因此这一对通常是反义词。如有必要，文本会明确给出这样的配对（反义词和同义词）（这与汉语中单词的语言问题——单音节和双音节）直接相关。同时，可以将多对与一个象形文字对应。

显然，汤一介认同这一观点，因为在定量上，他提出了自己一套完整的（20对）和缩减的（10对）配对，与欧洲的10至12个范畴相提并论，即他将欧洲范畴等同于中国的配对。其中，我完整地保留了那些重要的没有同义词的字词。如果这些配对组合（编号1—2、3—4、5—6、7—8、25—

26、36—37、38—39、44—45、54—55、70—71）简化为单个字，那么我的一套概念的总数将会减少到90个。

列表中术语成对联系的原则如下：（1）反义，例如"有无"；（2）同义，例如"变化"；（3）相关性，例如"宇宙"；（4）概念上的统一，例如"自然"。在后两种情况下，两个字的对子被分配统一的号码。其他的对子也可能形成概念的统一，例如，"宇宙""方法"，但它们或者具有次要的性质（分摊到由成双成对的字组成的概念），或者或多或少具有现代哲学语言所固有的特点。

以上我们对待范畴和概念的"语文学"方法理由充足的原则，即考察作为出发点的符号单位，在此列表中得到体现，特别是在对子的语言学特性（例如，是"反义性"，而不是"对立"和"矛盾"）里表现出来。在用两个汉字表示的一个概念中，为了在类型学方面使两个概念"等量齐观"，也用两个汉字表示。类似的概念可以构成对子。例如，"自然"与"使然"反义，而汤一介将它与"明教"联系起来；"太极"与"无极"是反义的，而汤一介将它与"阴阳"联系起来。较高序列的对子由两个概念组合构成，借助于这种字词编号之间的"+"反映在我的列表里。然而，如果某个术语由单名构成，或由兼名构成，又与别的术语发生联系，那么后一个术语的数字就要带"+"放在括号里，从而与前面的一个字或两个字的术语联系起来。后者与传统中国哲学占统治地位的观点完全相呼应，其中的话语与概念被视为统一的整体——名或者字。从这个角度看，用两个字表示的概念（兼名），与用一个字表示的概念（单名）相比，类型学上接近于用两个字表示的两个概念。在我们的列表里，专家们没有见到一些重要的"兼名"，例如"大同"或者"天下"，原因是我们认为有可能不能分离出这些术语特殊的方面：它们由上述单名组成（天下=天+下），或是它们的个别特殊情况（大同——同）。一般而言，不将某个概念列入此表或任选列入而不指定单独编号的原因是，有可能将其视为一个更个别的概念或依赖于已经列入的概念。无论是作为非对称的（格——格物），还是对称的（霸——王霸）配对元素，都可能是从属性的。

这里提出的一套范畴体系是以下列方式得到的。最初，我们基于个人经验编写了囊括214个词汇单位的列表。我们将其归为平均中等分类级别：在中国分类学里，它类似于收集的214个部首（显然，这并非巧合，这一数字大约对应于《辞海》这一辞典里关于传统的中国哲学术语词条的数目）。低于《千字文》的水平，但高于前面提到的60个术语的水平。

在工作的第二阶段，我们将自己的列表与以下八大类似的列表加以比较：（1）李约瑟的列表；（2）陈荣捷的列表；（3）汤一介的列表；（4）《辞海》（1961）收集的传统中国哲学术语词条；（5）张岱年的词汇表（1989）；（6）吴怡的词汇表；（7）葛荣晋的词汇表；（8）张立文的词汇表。我们以它们为基础，去掉了一些表达更个别特殊和从属的概念，添加了另外一些尽管研究较少，但在我们看来具有重大价值的术语，由此，列表包含的术语足有100个。

我们还将以这种方式获得的100个词的列表进行了比较。第一，与《千字文》《三字经》（这些启蒙和教育类的作品包含中国传统文化的基本概念）的汉字，以及《中国文化史词典》（上海，1987）相比较。第二，与中华人民共和国公认的现代哲学词汇，以及收录在《辞海》（1961）、《简明哲学词典》（北京，1958）俄译本、心理术语词典《心理学名词》（北京，1954）、《中国大百科全书》中的两卷《哲学》（《中国大百科全书》，哲学第一、二卷，北京、上海，1987）、《社会科学新词典》（重庆，1988）中的词汇相比较。

在我们的列表里可以很容易分出范围比较狭小的种类，并得出相应的结论。其中与现代哲学词汇组成部分相匹配的有84个，这证明了新旧术语的接近度，抑或证明了围绕其共同核心的选择数量的正确性。与《千字文》《三字经》以及《中国文化史词典》相匹配的术语有97个，这证实了原来的关于中国哲学和文化范畴同一性的假设。

借助纯形式的程序做进一步的选择，能够就其本身和狭义来划分中国哲学和文化的范畴。

1. 与传统哲学术语中任何四个或更多的八字相匹配的术语，可以解释为表达传统中国哲学基本概念的核心思想，等于或包含其范畴。这些词语至少包括在所考察的一套套范畴中，也占了本列表的一半，即52个术语，编号为：1—3、7—10、12、14、22—26、30—33、35—38、40—46、48—51、53、54、56、58、60—63、70、73、78、79、81、84—86、89—91。这些正式获得的多义范畴，在数量上与吴怡采用的表示单个字的术语的参数相吻合。

2. 除此之外，满足上述条件的术语中与现代哲学词汇组件相匹配的（它们有46个，即除掉24、35、36、81、89、90之外的上述全部编号），可以解释为它们表示整个（即传统的和现代的）中国哲学的基本概念（或范畴）的核心思想。

3. 除此之外，满足第1点条件的术语中，与《千字文》《三字经》以及《中国文化史词典》相匹配的（它们有51个，在第一点列举的编号中排除73），可以解释为表示传统中国文化基本概念（或范畴）的核心思想。该多义范畴与特卡琴科的《中国文化》辞典里关于范畴和最重要的概念的词条数量相吻合。

4. 符合上述几点条件的术语（它们有45个），可以解释为它们表示整个（即传统的和现代的）中国哲学的基本概念（或范畴）的核心思想。

对上述列表加以进一步分析表明，五个和八个一套的传统哲学术语包括39个编号（1、2、8、10、14、22—26、30—33、36—38、40—42、44、45、48—51、53、56、58、60—62、78、79、84、85、89—91），六个和更多的一套包括20个编号（8、10、22、25、26、30—33、36、37、41、45、51、53、56、60、61、78、79），七个和更多的一套的包括13个编号（10、22、26、30—33、45、51、53、56、60、61），所有八个一套包括5个编号（22、30—33）。第一种多义范畴（39个术语）在数量上对应于汤一介、葛荣晋和张立文的整套。对于汤一介来说，40（20对）是可以减到20（10对）的范畴最大数目，它本身同样也准确对应上述第二种多义范畴。

第三种多义范畴（12个术语）与张岱年划分的10个"最高范畴"相关，数量上能与传统的欧洲由10个（如在亚里士多德那里）或12个（如在康德那里）组成的一套范畴相比较。这个由10+2来界定的多义范畴对应于在传统的中国分类学中八卦、九畴（畴是现代术语"范畴"的主要组成部分）、九方（八国+中央）、十天干和十二地支。

从这样评估的哲学范畴的核心开始，在概念之间建立更复杂的结构（逻辑的和语义的）联系是有意义的，如张岱年、汤一介、葛荣晋，尤其是张立文所做的那样，可以被认为是反映在所有被考察的一套套范畴中的五大基本概念。它们是已经提到的编号22，30—33："道""天""人""理""气"。我们有充分的理由也将它们视为整个中国文化的概念的核心思想。其在数量上对应于基本分类图解，如"五行"、五方（四方+中央）。

当然，中国文化的范畴列表可以根据这个主题的最初定义而扩展，但在我们看来，它不应该超出中国哲学基本概念的预期核心思想范围。如果我们不放弃哲学"是文化活的灵魂"这个旧的公设,那么文化的范畴就必须被承认为是哲学的范畴。此外,在这种情况下,术语选择的正式程序证实了冯友兰关于哲学在中国文化中的特殊作用的实质性论点:两者基本概念的"核心"多义范畴几乎相同,这绝非微不足道。

诚然,应当预先说明的是,中国文化在这里是在自我反思,而不是独立研究。至于那些不具备哲学作为特殊形式的世界观的文化,或者,例如前哲学时期的中国文化,则这种立场并不妨碍它们在自己的精神武器库中拥有哲学普遍性的概念,正如对算术的无知并不妨碍它们拥有数字概念一样。在这种条件下,文化的范畴将是具有普遍性的哲学程度的概念。

上述列表中所包含的俄文对应词是术语的翻译,而不是概念的定义,这些定义在专门的辞典条目中给出,在进一步的研究过程中尚未得到很大程度的澄清。因此,俄语翻译中,术语的概念配对并不总是显而易见。

**В. М. 阿理克《中国文学论集》,莫斯科,1978年,第39—42页;В. 格鲁别《中国精神文化》,圣彼得堡,1912年,第106—107页;А. И. 科布杰夫《传统中国的哲学及"哲学"范畴的起源》,载《东方》,2001年第3期;А. И. 科布杰夫《中国"哲学"文化的范畴和基本概念》,载《东方文化大观》,莫斯科,2002年,第220—243页;А. И. 科布杰夫《作为以生克死的"童稚"学说的中国哲学》,载《第29届"中国社会与国家"学术研讨会论文集》,莫斯科,1999年;А. И. 科布杰夫《王阳明学说与中国古典哲学》,莫斯科,1983年,第28—46页;А. И. 科布杰夫《中国古典哲学中的象数学》,莫斯科,1994年,第19—35页;《中国传统文化中的范畴问题(圆桌会议)》,载《亚非人民》,1983年第3期,第61—95页;李约瑟《中国传统科学的基础》,载《中国风水》,М. Е. 叶尔马科夫编,圣彼得堡,1998年,第197—215页;冯友兰《中国哲学简史》,圣彼得堡,1998年,第19—49页;М. С. 哈尤京娜《外来者与彼世:古代中国人喜欢宾客吗?》,载《东方与西方:历史文学集(2002年)》,2002年,莫斯科,第149—152页;葛荣晋《中国哲学范畴史》,哈尔滨,1987年;汤用彤《论中国传统哲学范畴诸问题》,《中国社会科学》,1981年第5期;《辞海(试行本)》,第2册《哲学》,上海,1961年;张岱年《中国古代哲学概念范畴要论》,北京,1989年;张岱年《中国哲学大纲》,北京,1982年;张立文《中国哲学逻辑结构论》,北京,1989年;张绍良《研究中国哲学史上的范畴和重要概念》,载《光明日报》,1981年4月30日;《哲学大辞典·中国哲学史卷》,上海,1985年;宇同(张岱年)《中国哲学大纲》,第1册,北京,

1958年；Chan Wing_tsit. Basic Chinese Philosophical Concepts // PEW. 1952, Vol. 2, No. 2; Hansen Ch. Language and Logic in Ancient China. Ann Arbor, 1983; Needham J. Science and Civilization in China. Vol. 2. Camb., 1956, c. 220-230; Wu Yi. Chinese Philosophical Terms. L., 1986.

（А. И. 科布杰夫撰，夏忠宪译）

中国的逻辑学和辩证法
古代中国原逻辑与中国对逻辑的了解

广泛应用于中国和较为谨慎地应用于西方文献中的"中国逻辑"这一术语,实际上指的不是严格意义上的逻辑,而是古代中国哲学家的一般方法论建构,它们主要是名家、墨家的代表和荀子所提炼的,以整体的逻辑－语言学分析和辩论术问题范围为导向。其实这一方向应该划入原逻辑,因为即使在其发展的最高水平上,在墨家那里,也没有达到逻辑本身的准确规格。

关于这一点,最早一批墨家方法论的严肃研究者们就已清楚。例如,佛尔克和马伯乐认为中国逻辑在最大的程度上是辩论术,或者如马伯乐于1928年所写,是词源意义上的辩证法,因为墨家只想为讲授辩论艺术编写优秀的实践性的教科书,而不追求提炼适用于所有智力活动的一般理论(佛尔克也承认这一点)。大约也是在那个时候(20世纪20年代末—30年代初),Ю. К. 楚紫气更为坚决地发表了自己的意见:"每个很熟悉中国哲学史的人都知道,古代哲学家身后并未留下逻辑方面的论著。"

为了表明古代中国方法论方面缺乏逻辑规格,我们可以关注《墨子》方法论上重要的章节之一——《小取》。

在《小取》作者(或作者们)看来,该篇由一套正确的分类性推论组成。然而,这些形象的推论与下列三段论法差异显著:"所有人都是要死的。苏格拉底是人。因此,苏格拉底也是要死的。"关于苏格拉底的推论,是简单分类三段论的第一个图形的第一个模式的具体体现。Barbara三段论的推理形式①,可以充填任意内容,即为真推理的任意内容,最终就会得出真的结论。在《墨子》中,推理的形式在很大程度上取决于它所包含的话语内容,即它最终是从具体的语言表达中派生出来的。

为了证实上述说法,比较两段推论就足够了。两段推论从形式上看是完全相同的,结论却正好相反:"获,人也。爱获,爱人也。""获之亲,人也。获事其亲,非事人也。"

不过,问题并不仅限于此:在《墨子》中所引用的表述不仅取决于它们由什么汉字构成,而且取决于同一汉字在什么含义上被运用。在所引

---

① 逻辑学中三段论模式的一种分类,每种模式都有一个特定的拉丁名称。Barbara三段论是其中一种。——译者注

用的句子里，"人"这个汉字可以表示具体的人和一般的人。在第一种情况下，可理解为"爱获，爱人也"。在第二种情况下，可理解为"爱获，爱（所有）人也"。这两种理解的差别极大，甚至存在方法论上的差异。但首先应看到它在语言学层面所具有的意义。

马伯乐将中国古代方法论者所使用的语言特征描述如下（1928）：词的绝对不变性。句中所有的术语看起来没有联系，相互独立，没有为其中一些词依赖于其他词留有余地。而语法范畴的缺乏进一步增加了相互的独立性。不但如此，这种不变性使某些细微差别非常难以理解。无论是古希腊罗马时代的希腊人，还是现在的我们，都很难区分一般的"人"和"特定的人们""某种人""一些人""一个人"，等等。因为，我们的语言为我们提供了不同的语法形式。对于墨家学派的代表们而言，情况并非如此。对于他们而言，所有这些术语均不加区分地融汇在"人"这个字里，这个字对应于所有这些词。当然，中国语言，甚至古汉语，都允许表达所有这些差异：可以这样说，"诸人""几人""一人"或者"人一口"，等等。但它从来没有规定这些差异，因而它们照常也不会强加于中国人的头脑中。对我来说，不可能表示没有任何定义或同时包含多个定义的"人"的判断：我应该接受或是一般意义上的"一个人"，或是"某种人""某些人"，但不是某种不确定的东西，它既不是纯粹的形式，也不是一个人或某些人，因为语法迫使我做出选择。中国人永远不会被迫选择，对于他们而言，"人"这个字通常同时包含所有这些细微差异，不必加以区分，只有在特殊情况下，如果已经有了一个初步的决断，在他脑海里才会酌情区别地应用于某个字词上。

同样一些术语的歧义极为明显地在墨子的下列陈述中表露出来："一马马也，二马马也。"在这种情况下，纯粹的语言学特点——汉语中缺乏对数的要求的语法范畴——原则上不允许我们遵守所使用术语的明确性的逻辑原则（俄语翻译通过将单复数不同的词对应于不同位置的同一汉字来缓和了这个特点："一马"和"二马"）。

从另一方面来看，墨家很多推论从译文中看似乎是符合逻辑的，但其实在很大程度上这些推论具有语言学的性质。其著名的论题："爱人不外己，己在所爱之中。"乍一看，通过限制第三个概念得到的似乎是合理的结论。展开来看，这种推理看起来应该像这样："我在人之列，因此，爱人就是爱己。"然而，"人"这个汉字，除了"人""人们"的含义，还有"他人""别人"的含义。在所解析的论题里，它恰好具有第二个含义，因为在这里，在有其反义词"己"的一对中，它很容易理解，因为在俄语中任何关于爱人们的表述就意味着是爱其他人，而不是爱自己。因此，更准确地翻译墨家的这个论题应该是这样的："爱他人，并不意味着排除自己。"须知"他人"的概念不包括"我"的概念，相反地，是指他者——即"非我"。因此，墨子的结论只是考虑到"人"这个术语兼有"他人"和"人"的含义，而"人"这个概念于"我"的概念而言是属的概念。这样一来，在墨子的结论与推论里是一样的逻辑：爱人们是每个人的最高责任。我是人。因此，爱我是每个人的最高责任。

顺便说一句，此后时代的中国哲学家成功使用类似的思维手法技巧。例如，理学家王艮声称："身与道原是一件，至尊者此道，至尊者此身。"

《公孙龙子》代表了名家的思想，堪称方法论的典范。这本书包含了关于逻辑论证依赖于语言形式直接规范的表述。在《白马论》一章中，对话中的参与者之一说道："马未与白为马，白未与马为白，合马与白，复名白马。是相与以不相与为名，未可。故曰：白马非马未可。"

这里需要对最终结论加以解释。它的意思微妙，难以捕捉，因为其中隐含着否定的定义也是定义的理解：虽然在公孙龙子或兒说的名言警句中，"白马非马"中的"马"被否定，毕竟主体给这个单名下了定义——复名白马，从所做结论的观点来看是错误的，因为复名应由复名来定义。总的来说，这个片段清楚地表明，诉诸这些概念的语言形式的论据是如何在关于概念定义的争论之中紧密地交织在一起的，——在这种情况下，它们用复合的（复名的）或简单的（单名的）术语表达起着作用。

中国文字的性质对于中国原逻辑思想的发展来说，并不是无关紧要的。无独有偶，在欧洲，逻辑科学的创始人亚里士多德首先引入了形式论——运用字母来表示变量。杨·卢卡西维茨在著名的《从现代形式逻辑角度看亚里士多德的三段论法》（1959）一书里指出，在亚里士多德所运用的三段论里，术语都是由字母表示的，并且他还给予了以下评价："将变量引入逻辑学是亚里士多德最伟大的发现之一。很难相信，到目前为止，据我所知，没有哪一个哲学家或者语文学者不关注这一事实的极端重要性。"而作为最后一句的脚注，不妨引用罗斯的看法，他在自己的著作《分析师》中也强调："正是使用变量，使亚里士多德成了形式逻辑的创始人。"

可以假设，亚里士多德产生由字母构成推论的一般矩阵的想法，是由于"stoicheion"这个希腊词兼有"字母"和"开始、根基"之意，是首要元素的标准表示。同样，"elementum"这个词语既表示起源又表示字母表，源于字母名称L，M，N。爱好双关语的柏拉图不仅玩弄术语"stoicheion"（《蒂迈欧篇》）的上述含义，而且运用名字的首要元素的概念，在语法上和语义上指的是它往下不可分解的部分（参见《泰阿泰德篇》）。柏拉图的弟子亚里士多德也在它的两个含义上用了这个术语，所以他完全自然地联想起某种共同的东西来，在语言学层面上具体到词，而在本体论层面则具体到事物现象。的确，可以认为，首要元素和字母类似于语言学和本体论的变量，其不确定性不是绝对的，而是受量词和定义方面的制约。

目前尚不清楚亚里士多德本人在什么程度上意识到自己新方法的意义，但他的那些诸如阿佛罗狄西亚的亚历山大和斐洛波努这样的阐释者，已经对他加以了正确的阐释。从这个角度看，欧洲（显然也是世界）历史上第一本将自然科学知识作逻辑－演绎呈现的著作的书名，就运用了逻辑符号（公理的方法），这是指欧几里德的《几何原本》（前3世纪）。逻辑学与字母形式主义的联系，在古希腊罗马时代已经被逻辑主义的批评家意识到。其中包括普罗提诺，他断言，从辩证法的角度来看，三段论的前提只是字母。字母本身的语义空无，即没有融合成单词，这构成了这种批评的基础。但这种批评不可能适用于汉字。

在中国思想家的语库中没有不具有其词汇意义的包罗万象的符号半成品——但希腊字母表中的字母就是这样的。唯一可以履行变量功能的强大的汉字范畴，是循环的符号。今天正是它们在逻辑文献中被用于这个角色。然而，它们的这种使用乃是西方逻辑学手法的反映。尽管循环符号与字母有一些共同的特性（除了词汇的"空无"还有数量含义），循环符号对于所有其他汉字不是通用的"建筑材料"，即不是像用于单词的字母那样的"成分"，这使它们原则上显出差别。对于逻辑形式而言，中国思想家手边不具有类似的实践手段，不拥有潜在变量的字母概念，没有创建能与亚里士多德相媲美的形式逻辑体系。

当然，这种状况不仅仅是由于上述原因。最重要的因素是中国缺乏发达的唯心主义学说。正如柏拉图主义的历史所表明的那样，唯心主义学说是成熟的形式逻辑的温床。正是柏拉图将作为独立实质的理念（形象）的概念实在化，使他的弟子亚里士多德充分认识到逻辑关系作为概念之间的关系的特殊性，而不是其物质载体——词语之间的关系。总的来说，欧洲哲学史清楚地表明了形式逻辑和唯心主义之间的深刻遗传联系：两者都基于对概念的认识，即概念是处于特殊（逻辑）关系中的独立非物质实体。黑格尔努力将历史和逻辑结合起来，在这种遗传的相互联系中看到了本质统一性的表现，他用格言来加以说明："三段论是唯心主义的原则。"然而，在中国哲学中，缺乏发达的唯心主义意味着缺乏概念领域的概念，即概念领域作为一种特殊的现实，只有它自己的逻辑规律才是有效的，这最终妨碍了中国思想家对逻辑的、语言学的和辩论术的区分。

首先，中国哲学中未独立产生"逻辑"这一术语，这证明了上面说的区分缺乏发展。中国人的逻辑理论首次被介绍给印度佛教徒。玄奘是一位杰出的佛教文学翻译家，曾前往印度朝圣，他创造了"因明"一词，即"根基之明"，这是梵文"hetuvidyāḥ"的语义。尽管"因"这个汉字在逻辑意义上与梵语"hetu"（"原因"）相对应，但它的标准的哲学含义——"原因、基础、前提、开头"，本是使"因明"这个术语本体论化所必需的，但却消失在一般的哲学词源学中。

正如Ю. К. 楚紫气公正地评论的那样："正如我们所知，佛教逻辑不必与墨家逻辑竞争。"墨家在公元前3世纪末在意识形态和组织上被击败，但没有被完全遗忘。从1世纪开始，《墨子》一书总是在官修史书的文献目录专章中被著录，并且定期收录在《道藏》中（至少从12世纪起），也单独地刊行（至少从16世纪起）。如果墨家的方法论具有普遍逻辑理论的地位，那么它迟早会与传入中国的印度逻辑发生冲突，特别是因为收录《墨子》在内的《道藏》是与佛教《大藏经》相对立的。但是我们再说一遍，这种冲突并没有发生。印度逻辑在中国也没有获得普遍的一般认知方法论的地位。显然，两者在这里似乎都被视为一种特殊的学说：不管是正确使用语言的墨家方法论化的理论，还是佛教方法论化的词源学（"逻辑化的本体论"）。而分属于不同存在领域的特殊的学说根本不必相互竞争，它们完全可以和平共存。

中国思想家了解逻辑学的下一个阶段，是由翻译西方逻辑学文献开启的。天文学家李之藻做了开拓性的工作，他将葡萄牙语的形式逻辑学教科书翻译成中文，并使用了古老的词组"名理"来表达"逻辑学"这个术语。后来，清朝的李林江[①]在这个词后面又加了一个学字，成为名理学。著名的英语文献翻译家严复和孙中山[②]拆分这个词，形成了"名学"和

---

① 疑为李杕。——译者注
② 原文如此。——译者注

"理则学"。著名的中国语言学家王国维紧随耶稣会在中国最早的传教士利玛窦,将"逻辑学"译为"辩学"。所有这些译名表现出三个通常的趋势:将逻辑学归入本体论(理)、语言学(名)或者辩论术(辩)。除此之外,上述所有译名传达出了墨家、名家和荀子在方法论上的亲缘性,术语"理""名""辩"是其中的关键,甚至被用作它们的名称。

20世纪,由于西方逻辑学文献的广泛引进,中国学者和哲学家意识到逻辑科学的特色,这就需要一个对中国而言全新的、具有质的区别的术语。在中华民国(1911—1949)存续期间,曾试图使用相当于"逻辑"之意的日本字,汉语将之发音为"论理学"。这个外来的词,其新颖之处却是很肤浅的、次要的,在传统的联想中它不由自主地被归到"有害的"范围内。因此,在中华人民共和国,严复音译的"逻辑"(逻辑学)被当成标准词。这样一来,中国学术界正式承认了逻辑学的外国来源。

(А. И. 科布杰夫撰,夏忠宪译)

中国辩证法的特色与原逻辑的概念基础

胡适是著名的中国古代方法论研究者、哲学家、社会活动家,在其开创性的《中国古代逻辑方法的发展》①(1922)一书里区分了两个主要的相互竞争的中国古代逻辑的学派——儒家("周易"理论)和墨家。虽然我们不同意他所做的一般评定,但不能不承认胡适对《周易》和《墨子》原逻辑章节所述理论统一的方法论作了宝贵的、富有成效的展示,这就雄辩地确立了在中国象数学和原逻辑之间为获得方法学领先地位的竞争(可以与欧洲毕达戈拉斯派与亚里士多德派之争相比)这一论题。

胡适认为,对《周易》的逻辑阐释是其研究中最重要的成就。他认为,欧洲的逻辑是从柏拉图主义内部诞生的,是对赫拉克利特提出的一切皆变的理论的呼应。柏拉图以理念为稳定的世界形象与之针锋相对。胡适认为,在中国则与之相反,儒家逻辑以一种普遍变化的学说而出现,这在《周易》中得到了体现。

胡适的立场特别令人感兴趣,因为《周易》通常被人们看成是辩证法的典范。因此,同一部作品既被鉴定在逻辑学里,也被鉴定在辩证法

---

① 即《先秦名学史》。——译者注

里，从而形成了矛盾的定位。这就意味着不仅前者，而且后者，在原则上都需要修正。

正如唯物主义与唯心主义是密不可分的，辩证法与逻辑学也是密不可分的。矛盾，对逻辑学是解构因素，而对于辩证法却是建构因素，这在物质世界的经验感知领域里是根本不能接受的。在物质世界中，不可能有圆的方形。例如，出于这个原因，绝对唯物主义者——犬儒主义者，否认唯心主义本身，根本不承认矛盾的存在。相反，在唯心主义领域，无论是独立的理念世界，还是在声称可以解释物质现实的理论中，矛盾都是被允许存在的。此外，根据黑格尔的说法，辩证法是"概念中思想的纯粹运动"，即辩证法是一切唯心之母，对它来说，"矛盾是真理的标准，没有矛盾是错误的标准"。

因此，在辩证唯物主义出现之前，辩证法总是与唯心主义携手并进的。古希腊的辩证法，用洛谢夫的话来说，是"形的逻各斯"。可以认为最大的唯心主义者柏拉图、黑格尔是最伟大的辩证法学家。但是，从另一方面来说，逻辑学运用纯粹的唯心主义的对象。因此，逻辑学之父亚里士多德也是最先研究辩证法的人。在中国古代，逻辑学经常在辩证法名下出现，这绝非偶然。

中国的自然主义的特征既不是唯物主义和唯心主义之间的对抗，也不是逻辑学和辩证法之间的对抗。在中国思想家的著作中，既没有发现形式逻辑，也没有发现辩证法[①]（在承认矛盾特征的共时相同的意义上，而不是考虑时间上矛盾的一方面取代另一方面，或相反，认为矛盾的双方相互影响）。黑格尔本人和唯物主义辩证法的创造者们明确指出，中国哲学与黑格尔主义的根本区别在于两者有没有辩证法。从这个意义上说，中国古典哲学里缺乏辩证法的论题与中国古典哲学里也缺乏形式逻辑的论题是密切联系的。

当然，截然不同的现象可以称为"辩证法"。后来我们发现，辩证法是由变色龙发明的（B.罗赞诺夫的格言）[②]，我们不得不承认

---

① 有中国学者认为此观点有待商榷。在诸如《墨子》《荀子》《韩非子》等著作中，都有早期逻辑思维和辩证法的特点。——译者注

② B.罗赞诺夫的原话是："都说辩证法是由柏拉图和黑格尔创造的；但比他们更早的变色龙，不知不觉地改变自己的颜色，没有确定的、永久的颜色，这可以说是有机辩证法的一个例子。……但是，当我谈到辩证法时，我称变色龙为最伟大、自然的'辩证法家'，还称它为'风向标'，最后还称它为恶魔，这并非没有道理。这一切都非常严重。辩证法是天才的东西，但辩证法也是一种恶魔般的、绝望的东西。"——译者注

它的许多变体和历史类型都是真实存在的。例如，从黑格尔的《哲学史讲演录》所表达的观点来看，赫拉克利特的学说已经是第三种辩证法。从这个广义上讲，中国哲学家本着黑格尔所说的"从外部基础出发的主观共鸣辩证法，局限于承认'在对中也有错，在假中也有真'"的精神，关于对立面的相互作用和相互转化的众多声明，当然可以被认为是辩证法的。但是，这种稚拙的辩证法必须从根本上区别于本义上的辩证法，后者要求从根本上有意识地违反矛盾的逻辑规律。在阅读中国哲学著作时，之所以会产生这种错觉，只是因为在这些著作中，同一个术语（通常是关键的术语）被故意赋予不同的含义。例如，在中国哲学最辩证的著作《道德经》的第一行"道可道非常道"中，"道"这个字在第一种情况下意味着"道路"（法律、方法、教义），在第二种情况下，它意味着通过文字表达出来，在第三种情况下，它意味着绝对的（"恒常的"）道理。

本义上的辩证法，克服了矛盾法则，却不能克服与同一律相似的现象：因为为了断言S既是P又不是P，必须在两种情况下将P理解为同一个东西。否则，它只不过是诡辩术、相对主义或者那种黑格尔定义的"外在的辩证法"，它使"通常被认为牢固确立的一切摇摇欲坠"。

因此，本义上的辩证法，而不是词源学的、诡辩术的、相对主义意义上的辩证法，在其非严格的或者扩展的解说之中，至少需要在互相矛盾的定义中来理解同一律。但不论是它，还是严格的、逻辑的意义上的同一律和矛盾的概念，在中国古典哲学中均未独立发展起来。

20世纪伟大的中国哲学家之一张东荪从接近西方语言学哲学，特别是一般语义学的立场出发解释了这一状况。他所依据的事实是，汉语（尤其是中国传统文化的语言——文言文）中缺乏系词（быть）[1]，而从汉语派生的主谓句子结构，是同一律的逻辑法则在语言学上适当的表达形式。因此，张东荪认定，"中国逻辑体系，在我们能够称之为体系的程度上，并不基于同一律"。西方的"同一律逻辑"是亚里士多德理论上理解的欧洲语言环境的产物。这一逻辑的一个不可或缺的要素——作为同一的主体的实体概念，也是从быть这个词派生的，它必然以语言学上的谓词化的主体为前提。

汉语句子的语法结构只标记了其中描绘对象的相互联系，根本没

---

[1] 俄语中的"быть"是一个"是""有""在"三个意义合一的词语。——译者注

有说明它们概念规模的相互关系。不但如此，即使是这一语言里的否定（非、不）也是模棱两可的，不允许明确地判断谈论的是矛盾的还是对立的关系，即A和非A或者A和Z的关系，这就使得被排除在外的第三者的排中律变得无关紧要。由此导致中国分类的非排他性，以及借助反义词和同音异义词而不是按种和属的区分来定义的传统。

张东荪在这些语言学范畴中将思维逻辑称为互相关联的逻辑，或者"对立的逻辑"，认为它与同一律、矛盾、实体以及矛盾形式逻辑律的概念是格格不入的。

在似乎只不过是物质对象的总和的"自然主义"的世界里，不可能找到两个绝对相同的事物。这样的世界是完全服从于个性化的原则的。只有通过对其某些属性的抽象化，作为独立的本质，即某种唯心理论，对象的同一性才变得可能。只有在理念的构成中才能确定绝对的同一。而在物理世界里它总是相对的，甚至连莱布尼茨提出的不可分辨事物的同一性的抽象化都是相对的。无论如何，无论我们谈论的是认识论结构还是本体论实体，其抽象的属性即归根结底的思想（概念、思维、观念，等等），均应该视为同一。

任何严格的哲学、逻辑－方法论或科学的同一性概念的必要前提，都是唯心主义的抽象化的概念。在欧洲，这种概念是在柏拉图式的唯心主义的框架内创立的。因此，"同一"完全合法地成为柏拉图著作的中心概念之一，它包括在五六个主要范畴之中（《泰阿泰德篇》《智术师》《巴门尼德》）。

亚里士多德研究了同一的逻辑概念，区分了它的三个变体："实际上，我们通常将数量、种概念相同的东西，称之为同一的。诚然，数量上同样的东西，有几个名称，但是一个东西。例如，衣服和连衣裙。在种概念上是同样的东西，数量不止一个，但种概念上没有区别。例如，人与人，马与马。须知种概念上称为同样的东西，属概念上称为同样的东西，是同一个属，例如，马和人。"从逻辑种属关系的观点出发来说明问题，这是亚里士多德对同一性定义的特色。其实并非物质东西本身，而是与它们有联系的唯心的（唯心主义化了的）——属和种——或者语言表达同一。从这个一般立场出发，亚里士多德按其逻辑含义将明确的语言表达视为同一，即将它们作为理念符号来运用。

与同一概念相关的一系列哲学和逻辑术语，在当代汉语里都基于汉字"同"。相关的一对范畴——"同"和"异"是中国经典哲学方法论最重要的范畴之一。

"同"与"同一"范畴的第一个重大区别在于,中国术语不加区分地表示两个原则上不同的概念——相似和同一。Я.赫梅列夫斯基是著名的波兰汉学家,也是最早将现代形式逻辑工具应用于中国古代方法论的研究者之一。他在《中国早期逻辑笔记》(华沙,1962—1969)里写道:"从逻辑的角度来看,应特别强调'同'这个字的含混性:因为这个词在使用时没有区分'同一的、同一'(identical,identity)和'相似的、相似'(similar,similarity)的含义,在汉语中没有纯词汇手段来区分这两个密切相关但并非等同的概念。"继而,Я.赫梅列夫斯基指出:"同一"的概念在欧洲哲学里发挥了重要作用,逻辑公式的表达不迟于托马斯·阿奎那时代(13世纪)。有别于这一严格的概念,"相似"含糊不清,"对它来说很难在逻辑理论里找到任何可资利用的东西"。

现代理论家可能不同意后一论点,但对传统形式逻辑而言它是正确的。在欧洲哲学里,柏拉图早已明确且一贯区分"同一"("同一的")和"相似"("相似的")的范畴。他将"同一的"与"相异的"联系在一起,而将"相似的"与"相反的"联系在一起(《利希德》)。他从"不"和"无"字构成矛盾的意义上来理解"相异的",这就把"相异的"与"相反的"区分开来了(《智术师》)。因此,在柏拉图的学说的范畴结构里,有两种同一:较强(较为一般)的"同一";不那么强(更为一般)的"同一",即"相似"。以及两种区别:较强(较为一般)的"相反";不那么强(更为一般)的"相异"("矛盾")。它们通过"交叉"对立相互联系:较强的统一性——"同一",对应于较弱的差异——"相异性"("矛盾");较弱的统一性——"相似",对应于较强的差异——"相反"。

对这一结构的分析表明:第一,"同一"与"相似"之间和"相异"与"相反"之间两种概念划分的相关性;第二,"同一"与"相反"的相互联系。后一种联系在历史上体现在欧洲哲学中,"相同性"和"相异性"优先于它们的相关性——"相似性"和"相反性",这想必是由第一对范畴的更大的逻辑(以及相应的一般方法论)意义来解释的。

中国哲学中缺乏这种概念结构,但它所素有的规律性以某种方式表现出来。"相同"和"相似"不加区分是与"相异"和"相反"不加区分相互关联的。而在"相似-相同"和"相异-相反"概念复合体的内部,首要地位属于第一个语义极点——"相似-相反",这与形式逻辑缺乏发展相对应，对形式逻辑而言，其他极点具有特殊的价值。

在我们看来，欧洲哲学中"相同"与"相异"的主导地位，以及中国哲学中"相似"与"相反"的主导地位，是由于双方更深层次的观念和意识形态差异。严格地说，欧洲哲学的中心范畴——"实体"（"本质"），在中国古典哲学里是缺乏的，中国古典哲学里主要关注的重点不是对象及其属性，而是过程和关系（首先是变化和结构）。李约瑟赞同张东荪，他写道："'联'，即关系，可能是比本质更基础的中国思想范畴。"当涉及同一对象（实体、本质）时，"相同"和"相异"是最重要的。而当涉及不同对象时，"相似"和"相反"是最重要的。对于单个对象的分析，最重要的是它是什么，不是什么，或者它具有哪些特征，哪些特征与之相矛盾。对于不同对象的比较，最重要的是它们彼此相似或相反之处何在。

1968至1969年，Я.赫梅列夫斯基从"相似的－不同的"的语义角度详细研究了"同－异"这对范畴。《墨子》方法论章节中对"同"的直接定义可以作为解决这一问题的重要的材料。《墨子·经上》中指出了四种同：重、体、合、类。《墨子·经说上》中是这样来确定"同"的："同，二名一实①，重同也。不外于兼，体同也。俱处于室，合同也。有以同，类同也。"继而，书中列举了4个"异"，除了第一点，都是对"同"的否定："二""不体""不合""不类"。

《墨子·经》和《墨子·经说》中对"同"的分类，清晰地阐明了将各种因素融合成一个统一整体的一般概念，而不是它们的同一性。后者是不可能的，因为同的对象是物质对象，而不是逻辑含义。亚里士多德与第一种变体（"就量而言"）的唯一联系点是将"同"定义为重复。但是，尽管这些表述具有引起兴趣的相似性，但它们的方法论意义却大不相同。在墨家和中国古代原逻辑的其他代表的一般方法的框架内，他们没有将概念的范畴作为从事物中抽象出来的属性或从词中分离出来的含义运用，而是用类推的方法将"名"和"实"之间的关系视同于所有其他物质对象的关系。

亚里士多德将同义性称为"量的同一"，即在含义不同的语言表达中存在相同的含义（"一个量上的"指称对象）。在《墨子》里谈的是辩论术式地对话语的正确使用，而不是关于对其含义的逻辑分析，因此作为

---

① 名与实，是中国传统哲学认识论方法学上的最重要的一对概念。葛瑞汉认为，"实"这个术语表示独立而具体的对象，与更笼统的术语"物"不同，"实"可以指称任意名称。——原注

重复的"同"可以扩展到亚里士多德从原则上区分的"同一"的变体——"按量"和"按种属"。

根据所援引的定义——"二名一实",重复性意味着两个词的同义性。但以下在文本里指定同这个变体具体的例子证明对这一关系有更加宽泛的理解。在《墨子·经下》和《墨子·经说下》里指出狗与犬作为"二名一实"。《墨子·经说下》具体写道:"同则或谓之狗,其或谓之犬也。"

"狗"与"犬"这两个术语出现在《墨子》讨论方法论章节的7对定义和解释中,被中国古代方法论的不同流派加以运用,借此具体化他们的一般思想,并具有独特的符号地位。然而,正如与符号打交道时经常发生的情况一样,它们自身的含义已经失去了一些确定性。胡适还提请注意,在古代文献中关于这些术语在概念上的从属关系的矛盾信息。在词典《尔雅》(前3世纪—前2世纪)里,"狗"的概念被定义为"小狗"①,被归于更为一般的"犬"的概念——"狗"。在另一本词典《说文解字》(2世纪)里,则正好相反,"犬"这一概念被归于更为一般的"狗"的概念——定义为"看家狗"。胡适本人借用荀子的话,把这种情形称为"异物名实互纽"。葛瑞汉对"犬"和"狗"这两个术语之间的历史关系及其在《墨子》里的用法进行了专门研究,他表明,在不同时代和不同社会环境中,它们所承载的概念的一般性程度是有变化的。

葛瑞汉认为,对于晚期的墨家即《墨子》方法论章节的编撰者而言,"狗"这一概念更接近于平民百姓所说的"家狗"一词,但他们意识到,相较于"狗","犬"一词的概括化程度更大,这也适用于他们所不熟悉的贵族阶层的猎犬。"狗"与"犬"的概念的这种范围关系与词典《尔雅》的数据相对应,在时间上最接近《墨子》。在《墨子》方法论的章节里,某些定义和解释也肯定了这一点,其中"狗"与"犬"分别作为较为一般和更为一般的概念表示,即作为种和属,例如,"小狗"——"狗"(《墨子·经上》《墨子·经说下》)。其中《墨子·经下》的定义和解释包含这样的说法:"狗,犬也。""狗"与"犬"在分类上的等值性的假设,在文本材料内外均受到了驳斥。

第一,在"狗,犬也"的定义后,紧接着"谓之杀犬,可","杀狗非杀犬也",显然应该理解为"杀死全部小狗,并不意味着杀死全部犬"。无论怎么解释"狗"和"犬"字,这里都是把"狗"视为"犬"的一种。

---

① 《尔雅·释畜》记载:"未成豪,狗。"——译者注

第二,"狗,犬也"的说法标志着对《庄子》第三十三章中记载的名家代表(惠施或公孙龙)的悖论"狗非犬"的批判性抨击。这一悖论与公孙龙著名的"白马非马"之说根据的是同样的原则。"白马"与"马"作为种与属是无可争议的,"狗"与"犬"的关系也应该同样在"狗非犬"和"狗,犬也"相互对照的说法中来理解。

所以,《墨子》里的"狗"和"犬"的术语,即使不加附带条件,也是在不同含义上被运用的,两者即是同义词,也表示种和属的概念。由此得出结论,它们所表示的"同"的一种变体——"重",乃是不加区分地包含了从逻辑观点来看两种完全不同之物,以及欧洲亚里士多德对名称之间关系的划分。类似的不加区分是逻辑特色未显露的直接证明。

同样有趣的是《墨子》中对"同"的最后一个,即第四个变体——"类"的界定。它从其他部分中脱颖而出,一方面是因为它最大的概括性,另一方面是它逻辑上的不准确性、类语反复性(idem per idem):定义和被定义的部分都包含在"同"这个词中。这不难解释:现在的陈述实质上并不是一个定义,而是表明了普遍接受的,所以不言自明的"同类"的概念,它起到了"相关思维"的理论基础的作用。

在唯心主义、辩证法和形式逻辑出现单一程序的过程中,诞生于西方的"同一"概念指的是唯一对象("同一个东西")的确立:从本体论方面来看,它是自我的同一性,从认识论和逻辑-方法论方面来看,它是集合了种和类的抽象(理念)的同一性。相反,"同"这个中国范畴,是原逻辑和象数学共同拥有的,指的是其对象的基本多重性(至少是二重性):在本体论方面来看,它们被统一为某种整体性("一");从认识论和方法论方面来看,它们被一种相关的联系("同类")所包含。对"同"的这种分析,使我们能够正确理解中国哲学中著名的社会-宇宙学的术语——大同,它标志着社会中的人与世界上事物的最佳相互联系。

基于自己关于理念的理论,柏拉图能够创建专门的方法论科学,即如何"根据种来区分一切,而不是将一个相同的物种误认为另一个物种,将另一个物种误认为相同"(《智术师》),亦即集辩证思维和逻辑于一身的"辩证法"。上述辩证法的定义,只不过是对概念的概括和限制、同一性和一致性的基本逻辑原则的描述,完全可以认为是逻辑学最早的定义之一。

柏拉图开始从概念上区分矛盾的("相异")与相反的(《智术师》),并走得更远。他借助于上述概念,意识到了矛盾律在辩证法和逻辑学中的地位，这是形式逻辑的基础。正是柏拉图提出了矛盾律本体论表述："在同一时间"，"在同一方面"，"不可能既是又不是"（《欧绪德谟篇》）。这一表述此后转化为亚里士多德的经典假设："同样属性在同一情况下不能同时属于又不属于同一主题。"（《形而上学》，卷四章三）柏拉图、亚里士多德对矛盾律的理解完全是建立在"同一"范畴上的。

在亚里士多德的著作里还包含着对矛盾律的纯逻辑学表述："矛盾的陈述不可能同时为真。""相互矛盾的东西不可能同时为真。""同一事物不可能同时被正确地肯定和否定。""矛盾对立面不可能同时存在于同一事物中"（《形而上学》，卷四章六）。上述表述的差异是由于亚里士多德已确定了不同类型的对立（antithesis）的等级，他区分了相对关系、矛盾和对立面（参见《形而上学》，卷十章四；《范畴篇》，卷十；《解释篇》，卷六章七）。

同时，亚里士多德还严格地从逻辑上将相反和相异区分为两种对立，第一种是以关系成分（对立）之间的某种中间的、中等的间体为前提的，而第二种则不然。根据亚里士多德的说法，同种或同属相异事物中最大的、最终的差异是对立（《形而上学》，卷十章七），而矛盾是"肯定和否定相互对立"（《解释篇》，卷六）。对于同一个对象相反的定义不能同时一起肯定，但由于存在中间（中等）情况，它们可以一起被否定，即两者均为假；矛盾的定义不可能同时既肯定，又否定，即"总是只有一个为真，另一个为假"。有时，亚里士多德使用"对立"这个术语表示矛盾关系的成分（《范畴篇》，卷十）。显然这是由于语言学的原因。为了比较，我们注意到，俄语中没有相应的术语。尽管存在某种术语不平衡，亚里士多德对逻辑概念相反和相异加以准确且清楚的鉴别，这已经为欧洲哲学家和其他学者所普遍接受。

严格地说，亚里士多德的术语中的矛盾律，是一种更普遍的原则，即矛盾律或对照律，因为矛盾在这里是对照的变体。因为对立法则也是一种独特的种类。亚里士多德的上述表述充分证实了这种法则等级的存在，亚里士多德在《形而上学》的一段话中连续地宣称不可能兼有：（1）对照的表达方式；（2）矛盾的表达方式；（3）相反的表达方式。然而，在欧洲逻辑中，亚里士多德的矛盾律被认为是最普遍的，正如矛盾关系本身胜过所有其他对立一样。

其原因既可归结于亚里士多德的立场，也可归结于欧洲文化的一些更普遍的特点。

亚里士多德指出，矛盾的元素（肯定和否定）与其他的对立变体不同的是：第一，不超越二义面——由严格的分离析取（排中律）联系的真和假，既不可能同时为真，也不可能同时为假，亦不可能并列或单列，同时不为真或同时不为假；第二，由它们决定的客体都是如此，并不受其是否存在的影响（《范畴篇》，卷十）。在形式化方面，矛盾对一切其他的对立具有无可争辩的优势。只有它可以如此容易地形式化——借助于与任何自然语言相应的通用的常数，运用基础的功能元件"是"与"不是"（A和不是A）即可。最后，从最一般的文化学观点来看，矛盾（肯定和否定）的特殊作用与欧洲语言中的动词"быть"和欧洲哲学中的"存在"（бытие）概念有关，后者比替代动词"有"（иметь）占优势，由此在亚里士多德的笔下明显派生出了"有"和"无"这一对置的变体。

在现代汉语中，矛盾这个术语是由"矛"和"盾"这两个汉字构成的。1965—1966年，Я.赫梅列夫斯基首先研究了这个术语的逻辑学意义。他猜测古汉语中的"矛盾"这个词组在日本转换成了"矛盾"这个哲学术语，和19世纪末的很多新词一样，"矛盾"一词又返回了中国。Я.赫梅列夫斯基还指出：在中国的经典文献中，"矛盾"这个词组有时也会遇到，他举出了《魏书》和韩愈诗中的例子。

中国经典文献中较早出现"矛盾"这个词组的是《韩非子》，但这个词组很可能有更早的出处，至少在唐代学者杨士勋为《谷梁传》所作的注释中，他将包含"矛盾"这个词组的寓言算成乃庄子所作。

韩非子从道家的典籍中借用谈论矛和盾的寓言是完全可能的，因为他本人非常关注道家，并且作过《道德经》的注释（《韩非子·解老》《韩非子·喻老》）。

在《韩非子》中两次（在《难一》篇和《难势》篇中）讲述了一个卖矛和卖盾的人的故事。他先是夸耀能刺穿一切的矛，后又夸耀什么都不能击穿的盾。有人就问他，用你的矛刺你的盾会怎样呢？对这个问题他不能回答。在《难一》篇中，作者从寓言中得出了一个以本体论公式呈现的结论："不可陷之盾与无不陷之矛，不可同世而立。"在《难势》篇中，则以认识论公式呈现的相同的叙述来结束："以为不可陷之盾与无不陷之矛，为名不可两立也。"

Я.赫梅列夫斯基只对寓言的第一种模式作了逻辑和形式化分析，他得出了结论：这里记录了矛和盾的矛盾关系。他强调了韩非子结论中"同时"（即"同世"）的表述，在亚里士多德对矛盾的定义中也有这样的内容（柏拉图在相似的上下文中也用了这样的表述）。他也承认这里存在着重要的区别："第一，亚里士多德的公式更抽象，中国的公式更看重所提供的具体术语；第二，亚里士多德定义了一系列定律，它们规定了诸如此类的矛盾是不可能成立的，中国的模式只描述了矛盾的具体例子；第三，亚里士多德对同一对象矛盾的诸种性质或对同一对象的诸多矛盾表达，中国的作者定义的是不同对象关系中定义的矛盾。"

Я.赫梅列夫斯基把后一个特点与李约瑟提出的注重关系的"联想思维"理论相联系，他表达了这样的看法：亚里士多德的定义从形式上看与集合运算相当，中国的定义与关系算法的术语相当。Я.赫梅列夫斯基把矛和盾的寓言的结论化为算法术语，而且得知这完全不同于通常的亚里士多德式的$(p \cdot p')'$命题逻辑公式$[p \cdot q \cdot (q \supset p')]'$，指出了"非直接矛盾"的纯逻辑特征："第二个逻辑或不是对第一个逻辑的直接否定，仅仅是蕴涵关系；p和为假不违背排中律，p和p'不能都为假。"

这样的分析意味着，按照寓言的直接意思来看，"矛盾"这个术语反映的是对反关系，而不是矛盾。"无不陷之矛"和"不可陷之盾"就是不可争辩的证据，因为这两者都不符合现实。换句话说，《韩非子》的故事特别表达的不仅是"无不陷之矛"和"不可陷之盾"概念的对反，而且是它们的推论一并为假："吾盾之坚，莫能陷也"，"吾矛之利，于物无不陷也"，后一种形式恰恰反映了推论层面的对反性。

"矛盾"术语的准确定义，把中国传统方法论中矛盾特征是否被意识到的问题突出了出来。胡适在上面已经提及的著作中，对这个问题给予了正面的回答：对后期墨家而言，矛盾的原则是论据的经典。他引用了《墨子》方法论部分的三个推理。马伯乐也认为后期墨家明确表达了矛盾的原则。葛瑞汉在这里看到了"在实践上对排中律的承认，假如不是在理论上承认的话"。Я.赫梅列夫斯基充分研究了这个问题，他的结论是：墨家在其类似于斯多葛派的逻辑双义的原则定义中，不加分别地将两个逻辑律——矛盾律和排中律合而为一。

《墨子》下列片段的原文，可以作为上述结论的依据：《墨子·经上》（第73句）、《墨子·经说上》（第74句）、《墨子·经下》（第35句）、《墨子·经说下》（第36句）。

它们共同的主题是处于辩证（取其词源义）竞争（"争"）状态中的"辩"，在辩的过程中由"两"择其符合实际的"当"，则

"必""胜"。谈论牛的例子开启了这个主题:"凡牛,枢非牛,两也,无以非也"(《墨子·经说上》);"或谓之牛,或谓之非牛……是不俱当"(《墨子·经说上》)。这种思维规定了普遍性的公式:"辩也者,或谓之是,或谓之非,当者胜也"(《墨子·经说下》);"不可两不可也"(《墨子·经上》)。

Я.赫梅列耶夫把最后一句算作矛盾律和排中律的同样的逻辑或定义,"假定p为真,则p'为假",即(pvp')。

《墨子》中的这个表述,成了墨家方法论的新术语的定义——"仮"。1978年葛瑞汉对它进行了系统重构,他把它转译成了另一个词——"转机"。它是由汉字"反"(具有返回、回去、反复、反映、反面、反对、对立等意思)而来的,是在对"人"的第9种释义的补充说明中出现的。"反"与"仮"也是这样,"不可两不可也"。"仮"意为在相"反"的两项中取一项。我们是在"仮两者而勿偏""辩,彼争也"的语境中来使用这个词的。

"仮"的同义词"反"是中国古典哲学方法论的核心概念之一,它首先表达了"道"的基本特征的对立面,体现为阴与阳的对立。刘奇在其关于古代作者的逻辑化的著作的片段集(《论理古例》,上海,1973)中,引用了贾谊《新书》(《新书·道术》)中的片段,在其中,他借助"反"字,确立了10对范畴的相对立状态。

以"反"字为基础,形成了表达对立状态的逻辑思想的当代术语。但是,在传统的文体中,"反"也表示矛盾。这种情况出现在葛瑞汉引用《吕氏春秋》的片段来分析"反"字的时候。在那段文字中,"反"描述了肯定("是")与否定("非")的关系。《墨子·经说上》把后者定位为对前者的否定("不""非")。但是在《韩非子》第三十四篇中,这些范畴是互相联系的(可注意"反"字)。还有更惊人的事实:尽管墨家思想对韩非子很有影响,但韩非子并没有借用墨家思想来创造矛盾的术语和定义。

在中国古典哲学词汇中,"反"字当然首先是表示对立性,也表示与对立性有联系的矛盾。但是在此基础上形成的术语"仮",其形象符号同样也未设想关系中的各种差异。后期墨家能够把握对立的思想,并表达其基本特征:"两不可",但是并不把"两不可"与对立的思想相比较。更何况,他们已经开始把矛盾叫作"仮",即事实上的对立。既然"仮"不是作为崭新的思想承载者,它被遗忘就丝毫不奇怪了。

"仮"的无足轻重甚至反映在《墨子》的文本中，在该书的辨析部分，它确切出现在流传至今的两处文本中（《墨子·经下》第29句、第70句）；葛瑞汉认为，在另外四处（《墨子·经上》第73句；《墨子·经说上》第83句；《墨子·经下》第3句；《墨子·经说下》第5句），"仮"字已经受到歪曲，变成了其他字。具有表征意义的是，在现代开始认识到西方的逻辑学之后，在中国，人们将矛盾与"矛盾"这个词组相联系，却没有更接近"仮"这个术语。

　　除了时间上的接近，共同展开的两种对立观点——名家的"两可"、道家的"两忘"的争论也把墨家和韩非子联系起来。古代的典籍把"两可之说"归于公元前6世纪下半叶的国务活动家邓析的名下，他被视为名家的先驱（《列子·力命》卷六、《吕氏春秋》卷十八）。《吕氏春秋·离谓》引用了邓析"两可"推理的例子："洧水甚大，郑之富人有溺者。人得其死者，富人请赎之。其人求金甚多。以告邓析。邓析曰：'安之！人必莫之卖矣。'得死者患之，以告邓析。邓析又答之曰：'安之！此必无所更买矣。'"

　　与之相对的是道家的"两忘"，也就是《庄子·大宗师》和《庄子·寓言》中提到的同时拒绝两种选择。有趣的是，在孔子（通常认为他是与道家对立的）的言论中包含了与之相似的例子，孔子在谈及自己的志向时说："无可无不可。"（《论语·微子》）

　　对结论本身的标志性的表述的展开，证明了针对两种竞争性的命题的共同争论方向：墨家的是"不可两不可"，韩非子的是"不可两立"。为了更加醒目，我们将这些对比性的表述放进下面模型中：

邓析子	两	可
庄子	两	忘
墨子	不可两	不可
韩非子	不可两	立

　　上面所得到的模型明显地表明：墨家反对道家命题的态度最显著，韩非子所属的法家反对名家的命题。从中还可以看出，墨家的结论是对"两可"的反驳，从语法的角度看，它与邓析子的原理一致，借助于双重否定（否定之否定）来构成，纯粹机械地去掉两个"不"，导致形成了"可两可"的表述。这个例子很好地证明了墨家原逻辑的非形式化，这就降低了它与象数学的竞争力。

显然墨家语法上的含混性导致了Я.赫梅列夫斯基的困惑，他在缺乏充足理由的情况下把这个结论当成了逻辑"或"。从所选出的墨家和韩非子的相关表述看，这只是逻辑"和"（比较、同时确立），而不是逻辑"或"（是概念/谓项，而非推理/结论）。为了正确阐述，即使不管这些例子，仅仅关注"两"字就行了。墨家把"两"作为逻辑"和"意义上的术语加以使用，并将它与具有严格逻辑或意义的术语"偏"加以对比。所谓"具有严格的逻辑或意义"，是采用葛瑞汉的说法（两——两可，偏——此是彼非）。

作为运用了双重否定——对立和相反的形式化模型，最早的建构模型可以形成这样的面貌：

邓析子	两	可	$A \land \neg A$ 或 $A \land \neg A$
庄子	两	忘	$\neg A \land \neg \neg A$ 或 $\neg A \land \neg \neg A$
墨子	不可两	不可	$\neg(\neg A \land \neg \neg A)$
韩非子	不可两	立	$\neg(A \land \neg A)$

从当代的观点看，墨家的公式是陈腐而无新意的。它的推理出自矛盾律，也用了排中律，即二重否定取消律：$\neg(\neg A \land \neg \neg A) \equiv \neg(\neg A \land A)$，也用了交换律：$\neg(\neg A \land A) \equiv \neg(A \land \neg A)$；也用了摩尔根律：$\neg(\neg A \land \neg \neg A) \equiv \neg \neg A \lor \neg \neg \neg A$；还用了二重否定取消律：$\neg \neg A \lor \neg \neg \neg A \equiv A \lor \neg A$。

但是如此标出，并不意味着Я.赫梅列夫斯基所指出的两种逻辑律通过上述结论已经有意识地表达出来了。恰恰相反，这样的表述证明，按照欧洲的标准来看，在中国，两种逻辑律未曾分别，也未能有意识地表述，这是与中国古代原逻辑发展的普遍阶段相适应的。

我们的模型所允许做的比较，表明了这种未分化的形式的逻辑性特征。在回答邓析子和庄子的对立或相反的两种状态关联问题时，产生了墨家和韩非子共同的非关联思想，这使他们联合在一起。从表面上看，邓析子和庄子并没有分别对立和相反，但是墨家和韩非子在自己的反命题中作了区别。说实话，区别作得不清晰，而且无论如何矛盾并没有与反对分别开来，在这个意义上所采取的术语"仮"也不专业，它显然只意味着对比，"矛""盾"就是对反关系而已。

关于后一种情况的可靠的证据是，当代中国《逻辑辞典》（吉林，1983）[①]中有一篇文章《矛盾律》，其中关于自我矛盾的思想，即矛盾律的破

---

① 此书书名为《逻辑学小辞典》。——译者注

坏，引用的是韩非子的寓言。对这个寓言的引用，对它的解释，甚至对"矛盾"这个词组的使用，都表明作者表达的是反对关系。前面提及的唐代的杨士勋，在解释"无所不陷之矛"和"物莫能陷之盾"时写道："矛盾各自言之，则皆善矣；若相对言之，则必有不善者矣。"为了定义"矛""盾"，杨士勋用"对"字来代替"反"字，他区分了两种对立，并区分了共同的——"非""是"。从方法论式的抽象的角度看，用"对"字来表示对立的思想，晚于用"反"字。至少，在王弼的《周易》注释中已经使用了更普遍的概念"对面"（艮卦）。

杨士勋生活在王弼以后几百年，所以显然了解"对"字所表达的对立的意思，借助这个词来定义"矛盾"，说明他所理解的"矛盾"就是"对立"。

名家和道家的代表人物形成了两种对立的选择——"两可""两忘"。法家和墨家推出了相应的反命题——"不可两立""不可两不可"。结果就得到了否定与逻辑"或"结合的一套完整的要件，也就是逻辑常项，这对从总体上形成逻辑运算起始系词已经足够了。

两个要素决定了这套完整的要件的特征。第一，将韩非子和墨子的公式结合起来的运算是占上风的。这种运算在现代逻辑中被称为谢费尔竖线，它具有丰富的逻辑内涵，它可以是进行任何逻辑运算的唯一的起始系词。[1]

第二，后期墨家甚至中国古代方法论者在思考矛盾时，没有把它与对立区别开来。更何况，他们在定义矛盾的时候所采用的术语，与其说适合于矛盾，不如说适合于对立。这样的术语——"对"和"两"是互相确定的，第一个词不能与对立的"反"（返回）相区别，第二个词则表示对立中对等的两项，同时也表示矛盾中诸因素的特别的不对称。

这里可以对初看是谜的历史情形作出解释：墨家对矛盾的方法学上如此重要的定义是如此容易被遗忘。略晚于后期墨家的韩非子，从表面上看是轻视他们的定义的，从而给出了自己对对立的定义，而且不曾留意对立与矛盾的根本区别。韩非子以这样的方式确定了相反性在矛盾性面前的优势（当然，我们要强调的是在蕴涵形式上的优势）。韩非子在两种意义上疏离了墨家的立场，既远离他们，又教训了他们。后来，恰恰是在建构运算

---

[1] 谢费尔竖线的思想属于皮尔斯，产生于1860年前后，但当时没有公布。X. M. 谢费尔在1913年首先公布了它。正如哈斯凯尔·柯里所言，对谢费尔竖线的评价，至今歧见叠出，"某些逻辑学家认为这个思想是伟大的发现"（如阿·诺·怀特黑德、伯兰特·罗素），"另一些逻辑学家则认为这不过是有趣的事实而已"（如大卫·希尔伯特和威廉·阿克曼）。——原注

公式中表现出了他们的共同性。

运算在逻辑上表现了非真关系（"A"和"B"都非真），它确定了对立的特点（天才和邪恶//水火不相容）。墨家和韩非子都承认对立的主导作用，这是由中国古典哲学根本的自然性造成的。

矛盾性的否定是与这样的思想相联系的，这种思想是超验的，它超越现实的边界而进入不在，或进入更高的在——理想本质的世界。绝对的不在，或绝对的在（理想的）的概念构成了同一模式的两面，在欧洲是巴门尼德第一次揭示了这个模式。矛盾的否定可以与从这个模式形成的公式相比较。因此，中国经典哲学的自然性，与它缺乏在、不在、理想、物质、矛盾的严格概念是互为条件的。在中国哲学这里占上风的对比性否定并不意味着超越了现实的边界，因为肯定他者即是对照。正因为如此，自然语言的全称否定判断的这个意思集中在名家的"白马非马"式的名言中。它是建构在对差异的肯定上的：一种情况是在白马和一般的马（更准确地说，毛色不确定的马）之间，或者是在"白马"和"马"的相应的表达之间，它们的表达形式严格地说是不一致的。

在这样的否定的基础上产生了"不可两立"的运算公式，该公式体现在韩非子的"矛盾"这个术语中（无所不陷之矛，物莫能陷之盾）。这个术语在表达"不能并存"的意思的时候，不但用于表示对立，也用于表示矛盾，也就是表达谢费尔竖线的公式（A/B假），可以写作：A/┐A，和A/┐┐A。后一种写法使古汉语中的"矛盾"一词转化成了现代逻辑学的术语"矛盾"。

因此，与西方逻辑学不同的是，在中国的方法论中，对立是通过矛盾来确定的，或相反，矛盾是通过对立来确定的，因为矛盾的本意是对立。在通过对立的矛盾来为对立下定义时，其实质是带有过渡因素（用亚里士多德的术语是"中项"）（┐A∧┐┐A）的互相否定（┐A┐A，A┐┐A）。在通过矛盾的选择的对立来定义矛盾时，其实质是排除了过渡因素的对立（┐A≡┐A，A≡┐┐A）。

与中国的两个分类法（尤其是与哲学"类同"理论）相适应的两个相关概念的定义构成了矛盾定义的特点。我们可以举《墨子》中的例子来说明这个问题，在欧洲"非牛"是指除牛之外的一切，在中国"非牛"却只是指代"六畜"中除了牛以外的几种动物，也就是马、羊、鸡、狗、猪。

于是在中国的古典哲学中，"矛盾"这个词组，作为方法论的术语，在从"对立"到"非"的意义振幅中被使用。在后一种扩展的意义中，它转移到矛盾中，于是成了类似于亚里士多德的"对反"和"对立"的概念。Я. 赫梅列夫斯基认为，这个术语还可以得到更广泛的使用，包括韩非子在内的中国思想家把"矛盾之说"用来称呼任何一种假的观点的冲突，而不仅仅是虚假的观点的冲突，因此这位波兰汉学家认为，这就是他们将矛盾当成了虚假的最后标准。Я. 赫梅列夫斯基讨论的《韩非子》片段所涉及的只是把"矛盾"扩展到了"反"，而不是"假"。

从"矛盾"这个词组的词义的明确性的角度看，它的历史是含混的。为什么在方法论上如此重要的术语，古代中国四大学派——名家、道家、墨家和法家都曾借助这个词总结自己的理论探索，在以后两千年的中国思想发展中却基本不被使用？其原因是象数学彻底战胜了原逻辑。对此事的官方记载是在《韩非子》写成约一百年的时候。在公元前2世纪初，儒家象数学大师董仲舒，为经过他的象数学改造的儒学争取到了官方意识形态的地位。在这样的思想和社会环境中，温和点说，由儒家的反对者墨家和法家所取得的前逻辑学成果，已经变得无足轻重了。

作为对立的"矛盾"，在《韩非子》的第三十六章中是作为本体论来理解的，这在儒家象数学中不但没有被推翻，反而几乎成了其基本的原则，如孔子所说的"两端"，《周易》中的"两仪"。因此，对儒家，或对任何象数学家来说，"矛盾"这个新词语，不管是表达反驳对立之意，还是表达接受对立之意，都是无益的，因为它已被吸收进了他们自己的新术语之中。

直到中国开始接受新的逻辑学——一种来自西方的思想的时候，才产生了对"矛盾"这个词的需求。在进入近代两百年前，人们重新对表示矛盾的术语"矛盾"产生了兴趣，这依然是与受西方的影响相联系的。17世纪时，方以智通过天主教传教士了解了欧洲文化的某些观点，他大概也是中国首先意识到以拉丁字母来转写汉语的益处的少有的学者，正是他试图使传统术语准确化。比如他开始把教条式的"设教"与学术性的"学天地"区分开来。前者畏惧矛盾，后者则恰恰相反。

在"矛盾"的范畴中，对立的概念和矛盾的概念未能分化地融合在一起（其中前者是占主导地位的），它一方面包含了否定的思想；另一方面，矛盾也意味着方法论体系的对立：象数学和原逻辑作为被同样接受和拒绝的现象，被归于不同的范畴。

汉学家常常把矛盾的思想与阴阳的对立相联系。但是阴阳的成分是否定性的并置（比如，一与多，太极与有限，既非阴又非阳），表达的是对立或极端的否定。周易研究家刘闻名将《周易》这本经典著作中的第一原则——阴阳的二分，直接与逻辑的矛盾原则相对立。值得一提的是，扬雄画出了与"两仪"之阴[--]、阳[—]并列的第三中卦[---]，这就是阴阳的矛盾关系所不能表示的内容。

欧洲辩证法的基本法则通过形式逻辑表达了矛盾概念和对立概念的区别，中国的哲学家没有作这样的区别，因此他们的辩证的结构应该特别定性为"否定"的意思。欧洲哲学中的上位概念"在"或"不在"，可以区分矛盾性的否定，表达的是矛盾关系在逻辑上、辩证法上的优先。这对概念的中国相似物"有"与"无"，与亚里士多德的"有"和"无"很接近，能够表达在，同时又表达互相对立，这是对立和矛盾未加分化的表现。在这种融合中对立起主导作用，它体现在《庄子》和《淮南子》中，被中国古代哲学的"有""无"思想所证明。在这两本书里，"有""无"这样的概念被呈现在本体论的诸多领域之间，"有""无"相联系的若干方法（"无中之有""有中之无""无中之无"）分布于其间。

共同性概括

对逻辑和辩证法而言，非常重要的是对矛盾的逻辑思考。在欧洲是借助对理念的意识来达到的，理念的秘密即共同性。被记录在概念里的整个客体连同其范围的特征是共同性的，柏拉图所设想的理念也是共同性的，理念（与外化）是类。

相反，中国的自然主义并不区分理念和物质词（理念和物质词都是"名"），并不提炼作为理念的所有物质客体种类都有的抽象概念。因此，正如有的汉学家已经指出的那样，在中国的分类中，没有观察到和一般与个别相似的原则。同时，中国哲学承认"由一知多"，这与由抽象到具体相似。比如，在《论语》中，孔子说："举一隅不以三隅反，则不复也。"（《论语·述而》）[①]这正如他的学生颜回所言"闻一以知十"（《论语·公冶长》）。最后，孔子将自己描述为掌握了"一以贯之"的"道"（《论语·里仁》《论语·卫灵公》）的人。《荀子》中也给出了这个原则性的认识论公式："以一行万。"（《荀子·王制》）在《淮南子》中则是："万物总而为一。能知一，则无一之不知也。不能知一，则无一能

---

① 从孔子的这个说法中可以明显地发现前述的对立的条件。"反"在多方面是与矛盾相区别的，反是四边形的边与中央的关系，在孔子的上述表述中，可以是四角与中央的关系。——译者注

知也。"(《淮南子·精神训》)《荀子》和《淮南子》中的"一",即是"道",《道德经》中说道"自古及今,其名不去"。

即使在儒家内部,这个原则的无所不包也受到了质疑,比如《荀子》针对《论语·述而》涉及孔子的上述说法,认为,关于道"一隅不足以举之"。其实问题并不在这里,而在于"一"所指的不是共同,不是抽象的同一,而是把具体目标作为唯一。从所举的例子来看,已经足够明显了。《荀子》下面对"道"(即"一")的推论就更让人吃惊:"万物为道一偏,一物为万物一偏。愚者为一物一偏,而自以为知道,无知也。"(《荀子·天论》)假如说道被中国的这位哲学家(杰出的方法论家、原逻辑的创始人)理解为极端共同性的东西,即包罗万象的规律性的话,那么他应该说,道是万物的一方面,而不是相反。

在这种情形下,我们遇到的是逻辑学上所说的典型抽象。为了解释和验证这个说法,应该分析"共"这个术语。中国的哲学家们在原逻辑的构词中经常用这个字(比如《荀子》中的"共名""大共名")。象形字"共"是两只交叉的手,它的意思是"一起行进",也就是"联合",而不是"分开""抽象"(拉丁文"abstrahere"是"分离""提取"),即"分离"。

这个意思在《道德经》中有明确的表达:"三十辐共一毂。"联合的思想产生了联合元素的思想,这在孔子的格言中得到了经典的表达:"为政以德,譬如北辰,居其所而众星共之。"这两个例子都揭示了"共"的形象:车轮中心的毂和天穹(它也是圆的)中央的北辰,它们都有共同的方法论的意义,其例子是司马迁在《史记》一百三十卷中的说法:"二十八宿环北辰,三十辐共一毂,运行无穷,辅拂股肱之臣配焉,忠信行道,以奉主上,作三十世家。"司马迁此说值得注意:首先,它将《论语》和《道德经》的两句合二为一;其次,将"共"(《道德经》)和"环"(与《论语》的格言是平行的)当成同义词来用;最后,使用这个在逻辑学上的生动的用法既作为帝王而言,又作为所写的世家的数量——"三十辐""三十世家"。

从《周礼》的以下说法中也可以看出"轮"在方法论上的潜力:"辐也者,以为直指也。"(《周礼·考工记》)这句话直接的自然主义的含义体现在这些方面:一条条车辐是"圆"("概括的")心——"毂"和"圆"("概括的")轮的联系环节。在转述这个意思的时候用了逻辑学、修辞学中最重要的术语——"指"("指头""指出""意义"),

证明了轮的模式对认识意思的作用。另一方面，在涉及辐时用"指"这个术语，显然揭示了它的意义，它像辐一样，是"名"与"实"之间的物质性的联系。也许，《墨子》中选择了"指"和"直"两个同音词并非偶然，该书在认识论的潜文本中使用了这两个词："衡指""参直"。（《墨子·经说下》）《论语》和《史记》都用了"北辰"这个术语。中国古代的详解词典《尔雅》写道："北极谓之北辰。"郭璞对此的注释是："北极，天之中，以正四时。"在郭璞之前，张衡写道："北极，居天之中。"在几乎同时的《天平经》中也写道："天有三名，为日、月、星，北极为中也。"司马迁指出北极星在天上的中心位置及主导作用，他不但把它称为"北辰"，而且还称它为居于中宫的天极，它又体现为太一（《史记·天官书》）。这个名称还出现在更古老的典籍中，《吕氏春秋》写道："极星与天俱游，而天极不移。"

北极星在中国自古就被当成居于天穹中间的星，因而是最重要的星。因此众星围绕着它，时序受其制约，被其牵引，如此等等，都是自然而然的了。

在这样的理解中，北极星与"极"（同时也与"边""中""要""顶"）是具有同样意指的。中国的第一本大型词典《说文解字》用"栋"（有主干、宫室的中央、顶、端之意）字来解释"极"。在《系辞传》中，"栋"跟"宇"并用，表达了"往来"之意。这样它就成了"宇宙"的同义词，"往古来今谓之宙，四方上下谓之宇"。自然，"栋"和"宙"这一对同义词也表达了联系（"极"）的意思，即与中心轴，与天地和时间的联系。①"极"的词义为主要、中心等，这在古代的典籍《诗经》和《尚书》中已经有迹可循（遗憾的是华俄词典没有收入这些义项）。在《诗经》的一首诗中，"极"字直接表示中央："商邑翼翼，四方之极。"（《诗经·商颂》）《尚书》的《洪范》篇把该书中最重要的部分，即讨论《洛书》中的九畴的部分，称为"皇极"。中国古代的注释家、当代的研究家都一致借助"中"字来解释这里的"极"字。

在俄罗斯汉学界，王西里在研究作为宇宙中心符号的"极"字时，引用班固在《汉书》中对《洪范》篇的"极"的注解，他把"极"解释为"中"。

"极"字的符号学意义最终在哲学基础术语"太极"中确定了下

---

① 在中国"天地"两极中，天与时间相联系，地与空间相联系。——原注

来。"极"意味着"易"、两仪（阴－阳）、卦、理，因此潜藏着象数学的秘密。这个术语从古代开始就在中国哲学中发挥了重要作用，这是从《周易》开始的："易有太极，是生两仪，两仪生四象，四象生八卦。"（《周易·系辞上》）不难发现，这个概念是同数字型的、形象生动的（象）、游动性的符号相联系的。在《系辞传》中，"极"字还被用在"极数"之中。但是这个表述并不一定意味着对数的"总括"，即不是从大到小列数，或者从"太极"这个词本身来看，也不是从多到一。比如，扬雄的《太玄经》卷八说："极一为二，极二为三。"

自然，太极可以与最小数或最大数相关，在象数学中，就是从一到一万（无穷）。它从两个方面与理学的"理"相应，它的最具代表性的变体即是朱熹对太极的解释。一方面，太极是最初的朴素之理，另一方面，它又纵横汇合"天地""万物"之理。重要的一点是，太极包容之理已经具有共同思想，首先不是太极在万物之中的每一物中，相反是"万物"之理在太极之中（这就是阿那克萨哥拉的"万物聚于一"的原子，是莱布尼茨的最高单子的相似物）。

总括上述的诸如此类的方法，在中国古典哲学的方法论的视野中是完全可以理解的。缺乏发达的唯心主义形式，缺乏关于抽象的理想的、逻辑的现象概念，这就不得不以物质的符号来表达思想。而表达某种思想要借助于物质客体，自然要选择这样的客体：在它之中包含了这样的思想的所有特质，这些特质会以最充分的、最有概括性的方式出现。这也就意味着，被选中的客体是所有可见的特征的集合。

以从逻辑学意义上谈论爱的思想为例，那就应该把握构成爱的对象的所有标志。假如谈论作为爱的典型抽象的维纳斯，那么正好相反，应该涉及她所特有的种种爱的表象。通常典型的抽象是从个别到一般，比如，阿佛洛狄忒在恩培多克勒笔下等同于宇宙的同化力——爱（《论自然》，71、73节），但是也可以出现相反的过程，如"你们看这个人"（《约翰福音》，19：5）这句话意味着全部人性总体上是一个人（耶稣）的特征，因为从神学的观点看，不是人们体现在耶稣中，而是耶稣体现在所有人中。

典型的抽象，不管是相似的宗教－神学抽象，还是日常生活中有意识的抽象，毕竟都是抽象，都是借助一定的手段揭示联系。比如，关于维纳斯[①]的命运观念的形式，总体上是与爱相联系的。每一事物中也存

---

① 维纳斯在俄语中既指希腊爱神维纳斯，又指天文学上的金星。金星在中国古代指"太白金星"。
——译者注

在着太极。太极的"逻辑秘密"就是如此。这个秘密的揭开表明，各种原则的相互关系达到了它们的顶点——太极，这种相互关系并不存在严格的逻辑特征，更何况这是物质和物质结构（以典型抽象的形式出现）的相互关系，而不是理想的客体（以逻辑特征的等级的形式出现）。

太极的物质（物质化）特性在《系辞传》解释"太极"这个术语的时候已经得到了强调。在收入《十三经注疏》时的注释中如此写道："太极谓天地未分之前，元气混而为一，是太初、太一也。"收入《道藏》的宋代著作《周易图》一开始就有这样一句话："太极未有象数，惟一气耳。"在《太极辨》一书中，明代理学家王廷相也以类似的方式把太极定义为原初的混沌，它是从物质上和感官上可以感受的气，"元气之外无太极"。在20世纪初，孙中山作为饱受西方思想影响的人，把"太极"这个术语定义为以气的方式存在的原初物质。

太极的物质特性也存在于它居于中心的特征中，这反映在理学和理学文献无数的图形和图示之中。在著名的《太极图说》中，周敦颐将太极与更古老的理学著作中的象数学图形作了起源学的联系。太极被描绘成一个空心圆，它是不断扩展的向心圆周组织的中心，圆周组织象征着宇宙起源的不同阶段、宇宙结构的不同层次。太极作为最概括的思想的逻辑解释，要求对比性的图示——无所不包的圆、无穷大的直径。这显然受到了宋代数学家朱世杰的图的影响：他们提炼出了算出几个未知数（"天元术"）的矩阵法，在天元术中"太极"象征着自由素，太极被置于九宫图矩阵的中央。显然，在各层次中，不包含未知数的层次是中央层，它联合但并不共享其余层次。

还应关注"太极"与"道"的联系。在《尚书》中，"极"是"道"的相似物。《庄子·则阳》将"道"直接称为"物之极"。《吕氏春秋》包含了《系辞传》中"太极生两仪"的句子。这个句子揭示了"太极"和"太一"原是同一的，在《吕氏春秋》中"太一"又被当成道。因此《吕氏春秋》证明了太极和道的同一性。朱熹注释《太极图说》的第二句时指出："太极，形而上之道也。"他把太极称为最高的道理。

在中国哲学中，道，通常是对立特征的融合：它无时无处不在，它包罗万象，因此它居于世界的中心。对"道"最早的、最详尽的描述可见于《管子·心术上》："道在天地之间也，其大无外，其小无内。"这种对立的性质，在朱熹注释《太极图说》并将太极与无极并置的文字中得到了理性的解说。

作为典型抽象的道，是单一客体，是太极，是世界的中心，同时也是万物的代表。正是由于道，万物呈现出了其"无涯无际"的包罗性的一面。在这个意义上，道和太极是完全的相似物。显然，它们又各有其特点：道反映了过程性，太极反映了存在的结构。

包含了道和太极的"太一"，与北极相联系，由此开始了范畴的选择。司马迁的认识反映了汉代的观念：太一居于北极星上，是为天极。马融直接将太极等同于北辰，《系辞传》注释引用了马融的这个说法。概括地说，北极星是太极的可见的、具体化的相似物，而太极则是北极星不可见的、抽象化的相似物。

与其他过程相联系的概括是对物质（或物质化）客体的一定总和的包含，是对围绕它中心成分的结构和名称的总和包含。类似的包容（共），照韩非子的说法，提供了总结中的"约名"①。初看之下，概括的获得只是纯粹抽象的结构，更何况我们会联想到与之相应的概念。所以要在这样的意义上记住词的物质性质：名是中国哲学家概括所有物的种类的最重要的成分。

证明这种情况的悖论的是《庄子·天下》中惠施的"鸡足三"之论，在那里，"足"这个词是与另外两只生物性的足并列的。名家的另外一位代表公孙龙在《变通论》中给出了相似的解释："谓鸡足一，数足二，二而一故三。"在概括的形式中具有名实并置的原则，也就是将记号和被标记者置于同一层面等量齐观，这在《庄子·齐物论》中有记载："一与言为二，二与一为三。"

这样的态度，从精神上看是由于以下因素造成的：未能将词作为逻各斯，即设立物质与理想实体——概念、意思、思想，乃至与上帝的对立。由于理想实体，词与词所标记的现象应是互相对立的。相反，由于缺乏这样的观念，词与词所标记的现象是邻近的，思考是在被当成同一层次的客体——物质中进行的。由此即可明白，为什么中国哲学家在分类的过程中，在确定概念时，不仅诉诸其逻辑内容，也诉诸其物质形式，所注重的是所用的字的数量、音韵和字形——通过音形近似的字来定义（比如：礼－理，仁－人，正－政，鬼－归，神－伸，诸如此类），从逻辑的角度看，这完全是无关紧要的。

考虑到在定义内容时汉字的数量特征，就会意识到名与所指的物质化概念的重要的象数效果，比如《墨子·经说下》谈到了命名两个客体

---

① 在朱熹那里，太极也是"综名"。——原注

（两个集）的一般原则："诽之可不可。"从这里本来可以产生真正的推理："则或可或不可，而曰'牛马牛也未可'亦不可。且牛不二马不二，而牛马二。则牛不非牛，马不非马，而牛马非牛非马。"

分析这里包含的双重推理，可以得出重要的结论：第一，可以确定的是，否定词"非"反映的不仅是矛盾关系，而且是对立关系，借助这个词展开的双重否定，证明的是它们内部的对立，而不是它们之间的对立。

第二，在"牛马非牛"这句话中，由于缺乏系词"是"，既可以理解为"牛和马（总体上）不是牛"，也可以理解为"牛和马（总体上）是非牛"。非牛在这种情况下意味着马，因为谈论的是两个客体（集）——牛和马。于是再读上面这句话，把它当成正面的表述，就会以相同的公式陷入推理的困境：在这样的推理中，牛是牛，马和非牛（即马）是牛。

第三，在所选的上述文字中，包含真推理的例子，让人可以更深入地思考走向在我们看来所不能允许的推理的原因："牛和马（总体上看）非牛"。可以把"牛和马（总体上）不是牛不是马"称为"无难"推理，或者葛瑞汉坚持把"牛和马（总体上）非牛非马"认为是"无难"推理。从纯逻辑的角度看，"无难"推理为真的条件是"牛和马（总体上）不是牛"的截断形式。但是墨家持另外的看法。自然，事关主词和谓词成分的结合的数量，是以全称还是缩略语的形式出现在结合中是有区别的。在规范的推理中，两个客体（集）产生联系，主词和谓词都应该包含两个客体（集）。

早于规范推理的正常逻辑解释的文本，直接证明了原逻辑结构的象数学内幕："且牛不二马不二，而牛马二。则牛不非牛，马不非马，而牛马非牛非马，无难。"

这一象数学的原则在公孙龙的《白马论》中是显而易见的，它明显地传播到成对的名之中，表达另一种联系——不是单一的对象的联系，而是对象及其性质的联系："马未与白为马，白未与马为白，合马与白复名白马。是相与以不相与为名未可。故曰：白马为马未可。"《公孙龙子》中的"复"名，与《荀子·正名》中的"兼"名是同义的，而"兼"名在那篇里与"单"名是相对的。

因此，在《公孙龙子》和《荀子》中都记载了共同的要求：需要复合的主词，其中部分是双名（"牛马""白马"）的主词，以便主词由这样双名性的，而不是单名的谓词来决定。这样的要求允许表述（真推理），它直接依赖于汉字的数量特征，即象数学的性质。

通过典型抽象的概括和在术语层面、名的范围内的数学化概念，同样也产生了具有特点的成果。中国哲学中的很多术语初看之下的奇怪特征反映了其意义的多层面性。这种多层面性表现在一个术语既表示整体现象中的一个特定种类，又表示这一类中的一个特定因素。比如，"天"，既是宇宙三位一体"天—地—人"中的一项，又在"自然"的意义上表示其三位一体的整体；"气"，既表示认识论意义上的心理学三位一体"精—气—神"中的一个元素，同时又表示其中的一项（如"三气"）；"性"，既表示"性情"，又表示"形"，还可以在五种形貌（貌、相、形、声、色）中表示"形"，同时又是对这五种形貌的总称；"身"，既表示人的五种器官"身、舌、鼻、耳、眼"，又在人的身心总和的意义上表示身体；"律"，既表示阴阳律吕，又表示全部音律；"辰"，既表示地支第五位中的"辰"，同时又表示十二时辰的"辰"，诸如此类。

这样的术语现象从形式逻辑的角度来看是奇怪的，这要求独立标记每个概括层，严守复杂的集的等级（参考罗素的"类型论"的精确学科分类）。但是借助于典型抽象概括项来看，这种术语现象又是自然的。在由子项a和z构成的A类中，分离出主要（中心）项（这个推理可以成为抽取）。因为它在这一类中是最富有特色的（抽取），它的标记可以分配到其余的子项上。

有时一类中个别的词，即可以展开这样的推理：$a=x$，$b=x$，……$z=x$。此后，很自然地会把标记扩展到整个A类，即$A=x$。后一项推理可以成为狭义的归纳，而整个推理则是抽象—广义的归纳。收入《道藏》的道教典籍《太平经圣君秘旨》中的句子准确地展示了这种推理："三气共一，一为精，一为神，一为气。此三者共一位。"为了作比较，不妨引用西方象数学中非常典型的犹太教卡巴拉宗作为所有的人的总和的亚当·卡德蒙。①

以上所分析的现象完全不是术语可以不加选择的证据，它充分证明，这是符合逻辑的结果，其原因是现实的矛盾，矛盾的一方面是理论需求必然要形成概括的"纵向"的多层次，矛盾的另一方面是在单一的"横向"层面，关于作为物质客体的名（也是词）占上风的自然观念，由于物质的单一性，其抽象的效率为零。

对待作为物质客体的名（词）的态度也构成了关于名的相互关系的可视化和定向化。这也意味着，在西方发挥一般方法论组织作用的是逻

---

① 卡巴拉是犹太教的分支，亚当·卡德蒙是该教信仰的五个精神世界的第一个。——译者注

辑学，而在中国则是几何组合——象数学。最直截了当的例子是《荀子·解蔽》中的一句话——"明参日月。"从上下文，至少可以分出三层意义：（1）本体论的；（2）理解性的；（3）词汇学的。本体论意义：明（智慧）与日月构成三。（概念的）理解性的意义：明①是第三位的，对于日光和月光的概念而言。词汇学的意义：由偏旁"日""月"构成第三个字"明"，即，日→明←月。

分析这一推理会发现一个重要的情况：互相关联的、概括所有偏旁和字的数字"三"占据了中心地位。概括性的概念"明"与中央的联系，在《尚书·洪范》的文本中同样可以发现："明"出现在第二畴、第八畴，它在五个范畴中居第三，占据中心位置。上面所举到的"形"也具有同样的性质，它在同类的五项中排第三，居于中心位置：貌、相、形、声、色。

在三项结构中直接把第三项作为中央项，这在《管子·君臣》中得到了体现："中央之人，臣主之参。"这种情况采用了象数学的普遍化与逻辑概括的巧合。象数学的概念"人"普遍化为"君臣"，因而从空间来看，人居于中间，从数字看就是三。从逻辑学的角度看，它是正常的逻辑概括，因为君臣是人。

人以类似的形象，在最具普遍性的本体论模型中居于空间和象数学三项结构中的中心地位。在传统上，把人作为"三才"——天、人、地的居中的、连接性的因素，这在中古的文本中得到了图像的反映（参见图1）。比如，在《中庸》第二十二章中，人的概念与三相联系，人与天、地的关系被描绘为"叁"，或者，如《淮南子·地形训》所说："天一，地二，人三。"我们应指出，在俄语中，第三因素作为"中介"，它的"第三"的义项反映在"第三"（也就是"第三人称"）中。

对"三"的总体概括，务必要借助于两种方法，它们可以在有限定的条件下被称为计算的、几何的方法。在第一种方法中，概括的项，属于它所概括的类中的最大的数。在第二种方法中，概括项居于算术几何图形中的中间。在图形中，直线上的三（叁）、五（伍）相交，形成5个十字相交的方块（河图模式，参见图2）、9个方块（3×3，九经，河图模式，参见图3），或以"叁伍"（3×5）形成15个方块聚合成的长方形（参见图4）。在这些图形中，3、5、9、15是居中间的数。

---

① 即"光"的概念。——А.И.科布杰夫注

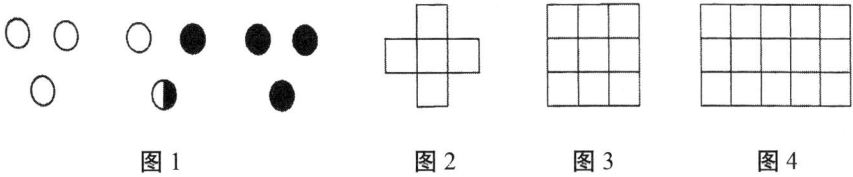

图1　　　　　图2　　　图3　　　图4

这些居于中间的数字的对应物是对概念的概括，但称它们为概括，这是我们所不熟悉的。为了不把这个推理与我们所熟悉的逻辑概括相混淆，我们建议把它称为普遍化。欧洲通用的概念包含两层意思：（1）普遍的；（2）主要的。上面所分析的中国方法论的逻辑推理可以置于逻辑概括的"门口"，但这只是相似的功能，它们的基础都是"推理"——抽象，即对主要的元素和其他集进行分离。例如我们说，对军队而言，将军是主要的，而不是普遍的；认识论的分离，就是抽象，使将军普遍化。从含义上看，与普遍化最接近的是我们前面已经分析的"共"字的同音词"公"。

"公"具有"普遍的"含义（比如"公有"），也有"主要的"的含义（比如"主公"），还与"类"的观念有联系。从词汇的层面看，抽象的相似物是普通名词，这恰恰是"共名"术语的特征。

在中国哲学中，"公"这个概念主要具有"公共的、集体的、公开的、利他的"意义，其反义词是"私"，它具有"私人的、个人的、非公家的、自私的"的意义。从古代开始，这一对反义词就不仅在社会伦理学的意义上使用，而且也在认识论的意义上使用，部分地与原逻辑的名论相联系。"公"的符号学特征是两种密不可分的性质的融合，即知识的集聚和权力的集中，这与"知识即权力"的原则是一致的。《道德经》第十六章明确地说："知常容，容乃公，公乃王。"

在《庄子·天运》中，"名"被定义为普遍化的工具——"名，公器也。"在《墨子》的方法论篇章中（《墨子·经说上》），以"私名"来称呼人的名字。它所称呼的是普通的人名。在"私"与"公"的对比中，以"私"来突出"公"的宏大。"公"的宏大也近似于尊贵，这与欧洲以"您"尊称一个人相似，相似点在于都以复数来指代单数。在这种情况下，"公"字可以翻译为"您"或"阁下"。

在《吕氏春秋·孟春纪·贵公》中也定义了这样的原则："凡主之立也，生于公。"在《礼记·礼运》中"公"成了描写理想社会的著名片段中的基础——"天下为公。"在注释这段文字的时候，郑玄以"共"字来解释"公"字，证明了这两个字在符号学上的共同性。

由于"公"和"共"在标记概括上的意义相互关系，它们的意义也扩展到了方法论（象数学和原逻辑）上。前面已经提及李之藻，他用"公"字代替"共"字来表示概括的逻辑思想。他在翻译西方的逻辑学教材时，用"五公"来称呼"五种普遍化"。针对亚里士多德的概念，他将"genos"译为"种"，将"eidos"译为"类"，将"diaphora"译为"殊"，将"kath'hato"译为"独"，将"symbebēkos"译为"依"。

把主导选择理解为简化性的概括，这决定了在《庄子》中对"公"的定义是一个比世界规律"道"更宽泛的概念。在这里，"道"继续被称为"名"，这让人可以推及上述的推论——"名，公之器也。"由此可以判断，"道"之名超越了简化的界限。与"公"的定义相应的是，借助于"极"的概念，《庄子》在上下文中揭示了"万"的概念。在中国的数学中，"万"是基数。因此，万物之道的"公"，一方面包含了其自身的实质，另一方面又从实质中分离出了绝对极限、最高点、无穷数。

在"公"字的起源中可以发现象数学的成分。其最早的字形是上面为"八"字，下面为"口"字。这个字的象数学特征显然并不局限于有象数学意义的数字"八"（可参看八卦、八方、八法、八世、八代等），而在于其整体的融合。分析"公"字雏形的符号学特征，要与跟它相似的"佮"字、"谷"字相结合，它们都意味着山间的空间，即山谷。这就不免产生假设：最早的"公"字的含义是"八方中的空间"。

后一个概念准确地对应于中国古代的"井田制"——把土地整理为9个方块，即"井"，中间的土地，被当成共有的，称为"公田"。"公田"的实质，或表示是大家整理的，或表示它属于能代表集体的成员——其首领，故而他也享有"公"字。显然，这里的"公"，并不属于所概括的整个客体，而是正好相反，"公"与他们是彻底分离的，是八方中间的地。

在中国古典哲学中，"井田"概念具有非常丰富的世界观、方法论的意义，远远超越了与土地制度和农村经济相关问题的范围。这个概念的基础是，人在地上的活动与天、自然、规律相协调，在使用土地的时候要与整个世界的结构相适应。这个结构派生的模式是"九方"，"井"字明显地标记了它，"井"字又成了"井田"或"井地"的构成部分。

值得注意的是，在公元前2—前1世纪的典籍中，"井"字常常被当成"型"字的同义词来用，也就是由9部分所构成的井字的投射图，很容易让人联想到广泛的结构规律的思想。用具有八种抽象含义的"井"字可以解释许多哲学家的神秘格言。

比如，荀子把"井"与"理"所达到的秩序联想在一起（《荀子·儒效》）。在《周易》中，"井"是第四十八卦的卦名，书中写道："改邑不改井。"《系辞传》对井卦给出了高度的抽象的定义：（1）表示"德之地"；（2）"居其所而迁"；（3）"以辨义"。在这些定义里，（1）揭示了"井"最具经典化的"经"、图与土地治理的联系；（2）引入了这样的思想：表面上看起来非常宽泛的分类，实际是促使进行容纳这种分类的推理，正是借助各种非直线联系，此推理得以进行；（3）指出与文本演变过程具有明显关系的主导型的观念目的——"辨义"。

在历史上所进行的对"井"和"井田制"观念的抽象和意义泛化，不可能不影响到"共"和"公"这两个术语所概括的意义的形成。这对它们来说，都涉及字的起源。

汉字"共"的雏形冈的中心部分有"口"，"口"与两只和谐地捧在一起的手联系起来。"共""公""阳""谷"最初的字形似乎都来源于井田（地），由从"公田"收获庄稼的行动而来。我们的假设的间接证据是：中国学术界通常把"公"字归在偏旁部首"八字头"中。再考虑到"共"字最终的字形中包含的"井"字形，我们可以比较有把握地推测，"公"字与井田和九方中间的土地是有联系的。

于是，中国古代思想家把逻辑概括当成了与其社会最重要的物质财富——农产品的分发的相似物。支配土地出产（同时也具所有权）的是处在社会阶梯最上层的"公"，这个爵位相当于欧洲的"大公"或"公爵"。《孟子·滕文公上》确定了公在六种等级中紧随天子之后。天子由于其天界儿子的身份，至少已经超越于大地之外，成了天和地的中介（这就构成了中国皇帝的最高的神秘地位）。因此，处于地上权力的金字塔顶点上的是公。由此，一个关于理想社会状态的公理——"天下为公"就可以理解了。这个公理表现了地上社会金字塔的治理极限，即达到其最高点——公，公就代表了他下面的全部阶层。

重构的物质模式，完全可以解释"公"字所体现的矛盾的两方面的结合，一方面指"公开的、集体的、社会的、共有的"，另一方面指"国家的、政权的、正式的、主导的、高级的"。社会和人民是一方面，国君和政权是另一方面，形成社会等级的两极：国君统治人民，在代表性的意义上国君乃是对人民的概括。一方面，国君对于自己的臣民而言是共同的，另一方面，国家的税负对于臣民而言也是共同的。公田也具有类似的性质，它是公共的、国家（政权）的地，它是每个人都可以居于其中的社会地域，但它不是每个人都拥有的共有地域，并不是每个人都拥有它。共有地域属于每一个人，但未必在一起；公共地域在一起，但不属于每一个人。

　　从确定的几何图形的结构（包括起源学的、现代的）对"共"和"公"术语所作的起源学联系的假设，也能得到历史语言学的想象的支持。比如，在欧洲的很多语言中，"共同"这样的概念也源于对共同土地的概括（例如，德语的"Allgemeine"，英语的"common"）。治理土地的实践也是欧洲其他逻辑学术语的源头，如"术语"和"定义"也起源于拉丁文的"terminus"——"界石"。希腊语"horos"和"horismos"的概括性定义也具有相似的符号学意义：前者的基本意义为"界标""界"，后者的基本意义为"分界""界隔"。大卫·阿拉赫特（5—6世纪）针对这种起源写道："必须知道，这个定义是在模仿村庄界限和卖地的时候产生的。"与"horos""horismos""terminus""determination"相似的中文词"畴"，也有"范畴"的含义。俄语词"共同的"，它是东正教的基础，指的是"被围绕的""周边的"，这个词中潜藏着空间——土地的内幕。

　　在指出中国和欧洲由土地治理而产生方法论范畴的共同性之后，应强调它们之间的根本区别。社会的地，确实是"被围绕的"，包含着所有的土地，而公田则在内部，它被私田（可比较"私田"与"私名"）包围着，形成了中心-边缘的关系（可比较画成圆形的太极）。相关的逻辑概括包含全部被概括的客体。"公"的简化，则是从众多客体中选出一项代表性的客体。共同的概念的容量是由被这个概念的内容决定的全部组项构成的，代表性抽象的容量是由抽象的内容决定的唯一的（中心）组项构成的。可以根据不同的理由分离出代表项。对代表项的选择，必须提供价值和规范的态度。因此简化是与中国哲学的价值观和伦理的、审美的、实用的规范性紧密相联的。它同样是与传统中国的自然哲学紧密相联的。

　　简化概括的理由是，舍弃了总体物质客体的代表性要素不提供理想化的结果；共同性要素获得联合性（中介性）因素的意义。在这个意义上说，联合两端的中间环节，是由三环节构成阶段的共同的环节。这个例子明显地表示，代表性与被分离出的中心要素具有实质性的联系。

于是简化性概括符合逻辑地将数量的（数字的）布局与空间的（几何的）布局结合起来。一般的象数性植根于概括的特性之中。假如选择任何一个大于1的自然数，都不难发现，它可以解释为1（数轴上的点）和多。这就意味着，万这个数既可以想象为最高集（极），又可以想象为该集元素的总和，这与太极这个概念是完全吻合的。在中国的传统语言中，两可解释不断加强的原因是缺乏基数词和序数词的语法区别。显然，数词和代表性抽象的"亲缘关系"决定了简化的象数学特征，而简化则奠定了中国传统方法论。

通过典型抽象（包含容量的一致性①和内容的共同性概念）的、与空间数字结构具有实质性联系的简化（狭义典型化和简化）途径建构普遍理论的形式方法，恰恰是象数学结构的方法论。这种象数学方法论在功能上与欧洲的形式逻辑是相当的。欧洲的形式逻辑体现在获得、保存并系统化理性知识的广泛认识论推理中。

代表性抽象的单一容量仅指它与该抽象代表的内容的其他集具有单一的整体关系。此单一，就自身而言，可以是任何集。比如，人作为"主物"代表万物，"人"这个词在这里当然并不意味着一个具体的人。

概括的（理想的）抽象的观念发生于这样的时候，即意识到被确定的集（包括无穷尽的集）的全部元素意味着一个词，这个词在语法上与唯一的客体相对应，而不是与集相对应。

我们在说"人"这个词属于语法上的单数概念时，好像它对应于单一的对象，而实际上它意味着单个人的无穷集（这在有冠词的西欧语中表现得尤为明显）。"人们"这个词完全是另一回事。作为语法上的复数概念，"人们"这个词与多个个体相关，意味着多个个体的集合。

欧洲语言中单数与复数的语法区别，当然会让人思考是什么把概括单数的词和概括复数的词区分开来。说到这里，我们已经接近这样的思想："人"这个词是人性诸多特征的单一标志和共同思想的承担者。相反，"人们"这个词不会使人联想到单一标志和共同思想，因为涉及多个人，不会有单一的实质和广泛的特征。由于欧洲语言的特征——性质和关系很容易转到客观概念中（形容词和副词很容易转成名词），作为"广泛的人"的性质的人性概念不难找到独立的词汇体现，这样就可以自由地把人性的思想和形式本体化。

---

① 一致性在此情况下自然是相对的，其特征是作为其他集元素出现的任何集。——原注

由于中文缺乏数的语法概念，而且动词和名词在形态上是分离的，所以传统汉语不能激活类似的机制。因为单数和复数的相互关系问题，在中国没有转化到理想抽象问题的自然语言基础。

比如汉字"人"，既可以理解为复数意义上的"人们"，也可以理解为集合意义上的"人类"，因此从这里很容易联想到列数和联合，很容易通过列数来得到"人"（人们）的定义。它在集合的意义上包含了单一客体的容量——人类，人性的特征区别于单个的人的个别特征。两种定义（列数的定义，集合的定义）都能归结为元素的命名行为——用以指出多个客体（人们）或单个客体（人类）。在这两种定义中，都不需要把物质客体与其特征区别开来，不需要让它们作为自足的实质——概念或思想抽象化和实在化。

葛瑞汉提出自然主名规则的观点，并认为在研究方法论的中国著名哲学家那里没有该规则实施的痕迹。葛瑞汉的看法非常重要。葛瑞汉反对冯友兰和一些汉学家对"指"的解释，他们认为"指"是对共相的概括。葛瑞汉早在1955年就指出，在对名进行分类的时候，中国哲学家没有对单名和共名作根本区分，而这种区分是所有理想概念的出发点。在专门研究名的《荀子》的《正名》篇中，各种名（臧）并未在方法论上得到概括。而在《墨子》的《经上》和《经说上》两篇中，马的私名（臧）和类名的关系被当成了物的"类名"与"大名"的关系。相应地，产生于欧洲哲学的从具体客体抽象跳跃到本质（共同概念）的问题，最后终究被归结到被概括的种类数值的（意味着象数学的）分类上，私名表示单一，类名表示多，共名表示普遍。从这个观点来看，共和单一的区别显现在数量上，而不是质量上，即显现的不是抽象和具体、观念和物质的区别。

于是，中文中客体的分类恰恰表现为物质的多数，以及抽象特征的理想集中。其前提是：要求词汇的个性化（区分"人们"和"人"、"人类"和"人性"）。尽管思想在与物质的关系中发挥共同的作用，但思想就本性而言是个性化的。相同或相似的物的相乘确实是荒唐的，因此亚里士多德对柏拉图的"第三人"理论提出了批评。语法的个性化是思想（概念）的逻辑个性化的反映，它是与物质的多样化相对立的。

相反，概念的表达则与逻辑上的个性化相异，它以在中国占上风的自然主义态度为条件，至少是受到自然主义态度的支持。这种自然主义把世界看成是多种物的总和，它不必借助理想抽象，而以"合""联""并"之名来概括多种物。

中国哲学的基本概念恰恰是多种物的所指，其相似性借此得到证实，比如，"理"——"万理"，"物"——"万物"。这种相似性表明，理不是一般之理，而是总和之理；物不是一般之物，而是总和之物；有不是单一的在，而是有限之多的所有物。

至此就清楚了：个别和一般的关系问题，在中国方法论中就被转换成了一与多的问题。这种关系处于纯数学和纯逻辑学之外，很容易获得象数学的回应。中国的方法论家，像墨子、惠施、公孙龙、韩非等，所讨论的原逻辑问题，恰恰集中在一与多的问题上。墨家的经典命题——"一马马也，二马马也"，其直译为："一匹马是单个的马，两匹马是复数的马。"此语所表达的正是墨家的方法论原则："马中的一匹属于（是）马的类，两匹马也属于（是）马的类。"这里的第二种译法的等值物支持它所遵循的规则——同一类的多种术语，即同义："马"这个词在各种情况下都是复数。这就不可避免地破坏了第一种译法所遵循的以性质为上而非以类为上的规则。

上面所引的命题，除了所指出的把"一马""二马"都归为马的类这个问题，其实还具有深刻的意义。它确定了一个集和全部集里一个元素和两个元素的动态性的同一，即概括（一匹马和两匹马代表了所有的马）的实现原则。

我们可以引用《墨子》的命题来支持这种解释。《墨子·小取》中包含了一个经典化的命题："获，人也；爱获，爱人也。臧，人也；爱臧，爱人也。""爱获之爱人也……""爱臧之爱人也……"通常在另外的意义上来解释这个句子："获是人，爱获，就意味着爱人。臧是人，爱臧，就意味着爱人。"[1]我们假设，"人"这个字，在这里属于单个的人。但是，第一，在《墨子》同一篇中"人"这个术语意味着"所有的人"，例如，"获之亲，人也。获事其亲，非事人也"。第二，这里的"爱人"可以确定为表达的是"爱所有的人"。还有第三，这里举例提到的"获"和"臧"并非偶然，他们是社会阶层中的最底层，以最有价值的人性爱他们，这应该看成是以最崇高的方式对待所有的人。

于是人们在丰富的论题中所发现的，不是像一些学者尤其是中国学者所认为的三段论，而是普遍化推理。它借助于代表性抽象，把对"获"和"臧"的爱推广为对所有人的爱。

关于"获"和"臧"的论题的逻辑之外的特征表现在它们的双重性

---

[1] 获，指婢。臧，指奴。——译者注

中。从逻辑的观点看，它们完全是同类的，具有重叠的多余性，这当然是不合逻辑的。从另一方面看，中国命题中包含了明显的"男—女"对比。至于与之相似的"白马"和"骊马"这对术语，已然得到辨析。1976年，B.C.斯皮林已经明确地指出，显然它们"居于极端的点，其间分布着'所有颜色的马'"。"获"与"臧"也与此相似，他们居于某种由"人的空间"决定的边缘点。这种通过边缘点（它们中的第一个点和最后一个点）的代表法，对于显示经过中心的普遍化方法和代表性而言，是很有特色的。

中国哲学的学术性术语中充满了对立的范畴，其中一些术语通过指出一定范围内的对立点来表达单一的概念，比如"天地"表示宇宙，"存亡"表示存在，"感应"表示反映，"轻重"表示分量，"多少"表示数量，"消息"表示新闻，等等。空间中的边缘点的数量可能是多种多样的，可是通常总是用短短两个字来表达，比如"四方""四海""八方""六合"，等等。代表法有两种：通过中心，或通过边缘点，并把它们结合起来。比如"五方"和"九方"，概括的是四方、八方、世界的一半与中央。

两种方法的一致性在于，"极"这个术语，兼有边缘点、中心之意，甚至与"对立"的思想、与"反"有关。《吕氏春秋》包含了表达这种联系的表述："极则复反。"此外，还有证据表明，借助"反"的概念，"极"和"道"的意义是接近的，比如《道德经》第十四、十六、二十五、四十章，《吴子》第一章，《周易》的乾卦、复卦、蒙卦的象传。

通过空间中心（即考虑通过第一点、中间点和最后一点）的完整的代表性表达是更经济的，因为它只要求析出一个元素，而不需要两个或更多元素。越简单，就越合理。但这并不意味着它总是很容易发现。比如，代表性表达要求在与中国古代原逻辑相联系的更普遍的术语中选出当代最重要的术语，诸如用来指称物的墨家的"大名"、荀子的"大公名"。

首先，不管是墨家还是荀子，都未曾谈论过这个术语所表达的概念。它被看成是纯粹物的客体，能够概括其他物质客体的数量。就这个意义而言，它可以将它们聚集为一个中心。其次，更有趣的是，名是最高的范畴，而在现实中却是不存在的。我们记得，荀子认为"万物为道一偏"。《庄子》和《淮南子》等其他哲学典籍也谈论了道并不是万物。

此外，除"道"之外，上述的中国哲学家们并不把"物"（如"万物")这个概念归入"天"和"地"之中。天、地与万物一道构成(被道包含的)世界性的三位一体。物,这是空间数字结构天－物－地中的第三和中央元素。从上面所述可知,代表这个三位一体的,既可以是边缘点——天和地,也可以是其中央——物。中国哲学家们使用了这两种模式。墨家和韩非子在其方法论观念中把其中的第二种模式置于最高的层次。

三位一体"天－物－地"与"天－人－地"是同类的,由此可知,在后一种模式中,人代表万物,人被当成它们中间的(更宝贵的)元素。因此可以理解,何以韩愈在其文章《原人》中会认定:在天和地的中间是人,而且"禽兽皆人也"。人在代表万物的时候,一方面将其人化,另一方面其自身也接受万物之性(这里包含了中国古典哲学中人类学和自然主义深刻互动的秘密)。正因如此,在中国文化中,人在没有任何贬损的意味下被称为物,他的天性与万物的本性是相通的;"性"这个术语表示任何一个单独的物的自然之性,不经特别界定,它指人的特性,也指人的性别。

从形式的层面看,可以这样表述——"人即是物""物即是人",但这并不意味着"人"和"物"这两个概念在容量上是相等的。《庄子·秋水》说:"号物之数谓之万,人处一焉。"而且,人与物也会对立,如《三字经》中说:"人不学,不如物。"在这样的对立中蕴含着一个信念:人来到世上本来就是物(万物之一),经过学,他成了特殊的物,高于其他物,也就与之对立。

这可以在中国思想家所说的"同类"的任何客体中被发现。这就让我们可以对基于"相似思维"的很多事实作出解释。根据各种理由可知,"一类"物中的任何成分都可以成为所有次类的代表,在其中形成"超级"关系。这种关系实际上反映了把世界看成一个有机整体的观点,可以通过典型抽象这个中介来达成这种观点。

对这类客体的代表而言,代表性术语的普遍性的程度没有实质性的意义,也就是说,普遍可以借助于个别来达成,个别也可以借助于普遍来达成,因为代表性和普遍性不必依赖亲缘等级所表现的程度。

(А. И. 科布杰夫撰,夏忠宪、刘亚丁译)

价值-规范认识论的方法论观点

现代西方的汉学家们，在认识到中国哲学家们的类逻辑思维背后不是逻辑的，而是另一些结构之后，便采取各种方式力图对其进行相符的阐释。特别是著名的中国哲学史专家、天主教大学（位于华盛顿）教授柯雄文，他于1982年在其专著《知行合一：王阳明的道德心理学研究》（檀香山，1982）中，对构成王阳明学术基础的命题展开了逻辑语言学分析：（1）道即天；（2）心即道；（3）心即理①；（4）礼即理。柯雄文的结论是，出现在其中的"即"字，既不能在"同一"的意义上解释，也不能在"包括"的意义上解释，还不能当成谓语。在他看来，很可能这里的"即"字跟动词"是"无关，而是一个语法助词，允许一个术语表现出另一术语的某些方面。这里的"表现"与《中庸》第一章那个与"隐"相对的"显"的意义相当。②经过这样的解释，上述定义就具有了这样的意思：（1）道表现为天；（2）心表现为道；（3）心表现为合理；（4）礼表现为合理。

同样，柯雄文将重构的定形程序与中国哲学基本概念的特性联系起来。在他看来，儒家的世界观是以特定的话语方式表达的，它获得了不同于描写（描述）的特征。该特征不受可证明性标准的支配，不具备认识论地位和解释性功能，它是借助于"两用的概念"形成的。柯雄文跟随R.L.弗格林，利用了"两用的表述"概念。这个概念在单一的表达式中将对象的两种观点——描写性的和评价性的观点统一起来，它也可以被解释为"原形而上学概念"。

以这些概念运作的儒学世界观本质上是道德的，即价值论上和道义上模态的，建立在评价性的规定性观念之上，其中包含的理想应该体现在生活中，并与其承载者的利益、愿望、希冀和意志密切相联。因此柯雄文断言，儒家道德世界观的特征总体上可以划分为"回应灵敏"和"认知意义"，前者是主体对问题境遇的评价的、意志的、有效的反应，后者是对现实的话语观点。儒家思想家主要是实践家，而不是道德理论、规范伦理

---

① 柯雄文从自己的道德心理学理论出发，认为"理"不应该翻译为"原则"，而应翻译成"reanableness"（合理），以区别于"ratinality"（理性）。——原注

② 在"显露"的意义上，"显"和"隐"的同义词是"概括化"——"公"（试比较"публичный"一词中"公开"和"公共"的组合），例如，"公案"一词表示法律案例和佛教禅宗公案（«коан»——是日语的读法）。这两种现象都结合了公开显露（公之于众）和独特案例（行为和/或声明）的典型概括，即概括化的特征。——原注

学和元伦理学的创建者，因此其世界观只不过是行动的指南。

柯雄文在上述的著作中提出了自己的基本假设："儒家的道德世界观的语言是包含了两用的概念的特征描述，两用的概念主要用于扩展道德世界观的认知意义和有效意义，作为人类整体生活的综合性前景。"

在柯雄文著作问世的6年前，我们完全独立地在《早期儒家的认识论定位》一文中推出了相似的概念，该文1976年发表在第7届"中国社会与国家"学术研讨会的论文集上。这篇文章建立在对儒家哲学的分析之上。正如我们所认为的那样，儒家哲学在传统中国发挥着一般理论范式的作用。后者意味着儒家的方法论和范畴工具可以被认为对传统中国整个哲学和学术思想是示范性的（当然，有一定的局限性）。

在上述文章中我们得出了以下结论：第一，对于古代的儒生来说，知识概念必然包括相应的行动的概念。在孔子的意识中，知者与被知者，或已知与应知的关系的结构是双重的：它由描述性和规定性的元素构成。换言之，对某种情形的了解包含了对某种行动的描述和对一定行动的指令；第二，知识框架中建立的应该的、固有的正确性标准（成文的，或不成文的）是传统规范；第三，认识论关系的另外两个要素，其主体与客体，必须严格地在道德上限定。

这篇文章的标题运用了与柯雄文的"两用的概念"相似的"定位"这个术语，也就是说所涉及的不是纯粹的概念或描写，而是观念，它有机地甚至感性地将概念性的、观念性的、理论性的知识与实践性的、道义性的、价值论的规范融为一体。

中国哲学概念的"双重"（"二元""两用"）性质也决定了其表征程序。上面我们已经注意到一般析出代表性元素的基础是价值描述特征，即表达它（这一要素）的概念的内容最重要的部分。我们重新返回关于人的概念，就会想起儒家和道家把人从鸟兽的环境中析出，确定了其"贵"（《荀子·王制》《列子·力命》）。

但是，由于价值描述特征是约定俗成的，不同于客观真理的特征，很容易允许主观解释，所以人的概念会经受极大的变形，有时会扩大，有时会缩小。如果说韩愈把人的概念扩大到包括禽兽，那么孟子（《孟子·公孙丑下》）、荀子（《荀子·劝学》《荀子·王制》）和扬雄（《法言·学行》）则相反，他们将人缩小到禽兽中，将不守"礼"和"义"的人归于禽兽。正是由于相应概念内容中的价值论和道义成分，这种转换是可能的。

如果我们不考虑这些成分，就很容易得出极端虚无主义的结论：中国哲学中最重要的术语一般是意义不确定的，类似于数学中的变量，抑或"不表示任何东西"（B. B. 马良文，1978）。1982年，著名学者、中国哲学史学会会长、传统哲学概念体系最著名的研究家张岱年建议采取与此观点相似的温和态度。张岱年引用韩愈《原道》中关于"仁"与"义"为定名、"道"与"德"为虚位的说法。张岱年赞同韩愈的观点，即在中国传统哲学的范畴和基本概念中，有些适合于逻辑定义，而另一些则不然，因为它们是"虚位"，即只不过是可以接纳任何意义的变量。

与这些观点相反，对中国哲学最一般术语的价值规范特性的认识使柯雄文断言：中国哲学术语不是模糊不清的，而是语义学上开放的，在特定语境中呈现其特征的概念，它们可以在荀子的"公名"概念中得到解释。

这样一来，概念术语工具本身将中国哲学家们的注意力引向分析世界上个别事物和整个世界的相互关联的价值和规范关系，而将欧洲和印度的哲学家们的注意力引向分析事物真正的基本原因和实质，它们不同于分开或在一起的所有事物。显然，后者导致了欧洲逻辑学的出现并最终发展为真正的逻辑，而不是价值和规范意义的逻辑。

由于评价和规范的模态逻辑的建构只有在现代非常敏锐的逻辑思想中才能实现，因此很难设想逻辑科学恰恰是以这样的形式起源于传统中国的，尽管这种形式可能最接近于中国传统哲学的精神。相反，更简单的真正意义上的逻辑与中国思想家的价值规范定位是不符的，当然也不是他们创造的。

缺乏系词"是"① 和概念"存在"的一般世界观结果

欧洲的主要语言都有成对的明显突出的动词，它们在语法和语义上起着特别的作用。比如希腊语中的"einai"和"echein"，拉丁语中的"esse"和"habere"，法语中的"être"和"avoir"，英语中的

---

① 西方人说的"是"相当于汉语以下三个意义：第一，相当于中国传统哲学中的范畴"有"；第二，相当于汉语判断中的系词"是"；第三，相当于汉语用于时间、空间的动词"在"或"存在"。由于汉语中没有一个具有"有""是""在"三个意义合一的词语，所以在对西方哲学的翻译中，对于"是"，较早时候一般译为"有"，现在则常译为"存在"，但是，不管"有"还是"存在"，都不能涵盖上述三个意义。对于人类思想基点的实在，中国人用"有"表示，西方人则用"是"表示。这是中国哲学和西方哲学最根源性的区别所在。——译者注

"to be"和"to have",德语中的"sein"和"haben",俄语中的"быть"(есть)和"иметь(ся)",等等。这些语言中的名词"在"("бытие")通常具有系动词的功能,相对于俄语的"быть"。

然而,在文言文中缺乏类似的系动词,以及建立在此基础上的主—谓语法结构。与之相应,在中国的方法论中没有产生出逻辑、语法意义上的主语和谓语等概念。1928年,马伯乐对胡适将墨家的"实"和"名"解释为主体和谓词的尝试提出异议,他写道:"然而,存在一个古代中国人几乎无法理解的概念,其语言中缺乏系词,所以对他们来说,不存在主语和谓语之间的语法的区别,其结果是没有独立地产生主语和谓语之间的逻辑区别。"

在文言文中只有汉字"有"可以与术语"бытие"相提并论,但"有"与"einai""echein""esse""habere""être""avoir""to be""to have""haben""иметь(ся)"等动词更为接近(因而在它的名词功能中最方便的是翻译成"有")。"是"通常认为是现代汉语中的系词,在文言文中表示"肯定""正确""这"之义。由于具有代词意义,"是"可以获得系词功能,显然,它也可以解释为指示代词"这"的相似物。

阿拉伯语中也没有系词"是",因此讲阿拉伯语的逍遥派哲学家法拉比在评论亚里士多德的时候,只好向自己的读者解释:它同时意味着在/存在和"两种理念的联系"。为了表达系词"是",他还是用了指示代词"这"。

在比较亚里士多德和法拉比对一个逻辑形式的判断的两种解释时,可以清楚地看到自然语言中系词"是"所表达的有或无的逻辑哲学意义。亚里士多德不得不特意对联合使用中的"是"的非存在含义做出特别的保留,因为这个词在希腊语中恰恰具有"是"和"在"的意思。(《解释篇》)相反,法拉比则特意说明系词"是"的存在含义和联合含义的统一性,因为在阿拉伯语中并没有这种语法。

重要的是,法拉比在解释"是"的存在含义和联合含义的合并时,所依据的恰恰就是理念理论。不了解这种理论,在语言中没有系词"是"的情况下,就像在中国的情况一样,指示代词"这"无论如何也无法与"在"的概念产生联结。1955年赵元任指出:"假如不刻意与'是'相分离,与'有'相结合,中国意识难以理解属于西方哲学的'在的问题'。"

一些论者以上述情况作为论据，证明中国思维和逻辑完全的独创性。比如，张东荪同意一般语义学家的说法，认为文言文中缺少系词"是"①的原因是中国哲学（如果不考虑佛教夹杂进去的东西）缺乏同一、实体、因果、原子以及本体论和宇宙论等范畴（尽管存在宇宙进化论和生命哲学）。总的来说，他将中国思想家的逻辑称为"相关律名学"或"相关二重性逻辑"，从而支持"相关思维"的概念。在1969年的《中国名学》一书中，张东荪作了如下推论：中国语言中缺少系词"是"，招致缺少同一理念，逻辑上没有同一律，由此可见，中国人只对不同的字的相互作用感兴趣，而不注重它们所支持的实质，并由此而产生了相对思维和相关思维。

在文言文中代替术语"存在"的是"有"，相应地，代替术语"虚无"的是"无"。"存在"与"有"之间的差异，在某些方面几乎不明显，但在其他方面却变得至关重要。这至少可以从这种区别在欧洲哲学中所起的作用来判断：从亚里士多德开始，他认为"存在"是包罗万象的范畴，他只是在《形而上学》和《范畴篇》提及"有"；到马塞尔和弗洛姆，他们甚至将这个概念上的对立放在自己著名书籍的标题中。②

有一些语言没有动词"是"，还有一些语言没有"有"，因此，我们指出这一点，是想说明，汉语的这种品质并非独一无二。汉语中动词"有"的存在似乎是独创的，没有继承先前存在的动词"是"。因为法国语言学家本维尼斯特继安东尼·梅耶之后认为，"有"从历史上看更后出，它是对"是"的形式转换（本维尼斯特《普通语言学问题》，莫斯科，1974年，第211—212页）。对先就带有动词"是"的语言来说，其特征是，"是"在词源上与手有联系，这尤其成为语言学家马尔的雅弗理论的重要观点。在汉语中，"有"则是最先有的，但它在词源上也与手有关，表示的是"拿着肉的右手"。"手"表示的是"手里拿着羽毛的舞者"，

---

① 不少人都以张东荪的推论为论据，认为文言文的最大特点是缺少系词"是"，既然文言文中连系词"是"都没有，当然也就谈不上有探讨"是之所以成其为是"的哲学了。然而，文言文中并非没有系词"是"，只是没有一个具有"是""有""在"三个意义合一的词语来对应西方人说的"是"。通观中国历代哲学话语，无论是表面上对系词"是"进行省略，还是直接运用系词"是"来表达，两种哲学观点，其实都是在回答"是之所以成其为是"的问题。在这方面，不仅古今相通，而且中西哲学之间也并没有什么不同。中国学者许苏民论证中国的文言文，除了用"乃""系""即""诚"等字来表征"是"的意义之外，直接使用系词"是"的文献有《论语》《孟子》《庄子》《韩非子》《睡虎地秦简》《春秋繁露》《论衡》《世说新语》，以及魏晋学者翻译的佛教典籍，等等。在这方面，古代语言文字研究者已有很多成果问世。——译者注

② 例如马塞尔的著作《存在与存有》（1935）；弗洛姆的作品《占有还是存在》。——译者注

也出现在反义词"有"与"无"的词源中。

因此,欧洲语言中的"是"与汉语中的"有"的遗传根源非常接近,显然可以追溯到未切分的"存在－有"的形态,只是在其发展中,欧洲思想更强调前者,而中国思想更强调后者。

葛瑞汉在1959年的著作里首次在汉学中系统地分析了"存在－有"概念的差异,这对于理解整个中国哲学的某些基本特点而言非常重要。为了证明这一点,只需举出以下几点:

(1) 汉语的动词"有"[①]与法语的"avoir"相似,在实体化状态下具有"财产""成就""价值"之意[②]。中国哲学一般范畴中的价值论意义,无疑是与整体上强烈的价值论色彩有关,与中国思想家以基于价值的伦理、审美、实用主义的方式来对待一切存在有关。因此,在对中国哲学家的逻辑思路和他们的原逻辑概念进行建模时,显然可以通过使用价值逻辑和规范逻辑的形式化手段来获得重要的结果。

中国对于"存在"作为一种价值的理解完全不同于印欧语系对于"真"的理解。亚里士多德已经断言:"'在'和'是'仅仅意味着'真'。"(《形而上学》)梵语"satya"既是实在,也是真,源自印欧语。俄语词"是"(есть)和"真"(истина)是同根词。印欧区域的文化中对"真"的本体论思考成了这种结合的反面。与此相似,阿拉伯语中的"хакика"一词既表示"真",也表示"现实",或者说"实际如此"。

相反,在中国人对"真"的理解中,可以发现其价值规范的一面。比如,汉字"真"来源于表现人头的象形字(即象形字"首"和"页"),表示首位、首要,即规范性和价值。

(2) 将带有"是"和"有"的动词的句子的最基本形式进行比较(从量词和否定形式中抽象出来[③],以及带有主词在前,谓词在后的条件),发现在带有"是"的句子中,主词采取全容量形式(被分配),也就是说谓词归因于主词概念所涵盖的全部对象;而在带有"有"的句子中则相反,主词采取自己容量部分的形式(不被分配),也就是说谓词仅归因于

---

① 这里我们把文言文的词类问题搁在一边,为了简单起见,把"有"称为动词,因为其主要功能是动词性的。——原注

② 比如《列子·说符》写到,孟氏"羡施氏之有",其注释中用"富"——"财富"来解释"有"。——原注

③ 量词可以看成是表示主词或谓词的一部分,而在主词和谓词的否定形式中,可以变为系词的否定形式。——原注

主词概念所涵盖的某些对象。显然，由于"是"和"有"这两个词的这些特征，前者的实体化形式表示某种最一般的现象——存在，而后者则表示特殊的现象："有"字的一个义项中与汉字"或"，即"某些"同义。

另一方面，在带"是"的（不是完全等值的）条件的基本句子中，谓词未被分配，因此与特殊性的思想相联系；而带"有"的句子则相反，谓词被分配，因此与一般性的思想相联系。确实，不难发现，在这种情况下动词"有"与"存在"是同义词，假设与之相对应的谓词不分类，就会产生"某些"的意义（比如"有人们……""有些人……"）①。这就是为什么逻辑中特殊性的量词被称为存在量词（它的象征性的符号∃是反向的E，这是全欧派生物"existere"的第一个字母）；相反，虚词"所"使汉字"有"成形（是对被分配谓词的具体化），从而获得一般性量词的意义："所有"。因此，"是"和"有"都与一般（"所有"）和特殊（"某些"）相关联，但以彼此相对的方式。同时，"是"仍然与主词（也就是一般性的思想）联系更密切，而"有"与谓词（也就是特殊性的思想）联系更密切。

（3）在欧洲语言中，语法上主语的稳定性很强，以至于其中的不定人称结构、一般人称结构和无人称结构，都是借助形式主语构成的，比如，法语的"il""on"，英语的"it""one""they"，德语的"man""as"。在汉语中则相反，正如A. M. 高辟天（1974）所指出的："除了谓语之外，可以省略句子的任何成分。因此语法上的主语几乎成了最不稳定的成分。马塞尔看到了'是'与'有'之间的巨大的差异在于，前者与主语相联系，后者与客体相联系。假如对欧洲语言来说，省略谓语是常见的，也就是'X是Y'演化为'XY'，这已经引起了亚里士多德的注意（《解释篇》），那么对古汉语来说，省略主语是常见的（假如停留在主—客模式的框架中就是如此），'X有Y'演化成了'有Y'。"在后一种表达中最普遍的形式是：说Y在世界，或在宇宙，也就是在"天下"，在"天地"，即是说，"有"本身就与世界等同起来。

中国哲学中的"有"是所有具体事物和现象的整体总和（而不是实质），特别是"万物""万有"这两个概括它的术语的同义性就证明了这一点。"是"在欧洲语言中发挥着万能谓词的作用，在欧洲人的意识中获得了极限的地位，而在中国人的意识中，获得这样的地位的只有作为客体的

---

① 从语言学的角度看，动词"是"和"在"在这里充当了动词"有"（法语短语"il est"和"il existe"与 il y a的同义性是很能说明问题的），在语义分化的历史过程中这种含义显然在原初只有动词"是"的语言中传递给了后者（它也包含了"有"的意义）。——原注

"世界"，它在语言中发挥了万能主语的作用。与"是"的抽象属性不同的是，具体对象的"世界"并不意味着抽象物、理念实质的独立存在。

"有"的概念比"存在"的概念更具体，更有建构性。欧洲哲学与中国哲学的关系在这方面可以比作古典数学与结构数学的关系，但这并不是很严格。不过，这样比拟也是合理的，无限性的理念在原则上与中国传统哲学格格不入。

欧洲语言中的"有"，由于同"是"在起源上、本质上的联系，即使在有语法上的主语存在的情况下，也并不意味着是任何逻辑上或本体论上的主语，仅表达客体的纯粹存在，即它充当同位谓词。汉语中的"有"与之不同，尽管语法主语通常被截短，但实际上总是暗指它，即充当任意 n-方位（假设≥2）谓词。

汉字"有"，具有被用来充当不带主语或宾语的谓语的功能，或者充当不带定语的宾语功能，通常指有语言学上未表示的某种物体存在。比如《论语·泰伯》中的一句："有若无。"应该理解为"那个（掌握了学问的）人好像是没有学问一样"。但是，即使这里的"有"和"无"显然是实质性的，它们仍然保留了"某人有/无什么东西"的含义，比如在《道德经》十一章和在《墨子·经说下》中，"无"总是被定义为在某处的某人没有什么——"无若无焉"。

尽管普遍的逻辑上、语法上的主语"有"和"无"——"天下"或"天地"，乍看之下是对本体论意义上完全客观的现实的指称，但实际上它与作为人或人类的本体论主体的观念是分不开的。A. M. 高辟天在上面所引用的文章中写道："'天下'不是世界，而是社会共体。"即有人迹区，更准确地说，是人与其所占领的领土（试比较：古俄语单词 *земля* 有"土地、陆地、地面"的意思，梵语"loka"也有"地界、领域、场所"的意思）。因此《道德经》第二十九章把天下称为"神器"。

在语法上确认了"有"和"无"与作为一种思想主体的人类的不可分割的联系，它们在古典文言文中作为虚拟语气的构形成分发挥其功能，在特定现象存在的情态化中反映了主体对它的态度（情愿、不情愿，对可能性和假定性的程度的评价等，试比较：在法语短语"il faut"中"需要"中主语形式上存在）。

（4）意识到与反义词"有"和"无"对应的不是"存在"和"虚无"，而是"有"和"无"后，我们就能够理解，为什么说《庄子·知北游》中的"无无"不是在,而是"超不在":"无无"——恰恰是"超不在",更准确来说是"超无"。"无无"只能看到借助于对绝对在的双重否定建构的表示,至于"无无"这个词组,其意思不是没有或有,而是连没有本身的痕迹都没有,即是原原本本的、绝对的没有。或许俄语词"没有"在这里不够准确,但它仍然在某种程度上揭示了这种细微的差别,它证明有这样一些说法——诸如"没有之在"。它们的理性含义在于区分可能无法揭示的("无")和非常明显的无,即作为给定的存在("有无")。《庄子》中的"无无"这一词组是要表达完全之无,甚至没有任何无的迹象,而与这种超无相对应的则是程度更低的无——"有无"。

上述见解也可以让我们回答研究者们关切的问题:为什么在《庄子》中除了简单的"有""无",还包含了这两个字的全套组合:有有、无无、有无、无有。在《淮南子》中,这样的组合还形成了更长的链条(比如《淮南子·俶真训》的开头部分)。

"在"的概念并不包括其表露的思想,然而,"有"的概念必须要指出来。"有"只不过是自我发现,一种被揭露的给定。"在"即在场,即被关注。客体可以被看成是不依赖于主体的存在物,但是,既然它被看成是存在物、在场物,就已经被表达成了主体的表露。正因为如此,王阳明断言:"有只是你自有。"

葛瑞汉在上引的著作中描述了这个语言学情境的意识形态后果:"英语的'无'表述的是某种'实质'之无,汉语的'无'表述的只是具体事物之无。道家在赞美非物质现象的时候,与西方的唯心主义者是相似的,但是不能像他们一样达到与纯粹的'存在'的同一;对道家而言,所有不具有物质形态的,都归于'无'。但是假如非物质性的'无'由虚充填,那么它就不能被孤立;对中国思想而言,'道'的内在性思想对宇宙并非偶然,它必然要由词语'有''无'的功能产生出来。"

对道家而言,"非物质的"绝不是西方传统哲学中的"唯心的",他们的"非物质的""虚无"仅仅只是非物质性的,或不在场的存在。当然,可以把"无"看成柏拉图、亚里士多德的原始物质(空间的虚和绝对的无)的相似物,把"有"看成感性世界的相似物,至于说理念世界或纯粹的在,则是中国古典哲学完全不知晓的概念。

*《中国古代哲学》，第1册，莫斯科，1972年，第292—294页；第二册，莫斯科，1973年，第25—40、51—65页；《庄子 列子》，В. В. 马良文译，莫斯科，1995年，第282—284，395—403页。**Ф. С. 贝科夫《中国社会政治与哲学思想的产生》，莫斯科，1966年，第192—201页；《东方伟大的思想家》，莫斯科，1998年，第43—46页；郭沫若《中国古代哲学》，莫斯科，1961年，第318—361页；А. М. 高辟天《中国古代哲学与古汉语》，载《历史哲学研究》，莫斯科，1974年；《中国哲学百科词典》，莫斯科，1994年，第223—224页；А. И. 科布杰夫《中国古典哲学中的象数学》，莫斯科，1994年；А. И. 科布杰夫《名学：逻辑和辩证法的幻象》，载《文明对话中的中国》，莫斯科，2004年；А. А. 克鲁申斯基《中国古代逻辑与方法论中的名与实（综述）》，载《现代历史与科学研究：中国传统科学》，莫斯科，1987年，第88—105页；А. А. 克鲁申斯基《〈公孙龙〉的本体论》，载《第16届"中国社会与国家"学术研讨会论文集》，第1册，莫斯科，1985年；《新哲学百科全书》，第2册，莫斯科，2001年，第574—575页；В. С. 斯皮林《论中国古代逻辑中的"叁伍"概念》，载《远东》，莫斯科，1961年；В. С. 斯皮林《中国古代文本的结构》，莫斯科，1976年；Г. А. 特卡琴科《中国古代思想中的道家和名家》，载《东方国家哲学史中方法论和世界观问题》，第1册，莫斯科，1996年；冯友兰《中国哲学简史》，圣彼得堡，1998年，第103—115页；杨荣国《中国古代思想史》，莫斯科，1957年；汪奠基《中国逻辑思想史》，上海，1979年；周云之《名辩学论》，沈阳，1996年；周云之、刘培育《先秦逻辑史》，北京，1984年；Chmielewski J. Notes on Early Chinese Logic // Rocznik Orientalistyczny. Warszawa, 1962, т. 26, z. 1; 1963, т. 26, z. 2; т. 27, z. 1; 1965, т. 28, z. 2; т. 29, z. 2; 1966, т. 30, z. 1; 1968, т. 31, z. 1; 1969, т. 32, z. 2; Graham A. C. Later Mohist Logic, Ethics and Science. Hong Kong-London, 1978; idem. Disputers of the Tao: Philosophical Argument in Ancient China. La Salle (Ill.), 1989; Hansen Ch. Language and Logic in China. Ann Arbor, 1983; Harbsmeier Ch. Language and Logic // Needham J. (ed.). Science and Civilization in China. Vol. VII, pt 1. Camb., 1998; Hu Shih. The Development of the Logical Method in Ancient China. Shanghai, 1928.

（А. И. 科布杰夫撰，夏忠宪译）

中国伦理思想

作为超级伦理的中国哲学

在欧洲、印度和中国三大重要和古老的哲学传统中，欧洲和中国的哲学传统最不相同。中国哲学品质确定无疑的特色之一是普遍的伦理化，即中国哲学不仅在伦理问题范围内占优势，而且对所有基本的哲学主题始终从道德的角度加以考察，追求创建一种整体的"道德形而上学"形式的人类中心论世界观。因为哲学构成了中国文化的精神内核，许多专家也认为具有重大价值的伦理化是其特点，早在1942年，德克·卜德就在《中国文化形成的基本思想》一文中指出：伦理学是中国文明的精神基础，从根本上有别于其他基于宗教的一些大型的文明。

在科学文献中，传统中国的哲学独特的伦理化是得到公认的。在这个意义上，伦理的价值规范性质是显而易见的，并且得到了很好的研究。但伦理化通常被理解为伦理问题的绝对优势，这远没有穷尽这一特征的深刻内容。

对于中国哲学家而言，伦理的领域永远都不仅是最重要的，也是极为宽泛的。在传统的中国文化中，伦理学的对象始终离不开一套融合的礼节、仪式、礼仪、风俗、不成文法等规范与价值。因此，与"伦理学""品德"等概念相比较的一些术语，诸如"道德""三纲五常"，其内容要广泛得多，而且更加多层次。

为了进行比较，我们不妨指出，在欧洲，亚里士多德早在公元前4世纪，就将伦理学划分为带有专门术语表达及其对象的特殊的哲学学科。除此之外，至少从斯多葛派哲学家时代起，连同逻辑-方法论和物理学（形而上学）一起，伦理学就被认为是哲学的三个基本部分之一，而在康德之后伦理学则被认为是关于应有的超验主义领域的特殊科学。

在欧洲，从古希腊罗马时代起，就存在一种伦理普遍化的哲学倾向。只要回想起斯宾诺莎的《伦理学》及其无所不包的内容（从本体论到心理学）和几何学的方法就足矣。如今，在关于道德协约领域相对狭窄的流行观念的背景下，存在着对这个对象包罗万象的观点。关于这一点，阿尔伯特·施韦策写道："我确定，我们的文化不具有足够的伦理性质。在这种情况下产生了一个问题：为什么伦理学对我们的文化影响如此微弱？最后，我对这一事实的解释是，伦理学没有任何力量，因为它并不简单，也不够完善。它处理的是我们与人们的关系，而不是以我们与万事万物的关系为对象。类似完美的伦理学要比普通的伦理学要简单得多，深刻得多。借助于它，我们能够与宇宙达成精神上的联系。"（转引自格·古特恩《与阿尔伯特·施韦策的会面》，莫斯科，1967年，第118页）从上述援引的论断可以明显看出，伦理学所宣扬的原则在欧洲哲学中绝不占主导地位，尽管它在宗教神学思想中发挥了重要的作用。对于这种思想而言，对道德价值和规范的有神论式本体论化是理所当然的。

中国哲学从来不与宗教相对立，而是成功地吸收了宗教。中国哲学缺乏上述的伦理学规范，也缺乏后者的理论与实践、本有与当有的根本区分，因此道德领域总是被认为是极其广泛的和本体论决定的。根据罗泽蒙特所说（1976），中国思想家发展了西方所缺乏的"人类行为的道德理论"，它旨在从理智上认可自古以来就有的礼节、仪式和习俗体系作为社会中必要和充足的生活调节器。此外，在中国哲学中，伦理学不仅具有社会和人类学的意义，而且具有认识论和本体论的意义。知识的基本类型在道德意义上有所不同，存在的基本参数被解释为伦理范畴，诸如"善""德""诚""仁"等。因此，儒学的某些现代研究者和阐释者将独一无二的理论——"道德形上学"，看作是它的特殊功绩。

于是，针对康德提出的道德与宗教的关系问题，杰出的中国哲学家和史学家牟宗三在他的著述《心体与性体》里对儒学的特色界定如下："在儒家，道德不是停在有限的范围内，不是如西方者然以道德与宗教为对立之两阶段。道德即通无限。道德行为有限，而道德行为所依据之实体以成其为道德行为者则无限。"这种无限已经是宗教境界。另一位著名的学者和思想家杜维明也赞同牟宗三的话："儒家伦理必然延伸到宗教领域。"

在牟宗三的话语里，"道德底形上学"与"道德之形上学"并不相同。后者重点在道德，重在说明其先验本性。而前者重点则在形上学，解释世界上现存的一切，包括本体论—宇宙学的陈述。与西方纯粹的形而上学不同的是，道德的形上学是由道德实践中之澈至与圣证而成者，"意即由道德的进路来接近形上学，或形上学之由道德的进路证成者"。"此是相应'道德的宗教'而成者"。

牟宗三认为，康德没有胜任创造西方道德形而上学的任务，没能解决自然世界与道德世界统一的问题。道德形而上学应该同时也是神学。中国学者断言，在康德之后西方哲学思想界追求的正是这一点。然而，恰恰是宋明理学成了"货真价实的'道德形上学'的创造者"，从而超越了康德。

作为20世纪中国伟大的哲学家,最杰出的中国哲学史家之一冯友兰维护了类似的观点。他认为,理学家遵循伦理道路,比本体论分析推进得更远,他们力求将特殊与一般之间最普遍的矛盾统一起来,这种矛盾在类似的分析里得到了揭示。他们实现这一目标的方法是道德行为的积累。因此,这位中国思想家得出结论,康德和理学家均在同一个方向上前进,"但康德毕竟没有表达道的学说的代表们已经说过的话",这些代表即理学家。

上述提到的所有研究者均持一致观点,他们认为在理学里,儒家将世界理解为一个伦理全域的追求并达到了顶峰。然而,我们强调的是,这看起来是可能的,恰恰是因为伦理学在儒家思想里既没有在对象上,也没有在方法论或范畴上加以分类详细规定。在这种世界观的框架里,伦理范畴与本体论范畴相提并论,这已经在中国哲学奠基性的论述,诸如《周易》里有其理论反映:"一阴一阳之谓道,继之者善也,成之者性也。"(《系辞传》)

汉语中,"善"的核心伦理学范畴由汉字"善"表达,它在词源上与绵羊和长笛的形象相联系,其中包括了物质因素与精神因素的道德统一的观念。中国古代学者探讨了"善"这个汉字中长笛的图形,将其作为言语的标志,从而强调其语义的精神成分。

"善"的范畴涵盖了所有三大基本类型——伦理的、审美的和道义的规范和价值,因此"善"这个术语自古以来就借助于"美"和"义"这些汉字来加以界定。在具有重大意义的三大价值—规范范畴的构成里加入"羊"的偏旁,这是被社会认可的情感—物质价值的象征。因此,在中国哲学的词汇里,"善"涵盖所有"好的元素",好似古希腊的"身心和谐美",不仅指善和德,而且也指美丽和善良。"善"相应的反义词"恶"的概念意味着一切"坏的元素"——不好的、坏的,既是邪恶、坏,也是不像样子的、畸形的、丑陋的和不应有的、不体面的、劣质的、有缺陷的、可恶的。

中国哲学的上述特点早在其古代历史上的"黄金时代",即产生"百家争鸣"(前6世纪—前3世纪)的时期就已形成。在众多流派中,四大重要的伦理学纲领——社会化的人文主义(礼仪的体面和仁爱的自我完善的伦理学)、个人主义的自然主义(合乎自然的无为的伦理学)、宗教民粹主义的功利主义(兼爱和互利相结合的伦理学)和法律至上的国家主义（总体权力的伦理学）分别由儒家、道家、墨家、法家相应地发展而来。本土伦理思想在传统中国进一步的发展并没有超越这些一般准则。接纳其他的原则完全是由于受了外国文化的影响，首先是佛教，然后是基督教和马克思主义的影响。

（А. И. 科布杰夫撰，夏忠宪译）

中国伦理学的起源和形成

对于中国来说，在多个世纪期间，传统的观点主要是将人视为道德的生物。与儒家学说相一致，中国的理想形象是礼仪之邦，这种形象在中国思辨传统里相当早就已出现了，有充分根据地与儒家学说联系起来。儒家传统以道德规范的深刻发展和形式化及其对欧洲观察家来说不习惯的细节（在众所周知的欧洲刻板印象——"中国式的繁文缛节"中得以反映）而著称。这一体系是在远古时期形成的，是严格精选的结果，况且对它的批评是从两个方面进行的，因为在中国人中，不管是拥护基本的"仪""礼"，在理想上把它们作为社会关系唯一的调节器的人，还是反对这个体系的人，一开始都不乏抽象深奥的议论。

儒家称自己为"儒"，认为自己是理性看待世界的承载者，是古典思辨传统的维护者，他们有批判思想倾向的对手。道家思想的拥护者，在与儒家的论战中系统地责难儒家夸大了文、礼、义以及社会生活中整个道德规范的意义。道家直接指出儒家的伦理规范有人为的、规约的甚至是压制性的性质，并呼吁其论战之目的在于号召人们拒绝儒家。在欧洲汉学界，有些研究者对道家论据不加批判地接受，一方面，对儒家在创建作为道德的哲学理论的中国伦理学中的作用有某些夸大，而另一方面，把儒家和道家分支的代表之间论战进程中讨论的问题，与整体上的中国思辨选题（范围）视为同一。

后一种情况同样也促进了历史学家看待中国传统的抽象深奥的议论的观点的形成，即主要是正在发展的价值论—实用主义的务实问题，整体上渲染儒家—道家意见分歧的色调，对本体论和认识论没有太大的兴趣。按照这一立场，关于中国道德学说的宗教证实的问题（与理论－逻辑的、理性的研究相反）在历史－哲学的研究中被降到很低的位置，被认为是和孔夫子伦理－政治学说一样微不足道的问题，后者充其量被认为是对"形而上学问题"一贯不感兴趣的"世俗的宗教"。一方面，它们被认为是古代的（前儒家的，或非古典的）宗教，以及相关的"帝国的（或皇帝的、皇家的）宗教"（或"国家的宗教"）和随之而来的"民间信仰"（在国内文献中有时也称为"大众化的宗教"）；另一方面，被认为是传统中国社会道德规范的最重要的源泉。然而，近几十年来，在对中国宗教（或类宗教）现象的兴趣日益浓厚的语境下，汉学家们的整个注意力被吸引到中国文化的宗教基础上，尤其是所谓的"帝国的宗教"。在这些研究的进程中，越来越多的中国思辨历史学家开始关注在中国极为漫长的时期中持续存在的传统，其中共存的有：（1）唯一对现有的权力合法化有意义和仅由皇帝本人发出的国家崇拜；（2）形形色色相互竞争的"教"，它们的地位或多或少总是不确定，而社会的认可程度因意识形态而波动很大。在这种情况下，国家仪式的不变和单纯反映在了中国文化体现者的意识里。国家崇拜与关于礼的概念在事实上被视为同一。关于礼的概念即作为人类社会和作为一般类型的人有机的、固有的、有组织的"生活秩序"几近自发的表现。这个对社会和国家中"神圣生活"的崇拜（总是被等同于古典传统），逐渐变成了"自然的"（中国文化术语里"天然的""天下的"）"理所当然的"象征性的表达，根本无须审视和讨论。同时，这种"秩序"最重要的特征之一似乎就是其固有的"道德成分"在远古时期就引起了思想家们的注意。

"国家崇拜"在其基本特征中出现并形成于所谓的"哲学家"出现前大约1000年，这些"哲学家"素有发展自己对事物的特殊看法的追求。在这种情况下，如果说"国家宗教"力图维护其历来的完整和单纯，那么公元前一千纪下半叶出现在中国的哲学"学说"（诸如儒家、道家、墨家、法家、阴阳家的学说），或外来的佛教（公元1世纪的佛教），则以宗旨的多样性以及哲学论题的开采程度表现出不同的特点。通常，因这一原因它们不被专家们看作具有共同文化基础的某种体系，而单独地作为彼此独立的现象。相应地，不同学说或者宗教追随者的伦理观点，往往在更大程度上被看成是对于某个具体的"学派"规范的（甚至正统的）观点，在较小程度上均以某些普遍的扩散性和不确定性为标志，尽管它们是具体某些思想家完全个体化的伦理学观念。

其实，在一个统一且有纪律的社会框架内，几个可供选择的"精神气质"折中共存的图景（尽管五光十色，并充满虚假臆想），既符合数百年间从外部可观察到的中国的历史现实，也符合对传统的自我感受。总的来说，所有这些多样性并不证明中国人对宗教漠不关心或道德上的相对主义，反而证明了该文化体现了个体意识对最古老的世界图景给定的古代集体无意识的基本宗旨的再现。

对于古人而言，承认在统一的宇宙中存在一个平行的居住世界，分别居住着人和神灵，就是这种普遍的观念。后者被称为"祖先—神灵"（"鬼神"有时在俄语中译为"нави и духи"）。"神"起源于"自然的神灵"，大体上，有限于一些地方的界定（神灵——具体的山神、河神、家神）和情景的界定（春神、战神、婚姻之神）。通常，"祖先"会让人联想到死者的灵魂，他们没有具体的居住地，两个世界之间的联系是由专门的中间人来实现的。然而，早在殷商时代（前17/16—前12/11世纪），中间人的功能逐渐成为王的特权，而商王专门的占卜程序，是规定求助于"祖先—神灵"，其目的在于从他们那里获得实际上对人间集体有重要意义的行动的裁断（军事行动、统治者的婚姻、囚犯的献祭）或对未来的预测（降雨、丰收），使之具有形式体系并被高度精确地记录下来。商王的占卜行为保留在甲骨文中，直到19世纪末才被考古学家发掘，并被认为是"国家宗教"精神原型最早的文件。其中确立了日常事务成功的依赖性，依赖于最高"神级"的祖先—神灵的恩惠。

在殷商宗教世界图景中，祖先—神灵在功能上类似于绝对精神上帝，他们的反应和行为是任意的，不受理性分析的约束。这个绝对精神上帝对应于"极限含义的语境"（保罗·蒂利希的术语），它本身并非"含义"，因为它没有任何"合理的解释"。在这一"极限含义的语境"里，记录在同期文献中的商王们在所有与祖先—神灵的交往行为中将自己视为人类唯一法定的（合法的）代表的观点会变得明白易懂，想必是基于认为只有他们才是主要始祖——神灵的后裔。意识到社会中心人物的这种特殊情况，其"一人"具有两个重要的后果：首先，因为王是"唯一"有权求助于始祖的人，任何来自社会其他成员的擅自与神灵接触的尝试均被禁止，会被认为这是对王的地位不合法的觊觎；其次，王是"唯一"面对最高的世界——绝对精神上帝，对殷商的部落（社会）所采取的任何（包括错误的或不合时宜的）行动负有"道德责任"的人。"最高的始祖"（后来的"天"），本身同样也权威性地评价王的行为，给他下命令（"令"，后来则是"命"）。后一术语传统上也具有"生命""命运"的意义，因此"天命"与存在主义性质的价值有关联：

从字面上看即关于生与死。

所以，一般说来，统治者是唯一可能被赋予道德意识的生物，而其他"万物"，包括"人们"，在作为实质的意义上都可能丧失了道德意识，因为所有的"人性"似乎都集中在王的身上。因此，某个行动的失败（例如，在错误的时间或在不必要的方向上采取的军事行动）使大家默默地联想到王的道德上的不足。有理由认为，"人性"的这一特性起初也被完全作为实体地理解为一种能区别于他人（"普通人"）的某种东西就在王的肉体本身。因此，王在某一具体行动中的不足开始被持久不变地联想为他身上的不足，在这个时刻，某个实体的"优点－力量"后来被民众意识视为一种与生俱来的身体魔力，阴阳学则将之作为对宇宙动力学特殊的参与，而古典的（以及反古典的）哲学思辨则将其作为"道德力量"，或者"德"（"德"，其他等值翻译为："英勇""天才""神恩"等）。

关于这个"德"的起源和性质仅在中国哲学所谓的"黄金时代"——东周（前770—前256）和战国（前475—前221）成为辩论中讨论的话题之一。然而，在哲学反思时代之前很久形成的古老的宗教世界图景中，便潜在地存在着宇宙结构概念图景的所有三个积极要素（行动的代理），其相互作用具有系统的性质，最终被社会（即其在这一语境下出现的"道德意识"）隐蔽地评价为统治者——王的"成功"或"失败"。在记录占卜结果的过程中，三个要素（稍后由一个专门的术语来表示——三才：天－地－人）由占卜师领会所有反应的因果关系，其中包括："第三要素"（王）的成功，从"第二要素"（社会）的观点来看，取决于"第一要素"（始祖——帝）的垂青；它本身也取决于王的行为的正确性，表现为对社会的正确管理。

一般情况下，客观造成的这种"正确"，即宇宙结构三个中心相互作用，依次循环的有利的（"成功的"）结果，在这里成为"道德法律"（绝对命令）功能的等价物，相应地成为中国思辨的第一个伦理范畴。词源上，这个"正确性"源于"正"这个词的含义，诸如"正直的体态""正确的仪态""模范举止""极好的姿势""威武的样子"。在等级上，最高一级（先是"主要的祖先"帝，然后是"天"）的行为中的规律性被认为是：正是在那些情景中，这一级标准地、正面地（赞许地）作出反应，表明统治者的举止明显端"正"。显而易见的是，在这种情况下，等级上从属于王的子民，首先是"贵族"，然后是"大众"，他们会自动以"正"作为完美典范，并力图去仿效。失败的情况首先是因为统治者受赞许的品质即道德优点（如价值）不足。不能不看到，在该文化的行为倾向中，对这一价值的讨论不可避免地成为新生哲学的中心，它决定了所有后来中国思辨所固有的特殊的"价值论重点"。

当货真价实的理论文化在稍后出现时，"唯一的王"，即"统治者典范"，相当容易变为具有普遍意义的道德规范（仁，带有"人性"含义的儒家术语）的特殊体现者，而再往后则变为"君子"。这些"君子"的整体在孔子时代似乎已经组成了具有道德优点（特殊品质和相应的自我意识）的个人的俱乐部（"社会团体"），只有"人"这个术语才能表示他们。社会的其他成员在理论上缺乏独立意义，并未被划分为独立的个体，从而构成了大众，他们只具有集体意识（确切地说是无意识），并用"民"这个术语来表示。在这样的情景中，高层领导和下层的责任自动地推导出来，后来在经典隐喻中表达为："君子之德风，小人之德草。"

然而，作为道德理论的伦理学的最终形成之时，在思想史上则是在"天意"之说形成之前，这一学说与大约在公元前1027年发生的事件，即与商王朝向周王朝的权力过渡有关。历史学家们把统治王朝的这一更替与文明的农业国家被半游牧的（"野蛮人的"）部落征服联系起来，它伴随着推翻王朝和杀死合法的商王。这是需要理论论证的事实，从道德的观点来看，为周王朝领袖人物的行为辩护是"天意"论引起的。

早期关于周王朝的缔造者及其战友、继任者的丰功伟绩的史诗传说，后来被记录在典籍《诗经》《尚书》和司马迁的《史记·周本纪》，以及后来一些根据这些史料书写的历史著作里。

根据历史记载，文王是姬昌（西伯）的谥号，他是最后一个商王的大臣。最后一个商王是个人尽皆知的道德败坏者，他经常不断地以强加给他人的痛苦来取乐。文王在当时就是周人之主，他同情人民的疾苦，从商王那里获得高级封号（公、伯）和广袤的领地，他力图联合对商王不满的贵族，推翻暴君。由于姬昌利用了商王的无限信任，他实际上成功地酝酿了国家政变。这些事件以在殷的首都城郊的牧野之战结束（通常记载是公元前1122年，但不晚于公元前1027年），在这次战役中，姬昌的儿子姬发（谥号为武王的人）灭了商的军队和商王本人，成为新的周王朝的奠基人。

这些事件对于道德理论发展具有的意义无论如何评价都不为过，因为在讨论文王、武王及其最重要的助手姬旦（更为著名的谥号为周公）的业绩的过程中，争辩不仅勾勒出后来关于统治者的合法性和臣民的信任忠诚的哲学反思的问题域，而且促进了第一个社会政治学说的发展。根据这一学说，文王及其儿子武王不是作为背信弃义推翻不道德但却完全合法的商王的篡位者，而是作为"天选之子"，他们被赋予了"天命"，帮助人民摆脱了商王"不人道的"统治。换言之，文王和武王是绝对精神上帝的工具。在这种情况下，天的意志在于清除恶劣的即不道德的统治者，以恢复"正"和"德"。同时，根据在有关"天命"学说里所表达的道德理论，天作为最高的一级（绝对精神上帝），实际上认为僭越的武王比完全合法的商王更好，正是因为后者本身缺乏统治者必备的特殊品质——德。它令人联想到"仁治"或者"德治"的能力，周武王有意识地培育自己的这种品质，终究德行圆满。武王的这些德行为天下之人所理解，他们支持他发起反抗暴君的行动，并最终使其取得胜利。事态进一步的发展证实了赋予更为人道的周人以权力的天的抉择是正确的。《诗经》中反复唱响人民对文王及其后裔即位的喜悦，旨在直接证明上天应许将权力移交给新王朝的善意。就其实质而言，在《诗经》里，新征服的民众及其新的统治者在第二代中已经以家庭田园诗的精神享受着相互爱护。在献给武王之子成王的颂歌中这样说道："岂弟君子，民之父母。"（《诗经·大雅·洞酌》）。换言之，周代建立的主要结果是恢复了那个令人喜悦的"人性"，它曾经被末代商纣王忽略，或任意拒绝。

从伦理的角度来看，在这里，周王力图将"人性"范畴传播给所有的臣民。如果考虑到周朝的统治遍及蛮夷的边缘，那么"天下"或"王土"之上的臣民在不同程度上都成了道德意识的承载者。因此，周人似乎是在履行殷人不能胜任的使命——将文明及其与之相伴随的社会规范（后来称为"周礼"）带给所有的"野蛮人"——东亚的居民。从这个意义上说，周人与其说是征服者，不如说是殷商文化的继承者。他们克服了殷商有限的民族中心主义，发展了其普遍主义倾向。因为从那时起，加入文明的基本手段被宣布为乃掌握周代的书面文化（"文化""文明"，字面上的意思是"借助文本的转变"）。所以从历史的前景来看，曾经的野蛮人原来才是真正的启蒙者。

这显然是中国思想史上第一个有意识地建构起来的意识形态因素，它也许是为周人中的篡位者和弑君者辩护，但在道德理论的发展过程中却是极富有成效的，后来的中国史学传统将其归因于周公——文王之子和武王的兄弟。周公谥号为"公"（字面上的意思是"公正"），令人联想到在周代社会等级中仅次于王的地位。周公对于所有后来的王朝而言，乃是理想的典范。将周朝时期视为中国国家体制的黄金时代的观点，反映在《周礼》的怀旧的立场中，该作品同样也被认为出自周公的手笔，但实际上，它可能创作于公元之交。《周礼》中反映了这样的思想：要建立发达的行政体系，用来保障国家宗教仪式，从而保证国家功能的最佳运作。周礼这一目标的实现，与其说与帝王及其亲戚有关，不如说与担任公职的官员有关，是将其与周公树立的道德规范的承载者联系在一起：与皇权有关的"次要的""辅佐"者。行政机关正是在这种"次要的""辅佐"性中看到其高于贵族阶级的道德优越性，因为贵族主要以个人和氏族的利益为生。况且，在贵族周公的个人案例中，他的自愿"辅佐"看来对传统意识更具象征性意义，因为它是自觉的道德选择的结果——周公拒绝生来属于他的"第一把手"的地位，他放弃了周王的地位和封号。事实是，在商王朝被推翻后不久，武王夺取了政权，并将其作为周王朝的基础，武王死后留下了一个年轻的继承人——周公的侄子成王。周公毫不犹豫地放弃了王位，但他自愿充当成王的摄政王，辅佐他到成年之时。同时，应该知道，在当时的历史文化境况下，兄弟之间继承王位，至少与儿子继承父亲的王位一样普遍。因此，周公有意识地拒绝王位，被传统无条件地视为是具有"全世界历史意义"的壮举。周公这种令人们闻所未闻的利他主义，以及惊人的"自我牺牲精神"（相当于公——公正，即献身于"公益"），使他永远成为古典传统中崇高的道德、道德觉悟的承载者，是社会高层——"骑士阶层"（"士"）的高尚行为的标准。因此，这一神话叙事（关于周公的传说）被孔子及其门徒和追随者作为发展君子行为模式的基础并非偶然。君子——显然是体现古典（儒家）哲学的原则最重要的人物，整体上代表一种独特的道德理论（伦理学），这种伦理学被现代儒家信徒称为"道德的形而上学"。

从此以后，中国古典学术方向最重要的史学任务之一，就是对"禅让天下"的实践进行理论证实，并在事后寻找或者创造归因于最深远的古代的相关先例。在这一语境下，与周公相伴随，渐渐地还出现了更加中性的、不那么具体的远古统治者尧、舜、禹的形象，据说他们是殷商之前夏王朝的奠基人，但他们存在的历史证据尚未被发现。这些古代统治者的形象，其统治时间，传统史学认为是"五帝时期"和"夏王朝"（前2070—前1600）。作为自我牺牲精神的例子，他们的大公无私，不逊于后出现的周公：尧拒绝让其众多的儿子继承，而是将权力传给了舜；舜主要的高尚品质是非凡的孝道；而禹在抗击威胁大家生命的洪水的斗争中，丝毫不顾及自己的家庭和自己的身体健康。

在汉代（前206—220），由一个相当大且有影响力的"士"的阶层创造的，将相对年轻的神话历史"古老化"的进程，基本上已经完成，并获得了发达的自然哲学的形式。一些研究人员认为这个"士"的阶层是"知识分子"的原型。此时，神话历史上新的人物——黄帝被提升为始祖或学者守护神的角色。在汉代自然哲学的图谱中，黄帝居于五方和四时之"中"，也就是处于整个宇宙及其内在规律"天道"之中。然而，周公的魅力并不会因为对传统的后续和刻意的古老化，以及新的文化英雄的引进而有所减损，相反，传统所建构的"古老的"先例和前人赋予他的行动以光环，他由此获得了在神话历史中更深的根基和更难以辩驳的合法性。难怪，关于周公的叙事及其所有含义不仅保存在孔子时代已经成为经典的《诗经》和《尚书》里，并以此为榜样培养了"古典学者"——"骑士阶层"成员（"士"）的道德意识，而且还保存在可供选择的几种解决问题的方案中。在"不信奉国教的"（道家的）文献里，周公也扮演了"标准儒家"的角色。正是在这个意义上，在孔子之后，周公成了道家批评和讽刺的第二大对象（仅次于孔子本人）。

因此，无论对于经典著作还是对于反对者而言，周公均为君子，其公而忘私的品格，首先被理解为统治者保障安宁之"德"。区别仅在于，经典著作认为这种人格（"身"，英语译为self）是本性高尚的标准，而道家反经典者则竭力将他呈现为儒家虚伪的典范。

尽管受到道家的批评，周公依然是所有时代君子的标准。如果说他本人的自我牺牲精神是个人选择的结果，那么对于后世的统治者和思想的主宰者来说，利他主义（无私）的行为理想就变成了规范和义务。周公的精神继承人已经不再需要在"正""公"与"邪""私"之间自行选择；从那时起，任何政治的或行政的、管理的活动已经在语义学上定义为"政"，它是由汉字"正"派生的。"管理人"的立场本身就意味着要实现这个真正形而上学的"正确性"（我们会说是真理），否则权力的代表者，无论是行政的还是智性的（话语的），都不再为"当"。滥用权力，最终会失去权力。从这个意义上讲，不再胜任的商王这一先例，从未失去其现实意义。

直接仿效周公的行为在现实历史中依然永远具有其现实意义。当有人在文王和武王的精神鼓励下，希望得到天下君主的"职位"，并且得到天的赞许的，他就会成功地成为新王朝的奠基人。他的合法性与传统意识直接关系到其在社会中恢复被失去合法性的前任所破坏的"正常"（即道德）秩序的能力。反过来，正在建立这种秩序的统治者——英雄和他所建立的王朝会受到天的支持，直到后来被"乱"所取代为止。通常"乱"是由滥用权力、独断专行，即归根结底是由利己主义引起的。经典的道德观的微妙之处在于，它承认所有生物的利己主义意向的自然性以及个体有意识地以"志"来克服这些天生倾向的必要性。因此，对于经典来说，最重要的是关于天奖励个体意志努力克服"天然"的利己主义的论点（假设）。当然，古典道德理论的反对者则指出具有社会意义的道德品质的后天（通过"教育"，即"儒"学）性质，诸如"仁""义""恭""智"等品质意味着自我否定或自我克制。他们质疑这些品质来自天对人的奖励，而不是从师长和父母那里习得的论点。他们对年轻的亲戚和门徒无条件服从师长和父母（即自我否定）的明显兴趣大大颠覆了支持"天然（形而上学）秩序"的论点基础。

当然，儒家及其反对者都承认教育和培养在维护"正"的时代精神风气方面的特殊作用，特别是利于构建普遍重要的（道德）权力合法化的原则。哲学中非经典的"家"，如著名的法家、墨家、阴阳家和众多的折中主义者（传统上称之为"杂家"），他们试图用某种方式来调和各种关于价值的传统学说。这样做的还有在思想流派学理方面不够成形，传统上被归于"道家"的那些流派。后者的杰出代表是一些独善其身者，诸如庄子、老子、列子，还有管子，以及许多不知名的人物，他们的历史存在和与他们同名的文献的联系，对许多研究者来说似乎都是可以质疑的。这个领域的作者们，其文本最终以独特的"反经典的典籍"进入了《道藏》中，他们或多或少怀疑甚至尖锐批判经典神话的历史和伦理学理论，并且提供了可供选择的几种道德观。然而，即使因为某些原因（主要是政治方面的原因），这些观念受到过官方和国家的认可，但这些认可是临时性的、有限的。而经典的话语，则经受了几个时代的"综合"，传统上被称为"汉儒""宋儒"或"明儒"，作为持续不断的传统一直存续到现在，在新儒家（梁漱溟、冯友兰、牟宗三、唐君毅、徐复观）的著作中得到复活与繁荣，并被道德哲学领域的许多专家视为是一种与西方的意识形态相抗衡的选择。

*《中国古代的无神论者、唯物主义者、辩证法者：杨朱、列子、庄子》，Л. Д. 波兹德涅耶娃，莫斯科，1967年；《商君书》，Л. С. 佩列洛莫夫译序，莫斯科，1968年；《中国古代哲学》，第1—2册，莫斯科，1972年、1973年；《中国古代哲学·汉代卷》，莫斯科，1990年；司马迁《史记》，Р. В. 越特金译，第1—8卷，莫斯科，1972—2002年；Ю. К. 楚紫气《易经》，莫斯科，1993年；《中国的爱欲》，А. И. 科布杰夫编，莫斯科，1993年；《老子》，И. И. 谢麦年科译序，莫斯科，1999年。**Л. С. 瓦西里耶夫《古代中国》，第1册，莫斯科，1995年；М. Е. 叶尔马科夫《中国佛教世界》，圣彼得堡，1994年；С. В. 齐明《传统中国的抗议和预言：从远古到17世纪的"谣"》，莫斯科，1997年；《中国哲学史》，莫斯科，1989年；《中国社会乌托邦》，莫斯科，1987年；А. И. 科布杰夫《儒家经典〈大学〉》，载《历史哲学年鉴》，莫斯科，1986年；А. И. 科布杰夫《中国理学哲学》，莫斯科，2002年；А. И. 科布杰夫《中国》，载《伦理学史》，莫斯科，2003年；Ю. Л. 克罗尔《历史学家司马迁》，莫斯科，1970年；Е. И. 克恰诺夫《中国中古法原理》，莫斯科，1986年；В. В. 马良文《中国文明》，莫斯科，2000年；《从魔力到道德律令：中国文化中的"德"的范畴》，莫斯科，1998年；Л. С. 佩列洛莫夫《中国政治史中的儒家和法家》，莫斯科，1981年；波梅兰采娃《晚期道家论自然、社会和艺术》，莫斯科，1979年；В. А. 鲁宾《中国古代的个人与权利》，莫斯科，1999年；М. Л. 季塔连科《中国古代哲学家墨子及其学说》，莫斯科，1985年；Г. А. 特卡琴科《宇宙、乐、礼：〈吕氏春秋〉中的神话与美学》，莫斯科，1990年；Е. А. 陶奇夫《道家：历史宗教描述尝试》，圣彼得堡，1998年；В. Ф. 费奥克季斯托夫《荀子的哲学、社会政治观点》，莫斯科，1976年；《传统中国的伦理和仪式》，莫斯科，1988年。

（Г. А. 特卡琴科撰，夏忠宪译）

中国美学思想

　　中国审美传统的起源可以追溯到周代（前11世纪—前3世纪），其标志是中国古老文化的没落和世俗化。原始时代素有在其一些个别表现中对神圣现实的感知，它被万事万物之道和恒定不变的命运、世界运动的源泉、潜藏在纷繁复杂的世界现象背后的观念所取代。

　　从一开始，中国传统就不了解道德努力与自然给予、自由与必然之间的矛盾。中国近代的美学思想史专家常常把这一品质界定为意识形态因素，这在公元前2世纪表述为"天人合一"，指的是人属于世界，同时也是他与世界分离的衡量尺度。

　　统一的空间，万事万物的结合，通过仪式的，或者更广泛地说，通过规范-象征性的姿态来表示。随着时间的推移，周代仪式丧失了与古老的祭祀的潜文本的联系，并获得了具有美学价值的宇宙和谐的原型意义。重新审视古代仪式，奠定了中国和相邻的东亚诸国意识形态传统中占主导地位的流派——儒学的基础。在其奠基人孔子的讲道中，十分清晰地呈现了对世界的审美态度。在儒家的眼中，与道德规范相对应的行为形式本身就具有审美价值，而在意识到道德努力的连续性时，儒家获得了"乐"。在中国古代，"乐"这一术语与各种类型的艺术及其带来的乐趣有关系，即儒学中的道德自我完善促进了精神和谐，艺术能够激发这种和谐。孔子赋予周代贵族所接受的良好的礼仪和艺术训练以极大的意义，但对于他来说，外在形式则应作为某种道德内涵的符号标志。

　　在古代儒家学说中勾勒出的象征宇宙观的基本轮廓，随着时间的推移，形成了中国传统美学的基础。根据这种宇宙观，现实被视为只有通过象征性表达才能获得的东西，并被体验为一种原初的、先于主观知识和经验的意识。换言之，在这种情况下，象征性的现实是任何给定中缺少的东西，因而是隐秘的，儒家智者应该"慎独"懂静默。对真和美的认知，意味着将事物的外在形象转化为内在的、留存于心的形象。

　　与儒学一样，中国古代哲学思想的另一个流派即道家思想，对远东国家传统美学的形成也产生了巨大影响。存在的内在方面与外在方面之间的象征性联系问题，同样是道家思想家关注的中心。其中外在的东西原来是镜像倒置的、"极为遥远"的形象，或者是内在现实的影子。真正的存在——道，被道家解释为所有形式包罗万象的超本质的极限，与恒定的"无在场""非给定"意义相同。它们也被称为"虚"之实：第一，它能够容纳一切；第二，它能虚己。这样一来，道家哲学中的"虚"既指"虚有"，也指世界"一体"的终极完整性，在"化"这一范畴中反映存在的自我转化的无限前景。

道家传统的关键术语，如"极"、"忘"（指的是智者意识不间断地自我变化）、"迹"等，强调了"虚"的自我让位的性质，这些术语是世界现象中难以捉摸的现实被看透的证据。道家的"虚"以无限自我否定的象征主义不仅超越了其表现形式，而且超越了表现的原则本身。在这里，道的伟大统一最终与混沌不可分，它是所有存在的创造性"分散"，是经验不可穷尽的具体性。道家的美作为象征形式的法则，呈现出藏匿与表达的对比统一。例如，《庄子》曰："天地有大美而不言，四时有明法而不议。"（《庄子·外篇·知北游》）

道家许多的概念和形象被移植到中国传统美学观念中。永远与自身不相同的"混沌"概念本身，作为没有思想和形式的无穷无尽的多样性，实际上具有审美的性质。古代道家世界观的审美本性，成为阻碍将美学分离为独立的知识领域的因素之一。如果说儒家使审美价值从属于伦理要求，那么道家则将审美因素与大自然的存在融为一体。

中国古代思想中审美与自然的不可分割性，在中国传统美学的重要概念中表现出来。强调其中重要的并非"美"，而是"气"——能量的配置形式，或者说宇宙的能量物质，它是中国所有关于自然和人的科学的关键概念。作为万物的基质，"气"在空间的每一个点里，在时间的每个时刻里，都在经历着转变，其本性是"虚"的无限自变性。正是"气"的概念在中国开始成为表示艺术家创造性的个性的代名词。"风"是中国美学的另一个具有重大价值的概念，它表明了道的本性是一种包罗万象却无形的虚之源流。

中国古代哲学古典学派承载的美学思想和艺术理论的发展潜力，直到在传统社会中后期才得以实现。中国早期的艺术基本上都受到古老情节的滋养，从属于魔幻的或劝谕性的特性，而修辞上表现出装饰性和示意性—富于表情的描绘相结合。只有到了4—6世纪，在传统政治和道德价值发生危机的时代，艺术在中国不再满足于充当教诲或祭拜的侍女角色，从而形成了中国传统的美学典籍。5世纪的学者宗炳提出了传统美学最早的信条之一："圣人含道应物，贤者澄怀味象，至于山水，质有而趣灵……夫圣人以神法道，而贤者通；山水以形媚道，而仁者乐，不亦几乎？……夫理绝于中古之上者，可意求于千载之下。旨征于言象之外者，可心取于书策之内。

况乎身所盘桓，目所绸缪。以形写形，以色貌色也。"

宗炳邀请人们通过"他人眼光"来看世界，表达了中国艺术传统的第一条法则：艺术家不但要描绘他所看到的东西，还要表达他对前人如何看待世界的态度。美原来是一个在各种前景的妙悟之中"神会"的地方和时刻。在同一个世纪里，谢赫在《古画品录》里制定了成为中国艺术典范的"绘画六法论"，在这"六法"中，重要的是第一法"气韵生动"和第三法"应物象形"。"能量的共鸣"构成世界混沌之"纹"的内容。在中国艺术的实践中，它与作品艺术语言的表现力相符。谢赫的第二个原则绝不是现实主义艺术的纲领：在中国传统中，直觉理解的存在的"真"是审美经验的对象，而传统所记载和巩固的形象，并非用以展示现实，而是用以参与其难以捉摸的存在。

中国传统美学的独特性特别体现在"品"这一概念上。这个术语从早期流行的儒家实践进入审美传统中：它用修辞完整的命题来定义一个人的性格，即将人格简化为一种类型。最初，"品"这个概念被用来将诗人和画家分成三类：低、中、高。[①] 从8世纪起，最低的等级开始包括写生画家（能品），他们能很好地传达对象的外观。根据当时批评家的观点，那些能够巧妙地刻画"妙"，即表达形象的象征深度和存在之真的画家拥有中等技巧；那些能够克服隐显之间的障碍，反映世界"精神"万物统一之"神"的画家，被认为是最好的画家。后来，"品"这个术语也用来表示诗歌和绘画中的不同"类型"的审美情趣。例如，18世纪的文学家黄钺在《二十四画品》里区分了诸如"高古""简洁""幽邃"等类型。流派要求导致类型形式的进一步分类：到12世纪中国画著名的鉴赏家区分了30多种"类型"的山体配置，将水及相关元素分为近20品，还区分了多种树木、云彩等景观元素。4—6世纪形成的美学原则在许多方面与早期传播的个体化的宗教——道教和佛教的学说有关联，它们宣扬了对远东具有重要价值的美学观念：存在的丰满性及其每个碎片相互渗透的思想，或者用中国传统的语言来说，"万物皆备于心"。古典的中国绘画之真实的极限特别明显地以禅宗（佛教中最中国化的形式）美学表现出来。禅宗宣扬能够阐明万物性空的"顿悟"理想。禅宗美学对中国艺术产生了深远的影响，首先是对绘画和书法产生影响，尤其是在12—13世纪。在受禅宗启发而获得灵感的画家的创作中，从消泯了物的实在界限的强烈表现力的风尚中，

---

① 中国画术语。指品评书画艺术的三个等级，即神品、妙品、能品。唐代张怀瓘《书断》评历代书法家，立神、妙、能三品，源于南朝梁庾肩吾《书品》的上、中、下三等（每等又分上、中、下，共为九例）。——译者注

隐约现出"空"的不可动摇的平静。这些大师们的风景画几乎总是包含着精心绘制的细节，它们似乎表明了意识开悟后所看破的明晰性。正是禅宗的遗产成为中国传统重要的传播内容传到了邻国——韩国、日本，并在那里产生出了别样的艺术形式和别样的世界观。在中国，禅宗哲学中充满的自我否定以对禅宗本身的否定而告终。禅宗的"顿悟"与日常生活意识、与社会生活基础是具有同一性的。在传统社会晚期，与儒家传统相关的标准形式的理念又在中国美学中占有优势。

中国的审美思想是传统世界观的有机组成部分。中国人关于审美对象本身以及一般现实的观念是基于普遍和持续的"化"的思想之上的，它摒弃了静态的体悟。在中国，关注事物的外在形象，探究其物理参数，一直被认为是肤浅的，非真正的大师所为。正如9世纪学者朱景玄所写的那样，艺术家有责任"穷天地之不至，显日月之不照"，还需辅之以"移神"，即凭借内在的、幽玄的意识去"化物"。

因此，中国传统艺术的使命便远远不会仅限于审美任务本身。在中国，艺术创造被解释为澄明的精神无始无终的自我转化，乃对宇宙之道的积极参与。审美观照的对象在中国是象征性的，是幽深玄奥的，可以私密地理解，但在经验的给定性中总是"缺席的"，因而外部观察无法察觉，但可以内在地领悟。中国画家不写生，他们对构建绘画图像的形式规则完全不感兴趣。中国雕塑家（大部分仍然不为人知，因为据我们所知道的原因，造像在中国并不被认为是高级艺术）甚至不会因为粗暴地违反人体的比例而感到尴尬，更不会去寻找创作其模型与真实原型的外在相似性了。在中国传统中，艺术的真理只会由大师的心来验证。欧洲艺术在中国人看来，是尽心尽责的结果，但也是精神贫乏的匠人之作。

中国文学艺术的实质，传统上是由"一画"的观念界定的。这个观念因书画的有机统一而得到了巩固，并在书法中表现得淋漓尽致。这个概念还强调了在中国美学中活动优先于体悟：毕竟，无论是画家还是书法家，他们的工作终究是运笔。在17—18世纪之交，画家石涛这样论述"一画"的概念："太古无法，太朴不散。太朴一散而法立矣。法于何立？立于一画，一画者众有之本，万象之根。见用于神，藏用于人，而世人不知所以。一画之法，乃自我立。立一画之法者，盖以无法生有法，以有法贯众法也，夫画从于心者也。"

石涛的论断清楚地界定了任何描绘，即装饰、"迹"或内在的"境界"、精神的深度体验在中国传统中的地位。在中国中古时期，书法艺术的精品被比作"迹延千里逝于无迹"。与之相反，在日本，生活本身被当成审美景观，从这个意义上说，生活就是艺术的延续。而在中国，艺术被视为生活的延续，即内在的、崇高的生活被生命的创造性意志的努力所改变。在精神的隐秘永恒继承性的体验中，自然与文化、艺术家的个性与混沌的无穷无尽的具体化是密不可分的。

正如中国伦理学中没有完整和独特的"人格"这一概念一样，中国的审美判断在两极之间移动：中国人对艺术品的评价和分类，一方面纯粹依据技术指标（首先是运笔的性质），另一方面则依据某种普遍的氛围——即渗透到画中的难以捉摸的"趣"。两者的并置排除了"艺术形式"的概念本身。相应地，形象的审美价值被降低至最低。可以说，对于中国人来说，事物的审美价值集中在其"影子"或"反光"，即装饰性因素（纯粹的图案装饰成分）上。就像道德行为价值（至少在儒学中），若没有对这个行为的仪式表达是无法想象的。此外，这种情况解释了富有表现力的图形对中国画家的持久吸引力，以及中国画家对奇异风格的品味和别具风格的线条的微妙的时尚感。出于同样的原因，中国人对艺术之外的、艺术品纯粹的物质性存在的重视，不亚于艺术本身。不妨回想一下，中国的绘制复印技术异常高水平地发展，从刻印、制版到印刷术都是如此。还应该看到，在中国，艺术作品的各种附属物都具有美学价值：绘画上的印章、保存贵重画作的锦匣，甚至作品拥有者的题签等都有审美价值。由此可知中国艺术作品的审美存在具有独特的"开放性"：画的卷轴随着时间的推移蒙上一层层新的印章和题辞，这就形成了一种物品与体悟精神和古老的创作意愿之间传承性的平行关系，每个大师都力图在自己的作品中体现它们。因而，应该强调的是，中国艺术家的任何创作，首先是对之前某人的经验、感受经历的注解。在中国，对大师的评价总是表现在确定他的"师法"，而创作的审美标准本身反而并不那么重要。

因此，在中国美学中，具有头等意义的并非形式，而是结构，创作行为的重要属性并不显露，而是相反。蔡邕在中国最早的关于书法艺术的《笔论》（2世纪）中说："书者，散也。"蔡邕将"散"与精神平静和放松状态作为内在专注的条件："书者舒也，欲书则先舒散怀抱，任情恣性，默坐静思，随意所适。言不出口，气不盈息，沉密神采，如对至尊，然后书之，则无不善矣。"自我发散结构这一原则也表现在谢赫画论的第一法里，他称之为"气韵生动"。由此产生了中国美学的一些重要特点，诸如将阴阳两极相互作用的理论移到艺术作品里：外在形象基本的碎片性与装饰性（无非是内在之实的"迹"、反光、折射）、作为美术和景观建筑中艺术空间的主导原则的屏蔽、作为古典文学精髓的典故，等等。紧随道家哲人老子的"大象无形"之说，中国美学理论把"诗外之诗"和"画外之画"看作最高的价值。"空"的自我消散、纯粹的结构的一个明显例子，就是传统的微雕，甚至还有中国人的家具。表面的凹凸不平，玲珑剔透，似乎已经超越了单纯的物体形式，形式已经让位于精神化生活的创造力幻象。画的构图——首先是风景画的结构——应该要突出贯穿宇宙结构的所谓"龙脉"，在这一点上，中国艺术有机地与中国传统物理学和宇宙学密切相关。

这是一种模糊的直觉，它能够觉察到存在的虚空结构，传统上表现为中国绘画中雾、云雾、烟雾缭绕的形象。"薄薄的烟雾"甚至成为绘画的同义词。薄薄的云彩或烟雾成了纱幕，它遮盖了可以显示空间深度的外在形象，并消除了体悟外物所有固定的前景。因此，迷雾世界也是一个梦境和预言式的幻象世界，标志着生活的创造性改造的体验，这就构成了中国古典绘画真正的对象，揭示了其重要的"秘密"。

"屏蔽"作为审美体悟不可或缺的条件，意味着空间在中国世界观中具有层次结构，其组织原则是折叠、旋转、褶皱。因此，中国画家偏爱曲线，他们倾向于将线条引到具有重要象征意义的"节点"上。由此可见，中国山水画中固有的全景，仿佛球形的世界愿景。中国艺术和科学中的空间模型仿佛两个相互嵌套在一起的圆（它的原型是葫芦，这是中国最流行的宇宙象征）。在中国传统中，体悟的原型是阅读，它令人沉浸在隐秘的意义世界中，而倾听则令人体验到感知的深度。

中国传统中对空间的感知，终究并非观察行为，而是借助于"展开褶皱"来揭示深度。体悟真正变成对存在的"奇迹和奥秘"的揭示。中国艺术的欺骗性表象不是噱头，而是观照的唯一机会。观照的极限也是事物的"种子"，是宇宙的生命卵巢的象征性空间，它预示着现有的一切。很明显，对于体悟而言，中国艺术形象并没有预先规定作为某种静态的对象，它们充当了存在爆炸力的容器，超越了自己的边界，延伸到隐秘地赋予人类的其他品质里。鉴赏家吸入的是画品之"气"：古老的青铜器皿最终因其"气"而受到珍视；花园里的瓷盆和装饰石则被倾听，仿佛小棍敲打着它们，其声响被聆听，等等。

中国传统艺术的真，是理解任何经验的极限并过渡到另一种存在，汉语中称之为"入神"，即"进入灵性"。中国古典山水画里共存的两个表现层面，证明了精神的这种自我变化：微缩层面，它提供令人难以置信的放大细节图像；宏观感知层面，表现的是广袤无垠的宏观愿景。这两种形式的体悟都超出了肉眼所及，要求精神直觉的参与：画品确实在"画外"。至于说画品的直观形象，它们是精选的和头脑中最小感知"种子"改观的产物，在自然物体或理想的形式中间没有原型，实质上是对掩藏起来的"世界之心"不可想象的深度的幻觉体验、反射和投影。这些形象最初是规范性和风格模拟性的，因为它们是大师的创作意愿所揭示的。它们没有反映真实的事物，而只是与这些事物逼真或者相似。它们犹如无法名状的真的隐喻。中国最重要的美学手法之一是所谓的借景：既让真实的物体进入异己的、他人的风景，从而造成一个欺骗性的景观。同时，中国绘画的视错觉画法①与欧洲绘画所追求的自然主义的逼真格格不入，——这种视错觉画法，更确切地说，是一种难以置信的令人信服。

中国文化的美学纲领最终在17世纪形成，一直保存到20世纪。中国艺术家并不寻求与事物的外在相似性，而是要渗透到宇宙的"创造力"之中，他要"仿古"，造就"拙"，使其作品达到"淡"。"古意"被一致认为是艺术描绘的对象，是生命直觉到的确定性，它预见到所有形式和每一种理解。"意"这个术语在西方文献中通常翻译为"理念"，但我们此处说的是思辨所达不到的现实性，它是存在的创造性蜕变的自发元素力量和所体现的不一致或断裂：其中存在被划分为隐秘的精神"风尚"和现实之"迹"的纯物质性。因此，对中国绘画的评价，一方面是根据其无形的情趣、整体氛围、风格的完整性，另一方面则是根据绘画技术的特点、"墨戏"的细微差异，绘画表现对象的具体内容则是次要的。

然而，越来越坚决地强调绘画形象的虚幻性质的必要性，同时保持其自然主义逼真的假象，最终会导致中国艺术古典风格的枯萎。受西方文明影响，古典艺术的典型形式与它们在自然界中设想的原型相关联的那一刻，就是中国传统美学的历史终结之时。

---

① 视错觉画法是一种创造视觉幻觉的艺术方法，主要利用透视原理和色彩差异在二维平面上创造出三维的立体效果。这种画法不仅涉及视觉上的欺骗，还包括对观察者视觉感知的巧妙操控。自古代出现以来，它进一步发展到建筑甚至时尚领域。——译者注

*《中国美学史资料选编》，第1—2卷，北京，1979—1980年；《芥子园画谱》，Е.В.扎瓦茨卡娅译注，莫斯科，科学出版社，1969年。**В.М.阿理克《中国文学》，莫斯科，1978年；Н.А.维诺格拉多娃《远东国家的艺术·中国》，莫斯科，1979年；Е.В.扎瓦茨卡娅：《论石涛的画》，莫斯科，1978年；Е.В.扎瓦茨卡娅《中国古代绘画美学问题》，莫斯科，1975年；Е.В.扎瓦茨卡娅《美学思想史》，第2卷，莫斯科，1985年；В.А.克立朝《道家美学》，莫斯科，1993年；И.С.李谢维奇《古代中国的文学思想》，莫斯科，1979年；В.В.马良文《中国艺术：原则、学派、大师》，莫斯科，2004年；В.В.马良文《道的黄昏：现代前夕的中国文化》，莫斯科，2001年；В.В.马良文：《远东国家传统美学》，莫斯科，1987年；С.Н.索科洛夫-列米佐夫《文学、书法、绘画：远东艺术文化中的艺术综合问题》，莫斯科，1985年；Siren O. The Chinese on the Art of Painting. N. Y., 1963.

（В.В. 马良文撰，夏忠宪译）

甲

乙部词条

中国精神文化大典

阿赖耶识

阿赖耶识,即藏识,是佛教哲学的重要概念。唯识学的意识分类中用它来表示第八识。

唯识派学者用心、识、意几个概念表示意识。诚如O.O.罗森堡所言,意识内容的不同名称"心""意""识",表达的只是可分析的细微差异:"心"是意识的唯一形式;"意"同意识,但是更多指的是其内容;"识"是对过往时刻的意识。

在中国,法相宗对于阿赖耶识的研究最为详尽。法相宗堪称唯识派的中国支系,代表著作首推玄奘的《成唯识论》。《成唯识论》中揭示了藏识的三种意义。其一,阿赖耶识储藏了前面的七识:眼识、耳识、鼻识、舌识、身识、意识、末那识。这些印象以种子的形态保存,这些种子会繁殖为感觉的各种外部形态。就这个意义上来说,阿赖耶识就是一种具有存储功能的意识。其二,阿赖耶识作为种子的存储器和前面的七识毫不冲突,相反地,它有赖于那些印象或种子补充供给。因此它不应该呈现为一种外在于所存贮意识的东西,而是应呈现为储存本身。最后,阿赖耶识与末那识有关,它创造出一个"我"的幻象。假如说,"末那识"是一种会产生对"我"的贪着的意识,那么阿赖耶识就是贪着于"我"的意识。

阿赖耶识的"多功能性"产生了不同的乃至自相矛盾的阐释:或把它视为经验主义的"我",或承认它是绝对精神。中国法相宗的阿赖耶识,既不是绝对精神的,也不是羁绊于经验主义的"我"的绝对存在。然而,阿赖耶识由于其能够作为意识存储器的特性,并不归为经验主义的"我"。阿赖耶识作为存在,一方面不断产生现象性的过程,另一方面则倾向于涅槃或真正的存在——绝对精神。阿赖耶识的这两种倾向无论如何都不会相交,它们是平行的。法相宗和唯识派的这种论断引起了中国其他佛学流派,特别是华严宗与天台宗的激烈反驳。

**A.H.伊格纳季耶维奇《日本的佛教》,莫斯科,1987年;

О. О. 罗森堡《佛学研究》，莫斯科，1991年；Л. Е. 扬古托夫《中国佛教哲学的统一、同一与和谐》，新西伯利亚，1995年；黄忏华《佛教各宗大义》，台北，1973年；《中国佛教》，第1—2辑，北京，1980—1982年；Ch'en K. Buddhismin China. A Historical Survey. Princ., 1964, Chatterjee A.K. The Yoga Chara Idealism. Delhi, 1987.

（Л. Е. 扬古托夫撰，张晓东译）

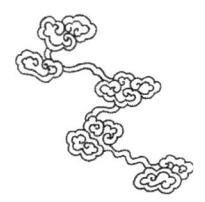

阿毗昙

阿毗昙，亦称毗昙、阿毗昙摩，梵文Abhidharma的音译。它是佛教三藏之第三藏，是佛教高僧大德对佛经的理解和阐释。它的经文既指小乘佛教的论藏，也指大乘佛教的论藏。它被认为是最为难懂的。传统认为阿毗昙属于佛陀寂灭后的第一批佛经，然而实际上它的经文不会早于公元前3世纪。阿毗昙最基本的问题是把人的心理看作内在与不断吸收着法流的外在的结合；根据不同基础给法的分类；对心理训练技术的描述及其他。

世亲所著《阿毗达摩俱舍论》被认为是其中最权威的著作之一。

阿毗昙在中国流传甚广，它的很多论点在法相宗和其他佛学流派中得到了深远的发展。其最重要的代表人物三论宗吉藏法师在《三论玄义》中列举了下列中国7世纪前著名的篇章：《法相毗昙》、《舍利弗阿毗昙》20卷、《大毗婆沙论》100卷、《阿毗昙心论》4卷、《杂阿毗昙心论》。阿毗昙的学说有时会被批为不合大乘佛法。

（М. В. 安娜希娜撰，张晓东译）

安世高

安世高，安侯，安清。2—3世纪佛教高僧，佛经汉译的先驱和奠基人，小乘佛教弟子。据说他本是安息国太子，父王去世后他拒绝继承王位，剃度为僧。148年他来到洛阳，和自己的助手们开展佛经翻译事业。后来游历今江苏、浙江等地。根据不同的文献记载，安世高所译佛经从40至90卷不等。他借用了道教的概念翻译佛教专有名词，为佛经的解释与翻译奠定了基础，这种译法被称作"格义"（即借助中文的词汇来表达梵文概念的意义）。因此，安世高和他的助手以及继承者的译作，在很大程度上带有借助中国文化特色的联想进行自由转述的成分。安世高正本溯源，在华传播佛法（主要是小乘佛教），以及修持的法门（例如《大安般守意经》）。

（А.Г. 尤尔克维奇撰，张晓东译）

八不中道

八不中道，是大乘佛教最重要的学说，是龙树通过《大智度论》和《中论》提出来的。在中国，三论宗创始人吉藏的著作《大乘玄论》是对这种学说进一步的发展。吉藏认为，"八不"是一切佛法的核心学说，他们的学说就是"中道"。

"八不"是指：（1）不生；（2）不灭；（3）不常；（4）不断；（5）不一；（6）不异；（7）不来；（8）不去。

实际上，"八不"构成了四组矛盾统一：

（1）不生不灭；
（2）不常不断；
（3）不一不异；
（4）不来不去。

"八不"一方面是对实有最重要特性之否定，另一方面是对其对立面存在之否定。换句话说，这不仅是对生灭、常断、一异、来去的否定，也是对其矛盾对立之否定。因为既然没有生灭，也就没有其对立矛盾的关系。

吉藏在此中发现了拒斥一切极端的中道。极端所体现的对立性不是事物的本性，这是人类思维的刻板所产生的主体与客体、涅槃与轮回具有的对立。中道否定现象的存在与实在之间的差别，因为它们是一样的，区别只是相对的。是世间法产生了生灭、常断、一异、来去的对立，而在空正见中，这种对立是会消泯的。"八识"的概念通过破除以二元对立来看世界的人的意识陈规，来解释中道的实质，并推动世间法趋入空正见。

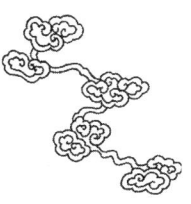

*韩廷杰《三论玄义校释》，北京，1987年。**黄忏华《佛教各宗大义》，台北，1973年；Ch'en K. Buddhism in China.A Historical Survey. Princ., 1964; Robinson R.H. Early Madhyamika in India and China. L., 1967; Takakusu J. The Essentials of Buddhist Philosophy.Honolulu, 1956.

（Л. Е. 扬古托夫撰，张晓东译）

八识

八识，指八种意识，是唯识宗最重要的概念之一。

"识"乃五蕴之一，根据其知识来源被分为和意识相关联的法的八种形态。前五种与存在现象的世界相关：眼、耳、鼻、舌、身。这五识与感觉相关，并通过相对应的外部世界体现出来：色、声、香、味、触。第六识为意，它是前五识的综合表现。它们共同形成了对可感知客体（法）的想象。第七识（末那识）是活跃的、综合的意识，是理性的源泉，它与"思量"的概念密切相关。末那识不同于其他的意识，它被视为利己主义和个人主义的原因，对现实之体认的源泉。所以，第七识有时也被称作"我执"，亦即执着于某物。第八识，阿赖耶识，最高识，是一切存在的心理源泉，是一切现象产生、变化和保存的缘由，因此被称为"藏识"（见"阿赖耶识"）。阿赖耶识有三个见解：（1）一切事

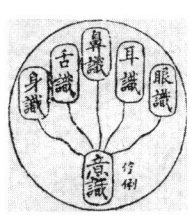

物之因；（2）前业的果报（该阿赖耶识与梵文"意数"的概念相关，意味着因果报应）；（3）"识藏"，不仅包括心理的，也包括现象的世界的一切表象。如此一来，阿赖耶本身同时就包括了因与果。阿赖耶识的过程是双重世界观的战胜，它体现为外部与内部、时间与空间牢不可分的统一性。

小乘佛教认为，前六识不具备独立的实质，只是在证得第七、第八识的前提下才会作为局部显现。"八识体一"和"八识体别"的说法是对立的。关于八识的学说是小乘佛教的认识论概念，同时，通向涅槃的具体的方法是通过对从物质客体到人的精神元素的世界的逐渐认知而达到的。

**А.Н.伊格纳季耶维奇《日本的佛教》，莫斯科，1987年；方立天《佛教哲学》，北京，1986年。

（А.А.马斯洛夫撰，张晓东译）

《白虎通》

《白虎通》，又名《白虎通义》《白虎通德论》，是由中国历史学家班固编写的文集，其内容来源于公元79年汉章帝所主持的第二次关于五经异同的讨论会（第一次是在公元前51年在石渠阁召开的）。在这次不同经学学说流派的辩论中，今文学派胜出。《白虎通》的义理到了清代已经被视为经典，只是在相当程度上被突出了"伪"（纬）经的传统。在18世纪，随着经今古文学学术研究的发展，它被视为非正统，并被归为"杂家"之列。现存《白虎通》文本刊行于1305年，由43篇组成，主要是一些象数学、伦理、星象，其中等级森严的社会秩序发挥着调和人生与宇宙和谐的作用。这个重任落在君主——天子肩上，他是天与人世的联系纽带，是最高精神道德之载体与传播者。

**《中国古代哲学·汉代卷》，莫斯科，1990年，第225—252页，Tjan Tjoe Som（tr.）. Po Hu Tung. The Comprehensive Discussion in the White Tiger Hall. Vol. 1-2. Leiden, 1949-1952.

（А. И. 科布杰夫撰，张晓东译）

班固

班固，公元32年生于扶风（今陕西省咸阳市），公元92年卒于河南洛阳。历史学家、文学家，中国两部历史、思想著作《汉书》和《白虎通义》的编纂者。他出生于著名学者班彪的家族，于公元62年全力撰写《汉书》，公元92年失去皇帝的宠信，被投入监狱。班固的哲学观接近荀子。在儒家和法家关于如何治理国家的争论中（用礼还是用法），班固持一种折中的立场。和法家一样，他承认历史进程的可能性（以中央集权的汉朝的建立为依据），以及国家对经济进行操控的必要性。与此同时，班固追随大儒孟子，坚持君王统治的天生合法性，以及农业方面井田制的合理性。

作为知名的学者，作为中国断代史著述的奠基人，班固被载入史册。

*《中国古代哲学·汉代卷》，莫斯科，1990年，第128—154页，第225—252页，第320—324页；《竹简·中国古代文选》，莫斯科，1994年， 第176—191页，第306—307页；《东方诗学：文本、研究、阐释》，莫斯科，1996年，第29—39页。**Е. П. 西尼岑《中国古代历史学家班固》，莫斯科，1975年；Sprenkel O.B. van der. Pan Piao, Pan Ku and Han History. Canberra, 1964.

（А. И. 科布杰夫撰，张晓东译）

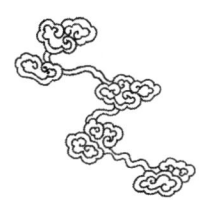

鲍敬言

鲍敬言，道教哲学家。唯一对他的生平有记载的文献是葛洪的《抱朴子》，书中有对鲍敬言学说的叙述，以及对他观点的批驳。也有观点认为，鲍敬言是葛洪的假想对手。

鲍敬言发展了道教的早期乌托邦，对其进行了逻辑上的完善，创立了"无君论"。他否定国家存在的自然与合理性，否定社会财富的不平等，否定剥削。他认为这都是曲解自然规律行为的结果，是"道"的退化。鲍敬言是中国古代哲学家中唯一一个否定君主制和王权必要性的人。他的理想是神话般的古代：那时候所有人都天人合一地生活着，没有国家、特权与压迫。后来，随着道的沦丧，狡诈的、强势的人用欺骗和强迫使淳朴、弱势的人为自己干活。鲍敬言尖锐地批判了战争和统治阶级的生活形象。鲍敬言的社会学说是对道教"无为"与"自然"理论最为独特的表述。

** E. A. 陶奇夫《中国古代自由思想家鲍敬言》，载《宗教与神秘主义史研究的现实问题》，列宁格勒，1981年。

（E. A. 陶奇夫撰，张晓东译）

兵家

兵家，一种军事哲学派别，是一种以社会调和以及宇宙规律为基础的关于战争艺术的中国古代哲学。兵家综合了儒家、法家、道家、阴阳家以及墨家的思想。最早记载见《汉书·艺文志》，书中它并没有被列入十大哲学流派，而是被单列出来作为一种独立的思潮，涉及53位思想家，他们被分为四组：权谋、形势、阴阳、技巧。

根据《汉书·艺文志》的记载，兵家的意识形态基础是儒家的军事观，诸如《洪范》《论语》《系辞传》中的叙述：军事是国家事务中最后的然而也是必需的镇压叛乱和重建仁、义、礼、让的手段。

兵家最重要的著作是孙武所著《孙子》（俄译本：Н. И. 康拉德，1950；Е. И. 西道连科，1955；К. Б. 凯宾格，

1979；В.В.马良文，2002）和吴起所著《吴子》（俄译本：Е.И.西道连科，1957；Н.И.康拉德，1958）。它们连同其他五部经典一起，被编入《武经七书》。其中的思想奠定了中国、日本、朝鲜、越南军事政治和军事外交理论传统的基础。

《武经七书》直到公元11世纪才编纂完成。其中包括《六韬》《孙子》《吴子》《司马法》《三略》《尉缭子》《李卫公问对》。《六韬》为文王、武王与他们的老师太公的对话；《孙子》——孙武著；《吴子》——吴起著；《司马法》——司马穰苴著；《尉缭子》——尉缭著；《三略》——黄石公著；《李卫公问对》——记录了唐朝皇帝唐太宗和他的将领李靖（李卫公）之间的对话。实际上，《六韬》是3—4世纪编纂的；《三略》成书于6—7世纪初；而《李卫公问对》最早的文本不会早于公元9世纪。在中国文化传统中，这些著作的谱系在朱服编纂的《武经》中反映了其传承性：《孙子》→《吴子》→《司马法》→《尉缭子》→《李卫公问对》→《三略》→《六韬》。1972年中国还发现了一部佚失的兵家文献著作《孙膑兵法》（俄译本：В.В.马良文，2002）。

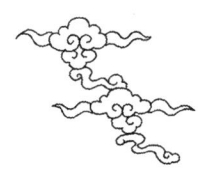

兵家世界观建立在对表现为阴阳五行规律的矛盾作用过程下一切宇宙进程周期特征的想象之上。这种事物的共同进程是"追根溯源"之路，即"道"。在社会生活中，这样的对立矛盾同样地发生作用，其中"文""武"和"教""正"这些对立面互为作用。在某些情况下必须倚仗儒家的"德"："仁""义""礼""信"。而在另一些情况下又要依靠其对立面的法家准则："法""刑""利""诡"。战争是国家事务的重要方面，兵法中最重要的是不战而胜，认识不到战争之害者，也无法得到战争之利。在类似辩证法中，专业的"民命主宰"——他们是天才而精明的将帅，在各种胜利因素中能够遵循天地之道——优先于法，理应受到统治者的尊敬，保持自由。

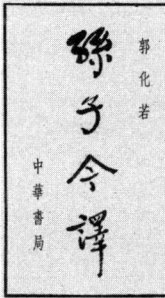

*曾公亮《武经总要前集》，北京，1959年；《中国兵书集成》，沈阳，1982—1990年；张震泽《孙膑兵法校理》，北京，1986年；刘新建《孙膑兵法注译》，郑州，1989年；《四库兵家类丛书》，上海，1990年；《孙子：关于兵法的阐释》，Н. И. 康拉德译注，莫斯科、列宁格勒，1950年；《孙子》，Е. И. 西道连科译，莫斯科，1955年；《吴子》，Е. И. 西道连科译，莫斯科，1957年；《吴子：关于兵法的阐释》，Н. И. 康拉德译注，莫斯科，1958年；Н. И. 康拉德《汉学著作选》，莫斯科，1977年，第7—384页；В. В. 马良文《中国战略科学》，莫斯科，1999年；Т. 科利尔《中国兵法：战略解读》，Р. В. 科坚柯译，圣彼得堡，2001年；《武经七书》，Р. В. 科坚柯译，圣彼得堡，2001年；《中国战略》，В. В. 马良文译注，莫斯科，2002年；《指挥兵法》，В. В. 马良文译注，莫斯科，2003年，第192—222、338—428页。

**Г. Н. 卡拉耶夫《中国古代兵法》，莫斯科，1963年；吴如嵩、王洪图、黄英《孙子兵法与养生治病》，莫斯科、圣彼得堡，2004年；Н. И. 丘耶夫《中国古典军事思想》，莫斯科，1999年；陆达节《历代兵书目录》，台北，1970年；吴如嵩《中国古代兵法经论类编》，北京，1988年；《中国军事思想史》，台北，1968年；Chinese Ways of Warfare. Camb. (Mass.), 1974; Lewis M.E. Sanctioned Violence in EarlyChina. N.Y., 1990.

（А. И. 科布杰夫撰，张晓东译）

般若学

般若学，是关于最高智慧的学说。它是中国大乘佛教中关于通往"彼岸"即涅槃的六大波罗蜜多之一。它最早出现于东汉末年，与月氏国（贵霜王国）前来洛阳弘法的僧人活动密切相关。其中最著名的是支谶、支亮、支谦（三支）。3—5世纪，这种学说在中国南方得到了发扬光大。般若学的基本论点是将事物分为外缘起和内缘起。前者属于物质世界，后者属于心性。然而这二者都是虚幻的，有着相同的空性。僧肇的学说是般若学的最高成就，体现在他的论著《不真空论》中:"夫至虚无生者,盖是般若玄鉴之妙趣,有物之宗极者也。自非圣明特达,何能契神于有无之间哉?是以至人通神心于无穷,穷所不能滞,极耳目于视听,声色所不能制者,岂不以其即万物之自虚,故物不能累其神明者也?"

这个时代佛教概念的共性被认为带有玄学意味的新道家特征,这是有充分根据的。在更晚一些时代,般若学对于中国大乘佛教的不同流派产生了具有真正意义的影响,尤其是三论宗。

(Г. А. 特卡琴科撰,张晓东译)

蔡谟

蔡谟,字道明,陈留人(位于今河南省),著名的反佛教宣传者(反佛是六朝时期的思想潮流);出身于士大夫家庭,为东晋王子的侍从。他是第一个公开反对佛教的人,这在当时的社会精英中颇为盛行。蔡谟的思想,目前能够见到的仅是一些保存下来的叙述,特别是假定佛教学说"野蛮"起源的论述。在公元7世纪的佛教文集《广弘明集》中,载有蔡谟的传记及其主要思想的概要。他亦被列为反佛教人士名单之首。作为士大夫阶层思想的代言人,蔡谟认为,能够防止日趋严重的社会政治危机的唯一思想力量是儒家思想。

** Ch'en K. Anti-Buddhist Propaganda during the Nanchao // Harvard Journal of Asiatic Studies.1952, Vol. 15.

(M. E. 克拉夫佐娃撰,陈爱香译)

《参同契》

《参同契》是古代道教论述数字占卜术和炼丹术的典籍,由三部分组成,全称为《周易参同契》,以《周易》独特的附录形式呈现其结构。"参"是指三方面的综合:(1)黄老学派的道士和方士,即炼金术师/星相家的学说;(2)宇宙的基本结构组成部分:天、地、人;(3)世界物质主要的"层级分离部分":气、精和神。

根据朱熹《周易参同契考异》中的解释,论著名称中的象形文字"参",可当作数字占卜术中的词语"三位一体"来解读,而其另一读音"can",具有"对比、对照"之意,他将"参"定义为"杂",而标题之意是"与《周易》理通而义合"。朱熹还认为,这一部以奇特语言书写(古旧地、深奥地命名)的论著,在秦朝之前业已出现。

这本著作的作者,或为公元2世纪魏伯阳的学生徐从事和淳于叔通,或为10世纪的道士彭晓,其《周易参同契分章通真义》是最有名的注疏,内容分90章。自那时起,《参同契》作为炼金术方法最权威的文本,不断在道教著述中提及。以其为对象的评论超过40篇,其中6篇被收入道家经书总集《道藏》中,12篇被纳入《四库全书》的《道家》部分。

其中最有影响的是理学中坚——朱熹的著作,它建立起儒家与道家的理论关联,这在其分类列举和《道藏》以及《四库全书》的《道家》部分得到体现。此外,宋代陈显微著有《周易参同契解》,在宋末元初的动荡时期,与理学思想相近、专门研究《周易》的道家隐士和炼金术士俞琰撰写了《周易参同契发挥》。明代蒋一彪辑有《古文参同契集解》。这几本重要的注本于1990年由上海古籍出版社集中出版。利用《周易》中的象数、八卦和六十四卦,《参同契》的作者描述了炼制长生不老药和长生不老丹的过程;并且,在书中所提到的方法适用于实验室的、秘传的"外丹",或者医用化学以及心理与生理学秘传的"内丹"。

《参同契》对道家炼金术、占星术和儒家命理学以及中国中古时期的科学形式,均产生过重大影响。僧人石头希迁

和尚所作的《参同契》，被认为是禅宗的重要文献。禅宗思想借《周易》的象征图示予以解释。

*魏伯阳《周易参同契》，上海，1937年，《诸子集成》本；《周易参同契古注集成》，上海，1990年；Wu Lu-ch'iang, Davis T. L. An Ancient Chinese Treatise on Alchemy Entitled "Ts'an T'ung Ch'i", Written by Wei Po-yang about 142 A. D. // Isis. Brux., 1932, Vol. 18, pp. 210–289。**E. A. 陶奇夫《道家：历史宗教描述尝试》，圣彼得堡，1998年，第105—110页；Fukui Kojun. A Study of Chou-i Ts'an-t'ung-ch'i // Acta Asiatica. Bulletin of the Institute of Eastern Culture. Tokyo, 1974, Vol. 27; Law W. W. Sinitic Mandalas: The Wu-wei t'u of Ts'ao shan // Early Ch'an in China and Tibet. Berk., 1985, pp. 232; Needham J. Science and Civilization in China: Chemistry and Chemical Technology. Pt 2. Camb., 1976; Sivin N. Chinese Alchemy: Preliminary Studies. Camb. (Mass.), 1968.

（А. И. 科布杰夫、Е. А. 陶奇夫撰，陈爱香译）

禅学

禅学，中国佛教三大学说之一。始于后汉，发展于魏晋，盛于唐。安世高把西域的《安般守意经》译成汉语成为传播禅学的起因。禅学最初指通过呼、吸来集中精神的经学。之后至南北朝先后译出有关禅定静虑的各种佛经50多种。禅学讲究静默不动中集并心神于一物，即用心关注一个对象，最大程度排除外界的所有干扰。

隋朝时禅学和其他宗派联系紧密，这促使人们把止观实践放在首位，包括"定慧双开"。唐朝时禅学欲与儒学结合，这就是后来所谓的"禅儒相融"。可能这对传播禅学也起到了独特的作用，8世纪时禅学在知识分子阶层实际上已经取代了老庄道家，包括相关的玄学和道家炼丹术。可以说，禅学建立自己的理论体系时吸收了很多这些思想的内容，同时对宋明理学影响深刻，尤其是对理学。例如，王阳明的"致良知"学说中就可看到禅学的影响。

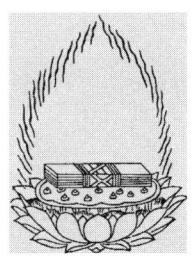

禅宗

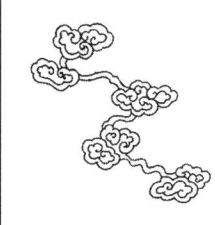

狭义上禅学可理解为中日佛教历史上禅宗大师独特的学说。

（Г.А. 特卡琴科撰，孙雪森译）

禅宗，中国佛教的一支，在东亚国家传播很广。相传，禅宗始祖菩提达摩（圆寂于528年）于520年到达中国，开始采用闭关修炼的特殊静思方式。壁观（"面壁"）第一次出现在《二入四行论》里。"入理"要认识到"真如"及"众生性净"，在"静坐壁观"过程中修炼。依据以下规则才能"行入"：报怨行、随缘行、无所求行和称法行。据说，菩提达摩也规定了传播佛教禅的四条主要准则："教外别传""不立文字""直指人心""见性成佛"。

禅宗是在中观宗和唯识宗概念上形成的。禅师们认为万法皆"空"，因此"本性"与"佛性"同，主体与客体、轮回与涅槃并无差别。禅宗奉行瑜伽行派"唯识"学说，禅师非常注重"净心"方法，以达到"无信""无念"状态，实现"般若三昧"。"本觉"是超符号的，因此，禅学传播直接以"心"传"心"（或由意识到意识）。虽然很多禅宗弟子主张不引经据典，但其主要思想仍是从一些经书上得来的，如《金刚经》《楞严经》《心经》。五祖弘忍之后，禅宗开始分裂。与北宗神秀相对，南宗慧能祖师在其《六祖坛经》中阐明了"渐悟"的不可能，认为"一心"只能使人顿悟。

禅宗在9—10世纪繁荣发展，形成"五家七宗"，这在很多方面都与马祖（道一）、百丈（怀海）、黄檗（希运）、临济（义玄）等人的活动有密切联系。

《临济录》阐述了"无位真人"的概念，认为人真正的本性常表现在自由状态（与"佛性"同）中，与"等级阶位"无关，通常没有任何"形相"。临济宗十分关注问答实践与公案。《禅宗无门关》和《碧岩录》得到广泛传播。曹洞宗创始人洞山（良介）和曹山（本寂）提倡"五位说"，并揭示了"偏正"①回互的辩证联系。

早在6世纪佛教禅已传入越南，9世纪传入朝鲜。12世纪末禅在日本得到传播，荣西创立的临济宗和《正法眼藏》（俄译本：А. Г. 费雄，1993；И. Е. 加里，1998；Р. В. 科坚科，2001）的作者道元创立的曹洞宗影响最大。禅宗学说对这些国家的文化、政治、社会生活，包括人民的思维方式等都产生了重大影响，在很多方面决定了远东文明的特点。

（С. Ю. 列佩霍夫撰，孙雪森译）

*《佛教译文》，第1、2辑，圣彼得堡，1992、1993年；《菩提达摩〈心经颂〉·慧海论顿悟》，圣彼得堡，1996年；宗密《禅源诸诠集序》，Е. А. 陶奇夫、К. Ю. 索洛宁译，圣彼得堡，1998年；《水上画：中国佛教禅宗发展初段》，А. А. 马斯洛夫编译，莫斯科，2000年；Р. В. 科坚科《禅宗实质·自由的艺术》，圣彼得堡，2001年；Lu K'uan Yu. Ch'an and Zen Teaching. Vol. 1-3. L., 1962。**Н. В. 阿巴耶夫《佛教禅宗与中世纪中国文化心理传统》，新西伯利亚，1989年；《禅宗在日本》，莫斯科，1993年；《日本中古佛教哲学》，莫斯科，1998年；Г. Б. 达格丹诺夫《王维创作中的禅宗》，新西伯利亚，1984年；Г. 久穆连《禅宗史：印度与中国》，圣彼得堡，1994年；Е. В. 扎瓦茨卡娅《当代西方的东方文化》，莫斯科，1977年；冯友兰《中国哲学简史》，圣彼得堡，1998年，第278—287页；弗罗姆、荣格、艾伦·瓦茨、R. H. 布莱斯《何为禅宗》，利沃夫、基辅，1994年；Blyth R. H. Zen and Zen Classics. Vol. 1-5. Tokyo, 1963-1966; Chang Chung-yuan. Original Teaching of Ch'an Buddhism. N. Y, 1969; Dumoulin H. A. Zen: Geschichte und Gestalt. Bern, 1959; Suzuki D. T. Zen and Japanese Buddhism. Tokyo, 1970; Watts A. The Joy of Zen. N. Y., 1957.

（А. И. 科布杰夫、С. Ю. 列佩霍夫撰，孙雪森译）

---

① 按俄文应该是偏真，根据典籍应该是偏正五位说，故改。——译者注

陈健夫

陈健夫，1913年1月22日生于江西省。他是哲学家、社会活动家。1937—1945年参加抗日战争，1946—1947年在《救国日报》发表系列政治专题文章，出版著作《论新革命运动》。1947年在南京组建新社会党。50年代初宣布创建宗教哲学体系"新儒学"。出版一系列书籍，宣传此学说。从60年代下半叶开始，发行杂志《新儒学》。80年代后期，积极参加相关的国际学术活动，1988年8月参加了在英国举办的第18届国际哲学研讨会。

陈健夫尝试创建合一宗教，即融合儒家常善、基督教仁爱、佛教普度思想的宗教。他宣称，所有宗教都引向一个上帝，儒家是所有宗教的基础，而上帝是所有神中最高的，包括那些所有被膜拜者。在他的宗教观念中，唤醒国民积极性、尊重法律和民主程序与传统儒家观点并重，被写入"十训诫"。陈健夫与唐君毅、徐复观这些思想家分道扬镳，认为他们是"旧儒家势力"。按照陈健夫的观点，儒家精神并不包含在他们所认定的"忍忧意识"中，而在"生命意识"内，意指最大限度的社会积极性和生命之爱。创建儒家新形式的基本路径，除与世界所有宗教对话，陈健夫还注意加强其学说的社会政治性质。

在50年代展开的儒家学者与西方派论辩中，陈健夫对胡适的实证主义认识论持批评立场。

*陈健夫《新儒学》，台北，1965年；陈健夫《新儒家四书》，台北，1984年。

（A. B. 洛曼诺夫撰，韩万舟译）

陈铨

陈铨，1903年生于四川富顺，1969年2月卒于南京。他是哲学家、德国哲学思想研究专家、"战国策派"代表。从清华大学毕业后，他在美国获得硕士学位，又在德国获博士学位。曾任教于武汉大学、清华大学、西南联大、同济大学。1949年后一直任教于南京大学。

陈铨主要研究尼采、叔本华、席勒、歌德的思想。他在德国思想中分出唯意志流派，认为"强力意志"以及表现这种意志的英雄们是人类社会发展的基石。意志是形而上，它高于理智，是"物自体"，是原始根本，而理智是形而下，是现象，它仅给出物的外形。英雄体现最美好的一切，只有崇拜英雄，社会才能被唤醒来抗争，才能团结起来，这完全不同于在领袖面前呈现存有私利的卑躬屈膝。他认为，在中国古代，历史是围绕英雄构建的，但随着士大夫阶层的瓦解，在"民主"与"科学"口号下肆无忌惮宣扬个人主义，导致社会上流行犬儒主义，有些人自我膨胀，从而使得社会陷入混乱。

他希望中国人理解德国文化与英美文化的区别，认识德国民族的"特有思想"，他们认为国家高于一切、能够用非民主的方式保卫它，并且崇拜英雄、善战、认真守时、奉行唯理想主义。必须领会"尚力"与"天才"思想，这是"狂飙突进"时期德国文学的基本思想。在中国为生存而抗战的时期应该引荐尼采思想，它建立在"主人道德"而非"奴隶道德"上。日耳曼"浮士德精神"的标志是不断征战，让周边人感到不满，但他认为这无足挂齿，此为浪漫与激情的体现。中国的特点是求稳、感觉僵化。如果战争时期不能改变中国人的农民心理，那么民族将灭亡，哪怕最及时地引进西方物质文化、政治组织、军事筹备，都是徒劳无益的。

（A.B. 洛曼诺夫撰，韩万舟译）

成实宗

成实宗，中国隋唐时代佛教门派之一。其学术思想以诃梨跋摩的论著《成实论》为基础。此流派从克什米尔地区传入中国。这部著作的中译本共16卷，文本中阐述的学说处于小乘与大乘佛教思想之间。内容包括近似阿比坛的佛法分类，但与阿比坛学说不同的是，成实宗认为法性为"空"。三论宗、天台宗以及其他宗派信众曾批判此门派学说。

*吉藏《三论玄义》，《大正藏》，第45卷，东京，1968年。

（M. B. 安娜希娜撰，韩万舟译）

成中英

成中英，哲学家、哲学史家、新儒家"第三代"代表。1935年生于南京，1955年毕业于台湾大学。他在美国学习哲学与逻辑学，1958年获得华盛顿大学硕士学位，1963年获哈佛大学博士学位。从1963年开始在夏威夷大学马诺阿分校哲学系任教，1972年任教授。英文季刊《中国哲学》（檀香山）杂志创办人、主编，国际中国哲学学会（曾任会长，现任荣誉会长）、国际易经学会（现任主席）、中国哲学高级研究中心（曾任主席）的奠基者。他的研究范围包括中国古典哲学史、中国逻辑学和方法论、《周易》哲学、理学（朱熹和王阳明）、道家和佛教（禅宗、华严宗）、比较哲学。成中英出版了一系列著作，内容涵盖科学认知与价值哲学理论、现代逻辑学与方法论等问题。

成中英在认知与价值观的近距离互相影响与互动方面，详细研究哲学的特点。他认为，如果科学具有认知优势，则宗教具有价值观优势。中西方哲学的区别是两种传统之间的区别，中国哲学传统是针对解析与具有认识论特性的价值观，西方哲学传统则是以整体角度确立价值观。他认为，在中国哲学中已经发展起来的价值观系统，能促进人的自我认知和自我解析，西方哲学可以为自身补充和丰富中国哲学范畴——道、大同、仁、贤、心、性、礼等，这对它来说是新

的。根据成中英的观点，中国哲学已经超出中国文化界限，并能为全人类的精神文化作贡献。但它做此贡献的能力取决于能否用现代语言阐述人内心世界的问题，并拥有新形式。中国哲学必须解析重建纲要，这要求新的语言、诠释和沟通方式。在建立中国哲学新形式的进程中，需要借助西方传统的逻辑技术手段，并且形式的替换不能与内容层面割裂开。

如果说西方哲学的特点是将自己对存在的理解现象学化，中国哲学则从一开始便强调注重内部认知。总结综合中西哲学传统，可能要具备理论、实践和工具三者理性的统一。中国哲学现代化进程并不轻松：它总是依赖对传统的继承。而西方哲学已跨越方法论危机与革新的环节。中国哲学也还有自身的优势，即没有西方哲学家职业封闭的特点。从巴门尼德发展而来的哲学形而上学属于本体论，而源自《周易》和老子的形而上学传统是为了探寻宇宙的形成，并视其为过程。如果融合这些传统将会对形而上学给出全新的理解，正如描述世界不能只在封闭体系的概念中，更需要在开放系统的形成、运行和发展范畴中。

（A. B. 洛曼诺夫撰，韩万舟译）

*成中英《中国哲学的现代化与世界化》，台北，1973年；成中英《世纪之交的抉择——论中西哲学的会通与融合》，上海，1991年；成中英《C理论》，台北，1995年；Cheng Chung-ying. Peirce's and Lewis's Theories of Induction. The Hague, 1969; idem. Tai Chen's Inquiry into Goodness. Honolulu, 1971; idem. Categories of Creativity in Whitehead and Neo-Confucianism // JCP. 1979, Vol. 6, No. 3; idem. Chinese Philosophy in America, 1965-1985: Retrospect and Prospect // JCP. 1986, Vol. 13, No. 2; idem. The Concept of Face and It's Confucian Roots // JCP. 1986, Vol. 13, No. 3, 19; idem. Li and Ch'i in the I Ching: A Reconsideration of Being and Non-Being in Chinese Philisopy // JCP. 1987, Vol. 14, No. 1; idem. Chinese Philosophy and Contemporary Human Communication Theory // Theory of Communication in East-West Perspectives. N. Y., 1987; idem. Confucius, Heidegger and the Philosophy of I Ching // PEW. 1987,

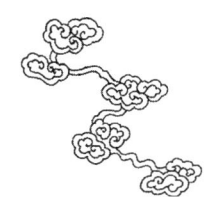

Vol. 37, No. 1; idem. Logic and Language in Chinese Philosophy // JCP. 1987, Vol. 14, No. 3; idem. Chinese Metaphysics as Non-metaphysics: Confucian and Taoist Insights into the Nature of Reality // Understanding the Chinese Mind. Hong Kong-New York, 1989; idem. New Dimensions of Confucian/Neo-Confucian Philosophy. Albany, 1991; idem. Origin of Chinese Philosophy // Encyclopedia of Asian Philosophy. L., 2001, pp. 324-349; idem. On Guan as Onto-Hermeneutical Understanding // The International Journal for Yijing Studies. Beijing, 1995, issue 1, pp. 59-79; idem. Resent Trends in Chinese Philosophy in China and the West; An Onto-Hermeneutic Interpretation of Twentieth-Century Chinese Philosophy: Identity and Vision // Contemporary Chinese Philosophy / Ed. by Chung-ying Cheng and N. Bunnin. Malden-Oxford, 2002, pp. 349-404; 成中英、姚介厚《成中英》，载《世界哲学年鉴·1987》，北京，1988年；Contemporary Chinese Philosophy / Ed. by Chung-ying Cheng and N. Bunnin. Malden (Mass.)-Oxford, 2002, pp. 356-357.

（А. И. 科布杰夫、А. В. 洛曼诺夫撰，韩万舟译）

诚

诚，中国文化与哲学范畴，表达要求校正规范与制度化行为的需求。

孟子最早使用概念"诚"，他把此概念与个人自我完善的思想相结合，在人与大宇宙融合中，表现个人的伦理内容："万物皆备于我矣。反身而诚。乐莫大焉。"荀子把"诚"看作宇宙本质属性（近似宇宙进程常态性概念），并引申为政治治理的基础和"圣人"的外部行为样式。

孟子的思想在《中庸》中得到发展，这里"诚"的问题表现在两个层面，并指出在中国文化中解读这一概念的基本方向：（1）"天诚"，相较外部世界，是内在论的、通过自发完善实现自我的品质："圣人"探寻"诚"，是他与世界融合的条件；（2）在求善途中，内部转变过程具备的、致力于维护应有社会关系的普通人品质。"诚"给予人的，如同潜能，类似"（个）性"。"至诚"是"尽性"的条件,同时亦"能尽物之性",如此"可以赞天地之化育","则可以与天地参矣",即与最高自然端齐平。具备"至诚"者"可以前知","故至诚如神"。在《大学》中,"诚"是成功治理天下的条件,构成这些条件的多层级图元素为:"格物"—"致知"—"诚意"—"正心"—"修身"—"齐家"—"治国"—"平天下"。这个序列可以反向推理,即形式表达"返自我"。

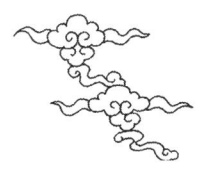

在理学奠基人与先辈的学说中,范畴"诚"有特别重要的意义。李翱定义"诚"为"圣人之性"。周敦颐发展此思想,认为"诚"的特性表现在:"诚"为"圣人""纯粹至善"之本,同时也是"无为",他否定荀子关于"诚"的阐释,后者视"诚"为帮助改善人性原始"恶"的外部理想。周敦颐认为,"诚"是构建宇宙及其生命节奏的贯通本质属性,可以更加完整地体现在"静"态中,因为"动"会产生"善"或"恶"。因此在社会实践中,反向"动"思想退回第一步,在通向"无为"、无念理解纯净内性世界的途中,此反向"动"可以消除错误。

张载运用范畴"诚"作为辅助,来描述"天性"以及与之相近的"圣"的特征。程颐、程颢认为"诚"对他们来说是更具有现实意义的"敬""正"等范畴的起始状态与前提,甚至是学习的开始,这使朱熹有理由认为范畴"诚"是其学说之本。朱熹承继周敦颐,视"诚"为生、化育、形成万物过程的品性之一,并精确厘清其本体论和认识论层面。在《中庸》的注疏中,"诚"的本体论表现是"天诚",即"诚者,真实无妄之谓","天理之本然也",同时"圣人"之德为"实",即其影响世界之力。朱熹使《中庸》关于具备"诚"的思想达到逻辑完善:通过自我完善达到"诚",它与"圣人"之诚无差别。朱熹提出:"诚者,真实无妄之谓,天理之本然也。"朱熹认为通过"致知",即"穷万物理"可使人内心世界和谐,只有这样才能达到"正心""诚意"。

王阳明保留"诚"的明确意义,即"致知"(指产生良知)为"诚意之本"。后来,概念"诚"丧失实际哲学意

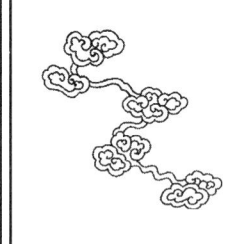

义,仅保留社会伦理学含义。17—19世纪的儒家学者(如戴震)批评理学创立者们对"诚"的阐释远离了道德本身。

**А. И. 科布杰夫《王阳明学说与中国古典哲学》,莫斯科,1983年;А. И. 科布杰夫《中国理学哲学》,莫斯科,2002年;А. С. 马丁诺夫《圣人、君子、帝王之"诚"》,载《中国传统思想史》,莫斯科,1984年;户田丰三郎《〈诚挚者人之道也〉研究》,载《诚心》,1969年第34期;Тода Тоёсабуро. 《Чэн чжи чжэ жэнь чжи дао е》кангаэ (Исследование [китайского выражения]《стремиться к искренности-путьчеловека》) // Сингаку кэнкю. 1969, No. 34; An Yanming. The Idea of Chang (Sincerity / Reality) in the History of Chinese Philosophy. N. Y., 2006; Ichikawa Yasuji. On "Ch'eng" in "Chung-jung-chang-chu" // The Proceedings of the Department of Humanities. College of General Education. University of Tokyo, 1967, Vol. 44, No. 12.

(А. С. 马尔蒂诺夫撰,韩万舟译)

程颢

程颢,字伯淳,世称明道先生。1032年生于河南,1085年卒于河南。他是哲学家、教育家、理学奠基人之一。

程颢出身于著名官宦家庭。1046—1047年与其弟程颐同学于周敦颐,早在1052年即中进士。后任太子中允、监察御史,曾在洛阳教书。他反对王安石变革,批评均分土地思想,支持富裕经济,认为如此方可保障经济、财政体系的稳定。其主要哲学著作为《定性书》《识仁篇》。程颢、程颐作品被编入文集《遗书》《二程集》。

程颢认为"理"是自然和社会进程以及周围世界"变化"的普遍"原则",他与程颐不同,不强调"理"优于"气",程颢认为"气"与"有形"同,即与"物"世界同,又认为"无形"与"无始无终"的"道"同义。此论点主要反对张载提出的"太虚"概念,即"太虚"是天下唯一之"气",是万物之源。

根据程颢学说的某些方面，可以认为他是陆九渊奠定之"心学"的直系前辈。程颢认为，"天地之用，即我之用也"；尽管"天地万物之理，无独必有对"，但"诚敬之心"不与物对立，因为"只心便是天"，天为最高自然端，同时亦为大众之"理也"。因此"穷（自）心"即是"穷理"与"尽性"的方式，也是天下唯一存在之性。

"仁者浑然与物同体"，即事实上的一体化。程颢认为"仁"的道德因素包括"义、礼、智、信"，在程颢的学说中，"仁"具有本体论性质，是与周围世界真正融合的条件。他把"识仁"作为"学"的首要任务。

*《河南程氏遗书》，上海，1935年；《二程集》，北京，1981年；Chan Wing-tsit. A Source Book in Chinese Philosophy. Princ.-L., 1963, pp. 518-543；В. Г. 布罗夫《17世纪中国思想家王船山的世界观》，莫斯科，1976年；管道中《二程研究》，上海，1937年；潘富恩、徐余庆《程颢程颐理学思想研究》，上海，1988年；Graham A. C. Two Chinese Philosophers: Ch'eng Ming-tao and Ch'eng Yi-ch'uan. L., 1958.

（А. Г. 尤尔克维奇撰，韩万舟译）

程颐

程颐，字正叔，世称伊川先生。1033年生于河南，1107年卒于河南。他是哲学家、教育家、理学奠基人之一。

程颐出身于著名官宦家庭。1046—1047年与其兄程颢同学于周敦颐，1059年中进士，但殿试落第。仅在54岁时有过正式官职，授崇政殿说书。因反对王安石变革，1097年被流放，1100年平反，但1155年之前他的大部分作品被禁。其主要哲学著作有《易传》《颜子所好何学论》（陈荣捷，1963年英译）等。程颐、程颢著作被编入文集《遗书》《二程集》。

程颐学说的核心是范畴"理"，它构建全天下唯一之始（端）。"天下只是一个理"，即"天理"，"万物皆是

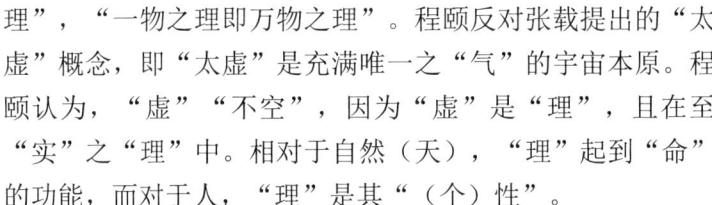

理","一物之理即万物之理"。程颐反对张载提出的"太虚"概念,即"太虚"是充满唯一之"气"的宇宙本原。程颐认为,"虚""不空",因为"虚"是"理",且在至"实"之"理"中。相对于自然(天),"理"起到"命"的功能,而对于人,"理"是其"(个)性"。

在对《周易》的注疏中,程颐实际上视"道"与"理"等同:据此,如"唯随时变易,乃常道也"(即宇宙规律之本),"消长相因,天之理也","天理"之"常"体现为矛盾至极之两端必然相互转换,"理必有对":"有上则有下……有质则有文",并且任何"一不独立"。

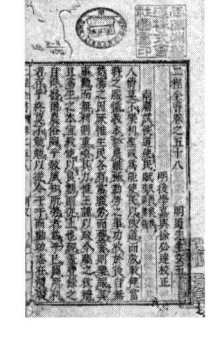

"气"在"理"后,处于次要位置,而"气禀"决定物与现象之质,因此,"智"的前提是"气清",而愚则由于气"浊"。"理"本身存在于人"心"中,但由于人欲望的负面影响,"心"与"理"不同。自省、"涵养须用敬,进学在致知",可使"天理于本心豁然贯通"。程颐认为,"致知"在于"格物",通过"内感",即古代"圣人"教人所为;若反之,通过"外知(物)"格物,则违背他们的教诲。

在社会领域,"理"的普遍性体现在社会等级结构的稳定性("上下有别"),以及"守义":"饿死事小,失节事大。"

朱熹发展了程颐的观点,为"程朱学派"奠定了基础。这个名称有双重含义:"程(氏兄弟)朱(熹)学派",或"程(颐)朱(熹)学派"。

*《河南程氏遗书》,上海,1935年;《二程集》,北京,1981年;Chan Wing-tsit. A Source Book in Chinese Philosophy. Princ.-L., 1963, pp. 544-571。**В. Г. 布罗夫《17世纪中国思想家王船山的世界观》,莫斯科,1976年;管道中《二程研究》,上海,1937年;潘富恩、徐余庆《程颢程颐理学思想研究》,上海,1988年;姚名达《程伊川年谱》,上海,1937年;Graham A.C. Two Chinese Philosophers: Ch'eng Ming-tao and Ch'eng Yi-ch'uan. L., 1958.

(А. Г. 尤尔克维奇撰,韩万舟译)

《春秋》，儒家典籍，中国古代鲁国的编年史，涵盖公元前722—前481/前479年的事件。作品名称表达循环思想（春播秋收），此思想确立在"春秋"体裁的术语释义中，"春秋"体裁为编年史。《孟子》《史记》和《汉书》都认为孔子是《春秋》的作者，因为它讲述孔子去世（前479）前的事件。《史记·太史公自序》中确认，孔子曾重新整理修订文本，"以断礼义"，"上明三王之道"，以守"道义"。《春秋》文本极少驻足事件，且不含有任何评价。其实，在《春秋》中，对历史人物的活动及人物本人的评价，比照儒家原始价值观，借助于遣词用句"字字针砭"体现出来，这种典籍传统可以消除文本特性与它经典地位之间的矛盾（比如，为表示登基、去世等而使用的词汇）。

有可能《春秋》起源于一些仪式记录，其目的是与祖先交流，后来被解读为历史文档。也许还平行存在一个口头传承系统，后被历史化注疏代替。注解中有对《春秋》的表达、使用符号原因的解释，并且补充基础文本，破解记载其中事件的意义。《公羊传》《谷梁传》被认为是最古老的《春秋》注本，它们属于文本勘校的"今文经学"，根据传统资料记载，其文本成书于公元前2世纪，另外还有《左传》，属于"古文经学"主要文献——公元前1世纪末—公元1世纪初的传统科学文集。此《春秋》三传在13世纪被编入儒家经典文集"十三经"。在《春秋》典籍正文前都附有这三部传的其中一部，因此它们的全称应该是《春秋公羊传》《春秋谷梁传》《春秋左氏传》。

理学主要奠基人朱熹认为《公羊传》和《谷梁传》是专门解读"义"和"理"的文本，虽然有一些事实逻辑错误，而《左传》因其完整、客观陈述史实，被认为是最有价值的史料文献，此观点在理学典籍研究中占据主流地位。

目前《春秋》有英译本（J. 理雅各，1861）、法译本（顾赛芬，1914）和俄译本（Н. И. 莫纳斯兑列夫，1876）。

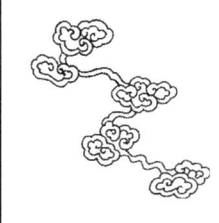

*《十三经注疏》，第27—第35卷，北京，1957年；《左传》（节选），Л. Д. 波兹德涅耶娃译，《古代东方历史选读》，莫斯科，1963年；《左传》（节选），В. А. 鲁宾译，《东方国家的音乐美学》，莫斯科，1967年；《左传》（第1—6卷），Е. А. 西尼钦译，《中国古代哲学》，第2卷，莫斯科，1973年；《春秋》，Н. И. 莫纳斯兑列夫译注，莫斯科，1999年；Legge J. The Chinese Classics. Vol. V. Oxf.-L., 1893; Tch'ouen ts'iou et Tso tchouan texte Chinois / Trad. Franc, aise par S. Couvreur. T. 1-2. Ho Kien Fu, 1914。**Д. В. 杰奥皮克《公元前8—公元前5世纪东亚社会政治历史的一些趋势（流派）（以〈春秋〉记载的体系为基础）》，载《中国：传统与现代性》，莫斯科，1976年；Д. В. 杰奥皮克《东方古代编年史〈春秋〉的数字分析尝试》，载《历史经济与历史文化研究中的数学方法》，莫斯科，1977年；А. М. 高辟天《远古中国史料文献中的〈春秋〉》，载《中国：国家与社会》，莫斯科，1977年；А. М. 高辟天《〈春秋〉与中国古代的历史研究仪式》，《在传统中国的伦理和仪式》，莫斯科，1988年。

（А. Г. 尤尔克维奇撰，韩万舟译）

《大乘起信论》

《大乘起信论》，中国大乘佛教重要经典文本之一。在中国、韩国、日本、越南任何佛教教派内，它都与其他基本大乘佛经一起，为大乘佛教信徒必备、必修理论课程。传统认为，此部文献作者为印度诗人、戏剧家、学者马鸣菩萨①，他被尊为佛教第13世祖②。因为《大乘起信论》体现大乘哲学发展的较高水平，所以它成书时间可能不早于5—6世纪，作者或是与知名佛教学者马鸣同名之人，或是匿名作者（或多位作者）。梵文原文未保存下来，目前已知两个中文译本，分别为真谛③译于550年，实叉难陀④译于大约695—

---

① 马鸣菩萨，古典时期梵语文学的先驱。——译者注
② 若以世尊释迦牟尼佛算起为第13世祖，若以西方一祖迦叶尊者算起，则为第12世祖。——译者注
③ 真谛（499—569），印度优禅尼国人，精通大乘佛教。在南北朝梁武帝时携带大量梵文经典乘船来到梁都建康。——译者注
④ 实叉难陀，（652—710），又作施乞叉难陀，意译为学喜、喜学。唐于阗（今新疆和田）人。——译者注

700年。由于没有发现梵语文本和藏语译本，有人推测其文本可能创作于中国。真谛译本传播很广，并产生了大量注疏文本。

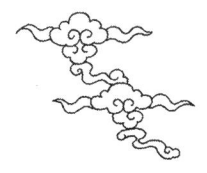

一般多数大乘文献以奇谈怪论、神秘费解的方式讲述哲学概念，与此不同，《大乘起信论》循序渐进、系统、论据翔实地讲述大乘佛教的中心原理，阐释一些基础概念，例如"真如""空""三昧""三身"等。《大乘起信论》的特点是力图使概念形成完整的学说体系。在经常互相对抗的不同大乘派别框架内，这些概念相互独立地产生和发展，比如三论宗的概念"空"和唯识宗的阿赖耶识（藏识）和"如来藏"等。《大乘起信论》中发展的"一心"学说促使以上这些概念得以综合。"一心"与"如来藏"以及"真如"同义，"真如"也被定性为同时"如实空"和"如实不空"。"空"意指"真如"最初便脱离任何"无明"或"暗"而自在。"不空"意为"真如"具有各种实证特点及性能（永恒、不变、清净、自足等）。《大乘起信论》确认"一心"为众生"心（识）"的原始纯净、普遍和全面的基础，同时，它认为"一心"有两个化身：绝对的和相对的，其中每一个都涵盖存在（"有"）的所有层面，包括现象世界的所有各类型"象物"。"一心"的绝对化身为众生"心（识）"之净、明本质，它完全地体现"真如"，并与其处于和谐统一中。"无明"之源及其初缘被认为在"如来藏"中，"如来藏"既生纯净佛法、也生"无明"世法。两个问题——（心）识的无明进程动力和（心）识无明与明的相互作用——可以借助概念"阿赖耶识"解释。"一心"的绝对与相对化身互为因果，不间断对抗，再重新融合，如此反复，同时表现为"合"与"分"，本身既包含"觉（悟）"，也含有"无明"本质。在这些概念基础上，《大乘起信论》研究出大众学说"觉（悟）"，它证明"渐悟"与"顿悟"皆有可能达到心（识）的觉悟状态。《大乘起信论》对最重要的大乘佛教思想进行广泛、综合性阐释，对后世远东地区大乘佛教所有流派均产生很大影响。它针对一系列概念、范畴制定出概括性概念，这有利于克服宗派分歧。

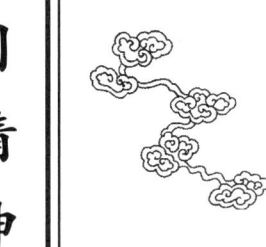

目前有完整英译本（铃木大拙[①]，1900年译；羽毛田义人[②]，1967年译）和俄译本（E. A. 陶奇夫，1997年译）。

*《大乘起信论》，香港，1926年。**C. 望月《〈大乘起信论〉研究》，东京，1922年；*H. B. 阿巴耶夫《佛教禅宗与中国的文化心理传统》，新西伯利亚，1989年，第245—256页；《大乘起信论》，E. A. 陶奇夫译序，圣彼得堡，1997年；Asvaghosa's Discourse on the Awakening of Fate in the Mahayana / Tr. by Teitaro Suzuki. Chic., 1900; Hakeda Yoshito S. The Awakening of Fate. N. Y., 1967.

（H. B. 阿巴耶夫撰，韩万舟译）

大同

大同是中国哲学术语，有两个不同意义：在道家，更多偏向其本体论含义；在儒家，主要凸显其社会政治解读。"大同"一词的主要词义在汉字"同"（统一、相同、公平、兼容、融合、相似、同一）上，它与反义词"异"（不同、差别、不像、不似、外界、陌生）构成中国古典哲学中一对重要的范畴。"同"的方法论特征是相似与同一，即不同逻辑原则性概念处于未区分状态。

《墨子·经说上》论述了"同"的四个主要不同形式的直接定义："二名一实，重同也。不外于兼，体同也。俱处于室，合同也。有以同，类同也。"在唯心论和形式逻辑内部核心产生的西方概念"同"是确立的唯一客体：在本体论层面，它是指与自我本身同一，在认识论和逻辑方法论层面，它是指融合在一起的各种类思想（抽象）的同一。相反，通过关联思维和哲学自然主义诞生的中国范畴"同"，对于原始逻辑学和象数学来说都是一样的，它指其客体的原则多重性（至少两倍，即"重"）：在本体论层面，其客体

---

① 铃木大拙（1870—1966），本名贞太郎，日本著名禅宗研究者与思想家。——译者注
② 羽毛田义人，日裔美籍佛学家。——译者注

被统一至确定的整体（同），在认识论和方法论层面，其客体被相关联系（类）覆所包含。《国语·周语下》表达出相应的概念，它与毕达哥拉斯的宇宙音乐数字结构学说类似，在中国哲学中被普遍接受，即关于"同"的和谐与象数秩序作用："凡人神以数合之，以声昭之。数合声和，然后可同也。"在社会层面，"同"指多数人按秩序被合并到等级化集体中，其特征表现为共有任务和接受统一指挥。"同"的这种意义在《墨子》中被术语化，第11至第13篇共有篇名为《尚同》，此处"同"被"义"贯通，涉及中央化治理、结构一体，它由天下、人民、治理者、国君和天本身组成。在此语义域，"同"可以表示一"井"居民的协同农业活动。"井"，即乌托邦体制式的"井田制"，指按象数划分为九块地的生产单位；还有等级化更高的统一，由一万个此类的"井"组成；以及整个天下（涵盖所有"井"）由"九州"构成，在"四海"之边，与世界"四方"相应，像古圣君大禹治理的和谐土地以及有秩序居住于此的人们。《尚书》最重要的篇章《洪范》，也是讲述英雄大禹的事迹，这里已经使用"大同"一词来定义社会空间的整体和谐，即所有五级完全协同：（1）王；（2）龟卜；（3）蓍筮；（4）卿士；（5）庶民。指出为国家重要议题做决策时，要得到这五方面的认同。

据道家典籍《庄子》记载，名家最著名代表惠施赋予"大同"极为普遍的本体论意义，解其为"万物毕同"。此论题在道家思想中得到更进一步发展。在《庄子》文本中亦提出道家自身的"大人之教"，据此，"大同"表现为其"体"与整个世界相融合，并使自"我"消失于其中。在此观点基础上，"大同"定义如一种状态，即"天地万物，一人之身也"，此语出自公元前3世纪的《吕氏春秋》。《列子》中写道，如果人具备"和谐"，则物理世界法则不可限制其可能性："和者大同于物，物无得伤阂者，游金石，蹈水火。"

与这些接近神秘主义的本体论观点不同，儒家学者将"大同"的原始内容发展为专门化的社会政治概念。儒家著

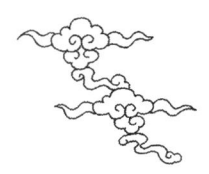

作《礼记》第9篇《礼运》中最早提到它，孔子在这里口述了两种社会状态："大同"是理想，"小康"是尚可。这两句话可概括"大同"的本质定义："大道之行也，天下为公。"一般这样解释：遵循上古之道，天下是大家的。"小康"社会的本质含义可用与上述形成排偶的两句确定："今大道既隐，天下为家。"意为：如今，大道已经消逝，天下成为一家所有的了。

这种排比方法通常用来解释两方面的矛盾：一方面，普遍平等和一切归属于所有人；另一方面，世界在分化。但在这种情况下，"大同"思想与儒家严格的社会等级观点相矛盾。此外，孔子亦给出"同"的一般负面评价："君子和而不同，小人同而不和。"（《论语·子路》）此论点使得古代中国思想家，以及后来中国、世界的研究者怀疑"大同"概念的起源是否在儒家，并在道家、墨家、农家和其他哲学流派思想中寻找其根源。很显然，确立"大同"的"天下为公"论题，意指这种天下状态，即在其中一切和谐，如同完整健康机体拥有自然等级，即未损坏的器官与功能。此观点亦为《列子》和《吕氏春秋》所肯定，其记载"大同"的特征便是"和谐"以及与人身体类似的组织。此处概念"公"意为天下，表达以公正国君为首的中央集权式社会等级思想。正义与术语"公"相连，在社会领域被理解为正确的统一指挥，避免出现任何无监督的私利和自作主张的小团体、党派。这样，"公"可能意味着并不是属于所有人，而是属于"主导人"——公（侯），即社会各个等级所有水平上的代表，在这个等级的顶层是主要代表——君主。在本体论领域，类似的"正义"意指相应于宇宙秩序及其最高代表——"道"。

从19世纪下半叶始，由于当时的国家内部危机，以及与西方的碰撞，人们对社会重建产生强烈兴趣，因此，《礼记》中这段言简意赅地对"大同"理想社会的描述，开始在中国流传。太平天国运动领袖洪秀全首先赋予此乌托邦口号以广泛的社会意义，并将它与历史诡辩思想"太平"相连，而后者既有儒家根源，也有道家源头。洪秀全还将其与基督布道相关联。这种非传统阐释的前提是"大同"原始描述中此含义的适应性，这种适应性甚至使朱熹怀疑"大同"思想是否起源于儒家。与此疑虑相反，维新运动思想家康有为曾试图证明"大同"思想起源于孔子本人，在此阐释中，他把儒家宗教信仰功能与社会认可原则相结合。康有为的创新成就在于把社会历史进步思想纳入"大同"的社会改造理论。康有为接受源自孟子及董仲舒的"今文经学"、《公羊传》传统，以及何休创立的历史发展"三世"学说："衰乱""升平"和"太平"。他转变传统顺序（由黄金盛世至衰败），提出论点，认为历史正向"太平"阶段推进，未来所有人类都将达到此阶段，进入"大同"状态。康有为在其最知名的著作《大同书》中论述此观点。在这一时期，基德①的《社会进化论》被翻译成中文，题为类似的名称《大同学》。1917年俄国十月革命后，孙中山在"大同"思想中看到了未来世界革命的结果。中国一些社会政治思想流派代表发展了一系列与其学说相应的"大同"思想阐释：社会主义（梁启超、孙中山）、无政府主义（吴稚晖）、共产主义（毛泽东）。为促进这些"大同"思想，在关于此类概念起源的辩论进程中，人们发现它们存在于一系列中国哲学流派中：儒家、道家、墨家、农家，或各流派都有。在中华人民共和国的现代政治词典里，"大同"意为世界较高水平、绝对的社会繁荣，而"小康"相当于中等发达国家水平、相对繁荣。

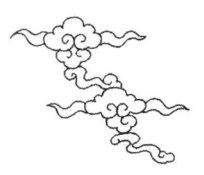

*Л. Н. 博罗赫《中国与社会主义的公共思想》，莫斯科，1984年，第78—115页；А. И. 科布杰夫《儒家社会乌托邦的概念-理论基础》，载《中国社会乌托邦》，莫斯科，1987年，第89—98页；А. И. 科布杰夫《中国理学哲学》，莫斯科，2002年；P. 费利别尔《近代和现代的"大同"思想》，载《中国：国家与社会》，莫斯科，1977年；董楚平《"天下为公"原义新探》，载《文史哲》，1984年第4期；侯外庐等《中国历代大同理想》，北京，1959年；Pokora T. On the Origin of the

---

① 基德，英国哲学家。——译者注

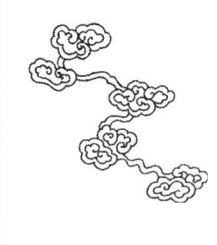

《大学》

Notions T'ai-p'ing and Ta-t'ung in Chinese Philosophy // Archiv Orientaln. 1961, Vol. 29, No. 3.

(А. И. 科布杰夫撰，韩万舟译)

《大学》是儒家经典，它的名称可以有三种解释：（1）"高学识"，关于高成就、完善个性的学问；（2）"最高学问"，为高职位官吏准备的学识，社会政治管理学问；（3）"高等教育"，给成年人的世界观训导。《大学》是儒家主要经典文献中最简短的作品。创作于公元前5—前3世纪。最初是《礼记》中的一篇，公元前1世纪末，戴圣将《礼记》整理为完整单行文本。《礼记》后来被编入儒家经典文献"五经""六经""十三经"中。《大学》最古老的注疏、解疑为郑玄和孔颖达所作，后者也使用了公元5—6世纪期间的其他校勘文本资料，这两版注疏均被编入宋代发行的《十三经注疏》中，阮元将其标准化，并于1816年刊刻。按此注疏传统，《大学》文本针对高级官吏，因为郑玄认定："大学者，以其记博学，可以为政也。"此结论影响很广。

1030年起，朝廷始行惯例，以《大学》文本来考察遴选进士。1038年，司马光通过殿试中进士，他最早论证《大学》作为独立作品的地位。宋代理学家程颢、程颐、朱熹都确认《大学》为独立文章（将其列为"四书"之首），并为其作注和进行文本校勘工作。《大学》文本由此被重新编排，使其结构完整：分为"经""传"两部分，"经"部思想被认为是孔子之言，而其学生曾子述之，"传"部则是曾子释"经"之意而门人记之。1162—1189年间，朱熹重新整理《大学》注解，将其作为针对所有成年人，而不止专为统治者、官吏特有的"大学"①教科书，并编写《大学章句》，于1190年首次载入《四书章句集注》而面世，自此，

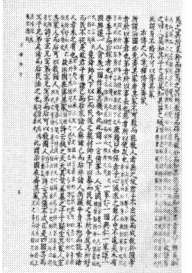

---

① "大学"是对"小学"而言，是说它不是讲"详训诂，明句读"的"小学"，而是讲治国安邦的"大学"。"大学"是大人之学。——译者注

后者成为中国传统精神文化的一座丰碑。

王阳明拒绝官方认可的朱熹版本，而认可《大学》的原始版本。这标志着在理学中，《大学》文本与《大学》阐释这两种基本形式开始竞争。1518年，王阳明不仅公开发表原始文本《大学古本》，宣扬重返《礼记》原本，还于1527年在自己的哲学总述《大学问》中专门对此进行论述，他在其中证明："《大学》之要，诚意而已矣。"其学说整体表现的是高觉悟与德善之人。

总之，儒家对《大学》形成了三派基本理解：（1）郑玄－孔颖达；（2）程颐－朱熹；（3）王阳明。目前存在三个文本样式：（1）编入"十三经"的郑玄－孔颖达版本；（2）838年刻在石碑上的12部《石经》中的版本；（3）编入"四书"中的程颐－朱熹版本。除以上所指外，《大学》的作者可能有子思（郭沫若观点）、荀子学生（王柏观点）、孟子学生乐正克（冯友兰观点）。

作为经典文集，《大学》文本字数为1755字，有象数特征，并非偶然。首先，1、7、5、5这几个数字之和为18，而18是基础象数，例如是形成《周易》卦的"变"数。此外，18也是两个更基础的象数8和9的代用数，它们象征数字和空间几何图形的基本组合：乘法表中的"九九""八方"——世上（地）八面空间、"八卦"、经之"九畴"等。其次，将此数因子分解：$1755=3^3 \times 5 \times 13$，这里3和5是基础象数"三""五"，而13是标准划分空间的方式，即12部加中央，一年分为12月加1个闰月。在如此安排的文本架构中体现象数化，也证明《大学》注解者对象数学的主动意识。郑玄将《大学》分为39个片段（它在《礼记》第39篇），而朱熹则将其分为65章句（6和5象征天与地，65则是在圆形卦图中的64卦加上中央的太极）。很明显，与郑玄的划分相关，再次构成标准象数对"三和五"：$39=13\times3, 65=13\times5$；也与他本人设置的结构相符：2部分+11章=13，13×5=65。两个主要校本数39和65是《大学》字数的因子：$39\times45=65\times27=1755$，而这里的所有乘数（39、45、65、27）都是中国象数学中已知的数值。严格的结构参

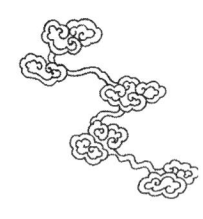

数是《大学》经典象数化的标志形式，与其概念结构，即思想内容的直接意义协调。

《大学》的主要内容更偏重于伦理、社会政治、部分人类学（广义）和认识论。"经"部讲述"三纲（领）"与"八条目"，它们在"传"部中基本以《尚书》和《诗经》中的引文来阐释和解析。"三纲"为"明明德""亲民"（朱熹解读为"新民"）和"止于至善"；"八条目"为"格物""致知""诚意""正心""修身""齐家""治国""平天下"。《大学》的哲学基础是关于人性之内在"德"的概念，人性应该是统治者以"仁"、臣子以"义"来体现的。在儒家反商主义精神中，"德""仁""义"与"利""财"相对立。《大学》与《论语》一样，也表达由范畴"恕"所强化的道德"金律"。其结果，统治者与民众之"德"处于和谐中。没有"明德"，即没有表现出"德"的统治者将丧失治理权，"命"非注定不变。感官活动取决于"心"之活动，"心"为中央心理实体。朱熹在对《大学》的阐释中优先给出"格物"的客体（目标）领域，而王阳明在解读中则突出个体完善的主体领域。

1687年，法国耶稣会传教士柏应理①在巴黎出版献给路易十四的大型书册《中国哲学家孔子》，其中就有《大学》在西方的首个拉丁文译本。之后又陆续出版了欧洲主要语言的译本：英译本（高大卫②，1828）和法译本（颇节，1857）。其后又有大量优秀译本出现，译者有理雅各③（1861，1893）、顾赛芬④（1910）、林语堂（1938）、陈荣捷（1963）、加德纳（1986），他们主要依据朱熹版本，

① 柏应理（1623—1693），比利时著名汉学家。1659年抵澳门，1681年返欧，二十余年间在中国江南各地传教。著有《天主圣教百问答》《四末真论》等，为东西方文化交流作出了杰出贡献。——译者注
② 高大卫牧师，1824年至1828年曾任香港英华书院院长。——译者注
③ 理雅各（1815—1897）是近代英国著名汉学家，伦敦布道会传教士。他是第一个系统研究、翻译中国古代经典的人，从1861年到1886年的25年间，将"四书""五经"等中国主要典籍全部译出，共计28卷。——译者注
④ 顾赛芬（1835—1919），1835年1月14日出生于法国的皮卡尔，于1870年4月30日来到中国，他翻译的中国古籍包括"四书"（1895）、《诗经》（1896）、《尚书》（1897）、《礼记》（1899）等。——译者注

另有根据郑玄文本翻译的理雅各（1885）和修中诚（1943）译本。

18世纪末，《大学》文本开始由俄罗斯汉学奠基者们翻译成俄语：罗索欣主持，由沃尔科夫（翻译"四书"）、列昂节夫（七等文官，译《四书解》，由汉语、满语翻译成俄语）、Н. Я. 比丘林（译《大学》）、西维洛夫（译"四书"）具体翻译。这些译本中仅列昂节夫译本于1780年在圣彼得堡正式出版，其他则以手稿形式保留下来。冯维津和布朗热在俄罗斯出版了两个《大学》译本，它们并非译自中文原文，而是译自法、英译本。布朗热译本序中有托尔斯泰的《大学》简评，他高度评价这部作品。《大学》的首部标准科学俄译本为阿尔焦姆·伊戈列维奇·А. И. 科布杰夫所译，他也同样翻译出了朱熹（2002，2004）和王阳明（1982，2002）的注疏文本。

*张佩严《大学中庸今译》，上海，1970年。**П. А. 布朗热《孔子生平与学说》，莫斯科，1903年；А. И. 科布杰夫《"大学"——儒家教义问答》，载《历史哲学年鉴》，莫斯科，1986年；《儒家"四书"》，莫斯科，2004年，第71—122页；Legge J. The Chinese Classics. Vol. 1. Oxf., 1893; Hong Kong, 1960 (пер.《Дасюэ》-с. 355-381); idem. Li Ki // Sacred Books of the East. Vol. 28. Oxf., 1885; Delhi etc., 1966 (пер.《Да сюэ》-с. 411-424); Couvreur S. Sseu chou. Les Quatre Livres. Ho kien fou, 1910, pp. 1-25; Hughes E. R. The Great Learning and the Mean-in-Action. N. Y., 1943 (пер.《Да сюэ》-pp. 145-166); LinYutang. The Wisdom of Confucius. N. Y., 1943 (пер.《Да сюэ》-pp. 122-137); Chan Wing-tsit. A Source Book in Chinese Philosophy. Princ.-L., 1963 (пер.《Да сюэ》-pp. 84-9); Gardner D. K. Chu Hsi and the Ta-hsueh. Camb. (Mass.)-L., 1986 (пер.《Да сюэ》-pp. 87-127); К. 维拉格《〈大学〉注疏和中国哲学传统的发展》，载《远东问题》，2002年第2期，第127—141页；郭沫若《中国古代哲学》，莫斯科，1961年，第193—200页；А. И. 科布杰夫《中国理学哲学》，莫斯科，2002年，第483—499页；冯友兰《中国哲学简史》，圣彼得堡，1998年；康式昭、奎曾《大学·春秋》，北京，1981年；Wu Shih-ch'ang. The Original Meaning of "Ke-wu" in the "Great Learning", Труды

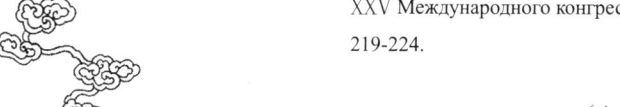

XXV Международного конгресса востоковедов. Т. V. М., 1960, с. 219—224.

（А. И. 科布杰夫撰，韩万舟译）

戴震

戴震，字东原，又字慎修，1723年生于安徽省休宁，1777年卒于北京。哲学家、理学家，"汉学"两个重要流派之一皖派的领袖，数学家、天文学家、语言学家、历史学家和地理学家。出生于小生意人之家。9岁前不能说话、阅读，但从4岁便已熟记儒家经典。第一部单独文集为《策算》，内容涉及纳皮尔①对数（纳皮尔算筹）。他对数学的兴趣在《勾股割圆记》中已表现出来，这部著作于1755年刊行，记录如何测量圆的面积。1762年中举人。1773年参与纂修官方经典文献集《四库全书》。1775年为嘉奖其学术贡献，赐同进士出身（戴震曾6次考殿试而未及第），为翰林院庶吉士。

他撰有音位学基础著作《声类表》《声韵考》。他发展了"语言考据"方法论，将思想阐释建立在表达它们的术语分析上。戴震认为，受佛、道影响，程氏兄弟－朱熹学派、陆九渊－王阳明学派的儒家先辈学者们对原始儒家典籍的注疏有些误解，他在为儒家典籍文本作注时，兼陈述自己的观点，把它们与被曲解内容对立，并力求使其适用于自然科学知识活动范围。戴震的主要哲学著作有《孟子字义疏证》（罗多弼②，1988年英译；金安平③，1990年英译）和《原善》（成中英，1970年英译）。

戴震理论结构的基本倾向是尽量把一些最普通的概念性悖论和谐化，如同展现世界广泛、和谐的整体。"形而上"

---

① 纳皮尔（1550—1617），又译为纳白尔。苏格兰数学家，对数的创始人。——译者注
② 罗多弼（1947— ），瑞典著名汉学家，瑞典斯德哥尔摩大学中文系主任和中国语言与文化教授，瑞典著名中国学家马悦然的学生。——译者注
③ 金安平（1950— ），美籍华人，出生于台北。主要研究儒家、道家以及中国知识分子传统，任教于耶鲁大学。——译者注

之"道"与"形而下"之"器"是理学中的基本矛盾，它源自《系辞传》，戴震阐释此矛盾为整体统一"气"状态下的暂时性、非实质性区分："气"，一方面，按阴阳五行规律不断变化、"生生"不息；另一方面，已经凝固、成形于大多数更具体、稳定之物中。戴震以"道"这一术语的概念论证"五行"属"道"："道"的词汇意义有"道路"之义，借助于"道"字偏旁的词源学元素——"行"（偏旁"辶"的另一种写法，为独立汉字），它组成词组"五行"。戴震认为，每一物之"性"具有"自然"属性，以"善"为其定义，而"善"生于"仁"，因"礼"而得以有秩序，因"义"而稳定。宇宙论之"善"以"道""德"和"理"的形式体现，而人类学之"善"则体现在"命""性"和"才"。

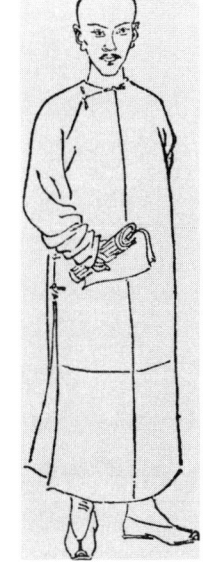

戴震反对宋朝统治时期理学将"理"与"情""欲"对立，且将"理"学经典化，他强调，"理"与"情""欲"不分。

"理"为每一人、每一物之"性"所特有，且不变，是认知的最高目标。与理学先辈学者不同，戴震认为，"理"非显性存于人"心"中，需借助深度分析方可呈现。人的认知能力各异，就像不同亮度的火；这种差别在某种程度上可由学习来补偿。戴震论证了在认知与实践中经验-分析方法的优势。

在戴震生活的时代，其著作影响不大，并未得到广泛传播，但在20世纪却引起人们的兴趣，它符合当时中国绝大部分知识分子唯科学主义理性建构的诉求，其中首先是梁启超和胡适。

*戴震《孟子字义疏证》，北京，1956年；戴震《原善》，北京，1956年；戴震《戴震集》，上海，1980年；Cheng Chungying. Tai Chen's Inquiry into Goodness. Honolulu, 1970; Loden T. Dai Zhen's "Evidential Commentary on the Meaning of the Words of Mencius" // Bulletin of the Museum of Far Eastern Antiquities 60. Stockh., 1988; Chin Ann-ping, Freeman M. Tai Chen on

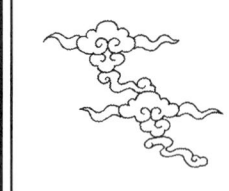

Mencius. Explorations in Words and Meaning. A Translation of the Meng Tzutzu-I chu-cheng. New Haven, 1990; А.И.科布杰夫《中国》，载《17—18世纪政治与法律学历史》，莫斯科，1989年；А.И.科布杰夫《中国理学哲学》，莫斯科，2002年，第437—438页；王茂《戴震哲学思想研究》，合肥，1980年；许苏民《戴震与中国文化》，贵阳，2001年；胡适《戴东原的哲学》，台北，1963年；余英时《论戴震与章学诚》，台北，1980年；Brokaw C. J. Tai Chen Learning in the Confucian Tradition // Education and Society in Late Imperial China, 1600-1900. Berk., 1994, pp. 257-291; Elman B. A. From Philosophy to Philology. Camb. (Mass.)-L., 1984; Freeman M. The Philosophy of Tai Tung-yuan // JNCBRAS. 1933, Vol. 64, pp. 50-71; Wilhelm R. Der Philosoph Dai Dschen // Chinesisch-Deutscher Almanach. 1932, S. 6-13; Yu Ying-shih. Tai Chen and Chu Hsi Tradition // Essays in Commemoration of the Golden Jubilee of the Fung Ping Shan Library. Vol. 2. Hong Kong, 1982, pp. 376-392.

（А.И. 科布杰夫撰，韩万舟译）

淡

淡，道家概念，主要在中国美学思想领域作为术语使用。源于《道德经》对道之定义："道之出口，淡乎其无味。"与概念"平"很接近，并可与之搭配。术语"淡"或词语"平淡"表示诗歌或绘画作品的自然、适度、轻缓，此类作品具有内部潜藏力量和隐秘的情感。只有在内心和谐与平静状态下完成创作过程才可能表现出这类品质。在书法领域，亦使用概念"淡"。作为美学标准，"淡"被认为有"古"之属性，并经常与"古"字联合使用：即"古淡"。

**B.A.克立朝《道家美学》，莫斯科，1993年，第95—96页。

（根据 B. A. 克立朝资料整理，韩万舟译）

当

当，中国重要的伦理－美学范畴，表示"必当其位"，与其使命、职位、等级相应。从儒家经典伦理学角度看，在社会中，生命能力等级只能建立在"理"的基础上，与此相应，处于最高地位者，自身的道德品质为最高。为天下安康，重要职位应该由"君子"担当，只有他们能够保障所有人遵守公正原则，从而保证社会体制整体的稳固。相反，无道德之人处于高位必然为"不当"，并被视为体制不稳定因素，会引发体制迅速衰败和崩溃。从阴阳自然哲学理论角度看，该理论也希望社会中最重要的职位应该由具有"阳"元素之人（男性）担任，因为在自然界中，绝对高位因"阳"（天）而稳固。据此，自然哲学反对女性比如寡居帝后出任王位，因为如果这样，"阴"元素占据"阳"位，则无法与体制中纲常元素正确对应。阴阳系统是自然哲学"阴阳"主次体系概念的醒目展示，它的理论制定在汉代已经基本完成。在音乐理论文献中，范畴"当"属于在和谐音律中的音调状况，根据乌托邦自然哲学，秩序建构良好的社会体制类似于这样的音律，也因此而和谐。天下建构与和谐的任务，理论上赋予其主要元素——统治者"王"，只有他遵循"王道"，即守"公"理，其活动才能顺利成功。在道德意义上，"王道"与"霸道"对立（"霸"，意为借助"力"而非"德"进行统治，即看重武力，而非道德完善）。如果体制中任何一个元素（包括"王"本身）与自己的职能角色"不当"，产生某种"公职不宜"，则可以用此人道德堕落来解释这种"不宜"。同时，道德堕落是其没有能力正确处理自身"欲"的后果，即缺乏对"情"的监管。如果个体有秩序，即身心一致，则五官处于"心"的监控之下，而在无理智、情绪放纵的个体中，器官运行则失控。这意味着，如果个体陷入混乱之道，则终将引向自我毁灭（君王本人及其国家的毁灭），而此时理智与相应的道德意识不再是此个体行为的准则。如果不能正确处理形势（或通过本人，或借助儒家谋士），则此君王为不"当"元素，几乎将"自动"被"当"者替换（实际上，如此即是"当"——绝对规律）。这些转换构成历史事件（可见的）部分，因而在这种语境下

历史具备"道义"衡量尺度,这也是被儒家历史学者和道德家经常强调及有意识强化的。

(Г. А. 特卡琴科撰,韩万舟译)

道,中国哲学最重要的范畴之一。从词源学角度,意为"行"中之"首"。与其最接近的相关范畴有"德"和"器"。在现代汉语中,"道德"一词意为道德伦理、道德品质。用术语"道"可以转达佛教概念"道、路",表示道路、思想,还可表示"启示、醒悟",以及类似犹太—基督教"上帝"一样的概念。汉字"道"含有道家、道教和理学的意义。在不同哲学体系中,"道"之定义各异,因此韩愈将"道"称为"德",即没有确定意义的"虚位"。

在《尚书》中,术语"道"有抽象意义:行为、行、君与天之道,与"德"相关,后者是表达社会、宇宙和谐的抽象概念。随着中国哲学的产生,"人"与"天"之"道"(即一般自然之"道")的相互关系问题成为中心议题。(狭义上,"天道"指时间进程,或星体自西向东运转,与太阳自东向西运转相反。)《诗经》中已指出"道"与"极"两个概念相近。

孔子关注"道"和"德"在个体之人上的体现,它们相互关联,但也显示为相互独立。他把"道"具体化到一些不同的伦理概念组合中,即提出一系列道德"金律":"孝"与"悌","忠"与"恕","智"和"勇",等等。《论语》中,"道"是社会事件和人类生活的有益进程,它既取决于"命",也取决于单独个人。它的承载者是个人、国家和全天下。由于承载者不同,则他们的"道"亦有差别:直的与弯的,大的与小的,"君子"具有的与"小人"具有的。"德"相应地也有区分。天下可能完全失"道"。在理想情况下,唯一的"道"应该能够被认知,它在世间被肯定,阐明人存在之意义。若天下无"道",则应该"归隐",拒绝出仕。

孔子后继者以及其他学派代表综合"道"与"德"二者主要的概念形式,同时区分:治与乱之"道"、古代与现代、真与假、仁与不仁、全部与个体之"道"(例如孟子、韩非子)。

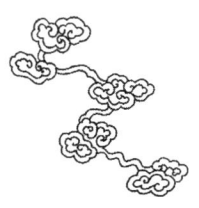

最接近孔子的学生赋予"道"之最高化身(大道、达道)以普遍本体论意义,而正统儒家奠基人董仲舒提出论题:"道之大原出于天。"在《中庸》中,认定"君子"之道或"圣人"之道,乃出自个体的一般宇宙之力,此力"建诸天地","质诸鬼神",致于德。"诚"为"天之道",而执行它则是"人之道"。极诚者能与天地构成"三一"。除"德"与"器",与"道"紧密相关的概念还有"命""性""形"。在《大戴礼记》中,这样讲述它们的相互联系:"分于道谓之命,形于一谓之性。"(《本命》篇)这些概念的关联亦体现在《中庸》中:"天命之谓性;率性之谓道;修道之谓教。""道也者,不可须臾离也。""和"使天下"达道","道"具体化于五种关系中:君臣、父子、夫妻、长幼、朋友。实现此"道"需通过"智""仁"和"勇"——此乃完全融会贯通天下"大德"之三者,与《论语》中"道"之三者同。"道"的认知与实行若只停留在日常生活水平上则是愚蠢无用的,但在其极端表现中,"道"对"圣人"而言,亦没有什么不可认知、实现的。

在《孟子》中,"诚"被定义为"天道",而对"诚"之"思"则为"人道"。"圣人之道"仅简化为"孝悌"。总之,"道"将人与"仁"统一。天道为命所定,但也在某种程度上取决于个性,尽管想尝试完全影响"道"与"命"是毫无意义的。孔子评价"中道"为不足(废)(《论语》)①,孟子则不同,他在"中道"中看到和谐状态。

荀子一方面夸大"道"的容量,宣扬用其一侧面涵盖"万物",另一方面则称"圣"为"道极"。荀子认为

---

① 原文似指"力不足者,中道而废"(《论语·雍也》),可能误解其意。——译者注

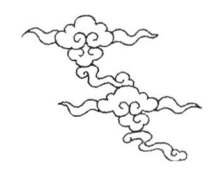

伦理—仪式之"礼"为"人道"之"极"。在自己的形体中,"道"持续无止境变化,因此无法通过一个方面判断它。通过大道,万物变化不已。遵循"道"则可抑制欲望,使个人积"德",并能预先表现和认知"道"。通过使"心""空",专注而"静",从而认知"道"。了解"道"才有可能"衡"量"万物"。《墨子》中对"道"的解释与早期儒家区别不大。

道家发展了与儒家相左的"道"理论。其主要特点是:"道"为"天"之化身,而非"人"之化身。如果说儒家学者主要是依据"道"的词语—概念表达性以及自我表现性,积极运用"道"的这些"表述""言""学"等意义,道家创建者则强调"道"之词语—概念的非表达性。

在早期道家中,首要纲领即是提出一对范畴:"道"与"德",道家主要著作《道德经》便论述此对概念。其中,"道"呈现两个基本化身:(1)单独、与所有一切区分开、恒常、无为、处静、无法感知及无法用词语—概念表述、无名、生"无",给予天、地以始;(2)涵盖一切,如水般贯通一切,与世界一同变化,有为,可动,可感觉,可认知,可用名、志和象体现,生"有",为"万物"之宗。天下可能背离"道",甚至可能无"道"。此外,正("天")"道"与恶("人")"道"相互对立。

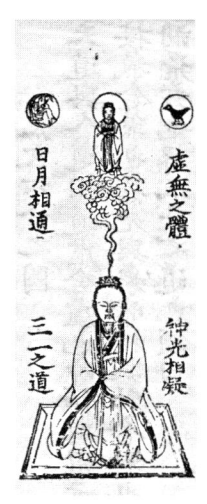

因为具备"始""母""宗""根""柢"等特性,"道"在基因上先于世间一切,也包括"帝"。"道"被描述为不可分的统一体——"玄同",包含处于"气"与"精"状态下的万物与象,即"物"呈现为"无物"与无形之"象",在此层面的"象"为空——包罗万象,并与无所不在之"无"等同。而此时的"无"如同"道",可解释为"有"之"用"。在"无""有"互生论题上,已经排除"无"在基因方面优于"有"这种观点。因此在《道德经》中,"道"表现为"有"与"无"、主体与客体在基因和组织功能上相一致。"道"的主要规律是"反""复""归",即"周行",这也是"天"的特征,传统上认为天是圆的。"道"谨守"自然","器"则与之相对立。"道"讲究自然,"器"讲究人为,两者对立。

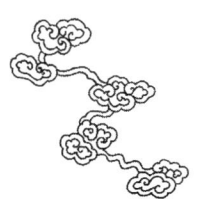

《道德经》中,"德"被定义为"道"递减的第一阶段,在此阶段,"道"生之"物"形成。"德"满意味着"至精"。《庄子》中强化"道"与"无"接近的趋势,"无"之最高形式为"无无"。此结论导致它与《道德经》分道扬镳,并在后来成为广泛流传的论题。据此,"道","物物者非物",即非为物,而为生物者。《庄子》中强化"道"的不可认知性:"已而不知其然谓之道。"同时最大限度强调"道"之无所不在,它不仅行之万物,构成时间与空间,即宇宙,且存于盗中,甚至存于屎溺中。在等级上,"道"高于"太极",但在《吕氏春秋》中,它如"至精",与"太极""太一"同。

宋钘—尹文学派解释"道"为"精""灵""气"的自然状态,此处,"气"如"神",不以"形""名"区分,因其为"虚无"。

《淮南子》中,"无"是"道"之"体",是"万物"之"用"。"道"表现为"混沌""无形""单一",被认为连接时间和空间,并且不局限于二者之间。

兵家的代表也将"道"作为其学说的基础。《孙子》中,"道"为战术"五事"之首(余者为"天""地""将""法"),构成上下(上层统帅与民众)的一致意志。因为战争被视为"诡道","道"与利己主张、个体狡诈思想相关联,此观念在晚期道家中得到发展。据《吴子》:"夫道者,所以反本复始。""道"为"和",位列事业成功四个一般原则之首(余者为"义""谋""要"),亦为"四德"(余者为"义""礼""仁")之首。

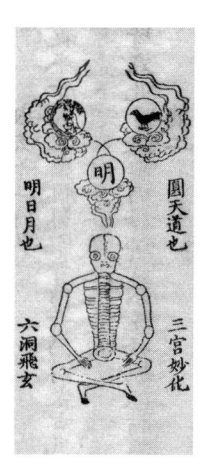

韩非子在儒家、道家思想基础上,发展了荀子提出的、对于后世哲学体系(尤其是理学)极为重要的概念——"道"与"理"之关系:"道者,万物之所然也,万理之所稽也,理者成物中之文也,道者万物之所以成也。"(《韩非子·解老》)继道家之后,韩非子确认"道"不仅具有普

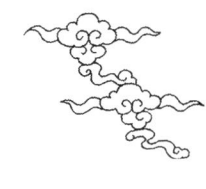

遍"成"之功能，还具有普遍"生"之功能。与宋钘和尹文不同，他认为"道"可能呈现"象形"。

《周易》注解部分对"道"的阐释是中国哲学思想发展的基础。这里形成"道"之二元模式：天与地、乾与坤、"君子"与"小人"之道；甚至于三元模式：天—地—人，"三才""三极"之道。"天道"以"阴阳"来确立，"地道"以"刚柔"来确立，"人道"以"仁义"来确立。

"道"的主要表现为变化，以"一阴一阳"的原则转换（《系辞传》）。因此"道"的本质属性为"反复"（《象传》）。"道"因"易"而意味着"生生"（《系辞传》），以此对应道家对"生"或生命的定义与理解，即："天地之大德曰生。"（《系辞传》）由于"易""道"在等级上高于"太极"，"易有太极"（《系辞传》），这与《庄子》的观点相近。《系辞传》中首次提出"形而上"之"道"与"形而下"之"器"相对立，并指出落实"道"的四个范围，"圣人之道四焉"："以言者""以动者""以制器者""以卜筮者"（《系辞传》）。受《周易》、道家影响的儒家学者扬雄提出，"道"为"太玄"之化身，"太玄"为"用之止"，"道"可以"通"向一切（《法言》），"虚形万物所道之谓道也"（《太玄经》）。

"玄学"创建者何晏与王弼认为"道"与"无"同。郭象认可此观点，否认"有"生于"无"，即反对"道"拥有造化－自然神论可能性的主张。裴頠则认定"道"与"有"同。葛洪认为"道"为"形之形"、"一"之化身，"道"具有两种样态："玄一"与"真一"（《抱朴子》）。

在中国哲学中，对"道"－"器"的对立关系存在不同解读。崔憬视其与"体"－"用"的对立关系为同质："用"（功能）－"体"（实质）相应。此矛盾成为理学最重要的问题之一。张载将此矛盾与"道""德"相对应，其中的第一个元素"道"被认为是"神"，即物对外互"感"的能力；第二个元素"德"则意为"化"。张载认为，"气"被解释为"无形"之"太虚""太和"，或"有"和"无"的统一，"气"的"最初体"之"用"与

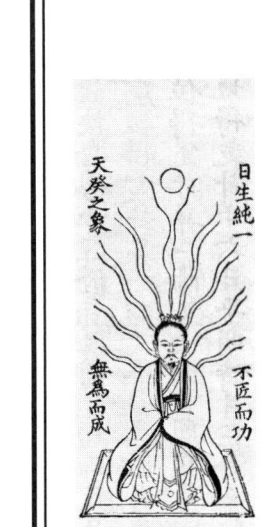

"形而上"之"道"同。他描述"道"为透过"万物"相互作用的"两端",即体现在相互感知(精神)中,精神将自己的实体置于个性中。这样相互作用的普遍性使认知"道"成为可能。

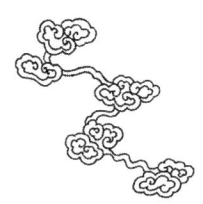

较早的理学先驱韩愈转向儒家原始的"道"思想(他将其与佛教、道教的理解相对立),即遵循"仁""义"(《原道》)。理学哲学的主要奠基者特别强调"道"的一般本体论意义。邵雍认为,"道""无形"、自归,为"天、地、万物之本",即此根本生"天、地、万物",并使之成形(《观物内篇》)。程颢继承张载,认为"道"与"性"同(《二程遗书》),而程颐把它们区分为"用"与"体"(《与吕大临论中书》),尽管他也提到体现在"命""性"与"心"中的唯一之"道"(《二程遗书》)。程颐借助"中庸"范畴表达"道"运行之持续性。他确定"信"为"体",即"天理";而"互"为用,即"人道"(《二程遗书》)。

朱熹继承发展程颐思想,认为"道"与"理""太极"同,而"器"与"气"、物之生生的方式、阴阳同(《朱子语类》)。尽管朱熹坚持"道"的同一如"体"与"用",但受到陆九渊的批评,后者宣扬《系辞传》中的原始定义,并证明阴阳为"形而上"之"道",因此,在"道"与"器"之间没有朱熹提出的功能性差别(《与朱元晦》)。

王阳明发扬陆九渊思想,认为"道"与人"心"(《赠阳伯》)同,以及与其根本——"良知"同(《传习录》《惜阴说》)。

王夫之综合前人观点,坚持"器"与"道"统一,如同具体之实与使其有"治"的开端。而"德"为此"治"之结果。与方以智一样,王夫之认为"道"并非无"形"或无"象",而是高于"形",在"器"之世界中一切都具有各自之"形"(《周易外传》)。

戴震借助"道"字的词源学元素——"行",为其定义,而"行"又构成术语"五行"(《孟子字义疏证》),他强调:"人道本于性,而性原于天道。"

上清洞真九宫紫房图

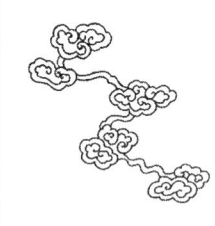

谭嗣同承继王夫之,通过"体—用"对立关系直接定义"器"与"道","道,用也;器,体也"。"天下"为一大"器"。"器既变,道安得不变","器"之世界变化后,自然会引起"道"之变化。此论断成为谭嗣同社会政治改良思想的理论根据。

中国现代哲学中,"新儒家"著名代表唐君毅比较深入地研究了"道"这一范畴。整体上看,儒家"道"与道家"道"两个主要概念在历史发展中延续着矛盾趋势。其一:与"有"关联很大,涉及普遍性与客观性,由本体论化伦理学转向"道德形而上学"(现代理学、新儒家、后儒家、后理学,特别是牟宗三所代表的观点)。其二:与"无"关联很大,涉及具体性与主观性,直至"道"与极端个体主义思想相结合,即"道"为阴谋策略和狡诈手段。后期道家常常以此为基础寻找个体长生的方法。

*《中国古代哲学》,第1—2册,莫斯科,1972—1973年;《中国古代哲学·汉代卷》,莫斯科,1990年;《道家哲学文集》,В.В.马良文、Б.Б.维诺格罗茨斯基编,莫斯科,1994年;《吕氏春秋》,Г.А.特卡琴科译,莫斯科,2001年,第95—97页;《淮南的哲学·淮南子》,Л.Е.波梅兰采娃译,莫斯科,2004年,第21—36页。**葛兰言《中国思想》,莫斯科,2004年,第208—234页;《道与道家在中国》,莫斯科,1982年;А.И.科布杰夫《中国古代哲学中的"德"以及与其相关联的范畴》,载《由神秘力量转向道德指令:中国文化中的范畴"德"》,莫斯科,1998年;А.И.科布杰夫《在中国哲学史中的范畴"道""德""器"》,载《第16届"中国社会与国家"学术研讨会论文集》,第1册,莫斯科,1985年;А.И.科布杰夫《中国理学哲学》,莫斯科,2002年;А.克罗乌利《神秘的理学》,莫斯科,2003年;И.С.李谢维奇《古代中国的文学思想》,莫斯科,1979年,第8—20页;А.С.马丁诺夫《帝王"德"之力量》,载《东方文献记录》,1971年,莫斯科,1974年;А.А.马斯洛夫《与龙相遇:〈老子〉原始思想解读》,莫斯科,2003年;В.С.斯皮林《"道"之相对简单意义的列举》,载《第9届"中国社会与国家"学术研讨会论文集》,第1册,莫斯科,1978年;Е.А.陶奇夫《道家:历史宗教描述尝试》,圣彼得

堡，1998年；Е.А.陶奇夫《葛洪理学研究：人与自然》，载《在中国传统学说中人的问题》，莫斯科，1983年，第47—54页；А.В.乌奥特斯《道——水中之路》，基辅，1996年，第71—94页；杨荣国《中国古代思想史》，莫斯科，1957年，第44—46、88—90、249—254、276—338页；王德有《老子之道及其在魏晋以前的演变》，载《中国哲学史研究》，1984年第1期；《老子哲学讨论集》，北京，1959；张立文《道与器》，载《中国哲学史研究》，1981年第4期；萧兵、叶舒宪《老子的文化解读》，武汉，1994年；张岱年《中国哲学大纲》，北京，1982年，第47—54页；Boodberg P. A. The Semasiology of Some Primary Confucian Concepts // PEW. 1953, Vol. 2, No. 4; Chen E. M. Tao as the Great Mother and the Influence of Motherly Love in the Shaping of Chinese Philosophy // HR. 1974, Vol. 14, No. 1; Cheng Chung-ying. Metaphysics of Tao and Dialectics of Fa // JCP. 1983, Vol. 10, No. 3; Ching J. Truth and Ideology: The Confucian Way (Tao) and Its Transmission (Tai-t'ung) // JHI. 1974, Vol. 35; Cua A. S. Opposites as Complement: Reflections on the Significance of Tao // PEW. 1981, Vol. 31, No. 2; Danto A. Language and the Tao: Some Reflections on Ineffability // JCP. 1983, Vol. 10, No. 3; Nikkila P. Early Confucianism and Inherited Thought in Light of Some Key Terms of the Confucian Analect. I. The Terms in Shu Ching and Shih Ching. Helsinki, 1982; Rawson R., Legeza L. Tao. Chinese Philosophy of the Time and Change. L., 1973; The Texts of Taoism / Tr. by J. Legge. Vol. I. N. Y., 1962, pp. 12-33; Watts A. Tao. The Complement: Reflections on the Significance of Tao // PEW. 1981, Vol. 31, No.2; idem. Tao: The Watercourse Way. N. Y., 1975; Wieger L. Taoisme. T. I. Hienhien, 1911, p. 9, n. 5.

（А.И. 科布杰夫撰，韩万舟译）

道安

道安，释道安，312/314年生于今河北省，卒于385年。佛教思想家、宗教活动家。本姓卫，12岁出家，先师事佛图澄，后于襄阳宣讲佛教。379年，当时的一位君主苻坚注意到道安，随后，他被军队护送往长安，驻锡五重寺，主持数千人的大道场。在这里他翻译了部分早期佛教典籍，并编撰了中国佛教史上第一部翻译文献名录《综理众经目录》。他为众多佛教经典译本作序、注疏，研究佛教术语以及翻译梵语文本过程中遇到的词义问题。道安以布道者和精力充沛的僧团组织者而闻名。他编撰寺庙戒律《僧尼规范》。道安首先使用"释"（引用佛祖释迦牟尼汉译名字的首个字）字作为姓氏，它成为之后中国所有僧侣的姓氏。"本无学"为道安提出的知名哲学概念。他被认为是中国佛教"本无派"的奠基人。道安学说将佛教般若学与玄学哲学观点结合起来，玄学哲学在王弼与何晏的阐释中被唯理论化，它在很大程度上推动了道家形而上学的发展。道安认为中观哲学的范畴"空"与中国传统概念"无"类似，后者为无形、潜在的"有"。他解读"有"为万物的本（实）质基础，并且般若构成此本质的认知层面。道安视"本无"为万物初生之始，以及其统一的基础。他阐释"无"之性为"悟"与"涅槃"。道安哲学对道家产生过重大影响，并对后世中国佛教学说发展有实质性影响。他的主要著作有《光赞折中解》《般若放光品折疑准》等。

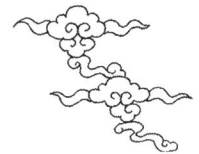

**Ю.К.楚紫气《佛教中的道》，载《东方辑录》，第1卷，列宁格勒，1927年，第235—250页；Link A. E. The Taoist Antecendants of Tao-an's PrajnaOntology // HR. 1969-1970, Vol. 9, No. 2-3.

（Г. A. 特卡琴科、E. A. 陶奇夫撰，韩万舟译）

《道藏》是道家哲学与宗教文献集成。

葛洪最早尝试以书目形式描述道家传统,他在著作《抱朴子》第19篇中罗列超过250部文集,总容量大约1300卷。《道藏》的诞生与道士陆修静所进行的活动有关,他甄选文本,分类整理,把所有文集分为三部分,由术语"洞"表示。"三洞"的最初核心是道家三个基本流派的文献,它们在公元4—5世纪流传于中国南部地区:上清派(又称"茅山派")、灵宝派和"三皇文(经)"通灵炼丹派,等级划分相应于道家学识的高、中、低水平。佛教"三乘"学说也给出类似的分级样式,它用相似的方式比对佛教参悟智慧等级。

公元6世纪,在"三洞"基础上又补充"四辅",前三辅中每一辅对应"三洞"中的每一洞,而第四"辅"通贯所有"洞"。第一"辅"与《道德经》文本及其注疏相关,第二"辅"与《太平经》有关,第三"辅"与道家通灵炼丹派有关,第四"辅"包含"正一道"文献。

唐朝时期存在几本《道藏》目录。7世纪尹文操编撰《玉维经目》,据其记载,《道藏》共7300卷。保存在太清观(长安)的道家文集名录涵盖文本总计5700卷。《道藏》基本包括宫观藏经楼保存的不论任何标题的所有书目。黄巢起义期间,《道藏》的大部分书籍丢失,但这些书名被记录在编于10世纪的《三洞珠囊》中。

宋朝完成了对《道藏》的拾遗补阙、校正增补工作。尤其在1012—1019年间,根据真宗皇帝命令,整部著作很快编纂完成。它的主要编纂者道士张君房著有《道藏》纲要——文集《云笈七签》。他编撰的《道藏》共计4565卷,分装成425函,每函依儒家经典教科书《千字文》中的汉字顺序编号:从第一个字"天",到第425个字"宫",因此也被称为《大宋天宫宝藏》(《道藏》此版本已亡佚)。自那时起,《道藏》在道观广泛传播。12世纪初《道藏》被重新修订,补充进新文集,在女真族统治的金王朝时期(1115—1234)曾再版发行。1191年得遗经、补版(83198册),此后,《道藏》所有文集文本印制后为6455卷、602帙。此文

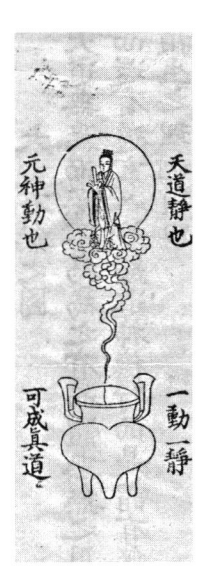

集称为《大金玄都宝藏》，1237—1244年间再版发行。元朝统治期间，《道藏》的保存受到极大威胁，1281年敕令除《道德经》外，其余所有道教文献尽行烧毁。明朝统治期间，《道藏》开始具有现代版本样式。大约1445年，按英宗皇帝诏令筹备印刷文集，命名为《正统道藏》。它收录了几乎所有《道藏》版本，总计1432部作品，共5305卷（480函）。1607年再度校刊续增《道藏》56部，共180卷（32函）。清王朝治下，部分《道藏》印版佚失，余者在1900年义和团起义时被烧毁。北京白云观藏有目前唯一保存完整的《道藏》版本，1923—1926年间重修影印（《正统道藏》，上海，商务印书馆）。根据当时中国社会著名人士倡议，此版本得以完成发行，其中包括著名学者、政治活动家康有为和梁启超，由中华民国前总统徐世昌资助。后来此版《道藏》在中国大陆和台湾地区均再版发行。

现代版《道藏》结构再现了公元6世纪时形成的样式。文集包括"三洞"（洞真、洞玄、洞神）——它们保留过去的标题，但结构上没有固定格式，还有"四辅"。三洞之下各分十二类：本文类、神符类、玉诀类、灵图类、谱录类、戒律类、威仪类、方法类、众术类、记传类、赞颂类、表奏类。"四辅"标题（太玄辅、太平辅、太清辅、正一辅）与6世纪《道藏》相应章节类似。《道藏》是研习道家的基本史料。《道藏》也收录了非道家文献，如《墨子》《管子》《鬼谷子》等。

*《道藏》，全36册，上海，1988年。**А. И. 科布杰夫、Е. А. 陶奇夫、Н. В. 莫罗扎娃《莫斯科版〈道藏〉》，载《亚非人民》，1986年第6期；Е. А. 陶奇夫《道家：历史宗教描述尝试》，圣彼得堡，1983年；К. К. 弗鲁格《〈道藏〉的历史札记》，载《苏联科学院人文科学部公报》，莫斯科，1930年；Ofuchi Ninji. The Formation of the Taoist Canon // Facets of Taoism. New Haven-London, 1979; Schipper K. M. Concordance du Tao-tsang. P., 1975; Wieger L. Taoïsme. Vol. I. Le Canon taoïste. P., 1911.

（Е. А. 陶奇夫撰，韩万舟译）

《道德经》

《道德经》，又名《老子》，道家重要经典文本，基本内容包括道家哲学、神话、宗教、仪礼、心理物理修炼方法。用长短不一的韵律诗句写成，由排偶、对比句构成，加入大量南方楚地方言。如同所有最古老的哲学文本一样，该著作最初文本以作者名字（现代观点认为是假设的）——老子（楚地人）命名。但在公元初几个世纪，由于道教逐渐形成，老子本人及其作品亦被神化，于是它便具有了更为知名的确定意义的篇名：《道德经》或《道德真经》，有时也会在篇名后面附加别名，如"新记玄言"（或"玄言新记"）和"太上玄元"。

据司马迁《史记》记载，老子写完此书后遁世，去向未知，离开前应边关守将尹喜（关尹子）请求，作"上下篇"，讲述"道德之意"，"五千余言"。《道德经》现代文本以其容量（4999~5748字）以及上下两部分——《道经》与《德经》的名称，与此描写相应。

1973年底至1974年初，中国考古学家在马王堆（长沙附近）3号墓中发现两件最古老的《道德经》抄本（刘殿爵[①]1982年英译；韩禄伯[②]1989年英译；利奥内洛·兰乔蒂[③]意大利语译）。抄本用表示循环周期的汉字"甲""乙"设定标识，用不同笔迹写于丝帛上，并注明日期：前206—前195年和前194—前180年。与两千年来被广泛认可的版本结构不同，该抄本先是"德"篇，后是"道"篇，这使得一些汉学家将此文本称为《德道经》。在第二件手稿中，指出了文本所含字数："德"篇——3041字，"道"篇——2426字，其总数为5467字。[④]1993年在郭店（今属湖北荆门市）战国时期墓中发现了《道德经》更为古老的竹简手稿片段。

最早的《道德经》引文出现在公元前4—前3世纪的文本中，首先是道家和法家著作：《庄子》《列子》《吕氏春秋》《韩非子》。这些文献是《道德经》成书于此时期的主

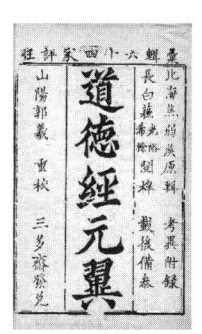

---

① 刘殿爵（1921—2010），香港著名翻译家、语言学家。——译者注
② 韩禄伯（1943—），生于美国宾夕法尼亚州的卡塔维萨，现为美国达慕斯大学的宗教学教授。——译者注
③ 利奥内洛·兰乔蒂，意大利著名汉学家、意中友好协会主席。——译者注
④ 此处所说字数与实际有出入。——译者注

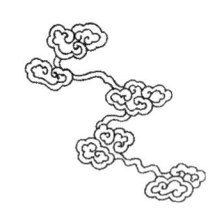

要证据。另外一些证据表明，《道德经》中含有一些攻击儒家的辩论（彼时儒家已经较为发达），且符合公元前4—前3世纪的语言现象特点。法家经典著作《韩非子》的两篇——第20篇《解老》和第21篇《喻老》中，有对《道德经》最古老的注疏，涵盖其容量的四分之一。根据A. M. 高辟天的假设，此引证之书重建了由两部分15个结构单元（第20篇9个，第21篇6个）组成的文本，是一个整体，全面再现了《道德经》早期简易版本。此结构大约对应于《道德经》现代版本的第二部分，与马王堆抄件结构吻合。司马迁在《史记》中的记载亦对A. M. 高辟天的假设提供了证据：老子可能与《庄子》中提到的孔子同时代人老莱子是同一个人，后者据说编撰过《老莱子》，此书正好15篇。

《道德经》作者或老子还有一个可能的原型：即司马迁提到到周朝区域内的太史"聃"，其生活年代为公元前4世纪中期。20世纪的罗根泽赞同此观点。尽管1920—1930年代在中国发生了一场由知名学者（胡适、马叙伦、唐兰、高亨）参与的广泛讨论，他们支持传统观点，即《道德经》作者老子为孔子同时代人，但也不排除这个有象征性标题的文本为生活在庄子时代之后的不知名道士所作，并且比较确信他还受到西部（印度佛教、希腊化的中亚）影响。还有一些著名学者，如顾颉刚、钱穆、杨荣国、葛瑞汉①也同意此非同寻常的想法，认为《道德经》写于庄子之后。但包括冯友兰在内的一些权威专家对此持批评态度。

班固以《史记》为样本编撰的第一部朝代历史著作《汉书》中，含有最古老的书目分类文集《艺文志》，其中司马迁提到的道家代表除老子外，还有老莱子和尹喜。据班固记载，后者辞去边关守将之职，随老子而去。1934年，郭沫若认为其与生活在公元前4世纪的道士环渊为同一人，据说他将老子学说记录成文本，编撰成《上下篇》（《史记》，卷七十四），即《道德经》。范文澜、冯友兰对此怪论展开过讨论。在已知的《汉书·艺文志》三个不同容量大小的注疏

① 葛瑞汉（1919—1991），著名汉学家，伦敦大学东方及非洲研究院古汉语教授。——译者注

版本中均提到《老子》。

现在大多数中国和西方专家均沿袭著名哲学家、社会活动家梁启超的观点,认为《道德经》是由老子或他的某一学生写于公元前4世纪;这样,可以将这部被研究的著作视为经过较好编辑整理的作品集,内容为产生于各个时期的格言。

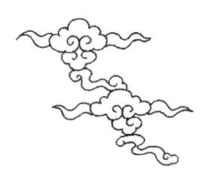

很显然,《道德经》现代版本结构形成于公元前2—前1世纪。在仅部分保存的文献目录《七略》中,古代最伟大的校勘学家刘歆提到,其父、朝廷"五经博士"刘向最早将《老子》分为81章:上卷经37章,下卷经44章。中国传统象数学中,此数字(81= 9×9)象征最高完满(乘法口诀中的九九)——明亮、积极、阳刚世界的"阳"极,与"阳"对应的是奇数,特别是3和9。

按照这种思想轨迹,在那个时代还有类似的创作,如扬雄《太玄经》的八十一首体系和古典医学著作《难经》的八十一难。道教将《道德经》本体论化,并使其具有独特的、普遍性的语录形式,81章的文本结构与老子降生的传说相关联,始于太阳能量"阳"的81岁老者:"阳"在五色珠中积聚能量,并透过母亲的身体(母亲怀孕81载,还有关于他81岁再生的传说)。B.C.斯皮林①指出,《道德经》这种简易式的以9分割的方法,完全体现其内部结构,并与"经"的专门术语意义相应:文献的模板3×3。根据B.C.斯皮林的创新思想,A.M.高辟天和A.A.克鲁申斯基将《道德经》原始结构进行了较为完整、详细的重组。A.Ю.戈利施坦据此方法,将文本与"经中之经"《周易》相连,得到新结构,即重新组合为每9章为1个单元的形式。在《道德经》最古老的注本《章句》中,可能反映出81章的架构形式。《章句》作者为隐士"河上公",也有观点认为他与老子是同一人。据传说,这位怪异的道士把自己对《道德经》的注解转交给汉文帝,这表明他生活在公元前2世纪。但在此笔名下可能隐藏着一些历史人物,他们实际生活在公元前3世纪至公元元年期间。"河上公"注本(E.艾

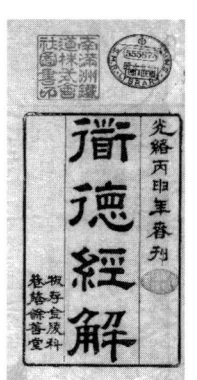

---

① B.C.斯皮林(1929—2002),俄罗斯汉学家、哲学史家。——译者注

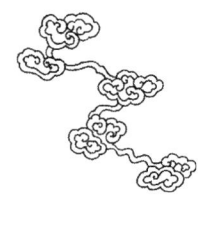

克斯，1958年英译）完成时间应该不晚于3世纪初（因为243年它已被引用），它分两部分：《道经》37章和《德经》44章，两部分的每一章都有标题。如果它确实成书于公元前3—前2世纪，那么可能它是最早使用此种文本架构的。它最主要的内容是：《道德经》如专门教材，解读个人自我完善和社会道德建构，讲述在身心"内丹"精神中的冥想和修炼长生。

在"河上公"的注解中，《道德经》是道教天师派（正一派）的理论基础。此教派形成于公元2世纪，一直延续到今天。公元1—3世纪，它的首位长老张道陵（或是第三任长老张鲁）创作了一本独特、正统的注本《想尔注》（大概是某位仙人的名字），1909年法国汉学家伯希和在敦煌（今属甘肃省）附近的佛教藏经洞中考察时发现此书。这里的《道德经》是为祭礼而作的神秘的开放性书籍。天师派使用简化的《道德经》文本，适配宗教仪式数字5000（5×1000），如此看来，其完整版本应多于5400字①。

玄学奠基人之一、哲学家王弼在其注本《老子道德经》中表达了对《道德经》原则性不同的形而上学理解。这部更有理论意义的注本中包含一系列玄学基础思想，它综合了道家与儒家思想，被一些汉学家（伟烈亚力②、伯希和）认为是《道德经》最早的版本。公元11世纪理学诞生，它部分地改写了道家，因而此注本得到广泛推广，首先体现在司马光的《道德真经论》和王安石的《老子注》中。理学总体上确立了儒家对《道德经》的立场。在文集《诸子集成》中，《道德经》文本后附有王弼注。目前有英译本（P. J. 林保罗，1977；陈荣捷③、A. 鲁姆堡，1979）和王弼注本的俄译本（A. A. 马斯洛夫，1996），还有重新修订的《老子微指

---

① 此处原文большую на 540 иероглифов有误，根据前文应为5400 иероглифов。——译者注
② 伟烈亚力（1815—1887），英国汉学家，伦敦传道会传教士，1846年来华。伟烈亚力在中国近30年，致力于传道、传播西学，并向西方介绍中国文化。——译者注
③ 陈荣捷（1901—1994），广东开平人，美籍华裔哲学家、朱子学专家。——译者注

略》的英译本。（R. G. 瓦格纳，1986）

唐代初年著名校勘学家、国子（监）博士陆德明在"河上公"与王弼注本基础上写成《老子道德经音义》。他的同时代人、太史令傅奕编撰了一套很有价值的老子文集"古本"。当时著名道家学者孙思邈和杜光庭亦曾给《道德经》作注。唐朝统治者与老子同姓——李，因此对道家格外看重，玄宗皇帝甚至亲自为《道德经》注疏。此文本流传甚广，它以儒家经典为样本，被刻成石碑。最重要的公元708年的碑文（景龙碑）含5022个字，1958年朱谦之以此文为基础，综合所有其他知名文本编纂成集。

唐朝时期，佛教在中国广泛传播，并以不同形式被改写，其结果之一便是使其尽可能与《道德经》同化。正是由于这一潮流，在敦煌佛教藏经洞发现大约20本《道德经》注释抄本，大部分文本成于唐代，其中两三本年代较早，包括索纨于270年抄写的文本，1955年饶宗颐将其整理后公开发行。

公元7世纪，道士成玄英已经开始尝试融合道、佛，为《道德经》作注解（1946年蒙文通重新整理）。中国最伟大诗人之一苏轼在其撰写的"解"中继续这种尝试。1280年，笃信佛教的忽必烈命令烧毁所有道家书籍，但《道德经》除外，因其具有双重综合意义和最高权威性。著名佛教僧人德清（寒山）编成较为成熟的《道德经》佛学注疏，他看到原著在"无为"原则下的基本意义。

明代儒家翰林院学者焦竑极力综合儒家与佛教，著有《老子翼》，概括从韩非子至其本人共65位学者的注释。毕沅在《道德经考异》中发展了焦竑的比较研究。

第三个被编入《诸子集成》的《道德经》注本《老子本义》为儒家百科全书式学者魏源所作，他继承另一位儒家学者吴澄，将文本分为68章。

在中国几个世纪内所写的上百部《道德经》注本中，有四十多部被编入道家经典文集《道藏》中。《道藏》运用另外一种文本分割法，将这些注本分为54个部分到180个部分

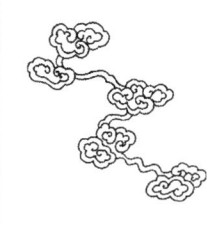

不等。佩列列申①（1974；1990；2000）的诗体译本便是以其中分类较细的（180个部分）、以高亨的架构重新编排的文本为基础。

《道德经》的基本问题集中在构成其名称的中国哲学两个最重要的概念上。"道"体现在两个基本化身中：（1）单独、离群索居（与所有分离）、恒常、无为、处静、不可感知以及不可用语言－概念表述、无名、生"无"、给予天地之始；（2）涵盖一切、似水般贯通一切，与世界同变，有为，可动、可感知与认知，体现于"名"、"志"与"象"中，生"有"，"万物"之宗。"德"是由"道"递减的第一阶段，在此阶段，"道"生之物逐渐成形，之后递降运行："故失道而后德，失德而后仁，失仁而后义，失义而后礼。夫礼者，忠信之薄也，而乱之首也。"（第三十八章）

20世纪中国学者罗振玉、马叙伦、杨树达、高亨、严灵峰从事《道德经》研究，并取得重要成果。《道德经》文本多次被翻译成现代汉语，包括任继愈的译本。

1788年，西方首个《道德经》拉丁语译本在英国发行，译者是在中国的佚名天主教传教士。《道德经》被数十次翻译成多种文字，包括拉丁文、希伯来文、爱沙尼亚文。1894年首次发行俄语译本，译者为日本学者、基督徒、托尔斯泰主义者小西增太郎②，虽然早于他半个世纪已有人翻译，但那个译本仅保存下手稿，译者为汉学家、僧侣西维洛夫。

在当代，已出版大约20多个《道德经》俄语译本（杨兴顺、Е. А. 陶奇夫、И. С. 李谢维奇、А. А. 马斯洛夫、И. И. 谢梅年科、Г. А. 特卡琴科、В. В. 马良文、А. Е. 卢基扬诺夫、Б. Б. 维诺格罗茨斯基、А. 库夫辛诺夫、В. Т. 苏霍鲁科夫、А. П. 萨夫鲁欣），包括四个诗体译本（К. Д. 巴利蒙特、В. Ф. 佩列列申、С. Н. 巴托诺夫、Л. И. 康特拉舍娃）。

---

① 佩列列申（1913—1992），俄罗斯诗人、翻译家、记者，1920年与母亲移居哈尔滨。——译者注
② 小西增太郎（1861—1940），生于冈山县，日本俄罗斯学专家、翻译家、托尔斯泰主义者。——译者注

一个半世纪以来，在欧洲、美洲、俄罗斯，《道德经》始终被认为是最伟大的中国哲学著作，吸引了许多伟大的思想家与文化学者（如：亨利·戴维·梭罗[1]，阿尔贝特·施韦策[2]，赫尔曼·黑塞[3]，卡尔·西奥多·雅斯贝尔斯[4]，索洛维耶夫[5]，Л. Н. 托尔斯泰）。

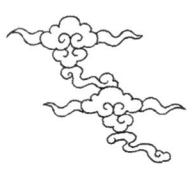

*朱谦之《老子校释》，北京，1958年；马王堆汉墓帛书整理小组《马王堆汉墓帛书：老子》，北京，1976年；崔仁义《荆门郭店楚简〈老子〉研究》，北京，1998年；《中国古代哲学》，第1卷，莫斯科，1972年，第114—138页，第2卷，1973年，第235—257页；《智者书选：古代中国散文》，莫斯科，1987年，第69—78页；老子《道德经》，И. С. 李谢维奇译，莫斯科，1994年；老子《道德经》，载《道家哲学文集》，В. В. 马良文、Б. Б. 维诺格罗茨斯基编，莫斯科，1994年。**《神秘之道：〈道德经〉的世界》，А. А. 马斯洛夫编译，莫斯科，1996年，第75—97页；Е. А. 陶奇夫《道家〈道德经〉》，圣彼得堡，1999年；老子《道德经》，В. Ф. 佩列列申译，2000年；老子《道德经》，А. 库夫辛诺夫译，莫斯科，2001年；А. Е. 卢基扬诺夫《老子与孔子：道之哲学》，莫斯科，2001年；《〈吕氏春秋〉、老子、〈道德经〉》，Г. А. 特卡琴译，莫斯科，2001年，第459—479页；《道德经、列子、管子：道家经典》，В. В. 马良文译，莫斯科，2002年；《〈道德经〉道德学说与〈圣经〉〈博伽梵歌〉的相似之处》，С. Н. 巴托诺夫译编，莫斯科，2003年；《老子道德经》，Л. И. 康特拉舍娃译，莫斯科，2003年；Tao To King. Le Livre de la Voie et de la Vertu / Tr. par J. J. L. Duyvendak. P., 1949; Erkes E. Ho-shang Kung's Commentary on Lao tzu. Ascona, 1958; Waley A. The Way and Its Power: A Study of the Tao Te Ching and Its Place in Chinese Thought. N. Y., 1958; Yen Ling-feng. A

---

[1] 亨利·戴维·梭罗（1817—1862），美国作家、哲学家，超验主义代表人物。——译者注
[2] 阿尔贝特·施韦策（1875—1965），德国学者、人道主义者，1952年获诺贝尔和平奖。——译者注
[3] 赫尔曼·黑塞（1877—1962），德国作家、诗人，1946年获诺贝尔文学奖。——译者注
[4] 卡尔·西奥多·雅斯贝尔斯（1883—1969），德国存在主义哲学家、神学家、精神病学家。——译者注
[5] 索洛维耶夫（1853—1900），俄罗斯著名哲学家、诗人。——译者注

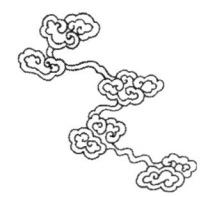

Reconstructed Lao Tzu. Taipei, 1976; Lin P. J. F Translation of Lao Tzu's Tao Te Ching and Wang Pi's Commentary. Ann Arbor, 1977; Wang Pi. Commentary on the Lao Tzu / Tr. by Ariane Ramp in collaboration with Wing-tsit, Chan. [Honolulu], 1979; Wognek R. G. Wang Bi: "The Structure of the Laozi's Pointers" (Laoz weizhi lilue) - A Philological Study and Translation // T'P. 1980, Vol. 72, livr. 1-3; Lau D. C. Chinese Classics: Tao Te Ching. Hong Kong, 1982; Henricks R. G. Lao-tzu Te-Tao Ching: A New Translation Based on the Resently Discovered Ma-wang-tui Texts. N. Y., 1989; idem. Lao Tzu's Tao Te Ching. A Translation of the Starting New Documents Found at Guodian. N.Y., 2000; Wagner R.G. The Craft of a Chinese Commentator: Wang Bi on the Laozi. Albany (N. Y.), 2000; Dao De Jing. The Book of the Way / Tr. by M. Robert. Berk., 2001; В. Г. 别洛焦罗娃《〈道德经〉中"器"的象征》，载《道与道家在中国》，莫斯科，1982年；Л. С. 瓦西里耶夫《中国思想的起源问题》，莫斯科，1989年，第155—165页；Ф. 茹利延《通往目的之路：迂回或径直——中国与希腊思想策略》，莫斯科，2001年，第247—273页；Е. В. 扎娃茨卡娅《古代中国绘画的审美问题》，莫斯科，1975年，第26—35、297—299页；《中国哲学史》，莫斯科，1989年；А. М. 高辟天《中国古代文本的校订》，载《第9届"中国社会与国家"学术研讨会论文集》，第3册，莫斯科，1978年；А. М. 高辟天、А. А. 克鲁申斯基《〈道德经〉形式分析的现代成果》，载《由神秘力量转向道德指令：中国文化中的范畴"德"》，莫斯科，1998；Н. И. 康拉德《汉学作品集》，莫斯科，1977年，第433—442页；А. 克罗乌利《神秘的理学》，莫斯科，2003年；А. А. 马斯洛夫《与龙相遇：〈老子〉原始思想解读》，莫斯科，2003；В. С. 斯皮林《〈道德经〉上卷的哲学内容》，载《第7届"中国社会与国家"学术研讨会论文集》，第1册，莫斯科，1976年；Ю. К. 楚紫气《老子和庄子书中的"道"与"德"》，载《由神秘力量转向道德指令：中国文化中的范畴"德"》，莫斯科，1998年；杨荣国《中国古代思想史》，莫斯科，1957年，第269—293页；萧兵、叶舒宪《老子的文化解读》，武汉，1994年；Contemporary Chinese Thought: Guodian. Pt. 1. 2000, Vol. 32, No. 1; Robinet L. Les Commentaires du "Tao to King" jusqu'au VII-e siecle. P., 1981; The Guodian Laozi: Proceedings of the International Conference, Dartmouth College, May 1998. Ed. S. Allan, C. Williams. Berk., 2000.

（А. И. 科布杰夫撰，韩万舟译）

道家

道家，是中国最具原创性的传统哲学—宗教流派，中国主要的三教之一，在这三者中，它既可以作为哲学与儒家并列，也可以作为宗教与佛教比肩。

司马谈首先确定道家为"六家"之一，他的儿子司马迁将其记录在第一部通史著作《史记》的完结篇（第130卷）。道家在哲学流派"道德家"名称下形成完整思想，其基本著作《道德经》的篇名亦由此而来。刘歆的广义哲学流派分类，将这个称呼缩减至两个字"道家"，并保留至今。此分类是中国最古老书目分类《艺文志》的基本内容，它后来成为班固编撰的《汉书》的第30卷。

按存续时间和发展程度，道家和儒家是上述两大分类体系中的经典流派。为道家命名的术语"道"比道家这一专门化名称的含义更广，同样，术语"儒"比"儒家"的含义范围也更宽。尽管这些思想流派间矛盾巨大，早期儒家以及后来的理学曾被称为"道学"（"道教""道术"），而道家信徒也被包括在"儒"的范畴内。术语"道人""道士"的使用不仅针对道家信众，也适于儒家学者，甚至佛教僧侣、炼丹术士。

道家的哲学理论与宗教活动这两种体现（化身）之间的相互关系问题，与上面提到的状况相关联。根据传统儒家说法，这是不同秩序、多相（异质）现象，即它们对应不同含义：哲学——道家，宗教——道教。19世纪末20世纪初，这种说法在西方也占主流。在历史层面，这种观点认为，公元前6—前5世纪，道家首先作为哲学而产生，后来至公元1—2世纪，也许是由于公元前3世纪末—前2世纪初受僧侣化帝王政权的保护性影响，也可能是模仿公元1世纪前开始传入中国的佛教，它激进地转向宗教与神秘主义，仅在名称上与其原始形式保留共同点。

实际上，这种模式与儒家的发展类似：公元前6—前5世纪，儒家作为哲学诞生，而在接近公元1—2世纪，儒家转型为官方宗教—哲学学说，一些汉学家甚至认为它已经脱离原始儒家，成为独立的意识形态系统——前儒家的宗教信仰和世界观理念构成此体系的思想基础，它要比儒家本身更广，而儒

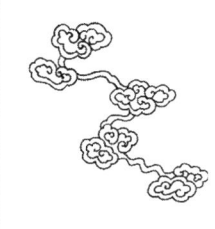

家则把它们纳入理性适应其特有概念的进程中。

此理论在20世纪下半叶的西方汉学界占据主流地位，据此，道家哲学同样诞生在原始道家——类似于巫术形式的宗教魔幻文化基础上。后者主要集中于中国南部所谓的"蛮夷"之地（首先是楚地），它们没有被纳入中原王朝范围，而中原地带被认为是中华文明的摇篮（由此得出，中国思想为中原王朝思想）。法国汉学家马斯伯乐①是此理论的拥戴者。据此，道家是一个完整学说，它的哲学化身首先体现在三部经典文献中：《道德经》《庄子》《列子》，是对儒家理性文化的应对，后者主要流传于北部中原地带。

在中国"百家"形成与繁荣时期，道家的神秘—个体自然主义根本上区别于所有其他主要世界观理念体系中的伦理—理性的社会中心主义，这种差别导致一些专家强调道家起源于外围地区，甚至认为其受到域外影响（首先是印度、伊朗地区）。与此相应，"道"与"婆罗门"，甚至与"逻各斯"表现出特别的类似。而与此相反的观点认为，道家是中国自身精神的体现，因为它表现出比较成熟的民族宗教形式。此观点得到俄罗斯首席道家研究学者E. A.陶奇夫的支持，他厘清了道家在以下阶段不同形式的发展历史。

（1）从远古时代至公元前4—前3世纪，在古代巫术基础上形成宗教实践（活动）及具世界观模式。（2）从公元前4—前3世纪到公元前2—前1世纪，涌现两个平行进程：一方面，道家世界观具备哲学性质和书面记录；另一方面，潜在隐秘发展的"长生不死"术，以及气功形式的身心冥想，它们体现在典籍里一些不明显的片段中。（3）从公元前1世纪—公元5世纪，理论和实践活动两个分支开始接近与融合，并加入其他哲学流派的成果（首先是《周易》的象数学、法家和部分儒家），于是道家世界观开始统一起来，过去隐含的元素开始表现出原则性革新，在它明显表现出来的形式与书面记录所蕴含的思想中，体现了这种理论与实际的融合。（4）这一时期，道教作为宗教组织开始实行制度

---

① 亨利·马斯伯乐（又译马伯乐，1883—1945），法国汉学家，印支语言学家。主要著作有《中国古代》《道教》等。——译者注

化，既有"正统"派，亦有"非正统"派，并且其经典文献《道藏》开始结集。（5）道家的进一步发展主要是在宗教层面，而佛教作为其在此领域的主要竞争者，对它起到巨大刺激作用。

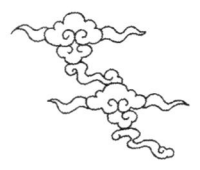

老聃（老子）、庄周（庄子）、列御寇（列子）和杨朱的学说代表了原始道家思想，道家的主要主张正体现在以他们名字命名的作品中：《老子》《庄子》《列子》《杨朱》（《列子》第7篇）。甚至在《管子》《吕氏春秋》和《淮南子》这些百科全书式著作的某些章节中，也体现了原始道家在中国古代哲学中创造出深刻、具有原创性的本体论。

这个本体论实质是在"道"与"德"这对范畴的新内容中得到巩固。"道"与"德"构成道家最初的名称之一——"道德家"，它们亦是道家重要著作《道德经》讲解的主要内容。在这部著作中，"道"呈现两个基本化身：（1）单独、与所有一切分离、恒常、无为、处静、不可感受、不可用语言－概念表述、无名、生"无"、给予天地之始；（2）涵盖一切、似水般贯通一切，与世界一同变化，有为，可学、可感知与可认知，体现于"名"、"志"与"象"中，生"有"，是"万物"之宗。天下也可能违背"道"，甚至完全无"道"。

《道德经》中定义"德"为"道"递减的第一阶段，在此阶段，"道"生之物成形。"德"之性为"玄"，"含德之厚，比于赤子"。其"未知牝牡之合而全作"，展示出"精之至也"（第五十五章）。在这种伦理归化下，"德善"为"善者，吾善之；不善者，吾亦善之"（第四十九章），这与孔子提出的"以直报怨，以德报德"（《论语·宪问》）相矛盾。由此引出与儒家理解相矛盾的说法："绝圣弃智，民利百倍；绝仁弃义，民复孝慈；绝巧弃利，盗贼无有。此三者以为文不足。故令有所属：见素抱朴，少私寡欲。"（《道德经》，第十九章）

早期道家思想的基本原则是"自然"和"无为"，其特征为：拒绝故意、人为改造自然（本性）的行为，尽量本能地遵循自然天性，直至与之融合，其表现的形式与主宰世

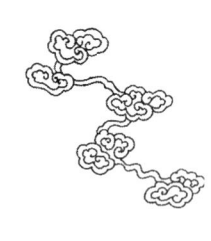

界、无出发点、无目的地的"道"同一——"天长地久。天地所以能长且久者,以其不自生,故能长生。是以圣人后其身而身先,外其身而身存。"(《道德经》,第七章)此观点揭示所有人类价值观的相对性,它引发善与恶、生与死的相对平衡,最终会逻辑性地引出对文化熵(混乱)和寂静主义的辩护:"古之真人,不知说生,不知恶死;其出不欣,其入不距;翛然而往,翛然而来而已矣。不忘其所始,不求其所终;受而喜之,忘而复之。是之谓不以心捐道,不以人助天。"(《庄子·大宗师》)

但在公元初年,早前已经高度发达的道家哲学开始与刚从宗教神秘魔法桎梏中脱离的新生学说结合,后者的目的在于最大限度提升机体的超自然活力,并达到长生不死。原始道家的理论公理是"无"在"有"之前,在处于本体论首位的情况下,生与死等值。但在此阶段,它的发展转变为救世的承诺:即生命至上(最高价值)与针对不同形式的对应修炼——从饮食营养与锻炼,到应用心理学、房中术和炼丹术。在这种哲学—宗教形式下,道家经历了更进一步的演化。道家本身的影响使该时期中国以及周边国家的科学、艺术更具创造力。

杨朱为原始道家的转向搭建了一座思想桥梁。他强调个体生命意义:"万物所异者,生也,所同者,死也。"(《列子·杨朱》)他的自主存在概念的意义是"为我",据此,"贵生""重己""损一毫利天下,不与也",成为自私的代名词。儒家学者反对它,并将其与墨翟的非秩、损坏伦理——"礼"的利他主义相对立,且以此否定它。

冯友兰认为,杨朱具体体现了早期道家发展的第一阶段,即拥戴自我保护的隐遁主义,它起源于隐居者的修炼活动,他们以保持自身纯净为名试图离开污浊俗世。《道德经》基本部分是道家第二阶段的表征,它试图阐释天下万变之不变法则。道家第三阶段的主要作品《庄子》强调变与不变、生与死、"我"与"无我"的相对等意(意义相对平等)思想,此思想在后来得到持续发展,它逻辑性地将道家哲学观引向自我完结,并促进其宗教观的确立。道教与佛教的对立补充关系也促使这种宗教观的形成。在历史进程中，道家哲学不仅使中国佛教发展更具创造力，还对玄学和理学的形成起到实质作用。

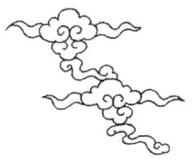

*《道藏》，全36册，上海，1988年；《中国古代哲学》，第1—2册，莫斯科，1972—1973年；《中国古代哲学·汉代卷》，莫斯科，1990年。**《道家哲学文集》，В.В.马良文、Б.Б.维诺格罗茨斯基编，莫斯科，1994年；老子《道德经》，И.С.李谢维奇译，莫斯科，1994年；《中国古代的无神论者、唯物主义者、辩证法者：杨朱、列子、庄子》，Л.Д.波兹德涅耶娃译，圣彼得堡，1994年；张伯端《悟真篇》，Е.А.陶奇夫译，圣彼得堡，1994年；《神秘之道：〈道德经〉的世界》，А.А.马斯洛夫编译，莫斯科，1996年；《道德经、列子、管子：道家经典》，В.В.马良文译，莫斯科，2002年；《庄子：道家经典》，В.В.马良文译，莫斯科，2002年；《治理的艺术》，В.В.马良文译，莫斯科，2003年，第164—191页；The Texts of Taoism / Tr. by J. Legge. Vol. Ⅰ–Ⅱ. N. Y., 1962；Л.С.瓦西里耶夫《中国的文化、宗教、传统》，莫斯科，1970年；Е.翁格《道家》，莫斯科，2001年；《关于中国的一切》，第2卷，莫斯科，2002年，第144—200页；葛兰言《中国思想》，莫斯科，2004年，第336—370页；B.格鲁别《道家》，载《中国的过去》，莫斯科，2003年，第140—174页；《道与道家在中国》，莫斯科，1982年；В.А.克立朝《道家美学》，莫斯科，1993年；А.马伯乐《中国宗教》，圣彼得堡，2004年，第59—82页；Г.А.特卡琴科《宇宙、乐、礼：〈吕氏春秋〉中的神话与美学》，莫斯科，1990年；Е.А.陶奇夫《道家：历史宗教描述尝试》，圣彼得堡，1998年；Е.А.陶奇夫《道家〈道德经〉》，圣彼得堡，1999年；冯友兰《中国哲学简史》，圣彼得堡，1998年；王明《道家和道教思想研究》，北京，1984年；《道教文化辞典》，张志哲主编，南京，1994年；《中国道教史》，任继愈主编，上海，1989年；Boltz J. V. A Survey of Taoist Literature. Berk., 1987; Creel H. G. What Is Taoism and Other Studies in Chinese Cultural History. Chic., 1970; Facets of Taoism. New Haven-London, 1979; Lagerway T. Taoist Ritual in Chinese Society and History. N. Y.-L., 1987; Maspero H. Le taoïsme. P., 1955; Robinet L. Histoire du laoïsme des l'origine au XIVe sie cle. P., 1991; Seidel A. Chronicle of Taoist Studies // Cahiers d'Extre me-Asie. 5 (1989-1990), pp. 223-347; Shipper K.T. Le corps Taoпst. Corps physique – corps social. P., 1982; Walf K.

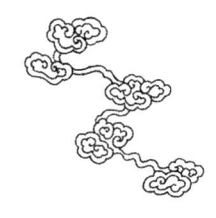

Westliche Taoismus-Bibliographie. Essen, 1992; Welch H. Taoism: The Parting of the Way. Boston, 1965; Wieger L. Taoisme. T. I-II. Hien-hien, 1911-1913; Wu Yao-yu The Taoist Tradition in Chinese Thought. Los Ang., 1991.

（А. И. 科布杰夫撰，韩万舟译）

道生

道生，又叫竺道生、释道生。355/360年生于巨鹿（今河北省平乡县），432/434年卒于彭城。思想家、僧人、佛经翻译家和注疏家。

他进入佛教寺院瓦官寺僧团，从竺法汰受业。云游四方，拜访了当时的主要佛教中心：长安、建康、庐山。与慧远、僧肇、谢灵运等相识，曾参与鸠摩罗什主持的佛经翻译活动。道生坚信万物皆有佛性的思想。428年，他被指责散布邪说，逐出东晋首都建康。430年，道生获平反后返回首都，在这之前他已将《涅槃经》翻译成汉语，用自己的观点解答经中思想。传统认为，此文本是佛陀最后一次讲法，其中强调人人生而具有佛性，因此都可以成佛。后来，道生于法坛上端坐而逝。

道生形成了自己的基本思想，它反映了中国佛教的特征，包括"顿悟"法门。他认为，认知佛法本性不可能是渐进行为。道生强调积累做功和对天堂的虚幻想象毫无意义，这是公开反对净土宗创始人慧远。在中国佛教最重要的流派——禅宗和天台宗里，道生的思想被进一步发展。

目前存世的道生作品有《妙法莲华经疏》《涅槃经》和《维摩诘经》义疏片段。道生同时代人僧肇将其零散著作编撰成文集。

*《妙法莲华经疏》，载《续藏经》，第150卷，台北，1970年；《中国佛教思想资料选编》，北京，1988年；Kim Young-ho. Tao-sheng's Commentary on the Lotus Sutra. N. Y., 1990; Liebental W. A Biography of Chu Tao-sheng // Monumenta

Niponnica. Tokio, 1955, No. 11; idem. The World Conception of Chu Tao-sheng // Monumenta Niponnica. Tokio, 1956, No. 12.

（M. A. 皮沃瓦罗娃撰，韩万舟译）

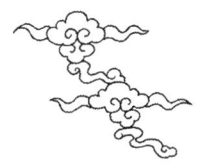

道统

道统，表示由先圣向后代传授文化精神学说的概念。产生于儒家哲学，后来广泛流行于中国各宗派主义之间。虽然孔子本人并未使用"道统"这一概念，然而儒家传统认为，"道统"体系传承社会和谐、公正治理天下之方法和继承古"圣君"之理，这种所谓在"道统"体系下的传承来自孔子的想法。孟子将孔子本人编入此"道统"之圣人名册："五百年必有王者兴，其间必有名世者。"（《孟子·公孙丑下》）"由尧舜至于汤，五百有余岁。""由文王至于孔子，五百有余岁。"（《孟子·尽心下》）如此，直接传授学说、直接继承上古智慧。但公元前1—公元1世纪的哲学家、文学家扬雄批驳此学说，并怀疑五百年期限的规律（《法言·五百》）。

后来由于新圣的加入，"道统"概念逐渐完备，继承传统并延续至今。"道统"的意义在于传承精神动力，传承具备普世调节功能的至高思想经验。哲学家、诗人韩愈在文章《原道》中强调，"道统"按儒家传承线索为以下顺序：尧、舜、禹、成汤、文王、武王、周公、孔子、孟子。理学思想家朱熹在此名录中继孟子后再列入其先辈周敦颐和程颐、程颢兄弟。

在有些宗派传统中（包括"九宫道"），"道统"概念被理解为神秘动因，仅在高层级授职中加以传承。他们认为精神学问的传承始于远古圣人，其时"天道"已在地上（世间）实现。"道统"创始人为伏羲、神农、黄帝，之后是尧、舜、禹、成汤、文王、武王与周公。彼时，"人心惟危，道心惟微；惟精惟一，允执厥中"。接下来，下一纪"红日"纪开始，老子是第一位"道统"继承者，他教人"修心养性""抱朴守一"。老子传道于孔子，孔子教"一

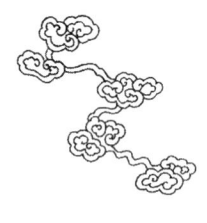

以贯之"，经颜子（颜渊）、子思，传到孟子。至此，"道统"之儒家阶段结束，"真学"转入印度，那里有释迦牟尼佛布道。后来"道学"又随佛教第28世祖达摩祖师（5世纪或6世纪初）回到中国。后来的传承主要在禅宗框架内，之后是理学。"道统"概念对宗派传统中救赎论学说的形成具有重要影响。

*《反动会道门简介》，北京，1985年。

（A.A. 马斯洛夫撰，韩万舟译）

德

德，意为"恩惠，美德"，是中国哲学基本范畴之一"道"的体现。有时它等同于"业""神力"和"法力"，曾用来表达佛教概念"功"。其最普遍的意义是指基本品行，它决定着每个独立生物或物质的最佳存在方式，即个性"德"，因此它经常被用同音字"得"即"得到"来解释，因为中国儒家判断一个人的品质通常是考察他遵守"义""礼"的能力。一个人的"德"一般被理解为"高尚品德"，也可如同希腊语arete一词，表示"纯粹的人体之美"。作为个人品行，"德"是相对的，这区别于全面普遍并因而抽象的"道"。"德"是能够引起相互冲突的众多相竞力的集合形象，因此协调这些力的万能的"德"往往借助专门的形容词来区分，例如"致德""大德""玄德""明德"，等等。对具体个体则称"私德"或"离德"（比如非法致富）。从"同德"角度来说，有"凶德""昏德""奸德"或"恶德"。作为"内在"、本性和自然品质的"德"，同"外在"的体力、"力"、"刑"和"法"构成最基本的对立体。

在《论语》中，"德"被当作信守，并且衍生出新词如"忠""信"和"义"，从而与外部诱惑和环境土壤相对立。应该以"德"报"德"，而不是以"德"报"怨"，

这符合《诗经》思想："无德不报。"在各种"德"的相互关系中，"君子"之德居"小人"之德之上，就如同草上的风。最理想的是统治者与被统治者之间"德"的和谐，这一主要观点在《大学》中被表述为"明明德于天下"，要求事先加强个人身心的自我完善。在《庄子》中，万能的"道"体现在"德"的自然决定论中："知其不可奈何而安之若命，德之至也。""德"是"通于天地者"，"德"分为八种：有左有右，有伦有义，有分有辩，有竞有争。个性三"德"为尊严、勇猛、美德，而心灵"至德"便是无欲。

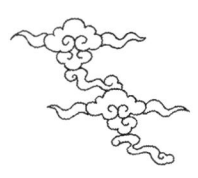

儒家、道家对于"德"的诠释是按照"道"的概念演变发展而来的，这在现代语言中融合为两个字"道德"，表示"道义、道行、德行"。1919年陈独秀利用读音的相似介绍民主化身"德先生"。中国现代思想家们也都回归到"德"这一理想。

*《中国古代哲学》，第1—2册，莫斯科，1972—1973年；《中国古代哲学·汉代卷》，莫斯科，1990年；В. В. 马良文、Б. Б. 维诺格罗茨斯基《道家哲学文选》，莫斯科，1994年；《神秘之道：〈道德经〉的世界》，А. А. 马斯洛夫编译，莫斯科，1996年。**В. Е. 叶列麦耶夫《〈易经〉中的符号与数字》，莫斯科，2002年，第187—218页；И. С. 李谢维奇《古代中国的文学思想》，莫斯科，1979年，索引；《从魔力到道德要求：中国文化中的"德"范畴》，莫斯科，1998年；Е. А. 陶奇夫《道家：历史宗教描述尝试》，圣彼得堡，1998年；А. 沃茨《道——水路》，基辅，1996年，第151—172页；Wieger L. Taoisme. T. I. Hien-Hien, 1911, p. 9, n. 8.

（А. И. 科布杰夫撰，穆新华译）

邓牧

邓牧（1247—1306），字牧心，钱塘（今浙江省杭州）人，哲学家、自由社会思想家、社会及政治批评家。其所受教育为儒学，但在很多方面他倾向于道教和佛教。尽管他自称为儒、道、释"三教外人"，但面对当时尖锐的社会危机以及由此所致的宋朝灭亡和蒙古的统治，邓牧作出了两种反应。一方面，作为道、释教徒，他远离社会甚至家庭生活，以禁欲主义的方式隐居山野。显然，他是以绝食的方式来反抗朝廷。另一方面，他以儒家的方式对社会现实进行猛烈抨击。邓牧的主要哲学著作《伯牙琴》是一部篇幅不大的文集（只有1卷），文风为"悠悠我思"或"世无知音"。邓牧承认道教高级众神之一的"玉皇上帝"是世界的主导力量，肯定生活事件的"定数"，但"大人"能够战胜这种悲剧宿命，"由心不由境"。对国家灭亡的激烈反应体现出邓牧的悲观主义。他认为，封建君主的自私贪权已成为第一个中央集权制帝国秦的统治原则，这是导致其亡国的原因。邓牧把带有道教色彩的乌托邦理想社会"至德之世"同前者对立起来，"至德之世"的特点是禁欲、减少需求，君民之间相互接近，统治者不贪图权利。君主同所有人一样，权利赋予"天"以"仁"。立君主为天下民之利，而非以天下之利奉君主一人。应该由有才有贤的官吏同君王一起合理地治理天下，如果没有这样的君王、官吏，邓牧认为应"废有司，去县令，听天下自为治乱安危"。

邓牧的观点与他的以身作则对16—17世纪儒家批判性流派代表人物的世界观产生了一定的影响，例如李贽。

**А. С. 马尔蒂诺夫《儒家的乌托邦》，载《中国社会乌托邦》，莫斯科，1987年；Fu Lo-shu. Teng Mu, a Forgotten Chinese Philosopher // T'P. 1965, Vol. 52, livr. 1-3.

（А. И. 科布杰夫撰，穆新华译）

邓析 《邓析子》

邓析，公元前6世纪下半叶时期的思想家、辩学家，曾任郑国（今河南省境内）大夫。除哲学名号之外，他还因编《竹刑》而闻名。

（А. И. 科布杰夫撰，穆新华译）

《邓析子》是一部哲学论著，传统上被认为是中国古代"名家"的奠基作之一，由思想家、辩学家、法学家和政治家邓析所作。据刘向记载，《邓析子》于公元之初就已经存在，可能创作于公元前6—公元前3世纪。在班固的《汉书》简介中也是这样记载的。但一些专家认为，现存版本的《邓析子》是更晚时候（5世纪前）的汇编，抑或是后人的仿古伪造。道家与法家观点的融合是这部格言式的《邓析子》的核心，它由《无厚篇》和《转辞篇》两篇组成。邓析采用最简单的逻辑文法手法（"言之术""两可说"），阐述了统治者要通过"名""实"相符的法律手段来实现长治的国家政权观。《邓析子》借助道家对立互生的二律背反论证了超感受、超理性认知（"不以目视""不以耳听""不以心计"）以及通过"无为"来实现无处不在的"道"的可能性。后者是指统治者应该掌握的三个御人之"术"——"以天下之目视""以天下之耳听""以天下之智虑"。如同"天"一样，统治者不可能"厚"所有人，上天容许自然灾害发生，统治者也必须采用惩罚手段。他必须要"寂"和"藏"，同时要"威"和"明"，要循"名"责"实"。

*《邓析子》，载《四部备要》，第1385册，上海，1936年；王启湘《周秦名家三子校注》，北京，1957年；А. И. 科布杰夫《名家：逻辑与辩证法的碰撞》，载《文明对话中的中国》，莫斯科，2004年，第554—555页；冯友兰《中国哲学简史》，圣彼得堡，1998年，第104—106页；Forke A. The Chinese Sophists // JNCBRAS. 1901-1902, Vol. 34, No. 1; Wilhelm H. Schriften und Fragmente zur Entwicklung der Staatsrechtlichen

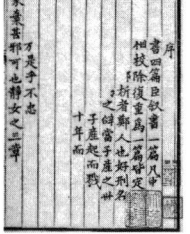

Theorie in der Chouzeit // Monumenta Serica. 1947, Vol. 12.

（А. И. 科布杰夫撰，穆新华译）

丁文江

丁文江，字在君（1887—1936），江苏省泰兴人，地质学家、哲学家、社会活动家。曾留学日本和英国。曾任北京大学地质学教授。同胡适一起主编《努力周报》和《独立评论》。在科学与玄学的论战中，丁文江是张君劢的主要对手。丁文江否定玄学，论证了科学之所以"万能"和普遍，是由于科学的"方法"。但丁文江思想体系中的科学方法和因果关系实质上只是归纳分类。事实上他的论辩大体上是对奥地利哲学家、思想家马赫以及詹姆斯、皮尔逊、贝克莱学说中某些观点的发展。丁文江借助经验主义的"终极真理"，强调客观世界就是"感觉的复合"。美国原始社会历史学家L.摩尔根把物质称作"构象"（丁文江称之为"思构"），丁文江在阐释摩尔根的理论时宣称，就其本质而言物质不完全是客观的，一部分是在人的感觉基础上、经过思维构建的概念。

*丁文江《玄学与科学：评张君劢的"人生观"》，载《科学与人生观》，第1卷，上海，1923年；丁文江《玄学与科学：答张君劢》，载《科学与人生观》，第2卷，上海，1923年；丁文江《玄学与科学的讨论的余兴》，载《科学与人生观》，第2卷，上海，1923年；Furth Ch. Ting Wen-chiang: Science and China's New Culture. Camb. (Mass.), 1970.

（С. Р. 别洛乌索夫撰，穆新华译）

东林学派

东林学派是16世纪末、17世纪初宋明理学的一个流派，因地处无锡市（今属江苏省）东隅的民间东林书院而得名。该书院在12世纪初由杨时创办，13世纪关闭荒废。1604年，东林书院在原址上修复重建。创办者顾宪成、顾允成兄弟制定了"东林会约"，作为书院的教学准则，其中包括"白鹿洞学规"，强调书院师生继承朱熹所建立的著名书院的讲学传统。1612年顾宪成去世后，高攀龙汇集300多名成员，成为东林书院的主持者。东林书院有成千上万的追随者，他们又开办了书院分院。这些聚在一起、最积极的支持者被称为"东林党"。1590年初遭受迫害的政治活动家多是东林党的核心人物。在明末政治危机的背景下，东林学人对抗情绪的根本就是重建作为社会生活主要调节器的固有道德规范和儒家伦理价值观。1620年新皇帝登基，东林党人开始参政，但仅到1620年年中他们就遭遇失败并受到镇压。1625年书院遭禁、被毁。1628—1629年，在高攀龙弟子吴桂森主持下，书院得到重新修复。自吴桂森去世后至1643年高攀龙的侄子高世泰主持书院活动之前，东林书院停办。1680年，书院成为国家机构。在20世纪，书院成为普通学堂。

东林学派与王阳明弟子们创立的泰州学派相抵触。东林学派努力论证人类存在的完整性，主张人的内心自由应符合社会生活规范。他们批判王阳明及朱熹学说中的某些观点，主张消除道、释的影响，重点关注汉代儒家学说。东林学派为清朝时期"朴学"（或称"汉学"）的产生奠定了基础。

*《东林书院志》（无出版地），1881年。**А. И. 科布杰夫《中国理学哲学》，莫斯科，2002年，第397—400页；《东林党及其代表人物》，载《古代中国历史文选》，莫斯科，1960年，第123—134页；Busch H. The Tung-in Shu-yu and Its Political and Philosophical Significance // Monumenta Serica. 1949-1955, Vol. 14, pp. 1-163; Elman B. A. Imperial Politics and Confucien Societies in Late Imperial China. The Hanlin and Donglin Academies // Modern China. 1989, Vol. 15, No. 4; Hucker C.O. The Tung-lin Movement of the Late MingPeriod // Chinese Institutions / Ed. by J. K. Fairbank. Chic.-L., 1973, pp. 132-162;

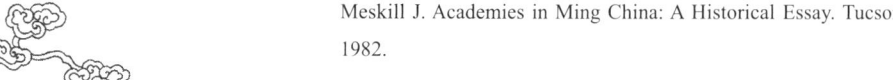

Meskill J. Academies in Ming China: A Historical Essay. Tucson, 1982.

（А. И. 科布杰夫撰，穆新华译）

董仲舒

董仲舒，公元前190或前179年出生于广川（今河北省衡水市景县），卒于前120或前104年。哲学家、政治家，有"汉代孔子"之称，他使儒家思想成为国家正统意识形态，是"今文经学"大师之一。董仲舒出身名门，曾做过国相。基于儒家伦理思想，他提出通过考试选拔官吏，是科举考试制度的先驱。科举制度是20世纪初之前在中国实行的重要的人才选拔制度。董仲舒曾在皇家太学讲学，是中国史学奠基人司马迁的老师。由82篇哲学与社会政治文章汇编而成的《春秋繁露》是董仲舒的思想遗产，《汉书》第56卷有《董仲舒传》。

在儒家思想范围内，董仲舒吸收道家、阴阳家思想，创立了高度发展的自然哲学。董仲舒认为，世间一切都源自类似于"太极"的"元"，它由"气"构成并服从于永恒的"道"。"道"的衍变首先表现在先后相克、对立的阴阳力以及"相生"和"相胜"的"五行"循环中。在中国哲学中，董仲舒第一个将各有分畛的阴阳和五行图式融合为一个统一的、包罗万象的体系。"气"如同看不见的水充满了天空和大地，人在其中就如同鱼在水中。人是与宏观世界（天和地）极其相似并且直接与宏观世界相互作用的微观世界。像墨家学派代表人物一样，董仲舒赋予天以"神"和"意"，"天"本身无言、无为，它通过君王、"圣"和自然征兆来体现其神意。

在探讨儒家人性这一基本问题时，董仲舒提出了三个新的思想：（1）遵从包罗万象的阴阳二元论，人性分为善性（阳）和恶情（阴）；（2）"善"作为人性属性之一具有相对性：人性之"善"是与禽兽性相比，而不能与圣人之性相比，圣人之性不同于中民之性，中民之性又不同于斗

笃之性；（3）"善"是人性固有的潜质，人性天生有"善端"："善如米，性如禾。"董仲舒关于自然原生人性是"中民之性"的观点接近孔子，他对人性有"善"质的评价趋向孟子，而强调人之善的形成要依靠社会教化则是承继荀子的观点。董仲舒还融合了自己的政治对手法家的思想，主张在"阳"作用下以道德精神治理的同时，要采取必要的"阴"的奖惩措施。

董仲舒承认存在两种"命"：取决于性的"天命"和取决于人（社会）的"变命"。董仲舒将历史看作三个朝代更变的循环过程，它分别以黑、白、赤三统以及忠、孝悌、文的至德道统为象征。何休据此总结出的"三世"历史学说影响后世直至康有为的理论。

基于"天人感应"，董仲舒对国家社会制度给以的完整的宇宙本体论解释是儒家发展的重要阶段。在董仲舒看来，不是如老子所言"天随道"，而是"道出于天"，"道"是联系天、地和人的纽带。这一联系的直接体现就是"王"（"君王"）。"王"字是由三条水平线（象征着天、地、人三位一体）以及纵贯它们的一条垂线（象征"道"）构成，它喻示了实现相应的"道"是君王的主要功能。"三纲"构成国家社会伦理秩序的根基，由"天不变，道亦不变"衍生而来："君为臣纲、父为子纲、夫为妻纲。"在这一天授"王道"的体系中，每一对中的前者（君、父、夫）是永远处于主宰地位的"阳"力，后者（臣、子、妻）是处于服从地位的"阴"力。这种结构法则接近韩非子的立场，反映出法家对汉代社会政治观及更晚期正统儒学的强大影响力。

*《董子文集》，上海，1937年；赖炎元《春秋繁露今注今译》，台北，1986年；苏兴《春秋繁露义证》，北京，1996年；《董仲舒："天人合一论""认识论"》，载 М. Л. 季塔连科译《世界哲学文集》，第1卷第1部分，莫斯科，1969年；董仲舒《春秋繁露》，А. С. 马丁诺夫译，载《中国古代哲学·汉代卷》，莫斯科，1990年，第111—127页；Lecture

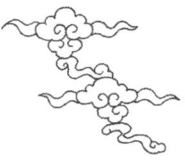

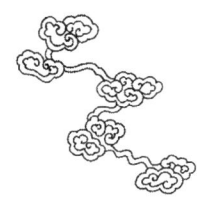

schinoises, No. 1. Peking, 1945, pp. 1-17; Chan Wingtsit. A Source Book in Chinese Philosophy. Princ.-L., 1963, pp. 271-288; Gassmann R. H. Tung Chung-shu Ch'un-ch'iu Fan-lu: Uppiger Tau des Fruhling-und-Herbst-Klassikers: Ubersetzung und Annotation der Kapitel eins bis sechs. Bern, 1988. **Ф. С. 贝科夫《董仲舒世界观中的五行说》，载《中日历史和哲学》，莫斯科，1961年；葛兰言《中国思想》，莫斯科，2004年，第385—390页；Т. Г. 谢斯塔科娃《论儒家历史观的哲学基础问题》，载《中国哲学史的形成和主要流派（道教、佛教、理学）》，莫斯科，1978年；周辅成《论董仲舒思想》，上海，1961年；Bujard M. La vie de Dong Zhongshu: enigmes ethypotheses // Journal asiatique. 1992, Vol. 280, No. 1-2, pp. 145-217; idem. Le Sacrifice au Ciel dans la Chine ancienne. Theorie et pratique sous les Han occidentaux. P., 2001; Franke O. Studien zur Geschichte des Konfuzianischen Dogmas und der chinesischen Staatsreligion: das Problemdes Tsch'unts'iu und Tung Tschung-schu's Tsch'unts'iu fanlu. Hamb., 1920; Pokora T. Notes on New Studies on Tu Chung-shu // Archiv Orientaln 1965, Vol. 33; Queen S. A. From Chronicle to Canon: the Hermeneutics of the Spring and Autumn Annals, according to Tung Chung-shu. N. Y., 1996; Yao Shan-yu. The Cosmological and Anthropological Philosophy of Tung Chung-shu // JNCBRAS. 1948, Vol. 73.

（А. И. 科布杰夫撰，穆新华译）

动静

动静是一对重要的中国哲学范畴，狭义上与"运动－静止"相对应。广义上它包括一系列的二律背反概念：行动－无为、动态－静态、积极－消极、变化－持久、坚硬－柔软、易怒－沉着。从最普遍的本体宇宙论层面上讲，汉字"动"和"静"作为独立的术语首先出现在道教的奠基之作《道德经》中。在该著作中，"动"是道的属性，即是从对立一极到另一极的"反"。"静"是"归根"和"复命""万物"的状态。在儒家乃至对后来整个中国传统哲学来说意义非常重大的基础文本《周易》的详解中，尤其是在《系辞传》中，"动"与

"静"这对术语用来表示发生在构成世界两极的阴阳力和它们的各种属性如乾－坤、刚－柔之间相互转换、变化的过程。既然阴－阳交替和它们的相互转换在这里被定义为"道",那么"动"与"静"就充当了"道"最重要的特征以及它们与"道"的共同属性"常"的载体。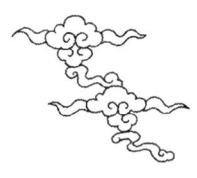

王弼在"玄学"中将源自《周易》的道家与儒家思想相融合,他在注释《道德经》时,以对于"有"而言,"无"和"虚"为本源的总体思想为基础,得出"静"先于"动"的结论:"凡有起于虚,动起于静。"因此"动复则静"。

这种以"静"为本、以"动"为末的观点不仅有着道家和儒家的思想根源,在早期的中国佛教中也得到了强化。"中华解空第一人"僧肇主张"物不迁论"。依据此理论,"动"和"静"本质上是相同的,区别仅在于对它们的主观认知:"动静未始异,而惑者不同。"

随着宋明理学的出现,源于《周易》的动与静相互作用理论获得了新的发展。周敦颐为最早推动者,他在《太极图说》一文的开篇中写道:"无极而太极,太极动而生阳,动极而静,静而生阴,静极复动。一动一静,互为其根。"在《通书·动静》中,周敦颐把动与静的实现区分为根本不同的两个层面:"动而无静,静而无动,物也;动而无动,静而无静,神也。"周敦颐的简明论点在朱熹的浩瀚著述中得到了诠释和发展,他将动与静的"神"层面与无极、"物"层面与太极相关联。朱熹借助另一对基本概念"体－用"来定义动静与太极的相互关系:"静即太极之体也,动即太极之用也。"按照朱熹的观点,动与静若没有彼此则互不存在,而且它们按照阴－阳规律相互渗透:"阴静之中,自有阳之根;阳动之中,又有阴之根。"

按此观点得出的结论:作为体的"静"先于作为用的"动"。该结论源于静的"理",先于动的"气"。这一思想受到宋明理学强烈的质疑和批判。王夫之承认"动"与"静"不可分割的相互关系。基于周敦颐动静不离的观点,他开始主张"气"是第一性的,并由"气"产生"动"。他认为:"太极动而生阳,动之动也;静而生阴,动之静

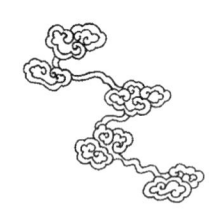

也。""一动一静，皆动也。"张载认为宇宙是充满"气"的"太虚"，它与万物内在的自身运动相联系（"动非自外"）。王夫之发展了张载的观点，认为："太虚者，本动者也，动以入动，不息不滞……静者静动，非不动也。"

从"动"与"静"相互关系的人类伦理学层面上，中国哲学最初同样认为"静"绝对先于"动"。孔子已经将"仁者静"置于"智者动"之上（《论语》）。儒家经典《礼记》的《乐记》一章中就论述了人之本性的总体准则："人生而静，天之性也。感于物而动，性之欲也。"这一至理名言在集道家思想之大成的《淮南子》的开篇几乎被逐字复制。《淮南子》依据的正是《道德经》中的格言："静为躁君。"（第二十六章）"牝常以静胜牡。"（第六十一章）"不欲以静，天下将自定。"（第三十七章）。

"静"是人本性固有的、合理的天理属性，"动"是对人之本原施加有害影响的感官及欲望特征，这是儒家和道家共同的认识，它构成古代中国宋明理学关于人类学及伦理学学说的基础，体现在周敦颐"主静"的思想主张中。

然而后来的理学家们，首先是程颢、程颐极力远离道家、佛教与世隔绝的虚静观，从伦理实效意义上将"静"解释为"居敬"。朱熹发展了这一思想，一方面坚持"动"在与"万事万物"相互关联中的重大作用，"静者养动之根，动者所以行其静，动中有静"，因此他主张加强道德修养应当既在动时，也在静时，以此来保障"道晰"；另一方面他称"居敬"为道德修养，"通贯动静，而必以静为本"，抑或"动中有静"。

在宋明理学中朱熹的主要论敌王阳明按照自己的核心理念"心即理"和"知行合一"，特别强调"动静合一"。但他也承认说："故循理之谓静；从欲之谓动……故循理焉，虽酬酢万变皆静也。"在这个意义上，依照王阳明的观点，静的境界需要回归"心之本体"，人心"至善"超越世间具体的善恶：他认为"无善无恶者理之静，有善有恶者气之动，不动于气，即无善无恶，是谓至善"。

这一观点在王廷相、王夫之和颜元关于变化和运动的"气"是本源的学说中被彻底推翻:"气"决定人性的变化以及理与欲的相互依存,因此,动静中以动为主。

从认识论层面上,中国传统哲学把"静"置于"动"之上是源于最初富有诗意的神话想象认知,即只有静态的物体才能透过明镜般的水面得到准确的反映。道家和儒家也曾使用这样的比喻。道家经典《庄子》借助该比喻论道:"圣人之心静乎,天地之鉴也,万物之镜也。"与庄子同期的儒家论著《荀子》将人心与盛满水的碗进行对比,得出结论:人必须静心才能充分认知现实,因为"心未尝不动也,然而有所谓静,不以梦剧乱知谓之静"。

百科全书式论著《管子》中专门论述认识论问题的《心术》篇概述了类似的观点"静因之道",认为通过"虚""物动"而致的"欲",才能达到精神高尚的境界。

王廷相坚决反对这一观点,认为前辈们"虚静以养心"的主张是错误的。王廷相及其后继者王夫之和颜元倡导以"动"为主,即强调实证接触和实践活动在认知过程中的重要作用。

在中国佛教中,"动"具有特殊的含义"转化",也就是说物质活动只是外在。而"静"是指"冥想",即专注于内心本质的精神状态。现代语言中这一对术语广泛用于各学科,表示相应的概念:在物理学中意为"运动—静止",生物学中为"生物—非生物",医学中为"动脉—静脉",语言学中为"动词—静词",而在音乐学中为"旋律—休止",等等。

**В. Г. 布罗夫《17世纪中国思想家王船山的世界观》,莫斯科,1976年,第95—96页;А. И. 科布杰夫《王阳明学说与中国古典哲学》,莫斯科,1983年;А. И. 科布杰夫《中国理学哲学》,莫斯科,2002年;葛荣晋《中国哲学范畴史》,哈尔滨,1987年,第130—138页。

(А. И. 科布杰夫撰,穆新华译)

杜光庭

杜光庭（850—933），字圣宾，号广成先生，道号东瀛子，意为"东海"，道教哲学家，"三洞宗"祖师。青少年时代习读儒学典籍及历史著作，后来成为道家思想的追随者，并在天台山入道。杜光庭是当时最著名、最多产的著者之一。他的著述有28种被收入《道藏》，著作以对道教经典论述的评论为主，著有《道德真经广圣义》和《太上老君说常清静经注》。杜光庭学说的核心是"道"与"物"的关系问题，这一问题始终是传统中国哲学观念所要解决的问题："道"与"物"的关系就如同"形而上"与"形而下"的关系。仅凭杜光庭的社会学说，就可以直接称其为理学的先驱者：人的"元气"是社会差异和不平等现象的前提条件，气清者聪明贤达，气浊者凶虐愚痴。杜光庭还从事宇宙起源和宇宙学问题的研究。他撰写了几部有关三昧问题——更高精神境界的著述，书中体现了修道实践对他的影响。

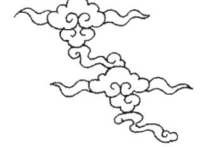

**楚紫气：《杜光庭对于道教象征之见解》。

（E. A. 陶奇夫撰，穆新华译）

杜顺

杜顺（557—640），法号法顺，传统上认为他是佛教华严宗初祖。他生前拥有很高的知名度，被认为是文殊菩萨的化身。在自己的著述中，杜顺阐释了华严学说的基本法则。其主要论著《华严法界观门》是受传统般若经的影响而写成的，其中关于"空"法则的论述以中国古典哲学范畴——理和事为基础。在其论著中反映了法界的各个层面："理"与抽象世界相对应，"事"与现象世界相对应。杜顺提出"理事无碍"观，它们既相同又不同。"事事无碍"，一中一切，一切中一，一切即一。这些法则后来被进一步研究、归纳，载入华严宗高僧们的著述中。

**《中国佛教》，上海，1986年；Л. Е. 扬古托夫《中国佛教哲学的统一、同一与和谐》，新西伯利亚，1995年。

（Л. Е. 扬古托夫撰，穆新华译）

杜维明

杜维明，生于1940年。文化学家，中国哲学史家。1968年获哈佛大学历史与东亚语文联合博士学位（论文题目《王阳明的哲学》）。先后任教于美国普林斯顿大学、加州大学伯克利分校，在北京大学和台湾大学讲授过系列课程。曾任普林斯顿大学中国历史和哲学教授、东亚语言和文明系主任。美国艺术与科学院院士，在东西文化与技术交流中心（夏威夷）担任文化与传播研究所所长。被聘为中国文化书院（北京）讲席教授。

"儒家人文精神"、东亚哲学史、比较宗教学是他的研究兴趣，他对儒家思想的宗教层面尤为关注。杜维明认为，《论语》的核心思想——"道""学""政"构成了"儒家人文精神"的明确特点，"超越突破"也属于这类特点。他认为把儒学当作纯世俗化的"实际训导"来解释是错误的。杜维明不赞成韦伯将儒者评价为很好适应世界的人，他认为，"君子"的模型与自我适应的理念是相背的，因为自我适应要求用行动来改造世界。改造世界要通过以自我完善方式而获得的社会道德约束以及与世界构造的心灵共鸣来实现，这种与世界构造的心灵共鸣使君子能够成为宇宙的共同创造者。儒家学说反映人类存在相互关联的各个层面：情感层面——人与人之间、人与大自然之间内在非语言的、"心灵语言"的相互作用；政治层面——"统治"或"政"可解释为上层用"道德约束"手段进行"校正"；社会层面——以一定社会活动规范、尊敬长辈以及已确立的行为模式为基础的礼节仪式，这不仅不妨碍自我表达，而且还能够实现可持续的沟通交流；历史层面——针对现实情境的评估层面；形而上学层面——战胜人类中心主义，达成人与世界统一的

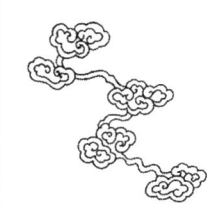

"天人合一"共识。将各个层面统一起来,就形成了总的世界观——儒家传统。危急时刻,儒家传统能够恢复人类存在含义的深刻意识。20世纪七八十年代,随着东亚儒家文化圈国家的经济增长,人们对儒家的职业及企业伦理道德产生了兴趣,这赋予儒家传统以新的生命。杜维明认为,儒家传统能够适应科学与民主的价值观而又不失传统的东方价值根基。

国外现代中国哲学史研究者认为杜维明是20世纪80年代登上学术舞台的第三代新儒学代表人物之一。不同于前几代的新儒学代表,第三代新儒学代表都是在中国大陆以外接受教育,他们的创作更多地带有历史研究性质,而前几代的研究旨在建立综合的哲学模式。

* Tu Weiming. Centrality and Commonality: An Essay on Chung-yung. Honolulu, 1976; idem. Neo-Confucian Thought in Action: Wang Yang-ming's Youth (1472-1502). Berk., 1976; idem. Humanity and Self-Cultivation: Essays in Confucian Thought. Berk., 1979; idem. Confucian Thought: Selfhood as Creative Transformation. Albany (N. Y.), 1985; idem. Way, Learning and Politics: Essays onthe Confucian Intellectual. Singapore, 1989.

(A. B. 洛曼诺夫撰,穆新华译)

顿悟

顿悟意为"突然领悟",中国佛教用语,强调不是通过逐渐的知识积累,而是通过瞬间的灵感来达到佛的境界,它与"渐悟"相对。该术语由道生首次提出。从每个人内心都存在"佛性"这一理念出发,道生强调佛性通过顿悟来实现,即自觉意识到"真我",也就是佛的自性行为。

顿悟问题在禅宗六祖慧能的学说中得到了进一步发展。"一心"是指"迷"和"悟"的"不二"法门,在此理论基础上,慧能认为,只有意识不二之法,直接契证觉性,便能达到顿悟。顿悟思想的追随者同渐修支持者之间的争论导致禅宗分裂为以慧能为代表的南宗和以神秀为首的北宗。在慧能死后，他的拥护者在这场论争中占据了上风，此后顿悟理念开始主导佛教禅宗的理论与实践。

在临济禅师时期，顿悟说发展到最高水平。他认为，人皆有佛性，要想实现诸佛的真心，就必须在自觉明心中抛开"佛""涅槃"等杂念，为此要采用实践"问答"、公案以及各种残酷的心理影响方法。

*《禅学大成》，台北，1967年；《中国佛教思想资料选编》，北京，1988年。**H. B. 阿巴耶夫《佛教禅宗与中国的文化心理传统》，新西伯利亚，1989年；《中国佛教》，第1卷，上海，1986年；Sudden and Gradual: Approaches to Enlightenment in Chinese Thought / Ed. By P. N. Gregory. Honolulu, 1987.

（M. A. 皮沃瓦罗娃撰，穆新华译）

多元认识论

"多元认识论"指认识的多元化，是20世纪三四十年代由张东荪在康德先验论的基础上创建的认识论概念。张东荪关注理性和理智，除借鉴康德的先验论，还吸收了宋明理学，以及美国哲学家、现代模态逻辑创始人刘易斯（其著作为《心灵与世界秩序》，1929），英国逻辑学家、哲学家A. N. 怀特海及英国宇宙相对论的拥护者A. C. 爱丁顿等人的理论。他否认客观存在的外部世界是首要的和唯一的知识来源，认为普遍和必要的经验基本律不属于自然外界本身，而属于理性推理，正是理性推论把这些规律纳入自然外界范畴。张东荪原则上同意康德的主张：人的直观感觉与理性范畴相结合才能获得真知，而人类意识的统一是理性的条件。他进一步印证了，"条理""范畴""设准""概念"应该被认作构成知识的基本元素。在感官经验中，这四个元素相互关联，形成一个多元组合，康德称之为"现象"。尽管这些元素相互依存，但每一个元素都有其来源，在任何情况下

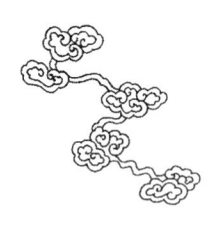

都不会变成其他元素或其他元素的组合。张东荪承认自己的融合认识论具有折中主义的特点,但他坚持认为,自己是把他人理论的各种要素整合为一个整体连贯的体系,他的观点是原创新颖的。张东荪的多元认识论对中国年轻一代的哲学家产生了一定的影响,激发了他们探究最新思想学说的兴趣,也影响了"国家社会主义"构想框架下"自由"与"民主"概念的诠释。"国家社会主义"是由张东荪和张君劢共同提出的。

*张东荪《认识论》,上海,1934年;张东荪《多元认识论重述》,载胡适等《张菊生先生七十生日纪念文集》,上海,1937年;《思想、语言与文化》,载《社会学界》,北京,1938年;《知识与文化》,上海,1946年;《理性与民主》,上海,1946年;Chang Tung-sun. A Chinese Philosopher's Theory of Knowledge //A Review of General Semantics. 1952, Vol. 9。
**C. P. 别洛乌索夫《中国版"国家社会主义"》,莫斯科,1989年;叶青《张东荪哲学批判》,上海,1931年;詹文浒《张东荪的多元认识论及其批评》,上海,1936年。

(C. P. 别洛乌索夫撰,穆新华译)

二谛

二谛,字面意义为"两种真谛(真理)""双重真谛(真理)",是印度婆罗门教、耆那教和佛教的学说,后来又在中国佛教和藏传佛教中获得了广泛的传播。前3世纪以来,一直为人们所关注。大体上说,"二谛"源自早期的佛教思想,据此,佛陀的某些言论适用于那些能直接理解真谛的教徒,而其他言论则适用于那些需要达摩对其做寓意阐释的教徒。后来这一学说又表现在诠释学思想中,即佛教诠释学将所有的佛经分为两种——"了义"(终极意义的、直接明了的义法)和"不了义"(未讲清楚、未说明白、需要阐释的义法)。对这种划分研究作出巨大贡献的是大乘佛教思想家无著、月称和宝作寂。

二谛论成为中观宗的哲学基础之一。该学派奠基人龙树及其弟子提婆在他们的文集中对这一理论作出了表述。"二谛"包括：（1）相对真理（俗谛、世谛）；（2）绝对真理（真谛、第一义谛）。相对真理通过话语和文字符号表现出来，由"缘起"论法则决定，以凝固的片段形式记录现实。绝对真理符合性空的意识状态，其内容不具备主客观划分，不能用言语表达。它借助于般若获得极其个性化的理解。其内容与具体个人的心理状态密不可分，不能由一个人传达给另一个人。这两种真理不能相互分离，它们是一个完整的统一：理解绝对真理不能离开相对真理，后者培养了信教者理解和接纳前者的意识。同时，离开了绝对真理也不可能存在相对真理。龙树认为："诸佛依二谛，为众生说法，一以世俗谛，二第一义谛。若人不能知分别于二谛，则于深佛法，不知真实义。若不依俗谛，不得第一义。不得第一义，则不得涅槃。"二谛统一的原则基于大乘佛教中倡导的涅槃轮回说，这一学说在后来的东方佛教中得到了极为广泛的传播。

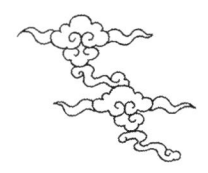

在中国，二谛论成为佛教宗派——三论宗的哲学基础。吉藏系统地整理了三论学说，并在自己的论著《二谛义》中发展了这一学说，提出了"三种二谛"理论。这一理论建立在佛教逻辑四句法的基础上，运用了"四门"法。第一种俗谛意味着存在佛法，即"有"，第二种真谛认为不存在佛法，即"无"。然而这两种论断——佛法的有与无难免会造成"假言"的产生，虽然真理还是应该建立在中道的基础上，成为不二。引入不同种类的二谛论是一种在不同对立物之间以逻辑的方式建立"中道"的尝试。因此，根据第二种俗谛可以断定，佛法可以同时存在"有和无"。对这一论点的否定即为绝对真理。第三种俗谛将第二种真俗二谛合为一体，成为"二"和"不二"。否定"二"和"不二"即为绝对真理。

三种"二谛"论考察了以下规律和法则：（1）在相对真理中被确证的事物会在绝对真理中被否定；（2）前一种相对真理和绝对真理是新阶段的相对真理，而对它们的否定即为绝对真理。吉藏将第一种二谛与阿毗昙（中文指"最高

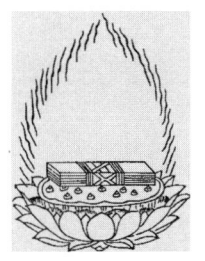

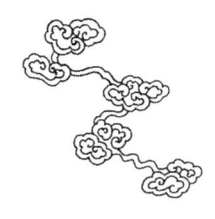

教义")传统中对它们的理解相关联,将第二种二谛与《成实论》传统相关联,将第三种二谛与《十地经论》传统相关联。这些传统的信奉者组成了各种宗派,在5—7世纪的中国获得了相当广泛的传播。

吉藏在自己的文集《大乘玄论》中引入了第四种二谛。第三种真俗二谛是第四种俗谛,而对它们的否定即为第四种真谛。

天台宗学派以龙树的"二谛"论为基础提出了"三谛圆融"论,即空谛、假谛和中谛。

*吉藏《大乘玄论》,载《中国哲学思想资料选编》,第2卷,第1章,北京,1983年;吉藏《二谛义》,载《中国哲学思想资料选编》,第2卷,第1章,北京,1983年。**М. В. 阿纳申娜《有关三论宗的二谛学说》,载《哲学社会学报》,莫斯科,2005年第1期;Т. П. 格里戈里耶娃《佛教在日本》,莫斯科,1993年;Е. П. 奥斯特洛夫斯卡娅、В. И. 鲁塔《以佛教的眼光看世界》,圣彼得堡,1994年;А. Н. 伊格纳季耶维奇《日本的佛教》,莫斯科,1987年;В. К. 绍欣《吠檀多学派本体论中现实的层化现象》,莫斯科,2004年;Л. Е. 扬古托夫《中国佛教哲学的统一、同一与和谐》,新西伯利亚,1995年;方立天《佛教哲学》,北京,1986年;韩廷杰《三论玄义校释》,北京,1987年;Sprung M. (ed.). The Problem of Two Truths in Buddhism and Vedanta. Boston, 1973; Streng F. The Buddhist Doctrine of Two Truths as Religious Philosophy // Journal of Indian Philosophy. Dordrecht, 1971, Vol. 1, No. 3; Takakusu J. The Essentials of Buddhist Philosophy. Honolulu, 1956.

(М. В. 安娜希娜撰,王艳卿译)

"法"("典范""条例""方法")是中国哲学和文化的一个范畴。在广义上被定义为伦理道德观的模范(尤其是行动);狭义理解为法律法规,即反对自然的"德"(它在基督教传统中介于法律和神赐之间),而在社会权力领域则表现为反对礼仪式的礼。墨翟的"法天"表现了"天"作为一种至高无上的客观力量,具有支配力,一般而言,其中包含"兼相爱,交相利"。古代统治者中的"圣"人在这种道德规范基础上建立严格的法规。《道德经》中的"典范"或者"奉为典范的"法,是"人法地,地法天,天法道,道法自然"。后期墨家将"法"主要看作"方法"——行动的目的、办法、计划或过程("所若而然也")和评价结果的标准。更为狭义的"法",通常是指获得正确知识及其使用的方法。对于兵家思想家而言,"法"是共通秩序的源头、制度、社会生活秩序。早期儒家典籍如《礼记》中亦有类似的"法"的含义。在道家经典《黄帝四经》中,术语"法"和"道"是相关的,两者相互依存。

早期法家学说中的"法"成为其主要类别,在此基础上形成"法治"这一概念。《商君书》中,"法"被定义为"君臣之所共操也";法律原则,根据具体的情境,与"礼"的不可变的规范相对,与统治者相关联。法家思想在《管子》的一些篇章中已有表述,其中,"法"被视为"禁于杀、害人,则禁止";在另一处,"法"则被界定为"上之所以一民使下也"。在《韩非子》中,"法"是文字形式的法律决议("编著之图籍,设之于官府,而布之于百姓者也")。

早在荀子那里,已出现法家之法规与儒家之仪礼相融合的趋势:"非礼,是无法也。"这种趋势在汉代获得进一步发展,并成为中国帝制时期官方意识形态的表征。公元2世纪,儒家学者、经学大师郑玄总结与融汇儒家和法家关于"法"作为社会"制度"的思想,这些制度在夏和殷商时期的祖先业已建立。

*《商君书》，Л.С.佩列洛莫夫译序，莫斯科，1968年。**А.И.科布杰夫《王阳明学说与中国古典哲学》，莫斯科，1983年；Л.С.佩列洛莫夫《中国政治史中的儒家与法家》，莫斯科，1981年；М.Л.季塔连科《中国古代哲学家墨子及其学说》，莫斯科，1985年；Cheng Chung-ying. Metaphysics of Tao and Dialectics of Fa: An Evaluation of "Huang-ti Ssu Ching" in Relations to Lao-tzu and Han Fei and an Analitical Study of Interrelationship of Tao, Fa, Hsing, Ming and Li // JCP. 1983, Vol. 10, No. 3.

（А.Г. 尤尔克维奇撰，陈爱香译）

法藏

法藏，自号贤首，643年生于长安（今西安），卒于712年，华严宗的实际创造者，他将华严宗理论系统化并强化其独特性。他家本是康居国人，故有时被人称作"康居法藏"。他是著名的翻译家和法相宗改革者玄奘的弟子，后与其师观点相左并针锋相对与之论辩。对法藏产生重要影响的另一位老师是华严宗的二祖智俨法师。法藏的一生绝大部分时间在都城的云华寺和大荐福寺度过，并受唐朝王室特别是武则天的庇护，朝廷封其为"国一法师"。

法藏的主要著述有《般若波罗蜜多心经略疏》《入楞伽心玄义》《大乘起信论义记》等。

法藏的哲学以"缘起"论为基础，认为"法"的所有元素（万物）在真实的存在中相互关联、相互依存，同样也相互渗透：一归于多，多包含一。因此，在"一心"中，一与多的一致性的论断是宇宙的精神基础。该观点可见于依据大乘佛教所说的"涅槃"和"轮回"所提出的"理事无碍"和"事事无碍"两种说法。因此，法藏学说将世界看作是互相联系、互相包含的统一体，由此取消"一与多""同与异"的对立。法藏重新修改了唯识宗的"三性"说，将"依他起性"置于"圆成实性"之上。法藏认为"依他起性"犹如许多独立的单个的"事"组成的虚幻世界与理想的"理"构成的本真世界的综合。因而它的真实性优于第一性与第二性，恰如"一心"和"法身"。

法藏将所有著名的佛教学说分为五教,并根据"真"的分层,设置十家。其中最高级和最完美的佛教流派为华严宗。宗密将这种分类加以发展并完善。法藏的哲学观点对华严宗理论体系的形成,发挥了决定性的作用,亦对禅学思想产生了重要影响,在公元11—12世纪,又对理学的哲学问题与术语影响甚巨。

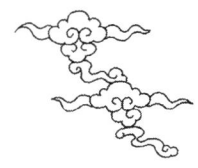

(E. A. 陶奇夫撰,陈爱香译)

*方立天《华严金师子章校释》,北京,1989年;《华严金师子章》,Л. E. 扬古托夫译序,载《华严宗的哲学理论》,新西伯利亚,1982,第112—116页;《华严金师子章》,К. Ю. 索洛尼娜译,载《中国宗教·文选读本》,圣彼得堡,2001年,第343—374页;A Source Book in Chinese Philosophy / Tr., comp. by Chan Wing-tsit. Princ., L., 1963, pp. 406-424。**《中国哲学史》,莫斯科,1989年,第269—274页;Л. E. 扬古托夫《中国佛教哲学的统一、同一与和谐》,新西伯利亚,1995年,第129—172页;谈壮飞《法藏》,载《中国古代著名哲学家评传·续编三》,济南,1982年,第3—44页;《中国佛教》,第2卷,上海,1989年,第175—177页;Fung Yu-lan. A History of Chinese Philosophy. Vol. II. Princ., 1953, pp. 339-359.

(А. И. 科布杰夫撰,陈爱香译)

法家

法家,形成于公元前4—前3世纪,是专制集权国家社会统治的理论依据,它在中国历史上首次取得官方正统意识形态地位是在第一个中央集权帝国——秦。法家学说在公元前4—前3世纪的论著《管子》《商君书》《申子》《韩非子》中得以准确表述。该学说对于名家和道家以及《邓析子》和《慎子》有不同程度的影响。

公元前7—前5世纪是法家思想的潜育时期,最早的法家原则是在实践中探索出来的。齐国宰相管仲是中国历史上提出以"法"为基础治理国家的第一人。他将"法"定义为

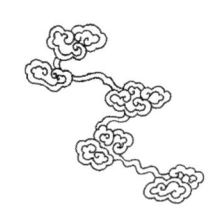

"民之父母"（《管子》，卷六），起初这只是作为"君主"的代名词被采用。管仲不仅仅将"法"与统治者相提并论，为了保护人民不受君主的肆意妄为之害，他认为"法"还应该高于并且限制统治者。他还以"法"来抵制那些令人渎职的智和识。为了阻止邪恶的倾向，管仲建议使用惩罚作为治理的主要手段，"畏罪则易治也"。

郑国最重要的国相子产延续了这一思路。据《左传》记载，子产认为"天道远，人道迩，非所及也"。他打破良心法传统，于公元前536年在中国首次编纂刑事法典，铸"刑书"。

他的同时代人、郑国大夫邓析发展并普及了这一创举，将刑法条文刻在竹简上（《竹刑》）。据《邓析子》记载，他阐述的国家权力是指统治者通过"名实"相符的法律手段来实现的权力。统治者应掌握治理之"术"，要求"以天下目视""以天下耳听""以天下智虑"。如同天一样，君主不应对民"厚"；天降下灾难，统治者不使用刑罚是不行的。君主必须内心宁静和暗中查访，但同时他要立"威"做明君，"循名责实"。

公元前4世纪至前3世纪上半叶期间，在国家治理实践家先贤们的思想基础上，在道家、墨家及名家学派某些观点的影响下，法家成为与儒家思想根本对立的完整独立学说。法家的专横暴虐、崇尚权力、军政主义和律法创新与儒家的人道主义、爱民、和平主义和传统伦理道德背道而驰。法家学者们从道家学说中吸收了作为"自然道"的宇宙进程观念，认为在这一进程中自然比文化更为重要；从墨家借鉴了关于人类价值观的功利主义、机会均等原则以及权力神化；从名家汲取了保持"名"与"实"正确平衡的观念。

这些共同的思想观点在法家经典代表人物慎到、申不害、商鞅和韩非子的著述中得到了具体阐释。慎到最初接近道家，后来开始宣传"尚法"和"重势"，因为"民一于君,事断于法"。慎到提倡把"势"放在第一位，"势"的内容包含"权""位"以及作为补充的"法"。慎到认为："贤不足以服不肖，而势位足以屈贤。"

韩国丞相申不害提出了另一个最重要的、决定"法"与"势"相互关系的法家概念"术"。他效法邓析,把道家、名家思想纳入法家,这体现在他的"刑名"学说中。按他的观点,要"循名责实"。申不害聚焦统治机器诸问题,主张"尊君卑臣",这样一来,所有的职责交由臣下去完成,而君主展示给天下的是"无为",他暗中对群臣进行监督和考察。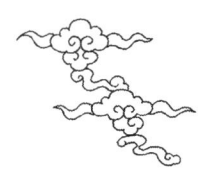

法家思想在秦国商鞅的理论与实践中达到顶峰。商鞅被认为是中国权谋杰作《商君书》的作者。虽然接受了墨家的国家制度思想,但商鞅得出了相反的结论。他认为,要像老子建议的那样,国家应该战胜民众,不用让百姓知道那么多,不用给他们好处,因为"民愚则易治,此所生于法明白易知而必行"(《商君书》,第二十六)。法令本身不是神奇的,而是易变的,因为"故知者作法,而愚者制焉,贤者更礼,而不肖者拘焉,拘礼之人不足与言事,制法之人,不足与论变,君无疑矣"(同上,第一)。"民胜其政,国弱;政胜其民,兵强……过匿,则民胜法;罪诛,则法胜民……民胜法,国乱;法胜民,兵强"(同上,第五),因此政权应该比民更强,要壮大军队。政权应该督促民众从事农业和战争,这是同等重要的事情,并要使民众摆脱无尽的欲望。治人应首先明白人性是邪恶及自私的,"用善,则民亲其亲;任奸,则民亲其制。合而复者,善也;别而规者,奸也。章善,则过匿;任奸,则罪诛……民之情也治,其事也乱。故行刑,重其轻者,轻者不生,则重者无从至矣"(同上,第五)。

"刑生力,力生强,强生威,威生德,德生于刑。"因此"治国刑多而赏少"(同上,第七)。"辩慧,乱之赞也;礼乐,淫佚之征也;慈仁,过之母也;任誉,奸之鼠也"(同上,第五)。不可避免的铁的纪律和各方面统一一致的战争,被认为是与这些有害文化现象斗争的最重要的手段。

韩非子综合商鞅的思想体系与慎到、申不害的法学理念,又引入儒家和道家的某些社会理论主张,完善了法家学

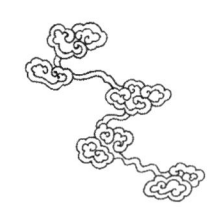

说。他发展了荀子提出的、对后世哲学体系（尤其是理学）的完善极为重要的"道"和"理"的关系："道者，万物之所然也，万理之所稽也。理者成物中之文也，道者万物之所以成也。"（《韩非子》，《解老》第二十）韩非承认"道"具有普遍"成"（万事"得之以生"）和普遍"生"（万物"得之以生"）的作用。但不同于宋钘和尹文，他认为"道"可以"象""形"呈现："道"体现在每个人身上的"德"需以无为和无欲来巩固，因为与外界事物的感官接触会浪费"神"和"精"。"香美脆味，厚酒肥肉，甘口而疾形；曼理皓齿，说情而损精。故去甚去泰，身乃无害"（同上，第八），"神不淫于外，则身全。身全之谓德。德者，得身也。凡德者，以无为集，以无欲成，以不思安，以不用固。为之欲之，则德无舍"（同上，第二十）。韩非子由此得出，在政治上坚持安静隐匿是有益的，"夫事以密成，语以泄败"（同上，第十二）。应该让人民服从自己的本性和命运，而不去"用仁义教人"，它们就像智力和寿命是无法传授的："今或谓人曰：使子必智而寿，则世必以为狂。夫智，性也；寿，命也。性命者，非所学于人也，而以人之所不能为说人，此世之所以谓之为狂也。……民智之不可用，犹婴儿之心也。"（同上，第五十）

极其短暂的历史发展时期对法家而言意义重大。早在公元前4世纪，秦国就采用了法家思想。随着秦国征服邻国，中国历史上第一个中央集权王朝出现，法家由此战胜了曾经具有很大权威的儒家，成为第一个举国性的官方意识形态。但由于不符合常理，这种盛况并没有持续很久。秦帝国仅存15年，便把自己残暴的记忆留给后世。在公元前3世纪末，秦帝国以贪大求全、残酷的奴役以及黑暗势力的合理化而告终，也由此把法家的严酷名声埋葬于废墟之下。

儒家通过合理借鉴法家学说中以往对国家和社会治理的务实有效的经验，在公元前2世纪中期重返官方正统舞台。经儒家道德精神改良后的这些法则运用于此后王朝的官方理论与实践中，直到20世纪初。

11世纪伟大的政治家、改革家、哲学家及儒学家王安石曾违背儒家对法家不可动摇的特殊立场，将法家关于依靠法律治国的基本观点纳入自己的社会政治纲领，尤其包括惩罚的主张（"小过来惩"），鼓励军人英勇（武），要求官员之间相互配合，不认为"古"优于今（不法古），等等。

19世纪末20世纪初，法家思想引起了改革家的关注。他们从法家思想里面看到了用法律来限制君主专权的理论依据，而专权思想是儒家提出来的。

1920至1940年，"国家主义派"开始宣扬法家的国家性，该思想的代表陈启天曾为创立"新法家"而斗争。

*伊凤阁《中国哲学资料·法家·韩非子》，圣彼得堡，1912年；В. М. 施泰因《管子翻译与研究》，莫斯科，1959年；《中国古代哲学》，第2卷，莫斯科，1973年；《商君书》，Л. С. 佩列洛莫夫译，莫斯科，1993年。**《中国哲学史》，莫斯科，1989年；А. И. 科布杰夫《法家：法治的国家主义——权力的道德规范》，载《伦理学史》，莫斯科，2003年，第26—31页；李翁佳《韩非子》，载《伟大的东方思想家》，莫斯科，1998年，第57—63页；Л. С. 佩列洛莫夫《中国政治史中的儒家和法家》，莫斯科，1981年；В. А. 鲁宾《中国古代的个人与权力》，莫斯科，1999年，第40—59、129—143页；冯友兰《中国哲学简史》，圣彼得堡，1998年，第116—126页；Vandermeerch L. La Formation du le gisme. Recherche sur la constitution d'une philosophie politique caracteristique de la Chine ancienne. P., 1965.

（А. И. 科布杰夫撰，穆新华译）

法相

法相，指诸法之相状，佛教术语，强调"法"作为"体相"的意义。法相思想在佛经《解深密经》中已有明确表述。在中国，它作为法相宗的教义而大受欢迎。根据法相的教义，诸法相略有三种："遍计所执相""依他起相"和"圆成实相"。

"遍计所执相"意味着个体与外部世界及内在之"我"

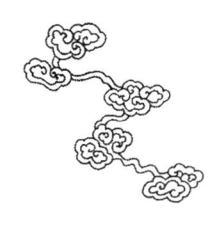

的依附，即意识对现实存在的妄执性。"遍计所执相"的特征是，模糊不清的意识是无知的。为了说明教徒的无知状态，经常使用的例子是一条绳子被误认为是一条蛇。

"依他起相"体现为认识的相对性，外部世界和内在的"我"没有自己的本质，而是取决于其原因。"依他起相"的特点是对外部事物及内在之"我"的虚幻的理性认识，它们取决于意识。然而，"依他起相"还不是真正的认识，因为这还不能揭示意识的真正本质。我们已经明白，没有蛇，只有绳子，但我们对绳子本身什么也不知道。

"圆成实相"即"真如"，其特点是对事物本质的真正理解，相当于意识对真实本质即真实存在的理解。法相宗的七种"真如"标志，表明没有存在与不存在的二元论。"真如"存在于诸法中，这反映了惊人的真实的存在迹象，它不显现在其迹象中，但并非有所不同。佛法之"真如"不参与现象的存在的显现，即使"真如"以现象存在的显现和其真实的显现为基础。它强调重生的周期性，但并不总是能够呈现自己，这取决于佛法。"真如"在每个人的意识中，是众生行动的基础，但并不是每个人都能发现自己的"真如"。"真如"的显现，取决于无忧无虑的种子识，如"阿赖耶识"。

法相宗关于诸法相的三种说，是对三种无自性性学说，即"相无自性性""生无自性性""胜义无自性性"的补充。

**O. O. 罗森堡《佛学研究》，莫斯科，1991年；黄忏华《佛教各宗大义》，台北，1973年；《中国佛教》，第1—2辑，北京，1980—1982年；Chatterjee A. K. The Yoga Chara Idealism. Delhi, 1987; Ch'en K. Buddhism in China: A Historical Survey. Princ., 1964.

（Л. Е. 扬古托夫撰，陈爱香译）

法相宗

法相宗，这个佛教宗派的中文名字来源于"诸法实相"——法相宗的主要教义。法相宗亦以"慈恩宗"之名著称，得名于长安（今西安）的慈恩寺，该派的创始人玄奘和窥基曾在那里活动。要特别注意佛教的逻辑问题，在中国，最为著名的是因明（因明广义上是古代印度的逻辑学）。法相宗又称为"唯识宗"，然而，中国近代某些思想家（如欧阳竟无）认为，这一教义有不同的流派："唯识宗"对所有经验范畴如各种不同的意识状态作出解释，倾向于否定"佛性"的存在，而该说法确定众生都有"真如"。特别是法相宗解释"法相"，并非从一开始就要反对法性宗的观点，其实两者在很多方面是相同的。法相宗在7世纪传入韩国，在7—8世纪传入日本。

**Г. Б. 达格达诺夫《中国佛教史中的法相宗》，载《中亚国家佛教史料学与历史编纂学》，新西伯利亚，1986年；П. Д. 连科夫《佛教唯识宗在中国的哲学建构》，圣彼得堡，2006年；Л. Е. 扬古托夫《中国佛教哲学的统一、同一与和谐》，新西伯利亚，1995年，第57—83页。

（А. А. 马斯洛夫撰，陈爱香译）

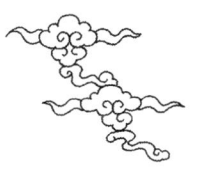

法性宗

法性宗是三论宗、华严宗、天台宗三个宗派的总称，三派对法性的解释基本一致。在法性宗教义中，依据大乘佛教中观宗理论，其核心思想是，每个人都潜在地具有佛性，即等同于"真如"，后者是存在的基础和内容。根据法性宗的学说，可以阐释诸法缘起性空理论。由于法性宗以"真如"为世界本源，故被称为"性宗"。三论宗通常被认为是法性宗的主要代表。法性宗在教义学说上与法相宗相对立，法相宗不承认一切众生皆有佛性，亦不承认法空是存在的基础。①

---

① 这种说法并不准确，法相宗也承认诸法性空。——译者注

**方立天《佛教哲学》，北京，1986年，第10—11页。

(A. A. 马斯洛夫撰，陈爱香译)

范晔

范晔（398—445），又名范蔚宗，顺阳（在今河南省）人，社会活动家、历史学家。他出生于一个著名的士族家庭，担任过宋朝亲王的侍从。公元5世纪40年代，范晔以谋反罪被诛。他是《后汉书》的作者，该书是六朝时期最著名的历史编著。范晔曾参与慧远和何承天的无神论思想传播，自始至终反对"神不灭"思想。据史料记载，他试图建立"疑鬼论"的理论，以阐释人的肉体死后"神"亦灭的观点。

*《后汉书》，第1—12卷，北京，1973年。**《中国哲学史》，任继愈主编，北京，1979年；Ch'en K. Anti-Buddhist Propaganda during the Nan-Ch'ao // Harvard Journal of Asiatic Studies. 1952, Vol. 15.

(M. E. 克拉夫佐娃撰，陈爱香译)

范缜

范缜（450？—515？），又名范子真，舞阴（今河南省泌阳县）人，哲学家、思想家、无神论者，出身于有名望的士族家庭，在南齐和梁时为官，赞同统治王朝王室人员之间建立私交。与反对佛教的前辈蔡谟、何承天等人一样，他认为佛学是"不文明"的学说，会破坏社会道德准则，使国家管理陷入混乱。范缜认为，与佛教作斗争最有效的方式是摧毁其理论权威，对神不灭思想亦如此。为此，范缜为他同时代的思想家解释"轮回"和因果报应之说。范缜的主要哲学著作是《神灭论》。当权者组织的围绕这一论著的论战成为当时中国思想界最重要的事件。范缜在其理论学说中指出，人的"形"与"神"是互相结合的统一体，基于中国哲学中关于人是由单一物质"气"所构成，范缜将其予以逻辑论证。范缜放弃以往将"形"与"神"视为"外壳与内质"的类比原则，而将其解释为物质的实体与功用，由此认为人的"形"与"神"须臾不可分离，并同时灭亡。与之前的儒家与道家的思想相比较，范缜的思想前进了一大步，他指出人的"形"与"神"是统一的实体，人的死亡被视为相对独立的行动（灭——"消失""死亡"，散——"消散"在"天际"）。根据范缜的观点，世界是一个统一的有机体，不仅包括人的生活，还包括自然法则。他反对任何超自然理性的实质，对宗教偏见和信教予以尖锐批判，并给它们以唯理主义的解释。在他看来，祖先祭祀原本是一种尊重死者的记忆形式。

范缜一贯反对关于人与世界之本质的唯心主义解释，认可对其加以逻辑辨识的可能性与必要性。范缜的学说是中国远古和中古时期唯物主义思想和唯理主义观念共同演化的结果，但未获得同时代人的认同。其原因之一是构建其体系的隐喻式比较的论证：同类的比较，采用他的对手的论据，却得出与对手相反的结论。

*Я. Б. 拉杜里-扎图洛夫斯基《中国伟大的无神论者范缜》，载《宗教与无神论历史博物馆年鉴》，莫斯科、列宁格勒，1957年第1期；Balazs E. Chinese Civilization and Bureaucracy. New Haven-London, 1964, pp. 255-276.

（M. E. 克拉夫佐娃撰，陈爱香译）

方东美

方东美,又名方珣,曾用笔名"方东英",1899年3月20日生于安徽省桐城县,1976年7月13日卒于台湾。中国哲学思想研究者,新儒学的代表。

1918年入南京金陵大学文科哲学系;1920年开始参加学生运动,加入"少年中国学会",提出为国家的复兴而献身科学的人生目标。他翻译出版了W.穆雷的《经验主义》一书,出版了介绍国外的学术生活以及柏格森和詹姆斯的哲学观点、现实主义流派的相关书籍。1921年赴美留学,1922年以论文《柏格森生命哲学之评述》获威斯康星大学硕士学位。后转入俄亥俄州立大学学习,1924年以论文《英国与美国唯实主义的比较研究》通过威斯康星大学博士学位考试。同年回到中国,于国立武昌师范大学(现武汉大学前身)主讲西方哲学,于国立东南大学(南京)主讲哲学,1929—1948年任教于中央大学。1937年在广播电台举行系列演讲,宣扬中国传统文化价值,作为与侵略者斗争的思想武器,并作系列哲学(黑格尔、王阳明、《周易》)演讲。1948年起,任台湾大学哲学系教授,50年代末期经常外出开设讲座和参加学术会议,1973年,任辅仁大学讲座教授。

在20世纪30年代,方东美主要关注"生命情调"与不同民族文化的"审美接受"。方东美在勾勒世界文化的基本类型时,认为希腊文化是"契理文化",要"援理求真";欧洲文化是"尚能文化",要"驰情入幻";中国文化是"妙理文化",要"挈幻归真"。希腊文化主要以"大安理索斯""爱婆罗""奥林坪"三种精神为代表(这对方东美早期研究尼采的《悲剧的诞生》产生了显著影响),欧洲文化主要以"文艺复兴""巴镂刻"(巴洛克)"罗考课"(洛可可)三种精神为代表,中国文化主要由儒、道、墨三种精神为代表。

方东美在《易经》中发现了中国哲学的基本精神——"生生之德"。方东美从中看到了创造精神的理想及与之相关的文化的连续性。方东美认同尼采的"超人"思想,他认为,若无虚无主义文化的破坏性,"超人"思想既能克服三种文化的缺陷,又能融合三种文化的长处。方东美认为这种

思想能够唤醒中国人对于敢于创新的文化创造的意识。方东美将哲学与艺术相接,将真理的问题与美感相联系,提出激发人的"神性"是哲学的任务,认为中国哲学趋向万物和谐存在。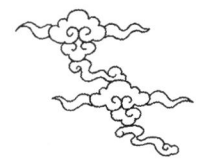

方东美将人性本善与天人合一视为中国精神的总体特征。他对早期儒学的研究不局限于《论语》,而是更深入地研究《尚书》(《洪范》篇)、《国语》和《左传》等典籍。其研究最初聚焦于《易经》及其注解,因为其中包含了中国哲学的创造性思想。战后,方东美注重促进中国哲学在西方的传播,在印度思想普及工作者C.拉德哈克里希南的影响下,方东美于1957年出版英文著作《中国人的人生观》,其中阐述了中国的形而上学、人的异化、人与世界的关系等思想。

*方东美《生生之德》,台北,1979年;方东美《中国人的人生观》,台北,1980年;《中国哲学精神及其发展》,台北,1981年。**罗义俊《诗哲方东美》,载《评新儒家》,上海,1989年;刘述先《方东美先生哲学思想概论》,载《方东美哲学》,台北,1989年;Li Chenyang. Fang Dongmei: Philosophy of Life, Creativity, and Inclusiveness // Contemporary Chinese Philosophy / Ed. by Chung-ying Cheng and N. Bunnin. Malden (Mass.)- Oxford, 2002, pp. 263-280.

(A. B. 洛曼诺夫撰,陈爱香译)

方以智

方以智(1611—1671),又名方密之、方曼公,安徽桐城人。哲学家,百科全书式的学者,其研究涉及天文、哲学、音乐和医学等领域。他是中国首位将"哲学"与"科学"两个术语加以区分,并将儒道佛诸思想加以整合的学者。他出生于官宦世家,祖父方大镇于1589年中进士,官至大理寺少卿;其父方孔炤(1591—1655)亦是进士,官至湖广巡抚。

1634年,方以智来到南京,与黄宗羲一道成为复社的积极分子，他继承了东林学派的社会政治思想。1640年中进士，在翰林院担任史官一职。在明朝政权覆灭后，他逃至南方，易名为吴石公，号愚道人，以卖药为生。在广东肇庆，桂王（朱由榔）宣称自己是明朝的继任者，建立永历政权，方以智成为替皇后和皇子效力的内侍官，兼任经筵讲官。被位高权重的太监王坤诬劾免职后，他不得不遁迹于山城桂林，并在那里结识该时期著名的哲学家王夫之。1650年，清兵入粤，方以智为免遭被捕，在梧州（今广西壮族自治区）剃度，成为一名和尚，并取新的名号：大智、弘智、无可、药地、浮山愚人、愚人大师、极丸老人等。其后他前往家乡，先居于南京天界寺，后转入吉安县（今江西省）青原山净居寺，潜心于科学研究。

方以智毕生留下丰厚的学术遗产——数百万字的著述，其中包括《物理小识》《通雅》《东西均》《药地炮庄》《易余》《性故》《一贯问答》《愚者智禅师语录》《浮山前后集》《博依集》等。

方以智在他最重要的著述《物理小识》的序言中承认，该著师承王宣的《物理所》，因为它开启了起源于张华《博物志》的科学知识的分类传统，发展了宋僧赞宁《物类相感志》中的思想，而与明代学者及诗人董斯张的《广博物志》中的《社会重建》相关联。

方以智和王宣著述中所提及的"物理"包括"物"和"理"两个方面。而在现代汉语中，"物理"作为一个术语，比其同义语"自然科学"的含义更广。在他们之前，学界用它们将"博物"的两个方面即物品的博物学与博物馆的展览品结合在一起。

《物理小识》共12卷，在康熙年间首次刊行，包括在1884年和1937年的再刊本，成为方以智创作的主要文献资料。在该书中，他不仅介绍了极其广泛的科学知识，其中包括天文学、气象学、地理学、矿物学、植物学、动物学、纪年、音乐学、医学、饮食、衣服和器用史、神秘主义科学（鬼神方术）、占卜术等，而且将知识分为哲学、自然科学、社会科学三大类。在这方面，方以智与那些将西方科学技术成果带到中国的传教士（其中最有名的是16世纪末的传教士利玛窦）一样，成为标志性人物。他的朋友、翻译家、出版家金尼阁于1626年在杭州刊行了阅读《西儒耳目资》中文版的指南，该书对方以智产生了很大影响，让他了解到拉丁文对于转写中文的重要性。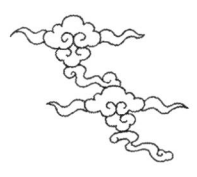

或许是因为通过基督教学者和传教士，方以智熟知西方文化元素，他首次在中国的《周易·系辞传》基础上提出"质测"与"通几"这对术语，其功能与"科学""哲学"相同。在现代汉语中，通用的"科学"和"哲学"两词，可能出现于19世纪末。方以智的术语虽没有成为指代科学与哲学的通用符号，却给中国文化研究带来了新的课题。他不反对这两种形式的知识，相反，他认为二者紧密相连并"不两相妨害"，还将其视作现实世界的两个层面，即具体可见的"万物"和隐微不可见的"神明"。此外，"质测即藏通几者也"，但不同的方法会破坏内部的和谐；所以，西方学说具有重"质测"而去"神明"的不平衡特点，而中国的"理学"，主张"质测即藏通几"，舍"物"而言"理"。此外，儒学倾向于自我封闭的"宰理"，即行政法规、法令、教育规章和道德准则。这方面的特征是"治教"，与自然科学研究的"学天地"迥然不同。为了加以区分，方以智引入"矛盾"这一范畴。"矛与盾"的字面义，与《韩非子》中商人卖"矛"与"盾"的寓言故事相联系，商人同时卖无坚不催的"矛"和坚不可摧的"盾"，如二者相对则陷入绝境。在中国古典哲学中，矛与盾这个二项式表达对立的思想，而在现代汉语中，"矛盾"则成了合乎逻辑的术语。方以智认为设教之言"唯恐矛盾"，而自然科学研究则不妨矛盾（《一贯问答》）。方以智承认"矛盾"，这直接源于其理论立场，与数字占卜不同。

他断言，在《象数学》中，"圣"存于哲学和科学的和谐之中（"通神明，类万物"），合乎《周易》规范的叙述。就此理论而言，方以智描述了宇宙的方式："大一分为大二，而参两以用中五。从此万千皆参伍也①，皆一贯也。

① 俄文版原文为"皆伍也"。——译者注

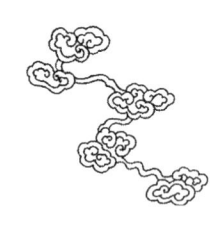

三教百家、造化、人事毕于此矣。处处是河洛图，处处是〇、∴、卍，行习而不著察耳。"方以智认为数字占卜对象的两个中心——象与数是世界和谐的稳定基础："天地之象至定，不定者，气蒙之也。天地之数至定，不定者，事乱之也。"（《物理小识》）宇宙呈"至定"状态，遵守矛盾这一普遍方法论原则，辩证地"合二而一"："两间无不交，则无不二而一。"总体上意味着"相因者皆极相反"《东西均》。

在立足于辩证法的本体论方面，方以智将原初物质"火"视为"五行"的中心，也同样将"气"视为物质的本原："火与气，一也。"该识别是基于动态存在的理解："天地一物也。"不仅仅包括"气"，还有"事"和"心"，以及天地本身。"一切物，皆气所为也。空，皆气所实也。""虚，固是气；实形，亦气所凝成者。"（《物理小识》）此外，"气"也显现为光与声。"气"拥有大自然的动力，因此，它与火一样，"凡运动，皆火之为也"（《物理小识》）。

在唯科学主义认识论上，方以智批判了宋明理学的经院式倾向，注重事实和逻辑推论："以实事征实理，以后理征前理。"（《东西均》）在社会认识方面，他也表达了相同的看法："考古所以决今，然不可泥古也。古人有让于后人者。"（《通雅》）

在人生的最后岁月，方以智的宗教思想倾向日渐增强，他致力于追求基于承认存在的本质"大一"或"正一"之上的三教合一。

方以智逝世后，其著述的相关情况学界长期不清楚，其著作的价值一直湮没无闻，直到20世纪改良运动的倡导者梁启超才对其予以关注。20世纪中叶，中国著名的哲学家、历史学家侯外庐着手研究方以智的科学理论遗产。

*《东西均注释》，庞朴注释，北京，2001年。**В.Г.布罗夫《17世纪中国思想家王船山的宇宙观》，莫斯科，1976年；《中国哲学百科词典》，莫斯科，1994年，第346—347页；

А. И. 科布杰夫《中国古典哲学中的象数学》，莫斯科，1994年；《中国理学哲学》，莫斯科，2002年，第410—415页；任道斌《方以智年谱》，合肥，1993年；Peterson W. Bitter Gourd: Fang I-chih and the Impetus for Intellectual Change. New Haven, 1979; idem. Fang I-chih: Western Learning and the "Investigation of Things" // Unfolding of Neo-Confucianism / Ed. By W. Th. de Bary. N. Y., 1975, pp. 369-411.

（А. И. 科布杰夫撰，陈爱香译）

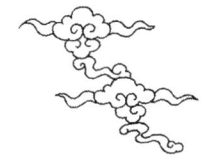

风流

风流指神秘理想、思想、行为及创作的风格，在六朝时期形成。这个词组中，"风"字的意义是指世界理想的物质实体"气"的自然运动，这体现于个人、社会（如"风俗""风习"等）及自然存在的各个领域，第二个字"流"指的是类似于水的运动。在中国传统文化中，"风流"隐喻"气"与"道"。"风流"与短语"风水"相关联，意指自然的力量，以及理解和运用两者之关联的传统艺术。在美学领域，"风流"体现了中国知识精英的世界观和价值体系的变化，特别是在儒家思想权威地位相对下降、道教问题兴趣日渐浓厚的情况下，儒家、道家以及部分佛家思想相互渗透，更加重视自我表达的问题。风流的标志被认为是自由不羁，甚至是行为和外表古怪。在智力实践领域，风流的审美价值对应清谈传统，而在个人行动和创作规范领域，则意指保持内在的自由，在神秘的人的精神深处对道的变化反应超级灵敏。

在风流风格的全盛时期，开始出现专业的理论著述。在具体的历史语境中，风流既代表某一时期的泛哲学思想，又建构了一种整体性的解释中国美学问题的文化传统。但就艺术创作实践而言，风流则指称优雅的文学（如刘勰《文心雕龙》、钟嵘《诗品》、嵇康集等）、画作（如顾恺之、谢赫、王微、姚最等的论著）或书法（如王羲之、王履仁等人的作品）。"品"这一概念经历了从社会人类学范畴到美学

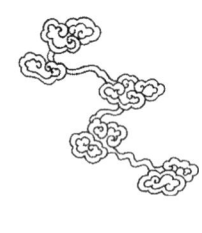

领域的变化：它成为评价创作风格的专称，并揭示其特殊的审美价值，与技巧等相联系。与之前传统的评价标准不同，品评等级不仅与伦理道德价值问题间接有关，也与从社会伦理视角所引发的美好、有益的观念直接相关。在中古时期，"品"用以指称各种类型的审美情绪。谢赫的《古画品论》提出绘画"六法"，成为中国传统艺术的规范标准。精炼的"六法"论之后，是中国艺术理论家对它的详细解释，其中最有意义的是第一法和第三法。第一法是"气韵生动"。这一原则意味着艺术是宇宙普遍联系的表述，宇宙混沌的非线性规律以及作为一个有机宇宙的艺术形象，存在于世界运动的链条上，是一类事物和其他现象的自造物。六法中的第三法是"应物象形"，它意味着"真"的存在的表述。渗透于现象世界的事物，在真实的情境中表现为"象"。作为美学的概念，"风流"之传统能够进入思想交流，在于"义"，即指示现实话语的"意义"，以及在有指向性的精神运动层面言述它；"神"，作为完整统一的世界的精神以及充满生机的源头，在艺术家与感知和创造现实之间起连接作用（从8世纪开始，"传神"的能力或者写神，被认为是高超艺术的一个指标）；"气"，指宇宙物质，确定人的本质的各个方面的状态和质，包括艺术家的创造个性，以及艺术作品的优点与不足。

在中国传统文化史中，风流被记载为形成审美思想的最重要阶段，并作为原则性或理论化的规范以及基本的创作理论，置入理论框架系统之中。作为理想人格的审美表达，风流的影响在最大程度上表现于新儒家思想的确立时期，意指知识分子的"文人"形象以及与此相关的文化现象，如视觉艺术中的文人画。这种风格的审美内涵不仅意味着绘画与文学传统的关系，也意味着"文"的本体论状态以及文化本身的建构：它直接体现存在之"真"，表现为自动创作的勃发及与此相关的现象——文人和他的创作以及整个世界。因此，图画形象可以说完全等同于自然，甚至可以替代它。在典型的中古与近古时期之交，亦即中国最大的大一统王朝正统意识形态形成期，儒家拒斥风流的理想，并把"风

流"这一概念汇入大众意识观念之中,将其解释为"放荡行为""贪淫好色""享乐主义"。与"风流"相等同的术语传入日本文化中。这两个字符的组合,在现代汉语中具有"风格""风雅""艺术""美感"等含义,意指创作的真正自发性与自然合理性。

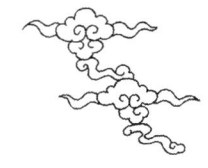

** Л. Е. 别任《"风流"符号之下》,莫斯科,1982年;Л. Е. 别任《谢灵运》,莫斯科,1980年;Н. А. 维诺格拉多娃《远东国家的艺术·中国》,莫斯科,1979年;Е. В. 扎瓦茨卡娅《艺术家生活的美学经典——风流》,载《古代和中世纪亚非艺术的经典问题》,莫斯科,1973年;Е. В. 扎瓦茨卡娅《中国古代绘画美学问题》,莫斯科,1975年;《美学思想史》,第2卷,莫斯科,1985年;И. С. 李谢维奇《中国古代的文学思想》,莫斯科,1979年,第71—73页;В. В. 马良文《远东国家传统美学》,莫斯科,1987年。

(А. Г. 尤尔克维奇撰,陈爱香译)

冯友兰 乙

冯友兰,字芝生,1895年12月4日生于河南唐河,1990年11月26日逝于北京,著名哲学家、哲学史家。1915年考入北京大学,1919年赴美学习,1924年获哥伦比亚大学博士学位。回国后主要从事教育工作,1936—1946年任西南联大教授(昆明)。1946—1947年,赴宾夕法尼亚大学工作。1947—1952年,任职于清华大学;1952年后,任北京大学哲学系教授,被选为中国科学院哲学社会科学部常务委员,先后被选为第二、三、四届全国政协委员和第四届全国人大代表。

冯友兰的早期著述主要受梁漱溟文化学思想的影响,在其论著《人生理想之比较研究》(以其博士论文为基础)中,他致力于从不同文化中寻找相似的倾向性。冯友兰指出,一方面,科学不断扩大人的知识范畴,另一方面,哲学通过减少对实际问题的判断来追求形式化和"虚无"。这种

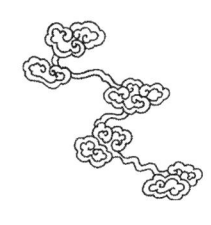

倾向肇端于《道德经》："为学日益，为道日损。损之又损，以至于无为。"基于对现实世界理想化及其相互关系的思考，冯友兰将世界上的哲学分为三派：第一派为"损道"，以禁欲主义、反理性论和神秘主义（庄子、柏拉图、佛教思想家、叔本华等）为特征；第二派为"益道"，以理性主义、享乐主义和主观"利己主义"（杨朱、墨翟、笛卡尔、培根和费希特等）为特征；第三派为"中道"，该派（孔子、亚里士多德、宋明理学的代表、黑格尔等）避免了前两派的极端性，为冯友兰所肯定。20世纪30年代初，冯友兰的重要著述《中国哲学史》问世，它将中国哲学发展分为两个阶段："子学时代"（始于公元前221—前207年，终于秦代）和"经学时代"（始于汉代，终于清代）。冯友兰试图克服从西方的方法论立场否定中国哲学的思想倾向。他承认西方在建构哲学形式体系方面具有优越性，但中国哲学主要倾向于"内容体系"的文本研究，这是以不同的路径研究哲学问题。

在历史哲学方法论上，冯友兰主要受实用主义认识论，特别是美国哲学家和心理学家威廉·詹姆斯"信仰的意志"思想的影响。冯友兰重视地理经济学与社会因素在哲学特征形成过程中的作用以及哲学与社会历史的联系。中国古代从事农业的人认为，"他们的国土就是世界"。自古以来，中国哲学就与农民意识紧密相连，其基本特征由此得以确立，即社会进程的周期性、自然地理想化、认识方法论的不足（主客体不分）。人口和家族制度的稳固导致专制制度和等级制度的产生，其结果是把"家族制度"的伦理问题提到首位，这是儒家思想所论证的问题。中国古代缺少古希腊那样的商业文明，因而其数学和抽象知识不够发达，认为"自然"胜于"人为"，这也促成了阻碍工业革命的意识形态。冯友兰发展了刘歆关于中国哲学流派的社会职业起源思想，认为各流派的出现与公元前10世纪中期周朝的衰落相关，这一时期，受过教育的贵族以私人身份给普通民众传授专门知识（教育、礼仪、神秘主义、外交、军事）。

抗日战争期间，冯友兰主要从事新理学研究，采用西

方哲学的方法论和理论原则重建程朱理学的哲学理念。美国的新实在论者伍德布里奇、W. P. 蒙太格、维也纳学派逻辑实证主义思想（路德维希·维特根斯坦、鲁道夫·卡尔纳普、摩里兹·石里克）以及罗素，对冯友兰的思想产生了极大影响。根据他们反对形上学传统的理由，冯友兰提出，哲学的构建不是在可具体感知的实际中，而是在可逻辑分析的完美的"真际"中。在"缺乏实在内容"的大前提下，冯友兰提出与空明相对应的理、气、道体及大全四组命题。（1）由于"理"的"理想形式"，在"真际底有"中不受时间和空间的限制，先于具体事物而存在，每一事物都是特定的，属于某一类。（2）"理"的实在化在个别事物中的存在，表现为"气"的实体的呈现，并不确指任何实际的事物。因此，"气"类似古希腊哲学中的"无"的观念。（3）"道体"这一概念，源于冯友兰认为事物的存在蕴含于运动中，描述为实现"理"的过程，"理"之总和称为"太极"。（4）"大全"是实际的有与"真际"的有的统一。具体事物是可感知的，但不可思议（它们是唯一的，但它们的概念是统一的）；"理"是不可感知的，但可思议；而"道"和"大全"既不可思议，也不可感知。因此，形而上学始于逻辑分析的"正"的方法，以确保思维的清晰性，而终于"负"的方法，剔除客体的所有特性，由此探讨超感官和理性之事。

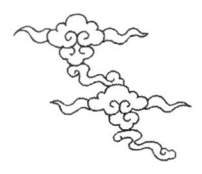

冯友兰认为，哲学的目的不在于扩展人的实际知识，而是使人的理智得以提升。根据个人对世界的了解和自我意识的不同程度，可以区分出相对应的人生境界。"自然境界"的人，对其行为尚不了解，按本能而行动；"功利境界"的人，其行为遵循自己的利益；"道德境界"的人，以对社会的贡献为目的；最高的"天地境界"，则是哲理思考的结果，这一境界的人同"天"与世界联系在一起。冯友兰认为，中国哲学传统的核心是"内圣外王"，"极高明而道中庸"。他认为，"世界未来哲学"要比西方哲学"更神秘"，而又比中国传统哲学更"理性"。冯友兰努力实现并预测程朱理学的"正"的理性主义本体论与柏拉图主义及道

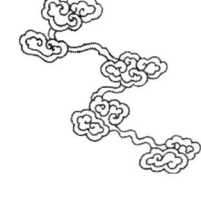

家、佛教、禅宗的思想家和康德主义者"负的认识论"的融合。

从40年代末开始，冯友兰重新研究中国哲学史。1948年在美国出版《中国哲学简史》，这是冯友兰专为西方读者而写的，是其哲学史思想和他本人哲学观点的概括。1957年，冯友兰反对全盘否定中国哲学遗产，要求"抽象继承"儒家人道主义思想范畴，他认为孔子并不是唯物主义者，因为其思想的宗旨是将实际与抽象概念相符合。自50年代初，冯友兰成为与"封建资产阶级哲学"作斗争的对象之一，这导致其著述学术理论水平的降低。80年代，冯友兰重写《中国哲学史新编》7卷本。在20世纪三四十年代，德克·卜德和修中诚完成对冯友兰著述的翻译，这些译作后来广泛使用于西方汉学界并对其研究产生显著影响。在90年代，冯友兰于1946出版的《新知言》亦被翻译成英语（C. C. I. Wang, 1997）和德语（H. G. 莫勒, 2000）。

*冯友兰《三松堂学术文集》，北京，1984年；《三松堂全集》，郑州，1986年；《三松堂自序》，北京，1989年；冯友兰《中国哲学史新编》，第1—7卷，台北，1991年，第1—6卷，北京，1992年；冯友兰《中国哲学简史》，圣彼得堡，1998年；Fung Yu-lan. A History of Chinese Philosophy / Tr. by D. Bodde. Vol. 1-2. Princ., 1952-1953; idem. A Short History of Chinese Philosophy. N. Y., 1958; idem. The Spirit of Chinese Philosophy / Tr. by E. R. Hughes. L., 1962; A Source Book in Chinese Philosophy / Tr., comp. by Chan Wing-tsit. Princ., L., 1963, pp. 751-762; Feng Yulan. A New Treatise on the Methodology of Metaphysics / Tr. by C. C. I. Wang. Beijing, 1997; idem. The Hall of Three Pines: An Account of My Life / Tr. by D. C. Mair. Honolulu, 2000; Die Philosophische Philosophie: Feng Yulan's Neue Metaphysik / Ubers. von H.-G. Moller. Wiesbaden, 2000。
**В. Г. 布罗夫《现代中国哲学》，莫斯科，1980年；А. В. 罗曼诺夫《现代儒学：冯友兰哲学》，莫斯科，1996年；《中国哲学传统在20世纪下半叶的命运：冯友兰及其精神演进》，莫斯科，1998年；王鉴平《冯友兰哲学思想研究》，成都，1988年；王中江、高秀昌《冯友兰学记》，北京，1995年；殷鼎《冯友兰》，台北，1991年；田文军《冯友兰新理学研

究》，武汉，1990年；Contemporary Chinese Philosophy / Ed. by Chung-ying Cheng and N. Bunnin. Malden (Mass.), Oxford, 2002, pp. 165-187; Masson M. C. Philosophy and Tradition: The Interpretation of China's Philosophic Past, Fung Yu-lan 1939-1949. Taipei, 1985.

（A. B. 洛曼诺夫撰，陈爱香译）

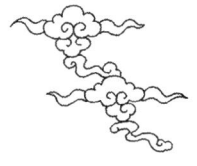

佛法

佛法是佛教哲学与其宗教学说的重要术语，具有两个基本含义：佛所说之教法、佛教之真理，和对象投射于内在世界的精神生活与经验的基本单位；同时也认为，佛法从其载体而言是难以区分的。然而，它不是一种物质或者元素，因为佛法不断出现、消失，并沉寂。佛教认为，个人是五蕴的结合。佛法的各种分类中，最为有名的是将其分为"有为法"和"无为法"：经"有为法"形成经验的个体及日常经验；但从佛教的视角，"无为法"体现了更"高"的境界，尤其是涅槃。在小乘佛教中，佛法被视为真实的存在元素，而大乘佛教则不承认个体的终极具身化，声称"法无我"和"无自性"。因此，中观宗承认佛法存在的虚幻性、相对性及其"空"。唯识宗认为，佛法具有作为描述个体如何产生单一体基础的"阿赖耶识"的功能。在中国佛教诸法文本中，有时将外部世界的简单事物理解为是独立于意识的，事物与意识两者之间相互对立地存在。

佛教思想中的佛法在一定程度上借鉴了中古时期的道教，其中"法"表现为法令和真正的教义。

**O. O. 罗森堡《佛教哲学》，圣彼得堡，1918年；《佛教论著》，莫斯科，1991年，第97—111页；B. И. 鲁多伊《〈阿毗达摩〉法数名目的修正》，《中亚历史与文化》，莫斯科，1983；E. A. 陶奇夫《佛学导论》，圣彼得堡，1999年，第39—45页；Ф. И. 谢尔巴茨基《佛教论著选编》，莫斯科，1988年，第112—198页。

（E. A. 陶奇夫撰，陈爱香译）

佛教

中国佛教思想有别于以儒家、道教为首的中国古典哲学。佛教是一种宗教哲学流派，诞生于印度，在传入中国后的岁月里，其源头的文化基础逐渐被边缘化。佛教不仅对中国文化的发展有着重大影响，而且，它的中国支脉成为很多其他东亚国家精神文化的重要基础之一。在大众的认知层面上，至少从第一个千年伊始，佛教在综合概念"三教"中，就与儒教和道教有着平等地位。佛教的哲学问题分散在中国思想的各个支脉中。佛教在对于中国文化的适应过程持续了几百年后，逐渐产生了独具特色的哲学范式与宗教实践。

传统认为，佛教的创始人为印度释迦部落的王子乔达摩·悉达多，后来他被称为佛陀，意为"觉悟的人"。和婆罗门教针锋相对的是，佛教强调人的平等，不受阶层和种姓的约束，同样反对印度教中"自我"的学说。佛教哲学的对象，自古以来就是心理（或曰意识理论），它是佛教本体论问题的间接表现，即世界被看作精神意识的反映。佛教主要的目标是脱离轮回——生死循环。在轮回中，有情众生在每一轮新生中，都会得到前生之正面或负面的因果报应。致力于涅槃意味着"解脱"——"成佛"、圆寂，脱离由于各种欲望和妄想造成的痛苦。佛教的精神道德理想是无害，即绝不对周围无辜事物造成伤害。总的来说，佛教的哲学问题是对"解脱"相关论据的心理分析，而其宗教实践就是去实现它。在1—3世纪佛教主要分为两个流派：希那衍那和摩诃衍那。希那衍那（中文：小乘——"小型马车"）是一种日常的流派，摩诃衍那（大乘——"大型马车"）则强调通过个体在寺庙的修行而解脱。在中国传播最广的是摩诃衍那，它认为能够仰仗佛陀和菩萨的力量拯救世界。大乘佛教的分支之一中观宗认为，宇宙本是一体的，其中充溢的只有"空"。中观学派肯定法的实质即"空"，它以一种绝对观念的角色出现，把神秘的"佛身"和"法身"等量齐观。法身号称是与涅槃相一致的。这种关于"显现的"存在（轮回）和"非显现的"存在（涅槃）的一致性论断，加强了大乘佛教中关于积极服务于他人的学说，突出了菩萨——他们拒绝涅槃成佛，只为救众苦生。

佛教的弘法者在公元1世纪从贵霜王国（在今天的印度与中亚接壤处）出发，沿着丝绸之路来到中国（有的说法更早）。传统认为中国第一个佛教寺庙是河南洛阳附近的白马寺。据历史记载，第一个将佛经翻译成汉语的人是安世高，他于公元147年从安息来到中国。公元3世纪，在白马寺出现了跟随当时在中国最显赫的僧侣昙柯迦罗修行的第一批中国僧人。从3世纪末开始，位于长安的昙摩罗刹（竺法护）译场成为中国佛教的中心，昙摩罗刹是来自月氏国的佛经翻译家，也是多部重要大乘佛经翻译的组织者。从公元4世纪到5世纪初，在后秦首都长安，天竺人鸠摩罗什组织翻译了大乘佛经的多部重要经典，外来僧人的翻译事业至此达到了巅峰，此时已经有很多中国僧人参与了翻译。

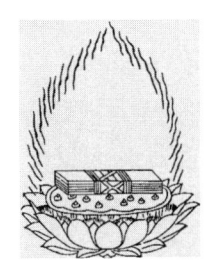

3—6世纪，在国家四分五裂、内讧纷争的情况下，儒教在社会教育层面的声望有所减弱，很大程度上，社会注意力转移到了道教和佛教学说上。佛教在民间影响的壮大也促进了宗教信仰实践，包括仪轨等。除此之外，在政局不稳定、内乱纷争的背景下，人们可以出家为僧而得到保护。耕种寺院土地的农民，也时有献出自己的份地换取庇护。

6—9世纪，佛教在中国达到了繁荣。其间共计修建数万庙宇，僧人和准僧人数以百万计。佛教最重要的社会功能，是在漫长的岁月中，以仪轨助念和诵经超度死者，行善救助饥民和病人。

在中国，最初佛教是被作为道教的一种形式而被接受的。佛教和道教承担着相近的社会功能（帮助人们达成解脱的愿望，为日常生活提供神圣仪式感的"保佑"等），提出相近的哲学问题，并给出相似的答案（真实存在是不可言说性的，对外道的负面评价等），通过调心达到所谓的"圆满"。佛经的翻译过程中借用了很多道教的重要术语。直到5世纪初，很大程度上要多亏道安与鸠摩罗什，之前用中国本土哲学阐释佛教概念的方式才被用新词汇转达梵文原文、术语的尝试所替代。在最早的一批中国佛教徒中，"悟道"这个术语使用非常广泛，按照这种说法，佛教是由老子传到印度的。后来这个说法被道士们引用，并用于批评佛教价值

的独立性。

大约从3世纪开始，佛教和中国本土文化观念之间的分歧开始越来越清晰。例如，中国人普遍认为生命是天赐予的，而佛教的轮回则认为生命是痛苦的锁链。从出发点来看，佛教消业的方法，是和致力于成家、生养、祭祖这些观念背道而驰的。3—6世纪质疑佛教的一个重要观点是针对其禁欲主义的宣扬，儒家思想认为这是对受之于父母的身体的轻慢，是对祖先的不尊重，是对延续香火这一社会责任的逃避。佛教的认识论也被认为没有说服力，儒家学者认为其对个体心识作用的鼓吹是主观随意、绝对化的。

早期中国佛学的代表人物和古代传统思想流派之间论争的核心，是"神不灭"的问题。这是中国佛教问题本体论化的结果，是因果、轮回以及中国传统对显现以及不显现世界的实质设想碰撞的结果。佛教把精神看作是实体的"神"，而精神状态的变化则是不变的、类似于婆罗门教"自我"的精神实质。实际上，中国佛教捍卫被印度佛学否定的精神不变、永恒、自我同一性。这引起了儒学思想家的反驳，后者否认超出个体身心意义统一体的个体精神的"我"。佛教哲学在中国的本体论化也表现为通过"真空"来捕捉实有：它被看作前世"有形"之物的"无形"存在。中国佛教中有泛神论的主题：按照法的原则来看，佛是所有存在的实质和基础，是世界的源头和终极目标。例如，孙绰就认为，佛是道的体现。

佛学的中国化催生了一些独立的佛教学派。其中一些比较大的学派发展了大乘佛教的不同方向。

三论宗是由吉藏以512年僧朗创立的"摄岭相传"学派为基础，继承了中观宗的学说，尤其否定内部和外部世界的现实性。三论宗得名于三篇论述。前两篇是《中论》和《十二门论》，均由大乘佛教奠基人龙树著述，他也被认为是三论宗的开山巨擘；第三篇是《百论》，由龙树的学生提婆所著。

依据三论宗的学说，诸法只有在相互发生关系时才存在，因此，它们自身都是非现实的，"诸法皆空"。区别于

其他佛学流派，三论宗提出，人在对世界和自我的认知方面的"破邪显正"是同时性的，而不是历时性的。吉藏继承了龙树的二谛论——"俗谛"与"真谛"是认知当中连贯而互为条件的阶段和手段，完美的"中观"将它们联系在一起。三论宗的奠基人把"二谛"分为三个层次。在俗谛方面——对"有"的肯定；对"有"和"无"的肯定；对"有"和"无"既肯定又否定。在真谛方面——对"无"的肯定；对"有"和"无"的否定；既不肯定又不否定"有"和"无"。在三论宗有的著作中还增加了第四个层面：在"俗谛"中这是俗谛和真谛第一层面的结合，在"真谛"中这是对非有和非无的否定之否定。每一个真谛的上一层面都和俗谛的下一个层面相关。"八不中道"的概念是三论宗学说的重要元素："（万物）不生不灭，不常不断，不一不异，不来不去。"在7世纪，三论宗流传到日本。

唯识宗形成于7世纪，由玄奘及其弟子窥基创立，属瑜伽行唯识学派，它和中观宗的区别是：承认内在世界的真实。其理论基础是世亲所著《十地经论》和无著所著《摄大乘论》。在唯识宗中，所有的经验范围都被看成不同的意识状态（中文：识）。唯识宗最突出的理论是八识——其中阿赖耶识（藏识）被认为是另外七识的基础和源头。阿赖耶识生万法万物万象，因此经验在其中留下了因果的记忆，或曰"种子"，经由心理变为现实，并由此产生重新往阿赖耶识中输入新的因果种子的积极性。相应地，这种宗教实践的目的，就是要清洗阿赖耶识，并预防因果"种子"进入新的记忆中。

唯识宗古名为法相宗（法相意为诸法之相状，即法的特性），其学说的紧要是诸法实相，与中观宗的"诸法空相"针锋相对。有时候法相宗被看作从唯识宗分离出来的、主要是用于解释法的特性的学说。从7世纪开始，法相宗在朝鲜扬名，7—8世纪在日本盛行一时。

中国的大乘佛教流派，例如华严宗、禅宗或天台宗等，和印度佛教都没有什么相似之处。华严宗以印度《华严经》为理论基础。华严宗的初祖通常被认为是杜顺，他著有《华

严法界观门》，然而，从真正意义上来说，法藏才是华严宗的理论奠基人，他将其系统化。华严宗学说融合了佛学的两大经典流派：中观宗和唯识宗。中观宗"真谛"的思想为唯识宗思想做了补充——作为客观无意识之外的存在（中文：真如）。绝对完整的、基础的意识（中文：如来藏）不仅是意识客观存在的种种面貌的根源，而且产生其"藏识"（区别于唯识宗的是不作为意识的初始面貌）。华严宗的"理事无碍"学说把世界看作宇宙，法充满了其中的每一个元素。宇宙好比一个用相互辉映的宝石织成的网，又像是被镜子包围、在其中被无限次投射的佛像。华严宗的思想家利用了中国传统哲学中的宇宙构成概念"理"，描绘了完美的"一心"的状态：即相互交融的各种"理"的总和，它们处于客观存在世界"物／事"的统一整体中，这同样也是"一心"观点的体现。华严宗另一个重要的学说是"事事无碍"，指提出一切事物和现象的"相即相入"。达到佛的境界的智者，会意识到世界是一个整体，以及自己和作为"一心"的宇宙的同一性，从虚幻的生死世界中脱离出来。华严宗的思想家把佛教其他流派的学说看作是通向掌握作为"一乘"的华严学说的进阶，或是其个别的观点。9世纪后，华严宗开始衰落，但它在几个世纪中依旧是佛教的主流学说之一。华严宗在朝鲜于7世纪兴起，在日本的兴起是8世纪。

华严宗致力于研究辩明存在的哲学问题，补充和加强了禅宗的理论基础，禅宗确立了通过直觉顿悟的法门到达最高真理的实践方式。禅宗的师祖根据记载是在中国弘法的印度僧人菩提达摩，他的个性带有半神话色彩，仿佛因此形成了他的四条基本原则："不立文字""教外别传""直指人心""见性成佛"。禅宗的名称可以上溯到梵文的概念dhyana（集中意念，冥想，中文：禅定）。禅宗古名为"传佛心印""佛心宗"。公元7世纪，禅宗分化为几个流派，包括神秀创立的北宗禅，以及其他几个属于唯识宗的学派；慧融的学派则属于中观宗。在历史上有较大影响的是南宗禅，理论奠基人是慧能。他以及弟子的学说，都从"一心"演变而来。这个概念意味着法的精华，"明"和"无明"

在"不二"的关系中彼此存在，领悟这种"不二"所带来的"顿悟"会带人进入涅槃的境界。

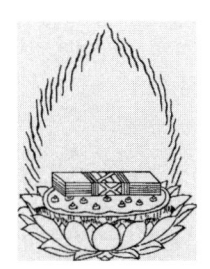

南宗禅关于"顿悟"的论点，与北宗禅通过"时时勤拂拭"达到的"渐悟"相反，成为禅宗正统思想的表达。中国佛学经典《六祖坛经》可与大乘佛教中最重要的著作相媲美，内容包括慧能的弘法、与弟子和居士的谈话，以及生平片段，等等。禅宗最具影响力的一支是临济宗，得名于该派所在地河北临济院；另一支则是曹洞宗，得名于曹山和洞山两大寺庙名称的组合。临济宗学说强调"当下"的"顿悟"，要求抛弃内心所有的桎梏，包括像"佛""涅槃"这样的宗教概念，拒绝任何有目的性的、有违自然的、人为的努力。临济宗心理实践的特征是对信徒心理的当头棒喝，通过一些离奇的、答案在情理之外的问题（公案），从而明性见佛。曹洞宗对接近于华严宗的"不二"说进行了深入研究，静静的冥想（默照）是其方法的特征。

9世纪禅宗传入朝鲜，12世纪在日本得到传播。20世纪，日本禅宗经过适应性的改变在西方知识界很受欢迎，这要得益于其普及者铃木大拙。

中国佛教早期最大的流派之一是天台宗，名字来源于浙江的山名，基本理论由智顗所创立。天台宗致力于综合大乘佛教其他流派的思想，坚持"佛性"会由万物显现的理念。它最重要的理论著作是《妙法莲华经》，简称《法华经》。天台宗的学说建立在"一念三千"的观念基础上。三千，是十"法界"，即以生命状态生存者，其肉体和精神不断互生所显现的"性相"的数量。天台宗主张通过即身成佛达到开悟。根据智顗加工整理的"四乘"学说，天台宗提出了"一乘"说，连同其他三乘——声闻乘、缘觉乘、菩萨乘一起，成为大乘佛教的特别理论。智顗完善了"五时八教"的概念，把佛教史分为五个时期，最后一时由"莲华经"的真谛开启；以及关于圆满的详细理论，"制心一处，观法无我"的"止观"。天台宗于9世纪传到日本，并在13世纪由日莲上人完成了很大的革新。

中国佛教的三论宗、华严宗和天台宗都属于"法性

宗"，因为它们都是在大乘佛教理论基础上对"法性"，即由"诸法空相"所体现的"性空"的实践。从理论上来说，法性宗和法相宗是对立的，虽说中国佛教的一些论调否认这种矛盾的合法性。

在中国佛教中，律宗起到一种规范不同流派的作用。律宗始于印度弘法僧人昙柯迦罗，并在公元7世纪由道宣完备理论体系。律宗认为，获得救赎的主要前提是守持非常严格的戒律，领悟其深层内涵。律宗的戒律在中国寺院被广为接受。律宗从7世纪开始名闻于朝鲜，8世纪传到日本。

大乘佛教中具有神秘性爱因素的密宗也传到了中国。密宗以极其重视心理实践著称，其中，由描绘宇宙循环的曼荼罗以及陀罗尼带来的深度体验尤为重要。到12—13世纪之际，纯正的密宗几乎从中国文化里彻底消失了。与此同时，密宗在祭祀、心理、造像方面都对道教和中国佛教产生了很大的影响，其中的一些流派积极吸纳了曼荼罗以及陀罗尼的深度内心审视。

净土宗在中国佛教中有着特殊地位，它的产生与慧远的名字密不可分。民间流传的、居住着神仙和长生不老圣人的"福地"，是与佛教往生阿弥陀佛净土的说法密不可分的。净土宗的救赎理论基础是对阿弥陀佛的一心一意，相信他能救一切众生脱离苦海。念佛，即不间断持诵阿弥陀佛佛号，有助于观想阿弥陀佛形象。对未来之佛阿弥陀佛的崇拜，正是很多民间佛教团体和秘密组织末世论思想的基础。净土宗12世纪传入日本，以及朝鲜。

中国佛教强化了对表现为心学和理学的中国哲学的理解上的泛唯心主义倾向。比如，道教中出现的创世论思想，既不是中国传统的，也不是印度传统的，它把一切存在看作某种被创造物的思想。例如，权威的道家经典之一《关尹子》认为，一道能作万物，犹如睡眠之人做梦，或陶工制作水罐。理学最核心的概念"理"与"心"都经过了佛教思想的改写："理"的概念在华严宗的学说中，可以看作一切事/物原初的绝对实体和内在的自然规律。而"心"不仅是所有心理现象的基础，在唯识宗看来，"心"还是意识的宝库，这是理学各流派在对"理"与"心"的理解方面产生一致或者分歧的整体化基础。某些道家和儒家的思想家有意识地借鉴了佛家的思想。例如，东晋官员孙绰论证了佛教与中国学说的同一性，他从中国玄学的角度对先验直觉进行了阐释。著名儒家哲学家王廷相的本体论学说佐证了华严宗关于"种子"的理论：王廷相认为，世界本体的实质，是独一无二的"元气"，开天辟地以来就存在，其中的"种子"包含世间万象的变化。但是，佛教理论对于中国文化产生作用的优势在于，它能够根据中国文化自然而然地进行自我调节。在书面文化意义上，佛教与其意识形态对手的对立一直存在。

佛教曾遭到阶段性毁灭，有时候还相当严重——特别在9世纪唐武宗统治时期，华严宗和天台宗尤损失惨重。在随后的岁月里，特别是在元朝和明朝，佛教不止一次有过繁荣时期，但是再也无法达到6—8世纪的辉煌。中国佛学的发展在日本和朝鲜得到了延续。西藏和内蒙古接受了藏传佛教——这是晚期印度大乘佛教的蒙藏分支。

到了20世纪初期，佛教在中国已经完全和中国本土信仰融合在一起了。但是，19世纪末20世纪初的佛教改革运动阻止了这一进程。革新家们立志复兴佛教，使其回归原本的纯粹，与此同时实现其现代化，使其意识形态和实践都顺应国家日常发展的需要。在中国佛教的改革运动中，太虚法师和欧阳竟无居士起到了特别的作用。欧阳竟无是哲学家、佛学典籍的翻译者和阐释者。20世纪，中国不同佛教流派的分野开始消除，1912年，中国佛教总会成立，随后在中国多个省份和城市都出现了类似的组织。它们都以捍卫正法、团结佛众、扩大佛教在全国社会政治生活中的影响为己任。中国佛教协会于1953年成立，至今都是一个很有影响力的组织。

*Л. Е. 扬古托夫《中国佛教：文本、研究、辞典》，乌兰乌德，1998年；《中国佛经选》Д. В. 波波夫采夫、К. Ю. 索洛宁、Е. А. 陶奇夫译，圣彼得堡，2000年；《中国佛教哲学》，Е. А. 陶奇夫编译，圣彼得堡，2001年。**Л. С. 瓦西里耶夫《中国的文化、宗教、传统》，莫斯科，1970年；М.Е. 叶尔马

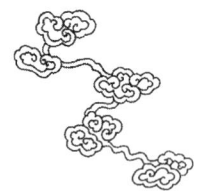

科夫《中国佛教世界》，圣彼得堡，1994年；С.Ю.列别霍夫《大乘佛教哲学和佛教文明的起源》，乌兰乌德，1999年；В.В.马良文《佛教和中国传统〈中国融合型意识形态形成的问题〉》，载《中国传统礼仪》，莫斯科，1988年；Л.С.别列洛莫夫、Н.В.阿巴耶夫《佛教在中国：历史传统与现代性》，载《远东问题》，1980年第3期；О.О.罗森堡《佛学研究》，莫斯科，1991年；Е.А.陶奇夫《佛道互补〈研究理论与方法问题〉》，载《亚非人民》，1988年第2期；Л.Е.扬古托夫《中国佛教哲学的统一、同一与和谐》，新西伯利亚，1995年；汤用彤《汉魏两晋南北朝佛教史》，北京，1983年；方立天《佛教哲学》，北京，1986年；《中国佛教》，第1—3辑，北京，1980—1989年；《中国佛教史》，第1—2卷，北京，1981—1985年；《中国佛教与中国文化》，北京，1989年；黄忏华《佛教各宗大义》，台北，1973年；Ch'en K.S. Buddhism in China. A Historical Survey. Princ., 1964; Welch H. The Buddhist Revival in China. Camb., 1968; Zurcher E. The Buddhist Conquest of China. Vol. 1-2. Leiden, 1959.

（E.A. 陶奇夫撰，张晓东译）

傅统先

傅统先，1910年1月3日生于湖南常德，西方哲学研究家、教育学家、翻译家，中国教育哲学学科的重要奠基人之一。他自幼接受伊斯兰教教育，在圣约翰大学附中上学，后进入圣约翰大学哲学系学习西方哲学、新现实主义文学、现实主义批判，深受斯宾诺莎和黑格尔的影响，表现出对自然科学哲学问题、爱因斯坦相对论和N.玻尔著述的浓厚兴趣。傅统先在《现代哲学之科学基础》中尝试借助当时自然科学的最新发现，来证实黑格尔哲学观点的正确性。1935—1937年在暨南大学附属实验学校担任副主任；1937—1941年在上海正风文学院教授英文及哲学，在大夏大学、光华大学、圣约翰大学、东吴大学法学院等兼职授课，讲授哲学、逻辑学等课程。1942年，以论文《理想主义与现实主义的发展》获文学硕士学位。该时期傅统先的学术研究深受约翰·杜威实用主义的影响；1942—1948年，任圣约翰大学的教授和系主任。1948—1950年，在哥伦比亚大学学习哲学、逻辑学、美学，获博士学位。

回国后，他于1950—1952年在华东人民革命大学学习马克思列宁主义哲学。其后任山东师范学院教育系教授、系主任，主要从事心理学、苏联教育学研究，并当选为山东省政协委员、中国教育学会常务理事，兼任《教育研究》杂志编辑委员。

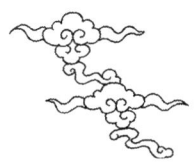

*傅统先《现代哲学之科学基础》，上海，1936年；傅统先《中国回教史》，上海，1940年；傅统先《哲学与人生》，上海，1947年；傅统先《教育方法讲话》，济南，1954年；傅统先《反动的实用主义教育思想批判》，湖北，1957年；傅统先《试论皮亚杰的发生认识论》，载《教育研究》，1980年第5期。

（A. B. 维诺格拉多夫撰，陈爱香译）

傅伟勋

傅伟勋，1933年10月生于台湾新竹。研究中国宗教和哲学的学者。在台湾大学哲学系毕业后，于1960年在夏威夷大学继续求学，获得伊利诺伊大学博士学位；曾在俄亥俄大学、伊利诺伊大学、台湾大学任教，后在天普大学（美国费城）担任教授。从80年代后期开始，积极参与中国大陆与台湾地区合作的"文化中国与中国文化"学术交流活动。傅伟勋的学术事业从研究西方哲学与文学起步，其博士论文主要是对赫尔的分析伦理与萨特的存在主义伦理进行比较研究。至1964年，其《西洋哲学史》已再版多次。在研究中国传统精神方面，傅伟勋首先比较研究中国宋明理学与佛学的人类学、宗教学方面的问题，亦对中国与日本的禅宗进行比较研究。傅伟勋的目标不仅仅是以现代的方法把握中国精神传统，同时也要在扬弃西方哲学"召唤"中国传统的语境下，促进其发展。按照傅伟勋的说法，宋明理学与佛学的论争主

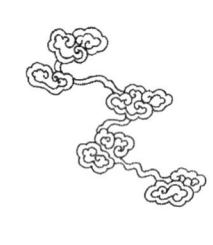

要在于多层次概念的意义模糊,由此阻碍了与之相应的形而上学的理论构建。他将"顾及全面的多层远近观"作为儒道佛统一的形上学深层结构。

他认为儒道佛这三个流派中均有"超形而上学"的倾向,消除了"体用""有无""物与心"(傅伟勋解释为相应的物和心的范畴)等哲学概念的对立性。但是,真正实现这一倾向的只有大乘佛教和道教。儒家倾向于道德的形上学,具有将道德的本体论客观化和绝对化的特征,傅伟勋因此把它置于三位一体的末位。

傅伟勋认为研究中国哲学史的方法论是"创造的诠释学":一系列的发现,不仅仅是探究文本的表层义,还包括探讨原作者可能说什么和本来应该说什么的问题,而且还要阐述研究者自身作为"创造的解释家"应该说什么。

傅伟勋的这一研究路径,本质上融合了中国哲学研究与批评的方法论传统与西方的理论(例如海德格尔的诠释学、牛津方济各会学派的分析语言哲学)。傅伟勋将中西文化互相作用的原则界定为"中西互为体用",也就是说,每一方与另一方互为"基础"("体")和"表现"("用")。傅伟勋的方法论更接近新儒学的第三代代表。在中国现代哲学思想中,傅伟勋最为推崇的是牟宗三的思想,该思想对他产生了显著影响。

*傅伟勋《批判的继承与创造的发展》,台北,1986年;傅伟勋《从西方哲学到禅佛教》,台北,1986年(北京,1989年再版)。

(A. B. 洛曼诺夫撰,陈爱香译)

高攀龙，字云从，又字存之，别号景逸。1562年8月13日生于江苏无锡，卒于1626年4月14日。哲学家、理学家，为东林书院、东林学派领袖。1589年中进士，1595年前出任国家官职。1593年遭贬职，被发配至边远省份。1621年高攀龙被传唤回朝廷，重获起用，之后历任系列高官，包括都察院左都御史。1625年降职辞官，后因担心被捕而自尽。1629年朝廷为其平反。高攀龙的观点非常鲜明地体现东林学派的基本倾向，即个人内心自由与社会生活规范相协调，反对之前理学（特别是朱熹学说）提倡的二元论：形而上的、绝对善的人之本性，以及贯穿善恶的、物理的"气"之性。

*《高子遗书》，（无出版地点），1876年。**А. И. 科布杰夫《中国理学哲学》，莫斯科，2002年，第397—400页；Taylor R. L. Meditation in Ming Neo-Confucianism: Kao P'an-lung's Writing on Quiet-Sitting //JCP. 1979, Vol. 6, No. 2, pp. 149-182; idem. The Cultivation of Sagehood as a Religious Goal in Neo-Confucianism: A Study of Selected Writings of Kao P'an-lung, 1562-1626. Ann Arbor, 1978.

（А. И. 科布杰夫撰，韩万舟译）

格物，中国认识论效能学基础术语，儒家"四书"之首《大学》"八条目"之一。《大学》最早为《礼记》中的一篇。"格物"首先与其接下来的"致知"条目相连，"致知在格物"。最早的文本注释者郑玄定义"格"为"徕"，指与"事"类似，即所有客观现象之"物"对符合正确意义的回应。自从《大学》在理学研究中被整理为独立作品，术语"格物"便在"四书"中具有首要、特殊意义。程颐借助《周易》论题"穷理"对其进行阐释。朱熹继承发展此观点并使其成为经典。与知名词典《尔雅》一样，他释义"格"为"致"，并确认"格物"为阐释"事物"之理。在理学领域，他的主要反对者王阳明提出，应将"格"理解

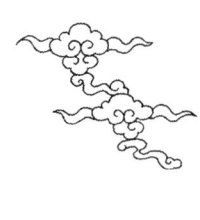

为"正",指正确待"物","物"又归结于"事",而"事"首先归于意念,后者包含于"身心"中,并针对"修身"之意念。

在从17世纪开始的批判朱熹和王阳明理学的进程中,首先提出的便是将"格物"解读为实际待物,颜元论述其为"手格其物"。19世纪末,此术语开始用于表达西方自然科学。在现代语言中,它有"自然科学、博物学"之意。

* А. И. 科布杰夫《王阳明学说与中国古典哲学》,莫斯科,1983年;А.И.科布杰夫《中国理学哲学》,莫斯科,2002年;Lau D. A Note on Ke Wu // Bulletin of the School of Oriental and African Studies. 1967, Vol. 30; Wu Shih-ch'ang.

(А. И. 科布杰夫撰,韩万舟译)

葛洪

葛洪(283/284—343/363),字稚川,自号抱朴子(拥有原始朴素之圣者)。道家学者、哲学家、《抱朴子》作者、"仙学"理论家。葛洪认为,通过一定的宗教修炼(形体运动、引导术、冥想)和炼丹术,人能够达到身体不死,并成为赋有超自然能力的圣者。同时葛洪否认脱离身体的精神实体——灵魂不死的可能性。承认世界唯一性、世界所有现象具有普遍联系、天下一切均可以转换与变化是葛洪炼丹术的理论基础。葛洪相信金属转换和获取金丹的可能性,后者同时也是不死之仙丹。其他物质也可能起到此仙丹之功效,首选为朱砂。葛洪论著中既涵盖化学领域丰富的经验物质材料,还包括中国传统药理学中很有价值的信息资料。在葛洪哲学中,科学知识元素与法术、神秘主义和星相术紧密交织在一起。

葛洪的本体论观点以道学为根基,如同万物之"玄"本(初始),它产生于经验世界,并呈现于具体物中,包括作为"真一"存在于人的身体中。葛洪认为,探索"真一"

是非常重要的宗教修炼元素，它与人体组织丹田相关，丹田是生命力的独特源泉。葛洪将道家学说与儒家社会学说结合起来，其著作的"外篇"主要讲述儒家社会学说。在与道家自由思想家鲍敬言的辩论中，葛洪以儒家立场，坚持社会不均等现象的持久性和不变性，以及国家和宗教权力的神圣礼仪性。

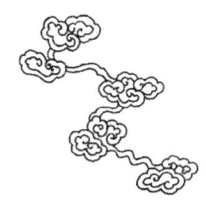

葛洪的"仙学"研究对发展中国道家学说和自然知识的传统认知形式产生过重大影响，在《抱朴子》中他历数自己所熟知的所有道家文集，这使其成为《道藏》编撰者的前辈。传统认为葛洪是《神仙传》的作者，但此说法的真实性未被证实。

*葛洪《抱朴子》，E. A. 陶奇夫译序，圣彼得堡，1999年；E. A. 陶奇夫《在六朝时期道家演化的基本方向》，载《道与道家在中国》，莫斯科，1982年；E. A. 陶奇夫《葛洪著作〈抱朴子〉作为研究六朝时期道家的史料》，载《研究宗教与无神论历史的实际问题》，列宁格勒，1980年；E. A. 陶奇夫《葛洪道学研究：人与自然》，载《在中国传统学说中人的问题》，莫斯科，1983年。

（E. A. 陶奇夫撰，韩万舟译）

公案，是佛教禅宗领域训练心理体验的基本方法之一。通常"公案"表现为神秘费解的文本形式，包括陈述、提问、对话或相对展开的师生交流情景描写；它作为思考和冥想的内容向信徒提出，以期在他们试图阐释这些文本内部隐藏含义时，能够直观觉醒或恍然大悟。常常会有一些稀奇古怪的问题形式，比如："单掌何以击响？""万物归一，那么一归何处？""当你的父母还没有把你带到人世间，你最初的面貌是什么样的？"等等。

公案是作为一种文本形式，即在离奇对话中使某学徒开悟的事件的记录而产生的，在此对话过程中信徒解释个体

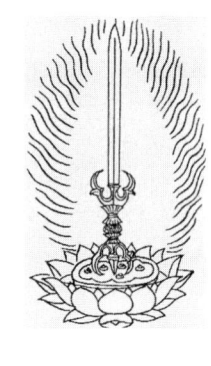

本"我"的虚幻和局限,在自己面对的问题中揭示绝对之初始("一"),它贯穿所有具体、个人和矛盾。公案描写公开记录的"开悟"先例,用来帮助下一代信徒,使其达到类似的觉悟状态。同时,每一位信徒都应该表达自己对本来真相的理解,这些理解以个体方式和独特样式记录于标准公案中。在相反情况下,公案被认为是悬而未决的,可以借助文本来确定学生的心理发展阶段,或是用来鉴定那些自认为可以称为师傅的人员的水准。在佛教禅宗内部,临济宗比较擅长使用公案文本。

* 《水上画:中国佛教禅宗发展初段》,A.A.马斯洛夫编译,莫斯科,2000年;《临济录》,И.С.古列维奇主译,圣彼得堡,2001年;肯涅特·齐尤《河水的交换:禅宗修炼的引导》,圣彼得堡,2005年,第90—97页;С.П.涅斯捷尔金《禅宗公案的某些哲学与心理学层面》,载《佛教的哲学问题》,新西伯利亚,1984年;Е.С.萨福诺娃《禅宗图即是古老农耕节日的反映》,载《亚洲各民族祭礼的象征》,莫斯科,1980年;А.В.乌奥特斯《禅宗之道》,基辅,1993年,第235—254页。

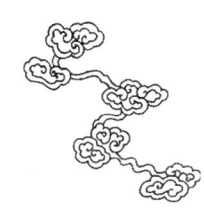

(Н.В. 阿巴耶夫、С.П. 涅斯捷尔金撰,韩万舟译)

公孙龙

公孙龙,字子秉,公元前4世纪中—前3世纪中名家的主要代表。生于赵国。公孙龙本人作品存世不多,多为对话、系列释义形式,文集《公孙龙子》共6篇,文章以其名字命名,包括其门徒所著的首篇概论。谢希深为此书注疏,将《公孙龙子》文本编入注书中,并保存至今。自汉学家A.福克始,这部中国哲学的神秘作品不止一次被翻译至西方,还被翻译成现代汉语(庞朴,1990;王宏印,1997);其中3篇(第2、4、5篇)被翻译成俄语(Э.В.尼科戈索夫,1973;А.М.高辟天,1974)。另外,在《庄子》和《列子》中一系列怪异格言被认为是公孙龙所作。其中一些很像埃利亚学派提出的难题："镞矢之疾,而有不行、不止之时。""一尺之棰,日取其半,万世不竭。"胡适继承鲁胜观点,认为公孙龙为墨家学者,而郭沫若则倾向于公孙龙属于道家。但最古老文献和大多数现代专家都发现他本人为独立学派代表(后来被称作"名家")。冯友兰认为,在"名家"内部,公孙龙的主要论敌为惠施。后者宣扬普遍相对性和无常,而公孙龙则强调世界的绝对性和恒常。他整合了建立在语言分析基础上的论证方法。在对此方法的研究上,公孙龙比惠施进步很多,他尝试建构"逻辑－语义"理论,折中融合逻辑学和语法,被称为"以正名实而化天下焉"。公孙龙是和平主义者和"兼爱"论的拥戴者,他发展自创理论的辩论层面,认为这是阻止战争冲突的证明见解之路。

公孙龙认为,世界是由单独的"物"组成,它们素有彼此不依赖、不同类别之质,通过不同感觉器官感知,由神来综合。"物"之所以成为物,是它作为具体"实"而存在,而"实"应该具备单一意义之"名"。正是孔子宣扬的理想状态——"名""实"相符、同一,引发了公孙龙那段著名论题的出现:"白马非马。"表达"白马"与"马"之"名"不同。根据源自荀子的传统解读,此论述否定了所属关系。现代研究者常常认为其中有以下含义:(1)否定同一(部分不等同于整体),以及相应的单一与共同的相互关系问题;(2)证明本质上拥有不同内涵之概念的非同一性;(3)在强调内容时忽略概念的外延范围。可见,公孙龙的这个论题证明,"名"的相关性并不是根据概念的普遍程度,而是按照所指的数量参数。公孙龙认为符号既是主体,也是它们所代表的客体,这反映在他对惠施格言"鸡三足"的说明,后者指除了鸡本身的两只脚,还有一个词语名称"脚"。

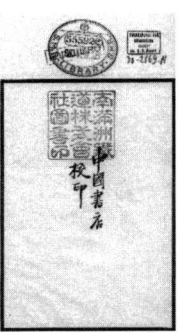

在一般形式中,公孙龙借助自己体系中独创的范畴"指"(指出名称)解决指称(介绍、鉴定)问题,研究者对此的解释完全不同:"共相""固有属性""征候""定义""代词""符号""意义"。公孙龙揭示在反常性中"指"的含义:世界,如所有大多数"物",均应受

"指",因为任何一物都有"指称",但对此不可说世界（天下）为同一整体；"指"确定物，同时也被它们所定义，因为没有它们"指"亦不存在；"指称"本身不能被指称，等等。公孙龙著作研究借助现代逻辑机制，表现出中国古代哲学认知方法论的最重要特点。

*谭戒甫《公孙龙子形名发微》，北京，1963年；陈癸淼《公孙龙子今注今译》，台北，1986年；庞朴《公孙龙子今译》，成都，1990年；王琯《公孙龙子悬解》，北京，1996年；王宏印《白话解读公孙龙子》，西安，1997年；《公孙龙子》，载《中国古代哲学》，第2卷，莫斯科，1973年，第59—65页；А.М.高辟天《中国古代哲学与古汉语》，载《历史语言学研究》，莫斯科，1974年；Perleberg M. The Works of Kung-sun Lung-tzu. Hong Kong, 1952; Kou Pao-koh. Deuxsophistes Chinois Houei Che et Kong-souen Long. P., 1953; Mei Y. P. The Kong-souen Lung-tzu with a Translation into English // Harvard Journal of Asiatic Studies. 1953, Vol. 16, No. 3-4; Ф.С.贝科夫《中国社会政治与哲学思想的产生》，莫斯科，1966年，第192—201页；《逻辑史》，明斯克，2001年，第19—20页；Н.Л.克瓦尔塔洛娃《著作〈公孙龙子〉的逻辑思想》，载《东方的人与精神文化》，第1版，莫斯科，2003年，第164—172页；А.А.克鲁申斯基《〈公孙龙子〉的本体论》，载《第16届"中国社会与国家"学术研讨会论文集》，第1册，莫斯科，1985年；冯友兰《中国哲学简史》，圣彼得堡，1998年，第110—115页；杨荣国《中国古代思想史》，莫斯科，1957年，第311—375页；庞朴《公孙龙子研究》，北京，1979年；Cheng Chung-ying, Swain R. H. Logic and Ontology in the Chih Wu Lun of Kung-sun Lung-tzu // PEW. 1970, Vol. XX, No. 2, pp. 137-154; Forke A. The Chinese Sophists // JNCBRAS. 1901-1902, Vol. 34, No. 1, pp. 1-100; Graham A. C. Composition of the Gongsuen Long Tzy // Asia Major. 1957, Vol. 5, pt 2; idem. Disputers of the Tao. Philosophical Arguments in Ancient China. La Salle, 1989, pp. 82-95; Hansen C. D. Mass Nouns and "A White Horse Is Not a Horse" // PEW. 1976, Vol. 26, No. 2; Kandel J. Der Philosoph Kung-sun Lung. Bonn, 1979; Reiman F. Kung-sun, Designated Things and Logic // PEW. 1980, Vol. 30, No. 3; idem. Kung-sun, White Horses and Logic // PEW. 1981, Vol. 31, No. 4.

（А.И.科布杰夫撰，韩万舟译）

《公孙龙子》《公羊传》

《公孙龙子》，中国古代哲学著作，共6篇，其中5篇为公孙龙所作，他是名家的主要代表。首篇绪论为公孙龙门徒所作。

《公孙龙子》被编入谢希深校注的文集中，因此流传至今。第2、4、5篇已被翻译成俄语。

（А. И. 科布杰夫撰，韩万舟译）

《公羊传》，又称《春秋公羊传》《公羊春秋》。儒家主要经典文献之一，中国古代诸侯国鲁国编年史《春秋》的注本之一。《公羊传》一般都与其注解的正文《春秋》一起发行，因此可以称它为《春秋公羊传》。根据唐代典籍专家认定的传统资料，《公羊传》口头传承了五代，直至公元前2世纪由公羊寿及胡毋生（胡毋子都）"著于竹帛"，将其记录成书。其作品内容的时间跨度从公元前722年至公元前481年，主要关注隐藏在《春秋》对历史事实简练陈述中的"微言"和"大义"。《公羊传》的这一特点是汉代经典研究"今文经学"中"公羊学派"的特征。儒家正统文献版本创始人董仲舒为"公羊学派"奠定开端，他使汉武帝确信，《公羊传》的突出特点为"独尊儒术"，是儒家作品，并含有坚定的儒家"大理"，诸如"大一统"之理，即指出立法的依据仅限于儒家、"张三世"等。"三世"为《春秋》所描写事件的时期划分：第一世为"所见"，孔子亲自见证过的事件；第二世"所闻"，由亲历者向孔子讲述过程的事件；第三世"所传闻"，孔子通过传说了解的事件。对于董仲舒和后来的阐释者，"三世"概念是整个历史进程三种时期划分的样本。汉武帝时期，对详尽掌握《公羊传》知识之人授予"博士"称号（即"饱学之士"）。《公羊传》逐渐成为"今文经学"最重要的经典文本，在这里可以找到政策与官员决议的依据。

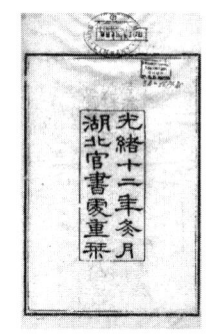

《公羊传》是战国末期和秦汉时期儒家意识形态的重要史料之一。《公羊传》的基本注书有：何休作《春秋公羊解诂》、被编入《十三经注疏》的徐彦作《公羊传疏》、孔广森的《春秋公羊通义》、陈立的《公羊义疏》。

*《十三经注疏》，第33—34册，北京，1957年；Early Chinese Texts: A Bibliographical Guide / Ed. M. Loewe. Berk., 1993, pp. 67-76.

（А. Г. 尤尔克维奇撰，韩万舟译）

功夫 工夫

功夫、工夫，中国文化概念之一。最早大约出现在葛洪著作《抱朴子》中。这里记载了两个同音词：一个是"功夫"，它的首个汉字"功"意为"事业、活动、成就、技巧、工作"；另一个是"工夫"，这个"工"意为"工作、手工、技巧"。现代汉语释义词典中，"功夫"与"工夫"这两个词为同义词。《抱朴子》认为它们写法不同，可能是指两个基本意义不同的修辞色彩："艺文不贵，徒消工夫。"5世纪的《南齐书》中，"功夫"意为"学、成就"。在理学中，"工夫"被理解为"强化道德"，引导精神自我实现、自我开放、内部醒悟。18—19世纪，在神秘主义、后来的冥想"内功"民间各学派，以及武术流派之一、著名"内家"功夫中，概念"功夫"具有特殊普遍性和一般文化意义。这些派别的门徒将冥想修炼与身体训练、遵循保健规则相结合，目的在于培养"自然天性"、唤醒人的本来面貌。在使用中，"功夫"一词有两层基本含义：（1）在自我领悟之路上的最高启示，拥有技能，如同具备神之能力，即能够领悟世界奇迹并相信它；（2）为获得此技能所花费的时间和力量的总和。

在"内家"功夫中，"功夫"概念与"天功"概念相互交织。"内家"理论著作中，这些术语常常作为可以互相

替换的概念被使用。如此，强调"功夫"含义指较高技艺，它有宇宙（"天"）之意义和起源：它在世间通过一些"内功""名师"自然体现出来。这种解读与"道功"概念有关，后者"无为而无不为"（《道德经》），甚至也与道家悖论、被美化的悠闲相连。同样，在武术中亦如此，功夫被理解为通过习练武术，洞察物与现象的内部原始自然本性，其结果，是逐渐掌握"外形"，并养成地道真实的"内家"功夫。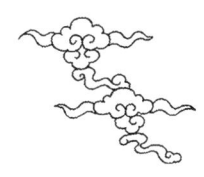

随着时间的推移，"功夫"完全被理解为"武术"（即它们成为同义词）和传统"气功"。这种情况发生在19世纪末，武术受到形式化趋势影响，并丧失精神传统。义和团起义军把他们的战事演练命名为"功夫"。这一术语作为"武术"的同义词在广东、浙江、福建等南方沿海各省广泛流传。伴随20世纪50年代的移民潮，术语"功夫"传播至西方，在那里，它的一些音变词汇（即与"功夫"发音相似的词汇）都是表示中国的有时甚至是整个亚洲的武术。此术语甚至可以理解为一些具体训练方法（比如，少林派武术包括72项"功夫"，这里的"功夫"指强健筋骨、肌肉和提升搏击技巧等训练方法的总汇）。"功夫"与"工夫"的其他现代意义也表示"时间""自由时间""劳作""工作""经验""训练程度"。

**B. B. 马良文《现实的神话（关于中国传统武术）》，载《科学与宗教》，1988年第9期；顾留馨《太极拳术》，上海，1990年。

（A. A. 马斯洛夫撰，韩万舟译）

龚自珍

龚自珍，字璱人，号定庵。1792年8月22日生于浙江省仁和（今杭州境内），1841年9月26日卒于江苏省丹阳。哲学家、理学家、文学家、"今文经学"和常州学派的代表（此"今文经学"为庄存与重建）。龚自珍出身官宦家庭，在朝为官，1829年中进士。龚自珍的一般理论观点并未形成体系，仅在一些小型作品中有所表述，这些作品在其去世后被编撰成若干文集。由于受到中国进入动乱时代和中国在与英国的第一次鸦片战争（1840—1842）中惨败的震撼，龚自珍溘然离世。

龚自珍是"宣南诗社"组织者之一，该诗社宣扬政治法律改革思想。与其他"今文经学"支持者（例如林则徐、魏源）一样，龚自珍也尽可能将以哲学、语言学和历史学为主导的传统科学与治理国家的一般理论相结合。

龚自珍是中国最早的一批改良派文人，他们呼吁国家社会经济和科学技术的现代化，主张废除一些已经老化的国家制度（如科举制度等）和社会规范习俗（如女性缠足）。他认为，贫富之间的断裂是主要的社会危机。理想的平均分配财富，就像按等级标准分给每个人水一样，它取决于社会民心走向（思潮）："人心者，世俗之本也；世俗者，王运之本也。"继孟子论敌告子之后，龚自珍承认，"（人）性无善无不善"，因此，借助"今文经学"确立的儒家经典文献作品集中阐述之"理"，可能会使"人心"变好、社会关系更完善。社会生活和精神环境领域的改变必然要求重新审视政治法律规范。统治王朝越保守，其灭亡越快，因为这种统治者盲目遵从王朝奠基者的思想观点，担心移除这些祖制会引起人民的质疑。而在政治法律方面及时应对生活带来的革新，就能够保障皇室永久拥有皇位。

*《龚定庵全集类编》，载《近代中国史料丛刊》，第73辑，第713册，台北，1971年；《龚自珍全集》，上海，1980年；《关于平均分配思想》，载《中国近代进步思想家作品选集》，莫斯科，1961年；《警醒》，载《中国近代进步思想家作品选集》，莫斯科，1961年；Б.А.巴杜罗夫《龚自珍的农业规划》，载《第3届"中国社会与国家"学术研讨会论文集》，第1册，莫斯科，1972年；А.Н.热洛霍夫采夫《龚自珍》，载《简明文学百科全书》，第2卷，莫斯科，1964年，第447—448页；《中国哲学史》，莫斯科，1989年，第433—441页；《政治与法律学史》，莫斯科，1993年，第360—362页；Borei D. Eccentricity and Dissent: The Case of Kung Tzu-chen // Ch'ing-shih wen-t'i. 1975, Vol. 3, No. 4, pp. 50-62; Elman B. A. From Philosophy to Philology. Camb.(Mass.)-L., 1984, index.

（А. И. 科布杰夫撰，韩万舟译）

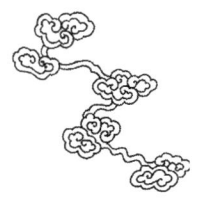

共

共，中国哲学、逻辑学术语；词源学意义为表现拱手形象。"共"所表达的概念不是指通过抽象而得出不同类型客体的理想特性，而是突显某一客体，或突显此客体的名称（共名），以此作为多数同类客体的代表。"譬如北辰，居其所而众星共之。"（《周易》）"三十辐共一毂。"（《道德经》）当其代表的特征应具备其他大多数的所有元素，可用"共"之同义、同音字"公"①来表示。"公"含有"社会、公共、利他主义"，以及"政府、最高、主要"之意。在一些乌托邦概念中，术语"公"起到很重要的作用：在井田制中表示位于由9块田组成的方块中心的共用田地，是为国库缴税而设；在"大同"思想框架内，"公"被解读为类似身体健康的机体和谐状态，即天下处于中央集权的社会等级制度中。在《庄子》中，概念"极"和"大数之极——万"揭示了"公"的天下功能，它被认为是"道"。

"共"的逻辑—认识论解读是用统一的名字联合大多数客体，这些客体用不同名字，彼此"差别"对立。

**А. И. 科布杰夫《中国古典哲学中的象数学》，莫斯科，1994年，第178—209页；А. А. 克鲁申斯基《概括即是精简》，载《第32届"中国社会与国家"学术研讨会论文集》，莫斯科，2002年，第174—179页。

（А. И. 科布杰夫撰，韩万舟译）

---

① 原文有误，认为"共"与"公"同音。——译者注

顾宪成

顾宪成，字叔时，别号泾阳。1550年9月17日生于江苏省无锡，卒于1612年6月21日。哲学家、理学家，东林学派领袖。1580年中进士后历任高官。1594年被削去官籍，革职回家，1602年恢复封号，但未恢复官职。1604年创建"东林书院"。他是王阳明的第三代追随者，但他不仅抨击激进的泰州学派的王阳明信徒（后者倾向佛教和道家），并将官方意识形态带入儒家，甚至还批评王阳明本人，因为他推崇无善恶之"心体"和"悟"良知。顾宪成由孟子"人性善"论题引出观点："心体"中有善。他承继朱熹，坚持"修"良知的理念，同时，与周敦颐、杨时的观点相近，认为发展良知的主要条件是自我沉浸、入"静"的冥想状态，即进行道德自我发展。顾宪成去世后，1629年获封谥号端文公。

*《顾端文公遗书》，1877年；А.И.科布杰夫《中国理学哲学》，莫斯科，2002年，第397—399页；Busch H. Ku Hsien-sh'eng // Dictionary of Ming Biography / Ed. C. Goodrich. Vol. 1. N. Y.-L., 1976, pp. 736-744.

（А.И. 科布杰夫撰，韩万舟译）

顾炎武

顾炎武，字宁人，号亭林。1613年7月15日生于江苏省昆山，1682年2月15日卒于山西省曲沃。哲学家、理学家、教育者、爱国者和百科学者（语言学家、历史学家、地理学家、经济学家、天文学家），奠定了朴学之基，它是清代意识形态领域中的批评流派。顾炎武出身知名书香之家，积极投身反清，清朝胜利后，为表达抗议之情，改名"炎武"，即"火热的士兵"之意。顾炎武拒绝清朝统治者邀其出仕的请求，曾两度入狱（1655，1668）。

顾炎武思想遗产主要包括在两部不同主题的作品文集中：《亭林诗文集》和《日知录》。

对于中原朝廷无力抵抗清军，顾炎武认为是因理学主导形式的缺陷所致。特别是王阳明的"心学",顾炎武对其很熟知,认为它像是在儒家掩饰下的佛教禅宗。为与其抗争,顾炎武呼吁从汉代编撰修订的最古老、正统的注疏中研究并恢复真正的原始儒家,即圣学。因此,顾炎武创立的思想流派也称为"汉学"。顾炎武引入新的有益知识,并让它们具有更高标准的精确度,这对"汉学"的诞生有根本性意义。顾炎武认可"非器则道无所寓",此处的"器"指具体的实际现象,并从中得出在一般本体论框架中经验论证和实际运用知识的必要性。他用孔子的两句格言定义"圣者之道":"博学于文","行己有耻",并以此将认识论与伦理统一起来。在"法与人"两难推理中,顾炎武与黄宗羲相反,他认可人的因素:大量的法律规则危害极大,因为它们遮蔽了道德。通过自由表达社会见解——即"清意",可以"正人心,厚风俗"。他认为,从公元前8世纪至公元17世纪这一期间,道德风习状况最好,特别是在光武帝统治时期。在传统的政治权力机构概念中,帝王与臣子的对应关系如同身体与各器官,而与此不同,顾炎武提出政权依存关系如整体与部分:官吏应与天子(即皇帝)分享权力,不应该铲除私人利益,而应使其符合公共利益。他认为人与人之间的关系,首先指血缘关系,这是整体社会政治结构的基础。顾炎武在中国近乎创造性地区分了社会(天下)与国家的概念。国家灭亡仅是王朝更替[①],道德规范的沦丧则会使天下灭亡,"人将相食,谓之亡天下"。顾炎武修正《大学》中孔子的经典语录,认为善于保存天下是学会治理国家的保证。在社会经济领域,顾炎武支持孔子的轻商主义:人民富裕会引发对政权的不满。他提出拒绝中国最出色的发明——纸币(模拟货币)。他认为货币价值提升(随着它们周转量增加)、市场价格波动下降等主要目的不是经济富足,而是社会政治稳定。

* 《日知录集释》,黄汝成编撰,北京,1957年;《顾亭林诗

---

① "易姓改号,谓之亡国。"——译者注

文集》，台北，1970年。**Б.С.弗拉索夫《"火耗"——一个中国经济思想的术语》，载《中国历史问题》，莫斯科，1981年；А.И.科布杰夫《中国》，载《17—18世纪政治与法律学历史》，莫斯科，1989年；А.И.科布杰夫《中国理学哲学》，莫斯科，2002年，第415—424页；В.В.马良文《亲缘联合——中世纪晚期中国儒家的宗族》，载《第3届"中国社会与国家"学术研讨会论文集》，第1册，莫斯科，1972年；汪江《顾炎武》，北京，1960年；谢国桢《顾亭林学谱》，上海，1957年；张舜徽《顾亭林学记》，上海，1957年；Chang C. The Development of Neo-Confucian Thought. Vol. 2. N. Y., 1962, pp. 216-235; Peterson W. The Life of Ku Yen-wu (1613-1682) // Harvard Journal of Asiatic Studies. 1968, Vol. 28, pp. 114-156; 1969, Vol. 29, pp. 201-247; Vergnaud L.-F. Lapensee de Gu Yanwu (1613-1682). Essai 6 de synthese. P., 1990.

（А.И.科布杰夫撰，韩万舟译）

卦

卦，象数（数字）占卜图像、占卦用的图形和木签，主要是卦爻①。中国哲学中最具原创性和基础性的一般方法论范畴之一，其原本特有意义表示经算术和几何图核对过的原始意象，即两个包罗万象的分类卦图（八卦和六十四卦）的构成要素。从词源学意义看，"卦"起源于兽骨占卜（在兽骨上刻写卦辞，即"卜"）的几何化图表结果展示。"卦"的这种意义反映在《荀子》中，《说文解字》中亦有记载，顾野王在词典《玉篇》中借助术语"兆"（在甲壳或骨上可以预兆吉凶之裂缝）直接为其定义。后来，"卦"与另外一种占卜活动"蓍"相关联，后者建立在得出的数字组合上，这在《左传》中有大量体现，并同样记载于《说文解字》中。总之，"卦"融合几何象征与数字组合分析思想，由此发展出象数学的普通理论。中国传统认为"卦"起源于文明的神话源头，即第一位帝王伏羲氏的活动，据说他运用神奇显现的"卦"作为模式，用来创造符合自然规律的物质文化基础。因此在源自公元初几个世纪的注释中，还有体现

---

① 由三个笔画所构成的图形和六线形，即三爻和上下叠加而成的六爻。

在《周易乾凿度》、刘熙编撰的字典《释名》，以及后来孔颖达的注疏中，"卦"用原字加偏旁的同音字"挂"来为其定义，意为"悬挂、注册、标记"，指"物象"概念。王弼在《周易略例》中强调"卦"与计算相关以及编年层面的意义，由此将其定义为"时"。

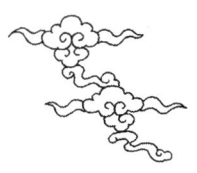

据李镜池的观点，卦爻形成于由"结绳"记事向"书契"（竹简记录）的转变时期。这样，一条完整横线替换一个大结，断线（完整横线中间断开，为两条小短横线）代替两个小结。这一时期，人们已经对主要自然现象进行分类，分为天与地、雷与风、水与火、山与泽，八卦即象征此类别。所有八卦相互组合、重叠而构成六十四卦。但是当文字出现以后，这些象征符号在表达确切词汇意义上无法与文字竞争，因此它们被占卜者使用，刻在蓍草茎秆上，表示在此次卜卦中得出的数字。于是，"（三爻）卦"获得当时的一些文字称呼：乾、坤、震、巽、坎、离、艮、兑。

《周易·系辞传》中关于"结绳"的一段文字证实了李镜池的推测，这里讲述伏羲"于是始作八卦，以通神明之德，以类万物之情。作结绳而为网罟，以佃以渔，盖取诸离"。高亨认为《周易》卜卦最初使用竹，而非蓍，此可能是卦与竹简刻字有直接继承关系这种假设的确切根据。

据冯友兰考证，"卦"起源于殷商王朝时期使用龟甲占卜的活动。人们在龟甲上刻下含有问题的文本。由于龟甲破裂而出现的缝隙被称为"兆"，占卜师解读此"兆"，作为对提出问题的应答：即对将要发生的事件回应为"吉"或"凶"。占卜师讲述的解释称作"繇辞"。三爻和六爻卦是完全重复再现具有预言性的裂缝"兆"，并使其标准公式化。针对完整卦的"卦辞"和属于个别爻的"爻辞"是标准公式化的"繇辞"。一般说来，《周易》是上述标准化形式的产物，它可以由复杂的龟甲占卜过程转换为更简易形式，即借助50个茎秆，它们按照一定规则摆放，生成这样或那样的一些不同数字，后来，这些数字即等同于卦，其对于求卦者的问题已经有标准化解答文本。这种占卜方式被称为"筮"，发明于周朝时期，相对比较容易。《周易》的名称

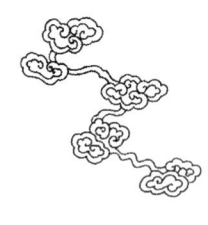

便来源于此。

牟钟鉴认为，"卦"最早出现的确切时间无法断定。它们是在人类开始崇拜自然力量并展开占卜活动之后形成。三爻卦是最初具有图画记事性质的占卜符号"象"，后来这些图形被公式化，并丧失自身的直接表现性。虽然三爻"卦"整体上使与其相对应的自然现象神秘化，但在这种宗教外包装下却累积了一些科学知识。三爻"卦"所指定记录的对象分类——天、地、风、雷、水、火、山、泽——证明"卦"起源于农业和家畜养殖业非常发达的时期，那时金属（铜）冶炼业尚未普及。

黎子耀认为，"卦"起源于从事天文学、占星术和编年的占卜师中间。八卦——表示阳、阴、水、火、金、木、土、黍——与十"天干"存在基因承继关系。"天干"的分类目录意指"五行相生说"，因此八卦理论包含阴阳和五行概念。

根据余敦康的理论，"卦"本身展示符号"象"的组合，即体现摆放蓍草茎秆的占卜程序。它们起源于人类历史早期，这在《周易》注解部分（《易传》）有所反映，该文指出它们在伏羲时代已经出现。当时还没有诞生"神"的概念，但巫术和各种形式的占卜活动已经广为流传。借助被神化的占卜工具（龟甲、蓍草茎秆等），人们努力突破自己有限的经验范围。在周朝之前，龟甲占卜活动已经形成三种不同形式的、由120种象构成的体系。除《周易》外还存在其他可供选择的占卜结构类型：《连山》和《归藏》，它们也包括八个基本"卦"（"经"）和六十四个补充"卦"（"别"）。它们显示出，使用蓍草茎秆的操作手法可能是为与当时的历史条件相符。根据其本身含义，此"卦"与其他占卜符号"象"完全类似，并且没有表现出任何更多的"吉""凶"之兆。

王渝生推断，"卦"中的阳爻和阴爻是远古时代占卜活动中奇数和偶数的象征符号。为证明自己的论题，他援用中国西南部保留下来的古老"数卜法"。包括在四川省凉山彝族自治州保存的"雷夫孜"占卜法，这种占卜方法是用三个分开的短竹嫩枝或者草秆，得出三个一组的数字，然后根据其奇偶性进行判识。此处也可能只有八个组合，"雷夫孜"与那些简易"卦"的结构类型并无太大差别。

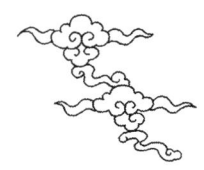

楼宇栋接受王渝生的观点，研究周朝早期兽骨占卜"卦"的图形符号表现。1950年至1980年初陕西省共发现10个带有数字图形符号的甲骨。随着对"数卜法"原理的运用，人们规定在其中四个"卦"基础上分割出六个数字符号，它们加起来构成一个卦。而在一个兽骨上甚至有与卦相应的卦辞。分析这些西周早期实际占卜用过的卦，可以得出这种观点：它们与阴阳理论产生联系是在较晚时期，应该不早于西周末期。此外，研究者很清楚，"卦"产生的时期应该早于周朝，因为在周朝初年已经存在复合（重叠）卦——"重卦"。

张亚初和刘雨展示出最古老的卦，它们在扬雄之前一千年的殷商末期至周朝初期便已存在，其构成与扬雄的卦一样，而扬雄在传统上被公认是这类卦的发明者。它由三个形式的爻组成：完整直横线、直线中间断一次的横线（即两条小横线）、断两次的横线（即三条小横线）。在中国学者整理的图表中，有36个图形符号源自商代晚期和周朝早期的占卜所用兽骨、青铜器和陶器。记录自然卦占据五个方位，其余方位是三爻或六爻卦的位置，在这里，数字起到爻的作用，这也证明，三、四和六爻卦在上述时期曾同步存在。

张政烺对这些资料做过比较全面与合乎逻辑的分析，他将研究范围拓宽至周朝末期。1978年湖北江陵考古发现一批战国时期文物，张政烺非常关注出土竹简上用数字一、六、八、九表示的八种卦组合。他展示最初使用的数字一、五、六、七、八和后来并入其中的二、三、四、九、十，甚至还算出它们使用的频率。从这些计算看出，明显突出一和六两个象数，由此可以推测它们与"卦"的特殊关系。从书写上看，完整直横线的阳爻与中国数字"一"相同，它们都用一个横线表示。关于阴爻，现代已知有三种写法：标准写法- -，马王堆写法⌐ ⌐和双古堆写法八，后二者是竹简上"卦"的表现符号。其中年代最古老的为出自马王堆的公元

前2世纪的《周易》手稿,以及安徽省阜阳市双古堆出土文献。双古堆阴爻写法与中国古代数字"六"完全相同,这相当于用数字"六"对应阴爻的标准意义(在它们的图形表现不同的情况下)。因此,可以借助象数六和一,阐释"卦"中表示阴阳爻的图形。

20世纪70年代末以来,张政烺发展的理论认为,"卦"起源于数字符号"象"的集合。他通过最近半个世纪收集的大量考古资料证明这一理论,包括远古时期,从公元前四千纪至殷商向周朝过渡阶段(前两千纪末—前一千纪初)刻在占卜用龟甲、青铜器、陶器以及动物角物品上的最古老卦象。此外,他还用中国古代文献来证明这一点,包括班固的朝代史《汉书》中关于"卦起于数"的论断,以及《周易》中"卦"元素已经确立的一致关系——阴爻与六对应、阳爻与九对应,还有《周易乾凿度》中的象数分类,即用成对数字组合搭配(六或八与七或九)表达它们"幼"或"长"的状态。

"卦"的完整哲学概念最早形成于孔子撰写的《周易》注解部分,据《系辞传》:"极天下之赜者,存乎卦。"此处"卦"体现世界秩序之根本。

范畴"卦"的特征为:在两个数字符号数量确定的组合——八卦和六十四卦——中含有资料内容的表达性。它们均由两种形式的爻线(完整横线——阳爻,中断的横线——阴爻,在《周易》中也用数字九和六表示)构成,八卦由三个爻组成,六十四卦为六个爻所有可能的组合。每一卦都有自己的名字(八个三爻卦和它们重叠的八个六爻卦同名),是形象化和概念意义的综合体,抽象和具体内容相结合的标准公式。比如,两对主卦对应的名字为"乾"与"坤",形象为天与地、父与母,概念为"创造"与"执行"等。三爻、六爻和它们的元素在所有可能的组合中构成包罗万象的分类层级图,在可视的符号"象"中,此分类层级图包含现实中的任何层面:空间各部分、时间段、自然元素、数字、颜色、身体器官、社会和家庭关系等,它们还能够描绘所有可能的情况与过程,记录它们之间现实或抽象的关联,

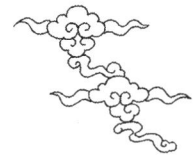

等等。

在结构性和本体论方面,"卦"是通过"一"即"太极"持续二分化(阴阳)的产物。但是历史上,六爻卦的诞生可能要早于三爻卦。在静态下,八个三爻卦和六十四个六爻卦组合中的每一卦,被记录在二维空间坐标中,被认为是伏羲和文王所描绘,后者为周朝奠基者。后一组坐标方位图为描述卦序分布,记载于《周易》经典文本中。实际上伏羲图出现得比较晚(最早出现于理学奠基人邵雍和朱熹的著作中),在伏羲图中,卦爻根据符号1和0的变化规律持续交替变化,它们代表二进制中的自然数列。二进制创立者、德国哲学家和数学家莱布尼茨解释过此种类似,他认为这证明上天之意预言的和谐与同一是针对所有年代和民族的。1973年,马王堆发现《周易》文本,其中记载了第三种卦序分布图形式,结构类型比较接近伏羲图。

"卦"用线表示,卦图分布形态为方(象征"地")与圆(象征"天"),透过中心点相互间连成一个圆圈;分为阴阳;按两个主要原则,两两成对:一是"反",即反转180°;二是"对",即在同一直线的两点位置上(同一直径与圆相交的两端),两个"卦"符的爻线正好相反。在中国传统逻辑(原始逻辑学)和方法论(数字命理学)中,这两种相反的符号形式包含所有对立和矛盾关系。在动力方面,通过爻的变化,"卦"向相反方面转化,这体现了宇宙发展周期的所有阶段,即《周易》的基本理论——"周易(周期性变化)"。

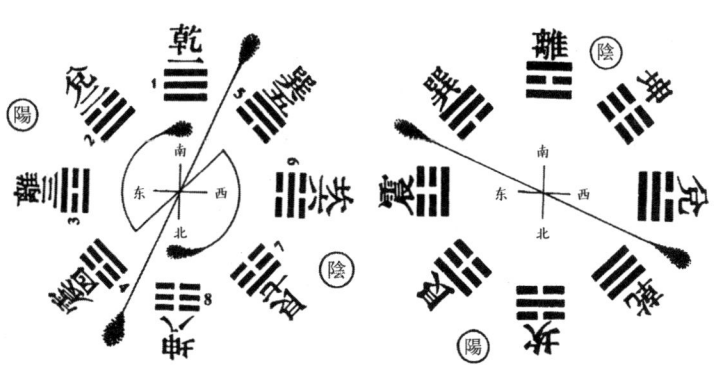

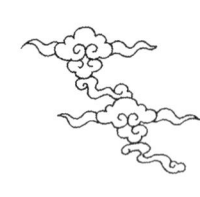

在汉代，借助于阴阳家的神秘自然哲学、今文经学、谶纬传统，卦图的一般方法论潜能达到最大程度，增加其本体论所指，并与所有其他类似图协调一致，首先是"五行"、循环生肖符号、河图和洛书的神奇数字图形。在焦延寿或崔篆的《易林》文集中，《周易》体系被繁化至接近4096个要素：每一个卦和它本身，再和其他每一个卦相关联。扬雄在《太玄经》中提出可供选择的替代系统，用八十一"首"代替六十四"卦"。它由三种形式的爻（一条完整的横线、中断一次的横线、中断两次的横线）在四个方位上以所有可能的组合形式构成。不过，扬雄体系也可能源自远古占卜活动，但没有竞争过"卦"体系，后者发展至宋代达到高峰期，那时创造出更明确的数字命理哲学范式——邵雍和蔡沈的学说。

除《周易》中的三爻卦和六爻卦，术语"卦"还用来表示其他类似符号象征。例如在敦煌发现的公元11世纪下半叶的《管公明卜要诀》等，这些作品中出现两部分或三部分的卦，只由完整爻线呈横竖垂直样式构成（例如：‖），并提到象数的"西周"体系。在这些著作中，借助一些杰出人物名字表示八卦体系：（1）周公；（2）孔子；（3）屈原；（4）赤松子；（5）桀和纣；（6）越王勾践；（7）介之推；（8）姜太公。

"卦"进入哲学、科学（特别是天文学、测时学、地形测量学、医学、炼丹术）、文学和艺术的基础内容层面，成为中国整体传统精神与物质文化的基石。

六十四卦最早由意大利耶稣会士卫匡国[①]传入欧洲。法国耶稣会传教士、学者白晋作为法王路易十四的宫廷数学家，曾在中国康熙皇帝朝廷为官，并很有建树，他视《周易》为中国文化的"圣经"，认为它体现神的最初启示，并以玄妙形式——"卦"示人。莱布尼茨曾与白晋通信，认为他与自己是破解伏羲卦图二进制密码的共同创作者。这些思想在西方的长远发展推动了计算机技术的发明。

---

① 卫匡国（1614—1661），意大利人，中国明清交替之际来华，欧洲早期著名汉学家、地理学家、历史学家和神学家。——译者注

*Ю.К.楚紫气《易经》，莫斯科，1993年；《道教成仙炼丹术：中国古代密传文集》，Б.Б.维诺格罗茨斯基编，莫斯科，2003年；《易书文王册》，Б.Б.维诺格罗茨斯基译，莫斯科，2006年；В.Е.叶列梅耶夫《〈易经〉的象征符号与数字》，莫斯科，2002年，第19—35页；С.В.济宁《〈易经〉卦组成的两个原则》，载《第14届"中国社会与国家"学术研讨会论文集》，第1册，莫斯科，1983年；С.В.济宁《〈易经〉卦的结构问题》，载《第13届"中国社会与国家"学术研讨会论文集》，第1册，莫斯科，1982年；С.В.济宁《〈易经〉在〈左传〉的体现和概念"易"》，载《第15届"中国社会与国家"学术研讨会论文集》，第1册，莫斯科，1984年；А.М.高辟天《经典图表——"八卦"》，载《第13届"中国社会与国家"学术研讨会论文集》，第1册，莫斯科，1982年；А.М.高辟天《〈易经〉结构问题》，载《第14届"中国社会与国家"学术研讨会论文集》，第1册，莫斯科，1983年；А.И.科布杰夫《中国经典哲学的象数方法论》，载《第14届"中国社会与国家"学术研讨会论文集》，第1册，莫斯科，1983年；А.И.科布杰夫《中国古典哲学中的象数学》，莫斯科，1994年；А.克罗乌利《神秘的理学》，莫斯科，2003年；А.А.克鲁申斯基《何为易经之卦？》，载《第35届"中国社会与国家"学术研讨会论文集》，莫斯科，2005年，第205—213页；武晋、王永生《周易百题问答》，基辅，2001年，第90—136页；高国藩《敦煌古俗与民俗流变》，南京，1990年；《周易研究论文集》，第一辑，1987年；Nielsen B. A Companion to Yi Jing Numerology and Cosmology. L.-N. Y., 2003; Sherril W. A., Chu W. K. An Antology of I Ching. L. etc., 1977.

(А.И.科布杰夫撰，韩万舟译)

《关尹子》，又名《无上妙道文始真经》，是由尹喜创作的道家著作。尹喜为老子的同时代人。但根据佛教影响痕迹、术语使用和语言特点可以证明这部作品起源于公元8世纪左右。也可能《关尹子》成书得更晚些，大约在公元10或11世纪。

此著作现存1卷，分9篇。其核心内容为概念"道"，这里的"道"的特征为言语和思维的先验条件（不可言，甚

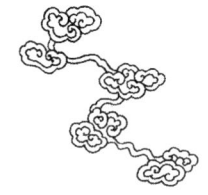

至不可传、不可思)、万物存在的条件及生长原理与决定之始,类似做陶器的匠人要确定如何开始。同时,"道"为世界内核。与古代道家名著(特别是《庄子》)不同,《关尹子》认为"道"为"一物",与此相应,不存在任何单独的单位或个体("我"中无"我","道"中无"我")。《关尹子》用封闭的水池来表现道之周期循环性。道也类似于海洋,它自身充满水,但不会外溢。《关尹子》学说受到佛教唯识宗哲学的影响,后者强调万物为某种先验之识所生。根据此著作表述,"道"用吾"思"创造世界,如睡者生出梦之形象。佛教三论宗哲学的否定辩证法对《关尹子》内容产生了影响,它被用于证明某种自我单位的不存在,并确认所有现象和只有整体之实的普遍条件性、相互关联性、相对性。

尽管《关尹子》本身是极富独创性和复杂的哲学文本,但它出现较晚(当时道家传统已经完全形成),并受到佛教的强烈影响,加上其自身明显的独特性使其一直处于道家学说的边缘地带,因此它对道家学说发展并未产生实质影响。《关尹子》中的一些形象(包括用圆水池中无休止游动的鱼来比喻"道"之循环性)被用于中国古典诗词,比如在黄庭坚的诗中。

*《关尹子》,上海,1936年,《丛书集成》,第15卷;《关尹子》,E. A. 陶奇夫译,载《中国宗教》,E. A. 陶奇夫编,圣彼得堡,2001年,第103—129页;E. A. 陶奇夫《道教》,圣彼得堡,1998年,第346—360页;Wieger L. A History of the Religious Beliefs and Philosophical Opinions in China from the Beginning to the Present Time. Hsien-hsien, 1927, pp. 570-573.

(E. A. 陶奇夫撰,韩万舟译)

管仲

管仲，名夷吾，字仲。生于颍上（今山东省阜阳市颍上县①），卒于公元前645年。齐国最重要的辅政大臣，被认为是法家奠基人。其生平与活动记录主要集中于文献《国语》。管仲出身商人家庭。为统一集中立法权和强化国君权力，他与世袭贵族展开斗争。传统认为管仲是《管子》的作者，这部文献主要内容为管仲的言论主张。可以认为，在中国历史上管仲最早提出和论证依法治国理念："法者，民之父母也。"（《管子》，第16篇）"君臣上下贵贱皆从法，此谓为大治。"（第45篇）管仲在言论中首次讲出一些法家的从属思想，甚至还谈到教育和抽象、故弄玄虚之智的危害性："圣君任法而不任智……失君则不然，舍法而任智，故民舍事而好誉。"（第45篇）管仲认为，国君创立法的目的在于限制贵族后裔继承高官的权利："以法治国则举错而已。"（第46篇）也许，管仲最早提出惩罚思想，作为治国的重要方法："畏罪则易治也。"（第48篇）与后辈法家学者不同，管仲承认礼仪为国家"四维②"之一，余下三者为：义、廉、耻。但也不能排除，此类观点是儒家学者在编辑《管子》时写出，并加入管仲的主张中。

管仲主张，法非在君之下，而在其上，君王本身亦明其法而固守之；法律保障民众使其免受放肆无约束的君主之害。同时，政治、经济权力应该完全掌握在君主手中。君主应该使食物价格保持适当、垄断铁矿开采。国家经济生活的基础是农业：充足的粮食能够保障国家富裕、军队供给以及军事胜利，从而拓展疆域。农业与商业的关系如"本"与"末"；商业是导致农民破产的原因之一，应该限制。管仲建议把国家划分为郡县，各地以君王钦命的官员为首，实行直属行政分级，直至最底层社会单位——家庭，所有居民以五家为一组。这些措施客观上使得氏族血缘村社走向分裂，并瓦解了以父系继承爵位为主的社会根基。

管仲实行征收有差别的赋税，即根据土地质量的好坏以及耕种田地的数量来收税，改变国有的土地分配原则。其结

---
① 原文有误，认为颍上在今山东省，应该在安徽省。——译者注
② 原文注解"四为"，有误。——译者注

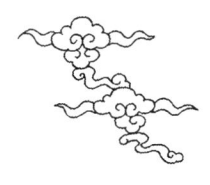

果是,被剥削的主要客体不再是村社,而是每个单独的农民家庭。管仲实行国家监控开采食盐与铁矿,规范造币,监测市场价格。管子主张整顿行政划分,也许管仲只是在京城以内及京畿范围取得成功,京城以街区划分,京畿分为五属,由五大夫统领。在京城的街区居住军职人员,管仲在区域内实行军队赋役体系。他创建选拔官职三级制度。管仲的政治活动与措施促使齐桓公成就了霸业。

**Л.С.佩列洛莫夫《中国政治史中的儒家和法家》,莫斯科,1981年,第20、21、42—45页以及后记;乔长路《管仲(管夷吾)》,载《中国古代著名哲学家评传·续编一》,济南,1982年。

(Л. С. 佩列洛莫夫撰,韩万舟译)

《管子》

《管子》,中国古代最伟大的哲学著作之一(大约13万字),辑录公元前4—前3世纪期间不同作者的作品,共8个主题部分,包括24卷、86篇,其中10篇亡佚。公元前3世纪中期在齐国稷下学宫形成最初版本,最终于公元前26年由刘向编撰成文集,13世纪首次刊行。著作以管仲名字命名。管仲为齐国国相,以其社会政治和经济改革闻名,这些政策措施推动了法家理论与实践的发展。管仲一方面确立王朝政权的绝对权威,并将其扩展至经济领域,例如国家监控食盐、铁矿的价格,并垄断经营;另一方面,管仲也许是最早在中国提出依据法律治理国家的人,他认为国君本人也应该遵守法律。管仲的威望是该书主要描述他本人的主要原因。同时,该书也把稷下学宫提到的中国古代所有重要哲学流派的思想都编撰进去。《管子》最早被归类为道家著作,而后又被确认为法家著作。后者观点被确立下来,成为当前中国学界的主流观点,并推广至其他国家的学术文献中。《管子》文本保存不是很好,需要对其进行修缮,这使得文本理解变得更复杂。也许把它视为杂家作品更准确,并且它是《淮南子》《吕氏春秋》这一系列中最早的作品,后两部作品的内容均表现出较广泛的知识范围:哲学、社会政治、经济、历史、自然科学以及吸收其他不同流派学说中的知识。

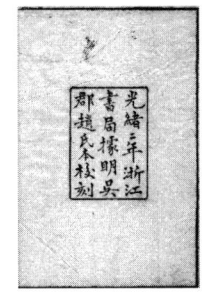

《管子》的主要特点:首先,普遍针对经济问题;其次,体现出对儒家、道家和法家思想最早的综合形式,以及包括墨家个别伦理观点、名家和宋钘一尹文学派的认识论与原始逻辑学、纵横家的统治理论以及阴阳家的自然哲学。这种综合集中体现此论题:由伦理一礼仪以及它们与"万物之首"——"道"的必然联系而生成法律。法家的基础是法律和"畏罪"(第48篇),作为社会调节的根本,它包含儒家的客体化和道德化:法律不是君主手中的武器,而是高于君主的力量(第46篇),其使命在于富民,而非富国(第16篇)。道家阐释"道"为"空一无形"和"无极"(第36—38篇,第49篇),这与《管子》中的理想君主形象相契合,相比自己的权力他更珍视道与法(或曰:道之法)(第30篇)。在第36—38篇和第49篇中提出以下概念学说:"道",其具体化(栖身之地,即"舍")——德,天下一切的本体——"气","气"之形——"精"产生"智",而"气"之较高精神状态——"神"则生博学。在人身体中,心的作用为君,心内部有一个主导它的心理中心——"心之心"(第49篇)。现代学者经考证确认此学说属于宋钘一尹文学派,他们在道家基础上融合儒家和墨家思想。第40和第41篇内容为阴阳家关于阴阳和"五行"的学说,"阴阳者天地之大理","五行"确定"气"的基本时间与空间特征。第39篇讲述"地"与水——"万物之本原也"。水可与"道"相比,"水者,地之血气"。第80—第86篇主要阐释术语"轻重"。《管子》中占主导地位的社会经济之理为"轻重",它与纵横家的意识形态相关。此经济之理,通过发行货币和积累商品使经济稳定,它体现国家监控经济生活的思想与合乎规律性的社会存在理念。《管子》也是中国原始逻辑学(第6篇)和军事思想(第17和第27篇)、教育(第59篇)、天文历法(第8和第40篇)、数学(第58

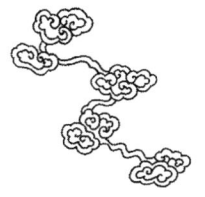

篇）、水文（第39和第57篇）和地理（第77篇）这些学科的重要历史起源。

**郭沫若、闻一多、许维遹《管子集校》，上下册，北京，1956年；石一参《管子今诠》，北京，1988年；В.М.施泰因《管子翻译与研究》，莫斯科，1959年；Maverick L., T'ang Po-fu, Wen Kung-wen. Economic Dialogues in Ancient China: Selections from the Kuan-tzu. Carbondale, 1954; Rickett W. A. Kuan-tsu. A Repository of Early Chinese Thought. A Translation and Study of Twelve Chapters. Vol. 1. Hong Kong, 1965; idem. Guanzi. Political, Economic and Philosophical Essays from Early China. Vol. 1. Princ., 1985; Vol. 2, Princ., 1998; 郭沫若《青铜时代》，莫斯科，1959年，第318—361页；罗根泽《管子探源》，北京，1931年。

（А. И. 科布杰夫撰，韩万舟译）

《鬼谷子》

《鬼谷子》，中国古代纵横家学派政治外交和军事战略哲学的奠基之作，传统认为该作品出现于公元前4世纪，但可能完成写作即成书时间要晚得多。在朝代史书《隋书》的书目篇《经籍志》中首次直接提及此著作。但众所周知，学士、医师皇甫谧在更早前曾为《鬼谷子》作注。清代学者姚振宗补撰朝代史《汉书》书目篇《艺文志》时，将《鬼谷子》增补进"纵横家"章节（《汉书艺文志拾补》）。《鬼谷子》现代文本以道教长老、学者陶弘景作注编辑的版本为基础，阮元题跋，于1789年刊行，共3卷，包括21篇①，还补充了被认为失传的2篇。（Kim Chung-Se，1927年英译；В. В. 马良文，2003年俄译；刘家驹，2001年注）

这部简练著作的架构比较注重象数3、5、7，比如：（1）3卷本，分为21篇（3×7）；（2）前2卷由12篇（象数，3×4）构成，可分2组，其中7篇的标题由2个汉字构

---

① 一说17篇。——译者注

成，另外5篇由1个汉字加1个"篇"字组成；（3）最后1卷包括3个元素，即用带汉字"七"的共同名称把7篇联合成1组，另外还有2个未象数化（未被编号）的篇章；（4）在比划分21篇更高的层级上，整体目录由15个（3×5）元素组成，它们构成最高分类层级的3个部分，即（a）12象数篇，（b）由7个小部分构成的1组，（c）2个未被象数化的篇章，它们对应基础象数3和5；（5）在这种由15个元素构成的标准目录中使用27个实词（有意义的汉字）、28个虚词（数字和"篇"字），共组成知名象数55（5×11），具有"河图"神秘十字交叉的特点，而加上为7个小部分构成的1组目录补充的14个（7×2）字和整部文本的3个字标题（《鬼谷子》），得到一个人们非常熟知的象数72，而72刚好是孔子门徒的数量。总之，类似文本具有汉代特征，此可以作为判断文献相应成书时代的补充证据。

文献名称再现了一个地名——这个地名或是不清楚具体在哪里、人们看法不一致的（河南、山西、河北），或是虚构的（与黄帝传说或道家诗歌有关）。此书的推测作者还写有另一著作《鬼谷子天髓灵文》（2卷），与《鬼谷子》一起被编入道家经典文献集《道藏》。在《道藏目录》中，隐士鬼谷子与老子学生王诩为同一人，而司马迁在《史记》中指出，后者生活在公元前4世纪，是纵横家学派直接创建者苏秦与张仪的老师。《史记》注疏者司马贞提出推测，鬼谷子可能是苏秦的笔名，他可能或多或少参与了《鬼谷子》的创作。

该书所表达的思想观点基本融合道家与法家。唯一的"道"是万物的遗传实体起源，它是（物质的）"气"和（精神的）"理"，但形是气尚未成形的原始状态，被称作"神灵"。"道"之最高定律：由互相矛盾的一个极端向与其相反的另一极变化，彼此循环反复。宇宙主要结构的矛盾：天与地、阴与阳、存与亡、柔与刚、弛与张、纵与横。组成文献第1篇名称的原创范畴"捭阖"即是对此进行概括，它们与现代使用的其同义词组"开合"，以及出自《周易》的类似词组"闭合"均起源于神话形象"门"，《道德

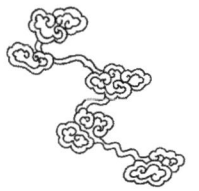

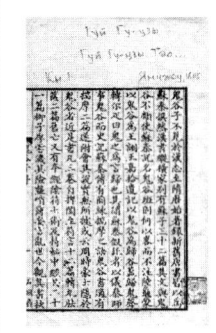

经》对此有哲理性诗意解读：象征生育一切的"玄牝"（自然—母亲）的隐秘怀抱。而在《鬼谷子》中"门"的形象体现"门户"思想。《鬼谷子》中，按"开合"模式，普遍、经常的变化是法家原则的理论根据，是与全面中央集权结合的政治实用主义和功利主义。第5篇的名称用术语"飞箝"来表示，此术语的意义在于，事先提出奖赏及鼓励，并揭示其利益，以此措施来操控民众。但"知之始己，自知而后知人"，因此，要掌控自己和他人，首先应具备"达人心之理"，即"心者，神之主也"。在人之五"气"间，"神"最重要；余下四者为：魂、魄、精、志。据《鬼谷子》，"理"生"实"，"实"生"名"，"名"与"实"相互依存，共同表达"情"，而二者和谐之"德"则生"理"。

*赵金①璧《鬼谷子注释》，台北，1978年；《白话鬼谷子》，北京，1996年；刘家驹《鬼谷子·合纵连横》，广州，2001年；《鬼谷子——政治谋略大家》，В. В. 马良文译，莫斯科，1999年；《鬼谷子》第1—15篇，载《统治的艺术》，В. В. 马良文编译，莫斯科，2003年，第244—318页；Kim Chung-Se. Kue-kuh-Tze, der Philosoph vom Teufelstal (Einleitung und ubersetzung desTextes) // Asia Major. 1927, No. 4；方鹏程《鬼谷子：说服谈判的艺术》，台北，1999年；萧登福《鬼谷子研究》，台北，2001年；Gulik R. H. van. Kuei-ku-tru, the Philosopher of the Ghost Vale // China. 1938, XII–XIII, pp. 261-272.

（А. И. 科布杰夫撰，韩万舟译）

郭象

郭象（252—312），字子玄，哲学家，玄学创始人之一，最早为《庄子》注疏者。郭象出生在河南，其同时代人醉心于"清谈"式哲学辩论，郭象在其中非常著名，是出色的善辩者。他最初并未向往出仕为官，而是喜好居家遁世修道和从事文学创作，但后来出任高官，并由此受到"清谈"

① 原文此处标音Цюань（全），有误。——译者注

其他参与者的批评。在不同史料中均提到郭象的系列作品，但它们几乎全部失传，因此有关其思想的主要史料来源仍然是其庄子注。一般认为，正是郭象的诠释使《庄子》文本具有深度，在他的注疏文献中可看到道家哲学主张的本质。道的形式呈现为生命之流，人因为具有意识而不同寻常，因此对于人来说，若想返回本来的存在只能通过再次"与万物齐"。自然忘记伪思想，它是与"文"（主要指书面文字）一起被感知的。在这种意识转变进程中，人获得"真人"的独有特征，实际上，对于"真人"来说，包括生与死，都没有任何差别，因为不论在哲学－隐喻，或是精神－实践意义上，此个体已成仙。郭象使仙学思想系统化，研究并发展了在一般宇宙过程中的概念：每一物质的"原性""命"和"分"。根据此概念，任何物质均有禀赋，它包含于其先天性质中，越是最大程度使个体行为与其"性"所预见的"命运"重合，便会更顺利、成功地实现其禀赋。有成效地遵循自身之"理"将达成物之良好命运，不同类型的偏离都将导致不幸。而最终，这些不幸是由于物没有能力在"分"框架内"看见"和实现自己的命运。"道"作为万物之普遍法则，为配合物在此阶段划分，"分"由道确认。郭象强调指出"原性"和"命运"之间的对抗对于个体的危害性。它们和谐才能使人获得幸福、神秘的"逍遥"体验。"逍遥"，即平静，源于对任何空间和时间限制的解脱，这应该是人生体验的终极目的。

尽管郭象哲学发展了《庄子》的主要世界观立场，但在本体论领域中他持相反立场，否定"虚无"的现实性为万物之源。郭象认为，无既无矣，则"不能生有"，"不能生物"。即"无"什么也不是，不能生任何存在事物，物"突然而自得"，"然自尔"，"无故而自尔"，它们的存在方式为"独化"。郭象将道家贯穿一元论趋势引向极致，强调"一"并非出自"无"，而是出自"至一"或"妙一"。"道"之至一（极），如同"藏""存"于大多数俗世中。郭象延续古时道家学者的认识论概念，称物"自"为物，"无所待焉"，因为"自"是每一物的内在，它超越主客体

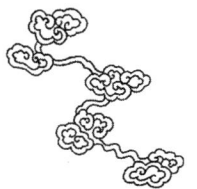

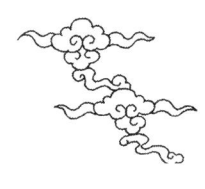

之对立。它不可思辨、不能经验感知,"自"属于"冥"界,通过否定任何实质和意图,解读物之原本真实性。在郭象这里,"自"非本质,而是关系、"冥化","冥化"体现为所有存在之内在极。郭象视此"极"与所有存在之"秩序"等同,后者是各种无思、无形、无始之无尽宝藏,即本质上为"混沌"。他强调,世界上没有造物主。

"冥化"思想是郭象伦理和社会政治观点的基础。他的生活理想是满足于自身个体之"分",在此"分"中完全实现存在的混沌融合化一。因此郭象与古时道家学者相矛盾,他肯定社会不均等和人类技术活动,这在思想意识形态上与儒家学者接近。但在一般存在进程中,儒家绝对肯定"圣人"的社会和文化实践意义。郭象与此观点相去甚远,对他来说,历史中出现的"圣人"仅为现实之"痕迹",这并不等同于"道"之玄一,尽管它们并非完全不同。郭象否定灵魂存在和灵魂崇拜的价值。虽然郭象将庄子位列哲学家之首,但谴责其语言艰涩,反对他所持的消极儒家立场。总体来看,郭象哲学即既不与道家的文明批判相符,也不与儒家颂扬"文"一致,它针对自然与文化整体、针对在人类生活中脱离社会和社会存在的自由。公元4—5世纪,郭象学说得到广泛普及,为中国接受佛教哲学准备好了社会土壤。

*郭象《〈庄子〉注疏》,载《庄子:道家经典》,B.B.马良文译,莫斯科,2002年,第396—415页;Kuo Hsiang. Commentary on the Chuang Tzu // Chan Wing-tsit. A Source Book in Chinese Philosophy. Princ.-L., 1963, pp. 326-335;B.B.马良文《道家——中国中世纪早期的哲学与诗歌》,载《中国的国家与社会》,莫斯科,1978年;B.B.马良文《阮籍》,莫斯科,1978年;苏新鋈《郭象庄学平议》,台北,1980年;汤一介《王弼与郭象哲学的比较分析》,载《燕园论学集》,北京,1984年;汤一介《郭象》,台北,1999年;汤一介《郭象与魏晋玄学》,北京,2000年;汤用彤《魏晋玄学论稿》,北京,1962年;汤用彤《崇有之学与向郭学说》,载《燕园论学集》,北京,1984年;Marther R. B. The Controversy over Conformity and Naturalness during the Six Dynasties // HR. 1969-

1970, Vol. 9, No. 1-2; Robinet L. Kouo Siang, ou Le monde comme absolut // T'P. 1983, Vol. 69, livr. 1-3, pp. 73-107.

（В. В. 马良文、Г. А. 特卡琴科撰，韩万舟译）

《国语》，中国第一部非官方历史著作，反映出了中国古代哲学思想的诞生进程。其内容讲述众多国务活动家的故事，涉及公元前10—前5世纪期间周朝王室与齐国、鲁国、晋国、郑国、楚国、吴国、越国的自然现象和社会事件，共21卷。班固以及其他一系列中国历史学家、思想家均视《国语》为第一部经典编年史《春秋》的"外传"，即辅助注疏，称其为《春秋外传》。这部著作被认为是孔子学生左丘明所作，他也被认为是从结构类型和年代上与《国语》接近的《左传》（《春秋》的主要注疏）的作者。然而《左传》是用另外一种方式解读《国语》中提到的一些单独事件。根据现代考证，该著作于公元前4世纪—前3世纪在更古老的编年史基础上编撰而成，很可能最早由刘向与其子刘歆编辑后发行。

传统认为《国语》之"语"篇在时间跨度上从公元前990至公元前453年，主要讲述不同哲学流派学说的基本观点立场：包括儒家、墨家、道家、法家、阴阳家等。也有观点认为，《国语》主要介绍儒家政治理论。《国语》中也记载了为中国哲学奠定基础的阴阳学说：阴阳自身相互作用而确立"天地之气"的秩序，即自然与社会进程相一致的环节。与《左传》一样，《国语》中也表现出五行学说早期形式：土、金、木、水、火，它们是万物和万象构成与秩序存在的基础。阴阳、"三光"（日月星）、"五行"等概念综合在"文"之形象中，"文"被认为集合了人的主要优良品质：忠、信、仁、义、智、勇、明、孝、恕、让。《国语》中强调"民"的作用，"民"如同最重要的普遍宇宙之力，并与对强大"天命"的信仰一样，由"天随人愿、圣从天意"来证明。总之，"人事与天地相参，乃可成功"。此之主要

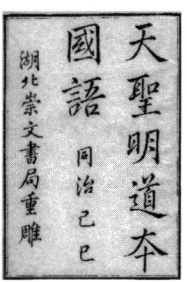

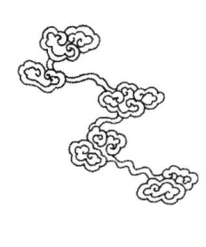

前提是，在社会与国家中借助于伦理、礼仪和"德"实行治理。

*《国语》，上海，1979年；М. В. 刘克甫《中国古代哲学》，第1卷，1972年，第295—302页；《国语》，В. С. 塔斯金译注，莫斯科，1987年；《竹简·中国古代文选》，莫斯科，1994年，第92—102页；Koue yu Discours des royaumes / Tr. C. de Harlez // Journal Asiatique. Ser. IX. 1893, t. 2; 1894, t. 3; Imber A. Kuo yu. An Early Chinese Text and Its Relationship with Tso Chuan. Stok., 1975; d'Horman A. Guoyu. Propos sur les principautes Zhouyu / Comp. by R. Mathieu. P., 1985; 王西里《战国纲要》，莫斯科，1968年，第79—88页；А. М. 高辟天《中国古代文献〈国语〉的语言分析》，载《亚非人民》，1968年第6期。

（А. И. 科布杰夫撰，韩万舟译）

韩非

韩非（前280—前233），战国末期韩国人，法家思想的集大成者，《韩非子》的作者。他是秦始皇的重要大臣，秦朝中央集权思想的奠基人。韩非出身韩国贵族世家，根据《史记》记载，其年轻时对商鞅和申不害的思想感兴趣，提出的"御臣术"是管理的法则和艺术，来源于道家思想。他师从荀子，在众弟子中能力超群，但拙于口头表达，在口头辩论时难以取胜，故醉心于管理艺术的创构。其著述《韩非子》深受秦王嬴政（未来的秦始皇）喜爱。韩非受邀入秦，但旋即被其昔日同窗李斯所谤，并被毒死。

韩非总结和发展前人的法家思想，并完成法家思想的系统建构。他的政治思想依赖于基本理论的构建，是对宇宙法则中的伦理原则和管理原则的逻辑演绎，亦符合道家自然哲学。他证实"守道"作为所有存在的源头和基本规律的必要性，"道者，万物之始"《韩非子·主道》。韩非继而详述"理"这一概念。他将"理"解释为宇宙的规律性，亦是万物的具体性质（大小、方圆、轻重、坚脆），即"成物之文"。许多"理"中涵括"道"，"柔弱"随时，与物质世界的"理"相对应。弃"道理"的统治者不免"失其民人而亡其财资"，而缘"道理"从事者则"无不能成"。

韩非的诸多建议被秦始皇付诸政治实践，并在一定程度上为秦以后的朝代所采纳。

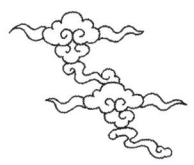

（Л. С. 佩列洛莫夫撰，陈爱香译）

*梁启雄《韩非子浅解》，北京，1960年；沈玉成、郭咏志《韩非子选译》，上海，1991年；陈奇猷《韩非子新校注》，上海，2000年；司马迁《史记》，第7卷，P. B. 越特金译，莫斯科，1996年；Liao W. K. The Complete Works of Han Fei Tzu. Vol. I - II. L., 1959; Levi J. Han-Fei-tse ou le Tao du Prince. P., 1999. **Л. С. 瓦西里耶夫《中国思想的起源问题》，莫斯科，1989年，第211—215页；郭沫若《青铜时代》，莫斯科，1959年，第362—377页；郭沫若《中国古代哲学》，莫斯科，1961年，第497—564页；В. А. 鲁宾《中国古代的人格与权力》，莫斯科，1999年，指南；冯友兰《中国哲学简史》，圣彼得堡，1998年，指南；杨兴顺《古代中国的唯物主义思想》，莫斯科，1984年，第151—159页；杨荣国《中国古代思想史》，莫斯科，1957年，第400—419页；谷方《韩非与中国文化》，贵阳，2001年；Lundhal B. Han Fei Zi: The Man and the Work. Stockh., 1992; Wang Hsiao-po, Chang L. S. The Philosophical Foundations of Han Fei's Political Theory. Honolulu, 1986.

（А. И. 科布杰夫撰，陈爱香译）

《韩非子》

《韩非子》是法家集大成者韩非的著作，现存55篇，并非均为韩非所作。有俄译本（А. И. 伊万诺夫，1912）、英译本（W. K. Liao, 1959）和法译本（J. Levi, 1999）。

《韩非子》融合和发展了商鞅和申不害的法家学说，首先借鉴的是关于成文法之万能和"奖惩"观念作为基本的管理方法，以及重视农业和战争的思想。申不害主张刑名的思想，主张君主必须单独决策，避免问政于大臣。然据《韩非子》所述，申不害不重视法律，首先关心的是如何处罚臣子（第43篇）。韩非主张破除宗族关系，因此，基于其上的自治窄化为专制，他坚持录用有能力的臣子为国家服务而不问其出身（第44篇）。

韩非理论的主要内容，如申不害一样，不是关注社会而是关注官僚集团。《韩非子》中除"奖惩"体系以外，还提出一些根据官僚心理特征建设官僚制度的措施：提供高职位和俸禄，使其拥有者担心其命运；时刻提醒大臣们，为了不失去这些利益，他们有义务为谁谋福利以及如何做人；威胁官员其不当行为会牵连损害其家庭甚至整个宗族；支持相互监督和告密等制度（第48篇）。

韩非学说的一个重要组成部分是关于统治者的智慧说。他认为统治者无需给臣下放权，因为"上失其一，臣以为百"（第31篇）；尤其要保护君主单独奖惩臣子的权力（第7篇）。为实现法律效力，任何的手段、必要的残酷性和全方位的约束性教育都是有用的，"圣人不期修古"（第49篇）。统治者一个基本的品质——隐身，有时会显得他们更为聪明。为了观察臣子的行为，君主需要维护臣子间相互猜疑的氛围，并将他们分裂成不同的派系，不让其中之一过分强大（第1篇）。

*《韩非子》，北京，1956年，《诸子集成》，第5册；陈奇猷《韩非子集释》，上海，1974年；《论国家的管理·关于道与德，认识论的观点》，М. Л. 季塔连科译，载《世界哲学文集》，第1卷第1部分，莫斯科，1969年；《韩非子》，И. 李谢维奇译，载《古代东方诗歌与散文》，莫斯科，1973年；

《注疏韩非子》，Е.П.西尼岑、В.С.斯皮林译，载《中国古代哲学》，第2卷，莫斯科，1973年；《韩非子》，载《管理的艺术》，В.В.马良文编译，莫斯科，2003年。**《中国哲学史》，莫斯科，1989年，第163—184页。

（Л.С.佩列洛莫夫撰，陈爱香译）

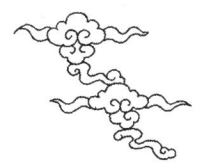

韩愈

韩愈（768—824），又被称为韩退之、韩昌黎，河阳（今河南省孟州市）人，儒家思想家、文学家、诗人。他是宋明理学的先驱之一，幼年父母双亡，酷爱自学。792年中进士，后出任朝廷监察御史。因向唐宪宗上奏《论佛骨表》（俄译本：И.И.索科洛娃，1979；Л.Н.蒙西科夫，2001；В.М.阿理克，2003）这一反佛之书而险被处以极刑，后被贬为潮州（位于今广东省）刺史。其后被赦免，成为国子博士，任刑部侍郎、吏部侍郎等职。

韩愈与其朋友柳宗元一道，反对当时流行的华而不实的骈文。他提倡"复古"运动，深入研究古文文风，大力推崇先秦和汉代早期散文的简洁和语意清晰等风格。他被推为"唐宋八大家"之首。其主要著作有《原道》（英译本：陈荣捷，1963。俄译本：Н.И.康拉德，1957；В.Ф.古萨罗夫，1977）、《原性》（英译本：陈荣捷，1963。俄译本：В.Ф.古萨罗夫，1977；И.И.索科洛娃，1979）、《原毁》（俄译本：В.Ф.古萨罗夫，1977）、《原鬼》（俄译本：В.Ф.古萨罗夫，1977；И.И.索科洛娃，1979）、《对禹问》（俄译本：В.Ф.古萨罗夫，1977；И.И.索科洛娃，1979）、《师说》，均收录于《昌黎先生集》。

韩愈是儒学的积极倡导者，但当时佛教与道家思想盛行。他认为儒家主要推崇"仁"和"义"之道，他将"仁"界定为"博爱"，而合宜于"仁"的行为则叫"义"。与《道德经》的思想观念相左，韩愈宣称只有获得仁义才能实现道与德。儒家将道与德理解为"仁""义"，韩愈称之为"天下之公"，他将老子的解释排除在外。根据可能出现的

对道与德的不同解释，韩愈宣称道德为"虚位"，根据不同的解释而有不同的意义。

韩愈反对佛教"法统"学说，他深入研究并传播古代"圣人"的真正思想，即后来著名的"道统"。韩愈将道的传承谱系确定如下：尧舜—禹（夏朝的创始人）—成汤（殷商的奠基人）—文王、武王和周公（周朝的奠基人）—孔子—孟子。根据韩愈的说法，虽然荀子、扬雄接近"道"，但与"道"还是有差异的。在论及儒家理学时，韩愈首先提到《诗经》《尚书》《春秋》《周易》。韩愈将公元前3世纪道统传承的中断与佛道的极度盛行联系在一起。他并不注重汉代儒家的著述，认为它们已受道佛思想的浸染。

韩愈在批评道教时指出，所谓"圣"人的好处并不是长生不老。禁欲主义和道家主张的"不食五谷"（即不需要吃粗粮，而用能量物质"气"直接替代），既不利于实现长生不老，也会对生命构成威胁。

韩愈猛烈攻击佛教，特别是对笃信佛教的外部表征（即否认儒家世界观的基本原则），他不予接受。佛教要求脱离尘世纷扰，他将涅槃视为反对儒家坚守道念（首先是君臣、父子的关系）的诱因，认为这导致"圣人"遗存的世界观的破坏。在谈到《大学》（《礼记》中的一篇）时，韩愈强调在"圣人"传统中的自我完善，不能如佛教般忽视国家和社会固有的诉求，而要实现"齐家"和"平天下"。

韩愈转向传统以确认中国人的世界观，他强调非中国的佛陀及其学说的"野蛮"。他将当时社会生活的混乱归结于佛教的日渐普及隆盛。帝王对佛教的关注始于汉朝，韩愈认为其原因是"天命"频繁更替，导致动乱不断。韩愈敦促关闭寺庙，让僧侣回归尘世，焚烧佛教舍利，认为唯有如此方能回归"圣人之道"。

关于人"性"的思考，韩愈很大程度上忽略了汉代思想家的学说，他对这个概念的解释主要借助于董仲舒的"五常"思想。然而，与其他儒家学者相信所有人的"性"是一致的，或者将其视为"情"的对立面不同，韩愈将"性"分为上（善）中下（恶）三品。上品之性以仁为本，兼通其余高尚品德；中品之性既具备仁"性"，又有其对立面，善恶混杂；下品之性只有恶。

韩愈在荀子提出的情因触物而发的观念基础之上，提出情的七种内涵：喜、怒、哀、惧、爱、恶、欲，而它们与人"性"之品相对应。上品之情，合乎中道；中品之情，比实际所需或有过或不及；下品之情，多于过或不及。

韩愈将精神传统的"三才"这一概念定义为天、地、人的范畴之内，后将天下统治者作为人类文化的代表。认为实现这一功能必须实施"仁"，偏离这一原则会导致人的"道"与德相悖，让人变得奴颜婢膝。与"物"（包括人在内）相反，精神没有"形"，亦不能直接影响"情"。但它们对人的异常行为的反应，对普遍物质"气"的状态均产生影响。这种反应以预兆的形式呈现。

韩愈认为，社会生活由古代"圣人"统治者来安排，维护社会秩序成为所有后继统治者的任务。韩愈眼中的"圣人"，是靠文化精英的功能宰制传统的统治者，他们教会人民摆脱危险的动物和禽鸟，让人民学会获得食物和建筑民居，进行手工艺制造、商贸、医药和国家机构的设置，而儒家的基本实践主要是礼和乐。统治者应该履行其职责，以"圣人"为榜样，而高官应将其意旨传达给民众。统治者不履行其职责，将导致统治"天命"的丧失。

*韩愈《韩昌黎集》，北京，1958年；《韩昌黎文集校注》，上海，1986年；童第德《韩愈校诠》，北京，1986年；《中国古典散文》，B. M. 阿理克译，莫斯科，1958年；《中国散文杰作》，B. M. 阿理克译，载《天星东方历书》，第2辑，莫斯科，1974年；В. Ф. 古萨罗夫《论韩愈道统理论》，载《东方的文字纪念碑》，1972年，莫斯科，1977，第197—223页；《韩愈柳宗元文选》，И. 科洛娃译，莫斯科，1979年；清流《唐代诗歌》，Л. Н. 蒙西科夫译，圣彼得堡，2001年，第187—196页；B. M. 阿理克《中国文学论文集》，第2册，莫斯科，2003年，第110—118页；Chan Wing-tsit (tr.). A Source Book in Chinese Philosophy. Princ., L.-1963 (L., 1969), pp. 450-456。**Н. И. 康拉德《西方与东方》，1972年，第103—131

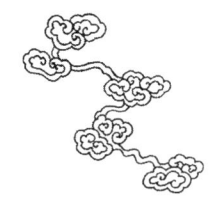

页；A. C. 马尔蒂诺夫《儒家的乌托邦》，载《中国社会乌托邦》，莫斯科，1987年；牟钟鉴《从儒佛关系看韩愈、柳宗元与李翱》，载《圆光佛学学报》，1993第1期，第203—220页；Hartman C. Han Yü and the T'ang Search for Unity. Princ., 1986; McMullen D. L. Han Yü: An Alternative Picture / Harvard Journal of Asiatic Studies. 1989, Vol. 49, No. 2, pp. 603-657; Owen S. The Poetry of Meng Chiao and Han Yü. L., 1975; Pulleyblank E. G. Neo-Confucianism and Neo-Legalism in T'ang Intellectual Life, 755-805 // The Confucian Persuasion / Ed. A. Wright. Stanford, 1960.

（Е. Г. 卡尔卡耶夫撰，陈爱香译）

《汉书》

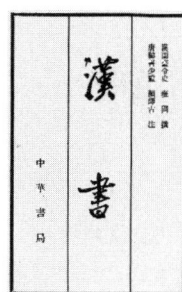

《汉书》，西汉时期的官修史书。《汉书》是中国第一部纪传体断代史，是继司马迁《史记》之后又一部百科全书式的历史著作。与《史记》不同的是，它只记录一个朝代的历史，而不是如很多后来被奉为经典的官修史学那样记载很多朝代。有"中国的希罗多德"之称的司马迁，其世界观倾向于道家思想。《汉书》的主要编撰者、宫廷史学家班固，通过书名（《汉书》）强调该著与儒家经典历史著作《尚书》的联系。现存文本《汉书》的历史可追溯至1034—1037年的版本，该版本名义上有100卷（实际有120卷），部分卷目系班固的父亲班彪（至少有第9、10、73、84、98卷）、班固的妹妹班昭（13～20卷）和马续（26卷）所著。哲学问题主要记载于该书第21至30卷，形成"志"，其中还概述了自然科学、社会经济、地理学以及法律、历史、艺术等相关的信息与理论。丰富的历史哲学资料中，亦含有哲学家的传记，被纳入《列传》中；特别是在第56卷，包括董仲舒的《天人三策》（其著作的补充）。以刘向和他的儿子刘歆的材料为基础的第30卷《艺文志》，是中国最早的目录学文献，其中包含有598位作者，亦涵括诸子十家中的189位哲学家。诸子"十家"中除之前已有的六家——儒家、道家、阴阳家、法家、名家和墨家，还增加了纵横家、杂家、农家和小说家。诸子各家均源出于某类官员：儒家者流出于司徒之官，道家者流出于史官，阴阳家者流出于羲、和之官，法家者流出于理官，名家者流出于礼官，墨家者流出于清庙之守，纵横家者流出于行人之官，杂家者流出于议官，农家者流出于农稷之官，小说家者流出于稗官。此外，还有专门的篇章介绍文学、军事艺术和数学方面的经典著作。在第20卷中将从远古到公元前3世纪的1955位中国的显赫人物，根据他们的道德和智力素质分为9类。其中评价最高的是儒家，其次是墨家、道家、法家和名家。第23卷是刑法志，班固在其中引用了与其观点相近的荀子、道家、法家和名家的观点。《汉书》亦认识到"礼"和"法"融合在国家管理方面的必要性，强调国家要促进农业，抑制商业资本。在孟子学说的精神中，作者为消除恶性主权的合法性作辩护，提议并组织农户实行乌托邦式的"井田"制。在第27卷描述了普遍分类和一般逻辑方法的学说——"五行"说。

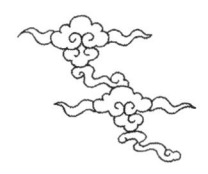

*班固《汉书》，北京，1964年；《中国古代哲学·汉代卷》，莫斯科，1990年，第131—154、320—324页；《竹简：中国古代文选》，莫斯科，1994年，第175—191页；《东方诗学：文本、研究、注释》，莫斯科，1996年，第29—39页；《班固"汉史"中的地理与外交问题：研究与翻译》，第4册，莫斯科，2005年；The History of the Former Han Dynasty of Pan Ku / Tr. by H. Dubs. Vol. 1-5. Baltimore, 1938-1955。** Е. П. 西尼岑《班固——中国古代史学家》，莫斯科，1975年；Bodde D. Essays on Chinese Civilization. Princ., 1981, pp. 141-160; Knechtges D. R. The Han Shu Biography of Yang Xiong (53 B.C.-A. D. 18). Phoenix, 1982; Sprenkel O. B. van der. Pan Piao, Pan Ku and Han History. Canberra, 1964.

（А. И. 科布杰夫撰，陈爱香译）

翰林院

"翰林"一词的表述可以追溯至扬雄的《长杨赋》。古代中国的翰林院融合了文化机构、国家重大事务议事机构和意识形态管控机构等重要职能。738年，政府建立翰林学士院，专供草拟诏制者居用。从10至11世纪，翰林院亦负责纂修国史。从15世纪开始，翰林院开始引进科举考试中的优秀者——进士，历经三年之完善，在儒家文学领域，他们成为翰林院的成员和编修，着力阅读和解释有关帝王的文本。因此，翰林院成为培养国家知识精英的机构。翰林院确定科举考试试题，其成员组织考试，行使官员的权力，给皇室成员授课，任教于国子监，检查教育机构的活动。清朝时期，在翰林院的参与与监督下，国家编纂文学汇编、词典、百科全书、书目等文化活动变得活跃，其中包括编纂规模最大的官修丛书《四库全书》。翰林院亦成为文学和戏剧的审查机构。翰林院的主要职责一直是帮助皇帝管理基本文献典籍，维护其正统思想，确定官方的文化政策。翰林院于1911年被废除。

**柏百福《中国国家制度与管理机构》，圣彼得堡，1903年；Л. B. 波波娃《翰林院——中国帝国管理国家的重要机构》，载《第14届"中国社会与国家"学术研讨会论文集》，第1册，莫斯科，1983年。

（Л. B. 波波夫撰，陈爱香译）

何承天

何承天（370—447），即何衡阳，东海郯县（属今山东省）人，社会活动家、自然科学家、天文学家、反对佛教思想宣传的领袖之一，出身于官宦家庭，在刘宋担任重要的官职。在公元5世纪40年代，他被授予国子博士，并成为太傅。其主要哲学著作有《达性论》《报应问》。何承天的思想亦见于其私人信件及作品集中。

何承天的主要目标是破除佛教的权威，反驳其主要的教义。何承天赞同由蔡谟提出、慧琳拥护的佛教起源于"蛮夷"说，他强化其理论论证。他反对佛教教义中"神不灭"这一主要思想。他批驳轮回思想和因果报应说，其中提出人的生命所遵从的一般自然规律。比如，他将一个人的死与秋天的落叶相比拟，不能获得新生。他证明了因果报应说的荒谬性，并指出，根据这一观念，古代著名的社会活动家和思想家，如周公和孔子，则会以新的面目重现于后世，而这一切并未发生。在其论证体系中，天体运动、大气现象等秩序占据重要地位，他提供了发生在宇宙自然过程中的证据，证明没有超自然理性的存在。

根据何承天世界观的立场来判断，他更接近于唯物主义哲学家范缜，而且许多原理都比范缜先想到。

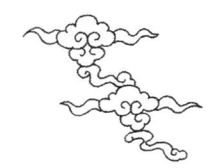

**《中国哲学史》，任继愈主编，北京，1979年；汤一介《何承天》，载《中国古代著名哲学家评传·续编二》，济南，1982年，第397—437页。

（M. E. 克拉夫佐娃撰，陈爱香译）

何心隐

何心隐，原名梁汝元，号夫山。1517年生于永丰（位于今江西省），1579年卒于武昌。他是宋明理学思想家，泰州学派的代表人物，发扬了王艮所创造的泰州学派，试图将空想社会主义思想付诸实践。1546年中举人，但由于对朝廷腐败持批判态度，遂放弃功名之路。在王阳明心学的影响之下，梁汝元加入泰州学派，并尝试将其"大学"思想模式从家庭延展于社会生活。1553年，他在家族中建立独特的公共组织——"聚合堂"，以解决教育、婚庆、丧葬等问题，同时也解决纳税、工作、救济老人和穷人等问题。家族中所有未婚的年轻人同住、同吃、同学。这种家族统一纳税的做法，消除了地方官员腐败的可能性，故引起他们的反对，结果导致与军队的冲突。1559年，这一社会实验被迫停止，其

领导者遭逮捕。

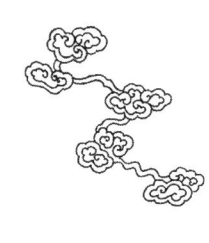

在有影响力的朋友的帮助下，梁汝元免于惩罚，其后他迁居北京。在北方都城，经由与其关系亲密的泰州学派的支持者罗汝芳、耿定理和耿定向兄弟（后者为高级别官员，后任监察御史），他与一些重要的官员来往，其中之一便是张居正。同时，他在那里建立"会馆"，其成员主要来自社会底层和边缘职业者（术士、巫医等）。

1561年，因卷入政治阴谋，梁汝元改名为何心隐，后一直沿用该名，并以此闻名于世。他不得不离开北京，开始以讲学为生的流浪生活，此时期他结识笃信儒道佛"三教"合一的思想家林兆恩。

1567年，重庆发生白莲教起义，何心隐在执政者居地附近做客，并参与镇压起义运动。然而在1576年，湖广巡抚以"妖孽"之罪名通缉他，何心隐闻讯设法离开前往泰州。1577年，为躲避官方的追捕，何心隐秘密返回家乡，然而，最终在祁门（位于安徽省）被捕（1579）。他的朋友与学生为营救他而四处活动，但未能成功。当时仍掌权的张居正指责何心隐忘恩负义，而耿定向不再对他予以帮助，这成为李贽（王阳明与何心隐的追随者）后来与耿定向决裂的原因之一。何心隐先是被关押在江西省会南昌，然后被押解至湖广行政中心武昌，又被重打百杖，惨死于狱中。

何心隐的惨剧，引起顾宪成对泰州学派的同情。1585年，李贽撰文《何心隐论》为其辩护，并将其纳入《焚书》。何心隐的名字未被人遗忘，很大程度上归功于这部著作。在该文中，李贽说："夫惟世无真谈道者，故公（何心隐）死而斯文遂丧。公之死顾不重耶！而岂直泰山氏之比哉！"李贽对何心隐给予如此高的评价，是因为他从何心隐之死中，看到了哲学活动对周遭现实的否定，由此逆向推定"夫道本人性"的观念。

阳明心学的观点是何心隐思想的基础，他提出"不有人，则不有天地矣。惟人而不有仁，则不有人矣"。

他并不将"不有"理解为本体论的虚无，而是将其视为偶然性的功能，与其"矩"相应，亦即"无物"，同时

也与"理"和"事"相同。这一实用主义和人本主义化的观点即:"夫人,则天地心也。而仁,则人心也。心,则太极也。太极之所生者,两仪也。"在此理论基础之上,何心隐反对程朱学派所宣扬的"存天理""灭人欲"的正统观,他坚持人的自然本性之思想,提出"性而味,性而色,性而声,性而安逸,性也"。不过,他也提倡"寡欲",以及借仁"育欲"的必要性,对仁而言,"无有不亲"。在此情况下,"学"与"教"应具有实用性,不能与"事"相分离。

根据中国传统,社会关系主要分为五类:君臣、父子、夫妇、兄弟、朋友,何心隐推崇最后一种类型的平等关系。

何心隐没有丰厚的著述遗产,他主要是一个实践家,而不是一个空谈理论的学者。1625年,张宿将其著述编订为四卷本《爨桐集》。在此基础上,容肇祖增补未曾公开刊行的《梁夫山遗集》及相关资料,校订整理为《何心隐集》(1960年出版),其中包括篇幅最长的哲学随笔——《原学原讲》。在西方汉学中,专门研究何心隐著述的学者R. G. 迪姆博格写有研究何心隐的论文(1970),也已出版研究专著(1974)。

**《中国哲学百科词典》,莫斯科,1994年,第398页;А. И. 科布杰夫《中国理学哲学》,莫斯科,2002年;侯外庐《中国古代和中世纪的社会乌托邦》,载《哲学问题》,1958年第9期;Dimberg R. G. The Sage and Society: The Life and Thought of Ho Hsinyin. Honolulu, 1974; Dictionary of Ming Biography. Vol. I. N-Y-L., 1976, pp. 513-515.

(А. И. 科布杰夫撰,陈爱香译)

"和"属于中国哲学范畴。从一般意义上来看,它接近于西方"动态平衡"的概念。"和"作为一种宇宙的状态,这一观念散见于公元前5—前2世纪的古代文献。根据儒家经典《礼记》所载,"和","故百物皆化"。"和"通常被

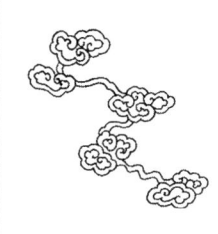

视为音乐最适合的表达。在历史著述《国语》中首次形成"同"与"和"这组对立的范畴，它们表示不同事物汇集在一起的静态的统一，以及所有对立事物的动态的"平衡"："和"意味着"同"所确定的状态的终止。据孔子所言，"君子"与"小人"的区别，在于君子"和而不同"（《论语·子路》）。

对"和"这一范畴更为详细的论述，见于杂家的主要著述《淮南子》，其中"和"被定义为"阴阳调"（卷13）。"和"具有实体性。"天地之气莫大于和"，即绝对的平衡。这种平衡是动态的，也是二分的，要求"日夜分"，即时间和阴阳平衡的定期运动，由此产生"万物"。"阴阳和合"是万物生长的"种子"，亦使万物生长和成熟成为可能（卷13）。"和"可以是"同类"的事物和现象，如五声音阶中同一个调式的声音、拉套的马、弓与箭；也可以是异构的，如一个工具的琴弦。第二种类型的"和"，要求在"内"占主导的情况下，"内""外"达成一致（例如工匠的手与心），智者即可以如此。但第一种"和"是第二种"和"的一个阶段。"太和"是一种理想，为得"道"，为"心"之长生不老，为永垂不朽而无"外"在需求。

"太和"这一术语，出现于公元前6—前4世纪《周易》的注解部分——《象传》对第一个乾卦的解释。它标出最高的"和"的状态（在此情况下产生自然哲学与人类学解释）。这一概念后来获得了理学的倾向于本体论伦理学的重要意义，"太和"开始具有本体论、宇宙起源的阶段性（动态平衡阶段）的明显特征，甚至是其根源。因此，在张载的观念中，绝对的空间与时间平衡，即"保合太和"，如"道"一样可直接予以确定。倾向于唯物主义的儒学思想家王夫之认为，"太和"与"混沌"相联系，但是在这里已经包含着跨越了某种界限的与阴阳"两相倚而不离"的动态。

*《古代中国哲学》，第2册，莫斯科，1973年；《中国古代哲学·汉代卷》，莫斯科，1990年；Л.С.佩列洛莫夫《孔夫子：〈论语〉》，莫斯科，1998年，第396—398页；

Л. Е. 波梅兰采娃《晚期道家论自然、社会和艺术》，莫斯科，1979年，第78—80、149—159页。**Bodde D. Harmony and Conflict in Chinese Philosophy // Studies in Chinese Thought. Chic., 1953; Cheng Chungying. Toward Constructing a Dialectics of Harmonization: Harmony and Conflict in Chinese Philosophy // JCP. 1977, Vol.4, No. 3; Wu Yi. Chinese Philosophical Terms. Lanham, N-Y-L., 1986, pp. 45-46.

（А. Г. 尤尔克维奇撰，陈爱香译）

河图洛书

"河图"，即"河出图"；"洛书"，即"洛出书"。用占卜术数的数字排列（以三、五生数）图案，再用十字形以及与之相符的正方形，按照九宫图模型"标准"即可推演出此图。它们作为通用的方法论矩阵，运用于中国哲学科学所有概念的形象与范畴的认识，但首先是运用于《周易》的象数。因此在宋朝，它们是作为数字占卜方法论的"图书之学"的基础。在宗教神话认识中，河图与洛书是一种象征，它们的最初较为明确的文化内涵，即以其全新的出现表征和谐世界与完美社会的来临。

"河图"一词，早在《尚书》中即已出现，但其含义难以确定。在《论语》中，河图被视为祥瑞之兆。在《周易》的哲学部分《系辞传》中，河图与洛书被确定为圣人取法之依据。在《管子》中，河图与洛书的出现，被视为昔人"受命"之预兆。刘歆以河图作为八卦中的图略与方法论的简述。扬雄讲述了一个神话，即中华文明传奇式的缔造者——伏羲看到"龙马"背负着河图由黄河进入图河，而洛书则负于神龟的壳上从洛水出现，八卦是受这些符号启发而建构的。在《汉书·五行志》中有一种代表性的说法，即认为，伏羲根据河图绘制八卦，而夏文化的缔造者——禹则根据洛水神龟壳上的书写，推叙出《洪范》中的《九畴》。在汉代，《河图》书有9篇，《洛书》有6篇（在此情况下规定的数字具有占卜意义）。道士陈抟借助《九宫》中的空间结构以及五行生成数1—6、2—7、3—8、4—9、5—10，解释

《系辞传》中的象数，其中包括1—9的数字以及八卦，这些均记载于《龙图》，即《河图洛书》。其后，刘牧认可这些图式，并给它们相应的名称。而朱震则描述了标准的图式。堪舆学家蔡元定接受这一传统，并认为，最初描绘河图洛书之人，是孔子的后裔孔安国，其后是刘歆和邵雍（提出"数"包罗万象的第一性），之后是刘牧。然而他指出，刘牧－朱震版本颠倒了河图与洛书的名字，他将其予以更正，志同道合者朱熹接受了他的这一做法，在其最权威的经典著述《周易本义》中，将蔡元定版本视为典范。

17世纪至18世纪初期，黄宗羲和胡渭对朱熹所提供的这些图式的解释存在争议。20世纪，高亨指出，远古河图与洛书在一些地理论著中也有提及。

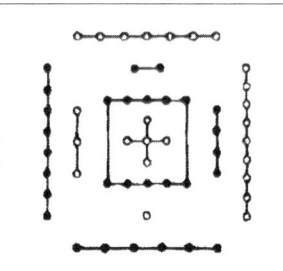

图1a

图2a

图1a和图2a是朱熹版河图与洛书的标准图式。显然，起源于道家的解释，由白圆点构成的数为奇数，由黑圆点构成的数为偶数。洛书的正方形中，奇数之和为25（1+3+5+7+9），偶数之和为20（2+4+6+8）；竖、横、斜三个数相加，和都是15（真是不可思议）；总和为45。河图的十字形中，上奇数之和与偶数之和，分别为25、30，总和为55，此即为《系辞传·天地之数》中所规定的数。根据刘牧的解释，两个图式添加单独的奇数和偶数，得到《系辞传》中相同的数，"大衍之数"50运用于中国数学中。每个图式中的总数，好像比50减少或者增加5，目的是掩盖这一神秘的数字。

依据《经》，河图与洛书是标准的数字占卜的矩阵，即河图由五组数字组成，以2个数字为一组，由从1到10的数字排列而成。成对的数字之间的差为5（1和6，2和7，等等）

（参见图1b），前面5个数（1，2，3，4，5）是"生数"，后五个数（6，7，8，9，10）是"成数"。河图的这些数字元素可以与八卦、五行、五方及其他学说范畴相联系。洛书是一个九宫图（参见图2b），最早出现在古代礼仪兼祭祀的场所——明堂，同时又是一种计算工具：按照逆时针方向将任意一组数自身的两个数①相加，其和等于其相邻组的一个数：1+6=7；7+2=9；之后，其和减去10后，得到的数等于其相邻组的一个数：9+4=13，13－10=3；3+8=11，11－10=1。洛书有个变体八方阵，以260为幻方常数，64个数字②填满这个方阵。

河图的构图与伏羲八卦的顺序相合，是"先天"，亦即遗传或先验的；洛书与文王八卦相合，是"后天"，亦即具象的、经验的。两个构图都是形式结构，其中可引入任何信息（宇宙客体、时间区分、声音、颜色、身体部位、针灸的方法和位置、炼金术的元素，等等），还可以根据其内部规律予以运用。在它们的传统组图中，以线段连接在一起，反映了数字结构（如，8是2个4或者4的2倍，5是3与2的和，等等），同时也考虑到图式的实际运用，这让人想起古代的方法，首先是西方数学家毕达哥拉斯的方法。

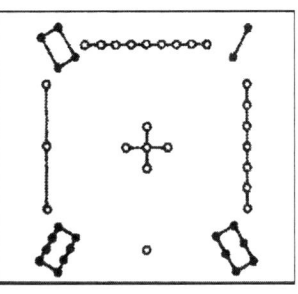

图 1b

4	9	2
3	5	7
8	1	6

图 2b

**B. E. 叶列麦耶夫《〈易经〉中的符号与数字》，莫斯科，2002年，第153—166页；《中国哲学百科词典》，莫斯科，

---

① 相邻的数，俄文译者的表述不严谨。——译者注
② 从1到64。——译者注

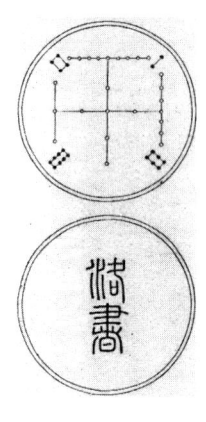

1994年，第399—401页；А. И. 科布杰夫《中国古典哲学中的象数学》，莫斯科，1994年；B. A. 萨佐诺夫《河图洛书图解》，载《第18届"中国社会与国家"学术研讨会论文集》，第1册，莫斯科，1987年；A. И. 法列夫《中国传统针灸的经典方法》，莫斯科，1992年；朱伯昆《易学哲学史》，第2卷，北京，1988年，第7—57页；Berlung L. The Secret of Lo Shu. Lund, 1990; Camman S. The Evolution of Magic Squares in China // Journal of American Oriental Society. 1960, Vol. 80; idem. The Magic Square of Three // HR. 1961, Vol. 1, No. 1; Cheng Chinte. On the Mathematical Significance of the Ho Thu and Lo Shu // American Mathematical Monthly. (Menasha, Buffalo) 1925, No. 32; Henderson B. The Development and Decline of Chinese Cosmology. N. Y., 1984; Major J. S. The Five Phases, Magic Squares, and Schematic Cosmography // Exploration in Early Chinese Cosmology. Chic., 1984, pp. 133-136.

（А. И. 科布杰夫撰，陈爱香译）

贺麟

贺麟（1902—1990），四川省金堂县人，哲学家，是将中国传统与西方文化观念加以综合的创造者之一。他出生于一个富裕的士绅家庭，从小接受儒家经典的熏陶。曾在清华大学求学（1919—1926），而后在美国哈佛大学（1928—1930）和德国柏林大学（1930—1931）留学。曾任教于北京大学（1931—1955），1936年起被聘为教授。1955年，贺麟调至中国科学院哲学研究所，任一级研究员，西方哲学史组组长、研究室主任，哲学研究所学术委员会副主任，《黑格尔全集》的主编和编委会主任，中国民主同盟中央委员，第三、第五届全国政协委员。

贺麟的观点受西方思想（主要是德国古典哲学）的影响，某种程度上还受实用主义和马克思主义的影响。其"新心学"哲学体系与冯友兰的"新理学"相对立，是尝试将宋明理学中的"心学"与西方的新黑格尔主义相结合的产物。他承认"理"这一范畴的先验存在，即借助其力量产生自然和社会进程的"组织和次序"，主要列入道德评价和文化标准的范畴。他将文化视为"精神自我意识活动的直接产物",认为它先于经验。他研究信仰这一概念,认为它与迷信有根本区别,是知识的一个形态。他也注意到信仰和科学知识的基本区别。信仰的形成基本上与科学研究的方法无关,它产生于"感官运动",是直接的生活经验,受具体情况的影响;信仰来源于直觉、自发的洞察力、"心灵的灵感",是认识世界本质与人的思想、人的生活的可能的统一。在实用主义精神哲学中,信仰作用于现实的一个标识,即声称,如果符合人民的愿望,体现功利性价值,任何想法都可成为真理。贺麟将信仰分为不同的三类:宗教(道德)信仰、传统信仰和实用信仰。第一类是属于上层的和超社会的,形成代表个人与社会的道德体系,但只是由所选出来的哲学家、宗教和政治活动家、诗人和学者开启该传统;第二类涉及该民族共同体的稳定的行为准则、道德约束、思维习惯以及文化习俗;第三类则是融合上述所言,并指导人们解决日常生活问题的习惯。

在贺麟看来,中国文化思想的复兴,意味着具有永恒价值的儒家传统在新的历史背景下的发展与适应。儒家思想不仅仅是一种哲学体系和政治伦理学说,同时也是一种宗教和艺术,与社会生活各个领域相关。渗透进国内的西方文化,不能替代儒家思想,但儒家思想实现真正的复兴亦需要吸收西方精神文化的精髓:苏格拉底、柏拉图、亚里士多德、康德、黑格尔的哲学与中国孔孟、老庄、程朱、陆王的哲学融会贯通,才能产生发扬民族精神的新哲学,解除民族文化的新危机;此外,也需要吸收基督教的精华以充实儒家的"礼"教,"领略西洋的艺术以发扬儒家的诗教"。吸收西方文明的价值观,意味着它们在儒家价值体系语境中的同化,没有它们的"中国化",中国将面临精神殖民化的危险。

贺麟的社会政治观,具有为资产阶级民主政权辩护的特征。他将儒家思想视为最重要的社会政治工具,坚持创建"儒家民主主义",认为罗斯福的政策可视为其在现代社会中的具体表现。20世纪50年代,贺麟转变到马克思主义立

场，1982年，加入中国共产党。

(C.P. 别洛乌索夫撰，陈爱香译)

*贺麟《五伦观念的新检讨》，载《战国策》，1940年第3期；贺麟《近代唯心论简释》，重庆，1943年；贺麟《当代中国哲学》，南京，1947年；贺麟《现代西方哲学讲演集》，上海，1984年；贺麟《黑格尔哲学讲演集》，上海，1986年；贺麟《文化与人生》，北京，1988年；贺麟《哲学与哲学史论文集》，北京，1990年；贺麟《儒家思想的新开展——贺麟新儒学论著辑要》，宋志明编，北京，1995年。**В.Г. 布罗夫《现代中国哲学》，莫斯科，1980年，第50—57、163—167、186—188页；А.В. 罗曼诺夫《贺麟与当代儒学》，载《远东问题》，1999年第5期；宋祖良、范进《会通集：贺麟生平与学术》，北京，1993年；宋志明《贺麟新儒学思想研究》，天津，1998年；张学智《贺麟》，台北，1992年；《中国社会科学家词典》，现代卷，兰州，1986年，第565页；Ci Jiwei. He Lin's Signification of Idealism // Contemporary Chinese Philosophy / Ed. by Chung-ying Cheng and N. Bunnin. Malden (Mass.)-Oxford, 2002, pp. 188-210.

(C.P. 别洛乌索夫、А.И. 科布杰夫撰，陈爱香译)

洪亮吉

洪亮吉，又叫洪君直、洪稚存、洪更生，生于1746年10月17日，卒于1809年6月24日，阳湖人（今江苏省常州市）。他是哲学家、文学家、书法家、社会活动家、科学家、历史学家、地理学家，以及人口学说的创始人，其学说先于马尔萨斯。他出生书香门第及官宦世家；五岁时丧父，在外祖母家长大成人，于1768年娶表妹为妻。1769年首中秀才，后十年屡试不中，1780年才中举人，后四次考试失败，先后在西安（1781—1785）、开封（1785—1788）及武昌（1788—1790）充当巡抚幕僚，1790年，以出色的成绩中进士，授翰林院编修。1792年，督南方贵州学政，在那儿生活三年，然后于1796年返回京师，入直尚书房，教授皇曾孙奕纯。1799年，参与编纂《高宗实录》（高宗，年号乾隆，卒于1799年2月），任翰林院编修。

然而，在同年10月，洪亮吉越级上书成亲王，批评国家机构滥用职权，对皇帝本人直言不讳，要求处罚当时位高权重的宠臣以及前所未有的腐败者——和珅的支持者。洪亮吉在呈书给年轻的仁宗皇帝后，立即被撤销所有职务，下狱并定死罪，后改为流放西部伊犁。从1799年10月26日至1800年3月5日，他都待在此地。是年春天，旱情肆虐，皇帝沿袭其治世之力的传统，向老天祈雨并承诺特赦，北京充足降雨后，5月26日，洪亮吉获得赦免。

这一时期，洪亮吉写下关于流放的日记《谴戍伊犁日记》，以及记载当地传说的《天山客话》，并采用"更生"之名号。1800年10月24日，返回家中。1802年，他主持安徽旌德的洋川书院。

洪亮吉编撰了大量中国地方志。1787年，他创作了对全国各地地理情况进行广泛描绘的《乾隆府厅州县图志》（50卷），后又刊行《春秋左传诂》《公羊谷梁古义》《六书转注录》等文献文集。他的诗歌和散文集有《卷施阁文集》《更生斋诗文集》《附鲒轩诗集》等。其作品全集——《洪北江全集》由其曾孙于河北刊行。

洪亮吉最重要的哲学著作《意言》写于1793年，由20篇随笔组成，收录于《卷施阁文集》。他拒绝相信"鬼神""仙"和"长生不死"等观念。比其有名的前辈王充走得更远的是，他反对相信"命"："虮虱之于人也！"

洪亮吉最重要的成就，就是在这本书中提出的人口说，它比马尔萨斯的人口说早五年。洪亮吉在该书中指出，与土地和住房资源相比，人口增长通常过快。尽管洪亮吉这位中国思想家清楚地看到国家存在社会政治、经济或者法律等方面的问题，但他并没有就此提出引人注目的相关结论。由于受自然生产力（天与地）产生人，及其不受帝王控制（皇帝只是"天子"，也要对其"父母"承担义务）的传统思想的影响，洪亮吉提出的国家控制人口出生率的观点，虽不言而喻，却不被接纳。其于1798年撰写的应试文《征邪教疏》已被译为俄语。

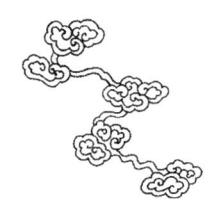

**А. Д. 季卡列夫《洪亮吉：中国的马尔萨斯》，载《第14届"中国社会与国家"学术研讨会论文集》，第2册，莫斯科，1983；《中国哲学百科词典》，莫斯科，1994年；А. И. 科布杰夫《中国》，载《17—18世纪政治与法律学历史》，莫斯科，1989年；А. И. 科布杰夫《中国理学哲学》，莫斯科，2002年，第439—440页；А. А. 彼得罗夫《论19世纪和20世纪初中国文学史的分期》，载《远东文学研究的理论问题》，莫斯科，1977年；Э. С. 司徒洛娃《清朝官员向皇帝的奏折》，载《从中国传统意识形态史看》，莫斯科，1984年。

（А. И. 科布杰夫撰，陈爱香译）

洪 谦

洪谦（1909—1992），安徽歙县人，哲学家及哲学科学研究员，曾就读于柏林大学、耶拿大学及维也纳大学。1934年，在逻辑实证主义领导者之一、维也纳学派的创始人摩里兹·石里克的指导下，完成博士论文《现代物理学中因果律问题》的答辩。在论文中，洪谦根据海森伯格的测不准关系原则，批判了当时比较流行的新康德主义学说的因果观。当时居于维也纳的洪谦参加了维也纳学派。20世纪40年代，洪谦先后任教于清华大学、西南联合大学、武汉大学，任牛津大学（英国）研究员。中华人民共和国成立后，他先后在武汉大学、燕京大学哲学系任教，之后任北京大学外国哲学研究所所长、中国社会科学院哲学研究所研究员、中国现代外国哲学研究会名誉理事长。其主要论著是关于维特根斯坦逻辑分析哲学及维也纳学派逻辑实证主义哲学问题的研究。

在强调维也纳学派创始人诗意浪漫的哲学思想方面，洪谦指出，重点不是取消形而上学，而是要界定其范围，将科学的"认识"与个人精神"体验"相区分。1946年，洪谦对冯友兰的《新理学》提出批评，认为冯友兰试图通过新实证论者的证实主义来建构"真正的形而上学"，无论是其科学性还是其满足人的精神内在需求方面的观点，都是站不住脚的。如果说欧洲传统形而上学所说的"空言"，可以使人的心理得到安慰，可以扩展其情感体验范围并填补生命之

空虚；那么，新理学的形而上学失去了对内容丰富的现实的判断，情感成为负累，其建构于"意义匮乏"之上。根据洪谦的观点，新实证主义批评挖掘出旧形而上学思想的人类学价值。

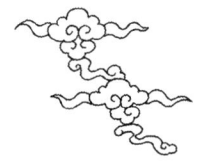

在1957年历史哲学论争中，洪谦主张在现实文化影响的基础上学习西方哲学，避免贴标签，只有对材料进行深入分析之后，才能着手社会性的诠释；他同时要求拓展哲学论著的中文翻译工作，掌握西语，以更好地理解西方哲学遗产。

*洪谦《谈谈学习西方哲学史的问题》，载《中国哲学史问题讨论专辑》，北京，1957年；洪谦《维也纳学派哲学》，北京，1989年；洪谦《逻辑经验主义论文集》，香港，1990。**贺麟《50年来的中国哲学》，沈阳，1989年，第48—52页；周柏乔《洪谦教授的三篇文章和他的哲学见地》，载《哲学研究》，1992年第4期。

（A. B. 洛曼诺夫撰，陈爱香译）

洪仁玕

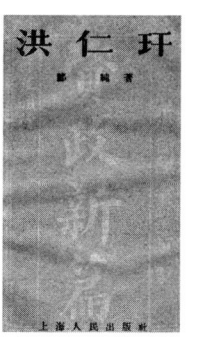

洪仁玕，又名洪益谦（一作谦益）、洪吉甫，1822年生于广东花县，1864卒于南京。他是太平天国运动的主要领导者和思想家，亦是太平天国天王洪秀全的族弟。与洪秀全一样，他5次参加童试，均不第；之后在家乡花县以教私塾为生。他受洪秀全的影响，于1843年接受洗礼，成为首批入"拜上帝会"者。"拜上帝会"宣扬中国化的基督教，反对儒、道、佛等官方宗教。洪仁玕在太平天国运动初期进行秘密活动，于1852年逃往香港，在传教士韩山文居处避难。

1859年4月，他在太平天国的都城天京担任要职，被封为"干王"。1859年夏天，他向天王进呈较为冗长的改革方案《资政新篇》，并获得洪秀全的批准，这一方案作为太平天国的政策文书正式颁行。同年，他修订天国历法，改革考试制度。1861年，他写成《英杰归真》，以与反政府的官员谈话的方式，论证太平天国意识形态和实践的优越

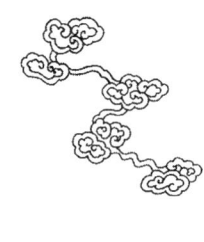

性。洪仁玕改革文学语言,欲使其更接近口语,为此,与蒙时雍(太平天国的领导者之一)共同颁发《戒浮文巧言谕》(1861)。洪秀全自杀(1864年6月1日)以及天京沦陷(1864年7月19日)后,洪仁玕与新天王(洪秀全16岁的儿子)一起退往南方,但在10月份为清兵所俘,卒于南昌(1864年11月)。

总体而言,洪仁玕的世界观与基督教教义的神学特征息息相关,即信仰上帝无所不知、无所不能、无所不在。然而,他在天国上帝这一具体神的形象中,发现了自然主义传统(主要是道教)的特征。这一"自有"神"自然而然",由此"包涵万象",犹如《道德经》中的"道"。相应地,作为"天道之自然"的附属,"事有常变,理有穷通"。

洪仁玕在其主要著述《资政新篇》中,认为社会"在乎设法用人之得其当耳。盖用人不当,适足以坏法,设法不当,适足以害人,可不慎哉!然于斯二者,并行不悖,必于立法之中,得乎权济。试推其要,约有三焉:一以风风之,一以法法之,一以刑刑之。三者之外,又在奉行者亲身以倡之,真心以践之,则上风下草,上行下效矣。否则法立弊生,人将效尤,不致作乱而不已"。

洪仁玕主张"以法法之",认为其源自"必要教法兼行",因为"教行则法著,法著则知恩,于以民相劝戒,才德日生,风俗日厚矣"。

作为太平天国运动最开明的领导人之一,洪仁玕坚持"国家以法治为先",同时也应与"世道人心"紧密相连,"盖律法者,无定而有定,有定而无定,如水之软,如铁之硬,实如人心之有定而无定,世事之无定而有定,此立法所以难也,此生弊所以易也。然则如何而后可以立法?盖法之质在乎大纲一定不易,法之文在乎小纪每多变迁"。

洪仁玕根据自己所掌握的英国、法国、俄罗斯以及其他西方国家的情况,得出结论:良好的法律,不仅仅能使国家避免违法、犯罪和动乱活动,亦能促使国家日益强大和繁荣。洪仁玕呼吁借鉴西方的有益经验,将大众传播系统的社会政治功能置于首位。与此相关,他发展新闻事业、办邮政、兴建水路交通、建设道路等等。洪仁玕撤销权力关系架构的信息传播机制，为发展新闻事业提出具体举措："要自大至小，自上而下，权归于一，内外适均而敷于众也。又由众下而达于上位，则上下情通，中无壅塞弄弊者，莫善于准卖新闻篇或暗柜也。"此外，太平天国的立法者为强化这种自发信息的沟通，决定设立一种特殊的监管机构："兴各省新闻官。其官有职无权，性品诚实不阿者。官职不受众官节制，亦不节制众官，即赏罚亦不准众官褒贬。专收十八省及万方新闻篇有招牌图记者，以资圣鉴，则奸者股票存诚，忠者清心可表，于是一念之善，一念之恶，难逃人心公议矣。人岂有不善，世岂有不平哉！"

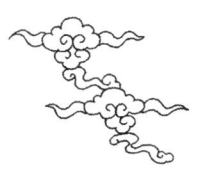

为实现天下良善与太平的目标，洪仁玕提出一系列惩罚措施：禁鸦片、酒及烟草；禁佛教道教的庙宇寺观，已是僧侣者还俗，焚其书；禁演戏、修斋、建醮；禁止风水八卦等封建迷信活动；消除邪说。

为了实现农民军建立的政府对基层社会的有效管理监督，洪仁玕提出建立乡官制度，乡官负责调解民事纠纷，安排乡兵。他还提出一些人性化的建议，如禁止父母溺婴及卖子为奴，他对中国连坐传统尤其是家庭责任作出修订，提出"罪人不孥"的规定。

洪仁玕认识到，由于中国的排外性，"以致全体闭塞，血脉不通，病其深矣"。为改善国家起见，他相信基督的拯救力量，主张"必先教以天条，而后齐以国法"。但他力求证明执行绞刑等死刑与"勿杀"之圣诫是兼容的，"天王为天父所命以主理世人，下有不法，上不可无刑。是知遭刑者非人之，是彼自缚以求天父罚之耳"。

洪仁玕论著的主要历史意义在于，它是中国首次提出相对完整的借鉴与本国不同的西方化发展路径的纲要。

*《近代中国进步思想家作品选》，莫斯科，1961年。**Ф. Б. 别列留勃斯基《洪仁玕纲领中的中国转型思想》，载《远东和东南亚的国家》，莫斯科，1969年，第5—14页；Ф. Б. 别列留勃斯基《太平天国领袖洪仁玕著作〈资政新篇〉》，莫斯

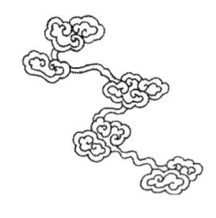

科，1976年；Ф. Б. 别列留勃斯基《太平天国避讳字：洪仁玕的〈资政新篇〉文本中的确定日期》，载《东方研究和世界文化》，莫斯科，1998年，第178—188页；В. П. 伊留舍奇金《太平天国农民战争》，莫斯科，1967年，第237—248页；А. И. 科布杰夫《中国理学哲学》，莫斯科，2002年，第451—455页；《中国现代史》，莫斯科，1972年；《太平天国起义》，莫斯科，1960年。

(А. И. 科布杰夫撰，陈爱香译)

洪秀全

洪秀全，原名洪仁坤、洪火秀，1814年1月1日生于广东花县（今广州花都区）福源水村，卒于1864年6月1日，是太平天国运动的领导者和思想指导者。他生于一个客家农民家庭，做过教师，四次参加秀才考试均告落第（如能中秀才，即可开启仕途）。在一次前往京城赴试的路上，在广州（广东）港口与一基督教传教士结识，并接受其信仰。他在经历一次大病中的幻觉体验之后，开始宣称自己是耶稣基督的兄弟。1843年，创立反对儒道佛的"拜上帝会"，他的至亲与族胞亦入会，并接受基督教信仰。其中的一个参加者是其堂弟洪仁玕，他后来亦成为太平天国的领导人之一。

1850年末，洪秀全在广东动员其支持者开展反对清政府统治的武装斗争，并建立了"圣库"，即为他们按统一标准平均供给衣食的共享组织。1851年1月11日，公开宣布起义的目标：推翻清朝统治，建立太平天国，其起义亦称太平天国运动。1851年3月23日，洪秀全自称"天王"。1853年3月19日，攻占前明朝最大的城市，即国家的中心地区、南方都城——南京，将其定为天国国都，改名为天京。1864年5月末，南京被清兵包围，洪秀全宣称准备上天堂，将太平军派去保卫太平天国都城，然后服毒自杀。

洪秀全的核心宗教思想主要体现在其篇幅不长的著述中，如《原道醒世训》（1845）、《原道救世歌》（1845）、《原道觉世训》（1846）、《改邪归正》（1846），等等。

德天

在《原道醒世训》中，洪秀全将基督教思想中超越国家的人类共同性与儒家思想相比拟，并与中国古代乌托邦"大同"世界中的历史观念"太平"相联系："夫天下凡间，分言之，则有万国，统言之，则实一家。皇上帝天下凡间大共之父也，近而中国是皇上帝主宰化理，远而番国亦然；远而番国是皇上帝生养保佑，近而中国亦然。天下多男人，尽是兄弟之辈，天下多女子，尽是姊妹之群，何得存此疆彼界之私，何可起尔吞我并之念。"

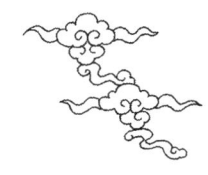

洪秀全对基督教教义有着其独特的诠释，他按照阴阳二元对立，将"上主"和"皇上帝"之名赋予帝王，并认识到所有人的灵魂"一本"散为万殊，万殊总归一本，又按照普遍接受的世界观，他解释其为"一元之气"。正如所有中国哲学经典一样，洪秀全的论著中亦有"天人合一"思想，而"天之道"即普遍规律——"物极必反"。在这种循环现象中，他认为要改变混乱秩序的前提条件是"天地之中人为贵"，"万物之中人为灵"，人居首位，得益于其创造性活动。

"太平"是社会发展三阶段中的最高阶段，其前两个阶段是"衰乱"和"升平"，这种思想是由儒家学者何休提出来的。同时，其亦以道家经典《太平经》为主要思想基础。洪秀全将这一经文的名字，用以称谓社会理想，是希望再造一个自然和谐、劳动产品平均分配、人的利益均衡的社会。然而，有人认为，这种幸福生活是建立在严格的社会等级制度之上的，包括再现自然和超自然力量的等级。这一理论也成为184年黄巾军起义的意识形态基础。而这种平均财产的乌托邦思想，可见于洪秀全1853年颁发的太平天国的纲领性文件《天朝田亩制度》，其中宣称："天下皆是天父上主皇上帝一大家。"然而这一平等与博爱思想，具体化为宗法制社会制定的制度细则，完全涵盖了军队民主和神权统治。天下之民每5家确立一个伍长，每25家组成太平社会的基层组织，设教堂一座，两司马为这一基层组织的领导者，负责奖勤罚懒，监督具体工作，管理"圣库"，统计收成和其他产品，支付婚娶、洗礼和葬礼的费用，充当法官和农村牧师，

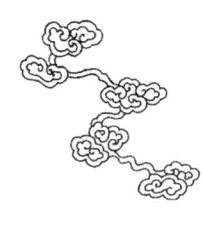

举行宗教仪式，进行传道，教孩子们学习旧约和新约，宣传天王神圣的法令，并带领属下的士兵与土匪作战，或组织力量袭击土匪。

25家组成1两，4两为1卒，5卒为1旅，5旅为1师，5师为1军。位于这些军事组织之上的是天王，他以上帝之名进行统治。军政管理交由东王，由东王行使管理大权。天国实行王位继承制。11个层级的官员每年推举一次，每3年进行一次升贬，职务可降低为农民。普通民众，除农民以外，可划分为士兵、工匠和商人。太平天国的其他文件表明，有将罪犯临时处罚为奴隶的可能性，最高可判处死刑。

太平天国一个积极的重要创举是：提倡男女平等，女人可以拥有份地，可以参加科举考试，符合条件者可以当官，可以参军。同时，禁止卖淫、买卖婚姻、买卖新娘、缠足，等等。

洪秀全理论建构的重要意义在于，它为中国历史上首次尝试将西方基本价值观广泛付诸中国人民的生活实践提供了一种思想基础。

*《近代中国进步思想家作品选》，莫斯科，1961年。**В. П. 伊留舍奇金《太平天国农民战争》，莫斯科，1967年，第44—55页；《中国哲学史》，莫斯科，1989年；《中国哲学百科词典》，莫斯科，1994年；А. И. 科布杰夫《中国》，载《17—18世纪政治与法律学历史》，莫斯科，1989年；《中国理学哲学》，莫斯科，2002年，第449—452页；《中国新历史》，莫斯科，1972年；《太平天国起义》，莫斯科，1960年；Hamberg T. Chinese Chief Hung Siu Tsuen, and the Origin of Insurrection in China. L., 1855; Shih V. Y. C. The Taiping Ideology. Its Sources, Interpretations, and Influences. Seattle, London, 1967; Wagner R. G. Reenacting the Heavenly Vision: The Role of Religion in the Taiping Rebellion. Berk., 1982.

（А. И. 科布杰夫撰，陈爱香译）

胡适（1891—1962），字适之，哲学家、社会学家、历史学家、文艺学家、政论家、社会活动家、中国西化论的支持者，对中国国家与社会政治思想的演变产生过显著的影响。

胡适毕业于中国公学（1906—1908），之后赴美留学，先后在康奈尔大学（1910—1914）农科及文科学习，在哥伦比亚大学（1915—1916）结束学业。自1917年始，任北京大学教授，自1928年起，担任中国公学的校长。他还担任过北京大学的校长（1946—1948）。他与赵元任、胡明复一起，成为"中国科学社"（美国，1913）的发起人。他亦是"新月社"（1929）的创始人，《新青年》（自1917年起）、《新潮》、《每周评论》杂志编委，《努力周报》（1922）的创始人（与丁文江一起）与编辑，是《独立评论》（1931）的组织者（与丁文江、张廷发一起）和主编。他是段祺瑞（1925）"善后会议"的参加者，国民政府驻美国大使（1938—1946），国民大会主席团成员。1948年前往美国，而后转至台湾，任台湾"中央研究院"院长（1957年起）。

胡适早年受改良派思想家（严复、梁启超等）的思想影响，宣扬西方文明；后来在其老师、美国哲学家约翰·杜威的影响下，喜欢上实用主义理论（工具主义理论的变形）。

胡适承认对其影响最大的是约翰·杜威和托马斯·赫胥黎的思想，他说实验主义成为其"生活和思想的一个向导"，它表现为"方法论""真理论"和"实在论"三个方面。胡适将实验主义产生的原因，归结为"演化论的思想侵入了哲学的全部"，"实证的精神变成了自觉的思想方法"。

胡适认为思维与存在的关系问题为次要问题，他更强调关注思维对经验内容的关联问题，即如何呈现和领会技能、思维和行为的标准。在他看来，第一类经验，是一个活生生的人对于自然环境和社会环境所作的一切交涉；第二类经验，是人类活动影响之下的物观世界的种种变迁；第三类经验具有实验的性质，即要变换现存的事物；第四类经验不是

一种孤立现象，而是应付环境和约束环境的事务；第五类经验，即不能视之为与思维相反的东西，或错误地认为，一切推理的作用都是跳出经验以外的事物。胡适的认识论具有不可知论的特点，认为"物自体"是绝对不可认知的，人不了解客观实在，亦不能彻底把握自然规律。胡适将知识和思想解释为人类应付环境的重要工具，而将实践视为功利性的思想者的"工具"，是人类需要、欲望和本能的主观手段。真正的知识，不应只是探寻客观存在的物体和现象，而是可以试验那些变化的事物；因此，知识只是一个过程，不涵盖任何感觉和概念。世界上也没有永恒之物，一切都有一个存与亡的过程。

胡适将"真理"概念等同于"实在"概念，而后将其等同为人的感觉与认识，真理是人的主观经验的产物。

胡适将真理视为"只是人造的假设"，他从"效果"的角度对其予以评价，并认为科学理论的价值在于它能准确地反映现实。胡适定义了真理的三种情况：科学律例是人造的；科学律例是假定的，全靠它解释事实是否满意，方才可以判定它是不是适用的；真理并不是永久不变的。

胡适宣传易卜生主义，他提倡纯粹的唯我主义和健全的个人主义的人生观，以建立"中国新哲学的未来"（口号是"整理国故"）；以"科学的方法"解决世界观问题，"对真理进行科学实验的方法"，"大胆的假设，小心的求证"（它在相当大的程度上对中国知识分子产生了影响）。

胡适早期活动的社会政治观之特征，是坚信通过逐步、有针对性地让人民掌握以西方文明为基础的科学与民主，民族复兴就是有可能的。"五四运动"时期，胡适从西欧、美国的价值立场，批判旧文化和意识形态——迷信、陋见、过时的传统规则及儒家伦理，要求改革中国语言，实现文学的现代化和构建一个新的文学舞台。然而，胡适强调，在处理"传统主义－现代主义"二分法时，显然不能"绝对地反对或赞同某一观点"，而是要"从当今社会利益的角度出发重估其价值"。换句话说，儒家思想如果展现出它的正面性（或以新的资格复兴）——"在现代条件中有用和

有益的",那么传统文化的守护与新文化的建构具有同等重要性。

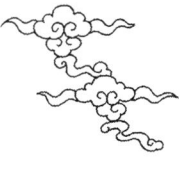

按照胡适的观点（蔡元培、梁漱溟、丁文江等人亦如此），中国健全的政治生活需要由知识分子精英（学者、政治家、军事家）组成"好人政府",他们由于高尚的道德品质而获得权威。胡适还建议实行"联省自治"（仿效美国的联邦制度）,国家对财政和"计划政策"予以监管（符合"国家社会主义"概念）。

在谈到中国发展道路的选择时,胡适认为真正能解决问题的唯一方案,表现在两个方面:消极的方面,即消除人类的"五大仇敌"或者"五鬼"(贫穷、疾病、无知、贪婪、混乱);积极的方面,即要建立一个"治安的、普遍繁荣的、文明的、现代的统一国家"。认为"只有科学,现代西方科学才能救中国和世界"。

通过对约翰·杜威的社会进化论的解读,胡适形成了"工具社会学"思想体系（接近于社会达尔文主义）,认为社会发展的主因不是物质财富的生产方式改进,而是"社会直觉",他将人类历史看作是为满足个人愿望而不断斗争的历史。胡适将教育置于社会学的中心,希望借助教育的力量,并通过"英雄""智者"和"精英"来改变社会。因为他们是社会发展的决定性力量、历史的真正创造者。胡适寻求实用主义教育理论与儒家教育理论的融合,提出不断自我完善的概念——"自觉的模仿"。胡适将历史解释为"英雄"之间的彼此斗争;朝代的更替,即是圆圈运动;社会历史具有规律性,由谁统治则是偶然的。社会本身是个人和"大我"的偶然的组成,每一个成员都是"小我",根据自己的需求生活和行动,不屈从任何一般规律。历史是人的偶然行为的大量而简单的累积。

(C. P. 别洛乌索夫撰,陈爱香译)

*胡适《藏晖室笔记》,上海,1918年;胡适《中国哲学史大纲》,上海,1919年;《胡适文存》,第1—4卷,上海,

1921年、1924年、1930年，台北，1953年；胡适《白话文学史》，上海，1928年；胡适《胡适日记》，上海，1934年；《胡适论学近著》，上海，1935年；《胡适论说文选》，上海，1936年；《胡适留学日记》，上海，1947年；胡适《什么是文学》，台北，1954年；胡适《胡适书信选》，台北，1963年；《胡适文集》，第1—12卷，北京，1998年。**Н. Ю. 阿格耶娃《胡适遗著中的易经主题》，载《第36届"中国社会与国家"学术研讨会论文集》，莫斯科，2006年，第225—229页；В. М. 阿理克《东方学》，莫斯科，1982年，第355—361页；В. Г. 布罗夫《现代中国哲学》，莫斯科，1980年，第41—47、70—73、181—183页；Л. П. 杰柳辛《关于社会主义的论争》，莫斯科，1980年，第42—52页；Г. 克雷莫娃《胡适的社会政治观》，载《中国·寻找社会发展途径》，莫斯科，1979年；А. Г. 茨维利尼阿什维利《梁漱溟与胡适关于东西方文化的观点》，载《第17届"中国社会与国家"学术研讨会论文集》，第3册，莫斯科，1986年；张如心《胡适实用主义哲学批评》，莫斯科，1958年；李敖《胡适评传》，台北，1964年；李敖《胡适研究》，台北，1964年；夏康农《论胡适与张君劢》，上海，1948年；程天放等《胡适与中国》，台北，1962年；杨承彬《胡适哲学思想》，台北，1966年；Childs M. W. Hu Shih: Sage of Modern China // The Atlantic Monthly. 1940, No. 166; Chou Minchih. Hu Shih and Intellectual Choice in Modern China. Ann Arbor, 1984; Hu Xinhe. Hu Shi's Enlightenment Philosophy // Contemporary Chinese Philosophy / Ed. by Chungying Cheng and N. Bunnin. Malden (Mass.)- Oxford, 2002, pp. 82-101.

（С. Р. 别洛乌索夫、А. И. 科布杰夫撰，陈爱香译）

华严宗

华严宗又名"法界宗"，是中国最杰出、最具哲学性的佛教流派之一。它以印度的《大方广佛华严经》为根本遵循。《华严经》60卷本由佛陀跋陀罗于420年首次译出（共有三次），《入法界品》被认为是其中最为重要的一卷。有人认为，《华严经》亦很推崇《大般涅槃经》和《大乘起信论》。

传统观点认为，杜顺是华严宗的始祖，撰有《华严法界观》（俄译本：Л.Е.扬古托夫，1982），他与智俨并称二祖。实际上是法藏创立该派，并将其教义系统化，澄观为法藏的后继者，澄观之后的继承者为宗密。宗密之后，该宗派陷入长时间的衰落，然而它仍然是佛教的主要教派之一，其影响仅次于禅宗，禅宗特别注重宗教实践以及使用心理学方法。与印度的教派不同，华严宗的特点是对哲学问题特别感兴趣，广泛使用中国经典哲学术语。

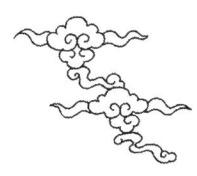

华严宗的教义，融合了三论宗和唯识宗两个经典佛教流派的观点，后者的核心思想，是补充三论宗中的"真正的现实"，认为存在"真如"。这导致华严宗思想家积极吸收印度如来藏学说，即抽象的和唯一的基础意识不仅仅是经验性意识的来源，而且产生自己的阿赖耶识，这在唯识宗里被认为是万物的肇端。如来藏被视为万物存在的唯一的"我"。

在这一学说的基础上，华严宗的思想家们研究具有独特性和整体性的"理事无碍"观念。它将世界视为一个单一的宇宙，所有元素——"法"形成一个单一的整体，完整地体现在每一个元素中。在华严宗的著作中，宇宙经常被比作一张宝石之网，各元素彼此相互辉映；或者比作被各种方向的镜子围绕的佛像，其中生成无数影像。华严宗的思想家们运用玄学派哲学家所深入研究的"理"这一概念，来描述完美的涅槃状态——"一心"，如彼此包含的"理"的总体：它们与经验性的识是统一的，"一心"二用，"万物唯一"。华严宗认为，可根据"理"来详细分析存在的水平和状态"十圆"，假定完整性、统一性、差异性，以及相互作用的方法（不同解决方案）的标准。成佛的圣人，能认识到世界的统一性，认为自己与宇宙的同一如同"一心"，摆脱虚幻的轮回世界。华严宗将自己的教义视为佛的最高与最完善的"一乘"教法，认为所有其他佛教流派的思想，均被视为理解华严哲学或者其某方面的一个步骤。

华严宗出现过不同的宗派。12世纪，僧孔清觉创建白云宗（因白云庵得名，位于杭州），将佛教教义分为"十阶"（其中最高的"佛乘"是华严宗的教义），并坚持"三教合一"。这一宗派后来由于种种原因，自1202年始屡遭皇令

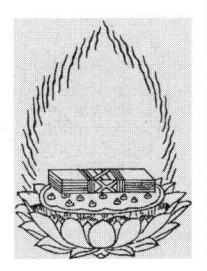

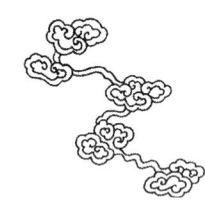

禁止。

华严宗的思想对理学关于"理"与"气"之关系的思想的形成，以及其他系列哲学问题的研究，产生重要的影响。华严宗教义亦见于韩国和日本。

*宗密《禅源》，E. A. 陶奇夫、K. Ю. 索洛宁译，圣彼得堡，1998年。**А. Н. 伊格纳季耶维奇《日本的佛教》，莫斯科，1987年，第237—252页；Л. Е. 杨古托夫《华严宗哲学思想》，新西伯利亚，1982年；方东美《华严宗哲学》，台北，1981年；Chan G. C. C. The Buddhist Teaching of Totality. The Philosophy of Hwa-Yen Buddhism. University Park-London, 1971; Verdu A. Dialectical Aspects in Buddhist Thought: Studies in Sino-Japanese Mahayana Idealism. Kansan-New York, [1974]. Cleary Th. Entry into the Inconceivable: An Introduction to Hwa-Yen Buddhism. Honolulu, 1983.

（E. A. 陶奇夫撰，陈爱香译）

《淮南子》

《淮南子》又名《鸿烈》《淮南鸿烈》，是中国古代哲学科学著作，由具有皇族血统的淮南王刘安主持并参与编写。刘安是汉朝开国皇帝刘邦（高祖）之孙，司马迁在《史记》（卷一一八）中将其描绘为政治阴谋家，在其企图篡夺汉武帝皇位的阴谋曝光后自杀。在之后的官修史书《汉书》（卷四十四）中，班固将刘安描写为教育慈善家、作家、诗人和音乐家，在武帝统治时期有所建树，在其广集的宾客中有数千方术之士，即术士、占星家、预言家、医士和艺术家，刘安在他们的帮助下编纂了《内书》（21卷）和众多《外书》，又有《中篇》8卷，"言神仙黄白之术"（即融合心理和生理学的长生与炼金术）。后来的很多传统来源于这些古籍，并体现于如王充《论衡》、应劭《风俗通义》、葛洪《神仙传》、干宝《搜神记》和葛洪《西京杂记》等著作中。刘安是魔法师和术士，"学道"与"得道"，汇集"道术之士"，掌握"奇方异术"，在"八公"的帮助下成仙，其家人甚至连牲畜都和他一起升天。

刘向与刘歆父子编撰、后来编入《汉书·艺文志》的《七略》，在对诸子创作进行分类时，将刘安归为杂家。《淮南》（21卷）和《淮南外》（33卷）这两本书，根据颜师古的注解，内篇论道，外篇"杂"说。现存版本由21卷组成，即与《内书》论道是一致的，第一篇确定的篇名是《原道》，因此，著名的文献学家俞樾在研究《淮南子》时，将其称为《淮南内经》或者《淮南内篇》（《诸子平议》，1870，卷29—32）。《淮南内篇》前20篇是独立的哲学与科学论文，篇名都以"训"结尾，有两方面的含义："训谕、训诫"和"注释、评论"，它出自最古老的一种文献注释方式"训诂"。根据金胜的研究，这个字是原标题中没有意义的元素，是高诱注解的痕迹。最后一篇，总括前面篇目的内容，文本的前两篇和最后一篇据说是刘安自己写的。

高诱注被认为是最早和最权威的《淮南子》注本，但该注本中亦包含更早的许慎的注释。许慎是著名的《说文解字》的作者。显然，核心的13卷（1－9、12、16、17、19）是高诱所作的注，而另8卷（10－12、14、15、18、20、21）则是许慎的注。高诱在序言中说，原初版本名为《鸿烈》《淮南子》，出自刘向，它是刘安和其他八人的合著，他们与其他硕儒一起讨论"道""德""仁""义"，但思想观念仍倾向于老子，故重点关注"无为""虚""静"等概念。事实上，《淮南子》仿效包罗万象的作品——秦相吕不韦组织门客集体编撰的《吕氏春秋》，因此也被称为"杂家"。同样，他自我命名为"刘氏之书"，这出现于第21卷，并明确声明其原则——"非循一迹之路"，以整体上实现道家的基本原则与儒家、法家、阴阳家等思想的融合。

《淮南子》的出现，可追溯至公元前2世纪20年代。现存版本多是以高诱注为基础的庄逵吉校刊本，被收入《二十二子》和《诸子集成》。在《四部丛刊》中，该书被

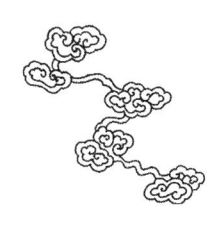

描绘为11世纪最早的印刷文本。刘文典所撰的《淮南鸿烈集解》（1923）是最完整的注本，使用了著名的11世纪的合成标题。作为杰出的哲学家，胡适较少涉及古籍研究，但他的《淮南王书》（上海，1931）具有开创性研究的意义。进入现代，有对《淮南子》进行部分翻译的英译本（E. Morgan, 1933; B. E. Wallacker, 1962; Ch. Y. Le Blane, 1978; R. T. Ames, 1983; S. Major, 1993）、德译本（E. Erkes, 1918; E. Kraft, 1958）、法译本（C. Larre, 1982）和俄译本（Л. Е. 波梅兰采娃, 1979, 1990, 2004）等。

《淮南子》的主要任务在第21卷中已明确提出："天地之理究矣，人间之事接矣，帝王之道备矣。"为达此目的，作者广泛研究各种论题：宇宙起源的、认识论的、社会政治的、道德的、审美的、历史的等等，并汇集天文、地理、物理，以及神话、故事、传说等内容。《淮南子》是复原古代中国神话和象数学最有价值的渊源文献之一。

《淮南子》的哲学基础是道的概念，"覆天载地"，"纮宇宙"，"生万物"（卷一）。这一历史文献对道家来说，具有文艺创作的特点：如此处所用的"宇宙"，在别处使用其词源意义：纵向和横向的屋檐栋梁。这种风格承认以自然本体论为基础的人本主义化："天地宇宙，一人之身也。"（卷八）并发展为一种独特的主观自任的自我人格主义："天下之要不在于彼而在于我，不在于人而在于我身，身得，则万物备矣……夫天下者亦吾有也，吾亦天下之有也，天下之与我岂有间哉？……自得，则天下亦得我矣。吾与天下相得……所谓自得者，全其身者也。"（卷一）将人视为"评价万物的标准"，导致宇宙六类主要元素的结合，标准的元素为儒家五行，即水火金木土，再补充上第六种元素，即更为人性化的——谷（卷二十）。连接人与宇宙的精神基础，是重要的动态的"气"，分为"阴"与"阳"两种力量，构成天地、四时、二十四节气、"万物"和人。"气"的细化状态为"精"，在宇宙中形成日月星辰、雷电风雨，而人的"五藏"，居于与外部感官和理性的协调之中，在此情况下，"精泄于目，则其视明；在于耳，则其听

聪；留于口，则其言当；集于心，则其虑通。"（卷八）反过来，当精"极度"变薄至圣神，即创造奇迹的神的状态，以确定人心和宇宙设备完备的最高的心理能力。这就使得，在与对象相接的基础上，认识成为可能，"物至而神应，知之动也"（卷一）。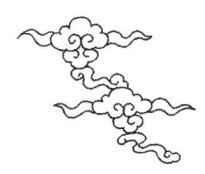

然而，在充分接受道家关于"自然"与"无为"的优先性的观点时，《淮南子》的作者断言："人生而静，天之性也；感而后动，性之害也。"因此"天下之事，不可为也，因其自然而推之；万物之变，不可究也，秉其要归之趣"。能使"任数者"劳而不会无功，"体道者""逸而不穷"（卷一）。因此，这也意味着回到《道德经》和《庄子》为简朴和笨拙所作的辩护："故民……知械机而实衰也。""故械机之心藏于胸中，则纯白不粹，神德不全。"（卷一）因此，如《庄子》一样，《淮南子》中术语"机"的运用具有内在矛盾性：指机械的狡诈（巧妙）和有机的力量。"机"允许代表圣，"内有以通于天机"（卷一），它与运动的世界保持一致，即连接人心与天。在这个复杂的被建构为"至德之世"的理想、优雅的原始生活中，人们具有"童蒙之心"。文明的发展已摧毁原始的淳朴与和谐，参与这种破坏的，有儒家和墨家。因此，"圣人之学也，欲以返性于初，而游心于虚也"（卷二）。

《淮南子》完美地呈现各种科学数据，指出地球"合四海之内，东西二万八千里，南北二万六千里"（卷四）。此说一方面，往上对应孟子和邹衍的象数学；另一方面，不仅在数量（1%的差异），而且在质量上（考虑到地球扁率极点），相当于地球的实际尺度。持此判断者，在西方大约是同一时期的埃拉托斯特尼。

*《淮南子》，高诱注，上海，1989年；刘文典《淮南鸿烈集解》，北京，1989年；《淮南子译注》，长春，1990年；《中国古代哲学·汉代卷》，莫斯科，1990年，第36—78页；《淮南的哲学·淮南子》，Л. Е. 波梅兰采娃译，莫斯科，2004年；Morgan E. Tao, the Great Luminant. Essays from Huai-nan-

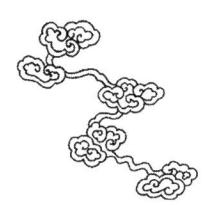

tzu. L., 1933; Kraft E. Zum Huai-nan-tzu. Einfuhrung, Ubersetzung (Kapitel I und II) und Interpretation // Monumenta Serica. 1957, No. 16; 1958, No. 17; Wallacker B. E. The Huai-nan-tzu, Book Eleven: Behaviour, Culture, and the Cosmos. New Haven, 1962; Le Blanc Ch. Y. Idea of Resonance (kan-ying) in the Huai-nan tzu with a Translation and Analysis of Huai-nan-tzu. Ch. Six. Phil., 1978 (Ph. D. Diss.); Larre C. Le Traite VII du Houai nan tsen: Les esprits legers et subtils animateurs de l'essence.Taibei-Paris, 1982; Larre C., Robinet L., Rochat de la Valle e E . (tr.) Les Grands Traités du Huainan zi. P., 1993; Major J. S. Heaven and Earth in Early Han Thought. Ch. Three, Four, and Five of the Huainanzi. N. Y., 1993。**甘宝《搜神记》，圣彼得堡，1994年，第38—39页；Л. Е. 波梅兰采娃《淮南王刘安的历史传记及其言行录》，载《远东文学研究中的理论问题》，莫斯科，1970年；Л. Е. 波梅兰采娃《论〈淮南子〉的文体特征》，载《中国和韩国的流派和风格》，莫斯科，1969年；Л. Е. 波梅兰采娃《晚期道家论自然、社会和艺术》，莫斯科，1979年；Л. Е. 波梅兰采娃《"淮南子"中的人与世界与司马迁的〈生平传记〉》，载《第16届"中国社会与国家"学术研讨会论文集》，第1册，莫斯科，1985年；Л. Е. 波梅兰采娃《〈淮南子〉的人与自然及其时代的艺术风格》，载《中国传统学说中的人的问题》，莫斯科，1983年；Г. А. 特卡琴科《中国文化》，莫斯科，1999年，第234—235页；谷方《刘安》，载《中国古代著名哲学家评传·续篇一》，济南，1982年，第41—55页；俞樾《诸子评议》，北京，1956年，第579—656页；Ames R. T. The Art of Rulership: A Study in Ancient Chinese Political Thought. Honolulu, 1983; Erkes E. Das Weltbild des Huai-nan-tze // Ostasiatische Zeitschrift. 1918, Jg. V, H. 14, SS. 27-80; Laloy L. Hoai-nan Tze et la musique // T'P. 1914, Vol. 15, pp. 501-530; Roth H. D. The Concept of Human Nature in the Huai Nan Tzu // JCP. 1985, Vol. XII, No. 1, pp. 1-22; idem. The Textual History of the Huai-nan-Tzu. Ann Arbor, 1992; Vankeerberghen G. Huainanzi and Liu An's Claim to Moral Authority. Albany, 2001.

（А. И. 科布杰夫撰，陈爱香译）

《黄帝内经》

《黄帝内经》又名《内经》，是中国现存最早的医学理论著作，最早著录于《汉书》的书目部分。原有18卷，现存版本分为两部分：《素问》（英译本：I. Veith，1949；现代汉语译本：郭霭春，1981；俄译本：Б. Б. 维诺格罗茨斯基，1993）和《灵枢》（现代汉语译本：郭霭春，1989）。在皇甫谧的《针灸甲乙经》中，《内经》由《针经》与《素问》两部分组成，每部各9卷。《素问》被认为在公元3世纪散佚，在公元8世纪被重新发现。或许王冰补注《黄帝内经·素问》，继承了其师之遗产。《灵枢》则在8世纪前，未在任何地方提及。根据王冰的说法，这9卷出自《汉书》中提及的18卷。根据另一版本的说法，这是《针经》。

《黄帝内经》文本由神话中的帝王、文化英雄以及中华民族的始祖——黄帝与其6位属下的系列对话组成。《黄帝内经》的思想明显是在宋尹学派哲学观点的强势影响下得以确立的。著作提出：人体器官的结构及其如何发挥作用，由此巩固传统医学理论：六大"空心"内在器官阳和六大"实心"器官阴作为发挥作用的体系；它们的相互作用通过经络系统、生命之气循环其中，像水流，截断或变得密集，均会产生不同的性能；体内之"气"的变化，通过外部环境，经由吃喝呼吸的不同类型的变化，再经过生物的主动的点位（针灸）；体内之"气"也是"外部"和"内部"的病理因素，由此需要实现一个量质稳定的"气"；器官和宇宙按照阴阳五行规律运作；从宇宙节奏来决定生命有机体；疾病好像是器官及其性质的失调，器官体系中某一个功能系统亢奋或者弱化，会影响其他系统；人的生理和心理各个层面相互依存、相互联系，等等。《黄帝内经》的一个贯通性观点，即认为宇宙、社会与人的器官具有同构性。对《黄帝内经》进行注疏最权威的是王冰（《黄帝内经素问》）和张志聪（《黄帝内经素问集注》）。

*《黄帝内经素问》，北京，1956年；《黄帝内经素问译释》，上海，1959年；郭霭春《黄帝内经素问校注语译》，天

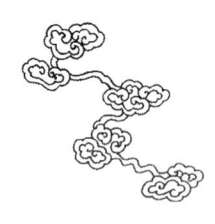

津，1981年；《黄帝内经：四气调神大论篇、生气通天论篇、阴阳应象大论篇》，В.Г.布罗夫译，载《中国古代哲学·汉代卷》，莫斯科，1990年；《黄帝内经论》，Б.Б.维诺格罗茨斯基译，莫斯科，2002年；The Yellow Emperor's Classic of Internal Medicine / Tr. by Ilsa Veith. Berk., 1949。**P. H.杰明《中医古代知识的仪式传播》，载《彼得堡东方研究》，第1辑，圣彼得堡，1992年；《现代历史科学研究：中国传统科学》，莫斯科，1987年，第182—188页；《内经讲义》，太原，1959年；陈邦贤《中国医学史》，上海，1929年。

（А.Г.尤尔克维奇撰，陈爱香译）

黄老学派

黄老学派是最早的道家学派之一，政治上主张无为而治，较早见于《道德经》，形成于稷下学宫。《史记》（卷七十四）提及的黄老学派代表人物有慎到、田骈、接子、环渊等人。黄老思想的起源，与魔法师即秦朝的方士有关，而其理论本身与神仙思想相关。这一学派将神话传说中的黄帝与圣人老子的名字合在一起，强调其互补性（帝王被视为是实现圣人的完美统治的工具）。汉朝初期，其追随者认为黄老思想源于《道德经》，即用以指导恢复黄帝时期的圣人之治。在汉代后期的一些著述中，黄老的组合并非指黄帝与老子，而单指老子。

（Е.А.陶奇夫撰，陈爱香译）

黄老学派出现于公元前4—公元前3世纪，作为关于道德的学说，其在公元3—4世纪已不复存在，让位于玄学与佛教思想。黄老思想在汉朝初期时达到鼎盛，获得豪门贵族和最高掌权者的特殊支持（包括文帝、景帝、窦太后和淮南王刘安），因为它融合了道家的宇宙观和本体论、法家的有效管理措施，以及不同流派代表的流行思想，尤其是独特的杂家等丰富的理论思想。同时，借助于心理和生理学及秘术，黄老学派实现了自我完善。根据司马迁（《史记》，卷

六十三）提供的证据，法家创建者申不害与韩非的"刑名法术之学"，皆本于黄老的"道德之术"。黄老学派思想广泛见于宋钘、尹文的著述，以及《吕氏春秋》《慎子》《鹖冠子》《韩非子》《淮南子》和《史记》等文献。黄老学派的衰落，起因于董仲舒倡导的思想创新。公元前2世纪后半叶，在国家意识形态方面，董仲舒主张独尊儒术，罢黜道家、法家及其他非官方的神秘主义思想。

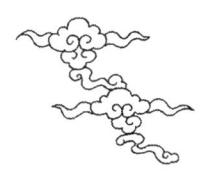

黄老学派关于自然之道与法术的辩证关系，及其根据宇宙阴阳之力的作用而变化，以及它的核心思想"无为"等方面的著述，散失近两千年，直至1973年在长沙马王堆墓葬（靠近长沙市）中重新发现。这些发掘出土的文本的年代，可追溯至约公元前168年。这些资料全部被翻译成英语（R. D. S. Yates，1997），而《黄帝四经》则翻译成法语（J. Decaux，1989）、现代汉语（余明光，1993；陈鼓应，1995），部分翻译成俄语（B. B. 马良文，2003）。这些资料的重新发现与出版，不仅具有科学价值，而且具有普遍的文化价值。

*余明光《黄帝四经今注今译》，长沙，1993年；陈鼓应《黄帝四经今注今译：马王堆汉墓出土帛书》，台北，1995年；司马迁《史记》，第7卷，P. B. 越特金译，莫斯科，1996年，第40、171页；《黄帝经》，载《管理的艺术》，B. B. 马良文编译，莫斯科，2003年，第64—191页；Decaux J. Les Quatre livres de l'Empereur Jaune: le Canon taoique retrouve. Taipei, 1989; Five Lost Classics: Tao, Huanglao, and Yin-yang in Han China / Tr. by R. D. S. Yates. N. Y., 1997。**E. A. 陶奇夫《道家：历史宗教描述尝试》，圣彼得堡，1998年，第239—268页；浅野裕一《黄老道的成立与开展》，东京，1992年；魏启鹏《黄帝四经思想探源》，载《中国哲学》，1980年第4期，第179—191页；魏启鹏《前黄老刑名之学的珍贵佚篇——读马王堆汉墓帛书〈伊尹九主〉》，载《道家文化研究》，1993年第3期，第330—339页；萧萐父《黄老帛书哲学浅议》《道家文化研究》，1993年第3期，第265—273页；胡家聪《尹文黄老思想与稷下"百家争鸣"》，载《道家文化研究》，1994年第4期，第118—127页；余明光《黄帝四经与黄老思想》，

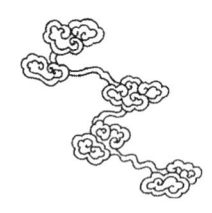

哈尔滨，1989年；余明光，《帛书〈伊尹·九主〉与黄老之学》，载《道家文化研究》，1993年第3期，第340—348页；Cheng Chung ying. Metaphysics of Tao and Dialectics of Fa: An Evaluation of Huang ti ssu ching in Relations to Lao-tzu and Han Fei and an Analitical Study of Interrelationship of Tao, Fa, Hsing, Ming and Li // JCP. 1983, Vol. 10, No. 3, pp. 251-284; Jochim Ch. Flowers, Fruit, and Incense Only: Elite versus Popular in Taiwan's Religion of the Yellow Emperor // Modern China. 1990, Vol. 16, No. 1, pp. 3-38; Peerenboom R. P. Natural Law in the Huang Lao Boshu // PEW. 1990, Vol. 40, No. 3, pp. 309-330; idem. Heguanzi and Huang-Lao Thought // Early China. 1991, Vol. 16, pp. 169-186; idem. Law and Morality in Ancient China: The Silk Manuscripts of Huang Lao. Albany, 1993; Roth H. Psychology and Self-Cultivation in Early Taoistic Thought // Harvard Journal of Asiatic Studies. 1991, Vol. 51, No. 2, pp. 599-650; Seidel A. K. La Divinisation de Lao Tseu dans le Taoisme des Han. P., 1969.

（А. И. 科布杰夫撰，陈爱香译）

黄宗羲

黄宗羲（1610—1695），又称黄太冲、黄南雷、黄梨洲，浙江余姚人。他是著名的新儒学哲学家、社会政治活动家，百科全书式的学者，主要从事历史、地理、数学、天文学、音乐理论和历算等研究，亦是浙东学派的主要奠基人。其父黄尊素是著名的政治活动家、东林学派的重要代表之一，于1626年卒于狱中。黄宗羲本人亦与东林学派关系密切，他创建了接受该派思想的"复社"，曾从学于阳明学派学者刘宗周。黄宗羲领导了反对入侵中原的清军的政治和武装斗争，1649年，他放弃反清，返回家乡浙江余姚隐居，开始专门从事科学和文学研究。

首先给黄宗羲带来声誉的，是其历史著述，特别是其关于相隔不太久远的明代历史事件的著述。基于意识形态的因由，他拒绝与朝廷一起撰写历史。他编撰了与中国哲学史上最活跃、最繁荣的宋、元、明时期相关的经典著述《宋元学案》（《宋元学案》最早由黄宗羲整理，于18世纪形成100

卷本通行，1989于北京编订成四册出版）和《明儒学案》（《明儒学案》62卷，1676年刊行；刻本再刻于1735年，部分被翻译成英语）。他的第一部独立著述《明夷待访录》（1662），主要研究社会学问题。

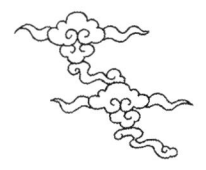

在社会思想方面，黄宗羲批判被视为佛教异端的程朱学派所维护的以及在官方宋明理学中占主导地位的"理"，他着重强调"气"的核心地位："通天地，亘古今，无非一气而已。"充盈于天地的"气"作为"一本"，"生人生物"，而"理"表现为"流行"的秩序性，因此，"无气则无理"，"理为气之理"。黄宗羲肯定与宋明理学相左而为陆九渊和王阳明一派所推崇的"心"。他认为，"盈天地皆心也"，"故穷理者穷此心之万殊，非穷万物之万殊也"。这两个方面的结合，让黄宗羲提出"心即气"的观点："人受天之气以生，只有一心而已。""夫在天为气者，在人为心；在天为理者，在人为性。"

黄宗羲认为，动态性质的"气"，是心理认识的基础，而"心"是解释认知活动的前提条件，他借助于"行"这一概念，解释王阳明"致良知"命题中的"致"。

黄宗羲认为，所有人自出生起，即为自私自利所驱使，但在社会生活中，应该实现天下之"利"，而这主要是统治者的责任。在评价统治者的作用时，黄宗羲遵循孟子关于民在统治者之先，以及容许推翻不道德的国君的观点。故此，黄宗羲得出"天下为主，君为客，而不是与之相反"的结论。在他看来，这种理想状况存在于古代圣人之君的治理下，他们有能力根据自己的意志拒绝权力。其后，致力于追逐一己之利的君主，将天下视为私有之物，认为天下为客，而自己为主。这种欲求的出现以及对王权的觊觎，导致国家的不断纷争与动乱。此外，当统治者以一己之私利取代社会之公利时，他的臣民的利益亦难以实现。因此，这样的统治者成了"天下之大害"。

总的来说，黄宗羲将各种历史和神话先例相并置，承认合法性继承和非世袭的君主制，认为合法性的主要标准是君主追求社会之"利"，即维护全天下之利，而不是他个人或

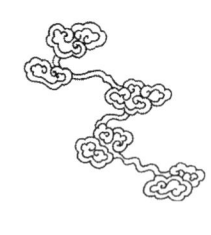

他家庭的利益。按照黄宗羲的说法，中国从远古至公元前3世纪，即夏、商和周三个"理想"朝代，都有合法的君主。而在随后的朝代，立国的法则遭到破坏，国君将天下视为可家族式传承之物。为确保政权的合法性，黄宗羲提出主要涉及立法者、管理和思想三个领域的不同措施。

当时普遍的观点认为，国家的有序或动乱，首先取决于具体的人而不是法；与之相反，黄宗羲提出国家治理首先应遵循"有治法而后有治人"的原则。黄宗羲将法分为"天下之法"和"一家之法"。第一种是"无法之法"，第二种则是"非法之法"。第一种愈简单素朴，国家动荡愈少；第二种愈细密严苛，国家动荡愈剧烈。

黄宗羲否定法的恒定不变性，他认为，"一代有一代之法"，并以史实研究予以证明。他以"天下之治乱系于法之存亡"的原则，佐证立法更新的必要性。基于认同古时黄金时代之传统的信念，黄宗羲提议，将夏、商、周三代和它们之前的神话时期的法作为"理想"之法，在这些律法面前，"山泽之利不必尽其取，刑赏之权不疑其旁落，贵不在朝廷也，贱不在草莽也。在后世方议其法之疏，而天下之人不见上之可欲，不见下之可恶"。

在历史的变更即衰落时期，黄宗羲将法分为两个完整的周期：从远古到周朝灭亡→秦朝建立；从秦到宋朝灭亡→元朝的建立。他认为在后一个周期要实现中国三代周期那样，特别是孟子哲学中所确立的目标，以及其后在董仲舒"今文经学"和何休《公羊传》中所描绘的理想传统。

在社会管理方面，黄宗羲同样借鉴孟子所阐述的天子（皇帝）、公、侯、伯、子、男、君、卿、大夫、士的名称体系。黄宗羲将这一体系解释为一种证据，即证明古代国家的统治者或者皇帝本人并没有从根本上脱离管理层，而是像所有下级一样隶属其中。换言之，统治者对"卿"与"卿"对"士"等的态度类似，而皇帝对"公"与"公"对"侯"等的态度亦相类似。"原夫作君之意，所以治天下也。天下不能一人而治，则设官以治之；是官者，分身之君也。"

黄宗羲将这种一体性作为管理等级形成普遍原理之基

础，就统治者自身而言，首先是指帝位继承的顺序。"古者不传子而传贤，视天子之位，去留犹夫宰相也。其后天子传子，宰相不传子，天子之子不皆贤，尚赖宰相传贤足相补救，则天子亦不失传贤之意。宰相既罢，天子之子一不贤，更无与为贤者矣！"

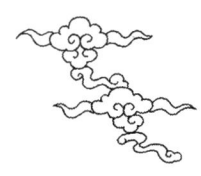

黄宗羲将废除宰相之位视为具体的政治行为。明朝建立者朱元璋于1380年废除宰相之位，根据哲学家的理解，这引起了明朝整个统治秩序的崩坏。而在黄宗羲看来，不管国家最高统治者是否属于继承，宰相即政府首脑之位是不能继承的。最后，他建议采纳唐代著名宰相张说提出的模式：政府由宰相所设政事堂和其下的五房即吏房、枢机房、兵房、户房和刑礼房组成；其组织架构，政事堂类似于内阁，而其他五房类似于内阁的各部：国家委员会、兵部、财政部、司法部和礼仪部。

黄宗羲认为，朝廷各权力机关的职位是不可继承的，应由上面任命，而不是从下面选举。对统治者这一君主制度的非继承性的最高任命等级，要么是他的前任认可，自愿将其位传给他，要么是天下根据"革命"的理由，使不道德的统治者自动失去"天子"的名分。

黄宗羲所描述的权力机关，为了正确履行其职能，至少需要两个提出或讨论法律并监督其实施的机构。在黄宗羲看来，它们统合在一个同时具有教化和科学启蒙功能的机构中（这种机构是各级学校），从而在意识形态领域实施自己的计划。

黄宗羲认为，从秦朝开始，由于法家思想占据主导地位，国家意识形态成为一统天下的命令："天下之是非一出于朝廷。"非官方的联合、私立学校和书院等，创构了不同朝代的独立思想，并试图以此来影响国家管理，但通常都遭受官方的各种打压，这就损害到国家政治生活的基础，甚至导致政治的崩溃。黄宗羲指出这一点，并以反例予以论证。例如在东汉时期，13000人组成太学，积极而成功地影响到朝廷当局。

在中国，学校一直发挥着特别重要的作用。这并非仅仅

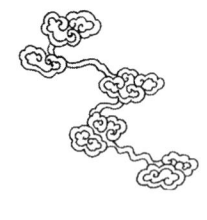

在于它大幅提升了识字与学识教育水平,而在于其社会政治教育功能。从公元前2世纪,国家开始推行考试制度,选拔符合相关教育条件的人为官,由此,管理和教育系统相互靠拢。黄宗羲将学校视为"养士之地",但又补充说,其价值并不限于此,而是"必使治天下之具皆出于学校"。

黄宗羲所描绘的学校,不仅仅是培养领导人才的地方,而且也是一个独特的表达社会意见的代表性机构,它将各种社会意见传达给包括皇帝在内的各级行政机关。教育系统在全国范围内应该是统一的,但其机构的组成则必须是理性而独立的,能够自由表达意见。在高等学校里,太学发挥国都大学的作用,其在当时最大的文化功能是具有议政权,地位与宰相平等,在宰相犯错时可取而代之。每逢朔日,天子在高级官宦和谏议的陪同下驾临太学,"祭酒南面讲学,天子亦列弟子之位"。"南面"是最高权力者帝王的标准姿势,所以上面说的情形,在当时是自然而然的。这里探讨帝王不称职的前提下,称职的宰相所起的作用时,明显可以看出,黄宗羲的愿望是想通过高职位者的能力,在某种程度上限制皇帝的绝对权力。

古典儒家自其产生之日起,即有如此的愿望,即强化儒家谏议者的重要作用,扩大其权力。孔子的理想国君是"无为而治"天下(《论语·卫灵公》)。这里的"无为"指的是对事务的惯常秩序不进行实际干预,保证其正常的进程;主要发挥国君对人民精神道德的直接影响,通过他们所选拔的称职的大臣开展事务活动。与古典儒家思想不同的是,黄宗羲试图施加一些限制,但不是对"无为"的限制,而是对皇帝行为的限制。因为黄宗羲认为政治条纲的倡导主要是自上而下的,而由下对皇帝的惯常影响方式主要存在于思想教育领域——通过某些措施对王位继承人实施教育。黄宗羲认为,皇太子在15岁时,应该与重臣之子一起,在太学中接受教育(与此相类似,在19世纪初俄罗斯皇子和贵族之子在皇村接受教育)。这种教育的目的,是"使知民之情伪,且使之稍习于劳苦"。在黄宗羲看来,郡县之缙绅士子等级别较低的官员,必须比皇帝和他的追随者更多地强制性接受学校

教育，每月进行两次，时间是初一和十五。如果发现郡县官员破坏或不执行此规定，教育者可鸣鼓呼号，当众谴责。

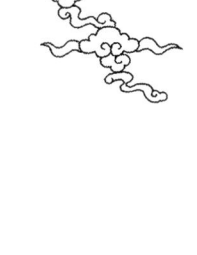

黄宗羲主张按平等原则重新分配土地，恢复古老的井田制，减轻农民的赋税；或根据土地的肥力，划分为五种级别的赋税。不仅是农耕，贸易和手艺也被认为是主业。他提出建立多样化的货币体系，可发行纸币和建立银行；要实行义务兵役制，每50人中出一个新兵，由10个家庭供养一个新兵。

黄宗羲的社会政治、经济和法律思想，对19世纪末20世纪初的中国改良派（尤其是梁启超）产生了巨大影响，他们将其思想运用于民主改革的斗争中。

*《黄宗羲全集》，杭州，1985—1986年；Huang Tsung hsi. The Records of Ming Scholars / Tr. by J. Ching et al. Honolulu, 1987; Waiting for the Dawn: A Plan for the Prince, Huang Tsung-hsi's Ming-i-tai fang-lu / Tr. by W. Th. de Bary. N. Y., 1993。**А. И. 科布杰夫《中国》，载《17—18世纪的政治与法律学历史》，莫斯科，1989年，第397—403页；А. И. 科布杰夫《中国理学哲学》，莫斯科，2002年，第403—410页，索引；А. В. 罗曼诺夫《17世纪黄宗羲论文题目中的易经符号》，载《第20届"中国社会与国家"学术研讨会论文集》，第1册，莫斯科，1989年；С. В. 马拉霍夫《黄宗羲：观点和个性形成》，载《第16届"中国社会与国家"学术研讨会论文集》，第2册，莫斯科，1985年；《哲学百科全书》，第5卷，莫斯科，1970年，第452页；《黄宗羲论——国际黄宗羲论文会讨论集》，杭州，1985年；朱义禄《黄宗羲与中国文化》，贵阳，2001年；Struve L. A. Chen Que versus Huang Zongxi: Confucianism Faces Modern Times in the 17th Century // JCP. 1991, Vol. 18, pp. 5-23.

（А. И. 科布杰夫撰，陈爱香译）

惠施

惠施（前380/370/365/350—前300/305/310/318/260），又名惠子，宋国人，中国古代哲学家。与公孙龙一样，他是名家的奠基人和主要代表之一，开创了"辩"之传统。有关惠施的可靠史料以及名家其他哲学家的史料，存世甚少，主要见于公元前4—前3世纪的书面文献（如《庄子》《荀子》《吕氏春秋》《韩非子》以及后来的《战国策》）。关于惠施的生平日期，有很大分歧（其时间跨度达120年），其中的说法有如下几种：前380—前300（胡适、郭湛波、I. Kou Paokoh）；前380—前305（陈荣捷）；前370—前318（任继愈）；前370—前310（汪奠基）；前365—前310（侯外庐）；前350—前260（冯友兰）。惠施出生于宋国，当时在那里居住的是已被推翻的殷商统治者的后代，他们仍秉持崇古的习俗，因此《荀子·非十二子》中认为，"不法先王，不是礼义"。在这方面，惠施像自己的同乡兼朋友庄子，故有专家认为他是道家思想的支持者（郭沫若、杨荣国）。

惠施背离传统，于魏惠王在位期间担任相国，甚至被赐予"仲父""大名"名号。他沿袭名家先驱邓析的律法精神与实践，在《荀子》中他们被归为同一个派别。惠施的"去尊"思想是反传统的，即拒绝数百年来对至高无上的统治者的歌颂，郭沫若（1944）则将它诠释为无神，杨荣国（1954）运用杨朱的方法解释为"利己主义"。在政治领域，惠施以实用主义著称，他根据不同的环境和时代提出不同的方略；同时，提出南北接壤的国家之间的政治联盟——"合纵"，反对"连横"，即纵横家张仪所坚持的联合东西相接国家的主张。

惠施的爱民与和平主义思想及其辩证法的论证，在他之前已有人提出，故有人说他是墨子的拥护者。20世纪的胡适、梁启超、钱穆沿用鲁胜的论断，认为惠施属于独立的流派，这一流派在公元前2世纪称为名家。

惠施和邓析均为中国古代哲学"六说"的代表人物，荀子对他们的思想特点作如下描述："好治怪说，玩琦辞，甚察而不惠，辩而无用，多事而寡功，不可以为治纲纪；然而

其持之有故，其言之成理，足以欺惑愚众。"（《荀子·非十二子》），荀子在对"六说"代表人物的另一评价中，说惠施"蔽于辞而不知实"（《荀子·解蔽》）。

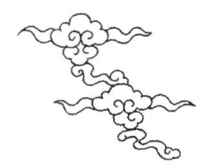

与百家中的先秦诸子六家分类相一致，《庄子·天下》亦提出惠施、名不见经传的桓团、公孙龙和辩者都属于同一流派，"饰人之心，易人之意，能胜人之口，不能胜人之心"。

在《汉书·艺文志》中，惠施、邓析、尹文、公孙龙以及成公生、黄公疵、毛公等三位名不见经传的哲学家都归于名家，均为礼官出身。《汉书·艺文志》中的《惠子》独立成篇。谭戒甫于1934年指出：《惠子》应被编入《庄子·天下》的尾论，与全文统一。这一论断于1959年发表，章太炎也于1982年[①]对这一论断予以支持，郭湛波（1932）、顾施（1933）、张岱年（1982）等学者强化这一论断，并补充认为，其中还包括与《惠子》连在一起的《历物》篇。据《庄子·天下》所载，惠施的著述之多，可塞满"五车"，这是对其模糊不清的传记的补充，而他的"多方""万物说"现仅存若干残句，散见于中国古代文物上，亦主要收录于《庄子》，其中《天下》篇体现其主体成就，即"十事"。惠施本人以"辩证"即西方论著中所说的"诡辩"的方式探讨二十一种反常之事。"二十一事"的作者是有争议的，佛尔克和E. V. 岑克尔将它们全部归属于惠施，胡适则认为是公孙龙，而侯外庐、杨荣国、顾保鹄、任继愈则认为是其他人。不过在古代，邓析曾罗列出它们的部分内容。两个带有专门注释的悖反之事，被翻译成英语（佛尔克，1901—1902；胡适，1922；冯友兰、德克·卜德，1952；陈荣捷，1963）和法语（I. Kou Paokoh, 1953），前十事被翻译成俄语（杨兴顺，1984；Р. В. 柯坚科，1998）。而在《庄子》中，这"二十一事"已全部列出，在其他语言（含俄语）的译本（Л. Д. 波兹德涅耶娃，1967；C. 库切拉，1972；В. В. 马良文，1995）中亦有列出。

[①] 此处明显有误。——译者注

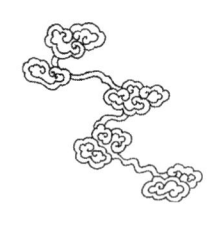

　　如将惠施作为这些悖反之事的作者，则他既揭示事物性质之同，亦区分其"名"之异，故他被视为"合同异"一派的始祖。冯友兰在1932年将公孙龙"离坚白"与之相对照，并提出：不同感官接触到同一事物的不同属性，只能是"名"不同的独立体。

　　基于"万物同异"这一宗旨，惠施在第一个命题中提出"至大无外"谓之"大一"、"至小无内"谓之"小一"的概念。章炳麟和胡适从本体论的角度，将其解释为表征相应的空间和时间。据刘节（1943）和郭沫若（1944）的观点，《管子·心术上》所提出的"其大无外"与"其小无内"的特点，用在确定"道在天地之间也"，由此导致宋钘和尹文与名家相接近。紧随佛尔克之后的一些研究者（郭沫若、陈荣捷、冯契、刘文英），将"小一"视为原子的概念。第二个命题"无厚不可积也，其大千里"，其本体论道德和法律原则——"无厚"，获得普遍方法论的解释，它也是《邓析子》两篇中第一篇的名字，其中建议执政者拒绝"厚"，而运用处罚的方法，这好比自然灾害从天而降。

　　第三个和第四个命题，是对道家独特的相对论思想的论证："天与地卑，山与泽平。""日方中方睨，物方生方死。"

　　第五个悖论命题："大同而与小同异，此之谓小同异；万物毕同毕异，此之谓大同。"首次给予"大同"二项式最普遍的本体论与方法论意义。这让其成为中国哲学最重要的一个范畴："大同"，主要表现为历史文化和社会政治乌托邦，即人们生活在一个理想的和谐社会，犹如一个统一的有机体。

　　类似的思想，亦包含在第十个命题中："泛爱万物，天地一体也。"其中既有墨家的"兼爱"思想，亦有中国哲学的核心概念——世界"一体"或者"天人合一"。

　　佛尔克和章炳麟对所有十个命题作过探讨，认为它们推翻了时空划分的现实性和相似／同一性与差异性的绝对性；而胡适则认为，这种说法只在第九个命题中呈现，认为它证明了宇宙的统一性，这在之后的第十个命题中作为结论

出现。

惠施最重要的成就，是将早期中国哲学道德实践普遍方法论的语言逻辑问题，进行二律背反式的理论分解，这为与数字占卜的"象数学"竞争的中国古代逻辑学派——名家，以及后续的墨家和荀子的进一步发展打下基础。

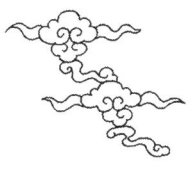

*《中国古代的无神论者、唯物主义者、辩证法者：杨朱、列子、庄子》，Л.Д.波兹德涅耶娃译，莫斯科，1967年，第320—321页；《中国古代哲学》，卷1，莫斯科，1972，第292—294页；卷2，莫斯科，1973，索引；《庄子 列子》，В.В.马良文译，莫斯科，1995年，第282—284页，索引；《吕氏春秋》，Г.А.特卡琴科译，莫斯科，2001年，第299—302页，索引。**Ф.С.贝科夫《中国社会与政治哲学思想的产生》，莫斯科，1966年，第192—196页；К.В.瓦西里耶夫《〈战国策〉研究与翻译》，莫斯科，1968年，第121—125页；郭沫若《中国古代哲学家》，莫斯科，1961年，第388—402页；《逻辑学家史》，明斯克，2001年，第18—19页；А.И.科布杰夫《惠施"奇特学说"》，载《"东亚地区的哲学与现代文明"第8次全俄会议论文集》，莫斯科，2002年，第16—20页；А.А.克鲁申斯基《中国古代逻辑与方法论的名与实（综述）》，载《现代历史与科学研究：中国传统科学》，莫斯科，1987年，第88—105页；《哲学百科全书》，第5卷，莫斯科，1970年，第456页；冯友兰《中国哲学简史》，圣彼得堡，1998年，第105—115页，索引；杨兴顺《古代中国的唯物主义思想》，莫斯科，1984年，第131—143页；杨荣国《中国古代思想史》，莫斯科，1957年，第294—320页；古棣、周英《惠施思想与先秦名学》，北京，1990年；胡适《先秦名学史》，学林，1983年；Forke A. The Chinese Sophists // JNCBRAS. 1901-1902, Vol. XXXIV, No. 1, pp. 1-100; Fung Yu-lan. A History of Chinese Philosophy / Tr. by D. Bodde. Vol. 1. Princ., 1952, pp. 192-220; Hu Shih. The Development of the Logical Method in Ancient China. Shanghai, 1928, pp. 109-117; Kou Pao-Koh. Deux sophists chinois: Houei Che et Kongsouen Long. P., 1953; Moritz R. Hui Shi und die Entwicklung des philosophischen Denkens im alten China. B., 1973; Raphals L. Knowing Words: Wisdom and Cunning in China and Greece. Cornell Univ. Press, 1992; Reding J.-P. Greek and Chinese Categories: A Reexamination of the Problem of Linguistic

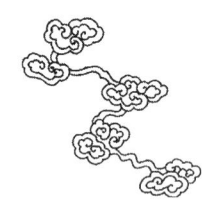

Relativism // PEW. 1986, Vol. 36, No. 4, pp. 349–374; idem. Les Fondements philosophiques de la rhetorique chez les sophists grecs et chez lessophists chinois. Berne, 1985, pp. 284-385; Solomon B. S. The Assumptions of Hui Shih // Monumenta Serica. 1969, Vol. 28, pp. 1-40.

（А. И. 科布杰夫撰，陈爱香译）

慧琳

慧琳，公元4世纪末出生的秦郡（今陕西省）人，僧人、哲学家，俗姓刘。他是道渊的弟子，是一位独特的佛教僧人，具有中古时期的特点。他是积极介入社会生活的宫廷僧人。他通晓佛教著述和道家经典，非常精通道家秘传和公开的实践活动。在公元5世纪30年代，他成为宋文帝（424—454在位）的知己和政治顾问，后被流放至交州南部地区（今广东省、广西壮族自治区和越南北方）。慧琳的传记主要记载于《宋书》和6世纪的佛教历史著作《高僧传》，后人对其评价非常低。在公元7世纪的佛教文选《广弘明集》中，慧琳被划入佛教思想的反对者之列。

慧琳的思想主要体现于其著述《白黑论》（又名《均善论》《均圣论》）。该作在《宋书》中已有介绍。它以"白衣先生"（代表儒家和道家）与"黑衣道士"（佛教信徒）之间问答的形式，讨论三教的"同与异"。根据慧琳的观点，它们都有自己的优点，对"圣"的看法趋同，因而可以"同归"。该文引起"神不灭"论的首次广泛论争，参与者有慧琳的支持者（其中包括何承天和范晔），而他们的主要对手是郑鲜之。

*慧皎《高僧传》，М. Е. 叶尔马科夫译，第2卷，圣彼得堡，2005年，第119页。**《中国哲学史》，任继愈主编，北京，1979年；Ch'en K. Anti Buddhist Propaganda during the Nan ch'ao // Harvard Journal of Asiatic Studies. 1952, Vol. 15.

（М. Е. 克拉夫佐娃撰，陈爱香译）

慧能

慧能（638—713），新州（今广东省新兴县）人，禅宗六祖，南宗禅的创始人，它后来成为中国佛教禅宗的正统派。慧能俗姓卢，出生于官宦人家；幼年丧父，家贫，未有受教育的机会，长大后靠卖柴谋生。

据传，他听到一路人诵读《金刚经》，内心获得顿悟，后得知禅宗五祖弘忍在黄梅（湖北省）宣讲此经，他立即前往，成为寺庙的见习僧。一天，弘忍为挑选继承者，下令所有门人各作一首偈。由于慧能是个文盲，他就请一年轻的见习僧帮他把所作的偈写下来。弘忍读完后，立刻明白慧能应该是其继承者，据说是秘密地将衣钵传给他，让他成为禅宗六祖。

此后，慧能返回南方，隐居16年。676年，他在法性寺（广东南海）正式落发。677年，他前往韶州（广东韶关），居宝林寺。应佛教僧人和信徒的请求，慧能在韶州大梵寺宣讲摩诃般若波罗蜜的"秘密教义"，向追随者倡导"不立文字"，弘扬"顿教"，即关于"顿悟"的思想。皇帝多次邀请他到国都，但均遭到拒绝。慧能去世后，唐宪宗追谥其为"大鉴禅师"。

慧能思想中占据中心地位的是"顿悟"这一思想，这在《六祖坛经》中有详细论证。《六祖坛经》是对慧能的言论、观点和对话的扼要记载。那时在中国北方，广泛流传着其对手神秀所宣扬的"渐悟"说，神秀曾被认为是弘忍与禅宗的合法继承人。这些思想的支持者与反对者之间的论争，使得禅宗分裂为南北二宗。慧能去世后，两派的矛盾更加尖锐，而后发展为谁是禅宗五祖的合法继承者之争，即谁的思想为正统。慧能辞世半个世纪之后，其弟子神会证明南宗优胜于北宗，官方由此正式承认慧能是弘忍的正式继承者，而神秀则是篡位者。后来，《六祖坛经》被尊为经典，而"顿悟"则在佛教禅宗理论与实践中占据主导地位。其后的禅宗，某种程度上是慧能思想的进一步发展。

*《中国佛教》，第2卷，上海，1989年，第171—174页；

E.B.扎瓦茨卡娅《中国古代绘画美学问题》，莫斯科，1975年，索引（慧能）；Д.Т.苏德祖基《与佛论禅》，第1—3卷，圣彼得堡，2002—2005年。

（H.B.阿巴耶夫撰，陈爱香译）

慧远

慧远（334—416），俗姓贾，楼烦（今山西）人，佛学思想家，早期阿弥陀派（中国净土宗）的主要代表人物。他以"大慧远"之名闻于世，以别于隋朝思想家"小慧远"（581—618）。其生平与创作情况，主要记载于《高僧传》卷六和后来中国佛教著述中关于慧远的14部作品中，这些作品部分收录于中国佛教汇编《大藏经》。

慧远接受儒家传统教育，喜爱道家著述；21岁时结识道安，成为其得意门生，精通"般若经"。据说，他在宣讲佛教时，妙用道家著述，由此赢得道安的赏识。384年（一说381年），慧远入住庐山东林寺，旋即成为南方佛教颇有影响力的大师，而他所在的寺庙亦成为佛教文化最主要的中心地。其以科学家、哲学家、艺术家和诗人等著称，对僧俗颇具吸引力。

慧远将道教的"长寿"追求，改变为阿弥陀佛派中的往生"净土"。402年，慧远携弟子刘遗民、周续之、毕颖之、宗炳等，在寺庙的阿弥陀佛像前发愿，往生西方"净土"。与他共同发愿的有123位弟子，其中有18位和慧远一起结"白莲社"，包括佛陀耶舍、佛陀跋陀罗两位梵僧。而"白莲社"则由僧人和居士提议，并非对信徒的布道组织。慧远被奉为净土宗的始祖，净土宗后来成为远东国家规模最大的宗教流派之一，该派起源于慧远所概述的中古时期最大的宗教派别白莲教传统。慧远论证了世人服从道德传统和社会规范（含父权和君权）的必要性，但又声称，皈依佛门之后，应摆脱世俗法规的束缚，因为与新的生活规则相比，俗法已失去其意义（《沙门不敬王者论》）。

在与鸠摩罗什的通信中，慧远强调真正的"佛性"即"法身"，由此证明涅槃和法身作为不变之"性"是一致的（《法性论》），并坚持"形"消失时"神不灭"的观点。慧远论证佛教关于因果报应的思想，强调坐禅的必要性，因为这与认识问题相关。诗人谢灵运在诗歌作品中礼赞佛，广泛使用道教术语与意象，让其同时代的人钦佩有加。

*慧皎《高僧传》，М. Е. 叶尔马科夫译，第2卷，圣彼得堡，2005年，第69—85页，索引。**М. Е. 叶尔马科夫《中国佛教世界》，圣彼得堡，1994年；Е. Б. 波尔什涅娃《中世纪晚期的宗教运动：意识形态问题》，莫斯科，1991；Ю. К. 舒茨基《佛教中的道教》，载《东方笔记》，第1卷，列宁格勒，1927年；方立天《慧远及其佛学》，北京，1983年；《中国佛教》，第2卷，上海，1989年，第32—36页；Ch'en K. K. S. Buddhism in China: A Historical Survey. Princ., 1964; Chou Hsiang-Kuang. A History of Chinese Buddhism. Allahabad, 1956; Zurcher E. The Buddhist Conquest of China. Vol. 1. Leiden, 1959.

（Е. И. 汉塔耶娃、А. Г. 尤尔克维奇撰，陈爱香译）

混沌

混沌是中国哲学特别是自然哲学领域的一个重要概念。其语义词源指向原始的混沌，是指中国早期神话所描述的宇宙空间开辟、季节分明等状况之前的时空状态。世界原初的"混沌"状态，以及与此状态相关的神话人物，常见于道教典籍。根据不同来源的描述，自古就有难以辨明的"上与下""混沌"一体，在天体演化过程中，时空结构逐步复杂化，形成完整的"宇宙"。"天地四方曰宇"，"往古来今曰宙"。在道教秘诀中，"混沌－宇宙"具有二元对立性，并由此衍生出长长的隐喻链，其中某些元素的绝对优先性，是与"混沌"而不是与"宇宙"联系在一起。这些优先的元素，象征着所有尚未清晰显现、未成形甚至未及生成的事物。作为"道"的隐喻，这就好比事物的任何秩序发生在前

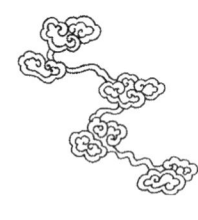

面的永远在前。与此同时,"混沌性"被提出,并且作为道教智者心智的一种重要特征,他自身被描绘成"愚人之心",恰恰是以其"愚钝"与"昧暗"异于常人,由此保护他免受可恨的"教育"学的"熏染"。在自然哲学中,"混沌"的解释与"阴"联系起来,最后从"道"中生成包罗万象的原初,在道教文本中形成一长串隐喻,与水元素联系在一起,与能包蕴"万物"的虚空联系在一起,与产妇的子宫联系在一起。"归元",即返归"混沌",其后被理解为进入"无限"的道口,并超越时间与空间,同时达到"不生"的状态,因为生是走向死亡的第一步。因此,道教的智者好比刚出生的婴儿,甚至老子的名字也可解释为"年老的稚子"。故此,"混沌"原则上是自相矛盾、模棱两可的,正因为如此,理论上,混沌发生在某种最初的整体性"天地"分离之前,并在这个意义上被要求保存。它同时也是这种分离的原因,以二元对立的"宇宙动能"的阴阳形式,形成非意愿性的世界动态进程的根源。"混沌"只有在描述中被添上具有原初整体性的能力,由此导致更多或更少的趋向遥远的灭绝的损失,只有认同它们,才能保障个体无法确知的完整性保存下来或者再生(好比道教"长生"术中的养生),即完美的健康是长寿甚至是肉身不朽的保证(在"炼金术"做法中)。

稍晚,"混沌"在《山海经》神话中得以详述。"混沌"被加以人格化,获得民众宗教自然神或者神鸟梦幻般的外观,居住在"天山",被称为"帝江神"(或者帝鸿神),其外形如黄囊,赤如丹火,有六条腿、四个翅膀,但没有头和感知器官。在许多特征方面,"混沌"与神话中的人物(如黄帝这位最著名的文化英雄)和所有道家炼金术士的守护神相似,有时直接混为一谈。

(Г. А. 特卡琴科撰,陈爱香译)

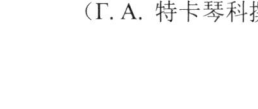

*《中国古代的无神论者、唯物主义者、辩证法者:杨朱、列子、庄子》,Л. Д. 波兹德涅耶娃译,莫斯科,1967年,第

44、173、185—186、191页；《淮南子哲学》，Л. Е. 波梅兰采娃译，莫斯科，2004年，第37页；《山海经》，Э. М. 杨希娜译，莫斯科，2004年，第61、200—201页。**德克·卜德《古代中国神话》，载《古代世界神话》，莫斯科，1977年，第379—382页；Т. П. 格里高利耶娃《道与逻各斯》，莫斯科，1993年，第86—132页；《中国哲学百科词典》，莫斯科，1994年，第386页；《民间神话》，第2卷，莫斯科，1992年，第607页；Girardot N. J. Myth and Meaning in Early Taoism: The Theme of Chaos (hun-tun). Berk., 1983.

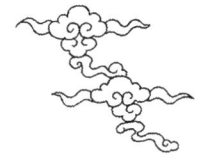

（А. И. 科布杰夫撰，陈爱香译）

魂魄

魂魄指人的精神、灵气，有天与地、精神与肉体、阴与阳之别。它是中国哲学、宗教观念所承认的两种灵魂类型。在道家传统中，不仅其影响范围不同："魂"负责情绪与心理过程，在睡觉和精神恍惚时期，这个灵魂可以暂时离开肉体自主活动；"魄"负责身体的生理过程和运动功能。而且死后的命运亦不相同："魂"变得更为纤弱，可以升天，转变为精神；"魄"则回到近似物质性的地方，即所谓的"黄泉"，这让人联想到欧洲古老传统中的地狱。众所周知，由于在中国宗教中，人死后依然存世的观念具有五花八门的表征，魂魄的特征及其在人死后的命运在文献资料中是相当模糊的。目前并不清楚，灵魂是否真正统一，它们的数量是多少（普通文献资料曰三魂七魄，但数量可能会有所不同），以及其拥有者生前又是如何掌控它们的。这些不确定性导致传统观念论者对"魂魄"的判断持谨慎态度，尤其是在肉体死亡之际，因为出殡仪式的搞错，可能会导致死者对活人（特别是其亲戚）产生不利影响。对灵魂极为有害的行为，是死者的坟墓前缺乏适当的祭品，这让它们试图返回人间，寄居于某个人的身体，由此变成鬼。被害的灵魂可以返回人世间，找凶手报仇，或者提醒自己的家人：还没让罪犯受到应有的惩罚。古代相信阴间存在的最明显的证据，是去世的统治者有大量的奴隶陪葬，这些奴隶死后也得为主人服

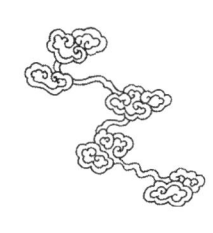

务。在晚近的时代，这一习俗变为替"魂魄"在阴间提供所有的生活必需品：食品、服饰、乐器、珠宝、赤陶房子模型和歌舞仪仗等（今天在祭奠亡灵时，通过在坟墓前烧纸钱、汽车和家用电器等物品的图样来实现这一目的）。与民间信仰传统一样，道教炼金术观念也允许追求人间的长生不老。关于阴间的惩罚以及详述天堂和地狱的思想，伴随着佛教传入中国，主要参照印度的模式。

（Г. А. 特卡琴科撰，陈爱香译）

**Л. С. 瓦西里耶夫《邪教·宗教》，载《传统在中国》，莫斯科，1970年，第45—46页；《民间神话》，第2卷，莫斯科，1992年，第607页；Е. А. 陶奇夫《道家：历史宗教描述尝试》，圣彼得堡，1998年，第68—71页；余英时《中国古代死后世界观的演变》，载《燕园论学集》，北京，1986年，Loewe M. Ways to Paradise. The Chinese Quest for Immortality. L., 1980; Smith D. H. Chinese Concepts of the Soul // Numen. 1958, Vol. 5, No. 3.

（А. И. 科布杰夫撰，陈爱香译）

机

"机"，中国哲学的特殊范畴之一，表面含义为"钩弩""圈套""机发""织布机"。在象形字"机"的语义中，传统上与西方概念相对照，经由自我运动、源自内部的运动冲力，将"机械论"与"机体论"统一起来。

在公元前5世纪至公元前3世纪的儒家著述中，"机"既具有促使"一"从多种创造力中产生的含义，同时又具有"机变之巧者"之意。在道家著述中，"机"有两种意义：（1）狡猾阴险的装置，手工制作的成果；（2）自然的、非人工所能制造的装置，活的有机体的驱动力。上述区分以道家关于"人为—自然"的对立为基础。受经验驱动的人心是狡诈的，受"天性"驱动的人心则是善意的。作为"自然驱动力"，"天机"被视为道家的经典概念而引入《庄子》

中，与嗜欲相对：嗜欲深，则"天机浅"。在《庄子》中，"机"具有生理学的意义：人性的"机"——"五行"，引起最富生气、穿透整个身体的"五息"，这对"真人"来说是首要特征。与此相反，使用高级的（机）劳动工具，则会成为"机械工作"的源头，结果出现"机心"——自私的诡计，由此导致"精神生活的不稳定"，这与道家思想相对立。与此相似的意义悖论，亦在《淮南子》中保留下来：一方面"机心"破坏"圣德"；另一方面，参与"天机"成为"圣人"的特征。《列子》给出"机"在本体论上的基本定义："人久入于机。万物皆出于机，皆入于机。"对理学产生重要影响的道教主要经典——《阴符经》对"机"做了最直接的定义："人心，机也。"与宇宙内部相互依存的思想相融合，呈现出天地万物与"盗"之隐喻：万物，人之盗；人，万物之盗。对大多数人而言，"三盗"相似的相互关系，明确了无形的与不可理解的"机"的含义；君子得之固根，小人得之轻命。中古时期，道家思想在这些观点的基础上，进行生理与心理的自我完善实践。在中国佛教中，万物的自动均被视作"佛机"。而在天台宗主要创始人智𫖮的思想中，"机"这一术语意味着思维能力，之后转变为佛教心理学的一个重要范畴。张载的命题成为理学的基础："凡环转之物，动必有机，既谓之机，则动非自外也。"王阳明在解释"机"的含义时，尝试克服天与人的对立性，寻求道家之理：人心是"一物之机"，即天地；"天机"有"嗜欲"。

在"机"的语义中，"有机论"与"机械论"的统一，成为19世纪末20世纪初中国思想家认识西方关于自然创造力概念之独特性的一种解释。例如，按照孙逸仙的说法，"生元之构造人类及万物也"，好比人类构造物体；"空中之飞鸟，即生元所造之飞行机也"。

**А. И. 科布杰夫《王阳明学说与中国古典哲学》，莫斯科，1983年，第232、234—237、271页，指南；А. И. 科布杰夫《中国理学哲学》，莫斯科，2002年，第129—133页。

（А. И. 科布杰夫撰，陈爱香译）

吉藏

吉藏，人称嘉祥大师（"来自嘉祥寺的伟大禅师"），公元549年生于金陵（今南京），623年卒于长安。他是佛教思想家、禅师，三论宗主要理论的整理者。俗姓安，祖籍安息。"吉藏"之名是与其父相识的真谛（南北朝时期天竺僧人，佛教翻译者与传教者）为他取的。吉藏7岁时，被父母送至兴皇寺出家，师从法朗。他多年收集佛教经书，并进行评述，后来又将之系统化。他在会稽（今浙江省绍兴市）嘉祥寺住了15年。吉藏在此积极讲经说法。吉藏于公元606年受皇命入住国都寺庙慧日寺，后去日严寺。他成为高宗皇帝授封的十大禅师之一。吉藏现今闻名于世的有38部著作，全部加起来超过170卷。其中11部著作（总数超过33卷）已经佚失。主要的著作有《三论玄义》《二谛义》《大乘玄义》《大品经广疏》《维摩经义疏》《中观论疏》《百论疏》《十二门论疏》。吉藏的论著涵括丰富的中国佛教和中国传统思想（儒家、道家）以及印度哲学（婆罗门教等）的历史资料。吉藏继续研究中观宗的基本思想。作为基本的方法论，吉藏主张消除虚假的思想，宣扬正确的思想，但又认为所有思想都是虚假的，发展了中观宗的思想。

（M. B. 安娜希娜撰，陈爱香译）

即身成佛

即身成佛是中国佛教流派之一——密宗的基本理论，这是实现救赎论的主要目的——在某人一生中或"那个身体"（即身）获得涅槃的一种推测。密宗对修行的各个方面进行改造，将模糊不清的状态变成清晰的状态，并展开全面的哲学论述。

*《大正藏》，第23卷，东京，1968年。**方立天《中国佛教哲学要义》，北京，2002年；Chou Yi-liang. Tantrism in China // Harvard Journal of Asiatic Studies. Camb., 1945, Vol. 8, No. 3, 4.

（Л. Л. 维特卢日斯卡娅撰，陈爱香译）

稷下学派或者稷下学宫是古代中国的哲学学术中心，由齐国统治者设立于齐国都城临淄（今山东淄博），从公元前374年开始，历时100年（或为150年）。机构的名称与它所在城市的位置有关，当时那个城市拥有很多人口。参加稷下学宫活动的，有数百甚至上千个各种哲学流派的代表（纯粹的墨家除外）：儒家、道家、法家、名家、阴阳家（孟子、荀子、田骈、环渊、慎到、宋钘、尹文、田巴、儿说、邹衍、邹奭），等等。根据司马迁《史记》记载，宣王将其中的76位杰出者封为上大夫。稷下学宫所讨论的问题主要见于《管子》这部内容丰富的论著，亦见于《晏子春秋》《司马法》等著述。在官方的鼓励下，稷下学宫的思想立场更为明确，由此产生了中国哲学流派基本思想的首次大融合，最后形成"稷下学"，它具有道家思想的共同点。宋钘和尹文是其主要代表。为了建立该学派认识论与心理学问题的研究旨趣，他们引入独特的道家思想，这些思想见于《管子》的《心术上》（第36篇）、《心术下》（第37篇）、《白心》（第38篇）和《内业》（第49篇）等。

*《中国古代哲学》，第1卷，莫斯科，1972年，第288—290页；第2卷，莫斯科，1973年，第25—40、51—57、147—149页；《竹简：中国古代文选》，莫斯科，1994年，第132—139页；司马迁《史记》，第7卷，P. B. 越特金译，莫斯科，1996年，第168—172页。**Ф. C. 贝科夫《稷下学派》，载《远东问题》，1977年第2期，第122—133页；郭沫若《青铜时代》，莫斯科，1959年，第318—361页；郭沫若《中国古代哲学》，莫斯科，1961年，第217—266页；杨兴顺《古代中国的唯物主义思想》，莫斯科，1984年，第102—118页。

（A. И. 科布杰夫撰，陈爱香译）

蒋维乔

蒋维乔，字竹庄，号因是子，教育家、中国哲学史家与佛学家。1873年生于江苏省武进县（今常州），1958年2月20日卒于上海。曾考中秀才（1893）。他师从黄以周接受传统儒家教育，学习经学及中国古代哲学（1891—1895）。从常州新式学校毕业后，蒋维乔学习研究天文学、数学、化学、物理学和地理学（1896—1902）。他受资产阶级民主思想影响很大。1902年与蔡元培结识并加入中国教育会。1902年10月，任新式学堂——爱国学社校长，爱国学社解散后在爱国女校任教（1904—1905）。同时投身商务印书馆编译所（1903—1912）工作。1906—1909年编写了几本中小学国文教材。1912年加入章炳麟领导的中华民国联合会。1911年辛亥革命后积极参与建设中国国民教育体系的工作。中华民国临时政府时曾任教育部秘书长（1912）。袁世凯政府时任教育部参事一职（1912—1916），之后任江苏省教育厅厅长（1922—1925）。他倡议废止读经，初小阶段男女兼收。1917年起研究佛学，1922年组织法相研究协会。曾在东南大学和北京大学哲学系讲授哲学史（1922—1925），之后任东南大学校长（1925—1927）。1929年至1950年代初担任光华大学（上海）中文系和哲学系教授。1937年起任正风文学院（上海）院长，1941年起任鸿英图书馆（上海）馆长，1946年担任人文月刊社（上海）社长。中华人民共和国成立后，曾任苏南人民代表大会常务副主席。其主要著作是有关中国哲学（佛教、道教、理学）史的，也有关于中国传统身心锻炼方法——气功方面的著作。

*蒋维乔《因是子静坐法》，上海，1915年；蒋维乔《道家概说》，上海，1928年；蒋维乔《中国佛教史》，上海，1929年；蒋维乔《佛教概论》，上海，1930年；蒋维乔《中国近三百年哲学史》，北京，1932年；蒋维乔《气功疗法》，北京，1958年。

（A.B. 维诺格拉多夫撰，孙雪森译）

金岳霖

金岳霖，1895年7月14日生于湖南长沙，1984年10月于北京逝世。他是哲学家与逻辑学家，曾就读于清华学堂，1914—1921年在美国宾夕法尼亚大学、哥伦比亚大学学习，分别获硕士、博士学位。其后在英、德、法、意等国留学（1921—1924）。1925年回国，在清华大学及西南联大任教授、哲学系系主任和文学院院长。从1952年开始，担任北京大学哲学系主任。1955年后，任中国科学院哲学社会科学部学部委员、哲学研究所副所长，中国逻辑学会会长与荣誉会长，国务院学位委员会委员，中国民主同盟中央委员、中央常委，中国政协委员，1956年加入中国共产党。金岳霖的哲学体系于20世纪30年代受西方古典哲学（大卫·休谟、康德）与现代哲学（伯兰特·罗素的新实在论和分析哲学）的双重影响而形成。一些研究者称，对金岳霖影响颇大的学者是英国新黑格尔主义者格林，其政治学说对金岳霖的博士论文影响甚巨。金岳霖关于哲学本体论的思想，见于其专著《论道》（1940）。他将"道"视为哲学中"最上的概念"和"最高的境界"，是整个现实世界和万事万物所有可能构成的运动历程和规律。金岳霖借助于"道"，引入形而上哲学概念——"式"和"能"："道是式－能。""能"是具体事物的材料，在范畴上类似于六七世纪理学所阐释的"气"，或冯友兰在现代形而上学体系——"新理学"中的"理"，亦是亚里士多德所说的"质料"。尚未呈现于世界的属性，包含在"式"中，与"能"一道，存在于不可分离的统一体中。现实世界的时间和空间是无限的。"过去的无尽"的边界，称之为"无极"，亦即"无"，它产生万物。不断变化运动的世界走向"太极"，其中包含"真善美"。

金岳霖认识论的主要论点是承认独立于现实世界之人的客观存在，但它不是认识主体感觉和思维的产物。《知识论》（1983）一书，在其30年代课程讲授的基础之上撰写而成，其中指出，主体认识世界经由个人意识的某种"所与"的加工，具有客观的性质，并携带外部世界的信息。"所与"是认识内容和对象的合一，它是对象性的外物或外物的一部分。金岳霖批评客观唯心主义认识论，特别是罗素的

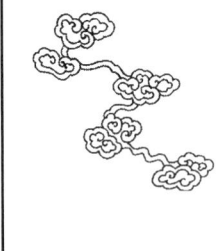

思想。

他指出抽象概念对"所与"同时具有摹状("描述性"的复制)和规律的(决定性的和整理好的)双重作用。不同类型的认识主体,经由"所与"构成的特殊世界,彼此并不一致。他在解释主体间沟通的可能性时,引入"理"的形而上本质,即不同知识共相的不变"关联"构成的"理"。根据思想和概念来表述的这种关联,具有抽象和普遍的性质,它们是认识主体所有类型所固有的。金岳霖的哲学著作富有系统性,强调逻辑分析和逻辑证明。其著作《逻辑》为在中国教授和研究演绎、数理和模态逻辑作了铺垫。1949年后,金岳霖参与撰写作为教材使用的形式逻辑方面的参考书,他就其理论玄而又玄的指责予以辩护。60年代初期,他完成《罗素哲学》一书的撰写,在该书中,他对罗素的思想(首先是其认识论)予以批评分析。1985年12月,在北京召开了研究金岳霖学术遗产的会议,他的哲学思想被认为是20世纪三四十年代中国非马克思主义思想的顶峰。1987年7月,中国社科院哲学研究所设立金岳霖学术基金。

*金岳霖《逻辑》,北京,1935年;金岳霖《知识论》,北京,1983年;金岳霖《论道》,北京,1987年;金岳霖《罗素哲学》,上海,1988年;《金岳霖文集》,兰州,1995年。**В.Г.布罗夫《现代中国哲学》,莫斯科,1980年,第89、181—184、277页;王中江、安继民《金岳霖学术思想评传》,北京,1998年;胡伟希《金岳霖与中国实证主义认识论》,上海,1988年;胡军《金岳霖》,台北,1993年;《金岳霖学术思想研究》,成都,1987年;《中国哲学年鉴》,1990年,上海,1990年,第280—289页;陈晓龙《知识与智慧:金岳霖哲学研究》,北京,1997年;Hu Jun. Jin Yuelin's Theoty of Dao // Contemporary Chinese Philosophy / Ed. by Chung-ying Cheng and N. Bunnin. Malden (Mass.)-Oxford, 2002, pp. 102-123.

(A. B. 洛曼诺夫撰,陈爱香译)

经济

经济是中国传统社会政治思想的基本概念。该词的第一个字"经"具有多义性，在此语境中指借助"经线与纬线或正经与伪经"予以调整；而"经济"二字被解释为"经世济物"，这是在传统中国文化诸多作品中解释为经由"圣"人而连通宇宙一意的演化。就这两个字而言，有更多独特的解释，如"经世济民"或者"济俗"，而"民"是作为所有存在不可分割的一部分。这种解释反映了中国文化特有的观念，即政治犹如自然掌控的艺术。"经济"二字的形成，缘于古时期关于管理的学说，以儒家传统的主要著述为依据，由此可见"经济"翻译成"标准良好"的可能性。经济学被当作建构理想生活的学问，致力于此的政治活动不仅在中国，而且在远东其他国家，有数百年的历史。"经济"的说法，体现了儒家关于建立统治者与百姓之间和谐关系的必要性的思想，以及对执政者建构世界之作用的思想认识。"经济"的观点，亦被看作祖先实现理想的实践路径，以及达致社会和谐、遏制动乱的保障。"经济"二字的始源，可追溯至道教葛洪的著述，但根据传统的历史文献汇编，"经济"二字的出现与王通联系在一起，他提出了"经济之道"，系指后世儒家道德秩序之价值的传递。一代又一代，世事变易。李觏以"富国、强兵、安民"为经济的标准。从这一时期开始，"经济"二字获得与经济问题的联系，不再从一个整体中分离出来。因此，这个词后来用以表达西方"economy"的含义。在古时期，学者们认为，经济是政权的首要载体。与这种思想相结合的，正是李觏、范仲淹、欧阳修、苏轼、王安石、罗从彦，等等。加强经济的学术思想并传之于后代，能够促进考试。因此，在范仲淹1043年以皇帝的名义作的报告中，提到"经济"二字，这不仅意味着在理论上，"经济"与社会实践管理以及社会伦理的始源和政治经验的标准相关，而且在狭义上，为选拔官员的科举考试科目作出规定：通晓儒家文献，需采用"策""论"的文体。

在经济思想的发展演变中，18世纪出现了"经世致用"，此思想的一个重要奠基人是顾炎武。在19世纪，对经

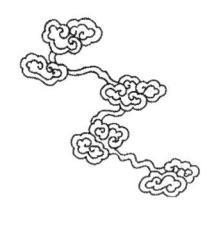

济问题研究成就显著的是魏源。清朝末年，1898年的科举考试加设"经济特科"：考试中要求写"策论"，而那些在行政部门表现优异者，准许参加考试。

传统专业知识的范围，显示出中国历史文献著述的独特风格，这些著述内含"经济"思想，并吸纳了中国数百年的文化管理经验。它们根据术语与专题的原则，从各种资料来源中选择有代表性的资料汇编而成。这些书籍被视为替天子提供管理经验的系统参考书——以简明易懂的形式为皇帝提供前人的管理经验。

日本"明治维新"之后，接受象形文字"经济"的组合，用以表达西方的概念，其后亦在中国得到接受。"政治经济"的概念、如"经济学"一样，在20世纪初经由日语翻译的著作而被掌握，但变成另一个含义不同的术语。翻译西方术语"经济"这个概念，与这个词的旧有意义相联系。饱学的儒学家认为，这是由中国文化中缺乏专门的经济术语所致。

与英语术语"economy"之前是作为经济科学的表征不同，在传统社会中后期，"经济"与经济生活本身的理解密不可分，但"经济"涵盖每一种知识的综合，亦包括个人的经济方面。

**3. Г. 拉宾纳《中世纪中国国家管理学说》，莫斯科，1985年，第24—45页。

（З. Г. 拉宾娜撰，陈爱香译）

经纬

"经纬"是一个中国哲学概念，用以表达几何和文本结构的规整性。织物的纵线叫"经"，横线叫"纬"。"经纬"的狭义，是指"经书和纬书"（荀悦指出："夫道之本仁义也。五典以经之，群籍以纬之。"），最初与"文"的概念相联系，通过对大自然的有序结构的研究，转向人类社会——"经纬天地曰文"。与丰富的世界观隐喻——"存在结构"相联系的,是经纬的本义"织布"。

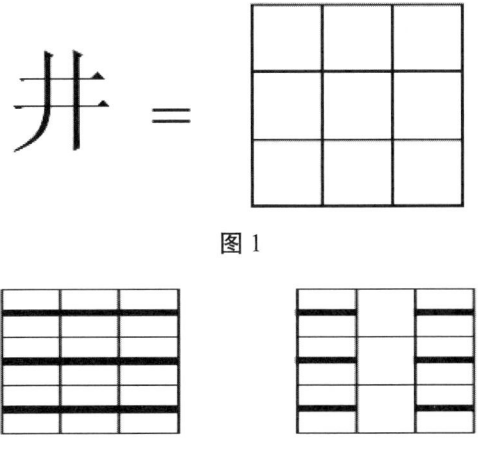

图1

图2

"经"意思是经线,其上横穿纬线。中国文化与其他许多文化一样,将生产经线与创作文字和文本相关联,尤其是在象形文字出现前以结绳的方式记事,这在《道德经》和《系辞传》中提到过。在中国传统哲学科学相关符号中,经的方向与天及奇数序列相对应,纬与地及偶数序列相对应。像古希腊的毕达哥拉斯一样,起初的奇数被认为是3,偶数是2。

从经纬中挑选出第一个部分(经)与天关联作为主要的开端。它成为文化学活动的主要符号标志——书"经",而与天关联作为数字3的象征等价物,引发"经"的三位一体的想法,并在二维展开图中给出了一个九格正方形。借助"经"的范畴描绘九方宇宙"天地合和,生之大经也……天有九野,地有九州"(《吕氏春秋》)。

关于九格结构空间的想法已经在"井田"概念的表达中得以展现:"井"被称为理想的行政生产单位,主要领域好似一个九方形的田,其相互的位置直接代表了象形文字"井"(见图1)。"井"被认为是包罗万象的九方结构,将空间从农村社区延展至整个地表的高度,由九个州组成。也许象形文字"经"与"井"的语义演变途径是类似的:从编织和耕地的纵向、横向运动符号到一个九方格结构符号。

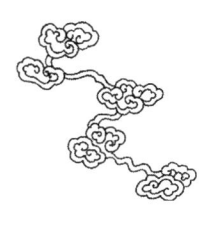

这个"井-经"结构是普遍方法论分类图解——卦的构造形式的基础：卦的样式图正是一个九格正方形（见图2）。在传统科学中，包罗万象的"经纬"网严格面向世界各个方面："经则有南有北，纬则有西有东。"（扬雄）。扬雄的追随者、杰出的科学家张衡发展了类似观点，并成为以矩形网格坐标为基础的定量制图学的开创者。

经纬作为有序的"网络"在中医理论中得以呈现。术语"经"具有"经线""主要通路"之意，指12对主要的生理学上的"轨道"，身体中的"气"沿着它们昼夜循环。人的身体的"动力构架"、主要的和次要的"通路"系统名称——"经络"，与"经纬"相似。

**А. И. 科布杰夫《儒家乌托邦思想理论基础》，载《中国社会乌托邦》，莫斯科，1987年；А. И. 科布杰夫《中国古典哲学的象数学》，无出版地，1994年；З. Г. 拉宾娜《传统社会中后期中国的政治斗争》，莫斯科，1985年。

（А. И. 科布杰夫撰，陈爱香译）

经学

经学是对阐述儒家传统经典著述的总称谓。根据儒家的通行说法，其创始人是儒家学者子夏和荀子。事实上，经学的形成与汉武帝尊儒学为官方思想有关，当时经学成为国家统治的思想工具，以儒学经典为教育和培养行政官员的基本框架。经学反映了哲学、社会政治思想的演变过程，这与社会政治状况相关。经学形成之初，旨在加强中央集权。董仲舒完成了儒家思想的变革，并将其他流派的思想（尤其是法家思想）融入其中。这一思想倾向的拥护者深入研究如何巩固君主政权的实践策略架构，但没有采取足够的手段来确保其可持续性，故而忽视文化传统及其支撑的社会结构的稳定作用。"五经"（"五经"即五大最受推崇的儒家经典：《诗经》《尚书》《礼经》《周易》和《春秋》）是古代统治者"圣"之思想的集中体现。"齐学"和"鲁学"在秦汉之交，已成为闻名于世的经典学说。《齐诗》和《齐论》是齐学的主要经籍，其主要代表辕固和公羊寿都是齐人。公羊寿作为公羊高之玄孙，因将祖先对《春秋》的口头评述著录为《公羊传》而闻名于世。公羊寿的著作，反映了齐学注重行政管理实践问题的倾向。据推测，董仲舒吸收《周易》相关概念，沿袭齐学学风。鲁学的代表人物申培是《诗经》的训诂者，高堂生是《礼记》的评述者，其主要著述是《鲁诗》和《鲁论》。经学最初阶段是今文经学，在口授相传之经书（如伏生传《尚书》，高堂生传《礼记》，公羊高和胡毋生传《春秋》）的基础上，于公元前2世纪以隶书体文字写成今文，这是秦始皇统治时期书写文字革新的结果。这一流派的典籍为儒家"六经"（"五经"和《乐经》）。汉武帝时期，董仲舒和公孙弘因今文经学而被立为博士。《公羊传》的获胜，对这一经学流派而言尤为重要。"今文经学"广泛运用"纬书"，为迷信之术提供了生存空间。

公元1世纪前，出现古文经学，它以革新前的儒家经典为基础。据《汉书》记载，好像是鲁恭王在孔子宅壁中发掘出这些典籍（《孔壁古文》，或者《壁经》），其中包括《尚书》，还有《礼记》《论语》《孝经》。这些经书传给了孔子的子孙孔安国，他坚持将这些书籍定为典范。古文经学主要关注"古文三书"的解释，即《尚书》《周易》和《左传》。今文经学被认为是不可靠与不完整的，它们的支持者本身也被指控为虚伪的评论者。西汉灭亡与王莽篡位后，根据史学家兼经学家刘歆的提议，为通晓古文经学者设立博士，不再为通晓今文经学者设立博士。从那以后，开始了激烈的古今之争。它们的传本在篇章划分、数量甚至内容上是不相同的（它们拥有不同的残本，对历史事件、历史行为、传说中的人物或半臆造的人物等有不同的解释）。古文经学尊奉周公为它们的创始人，而孔子是他的继承者和主要的历史编纂者。他们被认为是审慎地"传达"古代智慧，不带任何个人偏见。"六经"被认为是孔子整理好的古代历史

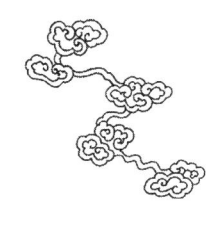

材料。这一学派的特点是更加重视单个词语和语句的解释，倾向文本的字面义以及语文历史的探索，使用词法分析的基本形式（训诂），不愿意接受对经典的猜测与附注。

在此框架内，出现了最早阐释主要经典词义的字典，即《尔雅》和《说文解字》。这种注解方式在后来的"汉学"中得到继承，并在东汉时期趋于繁荣。西汉灭亡后，王莽试图根据这一学派对"周礼"的阐释，实施政治与经济改革（特别是对古代理想的土地制度——"井田制"的复兴）；11世纪，改革者王安石验证了它的历史影响。这一学派对郑玄的经学理论亦产生一定影响，郑玄尝试将今文经学与古文经学两派加以融合。郑学在公元3—5世纪盛行于世，而在南北朝时期（5—6世纪）演变为北学与南学之争。这两个学派都遵循郑玄的解经和习经原则，但北学（徐遵明、熊安生等）以服虔、何休的著述为基础，整体上趋于保守，偏信1—3世纪的经文解释，注重语法与句法的分析方法；而那时南学（黄侃等）推崇孔安国、杜预的著述，以及儒家与道家的传说和神秘的占卜传统，它亦受佛教的影响，倾向于对典籍要义的宽泛阐释。南学对宋明理学的形成产生了极大的影响。南学与北学为经学统一作出了贡献，经学统一发展之重要阶段的标志，是《五经正义》的出现，它成为科举考试的主要参考资料，由孔颖达负责编修而成；在13世纪，元朝颁布法令，国家科举考试采用宋明理学的思想代表程氏兄弟（程颐、程颢）和朱熹的经注。在17至19世纪的清朝，经学的古今之争再度兴起。

在17世纪，顾炎武提出"舍经学无理学"的观点，呼吁恢复"古文经"和"汉学"传统。他指出，经学需从经院式的抽象玄妙的阐释中解放出来，经学知识必须经世致用。顾炎武的经学思想在乾嘉学派之时得到发展，该派以考据作为主要治学方式，主要分为吴派和皖派。吴派主要由惠周惕和惠栋创立，余萧客、江声、钱大昕、王鸣盛、江藩等是该派的拥护者，他们以收集和整理汉代的经学文献为己任。皖派由江永和戴震开创，继之者有程瑶田、段玉裁和王念孙、王引之等人。他们主张通过精细的词汇与语法的解读来阐释典

籍内含的"大义"。这一学派的特点是反学院派,允许批判汉代经学,并提出自己的观点与概念。常州学派以复兴"今文经学"为鹄的,力求恢复"公羊传"的经学传统,借以维护封建统治。清代历史哲学研究表明,对以往"古文经学"研究真实性的质疑是有充分依据的:万斯大证明"古"《周易》系伪作,刘逢禄对《左传》,邵懿辰对《仪礼》,魏源对《毛诗》(即《诗经》)和《古文尚书》,龚自珍对来自汉朝宫廷的古籍等,均一一予以证伪。之后的"今文经学"批评,承认康有为将改良的思想赋予经学文本。经学传统作为学院式的文化思想,实际上在20世纪已不复存在。

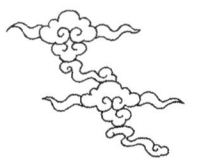

**А. М. 高辟天《中国教规制度的形成》,载《中古时期东亚和东南亚民族史》,莫斯科,1981年;А. И. 科布杰夫《作为教科书的教规和作为教规的教科书》,《学校教科书史》,莫斯科,1990年;本田成之《中国经学史》,上海,1935年;钱基博《经学通志》,上海,1935年;周予同《经今古文学》,北京,1957年;朱维铮《周予同经学史论著选集》,上海,1983年;Henderson J. B. Scripture, Canon and Commentary: A Comparison of Confucian and Western Exegesis. Princ., 1991.

(А. Г. 尤尔克维奇撰,陈爱香译)

精

精,义为种子、精神、精力、精华、精美、精细、繁育种子的,是中国哲学的特殊范畴之一。"精"的原初意义是"挑选过的上等好米",通过"种子"(物质的精华)和"精神"(精神的精华)两种语义叠加,而获得其意义。因此,"精"反映了直接相同的思想与性欲心理的力量,从而形成古代的"精子的逻辑"与现代西方哲学中"力比多"这两种相似的理念。

在《道德经》中,"精"以宇宙某种的决定生命存在的

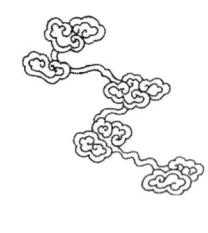

"气"出现,之后出现于王充的定义中,"人之所以生者,精气也"。

在《管子》中,"精"是"气之精",是万物产生之源头,由此保证生命和精神的活跃性:"流于天地之间,谓之鬼神;藏于胸中,谓之圣人。"同样,男人和女人的精气相合,被视为产生人的条件。

在《系辞传》中,"精"是精"气",可以是阳气与阴气:"男女构精,万物化生","精气为物"。在某些段落中,"精"是指精神、灵魂、心灵:"非天下之至精,其孰能与于此?""精义入神。"

在《吕氏春秋》中,"精气"之"集(极)"是生物和非生物形式存在的源头,促使其优秀品质的发展:如,植物的生长、动物的运动能力、宝石的闪光;它也是"美"的载体,因而确定了"良"的存在;它是"知"的载体,因而成为"明"的原因。

根据《淮南子》,"精"在宇宙学和人类学的层级中,居于"神"与"气"之间。在宇宙中,它形成日、月、星、辰、雷、电、风、雨;而在人类中,则是"五藏",它与外部器官相协调。

在《淮南子》的某一处文本中,宣称"精气"为人,而"烦气"为虫。在《大戴礼记》中,"精气"本身按照阴阳的特征予以区分:与阳有关,被定义为"神";而与阴有关,则被定义为"灵"。由于"精"是"气"之精髓,故被视为气之独特形式。在图解层面上,上述联系呈现了字符"精"和字符"气"(氣)共有的元素"米"。

*《中国古代哲学·汉代卷》,莫斯科,1990年。**《中国哲学百科词典》,莫斯科,1994年,第407—409页;А. И. 科布杰夫《王阳明学说与中国古典哲学》,莫斯科,1983年,第59—168页;А. И. 科布杰夫《中国理学哲学》,莫斯科,2002年,第299—304页;И. С. 李谢维奇《中国古代与中世纪的文学思想》,莫斯科,1979年,第34、39—46、54、56页;《民间神话》,第2卷,莫斯科,1982年,第618—619页;葛荣晋

《中国哲学范畴史》，哈尔滨，1987年，第32—38页。

(А. И. 科布杰夫撰，陈爱香译)

井田

"井田"，又称"井地"，是社会经济制度一个基本的虚构概念。在儒家学说中，它作为土地开发和利用的理想模式被加以详细研究。最早对井田进行充分阐述的人是孟子；"井田"这一术语，首次出现在《谷梁传》中，该书是对最古老的编年史《春秋》的解释。根据孟子的记载，在周朝早期实行过井地制，即将方圆900亩的土地平分为9块方田，形成汉字"井"字状；周边8区为私田，中间1区为公田，公田所得作为地租缴纳。据说是每8个农户组成一井或者自治乡，互相帮助，彼此负责。一些研究者认为，这一制度在很大程度上是有史实依据的，但孟子所计算出来的部分数字与结果未必真实，而且对实行这一土地政策的社会制度加以理想化。然而孟子的某些思想显示，"井地"这一概念是超越具体经验的，具有全域性的视野与普适性的方法论意义。他将"井地"与导致公元前12或前11世纪左右的周朝权力"其命惟新"的思想联系在一起。这一制度的实现也是与仁政思想联系在一起的，需要纠正"经界不正"，需要保证井田的均匀，等等，还要调整好官员的俸禄，消除他们的舞弊行为。这里的井田制，可直接投射于合乎标准的九方结构——空间的基本理论模式。孟子在井田制中所发现的这一准则，具有描述世界的广泛意义。比如，指出100亩田为家庭的8个人提供生计，因此，一井(乡)要承担64人的生计，而这是主要的"数字占卜"的数目，或者六芒星形的数量；孟子的九进制图解在中国土地测算上予以推广，"海内之地方千里者九"。而邹衍将其理解为地球由九州组成，而居中之国（中国）占据九分之一，等等。在《周礼》中，记载了地球面积与一"井"中间的分类层级。规定的几何构图与所提出的数值具有数字占卜的象征意义。井田制是基本的世界观与

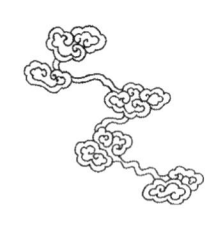

基本的方法论认识的具体化，是包罗万象的宇宙论模式在社会经济与行政区域范围的投射。其核心思想隐含着人类活动与自然规律的和谐，首先表现的是土地规划与宇宙构造的一致。它所指出的构图，在汉代得到长足发展。而"井田"这一概念在11世纪特别为王安石所借鉴，成为调整公民土地所有、土地使用、赋税制度或者制定改革方案的思想依据。

*柏百福《中国孟子哲学》，莫斯科，1998年，第83—89页；司马迁《史记》，第7卷，Р.В.越特金译，莫斯科，1996年，第168—172页。**Л.С.瓦西里耶夫《井田问题》，载《中国、日本，历史与哲学》，莫斯科，1961年；郭沫若《中国古代哲学》，莫斯科，1961年，第35—56页；С.Н.冈恰罗夫《"井田制"与齐国（1130—1137年）"什一税法"》，载《第12届"中国社会与国家"学术研讨会论文集》，第2册，莫斯科，1981年；А.И.科布杰夫《儒家社会乌托邦的思想理论基础》，载《中国社会乌托邦》，莫斯科，1987年。

（А.И.科布杰夫撰，陈爱香译）

净土宗

净土宗，又称"莲宗"，是中国佛教宗派之一，信奉大乘佛教文化，其将阿弥多婆（中文称"阿弥陀佛"）视为唯一可能的拯救者。之所以命名为"净土宗"，是因为该教所崇拜的阿弥陀佛居于西方净土，力图拯救众生，复活众生。其主要思想体现在"念佛"中，即通过脑海中浮现"阿弥陀佛"的形象，以此获得拯救意念，并反复诵念"南无阿弥陀佛"，直观灵魂净土。将5—13世纪的净土宗视为一个"宗派"，要有足够的条件：缺乏有明确承继关系的创始人，寺庙机构将其变成一个特征模糊的类型，只尊崇阿弥陀佛，且日渐变得盛行与普及。积极而广泛地参与净土宗活动的，不仅有僧侣，还有未出家之人。与禅宗相类似，它在某种程度上顺利度过了被"迫害"的岁月，并与禅宗一道，不仅成为中国佛教的主要流派，而且成为所有远东国家主要的佛教流派。其首要原因是它的教义与实践比较简单，同时符合大众的信仰（大众的佛教）。净土宗备受欢迎的因素，是其思想观念形式与道家具有相似性，即相信"福地"和"洞天"。产生于中国、后来与阿弥陀佛视为同一的，是无量寿佛。它认为惠赠者具有永恒的生命，这与道家的长生理想一致。与其他佛教流派不同的是，净土宗认为免除轮回不是独立的，而是由于"他力"的拯救，即阿弥陀佛。区别于其他宗教派别中的"自力"，净土宗的"他力"，必须是阿弥陀佛的"力"，这是因为在"末法"时期生物能力衰退，即"正法"（释迦牟尼佛涅槃的首个500年）和"像法"（释迦牟尼佛涅槃的500—1000年）时期之后的一千年。在末法时期，人们已不能理解复杂的佛教哲理，不能从事让智慧得以发展的瑜伽术，故而只剩下一条途径，即寄望于阿弥陀佛的怜悯。同样，净土宗的一个主要对手——13世纪的日本僧侣日莲，论证了重复咒语"莲花经"的重要性。净土宗的出现在慧远建立"莲社"或"白莲社"之前，该社的活动在其去世后停止。慧远和他的18个最亲密的追随者宣称，从事"纯粹事业"的教育，即佛教，在无限信仰的基础上，常思"阿弥陀佛"的本质。其信念支撑，源于"阿弥陀佛"拯救众生的18个誓言所蕴含的巨大力量。

"白莲社"的名字源于一个故事，即诗人谢灵运见到处于入定状态的慧远，为了纪念他身上散发的纯洁与安宁气息，故在东林寺的池塘中种上了白莲。道士昙鸾（慧远的追随者）在大乘佛教创始人龙树的思想基础之上继续深入研究，后在净土宗思想中列入两种道行观念："难行道"和"易行道"。"难行道"是指通过自力而获得解脱的方式，要求"不退转地"；"易行道"是指依靠信仰"阿弥陀佛"之力而获得解脱的方式，为净土宗的教规所遵循。他吸取著名的道士陶弘景的成果，将道家研究长寿的方法也纳入净土宗。不少人认为，昙鸾才是净土宗的创始人，尽管在他所生活的年代并没有使用该名称。在昙鸾去世（562年）二十年后，道绰将这一宗派传统加以继承与发展。据说，他于609

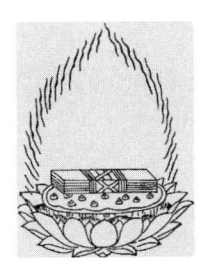

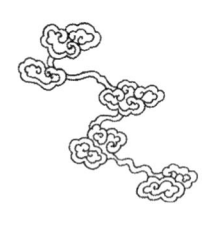
年在玄中寺研习记载昙鸾诗句的碑文，改学净土，日诵"阿弥陀佛"七万遍。他研究"圣道门"和"净土门"两种思想。"圣道门"是指通过沉思以增长智慧，亦即深入认识宇宙之"理"的结构生成的思想。"净土门"则认为只有通过信仰"阿弥陀佛"之力才能获救。道绰认为，在"末法"时代，只有净土宗才能承载佛教最高深的思想。该宗派思想的最终形成，应归功于善导的努力，他在玄中寺聆听道绰的教导后，开始从事这一思想的研究。他为净土宗最重要的经书撰写述评，后对净土宗在日本的发展产生很大影响。善导常被称为净土宗的创始人，这是因为他在都城（长安）光明寺创立了自己的宗派。善导认为其师道绰对他产生巨大影响的，是"称名"与"念佛"，即在实践中多次甚至有时一分钟上百次地诵念"阿弥陀佛"之名。这使得诵念者进入一种迷离的状态，仿佛"脱离了尘世"，附着于"佛的尊贵的身体"之上。12—15世纪，净土宗的系列思想得到普及乃至进入鼎盛时期。其他宗派（特别是禅宗、律宗、密宗等）的宗师作为其追随者，学习净土宗的著述，甚至编撰述评。智旭由儒入佛，将净土宗的相关思想引入天台宗的术语与概念之中。从那以后，两个宗派的概念与观点呈现趋同性，这一点在清朝时期尤为突出。根据净土宗的拯救思想，多次反复念诵"阿弥陀佛"之名，其追随者能够在死后进入"西方极乐世界"。念佛活动构成内因，导向澄明之境，而信仰"阿弥陀佛"则成为灵魂完善的外因。

"念佛"在实践活动中有三种形式：（1）借助于嘴而称佛的名号；（2）借助看佛的外相；（3）"观想"佛的法身——非有非空之理。"观想念佛"是一种深思的接受，由散心支撑：即借助念动的心理机制，刺激确定的意识领域。其他两种类型则运用"静心"或"观察"的方法，渐趋于迷离的意识之中，通过联想，修正潜意识的冲动。慧远和他的直接继承者在实践中通过"静观"的方法来实践，但存在追随者数量受限制的麻烦。昙鸾时期，两种方法开始有机结合，而后，"观想念佛"逐渐让出第一位，因为信徒数量的增加拓宽了路径。自善导开始，在净土宗的实践活动中，

对"正行"和"杂行"予以区分。"正行"是依据净土经典所从事的修行活动,"杂行"是与佛教学说不相矛盾的其他修行活动。"正行"具体分为五种:赞叹供养正行、观想正行、礼拜正行、诵读正行、称名正行,这在净土宗实践中占据中心地位。同样地,各禅师在其教理思想形成过程中存有分歧,特别是在依靠何种途径得以解脱的问题上。例如,慧远主张依靠自己的力量,通过运用"散心"或者"静心"的实践修行而获得"澄明";善导则推崇"阿弥陀佛"所赐予的力量,认为其能够让人脱离尘世而进入另一世界。该宗派主要的经籍如下:《无量寿经》写的是众生依靠"阿弥陀佛"之力而获救以及佛的美德思想;《观无量寿经》是关于"净土"复兴的思想;《阿弥陀佛经》讲的是如何依靠佛的力量。在12世纪,僧人法然将净土宗思想带入日本。从净土宗分离出来的日本净土真宗,是在13世纪早期亲鸾理论(受善导影响)的基础上创立的,认为念诵众生的拯救者——阿弥陀佛之名,会得以解脱。这一宗派比中国的正统派更具世俗性:它甚至主张僧侣可以成家,可以吃肉,等等。根据亲鸾"唯信获救"的思想,保罗.蒂利希宣称,世界所有宗教中,净土真宗在精神层面上更接近新教。早期的日本净土真宗不认同当局的统治,甚至鼓动一系列的农民起义。然而,随着时间的推移,与其往昔的对手——日莲宗相比,净土真宗成为日本主要的佛教宗派,建有21.5万座寺庙与尼姑庵。净土宗的分支,以及与其相似的日本宗派,还有融通念佛宗、时宗。与之相似的,还有朝鲜净土宗。净土宗对中国宗派的联合以及秘密社团,特别是白莲教和一贯道的思想,产生很大影响。净土宗在中国和日本以及一些东南亚国家得以保存,其日本的宗派变体,在美国(夏威夷、加利福尼亚)也有传播。

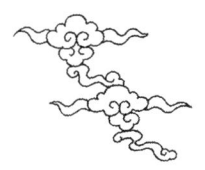

*《中国佛经选》,Д.В.波波夫采夫、К.Ю.索洛宁、Е.А.陶奇夫译,圣彼得堡,2000年。**М.Е.叶尔马科夫《中国佛教世界》,圣彼得堡,1994年;Е.Б.波尔什涅娃《中世纪后期中国的宗教运动》,载《意识形态问题》,莫斯科,1991年;

E. A. 陶奇夫《佛学导论》，圣彼得堡，1999，第200—204页；肖立远《中国净土教研究》，出版地不详，1950年；《简明中国宗教史》，上海，1986年，第244—249页；《中国佛教》，第1卷，上海，1989年，第266—272页；《善通大师善道大师研究》，无出版地，1927年；Ch'en K. K. S. Buddhism in China: A Historical Survey. Princ., 1964; Chou Hsiang-Kuang. A History of Chinese Buddhism. Allahabad, 1956.

（A. A. 马斯洛夫、E. A. 陶奇夫撰，陈爱香译）

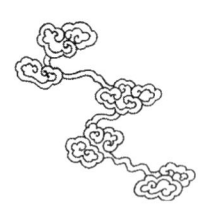

竟陵子良

竟陵子良（460—494），即竟陵王萧子良，社会活动家、佛学思想家，为齐武帝萧赜次子。他庇护僧侣，组织宗教哲学问题的公开辩论，邀请著名的僧侣、学者和文学家参加，还设立慈善机构。他组织编纂了中国首部佛教历史文献典籍——《三宝经》（已佚）。他从事佛家经文的编撰并加以阐述。他是"神不灭"思想的拥护者，其观点见于多部著述，虽然在中国哲学史上未留下明显印记，但是他的活动极大地促进了佛教作为一种积极的社会政治力量的转变。

**《中国哲学史》，任继愈主编，北京，1979年；Ch'en K. Buddhism in China. A Historical Survey. Princ., 1964.

（M. E. 克拉夫佐娃撰，陈爱香译）

鸠摩罗什

鸠摩罗什，字面含义为"童寿"，344/350年生于库车（今属新疆），409/413年卒于长安（今陕西省西安市）。佛教思想家、高僧，中国佛教四大译经师之一（另三人为真谛、玄奘、不空）。鸠摩罗什的父亲鸠摩罗炎出身于印度名门，出家为僧之后离开印度来到龟兹（今库车）国，成为"国师"。鸠摩罗什的母亲耆婆（又名吉瓦）是龟兹国王的小妹妹。鸠摩罗什7岁时跟随母亲出家，来到寺院开始学习佛教。9岁他来到克什米尔,在名德法师盘头达多的指导下学习《大藏经》。在喀什一年内学习了《阿毗昙经》。大约在这个时候,鸠摩罗什遇到大乘佛教信徒须利耶苏摩。在他的影响下,鸠摩罗什开始研读空宗教义。20岁时,鸠摩罗什在龟兹受戒。后秦王朝(古代称姚秦)征服了龟兹,鸠摩罗什被俘。401年,他来到长安并留在此地直到去世。

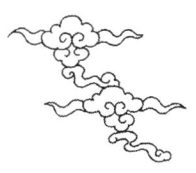

在长安,鸠摩罗什从事佛经翻译活动,同弟子们一起将复杂的大乘佛经、佛教教法及经释译成中文。这些经书来源不同、篇幅各异,从300卷至425卷不等。最重要的译作有《大品经》、《大智度论》(27卷)、《小品经》(10卷)、《金刚经》、《法华经》、《维摩诘经》、《阿弥陀经》、《中观论》、《百论》、《十二门论》、《成实论》。鸠摩罗什改革了翻译方法,从而能更加准确地传达佛教学说的实质,因而他翻译的文本成为后世佛经翻译的典范。

鸠摩罗什的哲学观点反映在慧远所著的《鸠摩罗什法师大义》以及《高僧传》关于鸠摩罗什生平的描述中。这些思想基于大乘佛教中观宗,成为对"空"和"二谛"概念的诠释。鸠摩罗什指出阿毗昙与佛教不符,否定它作为学说的权威。

鸠摩罗什被认为是中国"三论宗"教派的始祖,他的弟子中有以"四哲"著称的道生、僧肇、道融、僧叡。

*《大正新修大藏经》,第45卷;慧皎《高僧传》,M. E. 叶尔马科夫译,第1卷,莫斯科,1991年。**M. E. 叶尔马科夫《〈高僧传〉中的鸠摩罗什生平及其在中国官方史学中的正式版本》,载《第9届"中国社会与国家"学术研讨会论文集》,莫斯科,第1册,1978年;汤用彤《汉魏两晋南北朝佛教史》,北京,1983年;《中国佛教》,第1卷,上海,1989年;Robinson R. H. Early Madhyamika in India and China. L., 1967; Zurcher E. The Buddhist Conquest of China: The Spread and Adaptation of Buddhism in Early Medieval China. Leiden, 1959.

(M. B. 安娜希娜撰,穆新华译)

九畴

九畴，全称为"洪范九畴"。儒家经典《尚书·洪范》篇指出，"九畴"是维持社会秩序和谐的法则。"畴"在文言文中有多重含义，其中最主要、最古老的含义是"范畴"，即做有条理的区分。根据《尚书》所述，"九畴"由上天（近似神话中的神）传给古代执政者禹。《系辞传》解释说，"九畴"是天赋予禹，由神龟负于背，从洛河运出来。随着殷商灭亡、周朝建立，"九畴"被认为似乎是士大夫箕子向武王陈述的一套治国理论，因而"九畴"又被称为"箕畴"。"九畴"包括以下几个方面：（1）五行，即通过五行分类模式探讨世界事物之联系的观点。（2）"敬用五事"，即赋予人在容貌、言论、观察、听闻、思考等方面的能力。容貌恭顺即造成严肃，言论合宜即促成治理，观察明白即产生智慧，听闻清晰即善于谋划，思考通达即能够圣明。（3）"农用八政"，即管理食物之事、管理财物货币之事、管理祭祀之事、管理水利之事、管理教育之事、管理盗贼之事、管理朝觐会同之事、管理军事之事。（4）"协用五纪"，即协调计算岁、月、日、星辰、历数。（5）"建用皇极"，即通过统治者的德行亲近品德高尚、有能力的人，以公正的方式等极大地巩固王权统治。（6）"又用三德"，即（做事）正直，在反抗统治者的权力时，实行"刚克"，对听话者、"贵族和有教养的人"实行"柔克"。（7）"明用稽疑"，即通过占卜，与贵族和民众协商解决疑惑。（8）"念用庶征"，即通过自然界各种征兆，来观察统治者的行动是错误的还是应该做的。（9）"向用五福"和"威用六极"，即人们向往"长寿""富贵""康宁""好德"和"善终"五种幸福，害怕"早死""多病""忧患""贫穷""丑恶""衰弱"六种不幸。

"九畴"内含的价值体系，成为儒家不同时代与不同流派对其进行阐释的基础。"九畴"根据合乎规则的"九"的图解来阐述这些价值标准，反映了对宇宙和谐的认识，以及所有涵盖各种社会关系和展现人类活动能力的关联体系。建构在"九畴"学说基础上的观点，在公元前2世纪乃是"天人合一"思想的基础。在现代汉语中，"范畴"一词是"洪范九畴"的缩写，具有哲学的"范畴"之意。

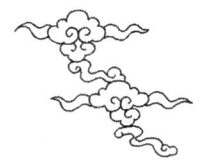

*《尚书·洪范》篇，C. 库切尔译，载《中国古代哲学》，第1卷，莫斯科，1972年；Legge J. The Chinese Classics. Vol. III, pt 2. Hong Kong-London, 1865, pp. 320-344; The Book of Documents / Tr. By B. Karlgren // The Museum of Far Eastern Antiquities. Stockholm, 1950, No. 22, pp. 29-35. **К. В. 瓦西里耶夫《〈洪范〉中关于理想的统治者及其在世界上的地位》，载《第6届"中国社会与国家"学术研讨会论文集》，第1册，莫斯科，1975年；А. М. 卡拉别基强茨《〈洪范〉中蕴含的中国古代文化》，载《第5届"中国社会与国家"学术研讨会论文集》，第1册，莫斯科，1974年；А. И. 科布杰夫《中国古典哲学中的象数学》，莫斯科，1994年，第113—134页。

（А. Г. 尤尔克维奇撰，陈爱香译）

君子，最初之意为"国君之子"，其同义词为"大人""成人"。《论语》中首次提出，君子是儒家的理想人格，是儒家所提倡的美德的集大成者。与君子相对的是小人，小人是自私自利的化身，无法超越自身实际之"器"，无法克服自我的局限性。君子被孔子界定为统治者或者社会精英阶层的代表，后来演变为更具普遍意义的性格理想（圣人）。在人格层次结构中，君子居于圣人之下，但也有自己的德行，君子之于小人的影响，犹如风对草的影响。君子最为重要的品格是"不器"，即一方面有德行，行为自主；另一方面忠实于道，而不追逐物质实利（器）。君子被认为能够"知命"，即坚定自己的道路，在入世和出世之时，能面对正义的道，采取积极行动，远离缺乏道义之事。

*《古代中国哲学》，第1、2卷，莫斯科，1972年，1973年；《中国古代哲学·汉代卷》，莫斯科，1990年。**А. И. 科布

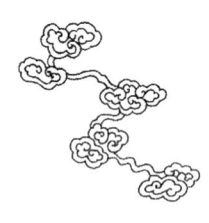

杰夫《中国理学哲学》，莫斯科，2002年；《中国儒学》，莫斯科，1982年；А.С.马尔蒂诺夫《儒家〈论语〉》，第1卷，圣彼得堡，2001年，第173—222页；《中国传统学说中关于人的问题》，莫斯科，1983年；《传统中国的个体》，莫斯科，1992年；В.А.鲁宾《中国古代的个体与权力》，莫斯科，1999年。

（А.И. 科布杰夫撰，陈爱香译）

康僧会

康僧会（？—280），三国时期东南吴国的佛教僧侣、翻译家，也是佛经的注疏者。他通晓儒家经典，弘扬儒家及佛教的和顺思想。据《高僧传》记载，他的祖先来自花剌子模，其祖父迁往印度，父亲曾在安南经商。247年，康僧会来到建业（今江苏南京），在这里为他修建了建初寺佛塔，这是长江以南地区第一座佛塔。他的主要作品是对梵文佛经的翻译：《吴品》（在佛教经集《历代三宝纪》中称《小品般若》）、《六度集经》。康僧会还为一系列早期的佛经翻译作品作注和序，为佛教信徒指明方向，主张借助呼吸及沉思进行心理调节，抑制情"欲"来达到"静心"。他以佛教精神诠释儒家观念"仁道"，坚持钻研《周易》和《诗经》，从中发现佛学真谛。

*慧皎《高僧传》，М.Е.叶尔马科夫译，第1卷，莫斯科，1991年，第110—116页。

（А.Г. 尤尔克维奇撰，穆新华译）

康有为，又称康南海、康广厦、康祖诒、康长素、康更生、康明夷。1858年3月19日出生于广东省南海县（今佛山市南海区），1927年3月31日逝于山东省青岛市。思想家、哲学家、科学家、政治家和社会活动家，19、20世纪之交中国维新运动的领袖。出身于知识分子、地主官僚家庭，其族系始于公元前两千纪末，世代为学。他自幼就表现出了非凡的智力天赋。11岁丧父，他在时为州府学官的祖父呵护和教导下接受了传统家庭教育。19岁师从通晓宋明理学、陆王学派和阳明学的著名学者朱次琦。21岁时经过长期的思考领悟到了自身的"贤"。从青年时代起，他就把对经典儒学及宋明理学的钻研同自己对佛教及西方自然科学的浓厚兴趣结合在一起。

1879年康有为第一次到访香港，此后开始积极钻研有关西方国家的书籍。他分别在1882年和1888年参加乡试，但均未得中。1884年至1885年创作完成了自己的主要著作《大同书》的主体部分，内容包含他的儒家化的共产主义乌托邦思想，但由于审查制度没有刊印。1888年，康有为作为国子监的旁听生，第一次上书光绪帝，提出引入议会制的社会变革方案，但未能上达。

1889年回到祖籍广东，1891年刊行《新学伪经考》。书中康有为反对"古文经学"和它的主要代表人物刘歆。在新朝，刘歆用"古籀文"写成的儒家经典文本获得了朝廷的官方认可。"古籀文"是指公元前213年文字改革以前在秦国曾使用的文字。康有为论证"古文经学"或"汉学"经书版本伪造的特点，拥护"今文经学"，即与刘歆对立的、基于儒家经典、用改革后的文字撰写的经书。"今文经学"的创始人是董仲舒。"今文经学"在何休的创作中得到了延续和发展，在18世纪庄存与重新振兴该学说，在19世纪，先有刘逢禄、林则徐、龚自珍、魏源，后有廖平和康有为，他们都对"今文经学"有所发展。

康有为认为，孔子不是古代"圣人"思想的转述者，而是真正的社会哲学家和新宗教的奠基人，也就是说，孔子不仅仅是智者，还是创立"改制之圣法"的神圣"素王"，这

些都反映在"今文经"中。但刘歆伪造了古文经，目的是帮助王莽篡权，建立"伪"新朝。在这些论述中，康有为本着变革的思想精神，将确切的考证与孔子的自由形象相结合。上层官僚视《新学伪经考》一书为反书，得到皇帝命令而当众焚毁文字印版并禁止其传播。这样的禁令分别在1892年和1900年颁布过，因此该书到了1917年才第二次问世。康有为的另一本著作《孔子改制考》作为改革的前奏重建了"真正的"儒家。此书完成于1892年，但到1913年才得以公开。

1891年在广东省省会、中国南方最大的城市广州，康有为创办了自己的学校，在那里除了儒学方面的课程外，还教授佛学、理学、西方自然科学和人文学科。1893年他中了举人。1895年为了获得更高一级的"进士"，他来到北京参加会试，领导了齐聚首都的会试举人参加的"公车上书"运动。这场运动是由于中国在1894—1895年中日战争中的失败而激发的。举人们把康有为及其弟子梁启超、麦孟华写就的万言书集体联名上呈皇帝，提出改革建议，其中包括积极吸纳侨居海外的华侨为国服务、将首都从北京迁往古城西安、由国家银行发行纸币、铸造可兑换的硬币、建立国家邮政系统、变儒学为当之无愧的国家宗教、在皇帝之下设立选举审议机构，等等。

1895年康有为中了进士，被任命为工部主事。在北京，康有为开始创办首都唯一的非官方中文报纸，并组织政治团体"强学会"，但在1895年当年，这项活动就遭到了禁止。康有为不得不重返省里从事教育工作。1898年，他在政治上重新活跃起来，和广东同乡们一起在北京首先创办了"粤学会"，然后成立全国"保国会"。康有为坚持"变者，天道也"的观点，在给最高权威（皇帝）的条陈奏章（共7个）中，建议皇帝效仿日本"明治维新"及彼得一世改革的经验，他的专著《进呈俄罗斯大彼得变政记序》就是关于后者的。他制定了改造中央王朝的宏大方略，其中包括把中国人迁往巴西，在那里建设一个新中国的计划。

1898年6月16日，经过两个小时的谒见之后，光绪皇帝任命康有为为总理衙门章京，准其专折奏事，采纳他的建议

并将它们写进诏令《明定国是诏》，这标志着短暂的"百日维新"（1898年6月11日至9月20日）的正式开始。康有为要求取消传统的科举考试制度，主张在北京创办大学，在其他省份建立西方模式的教学机构，建立国家预算制，实现陆军和海军的现代化，改组管理体制，等等。军队将领袁世凯的背叛与慈禧太后的宫廷政变导致了这场变革的失败结局，光绪皇帝遭到逮捕并被囚禁，慈禧太后篡夺了政权。被判处决的康有为在英国人的帮助下成功躲藏到香港，变法运动的其他6位领袖人物包括谭嗣同及康有为的弟弟康广仁，未经调查和审判在当年9月被处决。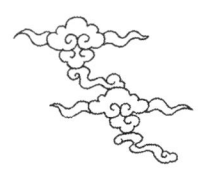

康有为辗转游历世界，在海外流亡约16年，继续寄希望于光绪帝。1899年，他在加拿大成立了"保皇党"。清朝政权解体后，1911年康有为支持宪法基础上的复位，1917年和1924年他参与复辟，均遭失败。在1915年颁布的中华民国第一部宪法草案中，儒教被宣布为国家宗教，但是该宪法未获通过。

在晚年，康有为处于众叛亲离的境地。在宏伟设想无法实现的绝望中，他自己甚至想离开这个世界去"天游"。1927年3月因食物中毒在青岛去世。

康有为用尽一生心血求索的问题，也是19世纪末20世纪初困扰所有中国思想家的主要问题，那就是在保持文化一致的条件下实现国家现代化的问题。为努力解决这一问题，康有为在古代的儒家论著中寻找类似于西方的社会进步理论，于是注疏成为他创作的主要方式，他注有《春秋董氏学》《中庸注》《论语注》《礼运注》《孟子微》等。

康有为的主要理论著作《大同书》在19世纪只有少数同道中人了解，而且是在1911年辛亥革命后才发表（部分在1913年发表，全部发表已经是在作者离世后的1935年）。这本著作的带有大同社会乌托邦思想的书名是康有为从儒家经典《礼记》第9章《礼运》篇中找到的，他从该篇中看到了"孔子伟大学说的实质"。在《大同书》中，研究者们不仅将该书的诞生同儒家思想相关联，而且同道家、墨家思想及其他中国古代哲学流派联系起来。书中借孔子之口描绘了两

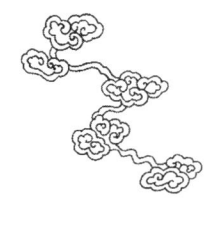

种社会状态：过去理想的"大同"——"大道之行也，天下为公"；今日可接受的"小康"——"今大道既隐，天下为家。"通常它们被解释为互相对立的两种社会形态，一方面是社会平等、一切公有，另一方面是世界的分裂。康有为认为，"礼运"是小康社会之道，而中国自孔子以来就处于"礼运"之下，已有两千年的历史。

康有为的这一构想结合了源于孟子、董仲舒、"今文经学"、《春秋公羊传》的传统以及何休确立的社会发展历史哲学"三世"说。根据中国传统的世界观，宇宙是时间、空间的连续体，这一学说要求社会时空的变迁应随着历史发展阶段而修正："据乱世，内其国而外诸夏。升平世，内诸夏而外夷狄。太平世，内外远近大小若一。"

康有为重新注释《礼运》篇，描述了中国历史变化的三个周期：当"大道"行，也就是说实现"大同"时，古代从太平世到"黄金世"；当实现了"小康"之时，最初的三个朝代进入"升平世"；而在孔子生活的时代，虽然"小康"尚存，但进入了"据乱世"。康有为的创新之处在于将传统的顺序变化过程转换成历史进化观。按照此观点，在当今世界仍居主导地位的"据乱世"之后，应进入欧美已在接近的"升平世"，然后在更遥远的未来将会是"太平世"，相应地"小康"也将被世界大同取而代之。而每一个顺次进化的时代都有相应的社会制度：专制制度、君主立宪制、民主共和制。

与此同时，康有为的"三世"说如同"两仪"（阴阳）或"五行"说，具有了普遍方法论意义。在每个时代又分出三个周期，就如同"五行"的每一阶段都不断分化，最后整个历史哲学结构中元素的数量将呈几何状增长：3、9、81……它们表示"太平"与"大同"时代到来之后的社会发展的无极限。由于两字术语"三世"中的"世"字有"时代－世界"双重含义，因此这种划分的意义既是时间层面的，也是空间层面的。

与卢梭主义的"天赋人权"概念、英国的功利主义以及佛教的苦难观等相吻合，康有为的"大同"的基本观念是

要把人从苦难中解救出来，并使其获得最高幸福。人与人之间没有国家、种族、阶级、等级、家族、性别等的区别；天下不再由君主一人或他的氏族统治，而由全民共治；领导岗位要选贤与能，而不是世袭继承；人人平等、独立、互不干涉，禁止国家和民族间的杀戮和战争……这些观念构成了康有为"救生人之苦，求其大乐"理想的基础。在这一理想状态下，他甚至期待人机体不灭的愿望能够得到满足，尽管他此前曾宣布永生不死是痛苦的原因之一。

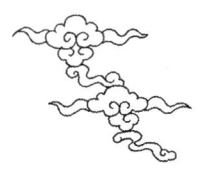

他认为实现大同的第一步应该是自愿的利他行为，比如放弃财产继承权、减少对社会的需求，等等。大同世界到来的标志应该是成立全世界政府，推行统一的国际语言，取消私有财产，以临时婚姻协议取代家庭制度；在宗教领域要树立佛教的主导地位，逐步取消那些忽视身体、侮辱女性或圣化人们之间社会经济差异的其他各宗教。

康有为认为，在宇宙的许多世界里，外星球上的男男女女过着类似地球上的生活。他相信地球上出生的所有人都是同母异父的兄弟，儒家的宇宙万物一体论思想是类似理论的基础。康有为遵循自己的思想，吸收当时的西方自然科学成就，将儒家万物一体论思想转化为统一的宇宙物质论——"气"的观点，认为统一的宇宙物质标志着人与他人及自然的有机联系，这体现在人身上就是痛苦感。这一宇宙物质在西方被称作"以太"。康有为把"气"的最薄的形状——"神"等同于"电"。

总之，康有为的思想架构与现实相去甚远，它们对保守派来说过分激进，而对激进派来说又过分保守，但无论如何，这些观点对乌托邦思想的发展有着一定的影响，同时有助于中国传统文化加入与西方的对话中。

* 《康南海先生文钞》，上海，1914年；《康南海文集》，第1—8卷，上海，1915年；《大同书》，北京，1956年；康有为《新学伪经考》，北京，1988年；《中国近代进步思想家作品选集》，莫斯科，1961年；K'ang Yu-wei. Ta T'ung Shu: The One World Philosophy of K'ang Yuwei / Tr. by L. G.

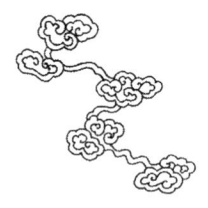

Thompson. L., 1958; Chan Wingtsit. A Source Book in Chinese Philosophy. Princ.-L., 1963, pp. 723-736。**Н. Ю. 阿格耶娃《康有为与梁启超早期创作中的进化论》，载《第33届"中国社会与国家"学术研讨会论文集》，莫斯科，2003年，第168—173页；Л. Н. 鲍罗赫《佛教哲学对康有为乌托邦思想的影响》，载《第34届"中国社会与国家"学术研讨会论文集》，莫斯科，2004年，第153—160页；Л. Н. 鲍罗赫《20世纪初期中国思想界的进步理论》，莫斯科，1984年；《中国哲学史》，莫斯科，1989年；А. И. 科布杰夫《中国》，载《十九世纪的政治和法律学说史》，莫斯科，1993年；А. И. 科布杰夫《中国理学哲学》，莫斯科，2002年，第462—472页；《中国近代史》，莫斯科，1972年；Дж. Д. 谢尔曼《康有为》，载《东方伟大的思想家》，莫斯科，1998年，第154—160页；《太平天国》，莫斯科，1960年；С. Л. 齐赫文斯基《中国的维新运动与康有为》，莫斯科，1980年；Р. 费利别尔《康有为的世界大同说——乌托邦共产主义理论或自由改革者的完美理想》，载《中国社会政治思想（十九世纪末至20世纪初）》，莫斯科，1988年；《哲学百科全书》，第2卷，莫斯科，1962年；冯友兰《中国哲学简史》，圣彼得堡，1998年；Howard R. C. K'ang Yuwei (1858-1927): His Intellectual Background and Early Thought // Confucian Personalities / Ed. by A. F. Wright and D. Twitchett. Stanf., 1962, pp. 294-316; Hsiao Kung-chuan. A Modern China and a New World: Kang Yuwei, Reformer and Utopian, 1858-1927. Seattle, London, 1975; Lo Jung-pang (ed.). K'ang Yuwei, 1858-1927: A Biography and a Symposium. Tucson, 1967.

（А. И. 科布杰夫撰，穆新华译）

科学与玄学论战

科学与玄学论战是20世纪20年代初爆发的一场哲学论战，它对后来中国的社会政治思想发展产生了深远的影响。双方争论的焦点涉及东、西方的对立（"西方的技术－东方的伦理"）问题。具体表现为"西化的"科学派与代表中国本土思想体系的"玄学派"之间的论争。科学派或西方派的代表人物主张中国的发展应仿照欧洲的发展模式。"玄学派"则对第一次世界大战毁灭性的后果记忆犹新，他们认为东方的"精神"文化优于处在危机中的西洋"物质"文化。

张君劢的文章《人生观》（1923年2月）成了论战的导火索。文章的标题是一个深奥的术语概念，其内容一方面诠释了西方的非理性主义，另一方面发展了宋明理学的一些思想，其中包括王阳明的观点。"人生观"的核心是"我"这一概念，它指"人类精神的所有产物"，是人类隐蔽的内心世界；"人生观"作为一种心理现象不受因果律支配，其决定因素纯粹是个人的意志，包括个人良知、直觉、真理的直接感知。"我"与外部世界的"非我"相对立。在张君劢看来，科学只能在"死的物质"世界里起作用，科学无力解决人类存在的精神问题。在张君劢的论著中，能够感觉到弗赖堡学派的非决定论对他的影响，即自然科学方法与文化科学方法是对立的（它们之间的区别后来被弗赖堡学派的主要代表李凯尔特所论证）。张君劢得到了梁启超、梁漱溟、张东荪、王平陵、瞿菊农、林宰平、范寿康、董国西、孙伏园等人的支持。他们的观点主要以倭伊铿、柏格森、杜里舒、厄威克以及王阳明的学说理论为基础，着力从哲学上解释人生观源于直觉性的思维和自发性的认知过程，是中国精神文化的精髓。玄学派的代表人物强调东、西方的不同之处（西方是"物质"科学，东方是"精神"玄学），他们反思的精神实质是一致的：将欧洲推向战争、萧条的"唯物主义"倾向是具破坏性的；道德和人性因素为中国文化所固有，是西方文明所缺少的，它们不是仅凭实用的"科学"就可企及的。

张君劢的主要论敌是丁文江。丁文江在1923年4月发表长文《玄学与科学：评张君劢的"人生观"》。文章依据孔德关于自然科学的世界运行规律，否认直观的认识，坚持

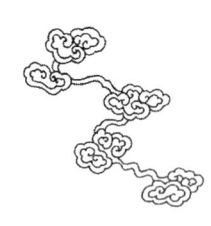

"科学的内在价值",论证了以科学"方法论"为基础的科学是"万能"和普遍的;欧洲文明破产之错绝对不在"科学",责任在政治家们。科学派的其他代表人物还有胡适、吴稚晖、王星拱、唐钺、陆志伟、任鸿隽、朱经农等。他们借鉴马赫、詹姆斯、皮尔逊,杜威和赫胥黎的权威观点,论证了物质因素的发展是创造精神价值的唯一条件。他们认为,西方文明在精神领域能够达到较高的水平,而中国文明在物质层面上是贫穷和被动的,因此谈不上精神优势。"科学"与"玄学"两派的支持者彼此观点不同,前者还就自然和社会演变进行了理想的阐释,宣称科学规律是由人们按照实践需要创造的。美国原始社会历史学家摩尔根把物质称作"构象",科学派将这一思想融入自己的观点中,认为物质的一部分是基于主观感受,通过思维被构建出来的。此外,丁文江等人的"方法"指的不是综合研究分析方法,而是"把所有实在都置于自然秩序之内"的分类原则。中国最早的马克思主义者(陈独秀、瞿秋白、邓中夏、彭康等)曾指出,无论是"科学的西派"还是"玄学派"都是形形色色的唯心论代表的变种,他们站在同一条战线上,同辩证唯物主义和历史唯物主义的队伍交战。

"科学与玄学论战"是始于19、20世纪之交围绕东西方文明的根本区别及其性质、意义而展开的更广泛论争的一部分。论战以诸如"中国本位""全盘西化""民族形式"为纲领口号,一直持续到20世纪二三十年代。

* 《科学与人生观》,第1—2卷,上海,1923年;《人生观之论战》,北京,1925年。**C. P. 别洛乌索夫:《探索中国发展方案:传统还是现代化》,载《远东问题》,1987年第4期(Поиски альтернативы развитияКитая: традиционализм или модернизм // ПДВ. 1987, No. 4);吕希晨、王育民《中国现代哲学史新编:1919—1949》,长春,1984年,第94—113页。

(C. P. 别洛乌索夫撰,穆新华译)

空，意为"空虚""空性"，佛教核心范畴之一。在早期佛教中表示"自性空"概念。按照此义，万物从最低级生物到神、佛祖都是众缘暂时的和合，这取决于"业"。"真我""灵魂""神""自体"只是一些概念，而这些概念背后没有永恒不灭的实体（真我）。诸法本身被认为是现实存在的元素。对"空"的这种解释在后来的一系列小乘佛教流派中得到了进一步发展。

在大乘经中，"自性空"教义又得到了"法空"教义的补充。依据此教义，诸法性本空、无自性。中观宗理论家们发挥这一观点，提出"我空""法空""俱空"。在《中观论》中，"法空"是通过诸法的相互依存来定义的，任何法的产生都是因缘和合的结果，没有一种存在是独立的、无缘由的，由此所有法自性"空"，而由因缘关系法则推导出"空空"，进而得出轮回"空"、涅槃"空"、中道"空"、大乘"空"，等等。中观宗用18种方式描写"空"，其中16种解释详尽。同时，Ф. И. 谢尔巴茨基认为："这一术语根本不是指数学上的零或者空无。"

从符号学来看，大乘佛教中解释"空"为真心，也就是说"法身"无"相"，是无法用"空"来描述的。

从"空"的这种解释得出结论：处于任何定义及任何因果法则之外、得般若之真谛的佛是唯一真实。因此"真如"可以作为"空"这一概念的同义词。万物的存在都是有因缘的，都具有"假名"，由此得出众生涅槃、轮回和万物觉性是相同的自然圆成这一必然结论，但由于"无明"，人们对此意识不到。在中国佛教的早期阶段，"空"被理解为"无"，这两个术语经常被当作同义词，但僧肇强烈地批评了这种观点。"空"成为"三论宗"学说的核心概念，它被解释为中观宗的哲学精神。吉藏使"三论"说体系化，他根据各宗派对"空"的不同解释，把它们进行了独特的分类："外道"（中国的儒教、道教和印度的婆罗门教、耆那教），它承认既有"我"的存在，也有外部世界事物的存在；阿毗昙学说，它已经接近"真"，因为它不仅认为"我空"，同时也承认"法有"，但这是不正确的；"成实论"

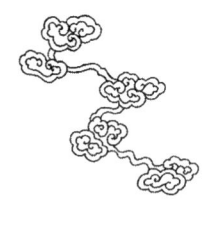

学说，它具有较为完备的知识，对"我空"和"法空"进行了详细的分析，但是这一宗派对"空"的理解也不是清晰明确的，还有自己的局限，因为"空空"依然是令人不解的，所以学说仍不完善；最后是大乘佛教学说，如"地论""摄论""天台"各派，它们更加接近"真"，尽管它们已经获得了佛教的智慧，但仍存在理解的片面性，导致其将学说的后继者引入误区。只有在"中观"和"三论"中，"空"被完全理解。

后来在印度以及中亚佛教中，随着"唯识宗"思想及"如来藏"学说的发展，"空"的概念被重新思考，这对以法相宗、华严宗及禅宗为代表的中国佛教思想产生了很大影响。"空"开始表示一种认知状态，在这种认知状态下，世界的二元对立、污染、欲望在消失，统一"真如"正被得到理解。

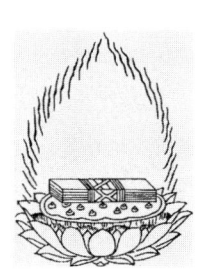

*В. П. 安德罗索夫《龙树佛教：宗教哲学文集》，莫斯科，2000年。**В. П. 安德罗索夫《释迦牟尼佛与印度佛教：古代文献的现代解释》，莫斯科，2001年；《日本佛教》，Т. П. 格里高里耶娃主编，莫斯科，1993年；《佛教的世界观》，圣彼得堡，1994年；Б. Д. 丹达隆《中观学派的"空"论》，载《藏传佛教：理论与实践》，新西伯利亚，1995年；Г. 久穆连《禅宗史：印度与中国》，圣彼得堡，1994年；А. Н. 伊格纳季耶维奇《日本的佛教》，莫斯科，1987年；А. Н. 伊格纳季耶维奇《日莲宗》，莫斯科，2002年；《佛教文化范畴》，圣彼得堡，2000年；И. М. 库塔索娃《龙树菩萨的哲学》，载《印度的社会政治及哲学思想》，莫斯科，1962年；Л. Э. 米亚莉《理解"虚无主义"的一种可能方法》，载《术语标记》，第1卷，塔尔图，1967年；Е. А. 陶奇夫《佛学导论》，圣彼得堡，1999年；Е. А. 陶奇夫《佛学导论教程》，圣彼得堡，2000年；冯友兰《中国哲学简史》，圣彼得堡，1998年；В. К. 绍欣《吠檀多学派本体论中现实的层化现象》，莫斯科，2004年；Ф. И. 谢尔巴茨基《佛教涅槃概念》，载《谢尔巴茨基佛教著作选》，莫斯科，1988年；Л. Е. 扬古托夫《中国佛教哲学的统一、同一与和谐》，新西伯利亚，1995年；汤用彤《隋唐佛教史稿》，北京，1982年；汤用彤《汉魏两晋南北朝佛教史》，北京，1983年；冯友兰《中

国哲学史》，北京，1961年；韩廷杰《三论玄义校释》，北京，1987年；《中国佛教》，第1—2卷，上海，1989年；《中国佛教史》，任继愈主编，第2卷，北京，1985年；De Jong J. The Problem of Absolute in the Madhyamika School // Journal of Indian Philosophy. Dordrecht, 1972, Vol. II, No. 1; Robinson R. H. Early Madhyamika in India and China. L., 1967.

（М. В. 安娜希娜撰，穆新华译）

孔子

孔子（前551—前479），孔丘，孔仲尼，东周时期鲁国人（今山东省曲阜市）。历史上公认的中国最重要的哲学家，儒家学派的创始人。出身于名门望族但家境贫寒，祖上可以追溯到公元前12—前11世纪被推翻的殷商朝。

年轻时孔子就成为中国历史上第一位职业教师和学者——文人学会的组织者（有3000多名弟子）。他的教育主张建立在机会均等的民主原则上——"有教无类"，"自行束脩"，教育只需很小的花费。在50岁时，孔子"知天命"，为将自己的社会政治思想理论付诸实践，曾尝试从政。公元前496年，他在鲁国获得了"司寇"一职，但不久他就迫不得已背井离乡，带着亲近的弟子周游列国13年，向各国的统治者宣传他自己的思想，但没有成功。

孔子生命的最后几年是在鲁国度过的。这个期间，他发展自己的学说，专门从事教育及古代文献典籍校勘考证工作。他认为保存并向后人传递古代文化是自己的历史使命，因此他晚年没有著述，而是编辑整理和注释以前的文化遗产，主要是具有历史教育意义的著作及文学作品，首先是《尚书》和《诗经》。这一最初目标确定了儒家学说文本的一些基本特点：以历史先例为标准规范，作品轻松易懂。孔子认为半人半神的古代"圣"君是文化的缔造者，因而他解释的"文"和正确的社会结构就像是一个铜牌的两面，是"道"的不同体现。无论天下取得圆满成功与否，这种"道"都会得到学者——文人们（理想中的官员）的支持，

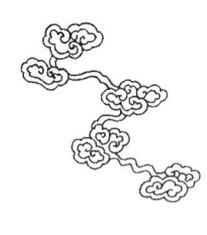

"儒"即被用来表示这些学者。在公元前2世纪的汉代,孔子如此对待文化的态度得到了官方的高度评价:儒家获得了官方意识形态的地位,而孔子被比作古代圣主,被称为"素王"。

孔子的观点真实地反映在《论语》中,这部文集记载了孔子本人及其弟子以及再传弟子关于各类话题的言行摘要、对话,还有对当时历史和现实生活场景的描写,撰写于公元前5—前4世纪,但在公元前后之交时才具有了现在的形式。有英译本、法译本、德译本、意大利文译本、拉丁文译本、现代中文译本(杨伯峻,1958;毛子水,1975;谢冰莹等人,1980;唐满先,1982;罗成烈等人,1988;勾承益、李亚东,1992;鲍时祥,1992;蔡世骥,1994)和俄译本(В. П. 王西里,1876;柏百福,1910;В. А. 克立朝,1972;И. И. 谢麦年科,1989;Л. И. 戈洛瓦切娃,1992;А. Е. 卢基扬诺夫,1994;Л. С. 佩列洛莫夫,1998;А. С. 马丁诺夫,2000)。孔子也被认为是第一部编年史《春秋》的注疏者之一。

孔子不强调超自然,但他认为神圣自然——"无言"的"天"是宇宙的最高主宰者。上天所赐予的"命"能够也应该被人获知,只有这样的人才能成为"君子",即集理想的精神品质及崇高社会地位于一身、有道德有修养的人。导致"君子"和"小人"对立的是"利",不是"义",君子不看重利,而小人遇事必计其利。从崇高的人格修养"德"的角度来看,"不器"君子优于"持器"的"小人",这就像草上的风。从统一社会伦理层面思考人,这始终处于孔子学说的核心。统一社会伦理层面包括存在层面("未知生,焉知死")、宗教层面("未能事人,焉能事鬼")以及认识论问题层面("知"就是"知人")。孔子认为"人性"在伦理上是中性的("性相近,习相远";与孟子、荀子相比),因此人格的形成必须"克己复礼",这样才能"天下归仁"。外在的社会伦理规范"礼"和旨在为"爱人"而形成的内在道德心理"仁",构成了儒家的"仁礼合一"核心思想。他的基本概念"德""义""孝""忠"等都围绕这一

核心思想。孔子的伦理准则依从于"中庸"和"恕",认为相互一致与平等思想是社会认识论"正名"概念的前提,而"正名"即要求政治统治必然要求"名"与"实"一致。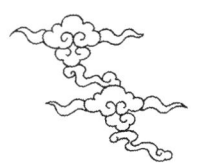

孔子的社会政治思想是基于"礼""乐"道德价值及礼仪规范高于社会生活其他准则,如行政法令的、功利经济的、本性自然的准则,而后面这些准则恰恰是被其他各哲学流派(法家、墨家和道家)置于首位的,这些流派都对儒家持批判态度。在与其他学说的竞争中,儒家在社会、思想上的胜利使得它的创立者拥有了特殊的、带有宗教偶像色彩的地位,孔子因此被认为是文化英雄、民族精神领袖,其地位在中国一直持续到20世纪初。1911年清朝倒塌之后,孔子被当作保守及传统主义的主要象征,对他的抗拒态度与日俱增,直至20世纪70年代"批林批孔"运动时达到高潮。但在20世纪80年代这一趋势发生逆转,对作为民族思想源泉的孔子的关注开始加强。1985年在中国创办了"孔子研究所",之后在曲阜成立了"孔子研究院"。1984年组建的"中国孔子基金会"自1986年起开始出版季刊《孔子研究》。

*杨树达《论语疏证》,北京,1955年;柏百福《孔夫子及其弟子等人的格言》,圣彼得堡,1910年(再版《孔子〈论语〉》,圣彼得堡,2004年);《中国古代哲学》,第1—2卷,莫斯科,1972—1973年;А. И. 科布杰夫《〈大学〉——儒家教义》,载《历史哲学年鉴》,莫斯科,1986年;孔子《论语》,载《研究翻译》,Л. С. 佩列洛莫夫译,莫斯科,1998年;孔子《论语》,В. П. 王西里、柏百福、В. А. 克立朝、И. И. 谢麦年科、А. Е. 卢基扬诺夫译,圣彼得堡,1999年;А. С. 马丁诺夫,《儒家〈论语〉》,第1—2卷,圣彼得堡,2001年;Lin Yutang. The Wisdom of Confucius. N. Y., 1943; K'ung Tzu Chia Yu. The School Sayings of Confucius / Tr. by R. P. Kramers. Leiden, 1950; Legge J. The Chinese Classics. Vol. 1. Hong Kong, 1960. **В. М. 阿理克《中国文学论集》,第1—2卷,莫斯科,2002—2003年;葛兰言《中国思想》,莫斯科,2004年,第318—329页;《儒学在中国》,莫斯科,1982年,第3—45页;孔子《"我信而好古"》,И. И. 谢麦年科编译,莫斯科,1995年;В. В. 马良文《孔子传》,莫斯科,

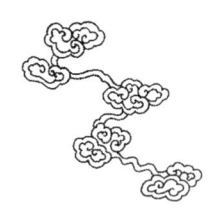

1992年；Л.С.佩列洛莫夫《孔子：生平、学说、命运》，莫斯科，1993年；B.A.鲁宾《中国古代的人格与权力》，莫斯科，1999年；И.И.谢麦年科《孔子的格言》，莫斯科，1987年；贝冢茂树《孔子：中国的第一位老师》，莫斯科，2003年；冯友兰《中国哲学简史》，圣彼得堡，1998年，第58—69页；匡亚明《孔子评传》，济南，1985年；南京，1990年；《孔学知识词典》，北京，1990年；蔡尚思《孔子思想体系》，上海，1982年；Creel H. G. Confucius, the Man and the Myth. N. Y., 1949; Dawson R. Confucius. Oxf., 1981; Fingarette H. Confucius: the Secular as Sacred. N. Y.,1972; Hall D. L., Ames R. T. Thinking through Confucius. N. Y., 1987; Wilhelm R. Confucius and Confucianism. L., 1931.

（А.И.科布杰夫撰，穆新华译）

老子

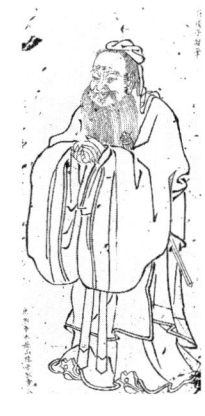

老子，意为"老老师""老小孩"，又名老聃、李耳、李伯阳。中国古代哲学家、被神化的道家学派创始人，《道德经》的作者。据传老子生于公元前7世纪末—公元前6世纪初。

关于老子最早的传记是在司马迁所著《史记》的"列传"中，其内容包括以下几点。第一，他生于外围的（"野蛮的"）南方楚国，当时那里还保留着古老的巫术传统，显然这成为道教的始源。第二，他在中原的周朝王室做史官、占星师，掌管王室档案。第三，孔子曾找他请教关于"礼"的问题，回去后孔子对弟子说："吾今日见老子，其犹龙邪！"第四，在生命的最后，他出关远走不知去向。他把自己记录的关于"道"和"德"的学说思想的书留给了关令尹喜。该书分上、下两篇，共有五千多字（与今天的《道德经》类似）。第五，他与另一位被称作当代孔子的楚国人、也是孔子同时代人的老莱子可能是同一个人。此人编写《道家之用》一书，共15篇。或说老子与生活在公元前4世纪中期的周王室太史聃是同一个人。

司马迁本人称老子为"隐君子"，关于其神秘的生平他提出了两个假设：要么他是以上所说的活跃在公元前6世纪初至公元前4世纪中期的人物之一，要么他们或者至少他们中的两个人是同一个人，由于"其修道而养寿"之术活了160多岁，甚至有说活了200岁。

早期关于老子（老聃）的资料记录在《庄子》《列子》《吕氏春秋》《荀子》《韩非子》《礼记》文本中。到了公元前2世纪，他的名字与神话传说中的黄帝联系在了一起，组成"黄老"两字，意为道教始祖。

"老子"依据其家族姓氏及个人名字，采用矛盾修饰法取名，其字面意义为"老小孩"，这与他出生时像81岁白发老头模样的传说有关，也与《道德经》由81章构成且贯穿文本中类似的反义对比相关联：文本表述常将孩子般的辩护与作者自比婴儿相结合。该著作在童"子"哲学家"心"的概念中汇集了两对对立体：智与愚、精英和民众，圣人之心等同于婴儿、愚人和众百姓之心。

在《道德经》理论基础上，道教自公元前1世纪开始了门派化进程。它既作为均产主义运动崇奉的宗教思想，后来引发了大规模人民起义（其中最大的是184年的"黄巾起义"），也作为神权政治制度的意识形态。其中以"天师"为首的第一个门派出现在2世纪。这一门派（"天师道"）的教首从张道陵始，至今全为张姓氏族，他们被认为获得了天神"老子"的"开悟"。

在公元之初几个世纪的道教文献中，老子作为"道"的化身被称为"老君"或"道德天尊"，并常加上修饰语"太上"（最高尊神）。"太上老君"被描绘成上天精神与肉体的各种化身，开山创世。也许是在刚刚进入中国的佛教影响下，他不断地化身为道教的不同住持，再后来成为道教传统的化身。呈现在《庄子》中的老子已经是"素王"智者，他作为黄帝的导师广成子第一次出现在神话故事中。而老子本人创造了自己母亲的身体——"玉女"，以储存在五彩珍珠内的太阳能量（阳力）的形态进入母亲体内，在那里待了81年。因他在一棵李子树下出生，就接受了"李"姓。他具有神奇的容貌，一张金色的脸，细长的耳垂（智慧的特征），

头顶凸起——佛教中就常以这种容貌来突出理想人物,即宇宙的、神圣的、具有超凡能力的人,即转轮圣王(佛)。他还具有变身的能力。

3世纪时,楚地文化独有的关于"西方天堂"的神话般的想象,以及位于昆仑圣山上、世界宗教中心、长生不老之人的居所与"遥远神奇的印度"(包括帕提亚帝国)形象相结合,创造出长生不老之神老子与其第一位弟子尹喜。在与佛教的竞争过程中,这一传说发展到将老子视作老师甚至父亲或菩萨的神秘原型(乔达摩佛),开始称他为"黄面老子",这在《八十一化图》和《老子化胡经》中有类似观点的阐述。这些文本在1258年、1261年和1281年被喜欢上佛教的成吉思汗的孙子、元朝皇帝忽必烈下令焚毁。"天师道"或"正一道"认为,对《道德经》作最古老神秘评注的是以绰号"河上公"而闻名的匿名作者。他在公元142或145年最后一次出现在世上,把自己神奇的权力交给他在大地上的全权代理人——天师张道陵。其他教派也相信他后来的各种化身,其化身次数为神圣的数字81。

2世纪时形成的对老子的崇拜在唐朝时更具规模。唐朝帝王也姓李,尊老子为自己的先祖。在民间信仰中,老子也被当作巫师、铁匠、珠宝工匠、磨刀工及茶具、筷子制作师的守护神。

老子圣像最重要的特征元素是:《周易》的占卜符号——卦和青色的公牛——老子正是骑着它去了西方。

在20世纪的中国,关于老子的历史及《道德经》作者的问题由哲学家及社会活动家梁启超重新提起。在讨论的过程中,一些学者认为老子就是生活在公元前7—前6世纪、曾指导过孔子的老聃(唐兰、高亨、吕振羽、冯友兰、郭沫若)。另一些学者也承认老子是老聃,但认为他生活在公元前5—前4世纪(顾颉刚)。还有一些学者认为他是伟大的历史学家、星相家聃,生活在公元前5—前4世纪(罗根泽、冯今源)。马叙伦认为老子与孔子在《论语》中恭敬提到的老彭是同一个人。大多数专家赞成梁启超的观点,认为《道德经》成书于公元前4世纪,由老子本人或他的一个弟子所著。

* 《司马迁选集》，莫斯科，1956年，第56—57页；葛洪《神仙传·老子》，И.С.李谢维奇译，载《紫玉》，莫斯科，1980年；《神秘之道：〈道德经〉的世界》，А.А.马斯洛夫编译，莫斯科，1996年，第75—97页；司马迁《史记》，第7卷，Р.В.越特金译，莫斯科，1996年，第38—39页；《文子·悟真篇：老子学说的发展》，Т.克里利译，莫斯科，1999年；《老子》，И.И.谢麦年科译序，莫斯科，1999年；《道教：道德经》，Е.А.陶奇夫译，圣彼得堡，1999年，第99—108页；《老子：道德经》，Г.А.特卡琴译，莫斯科，2001年；Ф.С.贝科夫，《中国社会政治与哲学思想的产生》，莫斯科，1966年，第169—185页；В.С.瓦西里耶夫《中国传统宗教崇拜》，莫斯科，1970年，第220—225页；《伟大的东方思想家》，莫斯科，1998年，第17—26页；郭沫若《青铜时代》，莫斯科，1959年，第301—307页；郭沫若《中国古代哲学家》，莫斯科，1961年，第217—266页；В.格鲁别《中国精神文化》，圣彼得堡，1912年，第137—153页（再版：《中国历史：中国精神文明》，莫斯科，2003年，第140—174页）；А.А.马斯洛夫《与龙相遇：〈老子〉原始思想解读》，莫斯科，2003年；《世界各国神话故事》，第2卷，莫斯科，1982年，第38页；柏百福《中国诸神》，圣彼得堡，1907年，第1—4页；范文澜《中国古代史》，莫斯科，1958年，第250—259页；冯友兰《中国哲学简史》，圣彼得堡，1998年，第116—126页；杨兴顺《中国古代哲学家老子》，莫斯科、列宁格勒，1950年；萧兵、叶舒宪《老子的文化解读》，武汉，1994年。

（А.И.科布杰夫撰，穆新华译）

礼是中国哲学（主要是儒家）的核心范畴之一，包含两个基本含义："礼节"和"仪式"。"礼"的词源意义为"借助容器的敬神活动"，其书写由表示本体概念的"体"（身体、体制、体质、本体）和表意的"行礼之器"图案组成，显然，它们的词源关联在很大程度上确定了"礼"的本

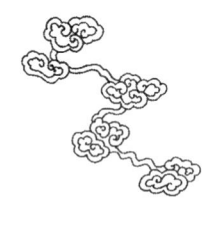

体论概念。礼被理解为既是文化创造的重要因素，又是维护宇宙秩序的最重要因素。公元前一千纪中叶之前，"礼"的作用只是基于宗教仪式的，后来它获得了道德意义上的诠释。

在最古老的思想文化典籍《尚书》和《诗经》中，"礼"表示能够解决政治冲突和反映宇宙统一的隆重仪式，也表示寺庙和宫廷中的宗教仪式以及官僚对待百姓的行为方式。孔子从理论上解释了"礼"的概念，使之成为正确的社会秩序以及待人待己行为的最基本特征：统治者应当"为国以礼"；"克己复礼为仁"；"非礼勿视，非礼勿听，非礼勿言"。将这些检验运用到情感领域是孔子赋予"礼"以认识论标准地位的基础："（君子）博学于文，约之于礼，亦可以弗畔矣夫。"

从诞生之日起，儒家的注意力就集中在了"礼"这一范畴上，使之成为该学说最重要的标志之一。在中国的精神传统中，孔子被视为最重要的思想家和"礼"的热情传播者，一些后继者（比如李觏、颜元、凌廷堪）认为孔子的主要思想都反映在"礼"这一范畴中，因此，在公元前5—前3世纪"礼"成为作为竞争者的其他哲学流派攻击儒家的靶子。一些哲学家们（比如庄子）以遵循天然享乐主义的立场，指责儒家"礼"的人为性，认为其过于浮夸且无效。早期道家提出的概念"礼"，首先是"道"，其次是"德""仁""义"依次退化的结果，它是"忠"和"信"丧失的根源。出于社会的经济功利主义和以"礼"为"敬"的立场，墨家对儒家过分迷恋"礼"的仪式以及烦琐到极讲究、极难完成的礼仪形式予以抨击。与此同时，与墨家类似的定义"礼即敬"，被固定在儒家的《孝经》中。法家同样排斥作为社会调节最高原则的"礼"，取而代之提出了"变法以治"。

"礼"在"伦理"和"仪式"上的双重含义使得孔子的两个主要追随者（也是儒家中两个对立学派的创立者）孟子和荀子，对这一范畴进行了不同的诠释：前者把"礼"作为人的内心道德品质，而后者将"礼"作为社会强加于人的

外部形式。依据人"性"本"善"以及"辞让之心"是人性的决定因素的观念,孟子把这一因素称为"礼之端",而将"礼"定义为"恭敬之心",认为人"固有之"。荀子则认为人生来好利贪欲,因而毁掉了"礼",古代圣王在社会中确立"礼"的规则是用来遏制人"性"的"恶",这些礼仪规范是"文"的源泉。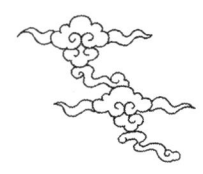

在儒家最主要的作品集成"十三经"中收入了专门论"礼"的三部作品:《周礼》《仪礼》和《礼记》。在最后一部中,借助同音异义词"理"给出其定义:"礼者,理也。""礼"被赋予了普遍调节意义。宋明理学的创始人强调《礼记》的特殊意义,从此论著中分出《大学》和《中庸》两篇独立成书,从而创立了新的理学经典"四书"。他们同时将《礼记》推至儒家主要经典的第一位,比如,苏洵在《六经论》(俄译本:B. M. 阿理克,1945)中就是这样做的。

《礼记》中所形成的关于"礼"的学说构成了儒家乃至中国传统文化的基础。"礼"范畴的语义从"仪式"演变到"伦理",确切地说从"伦理化的仪式"演变到"仪式化的伦理"。"礼"与一些基本的文化及哲学概念如"仁""义""智""信"并列,用来表达包罗万象的社会、伦理、宗教以及文化、文明的规范标准。

"礼"的万应性使它具有相应广泛的语义域。例如,李觏将"礼"表述为"人道之准,世教之主",而以上列举的四个范畴则是礼的"别称"。宋明理学元老周敦颐给出的"礼"的基本定义是对《礼记》中定义的倒置:"理者,礼也。"

"理学"的主要创立者朱熹在其学说中扩展了"礼"这一简洁的定义,展示了自然与文化联系的本质:"以礼谓之'天理之节文'者,盖天下皆有当然之理。今复礼,便是天理。但此理无形无影,故作此礼文,画出一个天理与人看,教有规矩可以凭据。"(《朱子语类》,卷四十二)后来取代了"理学"的"心学"之代表人物王阳明,更加明确地指出"礼"与"理"相同,为"一物",即"文":"礼字即是

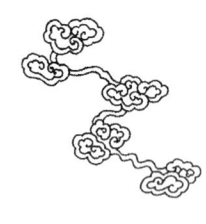

理字。理之发见，可见者谓之文，文之隐微不可见者谓之理。只是一物。"(《传习录》，卷一)

直到20世纪初，基于"礼"的中国儒家化的文化才确定下来（"礼乐中国"）。而在西方看来，自17世纪第一批关注"中国礼仪"的基督教传教士的报道出现起，儒家文化便是如此。

*《中国古代哲学》，第1册，莫斯科，1972年，第142—147页；第2册，莫斯科，1973年，第100—110、174—181页；司马迁《史记》，第4卷，Р.В.越特金译，莫斯科，1986年，第60—69页；《中国古代哲学·汉代卷》，莫斯科，1990年；王安石《礼乐论》，载Е.Г.卡尔卡耶娃译《人与东方精神文化》，莫斯科，2003年，第143—154页。**В.М.阿理克《中国文学论集》，第1卷，莫斯科，2002年，第541—545、554—557页；А.И.科布杰夫《王阳明学说和中国古典哲学》，莫斯科，1983年；А.И.科布杰夫《中国理学哲学》，莫斯科，2002年；Р.К.涅维尔《"礼"在"仁"中的有意识与无意识之处》，载《文明对话中的中国》，莫斯科，2004年，第652—660页；Г.А.特卡琴科《宇宙、乐、礼：〈吕氏春秋〉中的神话与美学》，莫斯科，1990年；冯友兰《中国哲学简史》，圣彼得堡，1998年；《伦理和礼仪在中国》，莫斯科，1988年；Cua A. S. Dimensions of Li (Propriety): Reflections on anAspect of HsunTzu's Ethics // PEW. 1979, Vol. 29, No. 4; idem. Li and Moral Justification: A Study in the Li Chi // PEW. 1983, Vol. 33, No. 1; Tu Wei-ming. The Creative Tensionbetween Jen and Li // PEW. 1968, Vol. 18, No. 1-2.

（А.И.科布杰夫撰，穆新华译）

《礼记》

《礼记》是儒家主要经典论著之一，其文本基本是在公元前4—前1世纪编写的。公元前1世纪，它与《周易》《尚书》《诗经》和《春秋》一起被列为"五经"。12世纪，《礼记》的两篇文章《大学》和《中庸》作为单独论著被辑入宋明理学基础合集"四书"。

据《汉书》记载，公元前1世纪，刘向主编了《礼记》130篇，在此版本基础上，刘向的同时代年轻人戴德从中选出85篇进行了编辑，以《大戴礼记》著称。他的侄子戴圣又以此为基础选编49篇，取名《小戴礼记》，此文本虽未保存下来，但被认为是今本《礼记》49篇的基础。该论著的大部分作者为孔子的弟子（真传以及第二、第三代弟子）：子思（《中庸》）、曾子（《大学》）、颜渊（《礼运》），等等。留存下来的部分《乐记》（第19篇）的作者是公孙尼子，另一说法认为是荀子。一些儒学阐释者认为第41篇《儒行》不可靠。总的来说，《礼记》勾勒出了儒家理想的社会结构模式——从政治管理基础，包括官员的任命、部门职能、接待礼仪形式，到家庭成员间的相互关系、包含丧葬仪式等的日常生活仪礼准则。以上各类机制的基础就是"礼"仪规范，《礼记》很多篇章都是对典型日常生活情景各个层面之礼仪的阐述。

"礼"在个体社会生活中的具体表现就是"孝"礼。它是家庭生活的基础和臣民对待统治者的参考标准。家庭、宗族结构及其相应关系体系影响整个天下——即处于"礼"调节作用之下的包括领土在内的整个社会。这种综合作用的思想在第9篇《礼运》中有描述，该篇在《礼记》中具有最明显的哲学和理论特点。篇中指出构成社会制度类别基础的两种模式：理想的"大同"和可以达到的"小康"，对此孔子也曾进行过描述。

社会与宇宙相应作用的思想非常明确地反映在第6篇《月令》中，内容包括：通过天子（统治者）个人的调节，人类社会与自然相互协调、保持和谐。和谐可以通过与月历周期一致的礼制，通过对干扰自然环境的活动（打猎、砍伐树木等）的限制、鼓励适时的经济和其他活动的实用性政令

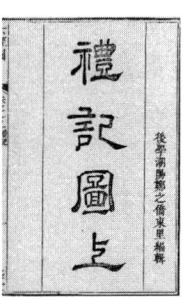

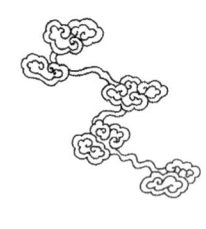

来实现。这样一来，天子通过"无为"——不干预事物统一的自然进程，在君王个人的绝对调节作用下来实施统治。

根据第8篇《文王世子》和第18篇《学记》中的论述，"学"在掌握仪礼知识和精神方面起着主要作用。这一术语涵盖"教""学""研""科学""哲学"和"学问"等意义。依据周朝创立者文王和周公的观点，"学"的过程应与自然节奏一致：春天和夏天应基本关注军事准备、"武"的方面，秋天和冬天应学习属于文化领域的行为准则、仪式、文章、历史、音乐。每个居民区应有学校，学校中的教学要基本以阅读古代圣贤书为主，而教学过程要以定期考试来检测。学习成绩既取决于学生的天赋，更取决于教师，他为学生打开通往智慧之路，但这不是指他领着学生走路，而是帮助学生自己走。好的老师具有成为管理者的才能。

要虔敬"儒"士——即文字、文化的承载者及保护者。《儒行》篇中强调了儒者在社会中的独特作用。"儒"与众不同的地方是明白自己知识的不足。当他们不满在国家治理以及与之不可分割的礼仪领域缺乏展示知识的机会，所提供的管理岗位并不能确保实现这些的可能性，在这种情况下即使有机会得到这一职位，他也要拒绝它，因为儒者严格遵循"礼"的规范。

在《礼记》中，"乐"与"礼"构成一对，作为内心调和因素的"乐"与起外部调节作用的"礼"相辅相成。音乐可以是道德的（古代礼乐提倡寡欲，而着力唤醒人类高尚的情感），也可以是非道德的（"新"乐使人放荡）。

《礼记》，其内容包括古代中国政治管理和社会制度、礼仪和习俗、权力规范和思想价值、世界观立场。《礼记》最权威的注本有《礼记注》（郑玄）、《礼记正义》（孔颖达）、《礼记训纂》（朱彬）和《礼记集解》（孙希旦）。

*《十三经注疏》，第19—26卷，北京，1957年；《礼记》，И. С. 李谢维奇、Р. В. 越特金、В. Г. 布洛夫译，载《中国古代哲学》，第2册，莫斯科，1973年；《礼记》节译，В. 苏霍鲁科夫译，载《圣贤著作选》，莫斯科，1987年；Couvreur

S. Li Ki. Vol. 1-2. Ho Kien Fu, 1913; The Li Ki / Tr. by J. Legge // The Texts of Confucianism. Pt 3-4. Delhi, 1966 (The Sacred Books of China.Vol. 27-28)。**В.П.王西里《〈礼记〉中的伦理和仪式》，载《中国传统的伦理和仪式》，莫斯科，1987年；З.Г.拉宾娜《仪式作为中国传统文化组织生活的一种方式》，载《莫斯科大学学报》，第19辑《东方学》，莫斯科，1991年。

（А.Г.尤尔克维奇撰，穆新华译）

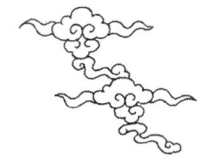

李塨

李塨（1659—1733），字刚主，号恕谷，直隶（今属河北省）蠡县人。哲学家，颜元的学生，同颜元一起创立了"颜李学派"。他出生于文人家庭，最初的教育是从父亲李明性那儿获得的。1673年年末，娶颜元挚友王养粹的妹妹王至顺为妻，但不满2年他便成为鳏夫。1677年李塨再婚，当年参加院试成功得中秀才。但他拒绝了国家的资助，因为他把这看作清政府的收买。20岁时李塨完成了其第一部独立著作《取孝集》，但未能保存下来。1679年，他师从颜元，效仿自己的老师开始写日记，这为《李恕谷先生年谱》的写作奠定了基础。

受颜元注重实际知识的启发，李塨形成了"纸上阅历多，则世事之阅历少；笔墨之精神多，则经济之精神少"（《李恕谷先生年谱》）的观点。像他的老师一样，李塨决定从事医学和药理学研究，并且除哲学和历史外，他开始研究军事、经济、音乐和礼仪，这些反映在他的《学射论》《学礼》及其他著述中。由于生活窘迫，1683至1708年他不得不在不同的家庭从事私塾教师工作，在国内四处漂泊。后来，李塨来到北京，随后数年他往来于北京约40次。

1689年，李塨为颜元论著《存性编》作序并编写完成了文集《讼过则例》，于1695年刊印。书中他效仿王阳明后继者的类似作品及蕺山学派创始人刘宗周的《纪过格》，将道德罪恶和缺陷进行了分类。

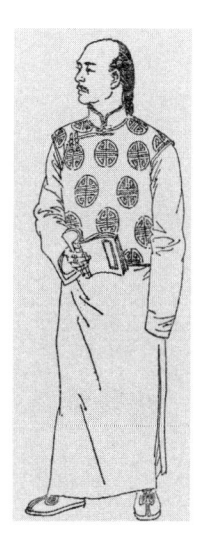

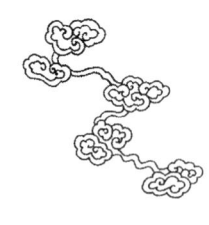

1690年，李塨中举人。40岁时又娶小他25岁的王凤故为妻，王分别在1699和1702年生下两个儿子，1706年病故。职业活动和家庭经济状况促使李塨在1700年完成了关于儿童教育的著作《小学稽业》（5卷），1701年完成了以经文风格撰写、有关其教育思想的《圣经学规纂》，同年他完成了主要作品之一、有关最重要的儒学论著"四书"的《大学辩业》。著作名称本身使人联想到刘宗周学生陈确的激进作品《大学辩》（4卷，1645）。当时李塨有关音乐的作品《李氏学乐录》（2卷）是由他的导师、著名学者和作家毛奇龄刊刻的，李塨在1697至1699年向他学习音乐并为他的著作写了序言。1701年，李塨撰写了反对佛教的文章《厉佛论》，并且讲授关于"四书"第二诠注的系列课程（这些作品汇编成《恕谷中庸讲语》）。颜元死后，李塨在他的故乡博野县（今河北省中部）建立了纪念馆"习斋学舍"，次年编撰完成描写颜元生活足迹的《颜习斋先生年谱》。

1715至1716年他被卷入一桩叛乱案，但被无罪释放。在这之后，1717年他上书请求授予官职，第二年被任命为通州学政，上任后不久就不得不因病告归。1719年，他返回故乡并打算南迁，因为他设想在南方更为自由的精神氛围中自己的观点会更引人关注。但这一计划注定不能实现，因为1721年在他们准备前往南京时，他的长子去世。1730年，李塨被邀到直隶总督府主持编撰地理参考资料《畿辅通志》，该书于1735年刊刻。1731年，他完成政治论著《拟太平策》。李塨预感到生命将终，提前写了自己的墓志铭。1733年李塨去世，死后获得了非官方的荣誉称号"文子"。

在李塨的创作中占据重要位置的是对古代经典的注疏：《周易传注》《春秋传注》《四书传注》《论语传注问》。1686年后他撰写的文章编辑成集——《瘳忘编》，1703至1727年的创作被编入《恕谷后集》，意义更为重大的作品被收入《颜李丛书》。

李塨的世界观基于颜元"理"是由"气"产生的观点。他抨击朱熹"形而上"的"理"，明确提出："夫事有条理曰理，即在事中。今曰理在事上，是理别为一物矣……

离事何所谓理乎？"李塨认为程朱理学主张的"理"脱离"事"和"物"，如同陷入神秘浓雾的道释异端，"致虚守寂"，因此导致在13、17世纪蒙古和满族入侵下伟大宋朝及明朝灭亡的历史重演。

相反，颜元主张借助经实践检验的理性知识"济世"，承认"理"的全面性符合他的这一主张："不目见不身试，何由以理断之耶？"但不同于自己的老师，李塨没有局限于呼吁恢复理想的古学模式，还主张掌握现实经验，甚至宣传西方自然科学，首先是天文学和数学。在解决"知"与"行"相互关系的问题时，李塨回到儒家的经世标准思想：知先于行（《大学辩业》，卷一）。同时他同颜元一样，坚持学知的统一首先体现在"习"上。

在完全赞同颜元恢复古代"井田"和"学校"制度主张的同时，李塨修正了关于恢复"封建"的类似观点，主张必须让每个家庭有食物，提出达到"仕与学合，文与武合，官与吏合，兵与民合"（《平书订》，卷三）。

**А. И. 科布杰夫《中国理学哲学》，莫斯科，2002年，第432—435页；Freeman M. Yen Yuan, Preservation of Learning. Los Ang., 1972.

（А. И. 科布杰夫撰，穆新华译）

李觏（1009—1059），字泰伯，建昌军南城县（今属江西省）人。哲学家、政治思想家。他出生于寒微之家（自称"南城小民"），参加都城（开封）进士科举考试失败后，在家乡创办旴江书院，以博学通识之士和天才教育家闻名。经范仲淹举荐，1049年得到太学教职，在生命的最后时期获授最高职位太学助教。主要著述有《富国策》、《强兵策》、《安民策》（俄译本：З. Г. 拉宾娜译，1985）、《庆历民言》、《删定易图序论》、《礼论》等，它们被收入

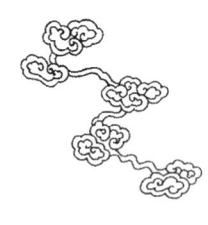

《直讲李先生文集》，又称《盱江先生全集》。

在自然哲学方面，李觏依据宇宙作为统一的实体本原由物质"气"构成的学说，认为宇宙是阴阳二"气"这一物质两仪和合的结果，由这种和合产生"象"，之后出现"形"，万物始终按规律有序地互动，便具有了"形"（《删定易图序论·论一》）。李觏提出与"（五）常"相对立的"权"势观。"（五）常"是指成为人生之"纪"的伦理道德标准，也可说与"常"道相对立，因为"道不以权"。与此同时，"权"与"常"不是相互排斥的，因为利用"权"的"势"对形势变化的反应也是从上面所说的"常"出发。在认知领域的学说中，李觏强调井然有序的感官接受对培养智力和思维方式具有很大意义，将教学作为培养人类优良品德特殊手段的教育思想正是建立在此观点上的。

李觏的政治学说反映了11世纪儒家政治体系的基本特征，即在治理过程中，国家的各职能是相统一的。这一体系的基础是中国古代关于统治者的宇宙构造功能理论，统治者积极体现"天"的意志。然而李觏有明显降低儒家权威的倾向，在他的思想理论中"天"的存在只是为了指出对帝王行为有着最高制裁，而古代"圣"君的思想尽管重要，但远不是采取治理决策的决定因素。李觏认为，"国之幸"是"君之幸"，社稷的利益是评判谋士的建议、方案、方法及其成效的标准，而谋士的个人特征则消失在为国家利益的创造过程中。

李觏认为农业是国家物质富足的基础，他宣布土地为"本"，而土地耕获为"末"，是第二位的，因为私有土地是土地开垦者对劳动感兴趣的重要因素。他认为古代所实行的"井田"制是将土地和劳动者结合起来的理想形式。李觏这一理想的独特性在于，他认为"井田"制的主要优点不仅是保障农民富裕，还能保障充分利用土地，使国家富强。李觏认为，比起商人和手工业者，农民更值得国家关怀。为了国家的利益，商人的积极性需要加以限制和严格监督。那些"冗者"——佛教道教僧侣、自私自利的官员、游

民、阴阳家、算命先生、巫医、流浪艺人给国家带来重大危害，因此，李觏建议通过"抑末之术"让非农业劳动人口归于"本"：从管理制度上禁止"侈靡"，使商人及手工业主无利润可获。他主张确定占有土地的限额，禁止剃度为僧，清理管理机构，禁止流浪艺人、巫医、术士等人群的活动，迫使"无逐末之路"的人在封建采邑制条件下持有土地。同时，应该鼓励开垦荒地，不设限额，垦荒授爵。李觏还呼吁国家严格控制财政领域，因为"百官群吏，非财不养"。为了国家的财政利益，应鼓励按照国家许可的贸易和捐税制度来经商。作为主要任务，"富国"必须为提高国家的边防能力服务，通过组织屯兵来保护国内社会安定，保护疆土安全。"安民"是从各个方面强国的前提和条件，它通过以下几个方面来实现：（1）"教化"（"善观民"；"择师"，"以德行为选"——日观其德，月课其艺；"试之以事"）；（2）"令"（"从其令"；取消"赦""赎"权）；（3）"治"（任命忠诚的官员、"择贤"）；（4）"富国"（"多蓄积"，"抑末重农"）。

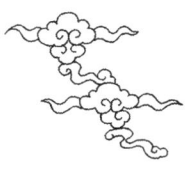

李觏的思想与宋朝部分官僚阶层变革的主张一致，他们力求限制高官们的影响，减少因大封建地主扩张土地失控给国家、中下层官僚利益带来的危害。李觏的政治经济观点在王安石的思想学说中得到了发展。

20世纪初，中国知识分子对李觏学说兴趣的增长是受胡适的影响，他认为李觏的思想理论具有实用性，并称其为11世纪中期中国最大的思想家。

*《李觏集》，北京，1981年；З. Г. 拉宾娜《传统社会中后期中国的政治斗争》，莫斯科，1985年，第259—307页。**МорохасиТэцудзи. Когакусидзё ни окэру судзюн хакуно токусю тии (Особоеположение Ли Тайбо в истории конфуцианства) // Сибун. 1926, No.8); 姜国柱《李觏思想研究》，北京，1984年；Тэрадзи Дзюн. Ри коно кёсисо то соно рэкиситэки иги (Историческое значение учения Ли Гоу о ритуале) // Сигаку кэнкюдзё. 1973, No. 118, 119); 胡适《记李

靚的学说》，载《胡适文存》，第1辑，上海，1921年；Balazs E. Chinese Civilization and Bureaucracy. New Haven-London, 1964, pp. 277-289; Tillman H. C. Utilitarian Confucianism: Ch'en Liang's Challenge to Chu Hsi. Camb. (Mass.)-L., 1982, index.

（З. Г. 拉宾娜撰，穆新华译）

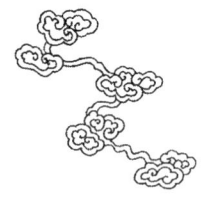

李泽厚

李泽厚，1930年6月生于湖南省长沙市，著名美学家、哲学家、历史学家。1954年毕业于北京大学哲学系，中国社会科学院哲学研究所研究员，中华美学研究学会副会长。自20世纪80年代初起积极参与国际学术交流，1983—1988年在威斯康星大学（美国）工作。

李泽厚于20世纪50年代坚持美是社会性和客观性统一的观点，认为美存在于个人主体之外，但它是宏观主体即人类在改造自然世界方面的实践活动的产物。80年代，李泽厚发展"实践"美学阐释，定义"美"是真与善的统一或者规律性和目标性的统一。认为美的人类情感是由人与自然相联系的社会实践方式间接表现出来，与此同时，社会实践给予人以自由，而众多自由方式之一便是美。五六十年代他就美学主体问题作演讲，定义美学为"研究美的规律的科学"，从事对作为客观现实的美的哲学思考、美学心理学以及社会、艺术史的具体研究。在哲学史领域，李泽厚主张放弃那些在他看来可疑的陈规旧俗，就如同把思想家区分为相互对立的唯物主义者和理想主义者，或者如同黑格尔对"螺旋"的原始解释，它意味着后来的哲学体系优于以往的。李泽厚认为孔子学说中的轴心范畴是"仁"而不是"礼"。他划分出"仁"概念的四个方面："血缘基础""心理原则""人道主义"和"个体人格"，认为它们构成一个统一整体，其精神特征则是"实用理性"。关于中国辩证法的起源，李泽厚认为它起源于"兵家"。"兵家"形成了理论原则的具体应用传统：以清醒理性的方法认识客体事物；迅速确定各对立

事物的主要性质是合二为一，它们是与阴阳二元相对应的。这种传统后来被老子发展。在宋明理学中，李泽厚首先看到的不是认识论或宇宙论，而是尝试重新建构关于人的儒家理论，将伦理首先置于本体论水平上。他认为儒家思想的核心是不变的心理文化结构，直到今日它仍是中国大众和知识分子所固有的。李泽厚认为现代儒学的特点是重点继承和发展孔子、孟子、程颐和程颢、朱熹、陆九渊、王阳明思想，并在这一传统基础上对西方思想（科学、民主）或西方哲学（柏格森、罗素、康德、海德格尔）进行消化、加工，以寻找解决中国现存社会、政治、文化等问题的途径。李泽厚称熊十力、梁漱溟、冯友兰和牟宗三为现代儒学的杰出代表人物，认为他们确定了这一流派某些发展阶段的特点。而作为历史学家的钱穆和徐复观以及张君劢和唐君毅则被李泽厚列为位居第二的代表人物。

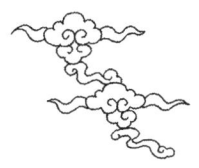

*李泽厚《中国近代思想史论》，北京，1982年；李泽厚《李泽厚哲学美学文选》，长沙，1985年；李泽厚《中国古代思想史论》，北京，1986年；李泽厚《中国现代思想史论》，北京，1987年；李泽厚《思想·哲学·美学·人》，哈尔滨，1988年；李泽厚《华夏美学》，北京，1989年；李泽厚《中国思想史论》，合肥，1999年。** Ding Zijiang J. Li Zehou: Chinese Aesthetics from a Post Marxist and Confucian Perspective // Contemporary Chinese Philosophy / Ed. by Chungying Cheng and N. Bunnin. Malden (Mass.)-Oxford, 2002, pp. 246-259.

（А. В. 洛曼诺夫撰，穆新华译）

李贽（1527—1602），原名林载贽，号卓吾，福建省泉州府晋江县（今晋江市）人。古代中国最具独创性、最矛盾的思想家之一，著名的哲学家和文学家。他是王阳明的继承者和宋明理学中"心学"的支持者，由于"离经叛道"曾遭官禁。

李贽出生于福建省泉州港口附近。这些港口起着国家主要海上门户的作用，中国通过它们实现了与整个亚洲的贸易，在这里反儒家情绪曾被广泛传播，这导致在17世纪明朝末期当地民众大规模转信基督教。李贽的祖上从事海上贸易，早在14世纪就开始信奉伊斯兰教。他们中一位名叫林驽的，同一位色目姑娘结了婚并皈依伊斯兰教。也许，李贽的六代直系先祖们的妻子都是回族。起初这一族姓林，但1422年此姓族中的林广齐与高官发生冲突后，不得不离开故地并改姓李，传至李贽祖先。同时，由于自己的行为，林广齐指定林姓家庭忠实于伊斯兰教和外来异域习俗。最终这一族分解为林和李两个姓氏，他们的代表一方面承认自己的统一血缘，允许两姓互换，另一方面允许两姓之间通婚，而同姓之间缔结婚姻是儒家道德绝对禁止的。

李贽属林姓一支，最初名为林载贽，在1552年更换成了李姓，开始叫李载贽，这样做的原因不明，但据西方研究者毕来德猜测，是父亲迫使他改姓的。私人海上贸易在传统上被认为是最低等但同时又是经济上占主导地位的社会行业，朝廷为了反对这种贸易，1523年曾禁止它，从而使海洋商人家庭都处于贫困状态。李贽父亲认为摆脱这种困境的出路就是让他的长子接受能够打开通往仕途之路且改变社会地位的儒家教育，为此必须摆脱与贸易和异族思想相关联的原姓。于是，李载贽抑制内心的矛盾走上了仕途，在参加举人考试前更换了姓，在族中第一个克服社会障碍获得了官职。拥有了地位的他却不得不再次改名，因为1567年明穆宗登基，他名字朱载垕中"载"字是禁忌，导致李载贽改为李贽。

李贽中举之后的第二年便获得机会参加更高一级的进士考试，这是儒生为寻求官职所经的标准步骤。1555年他中了进士，成为河南省共城（今辉县）教谕。1560年擢升南京国子监博士，1566年任北京国子监博士。他这样做一方面使家庭有了物质保障，但另一方面他对科举考试制度一直持批判性态度，最终放弃了这种制度。1580年李贽将自己的思想立场付诸实践，辞去官职，也摆脱了家庭、社会及朝廷对他要

求的传统职责。1975年发掘的李贽妻子纪念碑上的碑文以及李贽为自己准备好的墓志铭都证明了他与官方体制的决裂：无论在何处，他称呼自己从来都不用官衔。

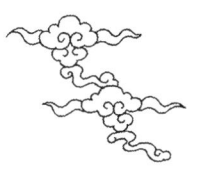

起初李贽不接受正统儒学即宋明理学，就像他基本上不接受任何学说一样。但大约1566年，李贽发现了王阳明哲学和佛学，这使得他不再是"因前犬吠形，亦随而吠"的"一犬"，使他拥有了否定其周围物质及精神现实的理论依据。自出生以来，经历丧母，后又失去祖父、父亲、三个孩子，所经受的很多痛苦令李贽认识到，一个人的真正个性是其真实思想和情感的来源，它是纯粹的自由，是无条件的否定，它只存在于自由否定的行为中。

李贽在同名短文《童心说》中提出的"童心"概念成为他这一世界观的哲学基础。在经典儒家著作中，"童心"与愚蠢、幼稚概念相关联，李贽则从根本上改变了这两个字的含义，把它等同于以"妙明"为突出特点的、包含万物之"相"的"真心"。支撑这一思想转折的一方面是道教传统，比如在《淮南子》中曾有所表述（"至德之时"的人们具有"童蒙之心"），另一方面是孟子至王阳明的思想传统，他们指出人不要丧失"赤子之心"，应保持作为无穷"良知"的"童心"，即人生来就固有的关于善与恶的直觉。基于这些前提，李贽认为"童心"是"一念之本心"，同时也认为，"天下之至文，未有不出于童心焉者"。

从"童心"的普遍性，李贽推导出接近佛教的观点：每个人身上都存在"大圆镜智"，也就是佛的全面智慧，它等同于儒家的"明德"，理想的圣人和凡人同样都具有这些智慧。

李贽以世界万物平等的立场论证了他的世界观——"万物一体"的基本思想。他说"万物并育而不相害"。这种观点意味着他认可人所具有的个人"势利之心"甚至欲望和自私的自然性，而这也就从根本上违背了正统儒家关于"天理"至高无上、"人欲"低下的信条。

对待女性的态度成为他与官方思想对立中最重要的一点。在实行一夫多妻制、以男权为中心的社会，李贽在理论

与实践上站在激进的主张男女平等的立场上,并在其专著《夫妇论》和《答以女人学道为见短书》中对自己的观点加以论述。在书中他提出反问:"故谓人有男女则可,谓男子之见尽长,女子之见尽短,又岂可乎?"他支持女性体面地接受知识,并招收女弟子来听课,这成为世人指责他伤风败俗的借口。李贽关于妇女平等权利的论断是以二元至上的抽象理论为基础的:"天下万物皆生于两,不生于一。"在宇宙二元世界观框架内夫妇如同天与地、阳与阴,是"造端"的根源。这一理论既反对《道德经》关于宇宙"一生二"的生成观,又否定朱熹将"一"等同于"理能生气"的太极,还反驳《周易》关于太极"生二相"的观点。二元论强调宇宙"一与二""理与气""阴阳与太极""太极与无极"的原始二元性。

文学创作是李贽对个性自由之理解的最完整体现。作为自由创作活动,文学创作允许"真"矛盾和"真"否定,这使它成为李贽的实践领域,取代了16—17世纪逐渐消失的儒家形而上学的思辨活动。与此认知相关,他对较自由的文学体裁,首先是多次遭禁的《水浒传》和被官方认为"无德"的王实甫戏剧《西厢记》有着特殊的研究兴趣。20世纪70年代曾有人提出假说,认为李贽是遭禁止的16世纪色情小说《金瓶梅》原著的作者。

李贽没有把文学当作虚构,而是当作实践活动,他追求的不是宣告抽象的思想,而是展示具体的主体自由。因此他以何心隐的命运为榜样,把自己的生活变成了自由思想的表达。何心隐是王阳明学说的拥护者,曾注释泰州学派,是杰出的乌托邦主义者和"大怪人",被绞死在狱中。在很大程度上,正是由于李贽撰写的称颂文章《何心隐论》,后者的名字才未被遗忘。在何心隐被遣送牢狱、等待执行死刑的经历中,李贽看到了一种哲学行为:他否定周围现实的绝对界限,处在这一界限的边缘,而无论是王阳明还是其弟子们的思想却从未达到过此界限。

1570—1577年在南京任刑部员外郎一职时期,对李贽作为王阳明追随者"左翼代表"思想的形成具有极重要的意

义。16世纪,南京是中国的精神中心,与北京不同,这里有更大的精神自由和对立情绪。在南京,李贽从事佛学研究,与王阳明的杰出弟子王机以及泰州学派著名代表人物王襞(该学派创立者王艮的儿子和精神继承者)、罗当芳、焦竑等人接近。

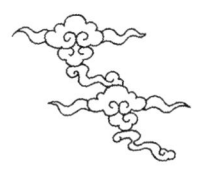

1574年他成为王襞的学生,与焦竑一起刊刻了道家主要经典《道德经》,儒学家苏辙曾为该书作注。该书的序言是李贽第一篇有确定创作日期的作品。对道教的兴趣使他创作了《韩非子·解老》的注疏,以及基于理学而对军事哲学著作《孙子》的评注,后一部论著很显然是在1561年他本人参加抗击日本海盗、保卫晋江城事件的刺激下完成的。1598—1602年他完成了对儒家论著《周易》的注疏。1578年出任云南姚安知府,在那里他主张"自然"自治。1580年,他带着"丑闻"弃官,定居在黄安(湖北省,今红安县),住在朋友耿定理家中充当门客兼教师。耿定理的哥哥耿定向也是阳明主义"左翼"的支持者,官居右副都御史。李贽与之进行了激烈的论战。李贽否定道德规范标准,认为世俗生活中合理实现个人的利益是道德的。但他同样指责耿定向的不道德行为,因为后者对他朋友何心隐被杀害一事没作任何反对。冲突的结果是:在耿定理死后,李贽不得不在1585年离开黄安,迁居湖北省东北部麻城龙潭湖上的"芝佛院"。1588年,他在那里完成了自己的第一部真正的著作《初潭集》。1587年,他将妻子、女儿及女婿从那里送回了福建家乡。1588年,当他得知自己55岁的妻子死后,按照佛教习俗他落了发,以示他决定再也不回他已失去4个儿子、2个女儿的那个家。从此,他积极参与寺院生活,注解佛经,写作醒世文章,最后留下遗嘱要求把他像僧人一样埋葬在寺院里。但李贽毕竟没有正式成为僧人,因为他没有改名,没有发下誓愿,也没有拜师。他在蓄意"荒唐"的"剃度"之后,自我鉴定为"实儒",以此强调自己与众不同的立场。

按佛教习俗剃度但保留"儒家大脑",被他解释为:儒、道、释的本质是三条路通向同一目标,即发现"三教同道论"和脱离浮世。由此他得出结论:真正的哲学旨在研究

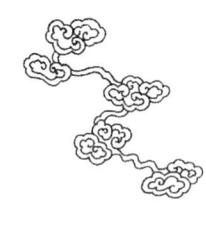

生死因果，研究自性和自命的化身，而它在现实中的实现包括必须成为僧侣。

1600年，李贽撰写完成《阳明先生道学钞》和《阳明先生年谱》。他认为王阳明为"得道真人不死，实与真佛"，但他有别于很多自己的同时代人，不主张中国传统三教的绝对统一，因为在它们之中他还是给予儒家第一的地位。他还把不可动摇的儒家同"最愚蠢"的中国基督教化计划作对比，这一方案是由传教士利玛窦第一个向中央王朝提出的建议。李贽与利玛窦曾于1598年在南京会面并曾赠诗《赠西人利西泰》。

李贽的观点与他的同时代及同姓人、另一位福建"异教徒"林兆恩的"三教合一"思想有分歧，因为三教的完全融合相当于它们各自削弱自己的优势，它们其实都具有以历史现状为前提的相对真理。

他把儒家的奠基之作"五经"和"四书"称作"史官过为褒崇之词"，而实际上它们只是"懵懂弟子凭记忆记录下来的导师格言"，并不是"万世之至论"。因此并非所有圣人说过的话都应无条件地接受，哪怕是孔子本人所言，更何况可能遭批判的程颐和朱熹——李贽称他们的某些言论为"无理"。但是，李贽被官方正统史学所厌恶，因为他在实践中实现的是儒家"不共戴天"的对立者法家的思想，"可恶"的统治者秦始皇被他誉为"千古一帝"。

自1590年始，李贽被到处追捕，他周围的形势异常紧张，以至于1600年在麻城县，一群人在当地理学权威的带领下，对他实施围捕，捣毁他的房屋。但李贽设法逃脱了，去到邻省河南，他从那里被邀到通州（距北京40公里）御史马经纶家作客。但在1602年，礼科给事中张问达上奏皇帝，指控李贽精神和肉体放荡，攻讦他散布异端邪说和欺骗，建议以"乱道"罪名逮捕李贽，并焚毁他的著作。

李贽被打入北京监狱，在那里他用剃刀割喉。在陈述自杀的原因时，他扔下死前最后一句话："我年七十有六，今不死更何待？"他预见到自己的死，提前两个月写下遗言，吩咐既不要按儒家，也不要按佛教仪式安葬他。

皇帝关于焚毁他著述的敕令同样被李贽预料到并表达在他的主要作品《焚书》上。然而，尽管1625年继任帝王再次禁他的书，李贽的论著却继续刊行并在社会上流传，对此顾炎武在《日知录》中作了记叙。李贽的著作成为自由思想、对立情绪甚至中国及相邻国家革命积极性的源泉。日本"明治维新"的预言家之一——王阳明的追随者吉田松阴在狱中读过并注释过《焚书》和《续藏书》，并留下遗言说：在临刑前，李贽的生命结局给他以极大鼓舞。在1908年的中国，在1911年清朝陨落前夕的革命动荡时期，《焚书》再版。1949年，岛田虔次关于李贽的专著出版，这标志着对李贽现代研究的开始，而这正与中国历史命运的伟大转折即中华人民共和国的成立相重合。

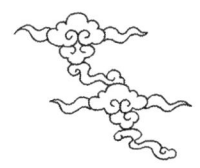

李贽的思想遗产主要集中在以下四部作品中：《焚书》《续焚书》《藏书》《续藏书》，它们的现代版本于1959和1961年在北京出版，1974和1975年由中华书局再版。其中第一本书收录了书信、时评、短文、序言、诗文等（包括《童心说》《夫妇论》《答以女人学道为见短书》《何心隐论》），这些都是李贽在此书刊行之前的8—9年内所写的；第二本书由他在1590年之后创作的各种论著及书信组成；第三本书包括约800篇历史活动家的生平传记（战国至元朝时期）；第四本书补充了约400篇明朝时期即1368年之后的活动家生平。

**А. И. 科布杰夫《中国理学哲学》，莫斯科，2002年，第390—397页；В. С. 马努辛《中世纪晚期中国自由思想家斗争中风格的作用》，载《中、韩文学的体裁和风格》，莫斯科，1969年；В. С. 马努辛《李贽的观点及其同时代人的创作》，载《国外东方文学史大学间学术研讨会论文集》，莫斯科，1970年；С. А. 谢罗娃《中国社会与传统中国戏剧（16—17世纪）》，莫斯科，1990年；С. А. 谢罗娃《泰州学派关于人类道德独立与和谐力的"德"范畴（16—17世纪）》，载《从魔力到道德要求：中国文化中的"德"范畴》，莫斯科，1998年；容肇祖《李贽年谱》，北京，1957年；吴泽《儒教叛徒李卓吾》，香港，1975年；朱谦之《李贽——十六世纪中国反封

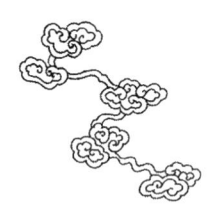

建思想的先驱者》，武汉，1957年；BilleterJ.-F. Li Zhi, philosophemaudit (1527-1602). Geneve-Paris, 1979; Chan Hok-lam. Li Chih, 1527-1602, in Contemporary Chinese Historiography. White Plains (N. Y.), 1980; De Bary W. Th. Li Chih: A Chinese Individualist // Asia. 1969, Vol. 14; Franke O. Li Tschiund Matteo Ricci // Abhandlungen der Preussischen Akademie der Wissenschaften. B., 1937, No. 10; 1938, No. 5; Hsiao Kung-chuan. Li Chih: An Iconoclast of the Sixteenth Century // T'ien Hsia Monthly. 1938, Vol. Ⅵ, No. 4, pp. 317-341.

（А. И. 科布杰夫撰，穆新华译）

理

理，意为"原则、规律、规则"（属性、依据、秩序、动机、理由、理论、真理、真实、理想、理智、本体），是中国古代哲学基本范畴之一，词源上可以追溯到用来表示田地的划分和标记（该字的右半部分由"田"和"土"组成），或表示玉石上的细脉纹路、一束植物纤维（"制作的装饰图案"）、宝石加工程序。"理"字的本源意义为其术语含义奠定了基础：有秩序、有结构和有个性的开端；属性，单个物体或万物（包括精神生活现象在内）所固有的不可分割特性。在中国佛教中，该字用来表达"真知""真相""清净道""正确认知"等。

"理"作为哲学范畴从一开始就具有三个基本意义：物理的、形而上学的和人类学的。物理含义上的"理"是指决定事物"形"的外部感觉特性，与现代语言中"物理学"（字面意义即"关于物质原理的学说"）一致。形而上学意义上的"理"是指"看不见"的事物和现象的内部构造，它合乎"道"，并使得事物与现象可以被认知。因为"道"是客观的，它的模式"理"具有人类学意义。"理"的人类学意义是指人"心"，即与"义"相协调的心灵所具有的超越个体的基本特性。作为认知因素的"理"不再是万物世界的感性特征，相反，它对立于一切感性。现代语言中术语"心理学"（字面意义为"关于心的原理的学说"）是"理"的

人类学意义的体现。

作为哲学概念，"理"至少自公元前4世纪起就已经被使用：在《礼记》和《系辞传》中，"天文"与"地理"相关联，现代术语"地理"就由此而来。在公元前5—前3世纪，墨翟以及墨家后学、孟子、荀子和韩非子学说成为使"理"术语化的重要阶段。墨翟的"理"与无序、混沌、杂乱相对立，从而与作为正确之"行"和"辞"的普遍基础的"治"相同。

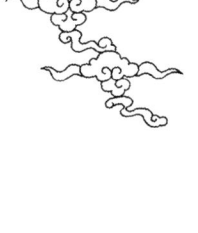

墨家后学的"理"具有区分"名与实""是与非"的本体论含义，"理"与"故""类"一起构成墨家"三物"论。孟子将"理"作为伦理概念之标准、规范、道德基础来使用。荀子使"理"的意义接近道德礼仪的"礼"，着力通过相应道德规范的影响化解人的本性之恶，从而使人明白和遵守真正的事"理"。韩非子提出"理者，成物之文也"。此概念后来的发展与"玄学"相关联，例如王弼把"理"等同于作为"道"体最初之普遍属性的"无"，他认为代表"无形"世界的"理"是"物"即"有"世界的基本构成元素。王弼将"理"与"事"相对立，这成为他概念上的创新。"理－事"这一对概念在佛教华严宗学说中得到进一步发展，该学说将以"空"或"一心"形态存在的本体世界"真如"定义为"理"。

此概念的佛学解释给了宋明理学以影响。"理"被冠之于该学派的名称"理学"，并成为该学说的基本范畴。在宋明理学中，专门研究"理"的概念从程颢、程颐两兄弟始，最后由朱熹完成。"理"被理解为实体世界的本原，它组成万物的性，决定它们的结构。万物各有其理，而万物之"理"的总和形成"太极"——本根之"理"生成无形的"气"，引起宇宙起源之进程，形成世界。相对于"气"而言，逻辑上的"理"被看作本原，尽管理本论曾被否定，因为按照朱熹的观点，"理"与"气"是不可分的，是相互依赖而存在的。理学家们还认为"理"是伦理道德的本原，它包含五个基本道德规范标准（"五常"）："仁""义""礼""智""信"。这种把"理"当作万物

383

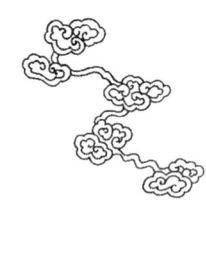

众生本原和本性的观点为宋明理学的本体论和宇宙观做了伦理意义上的补充。根据此学说，人的目标就是揭示自身原本的善性"天理"，摆脱恶的"人欲"。

在宋明理学另一主要流派陆王心学的哲学观点中，"理"被认为完全属"心"，即心理、认知领域，属于主观世界。宋明理学更晚期的一些学派倾向于经验主义，既与朱熹的外在正统理论，也与王阳明的内在理论观念相对立，他们认为"理"是由"气"派生出来的（王夫之、戴震、颜元、李塨等）。

汉学研究中通常把"理—气"当作精神和物质这一组对立概念来进行对比解释。

*《世界哲学选集》，莫斯科，1969年，第196—204、206—239、251—259页；《中国古代哲学》，第2册，莫斯科，1973年，第226、239—255页；《中国古代哲学·汉代卷》，莫斯科，1990年。**А. И. 科布杰夫《王阳明与中国古典哲学》，莫斯科，1983年；А. И. 科布杰夫《中国理学哲学》，莫斯科，2002年；А. Б. 克拉斯诺夫《朱熹人性论》，载《儒学在中国》，莫斯科，1982年；Е. А. 陶奇夫《理学家的伦理观特征》，载《宗教批判的社会哲学层面》，列宁格勒，1982年；Л. Е. 扬古托夫《中国佛教哲学的统一、同一与和谐》，新西伯利亚，1995年；Л. Е. 扬古托夫《华严宗哲学》，新西伯利亚，1982年，第33—34页；韦政通《中国哲学词典》，台北，1989年，第476—486页；唐君毅《论中国哲学思想史"理"之六义》，载《新亚学报》，第2卷第1期，1955年；Chan Wing-tsit. The Evolultion of the Neo Confucian Concept Li as Principle // Tsing Hua Journal of Chinese Studies. 1964, Vol. 4, No. 2; Cheng A. Li ou la lec, on des choses // Philosophy. P., 1994, t. 44, pp. 52-71; Wittenborn A. Li Revisited and Explorations // The Bulletin of Sung Yuan Studies. 1981, No. 17 (N. Y., 1982).

（А. И. 科布杰夫撰，穆新华译）

理事

理事，是玄学派思想家王弼首先提出的一对概念，后来用来表达佛教华严宗关于真实存在与现象存在根本统一的基本哲学观点。

华严宗认为"理"是绝对的实体，构成诸法的本质。"理"同于宇宙万象"法身"，也称"理佛身"，源于"理"的所有生灵乃至整体宇宙之性都是基于"理佛性"。而"事"是指轮回现象世界里的万物和生灵，即"有"。依据大乘佛教轮回和涅槃统一说，华严宗杜顺、法藏、宗密等提出不仅万物"理与事""相即"，还提出"理事无碍"，它们互为条件、互相包含，构成两个层面的统一，即"一心"。华严宗思想家以"事事无碍"观补充了这一学说。此观点基于印度佛教权威《佛说罗摩伽经》，此经已收入《华严经》。《华严经》里的《入法界品》讲道：世界就像由无数颗宝石组成的神奇网络，每一颗宝石都映射出其他石头，它本身也在石头中被映射。"事事无碍"观确定了华严宗哲学的特点，断定有序宇宙集合体的精神统一，每个元素都包含着整体世界。

理事学说包含有唯心主义辩证法的"部分与整体""一与多"相统一等内容的成分，是以中国传统哲学范畴理解印度佛教教义的一个例证。

**А. Н. 伊格纳季耶维奇《日本的佛教》，莫斯科，1987年，第238—245页；Л. Е. 扬古托夫《华严宗哲学》，新西伯利亚，1982年；Chang G. C. C. The Buddhist Teaching of Totality. The Philosophy of Hwa Yen Buddhism. University Park-London, 1971.

（Е. А. 陶奇夫撰，穆新华译）

理学

理学，远东哲学主要流派之一，指革新并改造了的儒学，11世纪以系统化的形式出现于中国，并完成了对远东传统文化精神价值核心的塑造。它与以下几个中国的（包括从中派生出的日本、朝鲜与越南的）术语相符合：心学、实学、圣学、宋学。在最狭义上，理学指入选《宋史》的11—12世纪哲学家在理学领域的学说，代表人物为周敦颐、张载、程颢、程颐、朱熹及其最亲近的弟子和追随者。在稍广义上，理学还包括11—17世纪（宋朝到明朝）所有以儒家思想为指针的哲学，但有时也只包括官方认可的哲学家的学说。在最广义上，理学指自11世纪至今流行于远东地区的儒学和儒学化思想的总和。理学的各个本土命名方式强调着其不同的方面：宋学——强调产生时期；实学——强调"现实性"和"实践性"，这使之与宣扬远离现实生活和现实本身的道教和佛教对立；理学——强调遵循古代"圣王"开创的正统真理"道"；圣学——强调每个人都有可能借助于其与生俱来的"性善"成为"圣"。

理学是在道教和佛教广泛流行的条件下，由儒学的卫道士们发起并形成的。理学意识形态的建立始于"理学三先生"（孙复、胡瑗和石介），并在周敦颐的著作中首次获得系统化和主题上包罗万象的形式。理学的主导学派是由其追随者和注释家程氏兄弟与朱熹建立并首次占据官方意识形态、到1313年才在中国被奉为经典并将这种地位一直保持到20世纪初的程朱学派，以及诞生于20世纪中叶的冯友兰"新理学"。16—17世纪，陆王学派成为程朱学派主要的竞争者。程朱学派坚持以社会为中心的客观主义，而陆王学派坚持以个人为中心的主观主义，这两派的角逐有时也被称为"理学""心学"的对立，它们传播到了日本与朝鲜，并在中国台湾地区以新的形式持续至现在。在这两个主要理学流派中，从一开始就划分出两种更为狭义的潮流：第一种潮流的代表人物（邵雍、蔡九峰、方以智、王夫之）对自然哲学问题和数字占卜（象数学）架构给予了更多关注；第二种潮流的代表人物（吕祖谦、陈亮、叶适、王廷相、颜元）更看重知识的社会实用意义。17—19世纪，占主导地位的程朱和陆王学说遭到了来自"考据"学派的冲击，他们专注于对经典文本进行批判性研究，对自然开展调查。这一流派被称为"朴学"，其开山鼻祖为顾炎武，而集大成者则是戴震。自康有为而始的理学新发展，则与吸收西方理论的尝试联系在一起。

与最初的儒学不同，理学的基础首先是孔子、孟子及其亲传弟子的文本，而非前哲学经典。程朱学派将这一新立场体现在"四书"当中。理学经典编纂时期，先秦哲学经典被纳入"十三经"，其中占据首位的是《周易》，《周易》中阐述的术数思想完全在理学中得到了阐发和发展。理学家积极讨论了早期儒学极少涉及的本体论、宇宙论和认识论问题。理学从道教和佛教引入了一些抽象概念，通过伦理学阐释将其同化。儒学的道德优势在理学中变成了伦理学上的普遍主义，在此框架下，存在的任何一个维度都开始在道德范围内进行讨论，并借助人（仁、性、心）与自然（天、命、道）本质的持续相互同一得以表现出来。现代的理学阐释家和继承者们（牟宗三、杜维明等）将这种立场界定为"道德的形而上学"，同时也是神学。

*黄宗羲《明儒学案》，北京，1990年；黄宗羲《宋元学案》，第1—4卷，北京，1989年；Reflections on Things at Hand. The Neo Confucian Anthology / Compiled by Chu Hsi and Lu Tsu ch'ien / Tr. by Chan Wing tsit. N. Y.-L., 1967。**В. М. 阿理克《中国文献著作》，第1册，莫斯科，2002年，第161—248、534—571页；К. И. 郭黎贞《"太极"：1—13世纪中国文学与文化的世界模式》，莫斯科，1995年，第245—323页；《中国哲学史》，莫斯科，1989年，第309—501页；А. И. 科布杰夫《现阶段的理学研究与阐释》，载《亚非人民》，1983年第6期，第151—169页；А. И. 科布杰夫《中国理学哲学》，莫斯科，2002年；Н. И. 康拉德《西方与东方》，莫斯科，1972年，第174—207页；《理学在中国》，莫斯科，1982年，第88—263页；Я. Б. 拉杜利-扎图洛夫斯基《理学及其在日本的传播》，莫斯科、列宁格勒，1947年，第222—444页；Е. А. 陶奇夫《论理学伦理学说的特质》，载《宗教批评的社会哲学方面》，列宁格勒，1982年；冯友兰《中国哲学简史》，圣彼得堡，1998年，第288—344页；黄公伟《宋明清理学体系论史》，台北，1971年；Bary W. Th. de. Neo Confucian Orthodoxy and the Learning of the Mind and Heart. N. Y., 1981; Brie re O. Fifty Years of Chinese Philosophy, 1898-1950. L., 1956; Chang C. The Development of Neo Confucian Thought. Vol. 1-2. N.Y., 1957-1962; Contemporary Chinese Philosophy / Ed. by Chung-ying Cheng and N. Bunnin. Malden (Mass.)- Oxford, 2002; Liang Ch'I-ch'ao. Intellectual Trends in the Ch'ing Period. Camb. (Mass.), 1959; Principle and Practicality: Essays of Neo Confucianism and Practical Learning. N. Y., 1979; The Unfolding of Neo Confucianism. N. Y., 1975.

（А. И. 科布杰夫撰，贾茜译）

良能

良能，意为"良好的能力"（先天的、自发的天赋，道德本能）。儒家哲学术语，表示人性先天向善这一思想。这一术语与"良知"的成对搭配首先出自《孟子》："人之所不学而能者，其良能也；所不虑而知者，其良知也。"（《孟子·尽心上》）

在孟子提出的"人性本善"概念范围内，术语"良能"指人性的原始行为动机，就像孩童渴望母亲。但是在这里没有对纯粹的人类行为方式和动物"本能"进行区分，这显然源自朱熹解释的"良"的标准定义："良者,本然之善也"。

后来宋明理学家们开始揭示"良能"的精神实质。发起这一运动的张载强调："神化者，天之良能。"（《正蒙》，卷一）"良能"和"良知"一起渗透并将感知的"混然物"神化。

"良知"可以理解为最高的良好天赋，与此相关，将"良能"确定为最高的道德心理和精神智慧能力的趋向，在王阳明学说中获得了最大的发展。王阳明融合"良能""良知"两概念为"致良知"。

现代语言中，术语"良能"有时又回到了最初的含义，表示本能。

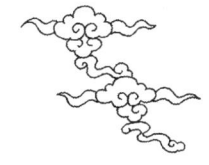

**A. И. 科布杰夫《王阳明学说和中国古典哲学》，莫斯科，1983年，第198—220页；A. И. 科布杰夫《中国理学哲学》，莫斯科，2002年。

（A. И. 科布杰夫撰，穆新华译）

良知

良知，意为"好的智慧"（天生的、自然的、先天的、先验的以及经验丰富的道德知识，直觉、意识、良心）。儒家哲学术语，表示主观、客观知识：好的、价值上地位极高的智慧，同时它以善作为相应对象。它首次与术语"良能"一起出自《孟子》："人之所不学而能者，其良能也；所不虑而知者，其良知也。孩提之童，无不知爱其亲者。"（《孟子·尽心上》）

《孟子》的第一位注疏者赵岐将"良知"中的"良"解释为最高级的标示"甚"，因此他所理解、定义的"良知"是高等的知识。按照朱熹的定义，"良"是"本然之善"，由此，"良知"即"本然之善心"。

张载是宋明理学中重点关注术语"良知"的第一人。他用这一术语来表达感官之外的直观认知概念。他直接用"德"范畴来定义"良知"的固有道德特性，"诚明所知，乃德良知，非闻见小知而已。"（《正蒙》，卷二）

"良知"这一概念在王阳明哲学中得到了很大发展，其哲学最大限度地依赖于内在先验和直观的认知方式。"良知"成为王阳明哲学三个主要范畴之一"致良知"的组成部分，后来这一范畴的发展首先与"良知"相关联。王阳明不拒绝使用术语"良能"，将其承载的含义与"良知"融为一体："良知者，孟子所谓是非之心，人皆有之者也。是非之心不待虑而知，不待学而能，是故谓之良知。"以一个术语来表达知识、评价、感受和行为统一的思想，这样的概念融

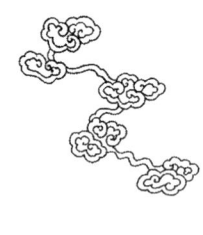
合说明王阳明的"良知"是"良心"或孟子"本心"的同义词。王阳明的"良知"也是"心"概念（心灵、意识、精神）的代名词，它直接指向人类精神的道德本质并且具有相同的语义："良知"是指心灵、精神、认知、知识、情感、意志、意识甚至是潜意识。"良知"这种遍在性具体体现为自然天生和无先决条件，也就是说："良知"如同太阳发出永恒之光；像天之本体，拥有天理和法则；如同涵盖一切的"太虚"和"道"；具有永恒和超个性，与作为"心印相似"基础的、佛的全知全能智慧即超个人灵性相似；"无我"和无私乃是"真我"；人类共同性和个人隐匿性；自身无意识性和情景相同性，正确判断人的所有认知、意志、情感和行为能力。

19、20世纪之交，传统儒家哲学走向黄昏，儒家哲学的一些代表曾试图将"良知"概念与其他传统哲学概念视为同一。章炳麟继续"良知"的佛教解释，将其当作"本觉"，而梁启超用"良知"来传达康德的纯粹实践理性概念。

在现代汉语中，"良知"指的是良心，是本能。

*刘宗周《良知说》，1822年；王守仁《王阳明全集》，第1—2册，上海，1997年；Chan Wing-tsit. Instructions for Practical Living and other Neo Confucian Writings by Wang Yangming. N. Y., 1963, index。**А. И. 科布杰夫《王阳明学说和中国古典哲学》，莫斯科，1983年，第198—220页；А. И. 科布杰夫《中国理学哲学》，莫斯科，2002年；冯友兰《中国哲学简史》，圣彼得堡，1998年，第331—332页；牟宗三《智的直觉与中国哲学》，台北，1971年；倪羲抱《良知说》，载《国学杂志》，1915年第1卷第3期；Chang C. Reason and Intuition in Chinese Philosophy // PEW, 1954, Vol. 4, No. 2; Chang C. Chinese Intuitionism // PEW. 1960, Vol. 10, No. 1.

（А. И. 科布杰夫撰，穆新华译）

梁启超

梁启超，字卓如，号任公，又号饮冰室主人（字面意义"饮冰水"，源自道家经典《庄子》）。1873年2月23日生于广东新会，1929年1月19日病逝于北京。哲学家、科学家、文学家、政治及社会活动家，19世纪末20世纪初中国自由改革运动的领导人之一。出身于地主家庭。16岁时，早于自己的老师及精神导师康有为获中举人（1889）。

1895年，梁启超同康有为及他的另一位学生麦孟华参与集体撰写致光绪皇帝的万言请愿书（604人签名，1200多名举人拥护）。请愿书倡议改革，其中包括：积极吸纳海外华侨为国服务，将首都从北京迁往古城西安，国家银行发行纸币，铸造可兑换的硬币，建立国家邮政系统，变儒教为正式的国家宗教，在皇帝之下设立选举议政机构，等等。

为了宣传改革思想，他同康有为和麦孟华一起，自1895年6月开始自己出资在北京出版《万国公报》。1896年8月他成为《时务报》杂志（1896—1898）的主编。该杂志在上海创办，为社会政治类旬刊。1896年出版《西学书目表》。所有这些出版物对中国社会了解西方自由民主价值观和科学思想起到了重要的作用。

梁启超是中国首批"民政"拥护者之一。在《论君政民政相嬗之理》（1897）一文中他写道："治天下者有三：一曰多君为政之世，二曰一君为政之世，三曰民为政之世。多君世之别有二：一曰酋长之世，二曰封建及世卿之世。一君世之别又有二：一曰君主之世，二曰君民共主之世。民政世之别亦有二：一曰总统之世，二曰民政统一之世。"

1898年4月12日，梁启超帮助康有为在北京组织成立"保国会"。"百日维新"期间他是改革运动的领导者之一。维新变革失败之后他设法逃脱了处决，在日本外交官的帮助下移居日本。在日本，他继续活动，在横滨创办具有影响力的社会政治类杂志《清议报》（1898—1901）和《新民丛报》（1902—1907）并担任两刊主编。后者的名称反映了儒家经典《大学》中的"三纲领"之一，在梁启超关于拯救民族的纲领性著作《新民说》（1906）的书名中再次使用。

梁启超把采用对于中国学术首先是"今文经学"而言传

统的、含义深刻的方式阐述的康有为的学说观点，当作本土社会主义的理论范例来解释，按照这一理论，"国和家在社会中融为一体"。他在《南海康先生传》（1901）中阐释自己老师的思想，论述了关于废除国家（"无国"）和国界、解散军队以及建立统一国家大联邦的必要性，指出全体人民所选择的政府要发挥监督、教育和经济作用。梁启超提倡婚姻自由，支持孩子们的社会化教养：20岁之前的孩子们接受平等教育，随着20岁年龄的到来，人逐渐成为当之无愧的公民。

康有为的政治历史哲学乌托邦思想是以儒家经典《礼记》第9篇所描写的"大同"和"小康"社会内容为参照，以源自孟子、董仲舒、"今文经学"、《公羊传》的传统以及何休所提出的历史发展"三世观"为基础的。梁启超结合对于整个中国哲学最基本的人性善或恶的问题（首先由孟子提出），对康有为的思想给出了人本主义解读。在《读孟子界说》（1898）一书中，他强调：孟子认为，"性善为大同之极致"（尽管在《孟子》实际文本中没有"大同"这一术语）。他又进一步确证："据乱世之民性恶，升平世之民性有善有恶，亦可以为善可以为恶，太平世之民性善。"在历史进化的这一高级阶段建立民政，而人民发展智慧和力量；结果宇宙的普遍规律——"强权"，便以完全"温和与善良"、毫不妨碍平等和自由的方式实现。这种发展的最高阶段是"太平之太平"。在确定通往这一目标的途径时，梁启超将"经济和妇女革命"放到第一位，也就是说资本家和劳动人民、男人和女人各"阶级"的权利平等，但同时他又反对进行"民族、政治和社会革命"，担心这将导致"暴民专制""战乱、列强侵略及国家分裂"。

在不得不迁居国外期间（1898—1911），梁启超在科学政论性文章中努力将古代中国哲学与西方自由主义，与他所理解的卢梭、康德、穆勒学说中的自由思想，与达尔文和斯宾塞的进化论相融合。他与康有为出现了分歧，后者借法国大革命的恐怖，批评他的自由主义。梁启超坚持自由如"天地共理"，它不是产生在法国，并且适用于现代中国。这些论断在他的《自由书》（1908）中得到了体现。

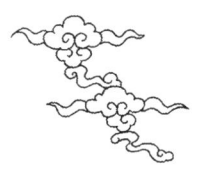

在清朝倒台之前的危机时期，1911年11月，梁启超拒绝了总理大臣袁世凯提议的部长职位，但他在清朝被推翻之后于1913年在袁世凯政府里担任司法总长。他是1912年8月成立的"民主党"的创立者之一，该党后来并入"进步党"，在"进步党"基础上于1913年9月11日组成了内阁。但在1915年年底袁世凯企图复辟帝制，梁启超坚决反对并在1916年5月1日担任护国军军务院抚军兼政务委员长。袁世凯死后，他领导由进步党转变而来的"研究系"，成为段祺瑞政府的财政总长。1917年夏天，他作为最高统帅部顾问参与镇压新的帝制复辟，而康有为是此次帝制复辟的组织者之一。

赴欧洲参加巴黎和会之后，梁启超持坚决反对西方的立场："依然安坐伦敦、纽约、巴黎、大阪以择吾肉而吸我血。"在1920年展开的"社会主义论战"中，梁启超支持发起论战的著名哲学家、普遍语义及"多元认识论"的拥护者张东荪。早在1912至1914年，梁启超在天津领导创办杂志《庸言》时，张东荪就成为他的学生和继承者。梁启超认为社会主义是中国遥远的未来理想，他呼吁同外国资本家的压迫作斗争，呼吁发展国家工业企业。

在对东西方问题的总体理论思考中，梁启超走得更远，这一理论思考对"最后一位儒学家"和"第一位新儒家"梁漱溟产生了很大的影响。梁启超声称唯物主义的西方文明已经崩溃。在1920年代初展开的"科学与玄学论战"框架内，他论证了自己的这一立场。梁启超认为"心灵"的即以伦理道德为核心的、人道的、"玄妙的"、旨在以直觉"透视人生"或"人生观"的中国文化是优越的。梁启超站在了1923年引发论战的著名哲学家和社会学家、新儒家创始人之一张君劢一边，张君劢也是在杂志《庸言》出版期间成了梁启超的学生和继承者。

辛亥革命（1911）和五四运动（1919）之后，梁启超对作为皇权奴役个体工具的儒家的态度从批判转向了颂扬，把它当作在沿社会梯级前进中维护社会稳定及正义平等的潜在意识形态。他追随康有为，主张将儒家作为国家

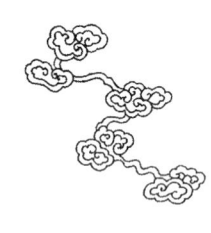

宗教规范化，这体现在中华民国第一部未实施的宪法草案（1915）中。

佛教、西方（首先是康德的）思想的变体、以陆九渊－王阳明的"陆王学派"为代表的理学"心学"，是梁启超世界观的基础。梁启超认为，"一切物境皆虚幻，唯心所造之境为真"，"心力是宇宙间最伟大的东西"，因此"思想者，事实之母也"，由此推导出直接认识真理的本体论概念："慧观出真理。"现象的本质是"人心之灵，莫不有知"，这一信仰以王阳明形成的作为认知最高形式的、与自我认知相吻合的"致良知"概念为原型。

在生命最后几年的基础著作[《新史学》（1902）、《清代学术概论》（1921）、《中国历史研究法》（1922）、《先秦政治思想史》（1922）、《中国近三百年学术史》（1923）]中，梁启超努力以历史和历史哲学材料来论证自己的哲学建构。

梁启超经历欧洲进化论的最强影响，强调指出"变者古今之公理也"，努力重新构建基于周期理论的、符合进步思想的中国历史科学。他认为英雄和杰出人物是进步的推动者，没有他们就"无世界""无历史"，作为人类精神产物的世界是被英雄豪杰所创造的，历史创造者的成就首先反映在历史哲学和历史思想的论著中。

总体而言，梁启超的创作在儒家向新儒家阶段以及整个中国传统文化向新时期完全现代化的转变过程中起到了独特的作用。因此，重新实现现代化的中国仍然对他的著作有着特殊的兴趣，1986年开始在新会市（广东省）出版的专门研究他的杂志《梁启超研究》就是很好的证明。

*梁启超《饮冰室合集》，第1—40册，上海，1936年；《梁启超选集》，上海，1984年；《梁启超史学论著三种》，香港，1984年；《梁启超论清学史二种》，上海，1985年；《梁启超全集》，全10册，北京，1999年；梁启超《李鸿章传》，圣彼得堡，1905年；《中国近代进步思想家作品选集》，莫斯科，1961年；Liang Chi-chao. History of Chinese Political

Thought During the Early Tsin Period / Tr. by L. T. Chen. L.-N. Y., 1930; Liang Ch'i-ch'ao. Intellectual Trends in the Ch'ing Period / Tr. By I. C. Y. Hsu Camb. (Mass.), 1959。**Н. Ю. 阿格耶娃《康有为与梁启超早期创作中的进化论》，载《第33届"中国社会与国家"学术研讨会论文集》，莫斯科，2003年，第168—173页；С. Р. 别洛乌索夫《中国版"国家社会主义"》，莫斯科，1989年；Л. Н. 鲍罗赫《20世纪初期中国思想界的进步理论》，莫斯科，1984年；Л. Н. 鲍罗赫《儒家学说与19世纪、20世纪之交的欧洲思潮：梁启超的新民众革新理论》，莫斯科，2001年；Л. Н. 鲍罗赫《梁启超对传统死亡观的评价》，载《第33届"中国社会与国家"学术研讨会论文集》，莫斯科，2003年，第174—178页；А. И. 科布杰夫《中国理学哲学》，莫斯科，2002年，第464—474页；《中国新史》，莫斯科，1972年；Chang Hao. Liang Ch'ichao and Intellectual Transition in China, 1890-1907. Camb. (Mass.), 1971; Huang P. C. Liang Ch'ich'ao and Modern Chinese Liberalism. Seattle-London, 1972; Levenson J. R. Liang Ch'ich'ao and the Mind of Modern China. Camb. (Mass.), 1959; XiaoYang. Liang Qichao's Political and Social Philosophy // Contemporary Chinese Philosophy / Ed. by Chungying Cheng and N. Bunnin. Malden (Mass.)-Oxford, 2002, pp. 17-36.

（А. И. 科布杰夫撰，穆新华译）

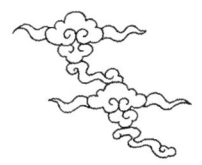

梁漱溟

梁漱溟，原名焕鼎，字寿铭。1893年生于北京，1988年在北京逝世。哲学家，新儒家代表人物，乡村建设运动的推动者。青年时代受佛教影响，1917—1924年在北京大学教授印度哲学。1921年出版《东西文化及其哲学》，此书给他带来了荣耀。1924年之后在农村参加教育工作，1931年创办山东乡村建设研究院，后担任该研究院领导。他是中国民主同盟的创立者和领导者之一，担任该团体机关报《光明报》（香港）的负责人。1947年离开民盟，重返科研与教育工作。1949年出版《中国文化要义》。"文化大革命"期间，他有意地逃避参与"批孔"运动。1975年完成了著作《人心与人生》（1984年出版）。1980年，梁漱溟被选举进入中华

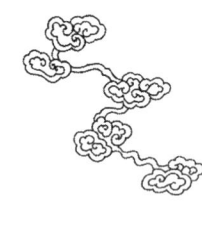

人民共和国宪法修改委员会。1984年出任独立的中国文化书院理事会领导。

梁漱溟的思想形成于20世纪初中国知识界就民族文化"西化"界限问题展开争论的背景之下。除儒家及佛教外，他还受到了柏格森和叔本华思想的影响。梁漱溟认为，宇宙的根本"生命"是"没尽的意欲"。在中国文化初创过程中，天才（在中国就是孔子，在印度是释迦牟尼）的作用是伟大的。意欲方向决定不同的文化类型：西方文化带有科学理性特点，目标指向前进、斗争和征服物质世界；中国文化是直观的和富有哲理性的，指向人的"内心生活"和人与世界关系的和谐；印度文化本质上是宗教的，关注过往，它将人带离世界。区别三种文化类型后，梁漱溟得出结论：世界未来的文化就是中国文化复兴。他建议"要排斥印度的态度，丝毫不能容留"，"对于西方文化是全盘承受，而根本改过"，"批评的把中国原来态度重新拿出来"。

在宗教方面，梁漱溟看到了西方基督教道路与"非宗教而似宗教"的中国道路之间的分水岭，后者是基于孔子的道德训诫、礼、乐和非宗教精神。梁漱溟将宋明理学中的陆王学派的主观主义"心学"学说同他密切关注的中国文化"理性"结合起来，后者与康德之后的西方"理智"心态相对立。"理性"在梁漱溟的学说中带有自发的道德特点，接近孟子的"良知"概念。梁漱溟晚年尝试借助现代心理学、生物学及神经心理学成果，重新阐述自己关于人类精神宇宙本原的学说。

*《梁漱溟全集》，全八卷，济南，1989—1993年。**А. Г. 茨维里安尼什维利《梁漱溟的文化观》，载《中国社会政治思想（19世纪末—20世纪）》，莫斯科，1988年；汪东林《梁漱溟与毛泽东》，长春，1989年；曹跃明《梁漱溟思想研究》，天津，1995年；朱汉国《梁漱溟乡村建设研究》，太原，1996年；郑大华《梁漱溟与现代新儒学》，台北，1993年；李善峰《梁漱溟社会改造构想研究》，济南，1996年；Alitto G. S. The Last Confucian: Liang Shuming and the Chinese Dilemma of Modernity. Berk., 1986; An Yanming. Liang Shuming and Henri

Bergson on Intuition: Cultural Context and the Evolution of Terms // PEW. 1997, Vol. 47, No. 3; An Yanming. Liang Shuming: Eastern and Western Cultures and Confucianism // Contemporary Chinese Philosophy / Ed. by Chungying Cheng and N. Bunnin. Malden (Mass.) -Oxford, 2002, pp. 147-164; Weselowski Z. Lebens und Kulturbegriff von Liang Shuming (1893-1988). Dargestellt anhand seines Werks "DongXi wenhua ji qi zhexue". Sankt Augustin-Nettetal, 1997.

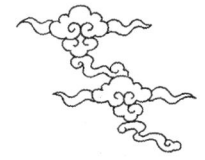

(А.В. 洛曼诺夫撰，穆新华译)

梁武帝

梁武帝（464—549），梁朝武帝萧衍，字叔达，其统治时期为502至549年，南兰陵郡（今属江苏省）人。是六朝时期梁朝的建立者和第一位统治者。出身萧氏世家，该氏族起初属武官，后成为南齐朝的统治家族。梁武帝是中国君王中第一位正式接受佛教信仰的皇帝，这反映在他的封号"皇帝菩萨"和"菩萨天子"上。继迷恋上道教魔术般的宗教传统之后，他又成为佛教信徒，同时也承认儒家伦理道德理想的社会价值。他分别在527和529年两次打算逊位和受戒。在佛教史学上，一致公认梁武帝统治时期是中国佛教的"黄金时代"。他是"神不灭"思想的拥护者，也是与唯物主义哲学家范缜论战的组织者。梁武帝的观点在官方法令、哲学论著、诗体作品中得以阐述，这些著作被汇编入佛教选集《弘明集》和《广弘明集》。梁武帝的活动促使佛教思想符合中国关于最高权力及其体现者的传统观念，促进了佛教在中国的普及和宗教融合主义的确立。

**М.Е. 叶尔马科夫《文学典籍〈高僧传〉》，副博士论文，列宁格勒，1983年；《中国哲学史》，任继愈主编，北京，1979年。

(М.Е. 克拉夫佐娃撰，穆新华译)

《列子》

《列子》是道家学派论著，共由8篇组成，为列子所撰。首次提到该论著的是刘向。在4世纪初匈奴部落征战中国北方时期它曾佚失，但在当世纪凭记忆得到复原。部分复原工作由玄学派思想家张湛完成，他也是第一位、最权威的《列子》注疏者。该典籍的语言特点以及明显可考的佛教影响说明今本已非原貌。自8世纪始，《列子》也被称为《冲虚真经》。《列子》是一部基本遵循早期道家思想、折中主义的哲学论著，《庄子》对其影响很大。《庄子》的一些完整片段和情节被收入《列子》中。如同《庄子》，《列子》的内容包含有很多传说和神话。道教的"神仙"观念、汉代道家学派的政治导向以及玄学哲学都对《列子》学说有一定的影响。论著阐述了道家的自然哲学观和天体演化论，包括"太易"逐渐分离开来形成宇宙"万物"的学说。《列子》第七篇介绍了哲学家杨朱的观点：个人物质上的富有和荣光是人的唯一价值，自觉遵循其他伦理道德规范是为了美化他人眼中的自己。然而在论著的这一部分又发现有时代乱象的错误，比如管仲与杨子的对话，明显不符合杨朱在《列子》以及真正的早期著作（《管子》《孟子》）中的观点，这令人推测此篇是后来增补的。在《列子》中还反映了道家的乌托邦思想。该论著被多次译成欧洲各种语言。

*《列子注》，北京，1956年，《诸子集成》，第3册；《列子》，C.库切拉译，载《中国古代哲学》，第1卷，莫斯科，1972年，第212—214页；《中国古代的无神论者、唯物主义者、辩证法者：杨朱、列子、庄子》，Л. Д. 波兹德涅耶娃译，圣彼得堡，1994年；《庄子 列子》，B. B. 马良文译，莫斯科，1995年；Lia Dsi. Das wahre Buch vom quellenden Urgrund / Übers. von R. Wilhelm. Jena, 1911; The Book of the Liehtzu / Tr. by A. C. Graham. L., 1960。**Ю. К. 楚紫气《道家经典〈列子〉研究》，载《东方学家札记》，1928年；Graham A.C.The Date and Composition of Liehtzu // Asia Major. 1961, Vol. 8, No. 2.

（E. A. 陶奇夫撰，穆新华译）

ДУХОВНАЯ
КУЛЬТУРА
КИТАЯ

ЭНЦИКЛОПЕДИЯ

ФИЛОСОФИЯ

主 编：
М.Л.季塔连科　　　А.И.科布杰夫
А.Е.卢基扬诺夫

译 者：
夏忠宪　韩万舟　刘亚丁　穆新华　贾 茜　陈爱香
王艳卿　张晓东　孙雪森　佟宝慧

译 校：夏忠宪

中国精神文化大典

哲学卷

下

林则徐，1785年8月30日生于福建省侯官县（今福州市），1850年11月22日在广东潮州病逝。政治家、思想家、文学家和书法家。地主家庭出身，1811年中进士，入翰林院。自1820年开始进入仕途，身居高位。1838年，身为湖广（湖南、湖北两省）总督，林则徐开始积极打击吸食鸦片的行为及来自英国的鸦片贸易。在他报告朝廷后，1838年12月31日，朝廷下令任命林则徐为钦差大臣和海军指挥前往沿海广东省，在那里他卓有成效地开展禁烟活动。其间他曾写信给英国维多利亚女王，建议在英帝国本土禁止鸦片。第一次鸦片战争（1840—1842）开始后，作为支持采取最有力措施坚决抗英并激怒他们的人，林则徐被革除一切职务，1842年从沿海地区被发配到遥远的新疆。

1845年，朝廷重新起用林则徐。1850年，他被派去镇压太平天国起义（1850—1864），但在途中病逝。他死后，被追授极高的荣誉：谥文忠公（文化与忠诚公爵）。写有林则徐名字的牌位分别安放在云南（1851）、江苏（1865）的德贤官员祠（名宦祠）里。1852年，为纪念林则徐，在西安建造了专门的祠堂。福州有两座林则徐纪念馆。1929年，中国政府为他建造了纪念馆，并将林则徐第一次进行销烟的6月3日定为全民禁毒日。

中国传统认为外部世界是"野蛮的"，也就是缺少文化的，但当看到中国国内日益增长的危机以及中国在与外部世界相互竞争中的软弱，林则徐开始发展在精神上占主导地位的理学思想中的批判方向。该流派形成于18世纪由庄存与及刘逢禄重新恢复文献学之"今文经学"的时期。19世纪上半叶，该流派最著名的代表人物除林则徐外，还有龚自珍和魏源。1830年，"宣南诗社"成立，传播革新思想。但他们在相对激进的"变法"思想下主张的革新仅局限于当时的社会政治现实，而没能普及隐藏在它背后的基本原则。此外，"今文经学"的支持者力图将哲学、语言学、历史学为主的传统科学与国家治理普遍理论相结合，龚自珍称其为"天地东西南北学"。

作为第一次鸦片战争及引发该战争的事件的积极参与

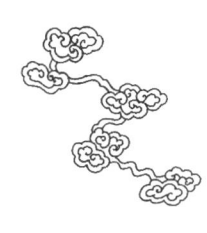

者，为了努力有效地回击异邦的经济和军事扩张，林则徐坚持"必须时常探访夷情，知其虚实，始可以定控制之方"的原则。他遵循"师夷长技以制夷"原则，违背与世隔绝的统治阶层的意向，差人探访夷情、翻译西方书籍、购买西方报纸。他为当时的中国创作了革新作品《四洲志》（1840），其中援引了来自世界不同国家的历史、地理、政治和法律方面的资料。在他死后，内容广泛、37卷本的社会经济及政治法律作品集《林文忠公政书》刊行。

作为天子，帝王有着至高无上的权力，这一中国传统观念是林则徐思想的基础。在鸦片战争中，在与英国爆发冲突前夕的1839年，他在给英国女王的信中写道："女王陛下，惟我大皇帝抚绥中外，一视同仁，利则与天下公之，害则为天下去之，盖以天地之心为心也。"与此同时，古老的、早就由孟子明确提出的儒家"仁政"思想在林则徐这里也得到了充分体现，它与对出售和吸食鸦片者适用死刑的辩护相结合。基于维护帝王的天下统治权及根本"礼"制的传统观念，林则徐在给皇帝的"密折"（1841）中写道："我朝依照尧舜之理治理中央帝国和异民族。"也就是说依照奉为儒家经典的、古代神话般的理想君主的道德标准来治理。然而，从伦理规范"礼"的优先性出发，林则徐也承认有必要采用相反的、惩罚性的"法"的社会调节形式：为了未来子孙后代的幸福，智慧和仁慈的人们总是依法惩治背叛和邪恶。

总体来说，林则徐的观点影响了19世纪下半叶占主导地位的"自强"思想和"洋务运动"。他追求中国与西方之间的平衡，主张放弃传统的孤立主义，建立世界公认的与各国的外交关系，正如张之洞口号中所表述的"中学为体，西学为用"。这些对后来康有为的变法构想产生了巨大影响。康有为是19世纪末20世纪初"今文经学"最重要的代表人物。

*《近代中国思想家作品精选》，莫斯科，1961年。**С. Ю. 弗拉季《林则徐的早期生活和活动》，载《亚非国家历史

史学与来源研究》，第11卷，列宁格勒，1988年，第43—55页；А. И. 科布杰夫，《中国》，载《19世纪政治与法律学说史》，莫斯科，1993年；А. И. 科布杰夫《中国理学哲学》，莫斯科，2002年。

（А. И. 科布杰夫撰，穆新华译）

林兆恩

林兆恩（1517—1598），字懋勋，号龙江、子谷子，福建莆田人，著名思想家。他将儒释道哲学融为一体（"三教合一"观）。出身官宦世家，中秀才，师从罗洪先，研究道教与佛教论著、心理技巧、道教医术。他依据创世结构的天、地、人"三才"合一，提出"三教"融合理论的可能性：也就是说人类的"三宗"——儒、释、道如同"三才"。"三教"的目标都是达到统一的"道"，只是作用有所不同：通过儒家"立本"，道教实现"入门"，佛教实现"极则"。他延续12世纪道教改革者的传统，论证了达到"圣"的可能性：不是依靠社会地位和所从事的职业，而主要依靠个体悟"道"以及自我心中善质的发现和逐步的"化神"。他把"圣"和"心"视为同一。林兆恩认为，理想政治局面的出现是在统治者自觉"无为"的情况下，因为最好让百姓感觉不到来自政权的影响。《林子全集》约在1631年刊行，黄宗羲为其作传。林兆恩的论著在清朝时期被作为"异端"学说遭禁。供奉林兆恩的三教祠在东南亚（新加坡、马来西亚）保留至今。他的学说从理论上巩固了宗教融合思想。

*《三教正宗通论》，无出版地和时间。**А. С. 马尔蒂诺夫《明代文化与林兆恩的道教主题（1517—1598）》，载《道和道教在中国》，莫斯科，1982年；容肇祖《提倡三教合一的林兆恩》，北京，1948年；Berling J. A. The Syncretic Religion of Lin Chaoen. N. Y., 1980; Franke W. Some Remarks on Lin Chaoen (1517-1598) // Orient Extremus. 1973, No. 2; Liu Ts'un-yan. Lin

《临济录》

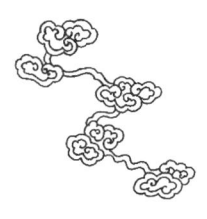

Chaoen (1517-1598), the Master of the Three Teachings // T'P. 1967, Vol. 53, livr. 4-5.

（А.С. 马尔蒂诺夫撰，穆新华译）

　　《临济录》或称《临济语录》（"临济禅师对话的记录"），详名为《镇州临济慧照禅师语录》，是禅宗中最大一支"临济宗"的主要经籍之一，属禅宗中普及的散文语录体。为临济禅师布道、与弟子交谈、格言式言论、不易读懂的对话记录以及临济禅师生活片段的描述。临济在世时，这些记录就已开始，在他死后，本书由其最亲近的弟子慧然编集完成，由另一位弟子刊印，后来在中国及其邻国（韩国、日本、越南）多次再版并被加注诠释。在《临济录》中，佛教禅宗的核心概念"顿悟"和自发实现的"佛性"得到了发展。佛性是人内在固有的，如同"真如"。临济致力于"佛性"瞬间的、彻底的、刹那间的开悟，他强调，不允许有丝毫耽搁，人如果不能在那一刻省悟，那他永远都不会做到，从而注定将在轮回世界无尽的重生链中接受永恒的痛苦。临济呼吁要用单一意志的努力摧毁通往"悟"的道路上的一切心理障碍，坚决抛弃所有的诱惑，包括佛祖、悟性、涅槃，等等。临济发展了禅宗早期的毁圣趋势，他称佛祖为"干屎橛"，称涅槃、悟为"如系驴橛""犹如厕秽"。他指出，要达到真正彻悟就必须行"五逆重罪""杀佛""杀祖"。这里不是指字面意义上的杀死或亵渎佛祖、祖师，而是人的精神意识必须摆脱所有内心的障碍，转向直接感受自身"真如"，而不是经过"佛""涅槃"这些概念。临济尤其强调，要想达到解悟，不要依赖别人的权威和外部条件的迷惑，不要到自身意识之外去寻找"悟"。

　　《临济录》体现了临济宗解决修行中"悟"问题的极端主义方法，它以一种特殊严厉的心理训练为基础，包括采用"休克式"的身心影响手段。该书对临济宗理论与实践的基本原则进行了详细的描述，对该流派的发展起了很重要的作

用。其中的某些片段作为冥想对象以及令人费解的奥秘和对话的原材料广泛应用于禅宗心理训练实践。《临济录》中的一些关键情节也被收入禅宗的语录和公案。

* 《镇州临济慧照禅师语录》，载《禅学大乘》，第2辑，台北，1967年；《临济录》，载《禅宗语录》，第10卷，东京，1972年；《临济录》，И. С. 古列维奇译序，圣彼得堡，2001年；Entretiens de Lintsi / Tr. etcom. par P. Demie ville. P., 1972; Recorder Sayings of Ch'an Master Linchi Huichao of Chen Prefecture / Tr. by R. Sasaki. Kioto, 1975; The Zen Teachings of Master Linchi / Tr. of the Lin-chi lu by B. Watson. Boston, 1993.

（H. B. 阿巴耶夫撰，穆新华译）

临济宗

临济宗，意为"临济流派"，是唐朝末期和五代时期南宗禅的5个主要流派之一。由名为"义玄"的大师创立，"临济"之名来自该流派的所在地、位于镇州（今河北正定）的临济院。临济宗在8—9世纪开始普及，10世纪中叶成为佛教禅宗主流派别，在中国、日本、越南及韩国保留至今。北宋统治时期，在住持楚圆时期，临济宗又分出黄龙和杨岐两个支派。

临济宗依据的经典著作有《临济录》、《六祖坛经》、传统大乘佛教中观学派及瑜伽行派的主要论著。按照南宗禅"顿悟"学说的阐释，临济宗重点关注"佛性"在人意识中，"悟则刹那间"，依靠的是大乘佛教心理哲学学说的根本教义。这在理论上论证了"无位真人"概念等同于诸佛、僧人、和尚以及每个人身上都存在"真识"。因此，为了实现"真人"，必须以自发省悟的激情抛开通往"真悟"路上的所有内心障碍，包括那些神圣的概念"菩提""涅槃"及"悟"等。不要驰求个人"本心"之外的东西，不要去做任何人为的努力来"修正"本性。至于临济宗修行者心理训练实践，则是以异常严厉和变化的"休克"方式对弟子实施

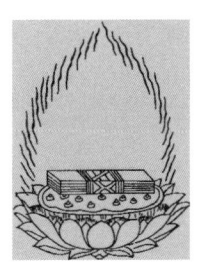

心理影响，如突然的棒打或拳击、雷鸣般的断"喝"，因此临济宗还以"棒拳派""棒击和断喝派"著称。

对离奇反常问题的解决方案成为心理训练实践的特点，这在圆悟和大慧住持时期得到了广泛普及。临济宗不论对佛教禅宗其他流派，还是对此后中国、东亚各国的思想意识形态及文化都产生了巨大的影响，在远东各族人民精神文化形成过程中的作用尤为突出。

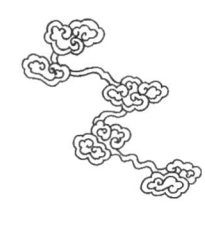

*Original Teachings of Chinese Buddhism, selected from Transmission of the Lamp / Tr. by Chang Chungyuan. N. Y., 1969, pp. 116-165。** Demieville P. Les Entretiens de Lintsi // Hermes. P., 1970, Vol. Ⅶ, pp. 61-80; Yanagida Seizan. The Life of Linchi Ihsuan / Tr. by R. F. Sasaki // The Eastern Buddhist. N. S. 1972, No. 2, pp.70-94.

（Н. В. 阿巴耶夫撰，А. И. 科布杰夫补写，穆新华译）

刘师培

刘师培，字申叔。1884年6月24日出生于江苏仪征，1919年11月20日病逝于北京。思想家、评论家、社会活动家，中国无政府主义首批宣传者之一。1902年中举人，专门研究编年史典籍《左传》。青少年时代从王夫之和黄宗羲的论著中吸收了抗清和反对专制的思想。1903年在上海与持激进态度的章炳麟和蔡元培接近，成为《警钟日报》的编辑，接触到西方社会政治思想。在卢梭思想观点影响下，他认为，62部儒家经典中都包含"社会契约主题"。1904年参加创立旨在保存和"净化"中国文化遗产的国学保存会。1907年移居日本，在那里他加入了同盟会，成为《民报》杂志编辑之一。他基本站在正统儒家思想的立场上，支持反对清王朝的革命运动。

刘师培思想的转变与他对佛教产生兴趣相关。出于佛教相对主义的立场，他反对儒家的"正名"观。刘师培认为，只有宇宙根本的"空"是绝对的，而表达各种现象的"名"

是相对的。如果将"名"绝对化,人们就会设置连他们自己都无力跨越的人为界限。这样一来,"务名性"会妨碍革命创造。在日本,刘师培接触到无政府主义思想。自1907年6月起,他与志同道合者一起开始创办无政府主义的杂志《天义报》,开办"社会主义学习培训班"。他在农家思想家许行和道家哲学家鲍敬言的观点中寻找西方社会主义者及无政府主义者的理论依据。此后,他彻底改变了自己对儒学家王夫之和黄宗羲的态度,指责他们掩盖权力的不道德性。刘师培的绝对自由思想隶属于全面、彻底的平等观。1908年,对无政府主义失望后,他返回中国,开始从政。1911年年末,他遭革命者逮捕,在孙中山的调解下获释。后来,孙中山把中华民国总统的职位让给了袁世凯。1915年,刘师培等发起成立筹安会,为袁世凯称帝鼓吹。袁世凯死后,1917年刘师培被蔡元培邀请到北京大学任教。在生命的最后几年,他就历史、语言学、传统儒家中的哲学问题进行创作。

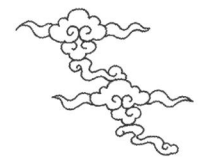

* 《刘申叔先生遗书》,第1—7卷,1936年。**Кодзима Юма. Рю Сибайно гаку (Учение Лю Шипэя) // Гэймон. 1931, т. 22, No. 5; Bernal M. Liu Ship'ei and "National Essence" // The Limits of Change. Camb. (Mass.), 1975; Biographical Dictionary of Republican China. Vol. Ⅱ. N. Y.-L., 1968; Onogawa Hidemi. Liu Ship'ei and Anarchism // Acta Asiatica. 1967, No. 12.

(Е. Ю. 斯塔布罗娃撰,穆新华译)

刘向(前77—前6),本名更生,字子政,经学家、目录学家、文学家。属汉代帝王家族姓氏,楚元王四世孙。他在朝廷任职,是皇家图书馆的保护者,官衔为"大夫"。刘向编辑了一系列古代论著,包括《战国策》。通常认为,中国的作品目录是自刘向开始编写的。这项工作后由他的儿子刘歆继承,其成果后来被班固收入《汉书》基础书目部分(《汉书·艺文志》)。《汉书》中有刘向的生平履历,他

的主要论著有《洪范五行传论》（主要是对《尚书·洪范》的注释）、《新序》、《说苑》、《列女传》和图书编目著作《别录》。

刘向认为有必要在管理事务中使用儒家经典文献中记载的吉凶兆信息。大量的吉兆说明实体物质世界的构成基础"气"的和谐，预示国家昌顺，而凶兆则证明"气"的不和谐（"乖气"），预示对国家的威胁。他认为，所有自然过程的经纬调节体现了过去及今日的社会存在以"义"为普遍原则的"相通"。为了"察时变"，使统治者关闭所有通往疯狂之门，为臣民打开正确之路，为太平奠定基础，必须研究前兆。他反对依据宗族关系授予非贤能者权力，且把铺张的葬礼视为道德和智力沦丧的标志加以批判。

*赵善诒《说苑疏证》，上海，1985年；向宗鲁《说苑校证》，北京，1987年；《新序 说苑》，上海，1990年；《列女传》，仇英绘画，北京，1991年；《列女译注》，济南，1991年；《列女传》节译，Б. Л. 李福清译；《新序》节译，Э. С. 司徒洛娃译；《说苑》，Э. С. 司徒洛娃选译，载《中国古代文学选集》，И. С. 李谢维奇编著，莫斯科，1994年，第247—284页。**Ю. Л. 克罗尔《历史学家司马迁》，莫斯科，1970年；《新语通鉴》，台北，1968年；《战国策通鉴》，台北，1968年。

（А. Г. 尤尔克维奇撰，穆新华译）

刘宗周

刘宗周（1578—1645），字起东，别号念台、蕺山先生，山阴（今浙江绍兴）人。哲学家、理学家、政治家，王阳明的追随者，蕺山学派的创始人。作为家中老来子，刘宗周由外祖父负责教育培养。23岁时就考取了进士，但因母亲去世，按照传统守丧三年后，1604年才获授官职，从"行人"职位开始做起。1621年被起用为礼部仪制司主事，1623年成为帝王马厩官员之一，1636年官至工部左侍郎，在1642

年擢升左都御史。但由于复杂的状况，他在此位上只做了6年半，其中积极活动4年，其余时间他不断被解职，原因是他上不能与万能的腐败宦官妥协，下不能与基督教的各种违规传播相妥协（他反对在朝廷有影响力的德国传教士汤若望）。

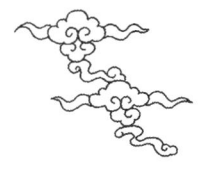

1644年李自成攻占北京后，刘宗周对注定灭亡的明朝表现出始终不渝的忠诚，并在南京重任左都御史之职。但南京沦陷两天之后，杭州也被占领，朝廷灭亡不可避免，他选择了绝食而亡。

明朝最后的统治者们对他的自我牺牲给予了高度评价，死后追封他谥号"忠端"（忠诚的、耿直的）和"忠正"（忠诚的、正直的），这得到后来清朝的肯定，清朝在1776年追赠谥号"忠介"（忠诚的、不屈的）。1822年，刘宗周被列入儒家先贤祠。

刘宗周接近东林党政治家和知识分子代表，并在东林书院讲学，也在家乡蕺山讲学，他的别号及蕺山学派都是以此得名。蕺山学派将刘宗周的弟子及其后继者团结在了一起，他们之中最知名的是陈确和黄宗羲。

刘宗周最著名的作品《证人小谱》将人按照道德品质划分成相应类别。1822年《刘子全书》（40卷）由他的弟子董玚编次。1840年，沈复粲续编《刘子全书遗编》（24卷）。

儒家"四书"前两部经典《大学》和《中庸》中形成的作为"君子"特征的"慎独"是刘宗周哲学的基础。它被刘宗周解释为虔诚地遵循自己的"本心"，也即"独"心，是位于相应善与恶之上的"至善"。同时，这种观点与否定"生知"和颂扬实践认知相结合。他拒绝将人性分为理性的和感性的："凡言性者，皆因气质而言。""气质之性，故理义载焉。""义理之性即气质之本性。"

人类学观点依据"气"为统一宇宙构成物质的观念："天地之间一气而已"，而"理即是气之理，断然不在气先，不在气外"。在"慎独"学说中，"性"等同于"人心"，消除了主体和客体间的矛盾对立，"人心"又与"道心"一致，由此"人与天地万物为一体"，故"穷天地万物

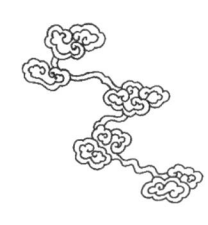

之理，即在吾心之中"；将人与世界联结起来的感官器官是与作为人格心理道德核心的人心分不开的。而动态的道德努力"功夫"与静态的精神基础"本体"相统一。

依据辩证法理论"动中有静，静中有动"，这是天理奇妙结合的前提条件，它们之间没有过渡。

*《刘子全书》，40卷本，道光四年重刻本，1822年。**А. И. 科布杰夫《中国理学哲学》，莫斯科，2002年，第401—403页；В. В. 马良文《"道"的黄昏：近代之初的中国文化》，莫斯科，2000年，第142—144页；《黄宗羲全集》，第1册，杭州，1985年，第208—326页；Tang Chuni. Liu Tsungchou's Doctrine of Moral and Practice and His Critique of Wang Yangming // Unfolding of Neo Confucianism / Ed. by W. Th. de Bary. N. Y., 1975, pp. 305-331; Tu Wei-ming. Subjectivity in Liu Tsungchou's Philosophical Anthropology // Individualism and Holism: Studies in Confucian and Taoist Values. Ann Arbor, 1985, pp. 215-235.

（А. И. 科布杰夫撰，穆新华译）

柳宗元

柳宗元（773—819），字子厚，世称柳河东，河东郡虞乡（今山西省运城市虞乡镇）人，文学家、哲学家。793年进士及第，后任礼部员外郎。与刘禹锡一同进入王叔文朝廷改革政治集团。改革失败后，柳宗元被贬往外省，在那里担任各种官职。

他的主要论著《天对》《天说》《答刘禹锡天论书》《非国语》等被收入《河东先生集》。

在自然哲学领域，他认为万物产生于宇宙的物质——永恒存在的"元气"，否定"元气"之上某种"主宰"的存在。他与韩愈争论，证明"天"是无限的宇宙，不赏罚任何人；天与地、"元气"、阴阳力是自然界的本源始端，没有意志；人的成功与失败应由人自己决定（《天说》）。"天"只代表着自然进程（出生、成长、毁坏、死亡），而人则代表着社会进程（法制与悖乱）（《答刘禹锡天论

书》)。柳宗元否定人的"命"依赖于"天"和某种更高级的存在:"力足者取乎人,力不足者取乎神。"(《非国语》)

柳宗元强调,人类社会不是按照"圣意",而是遵循由"势"调控的人类需求来发展。他的历史进程观指的是某种进步的社会发展:在远古时代为了收集食物分给所有人,为了避免人们之间的冲突,产生了"军"和"德",即暴力工具和道德规范,天子(统治者)开始自主分发土地和财物。考虑到恢复"封建"制度不切实际,柳宗元认为只有"圣"君,将"经""权"与"仁""智"相结合,才可以建立起社会秩序。他积极支持文学"复古"(模仿古风)运动,但不同于这一运动的发起者韩愈,他把儒、道、释"三教"当作互不矛盾的学说来看待。柳宗元关于"统合儒释"的文章对他圈中思想家来说不同寻常,因此在现代学术文献中就柳宗元思想与佛教的相关性问题存在着三个观点:(1)佛教思想对柳宗元的总体唯物主义观没有明显的影响;(2)他的观点原则上是折中主义;(3)柳宗元是佛教教徒,但他的哲学带有理想主义的特点。

*《柳宗元集》,北京,1979年;《韩愈柳宗元文选》,И.索科洛娃译,莫斯科,1979年;В.Ф.费多鲁克《柳宗元的文学创作中的〈天说〉》,载《东方语言学问题》,莫斯科,1979年。**А.Н.热洛霍夫采夫《韩愈柳宗元的文学观》,载《历史语言学研究》,莫斯科,1974年;陈弱水《柳宗元与中唐儒家复兴》,载《新史学》,1994年第5期。

(傅云龙撰,穆新华译)

六家七宗

六家七宗，意为"六个流派七种学说"，是4—5世纪从事般若概念研究的中国佛教派别的总称。这些宗派形成于隋和唐时期，早于中国佛教的其他宗派。

"六家七宗"思想家的论著没有保存下来，但他们的观点可以在间接来源的基础上重构，它们首先是吉藏的《中论疏》、元康的《肇论疏》。这些论著的作者是以《六家七宗论》为依据的，该书的作者昙济生活于南北朝时期的宋（420—479），但这部论著在隋代已经佚失。

一系列般若经被译成中文之后，中国佛教徒对诸如"智""空"等印度佛教概念产生了各种不同的解释，这都反映在"六家七宗"的名称上。

道安的"本无宗"：其基本宗旨是一切诸法"本""空""寂"，佛性"本无"；"无"理解为"众形之始"，"在万化之先"。

竺法深和竺法汰的"本无异宗"：这一宗派是从"本无宗"分离出来的，其追随者认为"无"在先，"有"在后，"本无者，未有色法"，即"能感知的"。

支道林的"即色宗"："即色"指万物的物质形态，没有自性，它们实际上是"空"。

支愍度的"心无宗"：专注于具体的感官体验，与《般若波罗蜜多经》中所阐述的"万物皆空"佛教观相对立。

于法开的"识含宗"：他认为"万事万物"的本性为"空"，但因人们"惑识"（正确的知识失真），成物的本性就不似"空"。

道壹的"幻化宗"：解释一切诸法，皆同幻化，本不存在。

于道邃的"缘会宗"：发展"二谛"理论，"缘会故有，名为世谛。缘散即无，称第一义谛"。

以上各宗派的代表人物之间联系密切，比如于法开和于道邃是同门。"六家七宗"对中国佛教哲学般若性空观的发展有很大的影响。

*吉藏《中论疏》，《大正藏》，第42册，东京，1968年；元康《肇论疏》，《大正藏》，第45册，东京，1968年；韩廷杰《三论玄义校释》，北京，1987年。**汤用彤《汉魏两晋南北朝佛教史》，北京，1983年；《中国佛教史》，任继愈主编，第2卷，北京，1985年。

（M. B. 安娜希娜撰，穆新华译）

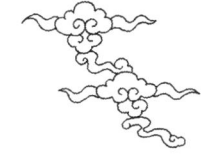

《六祖坛经》

《六祖坛经》，又称《六祖大师法宝坛经》，佛教禅宗主要经学论著之一，阐述六祖慧能创立的禅宗南派（南宗）的哲学和心理学核心观点。慧能死后，南宗在中国佛教禅宗中占据主导地位。《六祖坛经》是中国佛教徒原创作品中唯一被尊称为"经"的，虽然一般含有佛（菩萨）本人语言的文章才被列入经。除了布道言教，书中还包括慧能与弟子及俗世追随者的对话、经诗和六祖的某些生活场景记录。第一个版本由慧能弟子法海集录完成，后来又集录了其他版本。

关于"顿悟"概念的详细论证在《六祖坛经》中居核心地位。此概念是针对神秀所率领的禅宗北派（北宗）所主张的"渐悟"概念。8世纪下半叶，《六祖坛经》被所有禅宗修持者奉为经典。禅宗学说的进一步发展在很大程度上与《六祖坛经》观点的发展紧密相连。

（H. B. 阿巴耶夫撰，穆新华译）

*《六祖坛经》，载《大正新修大藏经》，第48卷；E. B. 扎瓦茨卡娅《中国古代绘画美学问题》，莫斯科，1975年，第304—335页；H. B. 阿巴耶夫《佛教禅宗与中国的文化心理传统》，新西伯利亚，1989年，第175—227页；慧能《六祖坛经》，载《不立文字：中国第一批禅师》，A. A. 马斯洛夫译注，莫斯科，2000年，第335—496页；Das Sutradessechsten Patriarchen / Ubers. von E. Rousselle // Sinica. 5 (1930), pp. 117-191; 6 (1931), pp. 26-34; 11 (1936), pp. 131-137, 202-210; Lu K'uan-yu. Ch'an and Zen Teaching.Third Series. L., 1962, pp. 15-102; The Platform Scripture, The Basic Classic of Zen Buddhism /

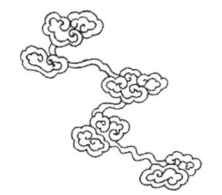

Tr. by Wingtsit Chan. N. Y., 1963; Yampolsky Ph. The Platform Sutra of Sixth Patriarch. N. Y., 1969。**Г. 久穆连《禅宗史：印度与中国》，圣彼得堡，1994年，第136—168页。

（А. И. 科布杰夫补写，穆新华译）

陆贾

陆贾（前216—前172），楚国人，历史学家、文学家、思想家。他为探索融合中国古代各哲学流派学说的途径奠定了基础，目的是建立中央集权国家的思想体系。陆贾做过西汉时期几代帝王包括西汉创立者刘邦（高祖）的太中大夫。他伴随刘邦进行军事远征，在与诸侯的谈判中充当说客。由于他的两次努力，已建立国家的南越（今广东省境内）统治者承认了汉帝的宗主地位。

他的主要哲学和社会政治学论著为《新语》。书名本身表达了与儒家绝对仿"古"相对立的积极革新思想。基于汉字"新"的构词成分意义"斧头""树木""摆放"，陆贾创造出了下列比喻：伐木构材，筑作宫室，"利于万代"，"因斧斤之功，得舒其文色"。这一比喻确定了陆贾"古今同一"的思想，也就是说吸收表述在"文"中的古老传统本质和更新相结合。但陆贾的这一思想观点实际上掩盖了他更看重现代以及不久前的经验：因为他认为"道"更近，因此"道"渗透万物，要认识它"道近不必出于久远"。陆贾反对体现在秦国法家理论与实践中的兵家关于"行法令，强兵众"的主张。

陆贾认为始皇"齐武"是导致秦帝国灭亡的原因之一。他不否定依靠"法"的必要性，因为"法令所以诛暴""检民以德"。陆贾主张"文武并用"，将此解释为"（国家统治）长久之术"。陆贾将始皇的高傲、自私自利与古代遵循"仁"和"义"、寻找"贤者"和"智者"的君王作对比。他认为，在执行儒家规范标准的同时采用道家术语所说的"无为"而治的方法，才能够保障社会在新形势下有机地运行。

陆贾为支持中央集权及保障统治者利益实行改革，其所进行的思想方法上的探索在贾谊和董仲舒这里得以延续。"更新"概念引起了刘向的共鸣，他将贾谊作品集命名为《新书》。"更新"概念反映在桓谭的论著《新论》以及王安石的"新学"中。陆贾针对传统（"遥远的""耳闻的"）和关于实证经验（"接近的""眼见的"）至上的论述在汪中和曹丕等思想家和理论家著作中有所阐释。陆贾依据道家矛盾对立互生和"一"的观点就对立的社会政治范畴进行比较，这在贾谊、董仲舒、桓谭、汪中、王符、仲长统和其他思想家的论著中得到了发展和论证。

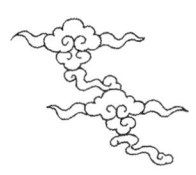

陆贾论著《楚汉春秋》成为司马迁创作的资料来源之一。20世纪，陆贾哲学引起了胡适的关注，他试图在中国思想中找到与自己实用主义世界观相符合的意向。

*《新语》，北京，1956年，《诸子集成》，第7册；陆贾《新语》（第1、4、8、10篇），Е. П. 西尼岑译序，载《中国古代哲学·汉代卷》，莫斯科，1990年。**Ю. Л. 克罗尔《楚汉春秋》，载《亚非民族》，1961年第4期；И. С. 李谢维奇《古代中国的文学思想》，莫斯科，1979年，第201—203页；Gabain A. von. Ein Furstenspiegel: das Sinyu des Lu Kia // Mitteilungen des Seminars fur Orienlalische Sprachen. 1930, t. 33.

（А. Г. 尤尔克维奇撰，穆新华译）

陆九渊

陆九渊，又称陆象山、陆子静，外号"存斋"、象山翁、象山圣。1139年3月26日生于江西金溪县，1193年1月10日逝于湖北荆门。哲学家，宋明理学两个主要流派之一"陆王"学派的创始人。

他出生于文人世家，是家中第6个儿子。3岁丧母，很早便表现出惊人的智力天赋。23岁时（1162）中秀才，33岁（1172）中进士。主考官理学大家吕祖谦发现了他的才学并于1175年安排了他与朱熹具有里程碑意义的会面，这成

为他们长期理论探讨的开始，包括关于太极思想的探讨。自1174年开始从政，初任主簿，后来从1189年开始出任地方官。1182—1186年在国子监讲学，后归故里，在象山附近的"学宫"讲学。他的讲学吸引了众多听众，有时人数达几千人。陆九渊28岁结婚，有两个儿子、一个女儿。1217年获赐谥号"文安"，1530年被正式列入最杰出的儒家学者之列。

朱熹是宋明理学另一主要流派"程朱"学派的主要代表人物，陆九渊既是他的朋友，又是他的主要对手。陆九渊的哲学及文学遗产不多。他没有创造出系统的学说，其之所以著名是因为经过四百年之后，他的思想在王阳明学说中得到了延续与光大。王阳明在16—17世纪中国知识精英的精神生活中占有主导地位。但值得注意的是，官方对陆九渊的认可正发生在宫廷政变导致王阳明学派遭禁时期（1529—1567）。王阳明本人思想更多倾向于朱熹，而较少接近陆九渊，因此，打压王阳明和抬高陆九渊这一看似反常的巧合，正反映了陆王学派思想胜利这一具体历史现状。16世纪下半叶，陆王学派思想得到官方的肯定和认可，正是来自王阳明的伟大功绩。

陆九渊的所有思想都渗透着主客观世界的同构统一，它们中的每一个都是另一个的完全相似物："宇宙便是吾心，吾心便是宇宙。"因为陆九渊认为，每个人的"心"即精神，包含宇宙一切的"理"，任何认知能够也应该是内省的，而道德是自主的。关于每个人绝对自我发展的观点导致陆九渊对任何学识学说的蔑视："六经应该注我，我为何注六经？"正统儒家学派把这些观点当作伪装的佛教禅宗来批判。从自己的立场出发，陆九渊认为，朱熹提出儒家"太极"说这一与道教"无极"思想一致的观点，是道教佛教影响所致。

*《象山全集》，上海，1934年；《陆象山文集》，东京，1972年；《陆九渊集》，北京，1980年；Chan Wingtsit. A Source Book of Chinese Philosophy. Princ.-L., 1963, pp. 527-577。

**А. И. 科布杰夫《王阳明学说和中国古典哲学》，莫斯科，

1983年，第73—81页；А.И.科布杰夫《中国理学哲学》，莫斯科，2002年，第104—112页；尹协理《论陆九渊宇宙观的特点》，载《中国哲学史研究》，1982年第2期；刘宗贤《陆王心学研究》，济南，1997年；徐复观《象山学述》，香港，1955年；夏正涛《陆九渊的"心学"剖析"》，载《中国哲学史研究》，1981年第4期；胡哲敷《陆王哲学辨微》，台北，1966；张立文、默明哲《陆九渊》，载《中国古代著名哲学家评传》，第3卷，济南，1981年；张立文《走向心学之路——陆象山思想的足迹》，北京，1992年；陈高华《陆学在元代》，载《中国哲学》，第9辑，北京，1983年；Cady L.V. L. The Philosophy of Lu Hsiangshan, a Neo Confucian Monistic Idealist. (Union Theological Seminary, D. Th. Typescript . Vol. 1-2. N. Y., 1939; Foster W. R. Differentiating Rightness from Profit: The Life and Thought of Lu Jiuyuan (1139-1193). Camb. (Mass.), 1997; Huang Siu-chi. Lu Hsiangshan: a Twelfth Century Chinese Idealist Philosopher. New Haven, 1944.

（А.И.科布杰夫撰，穆新华译）

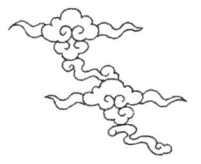

轮回

轮回，直义为"车轮转动"，指（现象世界的）循环轮转，是佛教所有流派固有的宗教哲学教义。轮回学说开始形成于古印度婆罗门教。

轮回说具有两个基本层面的含义：（1）对无尽痛苦之地——世界的负面评价；（2）相信转世和业力，即人的每一个行为都会在今生或来世给他带来好的或不好的结果，结果取决于人自己的行为。人死后进入六道轮回：地狱道、饿鬼道、畜生道、人道、阿修罗道、天道。所有这些状态都是暂时的，然后又是死亡和新生。"轮回"无始无终，唯一摆脱生死轮回的出路就是接受佛教、达到涅槃。

在大乘佛教中，轮回被看作等同于涅槃的"妙有"。与涅槃的区别在于，轮回是无明的结果，它只能通过修行的方式来摆脱。中国佛教各宗派在此解释的基础上形成了轮回说，即轮回世界乃是"实有"的体现形式，并与世界一体。

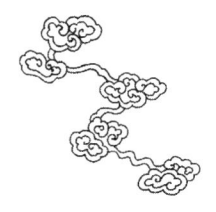

**А. Н. 伊格纳季耶维奇《天台宗"有"范畴的日莲宗解释》，载《佛教哲学问题》，新西伯利亚，1984年；А. Н. 卡切托夫《佛教》，莫斯科，1983年；Е. А. 陶奇夫《佛学导论》，圣彼得堡，1999年。

（Е. А. 陶奇夫撰，穆新华译）

《论语》

《论语》，词源意为"评论与谈话""谈话与言论""推理与话语""传说""格言"。是由孔子弟子们编纂的孔子言论集。在公元前2世纪，《论语》有知名的三个版本：《鲁论语》（20篇）、《齐论语》（22篇）和《古文论语》（21篇），后者据说是孔安国在孔子住宅里发现的。各个版本的篇幅（字数）、风格都不同。《论语》被收入儒家经典集成。11—12世纪，它同《孟子》《大学》和《中庸》一起被编入宋明理学基础经典作品集"四书"。正是那一时期刊行了正式编辑的文本《论语》，同时其他文本也保留了下来。关于古代三个版本中哪个是正式版本的基础，这一问题一直未得到解决。目前仅知，正式版本的《论语》以张禹的版本为基础，该版本在公元1世纪就已被奉为经典。

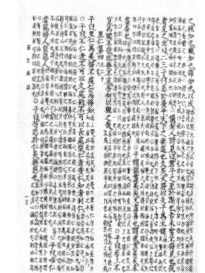

分散的格言在《论语》中围绕创造理想人类社会这一主题而组合在一起。它认为，通过引导人学习"文"以及自我完善，理想人类社会的实现成为可能，而这一过程是与理解"道"交织在一起的。"人"道的本质是指，为了在人类生活中实现"道"，要遵循孔子所提出的整体思想、原则和方法。"道"的实现造就"君子"人格。这一术语具有伦理和社会的附加含义，比如，君子形象与国家统治者相联系。君子应该符合理想的"仁"和"文"承载者应具备的所有要求。

君子的二律背反概念"小人"具有伦理和社会双重内涵："君子喻于义，小人喻于利。"（《论语·里仁》）。不追求崇高的价值观和学问，就等于降低人格至"小人"。而最高品德——"子孝、弟恭"是把家庭内部关系准则移植到整体社会领域。治理社会和国家的基础是伦理道德规范"礼",而社会秩序稳固的基础是臣民对君主的"信任"。

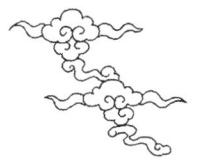

*杨伯峻《论语译注》,北京,1958年;柏百福《孔夫子及其弟子等人的格言》,圣彼得堡,1910年;《论语》选译,Н. И. 康拉德译序,载《中国文学文选》,第1卷,莫斯科,1959年;《论语选译》,Л. Д. 波兹德涅耶娃译,载《东方古代历史文选》,莫斯科,1963年;《论语》,В. А. 克立朝译,载《中国古代哲学》,第1卷,莫斯科,1973年;《孔子论语》,Л. С. 佩列洛莫夫编译,莫斯科,1998年;《孔子的论语》,В. С. 王西里、柏百福、В. А. 克立朝、И. И. 谢麦年科、А. Е. 卢基扬诺夫译,圣彼得堡,1999年;А. С. 马丁诺夫《儒家〈论语〉》,第2卷,圣彼得堡,2001年;《儒家"四书"》,莫斯科,2004年。**《儒学在中国》,莫斯科,1982年,第11—45页;Л. С. 佩列洛莫夫《孔夫子:生活、学说及命运》,莫斯科,1993年;И. И. 谢麦年科《孔子的格言》,莫斯科,1987年。

(А. Г. 尤尔克维奇撰,穆新华译)

《吕氏春秋》

《吕氏春秋》是公元前3世纪中期的哲学论著,又称《吕览》。据《史记》记载,《吕氏春秋》是由秦国丞相吕不韦组织,由他门下宾客撰写而成。作为富商,吕不韦在赵国国都办事时结识了被当作人质居住于此的秦王的孙子。在吕不韦的影响下,后者成功成为秦国国王,其子后来成为全中国的始皇帝——秦始皇。吕不韦做了秦始皇的丞相,召集三千多学者编撰该著作,书名指定采用《春秋》之名,而《春秋》是由孔子编写的。该著被公认为"备天地万物古今之事",也就是说它集各领域基本知识之大成,并对被列入统治者及其国家治理机构权限的实践活动加以论证。班固在《汉书·艺文志》中将《吕氏春秋》列入"杂家"。该书主要反映了儒家和道家的追随者"道德家"的思想观点,兼收阴阳、墨、法、名、农、兵各家言论。书中,道家思想明显

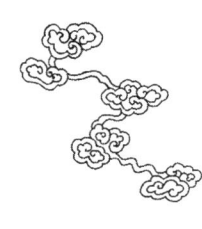

高于儒家，居主导地位。像杂家其他作品一样，《吕氏春秋》将重点放在对周围世界自然哲学的理性思考以及思想观点的功利性层面（即政治和社会体制、经济生活和教育等原则）上。

此书于公元前241年完成，公元前239年刊行。据说抄本和"千金"被放置在都城咸阳的城门上，吕不韦承诺将这笔财富给予能够补充内容或从手稿中删除一个字的人，这也意味着该作品内容的完善。当今文本有26卷、10万多字，包括160篇，分成3部分："十二纪""八览"和"六论"。每一部分的章节数字都有含义，构成具有象征意义的组合体，表示宇宙各个组成部分以及它们在组合体中的运行规律。比如"十二"象征12个月和60甲子[每纪都是5篇，共60篇（12×5）]；"八"象征8个方向（东、南、西、北、东北、东南、西北、西南），象征八卦和六十四卦（8×8）；"六"象征宇宙的6个极点（西、东、北、南、上、下）和秦帝国36个郡（6×6）。

儒家论著《礼记》中的一篇文章作为"十二纪"的基本结构，这篇文章后来称为《月令》，内容包含对开展符合宇宙和大地自然规律的人类活动（社会关系、经济实践、礼仪等）的指导。十二纪中的每一纪由5篇组成，头一篇与《礼记·月令》内容相近。它们反映了阴阳家的自然哲学观、古代天文知识，并勾画出日历体系；后4篇与一年相应季节的开始、中间、结束（孟、仲、季）相应合。与春季相符的12篇主要表达了道德家的观点，包括身体不灭之可能性的学说。《孟夏纪》4篇主要阐述儒家的教育学说。《仲夏纪》和《季夏纪》8篇是关于教育及音乐的社会调节作用的儒家学说。而《孟秋纪》和《仲秋纪》是对兵家代表人物的评论，在《季秋纪》中仍有这方面的内容。属于冬季的篇章本身带有折中主义的特点，论述礼仪设置（节日、哀悼仪式、丧葬等）以及道德规范问题。补充篇《序意》为"十二纪"的结束篇。

"八览"中的每一览分为8篇，其中有1篇缺失，整个这一部分共计63篇。从论述宇宙起源的《有始览》开始，后面

按照下列顺序编写：关于社会义务的《孝行览》、关于国家治理问题的《慎大览》、关于认知问题的《先识览》、关于"名"和"实"相互关系的《审分览》、对主要对立于儒家世界观的诡辩加以批判的《审应览》、关于对待百姓态度问题的《离俗览》、关于以"德"治国原则的《恃君览》。

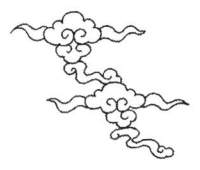

"六论"部分，即《开春论》《慎行论》《贵直论》《不苟论》《似顺论》《士容论》，各论由6篇组成。

《吕氏春秋》中的一些篇章表达的是具体某个思想家的观点。例如，《贵生》《制度》《明理》《先己》《诬徒》代表了子华子的观点。《审为》是詹何的观点，《执一》是詹何和田骈的观点，《序意》《应同》《与合》《去私》《圆道》《审时》篇包含属于黄帝的关于道教性质的言论，《上农》《任地》《辩土》《审时》篇介绍了农家学说。《吕氏春秋》还呈现了思想家宋钘和尹文、邓析、惠施的观点和言论。

《吕氏春秋》如同其他折中主义的论著（比如《管子》）一样，反映了各竞争性的哲学学说之间相互促进的趋势，反映出中国古代各诸侯国中受过教育的智识阶层意识到统一文化认同的趋势。该书的编撰符合国家统一的政治需要，表达了秦国统治阶层努力发挥国家统一者作用的愿望。书中包括历史事件、文献典籍、哲学和社会政治学说、社会关系、礼节和仪式、日历、医学、农业、音乐、各类神话传说方面的资料，是关于中国古代文化众多领域历史知识的重要来源。

《吕氏春秋》是建立完整自然哲学宇宙模式的早期尝试之一。宇宙作为统一的、服从和谐普遍规律的自然体系在书中被称作"太一"，它也是对作为创造鲜活世界的普遍规律"道"的比喻。《吕氏春秋》对宇宙一般进程及宇宙基本规律的高度关注，体现了该论著以道家哲学历史观为重要源泉。

高诱的《吕氏春秋》评注，后由毕沅扩展并被收入《诸子集成》（1935/1954）。许维遹、陈奇猷的《吕氏春秋》集释被认为是最基础的。比较有权威的文本编译有毕沅

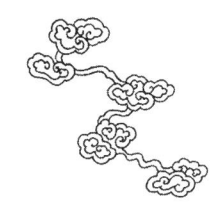

的《吕氏春秋新校正》和蒋维乔、杨宽的现代文本《吕氏春秋汇校》。另外还有德译本、法译本、英译本、俄译本（Г. А. 特卡琴科，2001）以及现代汉语（林品石，1985；张双棣等，1986）译本。

（潘富恩、Г. А. 特卡琴科撰，穆新华译）

*陈奇猷《吕氏春秋校释》，上下册，上海，1984年；许维遹《吕氏春秋集释》，上下册，北京，1985年；林品石《吕氏春秋今注今译》，上下册，台北，1986年；张双棣《吕氏春秋译注》，上下册，长春，1986年；《司马迁选集》，莫斯科，1956年，第189—196页；《吕氏春秋》节译，Л. Д. 波兹德涅耶娃译，载《古代东方历史文选》，莫斯科，1963年；《吕氏春秋节译"大乐"和"适音"》，Ф. С. 贝科夫译序，载《东方国家的音乐美学》，莫斯科，1967年，第216—217页；《吕氏春秋》，Р. В. 越特金译（第4、13、15、25、26篇），杨兴顺译（第1、2、3、5篇），载《中国古代哲学》，第2卷，莫斯科，1973年；司马迁《史记》，第7卷，Р. В. 越特金译，莫斯科，1996年，第295—300页；《吕氏春秋》，Г. А. 特卡琴科译，莫斯科，2001年；Wilhelm R. Fruhling und Herbst des Lu Bu We. Jena, 1928; Kamenarovic I. P. Printemps et automnes de Lu Buwei. Cerf, 1998; Knoblock J., Riegel J. The Annals of Lu Buwei. A Complete Study and Transl. Stanford, 2000。**Г. А. 特卡琴科《宇宙、乐、礼：〈吕氏春秋〉中的神话与美学》，莫斯科，1990年；Г. А. 特卡琴科《〈吕氏春秋〉中的人与自然》，载《传统中国学说中人的问题》，莫斯科，1983年；吕九瑞《吕氏春秋思想理论》，台北，1971年；牟钟鉴《〈吕氏春秋〉与〈淮南子〉思想研究》，济南，1987年；贺凌虚《吕氏春秋的政治理论》，台北，1970年；Kalinowski M. Les Justification historiques du gouvernemant ideal dans le Lushi Chunqiu; Kalinowski M. Cosmologie et gouvernemant dans le Lushi Chunqiu // Bulletin de l'E cole franc, aise d'Extreme Orient. Vol. 68 (1980), pp. 155-208; Vol. 71 (1982), pp. 169-216.

（А. И. 科布杰夫补写，穆新华译）

律宗

律宗，即"戒律宗派"，又称"南山律宗""南山宗"，是佛教宗派之一，主张严格遵守佛教各派所制定的戒律是达到"悟"和解脱世俗的主要途径。实际上，在10世纪前存在着一系列虽称律宗但互不相关的门派。

弘扬戒律是在3世纪中期由印度传教士昙柯迦罗开始的。他将《僧祇戒心》译成中文，此律解释了遵守道德及卫生规范、戒律和信仰誓言的意义。律宗传统给予了昙柯迦罗第一律师的地位，尽管一些派别分支认为摩诃僧是律宗始祖。由于《十诵律》《四分律》《摩诃僧祇律》《五分律》在中国流行，后来它们组成了律宗经典——"四律"。

5世纪末，法聪积极传播《僧祇律》，他的后继者道覆为基础论著《四分律》作注疏。慧光继承了为印度戒律戒本作注的中国传统。

在6世纪，被认为是律宗第八代律师的智首开始研习中国后继者们对印度佛教教义的注疏论著。他按照中国传统领会的僧侣戒律布道，对6—9世纪的中国佛教产生了很大的影响。

律宗第九代律师道宣为智首的弟子，是该派最大理论家，推动了律宗教义的形成。他的一系列论著被列为律宗经典，但他的某些观点与受印度影响的经典戒律相矛盾。

道宣同玄奘一起被邀请到朝廷翻译印度佛经，事实上这意味着官方承认其为独立宗派的律师。该宗派正是从那时起被称为"南山律宗"或"南山宗"。并行存在的还有其他传统律宗宗派，其中有相部律宗（也称"四分律宗"，代表人物为法砺律师）、法砺弟子怀素的"东塔律宗"。后两个宗派间因在评注《四分律》上的分歧而发生论战。778年，南山律宗曾试图调和相部、东塔。当时为消除明显的矛盾，两派的14名代表会集安国寺。但是在新合成的律规中，怀素的"新律疏"重又占据主导趋势，于是矛盾持续，最后导致相部、东塔律宗的衰落。戒律传统于是沿着由昙柯迦罗、经慧光至道宣一脉走下去，道宣与经典戒律的差别被忽略了。

后来律宗最有名的代表人物有周秀、文纲、大慈、鉴真

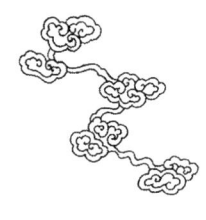

和文纲的弟子道安。最后一位的同时代人一真从印度带回一系列新的有关戒律规则的经书,但当时它们已经不可能给予中国传统以实质性的影响。元照从天台宗学说转向律宗,他努力融合两个宗派的教规,甚至为天台信徒编写了道宣著作的注释。

"制教"和"化教"是律宗教法的基础。前者是遵守戒律规则的教法,后者是指禅定及智慧的教法。"化教"又分为三个更为具体的宗派:"性空"教、"相空"教和"慈恩"教。"制教"又分为以下宗派:"实法宗"——必须遵守戒规;"假名宗"——"戒体"的无特征性;"圆教宗"——"戒体"彻底融合的思想。"戒体"被理解为老师向弟子传授律宗戒法含义的时刻,它们应该被视为无异于绝对"佛身"的超验本体,这种本体被称为"无作",而在中国佛教现代流派中被称为"无表"。"法相宗"学说主要是关于"阿赖耶识"的论著,对上述概念的形成有很大的影响。

"止持戒"和"作持戒"学说成为律宗的典型特点。这两类戒理涉及四个方面:"戒法"是佛对追随者所制定的戒律;"戒体"是内心的道德目标;"戒行"是僧侣的实践活动基础;"戒相"是精神状态的几十个外部表现。"止持戒"首先是指"诸恶莫作",以"戒"的方式实现,戒律的数量随着每一级的服从递增,从二百五十戒到三百八十戒等等戒。"作持戒"规定了包括"安居"、悔过以及衣食坐卧等一系列戒规,特别强调对佛教基本的非暴力戒规意义的讲解(说戒):不要对生灵施恶,因为它们都是佛的孩子。

律宗对7—13世纪的中国佛教产生了很大影响。该宗制定的《僧祇律》也被天台、华严、净土和其他宗派所使用。律宗内部各支派间理论上的论争使中国佛教在很大程度上脱离了印度传统,推动了律宗内传教者关于诸法外实性、受戒的无特征性等学说的发展。

在20世纪,律宗是中国佛教主要宗派之一,其戒律被中国大型寺院所接受。分为两个主要方向:一个注重"外部"的戒律遵循;另一个关注沉思实践和通过"内心"实践领悟

戒规，同时"外部"戒律起次要作用。

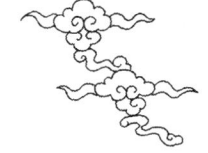

** 《简明中国佛教史》，上海，1986年；《中国佛教》，第1辑，北京，1980年，第285—291页。

（A. A. 马斯洛夫撰，穆新华译）

马一浮（1883—1967），哲学家。1903年赴美国研究西方文学史，1907年东渡日本研究哲学史，1938年在浙江大学讲学，自1939年起在四川复性书院任院长兼主讲，1953年任浙江文史馆馆长。马一浮的作品被编录成集，有《泰和会语》《宜山会语》《复性书院讲录》。他努力保持演讲的古典风格和形式。

由于马一浮掌握了西方思想，在他的著作中没有儒家的现代化意向，因此不能把他列入完全意义上的新儒家。马一浮的观点接近理学和心学学派。他认为"昧"和"气"不是"无"，而是"纯粹的理"。他反对"理气"二元论，因为它们"一源"，在现实存在中不可分。如果说人体器官是"器"，它们的动作就是"气"，这些动作的规则就是"理"。

马一浮对"体"和"用"相互关系的解释接近熊十力（同样也受到了佛教传统影响）。他认为，尽管从逻辑层面讲，"体"在先，"用"是由其产生的，但在现实中它们是"不二"的，离开彼此便互不存在。反向运动是在"用"的"映射"范围内进行，同时返回到"体"。

马一浮认为，从总体意义上讲，古代的"六经"构成"六艺"，源自"人性"，统摄一切（包括西方的）精神。《周易》关于"易"的学说和《春秋》学说符合"真"的模式，作为《诗经》和《尚书》精神体现的"诗""书"给出了"善"的模式，而《礼记》和《乐经》中的"礼""乐"则给出了"美"的样态。他认为"理"与"心"相同。

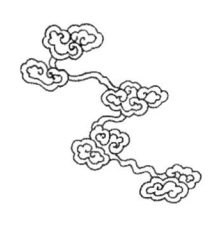

著名现代儒学家徐复观称马一浮是当代四大儒学家之一,与梁漱溟、熊十力和张君劢并列。

**贺麟《五十年来的中国哲学》,沈阳,1989年;陈来《马一浮的理气体用论》,载《哲学研究》,1993年第2期。

(A. B. 洛曼诺夫撰,穆新华译)

孟子

孟子,名柯,字子舆,思想家,继孔子之后的第二位儒家创始人(11世纪被正式尊为"亚圣")、理学家的"鼻祖",同名经典论著《孟子》的作者。《孟子》于11世纪(宋朝)初被纳入"十三经"和"四书"。

根据中国史书编纂奠基人司马迁的记载,孟子出生于鲁国治下的邹国(今山东省境内),曾为学于孔子之孙子思,在儒家的发祥地(邹鲁)直接接受了儒家学说创始人的遗训。刘向在《烈女传》中曾讲述孟母三迁的故事,她用心教导孟子直至其婚后,最终却遵从了"夫死从子"的"妇道"。母亲去世后,孟子为她举办的葬礼比父亲的更奢华,因此遭到诟病(《孟子·公孙丑下》)。跟孔子一样,孟子曾游历于中部地区的各诸侯国,在齐国首都供职于"稷下学宫",试图对齐王产生影响,但无功而返。约70岁时,孟子放弃了这些努力,开始全心投入理论问题的研究,这可能也是受了孔子遗训——"从心所欲"(《论语·为政》)的影响。

在根据自己的定义对经典《尚书》《诗经》以及儒学遗产进行阐释时,孟子"维护先圣道统而反对杨(朱)墨(翟)",称杨墨之言"盈天下"(《孟子·滕文公下》),他推出的学说体系及组织被韩非称为那一时期八

个儒家学派之一。孟子的生平在清以后的著作当中有详细记录：狄子奇的《孟子编年》、周广业的《孟子四考》、崔述的《孟子事实考》和魏源的《孟子年表》。

孟子的学说集中反映在《孟子》一书中，该书仿效孔子《论语》的体例撰写，由7篇各上下两部分构成，但与《论语》不同的是，《孟子》包含了更为复杂的论证系统，反映了前逻辑学和象数学方法的发展。孟子本人参与这部书撰写的程度也是有争论的话题。司马迁、《孟子》的第一位注释者赵岐以及理学的奠基人朱熹认为该书的作者就是孟子本人，而理学的先驱韩愈则认为作者是孟子的学生公孙丑和万章。书中有两篇（第二篇和第五篇）以其名字命名，因此，日本哲学家伊藤仁齐（17—18世纪）认为，这两章就是他们写的。他在《孟子古义》中还论证道：这部书既可以按内容（前三篇描述了孟子的作为和言论，而后四篇只是言论）也可以按形式（第一、三、四、七篇从风格上与第二、五、六篇有别）分为两个部分。《汉书·艺文志》曾提到《孟子》十一篇，而更早些的《史记》仅提及现存的七篇。"余出的"四篇有可能是佚失了的《孟子外书》，其现代版本是由姚士粦编的。最重要的《孟子》注解分别是由赵岐（编入《十三经》）、朱熹（编入"四书"）、焦循（编入《诸子集成》）、戴震完成的。《孟子》被翻译成拉丁文、英文、法文、德文、现代汉语（杨伯峻，1960；史次耘，1972）和俄文［两个全本译者为柏百福（1904）和В.С.科洛科洛夫（1999）；两个节本译者为Л.И.杜曼（1972）和И.Т佐格拉夫（2000）］，另有完整索引（《孟子引得》，1941）。

孟子对中国哲学的最大贡献在于提出了"人性善"的主张。在儒家学派关于人性基本特征的观念当中，应将孔子本人的学说看作某种"初始阶段"。这一学说为不同的甚至是相背的人性观的发展奠定了前提，而这一趋势后来首先在孟子理论和另一位古代大儒荀子"人性恶"理论的对立中表现出来。《论语·公冶长》中言："夫子之言性与天道，不可得而闻也。"但是在另一篇《阳货》中，又提出了另一个非

常重要的原则"性相近也，习相远也"。这句话极有可能蕴含着人性的统一观念及其针对善恶的中立性，即人会在外部环境的影响下获得善或恶的特质。

孟子发展了孔子有关人性普遍一致的观点，这在以下论点中表达得最为鲜明："圣人与我同类者。"（《孟子·告子上》）他将这一本质界定为最基本的"善"："人性之善也，犹水之就下也。"（《孟子·告子上》）

孟子所说的本"善"主要指的是人与生俱来的四种本性，以直接的自发情感为源头，以自觉的行为作完结："人皆有不忍人之心者，今人乍见孺子将入于井，皆有怵惕恻隐之心。非所以内交于孺子之父母也，非所以要誉于乡党朋友也，非恶其声而然也。由是观之，无恻隐之心，非人也；无羞恶之心，非人也；无辞让之心，非人也；无是非之心，非人也。恻隐之心，仁之端也；羞恶之心，义之端也；辞让之心，礼之端也；是非之心，智之端也。人之有是四端也，犹其有四体也。"（《孟子·公孙丑上》）仁义礼智，"我固有之"（《孟子·告子上》）。由此得出一个自然的结论，即承认"人皆可以为尧舜"（《孟子·告子下》）。

孟子将"善"解释为人性的本质特征，他发展并修正了孔子的以下观点，即将"善"的概念与最高级的人性相联系："圣人吾不得而见之矣！得见君子者，斯可矣。""善人，吾不得而见之矣！得见有恒者，斯可矣。"（《论语·述而》）在《左传》一书中，这一思想得到了最大程度的发挥："善人，天地之纪也。"孟子最大限度地强化了人性本善的说法，并借助与性相关的范畴"情"表达出来："乃若其情，则可以为善矣。"（《孟子·告子上》）

"善"这个字从语义上讲远远超出伦理学的范围，渗透到了美学（有"美"的意思，试比较"好汉"）、人类行为学（有"巧妙"意，试比较"能工巧匠"）及其他规范评价领域。在中国哲学中，这一普遍的规范评价范畴还有着本体论的意义:《周易·系辞上》指出:"善"是"道之继"(因此孟子将人实现自己的善良本性作为遵从天道、实现天人合一的基础)。戴震在《孟子字义疏证》中对这一立场进行了阐释:"一事之善,则一事合于天。"跟其老师子思在《中庸》中论述的一样,孟子亦将其"天道"思想的基础命名为"诚",对"诚"的关注即成为"人道",使人与宇宙合一并遵从之:"万物皆备于我矣,反身而诚,乐莫大焉!"(《孟子·尽心上》)古代的圣王之道仅归诸孝和悌,总体上讲则指人与仁的统一(《孟子·告子上》《孟子·尽心下》)。如果说孔子认为"中道"尚且不足(《论语·雍也》),则孟子在此(或曰"中道")看到了和谐的状态(《孟子·尽心下》)。

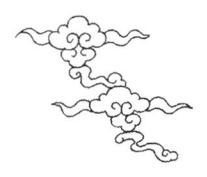

尽管人类存在的意义在于"尽其道",但"终身由之而不知其道,众矣"(《孟子·尽心上》)。天道虽是注定,但在某种意义上也取决于个人的本性(《孟子·尽心下》)。"命运"(命)——这是一个外部的规定性:"求则得之,舍则失之,是求有益于得也,求在我者也。求之有道,得之有命,是求无益于得也,求在外者也。"(《孟子·尽心上》)正如某种外部之物,"命"作为一个主体或者可以被证明(立命),或者可以被取消(方命)(《孟子·尽心上》《孟子·梁惠王下》)。孔子曾说,"不知命,无以为君子也",而他本人"五十而知天命"(《论语·为政》),孟子追随他,证明了知"命"并相应选择正确行为方式(正)的可能性,这使他在接受《尚书》和《诗经》中的"天命"概念并承认天的全权时,避免了极端的宿命论:"莫非命也,顺受其正。是故知命者,不立乎岩墙之下。尽其道而死者,正命也。桎梏死者,非正命也。"(《孟子·尽心上》)从类似的区分出发,孟子论证了国家包括朝代更替的合法性:即"天命"自然地从不够高尚的君主转移到高尚的君主那里,这些不高尚的君主自己失去天命,自动变成平民:"贼仁者谓之贼,贼义者谓之残,残贼之人谓之一夫。闻诛一夫纣矣,未闻弑君也。"(《孟子·梁惠王下》)

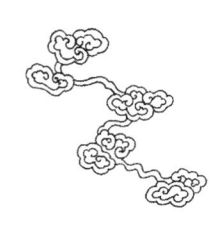

孟子认为，主体与客体无论在行为还是在认识上进行互动的普遍基质为"气"，这也是整个世界和人作为身心整体存在的精神与物质统一的动态实体。"气"指的是令自然界活跃的"平旦之气"，"体之充"、遵从"意志"（志）、从"积义"中成长起来并充于天地之间、符合"道"的"浩然之气"（《孟子·告子上》《孟子·公孙丑上》）。

孟子坚决推行"义"的概念，将之阐释为决定"人之正路"最重要的精神塑造甚至身心要素，将这一范畴与孔子的中心概念"仁"相结合，作为区别人与动物的基本特征，并将这一对概念扩展为一个概念结构"四端"：仁、义、礼、智。这四端成为儒家对整个人类存在进行思考的基础（《孟子·离娄上》《孟子·告子上》《孟子·公孙丑上》《孟子·告子上》）。对仁和义的妨碍会导致禽兽害人，而人互相贼害。杨朱的"为我"和墨翟的"兼爱"观念便会导致这种无君无父的"禽兽行为"。

孔子认为，"仁"是君子特有而小人不具备的特质（《论语·里仁》《论语·宪问》），而他最紧密的追随者孟子认为，"仁"不仅仅是统治者的义务，也是个人人格以及人际关系的普遍准则（《孟子·滕文公上》《孟子·尽心下》）。孟子制订了一条同音字格言"仁也者，人也"，并对此详细表述，"为天下得人者谓之仁""仁者，人心也"（《孟子·告子上》《孟子·滕文公上》《孟子·万章上》）。"仁"超过"友好—爱意—怜悯（爱）"，但让位于"亲"，并决定着与一切事物的关系："君子之于物也，爱之而弗仁；于民也，仁之而弗亲。亲亲而仁民，仁民而爱物。"（《孟子·尽心上》）孟子还将儒家有关"仁"的社会政治意义的论述总结为天下"平"与"治"的要素，是为"仁政"（《孟子·梁惠王上》《孟子·梁惠王下》《孟子·公孙丑上》《孟子·滕文公上》《孟子·离娄上》），他认为："夫国君好仁，天下无敌。"（《孟子·离娄上》）这种思想后来成为儒家正统思想的意识形态范本。

"仁政"符合于以"德"为基础的"王道"，反对以强力为基础的"霸道"，它意味着减轻刑罚，减少赋税，改善

农作，保护自然财富，完善人的孝悌忠信（《孟子·公孙丑上》《孟子·梁惠王上》）。所有这些措施的目标都是"保民"，因为孟子确定的标尺当中，"民为贵，社稷次之，君为轻"（《孟子·尽心下》）。

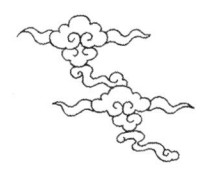

孟子反对法家要求统治者制定行政法律的管理模式，他不仅认为这种模式是"罔民"，还从总体上坚持教化高于管理："善政不如善教之得民也。善政民畏之，善教民爱之；善政得民财，善教得民心。"（《孟子·尽心上》）

孟子为中国"爱人"的传统建立了理论基础，即宣称所有人都是"同类"，每个人都可能成为"圣"（《孟子·告子上》），这反过来又促进了中国一项基本国家体制——科举制度的诞生，这一体制在孟子后继者董仲舒的影响下于公元前124年建立，并一直存在到20世纪初。然而，孟子并没有脱离现实，他承认在实践中，由于外部的影响和"不能尽其才"，人们之间有可能差别甚大（《孟子·告子上》）。

人与人之间主要的分界线取决于其"心"的状态："无恒产者而有恒心者，惟士为能。若民，则无恒产，因无恒心。"因而为保障社会正常运转，必须首先区分出脑力劳动者和体力劳动者，表述为行"大人之事"的领导者和行"小人之事"的属下："或劳心，或劳力；劳心者治人，劳力者治于人；治于人者食人，治人者食于人，天下之通义也。"（《孟子·滕文公上》）

作为儒学理性主义的中坚之一，孟子直接指出了物质要素对人民生活的重要性："富岁，子弟多赖；凶岁，子弟多暴，非天之降才尔殊也，其所以陷溺其心者然也。"（《孟子·告子上》）因此，在正常的社会秩序下，人民能拥有"恒产"和足够的福祉。孟子认为，实现这一目标最重要的手段即"井田制"，其中体现着孟子对土地所有制以及农产品分配的乌托邦理想（《孟子·滕文公上》）。井田制设想

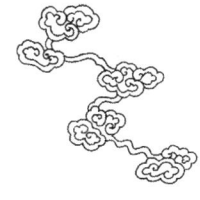

将田地按每方里划为一井，每一井有九百亩，周围八百亩归私有，中间则为公田，用于收取实物地租。由一块井地结合起来的八家组成一个自治村社，相互扶持，守望相助。

孟子还将作为井田制基础的九格方"经"和"空间象数体系"，用于描述整个中国的领土："海内之地方千里者九。"（《孟子·梁惠王上》）对历史进行思考时，孟子同样借助于类似的框架。他特别阐述道，社会自然进程中，"治"和"乱"按照每五百年三个时期的周期交替更迭（一治一乱）（《孟子·公孙丑下》《孟子·滕文公上》《孟子·尽心下》），这正符合了象数学中"三五"的观念。这种方法的运用揭示了孟子与古代中国象数学家最大的代表人物邹衍之间的深刻联系，邹子可能也曾是他的追随者。

孟子承认主体的内心世界"万物皆备"，并由此推出，"尽其心者，知其性也，知其性，则知天矣"（《孟子·尽心上》）。将自我认识转换为对世界认识的类似概念"尽"，可以借助于天生的知识和能力实现："人之所不学而能者，其良能也；所不虑而知者，其良知也。"（《孟子·尽心上》）孟子在儒学历史上首次对"思想器官—心"或认识事物的"大体"，与"不思之官—耳目"或"蔽于物，物交物"的"小体"进行了明确的区分。由此通过禁"欲"实现"养心"："其为人也寡欲，虽有不存焉者，寡矣；其为人也多欲，虽有存焉者，寡矣。"（《孟子·尽心下》）总体上这一内向型的认识结构是理学家之"心学"一派，特别是阳明学"良知"概念发展的起点。

*朱熹《四书章句集注》，北京，1983年，第197—377页；杨伯峻《孟子译注》，全二册，北京，2000年；《中国古代哲学史》，第1册，莫斯科，第225—248页；《古代东方文学·伊朗、印度、中国（文本）》，莫斯科，1984年，第230—235页；《竹简：中国古代文选》，莫斯科，1994年，第247—250页；柏百福《中国孟子哲学》，莫斯科，1998年；《孟子》，В.С.科洛科洛夫译，圣彼得堡，1999年；《古典儒学》，А.马尔迪诺娃与Н.佐格拉夫译注，第2卷，圣彼得堡、

莫斯科，2000年，第7—140页；《儒家"四书"》，莫斯科，2004年，第239—396页；Wilhelm R. MongDsi (MongKo). Jena, 1916; Mencius / Tr. by L. A. Lyall. L., 1932; Les Quatre Livres. Tr. par S. Couvreur. P., 1950; The Sayings of Mencius. Tr. by J. R. Ware. N. Y., 1960; The Works of Mencius / Tr. by J. Legge. N. Y, 1970; Mencius / Tr. by D. C. Lau. Hong Kong, 1984。**Ф. С. 贝科夫《中国社会政治与哲学思想的产生》，莫斯科，1966年，第138—153页；Л. С. 瓦西里耶夫《中国思想的起源问题》，莫斯科，1989年，第127—141页；《孟子》，载《伟大的东方哲学家》，莫斯科，1998年，第38—42页；郭沫若《中国古代的哲学家》，莫斯科，1961年，第182—201页；《中国哲学史》，莫斯科，1989年，第87—100页；《中国哲学百科词典》，莫斯科，1994年，第235—237页；Н. И. 康拉德《手稿、信札》，莫斯科，1996年，第148—154页；В. А. 鲁宾《古代中国的人格与权力》，莫斯科，索引；司马迁《史记》，第7卷，Р. В. 越特金译，莫斯科，1996年，第168—170页；范文澜《中国古代史》，莫斯科，1958年，第244—248页；冯友兰《中国哲学简史》，圣彼得堡，1998年，第90—102页；杨兴顺《古代中国的唯物主义思想》，莫斯科，1984年，第88—90页；杨荣国《中国古代思想史》，莫斯科，1957年，第192—225页；Nivison D. S. The Ways of Confucianism. Investigations in Chinese Philosophy. Chicago-La Salle, 1997; Schumacher J. Über den Begriff des Nutzlichen bei Menzi. Bern, 1993; Shun Kwong-Coi. Mencius and Early Chinese Thought. Stanf., 1997.

（А. И. 科布杰夫撰，贾茜译）

密宗

密宗，是佛教密宗的东方宗派——金刚乘。密宗8世纪由善无畏、不空和金刚智传入中国，唐朝时受到礼遇，不久又遭驱逐，12—13世纪后几乎完全湮灭。但密宗修行的一些元素，例如用以表示宇宙循环的曼荼罗①以及陀罗尼（咒语，某些祈祷字音的组合）在中国佛教的各个支派中存留下

---

① 梵文为"mandala"，意为"圆圈"，汉语一般称"坛城"，指密教中密乘总尊及其眷属聚集的场合，本智为主尊，道果功德为眷众，眷众环绕本尊游戏庄严，称为轮圆。——译者注

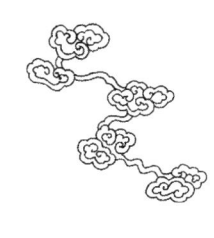

来。这一流派并未得到普及,原因在于此类宗教修行方法在很大程度上已被道教用作修炼"长生不老"之术的基础,而且官方意识形态对密宗的性象征持否定态度。此外,这一教派的名称也引发了来自朝廷的怀疑,朝廷将密宗看作秘密的叛乱教派。

密宗提出了一整套完善的瑜伽身心修行体系,以实现"悟"。密宗修行者认定他们的教义是"即身成佛",是最快捷的路线,其修行的核心在于念诵影响僧徒身心健康状况的咒语,对用有宗教意义的颜色粉饰的曼荼罗和梵文字母进行观想,诸如此类。密宗的修行还包括对佛像进行观想,这些佛像的每一个细节都有象征意义。密宗也使用性的象征,佛陀圣像的组合图形表示佛教教义的统一:般若即"智慧"(女性生殖器);方便即"慈悲"(男性生殖器)。根据密宗的原则,观想即意味着"身、语、意"的互动:特定的姿势(梵文的修持方法)、特殊的手印(智慧、指法)、口念真言、心观本尊。密宗僧徒信奉在宗教修行中能够获得超自然的能力。

密宗的宇宙观认为,作为宇宙起源以及心理和身体生命之源的宇宙"本体"即是毗卢遮那如来(汉语称"大日如来")。人被视作该宇宙缩小了的复本。佛在较低宇宙存在层面上显现为"五智佛""尊胜"或"如来",是重要的宗教观想对象。"五佛"中的每一位都在冥想等级图上占据特定的位置:符合特定的颜色、方位、原质、感受器官、德行,等等。信众的目标是想象自己与世界本源实现统一,以达到觉悟和涅槃。

密宗传入日本,为颇有影响的真言宗奠定了基础。密宗对中国佛像学的发展产生了重大的影响。

*Wieger L. A History of Religious Beliefs and Philosophical

Opinions in China from the Beginning to the Present Time. Hsienhsien, 1927, pp. 535-537; Bhattacaryya B. An Introduction to Buddhist Esoterism.Bombay, 1932;Guenther H. V. Yuganaddha, the Tantric View of Life. Benares, 1952.

（E. A. 陶奇夫撰，贾茜译）

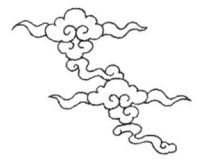

民本

乙

民本，意为"以民众为根本"。Ю. M. 加鲁尚茨认为，"民本"与著名三原则"正统、专制、人民性"中的"人民性"概念相符合。它是先秦时期形成的理想社会制度。将"民"视为"本"出自文献《尚书·五子之歌》："民惟邦本，本固邦宁。"这一观点的含义为：民众是国家的根本，本固则国家安宁。"天视自我民视，天听自我民听"：如果君主统治不仁不义，天就剥夺君主治理国家的神圣"天命"。孟子进一步发展了"民本"思想："民为贵，社稷次之，君为轻。"（《孟子·尽心下》）"闻诛一夫纣，未闻以臣弑君。"（《孟子·梁惠王下》）统治者应当关心臣民的物质生活，以赢得"民心"，保障国家的稳定与和谐。"民本"的伦理基础是君主实施"仁治"，以"尚贤"的实践方式来实现。这也是儒家及墨家代表所讨论的内容。虽然"民本"最初是开给统治者的"处方"，但这一思想也被主张限制君主绝对权力的思想家所采用。在现代，人们往往将"民本"观与西方的民主作对比，并且把它们等同视之。但是，亚太地区儒家文化圈国家的现代发展显示，在这些国家，权威政治实践是与"民本"思想相关联的。新儒家的代表通常把"民本"思想解释为在现实中未得到发展但优于西方民主的体系，其中，在官方学说及国家政治活动中，道家的不墨守成规、彰显个性的思想是对儒家关于"性""中庸""和"的学说的补充。与此同时，新儒家们通常是以作为中国文明"非政治民主"道德伦理特征的人性本善学说为依据的，因此"人皆可以为尧舜"。儒家的乌托邦传统属于"民本"范围。

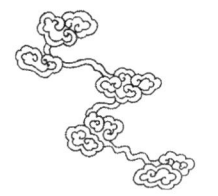

**Ю. М. 加鲁尚茨《中国的民主和人权》，载《第24届"中国社会与国家"学术讨论会论文集》，莫斯科，1993年；《孟子思想研究》，济南，1986年，第83—184页。

（А. В. 洛曼诺夫撰，穆新华译）

民生哲学

民生哲学是有关人民福祉的哲学。20世纪20年代由国民党思想家戴季陶提出。

这一概念的基本假设是，人类"求生的冲动"或曰"生存的欲望"是社会发展的推动力。由于生存是"人类原始的目的，同时也是人类终结的目的"，因此民生是"历史的中心"。民生哲学的思想基础是孔儒哲学里的仁义道德思想以及孙中山提出的部分理论。这一概念的核心是20世纪整个中国非马克思主义社会政治理念的典型观点：并不存在阶级对抗，一切社会问题可能也必须通过社会合作予以解决；"仁爱是人类的生性"，"阶级的差别并不是绝对能够消灭人类的仁爱性的"。民生哲学在政治领域宣扬社会精英统治论。民生哲学是马克思主义思想的论敌，是二者必择其一的另一种思想。

*戴季陶《孙文主义之哲学的基础》，上海，1925年。**王觉源《民生哲学申论》，台北，1972年。

（С. Р. 别洛乌索夫撰，贾茜译）

名家

名家，又称"唯名家""逻辑学家""辩学家"，或称"刑名家"，是中国古代"百家争鸣"时期主要哲学流派之一。名家从理论上创立了与自身相关联的更为普遍的传统"辩学"（口才、辩论、争论、辩论术、演讲术、辩证法、诡辩术）。《墨子》最先把"辩"定义为反命题的判断分析和二分法话语辩证法。名家积累了各派代表人物学说中的逻辑和符号学问题，部分涉及道家理论的"无名"问题，即符号的相对性和真理的不可言说问题。它吸纳儒家"正名"概念，即言词和实际事物相一致；吸纳了墨家科学分类体系中的术语定义以及法家的关系到司法实践的方法论建构思想。20世纪，胡适、梁启超、钱穆追随鲁胜认为名家源于墨家，郭沫若、侯外庐则认为其出自道家，而大多数专家认为名家是一个独立的学派。

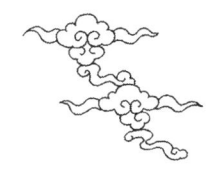

在中国最早的哲学派别分类中，名家就已经被视作中国哲学"黄金时代"的主流思潮。这些学派中最古老的内容被记录在约公元前3世纪同期的文本《荀子》第6章和《庄子》第33章中。在儒家典籍《荀子》中，除由作者宣扬并因此单独成篇的孔子及其弟子子贡的思想遗产外，便是突出了"六说"。"六说"中的第五说是惠施和邓析的学说，他们"不法先王，不是礼义，而好治怪说，玩琦辞，甚察而不惠，辩而无用，多事而寡功，不可以为治纲纪；然而其持之有故，其言之成理，足以欺惑愚众"。

道家的奠基之作《庄子》，也分出了核心的、传承古代智慧的儒家学说，与之对立的是划分为六学派的百家。百家第六个学派的代表人物有惠施、桓团、公孙龙和"辩者"，他们"饰人之心，易人之意，能胜人之口，不能服人之心"。这种结构相似的六元组合一方面反映了宇宙的"六合"（指上、下和四方）和"六艺""六经"文化观念，另一方面体现了它们从真理"道"及其多种表现形态相统一的思想出发。

六元结构是司马谈完成的对主要哲学学派（不仅仅是学派代表人物）初次分类的依据。他撰写的关于"六家"的专门论著被收入他儿子司马迁编纂的第一部中国纪传体通史《史记》第130卷结尾的"自序"中，《史记》成为当时哲学思想观点和科学知识的汇编。在《史记》中，基于"六艺经传"思想的儒家被归入综合序列中，每个流派都以自己的名称命名。名家被重新排到第五位，《史记》认为名家"使人俭而善失真"，即"苛察缴绕，使人不得反其意，专决于

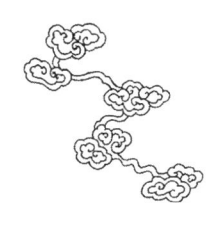

名而失人情",但"其正名实,不可不察也",这是因为它"若夫控名责实,参伍不失"。

这样的分类在杰出大家刘歆的编纂目录分类著作中得到了发展。该著作中包含有他父亲、曾任朝廷"五经博士"刘向的成果,此著是中国最早也可能是世界最早的文献编目的基础。这个成果被收入班固编纂的第一部纪传体断代史《汉书》中。这种以《史记》一书布局为范本的结构分类,一是使得流派增加到十家,二是有着专门的理论基础。这种理论源于包括诸子在内的"十家"中的每个流派,在20世纪前它们便已成为经典并且得到了发展(章学诚、章炳麟、冯友兰)。

依据该理论,在传统中国文化的初步形成时期,即公元前一千纪的前几百年,官员是社会知识的重要承载者,也就是说,"官"即是"学","学"即是"官"。由于王道衰落,也就是周朝统治权力削弱,中央集权政体开始瓦解,失去官位的朝廷代表们不得不改变生活方式,凭借自己的知识技能转做老师、导师和传教士来保障自身的生存。在公元前一千纪中期封建割据时代到来后,为向各诸侯统治者施加影响而进行争斗的、曾经是同一政权各领域的代表人物组成了不同的哲学派别。派别的总称为"家",这说明了他们各持其说的特点,因为汉字"家"的字面意义是"家庭"。

在《汉书·艺文志》中被放在第五位的名家是由出自礼仪部门的礼官创立的,他们的活动就是必须保障官职与礼制的名实相符。"古者名位不同,礼亦异数。"孔子曰:"必也正名乎!名不正则言不顺,言不顺则事不成。"

《艺文志》中有七位学者的代表著作归入"名家者流":邓析、尹文、公孙龙、成公生、惠施、黄公疵和毛公。此外,名家的支持者田骈、兒说、尹文曾在位于齐国国都的稷下学宫从事学术活动。毛公在《史记》中被描绘成一位高尚的智者,他隐居在赌徒群中消磨时光,却为统治者提出宝贵建议。而在《韩非子》中则相反,他以寓言故事形式来抨击兒说的"辩术"。他持"白马非马也,服齐稷下之辩也。乘白马而过关,则顾白马之赋",也就是说"籍之虚辞

则能胜一国，考实按形不能谩于一人"。在后来桓谭的《新论》中，这个寓言故事被用来讲述公孙龙。刘泽和郭沫若认为，尹文的哲学思想特别是他的认识论观点反映在杂家的《管子》第38篇《白心》、第12篇《枢言》中，而在另外三篇中讲述了尹文的志同道合者宋钘。总体而言，在书面文献典籍及现代名家著作中，该学派被鉴定为违背传统价值观、权力和人民，于实际生活无益，但在辩论和逻辑论证方面则立于不败之地。

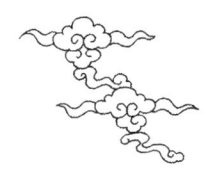

惠施和公孙龙是名家最具代表性的人物，和其他很多名家代表人物一样，关于他们的可靠史料凤毛麟角。专家认定的惠施生卒年范围较大，生年为前380—前300年，卒年为前350—前260年。公孙龙的生平史料相对多一些，但是在他身上仍存在着未解之谜。在《史记》这样的基本历史资料中，公孙龙既是孔子的学生，比孔子小53岁，生于前499年或前498年，又是赵国平原君的门客，是哲学家邹衍的辩友，他们一起讨论"至道"。在参考其他资料来源的学术文献中，一般认为公孙龙出生于前330年至前315年之间，卒于前250—前242年（胡适、侯白露、郭占波、王建吉、I. Kou Pao-koh、Mei Yi-pao、庞朴、范寿康、周云志、钱穆、王宏印）。但是，第一，在《庄子》和《列子》中记述了公孙龙和魏国公子牟的交往，按照最权威的《列子》注疏者张湛的观点，魏牟是前446—前397年统治魏国的魏文侯之子。第二，在《列子》《吕氏春秋》《公孙龙子》《孔丛子》中都讲述了公孙龙教导孔穿，孔穿一说是孔子的孙子（张湛注），一说是孔子的第六世孙，终年51岁，这么说来公孙龙一定生活在前5世纪至前4世纪上半叶。第三，在由"仲长先生"（或许是著名的哲学家仲长统）为《尹文子》撰写的最早序言中提到：公孙龙在稷下学宫做宋钘、彭蒙、田骈和尹文的老师，他们都生活在前4世纪。据此陈荣捷折中地把公孙龙的生年定为接近前380年，这就使得他的寿命达到了130多岁。尽管明显失实，从司马贞、张守节到杨慎，再到伟大的革新家康有为，所有学者传统上都认为，公孙龙是孔子同时代的人，比孔子年轻，卒于前3世纪中期。但是从王应麟

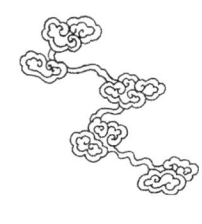

和归有光开始,关于古时有两个重名的公孙龙的假说发展开来:第一个是楚国人或魏国人,号子师;第二个公孙龙号子秉,来自周朝。一些当代研究者和翻译家接受了这种说法,但同最早的来源相比,该假说中仍存在着矛盾。

惠施虽撰写了大量著作,却只留下了一些零散的论述。不同于前者,公孙龙的论著《公孙龙子》保留至今(被记录在上述提到的《汉书·艺文志》中)。基本上,按葛瑞汉的观点,该书一部分(6篇中不少于2篇,其他的是4—6世纪编写的)是正宗的,是名家思想的主要来源。但是在《隋书》列传目录中,它以《守白论》之名被列在"道家"条目下。显然,该名称是借用了文章开头的语词,这很可能歪曲了《坚白论》的作者公孙龙的典型特点。《公孙龙子》由描述性的序言《迹府》和五篇难于理解(可能由于保存失当)的理论文章组成:《白马论》《指物论》《通辩论》《坚白论》《名实论》。谢希深为《公孙龙子》编写了注释,张海鹏将其付梓并收入《四部备要》,今日才得见此书。其他版本出现在道教作品集《道藏》和《子汇》丛书中。在谢希深注释之后,经过了七个半世纪,到1787年才出现了另一位注者——辛从益。再后来陈澧和著名文字学家俞樾分别于1849年、1899年对《公孙龙子》作注。后世对《公孙龙子》最重要的注释和研究出现在钱穆、陈竺、谭泽福、庞朴的著作中,王琯将《公孙龙子》编入《新编诸子集成》。还有英译本、法译本、德译本、日译本、现代汉语译本(陈癸淼,1986;庞朴,1979;王宏印,1997)及俄译本(Э.В.尼科戈索夫,1973;А.М.高辟天,1974)。

刘向认为,在名家范围内公孙龙继承了邓析的"异同"理论。根据冯友兰的观点,公孙龙主导与惠施相对立的流派,主张"离坚白",就是指同一事物的不同属性通过人的不同感官去感知并用不同的名称来表示。也正因此,古时公孙龙首先被称为持"坚白论"的辩论家。公孙龙和惠施一样,有时两人一起,会说出一些奇怪的箴言或是"诡辞",扬雄证实:"龙诡辞数万。"

如果说古籍中找不到任何关于惠施弟子的证据,那么根

据《淮南子》记载，公孙龙弟子众多，甚至可以编成专门的名册，但目前被可靠确认的只有綦毋子一人。猜测推断为他弟子的还有两人——公子牟和孔穿，这符合《列子》所描述的公孙龙的特性：孤僻、"无家"。

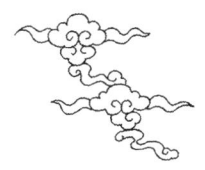

除《公孙龙子》以及《庄子》《列子》《荀子》《吕氏春秋》《韩非子》《史记》、刘向的《说苑》和其他中国古代典籍中的引用、描述外，名家思想还在另外两部专门性论著中得以展现，这两部著作以名家代表人物的名字命名：《邓析子》和《尹文子》。但是，由于成书时间在1世纪中叶，大大晚于作者生活的时代，它们也许是公元一千纪中期前的编译，因此这些书是否正宗仍然存疑。虽然这两部书同《公孙龙子》真本有区别，掺杂了不少道家和法家学说，但它们多多少少地反映出了名家的主要思想。

在最全的图书目录《四库全书总目提要》中，《邓析子》被归入"法家"条目下，因为邓析以承揽诉讼和编写"竹刑"而著名。

充满箴言、诡词的《邓析子》由《无厚篇》和《转辞篇》两篇组成，它以最朴素的逻辑文法手段（"言之术""两可说"）阐述了国家政权作为"天人合一"的统治者通过"名实"相符的"法"来实现统治的主张："循名而督实，按实而定名。"为此，必须"博""辩"结合，即学识和分析相结合，因为"谈者，别殊类，使不相害；序异端，使不相乱"。总之，认知过程是"见其象，致其形；循其理，正其名；得其端，知其情"。

《尹文子》也分为两篇，但取同一名称《大道》（上、下），这与《汉书·艺文志》中著录的《尹文子》一卷相吻合。《尹文子》的两大主题是"形名"和"法术"。源自经典《周易》的对比"大道无形，称器有名"是该哲学理论的基础，认为"名也者，正形者也"。世上一切生于道的"不称"，则群形"自得其方圆"，"名生于方圆，则众名得其所称也"。

因此，经过名家以及受过名家影响的晚期墨家学者和融合儒法两家思想的荀子的努力，一种新的逻辑认识方法论在

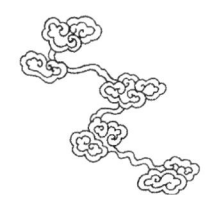

中国产生了。它于公元前5世纪—前3世纪形成并最终战胜和真正取代了命理学,即"象数学"。

在公元前3世纪末秦王朝时期,名家退出了历史的舞台,A. M. 高辟天通过翻译真实地解释了这一急剧变化。但在19世纪末20世纪初,由于开始吸收西方逻辑学说,中国对名家的兴趣再次兴起,改良派思想家、政治活动家章炳麟和梁启超在其中起到了相当大的作用。

"名"这一术语最早的搭配"名理"是天文学家李之藻用来传达"逻辑"概念而使用的。他是翻译葡萄牙人佩德罗·德·丰塞卡的《逻辑讲义》的第一人,汉译本取书名《名理探》,于1639年公开。后来清朝的李林江把"名理"两字与"学"结合,成为"名理学"。1824年翻译的西方佚名作者著作《名学类通》刊行,"名学"这一简称开始使用。西方文献的著名普及者严复推动了"名学"的广泛使用,他曾翻译穆勒的《逻辑体系》(中文《穆勒名学》)和耶方斯的《逻辑学基础教程》(中文《名学浅说》)。伟大的语言学家王国维也沿用拘泥于传统的文风翻译西方哲学,为传达"逻辑"这一概念,他把耶方斯的《逻辑学基础教程》改译为《辩学》,替代了原有术语。来华传教士先驱利玛窦所撰《辩学遗牍》(今已散失)赋予了该术语"逻辑学"的意义。1876年,逻辑学译作《辩学启蒙》面世,这一术语才被固定下来。现代汉语中不再采用意译,而是音译为"逻辑"或"逻辑学",首次使用该音译术语的仍是严复。这说明中国学者放弃了最初的尝试,不再将西方形式哲学和中国古代的名家、辩论家学说混为一谈,学者们继续用两个字称后者为"名学"和"辩学"。

在西方,最初尝试对名家思想作出逻辑解释的是A. 佛尔克,他于1902年用英文出版了对邓析子、惠施的诡辩和公孙龙子的研究和翻译。还有P. 马松·乌尔色,他于1914年出版了法文的《尹文子》研究及翻译。1915—1917年,胡适成为中国第一个综合采用基于西方传统的研究方法的学者,在美国写就英文著作《先秦名学史》,该书于1922年在上海问世。在中文版《先秦名学史》一书中，常见于孔子、《周易》、老子、庄子、荀子、墨家理论中的术语"名学"等同于"逻辑方法"。胡适立场非常重要的特征之一是否认名家作为独立学派的存在，他把惠施和公孙龙归入晚期的墨家，鲁胜也认定他们为"墨辩"。

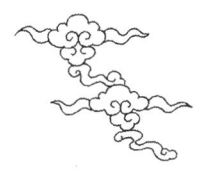

在1919年出版后又多次再版的《中国古代哲学史》中，胡适用术语"辩"来表达这种引申开来的新墨家方法，英文译为"辩论术"。

王章焕在主要论述西方逻辑学的《论理学大全》中，第一个将"辩学"用作"名学"的同义词，指的是中国古代逻辑学和方法论。1932年出版的郭湛波的《先秦辩学史》与胡适的书名相似，将"名学"完全改为"辩学"。和胡适一样，郭湛波也认为"辩学"概念太狭隘，于是把名家的支柱邓析、惠施、公孙龙以及后期的墨家和荀子也列入其中（以扩大辩学范围）。又过了十余年，侯外庐在《中国古代思想学说史》中反对如此合并，确定以惠施和公孙龙为代表的名家为诡辩学，虽然他承认名家思想和后期墨家、荀子思想一样，具有逻辑学的初始形态。同时期，郭沫若在《名辩思潮的批判》一文中使用合成概念"名辩思潮"，并将公元前5世纪—前3世纪所有主要哲学流派的代表人物归入，包括：（1）列子；（2）宋钘、尹文；（3）兒说；（4）告子、孟子；（5）惠施和庄子；（6）桓谭、公孙龙；（7）孟子后期代表人物；（8）邹衍。后来"名辩"（包括由之衍生出来的术语）普遍用于中国哲学史方面的论著，如赵纪彬、侯外庐、杜国庠、任继愈这些作者的著作中。

在更为详尽的专论《中国逻辑思想史料分析》（第一辑，1961年）中，汪奠基同样使用了"名辩"概念，他将其定义为与朴素辩证法和其他认知方法结合起来的综合逻辑学，将后期的"墨辩"、孙子的"兵家辩证（法）"、自然哲学-命理学家邹衍的"诡辩"以及外交纵横家，从逻辑科学中分离出来。最终进入"名辩"圈子的有：（1）邓析；（2）宋钘、尹文；（3）彭蒙、慎到、田骈、申不害、尸佼、兒说、田巴、毛公；（4）惠施；（5）公孙龙。谭戒甫

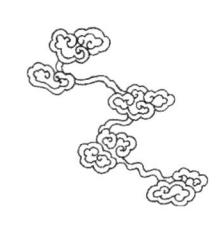

发展了在1935年就首次提出过的思想,在《公孙龙子形名发微》一书中进行了另一种分类:一方面,像鲁胜和胡适一样,重新把墨辩和惠施统一列入名家;另一方面,把与名家论争的形名家(或"形名之家")分出来:邓析、公孙龙、尹文、田骈、兒说、毛公和綦毋子。

作为名学与辩学融合的中国古代逻辑学,名辩学的最新理论呈现在周云之的专著《名辩学论》中。该著重点集中在三个主要的方法论文本上——出自《公孙龙子》(《名实论》)、《墨子》(《小取》)、《荀子》(《正名》)的几篇以及含有相关术语形成历史最详细信息的篇章。

20世纪下半叶,随着逻辑语言学和语义分析研究的迅猛发展,西方汉学界开始借助现代形式语义方法研究名家和"辩"传统的思想遗产,这揭示出中国古代哲学认知方法论的最大特点。自葛瑞汉、Я. 赫梅列夫斯基、B. C. 斯皮林新颖的阐释在1950—1960年间出版之后,最重要的研究成果都呈现在A. 格雷姆、B. C. 斯皮林、Ч. 哈尔普斯麦斯耶尔的总结概括性论著中。

汉字"名"融合了"言语"和"名誉"之意,以它为基础还形成了现代历史哲学、逻辑数学以及语言学方面的术语(例如唯名论、名目论、名词、名数、名字)。而以"辩"为基础形成了术语"雄辩术"(辩证、辩证法、辩论法、辩护)。

*《中国古代哲学》,第1册,莫斯科,1972年,第292—294页;第2册,莫斯科,1973年,第25—40、51—65页;《庄子列子》,B. B. 马良文译,莫斯科,1995年,第282—284、395—403页。**Ф. C. 贝科夫《中国社会政治与哲学思想的产生》,莫斯科,1966年,第192—201页;《伟大的东方思想家》,莫斯科,1998年,第43—46页;郭沫若《中国古代的哲学家》,莫斯科,1961年,第318—361页;A. M. 高辟天《古代中国哲学和古汉语》,载《历史哲学研究》,莫斯科,1974年;А. И. 科布杰夫《中国古典哲学中的象数学》,莫斯科,1994年;А. И. 科布杰夫《名家:逻辑与辩证法的碰撞》,载《在文明对话中的中国》,莫斯科,2004年,第550—557页;

А. А. 克鲁申斯基《中国古代逻辑与方法论中的名与实（综述）》，载《现代历史与科学研究：中国传统科学》，莫斯科，1987年，第88—105页；А. А. 克鲁申斯基《〈公孙龙子〉的本体论》，载《第16届"中国社会与国家"学术研讨会论文集》，莫斯科，1985年；《新哲学百科全书》，第2卷，莫斯科，2002年，第574—575页；В. С. 斯皮林《古代中国逻辑中的"叁伍"概念》，载《远东》，莫斯科，1961年；В. С. 斯皮林《中国古代文本的结构》，莫斯科，1976年；Г. А. 特卡琴科《道教与中国古代思想传统中的名家》，载《东方国家哲学史的方法论和世界观问题》，第1卷，莫斯科，1996年；冯友兰《中国哲学简史》，圣彼得堡，1998年，第103—115页；杨荣国《中国古代思想史》，莫斯科，1957年；汪奠基《中国逻辑思想史》，上海，1979年；周云之《名辩学论》，沈阳，1996年；周云之、刘培育《先秦逻辑史》，北京，1984年；Chmielewski J. Notes on Early Chinese Logic // Rocznik orientalistyczny. Krakow, 1962, t. 26, z. 1; 1963, t. 26, z. 2; t. 27, z. 1; 1965, t. 28, z. 2; t. 29, z. 2; 1966, t. 30, z. 1; 1968, t. 31, z. 1; 1969, t. 32, z. 2; Graham A. C. Later Mohist Logic, Ethics and Science. Hong Kong, London, 1978; Graham A. C. Disputers of the Tao: Philosophical Argument in Ancient China // La Salle (Ill.), 1989; Hansen Ch. Language and Logic in China. Ann Arbor, 1983; Harbsmeier Ch. Language and Logic // J. Needham (ed.). Science and Civilization in China. Vol. VII, pt 1. Camb., 1998; Hu Shih. The Development of the Logical Method in Ancient China. Shanghai, 1928.

（А. В. 洛曼诺夫撰，穆新华译）

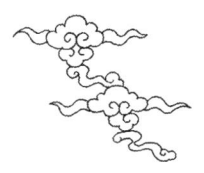

明堂

明堂即"圣明的王位""明亮的礼堂""光明的神殿"，是古代中国统治者会见百官、接受官员朝拜的仪式殿堂，也曾按神仙的居所、圣山的名字称"昆仑"。在中国文化中，明堂是和谐与秩序的象征。古代"堂"（大厅、殿堂）和"明"（晴朗的、明亮的）两字同义，这样一来该名称突出了"明堂"的特点，即作为开"悟"启蒙、过渡的场所，同时启蒙被认为源于最高端，并通过君主传达。

最初明堂很可能是祭天的圣地，体现了其天地间的调

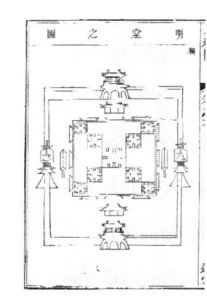

解功能。根据传说，首个明堂是一座四面无壁，以茅草为盖的建筑，传说版本不一，一说它与神话传说中的黄帝的古老传统相关，一说与周朝有关。它有四门，"上圆下方"（象征宇宙的东西南北、天圆地方）。据儒家经典《礼记·明堂位》记载，为治理国家，统治者在明堂接受诸侯朝见。最早记载明堂的还有《周礼》和《淮南子》，按其记载，明堂是按九进制建成的综合建筑"五室"。按照中国的宇宙观，明堂居正南，以强调它的至高无上。汉朝皇帝们多次试图建造明堂，为此朝中文臣受命呈报相应的建造方案。明堂的建造传统延续到公元6世纪，之后的记载不甚确切。最大的明堂坐落于洛阳和长安（今西安），它们不止一次被烧毁和重建。据推测，在西安南郊发现的汉朝古典式明堂的遗迹，为阶梯式矩形建筑，水壕环绕四周，周长超过200米。

明堂中体现着"阴阳"宇宙观、"五行"、天地本源的交融，它们通过明堂的建筑特点表达出来，也体现着数字命理思想，后者主要体现在描述明堂的文本中。明堂的构造很可能与宇宙天体现象，特别是与大熊星座相关联。在明堂内，能与至上之"神"相提并论的统治者应当连接沟通天与地、神界与凡间，以此达到万物和谐。明堂象征性地展示了世界的秩序，比如，厅内诸侯、群臣各人有特殊的站位。封地的统治者（侯、伯、子、男）和"四方蛮夷"来到明堂后，他们要严格按来路的方位落座，面朝天子。大厅中央是天子和三公之位。

象征宇宙秩序的明堂对体现天下和谐的众多文献学及象数学的研究产生了很大影响，对针灸理论以及太极、"五行"图式研究也具有影响力。

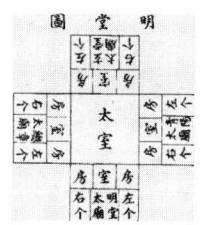

**E. A. 布利诺娃《作为宇宙秩序模式的〈明堂〉》，载《第19届"中国社会与国家"学术研讨会论文集》，莫斯科，1988年；王国维《明堂庙寝通考》，载《王国维先生全集》，北京，1959年，第123—144页；王世仁《汉长安城南郊礼制建筑（大土门村遗址）原状的推测》，载《考古》，1963年第9期；Lin J. T. C. The Sung Emperors and the Mingt'ang or Hall of

Enlightment // Etudes Song. Ser. II. Civilization.1973, No. 1, pp. 15-58; Maspero H. Le Mingt'ang et la crise religieuse chinoiseavant les Han // Melange chinoise et bouddhiques. Brux., 1951, Vol. 9.

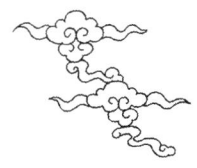

（E. A. 布利诺娃撰，穆新华译）

命

命即"定数""命运"，其他意义还有"生命、生命力、吩咐、命令、委命"等。中国哲学范畴，兼有"生命的定数"和"注定的生命"之意。"命"字的词源意义为"口头的命令"（包含"口"和"令"两个成分）。

把天理解为主宰世界的"无声"力量（《诗经》："上天之载，无声无臭。"），这使得"命"的哲学概念被解释为决定着生死命运的无声命令。比如在《论语》中，死在一些情况下被定义为"命"，在另一些情况下则指丧失生命（比较俄语表达方式："没有运气"或"就是这个命"）。西方语言表达在价值观上也有完全相反的关于命运的两个术语——来之不易的"偶然性幸运"和难碰到的"必然性不幸"。但不同于西方的表达方式，中国"命"表示的概念是"预先注定的命运但有改变的可能性"（对比：在基督教中则指命运与自由意志思想相结合）。"命"从两个意义上体现出其不存在必然性：（1）命具有本身改变的可能性；（2）屈服于命或摆脱命的可能性。"命"的主要相关概念"天"和"性"，反映出在宇宙（天地）、社会（天下）、国家层面以及个体包括人"性"层面上具有实现"命"的观念。

"命"概念主要作为天的特征"天命"意义最早出现在公元前一千纪上半叶最古老的文字典籍中。《诗经》中就已经提出了"命维新"（现在意为"改革"）思想，在《周易》中出现了"革命"思想。最初，"天命"和"革命"概念完全映射社会及其代表——统治者（"天子"）。"命"被看作最高调节力量"天"给予统治者的"命令""委任权"。不遵守"天命"就会导致委任权转入他人之手。例如

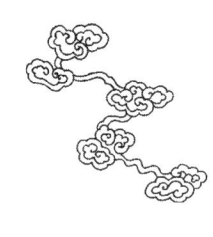

在《尚书》中，"革命"思想被看作惩罚罪行、褒奖善行，公元前12世纪到公元前11世纪殷商朝衰落、周王朝夺权就是例证。孟子对（天）"命"概念的改良是奠基性的理论观点，尽管他没有使用"革命"这一术语："天"掌控天下政权的交接，在违背正常的朝代统治时，无能的君主就成为谋权篡位者，其王位就会被"天"赐予真正的天子。

最初表达最高自然始端的"天"概念的扩展使"天命"的意义域中加入某种动力的观念，"天"赋予万物有关"命"的特定属性。这体现在儒家早期对"天命"一词的解释中。与墨家的"天志"概念相反，儒家的"命"没有暗示意志表达的具体主体。但是，如果说墨翟的观点是：言"命"无益，它只会"疑众迟朴"，因为人的命运事实上只取决于他在完成"天志"时的努力和执着，那么孔子则认为"君子"必"知命"。基于宏观宇宙和微观宇宙同态原理，孔子的继承者们提出，人认知和改变"性"就像认知和影响"天"一样是可能的："知其性，则知天矣。"（《孟子·尽心上》）"能尽物之性……则可以与天地参矣。"（《中庸》，第二十二章）"尽性"指参透自身的本性且知行合一。儒家关于"人性"与"天命"之间两种关系的基本观念构成"天人合一"的内部循环，这被记录在《中庸》中："天命之谓性。"同样在《周易》评注中论道："穷理尽性，以至于命。"

在孟子看来，"莫之致而至者，命也"。他认为"命"是合理的，也是可以避免的："莫非命也，顺受其正。是故知命者，不立乎岩墙之下。"人能"立命"或"放命"。荀子实际上发展了这些思想，创造性地提出"知天命"。董仲舒折中地承认两种"命"的存在：天生的"大命"之体和受社会条件变化影响的"变命"之"政"。王充解释"命"是元"气"对人寿命及富贵的影响。他批判性地阐释了命的"三科"：（1）"正命"——人秉承上天所赋能达到的最大富贵；（2）"随命"——勠力操行而吉福至，纵情施欲而凶祸到；（3）"遭命"——由于人所不知的不利外在因素行善而得凶祸。班固在《白虎通》中对命"三科"也有

类似的解释。只不过第一种被称作"寿命",其余两种则与王充的解释相同。与人"性"品质有关联,荀悦把"天命"分为"三品"。基于孔子"大智下愚不移"的观点,荀悦将"天命"分为上中下三类,上下不移,其中则"人事"存,中类有可能向上、下两个方向变化。

在中国佛教和古代中后期的道教中,术语"命"开始表达有生命力的、有精气的、有活力的本源思想,它不同于理性认知的"性"和精神心理的"心"。的确,与关注灵性的佛学家相对立,关注自然主义的道家学者们宣扬在信徒机体中的"命"修炼思想,包括借助"内丹"心理身体手段。对"命"的这种理解极大地影响了宋明理学对这一范畴的阐释。

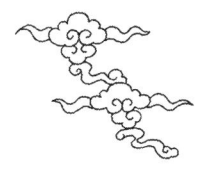

*《中国古代哲学》,第1—2册,莫斯科,1972—1973年;《中国古代哲学·汉代卷》,莫斯科,1990年,第260—267页。**Л. С. 瓦西里耶夫《周代历史文本中的"命"思想》,载《第10届"中国社会与国家"学术研讨会论文集》,莫斯科,1979年;А. И. 科布杰夫《儒家社会乌托邦的概念理论基础》,载《中国社会乌托邦》,莫斯科,1987年,第61—68页;А. И. 科布杰夫《王阳明学说和中国古典哲学》,莫斯科,1983年,第121—150页;А. И. 科布杰夫《中国理学哲学》,莫斯科,2002年,第279—286页;Х. Г. 克里尔《中国国家政权的形成·西周朝》,圣彼得堡,2001年,第65—78页;Ю. Л. 克罗尔《历史学家司马迁》,莫斯科,1970年,第122—132页;А. А. 克鲁申斯基《严复的创作及其翻译问题》,莫斯科,1989年,第86—91页;冯友兰《中国哲学简史》,圣彼得堡,1998年,第65—66、173—174页;葛荣晋《中国哲学范畴史》,哈尔滨,1987年,第184—201页;Hsu Cho-yun. The Concept of Predestination and Fate in the Han // Early China. Vol. 1. Berk., 1975, pp. 51-56; pp. Nikkilä. Early Confucianism and Inherited Thought in the Light of Some Key Terms of the Confucian Analects. Vol. 1. The Terms of Shu Ching and Shih Ching. Helsinki, 1982, pp. 78-115 etc.; Tang Chün-i. The T'ien Ming (Heavenly Ordinance) in PreCh'in China // PEW. 1961, Vol. 11, No. 4, 1962, Vol. 12, No. 1.

(А. И. 科布杰夫撰,穆新华译)

墨家

墨家，即墨家学派，是墨家哲学学派和墨翟追随者的组织，存在于战国时代，繁盛于公元前4世纪。《孟子》和《韩非子》两部书证明了墨家学说的流行。《吕氏春秋》一书记载了墨翟向禽滑釐、禽滑釐向再传弟子许犯，直至三传田系教授学问。墨家学派是一个建立了严格等级体系和纪律的组织，努力维护"墨家学派"的纯洁并使之在天下发扬光大。墨家认为必须通过个人榜样的力量并说服治国者才能实现这个目标。墨家传人必须无条件服从他们选出的首领"巨子"。最早的巨子大概是墨翟和禽滑釐；另有三位有名的传人：孟胜、田襄子、腹䵍。墨家成员必须过清心寡欲的生活，以便为实现墨家"兼相爱""交相利""节用"等主张树立榜样。他们的榜样，是传说中长期为治理水患与天灾抗争的"圣王"禹。

根据组织的命令，各成员应当分赴各国就职，以推行墨翟的主张。他们的薪俸在成员间平均分配，如果他们的建议没有被统治者接受，就要辞职。成员如果违背学派的原则，就要受到巨子的责罚。成员还须遵守由"兼相爱""交相利"引申出的互助法则："有财者勉以分人"，"有力者疾以助人"，"有道者劝以教人"。墨家学派诞生于北方的鲁国，公元前4世纪上半叶其中心转移到了南方的楚国，前4世纪后半叶又转至秦国。这些事实让人有理由推断，墨家赞同这些国家在不同时期的封建主义改革。公元前3世纪初，墨家学派发生了分裂，韩非称其分化为了三派，而现代学者认为其分成了两派：北方学派和南方学派。墨家的传人邓陵子在南方扎根，在此与名家的诡辩士进行辩论，他在逻辑学领域进行探索并为墨子的思想寻求理论依据。部分墨家传人以切身践行墨翟的思想为己任，反对兼并战争、侵夺人民。他们似乎也被认为是最早的反对滥权的"游侠"（韩非称之为"以武犯禁"）。

《墨子》一书中记述早期墨家观点的那部分章节，同样记录了墨翟本人的观点。后期墨家的思想在《墨经》（或称《墨辩》）六篇中得到记载。墨家的学说为社会底层民众提高政治地位提供了伦理学依据。与早期儒学根据出身和社会角色不同而存在道德关系等级之分的理念不同，墨家坚持统一的道德标准。这种标准在上古混沌时期并不存在，正是为了确定"统一的善恶标准"，才选出了天子及其臣属。他们的使命就是奉行这一标准，"得善人而赏之"，"得暴人而罚之"，并亲自树立善行的榜样。道德规范来自遵循"兼相爱""交相利"的古代圣王。在这一问题上，他们选择了"天"作为"榜样"（法），"天"对于一切存在都是善的。追随"圣贤"的原则并亲身为治国者做出榜样，就可以在国内实现这样的秩序："兼相爱""交相利"。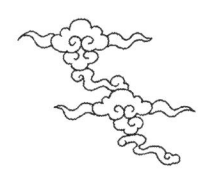

后期墨家通过逻辑论证体系巩固了"兼爱"的法则，其本质在于确定"爱人""不爱人""爱己""别爱""周爱人"这些概念的外延和内涵。只有对所有人都怀有爱的人才能够爱人，否则他的感情便不符合"爱人"的普遍概念。"兼爱"之所以可能，其逻辑证据在于：我对任何人都怀有"兼爱"。我本人也是人，因此我也是感受到爱的人之一。

儒家将"义"和"利"对立起来，墨家则不然，他们论证了这两个概念的相互制约性："义，利也。"然而"义"并不等同于"利"这一行动的结果，而是对社会具有实际益处的行动的道德评价。后期墨家清晰地区分了普遍意义上的"为"与道德实践（行）。"为"和"行"的评价标准是其动机和目的（志）、后果（"果"）及其社会意义，表述为"功""得""荣誉"和"罪""罚"等概念。

墨家思想体系的一个特别方面是其认识论，这成了后期墨家逻辑体系建立的基础。墨翟与早期墨家确立了关于认识的任务（寻求治国原则、寻找社会乱象的根源）与对象（"圣王之事"、同时代人的印象和观察、治国原则、人们之间的关系以及逻辑辩论的规范），知识真谛的"三个标准"（三表）以及认识过程（确定"因果关系""同与异"，按照"类别"区分事物和现象）。后期墨家又进行了补充，提出自己对认识过程、知识的种类和范畴、获得知识的方法、犯错的原因和真知标准的系统观点。这一体系的基础在于公元前4世纪后半叶对一个主要哲学问题的解决，即"名"与"实"的关系问题。墨家学说认为，知识是现实以

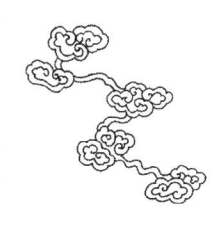

"名"即概念为形式的反映,而名即"现实的名称",这种"实""不必名"。特性不能脱离事物而单独存在;人们在认识特征时首先认识事物;不改变对象,便不可能改变那些已经或未被认识的事物的任何一个特征。感性认识只能回答"物体是什么样"(所然),且给出的是"片面的知识(体知)",并不能回答"为何如此"(所以然)的问题,应当按照以下顺序的推理予以补充:"描述"(举)事物或现象、"研究"(察)、"思考"(虑)。继而,当明白"事物为何如此",即其"因果关系"(故)以及所谓"全面的知识"(兼知)时,人经过思考对从他人那里所获得的知识进行研究,会转化为更高级别的理性知识——"智慧"(智)。

墨家同样按照认识的方法对知识进行了分类:(1)亲知——在印象层面上的个人经验,尚未获得合理的概念化;(2)闻知——从他人处获得的间接知识;(3)说知——表现为概念、命题和论断的知识。对于后期墨家而言,真知的主要标准在于其是否能用于造福"庶民""百姓"的实践,是否符合"兼相爱""交相利"的原则。比起其先驱者们,他们较少关注古之"圣王"的经验,而是更重视研究人日常有目的的行为。

在展开墨家关于"名"的学说时,后期墨家在现有语言材料基础上,通过扩展"名"这一术语的内涵,将其定义为"现实"的概括,并将其划分为"共"(例如一切普遍之物)、"类"(例如马)和"单"(例如某个人的名字)。墨翟的后期追随者划分出十种类型的"同",认为同与异跟有和无一样是相互联系的。其中主要的是充同(事物与本身相同)、体同(相互联系的各部分相同)、合同(所处地点的相同)和类同。"异"的种类同理,主要是:二之异(完全不同)、不体之异(不完全相似的差别)、不合之异(所处地点的差异)、不类之异(类别的差异)。墨家提出的确定同异规则成为墨家逻辑学的基础,也是批判名家诡辩术的方法论基础,名家将名与其"现实"内容(实)割裂开来。墨家还顺便提出了共性与个性的关系问题:共性存在于个性

之中，却又与之不同。共性与个性是整体和部分的关系，例如："大故"由小故构成，表现为必然性；"小故"是"大故"的组成部分，但其效果不是必然的。

解决"名"与"实"的关系问题时，后期墨家划分了名实关系的三种基本类型：（1）正合——"直接关系"，具体分为三种："平行"（平）关系，例如狗可以称为犬，也可以称为狗；"相反"（反）关系，例如不是每条狗都是犬；纯"直接"关系：类似联系存在于获得成功的意志和获得成功本身之间；（2）义合——应当的关系，类似于没有选择的权利（例如奴隶）；（3）必合——必然的关系：某种事物或现象的缺乏就意味着另一种事物或现象缺乏。

后期墨家还提出了有关"方法"（法）的详尽理论：法即作为获得真知的规则以及使用真知的方法总和。"方法"包括了"意图"（意）、"行为方法"（规）和"形式"（缘——对原初意图结果的检验）。从"方法"学说中又引申出通过判断（三物——"三种事物"）获得"明白"（明）知识的一般条件：（1）判断应当有"依据"和"原因"（故）；（2）必须遵守推理规则（理）；（3）若想得出结论，必须有"种类"（类）的相同，即由某种共同的本质特征联系起来。

墨家认为，大部分的认识错误是由五种原因导致的：（1）感官接受事物的片面性；（2）人在每一个当下认识能力的局限性；（3）不能正确使用"名"概念（与"实"的不当联系）；（4）违反了推理规则；（5）"知知之否之足用也，悖"，即缺乏对自己认知事物边界的清晰认识。

后期墨家还发展了在讨论中获得真理的七种论辩方法：（1）"可能性"（或）——"不周"的论断；（2）"假设"（假）——类似于预设，跟"可能性"一样，讨论开始

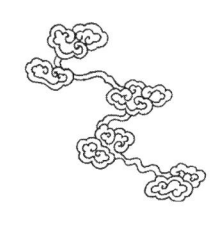

时提出，由后面五种方法证实或证伪；（3）"仿效榜样"（效）——将有关类似事物的正确论断作为例证；（4）"对比"（比）——确定两个讨论对象之间的相似之处；（5）"比较（谋）"——与对比不同，"谋"指的不是对不同对象的比较，而是对同一对象不同观点的比较；（6）"援引（对方的观点）"（援）——指出前例，即对方以往对类似问题的看法；（7）"扩展"（推）——"以其所不取之同于其所取者，予之"并以此求"同"。墨家传人的逻辑学思想成为其认识论不可分割的组成部分。

墨家学说的发展巩固了唯物主义传统。公元前3世纪，该学派走向衰落。汉代是一个独尊儒术的时代，墨家学说直接被禁。直到儒家正统地位稍现弱化之时，对墨家学派的兴趣才得以恢复，如公元3—4世纪（鲁胜）和18世纪（汪中）。然而，墨家学说对中国古代唯物主义思想的形成，其中包括对荀子、韩非、王充等人，以及谭嗣同、章炳麟、孙中山的观点产生了重大的影响。20世纪，墨家反儒和非攻的思想受到了鲁迅的高度评价。

*谭戒甫《墨经分类译注》，北京，1981年；《中国古代哲学》，第2卷，莫斯科，1973年，第66—98页；《墨子选》，载《古代东方的诗歌与散文》，莫斯科，1973年。**М. Л. 季塔连科《中国古代哲学家墨子：他的学派与学说》，莫斯科，1985年；温公颐《墨辩逻辑的唯物主义基础》，载《哲学研究》，1981年第2期；温公颐《墨辩逻辑的概念论》，载《南开学报》，1981年第3期；温公颐《墨辩逻辑的判断论》，载《南开学报》，1981年第4期；高亨《墨经校诠》，济南，1958年；孙中原、孙茂新《墨经中集合思想之端倪》，载《社会科学战线》，1986年第1期；谭戒甫《墨辩发微》，武汉，1958年；曹三聆《略论〈墨经〉中关于同一的逻辑思想》，载《哲学研究》，1981年第2期；贾春峰《关于后期墨家的相互唯物主义反应论》，载《社会科学战线》，1981年第4期；Graham A. C. Later Mohist Logic, Ethics and Science. Hong Kong-London, 1978; idem. Disputers of the Tao. Philosophical Argument in Ancient China. La Salle, 1989.

（М. Л. 季塔连科撰，贾茜译）

墨翟

墨翟，墨子，鲁国人（一说宋国人），思想家、政治活动家、墨家学派和墨家组织的创始人，提出了很多与早期儒学观点相悖的独特学说。《史记》推断墨翟曾是宋国大夫。其生平与创作在《淮南子》《汉书》以及《墨子》《荀子》和《庄子》《韩非子》《吕氏春秋》中都有提及。墨翟曾周游鲁、齐、宋、郑、楚及越等国，忘我地宣扬自己的学说。他有数百名弟子，以辩论艺术著称，是精明的外交家，精于筑城艺术。墨翟本人的观点大概表述在《墨子》中的十篇：从《尚贤》到《非命》，以及补充章节《法仪》《七患》《辞过》《三辩》。

墨翟及其早期追随者的社会伦理思想对当时的社会秩序具有强烈的批判性。这位哲学家从基于"兼相爱，交相利"原则的伦理学体系出发，批判统治者的严酷和奢侈，其意在于以"天下之利"来量度自己的行为，拒绝那些可能会对人民生计造成损失的行为。他以"节用""节葬""非乐"的思想反对统治阶级的不劳而获，同时也反对儒家思想，认为其礼乐之说是在纵容贵族阶层的骄奢淫逸，其结果是国家事务混乱、经济衰退、人民穷困。

墨子在《尚贤》一篇中反对宗法制的权力形成体制，在这种体制中，官职是按照统治者家族内的亲疏关系来分派的。他认为应当将"贤者"推举到高位而不问其出身，由此才有可能实现先圣先贤在管理国家时遵循的"公正"原则。墨翟亦以此否定了世袭贵族独揽大权的图谋。他在《尚同》篇中提出的国家权力构想与伊壁鸠鲁和卢克莱修的思想有相通之处：只有选举出建立了"天下同一之义"的贤者并将其立为天子，才能结束人类社会的混乱局面。同此理再选举出其助手"公"和地方首领"诸侯"及乡里之长等。对于墨翟而言，"公正"先王的典范是实现了国家权力和社会正义

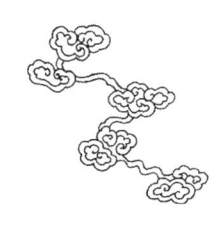

统一的半神话历史人物：尧、舜、禹、汤、文（王）和武（王）。他还认为，合理社会秩序的标准应当是每个人能从事与其能力相适应的事务。墨翟将社会职能的划分作为阶层存在的理据：统治者（王）、大臣（公、大夫）、手工业者、农民和商人，等等。柏拉图也主张将劳动分工作为建立国家的主要基础，但与之不同的是，墨翟认为统治者和普通劳动者的劳动具有同等价值。他将社会自由民主的这种政治机会均等看作"尚同"的先决条件，而尚同正是上层权力和人民追求"公正"的精神统一。

墨翟政治学说的特点在于否定侵略战争（即非攻），认为战争是不道德的，且原则上是无益的，只是为了少数人的利益而劳民伤财。同时，这位思想家还坚定地认为"备者国之重也"，他还曾亲带弟子去帮助遭到侵略的诸侯国。

墨翟关于传统和"命"的论述特别具有反儒学的性质。他批评儒家拘泥于遵循传统，指出："古之言服者，皆尝新矣，而古人言之服之，则非君子也？"儒家认为，承认命由"天定"是君子的特征之一，对此墨子反驳道，"执有命者不仁"。那些"命定"论的信徒是"覆天下之义者"，因为这剥夺了人的创造积极性和劳动的意义。

同时，"天"的概念在墨翟那里有着鲜明的有神论意义：天看到一切，听到一切，有着感情和愿望，是义和善的最高范畴——"法"。墨翟认为，"天志"是区分善和恶的标准，就像工匠的规和矩一样。事实上，是他本人在制定他认为符合"天智"的"法仪"。墨翟还认为巩固天子最高权力及整顿其整套国家机器的思想是代天言事。

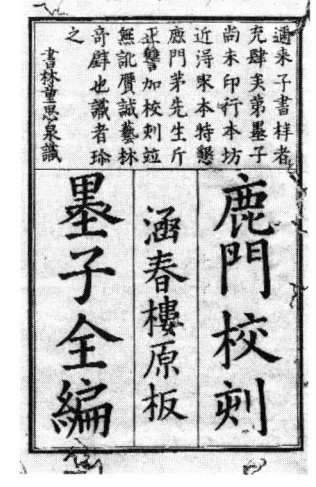

在阐释"天志"的理念时，墨翟还提出"明鬼"思想作为人与天的联系环节，"明鬼"意味着区分出"天"鬼、河流、山脉、土地和祖先的精灵，应对其顶礼膜拜，并意识

到，人们因为做善事会得到鬼的嘉许，亦因做恶事而受到惩罚。然而，"鬼"仅仅是作用于人们生活的因素之一，"天志"和"鬼"的论述在墨家学说中作为为其社会政治和伦理学说服务的论据时处于次要地位。

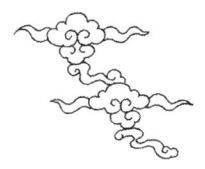

根据墨翟的观点，伦理规范的源泉是"法天"的"圣王"，天"行广"而"无私"，"施厚而不得"。天是"兼爱相利"的典范。天希望人按照这一原则行事，而真心向善的人应当"法天"——如此一来，他的愿望便可得到满足。换言之，人的正当愿望是其道德行为的源泉，而道德性的范畴即"相利"。

他认为社会秩序混乱的原因在于缺乏"兼爱"。儒家提出的"仁"和"爱人"根据人的出身和社会地位分出诸多等级，墨翟称之为"别爱""偏爱"，将其比作小偷之爱自己的屋室，却心安理得地偷窃他人。墨翟在中国伦理思想史上首次提出公众利益和个人利益的关系问题：如果个人利益违背了公众利益，就必须牺牲个人利益。他还提出了人之"功"的概念，意为对社会带来利益，是奖励的依据。在墨翟这里，最高理想的体现和化身即"古之圣王"——传说中的禹：他忘我地投身治水，战胜天灾。墨翟认为培养君子的主导力量在于个人的榜样作用，他认为可以实现人对善和报恩的原始渴望。王可以借助榜样的力量改变人的本性和行为习惯。

墨翟反对儒家关于"生知"的学说。他认为，人类的认知对象是"圣王之事"、同时代人的印象和观察、治国之道、人们与逻辑判断规则（辩）之间的关系。如果说儒家将知识局囿于"君子"的"六艺"，那么墨翟则强调农牧业领域的实践经验。他认为认知的任务之一，是在知道"乱之所自始"的基础上，寻求合理的治理天下之道。

墨翟在中国哲学史上首次论证了认知的过程是揭示"原因"（故）、根据类区分事物和现象并确定其间的同异，即分析与概括。墨翟提出了真知的三个范畴（三表）：（1）依据——"古者圣王之事"；（2）源泉——"百姓耳目之实"；（3）实用——"废以为刑政，观其中国家百姓人民

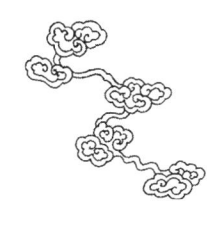

之利"。墨翟眼中的古人智慧与儒家不同，不是标尺，而是出发点：应当效仿古之善者，但为了使善更多，应当不断创造出新的善。

墨翟的学说代表着自由平民阶层的利益和情绪，且被他的学生和追随者进一步发展。该学说对古代中国的唯物主义思想产生了重要的影响。墨翟学说的社会政治方面在法家思想那里得到了发展，在一系列古代哲学家那里得到了新的反映，包括荀子、韩非子，以及现代思想家谭嗣同、孙中山，等等。墨翟的思想是后来墨家逻辑体系的基础，是中国古典哲学在逻辑学领域的最高成就。

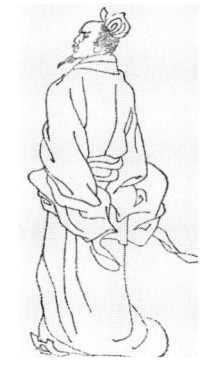

*孙诒让《墨子闲诂》，北京，1957年；梅贻宝《墨子的伦理与政治论著》，伦敦；墨翟《墨子文选》，载《智者书摘》，莫斯科，1987年。**М. Л. 季塔连科《中国古代哲学家墨子及其学说》，莫斯科，1985年；М. Л. 季塔连科《墨翟及其学派对中国哲学和社会政治思想发展的影响》，载《中国研究新见》，第2部，莫斯科，1988年；任继愈《墨子》，北京，1960年；Forke A. Mo Ti des Sozialethikes und seiner Schuler philosophische Werke. B., 1922; Holth S. Micius, A Brief Outline of His Life and Ideas. Shanghai, 1935; Williamson H. R. Mo Ti: A Chinese Heretic. Tsinan, 1927; Witte T. Mo Ti der Philosoph der allgemeinen Menschenliebe und sozialen Gleichheit im alter China. Lpz., 1928.

（М. Л. 季塔连科撰，贾茜译）

《墨子》，公元前5—前3世纪的哲学著作，阐述了墨家学派的思想学说，根据墨家学派奠基人墨翟的姓氏命名。在《汉书》中，班固提到《墨子》一书有71章。隋朝的资料表明，该书由15卷构成；宋朝资料则认为有61章；《四库全书》中提到的是53章。公元前1世纪末，刘向确定了《墨子》一书的目录和章节顺序。15世纪时，该书被纳入道教的经典总集《道藏》。

前三篇——《亲士》《修身》《所染》虽被归于墨翟名下，却是后人仿作。《尚贤》《尚同》《兼爱》《非攻》《节用》《节葬》《天志》《明鬼》《非乐》《非命》《非儒》，这几篇阐述了墨翟和早期墨家学派的基本思想。《法仪》《七患》《辞过》《三辩》等篇目是为补充。墨翟及其弟子的活动则记载在《耕柱》和《贵义》《公孟》《鲁问》《公输》等篇目中。《经上》《经下》《经说上》《经说下》《大取》《小取》这六篇合称为《墨经》（或称《墨辩》）。早期《墨辩》这个名称只指上述篇目的前四篇。《墨经》论述了后期墨家学派的观点，主要包括知识和逻辑问题，也涉及数学、光学、机构、心理和经济学领域。自《备城门》起，之后的11篇主要谈论筑城术。

《墨辩》早在3世纪末至4世纪初就由鲁胜进行过校注。17世纪至18世纪，对《墨子》注释的兴趣增加，主要的注释者为毕沅和汪中。19世纪末，孙诒让对以前的注释成果进行了总结，著述《墨子间诂》，使得书籍文本的学术研究成为可能。一众中国著名学者，如梁启超、胡适、詹剑峰、谭戒甫、高亨、吕振羽、罗根泽、冯友兰、杜国庠、侯外庐、郭沫若、任继愈、杨荣国、胡曲园等，对《墨子》的版本问题和考证都倾注了心力。

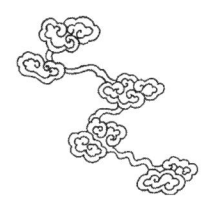

*孙诒让《墨子间诂》,上海,1957年;《世界哲学文集》,第1卷第1部分,莫斯科,1969年;《古代中国哲学》,第2卷,莫斯科,1973年,第66—98页;《墨子选》,载《古代东方诗歌与散文》,莫斯科,1973年。**М. Л.季塔连科《作为文学艺术文献的〈墨子〉一书》,载《古代中国文学》,莫斯科,1969年;М. Л.季塔连科《古代中国哲学家墨子:他的学派与学说》,莫斯科,1985年。

(М. Л.季塔连科撰,贾茜译)

牟子

牟子,生活在2—3世纪初,中国最早的佛教宣扬者之一。著有《理惑论》(又名《牟子理惑论》《牟子》)一书,以佛教卫道士与反对者进行对话的体例写成。他使用道教术语和中国传统成语解释佛教教义,批判对佛教信徒忽视孝道的指控,坚持将这一原则从更广义方面解释为对父母的"度化"。他驳斥反佛教的"神灭"思想,呼吁发扬中国式的葬仪(呼唤逝者的灵魂"回归"等)。佛教在中国的出现与东汉明帝相关:相传他做了一个带有预言性质的梦,遂遣使西行,并在与大汉帝国毗邻的月氏国抄录了《四十二章经》,这是一部佛教经书选集(大约编纂于58—147年间,序文则成于2世纪末)。《理惑论》后被编入佛教典籍《弘明集》。

**Л. Е.扬古托夫《中国佛教史的源泉〈理惑论〉》,载《佛教史源料和历史编纂学:中亚各国家》,新西伯利亚,1986年。

(Л. Е.扬古托夫撰,贾茜译)

牟宗三，字离中，1909年4月25日生于山东省栖霞，1995年4月12日逝世。哲学家、中国哲学史研究者，新儒学的代表人物。1927年考入北京大学预科，1929至1933年在北京大学哲学系学习，受到熊十力观点的影响。其研究范围包括《易经》、逻辑学和认识论的相关问题。曾参与《再生》杂志的编辑
和出版，先后任教于大理民族文化书院、华西大学、中央大学、金陵大学。1949年前往台湾，在《民主评论》任职。在台湾师范大学任教，自1956年起在东海大学汉语言文学系任教。1958年作为作者之一，发表了著名的《为中国文化敬告世界人士宣言》。那段时期他的关注中心是中国文化的普遍问题。1960年移居香港，在香港中文大学工作直到1974年。退休后在新亚研究所继续其研究工作。

在研究的初始阶段，牟宗三对西方逻辑学和认识论倾注了很多的精力，其中包括数理逻辑的奠基之作——罗素和怀特海合著的《数学原理》。然而其哲学中占据主要地位的，是将中国哲学传统与康德哲学相融通，从而建构"道德的形上学"。他将"道德的形上学"作为儒家文化价值和世界观的基础。牟宗三认为，"道德的形上学"的建构早在秦朝（前3世纪末以前）以前就开始了，这在《论语》《孟子》《中庸》以及《易传》中都有所反映。宋明时期，理学哲学家周敦颐、张载、程颢、胡宏、陆九渊、王阳明、刘宗周都在持续建构儒家的"道德的形上学"。其哲学建构的特征在于：论证精神（"心"）和本性（"性"）的同一，不仰赖于抽象知识的精神内省以及道德实践、个人经验与直觉的方针。牟宗三认为，由理学代表人物程颐和朱熹传承的《大学》传统是"歧出"，因其认定"性即理"而非"性即心"，通过对外部世界对象的"顺取"而对其进行"分类"，以便获取知识（致知）。牟宗三将心性一体解释为主观与客观的不可分割、行为与存有的不可分割。"道德主

体"不仅是人道德实践的基础，也是整个世界建构的基础。尽管牟宗三将"良知"的概念与康德有关人内心具有符合普遍道德律的、自由和自觉的"良知"相提并论，但他仍然认为"道德的形上学"优于康德哲学。牟宗三吸收了康德道德观的先验性和普遍性，但他的"良心"或"良知"概念并不是什么公理或假设，而是根植于人之"性体"而"彰显于（道德）行为的确定存有"。牟宗三将康德有关真正的道德实践不需有外在约束的论断本体化了，并努力克服康德的二元论，认为其二元论是一种误解，原因是康德不明白人的道德意识是主观义、客观义和绝对义三者的结合。他特别强调中国哲学中表现出来的以下倾向：即从道德义务和主观方面（"仁""本心""诚"）转向现实存在的方面（"天""物""理"）。如果说，通过智的直觉可以掌握道德价值，那么，转向现实即指同道德主体有意识的自我否定相对接的"坎陷"。

牟宗三承认中国文化中缺乏西方式的宗教传统，但也看到了儒学中的宗教因素，即人之个体性与"天道""成德"的结合。牟宗三支持对道德进行唯灵论阐释，否定告子、荀子、董仲舒等思想家提出的以"气"之概念来解释人性，认为其并不符合儒家传统。总而言之，牟宗三哲学建构的特点在于：理学特有的"心学"、理论建构的系统性以及综合儒学与西方哲学的宗旨。

*牟宗三《理性的理想主义》，香港，1950年；牟宗三《历史哲学》，台北，1955年；牟宗三《认识心之批判》，香港，1956年；牟宗三《道德的理想主义》，台中，1959年；牟宗三《政道与治道》，台北，1961年；牟宗三《才性与玄理》，香港，1962年；牟宗三《智的直觉与中国哲学》，台北，1971年；牟宗三《心体与性体》，第1—3卷，台北，1973年；牟宗三《现象与物自身》，台北，1975年；牟宗三《中国哲学的特质》，台北，1980。**罗义俊《智者型的哲学家——牟宗三》，载《评新儒家》，上海，1989年，第611—615页；郑家栋《现代新儒学概论》，南宁，1990年；陈锦鸿《传统的重建——牟宗三先生思想初探》，载《评新儒家》，上海，1989

年，第524—543页；Tang Refeng. Mon Zongsan on Intellectual Intuition // Contemporary Chinese Philosophy. Malden; Oxf., 2002, pp. 327-346.

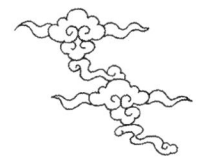

（А.В. 洛曼诺夫撰，贾茜译）

涅槃

涅槃，梵文为"nirvāṇa"，字面意思为"冷却、熄灭、止息、解脱"（旧译：泥亘①、泥洹），意指佛教修行的理想境界，即如来通过"熄灭"无始的烦恼并以此终止"生死"轮回而达到觉悟的最高形态——"超脱"。佛教经藏认定涅槃不可理解也无法表述。这一概念的梵文同义词"般涅槃"中文音译为"入灭"——"进入寂灭状态"（另一说法为"圆寂"——"一切皆寂静"，转写为般涅槃）。佛教在中国传播早期，特别广泛地采用"灭"（熄灭、消失、停止、止息）、"灭度"（越界、入灭）、"寂灭"（寂静和止息）、"无为"作为"涅槃"的同类义词。中国佛教文献中，用入灭、圆寂、入涅槃表示佛教僧侣去世。"涅槃"概念的解释及其达成方式在佛教不同教派中各有不同。在小乘佛教传统中，以按其区别于经验世界的"绝对"本质，将如来解释为"法界"，从而对涅槃进行说明的倾向占据上风。大乘佛教的主导理念是"涅槃和轮回同一"，这源于将如来的地位看作"佛三身"之一——存在于世间万物之中的普遍"法身"。

*О.О. 罗森堡《佛学研究》，莫斯科，1991年，第184—193页，索引；Е.А. 陶奇夫《佛学导论》，圣彼得堡，1999年。

（Е.А. 陶奇夫撰，贾茜译）

---

① 按照原文音译为"泥旦"，但在资料上未找到这样的译名，只有"泥亘"或"泥曰"。——译者注

农家

农家,即重农学派,古代中国十个哲学流派之一,首见于刘歆编撰的《七略》,另外九家为儒家、墨家、道家、名家、法家、阴阳家、纵横家、杂家和小说家。在《汉书》中,农家"盖出于农稷之官":他们认为农业是《尚书·洪范》中描述的"八政"之首,亦即国家和社会秩序的基础。《孟子·滕文公上》提到了农家的主要思想家许行,许行对不重视农业的哲学流派提出了批评,呼吁统治者"与民并耕而食",即将解决农业生产问题当作治国的基础。农家的农业技术经验及其观点见《管子》的《地员》《任地》篇和《吕氏春秋》的《辩士》《审时》篇。农家的著作今佚失。

(А. Г. 尤尔克维奇撰,贾茜译)

欧阳竟无

欧阳竟无,名渐,又称宜黄大师,1871年生于江西宜黄,1943年逝世。他是居士、佛学家,年轻时接受过儒家教育,后来接受了佛教。1895年来到南京,跟随居士、佛学奠基人杨文会研习佛教学说。后在日本逗留数月,归国后在两广优级师范任教,因病辞职。1910年再赴南京向杨文会学习,1922年(一说1920年)在南京建立了自己的学术机构——支那内学院。1937年抗日战争全面爆发后,在江津建立了支那内学院分院。主要著作有《竟无内外学》。1917年编刻了50卷本《瑜伽师地论》并亲自作了一篇长序,对唯识宗的经典进行了阐发。曾拟亲自编刻《藏要》。他论证道:虽然法相宗和法性宗没有教义上的分歧,唯识宗和法相宗本质上仍然属于不同的佛学流派。欧阳竟无认为,佛学既不是一种信仰,也不是哲学,而是一种特殊的生命原理体系。他宣扬避开庙宇在家修行。他的众多弟子中有很多成为杰出的佛教活动家、著名哲学家,其中包括熊十力。

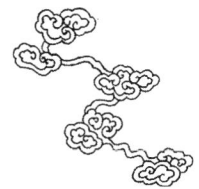

**Е. Ф. 萨希罗娃《19至20世纪之交中国佛教徒的革新活动》,载《第14届"中国社会与国家"学术研讨会论文集》,

第3册，莫斯科，1983年。

（А.Г.尤尔克维奇撰，贾茜译）

菩提达摩

菩提达摩，简称达摩，卒于528年或536年。禅宗传统有西天二十八祖，达摩为东土初祖。达摩故事有很大的传奇性质，有的研究者否认其历史真实性。据说，达摩出生在印度南部，出身婆罗门或刹帝利种姓，源自王室，属于王位的第三承继人。他在接受了大乘佛教后出家为僧，约5世纪末6世纪初，他沿海路来到中国（广州）。516—526年间他来到洛阳，在永宁寺驻锡传授佛法。据传他在嵩山少林寺面壁坐禅十年之久，同时代人称之为"壁观婆罗门"。达摩在中国北方生活超过四十年，传播"悟"的学说并进行心授。作为禅修导师、精通佛法的饱学之士，达摩在中国僧侣中享有盛誉，有很多学生和弟子，其中比较著名的有慧可、道育、昙林等人。慧可是他的传人，也是禅宗二世祖，达摩将四卷《楞伽经》授予他以便佛法流传。除了对《楞伽经》以及其他大乘佛经的阐释，达摩还完善了"二入四行"悟道之法。首先是"理入"，这意味着有情众生皆有与生俱来的"净"，但由于被"无明"所蒙蔽，只能舍去所有虚妄，通过"壁观"的方法回归"真如"。其次为"行入"，意味着信徒对"四行"的掌握：愿意接纳一切苦难与忧伤，不对施害者产生一丝怨恨；遵循因果，安于自己的命运，平静地接受幸福与不幸；避免产生欲望，对任何事物都无欲无求；如法，即遵循佛的教诲。他也被认为改写了禅宗的四大基本原则：不立文字，教外别传，直指人心，见性成佛。但是最新的研究表明，这些原则的形成最早不早于唐朝。

*道宣《续高僧传》，第50卷；道原《景德传灯录》，第51卷；《菩提达摩：开悟》，莫斯科，1996年。** Г.丘姆莱《禅宗史：印度与中国》，圣彼得堡，1994年；《水上画：中

国佛教禅宗发展初段》,A.A.马斯洛夫编译,莫斯科,2000年;Early Ch'an in China and Tibet. Berk., 1985.

(H.B. 阿巴耶夫撰,张晓东译)

朴学

朴学,即关于自然的学说,又称汉学。首见于《汉书·儒林传》,有以下两种基本含义:(1)主要在汉代"古文经学"框架下对儒家经典进行词汇-语法和历史哲学研究以及与之相符的思想特征;(2)产生于17世纪,呼吁将上述传统与思想作为典范的思想和哲学流派。清代朴学的奠基人为顾炎武,代表人物有阎若璩、胡渭、惠栋、戴震等。在乾隆、嘉庆年间,朴学坚持了经学方向,以乾嘉学派著称。

(А.Г. 尤尔克维奇撰,贾茜译)

气

气,"气体"("太空""大气""燃气""空气""精神""习气""气质"等),中国哲学最基本、最典型的概念之一,用以表达源源不断流动的,既是空间又是时间的,既是精神又是物质的充满生机与活力的实体。它的词源学意义是"煮饭的蒸气"。"气"与标准术语"理"相对。最广义的气可具体分成三个主要方面:宇宙学、人类学、心理学。第一,气即宇宙中包罗万象的实体;第二,气是人体内维持血液循环的物质(类似于欧洲哲学的"生命力"或"本性"),能细化到一种"精神"状态;第三,气是控制人的意志和情感的心脏心理中心的体现。中国哲学公认的气是物质的第一实体。在世界发展初期,被称为混沌、太极、太易、太初和太虚。气的最初形式概括为阴阳五行。气作为哲学术语应追溯到公元前4世纪的古典哲学著作,如《管子》《孟子》《庄子》及其他一些文献。按时间顺序，显然《国语》第一次提到气是在讲述公元前8世纪伯阳父的一件事时。伯阳父，周朝官员，认为地震是天地之气相互作用的秩序受到破坏的结果。《道德经》中气被看作是生成"万物"的唯一实体本原。气的聚散使气变化为一些具体形象，这已成为中国哲学普遍公认的原理。《庄子》中首先提出，气的这种变化与人的生死过程相似。气的聚散、升降也意味着人心理情绪的变化。《左传》认为，气是人情绪和"口味"（苦、甜等）的产物，"志"是气的体现。《管子》认为气的精神实质是灵气："生机勃勃之气""精神之源""聪慧""神力"。它存在于人的"心脏"——意识和整体心理活动中（中性词"心脏"在《庄子》中是心灵、精神栖息之所——"灵府"）。气能自然"来去"，充满道的变幻特点：既可以"其细无内"，同时又"其大无外"（《管子·内业》）。

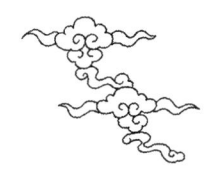

《周易》中气的概念与"精"（种子、精神、精子、精气）密切相关，精在《道德经》中表示生成"道"的潜力。《管子》中认为精是万物之始。由于"男女构精"，所以精气能使"万物化生"（《周易·系辞传》）。《系辞传》中把"精"表述为理性的开端，这与《管子》中认为"精气"实际上等同于心理因素的"神"相关联。《孟子》提出"养浩然之气"，其中的"气"即无际的人间正"气"，并主张精神和肉体统一。

在《鹖冠子》和董仲舒那里把"形成天地"的"原始之气"称为"元气"。董仲舒把元气看作人秉受父母的先天之精，看作世界的本原。《淮南子》则在宇宙学和人类学领域研究"气"，把它作为与"精""神"并列的世界本原，同时精、气、神结合而"生万物"。

王充指出气的精神本质是神气，它如同"细微的"精气。他把气的聚集和消散与冰的凝结与融化相比较，认为"神气"聚则生人，气散则人亡。王充认为神气可用同义的"元气"来解释，"元气未分，浑沌为一"。王肃则把这种"元气"等同于"太易"——《列子》宇宙体系中世界形成之前的状态。唐代道士成玄英把元气等同于创世纪的"太

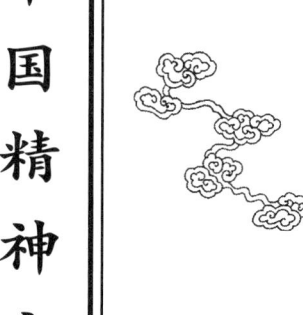

初"。张载把气与无极和太虚的概念联系起来,强调"气"的永久不灭性,气的聚散引起世界上各种转瞬即逝的形象变化。

术语"气"在理学中有了特殊的意义,主要作用就是阐明两个学派的关系:物质的、不断运动变化的、不关注思想道德的"气"与"理"——结构的、间断性静止的、合理的道德准则。程颐与张载不同,他假设破坏"理"可能会导致"气"的消失。朱熹则坚持"理"本论,认为"理"和"气"密不可分。

王阳明认为理气一体,不可分,而"气""神""精"如同"一个物质":"流行为气,凝聚为精,妙用为神。"王阳明在《致良知》中表述了这种统一即良善和审美相互融合的生命本体。王夫子指出气的聚散是万物"隐"与"显"的原因,"聚/有"则"显形","散/无"则"无形"。严复把西方的术语"以太"解释为"最洁之气"。冯友兰认为气与柏拉图和亚里士多德假设的无形的物质相似,也就是气理密切关联,"无极""虚无"即"无边际/不存在"。一些现代研究者认为气和"域"的概念相近(冯契和其他哲学家)。气的传统概念在现代中医理论中仍占有重要地位。

*《中国古代哲学》,第1册,莫斯科,1972年;第2册,1973年;《中国古代哲学·汉代卷》,莫斯科,1990年;А. И. 科布杰夫《王阳明与中国经典哲学》,莫斯科,1983年,第163—171页;И. С. 李谢维奇《古代中国的文学思想》,莫斯科,1979年,第32—36、38—54页;冯友兰《中国哲学简史》,圣彼得堡,1998年;葛荣晋《中国哲学范畴史》,哈尔滨,1987年,第7—38页;张立文《中国哲学范畴发展史》,北京,1989年,第136—176页;宇同《中国哲学大纲》,第1册,北京,1958年,第64—105页;Hatton R. A. Comparison of Ch'i and Prime Matter // PEW. 1982, Vol. 32, No. 2; Huang Siuchi. Chang Tsai's Concept of Ch'i // PEW. 1968, Vol. 18, No. 4; Kim Yung Sik. Some Aspects of the Concept of Ch'i in Chu Hsi // PEW. 1984, Vol. 34, No. 1; Libbrecht U. Prana=Pneuma=Ch'i? // Thought and Law in Qin and Han China: Studies Dedicated to

Anthony Hulsewe on the Occasion of His 80th Birthday. Leiden, 1990, pp. 42-62.

（А.И. 科布杰夫撰，孙雪森译）

器，指"用具""具体现象"或"才干"，是中国哲学的经典原始范畴，兼有器具和用品的概念。

术语器最初指仪式器皿以及手工制品，因此它与专业、有益的概念密切相关，包括祭祀用品。

人们试图证明，任何具体实现方式之上都有共性，这种意图使中国第一批哲学家们把器（"器具"及其专业用途）与"君子"的多才多艺及原始朴素的世界观相对照。《道德经》认为道的本质与器相对。道的"无"决定了器的主要功能，正如器皿中空才能容纳东西。即器是道的"工具"。道的基本对立面——器这个术语第一次出现在《周易》哲学篇《系辞传》中，这些范畴借助一对二律背反的基本概念来界定——形而上和形而下："形而上者谓之道，形而下者谓之器。"器作为一个哲学概念，它的含义从器具功能演变到物质实体和现象世界，然后过渡到道的概念。

这个问题在最初的理学里显得尤为迫切。程颢倾向于主观上最大限度拉近这些范畴："器亦道，道亦器。"朱熹则客观承认道在器中，赞成把理学相对的主要概念理一气两者等同为一体。王夫之批驳了这种看法，坚持认为器是第一位的，道是"治"的开端，并有"一性"的属性："据器而道存，离器而道毁。"戴震继续把"形而上"的范畴阐释为"未形成的、没有具体形状的"，认为"形而下"是"已经形成的、有具体形状的"，反对道-器是宇宙统一整体的两种基本状态的看法。谭嗣同根据相对的"功能、外在表象"及"本质、物质实体"，论证了这种看法。《道德经》之后，宇宙被认为是一个巨"器"，使得谭嗣同得出结论："器"之"功能"变，道亦变。也就是说，人类存在的基础

成为他坚持改革立场的理论依据。另一位改革派思想家郑观应认为，中国传统国家体制的精神基础即道，而西方的科学技术即器。

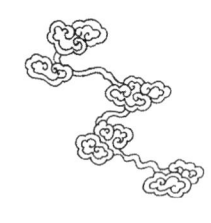

* 《中国古代哲学》，第1—2册，莫斯科，1972—1973年；《中国古代哲学·汉代卷》，莫斯科，1990年。** А. И. 科布杰夫《中国理学哲学》，莫斯科，2002年，第222—238页；张立文《中国哲学范畴发展史》，北京，1989年，第392—422页。

（А. И. 科布杰夫撰，孙雪森译）

钱德洪

钱德洪，名宽，字洪甫，号绪山。1497年1月2日生于浙江余姚一贵族家庭，卒于1574年11月10日。他是著名理学家，1521年成为王阳明的弟子，是王阳明主要著作和传记的编撰者，一直研究《周易》。1522年中举人，1532年中进士，曾任国子监丞，后升刑部主事。1541—1543年，因主张杀掉皇帝宠臣被捕入狱。主要著作有《平濠记》《绪山会语》《绪山集》。他解释王阳明的术语"良知"——直观理解良善及其行为的先天才能，有宇宙本体论的特征："充塞天地间只有此知。天只此知之虚明①，地只此知之凝聚，鬼神只此知之妙用，四时日月只此知之流行，人与万物只此知之合散，而人只此知之精粹也。"钱德洪把"良知""运行"的"定体"视为"太极"。而"最初的无声臭"即为"无极"。在阐释王阳明最后一个哲学成就——"四句教"的认知效能理论时，他推进了相对"四无"的"四有"学说。换言之，他最彻底地阐述了王阳明另一位优秀弟子王畿解释的"四句教"。钱德洪认为，善恶不仅存在于人类心理的三个派生层（"意之动""良知""格物"），而且"习染既久"，而在原始层面的"心之体"则原本无善无恶。由此他得出伦理效能学的结论——人必须总体上不断完善精神

道德。王阳明本人则认为,这种结论适用于一般人,对天才人物则不适用。现代的专家们却看到了当时对认识经验现实的"后天"态度(杜维明)。钱德洪在中国南方和中原为传播阳明学作出了重要贡献。

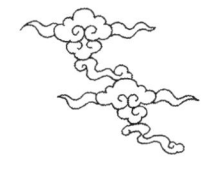

**А. И. 科布杰夫《王阳明学说与中国古典哲学》,莫斯科,1983年;А. И. 科布杰夫《中国理学哲学》,莫斯科,2002年,第375—377页;Dictionary of Ming Biography. Vol. I. N. Y.-L., 1976, pp. 241-244.

(А. И. 科布杰夫撰,孙雪森译)

钱穆

钱穆,1895年7月30日生于江苏无锡,卒于1990年8月30日。钱穆是历史学家,新儒家代表人物。中学毕业后,由于家庭贫困辍学自学。曾在小学和省师范学院任教。1930年底因在《燕京学报》上发表文章而闻名。文章批评了康有为认为刘歆伪造儒学经典之事。20世纪30年代他在北京(燕京)大学历史系工作,30年代末至40年代初在西南联大任教,1945年后曾在云南大学(昆明)、江南大学②(无锡)工作,1949年移居香港,创办新亚书院,香港大学名誉博士(1955),耶鲁大学名誉博士(1960)。1964年起在香港中文大学任教。1967年定居台湾,任"中央研究院"院士。

在历史方法论方面,他受到章学诚观点的影响,认为历史科学是"生命之学"。钱穆把历史进程看作决定民族精神与文化的某种精神实体的发展过程。从理学的立场他反对为了政治利益歪曲历史事实的行为,同样,他也指责科学中心论的态度,认为在驳斥具体材料时会失去对历史整体性的理解。他主张,历史科学应把握民族文化自古以来永恒价值的

① 俄文版为"旭明",译者在书上和网上查的原文是"虚明",根据原文而改。——译者注
② 俄文版是南江大学,网上和《钱穆先生学术年谱》上均为江南大学。据之而改。——译者注

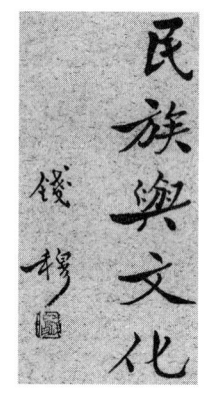

产生与发展。因此，历史有影响未来的作用，它有助于我们克服新时期发现的中国文化的弱点和矛盾。对于旧中国的社会政治体系，钱穆反对用"封建制度"与"专制独裁"类型来评价，认为以前招纳文人贤士的科举制度已相当公开。科举制度使体制能与底层社会阶层保持联系，在很多方面带有合理性，成为中华文化几千年来的第一动力。钱穆对传统社会政治体制的美化引起了另一位新儒学代表徐复观的批评。

钱穆的《国史大纲》一书在20世纪40年代末作为各大学教科书得到广泛应用。

*钱穆《国史大纲》，1940年；钱穆《中国近三百年学术史》，第一、二卷，上海，1937年；钱穆《中国文化史导论》，北京，1988年；钱穆《先秦诸子系年》，香港，1956年；钱穆《宋明理学考释》，第一、二卷，台北，1962年；钱穆《阳明学述要》，台北，1967年；钱穆《中国文化丛谈》，第一、二卷，台北，1970年；钱穆《朱子新学案》，台北，1967年；钱穆《中国文化精神》，台北，1971年。**郑家栋《现代新儒学概论》，南宁，1990年；Dennerline J. Qian Mu and the World of Seven Mansions. Yale, 1988.

（A. B. 洛曼诺夫撰，孙雪森译）

清谈

清谈："清雅的谈论。"是3—5世纪中国一种与哲学辩论形式有关的哲学流派及社会思潮。汉朝中央集权瓦解后，社会政治与美学方向转变，加上王公贵族的内讧争斗，儒学衰败，佛道思想盛行，这种条件下兴起了清谈的传统。清谈思想形形色色，在中国思想界，清谈的代表人物既是道教的追随者，又是反对者。清谈宣扬个性独立，试图把内心的自由理想和儒家官员的价值观结合起来。清谈的拥护者通常结交一些与其精神上密切的人，从而形成小圈子（"竹林七贤"等），并通过个人行为宣扬某种生活方式。清谈的文章通常是短小的论战随笔文章。

清谈分为两大支：第一支是清议，主要是作关于人的气质和个性品质的评价。刘邵的作品《人物志》（关于"人的才性"和"人的类型"；俄译本：Γ. B. 季诺维耶夫，2001），及其他作者的作品成为以个人品性为标准选拔官员的理论基础。之后的清谈派形式上是议论"名"与"理"及"才"与"性"的相互关系。这些议题起源于儒家"正名"的问题，有一定社会意义。王符认为："名理者必效于实，则官无废职，位无非人。"

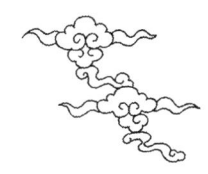

第二支是清谈，也叫清言、玄谈或谈玄，源于何晏、夏侯玄、王弼的思想，以"三玄"为中心（《周易》《道德经》《庄子》），一起组成"玄学"整体。此后一系列的思想家，如郭象、邓粲等，宣扬把国家事务、遵守外在虚礼与崇尚内在心灵自由结合起来。道家的概念"隐"，意味着完全脱离世俗义务。邓粲认为隐是一种内心情感和精神生活准则："夫隐之为道，朝亦可隐，市亦可隐。隐初在我，不在于物。"

清谈多以"主""客"之间的辩论形式进行，常有其他客人在场。经常有不同思潮代表之间的辩论。这种玄学辩论常以比赛辩才的形式相继表达精神自由和脱离尘世的思想。清谈促使佛理学说相互作用，这在传统的"智叟"体裁的绘画中有反映。

官方历史文献常把清谈思想与儒学相对立，认为它是国家衰败和混乱的祸根。

（B. B. 马良文撰，孙雪森译）

汉末，由于国家和社会生活中的各种危机而产生了"清议"的雏形，清朝时，"清议"逐渐成为可以批评当下社会秩序和观念的公正议论。顾炎武在《日知录》中的同名文章《清议》中写道："天下风俗最坏之地，清议尚存，犹足以维持一二。至于清议亡，而干戈至矣。"19世纪末，在知识分子和特权阶层兴起清议之风，翰林院编修、重要官员、洋务运动领袖张之洞是主要代表之一。他们希望当权者给予更

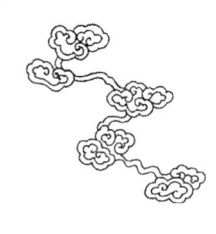

多评议国家时政的自由，以进一步宣扬议会的主张。1898年改革运动失败后，领导人之一梁启超东渡日本，在横滨任政论杂志《清议报》主编，且与另一位改革思想家章炳麟一起工作。由于汉字"清"的多义性，杂志名称和清议思潮在当时也使人想到"议论、批评清朝"之意。

*《富国策》，З.Г.拉宾娜、Г.В.季诺维耶夫译，莫斯科，2001年。**А.И.科布杰夫《中国理学哲学》，莫斯科，2002年；В.В.马良文《论清谈》，载《第5届"中国社会与国家"学术研讨会论文集》，第1册，莫斯科，1974年；В.В.马良文《中国早期帝国时期的人的问题》，载《中国传统学说中的人的问题》，莫斯科，1983年；侯外庐等《中国思想通史》，第3卷，北京，1992年。

（А.И.科布杰夫撰，孙雪森译）

全真教

全真教，道教重要流派之一，至今占有重要地位。12世纪由道士王重阳创建。据说，1159年他得遇传说中的仙人吕洞宾，受点化之后成为道士，并成功创建了牢固的宗教组织。王重阳的第一批弟子至今被世人尊称为"七真人"。13世纪初，全真教遍及全国。起初全真教受到女真和蒙古（元朝）统治者的庇护与扶持，而祖师之一丘长春（丘处机，1148—1227）曾觐见成吉思汗，得到各种特权。然而，元朝偏信佛教后，1281年争夺宗教优先权，全真教与佛教展开辩论，但都失败，于是受到排挤。1368年，全真教得以恢复。此前南方教派以"内丹"修炼为主，形成了全真教的南宗。13世纪全真教还没有统一的领导、祖师和中心。它分裂为众多教派，每支教派都源于一个著名的全真教代表。13世纪初丘长春建立的龙门派是其中最大的派别。

王重阳的著作《立教十五论》阐述了全真教的主要信仰准则。其教义受佛教尤其是禅宗影响最大，因此常被人称之为"道教禅"。全真教的宗教活动尤为关注精神的自我完善，修炼"内丹"的宗教观起着至关重要的作用，象征性的礼拜、仪式则作用很小。与其他道教派别不同的是，全真教要求所有道士出家住观。12—13世纪建立的中国北方三大道教派别（"太一教""真大道教"和"全真教"），只有全真教生命力最强。全真教的主要理论——"三教合一"教义的提出在很多方面促进了全真教的发展。佛学和儒学经典与道教书籍被平列为全真教的经书。全真教的分支名称前往往以"三教"二字冠首（如三教金莲会），他们的道观里也供奉道教神、众仙家、佛和菩萨。对道家学说的重新认识最大程度地表现为证道"成仙"的理想：不死被看成一种生时获得的独特的精神自由，从而改变了人的本体论。它不否定肉体不死是人精神发端的基础，但并不重要。"尸解"被用以解释"肉体"物理死亡后，在新的肉体上达到"完全"成仙。

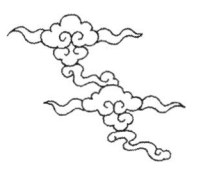

16—17世纪前，全真教成为主要的道教门派。1957年，在它的道观——北京白云观建立了中国道教协会，1980年会长由全真教道士黎遇航担任。

**E. A. 陶奇夫《道家：历史宗教描述尝试》，圣彼得堡，1998年，第369—381页；Кубо Наритада.Тюгоку-носюкё кайкаку-дзэн син кё-но сэйрицу (Религиозная реформация в Китае-создание школы цюаньчжэнь). Токио, 1965; 陈垣《南宋初河北新道教考》，北京，1962年；Yao Tao-chung. Ch'iu Ch'u-chi and Chinggis Khan // Harvard Journal of Asiatic Studies. 1986, Vol. 46, No. 1.

（E. A. 陶奇夫撰，孙雪森译）

人生观

人生观，指"生活观、生活感悟"，是张君劢提出的哲学概念。德国哲学家倭伊铿、杜里舒的非理性哲学以及法国直觉论者柏格森的哲学理论奠定了他的理论基础。人生观是20世纪20年代初"科学与玄学论战"中争论的主要对象。

张君劢的"人生观"是关于"我"（人的内心世界）和"非我"（事物的外部层面）关系的哲学定义，指的是对立的九种精神和因果特征：大家庭结构体系－小家庭体系；父权制－性别平等；公有财产－私有财产；"精神"文明－"物质"文明；保守主义－宗教改革；合作－个人主义和与世隔绝；利他主义－利己主义；乐观主义－悲观主义；有神论－无神论（泛神论）或多神论－一神论。

人生观在张君劢的解释中接近"精神状态"这一概念，是人对待自己在宇宙中地位的态度，是精神工具，是"人类精神的任何产物"，是包括理想、信仰、感知方式、认知以及现实变化的人类感性世界。人生观起源于直觉，不借助论证推理而直接获得真理。隐晦的"人生观"概念与基于逻辑推论、合理认知的"科学"相对立：前者是主观的、直觉的、综合的、自由意志的和严格单一性的，后者是客观的、逻辑的、分析的、有因果关系的、非单一性的。从更广泛的哲学、社会历史层面看，这种对立一方面反映出承认东方"精神"文化（包括中国文化）优于西方"物质"文化的倾向，另一方面反映了未来世界文明将是东方（作为基础）西方（用于实践）价值观体系融合结果的观点。

张君劢的思想对后来"人生观"概念的解读具有一定的影响，使现代中国哲学术语"人生观"和"世界观"具有了细微意义上的区别：前者很大程度上是指对人内心世界的态度，后者指个人对自己在世界中位置的看法。

*张君劢《人生观》，载《科学与人生观》，第1卷，上海，1923年；张君劢《再论人生观与科学并答丁在君》，载《科学与人生观》，第1卷，上海，1923年。**C. P. 别洛乌索夫《探索中国发展方案：传统还是现代化》，载《远东问题》，1987年第4期。

（C. P. 别洛乌索夫撰，穆新华译）

仁

仁，指"人道、人性、爱人、仁慈、善良"，是中国哲学及传统精神文化基本范畴之一，包含三个层面的意义：（1）道德心理层面——"爱人"，与"义""礼""智""信"相并列；（2）社会伦理层面——正确对待他人及社会的所有态度的总称；（3）伦理形而上学层面——独立的个体与所有存在物包括非生物之间美好的相互融合关系。

"仁"的词源意义是"人和人"或"众人中的一人"。"仁"作为统治者"仁民"之意，在儒学家将"仁"奉为道德典范之前就已经出现在了古代经典作品《尚书》和《诗经》中。也许，它在成为术语的同时，孔子还对其进行了艺术创造，而后才被使用在以上的文本中。

在儒家学说中，"仁"的定义有两方面：一方面，静静地、自我满足地"爱人"："唯仁者，能爱人，能恶人。"另一方面，"仁"要"克己复礼"，是实现道德的"金科玉律"："己所不欲，勿施于人。""己欲立而立人，己欲达而达人。"（《论语·雍也》）

孔子的"仁"属于具备特别人格的"君子"，它们是"小人"所没有的。而在他的追随者那里，"仁"则成了构成人性的普遍始端。孟子认为"仁"的根源是人"心"，是人人都有的恻隐之心，否则人将不能被称其为人。他认为"爱物"是"仁民"的结果。孟子还概括总结了《论语》关于"仁"的社会政治作用的思想——"仁政"，使"仁政"成为儒家的正统思想。

在早期的道家学说中，"仁"被当作违背自然（天与地）的、导致道和德退化的人为说教而遭到批判。在《道德经》中，"仁"被认作有益于人们交往的基础。而在《庄子》中，"仁"被定义为"利物"，扩展到非生物自然界。

董仲舒在"仁"的本体研究上更进了一步。他宣称"仁"是"天志"在人身体上的体现，是人之血"气""化"的结果。

在后来的道教、"玄学"哲学和佛教中，"仁"开始扮演最重要美德之一"仁慈"的角色，它能克服"我"和"无

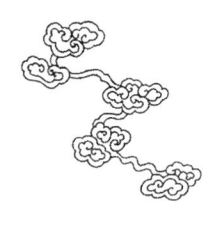

我"之间的障碍。

理学家们在韩愈的影响下扩展了"仁"概念的本体内容。程颢、张载、王阳明等把"仁"作为"天"的属性来诠释,人与万物本心一体,"不仁"就如同瘫痪的身体("不仁"在医学上的含义为瘫痪)。王阳明指出:"山川土石,与人原自一体。"

封建王朝末期的理学思想家对"仁"的解释反映出他们接受了西方的科学思想。谭嗣同在中国第一部关于"仁"的专门论著《仁学》中,将这一概念与大自然的"爱力"、宇宙本质的永恒综合体现"以太",视为同一。康有为赞同这一观点,将"仁"同电磁吸引力联系起来。

20世纪阐释中国古代经典论著的哲学家们,基于儒家思想中"仁"最初的概念,把"仁"解释为"自觉遵循伦理道德规范"或"自发的道德直觉",又基于理学观点,将"仁"视为"道德的形而上学"原则,认为"仁"是个人自觉创造之始端。

*《中国古代哲学》,第1—2卷,莫斯科,1972—1973年;《中国古代哲学·汉代卷》,莫斯科,1990年。**A. M. 高辟天《儒学主要范畴的初始意义》,载《儒学在中国》,莫斯科,1982年;А. И. 科布杰夫《中国理学哲学》,莫斯科,2002年;P. K. 涅维尔《"礼"在"仁"中的有意识与无意识之处》,载《文明对话中的中国》,莫斯科,2004年,第652—660页;А. Г. 茨维里安尼什维利《梁漱溟和胡适阐释的"仁"范畴》,载《第16届"中国社会与国家"学术研讨会论文集》,第3册,莫斯科,1985年;Chan Wingtsit. The Evolution of the Confucian Concept Jen // PEW. 1955, Vol. 4, No. 4; Lin Yusheng. The Evolution of the Pre-Confucian Meaning of Jen and the Confucian Concept of Moral Autonomy // Monumenta Serica. 1974-1975, Vol. 31; Tu Weiming. The Creative Tension between Jen and Li // PEW. 1968, Vol. 18, No. 1-2.

(А. И. 科布杰夫撰,穆新华译)

《仁学》，是关于"仁"的学说，乃谭嗣同主要的哲学和社会政治论著。与康有为的《大同书》共同构成意识形态变革运动（1895—1898）的思想之源。于1897年1月写成，作者生前未出版。1899年1月起，其中一部分用中文发表在日本横滨的《清议报》杂志和上海的报纸《亚东时报》上。后来手稿丢失，因此上面所说的发表部分是现存最早的版本，虽然含有不少的不一致之处。《仁学》全书50篇，分为上、下两卷。上卷描绘了一幅宇宙结构图，影射当时的中国社会。下卷基本上是抨击中国封建专制政治制度，最后以预言人类及世界发展的最高境界而结束。

将儒家概念"仁"放在标题中，这说明谭嗣同对这一范畴的理解在某些方面接近理学。"仁"作为连接人与世界的宇宙之爱，与墨翟的概念"兼爱"以及基督教中的"灵魂"概念相吻合。

作者采用中国哲学特有的技巧手段，不仅依据意义，甚至依据汉字词形元素的词源来表达哲学概念，得出有关宇宙特点的结论。谭嗣同的哲学概念是相互依存、相互转换的，旨在传达世界的统一以及世界不断变化、趋向进步的思想。

作者认为，处于平静状态的中国社会却处在与"自然之理"的矛盾中："进则胜，不进则亡。"中国人应该停止政治上的自我封闭，应该认识到自己是各民族统一大家庭的一部分："而猥曰闭之绝之禁之，不通矣。夫惟不仁之故。"政治、经济、科学、文化上的接触有助于实现人们之间的全面联系，因此被视为"仁"。世界的发展是循序渐进的，或许昨天还是有益的，今天可能就是有害的，所以改革家的活动具有客观意义。

**汤志钧《〈仁学〉版本探源》，载《学术月刊》，1963年第5期。

（Е. Ю. 斯塔布罗娃撰，穆新华译）

如来藏

如来藏,意为"如来的宝藏","孕育如来的子宫","如来的胚胎"。"如来"是众佛之一,表示佛的本体状态,指的是诸佛集聚"真如"为身。本体论中的术语"如来"用于后来的大乘佛教文本中。如来藏概念在《大乘起信论》中有过详细描述。"如来藏"这一概念在中国拥有更大的声望。例如在天台宗的论著《大乘止观法门》中进行了详细的阐释。"如来藏"的本质涵盖一切众生的本性,在每个生物的本性中既含导致贪欲及烦恼世界的"杂染"法,也含摆脱了轮回世界的"清净"法。因此,"如来藏"自体同时具有两个本性。

"杂染"性决定众生的生死链,"清净"本然是佛性的体现,即"明"。"杂染"和"清净"两种本性同时存在于如来藏的观点在中国获得了支持。如来藏等同于被理解为真正存在的"一心"。这里用字面意义为"心脏"的术语"心"来表示的"心识"与通常的术语"识"是不同的。法相宗的信徒们用"识"表示"唯一的实在"("万法唯识")。"一心"不反对与假说"我"相关的意识。它是指一定的意识流所产生的虚妄的"我",无论如何不能被看作具体的个人"我"或是当时的精神状态。在《大乘止观法门》中,"一心"被诠释为"真如""如来藏""真心"。

依据"一心"的概念,所有的佛法依"一心"而存在,通过"一心"具有可见的外部形式。与此同时,佛法决定着生死变化,而"心"不生不灭、不增不减,此"心"反映变化,而它本身不变,所以被称为"真心"。

每一种佛法都有自己的特性,但"真心"没有任何外部特征,它既"真"且"常",也就是说如同它的自体,保持本性且不变。与此同时,纯粹的内在性之外的"一心"不能被现象世界所想象,"一心"的这一层面反映在如来藏学说中。如来藏既有作为现象世界基础的"杂染"法性,又有明心的"清净"法性,从这个意义上来说,"一心"等同于"如来藏"。

如来藏拥有真正的存在,将现象世界的内因外果展示在我们面前,它被理解为我们的本"我",并通过"我"来通

达外部世界。作为整体和不可分割的"一心",在这个经验论的世界里通过大量的个人觉知来检验着自身。

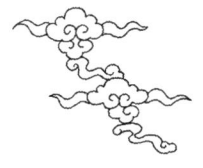

*慧思《大乘止观法门》,载《大明三藏圣教》(无出版地点和时间),第578页。**Л. E. 扬古托夫《中国佛教哲学的统一、同一与和谐》,新西伯利亚,1995年。

(Л. E. 扬古托夫撰,穆新华译)

儒家

儒家,也称儒教,从词源上讲指的是"学者-知识分子的学说",是中国最古老的哲学体系和远东三个主要伦理宗教学说之一(与道家和佛家并列)。儒家是公元前5世纪至公元前4世纪之交在中国创立的。在儒家原来的名称中,没有指明创立者的名字——孔子,这也符合孔子的最初意愿:"述而不作,信而好古"。孔子的观点在《论语》中得到了真实的表述。该论著编撰于公元前5—公元前4世纪,直到公元前后之交时才具有了今天的形式。

孔子将自己的学说定性为新伦理哲学学说,强调它要与那些主要在历史醒世著作及文学作品中描述过的半神化的古代圣君的智慧相提并论。这些作品中最古老、最权威的当属公元前两千纪到公元前一千纪中期的《尚书》和《诗经》。最初的这种定位确定了整个儒家学说文本最基本的特点:以历史先例为标准、合乎经典规范的美文学风格作品。孔子时代的古代智慧守护者都是一些被朝廷解职的、在文化活动中有专长的、学识丰富的文人,他们的"文"的活动指的是保存、恢复古代文字典籍及远古科学研究,主要是天文星相研究活动("文"的语义涵盖书面文字和天文气象现象)。他们汇集在孔子的故乡鲁国(在今山东省)。他们也许是殷商朝统治高层或高层祭司的后裔,该朝在公元前11世纪被尚处在较低文化水平的部落联盟周所征服。看得出,他们的社会衰落也反映在术语"儒"一词的词源意义上——"虚弱的"。

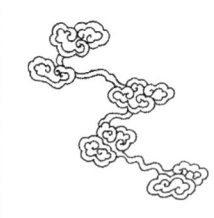

孔子认为殷商朝社会的衰弱是与其文化智力能力不相称的，于是就提出了理想的国家制度。在这种制度下被神化般推崇的君主实际上几乎无作为，实际权力属于本身具有哲学家、文学家、科学家特点的文人大儒。

自诞生之时起，儒家就以有意识地将社会道德伦理倾向与国家机器相结合的愿望而著称。这种愿望符合家族伦理范畴下国家政权和"天"权的理论解释："国即家。"君主既是天子又是"民之父母"。国家等同于社会，社会关系等同于基于家庭结构的人与人之间的关系，而后者是从父子关系推导出的。按照儒家观点，父被认为与"天"齐，"天"即是父，因此"孝"在专门论述道德规范的经典论著《孝经》中被认为是"德之本也"。

在发展自己独到的社会伦理道德观的同时，儒家关注人、人的先天本性、道德品质培养以及人在宇宙及社会中的地位、人的知行天赋等问题。孔子放弃自己关于超自然的见地，信仰无自我的、神圣自然的"命运"之天以及与之联络的祖先神灵，这在很大程度上为后来儒家具备宗教的社会功能奠定了基础。对所有关于"天"的神圣问题以及宇宙本体论的问题，孔子都是从它们对人和社会的意义的角度来研究。他学说的核心就是分析"内部"的人性因素及"外部"的社会化因素之间的相互作用，前者全部包含在他理想的概念"仁"中，而后者全部涵盖在他理想的道德礼仪规范概念"礼"中。按照孔子的观点，标准的人格范式是知天命的"君子"，也是集理想的精神道德品质与较高社会地位于一身的"仁者"。孔子把遵守伦理道德规范"礼"视为最高的实践认识论原则："非礼勿视，非礼勿听，非礼勿言。""君子博学于文，约之于礼，亦可以弗畔矣夫！"无论是孔子的伦理道德观念，还是认识实践，都基于他普遍平衡及相互一致的总体思想，在第一种情况下表现为道德的"黄金准则"（恕），在第二种情况下表现为"名与实、言与行的一致"。孔子认为，人类存在的意义就是建立全方位的、较高级形式的社会伦理秩序——道，该秩序的最重要表现为"仁""义""恕"

"智""勇""敬""孝""弟""节""忠""慈"等。"德"是"道"在每一个生物体和现象中的具体体现,所有个体之"德"的有秩序的和谐就构成了天道。

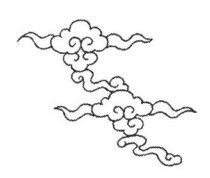

孔子死后,他众多的弟子和后继者组成了各种各样的流派。据韩非子证实,至公元前3世纪,儒家流派不少于8个。他们既从显学发展孔子的社会伦理思想学说(《大学》《孝经》《春秋》),也从隐学发展他的宇宙本体论思想学说(《中庸》《周易》《系辞传》)。公元前4—公元前3世纪,孟子和荀子给出了全面而又相互对立的两种儒家解释(相应地分别被称为正统儒学和非正统儒学)。其中,孟子提出人性本善的主张,认为"仁""义""礼""智"就如同人所拥有的"四端",是人性固有的。而荀子认为人性本恶,也就是说人生来就追求利益和肉体的享乐,因此高尚品德只有通过不断的外部学习才会获得。按照最初设想,孟子专注于人类存在的道德心理层面的研究,而荀子研究社会及认识实践层面。这种不同表现在他们关于社会的看法上:孟子形成了"仁政"思想理论,其出发点为,人民高于神灵和君王,包括臣民有权推翻暴君;荀子则把君主比作树根,人民比作树叶,他认为理想君主的任务就是"服"自己的人民,并因此接近与儒家相对立的法家观点。

公元前2世纪西汉时期,孔子被公认为"无冕之王"或"素王",他的学说击败了在社会政治思想理论上与之竞争的法家,具有了正统的官方意识形态地位。同时孔子学说整合了他的一系列根本思想,包括认可伦理道德规范(礼)与法制治理相结合。

由于"汉代孔子"董仲舒的努力,儒家思想更加全面和系统。董仲舒借助道家及阴阳家的相关概念详细阐述了儒家的宇宙本体论思想,为儒家思想增添了官方意识形态及中央集权统治所需的宗教功能(关于"神"和"天志"的学说)。总之,汉代创立了"汉代儒学",其主要成就在于:使儒家思想系统化,这造就了中国哲学的"黄金时代";对儒家及儒家典籍进行了加工、阐释;在公元之初的几个世纪,佛教进入中国并由此而导致了道教的活跃,而董仲舒对

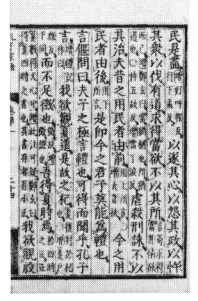

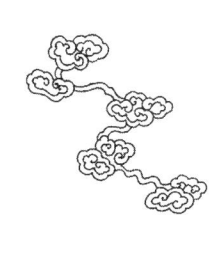

此所作出的应对举措就是使道、儒融合成为"玄学"。后来,佛教、道教思想及其社会影响力的不断提高引起了重树儒家威信的运动,这项运动的发起者为王通、韩愈和李翱,这导致了"理学"(宋明理学)的诞生。

产生于11世纪的宋明理学确定了两个主要且相互关联的任务:恢复正宗儒学并在完善象数方法的基础上借助儒学解决佛教和道教提出的新问题。周敦颐以极为简明扼要的方式首先完成了这些任务,经过一百年之后,他的思想在朱熹的著作中得到了全面详细的诠释。周的思想学说最初被认为是非正统儒学,甚至遭禁,在14世纪才得到官方认可,成为国家科举考试制度认可的学习儒家经典的基础,这一直延续到20世纪初。朱熹解释的儒家思想在与中国接壤的国家(韩国、日本、越南)也占主要地位。明朝统治时期,与朱熹学说构成竞争的是陆王学派,该学派在16—17世纪的中国思想界占据统治地位,在中国的邻国也得到了传播。在两个学派的争斗中,在新的理论水平上产生了原本与儒家对立的一对概念——外在论(荀子—朱熹)与内在论(孟子—王阳明),在宋明理学中,它们被定义为两个对立的概念客体和主体,即外部世界或人的内在本性作为理解万物之"理"(包括道德规范)的根源。

17—19世纪,朱熹、王阳明两种主导学说遭受了来自经验学派的批判,该学派由顾炎武创立,由戴震主导。朴学注重自然经验研究,以汉代儒学文献资料为蓝本,从事对儒家经典的科学的批判性研究,因此还被名为"汉学"。

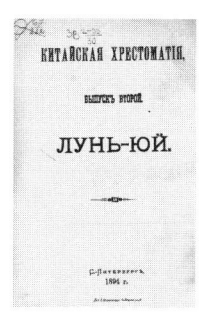

19世纪末,儒家在中国的发展在某种程度上与吸收西方思想的尝试相关联,这使得其发展开始从宋明理学与清代汉学的抽象问题回归到儒家最初的具体社会伦理道德主题。20世纪上半叶,儒家内部的外在论与内在论在更高的理论水平上得以重生,宋明理学及部分佛教概念与欧洲、印度的哲学意义相融合,这一切使研究者们断言,在这一时期出现了新的、历史上儒家的第四种形态——"后儒家",或被称为"后理学"(即在最初的儒家、汉代儒家及理学之后)。像前两次形态一样,后儒家建立在吸收其他民族甚至异质文化

思想的基础之上。在从道德层面上解释任何存在并产生出宋明理学"道德形而上学"的儒家伦理普遍论中，现代儒学家或后理学家们察觉到了哲学与宗教思想的完美结合。

在中国，1912年以前儒家一直是正统意识形态，直到1949年它都在精神领域占据主导地位。现在，儒家作为当今社会所期待、所需要的民族思想的承载者已迎来复兴。

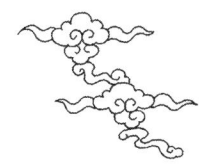

* 《十三经注疏》，第1—40卷，北京，1957年；柏百福《中国孟子哲学》，圣彼得堡，1904年（再版：莫斯科，1998年）；柏百福《孔夫子及其弟子等人的格言》，圣彼得堡，1910年（再版：更名为《孔子〈论语〉》，圣彼得堡，2004年）；《中国近代进步思想家作品选集》，莫斯科，1961年；《中国古代哲学》，第1—2卷，莫斯科，1972—1973年；《中国古代哲学·汉代卷》，莫斯科，1990年；《孔子论语》，Л. С. 佩列洛莫夫译，莫斯科，1998年；А. С. 马丁诺夫译《儒家研究·〈论语〉翻译》，第1—2卷，圣彼得堡，2001年；В. М. 阿理克《中国文学论集》，第1卷，莫斯科，2002年，第161—248、534—571页；《儒家"四书"》，莫斯科，2004年；Legge J. Sacred Books of China. Vol. 1-6. Oxf., 1879-1882 (repr.: 1936; Delhi etc., 1966); idem. The Chinese Classics. Vol. 1-5 / 7. Oxf-L., 1893-1895 (repr.: Hong Kong, 1960); Chan Wing-tsit. A Source Book in Chinese Philosophy. Princ.-L., 1963。**Л. С. 瓦西里耶夫《中国传统宗教崇拜》，莫斯科，1970年，第94—217页；Л. С. 瓦西里耶夫《中国思想的起源问题》，莫斯科，1989年，第94—217页；《关于中国》，第2卷，莫斯科，2002年；郭沫若《中国古代的哲学家》，莫斯科，1961年；葛兰言《中国思想》，莫斯科，2004年，第318—329、370—390页；《中国哲学史》，莫斯科，1989年；А. И. 科布杰夫《王阳明学说与中国古典哲学》，莫斯科，1983年；А. И. 科布杰夫《中国理学哲学》，莫斯科，2002年；《儒学在中国》，莫斯科，1982年，第3—45页；З. Г. 拉宾娜《"经世济民"的学说》，莫斯科，1985年；Л. С. 佩列洛莫夫《中国政治历史中的儒家与法家》，莫斯科，1981年；Я. Б. 拉杜洛廖-扎图洛夫斯基《儒家及其在日本的传播》，莫斯科，列宁格勒，1947年；В. А. 鲁宾《中国古代的人格与权力》，莫斯科，1999年；冯友兰《中国哲学简史》，圣彼得堡，1998年，第58—69页；《国际儒学研究》，系列图书，第1—7辑，北京，1994—1999年；杜

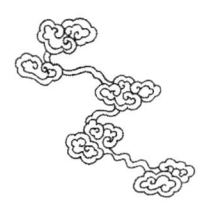

金铭《中国儒学史纲要》，北京，1943年；《儒学与当代文明》，第1—3卷，北京，2004年；贺麟等《儒家思想新论》，南京，1948年；《孔学知识词典》，北京，1990年；罗光《儒家哲学的体系》，台北，1984年；庞朴《儒家辩证法研究》，北京，1984年；张立文、李苏平《中外儒家对比研究》，北京，1998年；汤一介、张耀南、方铭《中国儒学文化大观》，北京，2001年；赵吉惠、郭厚安《中国儒学辞典》，沈阳，1988年；Ching J. Confucianism and Christianity: A Comparative Study. Tokyo, 1978; Confucianism and Chinese Civilization. N. Y., 1965; Confucianism. The Dynamics of Tradition / Ed. by I. Eber. N. Y.-L., 1986; Confucianism in Action / Ed. by D. S. Nivison, A. F. Wright. Stanf., 1959; Fung Yu-lan. A History of Chinese Philosophy. Vol. 1-2. Princ., 1953; Ivanhoe P. J. Ethics in the Confucian Tradition: The Thought of Mencius and Wang Yangming. Atlanta, 1990; The Confucian Persuasion. Stanf., 1960; Tu Wei-ming. Humanity and Self Cultivation: Essays in Confucian Thought. Berk., 1979.

（А. И. 科布杰夫撰，穆新华译）

阮籍

阮籍（210—263），字嗣宗，陈留尉氏（在今河南省）人。玄学代表人物、文学家，是"竹林七贤"的领袖人物（其他还有嵇康、向秀、阮咸、刘伶、山涛和王戎）。他曾在魏国朝廷和军队任职（"阮步兵"的绰号由此而来），但阮籍刻意回避了高爵位。谨慎的言论以及古怪的行为使他的儒家传记作家们很为难。他们还指出阮籍极为热衷道家伦理并非常崇拜庄子。阮籍的生平资料在《魏书》《晋书》的人物传记中和《竹林七贤论》（戴逵）、《世说新语》（刘义庆）等文集中都有记载。他的主要哲学论著有《通易论》《乐论》《达庄论》《大人先生传》。《咏怀诗》诗集给他带来了诗歌上的荣耀。

在关于道家的主要论著《达庄论》中，阮籍强调普通智慧面对伟大完美之"道"的无力。"故道之极"——"同为一体"。达到这一体的"至人"从天地变而不移，因此永存。而那些"自是者"是无法达到永恒的。在《大人先生传》中，阮籍通过主人公与儒家道德思想的对立展示了一个"大人"的内心世界：儒家的教条和规则、死读书和虚伪导致暴力和谎言，因此，"君子"并不是"为无穷时"，但正是这个君子将天下带入可怕的乱危和灭亡之中。"大人"对抗以虚伪和虚荣为动因的野心勃勃的修行，而"大人"的隐居修道是精神修行。与此同时，一些玄学思想家比如郭象所主张的修道与为官之间的妥协思想对"大人"而言是陌生的。"大人"的"真"不是看得见的"高"，而是他内心最重要的"虚"的精神云游，因此其不能被凡尘世界所理解。

阮籍在《周易》中找到了宇宙和谐存在及运行法则的全面完整图景。在关于这部典籍的文章（《通易论》）中他没有详述《周易》中特殊符号的象征意义，而是力求以辩证法的"回归本源"概括它的哲学内容，重塑了自身调节的宇宙和谐的动态画面，万物向其对立面转化的瞬间为和谐统一提供条件。当秩序维持不再需要有针对性的努力时，社会和谐与宇宙和谐就相吻合。阮籍认为音乐是和谐的载体，音乐是"天地之体，万物之性也……昔者，圣人之作乐也，将以顺天地之性，体万物之生也"（《乐论》）。古人的"正"乐带有"平""协""和"之特质，并能达到完美统一。音乐应该"静万物之神"，能提高人的道德修养，净化人的思想和情感。阮籍以儒家传统精神把音乐当作最基础的本质内容："礼定其象，乐平其心。礼治其外，乐化其内。"

但阮籍没有把儒家和道家思想绝对化，在社会失调、精神衰落、追求天人合一的时代，它们只是他个人求索的象征。

*《阮籍集》，上海，1978年。**В.В.马良文《阮籍》，莫斯科，1978年；丁冠之《阮籍》，载《中国古代著名哲学家评传·续编二》，济南，1982年。

（В.В.马良文撰，穆新华译）

三才

三才，指"三种价值""三项基础""三个本原"，意指三个主要世界本原：天－地－人。三才是中国文化根基的三元分类法的主要代表，这种三分法有着不同的对应形式（例如形——"体形"、气——"呼吸"、神——"精神"），且广泛应用于术数模型和哲学推论当中。

"天"在该三位一体中起统合作用，是中国哲学和文化中最重要的概念之一。"天"这个汉字的主要意思是天空、自然、天帝、帝、季节、白天（天文学意义上的）。在哲学和传统思想语境下，"天"这一范畴可以指：（1）皇天上帝、天帝；（2）至高无上的自然力，与较低等的自然力"地"以及由之派生出的"人"这个自由创造积极性的载体相对；（3）作为整体的大自然，与天地同义，指两极宇宙；（4）人身上的主要自然本原（"天"这个字从词源学上发端于对高大人物的象形描绘）。

"天"作为至上之神力的概念在中国文化中固定下来是在周朝。周朝初年，"天"似乎与上帝（"最高主宰"，另一种说法为"天帝"）的概念等同，意指殷商时代（前16—前11世纪）诸王的始祖或先祖。公元前12—前11世纪末，殷商被周所灭，导致"天"的概念与先祖的联想被割裂，但是"天"的人格化形象保留了下来。在哲学层面上，这种人格化形象固定在《墨子》学说中，"天"表现为有意志的存在，而"天"的意愿（天志）就像工匠使用的规与矩一样，被当作"度天下方圆"（人类活动的评价范畴）的工具。"天"被解释为一种"滋养蕴育万物的"万能力量，教人利用"道"所规定的世界秩序（一年四季的更替、播种农作物需要的降水，等等）。墨家将"天"对世界万物的同等关爱作为其"兼爱"学说的基础，通过"天志"这一说法表明：治国者如违反"兼爱"的原则就会招致对天下的惩罚，令生活在其土地上的人民遭受"疾灾、戾疫、凶饥"。

在其他古代中国哲学流派中，"天"则被去人格化了。孔子认为，"天"的功能是"使四时行焉""百物生焉""天何言哉"（《论语·阳货》），意即天不会表达意愿。道家哲学的创始人着重论述了天位列"道"之后的次要地位:"天法道,道法自然。"

在道家文献中还出现了天地这一二元模式,用以表述自然之本原,后又开始指二元模式(阴一阳)在宇宙构造中的体现。与人不同的是,天地并不遵从人为制定的伦理规则——天地"不仁"(《道德经》,第五章)。《庄子·天地》中,天地表达的是"自然性",事实上成为天的同义词。天地的这个意义在后来的中国哲学中继续使用,在理学中的应用特别广泛。

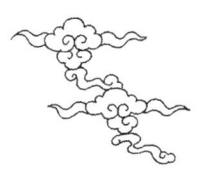

《庄子》认为,道生天地。"天"的固有属性即"无为":"无为为之之谓天。"(《庄子·天地》)以此强调天与人不同,天没有自主进行目标定向的可能。同时,《庄子》中"天"的概念首次用于指个别人的自然本性:"至人之天守全"。似乎是在同一部著作(但也可能是《礼记》)中,首次提出了"天理"的概念,意指天与包括人在内的一切存在所固有的整序原则。《庄子》认为,通过"天理"可以实现"顺"(《庄子·天运》),亦即道。

道家对"天"的解释包含着对其物质-精神和心理双重性的理解,亦为儒家哲学所接受,"天"的范畴主要在儒家框架下得到了进一步发展。这是由个人对部族正常运转担负责任的思想,以及至高自然力与人在调整自然与社会秩序中的权限划分问题对儒家思想的特殊意义决定的。这个问题后来成为由"天道"和"人道"之特性及联系的确定机制所联结起来的一系列问题中的主导问题。

三才的概念较早出现于《周易》注中,指将天、地、人纳入宇宙存在的三位一体。《系辞传下》中,这个三位一体表现为"道"的形式或角度:天道、地道及人道;兼三才而两之,成为卦,体现"三种价值"的统一。《说卦传》中,将天道与宇宙力量阴阳相联系,将地道与其在事物中的表现"柔软"与"刚强"(柔刚)相联系,将人道与仁、义相联系。①这些对子同样意味着"三才"的二元性,即"三位一体"与二进制矩阵的交叉结合。将天地孕育而生的人纳入这

---

① 原文为:"立天之道,曰阴与阳;立地之道,曰柔与刚;立人之道,曰仁与义。"——译者注

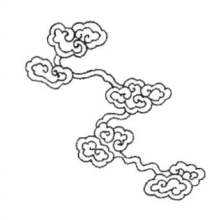

个三位一体，这首先指明其在主要自然力的互动中所起的媒介作用，其次是指通过践行作为道义标准的道德法则以实现宇宙秩序治理的途径。这些思想源起于王作为天与地之间媒介的古老观念。

解决天人关系问题的主要趋势体现在以下说法中："天人合一""天人感应""天人之分"。

"天人合一"的思想是由正统儒家思想体系创立者董仲舒提出来的。这一思想基于先前哲学思想文献中所包含的论点。《周易》注中指出，"夫'大人'者，与天地合其德（德）"（《文言传上》），即人可以跟主要自然力具有同等的机会。先天而天弗违，后天而奉天时，即一切都受限于宇宙循环的规律。《中庸》指出，"尽其性（性）"者可以"与天地参"。孟子发展了这一思想，宣称要"尽其心"，即通过知性而知（与人本性一致之）天（《孟子·尽心上》），达到"上下与天地同流"，以最大限度挖掘先天本善的人之本性中的智力、情感意志和道德潜能。

以孟子为代表的儒学具有鲜明的伦理化倾向，且将作为个人自我完善成果的"尽心"转入行为领域。与之不同，庄子更强调人与宇宙合一的认识心理学性质。将周围世界随意物化会破坏这种统一，而大智者（圣）"与世偕行而不替"的能力可以避免这种物化或者克服它。《吕氏春秋》一书中写道，人天之间的联系是由其本体的统一决定的："凡人物者，阴阳之化也。阴阳者，造乎天而成者也。"天与人所固有的一切性质"皆天之容物理也"（《知分》）。基于前人观念，董仲舒将天人之间的联系纳入普遍协调的本体论、伦理学、心理学和生理系统中。这种协调与"日月之象"，即与普遍的分类体系共存，其各个方面——素质、特性、表象、趋势，与阳（太阳的体系）和阴（月亮的体系）的概念相对应。董仲舒认为，天亦有"喜怒之气、哀乐之心，与人相副，以类合之，天人一也"（《春秋繁露·阴阳义》）。

董仲舒"天人感应"的观点强调了"天人合一"思想的功能层面。其源头除中国古代文献中奠定了"合一"概念基础的篇章外，在《左传》中也可得见。"善人，天地之纪也",亦即直接设定了人对主要自然功能的决定作用。《吕氏春秋》认为,自然现象可以与同类的人的品格与表现相对比,在此意义上,天与人会表现出相似的"反应",而作为天与部族之间中介的君王,其"仁"或苛酷应当为引导人们向"仁"或"不义"承担责任。君王或其臣民如违反对待自然的通行法则(例如违反礼制和农时),可能会导致自然循环节奏的中断、自然灾害,等等。根据董仲舒提出的"感应"思想,为政出现失误从而导致天下失序时,天首先会降下灾害以示警戒。如警戒不起作用,则天会出现异兆。只有当人们持续破坏宇宙法则的情况下,社会才会走向毁灭。社会生活安排与世界和谐,一切自然进程才会正常进行。按照董仲舒的说法,总体上讲,"道之大原出于天"(儒家认为,道指社会事件和人类生活的良好途径)。

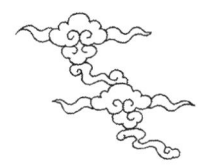

11—12世纪理学的奠基人在"合一"学说的框架下,主要发展了《孟子》和《中庸》中所表述的"天"之概念。张载认为:"天地之塞,吾其体;天地之帅,吾其性。""天人合一"表现为"儒者则因明致诚,因诚致明"(《正蒙·乾称篇》)。程颐和程颢一致认为,"天人本无二,不必言合"(《遗书》,卷六),"天地人仅一道也",但表现为不同的本质:例如天的本质是"命运",人的本质是个体的本性。这两种本质通过其管理者——同时属于内在和外在特性的中心——的心结合起来,而道是其共同的"现实"(《遗书》,卷十八)。在某些分类法中,被归为唯物主义者的哲学家们主要强调了"合一"的主体层面。例如,王夫之将天定义为"气之升降飞扬",天"莫之为而为万物之资始"。古代的"智者"在论述"天人合一"时,并没有混淆这两个概念,仅指"其理本一原",人"死而全归于太虚之本体"(《张子正蒙注·太和篇》)。

"天人之分"的观点是由荀况提出来的。他将"不为而成,不求而得"归为天的"职权"。荀况的主要论据是"天行有常",即天文和自然的循环不取决于人的行为,但部族的繁荣与贫瘠则取决于人自身(《荀子·王制》)。

荀况有关自然进程和社会实践相对自主性的论点在刘

禹锡的学说中得到最为清晰的发展。他将天和人定义为两种具有不同"能力"而又相互对立的基础。刘禹锡提出了天和人("最完善的造物")的"样貌"。天之能——"生万物",人之所能——"治万物",天与人相争,"交相胜耳"。人的真诚对宇宙万物和人们极端坦诚而得以看透宇宙法则,这是"胜乎"无道之天的条件,而取"胜"的途径是法制,借助法制才能整顿社会环境及"治"天生之"万物"。法"大弛"时,"万物"可能会乱。

柳宗元说,"天人不相预"。"生植与灾荒,皆天也;法制与悖乱,皆人也。"

理学的思想观念中,通常并不认为有关天人"合一""感应"和"相分"的思想相互排斥。天人之所以能相互影响,原因在于其实体的统一性,且隶属于同一个法则体系:数字占卜法。而天人"之分"问题首先关系到明确人的权限范围,人一旦干预到天的职权范围,可能无益甚至有致命危险。人相对于天的权限范围的缩小或扩大的基础,是对"天理"和"人欲"之间关系的这样或那样的阐释。人欲总体上被理解为个体意愿的表达,这与普遍自然之"理"的无人格规律性相对立。这一问题的提法源于《礼记》,该书认为,人对物无节制的欲望表明他"好恶无节",因而自身也"变成了物"(化物)。这被阐释为"灭天理而穷人欲"(《乐记》)。

伦理准则所包含的"天理"与"人欲"对立思想,清晰地表现在理学不同流派代表的理论当中。程颐严格要求"减少欲望"(损欲),作为"恢复天理"的唯一手段(《遗书》,卷二十五)。朱熹更加鲜明地强调了其相互排斥性:若"天理不在",则"人欲横肆"(《朱子语类》,卷二十五)。王阳明将"天理"比作先天的直觉知识"良知"。"致良知"即指灭"人欲":古代的"圣人"之所以为圣,只是其心"纯乎天理而无人欲之杂"(《传习录》)。

一系列思想家都是在天人"合一"的框架下解决"天理"与"人欲"之间关系问题的。例如胡宏将天与"个人

的天性"（性）的概念放在一起，认为"天理"和"人欲"同体而异用。"人欲滋炽"则"天理泯灭"（《知言》），调节"欲"的是"理"，亦即礼仪"规范"标准（礼）。罗钦顺强调了"人欲"的自然性，否定的只是"欲动情胜"（《困知记》）。王夫之认为"理"和"欲"之间有着不可分割的联系，他认为从"人欲"可能成长出"理"，且坚决反对将这两个概念相互排斥（《读四库大全说》，卷八）。戴震将"欲望"和"感情"相等同，认为对于人而言，"理"本身取决于"情"（心理情感范畴）之存在。他对朱熹一派有关这一问题的"僵化"论述提出了批评，认为他们是"以理杀人"（《孟子字义疏证·理》）。

与天这一范畴切实相关的是命（注定）的概念。天与命之间的对应关系揭示了中国哲学家有关意志自由和人介入"天"命所定领域，即三才之"天""地"和"人"之间关系重要边界的原则限制的观念。

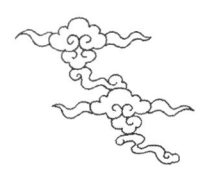

*《古代中国哲学》，第1册，莫斯科，1972年，第18—25页。**А. И. 科布杰夫《中国理学哲学》，莫斯科，2002年；М. Л. 季塔连科《中国古代哲学家墨子及其学说》，莫斯科，1985年；葛荣晋《中国哲学范畴史》，哈尔滨，1987年，第163—183页；《哲学大辞典·中国哲学史卷》，上海，1985年，第76—91页；《哲学》，载《中国大百科全书》，第2卷，北京，1987年，第870—877页。

（А. Г. 尤尔克维奇撰，贾茜译）

三乘

三乘（梵文为Triyana），大乘佛教术语，即三种交通工具，指洞察佛教教义的深度。

"第一乘"（最低）指声闻乘，最早用来称呼佛陀释迦牟尼的弟子，后来指小乘佛教信徒。"声闻乘"承认佛教的基本戒条和主要教义——一切皆苦、四大皆空、作为主体的个人之"我"并不存在，但并没有做好接受大乘学说的准

备。"第二乘"(中级)为缘觉乘、辟支乘,即无师友教导,也拒绝宣传教义,而是独自实现佛教最高目标——觉悟(梵文为菩提,中文为道)和涅槃的苦行僧。与声闻乘一样,他们也被认为是小乘佛教的追随者。有两种类型的辟支佛:第一种为在佛之世悟道,但并未成为其弟子之人;第二种特别指独自思考存在的无常而悟道者。"第三乘"为菩萨乘,指大乘佛教自身教义。菩萨最早指未来佛,后来改指任何渴望觉悟、认同大乘佛教教义、修行"六波罗蜜多"(中文称波罗蜜、波罗蜜多、度),即"精进""度彼岸"的人。"六波罗蜜多"包括:忍辱、布施、持戒、精进、禅和般若波罗蜜。在大乘佛法中,菩萨被认为是赋予了超自然能力的神圣的、具有最高智慧和慈悲的佛,为了"拯救众生",他宁可不成佛。菩萨对大乘佛法,首先是有关空(性空)或万物的相对性学说有着最彻底的了悟。

除6世纪在天台宗观点体系下彻底形成的"三乘"说之外,大乘佛法中还有"一乘"说,为一系列中国佛教流派,首先是华严宗所特有。"一乘"指最高教义,被称为"第四乘",即参悟佛教智慧的最高水平或是包括其他诸乘一切优点因此可以替代之的学说。

**A. H. 伊格纳季耶维奇《救度之道的佛教阐释(以妙法莲华经为例)》,载《第11届"中国社会与国家"学术研讨会论文集》,莫斯科,1980年;A. H. 伊格纳季耶维奇《日本的佛教》,莫斯科,1987年,第229—230页;Л. Э. 米亚莉《论佛教人格学》,载《符号系统论集》,塔尔图,1971年;《妙法莲华经》,A. H. 伊格纳季耶维奇译,莫斯科,1998年,第339—343页。

(E. A. 陶奇夫撰,贾茜译)

三谛圆融

三谛圆融，指三重真谛的完全融通，是佛教流派天台宗最重要的概念之一，是天台宗二重真谛的进一步发展。三谛论的主要内容即三谛一体的观念。

"三谛圆融"学说的源头可以追溯到中观学派。《中论》一书提到，众因缘生法，即空、假、中。天台宗的传人通过二谛理论的认识论棱镜，对这一说法的本体论内容提出新的看法——三谛说，即空谛、假谛和中谛。

空谛被解释为绝对真理。根据这一真理，一切事物都由因缘而"定"，都是空的，没有独立的自性，这一真理也被称为"无谛"。

假谛意为相对真理或俗世真理。其内容可以归结为尽管万物皆空且没有自性，却不能被否定为根本不存在或没有绝对存在之物。

中谛也被称为"中道第一义谛"。从这一谛来看，一切事物亦空，亦假。同时，中谛也被认为相对于前二谛而言有某种外在性，又与之相即为一。

此三谛相互渗透，圆融统一。任何一谛都无法脱离另外二者而存在。事物的存在是相对的，因为是空的，即事物的相对性取决于其空无。反之，事物是空的，因为其存在是相对的，即事物的空又取决于其相对性。这两个方面不可分割，同时存在，构成中的内容。中谛等同于另外两谛，因为中即假和空的状态。因此，三谛共同构成一个真理：三即是一，一即为三。从"三谛圆融"的角度看，真如不是纯粹的、脱离幻相的存在。存在的真如实相——这是绝对和相对的共存。换言之，幻相（现象）以外没有绝对（实相）。

三谛圆融说并不排斥二谛理论，没有修改其内容，只是将重点放在绝对和相对真理的统一上面，放在其圆融不冲突上面。三谛圆融也反映了世界的统一与圆融，这就是天台宗教义的主旨。

**Л. Е. 扬古托夫《中国佛教哲学的统一、同一与和谐》，新西伯利亚，1995年；黄忏华《佛教各宗大意》，台北，1973年；

Chen K. K. S. Buddhismin China: A Historical Survey. Princ., 1964;
Takakusu J. The Essentials of Buddhist Philosophy. Honolulu, 1956.

(Л. Е. 扬古托夫撰，贾茜译)

三纲五常

三纲五常，简称纲常，指"三项准则与五个坚持"，儒家传统中用以指称主要社会阶层之间的关系规范与伦理标准。

"三纲"首次出现于早期儒学的改革者董仲舒所著《春秋繁露》一书，书中将"三纲"定义为王道和天意的标志。这一定义源自儒家经典《礼记》，该书指出，古代圣王要求谨记的"纲"是：父亲与儿子、君王与臣民、丈夫与妻子之间的恰当关系。

董仲舒认为，"五常"这个词组意味着统治者应当努力完善的"道"：仁、义、礼、智、信。如果说三纲这个词组发端于三重模型，五常则与五行相对应。"五常"这一术语大概源自儒家经典《尚书·舜典》要求遵从的"五个经典范例"（五典）。《尚书·序》中，这些典范传递的是"常道"的本质，它们与传说由夏朝以前的五位先世圣王和智者遗留下来的五本书的内容相关。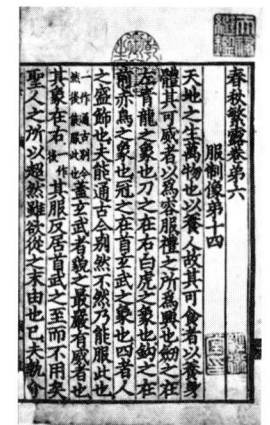孔安国将"五个范例"确定为"五常之教"：父义、母慈、兄友、弟恭、子孝。《左传》将此类行为规范体系定义为"道"在人类情感中的表现和根据五行所含要素（金、木等）系统的方位名称区分人性（性）种类的基础。

"理学"奠基人朱熹首次将三纲五常作为一个概念使用：亘古即存且不可磨灭的"准则与持守"——纲常（《朱子语类》），与恒常不变的"天理"相似（《朱文公文集·读大纪》）。

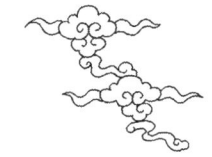

*《哲学大辞典·中国哲学史卷》，上海，1985年，第31、38页。

（А. Г. 尤尔克维奇撰，贾茜译）

三教有两种意思："三种学说""三种教化"。

（1）"三种学说"，即儒学、道教和佛教，指的是三种可以相提并论的重要学说与世界观。这一思想来源于道教和佛教相结合的最初尝试，反映了在缺乏统一官方宗教情况下宗教融合的天然叠加，以及佛教先驱者们为使佛教教义适应中国而所作的自觉努力和不同哲学理论间自然的相互渗透。除此之外，三教的思想还反映了有关王朝权力的传统概念，这种权力被认为取决于上天（天与祖先的灵魂），而不是某种学说。因此佛教和道教在国家中的现实地位可能取决于帝王的主观喜好。

"三教合一"的学说在3—4世纪意指佛教与中国自身传统的统一。12—13世纪，道教全真派提出"三教合一"的论点，而其分支学派的名称就包括了三教这一词组（例如"三教金莲会"），道教的神仙、佛陀和菩萨共同居住在其神庙里。14世纪形成了道教学派三教归一（"三种宗教的统一"）。这个学派又分成"东派"或称"仙佛派"和"三丰派"——源于道师张三丰。由于"内丹"祖师伍守阳的努力，"三教派"在16世纪末至17世纪初获得了特别大的发展。

三教的思想只在特定时期获得了某种类似于官方承认的地位，例如唐代、明太祖时期、清代某些皇帝执政年间。这种思想在林兆恩以三教合一论为基础的学说中得到了最为充分的表现。这一理论有不同的版本，这在民间宗教中是非常典型的。林兆恩的"三教"祠现存于东南亚一些国家，如新

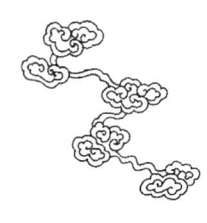

加坡和马来西亚。

*A. C. 马尔蒂诺夫《皇权理论及其在帝制中国官方意识形态中的地位》，载《世界历史与东方》，莫斯科，1989年；E. A. 陶奇夫《道家：历史宗教描述尝试》，圣彼得堡，1998年，第247、256、264页及其后；Franke W. Some Remarks on the Three in One Doctrine and It's Manifestation in Singapore and Malaya // Oriens extremus. 1972, No. 1-2.

（2）"三种教化"。由董仲舒开创并在汉代得到传播的学说，反映了一种整体论的世界观，将世界看作一个时空连续体。这种学说认定，夏、商和周这三个王朝（三代）中的每一个朝代都在人身上培养出了特别优秀的品格，使君王脱颖而出，并在其影响下推举出"高尚的男人"（君子）。夏朝的主导品质是"真诚"或者"忠诚"（忠），商朝为"尊重"或"尊敬"（敬），周朝则为"文明"（文）。每种"教化"都是为"承衰救弊，欲民反正道也"。此外，每种教化都有其"瑕疵"，即在此"教化"类型下，在"小人"那里发展出某种负面的特质：夏——"野蛮"或"粗鲁"（野），商——"迷信神灵"（鬼），周——"不忠"（薄、私）。培养某种良好特质的方式会在朝代之间有所变化：每个接续朝代都必须纠正前一朝代滋生出的"瑕疵"。汉代的人们以为，周朝在人们中培育出来的"文"导致"不忠"滋长，在下一个朝代应当用"忠"取而代之，而秦并没有做到的，汉朝将会达成：这样，经过三统、三教的循环完成并重新开始。在数字占卜框架下，"三种教化"在带有三个组成部分的平行数字序列中占据特定的位置："三朝""三正""三统"和"三种物质"或"三种本原"——天、地、人（三才），等等。

三教循环与"自然存在"（质）—"精致形式"（文）（或"自然－文化"）两相循环之间存在着联系。孔子认为，"质胜文则野，文胜质则史，文质彬彬，然后君子"（《论语·雍也》）。三教学说中首个和最后一个统领原则形成了"忠—文"的对立,在"忠"训的影响下,秦朝的"小人物"变成了"野蛮人"。因而"忠"在儒家箴言中取代了"自然存在"(质),三教的三项循环是"质—文"的两项循环适应历史发展而出现的。

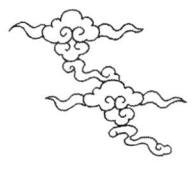

黄晖《论语校释》,台北,1964年,第56章,第809页;司马迁《史记》,P. B. 越特金、B. C. 塔斯金译校,第2卷,莫斯科,1990年,第199、442页,注释235;《中国古代哲学·汉代卷》,莫斯科,1990年,第130、150—151页。Н. И. 康拉德《波里比阿和司马迁》,载《古代史通报》,1965年第4期;Ю. Л. 克罗尔《历史学家司马迁》,莫斯科,1970年,第85—89、100页;Ю. Л. 克罗尔《盐铁论中的儒家和法家概念》,载《儒学在中国》,莫斯科,1982年,第56、82页,注释3;Ю. Л. 克罗尔《中国文化与桓宽〈盐铁论〉中的时间问题》,载《传统中国意识形态史选编》,莫斯科,1984年,第82—83、92页。

(Ю. Л. 科罗里撰,贾茜译)

三论宗

三论宗,指"三部论典学派""三部经书派"。三论宗的基础是三论:龙树的《中论》(包括《中观根本颂》)、《十二门论》和提婆的《百论》。与上述三论相关联的还有第四部经书——龙树的《大智度论》。三论宗还对《大品般若经》《妙法莲华经》《华严经》和《大般涅槃经》这四部经书进行了研究和注释。三论宗是印度大乘佛教("中论")的汉传宗派,其奠基者将龙树尊为三论宗的第一代祖师,将提婆奉为二祖。

公元5世纪,由于鸠摩罗什的活动,三论宗开始在中国形成,作为大乘佛教的传人,他将该宗的主要经书翻译成了中文,被尊为三论宗的第一位中国祖师。8世纪,三论宗让位于没有印度渊源的中国本土佛教宗派,因而不复存在。从7世纪起,三论宗开始在日本为人所知并得到极大发展。

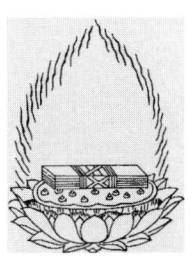

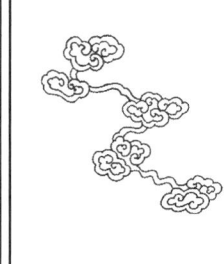

吉藏对该派的主要经书进行了大量的注释,完成了三论宗学说的系统化,被尊为事实上的创始人。

三论宗的宗师们(首先是吉藏)不仅接受了大乘佛法,还发展了其中某些哲学原理,展示了龙树否定辩证法的潜能。在三论宗思想家的著作中,包含丰富的关于其他宗派历史与学说的实际材料,这使得早期中国佛教的总体发展和问题得到了更为充分的推进。这些著作中还包含与印度佛教和非佛教学派历史及学说相关的材料,讨论第一个千年间印度哲学与文化在中国的接受情况借此成为可能。

吉藏的《三论玄义》金陵刻版中对三论宗的正式年表进行了说明。根据这部经,三论宗的传承路径为:龙树—提婆—罗睺罗尊者—青目—须利耶苏摩—鸠摩罗什—道生—昙济—僧朗—僧诠—法朗—吉藏。

鸠摩罗什的历史真实性及其对三论宗的影响毋庸置疑,可后续的传承链看起来并不完全可信。首先,本宗从鸠摩罗什传给僧肇,吉藏不止一次称僧肇为本宗的真正奠基人,可以佐证这一假设。

由于鸠摩罗什和僧肇的努力,三论宗在中国北方获得了广泛传播,而在南方,大乘佛法的传播有赖于僧朗及其弟子法度的努力。法度是净土宗的信徒,对《无量寿经》进行了传播。本宗从僧朗传给僧诠,僧诠撰写了《二谛章》,现已佚失。法朗在三论宗依托的三部典籍基础上,又增加了第四部——《涅槃经》。法朗的弟子即吉藏。

吉藏弟子中较出名的有慧远、智拔、智命、硕法师、慧灌等。高丽(朝鲜)僧人慧灌在嘉祥寺从吉藏大师那里接受了三论宗,624年前往日本,在日本传播,因此日本的第一个佛教宗派可以认为是三论宗。

硕法师以《三论游意义》而出名。他的弟子元康撰写了《肇论疏》三卷。三论宗发展了大乘佛教关于二谛、空、中道、佛性等思想,特别强调佛教真谛的理论依据。

*韩廷杰《三论玄义校释》,北京,1987年;Chan Wingtsit. A

Source Book of Chinese Philosophy. Princ.-L. 1963。**《日本佛教》，Т. П. 格里戈里耶娃主编，莫斯科，1993年；Г. 久穆连《禅宗史：印度与中国》，圣彼得堡，1994年；А. Н. 伊格纳季耶维奇《日本的佛教》，莫斯科，1987年；冯友兰《中国哲学简史》，圣彼得堡，1998年；Л. Е. 扬古托夫《中国佛教哲学的统一、同一与和谐》，新西伯利亚，1995年；汤用彤《隋唐佛教史稿》，北京，1982年；汤用彤《汉魏两晋南北朝佛教史》，北京，1983年；方立天《佛教哲学》，北京，1986年；冯友兰《中国哲学史》，北京，1961年；黄忏华《佛教各宗大意》，台北，1973年；侯外庐等《中国思想通史》，第3卷，北京，1992年；《中国佛教》，第1—2卷，上海，1989年；《中国佛教史》，任继愈主编，第2卷，北京，1985年；Chen K. Buddhism in China: A Historical Survey. Princ., 1964; Cheng Hsueh-li. Truth and Logic in San-lun Mādhyamika Buddhism // International Philosophical Quarterly. 1981, Vol. XXI, No. 3; Fox A. Self Reflection in the Sanlun Tradition: Madhyamika as the "Deconstructive Conscience" of Buddhism // JCP. 1992, Vol. 19; Robinson K. H. Early Madhyamika in India and China. L., 1967.

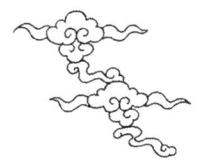

（М. В. 安娜希娜撰，贾茜译）

三昧

三昧，梵文音译（三摩提），意为"定"、心静神定、安宁、止息杂念，平和。三昧是佛教术语，指心神完全集中于一个焦点，毫无杂念，佛教三昧是自我修行中最重要的方法之一。

实现涅槃有八种修行方法（八正道），分为三组，分别名为般若（慧）、希拉（戒）、三摩提（定）。般若包括"正见"和"正思惟"，希拉包括"正语""正业""正命"，三摩提包括"正精进""正念""正定"。中国佛教中还划分出两种三摩提：（1）"生得"定；（2）"修得"定，指通过发展个人智慧或"功德"实现的定，为六波罗蜜多（"完美"，字面意思为"渡化"：布施、持戒、禅定、忍辱、精进、般若）之一。在大乘佛教和小乘佛教中存在着诸多三摩提的分类方法，如"三三昧""四禅""一百零八

种三昧"等。

* 《中国佛教》，第1—2卷，上海，1989年。

（Н. В. 阿巴耶夫、С. Ю. 列佩霍夫撰，贾茜译）

僧肇

僧肇，384年生于长安（今西安市），414年逝世。他是佛教思想家、僧人，其生平见慧皎所作《高僧传》卷六。由于家庭贫困，他被迫以抄书谋生，因而自主学习了历史和经书，特别是老子和庄子的著作。受到早在鸠摩罗什之前即已翻译的《维摩诘经》影响，他进入佛门，开始研究《方等经》和《三藏》。听说鸠摩罗什之名后，他即前往姑臧（凉州）拜其为师。他陪伴师父回到长安，参与了他的翻译工作。鸠摩罗什高度评价僧肇的《般若无知论》，该文共两千余字。居住在庐山的居士学者刘遗民将僧肇的著作推荐给了同时代有影响的佛教徒慧远。与此同时僧肇又作《不真空论》（俄文选译：К. Ю. 索洛宁，1993）、《物不迁论》，并且为其他几部经书作序文和注解。鸠摩罗什死后，僧肇又撰写了《涅槃无名论》。其他作品还有《宗本义》（俄译本：К. Ю. 索洛宁，1993）、《鸠摩罗什法师诔》和《答刘遗民书》。南朝梁陈之交，他的作品被收入集子《肇论》（英译本：W. Liebental, 1968）。

僧肇哲学观点的基础是"空""二谛""假"等概念，要参透这些概念的奥义，不能通过逻辑推断，而应借助于揭示造物真正奥秘的般若。《般若无知论》这一篇有关大乘佛教的中国作品，探讨了中观宗的基本思想。般若是一种神圣的知识，是无上智慧。借助般若可以参透靠言语和认知等途径无法正悟的"实在真理"（真谛）。那被般若洞照的，是为无相。这种不可知的无相之物，即为"虚其心而实其照"。意识是不完整的，因而不能认识到真谛，因此它"不真"，是"虚"。万事万物形状各异，但其基础是自性本

空，因而无相，符合真理之实，也是不可认识的。

《物不迁论》一篇探讨了小乘佛教的"诸行无常"思想。僧肇将无常理解为与静一体之动。他认为小乘佛教信徒的谬误在于没有认识到这种同一性。龙树的学说从"八不中道"论中引出这种同一性，表述为"不来，不去"。

僧肇在《不真空论》一文中指出了"不真"和"假"这两个概念的联系。"假"名是某种"不真"之物隐藏其后的盾牌。物之"不真"源于其自性本"空"。"空"之自性也是"空的"，因而"不真"。这种"不真空"之论断在当时实为新论，与将"空"理解为普通的"无"物相悖。鉴于此，僧肇分析了"有"和"无"等基本概念之间的关系。"有"和"无"是一体两面，相互关联。"有"意指事物作为现象的存在，而"无"指事物自性的空。"不真空"的实质即在于此。僧肇对小乘佛教"从事范畴分析从而理解空"的做法提出了批评。

《涅槃无名论》是对涅槃以及实现涅槃之途径的论述。悟道之途径如通向真谛的途径一样，是各不相同的，不能用言语表述。实现涅槃的途径包括两个阶段：第一阶段为"逐步的"（渐）悟，第二阶段为"突如其来的"（顿）悟。

僧肇是早期中国佛教中最著名的僧人之一。他将印度佛教首先是中观宗与中国传统思想相结合，创立了自己的哲学体系。他的著作被后人反复引用和注解。僧肇实际上对中国佛教的全部学派都产生了影响，被视为三论学派的代表人物之一，他的论述与著文片段也被收入禅宗文集。

* 《肇论》，载《大正新修大藏经》，第45卷；《僧肇著作集》，К. Ю. 索罗宁译，载《佛教译著：丛刊》，第2版，圣

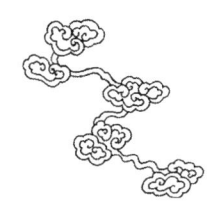

彼得堡，1993年；《中国宗教文选》，E. A. 陶奇夫编，圣彼得堡，2001年；慧皎《高僧传》，M. E. 叶尔马科夫译，第2版，圣彼得堡，2005年，第101—106页；Liebental W. Chao Lun: The Treatises of Seng-chao. Oxf., 1968; 冯友兰《中国哲学简史》，圣彼得堡，1998年；А. И. 艾德林《僧肇〈涅槃无名论〉真实性问题》，载《第9届"中国社会与国家"学术研讨会论文集》，第1册，莫斯科，1978年；汤用彤《汉魏两晋南北朝佛教史》，北京，1983年；Berman M. Time and Emptiness in the Chao Lun // Journal of Chinese Philosophy. Honolulu, 1997, Vol. 24; Robinson R. H. Early Madhyamika in India and China. L., 1967.

（М. В. 安娜希娜撰，贾茜译）

《山海经》

《山海经》的作者不详，大约于公元前3世纪末—前2世纪初成书。传统认为这部著作包罗万象，含不同时期的各种有益知识，如地理、景观、动物、植物、矿物、人种、宇宙、医学、神话、传说和信仰等各领域的知识。目前已知郭璞编辑的版本为最早，后来经由毕沅、郝懿行整理校订出最佳版本。文献包括两大部、18卷：《山经》，或称"五藏（山）经"，共5卷；《海经》，共13卷。在《史记》和《汉书》中均提及此著作。传说《山海经》被伯益刻在祭祀器皿上，伯益是远古半神话传说中圣君禹的助手。

《海经》的特征是记载了大量谱系，展示了中华大地上众神、先祖的诞生过程。《山经》指出了众神以及他们的祭祀活动中心，片段式讲述了众神和祖先们的神话传说。那些在《尚书》中作为历史人物、古代圣君的主人公，在《山海经》中则是神，或开创文明的英雄。几乎《尚书》中所有的情节在《山海经》中都能找到类似的神话讲述。但《山海经》中的很多人物谱系与《尚书》并不相符。例如，《尚书》中仅略带提及"圣君"尧、舜、禹，但《山海经》在伟大先祖谱系中却突出讲述"黄帝"，他在道教传统中众所周知，而在其他"帝君"文献中却未被记载。《山海经》

中很多内容都与屈原的《天问》和《吕氏春秋》《淮南子》有呼应。有观点认为，《山海经》是记录星图、历法计算体系或宇宙结构图等的密码。还有假设认为，《山海经》中的地理描述不仅对应在中国，还可能指世界的其他地区（如南美）。目前《山海经》已经出版完整俄译本（Э. М. 杨希娜，1977）。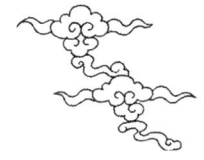

（А. Г. 尤尔克维奇撰，韩万舟译）

*《山海经传》，共3册，北京，1983年；袁珂《山海经校注》，上海，1980年；《山海经》，郭璞注，上海，1989年；郝懿行《〈山海经〉笺疏》，上海，1991年；《山海经》，Э. М. 杨希娜译注，莫斯科，2004年；К. И. 郭黎贞《仪式日历——文学中的萨满教经书》，载《第25届"中国社会与国家"学术研讨会论文集》，第1册，莫斯科，1994年；Е. В. 库赫京娜《〈山海经〉：类型学文本的一些结构问题》，载《第13届"中国社会与国家"学术研讨会论文集》，第1册，莫斯科，1982年；В. В. 多罗费耶娃《空间文本结构：〈山海经〉与〈诗经〉》，载《第18届"中国社会与国家"学术研讨会论文集》，第1册，莫斯科，1987年；А. Е. 卢基扬诺夫《中国古代地缘政治学的神话和形而上学》，《远东问题》，2000年第3期；Finsterbusch K. Das Verhaltnis des Shan-hai-djing zur bildenden Kunst. B., 1952; Manchen-Helfen O. The Later Books of the Shan-hai-king // Asia Major. 1924, Vol. I; Rosny L. Chan-hai-king. Antique geographic chinoise. P., 1891.

（А. И. 科布杰夫、А. Г. 尤尔克维奇撰，韩万舟译）

《商君书》

《商君书》又称《商君》《商子》。它是法家政治哲学著作，反映"商"地政治家公孙鞅的观点。在《韩非子》中有关于《商君书》的最早记载。经刘向和刘歆重新整理校订的文本共计28篇，其中2篇后来失传。目前，朱师辙（1956）编辑的版本被认为最齐全。《商君书》有现代汉语译本（高亨，1974）、英译本（戴文达，1928）、俄译本（Л. С. 佩列洛莫夫，1968）、法译本（J. 乐维，1981）。

此书阐述商鞅的经济、政治主张。他提出一系列措施来缓解由农民破产进程引起的税收减少问题。商鞅认为，提高贸易税可以限制商业发展和商人的数量，可以减少农业劳动力外流、制止农民破产（第2篇）。同时，尽管有必要的监控，但商业是必须的："农、商、官三者，国之常官也。"（第20篇）商鞅提出国家要垄断自然资源生产，如此可使朝廷更强大、稳固，要限制民众在农业范围外经济生产的积极性，这一思想后来被秦汉实施。

在商鞅的政治纲领中，律法是维持国家生活秩序的综合性工具。商鞅认为，儒家的"仁政"概念不现实："仁者能仁于人，而不能使人仁。"（第18篇）制定法律者（君主）没必要与他人讨论自己的计划，不应受到批评，更不能因为违法而受到惩罚。但君主在制定法律时，必须顾及已经形成的风俗习惯，在解决重大问题时，要考虑民众的意见。在立法体系中，商鞅并未把私人权利放在重要位置。他对圣君的基本要求是，能够迫使民众从事农耕和"思战"。

商鞅建议国君取消贵族享有继承高官、爵位的传统特权。新体系根据战功或纳捐授予贵族爵位，它使臣民更加注重耕战，可用术语"作壹"（统一民众思想）来解释，此政策被认为是为了显示国家的某种集权功能（第3篇）。耕战思想能够保证内部政治稳定、国君受到崇拜，而"作壹"保证民众臣服唯一政权（第3篇）。商鞅认为，长期无战事会"生虱害者六"：只想安度晚年，碌碌无为消耗粮食，贪图华服美食，喜好奢侈品，忽视自己的责任，利欲熏心（第4篇）。强化国家对民众控制的重要方式是限制教育："臣愚，则易力而难巧；世巧，则易知而难力。"（第6篇）除

上述六种"虱害",他甚至认为以下事物也会败坏国家,包括:礼、乐以及《诗经》《尚书》等典籍,还包括仁、无私、辩才、尖锐的思想等,这些都是日常法律规范、文化传统和儒家伦理原则。商鞅指出,贪婪、自私和虚荣是人性的基本特点,因此,统治者首先可以利用人们不断追逐利益的欲望。商鞅提出"赏刑"原则,尤其注重刑,即使犯小错也要严惩(第5篇)。

公元前3世纪,韩非子创建法家,商鞅的理论体系促使法家整体思想结构的形成。商鞅思想奠定了中国第一个中央集权帝国秦王朝国家建设的重要方针基础。

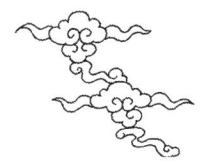

*朱师辙《商君书解诂定本》,北京,1956年;高亨《商君书今译》,北京,1974年;高亨《商君书注译》,全4册,北京,1974年;《商子译注》,济南,1982年;《商君书》,Л. С. 佩列洛莫夫译注,莫斯科,1993年;The Book of Lord Shang: A Classic of the Chinese School of Law / Tr. from the Chinese with Introd. and Notes by J.J. Duyvendak. L., 1928; Le Livre du prince Shang / Tr. par J. Levi. P., 1981.

(Л. С. 佩列洛莫夫撰,韩万舟译)

商鞅

商鞅,又称公孙鞅、卫鞅,约公元前395年生于卫国,卒于公元前338年。他是国务活动家、改革家,被封于秦国商地。传统认为商鞅是法家奠基文献之一《商君书》的作者。据《史记》记载,公元前361年,商鞅被迫逃往秦国,秦孝公非常欣赏商鞅提出的改革计划,并促进了中央集权的强化。秦孝公死后,商鞅被处死。

商鞅的经济规划倡导优先发展农业,如此便能够保障创建中央集权的行政官僚体制,官吏则可以从国库领取粮食作为薪俸,国家行政官员也能够换掉世袭贵族,掌控地方管理机构。自由农民破产导致税收减少,为暂缓这一进程,商鞅提出了一系列措施。根据商鞅的观点,要进行全社会宅基

地普查（普查可以搞清楚哪些人逃避农业劳动或被私人雇佣而不再交税），甚至要对农业收成征累进税。由于富裕平民与中央政权结盟反对传统贵族，因此商鞅没有征用他们的土地，他计划开垦荒地以解决农业问题。为增加纳税人数量，他建议秦王把邻近国家的无地平民移至空闲地。

商鞅可能是中国古代第一位建议卖官、卖爵位的国务活动家。他坚持禁止私人向农民买粮，以防止在歉收年份出现乱放高利贷和投机买卖粮食的现象。他计划实行国家采购的合理机制，以此调节市场价格。商鞅认为，应该提高贸易税，限制发展商业和商人的数量，以减少农业劳动人口外流，使农民不再破产。尽管如此，他并不否定商业的必要性，认为国家命脉应建立在三个根基上：农业、商业和管理（第20篇）。商鞅坚持主张国家垄断开发自然资源，认为这样可以强化王朝实力。同时，在他的立法体系中个人权利及私人财产权并未被放在最重要的位置。商鞅的政治纲领强调，法律是国家治理的基本要素。作为法律的制定者，国君也必须要遵守已形成的风俗习惯，甚至要考虑村社首领的看法。但村庄首领不能评论、批评国君的行为，国君违法也不受惩罚。商鞅批评儒家的"仁政"思想，认为其不现实，"仁者能仁于人，而不能使人仁"。

商鞅改革的重要纲领是明确降低贵族在社会生活中的作用。国君应该罢黜贵族继承贵族头衔和国家行政机构官职的传统特权。"故爵禄之所道,存亡之机也。"在商鞅语录中体现出限制贵族权力的思想："贫者富，国强。富者贫，三官无虱。"这里的富人是指那些"非法得爵禄者"，即按继承所得。因此，他建议设立一个直属国君的管理机构，通过互相监视、揭发制度巩固这种直属关系：上报有关已犯或打算犯罪的检举者有权承继被告官吏的职位、爵位、食邑和薪俸。

商鞅对圣君的基本要求是能够迫使民众从事农耕和"思战"（"作壹"）。耕与战是内部政治稳定、崇拜国君的保障，而"作壹"可以保证民众臣服于集权。商鞅认为，长期没有战争会使国家瓦解于内"毒"，并"生虱官者六"：只想安度晚年，碌碌无为，消耗粮食，贪图华服美食，喜好奢侈品，忽视自己的责任，利欲熏心。如果为国家利益，战争与杀戮则被允许。为了使这些思想对当时的民众更具有说服力，而氏族集体生活规范能够控制人们的意识，商鞅提出国家类似于某种父系氏族社会，而战胜外敌如同为亲近的人尽义务。

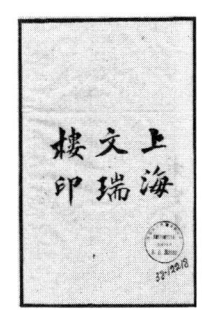

商鞅的目的是加强国家对人民的监控，他认为必须限制教育："臣愚，则易力而难巧；世巧，则易知而难力。"商鞅在日常法理规范、文化传统和儒家伦理原则中看到其对国家的危害，它们包括礼、乐以及《诗经》《尚书》等典籍，还包括"孝悌""仁"、无私、辩才、尖锐的思想等。商鞅认为贪婪、自私和虚荣是人性的基本特点，因此，统治者首先可以利用人们追逐利益的欲望。在其"赏刑"观中，商鞅重视"刑"，即使犯小错也要严惩。商鞅认为，战功应该是获得爵位和官职的主要依据。除此之外，向国家缴纳余粮后再额外支付钱的地主甚至告密者，也可获封爵位。连坐制度是国家统治的重要政策，诸如在家庭内部、邻里之间、任何因共同事务临时组成的人员小组甚至在军队，都要推行。

商鞅提出的一些措施得到实施。以五、十个家庭组成的小组中实行连坐（互相担保）体系；制定因战功或没有战功但因战事失去家人的名门望族应获国君赐爵的制度；明确规定不同级别贵族应持有的财产数额及其他特权；农民因服劳役可获自由，并能够捐为商人或手工业者；那些"事末利及怠而贫者"将变成国家奴隶。此外，对有两个及以上男丁、但互相间经济未分开的家庭，商鞅征双倍税。这与他的其他改革方案一样，能够促使父系大家族的分化，限制村社自治功能和爵位继承，加强中央集权政府对社会的监控。商鞅还发布命令，禁止父亲、成年儿子及兄弟生活在同一家庭内，进行常态的郡县行政划分，私人拥有耕地合法化，制定法律保护其他形式的私有财产（役畜等），统一度量衡（长度、重量、容积）等。

商鞅的改革促进了秦国统治者强化个人集权，使秦国在公元前4—前3世纪成为当时最强大的诸侯国之一。韩非子于公元前3世纪创立法家，商鞅的理论体系影响到法家整体思

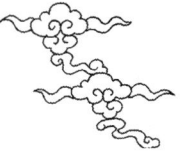

想结构的形成，商鞅思想成为中国第一个中央集权国家秦王朝国家建设的重要基础。

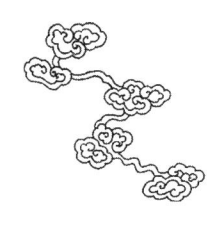

*司马迁《史记》第7卷，Р.В.越特金译，莫斯科，1996年，第85—94页；Л.С.瓦西里耶夫《中国思想的起源问题》，莫斯科，1989年，第108—121页；郭沫若《中国古代哲学》，莫斯科，1961年，第468—480页；В.П.伊柳舍齐金《孔子与商鞅关于中国的统一之路》，载《第16届"中国社会与国家"学术研讨会论文集》，第1册，莫斯科，1985年；Л.С.佩列洛莫夫《中国政治史中的儒家和法家》，莫斯科，1981年，第108—169页；В.А.鲁宾《中国古代的个性与权力》，莫斯科，1999年，第40—58页；杨宽《商鞅变法》，北京，1956年。

（Л.С.佩列洛莫夫撰，韩万舟译）

上清派

上清派，道教流派之一。据传诞生于公元364—370年，一般认为它的创建人是道士杨羲，或江南士族代表许谧和他的儿子许翙，据说他们得到"上清界"长生"真人"的托言真授。许翙在茅山（南京以南）创建道场，后来这里成为上清派的祭祀活动中心。思想家、医学家、炼丹术士陶弘景是此派最知名的活动家，他编撰文集《真诰》，内容包含上清派创建者们的"真言启示"，这部选集以及陶弘景的其他著作是研究此教派的基本史料，因为上清派经典文献集《茅山经》已失传。上清派创作出道教最伟大的文献集之一《太平经》，其核心文章是《三合相通诀》。上清派信徒的目的是长生不死，仙化至"上清界"。它的宗教修炼方法是复杂的应用心理学方法，与使用"正一道"的祭祀符号（仪式象征）和江南炼丹术传统有关。上清派将炼丹术、传统药典、南方道家通灵仙术与"正一道"的祭礼融合在一起。它与"正一道"的区别在于不做群体仪式，只针对个人的宗教修炼。上清派学说的特点是运用一系列佛教思想，融佛入道。上清派是道教修行传统的源头。南北朝和唐朝时期，此流派的一些活动家影响到帝王的政治方针。上清派信

徒司马承祯曾为唐朝皇帝唐玄宗授以法箓。自9世纪始，上清派威望开始下降。今天，它的信众数量不多。上清派学说对5—8世纪中国的诗歌创作产生过巨大影响。伟大诗人李白据说亦是"上清派"道长。

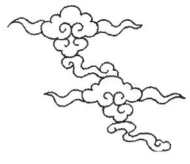

*E. A. 陶奇夫《道家：历史宗教描述尝试》，圣彼得堡，1998年，第292—300页；Kirkland R. The Last Taoist Grand Master at the T'ang Court: Hah-kuang and T'ang Hsuan-tsung // T'ang Studies. 1986, Vol. 4; Strikmann M. The Mao Shan Revelations: Taoism and Aristocracy // T'P. 1977, Vol. 63, No. 1; idem. Le Taoisme du Mao-chan: chronique d'un revelation. P., 1981.

（E. A. 陶奇夫撰，韩万舟译）

《尚书》

《尚书》，字面意义为"（历史、文献）记录的典范"，"历史（传说、文献）经书"，古称《尚书》。作为经书典范，它是中国古代最受推崇的书面典籍之一，被列入儒家经典文献汇编"五经"和"十三经"。该书是传说、故事、神话记录的汇编，还包括各种历史化说法的记录，以及历史事件、政府昭告、组织指令和训诫达官的记录，等等。《尚书》最初被简单地称为《书》，它的文字展示了各个时期潜在的文化。

传统上认为，《尚书》是由孔子编定和整理的。《尚书》文本在秦朝统治时期被焚毁，经由伏生的口传获得了部分修复（共29篇）。这个版本正是众所周知的《今文尚书》。约前154年，人们似乎发现了部分《尚书》，它们是用先秦文字记录的。孔子的一位后人孔安国在已译解文本的基础上把它们与伏生的版本进行对照，编定了25篇《古文尚书》，并附加了注疏。3世纪之前，《尚书》的这两种版本又一次散失。在大约320年梅赜刊行了所谓孔安国版本的《古文尚书》。12世纪，朱熹质疑梅赜版本的真实性。在14—19世纪的经学研究中，存在一种主流观点：旧体汉字记

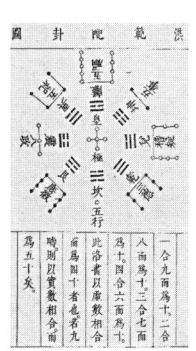

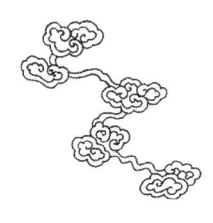

录的一部分《尚书》是由梅赜伪造的,而由"今文"转录的部分《尚书》则是真实的。现存于《十三经注疏》(阮元主编)中的《尚书》文本包含58篇"今文"和"古文"篇目,其中的33篇被认定是确凿无疑的真本。

该典籍反映了各种世界观、宗教观和原始哲学观,它们建立在前6—前3世纪各哲学流派学说的基础上,尤其还建立在崇仰先辈、个人命运和国家政权由天定,以及自然与社会的相互和谐联系这些思想的基础上。显然,《尚书》中较多地表现出儒家的观点和立论,这说明编者对儒家学者文本的吸收。

《洪范》篇受到注疏者们的特别关注。"洪范"指"宏伟的统治规范"(也有版本释为"统治大法"或"宏伟的统治典范"),这是《尚书》中最具哲学意义的部分,主要论述了儒家的治国原则和对君主的要求,以及评价人品的标准和有关自然现象系统化、规律性的认识理论。维护社会秩序的法则按照九畴的九级模式进行阐述,这一模式反映了"上天"最高宗庙礼仪的价值观("完美的"的数字"九"在中国的数字命理学——象数学中正符合上天作为最高自然本源这一法则)和宇宙和谐的结构观。《洪范》篇确立了管理官位等级的"八政":食;货(外贸);祀;司空(社会工作);司徒(祭礼实践和教育);司寇(刑狱);宾(外交礼宾);师(军事事务)。后来它们成为儒学思想典范。君主主要的"道德品质"可以归结为"(处事)平康正直";对于强不可亲的"(善于)刚克",对于和顺的下臣以及"高明"者善用"柔克"。安抚("安")臣民的主要条件是君主自身建立的"皇极",它表现为君主凭自己所掌握的"五福""敷锡"臣民。"五福"指:长寿、富贵、康宁、好德和善终。法家学说的重点趋向于阐述君主的特权之所在——为自己的臣民确立"福"的观念(赏赐、升职等)、"作威"、享受"玉食"(这些权力只会让下臣腐化堕落,招致纷争和混乱)。统治者应有的公正行为能制约自然进程的规律性变化,而自然灾害则是其恶行导致的后果。《洪范》篇中还记录了"五行"(五行——水、火、木、金、土

与"五味"（咸、苦、酸、辣、甜）之间交互对应的关系，现在这些已经在医学中作为数字命理模式图确定下来。接下来又进一步发展了"五行"与人的五种能力（"五事"）之间的关系。"五事"即容貌、言论、观察、听闻和思考。其中每一"事"都应该成为某种品行所固有的特征，即（容貌）庄严，（言论）求真，（观察）敏锐，（听闻）细致，（思考）通达。当然，这些品行也与一些更宽泛的个性特征紧密相关，比如严格、认真、有远见、谨慎、圣明。这种五级体系也展示了"五纪"，即天文星象和历法计算——岁、月、日、星辰和历数。归于类似结构的还有吉兆和凶兆的划分，以及作出国家决策时所采用的骨卜。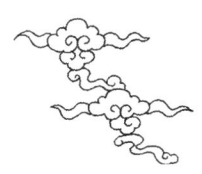

在中古的《洪范》篇注本中最为知名的是王安石的著作①，他借助对典籍的释义阐释了自己的哲学观点和社会政治观点。《尚书》最权威的注本包括孔颖达的《尚书正义》和蔡沈的《尚书集解》。

2—10世纪，最完整的《尚书》注疏汇编是由孙星衍编撰的《尚书今古文注疏》。还有英文译本（J. 理雅各，1865；B. 高本汉，1950），拉丁文和法文译本（S. 顾赛芬，1897），以及《尚书》其中三篇的俄文译本（C. 库切拉，1972）。

*《尚书正义》，载《十三经注疏》，第3—4卷，北京，1935年；戴君仁《阎毛古文尚书公案》，台北，1963年；江灏、钱宗武《今古文尚书全译》，贵阳，1990年；《尚书通检》，顾颉刚主编，上海，1990年；《中国古代哲学》，第1卷，莫斯科，1972年，第100—113页；Legge J. The Chinese Classics. Vol. 3-4; Chou king, texte Chinois avec une double traduction en Franc, ais et en Latin des annotation et un vocabulaire par S. Couvreur. Hien hien, 1897; Karlgren B. The Book of Documents (The Shang Shu, or Shu King). Stockh., 1950。**A. M. 高辟天《中国经书体系的形成》，载《东亚及东南亚各国古代和中古民族史》，莫斯科，1981年；Г. С. 波波娃《作为历史文献的〈尚书〉：〈周书〉章节的年代测定研究》，载《中国史·莫斯科大学亚非学院汉学研讨会

---

① 指王安石重要的哲学著作《洪范传》。——译者注

资料汇编（2004年5月）》，莫斯科，2005年，第83—96页；Nikkilä P. Early Confucianism and Inherited Thought in the Light of Some Key Terms of the Confucian Analects. Vol. 1. The Terms in Shu Ching and Shih Ching. Helsinki, 1982.

（А. Г. 尤尔克维奇撰，王艳卿译）

邵雍

邵雍（1011—1077），字尧夫，自号安乐先生、伊川翁等，谥康节。他是哲学家、诗人。他拒绝所有请其入仕为官的建议。晚年移居洛阳，与司马光结友，与理学奠基人张载、周敦颐、程氏兄弟等交游甚密。其主要作品有《伊川击壤集》《皇极经世书》。后一部被编入道家典籍《道藏》，包括《观物内篇》和《观物外篇》两部分，"外篇"为邵雍弟子记述。

"太极"是邵雍哲学体系的中心范畴，他融合范畴的所有层级。邵雍和周敦颐著作中的"太极"问题研究引发对此范畴的关注，并持续贯穿于整个理学史。

根据邵雍的观点，唯一、静止的"太极"是宇宙起源的根本。一切始于"两仪"——宇宙两个力量极"阴""阳"，并止于"万物"，"神""数""言""意"因太极顺序次第分解而产生。宇宙起源过程和反映这个过程的世界由两个天界构成："先天"和"后天"。邵雍把宇宙演化的这两个步骤与两种卦序等同，即对应为"先天"伏羲卦、"后天"文王卦。"后天"范围与"形而下"范围重合，它随着"体"的确立而产生。这些范围的区别也可以确定阴阳之状态："先天"阶段它们处于稳定和谐中，"后天"阶段处于分化中。邵雍把这些范围之间的界限以及由"无形"向"有形"的转化称为"无极"或"有无极"。

"太极"与"太玄""太一"同，是"道"的一个方面。"道"乃"天地之本"，天地本身属于"形"域，同时也是万物之"本"。"道"赋予"物"以"命"，"命"在"物"中表现为组成结构之"理"和"性"。"太极"是宇宙蜕变的源头，始于"太极"之"神"，是其动力，并把人与一切存在物联系起来。人与"万物"的基本区别在于他可以悟"道"。

"圣"之特征为客观（无利害关系的）认知"万物"，不针对其外表，而是查其内部具有之"理"（程朱学派对此持不同观点）。此概念发展了孟子的认知学说，据此，可用主体"心"理解物之"理"，并以此进行真认知。

人认知"先天"需借助"心（识）"，它在宏观宇宙关系中类似"太极"（心即太极）。而相对于微宇宙来说，它是人的"先天"世界支撑点。"神"源自心，在宇宙形成过程中同样起源于"太极"，它融合"先天"与"后天"范围、"形而上"与"形而下"范围。

这种认知的前提是"养心"，它包含在"心（识）"似"太极"中。主体应拒绝趋"利"，拒绝通过个体"我"查看世界，断绝"情"。由于"心一而不分，则能应万变"，此"所以虚心而不动也"，如"太极"。真认知的另一个必要前提是具备"至诚"，孟子曾对此有过论述。这样达到的心（识）状态，其基本特点是与"万物"融合，是人性的完整表现，是"神"的完美展现。

因此，"圣人"是认知"先天"的理想主体，他不与所有存在物分离，并且很早便能够感受到自己"心"与"先天"一致。"圣人"——"人之至者"，是"三才"之最重要一环。后来，邵雍关于"圣人"的概念影响到朱熹的认知理念。

邵雍继承发展在《周易》注书《翼》中已形成的概念，即"太极"生"两仪""四象"和"八卦"，他描述了建立在几何级数基础上、由"太极"衍生的六十四卦体系。根据邵雍的观点，所有"后天"客体的存在，包括人，都遵循于"象"列（结构）中呈现的数字规律。这些概念是邵雍理论体系的基础，他称之为"象数学"，或"先天学"，并由此在占卜预测领域得出应用结论，这些结论记录在著名命理著作《邵子神数》和《梅花易数》中（英译：Liu Da, 1979；俄译：Б. Б. 维诺格罗茨斯基，1993）。

受佛教概念"劫"转换的影响，邵雍创立了自己的

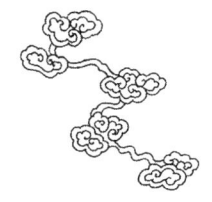

概念：宇宙无限重复圆（循环周期）（后来被朱熹完全借用），圆通过卦的变换来表现。这样，圆（周期）的开始与相连，它表示正能量"阳"的产生，盛则与乾卦相连，表示积极"阳"的高峰，而终与坤卦相连，它体现"阴"之力。每一圆（循环周期）持续129600年，由12"会"（时代）组成，每一"会"由30"运"组成，相当于12世，每世30年。邵雍把这些阶段与历法相连：年是主圆（循环），由12个月构成，每月30天，一天12时，一时30大分。在第一"会"期，天诞生，第二会——地诞生，第三会——人诞生；在"阳"至盛时经历第六"会"，被认为是"黄金时代"。但从"第七会"始，"阴"渐增长，持续至圆末。

邵雍将历史进程分为四个阶段，它们覆盖每个圆的全部结构。三皇、五帝、三王、五霸的统治相应建立在"无为""善""义"和理智基础上，他们统治阶段的交替与世界秩序逐渐退化相关。

邵雍与周敦颐、张载、程颐、程颢被儒家传统尊为"宋五子"。他的认知学说、历史哲学和命理学建构对儒家"理学"和"心学"均产生了影响。邵雍研究的"象数学"为中国传统科学包括医学的很多概念奠定了基础。

*邵雍《伊川击壤集》，共20卷，上海，1929年；邵雍《皇极经世书》，上海，1936年；邵雍《皇极经世书》，上海，1990年；邵雍《邵子神数》，杜群喜编校，共2册，郑州，2002年；《梅花易数》，Б. Б. 维诺格罗茨斯基译，基辅，1993年（见《道家炼丹成仙术》，莫斯科，2003年，第23—292页）；Chan Wing-tsit. A Source Book in Chinese Philosophy. Princ.-L., 1963, pp. 481-494; Harlez Ch. de. L'Ecole philosophique moderne de la Chine ou syste me de la nature (Sing-Li). Brux., 1980, pp. 77-110; Liu Da. I Ching Numerology: Based on Shao Yung's Classic "Plum Blossom Numerology". S. F., 1979; Т. Г. 舍斯塔科娃《关于儒家历史概念的哲学基础问题》，载《源自中国哲学史：生成与基本流派（道家、佛教、理学）》，莫斯科，1978年；Birdwhistell A. D. Transition to Neo-Confucianism: Shao Yung on Knowledge and Symbols of Reality. Stanf., 1989; Smith K., Bol P., Adler J., Wyatt D. The Recluse of Loyang: Shao

Yung and the Moral Evolution of Early Sung Thought. Honolulu, 1996; idem. Sung Dynasty Uses of the I Ching. Princ., 1990; Wyatt D. J. Shao Yung: Champion of Philosophical Syncretism in Early Sung China. Harvard, 1984.

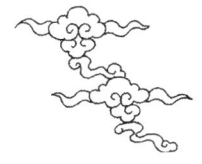

（Е. Г. 卡尔卡耶夫撰，韩万舟译）

申不害

申不害（约前385—约前337），亦称申子，郑国京邑人（今河南荥阳东南）。他是思想家、法学家，曾任韩国相国。他主张法制，认为法制中决定性的因素是"术"。根据申不害的说法，"术"的实质是为了"因任而授官，循名而责实，操杀生之柄，课群臣之能"。申不害的论著以《刑名》为题（或《形名》）：这两个汉字中的第一个字"刑"同"形"（"形体"）。"名"在此处指大臣的职责、奖赏，它们应符合"形"——官员的个性和行为的具体内容。"刑"字的使用传达了"刑名"这个表述的附加内涵——"赏罚"，它说明"术"治的两方面具有一致性和不可分离性。

根据申不害的思想，必须"循名责实"，即术语"刑"要通过概念"实"——"（现）实"和"具（体）"获得解释。因此，"天道无为"成为一种可能：此处的"无为"指君主去除个人直接的行政积极性，他所执行的只是选用和任命朝臣。为了实现这一职能，君主应当掩藏自己的才智和自己所掌握的信息，学会控制治理杠杆，以保证自己的法令得以传达和执行。《汉书·艺文志》中提及并载有申不害的论著《申子》（现已佚失），如今留存下来的只有《大体篇》。申不害的个别言论散见于《吕氏春秋》《汉书》等古代典籍中，还包括在其他的系列历史概要中。19世纪，中国学者严可均和马国翰①对申不害的学说和生平资料进行了整理编撰。20世纪，申不害的论著被修订，并由H. G. 顾立雅

---
① 分别见于严可均的《全上古三代秦汉三国六朝文》和马国翰的《玉函山房辑佚书》。——译者注

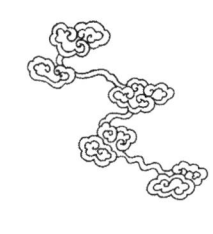

译为英文（1974），还有В. В. 马良文完成的部分俄文译本（2003）。

*《〈申子〉文选》，В. 苏霍鲁科夫译，载《智者文集》，莫斯科，1987年；申不害《政论片段》，В. В. 马良文译注，载《治理之道（管理学）》，莫斯科，2003年；Creel H. G. Shen Pu-hai. A Chinese Political Philosopher of the Fourth Century B. C. Chic., 1974。**Л. С. 佩列洛莫夫《中国政史中的儒家与法家》，莫斯科，1981年。

（А. Г. 尤尔克维奇撰，王艳卿译）

神

神，字面意义为"精神"（"神灵""灵魂"；"崇高精神"；"精神性"；"聪明""智慧"；"神圣"；"不可思议、不可理解之事"；"奇迹""奇妙之事"）。中国哲学中的这一概念具有以下三个基本意义：（1）指神灵，精神实体的拟人化体现（常用于词组"鬼神"）；（2）指一种精神实体，它潜含在"元气"中，而实际包含在宇宙形成的"精气"中，是一种与"气"和"精"一道转化为实体的世界之"本"；（3）物质所具有的"（互）感"潜能，包括思维、认知和任意心理活动的基础，它在"神气"的活动中得以实现并以"志"和"意"（意志）的形式表现出来。

在远古时代儒学传统的书面典籍中，"神"意指拟人化的超自然力量。根据传统的宗教观念，这首先是指祖先的精神，是一个无须以具体的形式被埋葬，而后辈子孙也无须为之操办后事（祭祀，祭品）的人的精神，这种精神会转化为有害的幽灵——"鬼"。前一千纪中叶的典籍中谈及"（天）魂"和"（地）魄"。有关它们的观念和认识是自古以来所有中国宗教所公认的。一般认为，灵"魂"决定了一个人的意识和思维，而心"魄"则决定了一个人的活力和

感性。随着人的死亡，他的灵"魂"变为精神，然后融合为"天气"，而他的心"魄"则可能转化为"鬼"（幽灵），居留在"黄泉"地府，融化为"地气"。有关儒家如何看待作为超自然力量的神灵这一问题，孔子在《论语》中这样表述了他的学说原理："敬鬼神而远之。"他认为对"天地神灵"要怀有"敬畏"之心。在《中庸》中，"至诚"者能够预见未来（"可以前知"），他表现"如神"。

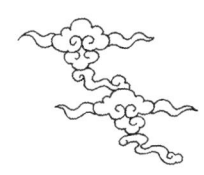

大约从公元前4世纪开始，"神"这一概念在宗教和哲学两个范畴内的阐释表现出很清晰的差别。在《系辞传》中，"神"被解释为"阴阳不测"之物（《系辞传上》）。其中对"神"的观念作出表述，把它看作理智和心理的潜力（《系辞传上》），而"鬼神"则是宇宙动态力量的表达（《系辞传上》）。在道家典范《道德经》中，"道"被喻为不死的"谷神"。这一形象指明，"道"具有深刻、神秘的本体论起源，它还具有使存在（物）"（崇高）神化"的功能；然而，如果普天之下都沐浴着和谐（"以道莅天下"），那么"其鬼不神"。庄子也谈及"神人"的存在，他认为他们居于理想之地，"吸风饮露"（《庄子·逍遥游》）。这里还包含着一种观点，即"道""神化"了"鬼神"，而"神"则表现为一种"有间"（具有间隙）的实体，决定着"神生"，而"神生"的"定"（专一安定）则威胁着"机心"——肆意主观而自私的机巧和花招，心神的"备"（完整齐备）取决于"形体"的和谐完备。

公元前4—前3世纪，儒家学者的研究兴趣主要表现在"神"的心理认识论方面。因此，荀子宣称，"神"作为心理情感基础是第二位的，取决于"形具"。

公元前2世纪，在《淮南子》中，对"神"这一概念提供了较为完善的宇宙论阐释，这与对它的心理认识论注疏有关："精神"进入宇宙三位一体的实体"元"（或称为"三花"①）中，而且它产自"精气"，能够"精"化到

---

① 据《〈金丹四百字〉序》，"三花"源自"以精化为气，以气化为神，以神化为虚，三花聚顶"。——译者注

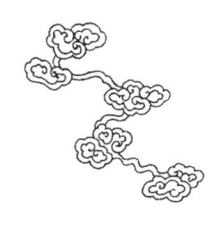

"神"的状态(《淮南子》)。还可以用公元前4—前2世纪论著中所记录确定的"灵"字表达"精神""精力"和"神性(灵性)"的意义。"灵"通常能联想到"天"界,即最高的自然本源。有时它也用作与"神"相关的概念,例如,在《道德经》中它指"神"的特性——英"灵"、"灵"化。"灵"这个概念较少用作术语,它通常用于以下词组中:"灵气"(深入"心"且源于"心")、"灵台(位)"——作为贮藏所有存在物的"心"灵、灵枢——古代医学论著《黄帝内经》的卷名、灵宝——指道家及其他学说中的灵"魂"和心"魄"。

公元后早期的几个世纪里,对于儒学渊博的思想家来说,最重要的哲学命题之一是始于《庄子》和《荀子》所提出的"形"体与"神"之间的关系问题。桓谭和王充以火喻"神",把"形"体喻为燃烛或燃烧的松明,后来这一比喻被用于与佛学家有关神不毁或神不灭的论战中。根据王充的思想,"人用神气生,其死复归神气"。

荀悦在理学中表达了后来较为成熟的"神"论——把"神"当作构成"形"体的人"性"之一。4—6世纪,第一批反佛教宣扬的代表在"形"与"神"关系的范围内研究了佛家有关轮回的学说,并把这一学说解释为对"神不灭"的反证。

为儒学辩护的韩愈把"鬼神"当作有"物"存在,却不能从感官上感知。采取不适当的、有违世界秩序基础的行为会引起"鬼"对世界显形的影响,这些将招致祸事和不幸(《原鬼》)。

在中古道家的"不死论"中,居于首位的思想是使其信徒的个人"身"体"神"化,并以此为条件将其归入万能的、不死的道统世界,从而修炼成"仙"。随着"不死论"的心理生理学和气功传统——"内丹术"的发展,通过一些仪式与神进行交流的任务已不再那么重要,它相比将人体"精气"实体修炼成"神"而言,已经退居次位。类似任务的实践性要求将这些实体控制在人的机体内。全"神"贯注于心的思想起源于《庄子》,在《黄帝内经》中得以巩固下来,而这种思想从葛洪开始便让位于董仲舒提出的观念——

将"神"控制于头脑里。根据"内丹术"的理论,此处正是上"丹田"——机体的一个能量源之所在。中"丹田"(胸部)和下"丹田"(腹部)则分别是藏"气"和"精"之所在。这些观点对中医理论产生了重大的影响,后来折中的图解模式被接纳成为中医的理论基础。图解规定了五处"丹田",而且考虑到将"神"主要控制于心、脑,并将它分布于内在机体的各处。周敦颐和张载的思想对理学有关"神"的理解产生了一定的影响。前者注重"神"性的心理认识论本质,认为"神"性是"感而遂通"(《通书》)。后者把神作为"道"的体现,对该相关论题进行了详尽而完备的论述:"神"决定着事物由"感"而"化"为世界"精气"的能力。他把"鬼神"二者解释为宇宙之力的"阴阳"双重性能,它们相应地趋向于精力的"屈"和"伸"(《正蒙》)。张载有关"神"的观点被理学主要流派的代表所接纳,他们是程氏兄弟、朱熹(程朱学派),以及陆九渊和王阳明(陆王学派)。因此,朱熹在他本人提出的"精气"不灭论的研究道路上借用了张载有关"鬼神"功能的界说,而王阳明则把"神"阐释为统一"精气"的"妙用"。在中古的中国美学中,"神化"的研究正是把它当作一种通过突然的顿悟而将精神本质转化为艺术作品的形式。

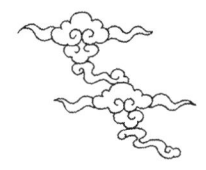

*《世界哲学选集》,莫斯科,1969年;《中国古代哲学》,第1—2册,莫斯科,1972年,1973年;《中国古代哲学·汉代卷》,莫斯科,1990年。**В. Г. 布罗夫《17世纪中国思想家王船山的世界观》,莫斯科,1976年,第45—46页;А. И. 科布杰夫《王阳明的学说与中国经典哲学》,莫斯科,1983年;А. И. 科布杰夫《中国理学哲学》,莫斯科,2002年;И. С. 李谢维奇《古代中国的文学思想》,莫斯科,1979年;Л. Е. 波梅兰采娃《晚期道家论自然、社会和艺术》,莫斯科,1979年,第54—69页;葛荣晋《中国哲学范畴史》,哈尔滨,1987年,第202—215页;Chang C. Reason and Intuition in Chinese Philosophy // PEW. 1954, Vol. 4, No. 2; Huang Siuchi. Chang Tsai's Concept of Ch'i // PEW. 1968, Vol. 18, No. 4; Loewe M. Waysto Paradise. The Chinese Quest for Immortality. L., 1980.

(А. Г. 尤尔克维奇撰,王艳卿译)

神不灭

神不灭,字面意义为"神不毁""精神不死"。这一观念表明,人拥有独立于个体之外的实体——精神,它能够在人的形体死后留存下来,并且以恒定不变的形式转移到重生者的躯壳中。

"神不灭论"产生于中国六朝时期,它是中国思想家以特有的形式对佛教轮回说作出阐释的结果。中国南方佛教最重要的思想家慧远较早提出了这一说法。对佛教学说提出类似阐释的原因至今还没有清晰的解释,现有的几种解释包括:缺乏一种统一的术语,用以对等地转达佛教梵文的内容;慧远的宣传活动所面向的是大多数上流社会的精英代表,他们并不具备充分地感知和理解佛教学说的理论素养。"神不灭"思想产生的前提存在于中国传统文化之中。例如,根据"天魂"和"地魄"的观念,"天魂"形成了"神"的综合体,它在人死之后化为"天气",而"地魄"在散为"地气"或去往"阴曹地府"之前形成"恶魔"或"鬼"。根据某些中国古代迷信,"神"灵会在类似天国的地方找到避难所。中国哲学家承认,人具有心理生理学意义上的完整性,而且把组成人的统一实体——"气"视为处于双重形态的实体,即根据容器的外"形"与内含的对比原理表现为聚集和分散两种形态。这种观念表明,既可能存在对气的唯物观,又可能存在对它的唯心观。

5—6世纪,"神不灭"思想在佛教的俗世教徒中获得了广泛的普及。他们都属于社会上层,而这一阶层的特点是对超自然范畴表现出较高的关注。佛教思想家及其思想论敌都把"神不灭论"当作佛教的决定性学说,而这一思想的论敌们都得出证明:佛陀学说对于中国环境而言是不能被接受的。试图对这一思想学说进行反驳的主要包括慧琳、范晔、何承天和范缜。慧远之后这一思想的主要辩护者是郑鲜之和沈约。围绕着这一问题所进行的广泛辩论发生于5世纪20年代、80—90年代以及508—509年。范缜的论著《神灭论》为后两个辩论阶段提供了驳论的理由。在有关508—509年大辩论的材料里展现了"神不灭论"的追随者及其论敌最为完整的观点。这些观点包含在6世纪初佛教文集《弘明集》

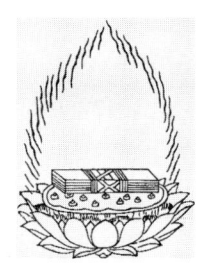

中（卷九、十）。卷九包含梁武帝的法令、曹思文的《难神灭论》、范缜《答曹录事难神灭论》和曹思文《重难神灭论》。卷十包含梁武帝的法令和范缜与六十二位论敌的论辩演说，这当中包括梁朝太子和其他一些重要的国务活动家。

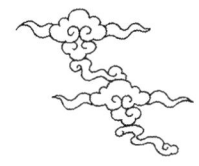

神不灭论的出现以及对它的讨论反映出佛教对中国文化的适应过程。这表明，佛教渗入中国致使非理性主义活跃起来，本体论综合论题的研究角度成为首要问题。而这些研究角度之前都未被列入中国哲学的重要范畴。

**Т. Г. 科米萨罗娃《"僧侣不必向君王叩首跪拜"（出自4—6世纪佛家论战）》，载《远东地区的佛教与国家》，莫斯科，1987年；Е. А. 陶齐夫《道佛两学说的相互影响（方法论—理论问题研究）》，载《亚非人民》，1988年第2期；《中国哲学史》，任继愈主编，北京，1979年；冯友兰《佛教和佛学的主题——神不灭论》，载《燕园论学集》，北京，1984年，第142—176页；Zürcher E. The Buddhist Conquest of China. The Spread and Adaptation of Buddhism in Early Medieval China. Vol. 1-2. Leiden, 1959.

（М. Е. 克拉夫佐娃撰，王艳卿译）

《神灭论》，字面意义为"有关神被毁灭的论断"。这是唯物主义哲学家范缜的论著，完成于5世纪80—90年代初。该书对佛教有关因果报应和轮回的学说进行了批驳，这些学说是当时的中国思想家提出并阐释的"神不灭论"。该论著在佛教的拥护者和反对者当中引起广泛的反响，引发了两次大规模的辩论。第一次大约发生在齐竟陵王萧子良做宰相的时候，即5世纪80—90年代之交。第二次是508—509年（南朝）梁国君梁武帝下令组织的。《神灭论》的文本保存在官方对范缜的生平记述——《梁书》和《南史》中，还保存在6世纪初的佛家文选《弘明集》当中。在前两部文献中，文本以"主"与"客"之间对话的形式展开，分为"问

曰"和"答曰"两部分。佛家文选中补充了"难曰",正如注疏所言,它们是辩论中范缜的论敌们所作的论辩演说记录。

(М.Е.克拉夫佐娃撰,王艳卿译)

20世纪50年代,由于官方兴起了中国哲学史唯物主义传统的考据研究,在中国重新恢复了对疏于保存的范缜创作(四篇短论,篇幅不到四千字)的研究兴趣,而且在苏联也产生了这种兴趣。在这样的思想背景下,任继愈于1957年出版了《神灭论》的白话译本,而在苏联几乎同时出现了两种俄文译本——1955年А.А.彼得罗夫的版本和1957年Я.Б.拉杜里—扎图洛夫斯基的版本。在西方,出版了《神灭论》的德文版(S.白乐日,1932)、英文版(H.M.芮沃寿,1964;廖明活,1987)和部分法文版(P.马尼安,1979)。

*任继愈《范缜"神灭论"今译》,杭州,1957年;《中国哲学史资料选集·魏晋隋唐部》,第2册,北京,1990年,第633—644页;《范缜"神灭论"论说》,А.А.彼得罗夫译,载《哲学问题》,1955年第6期,第144—148页;Я.Б.拉杜里—扎图洛夫斯基《中国伟大的无神论者范缜》,载《宗教与无神论历史博物馆年报》,莫斯科·列宁格勒,1957年第1期,第282—316页;Balazs S. Der philosoph Fan Dschen und sein Traktat gegen den Buddhismus // Sinica. 1932, t. 7, S. 220-234; Balazs E. Chinese Civilization and Bureaucracy / Ed. A. Wright, tr. by H. M. Wright. New Haven-London, 1964, pp. 255-276; Magnin P. La Vie et l'oeuvre de Huisi (515-577): Les origins de la sectebouddhique chinoise du Tiantai. P., 1979, p. 146; Liu Ming-wood. Fan Chen's "Treatise on the Destructibility of the Spirit" and its Buddhist Critics // PEW. 1987, Vol. 37, No. 4, pp. 402-428。**《中国哲学史》,莫斯科,1989年,第243—258页;《哲学百科全书》,第5卷,莫斯科,1970年,第301—302页;侯外庐等《中国思想通史》,第3卷,北京,1992年,第373—403页;陈元晖《范缜的无神论思想》,武汉,1957年;石峻《范缜》,载《中国古代著名哲学家评传》,第2卷,济南,1980年,第443—488页。

(А.И.科布杰夫撰,王艳卿译)

沈约

沈约（441—513），字休文，吴兴（今浙江）人。他是政治活动家、学者、佛教思想家、文学家，出身于社会地位显赫的官宦家庭，曾历仕南齐和梁两朝，居要职。其生平传记记述在《梁书》中，著有一系列历史文集，首先包括《宋书》——被列入中国历代王朝二十四部正史之列，还包括后来散佚的《晋书》。他奠定了古汉语诗律的基础，突出四声（平仄格式）。他的四十余首诗歌被译为俄文（Л. Е. 别任、М. Е. 克拉夫佐娃、В. 罗果夫）。沈约的文学创作受到道家学派——上清派和正一道的影响。沈约是六朝时期下半叶佛教信徒中最具特色的思想家，是绝大多数社会精英精神夙愿的表达者。他的文集载入7世纪的佛教文集《广弘明集》。其中的主要篇目包括《形神义》《神不灭义》《难范缜神灭义》。最后一篇是对围绕唯物主义哲学家范缜的论著《神灭论》所产生的各种辩论材料而做的注疏。作为范缜的主要论敌，沈约全面批驳了他的"形""神"实体统一论，捍卫了"神不灭"思想。

*沈约《宋书》，第1—8卷，北京，1974年；М. Е. 克拉夫佐娃《中国文学名著选读》，圣彼得堡，2004年，第206—211页。
**Л. Е. 别任《关于沈约及其文学观点》，载《远东文学理论问题研究》，莫斯科，1977年；М. Е. 克拉夫佐娃《"列传"是文学化的历史抑或是历史性散文？》，载《圣彼得堡东方学》，1992年第1辑；М. Е. 克拉夫佐娃《恒久透彻的诗歌》，圣彼得堡，2001年，第9—56、224—229页；М. Е. 米哈伊洛娃《沈约的诗意世界》，载《远东文学理论问题研究》，莫斯科，1976年；任继愈《中国哲学史》，北京，1979年；Ch'en K. Anti-Buddhist Propaganda during the Nan-ch'ao // Harvard Journal of Asiatic Studies. 1952, Vol. 15.

（М. Е. 克拉夫佐娃撰，王艳卿译）

生生

生生，字面意义为"新生事物的产生""生命的诞生""(世)代的复苏(繁衍)"。中国哲学文化的这一概念表达了"有生"的物活论思想——一种"单一"的宇宙生命实体和结构由另一种产生演化而来。显然，公元前4世纪之前"生生"的过程等同于宇宙间永恒的"易"，《周易》的注疏部分对于这些变易之间的联系进行了图解和理论阐释："生生之谓易。"（《系辞传上》）。在中国古代医学专著《黄帝内经》中，"物生"称为"化"。"生生"这一术语表明物质或现象的内涵所发生的细致变化，以及物质发生质的新转化。具有类似意义的还有术语"生化"（诞生转化）。清代，"生生"作为一种包罗万象的生存原则，它等同于儒学伦理的整体原则——"仁"，还等同于人的"(个)性"和"情"。这种等同表明，中国文化特别存在一种异质同态的观念，即微观和宏观世界的相似性，它也表明11—19世纪宋明理学存在着向本体化伦理发展的趋势。

最后的这种思想在周敦颐的《太极图说》中得到了体现。该论著对于宋明理学和整个封建时代后期的中国文化来说具有奠基性的意义。它展示了源自道家数字命理学和炼丹术结构原理的世界起源图（解）。宇宙进程在其中被描绘成一连串链条——一种宇宙结构"生生"自另一种宇宙结构的链条。这一进程的顶端是人：只有他"得其秀而最灵"。

因此，生命的活性本质（生命体的表征）并没有与整个世界的"生生"过程相分离。生命体区别于非生命体的表现在于它们很大程度上的"灵"（崇高精神和灵性），尽管"神"作为保证"感应"的实体，它存在于任何一种事物中，但这些事物无论怎样总能反映在外部作用上。"所谓天地之心，而人之极也"，人"所禀独得其秀"，其地位取决于他最崇高的"灵"性。可以用《周易》注疏中的一句话举例说明"生生"向全世界的传播："天地之大德曰生。"（《系辞传下》）天地在一个位相上显示出宇宙的自我展开，而正是在这个位相之时宇宙获得阴阳两极，"刚柔有形（体）"。只有在存在"形而下"的位相上，即构成"形（体）"的位相上，"生生"才成为永恒的宇宙之"易"

这一进程的表达。为此，必须存在相互对立、相互作用的两级——阴、阳："刚柔相推，变在其中焉。"（《系辞传下》）

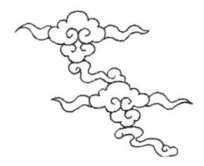

这一规律甚至也表现在《太极图说》所展示的异质同态图中。其中"生"是由宇宙对立两级的相互作用直接引发的。这些隐秘的发展进程产生在阴-阳两级力量相互作用之前宇宙洪荒的状态里。在某些上古和中古的文本中，这些发展进程并不是通过"生"的联系描绘出来的，而是通过具备某些位相的前因后果描绘出来的。例如，"太初"是在产生有"形"的"太始"之前，然后才有作为"质之始"的"太素"。《道德经》中确立了道和"一"之间的生发能力（"道生一，一生二"，第二十二章），而这种能力表现了它们"雌雄同体"的趋向："一阴一阳谓之道。"（《系辞传上》）

**А.И.科布杰夫《中国理学哲学》，莫斯科，2002年，第233、437页；Ю.К.楚紫气《易经》，莫斯科，1993年，第30页。

（А.Г.尤尔克维奇撰，王艳卿译）

圣，字面意义为"圣贤""真正伟大的圣明""绝对的贤明睿智或神圣""超凡的才智"。在中国文化中，它的传统内涵表示道德心智和精神在最高程度上的完善。"圣（聖）"这个字从外形上代表着"根深蒂固"（另一种说法是"威严"）和"与世界进行交流（首先是道德层面）"的意思（上面部首包括"耳"和"口"）。"圣"这一概念出现在词语"圣贤"和"圣人"当中。在早期儒学中，为人所认定尊奉的圣贤是指那些古代传说和历史中的君王，包括尧、舜、禹、汤，还有半传说中的文王、武王和周公。孔子的学生和他的敬仰者们把他尊奉为"至圣先师"，孟子直接

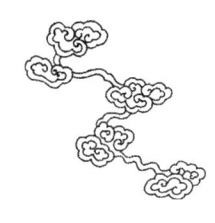

把孔子列为"圣之时者"(《孟子·万章下》)。后来根据儒家的传统,孟子也被列为圣人。

根据儒学思想,"圣(德)贤(能)"主要是通过理想的统治才能得以实现,这一理想的要旨在于"建顺"天下万物的秩序、"安抚"和"制衡"天下黎民。"圣人"生前能够实现自己建顺社会(群体的)生活和自然环境的职能,在肉体上他(们)留存在"生生"的范围内,协调着这一范围,广博天德的"恩惠"效力,而其命定的人性也渗透其中。早期儒学认为,完美超凡、高尚的圣贤是孔子学说发展道路中上天所赋予的。荀子宣扬,任何"路人"都可能通过不懈的自我完善成为"圣人"。如果在早期儒学传统中"圣"的观念特别属于理想的统治者,那么在宋明理学中,它接近于"君子"这个概念。而这也意味着,普通庶人也有能力达到这一理想高度。

其他中国哲学流派也运用了"圣"这一概念。根据墨翟及其流派(墨家)的观点,"圣人"规定了社会群体的生活原则,建立了国家制度,以此结束了百姓们"野兽"般野蛮的生活方式,因此"尚贤"成为墨翟学说的十大主张之一。法家韩非的思想与拘泥于传统的儒家阐释(针对"圣贤"这一概念)相对立,他把改革家称为"新圣贤"。后者主要依靠自我理性实现对古代遗产的更新,反对法令的一成不变,研究国家治理中的特殊问题。道家的主导思想提出,真正的"圣人"要做的正是"绝圣弃知(智)",坚守"无为"和少私寡欲。

在前4—前3世纪道家早期的论著(《道德经》等)中,"圣人"被当作理想的智者和统治者,他们通过"无为"和"自然"保证宇宙间社会和自然元素的和谐统一。在19世纪的道家典籍中,"圣贤"这个概念与提升人的本体状态这一观念有关。即便如此,这一概念在道家的神圣性分级中所占据的仍不是最高地位。同样,在《太平经》对人的九级划分中,居于最低地位的是"奴婢",往上依次为"民人""善人""贤人",其次才是"圣人",而它们之上处于顶端的则是"道人""仙人""真人"或"神人"。"圣人"在

道教中被归为三重天境中的最低层,居于它们之上的是"真人"和"神仙"。

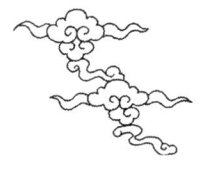

*《中国古代哲学》,第1、2册,莫斯科,1972年,1973年;《中国古代哲学·汉代卷》,莫斯科,1990年;《中国儒学》,莫斯科,1982年;《中国传统中的人性》,莫斯科,1992年;《中国传统学说中人的问题》,莫斯科,1983年;А.И.科布杰夫《中国理学哲学》,莫斯科,2002年。

(А.Г.尤尔克维奇撰,王艳卿译)

《诗经》

《诗经》,字面意义为"诗的经典""诗歌的典范""歌谣集"。它是中国最古老的诗歌选集,作为经书被纳入儒家经典汇编"五经"和"十三经"。《诗经》共有三百零五篇诗歌,秦朝之前被称为《诗》或《诗三百》。"诗"这个字在当时指某种混合的体裁,即诗歌文字、音乐伴奏和舞蹈的统一,后来指"诗篇"。汉武帝时期从"诸子百家"中选择儒学作为官方意识形态,并设立儒家"五经"博士(即渊博之士)的称号,此后《诗》成为五经典范,始称《诗经》,及至宋代,在宋明理学的形成过程中它又被归入"十三经"。

该典籍分为三部分:风、雅、颂。"风"中收集了周朝十五个地区的一百六十首地方民歌。"雅"包含一百零五首歌谣,形成于周王朝朝廷中、王朝都城及其周围地区;分为两部分:"大雅",即"大型宫廷颂歌",包括三十一首歌谣;"小雅",即"小型宫廷颂歌",包括八十首《歌谣》(实际上是七十四首和六首所谓的"笙歌",即有目无辞,只有标题没有歌词,笙是一种用于口奏的乐器)。"颂"包含四十首乐歌,分为三部分:周颂、鲁颂、商颂。后两部分是宗庙祭祀颂歌,流传于公元前8—前3世纪。

根据《汉书》及其他古代文献记载,选编入《诗经》的

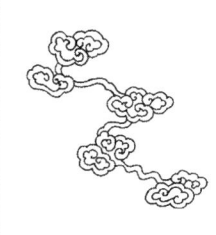

篇目是由周王朝的专门官员收集的，并由不同官阶的官员上奏朝廷。它们被用于做出政治决策、完善仪典规定和礼仪音乐。据司马迁《史记》所提供的说法，《诗经》由孔子选编而成。19世纪，经学家对此种说法提出了质疑：根据某些资料，被列入"风"的"诗歌"篇目与公元前544年《诗经》成形之时的篇目是基本相符的，而那时孔子才八岁。或许，孔子可能是《诗经》的编辑者，他改编了典籍的结构（"诗歌"的连贯性），整理修订了它的音乐部分，并把它用做学生教参。目前存在的一些有关著作权的说法也仅仅只是关于几部编入《诗经》的篇目。"诗歌"中所描绘的地域，主要位于黄河流域的中原地区（指现在的陕西、山西、河南、河北、山东各省，以及甘肃省的南部地区和湖北省的北部地区）。

《诗经》作为艺术创作典籍和历史史料，对后世中国文学的发展产生了深远的影响。"风"这一部分的诗歌反映了普通百姓的风土人情、道德思想、生活变迁和社会伦理关系，还包含了对统治阶级荒淫奢侈的批判。"大雅"和"小雅"中的大部分篇目都是宫廷庆典乐歌。除了对祖先和神灵进行赞颂，这些乐歌还包含着对统治者的劝谏，其中的某些乐歌还讲述了周武王推翻殷商朝、建立周王朝之前周氏家族半传说半真实的历史。"大雅"中的某些颂歌和"小雅"中的大部分颂歌都反映了公元前9—前7世纪的社会政治现实——衰败的统治王朝、濒临瓦解的奴隶制度，同时也表现了对周氏家族衰败现状的担忧。

"周颂"的三十一篇属于西周时期，主要是西周初年。它们歌颂周王朝先辈的"功德"，并涉及王朝的经济生活，首先是农业发展现状。"鲁颂"和"商颂"具有较高的艺术造诣，只有九篇颂歌，主要表现公元前9—前7世纪周氏家族占统治地位时的政治局势。

在《诗经》的大部分乐歌中，每行诗都由四个汉字组成，且韵脚位于句末，然而也存在着其他形式的诗歌格律。《诗经》中运用了一些富有特色的表达手段，这些都被后世语言文学传统奉为典范。

根据传统的历史说法，《诗经》的篇目连同其他儒家文献一起，在秦朝统治时期就已被销毁。汉代，人们所知的《诗经》学共有四家，分别是《齐诗》（与齐人辕固的名字有关）、《鲁诗》（与鲁国申培公的名字有关）、《韩诗》（该版本的修复与燕人韩婴有关）和《毛诗》（修复者被认为是赵国的毛苌）。前三家于公元前2世纪之前已开始，于3—4世纪先后散佚，而后来的《毛诗》则保存至今。因此，今本《诗经》也被称为《毛经》或《毛诗》。

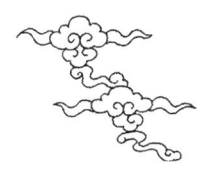

最知名的《诗经》注本包括：郑玄的《毛诗笺》、孔颖达的《毛诗正义》、朱熹的《诗经传》、陈奂的《诗毛氏传疏》、马瑞辰的《毛诗传笺通释》、王先谦的《诗三家义集疏》。还有拉丁文译本（孙璋，1830）、德文译本（F.吕克特，1833；J.克拉默尔，1844）、英文译本（J.理雅各，1871，1876；A.韦利，1937；B.高本汉，1950；E.庞德，1959）、法文译本（S.顾赛芬，1896）、俄文译本（A. A.施图金，1957）和部分俄文译本（B. П.王西里，1882；M. E.克拉夫佐娃，2004），以及现代中文白话本（江荫香，1983；袁梅，1985；杨任之，1986）。

（潘富恩撰，王艳卿译）

*高亨《诗经今注》，上海，1980年；朱熹《诗集传》，上海，1980年；陈子展《诗经直解》，第1—2卷，上海，1983年；江荫香《诗经译注》，北京，1982年；陈宏天、吕岚《诗经索引》，北京，1984年；陈奂《诗毛氏传疏》，第1—3卷，北京，1984年；袁梅《诗经译注》，济南，1985年；杨任之《诗经今译今注》，天津，1986年；王先谦《诗三家义集疏》，北京，1987年；马瑞辰《毛诗传笺通释》，北京，1989年；苏辙《诗集传》，北京，1990年；《毛诗正义》，上海，1990年；《诗经》，A. A.施图金译，莫斯科，1957年、1987年；M. E.克拉夫佐娃《中国文学名著选读》，圣彼得堡，2004年，第47—61页；Legge J. The Chinese Classics. Vol. IV, pt. 1, 2. L., 1871; The She King / Tr. by J. Legge. L., 1876; Cheu king / Tr. par S. Couvreur. Hien hien, 1896; The Book of Songs / Tr. by A. Waley. Vol. 1-2. L., 1937; The Book of Odes / Transcription

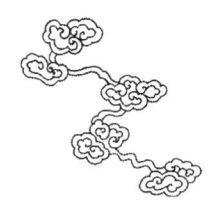

and Translation by B. Karlgren. Stockh., 1950; Shih ching. The Confucian Odes. The Classic Anthology Defined by Confucius / Tr. by E. Pound. N. Y., 1959. **B. B. 多罗费耶娃《〈史记〉：作为重建中国古代空间观念的历史文献》，副博士论文摘要，莫斯科，1992年；M. E. 克拉夫佐娃《中国古代诗歌》，莫斯科，1994年，第27—50页；《中国古代文学》，莫斯科，1969年，第97—126、283—285页；B. B. 多罗费耶娃《〈鲁颂〉中商周空间模式的转换》，载《第20届"中国社会与国家"学术研讨会论文集》，第1册，莫斯科，1989年；费德林《〈史记〉及其在中国文学中的地位》，莫斯科，1958年；Matsumoto Masaaki. A Study of the Shih-Ching. Tokyo, 1958; Nikkilä P. Early Confucianism and Inherited Thought in the Light of Some Key Terms of Confucian Analects. Vol. 1. The Terms in Shu Ching and Shih Ching. Helsinki, 1982; Wang C. H. The Bell and the Drum. Shih Ching as Formulatic Poetry in an Oral Tradition. Berk., 1974.

（А. И. 科布杰夫撰，王艳卿译）

十三经

"十三经"，十三部中国经典，中国古代思想最权威的文献集。"十三经"始终被儒家奉为经典，直到20世纪初，它在中国历史上一直是传统哲学、科学、教育体系和国家科举考试的基本内容。"十三经"由416卷组成，作品涵盖广泛的专题范围（哲学、宗教、伦理、礼仪、历史、艺术、语言等），文献著作包括《周易》（或《易经》）、《尚书》、《诗经》、《周礼》、《仪礼》、《礼记》、《左传》、《公羊传》、《谷梁传》、《论语》、《孝经》、《尔雅》和《孟子》。

"经"指"经典""典籍"，其词源学意义可追溯至"经线"的基本意义，而文本意义指在九宫格形式中填词、句或其他短语等的规范架构。"十三经"的核心文献是"六经"，早期儒家学者收集整理出最古老文本——《尚书》《诗经》，并以此作为"六经"的基础。大约公元前4世纪，《诗经》《尚书》《礼记》《乐经》《周易》《春秋》被编撰为"六经"。目前已佚的《乐经》，或者只是把书

名编入此经集中，而实际内容附加在《诗经》后（"今文经学"派持此观点），或者在公元前213年秦始皇下旨焚儒家书籍时被烧毁（"古文经学"派持此观点）。还有可能，《乐经》的部分内容被编入《礼记》当前版本中的《乐记》篇本中。公元前136年，"五经"（没有《乐经》的"六经"）被认定为官方意识形态和教育体系的基本内容。唐朝时，除《孟子》外，上述提到的"十三经"文本内容其他所有文献都被编入经集。"五经"的文本内容是已经儒家化、并且大部分是儒家之前时期的文献作品，宋朝时理学学者为补充"五经"，再编撰纯粹儒家作品集"四书"：《大学》（《礼记》中的一篇）、《中庸》（《礼记》中的一篇）、《论语》、《孟子》。"书"，一方面，其地位低于"经"；另一方面，可以联想到最古老的典籍《尚书》，古时，书名直接称"书"，可见，这里"书"的俄文单词应以大写字母开头，它是专有名词。12世纪末（1190—1194，宋光宗统治时期，年号绍熙），"十三经"开始发行与现代内容结构相同的版本，首次在文集内附加"注书"；16—18世纪"十三经"三次出版（1586—1593、1628—1639、1739）。1816年，学者、国务活动家阮元刊行极少量的宋本"十三经"，并附有最完整、总结性、权威性的"注书"，甚至还附有他早在1805年之前刊行的批评性"校勘记"。这套"十三经"版本被认为最经典，后来不止一次（大约20次）再版。

*《十三经注疏》，全40册，北京，1957；阮元《十三经注疏附校勘记》，北京，1982。**А. М. 高辟天《典籍体系的形成》，《远古时期和传统社会中后期东亚以及东南亚人民的种族历史》，莫斯科，1981年；А. И. 科布杰夫《在中国传统文化中作为教科书的典籍和作为典籍的教科书》，《学校教科书问题》，莫斯科，1989年，第19版，第32—50页；А. И. 科布杰夫《中国古典哲学中的象数学》，莫斯科，1994年；Я. Б. 罗杜尔—扎图洛夫斯基《儒家和它在日本的传播》，莫斯科、列宁格勒，1947年，第3—64页。

（А. И. 科布杰夫撰，韩万舟译）

《史记》

《史记》，字面意义为"历史记录"（即历史编撰学家、史学家或太史的记录）。司马迁的这一著作是中国第一部纪传体通史，最初称为《太史公书》《太史公记》或《太史记》（即"宫廷史学——太史的伟大著作或记录"）。东汉时，开始简称为《史记》。该典籍由一百三十篇组成，共计五十二万六千五百余字。司马迁编撰《史记》时所取用的材料包括中国古代典籍——《尚书》《国语》《左传》《战国策》、陆贾和贾谊的哲学著作，以及宫廷文书档案和国内游历见闻，而且他还记录了个体感受和口头传说。《史记》记载了上自中国古代半现实、半神话传说中的黄帝时代，下至汉武帝统治时代的历史，记述了政治、经济、文化方面的历史事件和事实，尤其详细阐明了前5—前2世纪的历史事件。《史记》包括五个部分："本纪"（共十二篇）、"表"（共十篇）、"书"（共八篇）、"世家"（共三十篇）、"列传"（共七十篇）。

"本纪"是按历史时间记述各王朝事件和帝王活动的编年史合集。其中，先秦时期所记述的篇章包含此前的各个朝代，而此后时期的篇章只包含个别帝王。《项羽》篇也被列入"本纪"，虽然项羽并没有成为历史上被公认的正式皇帝。

"表"起于《三代世表》，止于《汉兴以来将相名臣年表》。通过年表的形式，这部分补充记录了《列传》中没能反映的重大历史事件和历史人物的活动。

"书"这一部分力图阐述国家立法、仪礼典章的历史，以及各个科学领域的理论成就，反映作者所处时代的经济、水利、天文、立法、文化和艺术方面的状况。公元1世纪班固在编《汉书》时，把这部分重新修订为"志"，实际上内容没有任何改变。后来"志"成为历史文献中对国家法律、法规体系进行阐述的特有表达形式。

"世家"始篇为《吴太伯世家》，末篇为《三王世家》。它讲述了中国古代鲁、魏、齐、楚四国世袭贵族的家族历史，其中既包括孔夫子所属的孔氏家族，也包括推翻秦朝的农民起义领袖——陈涉的家系。

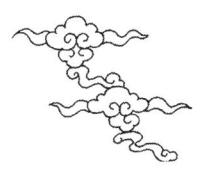

"列传"起于《伯夷列传》，止于《太史公自序》。《太史公自序》中尤其还包含对中国古代六大哲学流派的介绍。这部分描述了历史人物的生活，同时也对邻国及一些少数民族的历史与现实进行了阐述，在后世的历史著作中，该类体裁被称为《四夷传》。这部分中有些篇目每篇只讲述一个人物，而有些篇目则每篇讲述一组历史人物。如果人物性格在作者看来相同或相近，作者就对他们进行并列描述。司马迁的民俗史描述也被后世当作一种范例。《史记》的结构成为朝代编年史的典范。这一典籍同样也具有崇高的艺术造诣和成就，影响着文学传统的发展。

《汉书》中提及，《史记》曾散佚十篇。在今本《史记》的这十篇当中，有四篇由（西汉博士）褚少孙进行续补。《史记》中描述前100—前97年之后所发生事件的其他篇目也主要也是由褚少孙修补还原的。

《史记》最重要的注疏包含在以下文献中：裴骃的《史记集解》、司马贞的《史记索隐》、张守节的《史记正义》、梁玉绳的《史记志疑》、崔适的《史记探源》、张森楷的《史记新校注稿》。还包括白话译本（杨家骆，1971）、半数法文译本（爱德华·沙畹，1895—1905、1969）和半数英文译本（华兹生，1961、1969、1993；倪豪士，1994、2006），以及部分俄文译本（B.A.帕纳秀克，1956；B.M.阿理克，1958）和全本俄文译本（P.B.越特金、B.C.塔斯金、A.M.高辟天，1972—2002）。

（潘富恩撰，王艳卿译）

*裴骃《史记集解》，北京，1955年；顾颉刚主编《史记》，第1—6卷，北京，1959年；张森楷《史记新校注稿》，台北，1967年；杨家骆《史记今释》，台北，1971年；泷川资言《史记会注考证》，第1—10卷，上海，1986年；张大可《史记全本新注》，第1—4卷，西安，1990年；司马迁《史记》，P.B.越特金译，第1卷，莫斯科，1972年/2001年；第2卷，1975年/2003年；第3卷，1984年；第4卷，1986年；第5卷，1987年；第6卷，1993年；第7卷，1996年；P.B.越

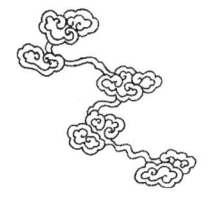

特金、А. М. 高辟天译，第8卷，2002年；Les memoires historiques de Se-ma Ts'ien / Traduits et annote's par E. Chavannes. P., t. 1-5, 1895-1905; t. 6, 1969; Records of the Grand Historian of China. Transl. from the "Shih Chi" of Ssu-ma Ch'ien by B. Watson. Vol. 1-2. N. Y.-L., 1961; Kierman F. A. Ssu-ma Ch'ien's Historiographical Attitude as Reflected in Four Late Warring States Biographies. Wiesbaden, 1962; Records of the Grand Historian, Chaptersfrom the Shih chi of Ssu-ma Ch'ien / Tr. by B. Watson. N. Y., 1969; Recordsof the Grand Historian: Qin Dynasty. Vol. 3 / Tr. by B. Watson. Hong Kong-N. Y., 1993; The Grand Scribe's Records / Ed. W. H. Nienhauser, Jr.Bloomington-Indianapolis, Vol. I, VII, 1994; Vol. V. 1, 2006。**Ю. Л. 克罗尔《历史学家司马迁》，莫斯科，1970年；郭嵩焘《史记札记》，上海，1957年；李笠《史记订补》，天津，1993年；凌稚隆《史记评林》，东京，1989年；梁玉绳《史记志疑》，第1—3卷，北京，1981年；《司马迁与史记》，载《文史哲》，北京，1958年第3期；崔适《史记探源》，北京，1986年；张大可《史记研究》，兰州，1985年；朱东润《史记考索》，香港，1974年；程金造《史记管窥》，西安，1985年；陈直《史记新证》，天津，1979年；Allen J. R. An Introductory Study of Narrative Stucture in the Shi ji // Chinese Literature: Essays, Articles, Reviews. 1981, 3, pp. 31-66; Crawford R. The Social and Political Philosophy of the Shih-chi // Journal of Arts and Science. 1963, Vol. XXII, August, No. 4; Gardner Ch. S. Chinese Traditional Historiography. Camb., 1938; Ryckmans P. A New Interpretation of the Term lieh-chuan as Used in the Shih-chi // Papers on Far Eastern History. 1972, 5, pp. 135-147.

（А. И. 科布杰夫撰，王艳卿译）

司马光

司马光，字君实，1019年出生于陕州夏县（今属山西），1086年逝世。他是历史学家、哲学家、政治思想家、社会活动家，是抵制王安石变法的所谓旧党的思想领袖。理学家的主要创始人朱熹将司马光列入北宋最杰出的思想家行列，与邵雍、周敦颐、程颐、程颢和张载齐名。他出身世家，1038年便中进士。曾在朝廷中居高位，任翰林院学士。主要著作为史学巨著《资治通鉴》，该书涵盖了公元前403—公元960年的历史事件，带有训诫的实用主义性质。其主要哲学著作还有《太玄注》，是对扬雄作品进行的注释。其作品被编入《司马文正公集》《稽古录》等。

司马光的自然哲学思想受到扬雄学说的影响，认为天是自然本原的主宰，是"万物之父"，"顺天者，天得而赏之，违天之命者，天得而刑之"（《司马文正公集》）。他将"天命"与人性相联系，认为人性中兼有善恶，不可变更（《太玄注·玄衡》）。司马光的认识论基于对"格"这一概念的解释，它出于儒家文献《大学》，通常与物成对出现："格物"（对物质进行区分/核校），意为保护（捍）、防御（御）意识不受外物干扰，有助于进入静思状态并且得道；衡量智慧的尺度为古代圣王的"神心"。作为政治思想家，他认为统治者在道德上不断完善以及由儒家贤人对其进行道德教化非常必要。古代圣王是通过不改变祖宗成法而实现国家的富足与安宁的，因此，近臣的任务就是辅佐君王治理国家，而不是热衷变法。变法是"卑下之人"意志的现实体现，他们热衷于私利，这有悖于儒家的责任/公正（义）理想。他站在保护地主、富商和作坊主利益的立场，反对王安石的变法章程。他对变法派试图不增加赋税而由富商来充盈国库这一做法提出了批驳。他论证了富有居民和贫困阶层之间的相互依存关系："是也富者常借贷贫民以自饶，而贫者常假贷富民以自存……彼此相资以休其生。"因此他反对青苗法。

《资治通鉴》为后来很多儒家史学家所模仿，例如李焘《续资治通鉴长编》、毕沅《续资治通鉴》、夏燮《明通鉴》等。

*司马光《资治通鉴》，北京，1956年。**З.Г.拉宾娜《传统社会中后期中国的政治斗争》，莫斯科，1970年，第201—204、223—230、265页。

（З.Г.拉宾娜撰，贾茜译）

司马迁

像遷馬司

司马迁（前145—前86），字子长，生于夏阳（今陕西韩城南），史学家、文学家和思想家。西汉武帝时期总史官和星相官（太史令），司马谈之子。司马迁曾受教于董仲舒和孔安国。20岁时开始遍游山川，搜集遗闻古事、研究民风民俗。初以郎中入仕。公元前108年，即父亲死后三年，他继承了父亲的官职，获得了接触皇家档案的机会。与唐都、落下闳及其他官员学者主持了完善历法的工作，编成《太初历》，于公元前104年颁布。

公元前99年，李陵与匈奴作战，兵败被俘投降，司马迁因替李陵求情而惹怒了皇帝，被捕入狱，遭受宫刑。获释后任中书郎，继续撰写中国历史上首部史学巨著，于公元前92年完成并命名为《史记》，它成为中国史学上的经典之作。

（潘富恩撰，贾茜译）

司马迁的哲学观点受到了不同学派的影响：儒学的中庸观念对他的历史哲学思想和文学理论产生了非常大的影响，道家和法家（申不害）思想塑造了他的一般哲学、政治学、社会学与经济学思想，阴阳家思想在司马迁对于人、宇宙与历史的观念中烙下了印记。司马迁对史学任务与方法的理解很大程度上源自《公羊传》，特别是董仲舒的阐释。司马迁认为，人内心的善良意志如果遇到阻碍而不能转化为行动，则可以体现在文学作品中，为作者带来荣耀。孔子作《春秋》体现了"王道"，这是孔子未曾实现的理想，因而也是司马迁书写历史时以资对照的模式。司马迁认为，《公羊传》如日晷留下影子一样，可以"拨乱世"：书中之言有种魔力，可以对违反秩序者产生威慑。"拨乱"通过使用春秋笔法实现。司马迁认为，这部史书将两个自封为王的统治者称为诸侯，以此对其进行砭刺；隐瞒某些破坏礼乐的历

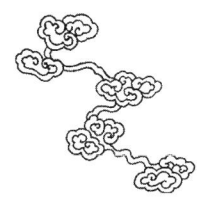

史事实；与此同时，却又以不十分明晰的方式谈论孔子同时代的事件，等等。因而，根据公羊学派的观点，好的史家不仅要忠实地记录事实，还要"拨乱世"，以确立大同世界的理想。公羊派的这种立场和春秋笔法影响了司马迁的史书写作。他"修正"历史材料，将有关匈奴后代的叙述纳入《列传》。《列传》通常只记述汉朝臣民的事迹，而匈奴首领那时却自称独立王国。他将孔子视作《春秋》的开创者，自己则立志仅作其继承者，将过去的和"（拨乱）反正的"传说事迹表达出来。司马迁将《史记》看作申明历史规律及其最重要的力量之间的关系——究天人之际，通古今之变——的理论思想著作。他指出了古代先王迁都与移民对生活方式、民风民俗的影响。他将世界划分为两个区域：阳世生活的是合乎道德的人，阴世生活的则是自私与好战的人。继董仲舒之后，他也认为过去每个古代王朝的统治都有特定的道德特质，符合相应的三项式历史循环模式。此外，司马迁还洞察到二项循环——"自然本质（质）"和"精致的形式"或"文化"（文）——在历史上发挥的作用。司马迁认为，质与文交替行之的必要性取决于"兴敝"的必然性，这种必然性源于相互对立的两极交替兴盛的道家乃至普遍文化观念。

他认为人的性和情是不变的，因而将出发点立于存在着四时不变的统一道德法则。尽管人的欲望是基于自私的"致富"，但终究区别于动物的是人"怀五常，含好恶"，教化人心的手段即礼乐。司马迁总体上赞同董仲舒有关王道"不变"的观点，但他将重点放在了不拟"古"，而是考虑历史情势的变迁。因此，他论证了以晚近时期的君主而不是古代先王为范例的必要性（荀子的思想）。

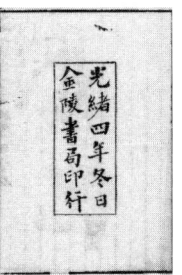

司马迁认为奖善惩恶是重要的历史因素。这种因素在人在世时以及其后很多代都可以发挥作用。先祖的功业成为整个家族的福祉之源，形成其德行储备，会保佑后代，但这种储备会渐渐消失，主导家族的道可能会随之没落，但善治能够恢复德的力量。然而，历史上并非所有事情都是善恶有报，坏人也可能享有高寿。奖惩的法则通常表现为流芳百世或遗臭万年，然而这一规则也可能失去作用，而史家的责任

就是恢复对历史人物的公正态度。

司马迁支持董仲舒理论体系中给予最明确论述的世界观：宇宙是个统一的连续体，人的世界和自然世界相互关联，遵守同样的法则。宇宙天体与社会、君王以及臣民的行为举止等之间的相互依存关系体现在阴阳和五行相互作用框架下的对应系统之中。司马迁以这些对应关系来说明不同地域存在的占卜原则之差异、决定不同种族民族性格特征（例如是否好战）的地形特征以及历史、个人与朝代的命运。星辰运转可能会影响收成，决定着战争的走向。天上的征兆预示着统治者的治世方法，是天对人首先是对统治者自身行为的反应。司马迁援引并解释了司马谈的言论：阴阳家学派提出了"大祥""众忌讳""使人拘而多所畏"，等等，但从另一个角度看，它又"序四时之大顺"，因此"不可失也"。这些"大顺"超出了经济（农业）领域，将普遍一致性系统中表现出来的自然法则转移到人类社会。奖罚法则和象征概念建立在"同类"客体相互吸引的思想基础上：良好的行为举止（或统治）引发天的"同类"回应——幸福、奖赏；而行为败坏则引起天的负面反应。司马迁呼吁天干预人的事务，用天命来解释朝代更替、奖惩规则的破坏、罕见的运气，等等。在司马迁那里，"天"和"天命"的概念是内在矛盾的。一方面，"天道"是一种合乎规律的联系，人们必须加以考虑；另一方面，在"天命"面前，人的所有努力都有可能会白费。

尽管如此，司马迁还是为人留出了一定的活动空间，人在此空间内必须自觉付出努力。人的行为首先是统治者的行为举止，应当符合万事万物和世界的本质，灵活应对情势的发展变化，这种发展服从于兴败的普遍法则，只有这样才能成为"万物之主"。总体上讲，司马迁的哲学观点是折中的，反映了他所处时代各种不同的思想倾向。

Н. И. 康拉德《波里比阿和司马迁》，载《古代史通报》，1965年第4期；Ю. Л. 克罗尔《历史学家司马迁》，莫斯科，1970年；Ю. Л. 克罗尔《论"联想思维"对〈史记〉的影响》，载《历史语文学研究》，莫斯科，1974年；Ю. Л. 克罗尔《司马迁的文学理论与实践》，载《中国历史与文化》，莫斯科，1974年；Ю. Л. 克罗尔《论司马迁对非凡之物的热爱》，载《第13届"中国社会与国家"学术研讨会论文集》，第1部分，莫斯科，1982年；Ю. Л. 克罗尔《对早期"正史"中术数问题的某些观察》，载《东方民族的书面遗产与文化历史问题》，第1部分，莫斯科，1987年；Ю. Л. 克罗尔《早期中国史官的客观性问题》，载《东方民族的书面遗产与文化历史问题》，第1部分，莫斯科，1991年；李长之《司马迁之人格与风格》，上海，1949年；季镇淮《司马迁》，上海，1955年；谢介民《司马迁》，北京，1959年；肖黎《司马迁评传》，长春，1986年；郑鹤声《司马迁年谱》，上海，1956年。

（Ю. Л. 科罗里撰，贾茜译）

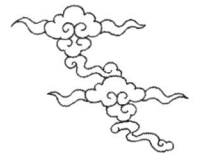

四象

四象，指四种象征，是中国哲学中的术数（方法论和宇宙本体论）术语，源自《周易·系辞传》，其相传为孔子所作，但极有可能于公元前5—前3世纪真正成形。这部书记录了由64个主要卦象组成的闭合式结构，用以表现不停循环变化的世界："易有太极。太极生两仪。两仪生四象。四象生八卦。"（《周易·系辞上》）

作为易学（象数学）方法论的重要术语，四象有若干个形象和概念上的解释。四象以图示表现为一条直线和一条断线组成的四种组合，代表着阴阳。与之相符的是六爻，例如老阴、少阴、老阳、少阳（邵雍），或者阴与阳、刚与柔（邵雍），又或是带预言性的术语"吉"与"凶"、"悔"与"吝"（王夫之），或成对的范畴"幸—不幸"、"变—化"、"悔—吝"、"刚—柔"（张载），或根据六爻进行占卜的四个阶段（惠栋）。按照基本的宇宙本体论阐释，四象指的是一年中的四时（虞翻、张载），但也指五行中的四要素：金、木、水、火。

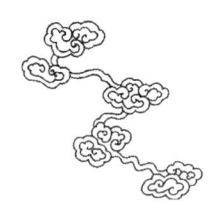

**А. И.科布杰夫《中国古典哲学中的象数学》，莫斯科，1994年；周宗华《道易经》，基辅，2000年，第23—26页；Ю. К. 楚紫气《易经》，莫斯科，1993年。

（А. И. 科布杰夫撰，贾茜译）

宋尹学派

宋尹学派，公元前4世纪中期的哲学流派，是稷下学宫有影响的思想派别之一，由道家学派哲学家宋钘和尹文建立。《汉书》中提到了该学派的两部著作：《宋子》18篇和《尹文子》1篇，均已亡佚。宋钘和尹文学说的相关信息见于《管子》《荀子》《韩非子》《吕氏春秋》。郭沫若进行的文本研究令他得出结论：公元前3世纪的文献《管子》中，《心术》（思考的艺术）和《内业》（内心活动）为宋钘所写，而《白心》（纯粹的思考）为尹文著作。郭沫若的观点得到了多数现代研究者的认同。

宋尹学派将主要精力放在了研究世界的本质、道和认知世界的过程等问题上。根据《管子》中最早提到宋钘和尹文学派的内容，可以得出结论，两人的学说是同一种观念。他们的哲学建构发展了早期道家的唯物主义主题，其基础是将道看作一切物质的基础、推动力和宇宙本原的观念。遵守世间的道是君王治下繁荣的保证："尽行之，而天下服，殊无取焉则民反，其身不免于贼。"道统天地，决定着人的命运和万事万物的存在。道是事物本身的自然属性，人的福祉取决于是否遵道。道本身没有形式，德赋予其形式。"德者，道之舍，物得以生，生知得以职道之精。"（《管子·心术上》）两位哲学家追随着老子开创的道家传统，认为"无为即道"。

气指一切物质的实体，这一范畴在该派学说中占据着重要地位。一切物体都为气所充满。人体内存在着两种气——天赋予万物的"清气"和获得于地的"浊气"。清气形成人的精神本原，浊气形成人的身体。哲学家们认为，"合此以为人"，人之气保持平正是其理性认识事物的保证。在这一过程中，清气起主要作用，它是智慧"智"之源泉。

在大自然中，清气形成星辰，促进万物生长，"生五谷"，被称为"精神"。清气是"气之极也"。气始循环，则"道乃生，生乃思，思乃知，知乃止矣。凡心之形，过知失生"（《管子·内业》）。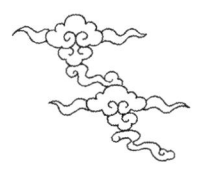

宋钘和尹文提出的认识论学说的主要内容可以归结为"心"的概念及其与人内心活动的联系。"心"是"清气"之舍。正确思考最重要的条件就是心净、专注与"宁静"。"虚其欲，神将入舍。扫除不洁，神乃留处。"（《管子·心术上》）被"嗜欲充斥的心"会妨碍人认识世界。此外，只有"洁心"才能在认知过程中统领好各个感官。"心术者，无为而制窍者也。"（《管子·心术上》）人之"心（智）"不仅要"洁"，还要"虚"；只有心中"空无一物"时，才能理解作为认识对象的外部世界——"非我"。

宋钘和尹文的认识目标在于人"应万物"的能力，并确定"名"与实之间的正确关系。两位哲学家把这一过程命名为"以形务名"。人正是这样认识自然之道的。而这反过来又意味着确定"正确的名称"（正名）为治国之钥："名正法备，则圣人无事。"作为道家思想家①，两位哲学家以此迈出了迎合儒家政治学说的个别原则以及墨家和法家支持者观点的第一步。荀况继之，他将拉近古代中国两种主要学说的过程延续下来。

*《诸子集成》，第2、3、5、6册，上海，1935年。**郭沫若《中国古代哲学家》，莫斯科，1961年；В. Ф. 费奥克季斯托夫《荀子的哲学与社会政治学观》，莫斯科，1976年，第99—103页；杨兴顺《古代中国的唯物主义思想》，莫斯科，1984年，第102—111页；《中国哲学史》，任继愈主编，第1卷，北京，1988年，第117—127页。

（В. Ф. 费奥克季斯托夫撰，贾茜译）

---

① 《汉书·艺文志》将宋钘归入小说家，将尹文归入名家。——译者注

孙绰

孙绰（314—371），字兴公，社会活动家、佛教思想家和文学家。出身官宦之家，在东晋朝廷官居高位。被视为中国本土佛教流派形成时期（鸠摩罗什之前，4—5世纪初）最有影响的佛教思想家之一。他坚持佛教在中国传播初期的流行观点，即认为佛教教义与中国传统学说在思想上类似，二者的创始人也有精神上的相似性（"孔子即佛，佛即孔子"）。他曾尝试从受道家影响很深的玄学角度解释般若的学说，以此推动了佛教的"汉化"。他的观点在《道寓论》与《游天台山赋》中有所表述，后者成为中国文学史上首部带有清晰佛教主题的诗集。

*《中国古典诗歌选：贾谊、张衡、孙绰、陶潜》，E. A. 陶奇夫译序，载《圣彼得堡东方学》，第1版，圣彼得堡，1992年；《中国宗教》，圣彼得堡，2001年，第89—96页。**E. A. 陶奇夫《游天台山赋：孙绰与道佛互动问题》，载《远东文学研究理论问题》，莫斯科，1986年。

（M. E. 克拉夫佐娃撰，贾茜译）

孙中山

孙逸仙，名文，中国更习惯称他为孙中山。1866年11月12日生于广东省香山（今中山）县，1925年3月12日逝世于北京，葬于南京。他是社会活动家、革命家、思想家，中华民国首任大总统。他生于一个富裕的农民家庭，毕业于香港西医书院。1894年，他组织成立了以推翻清政府为目标的革命团体兴中会。1895年1月10日武装暴动失败后，孙中山侨居日本、美国和西欧。他制定了武装起义计划，团结了反清力量，并努力争取海外秘密社团的支持。1905年，他在东京创立了革命组织同盟会，同盟会自1905年至1911年在中国各地区组织反清斗争。1911年10月10日领导武昌起义，宣告了辛亥革命的开始（1911年为中国传统历法中的辛亥年）。

1911年12月底，他结束侨居生活而回到中国，当选为中华民国首任临时大总统（1912年1月1日起就职），但1912年4月1日被迫让位于北洋军阀袁世凯。他将同盟会改组为国民党。袁世凯独裁期间，孙中山在日本（1914）成立了中华革命党。1917—1918年领导广州国民政府。1921年4月7日在广州非常国会上当选为中华民国总统。1923年请求苏联政府向广州派遣军事与民事顾问。在苏俄专家和中国共产党的参与下，1924年重组国民党，使其成为反封建、反帝的政治力量联盟。他提出了"联俄、联共、扶助农工"，这在马克思主义历史文献中被称为"三大政策"。

在哲学领域，孙中山对"知识与行动"（知行）的关系问题格外重视。他一开始支持王阳明的"知行合一"观点，后来提出了自己的构想"行易知难"，将知识的地位提至高过儒家传统的极限。这是孙中山接触西方思想特别是柏拉图主义的结果。他对人的发展阶段作出了以下认识论阐释：第一个阶段——人们"不知不行"；第二个阶段——"行然后知"；第三个阶段——"知而后行"。他将中国哲学的基本范畴"太极"与西方的"以太"概念等同起来，认为这是生成万物与宇宙实体的创世混沌状态。他接受了达尔文有关宇宙演化三阶段——"物质""物种""人类"的进化论，将人类的意识看作"生元"即生物细胞发展的某种结果，并以新活力论为基础，赋予其"情感与意识"。同时，他在英国达尔文主义者托马斯·赫胥黎的学说框架下，否定了将生存竞争概念移植到人类社会的合理性，而是将基于"公理"和"良知"基础上的社会进步置于自然进程之上。孙中山将社会进步看作合作与互助结果的观点，明显受到了美国经济学家亨利·乔治关于普遍联合与普遍平等思想的影响。与此同时，孙中山的社会政治理论体系建立在某种独特的基础上，这巩固了其政治纲领。

（А. Г. 尤尔克维奇撰，贾茜译）

中国精神文化大典

哲学卷

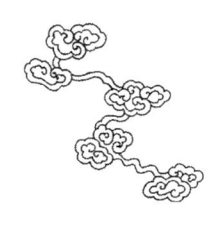

孙中山复兴中华的纲领首次形成于《上李鸿章书》（1894）中。孙中山向清廷提出了从上而下进行逐步改革的道路：限制官员贪腐，促进国家贸易与工业，教育人民，放开政治、地理、法律、军事等问题文献的出版限制，解除对新措施和批评政府的限制等。孙中山后来对未来中国的构想形成于1905年的"三大主义"，也称"三民主义"，即：民族主义、民权主义、民生主义。辛亥革命以前，孙中山的"民族主义"纲领指的是："民族革命"，即推翻清政府，恢复汉族占统治地位的国家；"民权主义"指"政治革命"，即推翻独裁政治；"民生主义"指"社会革命"，即保障社会公平。孙中山认为，上述纲领的历史构成了西方国家持续发展的历史。然而西方社会结构并不完善：资本和机械化生产妨碍了劳动人民获得应有的生活资料；财产分配不公是西方主要的社会病，其症候就是阶级斗争，而这种症候在中国的家族统治之下并不存在。他认为，尽管西方的技术和自然科学成就必须加以利用，但也应当预防资本主义在中国出现，由于普遍贫困而缺乏资本，因此在中国实现"民生主义"要比西方容易。西方私人资本的增长源于土地价格的无限制增长，使个别人暴富。为预防这种情况发生，应当实行"平均地权"，规定土地价格。随着工业发展过程中的价格增长，规定价格和实际价格的差额，通过土地税收系统集中到国家即"大众"手里。1912年中华民国成立后，孙中山不仅将"平均地权"解释为按照地价缴税，还根据亨利·乔治的理论增加了通过统一征税实现土地国有化的内容。他还想按照马克思的理论将资本公有化，但不是通过将小型私人企业收归国有，而是建立国家控制的大型生产企业，作为"国家社会主义"的基础。

1918年孙中山以其著作中的一章发表"建国方略"演讲。孙中山提出将世界大战以后西方国内解放出来的生产力转入供应中国的产品生产当中，这一措施将有助于大国合作并建立国家联盟的物质基础。孙中山的计划规定国家指导经济，对铁路、主要采矿业和主要海港、能源、基础设施进行中央控制。他还建议对个别外贸行业（粮食、丝绸和茶）进行国家垄断经营，建立统一的粮仓系统等。如从事的不是有

国家意义的生产项目，或者以小型企业形式会发展得更好，则允许发展小型企业。与资本主义制度不同，国家还应该解决分配问题，其中包括组织中国食品的外销、建立粮食储备、配备仓库和粮仓、安排好交通，等等。

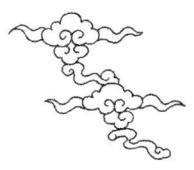

在孙中山生命的最后几年里，"三民主义"被改为国民党的政治纲领、社会经济纲领和意识形态纲领。"民族主义"转变为团结中国各族人民、对抗帝国主义和国内军阀、争取民族团结的学说。"民权主义"在以普选权和分权制度为基础的政治架构层面获得了发展。作为对国家政治传统的贡献，这一计划（除行政权、立法权和司法权之外）规定了所谓的考试权和监察权。他提出，国家的改制应当经过三个阶段："军政时期"，目标是消除反对力量，宣传革命主张；"训政时期"，实行事实上的一党专制以组织新的政治与经济形式；"宪政时期"。"民生主义"被解释为"社会主义"，或者说是共产主义，即大同。但与共产主义的区别在于其实现的途径：他自认为中国并不存在阶级斗争的条件，但有贫穷社会阶层广泛合作的可能。"民生"的条件是消除外国的经济压迫，实现"耕者有其田"的原则。按照孙中山的思想，土地革命应当通过向地主买田的方式来实现，因为没收土地分给农民的做法会引起不同程度占有土地的士、工商阶层的不满。这一革命的准备过程需要长期的解释与组织工作。

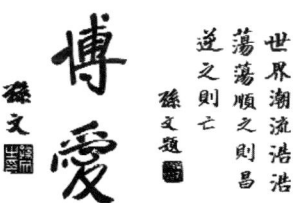

孙中山的社会经济方案首先源于对中国自公元前3世纪末随着秦汉大一统王朝的出现而形成的封建压迫制度的反对，其次是维护现有社会体系基础和国家调节传统的必要性。孙中山认为，这一方案成功的保证在于：即便是在自然科学和技术一时落后的情况下，有着人文传统的中国文明仍对西方文明具有优势。

*孙中山《国父全书》，台北，1970年；《孙中山全集》，第1—5卷，北京，1981—1985年；《孙中山作品选》，第2版，

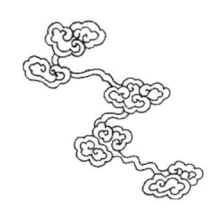

莫斯科，1985年。**Л. Н. 博罗赫《中国与社会主义的公共思想》，莫斯科，1984年；Л. П. 杰留辛《社会主义之争·中国20世纪初社会政治思想史选编》，第2版，修订版，1980年；Г. В. 叶菲莫夫《孙中山：探索之路，1914—1922》，莫斯科，1981年；郭绍堂《中国社会思想与意识形态斗争（1900—1917）》，莫斯科，1972年；И. Д. 库兹明《儒家与国民党意识形态演变：孙中山、戴季陶、蒋介石》，列宁格勒，1975年；А. В. 梅利科谢托夫《孙中山的社会经济主张：诞生、发展、实质》，载《中国：国家与社会》，莫斯科，1977年；А. В. 梅利科谢托夫《中国国民党的社会经济政策（1927—1949）》，莫斯科，1977年；Н. Г. 谢宁《孙中山的社会政治与哲学主张》，莫斯科，1956年；Г. Д. 苏哈尔丘克《20世纪上半期国民党政治领袖的社会经济主张》，莫斯科，1983年；М. Л. 季塔连科《孙中山论社会进步》，载《远东问题》，1987年第2期；С. Л. 齐赫文斯基《中国革命家遗言·孙中山：生活、斗争与政治主张的演变》，莫斯科，1986年；王觉源《民生哲学申论》，台北，1972年；肖万源《孙中山哲学思想》，北京，1981年；Bruce R. Sun Yatsen. L., 1969; Hensman Ch. R. Y. Sun Yatsen. L., 1976; Schiffin H. L. Sun Yatsen, Reluctant evolutionary. Boston-Toronto, 1980; Wu J. C. H. Sun Yatsen: The Man and His Ideas. Taibei, 1971.

（Г. Д. 苏哈尔丘克撰，贾茜译）

《孙子》

《孙子》，全称《孙子兵法》，意为"孙子谈战争艺术"。是世界上最早的军事理论著作，由13篇构成，是"兵家"学的奠基之作，被列入"武经七书"。传统上认为是由公元前6—前5世纪的将军、战略家和理论家孙子所写并以其命名的，成书日期相应也应为公元前6世纪末—前5世纪初。

孙子，或称孙武，字长卿[①]，（中原地区的）陈国王室后代，生于同处中原的齐国（现山东惠民），以率领南方的吴国"虎狼之师"战胜楚国而闻名。他的生平资料很少，只

---

① 原文音译为Чжан цин。——译者注

在司马迁的《史记》第63卷记载了他严苛训练吴王姬妾们的故事。

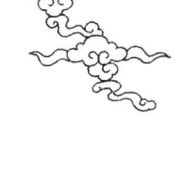

1972年，在山东省临沂县银雀山发掘的汉代（前140年左右）墓葬中出土《孙子兵法》竹简（英译：罗杰·艾姆斯，1993），据此，将其成书日期推断为公元前5世纪下半期（前453—前403），但仍有人认为成书稍晚，大概在公元前4世纪上半期或中期。现代的《孙子》文本成形于公元二三世纪之交。对这部著作的首部注解文献《魏武帝注孙子》是由著名将领、政治家和诗人曹操所做。宋代，随着"武经七书"被纳入国家考试体系，刊行了官方版本并附有2—11世纪共十位注释家的注解，成为基础版本：《十一家注孙子》。其中第十一位为8—9世纪初的历史学家杜佑（735—812），他将该书纳入百科全书式的《通典》。《孙子兵法》曾被翻译成西夏文和满文，1772年又由耶稣会传教士阿米奥翻译成了法文，从而为拿破仑所知。第一部英文译本由卡尔特罗普（1905）和贾尔斯（1910）出版，第一部俄译本由Н. И. 康拉德（1950）和Е. И. 西道连科（1955）出版。当代有俄文（К. Б. 科宾格，1979；В. В. 马良文，2002）、英文（罗杰·艾姆斯，1993；拉尔夫·索亚，1994）、法文（V. NiquelCabestan，1990；J. Levi 2000）、德文、意大利文、捷克文、日文、越南文等诸多文种译本。

《孙子》的一般思想体系包括孔子维护社会动态平衡的准则，并糅合了道家的辩证法、阴阳家的宇宙循环说、法家的"政治学"，以及墨家学派的管理实用主义。这样一种综合观一方面将战争（兵）表示为"国之大事"和"死生之地，存亡之道"，另一方面又指"诡道"，可以概括为五个原则："道"（民与上同意）、"天"（时间合）、"地"（地点合）、"将"（正确的指挥，包括信与仁）和"法"（组织性和纪律原则）。上述原则应当通过七种"计算"（战略）实现：统治者有道，将领有才，天地相合，法令到位，部队有力，官兵有备，奖惩严明。①

---

① 《孙子》原文："主孰有道？将孰有能？天地孰得？法令孰行？兵众孰强？士卒孰练？赏罚孰明？"——译者注

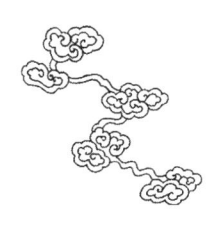

这种真与诈、强与弱、好战与和平的辩证法后来成为传统中国文化的主要方法论之一。

*《孙子十家书》，上海，1935年，《诸子集成》，第6册；《银雀山汉墓竹简孙子兵法》，北京，1976年；《孙子校释》，北京，1991年；《孙子》，Е. И. 西道连科译，莫斯科，1955年；《西夏文孙子》，К. Б. 科宾格译，莫斯科，1979年；《古代中国七部战争经书·武经》，圣彼得堡，1998年，第131—166页；《孙子》，载《中国军事战略》，В. В. 马良文译，莫斯科，2002年，第118—210页；Giles L. Sun Tzu on the Art of War. Pennsylvania, 1944; Sun Tzu. The Art of War / Tr. by S. B. Griffith. Oxf., 1963; Ames R. T. Suntzu: The Art of War: The First English Translation Incorporating the Recently Discovered Yinch'uehshan Texts. N. Y., 1993。**Е. П. 西尼岑《〈孙子〉作者与成书年代谈》，载《亚非人民》，1964年第4期；吴如松、王宏图、黄英《〈孙子兵法〉与治疗艺术》，莫斯科、圣彼得堡，2004年；《孙子新谈：中外学者论孙子》，北京，1990年。

（А. И. 科布杰夫撰，贾茜译）

太极

太极，即伟大的极限，是中国哲学范畴，与另一个范畴"无极"（"没有极限"，"无限的"或"虚无的极限"）相反，表示存在的极限状态的思想。这一组反义词的共用字"极"指极限（最高的和主要的地位或程度）的概念，包含两个意思："边界"和"中心"。

太极这一术语首见于《周易·系辞传》，其中提到，原初"易有太极"，由此通过不断分裂而"是生两仪"——阴和阳，再生"四种象征（四象）""八卦"，而后生万物（参见图1）。最早的注释传统将太极的这个原始用法解释为太初（最

图1 太极生两仪，两仪生四象，四象生八卦

初)、太一(巨大的一)和道的同义词,即指形成世界的气的最初完整而混沌未分的状态,同时也指宇宙原始一统状态的终结和宇宙起源的开始及原因,这使最早的基督教传教士(耶稣会教徒,特别是白晋,17—18世纪)从中看到了有关上帝的思想。扬雄为了强调存在起源的永恒和不可理解,用另一个概念——太玄("有关伟大秘密的学说"——《太玄经》)取代了太极。包括王弼在内的玄学流派思想家,将太极与"无/空"等同起来。孔颖达反对王弼及其拥护者的主张,借用元气的概念来说明太极的本质。

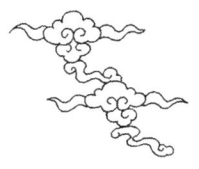

周敦颐所作《太极图说》是对理学有奠基意义的简明著作。他在这部著作中将太极与无极的概念联系在一起,无极源自《道德经》并植根于道家学说,表达混沌未分而又无穷无尽的原初特性,如"没有/不存在极限"(无限的,类似古希腊语中的ἄπειρον)或"无/不存在的极限"。周敦颐认为是太极自身的运动导致了宇宙的演化,从而为在中国传统科学中将太极解释为世界演变先天进程的"基因型"或者"先天"打下了基础。陆九渊(12世纪)将无极和太极这一对二律背反关联解释为原初与派生的连续(按照《道德经》的模式:"有生于无。"),而朱熹则认为这二者实质是一样的。朱熹认为,太极是一切"理"的总和,它同时同样存在于每一个人、每一个事物身上,就像水面映出月亮的影像。冯友兰在这一论述中洞察到与柏拉图"好"的概念以及亚里士多德"第一推动力"类似的思想。20世纪,孙中山将太极这一术语进行了某种文字换位,用以传达西方的"以太"概念(共用字:太),这就在新的层面回归了孔颖达将太极解释为"元气"的传统。

作为总体方法论学说象数学的一个要素,太极不仅有意义基础,还有形象基础,即可以作为一种可视的象征,表现出三种不同的形式。(1)表示太极与无极相同性的空白(白色)圆圈。(2)分成两半和三个同心环的圆圈,中心对称部分如镜像一般对立,一半空一半满(白与黑),显然是代表转成半圆的离卦(离——火,太阳,象征着阳)和坎卦(坎——水,月亮,象征着阴)的结合(参见图2),这表示承认太极是继无极之后的宇宙演化阶段,其内部已

经发生了阴与阳的分化。第一种和第二种分别与《太极图》最上面和位于其下的圆相同,即周敦颐作注的图示(参见图3、图4)。这个图示将阴阳和五行结合在一起,这在最早出现太极的《周易》原始文本中并没有,其原型是道教炼丹术传统中形成的类似宇宙描绘图:(a)陈抟所作无极图;(b)太极先天之图,源于8世纪中期以前编成的道教论述《道藏》中的《上方大洞真元妙经图》。(3)第三种太极图是传播最广和最为世界熟知的,亦为陈抟所作,表现为圆形,由两个填色不同的"逗号"或"鱼形"或多个圆圈构成,这些圆标志着两种对立的自然力——阴与阳相互转化、彼此消长形成的循环,以及表现其"头部"夹杂着对立面点状图的阴阳相互入侵。陈抟的卦图称为《先天太极图》,带有秘授的特性,没有广泛传播,却被朱熹所知并传授给了他的同道中人——象数学家蔡元定。太极圆与方位以及与之相对应的六线形和三线形(卦)结合在这一图示中(参见图5),朱熹将其与周敦颐"太极图说"中的太极图相结合,并使这种等同规范化了。

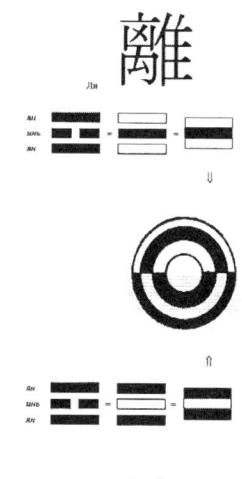

图2 坎二卦构成的第二种太极图形状变化

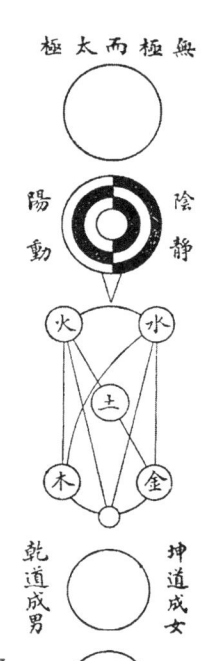

图3 周敦颐"太极图"

图4 第二种太极图样式

图5 陈抟《先天太极图》

这一图解与第二种太极图类似，被看作卦的完整表示法。用四条彼此距离相等的直径线分隔开，同时与最近的卦分隔，这个图表现为八个锥形扇面的总和，其中的黑色阴影和白色部分的关系精确地对应着阴和阳，位于标志出这些扇形的八条卦形之中。陈抟的这种划分法被称为《古太极图》，被收入胡渭的《易图明辨》（参见图6）。

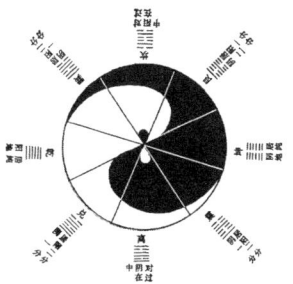

图6　胡渭《古太极图》

来知德作《周易集注》或《易经来注图解》中举出一个图示，将第三种太极图与第一种结合起来（参见图7）。来知德将位于中央的空白圆圈定义为太极的"本体"。黄元炳的《易学入门》中，类似图示（参见图8）被称为"今太极图"。在该书的其他图示中，太极也被定义为"本数"或"一"，"既代表阴，也代表阳"，表现为黑色的圆，区别于空白圆圈，表示无极的"无象之象"。

图7　来知德《太极图》

图8　黄元炳《今太极图》

黄元炳认为，无论是河图的"神秘十字"，还是洛书的"魔法方块"，实质上都是太极的象征（象），然而将太极图与河图等同起来仍然是传统的观点。这种观点的基础，是河图中偶数和奇数分别以标准样式组合（参见图9）所展现出来的螺旋型结构，以及来知德在统一的太极河图中表现出的螺旋型结构的共性（参见图10）。

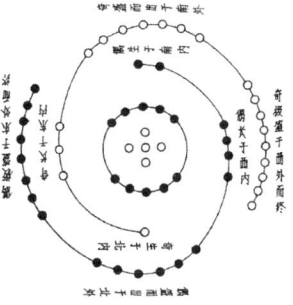

图9　偶数与奇数分别组合的《河图》（一）

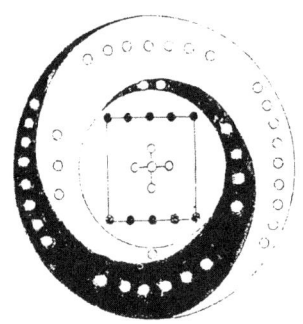

图 10 偶数与奇数分别组合的《河图》（二）

图 11 第三种太极图方案

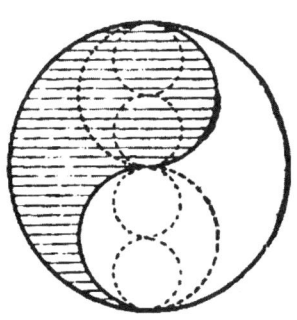

图 12 对数螺线型太极图

尽管此类S形图象（参见图11）的原型现在仍能在新石器时代的中国古代文物（例如，仰韶文化的彩陶壶图案装饰）中看到，在玛雅文化和印加文化中也有类似形象，但其最终（第三种）形式是到宋朝才成型或公之于众，并传播开来，这显然是受到了佛教曼达勒的影响，西方解释者（葛兰言内及其追随者C.M.爱森斯坦）从中洞察到了可以作为整个世界文化基础的对数螺线（参见图12）。N.玻尔承认从中看到了自己提出的并协原理的最佳图例。这个图的现代形象被广泛用于各种象征和标志物，从韩国国旗到百事可乐的广告，而其小说化的形象已经深入最新的俄罗斯文学当中（B.O.佩列文《变者圣书》，莫斯科，2004）。

*周敦颐《太极图说》，载《佛教的世界观》，圣彼得堡，1994年，第209—213页；王廷相《太极辩》，Е.Г.卡尔卡耶夫译，载《东方人与精神文化》，第1辑，莫斯科，2003年，第98—100页。**К.И.郭黎贞《"太极"：1—13世纪中国文学与文化的世界模式》，莫斯科，1995年；В.Е.叶列梅耶夫《天人图》，莫斯科，1993年，第13—33页；Е.Г.卡尔卡耶夫《邵雍哲学中的"太极"范畴》，载《东方人与精神文化》，第1辑，莫斯科，2003年，第105—142页；А.И.科布杰夫《"太极"的起源与意义》，载《第31届"中国社会与国家"学术研讨会论文集》，莫斯科，2001年；А.И.科布杰夫《中国古典哲学中的象数学》，莫斯科，1994年；А.И.科布杰夫《中国理学哲学》，莫斯科，2002年，第239—240页；武晋、王永生《周易百题问答》，基辅，2001年，第159—178页；冯友兰《中国哲学简史》，圣彼得堡，1998年，第291—292、316—317页；王怀《阴阳鱼太极图源流探析》，载《易学与科学》，2003年第1期，第68—77页；葛荣晋《中国哲学范畴史》，哈尔滨，1987年，第39—57页；李德永《王夫之论太极》，《武汉大学学报》，1982年第6期；张岱年《中国哲学大纲》，北京，1982年，第25、38页；郑万庚《太极》，载《中国哲学研究》，1986年第3期；Huang Siu-chi. The Concept of T'ai-chi (Supreme Ultimate) in Sung Neo-Confucian Philosophy // JCP. 1974, Vol. I, No. 3-4, pp. 275-294; Robinet L. The Place and Meaning of Taiji in Taoist Sources Prior to the Ming Dynasty // HR. 1990, Vol. 29, No. 4, pp. 373-411.

（А.И. 科布杰夫撰，贾茜译）

《太平经》

《太平经》，即关于平等、安康的经书，是道教最重要的文献之一，成书于公元纪年最初几个世纪。在道教经典集《道藏》中提到两个版本的《太平经》，一个是170卷本（留存下来57卷）及其摘要（钞），分为10部，按照十个一组的数学符号（天干）排序。1910年在敦煌发现的《太平经》目录手稿，证明了现代文本与6世纪末文本的一致性，而其摘要是9世纪的闾丘方远所作。还有一个是最早的《太平经》版本，称为《天官历包元太平经》，没有流传下来，相传为汉成帝时期所作。汉顺帝时，曾有《太平清领书》呈交朝廷，为道士于吉所作。这个版本所述学说显然是184年张角黄巾起义的思想基础。按照官员襄楷的报告，这部经书讲到必须尊天敬地，按照"五行"安排生活，遵守令国家实现繁荣的训导。《太平洞极之经》传说是太上老君传授给正一道奠基人"天师"张道陵的。所有这些版本都在不同程度上成为6世纪末出现的《太平经》的底本。

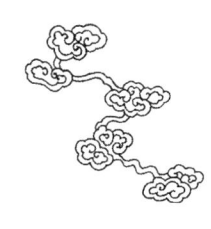

这部经书宣扬建立"太平"盛世的理想,这是一个绝对和谐的社会,模仿宇宙和谐、平均分配与自主处理产品、一切利益和需求平衡是这个社会的基础。根据《太平经》的说法,这一理想曾在"上古时代"实现过,但后来消失了。尽管平产倾向非常强烈,《太平经》的学说仍然期望宗教化君主的绝对权力和相当严苛的社会等级制度,普遍认为,这种思想的源头是自然力的等级体系。上古秩序有可能通过神人"天师"的启示得以恢复。对实现长寿或长生不死方法的讨论也占据了文本相当大的篇幅。这一学说,正如《太平经》的整个思想体系,都建立在世界和谐与元气自由流动的宇宙学观念基础之上。总体上讲,《太平经》的哲学有着自然主义和自然主义哲学性质。同时,书中论述宗教的内容也保留着许多古老宗教形式的特征(特别是法术)。《太平经》思想体系中的神启和救世论元素证明了其与汉代"谶纬"传统的联系。

该书对道教乌托邦思想的发展以及农民运动的发生产生了很大的影响,直到19世纪的太平天国运动。19世纪末20世纪初,在中国维新派的观点中也能看到《太平经》平权思想的某些影响。

*王明《太平经合校》,北京,1960年;《太平经》,E. A. 陶奇夫、C. Ф. 雷金译,载《亚非人民》,1989年第5期;《太平经》,E. П. 西尼岑译,载《中国古代哲学·汉代卷》,莫斯科,1990年。**C. Ф. 雷金《〈太平经〉中达成"太平"的条件》,载《第21届"中国社会与国家"学术研讨会论文集》,第1册,莫斯科,1990年;Kaltenmark M. The Ideology of the T'ai-p'ing ching // Facets of Taoism. New Haven-London, 1979。

(E. A. 陶奇夫撰,贾茜译)

谭嗣同

谭嗣同，字复生，号壮飞，又称谭浏阳，曾用名华相众生。1865年3月10日生于北京，思想家、哲学家、诗人，19世纪末中国维新运动激进派领袖，1898年9月28日在北京自愿慷慨赴死。

谭嗣同原籍湖南省浏阳县，他的父亲谭继洵曾在北京户部任职，是著名的儒家学者，1860年考取进士，官至湖北巡抚（1890—1898）。谭嗣同12岁丧母，自幼才能过人，博览群书，并精通武学和骑术。曾在新疆任下级军官，随后四处游历大约十年。19世纪90年代初，谭嗣同结识了1861年来华宣传西方科学思想、翻译相关文献的英国人傅兰雅，自此开始痴迷于研究西方科技。1895年，他在自己的家乡浏阳开办了算学格致馆，以传播西方知识，成为湖南维新运动发展的起点。

1894—1895年甲午战争战败以后，国内危机四起，谭嗣同希望结识维新运动领袖康有为并加入其成立的强学会，因而来到北京。但康有为那时不在京中，谭嗣同与康最亲近的学生、强学会书记员梁启超建立了密切的联系。

1896年，谭嗣同赴南京，入资为江苏候补知府，在杨文会居士的影响下，潜心佛教，杨居士曾任中国驻伦敦和巴黎大使，因此也精通西方文化。

1897年，湖南巡抚陈宝箴召谭嗣同回乡，推动维新变法。当年，谭嗣同在那里创办了湖南第一份报纸《湘学新报》。此外他还通过自己创办的南方维新派学术团体南学会传播自己的思想。1898年6月11日，光绪皇帝决心变法，颁布《明定国是诏》，承认变法的必要性。这一天，翰林院侍读学士徐致靖向皇上呈交了其子湖南学政徐仁铸炮制的奏折，徐仁铸是谭嗣同的朋友。这份奏疏向皇上推荐康有为、梁启超、谭嗣同及其他维新派人物担任变法谋士。康有为本人被皇帝召见，"百日维新"开始（1898年6月11日—9月20

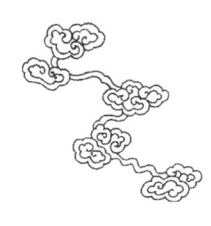

日）。谭嗣同应召进京，首次见到康有为，9月5日作为"军机四章京"之一被光绪皇帝召见，赏赐四品卿衔。这个独特的"内阁"还包括杨锐、林旭和刘光第，负责在各级呈报朝廷的奏折和呈文的基础上，为皇帝起草指示报告与诏书。

在维新派阵营中，谭嗣同是最为激进的一个，坚称君主可由民选产生，即实际上推行共和政体。自第一次鸦片战争（1840—1842）以来，外国侵略成了中国政治思想生活中的炼狱之火，为予以回击，谭嗣同建议建立中国、朝鲜、阿富汗、波斯和土耳其亚洲五国联盟，这五个国家面临同样的问题和以共和制取代帝制的共同任务。他反对康有为批判暴动、宣扬谨慎和渐进改革的做法，公开对太平天国运动表示赞赏，对帮助剿灭太平天国的英国人和湘军进行了批判。

变法活动引起了以慈禧太后为首的保守势力的激烈反抗，他们威胁废黜光绪。9月14日，光绪皇帝向康有为和四位章京求助。他们请求指挥"新军"的袁世凯前往首都勤王。袁世凯9月16日和17日被皇帝召见，并被封为兵部候补侍郎。9月17日夜，谭嗣同拜访袁世凯，建议他除掉慈禧的心腹、时任直隶总督兼步军统领荣禄。袁世凯先是应允，后却向荣禄告密，荣禄随之于9月20日上奏慈禧。次日慈禧太后在满族亲贵的辅助下发动宫廷政变，宣布垂帘听政，并将皇帝幽禁直到其去世。

谭嗣同拒绝像康有为、梁启超一样躲避起来并移居国外，决定慷慨赴死："各国变法无不从流血而成，今日中国未闻有因变法而流血者，此国之所以不昌也。有之，请自嗣同始。"谭嗣同9月25日被捕，三天后未经审判直接被押至刑场，同行的还有杨锐、林旭、刘光第、监察御史杨深秀和康有为的弟弟康广仁。谭嗣同在监狱墙上写下一首诗，以表达自己临刑前的感受。

谭嗣同的主要著作为《仁学》，写于1896—1897年，去世几个月后才得以发表，首见于日本华侨期刊（梁启超在《清议报》、唐才常在《亚东时报》连载刊登），后在上海出版了单行本。

该书题名可做两种理解，取决于"仁"这一术语的两个主要意思，作者自叙中已作说明。自然而通行的理解是"关于仁的学说"，根据是作者将"仁"这个字理解为宇宙的普遍原理，从词源上来自人与人之间相互联系的思想，同样源于这一思想的还有表示世界共同基础之意的"元"和"无"。这三个原则实质上是统一的，这种理解将佛陀、孔子和耶稣联系起来。反之，儒学和基督教之间的联系环节是提出"兼爱"思想的墨家学派。这一学派将两个方向——与无私的"任侠"活动相联系的"仁"和与自然知识相联系的"学"结合起来。由此还可以将这一书名更专业地解释为"仁与科学"。

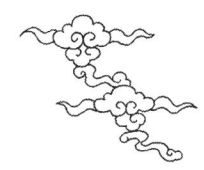

从形式上看，这本书是哲学片段集，就内容而言，是儒家、道家、墨家、佛教、基督教思想以及自然科学原理的综合。谭嗣同怀着对科学的痴迷，甚至使用了数学公式，在正文前作《界说》27条，作为"仁学"的指导思想。尽管并不清楚谭嗣同是否看过康有为的主要作品《大同书》的手稿，但是康有为的主要思想对他的影响毋庸置疑。

谭嗣同表现出了明显的独特性，他在中国第一个专门就"仁"这一范畴写下整本专著，对这个范畴的解释如同造了一个新词，尽管这个词有着贯穿整个中国哲学发展史的悠久历史，对它的阐释也极端丰富多样。他首次将"仁"解释为现实性本身，而不是现实性的个别特质："仁为天地万物之源。"

谭嗣同的这些思想同样渗透在他较早的作品《思纬氤氲台短书》（1894）中。与朱子学说相反，王夫之认为道源于世界："道者器之道，器者不可谓道之器也。"以此为基础，谭嗣同定义如下："道，用也；器，体也。体立用行，器存则道不亡。"因而得出结论："天下为大器。器既变，道安得不变？"这种普遍变化的思想，包括谭嗣同所谓道中反映的世界体制原则本身，成为他变法维新的理论基础，因为"法大千世界中最易变之道"。

在《仁学》中，道由"仁"完成，实现这一功能的"手段"首先是"以太"、电和心力，以及儒学的"元"和"性"、墨家的"兼爱"、佛教的"慈悲"、基督教的"灵

谭嗣同手书名刺

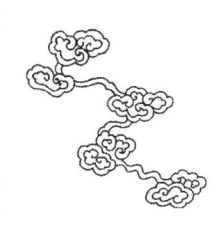

魂""爱人如己""视敌如友"、自然科学(格致)所谓"吸力"(爱力)。电(字面意思为"闪电")和心力(心理)的相互联系在于"脑为有形质之电,是电必为无形质之脑"。此类身心之"通"的普遍性基于宇宙"一身",与"一物"相联系并被其填满,直接感受不到,一方面极其大,另一方面又极细极小。这种无名之"物"类似于道家经典《道德经》中的道,谭嗣同用一个新词命名为"以太",其发音与西方术语完全相同。由于以太存在,"法界由是生,虚空由是立,众生由是出"。以太之"通"的"象征"为平等,这种平等又取决于"意识"固有的"精神性"(灵魂)。因此,"智慧生于仁",仁者"寂然不动,感而遂通天下之故"。

这种情形由于"一"所贯通之物成为可能,而"平等生万化,代数之方程式是也"是一的边界。谭嗣同既在本体论也在数学意义上使用平等这个术语,他建立了一个代数式,用来展现构成"仁之体"的"不生与不灭平等"。从这一平等出发,他违反代数法则,却遵循了佛教的辩证法,从而得出结论:"不生与不灭平等,则生与灭平等,生灭与不生不灭亦平等。"由此推论出过去与未来在现在是平等的。所有这一切背后的"仁一"都预设着对立物完全"不存在"(无),这种"无"等同于道家的"无无"和众生"平等"。

平等并不排除宇宙万物的多样性,它就像套娃一样,是世界"如恒河沙数"的等级体系,形成无穷无尽的宇宙系列,一方面向无限大,一方面向无限小。因此,在脚下肉眼无法分辨的每一粒沙都有自己的"小地球",而大千世界形成一世界海,恒河沙数世界海形成一世界性,恒河沙数世界性形成一世界种,恒河沙数世界种形成一华藏世界,即佛教所讲的极乐世界,再上即为一"元",则"巧历所不能稽,而终无有已时"。这个宇宙由以太吸引结合而成,因此以太的不同形态深入渗透到宇宙各个极限——空电和"心力"(或"脑"),即个人意识。个别的"我",通过"仁"与所有的其他"我"团结在一起。

为了展现"仁"的普遍性，谭嗣同追随理学家程颢、张载、王阳明等，使用了语言学的论据：在"仁"字前面加上否定字成为"不仁"，字面意思指"不人道"，其在医学术语中意指"麻木痿痹"，即与周围世界无法沟通的病态特性。

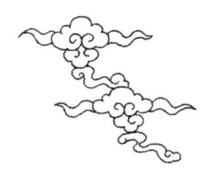

鉴于对"仁"进行了如此极端宽泛的理解，其表现形式即不仅止于"智"，还有一切其他的传统善行：勇、义、信、礼、忠、孝、良、节，等等。甚至离儒家经典很遥远的趋利也可以归入其中，因为通商将人们（包括中国人与外国人）联结起来，成为所谓"互仁"。

"仁"的普遍化致使人们承认绝对的善和相对的恶。现实存在的只有善，而恶是对事实的歪曲，由于习惯以及相应的用词被固定下来。善恶之间的区别有极大的约定俗成性，因而，假如历史情势发生了另一种巧合，人们之间最本能的性关系也可能带有公众性和仪式性。

在这种相对论中，不仅善恶之间的边界消失了，就连生死之间的边界也消失了，在同一个进程当中交替出现，由以量而不是质区别的无数过渡状态予以划分。

谭嗣同认为，"平等"原则在历史方面表现在何休对《公羊传》和"今文经学"的注解中，而后是康有为提出的社会乌托邦理论"三世"：据乱世、升平世和太平世。表达这一学说主要意思的汉字"平"是组成"平等"一词的构意部分。谭嗣同认为，孔子生活在"据乱世"时期，却表达了自己有关基于"平等"社会，即升平时代和太平时代的观点。然而孔子真正的学说自始就分为两支：孟子和荀子，而后又相互交叉。这首先是荀子及其弟子李斯、以刘歆为首的"古文经学"、理学的先驱韩愈和孙复，以及宋明时期新儒家对其曲解的结果。

这一历史思想批判建立在谭嗣同的如下信念之上：人民只有在国家之外才能获得自由。他借用发音类似的"在宥"来解释"自由"。《庄子》第11篇的标题"在宥"指天下无"治理的"自在状态。谭嗣同认为，在一个没有国家的天下，"畛域化，战争息，猜忌绝，权谋弃，彼我亡，平等

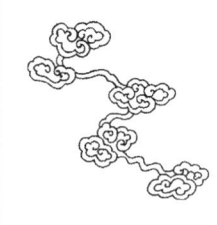

出"。相反,荀子树立的外儒内法传统则有鲜明的国家主义和独裁倾向,这在分别基于李斯和刘歆思想建立的秦朝和新朝,以及后来将国家带到覆亡边缘的一些历史事件中找到了实际的印证,而老子也因宣扬无为之"俭"而作出了巨大的贡献。

西方自由民主思想极大地吸引了谭嗣同,他将其与儒家经典《礼记》第9篇《礼运》所描述的大同社会相提并论。继康有为之后,他将这一思想与"三世"学说结合起来,并将第一卦乾卦放入中国象数学的经典模型,获得了一个用两相六阶表示由始至终整个人类历史的模式:(1)太平和元统时代,即人类初生的上古时代,由领袖按次序交替治理;(2)升平和天治时代,即传说中的"三皇五帝"(公元前三千纪)时期,出现了最早的统治者和宗教领袖,人类进入童年期;(3)据乱和王治时代,即最早的三朝(前21—前6世纪),出现了统治者专权,人类进入成年期;(4)据乱和君统时代,自孔子至今(前6世纪至公元19世纪),正向的趋势悄然形成,人类经历壮年期;(5)升平与天统时代,在大一统的形势下,各不同信仰的信徒都遵从同一位教主,不同的国家结合为一,承认同一个君主,人类进入"知天命"期,正如孔子所言"五十而知天命"(《论语·为政》),即成熟期;(6)太平与元统时代,确立了人民自治,人类的行为趋于完善,如孔子所言六十岁时的状态。谭嗣同的模式还规定了第七个阶段,即人类发展到超越极限,完全消失,普遍成佛,彼时不仅不再需要教主,连宗教本身也不需要;正如不需要君主,甚至也不需要民主;无地无天,无一切有生命和无生命之物,在神秘意义上,可以与孔子所说最后一个生命阶段——七十岁时的状况"从心所欲,不逾矩"相类比。在这一总结性的历史观预言中,谭嗣同综合了早期儒学将"天德"置于尘世统治之上的反专制主义倾向和道家神秘自然主义辩证法、墨家的社会乌托邦思想与佛教的末世论术语体系,这反过来表明中国传统哲学的内容潜能已然耗尽,标志着崭新思想时代的到来。

*《谭嗣同全集》，北京，1954年；《近代中国进步思想家作品选》，莫斯科，1961年；Chan Sin-wai. An Exposition of Benevolence: The Jen-hsueh of T'an Ssu-t'ung. Hong Kong, 1984。

**А. И. 科布杰夫《中国理学哲学》，莫斯科，2001年，第474—482页，索引；《中国近代史》，莫斯科，1972年；Е. Ю. 斯塔布罗娃《论谭嗣同哲学中的"以太"范畴》，载《第12届"中国社会与国家"学术研讨会论文集》，第2册，莫斯科，1981年；Е. Ю. 斯塔布罗娃《谭嗣同的乌托邦》，载《中国社会乌托邦》，莫斯科，1987年；С. Л. 齐赫文斯基《中国的维新运动》，莫斯科，1980年；《哲学大百科》，第5卷，莫斯科，1970年；Chan Sin-wai. T'an Ssu-t'ung: An Annotated Bibliography. Hong Kong, 1980; Reform in 19th Century China / Ed. by P. A. Cohen, J. E. Schrecker. Camb. (Mass.), 1976, pp. 184-203; Wright D. Tan Sitong and the Ether Reconsidered // Bulletin of the School of Oriental and African Studies. 1994, t. 57, pp. 551-575.

（А. И. 科布杰夫撰，贾茜译）

汤一介

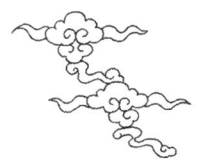

汤一介，1927年3月①生，湖北省黄梅县人。他是中国哲学史家、著名佛学家汤用彤之子。1951年毕业于北京大学哲学系，在中共北京市委党校任教至1956年。后就职于北京大学哲学系，1962年起任讲师，1980年任副教授，1983年起任教授。曾任中国哲学史教研室主任，北京大学学术委员会委员，中国哲学史学会理事，国际中国哲学学会理事，1984年10月起任中国文化书院院长。主要学术兴趣领域为中国佛教史、道教宗教传统和玄学哲学。

他参与20世纪60年代展开的孔子哲学观点大辩论，认为孔子的哲学是唯物主义的：孔子继承并发展了春秋时期对天与神灵的批判主义与无神论思想，称"无神论和唯物主义要素构成了其世界观的主要方面"。汤一介认为，老子的世界观反映了小奴隶主阶层的利益，而其唯物主义倾向是由其反对当时占统治地位的奴隶主等级制度的宗教唯心主义决定

---

① 经查资料，汤一介为1927年2月16日生，卒于2014年9月9日。——译者注

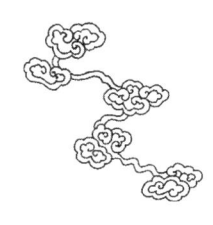

的。汤一介反对冯友兰和任继愈的观点,认为庄子是相对论者(预先说明,是他建立了"绝对中的相对学说")。80年代初,汤一介参与了有关中国哲学范畴的辩论。他从概念和范畴反映人认识客观世界的水平出发,建议将其看作不同历史时期的理论思考水平的反映:对范畴内容的具体化和充实化历史哲学进程、其完整体系的形成进行研究,能够揭示哲学思想发展的内部规律。

*汤一介《孔子思想在春秋末期的作用》,载《孔子讨论文集》,济南,1962年;汤一介《王弼与魏晋玄学》,载《学术月刊》,1963年第1期;汤一介《论中国传统哲学范畴体系的诸问题》,载《中国社会科学》,1981年第5期;汤一介《郭象与魏晋玄学》,长沙,1983年;汤一介《论中国传统哲学中的真善美问题》,载《中国社会科学》,1984年第4期;汤一介《魏晋南北朝时期的道教》,西安,1988年。**杨春贵《中国哲学四十年》,北京,1989年。

(A.B. 洛曼诺夫撰,贾茜译)

唐君毅,1909年1月17日生于四川宜宾,1978年2月2日逝于香港。他是哲学家,是新儒学的代表人物。曾在北京大学和南京中央大学学习,1932年毕业于中央大学哲学系。学习期间受到了梁漱溟和熊十力思想的影响。1949年迁居香港后,与钱穆和张丕介一同创建了新亚书院,任教务长和哲学系主任。1964年书院并入香港中文大学后,继续工作至1974年。退休后继续任新亚研究所所长。

年轻时痴迷英美新实在论思想,首先是潜在的共相思想。受到布拉德雷《现象与实在》一书的影响,他转向了古典唯心主义立场。他的兴趣范围广纳黑格尔的精神现象学以及康德和怀特海的学说。

自20世纪40年代初开始研究中国传统哲学问题。1958年,他与牟宗三、徐复观和张君劢共同发表了《为中国文化敬告世界人士宣言》，简明而确切地表达了针对中国文化及其与世界文化互动问题的新儒学立场。唐君毅将中国文化与西方文化相对比后得出结论，中国的"根本精神"是道德与艺术，而西方则是宗教与科学。西方文化的关注对象是自然世界和人类世界中的存在方式，这导致人类存在的主观情感方面遭到忽视。由于中国文化的轴心是对人作为唯一主体的关注，现阶段中国哲学的使命就在于将人从物化中解放出来，实现其个人价值，帮助他成为独立的"道德主体"。中国既不能接受西方的资本主义，也不能接受社会主义。资本主义带有个人主义、民粹主义（"单一民族的国家"导致帝国主义）、民主主义的缺陷，与中国传统的"推选人才"理想并不相容（"孔夫子投票是一张，一个愚夫愚妇投票也是一张"）。唐君毅认为，第三条道路应归结为中国文化的"伦理人文主义"，这种人文主义有能力确立社会成员间"有教益而友善"的关系体系。唐君毅以努力恢复中华民族的个人道德与历史意识为己任，以使同胞重为"中国人"。

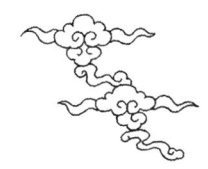

唐君毅认为，中国文化的特质在于文学、历史、哲学的同源性和统一性，以及道德与政治的统一性。他认为，作为传统的主干，儒学将重点放在了传承性上；作为中国传统之补充的道教和佛教则主要转向了存在于某种文化常态界限内的"转变""变化"（化）。儒学吸收了原始宗教关于天和神的观念，但避免了西方文化中典型的源自古希腊的精神与世俗本质的断裂。

在中国传统中，人不是与造物主对立的"造物"，而是作为道德主体存在，能够从精神上改变天地。唐君毅认为，中国文化固有的"将存在作为真实的精神"（能够中止无意义的世界变形之争）以及"避免极端的中庸精神"，能够对西方文化产生稳定的影响。中国文化在几千年里不间断发展的经验对西方是有益的，对于未来的无边界世界也有益的。他认为，深深植根于西方、从某种具体科学原理中提炼出哲学，或者在这些原理上建立起作为某种元科学的哲学，用于从逻辑上弄懂或分析学术概念的道路是有局限的。他将人的实践活动看作真正的哲学内省的基础，认为其应当建立在

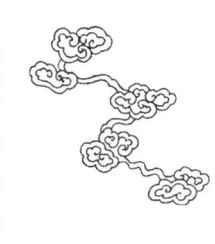

"良知"的基础上，良知才是"人之一切道德理性和一切道德活动之源泉"。在唐君毅的阐释中，"良知"不仅指个人道德，也指认识、伦理、美学、价值观意识，等等。晚期著作中，唐君毅把这一意识领域称作"人生"，在不同的人类精神活动类型包括道德活动中都有所表现。

*唐君毅《中西哲学思想比较研究集》，重庆，1943年（再版：台北，1978年）；唐君毅《道德自我之建立》，上海，1946年；唐君毅《人文精神之重建》，香港，1954年（再版：台北，1974年）；唐君毅《唐君毅全集》，台北，1985年；唐君毅《中华文化与当今世界》，第1—2卷，台北，1985年；唐君毅《中国文化之精神》，台北，1987年。**李杜《唐君毅先生的哲学》，台北，1983年；李宗桂《唐君毅的文化形态及其中国文化观》，载《现代新儒学研究论集》，北京，1989年；冷德熙《"弘大而辟，深闳而肆"：唐君毅中西文化观述要》，载《哲学与文化》，1986年第13卷第10期；刘国强《唐君毅先生之实在观》，载《鹅湖》，1986年第137期；郑家栋《现代新儒学概论》，南宁，1990年。

（А. Б. 洛曼诺夫撰，贾茜译）

陶弘景

陶弘景，字通明，号华阳先生、华阳隐居。456年生于丹阳（今江苏省），536年去世。道教上清派的鼻祖，博物学家、炼丹家与医药家。出身于名门世家，5世纪80—90年代在南齐朝廷担任多种官职，同时向道教先师学习。492年弃官归隐于上清派的崇拜中心茅山并成为上清派的鼻祖。90年代后半期开始从事炼丹术，以求获得长生不死之药。南齐覆亡、梁朝建立后，成为梁武帝的近臣和医生。武帝在6世纪初采取的反道教措施既没触及陶弘景，也没有影响到上清派。有传说称，此时他已经"成仙"。

陶弘景是道教经典文本《道藏》的创建者之一，他撰写了上清派的经典著作，其中包括反映他主要学说的《真诰》、表述该派宇宙起源观念并描述其全部神仙、神秘主义修炼术以及炼制长生不死药方法的著述、有关药理学和医学的著述以及对古代药理书《神农本草经》所作的注解。

**《中国哲学史》，任继愈主编，北京，1979年；Strickmann M. On the Alchemy of T'ao Hung-Ching // Facets of Taoism. Essays of Chinese Religion. New Haven-London, 1979.

（M. E. 克拉夫佐娃撰，贾茜译）

体用

体用，指本体及其行为表现。体用是中国哲学传统中最重要的一对范畴，狭义上指两个基本的对立系统：（1）静态的——"本质与现象""本体与现象""基础与属性""本质与偶然性"；（2）动态的——"本体与功能""物质与使用""成分与应用""趋势与动作""物体与行动""对象与使用""动因与效果"。而在广义上则还包括以下对立范畴："一与多""必然和偶然""主要与次要""原因与结果"，等等。

体和用这两个汉字都是中国最古老的文字符号之一，早在殷商时期的卜骨刻辞中就已使用。"体"的本义指仪式上用于献祭的容器，由此产生了另一个字"礼"。"用"的本义也跟仪式的进行有关，其原始的象形文字表现了作为占卜活动结果的骨板上的裂纹。"体"与"用"之间早在形成固定的术语之前就有着深刻的词义亲缘关系，"体"这个符号中存在着关键的成分"骨"，以及公元前一千纪前半期的书面文献如《尚书》（《微子》《金滕》）和《诗经》（《鄘风·相鼠》《卫风·氓》）记载，它还有个最古老的意思为"占卜的结果"，均可资证明。显然，由于起源类似，"体"和"用"这两个字首次从哲学意义上成为术语是在《周易·系辞传》中。这是一本对占卜术进行哲学解释的书，在该文献中，"用"这个符号是作为专门术语使用

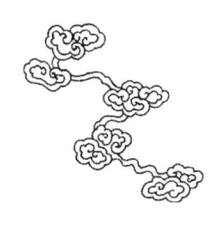

的，意义为"（占卜）表明"。《系辞传》中，"用"指的是那些没有实际表现于外的变化，因而是"精神上的"（神），而"体"是其在阴阳最初实体中的体现，诸如"刚"与"柔"。这些符号在《墨子》中也获得了术语义，其中"体"被定义为"一体"，即"不与整体分开"，这部分地表现在"二之一也"、个别事物的整体性或"同"的尺寸（长度）和变体；而"用"被定义为"可用性"，为词组"三表"之中的一表（另外"两表"为"本"和"原"），归结为"民利"，以及使用事物的普遍原则（《经上》《经说上》《非命上》《节用上》《节用中》等篇）。

荀子首次将这两个术语放在同一个上下文，既可作为单个事物的附属["万物同宇而异体，无宜而有用为人。"（《荀子·富国》）]，也可以作为普遍的道的附属物，有着固定的"体"和多变的"用"（《荀子·解蔽》）。荀子指责墨子的学说是罪恶的实用主义，将其用的主要目标与利联系起来，而与文对立（《荀子·解蔽》）。①

"玄学"奠基人王弼发展了《道德经》有关"无"是一切物体之"用"的基础的思想，承认"无"不仅能代表"用"，也能代表"体"，因此在《道德经》注释中首次将"体－用"这一对直接对立的范畴引入了哲学领域。其继承者韩康伯在《周易》注中，通过对比"有"和"用"，以两对相关范畴完成了这一概念结构。相反，王弼的主要理论对手裴𬱟在《崇有论》中，确认了"有"对"无"的本体论首要地位，坚称"有"才是体，世间万物都是从这一本体中"自生"出来的。

范缜在《神灭论》一书中试图证明精神（神）的短暂性及其对有形物质实在（质）的依赖性，论称"神者形之用"。这一立场又被崔憬进行了概括，他首先将"体"定义为"形质"，而"用"则为其"妙用"；其次将这一对概念与源自《周易》注的一对反义词——"形而下"之器和"形而上"之道相对比。他把这一范畴性的联系具体化，论称："动物以形躯为体为器，以灵识为用为道。"

---

① 原文为"墨子蔽于用而不知文"。——译者注

理学奠基人程颐与朱熹用"理"和"象"这对术语来解释"体—用"的二律背反，其中理和象分别被定义为"微"和"著"。朱熹将"体—用"的对立延伸到了其他基本范畴对子："理"与"事"、"仁"与"义"、"性"与"情"、"未发"与"已发"。总体上说，理学中的两个主要流派——程朱的客观主义与陆王的主观主义都承认"体"与"用"之间牢不可破的相互联系标志着存在的不同层次。但同时，有一个更为激进的倾向也在发展，这个倾向源自"气"为宇宙唯一性的一元论思想，使"体"与"用"最大限度地相互接近并被解释为同一个主体的两种特性（或状态）。张载认为，这种实体就是充满了原初之气的太虚，而他的同时代人王安石则认为这种实体是气中所生之道，"元气之不动"形成其体，而用则是"冲气运行于天地之间"。这一思想倾向在王夫之的创作中达到顶峰，他强调"用"的经验主义第一性，通过"用"获得有关"体"之存在的知识，并得出最终结论："由用以得体。"

随着19世纪以来与西方的频繁接触，"体—用"范畴开始用于中国文化的自决。首次付诸行动的是著名国务活动家和思想家、翰林院学士张之洞，他在其主要作品《劝学篇》中提出：中学为体，西学为用。①张之洞在表达这一论点时称："中学治身心，西学应世事。"即中学包括传统精神遗产、文化与道德价值，指儒家以完善人格与意识作为社会和谐基础的信念，而西学则指自然科学、工艺与技术、教育与社会政治规则。这个论点概括为"中学为体，西学为用"，在很大程度上源自一个文字游戏："中国的"与"中央的"都包含"中"字，使这句话成为折中中国精神文化传统与西方物质创新之间最为流行的口号。然而，同时代的西学大家严复从逻辑角度对这一观点进行了批评，指出"体"和"用"本质上定义的是"同一个事物"（一物），而不是不同的物体。

---

① 张之洞《劝学篇》中并无此句，原文为："其学堂之法约有五要：一曰新、旧兼学。四书五经、中国史事、政书、地图为旧学，西政、西艺、西史为新学。旧学为体，新学为用，不使偏废。"——译者注

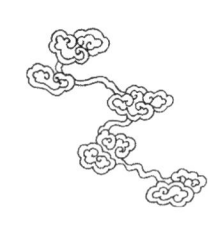

孙中山以激进态度克服了针对西方的保守主义抗拒症，恢复了范缜提出的"体"为"物质"、"用"为"精神"概念。

20世纪伟大的中国哲学家之一熊十力将"体"和"用"的关系称为"哲学之根本问题"，强调其"可分而实不二"。

中国佛教用"体－用"传达称名世界和现象世界的一系列对立。"般若"学的创始人之一僧肇断定，"用即寂，寂即用；用寂一体，同出而异名"（《般若无知论》）。华严宗创始人法藏发展了以涅槃与轮回同一的大乘之理为基础的"理事无碍"说，同样论证了"体"与"用"的同一性，它们分别代表"理"与"事"（《华严经义海百门》）。禅宗慧能吸收了他们的思想，在《坛经》中论证了冥想（三摩地）和智慧（般若）的"一体"性："定是慧体，慧是定用。"

现代汉语中，以"体"这个字为基础形成了"存在"（本体）和"实体"这两个哲学术语，表达"物体"之意的数学、物理和生物学术语，表达"风格"概念的文艺学术语；以"用"为基础形成了哲学术语"实用主义"。"体－用"这对对义词在语言学中指主语与谓语的对立。

*《中国古代哲学·汉代卷》，莫斯科，1990年。**А. И. 科布杰夫《王阳明学说与中国古典哲学》，莫斯科，1983年；《中国哲学百科词典》，莫斯科，1994年，第324页。

（А. И. 科布杰夫撰，贾茜译）

天

天，指天空，中国文化和哲学的主要范畴之一，可表达以下概念：（1）神、上帝、昊天；（2）自然、自然性、本然性；（3）作为一切天文气象学对象与现象载体的天空；（4）作为宇宙主要构成要素的天，与时间相关，与表示空间的地相对，与地、人一同成为构成世界的三才：天－

地—人。

按照王国维和罗振玉提出的主流观点，在中国铭文学——殷商时期的卜骨辞当中，"天"这个字即人（）的上面有两条线（两条横线，即数字"二"），而方形"口"字或圆形表示头部（），指人身体的顶部（颅顶、头顶）或高于其上（头顶上面的空间）。高本汉从这个字源看到了类人神的形象。"天"的最初意义为"人的头顶"而且"大"，晚些时候出现了"天"字的另一种写法""，又补充了第三个意思："一"，即《说文解字》中固定下来并进行了解释的标准字形最上面的部分""（《说文解字》是中国第一部完整的词源详解词典）。

此类字形演变和相应的意义解释或许与公元前两千纪到前一千纪之交周朝的建立相关，"天"字由此开始表示唯一的至高无上的神，取代了殷商时期统治世界的最高神"上帝"的角色。

周期初期（公元前一千纪上半期）的前哲学文本中，天开创"万物"（物）和"原则"（理），通过圣王启动历史进程，借人民的眼睛观察他们的行为。如果王做事无德并因此导致世界不和谐，天可以换掉王（朝代）以恢复秩序，或者在周朝统治下，启动教化与惩戒措施。天，可以表达一切的宏伟而巨大的力量，可以创造世界、人类和伦理价值，可以利用君王和官员治理世界。

正是在这些文献中体现了"天命"思想，这种思想后来由儒家发展，成为主导国家权力的理论基础，直至1911年帝制结束。整整三千年里，中国自认处于"天空之下"，即天下。君王为"天子"，而拜天是最重要的全国祭礼，在类似于天穹的圆形祭坛上进行国祭，这种祭坛区别于方形的地，坐落在礼定的天赋之地——首都南面。

在中国哲学中，"天"字成了自然作为一个普遍整体概念的载体。根据郭象的定义，"天地者，万物之总名也"（《庄子·逍遥游》注）。关于天之自然性的认识首先由道家进行了发挥，其奠基之作《道德经》称："人法地，地法天，天法道，道法自然。"《庄子》中，"天"字进入了第

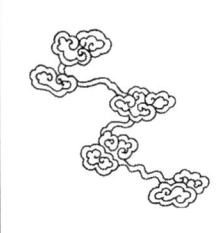

4篇①和《天下篇》的标题，道与天的关系反转，由此天成了自然的最高形式："君原于德而成于天……德兼于道，道兼于天。"因此"无为为之之谓天"（《庄子·天地》）。

荀子将类似立场纳入儒学，他坚决切断了"天"在前哲学和早期儒家文献中典型的宗教－唯意志论意义，而将其限制为要么是宇宙的一部分，与"地"构成一对，与地和人构成三才；要么是生成万物与人的自然本身。《荀子·天论》专门讨论了这个范畴，将天定义为"无形"而"成"世间万物，以"不为而成，不求而得"为己"职"。天行有常，而这一合理却非预谋的行之结果，就是至人："天职既立，天功既成，形具而神生，好恶喜怒哀乐藏焉，夫是之谓天情。"感受情绪的器官为"天官"，而统领它们的心为"天君"。

天这一概念的极端自然主义化不仅导致否定了早先赋予它的神圣的超自然力量，还承认了人"认识天""制天命"，即在一定程度上掌控自然及个人命运的可能性。虽然"圣人为不求知天"，即不对自然进程随意施加影响，但毕竟人们可以做到"知天"，这意味着人可以顺利进行与万物自然进程相一致的生命活动。在荀子这一立场下，"君子敬其在己者"，而"守天自为守道"。

"天"更狭义地被理解为空间——"头上的空间"和时间——"天、时、季节"（类似法语词temps，天即"时间"与"天气"）。"天"的空间意义是显而易见的，不需要特别解释，而其时间意义则被中国哲学家给予了特别的定义。《尚书·大禹谟》说"时乃天道"，《礼记·礼运》则说"天生时"，而《周易·系辞下》则直接定义："天者，时也。"

扬雄表述了"天"这一术语的统一时空意义："阖天为之宇，辟宇为之宙。"（《太玄经·玄摛》）扬雄所使用的空间（宇）和时间（宙）意一起构成了相应的中文术语——宇宙。相应定义也包括在《庄子·庚桑楚》和《淮南子·齐俗训》中："有实而无乎处者，宇也；有长而无本剽者，宙也。""往古来今谓之宙，四方上下谓之宇。"宇宙的同

---

① 按照原文次序第4篇标题是《人间世》。——译者注

义词为天地，天地同样表达"宇宙"之意，字面意义为"天和地"。

宇宙与天地的同义性不仅在于其用法，也在于其原始的语义："地"对应"空间"，而"天"对应"时间"。因此，《荀子》说："天有其时，地有其财。"天与时间的对应完全可以说明天的时间意义，而圆在中国被视为天的传统象征，恰恰意味着没有开始也没有终结。上述术语在现代汉语中最通行的同义词"世界"，也有着"空间－时间"的含义。

最终，中国哲学家们用描述世界最普遍的范畴"道"来表达空间和时间本质，"道"在此获得了"宇宙"的意义。将上述《庄子·庚桑楚》对空间和时间的定义与同篇对道的定义"有实而无乎处者""有长而无乎本剽"相对比就足以说明问题。《淮南子·原道训》直接指出："道……纮宇宙。"整体上说这相当合乎逻辑：道是运动的普遍象征，而运动正是空间和时间的自然结合。

从天派生出的概念"天命"和"天下"也有时间含义，即占据一定的空间（"地"）、生活在时间之中（"天"）的社会生命体（"人"）。"天下"的概念在结构上含三部分（三才），有中介意义，其本质特征是时间性，这正是因为它适用于生活在时间中的人们，而不适用于无生命的地理空间，对于这空间而言无论瞬间还是永恒都没有区别。

天指个人的天性（例如《庄子·达生》《庄子·庚桑楚》），也是一个基本事实。从词源学角度看，这很容易解释："天"字是从人字派生而来的。对这一语言学现象的理论思考体现在天人一体的原则当中，这在中国哲学中表述为"相符"（和）、"相互渗透"（通）、"参与"（与）、"补充"（副）、"类似物"（又）、"同种"（类）、"接受"（感）以及"应对"（应）。早期儒学中，董仲舒最合乎逻辑地发展了这一原则，而理学肇始期，张载在有关"天人合一"的论述当中将其确定下来，并在程氏兄弟那里经调整后得到强化："天人本无二，不必言合。"（《遗书》，卷六）

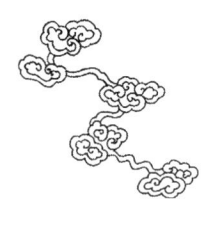

但中国人也用"天"字表示"上帝"和"神",这在墨翟和董仲舒的文章中得到了特别鲜明的印证。因而,西方文化的普遍二律背反:"人—上帝""人—自然""上帝(超验的)—自然(内在的)""空间—时间"(古米廖夫的诗句"上帝在,世界在,他们永远存在"可以作为最后一对二律背反概念的诗学图解,而试图克服所有这些对立,最终实现欧洲和谐的例子,显然是杰尔查文的颂歌《上帝》),在中国被一个综合了上述对立的概念"天"取代了。在中国文化框架下,尘世间灵魂与身体的统一与"天上"自然与超自然存在的统一相符合。欧洲理论问题的基础,一方面是精神(唯心)和身体(唯物)区分,另一方面是神性(自由)与自然(必然)区分,这事实上不可能翻译成文言——因为这种中国传统文化的书面语言将"天"字用于上述所有意思当中。

*《中国古代哲学》,第1—2册,莫斯科,1972—1973年;《中国古代哲学·汉代卷》,莫斯科,1990年。**Ф.С.贝科夫《中国社会政治与哲学思想的产生》,莫斯科,1966年,第20—21、32—36页;Л.С.瓦西里耶夫《中国的祭祀、宗教与传统》,莫斯科,1970年,索引;《中国哲学史》,莫斯科,1989年,第13—16页;А.И.科布杰夫《王阳明学说与中国古典哲学》,莫斯科,1983年;А.И.科布杰夫《传统中国对世界作为时空统一体的认识》,载《文化人类学》,第1版,莫斯科,2002年,第181—187页;Х.Г.克利尔《中国国家政权的形成》,圣彼得堡,2001年,第343—351页;М.В.刘克甫《古代中国的礼节交往》,莫斯科,1997年,第192—209页;А.С.马尔丁诺夫《中国艺术、政治和哲学文本中"天地"组合的几点看法》,载《远东国家文献》,莫斯科,1979年;《世界民族神话》,第2卷,莫斯科,1982年,第541页;《新哲学百科》,第4卷,莫斯科,2000年,第121—122页;М.Л.季塔连科《中国古代哲学家墨子及其学说》,莫斯科,1985年,第72—119页;В.Ф.费多鲁克《柳宗元的文学创作中的〈天说〉》,载《东方语言学问题》,莫斯科,1979年,第72—78页;杨荣国《中国古代思想史》,莫斯科,1957年,第42—44、66—70页;Cheng A. De la place de l'homme dans l'univers: la conception de la triade Ciel-Terre-Homme a la fin

de l'antiquite chinoise // Extreme-Orient, Extreme-Occident. 1983, No. 3, pp. 11-22.

（А. И. 科布杰夫撰，贾茜译）

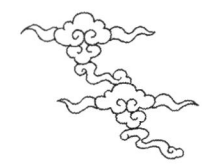

天理人欲

天理人欲，指上天的法则和人的欲望，简称理欲，是中国哲学概念之一。其首见于《礼记·乐记》："夫物之感人无穷，而人之好恶无节，则是物至而人化物也。人化物也者，灭天理而穷人欲者也。"基于此，可以认为，人本来天生具有天理，也应当遵循天理，克制自己的欲望，即克制感情和情绪。宋明时期，在理学框架下专门对这个问题进行了理论辩论。理学家们认为，天理这个词组本质上指人类生存的永恒道德法则——仁、义、礼、智，而人欲则指活生生的人类欲望。

程颐支持传统观点，认为"天理"与"人欲"截然对立，相互否定："甚矣，欲之害人也。人之为不善，欲诱之也。"（《遗书》，卷二十五）朱熹亦坚持这种观点："天理存，则人欲亡；人欲胜，则天理灭。"（《朱子语类·力行》）

"天理"在人身上最完整的体现是在王阳明的"致良知"概念当中，即"圣愚之所由分也"。

胡宏、叶适、陈亮、王夫之和戴震则提出从另一方面解决"天理"与"人欲"的关系问题，即将二者结合起来。

**А. И. 科布杰夫《中国理学哲学》，莫斯科，2002年。

（В. В. 扎伊采夫撰，贾茜译）

天台宗

天台宗，最早在中国形成的佛教流派之一，奠基人为智顗和尚，其学说的基础则是由他的师父慧文和慧思奠定的。这一流派的名称来源于智顗长期生活与弘法的地方——中国东部的天台山（今浙江省）。其主要经典为《妙法莲华经》，简称《法华经》《莲华经》，因此该派也被称为法华宗。

天台宗对《法华经》的偏重与其学说密切相关，正是这种被称为"五时八教"的学说奠定了天台宗对其他宗派的优势地位。

五时学说认为，释迦牟尼佛顿悟以后入定，是为"海印三昧"之定：佛陀的意识好似风平浪静时的海面，映出世间万象，佛陀见整个世界如无尽智慧的绝对统一。佛陀将自己的所见写入《华严经》，并向诸佛与菩萨宣讲，但即使对他们而言，其教义仍然过于复杂而难于理解。因而佛陀决定循序渐进地向弟子传授真知，并开始宣讲"四谛"说及其因缘法（小乘佛法）。掌握这一教义后，佛陀开始宣讲大乘觉悟理论（瑜伽宗），再后来宣讲有关佛法之假与虚空（中观派）的大乘教义。只有弟子能够领悟最高真谛时，佛陀才向他们宣讲《妙法莲华经》，这也成为他训教的总结。在最终圆寂并涅槃前，佛陀还宣讲了《大般涅槃经》。

大家普遍认为，《莲华经》的内容与《华严经》的至上真理相同，然而从形式上看，《莲华经》胜过《华严经》：即使是智力超常的人也很难懂《华严经》，而《莲华经》既能为聪慧而受过教育的人所明白，满足他们的需求，也能被没有学问的普通人读懂。智顗因此断定，《莲华经》的教义是包罗万象的、究竟的、完善的和"圆满的"（圆）。

一般认为，天台宗的教义是建立在龙树大乘佛法基础上的。然而事实上，它与经典大乘佛法相去甚远，而是如来藏理论的另一种形式。天台宗两个最重要的思想是"一念三千说"和"一心说"。本宗教义在心理修行方面表现为止观说，源于佛教早期的舍摩陀和毗婆舍那修行（"止与智慧地观察"），而在天台宗这里获得了特殊的形式。

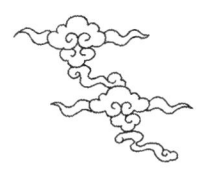

"一念三千说"和"一心说"都与佛教的宇宙观有着紧密的联系，首先是与以下观点相联系：每一种生命体及其"居所"都可以从两方面认识，即具备不同程度佛性的特殊层级以及与之相应的世界。

天台宗的传统将此类生命体世界（类型）称为十界。首先是六道轮回世界：地狱道、饿鬼道、畜生道、人道（仅指"世间之人""俗人"）、阿修罗道和天道。此六道之外，还有四"圣法"界（贤，梵文为āryapudgala）：声闻法界、缘觉法界、菩萨法界和佛法界。上述十界中的每一生命体都存在于任意一个其他世界：十界相互渗透，地狱道同时也存在于菩萨道，菩萨道亦存在于地狱道；十界性融互具成为百界。每一界又各自可由三个方面去看待，其中每一方面都有特殊世界之地位（世间）：（1）众生界（从居住其中的众生方面看待每一界）；（2）五蕴界（从心理层面将每一界看作生命意识的展开层次）；（3）国土界（将每一界看作众生之居所）。

十界乘以三世为三十界，再乘以已有百界和所得三十界，即得"三千"。在这一学说中，很明显能看到天台宗实质上是印度佛教与中国自身传统相互作用的结果，这种互动通过印度的哲学心理学和中国的组合分析学与象数学相互作用，即与数学或类数学项目产生具有思想意义的运算而表现出来；象数学在中国哲学传统中发挥了非常重要的作用。

这三千世界不仅是客观存在，也不仅仅是作为众生意识的内容存在，还同样依赖于绝对的"单一思想/意识"（一心）。一心的概念与天台宗的"无尽意菩萨"学说有着紧密的联系。①

---

① 这种说法不常见。——译者注

中国精神文化大典

哲学卷

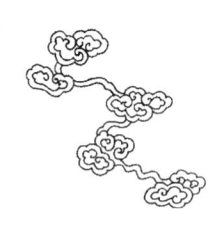

佛陀在《妙法莲华经》中说，只有愚人才会把他与在菩提树下顿悟的释迦牟尼佛认作同一：佛陀自古即悟，不生不灭。天台宗的创始人从这一表述得出结论，即佛陀既像全部宇宙整体，又像其中每个个体生命一样是真如真谛，一切自亘古即有佛性。天台宗的这种观点将其与中国（不仅仅是中国）佛教其他流派区别开来。天台宗论定，佛性不仅仅为有生命之物所独有，也为无生命之物所有，而其他宗派认为只有有生命之物才具佛性，而无生命之物只是他们的相关物。应当指出，天台宗这一独特的泛神论思想对远东艺术特别是中国和日本的诗歌与绘画产生了巨大的影响，这两个国家的艺术都深深浸润着将自然界诸多形象看作唯一绝对神不同表象的感受。

中国佛教的实体化与泛心论和泛神论的元素相连，在天台宗教义中表现得极为充分。

天台宗教义还有一个方面，即"三谛理论"。这一理论形式上源于龙树的两重真理（二谛）说，实质上却与之截然不同，尽管该思想的某些传承性还是有所保留。

第一真理（空谛）声称，一切现象都是因缘所定，脱离了自我存在，因而事实上是无实相的，是引发真谛的因果集合的某种表现，"诸法空无自性"。这一说法整体上符合龙树的学说。

第二真理（假谛）称为"虚假真理"，或"假定真理"，认为世间万物脱离了真实本质、恒常不变的基础，因此类似于幻想的形式或者幻想的产物。

第三真理（中谛）称为"中道真理"，即两种极端观点中间的道路。事实上一切万有都具有同一个"佛法的本性"（法性），是无尽意菩萨的永恒表现，因而不生不灭。

本质上说，天台宗只承认第三真理是严格意义上的真理，而前两种真理是认识现实不完全或不适当的后果。换言之，如果我们在整体世界观之外认识现象，或者了悟不到感情世界与"佛陀一心"之相同，则不可避免会走到前两种受局限的观点上去。"一心"论恢复了世界的现实性，确证了世界与绝对了悟的"佛陀智慧"的同一性，并在佛教世界观框架下，实现了某种"证实相"。

大乘佛教有关轮回和涅槃相同以及相对与绝对真理的基本学说，与中国传统哲学思想中的自然主义和宇宙论倾向相互作用的结果，亦同样存在于三谛学说当中。

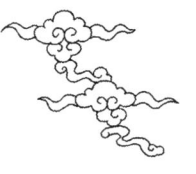

天台宗的心修首先从《摩诃止观》展开。这部经书证明，观想之法是天台宗通过两种瑜伽修行法的口头秘授继承下来的，这两种方法是释迦牟尼佛传授的"金口相承"和龙树传授的"今师相承"。

智颛在著述中，除叙述了心修的基础，还对天台宗学说的全部法则和该宗的哲学范畴进行了详尽的分析。

天台宗在中国兴盛至9世纪中期，之后渐渐衰落，11—12世纪有过短暂中兴。9世纪初，日本僧人最澄开始在日本宣扬天台宗的教义，9—12世纪，天台宗在日本获得了广泛传播和国家支持。13世纪，日莲上人从天台宗分出日莲宗，他特别注重《莲华经》的诵读并沿用了其名称。这种诵经代替了天台宗舍摩陀和毗婆舍那全部复杂的观法修行。日莲宗在其他方面同意天台宗的部分法则，认为天台宗才是唯一乘的最高义理。目前，日莲宗是日本最普及的佛教宗派之一。日本天台宗本身仍然具有相当的影响力，有众多寺庙、社会机构、慈善基金和学校。

天台宗在朝鲜和越南也得到了一定的传播，但规模不大。

（E. A. 陶奇夫撰，贾茜译）

天台宗以其教理的详尽和系统性著称。它对理性领悟佛教义理本质的重视，决定了其注释考证的发达及对解释教理的极大重视。实际上，这些都在智颛弟子章安笔录的"天台三大部"中进行了阐述。

天台宗整套学说的基础是"一念三千说"。"三千"是十法界的表象之数目。"界"是生命体可以感受到的身心状态。一切界都相互通透并共存于一切万有，即在于一切生命世界，也在于一切无生命界。天台宗的修行目标是在人身上

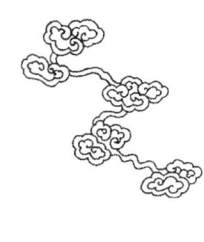

实现"佛界"并压倒其他的"界"。

止观说（又译为：止与悟、"自止"与"自悟"）解释了"悟"的本质是拯救众生脱离一切恶界。智颛还划分出领悟这一学说的五个阶段：（1）发心（唤醒心意）；（2）修行（掌握修行方法）；（3）感果（感受成果）；（4）裂网（裂绝之网）；（5）归故——领悟到修行的尽头即涅槃。

天台宗的基本原则规定了一切众生获得拯救的可能性，即从他们身上发现"佛性"，表现为划分出"三种止观"。确定止观类型的标准是信徒领悟佛法的"智力"水平（机，机后来成了佛教心理学最重要的范畴）。第一种止观是由"浅"入"深"的渐次引导。这一方法规定，通过一系列阶段的皈依与持戒修行，将行为调整到心理层面，达到"同情他人"的阿罗汉界，然后是帮助众生并达到"常住"的菩萨界，因此实现"先止后观"的原则。第二种止观称为不定，无需再经历由"浅"入"深"的全部阶段，而是根据情况采取某种学说，无需再讲解之前的教理。第三种止观称为圆顿，在于"瞬间觉悟"。"止观三型"的划分表现出天台宗学说基础的奠基人将一切佛教义理结合在其框架下，作为整个体系不同部分的追求。

（А. Н. 伊格纳季耶维奇撰，贾茜译）

*智颛《摩诃止观》，第1—2卷，东京，1975年；湛然《十不二门》，К. Ю. 索洛宁译注，载《彼得堡东方学》，第8版，圣彼得堡，1996年，第58—87页；《妙法莲华经》，А. Н. 伊格纳季耶维奇译，莫斯科，1998年；《中国的宗教文选》，Е. А. 陶奇夫编，圣彼得堡，2001年，第267—306页；А. Н. 伊格纳季耶维奇《日本天台宗》，莫斯科，2002年；A Source Book in Chinese Philosophy / Tr., comp. By Chan Wing-tsit. Princ.-L., 1963, pp. 396-405。**А. Н. 伊格纳季耶维奇译《天台止观说（通论）》，载《第14届"中国社会与国家"学术研讨会论文集》，第1册，莫斯科，1983年；О. О. 罗森堡《论远东当代佛教的世界观》，彼得格勒，1919年；О. О. 罗森堡《佛学研究集》，莫斯科，1991年；К. Ю. 索洛宁《天台宗的不二学说》，载《彼得堡东方

学》，第8版，圣彼得堡，1996年，第41—57页；E. A. 陶奇夫《佛教学引论》，圣彼得堡，2000年，第186—190页；Л. Е. 扬古托夫《中国佛教哲学的统一、同一与和谐》，新西伯利亚，1995年；范文澜《唐代佛教》，北京，1979年；《中国佛教》，上海，1989年，第1卷，第273—278页；第2卷，第91—98、219—221页；Ch'en K. Buddhism in China: A Historical Survey. Princ., 1964; HurvitzL. Chih-I (538-597) / An Introduction into the Life and Ideas of Chinese Buddhist Monk. Bridges, 1963; Magnin P. La Vie et l'oeuvre de Huisi (515-577): Les Origins de la secte bouddhique chinoise du Tiantai. P., 1979.

（А. И. 科布杰夫撰，贾茜译）

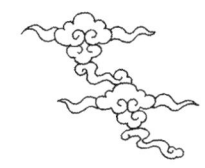

童心，中国哲学术语，表达最高智慧存在于赤子稚真、真理存在于精神单纯质朴之中的思想。

在传统儒学作品中，童心这个词组最早与"孩子气"和"幼稚"联系在一起，首见于"十三经"。左丘明在《春秋》注中提道："于是昭公十九年矣，犹有童心。"（《左传·襄公三十一年》）中国文献的"书中之书"、"十三经"和"五经"中的第一部经《周易》中，有一个类似的术语：儿童看待事物的眼光（童观）。童有贬低之意，是小人之道的特征。①

然而，继孔子之后第二重要的儒家权威孟子提出了人性善的观点，并在其基础上得出结论：反而是"大人"不会丧失自己的"赤子之心"。就这一结论而言，孟子与中国古代哲学中儒家主要的理论对立学派——道家达成了一致：道家的奠基之作《道德经》中，着重提出了圣人之德与赤子之德相同的思想。公元前2世纪百科全书式的著作《淮南子》浸润着道家思想，其中便通过童心这个词表现了老子的上述立场，表述为至德之世的人们都有"童蒙之心"（第4卷）。在唐朝，道教与佛教占据优势地位的时期过后，儒学重新兴盛，刘禹锡开始将"童心"与人的自然"天性"相提

---

① "象曰：初六童观，小人道也。"——译者注

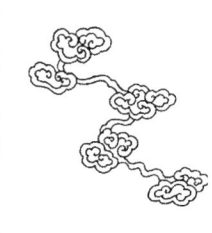

并论（《伤往赋》）。宋明时期形成的理学中，被称为心学的陆王学派恢复并发展了孟子不失"赤子之心"的传统儒家思想。王阳明将自己的理论基础建立在"良知"这一概念之上，良知即心，是每个人与生俱来的直觉知识："天理"与道德基础。

王阳明最独特的追随者李贽以这一概念为基础创建了专门的"童心说"。他在同名文章中论述了这一学说，并收入著名的《焚书》，这部书在李贽死后被皇帝下令焚毁。正是李贽将童心的概念发展到了最高峰，因而后来这个概念首先与他的名字联系在一起。西方最有名的李贽研究者毕来德认为，李贽甚至将这个词变成了一个新的哲学术语，其中的新意应当是正确而不带歧义地理解"童心"所含内容的关键，李贽试图以此区别于其同时代同道中人王阳明所使用的类似表达法：赤子之心、良知、真心。李贽用最后一个概念来定义"童心"，解释道："绝假纯真，最初一念之本心也。"尽管一方面，"童心"的志向过于简单、平常，与"穿衣吃饭"相联系，但另一方面，"天下之至文"未有不出于"童心"。随着时间流逝，童心在周围环境的影响下日渐丧失。为避免这种情况发生，应当拒绝外部世界强加的有污视听的信息，保持精神的警觉，且不囿于经典文献。李贽认为，王阳明是保持"童心"、成为"真人"的范例。王阳明在《归怀》中写道："行年忽五十，顿觉毛发改。四十九年非，童心独犹在。"除道家外，佛教也对李贽的新儒家哲学产生了影响，这显然与"童子系作佛事"的佛教教义以及任何生命都具备"佛心"的普遍概念（特别是禅宗）相关。

在俄国汉学界，В. С. 马努辛和Л. Д. 波兹德涅耶娃将李贽的"童心"思想比作洛克的"白板"（tabula rasa）理论和爱尔维修的人类智力天然平等说。

**A. И. 科布杰夫《王阳明与中国古典哲学》，莫斯科，1983年，索引；A. И. 科布杰夫《中国理学哲学》，莫斯科，2002年，索引；В. С. 马努辛《李贽的观点及其同时代人的创作》，载《国外东方文学史大学间学术研讨会论文集》，莫斯

科,1970年;Л. Д. 波兹德涅耶娃《中国文学》,载《传统社会中后期东方文学》,第1卷,莫斯科,1970年;Billeter J.-F. Li Zhi, Philosophe maudit (1527-1602). Geneve, 1979, pp. 250-258.

(А. И. 科布杰夫撰,贾茜译)

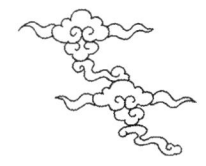

汪中,字容甫,初名秉中。1744年生于江苏江都(今扬州),卒于1794年。理学家、启蒙学者、史学家、文学家。他出生于贫寒但有教养的家庭,1777年成为贡生。他的哲学观点主要体现在随笔《述学》中。他致力于反思儒学的思想内容和历史,批判被宋代理学篡改的道统思想。汪中认为,孔子最重要的继承人和阐释者并不是"正道"的孟子,而是把法家的论点带入儒家的荀子。汪中是《墨子》最早的研究者和阐释者之一,他力挺"仁"和墨家学说,以及被诟病为"异端邪说"的与儒家兼容的部分。

*《江都汪氏丛书》,1915年;《汪中述学》,上海,1936年。**А. И. 科布杰夫《中国理学哲学》,莫斯科,2002年,第438—439页;张舜徽《清代扬州学记》,上海,1962年;B. A. 埃尔曼《从哲学到哲学》,剑桥—伦敦,1984年,索引。

(А. И. 科布杰夫撰,张晓东译)

王安石,字介甫,号半山。1021年生于江西临川,1086年卒于江宁(今南京)。杰出的思想家、改革家、政治家、文学家。他出生于小吏家庭,二十岁中进士,两次出任宰相,位列公卿。1069—1076年主持变法,旨在加强国家对财政和社会生活控制的力度:用货币化的赋税取代徭役和劳役;在粮食成熟之前以国家统一的价格收购和按照国家统一的利息向农民提供借贷；乡村住户按照不同的等级和人数形成有序的、层层担保的、与后备兵役密切相关的组织（保甲）。这些有利于人民并对官僚和大地主的利益做出了限制的举措，同时加强了国家对主要商业和手工制造业的垄断，压制私人所有制的形式。王安石的举措引起了当时不少显赫人物的反对，其中的代表人物有欧阳修、司马光、苏轼、邵雍、程颢、程颐等。这场斗争无论在中国思想意识形态还是在文学艺术领域都引发了广泛而多元的反响。

王安石的社会政治构想建立在儒家理论以及部分对"青天"的乌托邦想象之上，其中带有法家的功利主义原则：依靠法治。其特色是惩罚（因为微不足道的罪过要受到严苛的刑罚），奖励军事上的英勇，反对绝对地厚古薄今。王安石以自己的纲领为理论依据（计划中也包括加强教育体系和国家考试的实用倾向）创立的"新学"建立在对三种儒家经典——《诗经》《尚书》《周礼》的独创阐释基础之上，后者在社会政治意识形态领域的地位超过了当时公认的儒家经典编年史《春秋》。王安石仅从相应的阐释著作中选取了诠释《周礼》的文集《周官新义》。在本体论的领域，王安石致力于用更加易懂的概念"五行"代替复杂的组合理论。五行说集中见于《洪范》，这个思想主要体现在王安石主要的哲学论集——对《洪范》的注释，即《洪范传》中。王安石对道家的兴趣体现在他对《道德经》的注释（残留数章节）中，以及充满与庄周的共鸣的随笔中，这被朱熹用于攻评王安石协从于道家。在对《道德经》的注释中，王安石把"道"阐释为一般世界的实体，其"体"形成了"元气"，而"用"则表现为移动的、充满的"气"。"静"—"动"的最高准则是"名"。在事物不断运动、变化的世界里，一切都是按照阴阳的模式，以对立的形式出现的，并且处于五行不断地此消彼长中。"神"能够摆脱这种分散的状况，重新回归最初的"静"，虽说它也是由"体形"产生的："神生于性，性生于诚，诚生于心，心生于气，气生于形。形者，有生之本。"王安石认为，"性"在"善"与"恶"的立场上是中立的，它们更贴近于更活跃的表现形式——

"情"。据此,他推断有"情"的教育、法律、经济、政治会对人们产生积极的作用,改变他们的习惯。王安石的试验在他隐退之后中断了,但是他的社会政治观念对11世纪之后数百年里的中国思想家持续发挥着影响,例如王阳明;在19世纪末20世纪初也对新型的改革家产生了影响,例如康有为、梁启超等。王安石思想理论的现代化方案,是在经济、社会生活的基本层面,以利益无法与超阶级的社会利益分割的人民的名义,限制个体"意愿"的国有化提案。

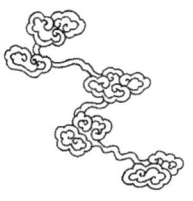

*《王文公选集》,北京,1962年;《王文公文集》,上海,1974年;《礼乐论》,卡拉耶娃译,载《东方人与精神文化》,第1辑,莫斯科,2003年,第143—154页。**伊万诺夫《11世纪王安石和他的变法》,圣彼得堡,1909年;卡拉耶娃《王安石哲学中伦理学与本体论之关》,载《东方人与精神文化》,第1辑,莫斯科,2003年,第83—104页;З.Г.拉宾娜《传统社会中后期中国的政治斗争》,莫斯科,1970年;《11世纪中国改革家新论》,载《莫斯科大学学报·东方学分册》,1970年第1期;侯外庐、邱汉生《唯物主义者王安石》,载《历史研究》,1958年第10期;Liu T.C.J. Reform in Sung China. Wang Anshih (1021-1086) and His New Policies. Camb., 1959; Wang Anshih. Practical Reformer? /Ed. by J.Meskill. Boston, 1963;Williamson H.R. Wang An shih, a Stateman and Educationalist of the Sung Dynasty. Vol. 1-2. L., 1935-1937.

(А. И. 科布杰夫撰,张晓东译)

王弼(227—249),字辅嗣,山阳人,哲学家,玄学以及与玄学相关的抽象思辨"清谈"的创始者之一。曾任曹魏的尚书郎。西晋高官何劭著有其传记(《三国志·钟会传》有引用)。

他提出的对儒家和道家的原创阐释主要见于以下著作:(1)《周易略论》;(2)《周易注》,这也是最权威的经典注释;(3)《老子道德经注》,这是对《道德经》最

权威，也可能是最古老的注释；（4）《老子指略》，何劭《王弼传》以及《新唐书·艺文志》中提到过，该书是对《道德经》思想有体系的阐释，宋朝末年散佚，1951年王维诚在对收入《道藏》的文献《老子微指例略》和《老子指归略例》的鉴定中，认为它们与王弼的著作显然属于同一个文本；（5）韩康伯《系辞传》收入的何劭所提及的一小部分文字以及《唐书》书目部分提及的《周易大衍论》；（6）《隋书·经籍志》中所提到的在唐朝末年已经散佚，仅以何晏、韩康伯等人以索引的形式对《论语》所做的注释。

王弼致力于将道家的形而上学，而不是前辈汉代儒家的自然哲学融入儒家关于社会和人的观念。他对概念范畴的构成进行了改造，对中国的佛学与理学观念的构成与概念产生了深远的影响。他首先提出体—用对立之概念。因为《道德经》中"道"和"有"是从"无"中产生的，王弼将"道"等同于被解释为"一""中""极""主"的"无"，"有"和"无"在其中融为一体。王弼将包罗万象之"道"的主导性理解为合理的，而不是宿命论的，他对"道"与"命"的阐释都借助了"理"的概念。王弼认为，"理"是"物"与"事"这一对矛盾体的构成要素。不可预测之现象的多样性在王弼看来，也是它们的体、情、志的相辅相成，其首先是在时间中实现的。

王弼将《周易》的学说阐释为时间进程与变化的理论。他指出，这部著作的主要因素是卦象——时义。然而"卦"的整体规律性并不能等同于"算术"。这种对《周易》的哲学阐释是对之前传统的象数学那种表层阐释的反驳，后来在程颐的理学中获得了长足的发展。王弼对"理"的阐释在理学中也有所发展，佛学华严宗也发展了王弼对"理"与"事"的二分法。

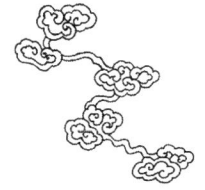

*楼宇烈《王弼集校释》，北京，1999年；Wagner R.G. Wang Bi:"The Structure of the Laozi's Pointers"（Laozi weizhi lilue）. A Philological Study and Translation // T'P. 1972, Vol. 72, No. 1-3; Lin P.J. A Translation of Lao Tzu's "Tao Te Ching" and Wang

Pi's Commentary. Ann Arbor, 1977; Wang Pi. Commentary on the Lao Tzu / Tr. by Chan Wing-tsit, A. Rump.Honolulu, 1979; Wang Pi: philosophe du non-avoir / Tr. par I.Bergeron. P.,1986; Lynn R. J. The Classic of Change: A New Translation of the I Ching as Interpreted by Wang Bi. N. Y., 1994。**《中国哲学史》，莫斯科，1989年，第226—235页；《神秘之道：〈道德经〉的世界》，А. А. 马斯洛夫编译，莫斯科，1996年，第301—378页；А. А. 彼得罗夫《王弼·中国哲学史摘录》，载《东方学研究所著作》，第13辑，莫斯科、列宁格勒，1936年；В.Ф费奥克季斯托夫《王弼是理想主义者吗？再论"有"和"无"的概念》，载《第十三届全俄东亚哲学与世界文明大会论文集》，莫斯科，2002年，第13—16页；韩强《王弼与中国文化》，贵阳，2001年；Cheng A. Yi: mutation ou changement? Quelques reflexions sur le commentaire de Wang Bi (226‑249) au «Livre des Mutations» // Notions et Perceptions du changement en Chine / Ed. V. Alleton, A. Volkov. P., 1994; Tang Yung-t'ung. Wang Pi's New Interpretationof the I-ching and Lun-yu // Harvard Journal of Asiatic Studies. 1947, Vol. 10, pp. 124-161; Wagner R. G. Language, Ontology, and Political Philosophy:Wang Bi's Scholarly Exploration of the Dark (Xuanxue). Albany, 2003;Wagner R.G. The Craft of a Chinese Commentator: Wang Bi on the Laozi. Albany, 2000; Wright A. [Rev. of:] А. А. Петров. Ван Би // Harvard Journal of Asiatic Studies. 1947, Vol. 10, pp. 75-88.

（А. И. 科布杰夫撰，张晓东译）

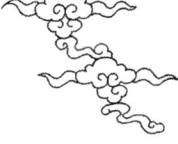

王充，字仲仁，生于公元27年，上虞会稽（今浙江绍兴）人。百科全书式的哲学家。对于前人不同流派的哲学思想成就，他秉持纯粹自然主义与合理批判的立场。他出身寒门，在洛阳的太学跟随班彪（班固的父亲）学习。曾任小吏，数次离任，约于公元97年，在贫寒中去世。范晔所著断代史《后汉书》中有《王充传》。王充唯一存世的著作是《论衡》——对几种针锋相对的哲学观点的比较（平衡）。

王充对于中国哲学史最基本的意义，与其说在于他建立了一种原创的学说，不如说在于他对充满独立批评和思辨性

质的反专制主义的玄学风格的改造，以及不断地以日常生活与自然科学（尤其是在天文学和医学领域）中的经验现象为佐证。对王充的传统归类忽略了他与儒家的近似之处，而是将他归为折中主义者，或百科全书式的学者（杂家）。他的自然哲学有道家（对自然秩序的阐释——自生的自然与"无为"的"天道"）和阴阳家（根据《周易》的世界观形成的宇宙二元"阴阳"论）的影响。王充的社会伦理观念受儒家和法家的影响。对王充思想产生过直接影响的前辈有扬雄和桓谭，他主要的批判对象是董仲舒的学派和不足以凭信的文章（谶纬）。在与它们关于天的自由意志的目的论观念以及人对自然进程的反作用的能动性的辩论中，王充肯定了事物的自然规律具有非意志的自生性的观点，这使他逐渐认知到人的存在在自然因素中完全的决定作用。王充把命运看作与生俱来的"注定"（命），这跟道德报应（善有善报，恶有恶报）的理解是有别的。在王充的本体论中，天被界定为一种无形的气体状的"元气"，而在他的天体论中，则被界定为"体"（在精神的意义上），所对应的天体想象是"盖天"，好比是有一个硬壳的物体。王充认为，世界是一个由独一无二的本体——原初的气体（元气）构成的统一整体，是"天地合气之自然也"，是因一切物质与精神现象自然而然产生的，区别只是纯度和浓度不同而已。生命和心理是"气"本身所固有的状态。这种学说是对儒家（孟子）和道家（庄子）对"气"的独特性阐释的发展。王充为驳斥长生不死的迷信所作的（关于人和物体）"水凝而成冰，气积而为人"的类比开始在中国哲学中（尤其是自11世纪张载肇始的理学中）流传开来。人身上的"气"是"自然"注定的、无法改变的体现。王充把前辈儒家（孟子、荀子和扬雄）关于人的"本性"的学说进行了系统化，认为"善人"具有高出平均水准的"中人"的知识与道德特质，而"恶人"是低于中人的。中人兼有善恶。但是他反对把"与生俱来的知识"（生知、先知）作为划分不同人等的依据。王充认为，人的心理特征取决于他的血统，并受到外界物质环境的制约。依据《周易》万物变易的观念，王充认为人类社会的历

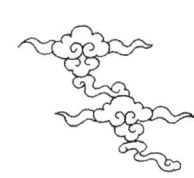

史是文化与造反决定的周期性更迭，与统治者的特质无关。

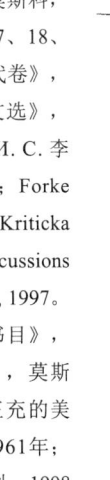

* 《论衡》，刘盼遂释，北京，1957年；黄晖《论衡校释》，台北，1964年；王充《论天、地、人、自然和命运》，М. Л. 季塔连科编译，载《世界哲学选集》，第1卷，莫斯科，1969年，第243—249页；《论衡》，1、2、3、11、17、18、20、26章，载 Т. В. 斯捷布京娜译《中国古代哲学·汉代卷》，莫斯科，1990年，第23—319页；《竹简：中国古代文选》，莫斯科，1994年，第199—208页；王充《论衡》，И. С. 李谢维奇《东方诗学》，莫斯科，1996年，第26—28页；Forke A. (tr.). Lun Heng. Vol. 1-2. N. Y., 1962; Wang Chung. Kriticka pojedna ni (Lun-cheng) / Pr. T. Pokora. Praha, 1971; Discussions critique (Lunheng) de Wang Chong / Tr. par N. Zufferey. P., 1997。
** Р. В. 越特金《王充与中国历史文献学》，载《新书目》，第11辑，第1版，莫斯科，1980年；《中国哲学史》，莫斯科，1989年，第202—221页；В. А. 克利夫措夫《王充的美学观》，载《古代与中古美学思想史》，莫斯科，1961年；Р. Л. 纳达《王充》，载《东方的伟大思想家》，莫斯科，1998年，第88—93页；А. А. 彼得罗夫《王充——中国古代唯物主义者、启蒙主义者》，莫斯科，1961年；谢无量《王充哲学》，1928年；田昌五《王充及其〈论衡〉》，北京，1958年；郑文《王充哲学初探》，北京，1958年；Zufferey N. Wang Chong (27-97？). Connaissance, politique et ve rite en Chine ancienne. Berne, 1995。

（А. И. 科布杰夫撰，张晓东译）

王夫之，人称船山先生，字而农，号姜斋，1619年10月7日生于湖南衡州衡阳，1692年2月18日卒于湖南石船山。优秀的唯物主义哲学家，出色的百科全书式学者。他生于书香门第，自幼聪颖。大明王朝的覆亡中断了他的功名之路。和另外两个17世纪中国大思想家顾炎武和黄宗羲一样，在清军入关期间，他尽力投入抗清活动。清朝入主北京后，他参加了南方以明皇子朱由榔（桂王）为首的小朝廷的抗清活动。

1651年，王夫之回到故乡湖南终老，远离仕途。

王夫之具有非常开阔的学术视野，他的成果同样广博，其数量可能创下了中国哲学史的纪录：有著作百余种，迄今流传70种左右。这些作品在他生前从未刊之于众。他的第一部文集由中国著名思想家、政治家曾国藩于1866年刊行。

王夫之最重要的哲学著作是《周易外传》《周易内传》《尚书引义》《读四书大全说》《张子正蒙注》《思问录》《老子衍》《庄子通》《相宗络索》；社会历史代表作有《黄书》《噩梦》《读通鉴论》《宋论》。

虽然隐居远离学术圈，但这并没有妨碍王夫之对传统中国哲学前辈（尤其是宋代理学家张载）和同时期学者的思想进行广泛的研究。

王夫之发展了张载的"太虚一实"的思想，肯定了"太虚即气"。他否定理学家程颐和朱熹的说法，修正了"气"的本原特征。王夫之强调，没有"气"，"天""礼""心""信"便都不存在。

王夫之认为，静是由动产生的："动静皆动。"他揭示了阴阳之间的变化进程与相互关系："动而生阳，动之动也，静而生阴，静之动也。"

王夫之根据物质层面的"气"和功能层面的"动静"的统一，发展了对立统一的方法论原则："阴阳不孤立于天地间"，阴阳"相反而固会其通"，"由两而见一"。

阴阳体现为对立的统一在道家学说中清晰可见。就像顾炎武那样，王夫之坚持具体事物和"道"的不可分割的同一性："道器相须。"这种秩序化的结果便是"德"。

和同代人方以智一样，王夫之认为，"形而上"之"道"并非没有"形"与"相"，然而"道"应依附于"器"。这种最初在《周易》中作出区别的形而上与形而下的统一，被王夫之用来消解（虽然并不彻底）理学"天理—人欲"的主要观点，他认为"天理"就在"人欲"之中。

王夫之哲学把感性愿望和逐利看作人心中"阴"的方面，它与最终要屈从的"阳"的因素是统一不可分的。人心中的"阳"的方面是天则，是对"义"的追求。王夫之认为利"用"乃是人之"道"。

王夫之与黄宗羲、顾炎武在赋予个体的兴趣、欲望和逐利以合法地位方面团结一致。王夫之认为在国家权力中有实现令个体、私欲达到利他主义的天下之"公"的领导作用。

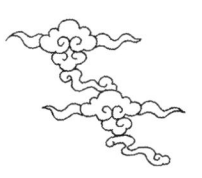

但和上述思想家立场不同的是,王夫之强调这种力量的最高载体——帝王的特殊作用,认为"君者神人之主"(《四书训义》),"天之使人必有君也"(《读通鉴论》),"天下之治,统于天子者也"(《读通鉴论》)。由此可见,统治者对于"庶人"来说是高不可攀的,人民是没有批评的权利的。相应地,王夫之对农民起义持否定态度,因为他认为天下没有比弑君更大的罪恶。1644年,他本人即拒绝加入农民起义军的队伍。顺便说一句,在王夫之看来,弑君和逐君是同样的罪过(《春秋家说》)。

基于这种立场,王夫之重新考察了孟子关于民贵君轻的观点:民—社稷—君。王夫之没有按照通常的方法解释,而是将其视为对公元前5—前3世纪历史的描述,在中央集权解体后,周朝失去了实际上的君权,"君非君,而社稷亦非社稷矣,故轻也"(《读通鉴论》)。

与提升统治者的意义成正比,王夫之贬低人民的意义:"庶民者,流俗也。流俗者,禽兽也。"(《俟解》)王夫之将庶民归入禽兽,是因为在中国精神文化的框架中,是从文化,而并非从生物的角度界定人类的。甚至连热爱人民的孟子也说:"人之所以异于禽兽者几希;庶民去之,君子存之。"(《孟子·离娄下》)

王夫之质疑孟子将人分为"君子/小人"的方法:"人之所以异于禽兽者,君子存之,则小人去之矣。不言小人而言庶民,害不在小人而在庶民也。小人之为禽兽,人人得而诛之。庶民之为禽兽,不但不可胜诛,且无能知其为恶者,不但不知其为恶,且乐得而称之,相与崇尚而不敢逾越。"(《俟解》)

在王夫之的社会人类学框架下,"庶民"是低于中国传统意识形态中被否定的角色——"小人"的。关于后者,王夫之认为:"君子之于小人,犹华夏之于夷狄。其分也,天

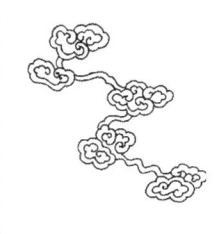

也，非人之故别之也。"（《读通鉴论》）这种"天"之分野就是与君臣的立场有关的。

虽然王夫之将小人、女子、夷狄都列入"阴"的那一类，但在有些地方他又把夷狄与鸟兽等量齐观。人与动物的分界线不是自然科学问题，而是社会文化与政治权力问题。王夫之确信："君天下者，仁天下者也。仁天下者，莫大乎别人于禽兽，而使贵其生。"（《宋论》）将夷狄归入动物世界，即"异类"，有"仁""义""信"的理论基础为这种解释服务。王夫之认为："信义之施，人与人之相于而已矣；未闻以信义施之虎狼与蜂虿也。"（《读通鉴论》）

将夷狄归为异类，是由孟子倡导的儒家哲学思想对人的等级划分决定的。孟子认为，为人之道在于"居仁由义"。王夫之指出，夷狄不懂仁义，只知道暴力。

王夫之对这一古老理论的发展完全可以通过具体的历史情况来解释，当时抗击外来侵略者有不容妥协的一面，不能局限于通常的道德准则。但是从总体的哲学框架来看，这种立场相对于把"仁"施及所有，包括有机、无机世界的理学，是一种退步。

显然，历史情况也加强了王夫之的反女权主义。在中国历史上，明朝的宦官对国家政权的影响是最大的，他们形成了"阉党"。在很大程度上，他们和背后的女性势力一起，要为大明帝国的溃败负责。由于女性权力的强势给政治带来的悲剧影响，王夫之坚定地认为"阴"不能盖过"阳"，认为应当在政治、权力等方面压制女性，在他看来，女性自身的动物性因素是破坏社会稳定的诱因。在他看来，知其母不知其父，无异于鸟兽，是禽兽之行。他甚至高度评价很不受欢迎的秦朝，认为它有理想的、古老的家庭法则，他还认为寡妇不能再嫁。

这个论断凸显了王夫之思想的一个显著特点：进化论。他认为国家、社会历史的变化相应需要政治、法律的改变。王夫之断言，"无一成之法"，"天下有定理而无定法"。王夫之贯彻自己进化论的逻辑，有别于中国传统的理解，他认为人体本身在生命进程中也是不断死亡与再生的。

综上所述，作为始终如一的君主政体拥护者，王夫之提出了比封建制更先进、更现代的中央郡县制度，这也是黄宗羲和他持不同见解的地方。

那个世纪理论交锋的另一个要点是人或法的优先权——王夫之刚好相反，他持中和立场，认为二者都很重要，调和了黄宗羲和顾炎武的理论。此外，他注意到人的因素是首要的，这与他对领导人角色的理解完全契合：君主是最高律法的拥有者、执行者和裁定者。

王夫之认为，法应当契合人的感受，并且立法贵简，执法从情。他反对那些处心积虑的刑罚，例如枭首示众、车裂等，这样做对死刑本身并没有什么增补作用，但可能害其后人。

总的来说，王夫之遵循儒家的准则，认为道德律令高于法规，并倡议"礼"与"罚"的调和。为此必须遵循"法贵责上"的原则，并且和"刑尤详于贵""礼不逮于下"结合起来。（《读通鉴论》）

王夫之从礼高于法的要义出发，丰富了儒家关于"隐"的思想。孔子对"父子互隐"的评判，是和西方植根于古老神话的法律高于一切的思想刚好相反的，例如，神话中，奥格阿斯的儿子出来指证父亲想欺骗赫拉克勒斯。中国的法家同样如此。王夫之将"隐"定义为一种良心的沉默，这与谎言或弄虚作假是有区别的，从而将其纳入人的行为的多样性范畴中。（《俟解》）

到了19世纪下半叶，被漠视已久的王夫之作为彻底的进化论辩护者，又被维新思想家康有为、梁启超、谭嗣同抬出来作为挡箭牌，他们甚至称之为中国近五百年来第一人，而章炳麟在生命的最后岁月出版了他的文集。

*《王船山诗文集》，北京，1962年；《船山遗书全集》，章炳麟编，台北，1972年；《船山全书》，长沙，1989年。**B. Г. 布罗夫《17世纪中国思想家王船山的世界观》，莫斯科，1976年；А. И. 科布杰夫《中国17—18世纪政法学术史》，莫斯科，1989年；А. И. 科布杰夫《中国理学哲学》，莫斯科，2002

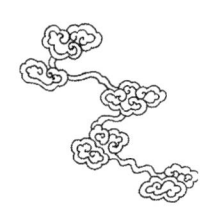

年，第421—428页；汪毅《王船山的社会思想》，上海，1956年；肖萐飞《王夫之思想辩证法引论》，武汉，1984年；邓潭洲《王船山传论》，长沙，1982年；李季平《王夫之与读通鉴论》，济南，1982年；夏剑钦《卓越的思想家王夫之》，上海，1987年；唐凯麟、张怀承《六经责我开生面——王船山伦理研究》，长沙，1997年；方克《王船山辩证法思想研究》，长沙，1984年；侯外庐《船山学案》，长沙，1982年；胡发贵《王夫之与中国文化》，贵阳，2000年；张西堂《王船山学谱》，台北，1965年；陈远宁等《王船山认识论范畴研究》，长沙，1982年；杨廷福《王夫之》，北京，1974年；Black A. H. Man and Nature in the Philosophical Thought of Wang Fu-chih. Seattle, 1989; Gernet J. L'Intelligence de la Chine. P., 1994, pp. 303-312; Jullien F. Procès ou Création. Une introduction a la pensée des lettres chinois. P., 1989; McMorran I. The Passionate Realist. An Introduction to the Life and Political Thought of Wang Fuzhi (1619-692). Hong Kong, 1992; idem. Wang Fu-chih and the Neo-Confucian Tradition // The Unfolding of Neo-Confucianism / Ed. W. T. De Bary et al. N. Y., 1975; Teng Ssu-yu. Wang Fu-chih's Views on History and Historical Writing // Journal of Asian Studies. 1968, Vol. 28, No. 1, pp. 111-123; Vierheller E. J. Nation und Elite im Denken von Wang Fu-chih (1619-1692). Hamb., 1968.

（А. И. 科布杰夫撰，张晓东译）

王符

王符（约85—162），字节信，生于临泾（今甘肃镇原）。儒学家，政治思想家。王符为庶出，故无法获得上升空间。他的文学创作反映了一个离群索居的知识分子的立场，他在中年或晚年所著《潜夫论》正得名于此。这本书共36篇，最后一篇是对前文的归纳总结。他和同时代的进步思想家、学者张衡、马融都是朋友。

在研究王充的唯物主义和理性主义观点时，王符认为"元气"是一切存在之本源，它最早处于"太初"的状态下，是一种无"形"之无序统一的"精"。然后它自动经过变化、区分，和人一起在中心建立起宇宙。道为气之根，气为道之使。人之道在于"为"，通过它借助阴阳之力，对天与地产生作用，调节并实现其所产生的冲力。人的知识和能力并不是与生俱来的，而是通过学习，让其成为德与义的载体而获得的。王符认为，正是这些品质，而不是法以及准则让社会达到理想的太平状态。他对当时的社会恶习提出了尖锐的批评，认为它们是为了一己私利曲意逢迎君王的谄媚者造成的。君王的首要任务是用贤，由贤者管理的国家，人民能够满足自己的物质需求。

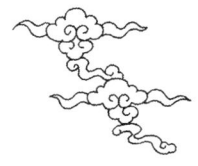

*汪继培《潜夫论笺》，北京，1979年；《潜夫论》，П. М. 乌斯京、林林译序，载《中国古代哲学·汉代卷》，莫斯科，1990年，第339—353页；Pearson M. J. Wang Fu and the Comments of a Recluse. Tempe (Arizona), 1989; Behnke Kinney A. The Art of the Han Essay: Wang Fu's Ch'ien-fu lun. Tempe (Arizona), 1990; Kamenarovic I. Wang Fu, Propos d'un ermite. P., 1992。**《王符的哲学思想》，载《甘肃师范大学学报》，1964年第1期。

（А. И. 科布杰夫撰，张晓东译）

王艮，原名王银，字汝止，号心斋，1483年7月20日生于江苏泰州安丰场，卒于1541年1月4日。理学家，泰州学派奠基人。出身灶丁、小商人家庭，未能获得官方承认的学历。28岁，因梦到天堕而开悟后，开始传播自己建立在对儒家经典的自由阐释基础之上的学说。38岁拜王阳明为师，王阳明给他改名为艮。人生的磨砺使王艮的思想带有平均主义的、反叛的特质，这也使得他的思想在底层群众当中传播广泛。

王艮的学说主要围绕理学展开，可以归属于社会伦理人类学的范畴。王艮思想主要概念是"格物"，他将其阐释为个体的"止于至善"，即在主体——"性/体"与客体——社会和世界之间建立一种和谐的、正确的关系，这种关系的阐释建立在三种基本理念之上：（1）宇宙、个体与

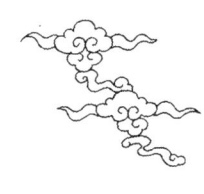

道的"万物一体";(2)强调人在宇宙、个性在社会中的核心作用;(3)人际关系普适的基础"淑"。每一个人不仅要完善保存自己的"心",履行自己的"良知"或"明哲",而且还有作为所有社会性存在(家、国、天下)准则的"体"。任何一种对社会和世界的作用都有可能反作用于自身。这种作用影响到客体,又像回声一般反作用于主体。王艮传扬独具特色的"理性的自私"学说,排斥自我牺牲的利他主义以及以自私为核心的自爱:真正的自爱并不排除对于众人的爱。在这种布道中看得出墨家的影响,但是没有那种画地为牢的拘泥气息。因为王艮赋予了感性过多的意义,他推翻了阳明学者刘宗周的批评。他认为人"性"具有自发性,是在日常的劳动人民当中(百姓日用)达到最终结果(致良知)。王艮独一无二地发展了关于每个人都可能成为"圣人"的理论,"圣人之道,无异于百姓日用",因此,"衣食足而礼义兴"。王艮曾带头平均分配多余的荒地。

* 《王心斋先生遗集》,北京,1910年;《王心斋先生全集》,1912年。**А. Н. 科布杰夫《中国理学哲学》,莫斯科,2002年,第384—385页;W. T. 柏瑞《晚明思想中的个人主义和人道主义》,载《晚明思想中的自我与社会》,纽约,1970年,第157—178页;Übelhor M. Wang Gen (1483-1541) und seine Lehre: Eine Kritische Position im späten Konfuzianismus. B., 1986.

(А. И. 科布杰夫撰,张晓东译)

王国维

王国维,字静安,号观堂。1877年生于浙江海宁县,1927年卒于北京。历史学家、语言文字学家(他是最早破译甲骨文的人之一)、文学评论家、诗人、哲学家、第一位中国戏剧史学家。在20世纪初与改革者创办的出版物合作,批评启蒙中的功利主义。在反封建的辛亥革命之前,他受到18—19世纪德国哲学的影响。王国维哲学的目标是寻找生命、宇宙和永恒真理的意义,发现其中哲学与艺术的同等价值。他对集中于政治和社会问题的哲学(严复、梁启超为代表)加以批评,反对改革家(康有为、谭嗣同等人)将儒学改造为社会宗教的尝试。他确认中国传统文化的"工具性",认为其中没有"纯"哲学传统(形而上学、逻辑学、认识论)。他强调中国哲学的"实用倾向"(即关注伦理和政治问题)有别于西方哲学思想的"理论性"。他认为,佛教哲学激活了汉代的中国文化,中国文化在20世纪应当由欧洲哲学再次激活。王国维是较早研究和翻译叔本华与尼采的中国人。他认为康德对世界哲学的贡献是确定了真理作为对客体的认识的形式主观性的标准。他站在叔本华的立场上批评康德的反形而上学、怀疑主义、理性与感性、纯粹理性与实践理性之分的矛盾性,以及概念的混淆。他把叔本华看作欧洲哲学的核心人物,并且认为他的学说与佛教以及《奥义书》有相同之处。他赞美叔本华的观点,诸如"生命意志"、选择艺术而不是科学、直觉理论,以及将生命界定为因为人的欲望的暂时满足之痛苦,等等。在这种立场上,他将曹雪芹的《红楼梦》和元杂剧看作悲剧,其中生命呈现为苦难,人通过怀疑主义与自我批判而获得了自由。1907年之后,王国维以尼采的视角批判了叔本华,认为他的学说不是真理,而是自我安慰,是与生命相抵触的。他发现了叔本华伦理与美学的矛盾,在苦行僧之"自我否定"与有超自然能力的天才之"自我肯定"之间的矛盾。他在尼采的超人哲学理论中发现了伦理层面的叔本华"天才理论"之推论。

王国维的美学观点深受德国哲学的影响。他认为,艺术好比儿童的游戏,是一种过剩精力的实现。它的功能是阐释思想、认知。如果说,中等之人相对于粗俗的消遣会选择有道德教育色彩的大众信仰,那么精英会选择艺术。王国维把美分为三种,前两种是从康德美学移植过来的,即先验的("优美""崇高"),以及第三种,即经验的(由创作意识而达到的有如自然之美的"妙")。"优美"和"崇高"只有天才能够达到,"妙"则是有才华的人就可以达到的。在王国维的哲学抒情诗中,传统的中国诗歌主题被纳入

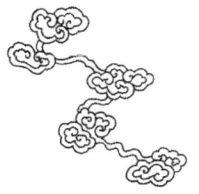

西方哲学的轨道。

辛亥革命之后，王国维脱离了从前对德国哲学的兴趣，转而警告西方思想的毁灭性影响。他的学术兴趣的中心变为古代历史、儒学，以及诸如诚实、美德、责任与道义、人性之未知等问题。

王国维《海宁王静安先生遗书》，第1—48册，长沙，1940年；《观堂集林》，第1—4册，北京，1959年；《王国维文集》，第1—4册，北京，1997年。《王国维学术研究》，上海，1983年；李泽厚《梁启超王国维简论》，北京，1979年；刘恒《王国维评传》，南昌，2010年；陈鸿祥《王国维传》，北京，1998年；张本楠《王国维美学思想研究》，台北，1992年；Bonner J. Wang Kuo-wei. An Intellectual Biography. Camb. (Mass.)-L.,1986; Kogelschatz H. Wang Kuo-wei und Schopenhauer, eine philosophisch Begegnung. Stuttg., 1986; Rickett A. A. Wang Kuo-wei's Jen-chien tz'uhua: A Study in Chinese Literature Criticism. Hong Kong, 1977; Wang Keping. Wang Guowei: Philosophy of Aesthetic Criticism // Contemporary Chinese Philosophy / Ed. by Chung-ying Cheng and N.Bunnin. Malden (Mass.)-Oxf., 2002, pp. 37-56.

（В. И. 罗斯曼撰，张晓东译）

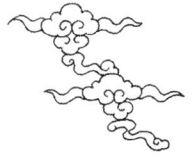

王畿，字汝中，号龙溪。1498年5月26日生，1583年7月5日卒，浙江绍兴人。理学家，王阳明的学生、同乡，王门七派"浙中派"创始人。王畿出生于官宦之家，1534年中进士之后，在兵部担任了一系列职务。1541年被罢官，此后四十余年间，尽管多方召唤他出山，他都坚辞不就，继续哲学研究，并在全国各地讲学。妻子的不育促使他对道家基于养生学说的房中术进行了研究。

王畿主要的理论成就是"四无"学说。这和他的密友钱德洪与之相左的学说一样，都是对1527年王阳明天泉四句教的回应："心是无善无恶之心，意即是无善无恶之意，知即是无善无恶之知，物即是无善无恶之物。"王畿从王阳明"心、意、知、物一体"的假设出发，认为理想的道德心理状况应当是心、意、知、物皆无善无恶，而不仅仅是心无善无恶。无善无恶是谓至善，不需要预先刻意进行关于善恶的分别，因为这是自发、自然的善。这个命题是借助于一些对立的概念建立的，诸如"无心之心""无意之意""无知之知""无物之物"，记录下先验论的、伦理经验的现实。王畿将组成心体的知，或"良知"，与普通的"识"加以区别，它没有始终，不分主体客体，超越生死，好比镜面本身是空的，能够反映出各种形象，亦即认知功能。每个人都能够由识达知，因为"良知现成"。它需要的不是发展，而是完全的解脱，为此需要信和有倾向的道德力量。后一点将王畿与阳明学派的正统代表区分开来。最后的"悟"有三种：字面规范意义上的"解"、冥思层面的"证"、直接的存在主义观念的"彻"。

同时，在认知论上无所不包的"空""良知""本心"，在本体论上与"无中生有"混为一谈，这是出自《道德经》的道家思想："天下万物生于有，有生于无。"王畿这种辩证统一的创造动力实际上表达了对玄学中"生机"的理解。"机"的概念首先在道家著作《庄子》中被理解为机械—肌体的动力、动因，它被用于确定创造了"善"的"良知"。王畿"无"的概念反映了杨简的影响，不过与之不同的是，他将其解释为积极的元素，亦即在某种意义上是超越存在的。对"无"以及"虚"重要性的肯定，使王畿的学说与佛家和道家的问题、概念相接近，他坦承，"致良知"部分上与佛教的"明心见性"是一致的。

《王龙溪先生全集》，台北，1970年。А. И. 科布杰夫《中国理学哲学》，莫斯科，2002年，第381—384页；《宋明理学史》，第2卷，北京，1987年，第272—283页；Ямасита Рюдзи. О Рёкэй рон (О Ван Лун-си) // Нип-пон Тюгоку гаккайхо. Т. 8. 1956; Chang Chung-yuan. "The Essential Source of Identity" in Wang Lung-ch'i's Philosophy // PEW. 1973, Vol.

23, No. 1-2, pp. 31-47; Mou Tsung-san. The Immediate Successor of Wang Yang-ming: Wang Lung-hsi and His Theory of Ssu-Wu // PEW. 1973, Vol. 23, No. 1-2, pp. 103-120; T'ang Chun-i. The Development of the Concept of Moral Mind from Wang Yang-ming to Wang Chi // Self and Society in Ming Thought. N. Y.-P., 1970, pp. 93-119; Takehiko Okada. Wang Chi and the Rise of Existentialism // Ibid., pp. 121-144; Tu Wei-ming. Humanity and Self-Cultivation: Essays in Confucian Thought. Berk., 1979, pp. 162-178.

(А. И. 科布杰夫撰，张晓东译)

王韬

王韬，字紫诠，号弢园，1828年生于江苏长洲（今属苏州），卒于1897年。哲学家、政治思想家、学者、社会活动家，中国现代新闻出版业的奠基人。1845年考取秀才。1862—1873年协助杰出的中国经典英译者理雅各，助其为儒家经典《诗经》《周易》《礼记》作注，这些作品今藏于纽约公共图书馆。王韬与多名欧洲传教士合作过，同情太平天国起义。他的思想包含对基督学说的阐释；他给太平军首领写信，因此被宣布为"通贼"。1867—1870年他寓居英国，然后游历法国、俄罗斯，1880年旅日，生命最后的岁月担任上海格致书院院长。1874年开始在香港出版中国最早的私立报纸之一《循环日报》。他的哲学和社会思想体现在《弢园文录外编》（1882）以及《弢园尺牍》（1886）、《弢园尺牍续抄》（1889）中。作为改革运动的思想家，借鉴西方科学技术和社会政治成就"自强"的宣传家，王韬认为，在中国古代哲学经典中就蕴含着这些成就。他赞成渐进式的社会改革，认为不变的是孔夫子的准则，并认"命"。

*А. И. 科布杰夫《中国理学哲学》，莫斯科，2002年，第455—456页；王维诚《王韬的思想》，载《中国近代思想史论文集》，上海，1958年；王韬《清末变法之首创者及中国报道文学之先驱者》，载《教学与研究》，1958年第3期；Cohen P.

A. Between Tradition and Modernity: Wang Tao and Reform in Late Ching China. Camb.(mass.) ,1974.

（А. И. 科布杰夫撰，张晓东译）

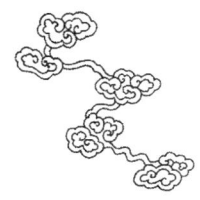

王廷相，字子衡，号浚川。1474年4月12日生于仪封（今属河南），1544年9月23日卒。朝廷要员、作家、文学理论、音乐理论家、自然科学学者。他生于一个小地主的家庭。1502年中进士，被选入翰林院，授庶吉士。任兵部尚书（1530—1533）及都察院左都御史（1533—1541）。1541年被罢官。他主要的哲学著述有《慎言》13卷、《雅述》2卷等，与其他著作一起被编入《王氏家藏集》。

在儒家本身的框架内，王廷相同时反对其两种主要的流派：程朱学派与陆王学派。从本体论的观点看，他追随张载，并比王夫之超前。他认为宇宙的实体是未有天地之前的元气，体现为至高无上之物，是礼与道的根源之体，蕴含着一切事物的种子。以往庄子学派用于解释各种"规律"的"太极"，被王廷相解释为原生的、氮气状态的物质，"实有"的并可感知的"气"。"元气"永恒不变，看不到出处，所以它等同于"太极"，从认识论的意义上来说，就是认知的极限。除了"元气"之外，王廷相把出自其中的"生气"单列出来，使它形成了一个变化现象的世界，其中充盈着"形"与"礼"，并令"道"完全具备了现实意义。

有别于正统的、肯定"礼"在社会生活中的永恒性的儒家，王廷相认为它是随着时代发展变化的。个体的"性"与"气"密不可分，是由意识的生活经验形成的。与生俱来的"性"善只存在于完人的身上，普通人必须通过自我教育才能实现"善"。王廷相关于善必须自己习得及其社会制约性的观念与儒家正统学者孟子的学说是对立的，比较接近于荀子的观念。王廷相从知识的经验主义制约性出发，批判了对"良知"先验性的夸大。他从现实主义和经验主义的立场反对董仲舒的神秘主义倾向，也反对邵雍的象数学以及周敦颐

的消极无为。

*《王廷相哲学选集》，侯外庐等编，北京，1965年；《王廷相集》，北京，1989年；《东方人与精神文化》，第1辑，莫斯科，2003年，第98—100页。**《中国哲学史》，莫斯科，1989年，第381—391页；Е.Г. 卡尔卡耶夫《王廷相的本体论观点》，载《东方人与精神文化》，第1辑，莫斯科，2003年，88—97页；А.И. 科布杰夫《中国理学哲学》，莫斯科，2002，第416—417页；葛荣晋《明嘉靖初年哲学上的一场辩论》，载《中国哲学史研究》，1982年第4期；葛荣晋《王廷相的元气论》，载《中国哲学史研究》，1983年第4期；朱葵菊《王廷相的认识论初探》，载《中国哲学史研究集刊》，第2辑，上海，1982年；衷尔钜《论王廷相的哲学贡献及其历史地位》，载《中国哲学史研究》，1984年第2期。

（А.И. 科布杰夫撰，张晓东译）

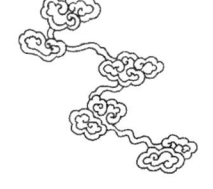

王通

王通，字仲淹，私谥文中子，584年生于江洲龙门（今属山西），卒于617年。哲学家、政治思想家，被认为是扬雄和韩愈之间正统儒家的代表。王通在佛教思想占主导地位的语境下，起到了重要的保存儒家传统的作用，发展了三教（儒、佛、道）合一的理论，成为最早的理学先驱。在隋文帝舍弃了王通提出的"太平十二策"之后，王通就开始转而过自己的人生了。他的学生中不乏大唐帝国的要员。王通的这种身后名使得他在主张理学的政治实用主义倾向的人群中大受欢迎。王通首用了"经济"这个概念，在传统词汇中它意味着整个国家社会的组织体系，而在现代词汇中它只意味着经济。他效仿儒家典籍《春秋》，创作了《元经》，涵盖了公元290—589年的历史事件。然而流传至今的，却只有编纂于11世纪的《中说》，它是唯一保存下来的王通的哲学论文集。它效仿孔子的《论语》，按照对话体编成。这部作品由10个部分组成，是由他的儿子王福郊和王福畤编纂的，又名《文中子说》。

*《中说》，载《四部丛刊》，第1438册，上海，1936年。

**3. Г拉宾娜《传统社会中后期中国的政治斗争》，莫斯科，1985年；尹协理、魏明《王通论》，北京，1984年；《王阳明与中国之儒家》，台北，1974年，第245—250页；Wechesler H. J. The Confusian Teacher Wang Tung（584？–617）: One Thound Years of Controversy//TP. 1977, vol. 63, pp. 225-272.

（А. И. 科布杰夫撰，张晓东译）

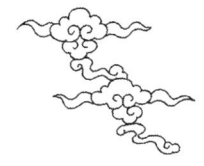

王玄览

王玄览（626—697），道教哲学家，主要言论收于《玄珠录》。依据《道德经》，王玄览认真修订了两种道的学说："古道"（常道）和"新道"（可道）。前者是整个世界的永恒准则，后者在每一个有限的事物内部，与其同生同灭："常道生天地，可道生万物。天长地久，故常道常住不变。""有生则有死，是故可道称无常。无常生其形，常法生其实。"可见佛学特别是中观宗对王玄览学术的影响。王玄览论述的特色是关于一与多的讨论，关于"真体"的"不一不二"，关于相对性和"诸法""空相"。他的思想在7—10世纪的理学中得到了发展。

**《中国思想通史》，北京，1957年；杨向奎《中国古代社会与古代思想研究》，上海，1962年。

（Е. А. 陶奇夫撰，张晓东译）

王阳明

王阳明，王守仁，字伯安，1472年10月31日生于浙江省绍兴府余姚县，1529年1月9日卒于江西南安府。明代最伟大的哲学家、理学家，"心学"的创立者，杰出的文学家、军事统帅和国务活动家。他出身旧式传统家族，自幼研习儒家、道家、佛教典籍以及兵法。1499年中进士，曾任职于工部、刑部，主持山东省试。1505年，部分官员因反抗权势宦官擅政被逮捕，他上疏施救，因而被关押入狱，并受杖刑，后谪贬至边远的贵州省当龙场驿栈驿丞。1509年后王阳明仕途一帆风顺，官至南京兵部尚书，晚年曾任两广（广东和广西）总督。王阳明因善于运用社会政治手段平定盗贼及叛乱而闻名。王阳明去世后受到诋毁，其学说被禁。1567年被平反、恢复名誉，追赠更高爵位：新建侯，谥文成。1584年被圣化，冠以儒家经典学者称号，从祀于孔庙。

主要哲学著作有《传习录》《大学问》《五经臆说》《朱子晚年定论》等。王阳明思想与陆九渊学说有传承关系（后者为"心学"奠基人）。例如，王阳明亦在儒家典籍中发现了蕴于每人心中的真知与价值观的切实证明材料。不过王阳明本人更愿意强调与陆九渊主要论敌——朱熹的得到普遍承认的学说的关联。为此，他尝试证明，朱熹在临去世前放弃自己原有观点。例如，朱熹开始倾向于在累积"外部"知识前，先内部完善（《朱子晚年定论》）。王阳明在创作早期延续朱熹学说，依据客观实际努力践行"格物"。后来他给出这种针对主观之实际努力的理论依据："格物"在于体认"本心"。王阳明由"顿悟"得出的结论丰富了此理论命题，那是1508年某一夜晚的彻悟："心即理"，即构成万物之始的理起初便存在于心中。"理"应该通过格物来展现，并于主体本身中寻找，而非在与之不相关的外部世界。概念"理"在王阳明这里引发"义""礼""信"等一系列伦理理想。王阳明用权威儒家典籍确定此思想，这些典籍正是与之相应的范本。

王阳明观点体系的特有元素是"知行合一"学说。它是对认知功能如行为或行动的理解，亦阐释作为"知"之直接功能的行为：知即行，而非相反。此学说同时也确立了王阳明主要学术范畴的本质——"良知"。其关于"致良知"的论题是儒家典籍《大学》中概念"致知"和《孟子》中概念"良知"的综合。"所不虑而知者,良知也。"《孟子》中还有与其平行的概念"良能":"人之所不学而能者,其良能也。"王阳明认为"良知"与"心"同,且意义范围更广:灵魂、精神、认知、知识、感觉、意志、意识,甚至还有潜意识。"良知"是与生俱来、无先决条件、超越个人、每人所固有的,同时也存在于内心深处,不可能转至他人;与无尽、无限"太虚"之容量同一,是各种知识和认知的前提;是"天理"之核心,是先天道德情感、道德义务之根本。因此,儒家的"致知"论题在朱熹系统中被理解为提倡最大限度拓宽认知(至、穷理),王阳明则运用他推崇的范畴"良知"和"知行合一"观点,将其阐释为最大限度完整体现较高道德理想的生命。

王阳明的认识论观点在"四句宗旨"中可找到集中表现。1527年王阳明与学生在天泉桥对话中形成此"四句宗旨":"无善无恶心之体,有善有恶意之动,知善知恶是良知,为善去恶是格物。"在王阳明之前,理学家们已经提出关于"心"及其作用问题的解决之道,主要强调静与"未发"的"心之体"。这类说法强化了宣扬"冥想"和"重返本我"学派的立场。与此类思想倾向相反,王阳明论证"体用""动静""未发和已发"等的一体化,并得出关于积极进行实践活动之必要性和遁世之危害性的结论。

王阳明在对待道家与佛教的态度方面,因循当时流行的立场,他认为与儒家"圣人之学"对立的老子、佛陀的"二氏之学"并无相同之处。从王阳明观点看,个人的热情使佛、道结合:它们对于个人自我完善可能很好,但对于建构社会生活却不适宜。此外,它们更像是被一些伪儒学者歪曲的"圣人之学"版本。王阳明将真正的原始道家、佛教与其"糟粕"部分区分开,认为以其"妙"比较接近原始儒家;而其"糟粕"部分是学说与修炼的庸俗元素,包括道家的"养生"技术与思想体系。他不接受佛教禅宗的意识概念,认为其要求解脱现象世界的束缚以及重返善恶不分的状态,

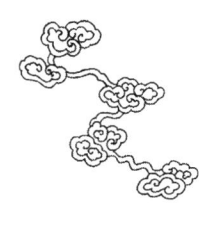

会诱使人摆脱社会伦理义务,以及更重视自私之"我"。起源于慧能学生神会的概念"无念",如同使灵魂返还"静"之最初状态一样,是不成立的,因为甚至在梦里亦不能不意识到"良知"。慧能的"顿悟"学说是对特殊"佛性"的本能阐释,王阳明认为它建立在"空虚"基础上,与实际的精神进步——"致知、诚意、正心"并无关联。另外,王阳明学说与禅宗有不少交接点,包括一些共同观点立场:有针对性地改变信徒心理、师生意识产生共鸣并相互作用。

王阳明承继发展了一系列陆九渊的思想,这为二者学说——陆王学派的术语融合奠定基础。此学派可分为七个区域性学派。钱德洪、王畿等都是他最出色的弟子。直到17世纪中期,王阳明学说一直占据中国思想主导地位。它对朝鲜半岛,尤其是日本的哲学思想发展产生了重要影响,在日本,王阳明思想是明治维新之前的主流哲学思潮。在近代,王阳明思想曾影响到康有为、谭嗣同、孙中山、熊十力、梁漱溟、冯友兰、贺麟等一些中国思想家。近几十年来,新儒家思想体系曾借助于在西方哲学范畴内的解读,极力普及王阳明思想。

*《王阳明全集》,上海,1997年;А. И. 科布杰夫《中国理学哲学》,莫斯科,2002,第488—508页;Chan Wing-tsit. Instructions for Practical Living and Other Neo-Confucian Writings by Wang Yang-ming. N. Y., 1963; Henke F. G. ThePhilosophy of Wang Yang-ming. N. Y., 1964; Ching J. The Philosophical Letters of Wang Yang-ming. Canberra, 1972;《中国哲学史》,莫斯科,1989年,第371—381页;А. И. 科布杰夫《王阳明学说与中国古典哲学》,莫斯科,1983年;А. И. 科布杰夫《中国理学哲学》,莫斯科,2002年,第50—380页;Р. Л. 纳达《王阳明》,载《东方的伟大思想家》,莫斯科,1998年,第146—149页;冯友兰《中国哲学简史》,圣彼得堡,1998年,第327—337页;李群英《王阳明与中国之儒家》,台北,1974年;刘宗贤《陆王心学研究》,济南,1997年;牟宗三《王阳明致良知教》,台北,1954年;蔡仁厚《王阳明哲学》,台北,1983年;张祥浩《王守仁评传》,南京,1997年;Chan Wing-tsit. Wang Yang-ming: A Biography; idem. Wang Yang-ming: Western Studies and an Annotated Bibliography // PEW. 1972, vol.

22, No. 1; 1973, Vol. 23, No. 1-2; Ching J. To Acquire Wisdom. The Way of Wang Yang-ming. N.Y., 1976; Cua A. S. The Unity of Knowledge and Action: a Study in Wang Yang-ming's Moral Psychology. Honolulu, 1982; Ivanhoe P. J. Ethics in the Confucian Tradition: The Thought of Mencius and Wang Yang-ming. Atlanta, 1990; Tu Wei-ming. Neo-Confucian Thought in Action; Wang Yang-ming Youth (1472-1509). Berk.-Los Ang.-L., 1976.

（А. И. 科布杰夫撰，韩万舟译）

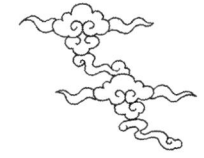

王阳明学派

王阳明学派，又称"阳明学派"。根据中国历史哲学奠基人黄宗羲的观点，王阳明最亲近的门徒形成了七个地域性派别：（1）浙中王学；（2）江右王学；（3）南中王学；（4）楚中王学；（5）北方王学；（6）粤闽王学；（7）泰州学派。前两个学派和泰州学派在16世纪的中国意识形态舞台上起到了重要作用。

16世纪末至17世纪上半叶，除泰州学派外，最具影响力的还有三个反对其学说、在某种程度上坚持王阳明思想的学派：（1）邹守益学生李材的"致修"学说；（2）东林学派，奠基人顾宪成为薛应旂门徒，薛应旂又是欧阳德的学生，高攀龙、陈龙正亦为此学派学者；（3）蕺山学派，刘宗周创建，其学生陈确和黄宗羲发扬了此派学说。

明代末期，阳明派学者之间的主要辩论经常围绕这些问题展开：精神本体与功夫的相互关系；性、心与善、恶和至善的联系；展现与实施人性之真、善、良知的方法。根据解决这些问题的方式，阳明派学者分为三大阵营：

第一个阵营经常公开与佛教禅宗、道家走到一起（王畿、赵贞吉、周汝登、李贽），此学派常常被定义为"主动""自然"和"存在主义"，或被称为阳明主义的"左派"。其奠基者为王畿和王艮，它在泰州学派中得到更大发展。该流派支持者认为，每一个单独个体都是"仙成"，已为"顿悟"作好准备，本身先天的善自然会自由、实际地呈现在日常生活中。他们认为与"虚、无"同一的精神"本

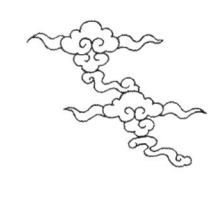

体"，同样与日常"功夫"构成不可分割之整体。内化于主体中的"诚"，其思想与情感根源被放在完全自由和绝对否定的可能性中审视。王畿将王阳明"四句宗旨"中"心体"层面的"无善无恶"观发展至"物"层面的"无善无恶"，而罗汝芳和李贽则颂扬本能自我呈现、直觉智慧的"赤子之心"。

第二阵营则严格区分"精神本体"与"功夫"，认为完美个性的表现需要逐步自我沉浸于心平气和状态以及"静"。他们强调王阳明"致良知"论题中的观念"致"，在此看到的不是单一时间活动，而是以脱俗冥想为基础并引起内部觉悟的过程。此流派通常被定义为推崇"主静""归寂"，或称"王学右派"。其鼻祖为聂豹和罗洪先，其后追随者有刘文敏、万廷言、王时槐。

第三阵营包括正统的或称"修"的阳明学派的支持者，他们亦明确区分"精神本体"与"功夫"，但坚持二者和谐，尽量避免在个人主义土壤中遭遇各自极端化："左派"古怪的自我表现和"右派"自我沉浸的遁世主义。他们宣扬经传统文化验证过的个人自我完善方式，如通过为他人服务而重返自我。"四句宗旨"中的"有善有恶"观念，体现在"物（或事）"、知识、意志想法层面上，钱德洪由此得出在"心体"层面上亦可"有善有恶"。此流派发起者有王阳明妹夫徐爱及其同乡钱德洪，还有邹守益和欧阳德。

17世纪下半叶，清政权入主中原，中国精神文化气候普遍改变，引发曾占据思想主流的王阳明学派的崩塌。16世纪，王阳明思想开始向日本、朝鲜渗透，进而于17世纪在当地形成特有的阳明学派。

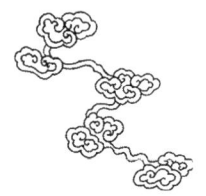

*黄宗羲《明儒学案》，北京，1990年；А. И. 科布杰夫《王阳明学说与中国古典哲学》，莫斯科，1983年；А. И. 科布杰夫《中国理学哲学》，莫斯科，2002年，第381—400页；李书增等《中国明代哲学》，郑州，2002年；冈田武彦《王阳明与明末儒学》，东京，1970年；《宋明理学史》，侯外庐等主编，北京，1987年；Chang C. The Development of Neo-Confucian

Thought. Vol. 2. N. Y., 1962, pp. 9-48; Huang Tsung-hsi. The Records of Ming Scholars / Tr. By J. Ching et al. Honolulu, 1987; Okada Takehiko. The Chu Hsi and Wang Yang-ming Schools at the End of the Ming and Tokugawa Periods // PEW. 1973, Vol. 23, No. 1-2, pp. 13-49; Self and Society in Ming Thought / Ed. by W. T. de Bary. N. Y., 1970; T'ang Chun-i. The Criticisms of Wang Yang-ming's Teachings as Raised by His Contemporaries // PEW. 1973, Vol. 23, No. 1-2, pp. 163-186.

（А. И. 科布杰夫撰，韩万舟译）

为，中国哲学术语，由于其具有三个语法功能，可以表达三项基本概念，它们通过关于人或天性活动的概念而结合起来。

（1）作为连接词"做成、是、成为"，"为"表示过程，其结果是具体状态。《墨子·经上》中这样定义："为，存、亡、易、荡、治、化。"作为虚词，"为"构成目标指向的伦理概念，其直接释义于《墨子·经上》中如此表达："为，穷知而县于欲也。"显然，墨家学者最早给"为"以独立哲学概念地位，并借助三个基本范畴为其定义：知、志和行。对于怀有利他思想的墨家学者来说，意志之"为"的最高目标是"天下"，而对于杨朱，"为"则是主体本人。他的存在概念表示"为己"或"为我"，与自私同义。在现代文中，术语"为我"用来表达概念"为我之物"。

（2）"为"在表达完整实义"行为、完成、实施"时，它的分类包括："行、行为"，与伦理规范"义"相关联；"事"，与实现实用主义之"利"相关联。

（3）"为"与愿望否定词"无"构成词组"无为"，成为道家的重要范畴，象征不干预物之自然秩序以及事件自然进程的原则，即非伦理（儒家、墨家）立场，亦非实用主义（墨家、法家）立场。"无为"其实也表达一种特有的积极性，其形式为"为无为"："为而弗恃"，这也泛指自然

整体。由此,传入中国的基督教,最早被认为是"从事无为"。儒家也重视"无为"之理,但仅将其推至帝王个人,他应该是一位感悟深刻、在社会领域中消极地指引天下行进的领路人。儒家认为,君子活动范围不应包括"小道",而此活动本身实际上被限定在极端情况中:国丧,或"国"无"道"期间。王符的论题中体现儒家学者强调主动积极性:"天道曰施,地道曰化,人道曰为。"(《潜夫论》)

**А. И. 科布杰夫《中国传统哲学中的知行问题》,载《第10届"中国社会与国家"学术研讨会论文集》,第1册,莫斯科,1979年;А. И. 科布杰夫《王阳明学说与中国古典哲学》,莫斯科,1983年,第8章;А. И. 科布杰夫《中国理学哲学》,莫斯科,2002年,第332—380页;М.Л. 季塔连科《中国古代哲学家墨子及其学说》,莫斯科,1985年,第49—153页;Graham A. C. Later Mohist Logic, Ethics and Science. Hong Kong-London, 1978, § 1.4.32.

(А. И. 科布杰夫撰,韩万舟译)

《为中国文化敬告世界人士宣言》

此文于1958年发表在《民主评论》和《再生》杂志(中国台湾)上,副标题为"我们对中国学术研究及中国文化与世界文化前途之共同认识",是战后中国台湾地区和香港地区新儒家代表牟宗三、张君劢、徐复观、唐君毅撰写的基本纲领性文件(以下简称《宣言》)。《宣言》作者们突出中国文化问题之于世界的重要性,指出西方对其的极大关注,并且批驳了中国文化是"死文化"的观点。认为中国文化:它病得很重,但还活着;世界上三分之一人口的未来在此文化中;它不是历史考古文献,除了研究它之外还需对它报以同情和尊重。《宣言》作者认为中国哲学是认识中国精神文化的钥匙,强调它的"一本性",即同源性。认为中国文化与许多西方传统文化(古希腊、犹太、罗马、阿拉伯世界等）来源的多样性形成鲜明的对比。对于传教士评价中国文化是非宗教性的，只注重人与人之间的外部关系，目的是保持社会政治秩序的观点，《宣言》作者们予以否定。他们认为，作为中国传统伦理基础的天人合一思想已深深植根于人的内心精神生活。要想理解中国文化，必须了解道德形而上的"心性学"，仅以纯粹理性的、自然主义无神论的精神是无法对它进行阐释的。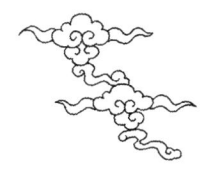

作者们强调理学"心学"以及"心"所固有的"良知"对中国精神的重要性。《宣言》的作者们论证了引进科学和民主成果的必要性，反驳了中国文化与这些价值观根本不相融的思想，认为人作为道德及认知和实践主体，必须全面发展，不需要摆脱传统文化，而应该用理论科学知识填补真正的美德和实践概念之间的空白。《宣言》作者们认为中国文化的民主发展是确定的。在他们看来，马克思主义在中国的成就首先在于中国共产党的民族解放思想，在于中国共产党在抗日战争中的贡献以及与民主党派的统一战线策略，而不是所谓的"中华民族意识的反民主性"。西方在研究中国时应该放弃冷漠、抹杀的立场，尝试接受中国思想固有的"当下即是"精神和智慧，接受对痛苦世界的"温润、悲悯"之情和"天下一家"的情怀。

总之，《宣言》旨在批改关于中国文化无力感的观点。

*封祖盛《当代新儒家》，北京，1989年，第1—52页。**陈少明《文化保守主义的宣言》，载《广东社会科学》，1990年第2期。

（А.В. 洛曼诺夫撰，穆新华译）

唯识宗

唯识宗，中国佛教流派之一。公元5—6世纪，他们的学说在中国"地论"和"摄论"学派范围内得到广泛传播，这两派学说以世亲菩萨著作《十地经论》和无著菩萨著作《摄大乘论》为基本理论。7世纪，著名佛教取经者和翻译家玄奘的弟子窥基对"摄论"学派实行改革。

唯识宗思想家以分析意识及其内容为根本，辨析哲学概念，由此，可将此视作佛教特有的"意识现象学"。唯识宗特别强化唯心主义趋势，而这种倾向会导致所有经验范围的阐释，即阐释"识"的不同状态。唯识宗分"八识"，其中第八识为阿赖耶识，被认为是所有其他形式"识"的根本与源头。"藏识"产生综合"法"，它构成"象物"，包括有经验的个体。阿赖耶识蕴含某种经验"熏习"，即带有因果报应印记，或称"种子"，它们在适当时刻通过主体心理具体实现，这样会引起新一轮积极的因果报应，它同时唤醒以新印记——种子形式出现的欲望，这个种子已包含在阿赖耶识中。唯识宗修炼的目的是剔除印记——种子，净化阿赖耶识，并预先将新"印记"放置于阿赖耶识中。根据唯识宗学说：在"藏识"禁欲和冥想过程中、处于特有清净之性中进行净化，被认定为涅槃。唯识宗学说与法性宗对立，因为前者不承认所有人具备"佛性"，并宣扬通过宗教修炼而获得的人为佛性之识。它同样也否定法之性"空"，即否定作为存在的根本和内容。①

О.О.罗森堡《佛学研究》，莫斯科，1991年；П.Д.连科夫《佛教唯识宗在中国的哲学构建》，圣彼得堡，2006年；Valle e Poussin, de la L. Note sur l'Alayavijnana // Me langes chinois et bouddhiques. Brux., 1937.

（Е. А. 陶奇夫撰，韩万舟译）

---

① 唯识宗也承认诸法性空。——译者注

魏伯阳

魏伯阳，魏翱，号云牙子，尊号"太素真人"。约100—170年。道家哲学家、象数学和炼丹术理论家。最早关于他的大部分资料记载于葛洪的《神仙传》。魏伯阳出自高门，世居中国南方。曾出仕为官，在150年隐世出家为道士。主要著作有《周易参同契》，作品中借助《周易》之三爻、六爻卦描述道教炼丹术原理。此著作对道家发展和中国科学传统形式的一系列方法论均产生过显著影响。

（E. A. 陶奇夫撰，韩万舟译）

魏源

魏源，字汉士、默深。1794年4月23日生于湖南邵阳，1857年卒于浙江杭州。哲学家、理学家、百科学者、文学家和政治活动家，18世纪的"今文经学"代表。出生于官宦家庭，曾出任朝廷官职，1844年中进士，与龚自珍、林则徐交往甚密。

魏源的观点体现在其文集《古微堂集》中，共10卷。1909年此著作更名为《魏默深文集》重新刊行。他为中国古代经典文献作注疏，其中《老子本义》最为著名，此文中魏源继吴澄后对《道德经》文本提出原创性解析，认为其应分为68章，而不是81章。魏源也创作出了一系列历史政治、国情著作：《圣武记》《元史新编》和《海国图志》。《海国图志》以林则徐主持编译的《四洲志》为基础，据一些史学家证实，这部著作在日本"明治维新"时期非常知名，被用作研究西方的参考资料，而这也是当时中国的创新。魏源提出的理念"师夷长技以制夷"持续成为政治中的口号。

在鸦片战争（1840—1842）失败后，魏源是中国最早提出通过引进西方科学技术成果实现国家现代化的学者之一。魏源强调，世界上没有一成不变之法，他尝试在一些方面进行实践改良：粮食税收、监管食盐开采与流通、灌溉系统等，还主张废除科举考试制度。他认为，"是非与利害一"，首先，个人的实践经验为判断"是非"的标准，并声

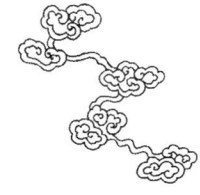
称："乌有不行而能知者乎？"即没有"行"就不可能有"知"。魏源认为，构成世界的"气化无一息不变者也"。一切事物分为矛盾之"对"，其中之一元素为"主"，另一为"副"。矛盾性互相包含，互相转化。他认为，"人能与造化相通"，即与自然造化用意识方法交流，"则可自造自化"，通过"灵爽"一致（"己之灵爽，天地之灵爽也"），人可与自然相连。在不同意见、观点相互作用过程中，人的问题得以解决。魏源的哲学和社会政治观点对后来的改革运动产生深刻影响。

*《魏源集》，北京，1975年；《古微堂内外集》，台北，1976年；《中国哲学史》，莫斯科，1989年，第441—447页；《19世纪政治与法律学史》，莫斯科，1993年，第362—364页；А. И. 科布杰夫《中国理学哲学》，莫斯科，2002年，第445—447页；李汉武《试论魏源的辩证法思想范畴》，载《中国哲学》，第13辑，北京，1985年；谢应芬《魏源新学思想述要》，载《湖南文献》，1976年第4卷第1期；Elman B. A. From Philosophy to Philology. Camb. (Mass.)-L., 1984, index; idem. The Relevance of Sung Learning in the Late Ch'ing: Wei Yuan and the Huang-ch'ao ching-shih wen-pien // Late Imperial China. 1988, Vol. 9, No. 2, pp. 56-85; Leonard J. K. Wei Yuan and China's Rediscovery of the Maritime World. Camb., 1984; idem. Wei Yuan and Images of the Nan-yang // Ch'ing-shih wen-t'i. 1979, Vol. 4, No. 1, pp. 23-57; Mitchell P. The Limits of Reformism: Wei Yuan's Reaction to Western Intrusion // Modern Asian Studies. 1972, Vol. 6, No. 2, pp. 175-204.

（А. И. 科布杰夫撰，韩万舟译）

文

文，中国哲学、美学和文学思想中最专业的核心范畴之一。汉字"文"的词源学意义为"文身，图案，装饰"。"文"的术语的相反意义包括：一方面指"自然之质""古朴和野性"，如同尚未达到秩序之状态；而另一方面指"战争之始""武",即指损毁现存秩序的状况。

在中国,"文"的原始物质雏形为织物,对此,汉字"文"的古意可以证明:"其贡漆丝,其筐织文。"(《尚书》)A. M. 高辟天对此有专题详细分析,他甚至重新审视了"文"的传统词源学意义,推测它起源于为表示线之缕缕缠绕,与汉字"爻"同源,后者表示《周易》卦象的单个横线,具有前文字意义——"布饰"。

与许多其他文化一样,在中国文化中,织布或网能够联想到创作文字与文本,而在《周易》和《道德经》中都提到汉字起源于结绳文字,它与古代印加人所用的结绳记事相似。

制造布匹,并用其做衣服,是文明的主要特征之一。在中国,传统上它与农业一样,被认为起到类似作用。这两种文化创造活动形式与最基本的人类群体——女人和男人的分工相关。编织占首位,农耕为其次。因此"文"的词义中仍然保留"女性"的意义:柔软、温柔、优雅。并与术语"武"相反,后者表达男性的勇武,可与"文"固定搭配成词组。

公元前500年左右,借助于象数学和经学的术语"经纬"(字面意义为"经纱和纬纱",转义为"纵向与横向""经线与纬线""经典与伪经")和"纪纲"(字面意义为"连接的纱线和主要的绳子",转义为"基础与规则"),这种形象被概念化。它们在词源学意义上与纺织生产、编绳、缠绕线轴、结网相关联,并表达相应的3—5或2—4互相垂直的轴线(纵向与横向水平)体系,如同数字确定的世界网格矩阵。

在中国最古老的、体现公元前8—前5世纪世界观理念的意识形态文献中,已经直接讲述关于"文"之普通结构的类似象数图谱。《国语》曰:"天六地五,数之常也。经之以天,纬之以地。经纬不爽,文之象也。"(卷三)在同期文献《左传》中也有类似思想:"经纬天地曰文。"(昭公二十八年)现存最早的杜预注疏中对此句的解释恢复其织布隐喻:"经纬相错,故织成文。"《左传》的主要注解者孔

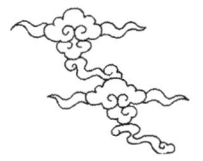

颖达对文献中前部分讲述的"天地之经纬"做出说明："得经纬相错乃成文。"（昭公二十五年）

在最广泛意义中，"文"指所有显现出的秩序：比如，在生机盎然的大自然中，"文"是"鸟兽志文"，即观鸟兽之文以明理阐释的体系；在非动物世界，"天文"为太空之星体和现象，"地文"指土地之象。

孔子理解"文"为文化，与习书、礼、乐相关联，认为其与自然根本和谐交融是"君子"之特征。在这里，"君子"指延续文王之风，文王为周朝奠基者，他得到上天敕封，其名字意为"文之王"。儒家学者支持这种通过经典文献解读文化的传统，在公元前3世纪，他们已经被称为"学文之人"或"文学之士"。

古时的概念"文"在中国哲学中被极端本体论化。《周易》注解部分讲到"天文"和"人文"，还有"天地之文"，并给出"文"之定义："错综其数"，"遂定天下之象"，"物相杂，故曰文"，即如在以数相关联的象中呈现出的相互关联之物。

作为普遍本体论结构，"文"与万物之"道""理"相关联。据《韩非子》："道者，万物之所然也，万理之所稽也。理者，成物之文也。"（卷二十）韩非子曾解读老子，而这些释义的基本内容中，有与地理和天文学有着根本性关联的人文中心主义思想，即《系辞传》中提到的"地理"和"天文"。在这里"道"表现为综合相关连接体，不仅是抽象的，还有其最具体的意义：道路、路线，用图示意其交通轨迹。因为"地理"和"天文"首先是视觉概貌，是在天上、地上的路线，它们的前提是汉字"理"和"文"的原始意义。"道"的抽象意义使包含在"理"和"文"中的物理性概念整体化，这些物理特点如同具有确定意义的秩序之"象"，它们在整体自身中，并形成宇宙之道。

后来的理学如是定义"文"：文皆是从道中而来（朱熹），文可以表现理（用）（王阳明）。这在认识论层面产生先天思想的类似理论。根据李贽的思想："天下之至文，未有不出于童心焉者也。"（《童心说》）

在传统文学研究作品中，常使用"文"字的狭义，比如，用来表示有韵律的文章和悼词体裁，而在语言学中，按照中国《说文解字》给出的解释，它表示一个独体汉字。

在现代语言中，范畴"文"没有失去其词义的广度：一方面表示"文字"，另一方面意为"文明"或整个"文化"，包括其精神上（如文学）和物质上（如文物）的构成，并且扩展至自然科学（如天文学）。

**Б.М.阿理克《中国文学著作》，第1卷，莫斯科，2002年，第68—72页；К.И.郭黎贞《19世纪—20世纪初中国雅文学理论》，莫斯科，1971年，第12—27页；К.И.郭黎贞《雅文学定义——中世纪文学理论中的"文"》，载《历史语言学研究》，第2辑，莫斯科，1972年；И.С.李谢维奇《古代中国的文学思想》，莫斯科，1979年，第16—31页；В.В.马良文《中国文明》，莫斯科，2000年，第191—195页；А.С.马丁诺夫《儒学〈论语〉》，第1册，圣彼得堡，2001年，第222—285页；В.А.鲁宾《中国古代思想与文化》，莫斯科，1970年，第22—24页；Г.А.特卡琴科《宇宙、乐、礼：〈吕氏春秋〉中的神话与美学》，莫斯科，1990年。

（А.И. 科布杰夫撰，韩万舟译）

《文子》，最古老的道家著作之一。最早在《史记》中被提及。《汉书·艺文志》中提到《文子》由9篇构成，传说其作者文子为老子的学生、孔子的同时代人。与道家性质的思想（主要是《道德经》）一样，本书也阐述儒家、墨家和法家的见解：比如，《道德》篇中有些部分与法家文献《商君书》内容平行。一些段落与《淮南子》文本接近。《文子》是早期道家著作之一，由对话和独白相结合的记述形式构成，其特征如一本融入民间神秘故事与秘密学派文本的汇编。在公元初几个世纪，相比于《道德经》，南方一些道家学派甚至更推崇《文子》。在隋代，12卷本《文子》得到广泛传播，而7—9世纪此文本更名为《通玄真经》，并与

《道德经》《庄子》一同被奉为道家奠基之作。很长一段时间，《文子》的成书时间曾被认为在公元前2—前1世纪间，是一部主要以《淮南子》为基础的作品。直到1973年，在河北省定县（今定州市）汉墓考古发掘中发现《文子》竹简文本，遂认定其创作日期要更早些。

* 《文子》，杜道坚注，载《诸子百家丛书》，上海，1989年；《文子：知神秘，老子学说的进一步发展》，莫斯科，1999年。

（A.A. 马斯洛夫撰，韩万舟译）

无为

无为是中国道家哲学的一个基本术语，它由象形文字"无"和"为"组合而成："无"，即否定；"为"，指通过有目的的行动而达到某种具体状态。据《墨子·经上》的直译："为，穷知而县于欲也。"道家摒弃一意孤行的主体行动，鄙夷穷究一切的欲念，借此表达"无为"这一概念的"否定性"意涵，即不以伦理道德或实用主义的理由去干预自然事物的存在秩序与运行法则。"无为"之说假定为"为无为"。所谓"处无为之事"，一方面具有主体能动性之特征，另一方面在本质上亦具有包孕万事万物的命定论意味。如此一来，"道常无为而无不为"之本质，便是德之体现（《道德经》第二、三、十、三十七、五十一、六十三章；亦见《管子》第三十六章和《淮南子》第二十章）。《庄子》中的"无为"思想，呈现为自然而然的"物化"，含有一种神秘论色彩。道家思想认为，"圣人"之能力，犹如"虚空"或"镜子"，超越自然之界域，故能"胜物"。道家思想的这种基本观念，亦是由"炼金术"思想升华而来。与之相反，儒学为使其思想显得更为合理，融汇道家与《淮南子》的思想，将"无为"理解为"应物"和"循礼而举事"。东汉思想家王充强化这一理念，将"无为"与"天""自然"等观念相糅合，

表述为"物自为"(《论衡·自然篇》)。儒家思想虽承认"无为"这一原则,但仅限于个人领域,而在社会领域则将其视为一种消极思想。因为在儒家看来,"君子"的行动领域不涵盖"小道",即极少出现的特殊情形(国家的丧期或无道)。

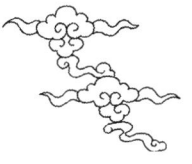

*《中国古代哲学》,第1—2卷,莫斯科,1972—1973年,指南;《中国古代哲学·汉代卷》,莫斯科,1990年,指南。
**A. 乌奥特斯《道——水之道》,基辅,1996年,第113—144页;冯友兰《中国哲学简史》,圣彼得堡,1998年,指南;Loy D. Wei-wu-wei: Nondual Action // PEW. 1985, Vol. 35, No. 1.

(А. И. 科布杰夫撰,陈爱香译)

无我(梵语为anātman、anātmavāda),亦解作"非我",是佛教思想的重要概念之一。"无我"之说起源于佛教的早期阶段,与正统派婆罗门教的存在观念——"我"是永恒的本体存在,灵魂与"我"是世界的灵魂和万物的本体——相对立。佛教提出"五蕴"之说替代"我"这个概念,即主张个体由五种元素组成。"无我"理论与佛教关于"一切皆无定"之观念紧密相通。与"我"这个概念的内涵不同,"五蕴"和它们的元素——"法"变易不定,它们的存在与消亡基于某种前提。"无我"之说是否定任何实体存在的必然结果,实体仅是一个与"法"的本体及其存在状态不同的载体,"法"是本体与载体的统一。其后的佛教产生两种"无我"之说:人"无我",即人缺乏统一的灵魂;法"无我",即总体上缺乏独立自持的本体性(法)。对大乘佛教来说,其新产生的思想观念与业已存在的"空"这个概念具有一定关联性,由此导致"无我"之说否定创世者和上帝这一最高存在。"无我"之说亦影响到传统社会中后期的中国哲学,首先是道家哲学思想的发展。

**A. H. 科切托夫《佛教》，莫斯科，1983年；C. 拉德哈克里什南《印度哲学》，第1卷，莫斯科，1956年；O. O. 罗任佩尔克《佛教哲学》，圣彼得堡，1918年；《佛教论著》，莫斯科，1991；E. A. 陶奇夫《般若学的心理学》，载《佛教心理学》，新西伯利亚，1986年；Perez-Remon J. Self and Non-self in Early Buddhism. The Hague, 1981.

（E. A. 陶奇夫撰，陈爱香译）

《吴子》

《吴子》，或叫《吴子兵法》，是中国古代哲学流派兵家的基本著作之一，其作者吴起是社会活动家、军事统帅、理论家、法家理论与实践的奠基人之一。在他的倡导下，楚国实施改革，旨在强化中央集权和增强军事力量。楚悼王死后，吴起被贵族杀害，新政遂被废除，楚国由此走向没落。

吴起认为国家衰弱的原因在于"大臣太重，封君太众"。他认为政权需建立在严明的法令和强大的军队基础之上。《汉书》记载吴起有兵书48篇，现已散佚。今天能见到的《吴子兵法》有6篇，一说是其追随者所写，一说认为现本与原本无异。

*《吴子》，西道连科译，莫斯科，1957年；《吴子兵书》，Н. И. 康拉德译注，莫斯科，1958年；《武经·中国武经七书》，P. В. 柯坚科译，圣彼得堡，2001年，第235—280页；《中国军事战略》，莫斯科，2002年，第212—286页。

（А. Г. 尤尔克维奇撰，陈爱香译）

五行

五行是中国哲学的重要范畴之一，它既是一种万物分类标识的符号，亦可以视为宇宙结构的基本参数，即时间、空间与运动变化的五种成分结构。象形文字"行"的词源学意义为"十字路口"，其词义涵括"行列""横排""运动""行走"等。五行在天体演化序列中的本质是"水""火""金""木""土"。这并非宇宙的第一本体，而是指宇宙的象征物，或者说是五个阶段排列的主要要素。世界上的所有物质或现象，包括物质的和非物质的，都由它们构成。在每一行与其他行的关联中，均呈现出某种特定状态之特征。如同古希腊哲学中的本原性元素，"火"与"水"等元素的交互关联，并非实体性的，而是功能性的。从发生学的角度来看，五行不是首要的，但它们的出现至少在原初之"混沌""无极"或者说"太极"和宇宙的阴阳两极合力这两个阶段之前。五种元素的呈现方式多种多样，譬如"五方""五时""五数""五德""五气""五色""五味"，等等。"五行"构成复杂的世界描述系统，它包括许多不同的序列，以及与之相关联的清晰的结构关系和中间环节。这些序列当中最为重要的是"相生"（木—火—金—水—木）与"相克"（木—土—水—火—金等），前者是通过一个几何平面图形显现的正五边形的连续性元素之组合，而后者是通过内接的五角星形的相互改造而呈现相反的连续性元素之组合。

五行学说之起源，可追溯至古代（公元前两千纪末期）关于地表五分构造之观念（五方——"五个方向"，五风——"五种风的方向"），或更晚时期（公元前一千纪前上半期）人们日常劳作分类之结果（六府——"六个仓库"，五材——"五种材料"）。据《管子》所载，五行是黄帝根据五声音阶和五个官阶而想象出来的。古籍《尚书》之《洪范》篇对五行观念有过系统阐述。邹衍和董仲舒大力发展五行说，其理论后来成为象数学的方法论基础，以及所有哲学和科学领域中不可或缺的一部分，甚至在现代中医、神经学、武术、风水占卜等领域亦发挥着重要作用。

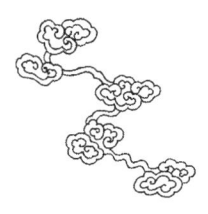

*《中国古代哲学》，第1卷，莫斯科，1972年，第104—111页；《中国古代哲学·汉代卷》，莫斯科，1990年，第125—127、227—239页；王廷相《关于五行的讨论》，载Е.Г.卡尔卡耶娃译，《人与东方精神文化》，莫斯科，2003年，第101—105页。**Ф.С.贝科夫《中国政治与哲学思想的产生》，莫斯科，1966年，第46—56页；Ф.С.贝科夫《董仲舒世界观中的五行学说》，载《中国、日本，历史与哲学》，莫斯科，1961年；В.Е.叶列麦耶夫《〈易经〉中的符号与数字》，莫斯科，2002年，第35—42页；《中国哲学史》，莫斯科，1989年，第30—34、191页；А.И.科布杰夫《五行分类图解》，载《第13届"中国社会与国家"学术研讨会论文集》，第1册，莫斯科，1982年；《中国传统哲学范畴》，载《亚非人民》，1982年第1期；《五行与〈易经〉"有魔法的"图形》，载《第12届"中国社会与国家"学术研讨会论文集》，第1册，莫斯科，1981；В.А.鲁宾《中国古代宇宙论与法家学说：五行与阴阳论》，载В.А.鲁宾《古代中国的个人与权力》，莫斯科，1999年；吴京、王永胜《〈周易〉一百答》，基辅，2001年，第179—213页；冯友兰《中国哲学简史》，圣彼得堡，1998年，第155—156页。

（А.И.科布杰夫撰，陈爱香译）

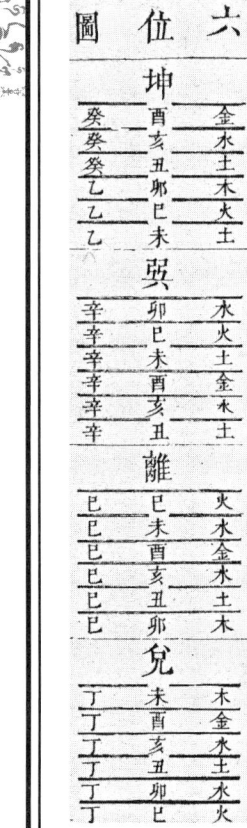

整体而言，五行范畴是中国文化的基础之一。五行作为宇宙内部的静态—动态结构之标识，亦是道教文化关于结构功能的原初观念。根据中国古代哲学思想，道教文化是活动的有机体，是圆与方这两种完美形式的有机结合。这两种形式相互渗透、相互影响，由此生成一种立体脉动之形式——方圆。作为"唯一"的整体性的"道"，是由肉体、精神和理念（意念）三方面构成，并充溢于世界的虚空与混沌之中。"道"的生命力以阴阳能量结构秩序为基础。受阴阳之影响，"道"在圆的垂直直径处可切分为5个阳点状区域，一个居于另一个之上；而在方的横截面，5个阴的点状区域分布于四角和中心。它们彼此相互关联，犹如双生子，每一个阴都与每一个阳相关。"道"的领域充斥着极其微小的能量。在阴的水平方向和阳的垂直方向相交的中心，是"子"的二元范畴。子反作用于阴阳之上，在其内部纵向领域分成两个三段式"阴—子—阳"，在靠近它们的两个外部区域分成阴与阳。在子的区域横向阴的结构可以分为两个三段式，与方的对角线垂直相交。这些三段式根据镜子原理或悖反原理连续排列，也就是一个三段式位于阴，而另一个位于阳，反之亦然。在五个垂直与水平结构部分，只有阴阳，在"阴—子—阳"三段式中包括其相对的部分。在五个水平阴与五个垂直阳结构的三段式结合中是关键性的"三五"公式，涵盖宇宙变动的所有可能性。这个公式载于《易经》（"叁伍以变，错综其数"），其中包含内容丰富的道教文化的五行静态结构原型。五行中的阴阳原型，蕴含着混沌的虚空的肉体、精神与理念等三方面的构成，演变为木、火、土、金、水五行以及与之相匹配的仁、礼、信、义、智五个精神元素和理想的数字元素——五个代表阳的奇数（1，3，5，7，9）和五个代表阴的偶数（2，4，6，8，10）。以上元素综合构成"发生学—认识论—心理学"的有机统一，由此构造宇宙万物。阴阳元素的平面投影图，属于特殊的方形九方矩阵之范畴，可以很好地观察到数字元素：奇数占据正中间的十字位置，偶数在对角线的十字位置（位于中心的"5"起着奇数、偶数二元作用，它既包含奇数5，也包含偶数10）：

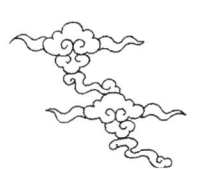

特殊的方形矩阵：

	a	b	c
I	8	3	4
II	1	5	9
III	6	7	2

在持续作用之下，三段式"阴—子—阳"元素中，横平的与垂直的成对出现于中央，使对立双方的能量互相抵消、融合，并生成新的成对元素，趋向中心。这些元素互融互渗，促成"道"文化螺旋式的发展。它携带普适性的遗传密码，并将其置放于每一种事物之中。五行中所有元素的螺旋式动态关联，可以归纳为三种基本类型。第一种，主体的横向阴极结构元素将"遗传密码"给予"自然"。此类型在道家的"道"学文化中得以呈现和深入研究。第二种，主体的纵向阳极结构元素将"遗传密码"给予"文明"形态。此类

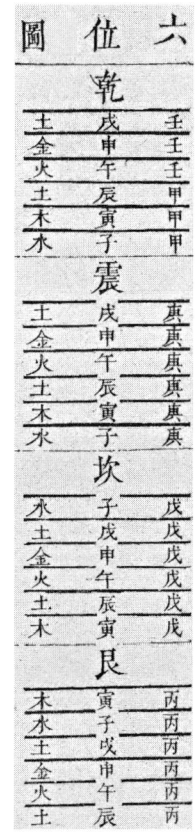

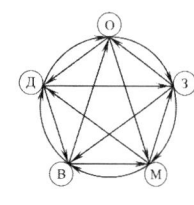

型在儒家的"道"学文化中得以呈现和深入研究。第三种类型是位于中央的子,是横向与纵向的阴阳结构元素的交汇。它是连接第一种类型和第二种类型的螺旋形轨道,给予"自然"与"文明"以普遍的"遗传密码"。此类型在《易经》中的"道"学文化中得以呈现和深入研究。

道家所主张的内涵丰富的自然元素"道",在著述《淮南子》中所载如下:

木强,水衰,火长,金囚,土死。
火强,木衰,土长,水囚,金死。
土强,火衰,金长,木囚,水死。
金强,土衰,水长,火囚,木死。
水强,金衰,木长,土囚,火死。

"道"在《白虎通》(又称《白虎通德论》中具体展开如下:

木旺,火相,土死,金囚,水休。
土旺,金相,水死,木囚,火休。
水旺,木相,火死,土囚,金休。
火旺,土相,金死,水囚,木休。
金旺,水相,木死,火囚,土休。

以下两个螺旋曲线的平面图示,清晰表明儒、道两家关于"道"之异同(元素用其第一个字母来标识)。

道家"道"之螺旋曲线　　儒家"道"之螺旋曲线

	а	б	в	г	д		а	б	в	г	д
I	木	火	土	金	水	强	木	土	水	火	金	旺
II	水	木	火	土	金	衰	火	金	木	土	水	相
III	火	土	金	水	木	长	土	水	火	金	木	死
IV	金	水	木	火	土	囚	金	木	土	水	火	囚
V	土	金	水	木	火	死	水	火	金	木	土	休

1. 在道家的螺旋曲线中,Ⅰ-Ⅴ的横排提供同一个循环序列中不同的第一元素中的参数。在儒家的螺旋曲线中,这一相同的序列旋转至а-д的纵列,在同一圈的不同次序中。道家螺旋曲线的纵向元素序列,与儒家螺旋曲线的横排元素序列也不相同。螺旋曲线相互垂直,具有不同的元素构形

关联。

2. 在道家的螺旋曲线中，发生学模式的"强""衰""长"等等，表现了自然宇宙存在的周期。儒家的螺旋曲线增加了其他模式，它们完全被社会形态化（模式"囚" 只是名字相同，"死"在第一个螺线中是"自然"的，但在第二个螺线中则是被强迫的），由此反映社会运行之周期。位于道家螺线之中心的是第Ⅲ排的模式"长"，在儒家螺线的中心则是模式"死"。螺线彼此关联，犹如生与死，自然与人为的螺线。

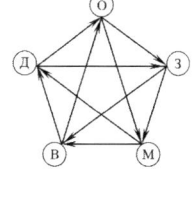

3. 在道家螺线中，第Ⅲ排是基本的：只有它的居中的元素方能形成结构，并在五行中自我循环往复。譬如，围绕坐标Ⅲв中心元素"金"的是土（Ⅲб）、火（Ⅱв）、木（Ⅳв）、水（Ⅲг），它们和"金"一起组成一个小的垂直的由五部分组成的十字形，其中包含全部5个元素，未有一个重复。在该序列中，它再产生纵列"в"，而序列"火—土—金—水—木"在横排Ⅲ中。此法亦适用于其他四个小的垂直的十字形，位于中心的是第Ⅲ排的其他元素：每一个都有其垂直和水平的元素。"五行"的原型在其构造原理上与道的螺线是一致的。

元素土（Iв）—火（Ⅲа）—金（Ⅲв）—木（Ⅲд）—水（Ⅴв）五部分组成一个大的垂直十字形，在这个序列中再产生纵列"в"。然而，该序列的轨迹以及序列的反向轨迹，再产生"в"列的小的垂直十字形；完全一致的序列，再产生第Ⅲ排。这些元素的大小十字形，彼此之关系如在镜中。

元素火（Ⅳг）—土（Ⅱг）—金（Ⅲв）—水（Ⅳб）—木（Ⅱб）五部分组成小的对角线十字形，在此序列中再生成第Ⅲ排，而在序列"土—火—金—木—水"中再生成"в"列。

元素火（Ⅴд）—土（Ⅴа）—金（Ⅲв）—水（Iд）—木（Ⅰа）五部分组成大的对角线十字形，在此序列中再生成第Ⅲ排，而在序列"土—火—金—木—水"中再生成"в"列。

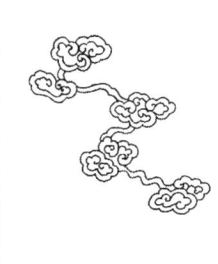

　　元素火（Iб）—土（IVд）—金（IIIв）—水（IIa）—木（Vг）（所谓的左对角线）符合对角线结构，在此序列中再生成第III排，而在序列"土—火—金—木—水"中再生成"в"列。

　　五个相同名称的元素金（Iг，IVa，IIIв，IIд，Vб）（所谓右对角线），根据模式建构垂直的十字形，同样再生成第III排和"в"列。

　　所有这些结构，类似小的垂直十字形，重复五行原型结构和道的螺线，对它们而言，也往往具有逆向序列和镜子之特征。

　　在儒家的螺线中，第III排亦很关键：其在中心的元素由五部分组成垂直的和对角线的十字形。然而，与道家的螺线相比，它们是另外的轨迹，传递的横排和纵列的结构（唯一相吻合的只有在小的垂直十字形中的纵列轨迹），并以不同的方式表示反射。此外，同名和异名元素不同地分散于右和左对角线。而垂直的和对角线的十字形与任何元素一起构成一般的螺线。即在儒家螺线架构中，任何元素都可以充当中心功能，由此导致五行和道的螺线的重复性大为提高。

　　4.道家和儒家的螺线的不同之处，在于遗传密码图示。道家螺线I-V五排的元素重复圆形的序列，位于一个圆周之上。它的里面连接着a-д纵列。由三个相互联系的"阴—子—阳"图形组成以下公式：（1）阴的四周按顺时针方向与元素相联系；（2）阳的五角星形各方逆时针与元素交叉；（3）子的五角星形经由其中一个与元素联系。

　　在儒家螺线中，元素组成的圆形序列在垂直的纵列重复，与相交的各方在五角星平面上再生成。它的里面保持第1—5纵列之关联，由此得到由两个相互联系的图形构成的公式：（1）阳的五角星按顺时针方向与元素相联系；（2）子的五角星形经由其中一个与元素联系。阴的四周所编的码是女性（母性）的，这实质上并不存在，因为她被抑制（扼杀，禁绝）。这一点完全符合儒家螺线的社会发生学原理。《白虎通》根据第一列中的元素做出如下解释：木是子，置于顶行，由置于底行的水父所生。土母位于中心，木

子替水父向土母复仇。木子杀死土母，因为，子在五角星元素之关联中，呈"打压"姿态，土母意欲战胜水父。对所有居于顶行的"旺"元素而言，此模式是重复的，所有居中的"母"元素都是死的。在儒家螺线中，存活的只有父与子：子"旺"，父"休"，母"死"，即便是母战胜了父。

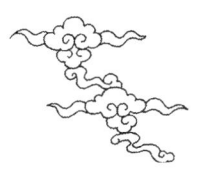

道家螺线通过与儒家螺线相比照而显得更为清晰。在道家螺线的社会语境中，死的是低层元素，即父的那一行，而生的只有母与女。虽然父初之阳存于其中，但它完全臣服于女性之初，之所以如此保存下来，是因为道家螺线之道是"自然"，它需要三个源头：女性的、男性的和子性的。根据遗传代码图形公式判断，在生理的（自然）和社会的（文明）架构中，儒、道两个螺线互相补充。

5. 道家和儒家螺线图根据幻方矩阵转换成完美数字的质。垂直的和对角线的十字形，以及两个螺线上所谓左右对角线上的元素组成九形矩阵（经）。其中，垂直的十字形和所谓右对角线固定连接阳垂直列1—5，而对角线十字形和所谓左对角线固定连接阴横行I‑V。在幻方矩阵轨迹中，垂直连接这些元素的是奇数序列，而横向连接这些元素的是偶数序列。由道家和儒家螺线数字展示图可见，道家螺线幻方矩阵是不变的形式（А），而儒家螺线幻方矩阵是偶数的反序列（Б）：

```
道家道之螺线                          儒家道之螺线
    а б в г д    (А)      (Б)       а б в г д
I   8 2 1 5 6    4 9 2    2 9 4   I  8 2 1 5 6
II  6 8 3 4 5    3 5 7    3 5 7   II 5 6 3 2 4
III 3 1 5 9 7    8 1 6    6 1 8   III 7 1 5 9 3
IV  5 6 7 2 4                      IV 6 8 7 4 5
V   4 5 9 8 2                      V  4 5 9 8 2
```

洛书系统的环形矩阵（替代数字的是与之数量相等的白点和黑点），是对应于《易经》结构图形的一个方阵，由此表明它是道家、儒家和《易经》原型的结合体。五行的原型通过基因编码而提供的同构性模型，涵盖中国古代道家文化。五行构建立体的哲学思维模型：模型之"无"的五类分

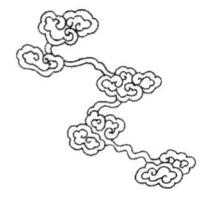

布于天体之圆；模型之"有"的五类同名类似物位于地球之方。圆和方由轴线（中心线）连在一起。圣人位于"无功能的"中心，实现同一性与非同一性的矛盾对立。

五行成为哲学分类系统构建的重要性原则：每一类是基于阴阳三段式思想构建，在五行螺线中通过与其他对应类别之关系而得以确定。即使是关于类别的粗略定义，亦是往五行指引的方向发展。当被问及"仁"之本质时，孔子将其定义为五种品质：尊重、宽容、自信、智慧、怜悯。

司马迁在阴阳家杰出代表人物邹衍学说的基础上，根据五行原则构建历史循环的思想：根据子的五角星图将虞与土元素联系在一起，夏木，殷金，周火，秦水，与之相匹配的则是五德。

五行所携带的中华民族共同体的原型密码，在神话形象（面具）和集体部落的舞蹈中得以确认。文化传承的实现，以及道家文化融入其他文化之途径，均有赖于五行密码。在五行的基础上，亦建立起民族文化记忆机制：守护旧传统，创造新思想，并在当下继续发挥作用。五行构建了中国经济、政治以及意识形态体系，并与道家文化一起，对日本、韩国以及越南的文化产生影响。

**A. E. 卢基扬诺夫《道之起源：中国古代神话》，莫斯科，1992年；A. E. 卢基扬诺夫《中国古人的哲学观》，载《远东问题》，1998年第2期；А. И. 科布杰夫《中国古典哲学中的象数学》，莫斯科，1994年；В. А. 鲁宾《五行与阴阳论》，载 В. А. 鲁宾《古代中国的个人与权力·作品选编》，莫斯科，1996年，第144—158页。

（A. E. 卢基扬诺夫撰，陈爱香译）

五经

"五经"，出现于西汉武帝统治时期，由《诗经》《尚书》《礼记》《周易》《春秋》五部儒家典籍组成。

（А. Г. 尤尔克维奇撰，陈爱香译）

五蕴

五蕴（梵语Skandha），又名五阴、五众，是佛教教义中关于精神活动的重要类别之一。其否认单一的存在以及个人灵魂的实体性。佛教认为个人作为结构是有序的"法"的组合，由五蕴和合而成。根据佛教理念，五蕴总体表现为经验的个体性。在小乘佛教学说中，解释"人—我"为虚幻的暂时的蕴的聚合，这种假设体现在"人—无我"的论题中。大乘佛教不仅否认"人—我"存在的现实性，而且还否认五蕴本身，但五蕴本身表现在"法无我"这一观念中。五蕴中的第一蕴指物质的（色），其他四蕴指心理性。第一蕴"色蕴"由地、水、火、风"四大元素"组成，构成人与物质世界。第二蕴"受蕴"，指感知乐受、苦受、不乐不苦受的能力。第三蕴"想蕴"指理性活动：表象，概念。第四蕴"行蕴"指一切精神现象和物质现象的发生和变化活动，主体具有不断变化的特点。第五蕴"识蕴"，指心智的功能，涵盖认知和"行动"能力，具有思量、积累和储存经验等能动作用。五蕴学说是中国佛教所有宗派的共性，对中国中古时期的精神活动及认识论等相关思想的发展具有重要的影响。

**A. H. 伊戈纳季耶维奇《日本佛教早期历史概况》，莫斯科，1987年，第212、278—279页；C. Ю. 列佩霍夫《〈般若波罗蜜心经〉的心理学问题》，载《佛教心理学》，新西伯利亚，1986年；О. О. 罗森堡《佛教哲学》，圣彼得堡，1918年。

（А. А. 马斯洛夫、Е. А. 陶奇夫撰，陈爱香译）

五种性

五种性，又称为"五性"、五圣种性，是一个佛教术语，是瑜伽行派以及中国佛教法相宗哲学中的一个基本概念。五种性这一概念认为可以从小乘佛教的狭窄拯救之路通往大乘佛教的宽阔之路：小乘佛教的观念认为，并不是每一个人都可以获得拯救，但是大乘佛教的观念认为每一个人都可以获得拯救。五种性的学说，为众生扩展了达到涅槃的可能性，但这种可能性建立在一定的前提之上。根据这一思想，万物分为五种：（1）菩萨种性；（2）独觉种性；（3）声闻种性；（4）三乘不定性（不定种性）——自然界不符合"三乘"；（5）无性有情——不具有自然性，但是具有感性知觉。前三种性在"三乘"之名下聚合，任何具有"三乘"之人皆可修成正果。拥有第四种性的不能够保证得救，但他们为前三种性播下"种子"，使其有可能获得重生。没有种性但具有感官知觉的，则被认为沉浸在痛苦、生与死的深渊中。他们作为人有机会获得重生，但是永远不能成佛。

**Л. Е. 扬古托夫《中国佛教哲学的统一、同一与和谐》，新西伯利亚，1995年；黄忏华《佛教各宗大意》，台北，1973年；Chen K.K.S. Buddhism in China: A Historical Survey. Princ., 1964;Takakusu J. The Essentials of Buddhist Philosophy. Honolulu, 1956.

（А. К. 哈布达耶娃撰，陈爱香译）

《武经》

《武经》，是《武经七书》的简称，由中国经典军事理论书籍汇编而成，最终形成于11世纪，具体包括《六韬》《孙子兵法》《吴子兵法》《司马法》《三略》《尉缭子》《李卫公问对》。

（А. Г. 尤尔克维奇撰，陈爱香译）

物，指物质、客体、对象，是中国哲学的核心范畴之一，有两个主要意义：（1）物体、生物、包括人在内的动物；（2）对象、客体，作为思考主体对立面的"物－我"（物我：字面意思为"物和我"）。最初的词源学意义在商代卜骨上为"翻耕土地的颜色""彩色的""杂色的牛"；稍晚的周代则指"用作牺牲的牛""种、类、级别""标示，象征"。"物"字语义中的词源遗迹表现为拟人性（这个字的形旁为"牛"）、与现实主体的相互联系（这个字声旁的原初意义为"翻耕土地""农耕"）、一切事物分类为"万种"。

中国哲学家总体上将物解释为全世界的"气"，气也指精神本原的实体化。《周易·系辞传》称"精气为物"；《管子》中也有类似的话语："凡物之精，此则为生。下生五谷，上为列星。流于天地之间，谓之鬼神。"物既可以理解为物质的、肉体－情感现象（《庄子》："凡有貌像声色者，皆物也。"），也可以理解为现实被理想化了的形象（在《道德经》中道即物）。在古代中国的前逻辑学和语言学理论中，物指任何一种称名的所指，这种称名必须有一个对应物："名称"（名）、"言语"（言）、"标示"（指）或所标示的主体本身。《礼记》中说，"言有物"，即有意义；《墨子》中"兼爱"和征伐的本质是"物"，与个别的具体对象——实相区别。在"名"的分类中，物是作为最普遍的范畴——墨家的"大名"和荀子的"大共名"而出现的。《公孙龙子》一书中，物和指构成一对普遍的对立组"所指－能指"。物的概念中还结合了主体含义和过程含义（对比英语里的thing、德语的Ding、法语的chose、拉丁语的res等"物体""事情""情况"），这在对出自《大学》的术语——格物的解释中得到了清晰的体现。《大学》的最早注释者郑玄将物比作"事情"（事），朱熹则界定为"事情与物体"（事物），而王阳明直接界定为"事情"。与西方概念的"物体"只能在贬低意义上用于人不同，中国的物也包括人："物之数谓之万，人处一焉。"

作为实体－过程现象，物遵从于普遍法则（道）并借助

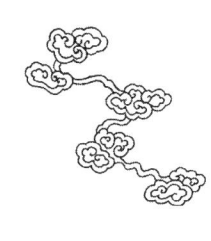

"原则"（理）形成结构，这种理论早在《韩非子》中就形成了："道者，万物之所然也，万理之所稽也。理者，成物之文也；道者，万物之所以成也。""物理"这个组合，成为"天地之间"一切科学认识的同义词，最后则狭义指"物理学"。严复使用物这个词来翻译达尔文的术语"种类"（物种）和"生存斗争"（物竞）。现代语言中，物是术语"物质"和"唯物主义"的组成部分。

*《中国古代哲学》，第1—2卷，莫斯科，1972—1973年；《中国古代哲学·汉代卷》，莫斯科，1990年。**А. И. 科布杰夫《王阳明与中国古典哲学》，莫斯科，1983年，第85—92页；А. И. 科布杰夫《中国理学哲学》，莫斯科，2002年，第155—164页；葛荣晋《中国哲学范畴史》，哈尔滨，1987年，第216—238页。

（А. И. 科布杰夫撰，贾茜译）

仙学

仙学，即关于长生不死的学说，是道教最重要的学说之一，乃道教"养生学"理论和实践的一个方面，欧洲文献中也称为节食养生法，通常与道教炼丹术联系在一起。这些道教修炼术与传统中医紧密相关，期望最终能长生不死。修炼到预期状态的信徒被称为"仙"或者"神仙"。有些"神仙"在民间传说中非常流行，成为无数文学作品与绘画艺术作品的主题，例如著名的"八仙"，其大部分传说都源自现实中的历史人物故事。普遍认为，神仙们离群索居，往往在深山里，偶尔才与人接触，特别是在必须将自己的神秘知识传授给适当的人时。这种神秘知识有时被称为仙学，即"求长生不死之学"，或者"求仙的学问"。

在较狭义的意思上，仙学有时也指炼丹术的总和。"丹"，在传统上分为"外丹"和"内丹"。外丹指"长生不死的金丹"，内丹指通过特殊的心理修炼，在体内修炼出的某种"圣胎"。普遍认为，作为一种合乎逻辑的教义，仙学大致是公元前4—前3世纪在燕国和齐国的方士圈子中形成的，这些人主要以民间方式疗治病人。《庄子》和《楚辞》中有些片段证明，楚国曾存在过自己的巫术，它与其他神秘主义者的修炼术只有部分相似。早期的帝王例如秦始皇和汉武帝痴迷于寻仙访道，司马迁在《史记》中就相当详尽地记录了方士的有关信息（《秦始皇本纪》《孝武本纪》）。唐代有些帝王对道教的迷恋导致神仙偶像及其修炼术得到发展，部分表现为独特的专业化倾向：开始区分出地仙、天仙、人仙、神仙、鬼仙。地仙主要生活在昆仑山的西王母宫；天仙生活在天上，法力超出其他众仙；人仙修炼的是"悟道"以不受尘世的诱惑，但还没有达到长生不死；神仙生活在东海中的蓬莱、方丈、瀛洲三山（秦始皇曾经觅仙之地）；鬼仙则是被处决的罪犯、俘虏及无后者的灵魂，它们焦虑不安、无影无形，偶尔还会对人构成危险。有关神仙的文学作品非常多，最有名的一部为葛洪的《神仙传》，其中讲述了80多个人物的故事。在这些通俗故事中，神仙被赋予了各种不同的特异功能：他们会变化，会飞，以龙为座骑，可以下沉到海底，吸风饮露（气）。他们有着不同寻常的外表，有时也变成普通人的样子。虚构与现实在这些故事中紧密交叉，赋予了他们不同寻常的生命，这在圣徒传记类作品中极为罕见。尽管富有传说色彩，有关神仙的小说故事仍然值得科学史家予以关注。

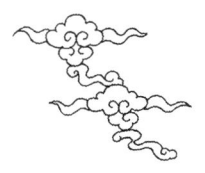

（Г. А. 特卡琴科撰，贾茜译）

象数学

象数学，指关于象征和数字的学说，西文表述为数字占卜学、象征学、系统学。这一术语形成于宋朝，其中包括邵雍的学说，但这个词的起源却古老得多：它产生于公元前6—前4世纪论述"象与数"的文本之中，首先是《左传》《国语》《尚书·洪范》和《周易·系辞传》。从广义上讲，象数学是一个包罗万象的理论体系，它诞生于古代的认

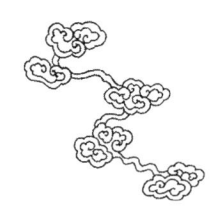

知结构,首先是整个占卜分类法;在古代中国,象数学起着一般哲学和科学知识形式方法论的作用,从功能上替代了当时还未成为独立学科的形式逻辑。从狭义上讲,象数学可以说是上述体系的概念形式之一,于汉朝统治年间,主要由遵循"今文经学"的《周易》注解者们整合了儒家、道家和阴阳家的一般方法论原则,并将其与汲取自天文、历法及音律的自然法则结合起来而创立。在这个意义上,象数学在历史上有个替代说法,公元前1世纪—公元5世纪被称为"谶纬之学",其后到11—13世纪被称为"河图之学"。广义上讲,所有这些学说都可以由同一个概念即"象数学"涵盖。象数学建立在普遍分类法以及特殊的归纳—综合类型(共/公)之上,即通过从中划分出最典型的(有价值的、主要的)对象以代表某一对象类别,而不是将该类别的特征抽象化。例如人类的代表是王,以《道德经》的不同篇章为例,"人"和"王"在描写存在的第四个等级(位列道、天、地之后)时是可以互换的。

象数学的基础由三种类型的数字占卜理论组成,其中每一种都表现为两种变体:(1)象—卦;(2)"数"(图)—河图、洛书;(3)"象与数"—阴阳、五行。这一体系本身也具有了数字占卜的意义,因为它基于两个原始的占卜数字——3和2。这里同样反映了中国传统文化中用图示象征的三种主要类型:(1)"象"——几何形状、图示、图画;(2)"数"——数字、数字符号;(3)阴阳、五行——象形文字。象数学的构成要素有数学和类数学模型,即空间("几何")结构和数字("算术")组合,通过数学、象征、联想、事实、审美、记忆、暗示等广泛的因素彼此相互联系如此列举出基本的数字占卜配对使之相互适应:圆—方/矩形、3—2、天—地、阳—阴、乾—坤,诸如此类。象数学所有最重要的范畴——太一、两仪、三才、四象、五行、八卦、洛书(数字1到9形成的矩阵)、河图(数字1到10形成的大十字)等,都既有"算术"特征,又有"几何"特征。这一总体分类法的人类学基础是从中国哲学普遍接受的对世界有机(物质)整体性角度来理解和认识

的，其同类元素按照共鸣或吸引原则进行互动。与毕达哥拉斯学派类似，象数学可以被界定为宇宙音数结构的学说。

根据《左传》，象数学源于两种古老的占卜术的结合：使用龟壳和大型长角家畜骨板的兽骨占卜法（卜），以及使用蓍草茎进行的蓍草占卜法（蓍）。更早期也更权威的占卜术（卜）的结果表现为几何形和与空间坐标（方位）相关的占卜图形，即象数学的首要元素——"象征"（象）。晚些出现的蓍卜结果则用蓍草茎秆的概率组合以及可数竹签的样例来表示，即象数学的派生要素——数。

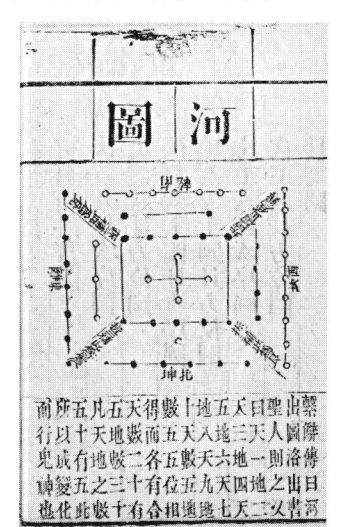

象与数在理论上最初也是最主要的描述见于《周易》，其基础是具有数字意义甚至用数字表示（"6"和"9"——断线和完整的线这两种类型的线条）的几何符号（线、三线形或六线形等）。《左传》上述篇章也确定了"象"和"数"的本体化等级体系：

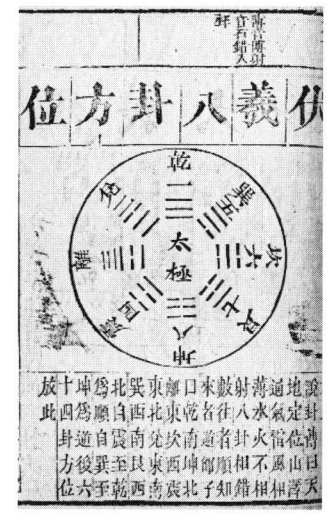

"物生而后有象，象而后有滋，滋而后有数。"这一论断在《周易》中获得了方法论定义，其理论向度逆推可得"极其数，遂定天下之象"（《周易·系辞上》）。这在最早的算经《周髀》中得到反映："数之法，出于圆方。"然而后来，邵雍就数的第一性提出了相反的论断："数立则象生。"

象数学在汉朝统治时期得到了特别的发展，获得了普遍承认的地位，但也扼杀了曾在墨家、名家和荀子学说中产生的前逻辑学萌芽。《周易乾凿度》和扬雄《太玄经》、焦赣或崔篆《易林》①，这几部著作成为这一时期的顶峰。象数学的发展成为理学产生的因素之一，邵雍和蔡沈正是在这一框架下，于11—12世纪创立了数字占卜学。象数学不仅在一切主要哲学和宗教学说（儒家、理学、道家、佛教等）、科学及准科学学科（特别是数学、天文、计时法、测绘学、医学、养生术、炼丹术、风水、相面术、占星术、占卜术）中，也在文学、艺术乃至整个中国传统文化中留下了印记。数字占卜术的思维模式具有特殊的原始稳定性，持续在现代社会发挥作用。建立于象数学原则上的文化载体至今仍将基本的术数学框架作为自己的最高象征，例如韩国国旗上由阴阳和四个卦象组成的两仪、太极。

*司马迁《史记》，第4卷，P. B. 越特金译，莫斯科，1986年；Д. 乌瓦杰尔斯《太玄经：〈易经〉遗补》，基辅、莫斯科，2002年；《道家长生不老术·古中国秘术文选》，Б. Б. 维诺格罗茨斯基编译，莫斯科，2003年；Ю. К. 楚紫气《易经》，莫斯科，1993年；《文王课·易经》，Б. Б. 维诺格罗茨斯基编译，莫斯科，2006年；Nylan M. The Canon of the Supreme Mystery by Yang Hsiung. A Translation of the T'ai hsuan ching. Albany, 1993。**B. E. 叶列梅耶夫《〈易经〉的象征符号与数字》，莫斯科，2002年；B. E. 叶列梅耶夫《天人图》，莫斯科，1993年；A. M. 卡拉别基强茨《古代中国系统学总体框架及附言》，莫斯科，1990年；A. M. 卡拉别基强茨《古代中国系统学元图型和象征水平——卦》，莫斯科，1989年；《中国风水学》，圣彼得堡，1998年；A. И. 科布杰夫《中国古典哲学中的象数学》，莫斯科，1994年；A. И. 科布杰夫《数与人：中国古代概念"七失八得"》，载《数学与实践·数学与文化》，第2期，莫斯科，2001年，第107—113页；B. C. 库兹涅佐夫《中国人的数字宿命观念》，载《第8届全俄〈东亚哲学与现代文明〉研讨会论文集》，莫斯科，2002年，第86—89页；伦鄂《中国数字占卜学》，莫斯科，2004年；朱伯昆《易学哲学史》，第1—4卷，北京，1986—1995年；冯友兰《中国哲学史》，北京，1961；Liu Da. I Ching Numerology. N. Y., 1979;

---

① 关于《易林》的作者问题一直有所争议，参见于成宝《〈易林〉的作者归属略辨》，《社科纵横》，2007年第11期。——译者注

Nielsen B. A Companion to Yi Jing Numerology and Cosmology. L.-N. Y., 2003; Sherrill W. A., Chu W. K. An Anthology of I Ching. L. etc., 1977.

（А. И. 科布杰夫撰，贾茜译）

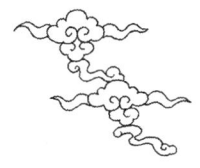

《孝经》

《孝经》，即关于孝的经典，是儒家经典之一，汉朝时与《论语》《诗经》《尚书》《礼记》《周易》和《春秋》一同被列为"七经"。儒学传统中，它被认为是孔子向弟子曾子讲授"孝"的记录，有可能是在公元前4—前2世纪编写而成。它有两个版本：《今文孝经》和《古文孝经》。第一个版本共18章，公元2世纪由郑玄作注；第二个版本共22章，已亡佚，但公元6世纪末由刘炫伪造，并使其进入流通，附有疑为孔安国所做的注解。719年，按照唐玄宗的旨意，对两个版本进行了鉴定，鉴定结果于743年得到官方承认：郑玄注不能令人满意，而孔安国的注释为伪作。现在流行的《孝经》版本为唐玄宗注，邢昺疏。18世纪孔安国和郑玄注的版本又从日本流传回来，严可均和皮锡瑞对其进行了深入研究。

*黄得时《孝经今注今译》，台北，1979年。

（А. Г. 尤尔克维奇撰，贾茜译）

孝悌

孝悌，或称孝弟，指"孝顺父母，友爱兄弟"，是儒家伦理学范畴之一。孝的概念"对父母的尊敬"（孝顺）早在《尚书》中就有记载，是周公用来衡量人性的标准之一。《论语》将孝悌二字合在一起，解释为"仁之本"（《论语·学而》）和遵守社会秩序的保障（《论语·为政》）。在与儒学对立的《墨子》中，孝之义为"子爱利亲"以及由

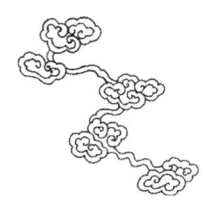

此引申出的兼爱思想。《道德经》中写道："绝仁弃义，民复孝慈。"法家韩非子在"孝"中洞察到了关心父母安好的内在动力。道教著作《太平经》指出，人作为"天地之子"，如果没有努力达成与自然的和谐并为自然服务，即为不孝。后来的儒家传统中，"孝治天下"的思想得到传播，成为教育教化的主要任务和社会思想准则的基础。

（А. Г. 尤尔克维奇撰，贾茜译）

心

心，指内心、理智、意识，也指心理、核心、主观、精神。心是中国传统哲学范畴，有四个主要意思：（1）功能器官，包括感情与意志在内的意识和心理机能中枢；（2）包括人在内的任何有生命和无生命之"物"的核心、精髓；（3）意识、心理和认知功能；（4）在现代术语中指唯心的。"心"这个象形字的关键要素证明其属于心理认识和情感领域。

早在上古时期的文献中，心的概念就与"精神"——负责意识和心理活动的实体相对接。《管子》中言，"心者，神之舍也"，只有"净心"并摒弃贪欲，神才能回归其居所。心是通往宇宙精神空间的一扇窗。《庄子》中也有记载，"乘物以游心"，"超然世外"。净心符合"去欲"的观点：只有这样，才有可能实现真正的天人合一，其"精神"实体才能实现完全的融合，由此"圣人之心以畜天下"。与道家这一主张相呼应，儒家著述中，也主张"尽心"而见"性"，继而知天（《孟子·尽心上》）。

在儒学那里，心是区分人与动物的标准，是衡量个人人格水平的指标。《孟子》认为，人必须有"恻隐之心""羞恶之心""辞让之心"和"是非之心"，其实质是"仁"之端、"义"之端、"礼"之端和"智"之端（《孟子·告子上》)。《周易》中有关"常心"为"圣人"根本的观点,符合《论语》的理论:遵循内在的道德法则(恒)是人自我完善道路上唯一可现实达到的目标(《论语·雍也》《论语·泰伯》《论语·先进》)。

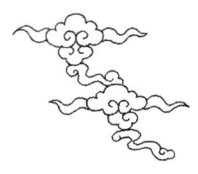

孟子使用道家"赤子之心"表达人的最高品质以及无上智慧,从而使心进入了儒学的理论轨道。孟子认为,大人"不失其赤子之心"(《孟子·离娄下》),即纯粹而全面地认识事物并直接作出反应,落实在恰当的行为上。公元前2世纪,儒学的改革者董仲舒将前道家的自然主义哲学和儒家的伦理学结合起来,宣称心为气的"主宰",气"发于心",由心统治和担当,受其支配。

心这一范畴在理学中发挥了特殊作用,其中的陆王学派即得名为心学("关于心的学说")。其创始人陆九渊开始研究"内心"与普遍构形"原则"(理)的同一性。这一观点在王阳明的学说中得到了发展,表述为"心即理"。借助这种统一,人的"内心"与世界在质量甚至数量上达成"一体",与整个天地合而为一并"与天地万物为一体"。"大人"能意识到这一点,"小人"才将世界划分为"尔我"。要想正确理解世界,做出恰当的行为,必须保持"赤子之心"。李贽继承了王阳明的思想,认为"童心"即"真心",是人与生俱来的知识、健全的思想与向善的渴望,而且只有"赤子之心"才能生出"至文"(《焚书·童心说》)。

理学象数学派奠基人邵雍将"内心"定义为"太极",即一切存在的本原和"纲领"。而理学的主要创始人朱熹则将"心"定义为"知觉与感受"的能力,不仅为人所具备,就连植物也具备,从而将"个人的本性"(性)与"感情"(情)联系起来。

在中国佛教当中,特别是6—9世纪,心这个字用来表达抽象的心理过程与现象,而在法相派中,它又成为"藏识"(阿赖耶识)即一切认识类型

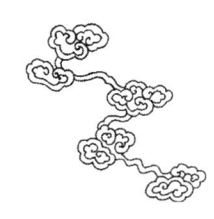

最高统一形式的同义词。以佛教天台宗的思想为基础,谭嗣同对心做出了独特的阐释。他提出,以"心力"概念作为创造与建设的普遍精神能量,在世界"太空"中发挥作用(以太)。每个人都应当"洁净和治疗自己的心原",这也是"一切生物之原",以便使这种心力完全地显现。净心的结果,是使"拯救"他人脱离痛苦和轮回成为可能。

心这个字后来进入很多现代科学术语体系,首先是与心理学领域相关的术语库,如心理、心理学等。

*《中国古代哲学·汉代卷》,1990年;《心论:朱熹的哲学遗产》,А. С. 马尔蒂诺夫、И. Т. 佐格罗夫译,莫斯科,2002年。**А. И. 科布杰夫《中国理学哲学》,莫斯科,2002年;И. С. 李谢维奇《中国古代与传统社会中后期的文学思想》,莫斯科,1979年,第18、42、46页;DeBary W. T. NeoConfucian Orthodoxy and Learning of the Mind and Heart. N. Y., 1981; Richards I. A. Mencius on the Mind: Experiments in Multiple Definition. L., 1932; Shih V. Y. C. The Philosophy of Mind as a Form of Empirism // Bulletin of the Institute of History and Philology, Academia Sinica. 1969, Vol. 39.

(А. Г. 尤尔克维奇撰,贾茜译)

新儒学

新儒学,又称后儒学,中国文化和哲学思想史上的一个流派,诞生于20世纪20年代,是儒家思想与外来意识形态所谓第三次融合的产物。如果说作为观点体系的经典儒学形式是"第一次融合"(与道家学说和阴阳家思想的融合)的结果,理学的出现是"第二次融合"(与由佛教引进的认识论和本体论问题融合)的结果,那么新儒学则是在儒家吸纳总结西方文明思想的基础上形成的。

新儒学出现的思想理论前提是梁启超和康有为以保守而传统的方式解决中西方文化互动问题的尝试以及张之洞的"中体西用"理论。新儒学研究的根本问题是,如何在总体文化层面掌握西方科学与民主价值观、哲学中的逻辑分析形式主义方法，同时保持儒家传统的坚实基础，以应对激进反传统而亲西方的"新文化运动"。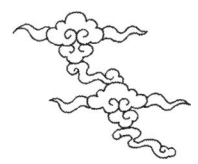

新儒学的第一个发展时期（20—30年代）重点在于认清中国与西方的根本文化差异。这个时期，从西方哲学中引进的只有那些可以与中国哲学传统的认识论和方法论基础相对比，或者至少不会相矛盾的部分。一般认为，梁漱溟的著作是新儒学作为一整个流派存在的开端。他呼吁回到孔子时代，重建其道德人类学学说，以此来解决未来中国乃至全世界文化的问题。有关科学与形而上学的辩论是新儒学思想基础进一步形成中很重要的一个环节，在这一论争过程中，从科学万能出发的科学中心论的反对者论证道：经验主义立场根本不可能延伸到人的道德活动问题。他们还提出重建儒学理论，作为西方价值观的替代物。梁漱溟、张君劢以及其他一些中国哲学家为了证明其新传统立场符合彼时世界文化发展的大方向，遂转向了柏格森非理性学说的反科学主义。复兴传统的另一个源头是借诸佛教，这体现在梁漱溟的学说和熊十力的"新唯识论"体系中。熊十力建立的形而上学体系超越了就人类学立场进行论争的界限，他将本体论、认识论问题包括进来，开始重新思考中国哲学基本概念之间的联系。

新儒学第二阶段（30—70年代）的关键课题是将西方"分析式的"文化哲学意识与中国"综合式的"儒家意识相结合。20世纪三四十年代，冯友兰与贺麟的学说问世，他们广泛依据西方哲学，将大部分注意力放在阐明西方文明的实际成就与其文化哲学和精神基础的联系方面。那个时代的中国知识分子天生带有一种渴望：复兴民族文化，以便实现中国的政治团结，共同抗日。熊十力在1956年出版的《原儒》一书中发展了原来的观点。50年代初移居台湾地区和香港地区的新儒学代表人物——钱穆、牟宗三、唐君毅、徐复观等恢复了学术活动。比起20—40年代新儒学的代表人物，他们对传统的接受表现出了更多的保守主义和情感特征。在中国"侨民哲学"环境下，1949年成立于香港的新亚书院以及

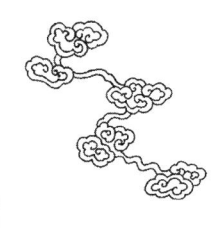

《民主评论》和《人生》杂志对新儒学的发展作出了重要贡献。而牟宗三、徐复观、张君劢和唐君毅在1958年共同发表的《为中国文化敬告世界人士宣言》，成为新儒学的主要纲领性文件。他们呼吁不要将中国文化看成是博物馆的陈列品，而应看作活生生的人，即使是生了病但需要得到同情和尊敬的病人。

新儒学的第三个时期始于80年代。其主要代表人物是在西方接受教育并与之有着密切精神联系的中国学者。他们的鲜明特征首先是对待传统的阐释分析学立场、客观性以及将政治情感因素从学术活动中剔除出去的倾向。当代新儒学最杰出的代表人物是杜维明、刘述先（香港中文大学哲学系）、蔡仁厚。尽管新儒学代表人物关注的中心仍然是中国文化的历史命运问题，东亚和东南亚各国工业发展的成就仍然首先唤起了亚太地区即所谓儒学周边国家（泰国、菲律宾等）对新儒学的兴趣。新儒学第三阶段发展的特点在于走出了台湾地区和香港地区，并将研究中心转向了对儒学在东亚现代工业国家中的地位和作用的思考。为此，1983年在新加坡建立了东亚哲学研究所。研究重点从"现代化与西方化"的关系和建立综合哲学体系，转向深度研究文化传统的根基，这导致国外著名中国哲学和文化研究学者对新儒学的影响加大，如成中英、陈荣捷、余英时等。

理学代表人物理论架构的基本出发点是理学家陆九渊和王阳明提出的"心学"，以及引发这一源流的孟子基本学说。西方哲学中，除柏格森的学说外，对新儒家产生重要影响的还有德国经典哲学，首先是对贺麟、牟宗三与唐君毅观点产生影响的黑格尔与康德哲学。新儒学的主要目标表现为："返本开新""内圣""外王"。在此，"本"和"内圣"指的是传统儒家将人作为道德实践主体的态度，而"新"与"外王"则指西方科学与民主的形式。新儒学的多数代表都承认古代中国缺乏西方式的科学精神，他们认为民主理念自古存在于儒家传统当中，孟子就提出过如君主不行仁政，人民可以将其推翻的思想，以及民为贵的思想，可资为证。同时，他们也承认孟子有关人"性"皆"善"以及

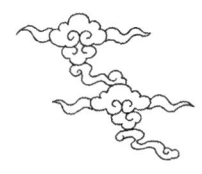

"人皆可以为尧舜"的学说仅仅表明了其道德理想,还远非政治上的平等。依托传统实现这两种理想是理学"三统"学说的中心问题之一,他们号召以"道统"来革新自孔孟以来价值论高于事实、道德主体学说高于客观现实学说的传统。在"道统"基础上建立起"学统"与"政统",这三者应当建立起符合现代发展要求的学术研究认识主体和民主社会的政治主体。

源于梁漱溟与熊十力的反对将科学与哲学进行实证主义区分以及承认科学无法以善与真统一的方法研究现实性的倾向,在现代新儒学流派中保留了下来。这加大了解决"学统"问题的难度。新儒学的代表人承认西方式形而上学批评的公正,致力于建立"道德形而上学"体系,将哲学和道德意识解释为生命经验而不是知识的形式。对新儒学中道德主体的理解与传统的"良知"概念紧密联系在一起,良知赋予人某种本能的善,使人可以本能地选择道德上正义的行为。新儒学不仅解决中国的问题,也要解决世界问题的普遍要求,它随着所谓儒学地区国家经济实力的增长而获得了更重的分量。新儒学的倡议当中,不仅包括消除资本主义社会典型的人的疏离与"物质化"问题,还要从"天人合一"的传统思想出发,克服人与自然世界之间的鸿沟。

80年代后期,中国大陆对新儒学的兴趣大增,开始承认其在文化哲学综合与民族文化传统发展方面的贡献。

*В. В. 扎伊采夫《中国哲学思想中儒家有关人的概念》,载《20世纪外国东方的哲学与宗教》,莫斯科、新西伯利亚,1985年;А. И. 科布杰夫《新儒学研究与阐释的现阶段》,载《亚非人民》,1983年第6期;А. И. 科布杰夫《中国理学哲学》,莫斯科,2002年,第6—49,索引;А. В. 罗曼诺夫《台湾与香港的后儒家哲学思想:20世纪50—70年代》,载《远东问题》,1993年第5期;А. И. 科布杰夫《现代儒学:冯友兰的哲学》,莫斯科,1996年;А. И. 科布杰夫《20世纪下半期中国哲学传统的命运:冯友兰和他的精神演变》,莫斯科,1998年;李泽厚《现代中国思想史论》,北京,1987年,第265—310页;涂又光《现代新儒家概念质疑》,载《理论信

息报》，1988年2月1日；蔡仁厚《新儒家的精神方向》，台北，1984年；郑家栋《现代新儒学概论》，南宁，1990年；Briere O. Fifty Years of Chinese Philosophy, 1898-1950. L., 1956; Chang C. The Development of Neo-Confucian Thought. Vol. 1-2. N. Y., 1957-1962; Chung-ying Cheng. Birth and Challenge of Chinese Philosophy in Today's World of Man // JCP 1984, 1984, Vol. 11, No. 1; Contemporary Chinese Philosophy / Ed. by Chung-ying Cheng and N. Bunnin. Malden (Mass.)-Oxford, 2002.

（А. В. 洛曼诺夫撰，贾茜译）

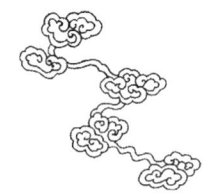

信

信，指可靠（诚实、坦诚、可信、真实、正直），是中国哲学范畴之一，包含主观上真诚的思想与客观上可靠的思想。其字源意义为"人所言"或"内心之言"。该术语首见于公元前2世纪末至前1世纪初儒家经典文献《尚书》和《诗经》，包含两个意思：客观上指"真实性"，主观上指"信任、信仰"。这与汉语的特点相关，因为信字除通常的动词意义"相信"之外，还有个使役意义："使相信。"《荀子·非十二子》有意使用了类似的含混语义："信信，信也；疑疑，亦信也。"

在儒家经典《论语》中，信与仁、义、孝、悌一起，传达孔子学说的社会伦理学概念。这一学说本身源于以下四个基石："文""行""忠"和"信"。在此，意义相近的两个字忠和信形成了一对术语"忠诚—信实"，体现着"君子"的德与行。信首先是指"言必信"（《论语·子路》）。同时期墨家学派的《墨子》将信直接界定为言和语的统一。《论语》对信的解释则首先是言语与事实相符。在这一行为学领域内，信的品质是构成仁的五种行为之一，应在"敬"和"谨"的前提下，辨识大人物、王的行为以及亲戚朋友的相互关系。

孟子发展了孔子的思想，将信之社会表现的"纵向"和"横向"方面结合为以下观点：信是建立和维护良好社会秩序的基础。信的获得最终取决于对善的理解，因为善可以使人诚实（诚）。"诚者，天之道也；思诚者，人之道也。至诚而不动者，未之有也；不诚，未有能动者也。"（《孟子·离娄上》）。信与善和诚在通向至圣道路上的这种联系，在《中庸》中得到重复并被奉为经典，该篇同时被收录于儒学的经典集子"五经"和"四书"。孟子将信界定为自身保有善①，并将其与仁、义、忠概括为"天爵"，用以约束处于社会最高阶层的"人爵"。《国语》第一篇中，这四种"品质"代表着礼的表现形式。

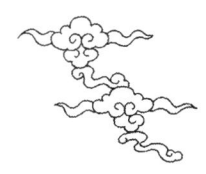

道家经典文献《道德经》的论述则相反，"礼者忠信之簿"，而"忠信"本是自然现象，天生有精，且在道中。类似的本体论化也体现在百科全书式的著作《管子》中，信在此被定义为"泽命不渝"（《管子·小问》），意指"四时之信"（《管子·任法》）。法家文献《韩非子·饰邪》中，信的意思被窄化为权力工具：赏罚敬信。

汉朝儒家董仲舒首先完成了儒学与其主要竞争学派思想的普遍整合，提出了一个结合了伦理学的本体论公式：五常之道，即仁、义、礼、智和信。理学的先驱韩愈在《原性》一文中承认，人性的基础是"五常"，信在其中占据中间位置。由理学巩固下来的这种观念成为整个中国传统精神文化的标准。

信的古代宗教含义与"信仰"相关，这在最初期的儒学著作中就被合理化了。历史思想文献《左传》中，有一条注明日期为襄公九年的表述，即信标志着精神之存在，是"言之瑞也，善之主也"。认为信即正确的言论和良好的行为被孔子神圣化了，但他不是将信仰对象规定为精神或神圣的存在，而是确定为古，亦即传统的规范与价值（《论语·述而》）。孟子具有唯理论倾向，他在过去的准则中，将真正的信念——信与不值得尊重的信区分开来："尽信书，不如无书。"在此基础上，他二律背反式地补充了孔子的论断，承认"大人""言不必信"。

从另一个方面讲，在中国佛教中，信这个字专门用于指宗教信仰。它的这一义项也是现代汉语术语系列的组成部

---

① 原文为："可欲之谓善，有诸己之谓信。"——译者注

分，其中包括信仰和信仰主义。

*《中国古代哲学·汉代卷》，莫斯科，1990年。**А. И. 科布杰夫《王阳明学说与中国古典哲学》，莫斯科，1983年，索引；А. И. 科布杰夫《中国理学哲学》，莫斯科，2002年；А. С. 马尔蒂诺夫《智者、君子与帝王的"诚"》，载《中国传统思想史论集》，莫斯科，1984年。

（А. И. 科布杰夫撰，贾茜译）

形

形，指"形式""躯体""肉体""形状"，中国哲学范畴，指"有具体形状"之物。与西方相应的哲学概念不同，"形"不可以解释为与造物相对立的能产结构。"形"的主要相关概念有名和神。

在哲学意义上，"形"较早见于《墨子》《周易·系辞传》以及《庄子》中。《墨子》中的形与生的概念相关："生，形与知处也。"即生为形体与知觉能力的统一。《庄子》则认为，形是物的固有属性："物成生理，谓之形。"在此，"形式"与"名称"的总和被定义为"有"的特质（《天道》篇），而形与"精神"在道中获得统一："精"与"神"生于道，而从"精"自身又生出性体（《知北游》篇）。《周易·系辞传》中首次在本体论层面上划分出了被定义为"道"的"形而上"和定性为"器"的"形而下"。

《庄子》中提出的"形""名"关系问题在《尹文子》和《公孙龙子》中同样得到反映。《尹文子》一书列举了形与名所指之物的区分："有形者必有名，有名者未必有形。"同时还指出"名"对"形"以及"被命名"事物的检验功能："有名以检形，形以定名。"即应当在质量和功能上符合其所指的概念。同时，"名"与"事情"（事——行动、功能、活动范围）的关系如镜子般相对："名以定事，事以检名。"

形—名问题在法家的理论体系中起着特殊作用,被其在政治学说的轨道内进行了解释。形被解释为"言与事","名"被解释为社会角色,首先是官员。韩非提出了"形名参同"的理论。他认为,君王如能通过对臣子的行为("形")与其地位规定的义务("名")相对比而进行恰当奖惩,以达成"参同",即可实现无为而治。这是因为在法家和早期儒家的文本中,形的概念可以用同义词"刑"代替,其义为"刑罚",形—名问题与行政法律领域内的惩罚(刑)和道德领域内的"德行"(德)问题相交叉了。

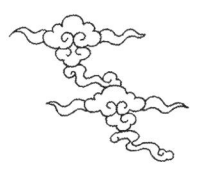

公元前3世纪起,在涉及形这一范畴的哲学问题中,"形式"与"精神"的关系问题首次被提到了首要位置。儒家思想中关于"形"的研究始于荀子,是他确立了"[身体]之形"的心理和精神领域取决于其生理功能的论点:"形具而神生。"(《荀子·天论》)古医书《黄帝内经》提出生命的有序性与"形神合一"相联系,并以此获得长寿。这一观点成为道教以长生不老为目标的理论体系的基础。宣扬极端自然主义的桓谭将"精神"比作蜡烛之火,蜡烛即为"形体"。王充称,形离不开气,如离开了形体,认知功能就无法想象:"天下无独燃之火,世间安得有无体独知之精?"(《论衡·论死篇》)。在荀悦看来,形即人之身体,与"精神"共同构成人的性。

3—4世纪是佛教与反佛教宣传对抗最为激烈的时期,"形式"与"精神"的关系问题也特别尖锐。佛教的慧远法师坚称精神能转移到"身体"当中,如火焰能转移到新的枯枝上,以此维护"神不灭"论。范缜则坚持精神可灭的理论,他在自己的著作《神灭论》中提出了"形质神用"的观点,强调"形神相济"。

在理学那里,"形"与"神"的关系问题退居次要位置,但形神不可分的观念总体上仍占据主导地位。上述问题在张载及其后学王廷相与何塘的理论体系中得到了最为清晰的论述。张载把物比作"聚形",而形比作"聚气",树立了"形溃返原"的观点,即形的丧失是由于气散而归为原初的实体状态(即太虚)。张载认为,"精神"一词的主要意

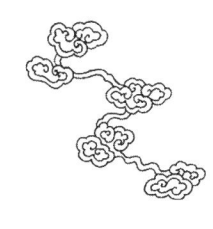

义是功能上的——就像事物具备"相互理解"能力的条件,同时不失去自己的实体性。神"清通而不可象";一切自然现象本质上是"神化而聚",神作为主体和功能都是不灭的。何塘清楚地将形和神解释为"气"的不同状态,因而其概念获得了"形神二元论"之称。如果说形可以聚散,相应形成可见和不可见之物,"精神"则缺乏这种可能性,且永不可见,只在人的知觉活动中得以表现。在何塘那里,"形式"与阴有关,而"精神"与阳相关。王廷相与之辩论,认为"精神"主要指实体化于"气"的阴阳之力的功用(妙用),或将其等同为"形气"。王廷相认为,由于分别存在于所有物质内部的"精神"实体("地有地神,人有人神,物有物神"),即"神气"是不灭的,"精神"亦"生于形气而妙乎形气"。

理学理论体系中,"形而上"与"形而下"的区别问题占据了重要地位。理学家对这一问题的论述很大程度上是由 6—7 世纪的孔颖达奠定的,他将"有质的"性与"无体的"道相对举,相应地,他认为"形而上"的道从发生学上先于"形式"——"器"存在。张载将"形而上"和"形而下"的问题挪移到了伦理学层面,将"无形"与"道德"对举,将"有形的""器"与不同程度体现在"事实"中的具体理和义对比。程颐认为气是"形而下"的,而道是"形而上"的,他将其与阴阳等同,从而把这两个概念联结起来。理学的主要创始人朱熹发展了这一思想,将"形而上"的道定义为构形"原则"——理,将"形而下的工具"定义为器,这里指是的与"气"不可分割的"原则"在逻辑而不是本体论意义上的第一性。王夫之强调可见与不可见世界的实体感、实体性,和其实体的统一性,宣称不论"形而上"还是"形而下"的都可以归为"有形"领域。"形式"是"形而上"存在的条件,而"形而下"是"形式"存在的条件。因此,他强调了世界不灭以及宇宙再生过程的无终止性。按照戴震的看法,形是"有形式的物体"(形质),"形而上的"指的是形存在前之物,"形而下的"是指形出现后的形态。

形的范畴广泛应用于传统中医和心理生理训练体系,意

指以血液为"基础"的"躯体",同时指身体的状态和取决于其状态的"肉体"。

*《中国古代哲学·汉代卷》,莫斯科,1990年。**А. И. 科布杰夫《中国理学哲学》,莫斯科,2002年,索引;葛荣晋《中国哲学范畴史》,哈尔滨,1987年,第202—215页;《哲学大辞典·中国哲学史卷》,上海,1985年,第314—316页。

(А. Г. 尤尔克维奇撰,贾茜译)

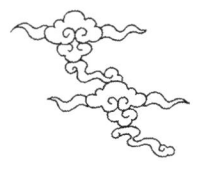

性,中国传统哲学与文化范畴。性这个字(指"心脏、中心"和"生命、出生"的符号)的字源揭示了生命体的生命中枢或心身学基础。它在最早的文献中也可能指普通民众的意愿和需求。性意味着每个独立体特别是人的自然属性(无特殊定义的情况下,通常指人的"本性")。在哲学建构中,性的范畴通常会与"善""恶""心""命""情""理"等概念联系在一起。在佛教教义中与以下术语相当:"自性""本性""原质"。

孔子主张人之"本性"的统一,人性最初在道德意义上是中性的:"性相近也,习相远也。"其后继者们要么致力于将人的素质差别普遍化,将其转化为人"性"的差别,要么努力消除这种差别。

孟子确定了"人性本善",认为其本质是"恻隐之心","尽其心"则可以"知其性"。"情"与"性"本质相同,所以也"善"。"命"与"性"并不直接相关:他认为命可以被认识,即可以通过"知其性"以知天本身。孟子的论辩对手告子认为,"人之性无分善与不善",善良或丑恶可能都只是其表现形式,因此也意味着,性既可能为"善",也可能为"恶"。

荀子则认为,"人之性恶,其善者伪也";"情"相对

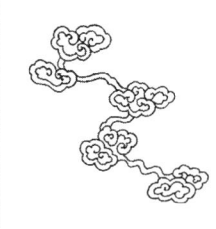

于"性"而言是第二位的:"性也者,吾所不能为也,然而可化也;情也者,非吾所有也,然而可为也。"

董仲舒首次清晰地将性"善"的思想划分出来,认为它是一个潜在的状态,强调不可以将"善"和"性"等同起来:"性比于禾,善比于米。"身之有性情,如天之有阴阳,人之"性"总体上讲与鸟兽之"性"相比是"善",但不是"圣人之性"。

刘向将"性"与"情"分开,将前者定义为"在于身而不发"的特质,将后者定义为"出形于外"的能力,即与客观事实的联系。

王充认为,刘向与董仲舒不同,刘向将"性"与阴相对比,将"情"与阳相对比,并认为其与"善"或"恶"的关系是一个开放性的问题。

扬雄强调了性的两重性特征"善恶混",认为两种素质都可能得到发展(修)。从孔子的"上智与下愚不移"论断出发,他将一切相对高等的人"性"称为"善",相对低层次的则称为"恶"。与刘向不同,王充认为,"性"与"情"一样,都"与物接",如"卑谦辞让,性之发也""性情同生于阴阳",因此都可能"有渥有泊"(有厚有薄),或者像玉一样"有纯有驳",不可能为"纯善"。王充原则上克服了人"性"本质上统一的思想,称孔子"性相近"的论述针对的是"中人",而有关"上智"与"下愚"不移的命题指的是极端"善""恶"之人。王充有关"性"与"命"的概念是最为接近的:"禀性受命"——性与命都是人与生俱来的,同样"禀天气以生",遵循阴阳的自然法则。

理学的先驱韩愈则回归到荀子对性的阐释:"性也者,与生俱生也;情也者,接于物而生也。"他划分了人"性"的"三品"与"五材",三品为:上品——善、中品——善与恶、下品——恶,五材指"所以为性者":"仁、礼、信、义、智"。为上品者"五才"兼具,下品者完全缺乏,中品者则部分具备或缺乏。

与"性"这一范畴相关的理学问题,在很大程度上是以佛教特别是禅宗、法性宗以及道教的哲学理论为基础的。禅宗追求从自己的"内心"观照本质的、一切众生都先天具有的"佛性",法性宗将"性"与"心"等同,而道教在第一个千年里,对性与命的相互关系问题进行了积极的探讨研究,将这种关系看作受制于自然力量的"命运",可以修炼直到实现"返老还童"。这一论点在张伯端有关"性命双修"的学说中获得了终极形式。道教将性与命看作气,认为"性"与"元神"即理智和心理的源头相关,而"命"为身体过程,与思维及心理并不直接相关。在一系列道教派别中,都不要求性的"完善",而是"克服"。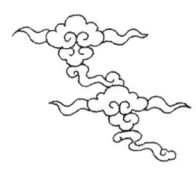

类似概念影响到张载与程颐有关"克服""气质之性"以实现自我完善和回归天地之性的学说(张载),或者是克服"极本穷源之性"(程颐)。

程颐与朱熹对佛教将"心"和"性"等同的观点进行了批评,强调性在本体论意义上的第一性。朱熹接受了张载和程颐提出的性二元说,彻底确立了"性本善"而具有不同派生形态的概念。朱熹认为,性是普遍"原则"(理),"无有不善者",但是"气质"(即派生形态)"不可不别"。朱熹还从本体论和人类学角度对"善"与"恶"进行了区分:"在天地言,则善在先,性在后……在人言,则性在先,善在后。"

陆九渊将"心""情"与"性"等同起来,这给了别人批评他痴迷禅宗的借口。王阳明原则上拒绝将"性"与"气"分开,证明性实质上与"心"和"理"相同,却将绝对的善或者说"至善",同与恶相对的善区分开来:"至善"是"心之本体"和"天理"。

17世纪的王夫之和18世纪的戴震将重点放在了性的自然属性上面,这种属性由阴阳之力的相互作用决定。按照戴震的说法,性是"实体实事",换言之,是与"天命"相关的物质和精神品质的总和,如个人的"[肉体]之形"与"入道"之物(即包含在宇宙构造中的阴阳和"五行"法则)的结合。

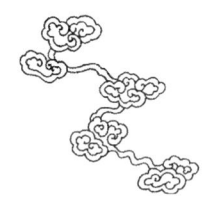

*《中国古代哲学》，第1—2册，莫斯科，1972—1973年；《中国古代哲学·汉代卷》，莫斯科，1990年；朱熹《性：人物之性》，载《作为哲学问题的人：东方与西方》，莫斯科，1991年，第217—239页；王廷相《答薛君采论性书》，载Е.Г.卡尔卡耶娃译《人与东方精神文化》，莫斯科，2003年，第106—110页。**В.Г.布罗夫《17世纪中国思想家王船山的世界观》，莫斯科，1976年，第140—144页；А.И.科布杰夫《王阳明的学说与中国古典哲学》，莫斯科，1983年，索引；А.И.科布杰夫《中国理学哲学》，莫斯科，2002年，第249—286页，索引；А.Б. 克拉斯诺夫《朱熹论人性》，载《中国的儒学》，莫斯科，1982年，第126—148页；В.Ф.费奥克季斯托夫《荀子的哲学与社会政治观点》，莫斯科，1976年，第120—135页；冯友兰《中国哲学简史》，圣彼得堡，1998年，第218—220页；葛荣晋《中国哲学范畴史》，哈尔滨，1987年，第279—308页；Ames R. T. The Mencian Conception of Ren Xing: Does It Mean "Human Nature" // Chinese Texts and Philosophical Contexts. La Salle, 1991, pp. 143-175; Chan Wing-tsit. The Neo Confucian Solution of the Problem of Evil // The Bulletin of the Institute of History and Philology, Academia Sinica. 1957, Vol. 28; Dubs H. H. Mencius and Hsundze on Human Nature // PEW. 1956, Vol. 6, No. 3; Graham A. C. Disputers of the Tao. La Salle, 1989 (index); idem. The Background of the Mencian Theory of Human Nature // idem. Studies in Chinese Philosophy and Philosophical Literature. Albany, 1990; Hwang P. Ho. What Is Mencious Theory of Human Nature？ // PEW. 1979, Vol. 29, No. 2; Munro D. J. The Concept of Man in Early China. Stanf., 1969; idem. The Concept of Man in Contemporary China. Ann Arbor, 1979; Human "Nature" in Chinese Philosophy // PEW. 1997, Vol. 47, No. 1; Scarpiri M. La concezione della natura umana in Confucio e Mencio. Venezia, 1991.

（А.И. 科布杰夫撰，贾茜译）

熊十力（1885—1968），原名升恒，号子真，湖北黄冈人，逝于上海。哲学家、新儒家的代表、佛学家、社会活动家。1905年进入步兵学堂（湖北），加入了革命团体。参加了武昌起义以及1911年辛亥革命，1918年在广州参加了孙中山组织的护法运动，运动失败后转向了佛学研究。1920年，师从著名佛学家欧阳竟无，1922年开始在北京大学讲授佛教宗派唯识宗的学说。在唯识宗和传统儒家思想基础上构建了自己的哲学体系——"新唯识论"。抗日战争期间坚持研究和教学工作。1946年，蒋介石下令拨款两百万元作为对其《读经示要》的奖励，后都被熊十力用于教学。中华人民共和国成立以后，曾任第二、三及四届中国人民政治协商会议委员。

"新唯识论"首先探讨的是本体论问题。除大乘佛教学说之外，他从《周易》和宋代理学中汲取养分，并受到柏格森、康德和黑格尔的影响（尽管熊十力只是通过译本了解西方哲学的）。他追随佛教传统，认为外部世界和人的认知是密不可分的，正如"精神"与可以被感知的物密不可分一样。本体是万化之源、万有之基。这个本体是绝对的、唯一的、不可分的，存在于空间和时间之外。向本体的转变过程表现为两个基本进程："翕"（摄聚趋势）和"辟"（创造的个性化趋势）。"翕"摄聚成静态的"物"，而并行的"辟"形成精神方面，它为万物所固有，差别仅在于本体"辟"的程度，而人在这方面的水准更高些。这两种趋势是本体的潜能，实现着精神与物质的相互转化。熊十力批评佛学和西方哲学将本质（本体）与现象做二元区分的做法，他认为物质是虚幻的，因为世界处在不停变化当中。目标明确的过程运动也是虚幻的，只有从本体生出的"变"才是绝对的，无法想象，也不能从概念上进行表述。后来，熊十力有关"境"和"识"密不可分的学说转变成为"体用不二"说。他反对思辨地将世界"一分为二"，反对将本质（"基

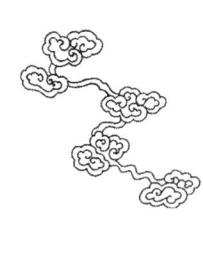
础"——体)绝对化并使其与存在("功能"——用)割裂开来,将"功能"看作"基础"的表现,赋予其多样性和形式化,赋予"基础"以绝对性和无形化,因为"功能"不可能绕过"基础"而表现出来。

人的任务是通过认清自己的"本心"而认识本体,这种本心区别于建基于经验和感觉的"习心"。本心是本能的和非理性的,它赋予人与世界合一的意识。习心则使得从经验与科学上掌握具体事物成为可能。通过人的自我完善、发展意识、清除虚假观念,可以获得"本心"。从佛教禅宗一派的"顿悟"观和理学心学一派有关"良知"的学说中,也可见到对本心的类似阐释。熊十力从儒学观点出发对本心作出了人类学阐释,将其与"仁"等同起来。

熊十力将本质与现象相统一的观点延伸到了有关人的学说。他批评中国传统思想单方面关注内在的智慧(内圣)而忽略"外王"(即尽量通过事功来体现内在道德价值)。"外王"应当通过引入西方的政治生活组织方法来实现。尽管持有自由主义的民主观,熊十力仍然对传统价值的坍塌怀着恐慌,他认为这种坍塌伴随着"本心"的死去,还可能会导致创造精神的丧失。

1949年后,熊十力仍然沿袭以往的路线继续儒家学说的研究,本着反独裁、平等、统一的精神和自由思想对其进行阐释。熊十力的学生唐君毅和牟宗三成为台湾地区和香港地区新儒学思想最重要的代表人物。熊十力的思想在国外的影响更大。

*熊十力《唯识论概论》,北京,1923年;熊十力《新唯识论》,1942年(再版:北京,1985年);熊十力《读经示要》,重庆,1945年;熊十力《十力语要》,湖北,1949年;熊十力《十力语要初续》,香港,1949年;熊十力《原儒》,第1—2卷,上海,1956年;熊十力《体用论》,上海,1958年;熊十力《明心篇》,上海,1959年。**A. B. 克拉斯诺夫《熊十力与儒学在中国的命运》,载《第24届"中国社会与国家"学术研讨会论文集》,第2册,莫斯科,1993年;郭齐勇《熊十力及其哲学》,北京,1985年;Tu Wei-ming. Hsiung

Shihli's Quest for Authentic Existence // The Limits of Change: Essays on Conservative Alternatives in Republican China. Camb., 1976; Contemporary Chinese Philosophy / Ed. by Chung-ying Cheng and N. Bunnin. Malden (Mass.)-Oxford, 2002, pp. 127-146.

(А.В.维诺格拉多夫撰,贾茜译)

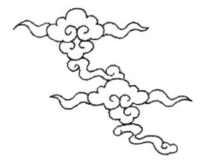

修身

修身,指自我完善,特别是完善自己的人格,主要被儒家学派用来表示致力于积极修养身心,在维护社会与宇宙和谐的任务中达成最大程度的自我实现。修身概念的内涵,依赖于中国哲学与文化传统中将人格看作是生前不可分割的身心——精神统一体的观念。鉴于此,个人的完善在儒家思想中被看作是对"身体/个人"的天性进行"加工""磋磨"(修)的过程。修身这一术语首见于《墨子》,指教化与自我教化的立场,这遭到了儒家的批评(在孔子的《论语》中,讨论了"德之不修"所产生的致命后果)。儒家思想中,《孟子》《荀子》与《大学》都对修身这一术语进行了肯定。孟子认为,应通过"立命"而"修身"(《孟子·尽心上》),要求"以暇日修其孝悌忠信"。《荀子》中有一章专门论述作者自我教化的目标、任务、方法与途径,即《修身》。《大学》一书则把修身作为"八目"之一,位于从个人到家庭乃至天下(社会)等级体系①的中间,这一等级体系与个人道德、智力、精神成长以及提高社会责任感相关。修身这一术语广泛进入了中国文化,儒家对它的最初论述在理学中得到发展,并对道家思想产生了影响。

**А.И.科布杰夫《中国理学哲学》,莫斯科,2002年,索引;Ivanhoe P.J. Confucian Moral Self Cultivation. 2nd ed. Atlanta, 2000.

(А.Г.尤尔克维奇撰,贾茜译)

---

① 即指格物、致知、诚意、正心、修身、齐家、治国、平天下。——译者注

虚

虚,中国哲学范畴之一,表达本体论和认识论—心理学意义上的绝对包容性的概念,指"空虚的""空洞的""不真实的""虚假的",与表示"满、充盈""现实性、有理据"的概念"实",构成一对标准对义概念。"虚"的概念最早主要见于前道家的论述。《道德经》将虚解释为道的固有属性,与"安静"的概念相对应,被定义为"知常"。庄子认为,"虚空"作为宇宙整体的雏形,主要指标志着道在人意识中存在的理智和心理状态——完全的虚空("心斋")。《庄子》一书首次指出空洞的屋室内才能产生光明(虚室生白),这后来成为道家学派的流行用语,指通过"放空的"(即可以无限包容的)"内心"(心)而达到精神上的"澄明"——道。《庄子》中还首次出现了"太虚"这一术语,作为隐喻,它指空间和时间上的无穷(《知北游》),后来也很普及。

"太虚"的概念在公元前3—前2世纪的古医书《黄帝内经》中得到了具体化,指人与地球作为本体论层面之间的某种空间。这种假定的时空"太虚寥廓",令"万物资始",同时"行五运",以"终天"。

《管子》称,虚即代表天和实在的"万物之始"。正是在此书中,虚的概念成为道之定义的一部分——"虚无形"。

同样,在百科全书式的杂家文献《吕氏春秋》中,虚指"(理智的)洁净与明晰"(清明),"无为"借此成为有同等主观能动性的"无不为"。

在黄老学派的论著《经法》中,虚即原初未分的"一",从中"生万物"。"虚空"反而是"现实的""充盈的","知虚之实,方能大虚",才能与滋生万物的"天地之精"相等同。即使是看上去"可见且可认知的道"事实上也是空的,其中空无一物。[①]"形名"在宇宙和社会进程中的形成并不妨碍"道"在社会生活中以这种方式实现,即仅仅归结为"观天下"和"无执""无处""无为""无

---
① 原文为"知见之道,唯虚无有"。——译者注

私"。君王以此将管理功能与道发挥作用的功能与特性相结合，实行无为而治，以实现道的"虚无"。

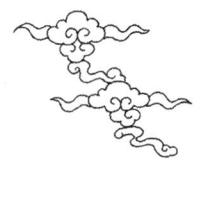

在儒家思想中，虚的范畴自《荀子》始得见。"虚空"在此被定义为意识和心理——"心"的固有属性之一，这使得认识道成为可能。这种认识通过"心"达到"虚空的统一和安宁"。"虚"在此也指意识、心理和客体不分，而"静"指超出通常的思考方法，摒弃其无序的联想、思维结构的混乱交替以及主观推断。实现"虚一而静"意味着将理智带入"大清明"的境界。虚能保证获得新知，因为它不为已有知识所累。董仲舒将虚主要理解为普遍实体——"气"的"精微"。史学家司马谈则将虚定义为"常道"，即将道与其他一切物质区分开的根本差别。

7世纪，道家思想家成玄英预见到了"太虚"概念在理学中的优势关系，将太虚定义为"深远之理"，即与最高本体论层面相关的造物本原。理学的缔造者之一程颐将太虚的概念与"理"的范畴对接，提出"理"相对于一切物质的逻辑本原性："皆是理，安得谓之虚？天下无实于理者。"（《程氏遗书》，卷三）虚和太虚的概念在另一位"理学"奠基人张载的理论体系中也起了非常重要的作用。他认为，虚是"气"的本体——"太虚无形"。张载赋予了"太虚"概念以崇高的本体论地位，称为"无无""气之本体""天之实"。"太虚"同时还是意识和心理——"心"的"最高现实"，正如自然世界和万物之原即为天。张载认为，太虚既是实体（极大的虚空），也是功能（极大的虚空性）：它表现为清，意味着其中的物体之间"没有障碍"（无碍）（试比较佛教华严派的观点），并以此证明自己的神性（《张载语录》）。为了发展张载的观点，16世纪初的王廷相将"太虚"的学说扩大到了人类学领域，将太虚定义为"性之本初"。心学一派最大的代表人物王阳明强调了虚在认识论意义上的"包罗万有"——即理智的万能居所：个人的意识借助虚能够容纳其所见、所闻、所想、所思的一切。王阳明通过将太虚与《道德经》中虚的定义相比较，将先天的本能"良知"定义为"常知"。王阳明的弟子聂豹认

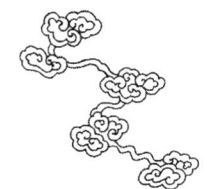

为，虚的同义词为"安宁"（安），是实现"领悟天下"和"寂"的方法，使得其首脑（卫生学上指意识与心理）能够"掌天下之变"，即领悟到正确利用和调节自然与社会进程的奥义。

信奉唯物主义的王夫之则认为虚即"自然"，在"两重现实"空间内发挥作用，"两实"即在整个宇宙之"气"中实体化了的双重宇宙力量阴阳。他将"虚空"（虚）和"充盈"（实）解释为"气"的不同状态："实不窒虚"，而"知虚"才是真正的"实"（皆实）（《思问录·内篇》）。王夫之从"太虚"中洞察到原初的本体，认为它决定着"气"的和谐运化，称之为"气运之本体"。同时，他的"太虚"概念还有个心理认识论维度——"心之精神"（神）（《张子正蒙注·太和篇》）。

在中国佛教思想家的理论体系中，采用了以下术语：虚空（或空虚），指"绝对的空"，是悟得"佛性"的基础；虚灵，指"纯净的灵魂"，表达无个体的"我"或者个体灵魂的思想。

"虚—实"的对立在中国传统科学中发挥了重要的作用，并在中医中保留了本意，是心理与生理过程和状态的基础特性之一。

**В.Г.布罗夫《17世纪中国思想家王船山的世界观》，莫斯科，1976年，第103页；А.И.科布杰夫《王阳明与古代中国哲学》，莫斯科，1983年；Л.Е.波梅兰采娃《晚期道家论自然、社会和艺术》，莫斯科，1979年，第117、121、140—142、167页。

（А.Г.尤尔克维奇撰，贾茜译）

徐复观

徐复观，1903年出生于湖北省浠水县，1982年逝世于香港。中国哲学家，社会政治思想史家，新儒家的代表人物。1920年进入武昌省立第一师范学校，1926年加入了北伐的国民革命军第七军。1928—1931年在日本学习经济学，随后通过军校的课程。1931年回国后服役于国民党的军队，历任团长、师管区司令。1947年退役后在南京主持《学原》月刊。1949年5月，在香港创办了《民主评论》，1966年8月停刊，新儒学许多代表人物都在这本杂志上刊登文章，宣扬中国传统文化和"民族认同"的复兴。50年代在台中（台湾）农学院执教，曾任东海大学中文系教授与主任。1969年退休，退休后在香港中文大学与新亚书院（香港）任教。

徐复观并未尝试建立自己的文化哲学体系，他的目标是以现代方式解读中国传统文化。徐复观特别注重以批判的眼光对待古代专制集权的政治传统，因此有根据认定他是新儒家自由主义倾向的代表。徐复观本人将自己的立场确定为"人文主义的自由主义"。他与钱穆辩论：钱穆将传统王朝体系视作某种开明专制制度，这种制度与中国在文化领域的历史成就密不可分。同时，徐复观还特别与广泛批判君主制乃至与整个儒学传统的"新文化运动"保持距离。

徐复观对先秦与两汉的中国思想研究表现出特别的兴趣。与别的新儒家代表一样，徐复观对先秦与新儒家的人性学说中有关儒家"前民主"理想的表述进行了研究。他认为，儒家思想中始自孟子的民主倾向在政治权力的高压下遭到歪曲，于是他号召恢复中国文化的"原初的民主精神"。如唐君毅一样，徐复观也在被视作传统中国人心理特点的"忧患意识"中寻找唯心主义世界观支点的可能性，这种可能性植根于责任感，并与"克难"的心理状态相关。1958年，他与唐君毅、牟宗三、张君劢共同发表了《为中国文化敬告世界人士宣言》，表达了新儒家对于中国与世界文化互动的立场。

徐复观的主要作品有《两汉思想史》《中国经学史基础》《中国思想史论集》。

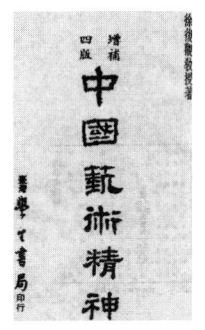

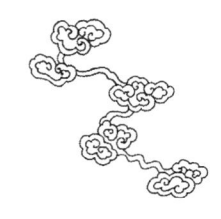

*徐复观《象山学述》，香港，1955年；徐复观《学术与政治之间》，台中，1957年；徐复观《中国思想史论集》，台中，1959年；徐复观《中国艺术精神》，台中，1966年；《徐复观文录》，第1—4卷，台北，1971年；徐复观《周秦汉政治社会结构之研究》，香港，1972年；徐复观《两汉思想史》，香港，1975年；徐复观《先秦篇》，载《中国人性论史》，台北，1987年。**韦政通《以传统主义卫道 以自由主义论政》，载《中国论坛》，台北，1986年10月10日；郑家栋《现代新儒学概论》，南宁，1990年；Ni Peimin. Practical Humanism of Xu Fuguan // Contemporary Chinese Philosophy. Malden (Mass.)- Oxford, 2002, pp. 281-304.

（А. Б. 洛曼诺夫撰，贾茜译）

玄学

玄学，指"有关神秘事物的学说"，"有关隐秘的学说"，是3—4世纪的哲学流派，西方文献常常称之为"新道家"，表现为道家和儒家的综合，同时受到了名家前逻辑学方法论和佛教形而上学的影响。

其奠基人之一何晏提出要"引老以释儒"。该学说的特点在于对本体论问题的研究，这一问题在中国哲学传统中因对宇宙学、人类学的沉迷而凸显出来，有时也被定性为走向了"形而上学和神秘主义"。玄学的二元对立被理解为"神秘的学说"，在现代语言中被用作"形而上学"或"神秘主义"的术语。它主要是以对《周易》《论语》《道德经》《庄子》这些儒家和道家经典作注释的形式实现的，而这些注疏后来本身也成了经典。《周易》《道德经》和《庄子》在这一时代被称为"三玄"。

赋予其"神秘学说"之名的"玄"这一概念，源于《道德经》第一段，指某种超自然的、"无"和"有"的"统一体"。与道教相关的古代医书《黄帝内经》中强调了"玄"这一概念的过程性："夫变化之为用也，在天为玄，在人为道，在地为化。化生五味，道生智，玄生神。"扬雄将玄这一范畴推到了哲学舞台的中心，其主要著作为模拟《周易》

续写的《太玄经》,专门讨论玄的范畴,即世界进程的普遍理论,并将道阐释为"虚形万物所道之谓道",是"玄"的本质:玄者,"用之至也"。玄这一范畴的历史表明,其所代表的万事万物普通相互作用的"奥义"可以具化为以下辩证关系:"有"与"无"、"体"与"用"。正是这些概念性的二律背反成为"玄学"关注的焦点,反过来,玄学本身又发生了内部的两极分化:"贵有论"和"崇无论"。

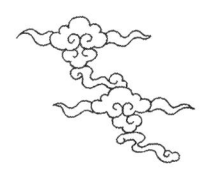

何晏与王弼从《道德经》中"道"的定义以及"有生于无"的观点出发,将道直接等同于"无",这里的"无"被解释为"唯一的"(寡)、"中心的"(中)、"两极的"(极)和"主要的"(主、总)的"本体",其中"体"与其"用"相互一致。

玄学最重要的代表人物王弼发展了《道德经》有关"无"为万物有"用"之基础的观点,承认"无"不但可能为用,也可以作为体,因此,在对《道德经》的注释里,他首次将"体-用"这一直接的范畴性对义词引入哲学界。他的追随者韩康伯在《周易注解》中,通过"有"与用的关系,用两对相关范畴将这一概念结构建构完成。

王弼的主要理论对手裴颁撰写《崇有论》,确定了"有"相对于"无"的本体论首要地位,他坚称"有"才是体,世间万物都借由"自生"产生于"体"。

向秀和郭象采取了折中的立场,承认道即是"无":"道无所不在,而所在皆无也。"但否定了"有"生于"无"。而且,"非唯无不得化而为有也,有亦不得化而为无矣"。此类立场排除了对道进行创世-自然神论解释的可能性。郭象认为,永恒存在的"有"是自然和自生的自得之物(物),具有"自性","自生"而"独化"。

由于"贵无论"承认"无"穿透一切的能力,或者"贵有论"将"有"的产生仅仅解释为物之"自生","圣智"被归结为"无",在其载体(最好是王)身上的体现或是"无为",即非主动非刻意安排,遵循事物自身的"自然"。

玄学在贵族圈内得到发展,与当时清谈的思辨对话传统

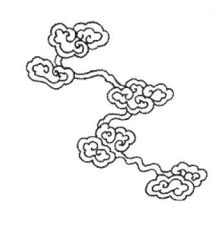

和风流的美学文化风格相关,这对诗歌与绘画产生了深刻的影响。它在哲学领域充分发挥了概念术语桥梁的作用,佛教借此深入中国传统文化的核心。这种互动导致了玄学的衰微和佛教的兴起,佛教因此也可称为玄学。玄学后来对理学也产生了实质性的影响。

**Л. Е. 别任《"风流"符号之下》,莫斯科,1982年;Л. Е. 别任《谢灵运》,莫斯科,1980年;В. В. 马良文《早期中国的道家哲学与诗歌》,载《中国的国家与社会》,莫斯科,1978年;В. В. 马良文《庄子》,莫斯科,1978年;Е. А. 陶奇夫《道家:历史宗教描述尝试》,圣彼得堡,1998年;冯友兰《中国哲学简史》,圣彼得堡,1998年;汤用彤《魏晋玄学论稿》,北京,1962年;Balazs E. Entre revolte nihiliste et evasion mystique: Les courants intellectuals en Chine au III siecle de notre ere // Balazs E. LaBureaucratiece leste. P., 1968, pp. 108-135; Holzman D. Les Sept sages du bosquet de bambous et la socie te chinoise de leurtemps // T'P. 1956, No. 44, pp. 317-346.

(А. И. 科布杰夫撰,贾茜译)

荀悦

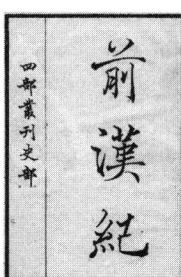

荀悦,字仲豫,148年生于颍川颍阴(今河南许昌),209年去世,经学家、史学家。公元前4—前3世纪儒学思想家荀子的后代,曾在朝廷任职。主要著作为《申鉴》以及模仿《左传》而作的《汉书》改写本《前汉纪》。荀悦信奉"自然主义"的"天人感应"思想,认为万物遵从同一个自然法则,人行事也应当遵从这一法则。他将"精神"的概念(神)解释为功能而非实体的本原,为"实体形式"(形)所固有;形为气所生,尽管"精神"的存在决定着爱与恨、喜与怒的情感。他认为人性当中结合了善与恶的本原,他同意刘向的观点,认为人的"性"与"情"并不是像善恶那般对立。他提出了"三品"的思想,即人性有三个等级,其中最高品(善为主导)和最低品(恶为主导)无法改变。而这其中每一层次又有三个等级。人的品性成长取决于"教化"

（教）与执行法律（法），这二者就像普遍的两极力量，分别代表阳和阴，同时"善"因"教化"而生，而"恶"通过法律予以压制。这两种手段在社会政治领域首先是为了促进人民的福祉，并以此保证其意志的正确方向。人性"三品"思想在韩愈的学说中得到发展。

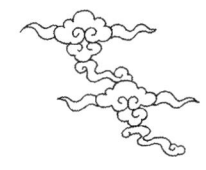

*《中国哲学史资料选辑·两汉部》，第2卷，北京，1960年；Ch'en Ch'i-yuen. Hsun Yueh and the Mind of Late Han China. A Translation of the Shen-chien with Introduction and Annotations. Princ., 1980。**А. И. 科布杰夫《中国理学哲学》，莫斯科，2002年。

（А. Г. 尤尔克维奇撰，贾茜译）

荀子

荀子，名况，字卿，公元前313（或前290）年生于赵国，公元前238（或前215）年逝于兰陵。他是古代中国伟大的哲学家之一，一位"异端的"儒学奠基人，第一个对"五经"进行了全面注解并提出了系统化的理论，这在以其名字命名的著作《荀子》中得到了反映。荀子比较信实的生平信息见司马迁的《史记·孟子荀卿列传》和刘向写的《荀子》序。

荀子的出生地赵国地处中原。荀子游历了秦、齐和楚国，呼吁各诸侯王推行他的社会政治与伦理法治思想。他在齐国主持了稷下学宫。遭到诋毁后，公元前255年到了"蛮荒的"楚国，被楚王指派为兰陵县令，获得了卿（"相"）的尊称。公元前238年离职，后来开始潜心办学，从事学术和教育活动。在内战丛生的时期，秦国获胜并建立了同名朝代秦朝，荀子"怀将圣之心"，却"蒙佯狂之色"（《荀子·尧问》）。公元前1世纪的著述《盐铁论·毁学篇》称，当荀子的弟子李斯成为秦始皇的第一任宰相时，荀子"谓之不食"。看来荀子在秦朝初期还可以生活。刘向说，"其陈王道甚易行，疾世莫能用"，致使"斯人终于闾巷，

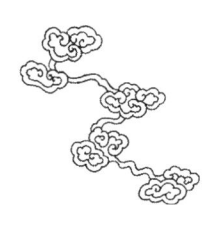

而功业不得见于世"。按照司马迁的说法，荀子死于公元前238年或前215年前后，葬于兰陵，留下"著数万言"。

荀子思想的书面遗产由刘向首次进行编辑，他核对了322篇，从中删去重复的290篇，最后编辑成《荀卿新书》共32篇。现在通用的著述结构与名称出现在首位注释者杨倞于818年编辑的版本当中。而经过精确校对并全面注释的版本当属王先谦的《荀子集解》（1891）、梁启雄在北京出版的《荀子简释》（1956）、熊公哲在台北出版的《荀子今释今译》（1975）以及北京大学哲学系所编的《荀子新注》（1979）。王先谦和北京大学哲学系的版本以及柳如荫与罗根泽的相关著作中，都对荀子的生平进行了修正。《荀子》的现代版本与刘向编辑的一样，共包含32篇，其中21篇有极大可能是荀子本人所作，有5篇（第7、8、15、16和24）不同程度上由荀子参与写作，其余6篇则为荀子弟子在其死后所作。

《荀子》一书被翻译成了英文（H. Dubs, 1928；B. Watson, 1963；J. Knoblock, 1988—1994）、德文（H. Kuster, 1967）、法文（I. Kamenarovic, 1987）、日文（笹川临风，1920；服部宇之吉，1922；金谷治，1962）、现代汉语（熊公哲，1975；杨柳桥，1985）和俄文（В. Ф. 费奥克季斯托夫，11篇，不完全译本，1976；И. Т. 佐格拉夫，2篇，不完全译本，2000）。

荀子接受了道家的自然主义思想，却坚决切断了"天"这一概念在原始哲学和早期儒家文献中典型的宗教—唯意志论意义，而只将其解释为宇宙的一部分，与地相对，并与地和人形成"三位一体"，或者作为自然本身，产生世间万物和人类。第17篇《天论》专门讨论这一范畴，将天定义为"无形"而"成"万物，有自己的"使命"（职）——"无为而成、不求而得"。"天行有常"，其合理却不是刻意活动的成果就是身体和心理健全的人："天职既立，天功既成，形具而神生。"由此产生的感情即"天情"，诸感觉器官为"天官"，统领诸器官之心被称为"天君"。

天的极端自然主义化不仅否定了早先赋予它的超自然的

神力，而且承认了人"知天"和"制天命"的可能性，即对大自然和自己的命运有一定的掌控力。所谓"圣人为不求知天"，意味着让事物的自然进程顺应蓬勃生机，这指的是符合万物自然秩序的人类活动。在此立场下，"君子敬其在己者"，"守天自为守道"。

荀子认为，道的范畴表达着宇宙的统一实体，同时也是其全部客观和主观法则的概括："万物为道一偏。"（《荀子·天论》）这在圣人身上表现到了"极致"。人道之极为"礼"。知道，意味着要"体悟"道。道体常而尽变，因此与普通事物不同，仅凭一个方面无法确定它。万物借由大道变、化而成就。遵从道就要控制欲望、个人"积累善行"、预先"揭示"并认知它。知道，是心的任务，心要放空（虚）、专注而安详，这是荀子从宋钘和尹文那里借鉴的观点。知道，提供衡量"万物"的可能。除"君子"特有的至、大、公、周、治之外，还有小、乱、邪、奸、偷这些小人、乱人、奸人所固有的道。荀子开始将道与原则联系起来，并未质疑这两者的具形性："至道大形。"（《君道》）而理不仅仅是事物的普遍原则，还是其外在的物理特征："以目异色理"，"骨体肤理"，"色理"如同"心理"："人心譬如盘水，正错而勿动，则湛浊在下，而清明在上，则足以见须眉而察理矣。微风过之，湛浊动乎下，清明乱于上，则不可以得大形之正也。心亦如是矣。故导之以理，养之以清。"（《荀子·解蔽》）应当以"理"控制欲望和感情，因为"义，理也"，而且"诚心行义则理"。

所有与人的认识"本性"（性）发生接触的万物，其可知性取决于

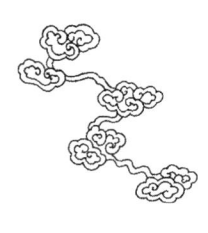

"理"的存在。然而,世界的这种普遍可知性由于各类人提出的实际目标不同而需置于特定的框架之下:"凡以知,人之性也;可以知,物之理也。以可以知人之性,求可以知物之理,而无所疑止之,则没世穷年不能遍也。其所以贯理焉虽亿万已不足浃万物之变,与愚者若一。老身长子而与愚者若一,犹不知错,夫是之谓妄人。故学也者,固学止之也。"(《荀子·解蔽》)"尽伦"就是荀子所说的认知边界,是圣人固有的品性。

因此,认识论便深入社会伦理学规范和价值领域:"学至乎礼而止矣,夫是之谓道德之极。"(《荀子·劝学》)在《劝学》篇中,荀子发展了"学"的概念,认为这是人格塑造的因素,不学则人无异于禽兽。他论断说,学习应当从经开始,而终于读礼。他本人与其他古代作者一样,用"礼"这个字来表达"礼仪、体面"的概念,用于指代一种同名著述或现在称为"三部论礼的经书"(三礼),它们包括在"十三经"之内,即:《仪礼》《周礼》和《礼记》。

"礼"这一术语有两个意思:"礼制"和"礼乐",它们使孔子的两位主要后继者和儒家两个对立派别的创始人——孟子与荀子——对"礼"作出了不同的解释:即"礼"是作为人的内在道德品质还是作为社会形态从外部施加的相应影响。孟子断定"人性善",而荀子在第23篇《性恶》中论证称:"人之性恶,其善者伪也。"(根据金谷治的独特判断,这是其弟子受到法家影响而把韩非的观点归于荀子名下)荀子的论据是,人天生就有愿望和欲望,首先是逐利和肉欲,这都会对"礼"造成损害。古圣先贤设立礼的规则,用以教化人心,是"文化"(文)之源,将人类从与天地之间的关系中突出出来。按照冯友兰的观点,这一点也构成荀子"文化哲学"学说的主要内容。一方面,跟孟子一样,荀子也用恭敬二字来定义礼:"恭敬,礼也。"(《荀子·臣道》)另一方面,荀子声明"非礼,是无法也"(《荀子·修身》),他把与之对立的概念罚也归入这个范畴,在此基础上形成了与儒家对立的学说,被弟子韩非和李斯接受，并在秦朝获得了官方地位。

继孟子之后，荀子也强调义与礼同为人格最重要的特征。然而，对于孟子而言，义和礼一样，首先是心理状态（心）和精神（气）的成长因素，对荀子而言，义和礼则如墨家所言，整合了对立的"利"的社会化构造，能够"战胜事物"（胜物）并"兼利天下"："水火有气而无生，草木有生而无知，禽兽有知而无义。人有气、有生、有知，亦且有义，故最为天下贵也。力不若牛，走不若马，而牛马为用，何也？曰：人能群，彼不能群也。人何以能群？曰：分。分何以能行？曰：义。"（《荀子·王制》）荀子与孟子一样，立足点都是孔子的普遍人性观："尧舜之与桀跖，其性一也。君子之与小人，其性一也。"（《荀子·性恶》）但有一点与孟子不同，荀子认为，只要克服自己的本能和自然欲望，通过"反于性、化性"而不是"从性"，则"涂之人可以为禹"（《荀子·性恶》）。

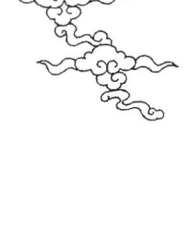

孟子在与告子的辩论中发展了自己的观点。告子认为："人性之无分于善不善也。"（《孟子·告子上》）告子和荀子从不同的人性论观点（告子认为人性无谓善恶，而荀子认为人性恶）出发，对人性中善的发生作出了同样的解释。两位哲学家将善等同于后天习得的品质（告子——与"仁"和"义"，荀子——与"义"和"礼"），这种品质可以改变人的原始本性，就像柳木可以制成杯子（告子），而曲木可经人力变直（荀子）。荀子将情与性的概念相互定义如下："生之所以然者谓之性……性之好、恶、喜、怒、哀、乐谓之情。"（《荀子·正名》）较早的《左传》中记载了一个与此类似的情感类别清单，但当时并未用情这个字来表示。荀子认为，感情相对于人的天性而言是第二位的，是人性与外部世界互动的产物。他用一个清晰的公式来说明性与情之间的区别："性也者，吾所不能为也，然而可化也。情也者，非吾所有也，然而可为也。注错习俗，所以化性也。"（《荀子·儒效》）此外，荀子还区分了情和欲："性者，天之就也；情者，性之质也；欲者，情之应也。"（《荀子·正名》）

将情解释成第二位的、非先天的特质,这在哲学上是具有创新性的。《礼记·礼运》显然比《荀子》更早提出了人的七种情感(人情),后来成为标准描述,且部分与荀子说的六情相合,只是荀子认为,这六情是人不学而能的。同时,《礼记》中的另一篇《乐记》显然在某种程度上与荀子的创意有所关联,其列举出六种情绪(心理状态)并得出结论称:"六者,非性也,感于物而后动。"《孟子》与同时代的道家经典《庄子》都赋予情字更为广泛的含义:"人之有所不得与,皆物之情也。"(《庄子·大宗师》)与这一定义相比,荀子将情解释为人本身的创造,这就更加富有鲜明的创新性。

荀子的认识论观点总体上属于传统的"知之不若行之"思想,并在第22篇《正名》中进行了阐述,这一篇的题目源于孔子有关"治理"方法的论述(政),但用同音异义字定义为"修正"或"正确使用"(正)(《论语·子路》《论语·颜渊》)。荀子将这一观点发展成为一整套知识理论,认为知识是完全符合现实的,且需有效的行动来检验("照亮"——明)。这其中反映了中国古代原始逻辑学的最高成就,这种前逻辑学作为一种普遍方法论,与数字占卜术(象数学)形成竞争。荀子认为,心对感性材料进行选择(择),形成第二个认知阶段——思考(虑),随后是第三阶段"行为"(动),通过"实践"(习)成为"技能"。最后的活动分为"事"和"行":"正利而为谓之事,正义而为谓之行。"所有这些过程都与"名"的使用相关,而定名是统治者的责任。"名称"既指字也指概念,按照抽象程度和语法形式可以分为"单"和"兼"、"公"和"大公"、"别"与"大别"。

根据"学至于行之而止"的总体方针,为了正确统治人民,务必名正言顺,但不必与人民商量。在假托"天赐"实际却无所作为的君王治下,必须招揽从士到圣的读书人行使统治权力,而不问其社会地位如何。荀子这种与墨家和法家

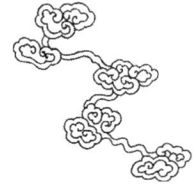

相近的社会政治理想在第九篇《王制》（郭沫若认为此部分由荀子的弟子所写）中有所论述，此篇还发展了国家治理的"五等"论：（1）"王"；（2）"霸"；（3）"安存"或者"仅存"；（4）"危殆"；（5）"灭亡"。其中第一等建立在德政基础上，是最合乎愿望的；第二等建立在强力基础上，也可以允许发生；后面三等则是不希望发生的。

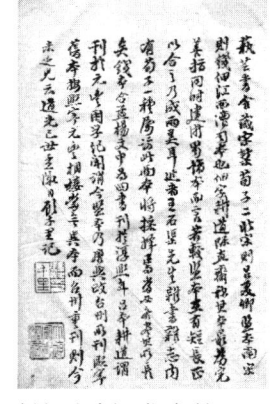

司马迁认为，荀子的全部创作都浸透着论辩精神，首先是反对非正统儒家、墨家和道家思想。在其富有表现力的《非十二子》篇中，体现了中国历史上对"百家争鸣"时期发表的诸多哲学观点进行分类的最初尝试。此篇除宣扬其精神导师——孔子及其弟子子贡的学说之外，还挑选出体现了十二位思想家观点的"六种学说"（六说），并进行了严厉的批评：（1）道家的它嚣（前6世纪）和魏牟（前4—前3世纪）；（2）陈仲（前5—前4世纪）和史䲡（前6—前5世纪），可以认为是非正统儒家；（3）墨家学派创始人墨翟（前5世纪）和接近道家的独立学派始祖宋钘（前4世纪）；（4）道家－法家学者慎到（前4世纪）和田骈（前5—前4世纪）；（5）名家学派奠基人惠施（前4世纪）和邓析（前6世纪）；（6）后来被尊为圣人的儒家学者子思（前4世纪）和孟子。第21篇《解蔽》中，荀子称孔子"一家得周道，举而用之"，然后划出与之相对的六个"杂乱学派"（乱家）：墨翟、宋钘、慎到、申不害、惠施，以及继老子之后的第二位道家创始人庄子。

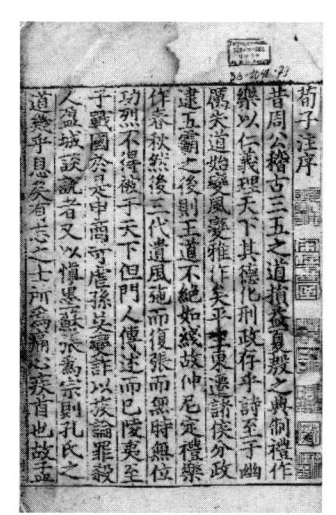

由于荀子作出此类评价，

并将儒家与道家、墨家和法家思想综合在一起，故关于他的学说分类问题一早便出现了。荀子的弟子韩非将其定义为孔子去世以后形成的八个儒家流派之一（《韩非子·显学》）。然而公元前213年，秦始皇焚烧儒家书籍，荀子的著作却幸免于难，这使人开始怀疑其是否归于儒家。诚然，荀子两位最有名的弟子韩非和李斯都在秦朝廷任职，可能起到了保护作用。秦朝覆亡后，公元前1世纪的汉朝，《荀子》中有些篇目被纳入了儒家经典《礼记》，公元初年的扬雄承认荀子"不异"于孔子（《法言·君子》），在《汉书·艺文志》中，其作品被归入儒家一章。理学学派的先驱韩愈在其纲领性散文《原道》中，将荀子从儒家传统主流排除出去，指出孟子之后，儒家传统发生了断裂。而另一位理学奠基者孙复却未洞察到这种断裂，并将荀子纳入孔子后继者的行列，直至韩愈与他本人。理学的代表人物程颐、朱熹和王阳明重新承认儒家道统自孟子后中断了五百多年，直到周敦颐和程颢接续，以此重新否认了荀子的儒家地位。19世纪末，维新运动的主要理论家之一谭嗣同在这方面达到了顶峰，他指责荀子在尊孔的外表下反对儒学，"真正的孔学"销声匿迹，而与荀子所创学说相同的理论则在两千多年里占据上风，这导致这一长时期内的所有统治者争相效仿"暴君"秦始皇，造成了国内局面的极端危机。

现当代研究者中，认为荀子远离了最初的儒家学派而走向了法家或杂家学派的有马伯乐、H.G.顾立雅、菲茨杰拉德、郭沫若、Ф.С.贝科夫，而伏尔克、德效骞、E.V.岑克尔、冯友兰、В.Ф.费奥克季斯托夫等学者却质疑这一观点，认为荀子同时继承了源于孔子、曾子、子思和孟子的正统流派的观点。

* 《荀子集解》，王先谦编，上海，1935年，《诸子集成》，第2册；《荀子简释》，梁启雄编，北京，1956年、1983年；《荀子简注》，章诗同注，北京，1974年；《荀子新注》，北京，1979年；《荀子诂译》，杨柳桥注译，济南，1985年；《荀子今注今译》，熊公哲注译，台北，1985年；《荀子》,杨倞注,上海,1989年;《世界哲学文集》,第1卷第1部分,莫斯科,1969年,第223—234页;《中国古代哲学》,第2卷,莫斯科,1973年,第142—209页;В.Ф.费奥克季斯托夫《荀子的哲学与社会政治观点》,莫斯科,1976年;《古典儒学》,А.马尔迪诺娃、И.佐格拉夫注,第2卷,圣彼得堡、莫斯科,2000年,第143—176页;The Works of Hsuntze / Tr. by H. Dubs. L., 1928; Hsun Tzu. Basic Writings / Tr. by B. Watson. N. Y.-L., 1963; Hsun Tzu. Samtlische Schriften ins Deutsche ubertragen von H. Koster. Leiden, 1967; Xunzi (Siun Tsen) / Tr. par I. Kamenarovic. P., 1987; Xunzi / A Translation and Study of the Complete Works by J. Knoblock. Vol. 1-3. Stanf., 1988-1994。**Ф.С.贝科夫《中国社会政治与哲学思想的产生》,莫斯科,1966年,第201—213页;Л.С.瓦西里耶夫《中国思想的起源问题》,莫斯科,1989年,第200—211页;《伟大的东方思想家》,莫斯科,1998年,第47—51页;郭沫若《古代中国哲学》,莫斯科,1961年,第302—362页;《中国哲学史》,莫斯科,1989年,第142—163页;Н.И.康拉德《手稿、信札》,莫斯科,1996年,第155—159页;В.А.鲁宾《古代中国的个人与权力》,莫斯科,1999年,第77—81页;司马迁《史记》,第7卷,Р.В.越特金译,莫斯科,1996年,第172页;范文澜《中国古代史》,莫斯科,1958年,第260—266页;冯友兰《中国哲学简史》,圣彼得堡,1998年,第167—178页;《文选》,莫斯科,1979年,第35—36页;杨兴顺《古代中国的唯物主义思想》,莫斯科,1984年,第143—151页;杨荣国《中国古代思想史》,莫斯科,1957年,第376—399页;高正《荀子版本源流考》,北京,1992年;柯雄文《伦理论辩·荀子道德认识论之研究》,台北,1990年;李德永《荀子——公元前三世纪中国唯物主义哲学家》,上海,1959年;惠吉星《荀子与中国文化》,贵阳,2001年;Cua A. S. Ethical Argumentation: A Study in Hsun Tzu`s Moral Epistemology. Honolulu, 1985; Dubs H. H. Hsuntze, the Moulder of Ancient Confucianism. L., 1927; Ivanhoe P. J. Humane Nature and Moral Understanding in Xunzi // International Philosophical Quarterly. 1994, Vol. 34; Munro D. J. The Conception of Man in Early China. Stanf., 1969; Rozemont H. J. State and Society in Hsuntzu: A Philoslphical Commentary // Monumenta Serica. 1970 / 1971, Vol. 29; Scarpari M. Xunzi e il problema del male. Venezia, 1997.

(А.И.科布杰夫撰,贾茜译)

严复

严复（1854—1921），字又陵，又字几道，晚号愈野老人，福建侯官（今福州市）人。他是哲学家、著名的西方经典翻译家、社会活动家，是首位将西方有关理解社会和国家的科学成就介绍给中国人的革新思想家。严复生于乡村中医世家，1866年父亲去世，他被迫中断了七年的传统私塾教育，由于资金匮乏而考入公办的福州船政学堂，那里当时教授自然科学和外语（英语和法语）。1871年以优异的成绩毕业，乘军舰去往新加坡、日本、菲律宾等地航行，1876年远赴英国求学，两年半后取得了高等技术学历。在英国学到了西方的实证主义观点，结交了著名的高官、学者郭嵩焘（1818—1891，清代进士，著有《史记札记》）。后者时任驻英使馆的首位出使大臣（自1876年起），并兼任驻法公使（自1878年起）。

1879年回国后，严复先后在福州船政学堂和天津北洋水师学堂任教习。后者是闻名遐迩的清代政治家、学者（进士）李鸿章于1890年创办并主持的，他宣扬以中学为体而运用西学成就（即"中体西用"）。1896年，严复创办了俄文馆，主要培养多种语言的翻译。他希望通过传统的（科举）途径建立功名，于1885—1896年先后四次参加举人考试（乡试），均落第。他后因甲午中日战争的毁灭性失败而备受打击，毅然决定改变自己的立场，积极参与社会活动。他的第一批作品使他声名远扬。1895年，他在天津的报刊上连续发表了四篇观点尖锐的系列政治哲学文章：《论世变之亟》、《原强》（俄文译本出版于1960年）、《辟韩》（俄文译本出版于1960年）、《救亡决论》，这些作品表现了他与儒学传统的决裂，开始转向"向西方寻求真理"（毛泽东语）。

严复是第一位在自己的政论作品中极其鲜明地提出民族救亡图存任务的人，他站在社会达尔文主义进化论的立场上提出了这一任务的解决办法。严复认定，国家类似人的躯体，而政教则类似植物的外形，他在生存斗争和自然选择（物竞天择）的范畴内阐述了生存环境的重要性。自古以来国家和人的自由源泉，在他看来是自然——天。孟子经典的说法"民为贵……君为轻"在严复的阐释中被赋予了让·雅克·卢梭"社会契约"论的精神，他通过应予保护的人民主

动权和"恶的存在"来解释权力和镇压机器的产生："君也臣也，刑也兵也，皆缘卫民之事而后有也。而民之所以有待于卫者，以其有强梗欺夺患害也。有其强梗欺夺患害也者，化未进而民未尽善也。是故君也者，与天下之不善而同存，不与天下之善而对待也。"（《辟韩》）"君臣"型的关系产生自严酷的必然性，它们不同于"道"的自由发展，因此并非是恒久的。然而，无君主自治的时代不仅在中国还未到来，而且在西方的"典范性"国家也远未到来。严复认为，在这些西方国家里，"民之相与自为者居其七，由朝廷而为之者居其三。而其中之荦荦尤大者，则明刑治兵两大事而已"（《辟韩》）。

严复把西方的繁荣富强与它们对于平等、自由、民权和民主这些"公理"的接纳和发展联系在一起。但是"徒政之不足与为治也"，因为"国之强弱贫富治乱者，其民力、民智、民德三者之征验也，必三者既立而后其政法从之"（《原强》）。"是以今日要政，统于三端，一曰鼓民力，二曰开民智，三曰新民德。"（《原强》）根据严复的思想，要提高中国人的道德素质只能通过唤醒他们对祖国的爱。对于如何解决这一问题，他回答道："其于朝也，则建民主，开议院；其于野也，则合公司，用公举。"（《原强》）

为了宣传自己的观点，1897年严复在天津创办了《国闻报》，用以支持君主立宪制的改革运动和坚持自由竞争的经济理论。"百日维新"后改革者变法失败，1898年《国闻报》被迫停刊。尽管严复本人在变法短暂的顺利期内并未做出积极的行动，但他还是得到清德宗光绪帝的召见。后来他开始在教育系统担任领导职位，被聘任为安庆市安徽高级师范学堂监督。1910年，被海军衙门授为协都统。1905年，在伦敦与孙逸仙（孙中山）会面，但他对1911年爆发的辛亥革命却持反对态度，称中国人民并未做好接受共和制的精神准备。他的这一立场使他开始亲近袁世凯总统，并于1913—1916年任总统府外交法律顾问。他在参与修订临时宪法委员会工作的同时，从思想上支持了袁世凯复辟帝制的政变准备活动。复辟失败后，他开始远离政治，从一个儒学价值观深

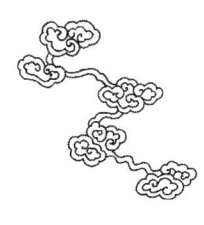

刻的批判者转变为这一价值观积极的卫道士。因此,1919年五四运动期间严复提倡保存精神传统,反对以白话文取代文言文。他本人是最后一位将西方文字译为文言文的古典传统主义者。第一次世界大战的血腥展现了西方文明的缺陷,这使严复倍觉恐惧,晚年他陷入抑郁,失去了对曾经一度钟爱的哲学和历史书籍的阅读兴趣,也丧失了探讨时事的兴趣。这一切也由于他多年的支气管哮喘和长期服用鸦片而不断加剧。

严复无论对于他所处时代的改革运动,还是对于整个中国文化都作出了巨大的贡献。他最大的贡献在于,通过辞藻华丽、理论缜密的翻译首次将西方社会学等领域的经典著作译介给中国社会,它们包括孟德斯鸠的《法意》(《论法的精神》)、亚当·斯密的《国富论》、赫胥黎的《天演论》、穆勒的《穆勒名学》。

* 《侯官严氏丛刻》,台北,1969年;赫胥黎著,严复译注《天演论》,台北,1977年;《辟韩》,载《近代中国进步思想家作品选》,莫斯科,1961年。** 《中国哲学史》,莫斯科,1989年,第470—484页;А. И. 科布杰夫《中国理学哲学》,莫斯科,2002年,第459—462页;А. А. 克鲁申斯基《严复的创作及其翻译问题》,莫斯科,1989年;冯友兰《中国哲学简史》,圣彼得堡,1998年,第344—346页;《论严复与严译名著》,北京,1982年;Pusey J. R. China and Charles Darwin. Camb. (Mass.), 1983; Scwartz B. In Search of Wealth and Power: Yen Fu and the West. Camb. (Mass.), 1964.

(А. И. 科布杰夫撰,王艳卿译)

颜元

颜元（1635—1704），字易直，又字浑然，自称思古人，号习斋，直隶博野县北杨村（今河北）人。他是哲学家、思想家，和自己的学生李塨一起创立了"颜李学派"。其父颜昶曾被蠡县一位小官吏朱九祚收为养子，改姓朱。颜元继承了这一姓氏，取名朱邦良，沿用至1673年朱九祚去世。由于其父于1638年被清兵掳掠至关外，再也未能回到家乡，因此颜元由养祖父抚育长大。

1649年，颜元十四岁时娶一位十五岁的姑娘为妻，然而最初却克制夫妻之事，因为数年之前他便开始沉迷于道家的仙学，长生术的习练基础要求存藏性欲精力。1653年，由于养祖父被控告且在拘捕时一度逃遁，颜元被迫替养祖父入狱受讯。这一时期他已不再沉迷于道家学说，转而研习儒学，首先关注的便是陆王学派。

然而，颜元并不能满足于当时绝对抽象化的传统教育。1656年他开始学医，两年后便已开始行医。1658年开设私塾教书，遂撰写《王道论》（1卷），后更名为《存治编》，于1705年刊行。"王道"这一术语源自《尚书·洪范篇》，它作为该部著作的主题，早在孟子的阐述中便开始取义为以"德"为基础的"仁治"。颜元对古代儒家学理表现出极大的兴趣，这也能通过他的笔名——思古人和他研学的家塾之名——思古斋得到反映。颜元在后续活动中开始积极研究宋明理学的理论。

1668年，养祖母过世。颜元过度拘泥于旧俗，尤其遵奉宋明理学大师朱熹在其论著《朱子家礼》中所记述的服丧礼俗。然而，将《朱子家礼》中的文字与儒家的古《礼》进行对照之后，颜元对前者的正统性产生了质疑，并把这一想法反映在他的文章《居忧愚见》中。后来王懋竑又对《朱子家礼》出自朱熹笔下予以全盘否定。颜元对这一理论（程朱理学）大失所望，而此时正逢他本人陷入身世危机。当得知自己真正的出身后，他决定认祖归宗。养祖父去世五年后，颜元终得以归宗颜姓。

这一时期颜元的世界观开始自成一体，并反映在他的两部著述《存性编》（2卷）和《存学编》（4卷）中。在前

一部中他极力拥护孟子"言性善"的观点，批评宋明理学学者因遭受理学、佛学的影响而波及传统儒学，由此"气质之性"被阐释为"恶"之源泉。后一部阐述了在理想的古代自半神话时期的尧至孔子时代一直居于主导地位的教育之"道"，其中宣扬了实学的立场，它相对于当时盛行的"掉书袋"的风气具有较大的优势。

颜元认为，过于强调守"静"，滥用沉思法，陷入脱离实际的空谈，这些都是致命的危害。他同时确信："读书愈多愈惑，审事机愈无识，办经济愈无力。"颜元把这些消极的趋向与宋明理学的两大主要流派——程朱学派和陆王学派联系在一起。在他看来，前者"弥近理而大乱真"，而后者"终蹈虚无"，"近禅之诮"（《存学编》，卷一）。与之相反，应予尊奉日常生活的体验，因为"天理"不在"饮食""人欲"之外；而认知和自我完善应通过"实习"，由"实学"发展为"实行"，因为"讲之功有限，习之功无已"。

颜元接受了"习"的方向，把它实现于知行合一的"习行"和"习动"之中。1669年，他把这一方向记录在书斋的新名称上——"习斋"，"习斋"亦成为其自号。强调向内的自省，甚至是要求将恶俗的思想扼制在头脑中，这些都成为反向的外在实证的批判。

1679年，颜元左目失明，正是在这一年李塨前来问学，成为他的学生。后来李塨既是颜元哲学的主要阐释者，也是颜元生平记述《颜习斋先生年谱》（2卷，1705）的作者。1682年，颜元撰写了生平最后一部著作《唤迷途》，1705年刊行时更名为《存人编》（4卷），其中认为佛教作为"伪道"必将导致非人化的结果。

1685年，经过近几年的关外探寻，颜元终于查明生父的情况及其亡故的时间，于是将先父的牌位奉回博野归宗。1696年年中，他前往肥乡主持漳南书院，开始通过实践实现其教育思想。他广泛地设置学习科目，将历史、语文学与自然科学和武备技艺相结合。可惜这年秋，由于漳水泛滥引发洪水，书院堂舍悉数被淹毁。颜元随后还归故里北杨村，并

在那里亡故安息。其弟子称他为"文孝先生"。

"理"与"气"牢不可分的相互关系构成颜元世界观的理论基础。"气即理之气,理即气之理","理气融为一片"(《存性编》)。而且,在这种"融合"中"气"是第一位的,"理"是第二位的。由此,颜元得出结论:"气质之外无性。"(《存学编》)人是由"气"构成的包含情感物质的实体,正如他所说的"善",他所说的"性"要以合理的"理"为基础,因为"若谓气恶,则理亦恶;若谓理善,则气亦善"(《存性编》)。

此处,中国传统哲学的整体论和自然主义(思想)通过强调人身心的完整性——"身心一致加功也",达到一定的逻辑高度。不仅如此,一个人的"善性"中综合了"天命之性",他将成为一种有积极作用的要素,这使他不仅能够实现社会文化的标准和价值观,而且还能实现世界秩序:"万物咸若,地平天成,太和宇宙,乃吾性结果。"(《存性编》)

对人持有此种辩护,于是便不能接受正统儒学所特有的"义""利"对立观。颜元坚持这两者的统一,正如"理""气"统一一样,他修改了宋明理学学者所奉行的董仲舒的观点:"正其谊不谋其利,明其道不计其功。"他批驳了这一观点,认为这是道、佛对虚无的宣扬,把它的信奉者称为"腐儒",后者使人陷入无力、病态和惰性的状态。为此,他提出了相反的论题:"正其谊以谋其利,明其道而计其功。"(《四书正误》)这一目标综合了伦理和实用两方面,将这一目标付诸现实就可以把一个人由被动地接受世界改变为主动地改变世界。

为改变世界,颜元主张恢复古神话时代的三项基本社会制度——井田、封建和学校。这一规划提倡回归过去,目的在于通过均分田地、制约专制统治和以实用为教育方向三方面对颜元当时所处的现实实施改革。颜元的学生钟錂于1737年刊行了以颜元日志为基础编纂的《颜习斋先生言行录》(2卷),1738年编刊了颜元的反佛教著作集《颜习斋先生辟异录》(2卷),1750年又刊行了颜元的多卷本论作和书

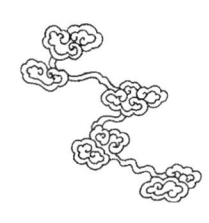

信集《习斋记余》（10卷）。18世纪，颜李学派的学说并没有获得较为广泛的传播，后来经过哲学家程廷祚的介绍研究，这一学说对著名学者、思想家戴震学术观的形成产生了一定影响。戴望于1869年刊行的著作《颜氏学记》（10卷）引发了世人对颜李学说的关注和兴趣。后来成为中华民国大总统的徐世昌专门对此进行了研究，刊行文集《颜李遗书》和文选《颜李语要》（2卷），以及研究性著作《颜李师承记》（9卷），后者包含对颜元及其学生的生平记述。徐世昌做大总统（1918—1922）之后，于1919年下令将颜元和李塨列为供奉于孔庙的先贤。1920年北京成立了四存学会，所谓"四存"乃是颜习斋四部作品，学会的使命是号召对颜元的遗产进行研究和传播。该学会特别排印了《颜李丛书》，其中包括颜元最重要的作品——《四书正误》和《朱子语类评》。

*颜元《四存编》，北京，1957年；《颜元集》，第1—2卷，北京，1987年；Yen Yuan. Preservation of Learning / Tr. by M. Freeman. Los Ang., 1972。**В. Г. 布罗夫《17世纪中国思想家王船山的世界观》，莫斯科，1976年；《中国哲学史》，莫斯科，1989年，第494—495页；《中国哲学百科词典》，莫斯科，1994年，第528页；А. И. 科布杰夫《中国理学哲学》，莫斯科，2002年，第428—436页；В. В. 马良文《道的黄昏：现代前夕的中国文化》，莫斯科，2000年，第141—142页；Freeman M. Yen Hsi Chai, a 17th Century Philosopher // JNCBRAS. 1926, Vol. 57, pp. 70-91; Fung Yu-lan. A History of Chinese Philosophy. Vol. 2. Princ.,1953, pp. 630-650.

（А. И. 科布杰夫撰，王艳卿译）

《晏子春秋》是记载有关齐国大夫晏婴事迹的一部著作。该书的作者以及成书时间在中国传统史料汇编中存在如下几种基本说法：第一种认为该书由晏婴本人所著（这种观点一直持续至宋朝）；第二种认为由生活在战国后期或秦朝统治前期的匿名作者所撰；第三种认为该书是创作于六朝时期的伪书。我们现今所见的文本主要编撰于前5—前4世纪，其对晏婴的故事进行了简述，后来又经多次增补而成。前1世纪由刘向进行了整理。该著作中同时展现了晏婴的历史形象和艺术形象，然而一般很难将他们区分开来。

《晏子春秋》由二百一十五章组成。最古老的篇章包含晏婴劝谏君主齐景公的故事，以及晏婴对各种人提出的有关治国和伦理问题的回答。他言论的主题是完善治理以达到社会各层面的和谐。为此，君王应该遵循古代圣明君主的事例（主要包括成汤、文王和武王），实现"仁"和"义"的准则。他对于"仁"和"义"的理解是：提拔有能力的官员，惩处行为卑鄙的官员，关爱百姓、体察民情；臣民的职责是对君主效忠。社会关系的调节剂是"礼"。

《晏子春秋》在中古和新时期被中国学者视为儒学著作，在很多图书编目中被编入子部儒家，而晏婴的名字有时与子思、孟子、荀子的名字放入一个行列。同时，晏婴自我表现为一位"鬼神"专家，言"鬼神"在他看来是国家昌盛所必需的；他还在日常生活和国家经济活动中厉行节俭，积极拥护克制原则。这些主题并非儒家典籍所特有的，而这部著作所包含的很多对孔子的抨击又使人在晏婴和墨翟之间找到了相似之处。因此，某些图书编目将《晏子春秋》归入墨家。然而，该著作中所论说的观点应该更多地属于前哲学思想，后来这一思想部分地为儒家和墨家学者所采用。

(Л. В. 斯托尔切沃伊撰，王艳卿译)

晏婴，字仲，谥平，莱地夷维（今山东莱州）人，齐国相国。他的生平传记与法家学派鼻祖管仲的生平传记一起被合载于司马迁的《史记》中。刘向将晏婴定为儒家学者，然而，4世纪张湛在为《列子》作注时将《晏子春秋》列入了墨家，后来柳宗元从理论上就此作出论证。而洪亮吉则反驳

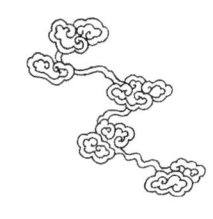

了这两种观点，认为晏婴先于儒家和墨家创建了自成一体的独立学说。

《晏子春秋》的文体形式源自《春秋》。18世纪末—20世纪初，相关已编著的权威性注本包括：孙星衍和黄以周版本、张纯一版本，这些注本连同著作本身一起被编入了《二十二子》（1875，1986）和《诸子集成》（1935，1954）。1972年在银雀山汉墓考古挖掘中出土了一百二十枚《晏子春秋》的古代书简，后经骈宇骞整理出版（1988）。

*张纯一《晏子春秋校注》，北京，1956年，《诸子集成》，第4册；吴则虞《晏子春秋集释》，第1—2卷，上海，1962年；郝政民《晏子春秋选注译》，西安，1986年；邬霄鸣《晏子春秋选译注》，贵阳，1986年；骈宇骞《晏子春秋校释》，北京，1988年；孙星衍、黄以周校《晏子春秋》，上海，1989年；《二十二子》，上海，1990年；司马迁《史记》，第7卷，P. B. 越特金译，莫斯科，1996年，第35—37页。**Л. B. 斯托尔切沃伊《关于中国〈晏子春秋〉的论争》，载《第18届"中国社会与国家"学术研讨会论文集》，第1册，莫斯科，1987年，第66—72页；Л. B. 斯托尔切沃伊《〈晏子春秋〉：文本研究导论》，载《圣彼得堡东方学》，圣彼得堡，1992年第1辑，第239—300页；高亨《晏子春秋的写作时代》，《文学遗产增刊》第8辑，北京，1962年；董治安《说"晏子春秋"》，载《山东大学学报》，1959年第4期；Holier R. Yen-tzu und das Yen-tzu ch'un-ch'iu. Frankfurt am Main-Bern, 1983; Walker R. L. Some Notes on the Yen-tzu Ch'un-ch'iu //Journal of the American Oriental Society. 1953, Vol. 73, No. 3.

（А. И. 科布杰夫撰，王艳卿译）

扬雄

扬雄（前53—18），字子云，蜀郡成都人。他是哲学家、文学家、诗人、语文学家。汉成帝时任给事黄门郎。王莽篡权后，校书天禄阁。他的生平记载在《汉书》中。其主要的哲学文集包括《太玄》（英译本：D.沃尔特，1987；M.尼兰，1993；俄译本：D.沃尔特、A.科斯坚科，2002）为仿《周易》而作；《法言》（德译本：E.冯·察赫；法译本：B.布鲁诺·波尔佩，1960）为仿《论语》而作。扬雄的哲学伦理观点也表现在他的诗歌作品中，主要是在颂诗体的辞赋中。这些赋具有劝谕色彩，多为上书君主而作，包括《反离骚》《甘泉赋》《河东赋》《羽猎赋》《长杨赋》等。扬雄所著的语言学著作《方言》是中国第一部方言大词典，也是西汉时期重要的语言背景史料之一。其中所有的词都按义分组，正如第一部详解词典《尔雅》一样。扬雄最早的作品集都散佚了，明代时辑有《扬子云集》；在严可均所辑的著名文选《全上古三代秦汉三国六朝文》中收录了扬雄的4卷文集。

扬雄认为，"玄"是物质世界的起源，而"玄"中包含"万类"物质，却又"不见其形"，"摘措阴阳而发气"。阴阳之"气"，"一判一合，天地备矣"（《太玄·玄摘》）。天地"交"，则"万物"生（《法言·修身》）。根据扬雄的思想，人认知世界的任务并不是改变自然，而是仿拟理想状态意义中宇宙的三个调节本源——天、地、人。

扬雄提出"挼拟之天元"（《太玄·玄挼》），正所谓自然而然地遵循深刻的自然规律。为了反映这一规律，扬雄提出以八十一首（他把卦叫首）体系代替《周易》的六十四卦。在描绘八十一首的时候，他使用了三"摹"，这一特征即"一、二、三错于"四重，而四重被视为《周易》中自上而下相对立的"卦"位，它们在《太玄》中相应地被称为"方""州""部""家"。《太玄》中的首序受到统一算法的支配，这种算法类似于伏羲所记的卦序排列。对首序的数字进行三进制算法编码的同时，形成了一系列从八十到零的数字。类似于《周易》中的"辞"，每首九赞，共组成七百二十九赞，它象征着一年中一半昼夜的总数（昼夜相当

于"阴阳"),这正如《周易》中的爻数(6×64=384),即全年的昼夜数(加上插入的月份)。然而,虽然扬雄的(赞辞)体系具备远古殷商时代(前两千纪下半叶)占卦活动所特有的精密性和准确性,甚至在其中根深蒂固(这些都体现在现代考古发现中),但是这一体系仍未能战胜易卦体系,而且也没有获得任何可比性的推广和传播。显然,这首先是因为该体系的作者与王莽的活动在传统的历史编撰学中受到极端的负面评价有关,扬雄是王莽勤恳的老战友。不过,11世纪为《太玄》作注的知名学者、国务活动家、翰林院院士、宋明理学的先驱——司马光,在八十一首和六十卦之间进行了协调,确立了一次为三十九卦,二次为二十一卦的次序。他的《太玄集注》被列入经典丛书《四部备要》。

扬雄将世界转化的过程划分为两个相互对立的部分——"因"和"革"。所有生者的"自然之道"在其最终时发现并否定了永生的可能性。他把人"性"比作"善恶混":"修"其某一种本性使人成为善人或恶人。扬雄强调了经验在意识中的确证意义。"学"所以"修性","性"则包括"视、听、言、貌、思",它们可能或"正"或"邪"。根据传统的认识论方法,学之"正"在他看来并不是实体性的,而是有一定起源性的,即"正"首先所取决的并不在于是否符合事实,而在于是否符合起源:"务学不如务求师。"按照这一认识角度,在"知行"的对立关系中扬雄把"行"放在了首位:"学,行之,上也;言之,次也;教人,又其次也。"

*周祖谟、吴晓铃《方言校笺及通检》,北京,1956年;严可均《全上古三代秦汉三国六朝文》,全四册,北京,1958年;钱绎《方言笺疏》,上海,1984年;郑万耕《太玄经校释》,北京,1989年;《太玄经》,范望注,上海,1990年;汪荣宝撰、陈仲天点校《太玄经义疏》,第1—2册,北京,1991年;林贞爱《扬雄集校注》,成都,2001年;《扬子法言义疏》,哈尔滨,2003年;扬雄《法言》(第一、三—五、十二章),Е. П. 西尼岑译序,载《中国古代哲学·汉代卷》,莫斯科,1990年;Chan Wing-tsit. A Source Book in Chinese

Philosophy. Princ.-L., 1963, pp. 289-291; Yang Hsiung's Fayen: Wörter strenger Ermahung / Übers. E. von Zach. S. F., 1976; Le Catechisme philosophiquedu Yang-Hiong-tsé/ Tr. B. Belpair. Brux., 1960; Walters D. (tr.). The Alternative I Ching. Wellingborough, 1987; Yang Hsiung. The Canon of Supreme Mystery / Tr. and ed. by M. Nylan. Albany (N. Y.), 1993。**А. И. 科布杰夫《中国古典哲学中的象数学》，莫斯科，1994年；А. И. 科布杰夫《中国理学哲学》，莫斯科，2002年；И. С. 李谢维奇《古代中国的文学思想》，莫斯科，1979年；Ю. К. 楚紫气《易经》，莫斯科，1993年；韩敬《〈太玄〉与〈周易〉之比较研究》，载《周易研究论文集》，北京，1990年第3辑，第527—541页；Knehtges D. R. The Han Rhapsody: A Study of the Fu of Yang Hsiung (53 B. C.-A. D. 18). Camb., 1976; idem. The Han shu Biography of Yang Hsiung (53 B. C.-A. D. 18). Phoenix, 1982; Zach E. von. Zur Verteidigung des chinesischen Philosophen Yang Hsiung // Monumenta Serica. 1935-1936, I, SS. 186-191; Ziporyn B. A. Spatio-Temporal Order in Yang Xiong's Taixuanjing // Early Medieval China. 1995-1996, Vol. 2.

（李熙、А. Н. 科布杰夫撰，王艳卿译）

杨荣国

杨荣国（1907—1978），湖南长沙人，中国哲学史和思想史学家。1929年毕业于上海群治大学，任长沙中学教师。自抗日战争开始积极参加爱国运动，1938年加入中国共产党。20世纪40年代初开始从事中国思想史的教学和研究工作，曾任重庆东北大学、桂林师范学院教授。中华人民共和国成立后，先后在湖南大学、中山大学、中国社会科学院历史研究所供职。1974年当选为第四届全国人大代表。

根据社会存在决定社会意识的原理，杨荣国从生产力与生产关系的相互关系、阶级斗争和科技进步的角度分析了社会思想在中国的发展历程。他研究前6—前3世纪奴隶制社会转化的问题，力图通过两大相对立的社会政治阵营之间的斗争阐明中国古代哲学思想发展的客观规律。在《中国古代唯物论研究》一书中，他认为制约前6—前3世纪哲学思想发

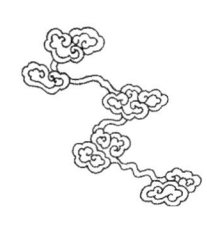

展高潮的是"特殊的社会生产力"。20世纪40年代末,杨荣国著有《中国古代思想史》(俄文译本:Ф.贝科夫等,1957)一书,阐述了公元前一千纪社会制度变化背景下哲学与社会政治思想的发展历程,这部著作给他带来了极大的声誉。他把殷商时代有关"上帝"的思想和荀子的号召——"知天命而用之"视为中国古代思想转变之路的界点。从杨荣国的角度出发,荀子的观念可以被描述为"礼表法理",这一说法成为中国封建思想的基础。在材料的阐述上通过将中国古代典籍中的引文译为现代汉语,以及使用大量的注疏和释义这些方式,力求使该部著作的内容达到最大限度的通俗化,获得更广泛的读者群。

把墨家和法家作为先进性学派进行评价的同时,杨荣国极端否定了孔子学说。还在抗日战争期间,他就反对国民党所提倡的"尊孔读经"的号召。在《孔墨的思想》一书中,他把孔子描绘为一位颠倒时代进程的保守的思想家。后来他虽然承认孔子所开创的私学教育及其教育思想传统具有一定的积极性,但从整体上说并没有改变自己的(批判)立场。晚年时期杨荣国创作了《简明中国哲学史》,认为中国古代哲学史的基本内容在于儒法两家之间的斗争。

*杨荣国《中国古代唯物论研究》,1940年;杨荣国《中国古代思想史》,北京,1954年;杨荣国《谭嗣同哲学思想》,北京,1957年;杨荣国《反动阶级的"圣人"——孔子》,北京,1973年;杨荣国《初学集》,北京,1971年;杨荣国,《春秋战国时期思想领域内两条路线的斗争》,载《红旗》,1972年第12期;杨荣国《孔子——顽固地维护奴隶制的思想家》,载《人民日报》,1973年8月7日;杨荣国《两汉时代唯物论反对唯心论先验论的斗争》,载《人民日报》,1973年8月13日;杨荣国《简明中国哲学史》,北京,1973年;杨荣国《中国古代唯心主义思想史》,莫斯科,1957年。

(А.В.洛曼诺夫撰,王艳卿译)

杨朱

杨朱，字子居，魏国人，哲学家、早期道家代表。有关他生平事迹的现存资料极少。杨朱可能出身于贫寒的农民家庭，曾多次周游中国古代列国，拥有大批追随者和学生。他的著述未能流传下来。有关他的观点或见解的片段散见于前4—前2世纪的文献中，包括《孟子》《庄子》《韩非子》《吕氏春秋》《淮南子》。《列子·杨朱》当中记载了杨朱作为哲学家的种种言谈和论述。有关这一篇的真实性与可靠性存在不同的观点，大多数中国学者都认为，它是杨朱的学生在他逝后于公元前4—前3世纪编撰而成，并插入《列子》文本中，而且这里包含着有关他各种观点的确凿资料。

杨朱是中国历史上卓越的辩论家、无神论哲学家、自由思想家和儒家学说坚定的论敌。他宣扬人要"自然"地发展，不能居囿于社会、伦理或政治的范围内。人的"自然生存"观构成了杨朱哲学观点的基础。人是自然不可分割的要素和产物，他与"物"的区别只在于理智："人肖天地之类……有生之最灵者也……任智而不恃力。"通过感官认知世界决定了人对外部世界的态度，压制人对物质世界的自然认知，意味着压制"人的本性"。

杨朱是中国首位否定"天意"存在的思想家。人的生与死都取决于"自然的必然性"，这被杨朱称为"命"。人死之时其生命也告以终结。"万物所异者生也，所同者死也……死则有臭腐、消灭，是所同也……生则尧舜，死则腐骨……且趣当生。"号召"趣生"是杨朱学说的第二大基本观点。有关这一观点的具体内容研究者们表达了不尽相同的意见。极端个人主义和享乐主义是他最饱受批判的两个方面。儒学传统把以下言说归于他的思想："拔一毛以利天下而不为。"这种批判是儒家学者孟子首先提出的，与之相提

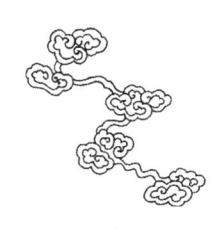

并论,他同时也揭露了另一种较为流行的"极端性"——墨子反社会的利他主义。孟子很抗拒这种激进主义的传播,显然他有意曲解了杨朱的语意。杨朱在引入《列子》的言谈中提及传说中的人物——伯成子高的类似言论,而且从本质上非常赞赏这些言论,因此对自己的立场进行了这样的解释:"古之人损一毫利天下不与也,悉天下奉一身不取也。人人不损一毫,人人不利天下,天下治矣……世固非一毛之所济。"这也就是说,杨朱的言语并不是"一切为己"论,而是在于说明小牺牲的无意义性,这些小牺牲并不能改变天下事态的格局。

杨朱遭受批判的极端享乐主义也含有夸大的成分。哲学家所号召的只是享受人生的乐趣,他是指人死后陷入"无为"。然而,他也反对"极端性":"为美厚尔,为声色尔,而美厚复不可常厌足,声色不可常玩闻。"杨朱认为贪名是无益的,因为"实无名,名无实"。他又以"太古之人"为例,谈道:他们"知生之暂来,知死之暂住,故从心而动,不违自然所好"。

根据自己"智虑""从性""乐生"的观念,杨朱认为古代的"圣人"君主,甚至孔子本人的行为活动都是无益的,他们生前"无一日之欢",而死后之名他们已不再需要。杨朱的学说被儒家正统派革出教门,而《列子·杨朱》也被宣布为后期的仿制之作。杨朱的观点对中国唯物主义哲学思潮后继的发展产生了显著的影响。现已有《列子·杨朱》英译本(A.C.葛瑞汉,1960)和俄译本(Л.Д.波兹德涅耶娃,1967;C.库切拉,1972;B.B.马良文,1995)。

*《中国古代的无神论者、唯物主义者、辩证法者:杨朱、列子、庄子》,Л.Д.波兹德涅耶娃译,莫斯科,1967年;《中国古代哲学》,第1卷,C.库切拉译,莫斯科,1972年,第213—224页;《庄子 列子》,B.B.马良文译,莫斯科,1995年,第362—376页;The Book of the Liehtzu / Tr. by A. C. Graham. L., 1960。**Ф.C.贝科夫《中国社会政治与哲学思想的产生》,莫斯科,1996年,第120—138页;A.A.彼得

罗夫《杨朱——中国古代的自由思想家》,莫斯科、列宁格勒,1940年;E. A. 陶奇夫《道家:历史宗教描述尝试》,圣彼得堡,1998年;杨兴顺《古代中国的唯物主义思想》,莫斯科,1984年,第90—101页;Forke A. Young Chu's Garden of Pleasure. L., 1912; Graham A. C. The Dialogue between Yang Yu and Chuantzy // Bulletin of the School of Oriental and African Studies. 1959, Vol. 22/2.

(B. Ф. 费奥克季斯托夫撰,王艳卿译)

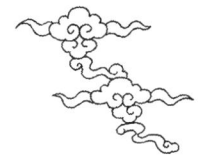

业(业力),字面意义为"事业""行为",是佛教及其他印度源宗教(印度教、耆那教)最重要的信条之一。依照佛教观点,人的每个行为,无论是身体的、语言的还是心灵的(身、口、意)活动,都会带来一定的(善的、恶的或无记的)结果。结果的显现可能是在现世,也可能是在后世或来世。业力决定生物在现象世界六道之一中的"生"、人的社会地位,等等。总体来说,世界就是众生积聚业力活动的结果。众生业力是基于本能的意欲和意识的"无明","无明"首先表现为"无知"(即对佛教信条的无知)、愤怒和渴求。佛法的目的就是消除激情、中止造作行为、脱离轮回圈(由业力决定的生死轮回),并获得"解脱"。业力论使佛教哲学家特别是中国佛教哲学家们转而关注因果关系及其普遍性问题的研究。

**Л. C. 瓦西里耶夫《中国传统宗教崇拜》,莫斯科,1970年;C. 拉德哈克里什南《印度哲学》,第1卷,莫斯科,1956年;O. O. 罗森堡《佛学研究》,莫斯科,1991年。

(E. A. 陶奇夫撰,穆新华译)

依他

依他，字面意义为"依靠他人"，是佛教中获得救赎的"易行道"概念。这一概念首次出现在中观宗的创立者龙树菩萨的论著《十住毗婆沙论》中。书中指出有"难行"与"易行"二道可以达到佛的境界："难行道"，就如同在陆地上疲惫地徒步行走——这是依靠自己力量的方法；"易行道"，就如同乘坐漂亮的船在平静的海中行驶——这是"依他"的途径，也就是依凭阿弥陀佛誓愿的力量，期盼在"净土"重生。

后来"易行道"往生思想得到了世亲菩萨的弘扬。"依他"在印度不受支持，但是这一思想在中国进一步演化，形成了专门的宗教支派——净土宗。

**Л. Е. 杨古托夫：《中国佛教哲学中的统一、同一与和谐》，新西伯利亚，1995年；The Buddhist Tradition in India, China and Japan. N. Y., 1969; Eitel E. J. Sanskrit-Chinese Dictionary. Hong Kong, 1870.

（Е. И. 汉塔耶娃撰，穆新华译）

以太

以太，由希腊语音译而来，是19世纪末20世纪初中国思想家使用的概念。该借词在欧洲的自然科学及哲学领域是指充满分子之间空间的物质，而光、热、磁、电这类现象被解释为是世界以太运动的结果。但在中国，这一概念发生了根本性的改变。

康有为把"以太"解释为作为伦理道德本源的"仁"和"不忍"。孙中山认为"以太"制造无序，"元始之时，太极动而生电子，电子凝而成元素，元素合而成物质，物质聚而成地球"。

在谭嗣同的思想体系中，"以太"是一个最基本的概念，他没有给出确切定义，而是通过大量相似但不相同的特性来揭示它。"以太"最重要的特征是永恒和不可创造性。

"以太"遍及的范围无限：它存在于微观和宏观世界中，存在于现实生活现象以及华藏世界之上的"一元"中。"以太"是多功能的，它等同于"情""心""电"。

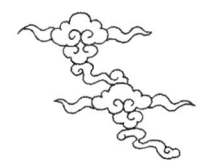

以太是发展的动力和构成世界的现实基础；"法界由是生，虚空由是立，众生由是出。"它是世界一体的条件，是"胶粘"独立现象的某种充填物："以太……无所不胶粘、不贯洽、不管络，而充满之一物焉。""以太"支撑着所有事物和现象保持平衡，不仅阻止它们解体，也阻止它们合并；以太的作用遍及社会、宇宙现象以及人的身体。但是谭嗣同没有把"元"属性赋予"以太"。如果"以太"无处不在，并且在一定条件下可以把它描述成失去层次结构的物质，那么"一元"必须以层次结构为前提，而且"一元"正是位于层次结构物质的顶端。"以太"通过"一元"与自己的关联体"仁"相对应。"以太"的所有特点体现在"仁"上，具有了道德伦理色彩。通过"仁"，"以太"及其属性才被投射到社会和社会法则中。

*谭嗣同《仁学》，载《谭嗣同全集》，北京，1954年；孙中山《建国大纲》，载《作品精选》，莫斯科，1985年。**E. Ю. 斯塔布罗娃《谭嗣同哲学中的"以太"范畴》，载《第12届"中国社会与国家"学术研讨会论文集》，莫斯科，1981年。

（E. Ю. 斯塔布罗娃撰，穆新华译）

义，意为"正义，义务，责任感，公正，诚信，诚实，正确，原则，意义，含义"。是中国哲学尤其是儒家最基本的范畴之一，它包含内容与形式、主观需求与客观要求、内心的正义感与外在公共义务要求之间的"正宜"思想。《中庸》第19章给出了简洁的定义："义者，宜也。"如同其他以汉字的同音异义结构概念一样，后来在"义"的基础上扩

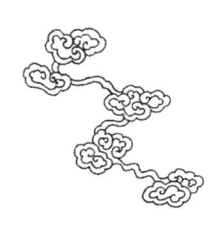

展出一系列的定义。在宋明理学形成时期，周敦颐遵循原文的简洁性，用反转的形式改造了定义："宜，曰义。"（《通书·诚几德》）

从词源上追溯，"义"（義）是符号"我"和"羊"的组合。具有大众"口味"意义的"羊"还作为一部分符号构成了汉字"善"和"美"，因此覆盖了主要价值规范领域——伦理（"善"）、美学（"美"）以及道义（"义"）。道义规范准则融合体现在"义"（義）的语义上，即公众口味（例如"羊"）成为内心感受（即"我"）。

在一般人类学意义上，"义"是指人性固有的五个特征（五常）之一，它与仁、礼、智、信并列。在更具体的社会伦理层面意义上，它是指父子、兄弟、夫妻、长幼、君臣五对社会角色之间的关系准则（《礼记·礼运》）。而在更狭隘意义上，它是指人、君或超凡领导者的行为准则。其中标准的一对术语"义—利"指的是道义与自私功利主义的对立或者维护他人利益与维护个人利益的对立。

在古代典籍《尚书》与《诗经》中，"义"是指统治者和官吏为自己的国家带来利益的能力。孔子的"义"是指"君子"的核心特征，表现为以"德"为基础、通过"礼"这一方式来实现的"知行合一"，目的是实现"道"。孟子从根本上将"义"综合为人性善的四种本源之一——"羞恶之心，义之端也。"（《孟子·公孙丑上》。为了"义"和"仁"，他坚决排斥"利"，认为正是"仁"和"义"将人与动物区分开来。根据孟子的观点："义，人路也。"（《孟子·告子上》）人通过"集义"的方式完善其浩然之"气"。儒学领域内孟子的主要对手荀子认为，人性本"恶"，生来就逐"利"，同时他又非常绝对地指出，"义"是人的根本属性，根深蒂固的逐"利"之性应受制于"义"。《大学》中给出了儒家总体解决"义—利"问题的方法："国不以利为利，以义为利也。"

不同于儒家，墨家把"利"解释为"利，所得而喜也"，其所指不是私利，不是个人利益。他们不主张

"义""利"对立，而是等同视之，"义，利也"。按照《墨子》的论述，"义"是天所愿，"万事莫贵于义"（第四十七章）；全民的"利"符合天志（第二十六章）；构成认识论"言有三表"之一的"用"（第二十五章）。

法家"民之于利也，若水于下也"（《商君书·君臣》）的观点接近墨家，但为了绝对的权力和统一的"法"治，他们把"义"作为"刑罚"之"道"。这一定义是与墨家、儒家完全对立的。

道家的代表与以上各派对立，主张大自然无利害关系，他们既批判"利"，也批判"义"。依据《道德经》，"义"是"大道废"的结果，也就是世风逐步恶化的几个阶梯之一："故失道而后德，失德而后仁，失仁而后义，失义而后礼。夫礼者，忠信之薄，而乱之首。"《道德经》详细分析了"道"衰落的过程，清楚地区分了"无义为"和"有义为"。有别于《道德经》，《庄子》宣布不再区分"仁"和"义"，并且呼吁"忘义"。

董仲舒把法家及墨家的一些思想带入官方正统化的儒学，创造出激进的公式："仁人者，正其道，不谋其利。"但承认"利"对调养身体的辅助作用："义以养其心"，"利以养其体"，"体莫贵于心，故养莫重于义"。

道教与佛教思想被理学所吸收，特别体现在邵雍承认"义利兼忘者，唯圣人能之"。宋明理学另一位创立者张载的主张接近墨家，他认为"义，公天下之利"（《正蒙·大易篇》）。李觏、胡洪、陈亮、叶适都公开捍卫公"利"原则。胡洪更加清晰地将"私利"与"公利"两种形式进行了区分。宋明理学正统理论创始人程颐直接将"义"等同于"公"，将"利"等同于"私"。但他也指出"义利"相协调的可能性以及守"义"的益处。王夫之将"义"同人"道"、"利"同"用"联系起来："立人之道曰义，生人之用曰利。"颜元提倡"正其谊，以谋其利"，与董仲舒的主张"正其道，不谋其利"大相径庭。总之，宋明理学就"义"和"利"的相互关系进行了广泛的论证，经过了一个从对前者的绝对过高评价到贬低后者（"利"），再到均衡

地对待二者的过程,尽管宋明理学正统思想始终坚持"义"的首要地位。

*《中国古代哲学》,第1—2卷,莫斯科,1972—1973年;《中国古代哲学·汉代卷》,莫斯科,1990年。**А.И.科布杰夫《中国理学哲学》,莫斯科,2002年;P.费利别尔《古代中国"义"概念的术语分析》,载《第3届"中国社会与国家"学术研讨会论文集》,莫斯科,1972年,第75—82页;冯友兰《中国哲学简史》,圣彼得堡,1998年;张岱年《中国哲学大纲》,北京,1982年,第386—398页;Cheng Chung-ying. On Yi as Universal Principle of Specific Application in Confucian Morality // PEW. 1972, Vol. 23, No. 3; Nikkila P. Early Confucianism and Inherited Thought in the Light of Some Key Terms of Confucian Analects. Vol. 1. Helsinki, 1982, pp. 144-148, etc.

(А.И.科布杰夫撰,穆新华译)

《阴符经》

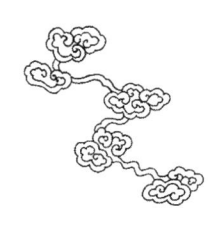

《阴符经》,道教主要经典之一。它被认为是不亚于《道德经》的一部道家经书。《阴符经》对宋明理学的形成有一定的影响。理学创始人之一朱熹不仅对此典籍高度评价,而且还对它进行了注疏。传统上认为该书作者是中华文明的"始祖"、神话中的帝王——黄帝。而神话传说中的统帅、智者姜太公被认为是该著最后一部分的作者和它的第一位注疏者。关于《阴符经》的首次记载是在司马迁的《史记》中。据《史记》记载,研读《阴符经》使古代的纵横家苏秦获得了最高的政治智慧。据说现代的文本是理学家李筌在山洞里找到并为它作注的。不排除李筌也可能是《阴符经》的作者。

该经篇幅不大(约400字),分为三部分。主要内容讲述宇宙的一体性。认为世上万物都是相互联系的,每一物是靠整体而生存,好像是"盗"它,因此"五行"在经文中被叫作"五贼"。智者明白万物相互依存并且利用它得以完善自身和实现永生。该观点使得《阴符经》被看作是对道教实践中的炼金术及其他法术方法的论述。《阴符经》的某些片段包含军事词汇，这使得它从表面看来像是战略方面的论著，但这些术语只是用来论证和描述道教实践的。在道教经籍总集《道藏》中，除《阴符经》原著外，还有对该经典的注释作品约20部，其中大部分都是宋朝时期所作。

*A. B. 马拉库耶夫《阴符经——中国哲学史的一页》，载《托木斯克师范学院学术丛刊》，托木斯克，1946年第3期；《阴符经》，载E. A. 陶奇夫《道家：历史宗教描述尝试》，圣彼得堡，1998年；《阴符经》，E. A. 陶奇夫译，载《中国宗教》，E. A. 陶奇夫编著，圣彼得堡，2001年，第97—102页；Yin Fu King, or Classic of the Harmony of the Seen and the Unseen // The Texts of Taoism / Tr. by J. Legge. Pt 2. Oxf., 1891, pp. 255-264。

**E. A. 陶奇夫《道教典籍中的道家哲学（以〈阴符经〉和张宝端的〈悟真篇〉为蓝本）》，载《宗教社会历史观照》，列宁格勒，1985年。

（E. A. 陶奇夫撰，穆新华译）

阴阳

阴阳，中国哲学基本对立范畴之一，表达宇宙的普遍二元思想，具体包含一系列的对立概念：黑暗与光明、消极与积极、软与硬、内与外、下与上、女与男、地与天，等等。阴阳的词源意义本为山坡或河岸的阴影面和向阳面。

首次出现在《国语》中的"阴""阳"是作为与"地""天"对应的两种"气"，两气交互失序就会导致自然灾害和混乱。在《管子》中，阴阳的相互作用对应四季、昼夜的交替变化。在《庄子》中，阴阳与《道德经》的"静""动"概念相关联。在传统的天体演化论中，阴阳的出现是从世界最初的混沌状态转化为多样化"万物"过程中的第一步。从过程层面上看，阴阳基本律是道，即达到一定发展阶段的阴阳会相互转化："一阴一阳之谓道。"（《周易·系辞传》）朴素的辩证法思想也反映在对阴阳的实体思

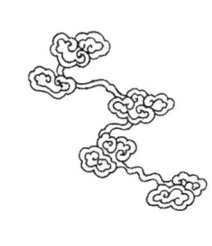

考中:两个相互对立的因素中的每一个都包含着另一个的潜能,这样一来,阴阳模式不仅仅决定着发展,而且还决定着世间万物的构成。这一两极对立原则体现在存在事物的各个层面,阴和阳又各自分出阴、阳:"阴中有阳,阳中有阴。"(《黄帝内经·素问》)这一普遍二元对立理论在公元前一千纪中期形成并在《周易》中首次得到了系统描述。在《周易》中,阴阳被称作由"太极"生成的"两仪",同"卦"的基本元素一致——即对应分合的点。该理论在阴阳家中得到了最大的发展,董仲舒将阴阳论同"五行"说相融合,这几乎成了后来所有中国哲学、科学建构的基础。

早在《系辞传》中,阴阳就在一系列对立的概念中被具体化,并延伸运用到社会及家庭关系中。董仲舒把阴阳思想纳入社会评价范畴——道德品质、奖惩:"恶之属尽为阴,善之属尽为阳。""阳行于顺,阴行于逆。"(《春秋繁露》)周敦颐将阴阳互生同"太极"本身的"动""静"交替结合起来,作为宇宙有序发展的独特过程。宋明理学总体论述了由"气"化生的阴阳本质。王夫之强调阴阳的相互渗透,以此来说明物质构成的相对稳定性。今天,阴阳理念在中医理论中仍然起着很重要的作用。

*《中国古代哲学》,第1—2册,莫斯科,1972—1973年;《中国古代哲学·汉代卷》,莫斯科,1990年。**E. B. 扎瓦茨卡娅《美学哲学范畴"影子"》,载《远东文学研究的理论问题》,莫斯科,1974年,第47—59页;B. A. 鲁宾《中国古代宇宙学与法家理论:五行与阴阳概念》;B. A. 鲁宾《中国古代的人格与权力》,莫斯科,1999年;武晋、王永生《周易问题百答》,基辅,2001年,第179—213页;冯友兰《中国哲学简史》,圣彼得堡,1998年;刘训升《阴阳学》,台北,1979年;庞朴《阴阳五行探源》,载《中国社会科学》,1984年第3期;Graham A. C. Yin / Yang and the Nature of Correlative Thinking. Singapore, 1986; Lee Jung Young. The Yin-Yang Way of Thinking // Asian Christian Theology: Emerging Themes. Phil., 1980, pp. 81-88.

(А. И. 科布杰夫撰,穆新华译)

阴阳家

阴阳家,源于论述阴阳范畴的阴阳学派,是古代中国六大主要哲学流派之一。按照司马谈和司马迁的分类,它被纳入自然宇宙哲学以及神秘的数字占卜学范围。阴阳家出现的时间及其代表人物都没有得到确证,但很显然这些代表人物都是最初的占星家和天文家,是齐国人和燕国人。关于该流派的思想也没有一部详细论著流传下来,只能根据《史记》《周易》《吕氏春秋》及其他典籍中的片段描述来评判。阴阳家的核心思想是:万能的阴阳二力及"五行"的循环交互作用构成了本体论、宇宙论及其他所有中国传统精神文化与科学(尤其是天文学、医学及通灵术)的基础。大概在公元前一千纪中期之前,以二元或五元图形表达不同分类的"阴阳"和"五行"概念只是在神秘的"天""地"等个别范畴领域内发展。公元前一千纪下半叶,这些概念融合为统一的学说,具有了哲学地位。传统认为这是迄今唯一知名的阴阳家代表人物——邹衍的功劳,虽然在流传下来的有关他思想观点的文献资料中没有任何阴阳概念的痕迹。邹衍将"五行"理论推广至主要以"五德"进行循环更替的历史发展进程中。作为涵盖宇宙各个层面的统一学说,阴阳和"五行"概念首先出现在董仲舒的哲学中。他把阴阳家思想融入儒学中,因此他的宇宙认识论及方法论基础得以发展和系统化。后来阴阳家的自然哲学元素在儒家的"今文经学"及宋明理学中得以延续,而神秘的宗教元素在算命师、预言家、方士、治疗师等的与道家相关的实践活动中继续沿用。

*司马迁《史记》,第7卷,P. B. 越特金译,莫斯科,1996年,第168—171页;Chan Wing-tsit (tr.). A Source Book in Chinese Philosophy. Princ. (N. Y.)-L., 1963, pp. 244-250。**Ф. С. 贝科夫:《中国社会政治与哲学思想的产生》,莫斯科,1966年;В. А. 鲁宾《五行与阴阳观念》;В. А. 鲁宾《中国古代的人格与权力》,莫斯科,1999年;冯友兰《中国哲学简史》,圣彼得堡,1998年,第153—166页;赵纪彬《阴阳五行学派的代表——邹衍》,载《中国哲学史研究》,1985年第2期;Fung Yu-lan. A History of Chinese Philosophy. Vol. 1. Princ., 1952, pp. 159-169; Vol. 2. 1953, pp. 7-16; Graham A. C. Yin / Yang and

the Nature of Correlative Thinking. Singapore, 1986; Needham J. Science and Civilization in China. Vol. 2. Camb., 1956, pp. 232-278.

（А. И. 科布杰夫撰，穆新华译）

尹文

尹文（约前360—前280），中国古代哲学家。在稷下学宫与宋钘共同执掌一个独立学派。传统上他被认为是名家的主要代表人物之一，同时他也被归入道家。刘节在《管子中有见之宋钘一派学说》中，以及郭沫若在《宋钘尹文遗嘱考》（1944）章中，都将两人评定为力求融合儒家与墨家的道家先驱。

在《庄子》第33章所记载的中国最古老的对哲学流派的分类中，宋钘尹文学派被列为六大流派的第二位，六大流派涵盖了所有"百家"之学。在这里的描述中，道家和墨家的"不以身假物"、寡"情欲"、节俭、反对战争、爱民主题与认识论中首要的"心之容"也称"心之行"问题相结合。"白心"便是这些"行"的结果，它与《管子》第38篇的标题相关联。《管子》内容庞杂，是在稷下学宫从事研究的众多哲学家的言论集。郭沫若认为《白心》篇是以前从未考证过的尹文作品。他认为《管子·枢言》（第12篇）是由尹文的弟子们编写的，而其余三篇即第36、37篇《心术》（上、下）以及第49篇《内业》是兼有尹文观点的宋钘的作品。这些篇章（除第12篇外）都有俄文译本（杨兴顺，1973；B. B. 马良文，1995，缺少第38篇）。

《庄子》还引用了他们"接万物以别宥为始"的号召，这明显带有"名家"创始人邓析关于"无厚"的观点，即将"无厚"当作代表"天"的统治者对待臣民的原则。宋、尹的另一个主张就是不要进行"可察"（郭沫若辨读揣测为"苛察"），这也与司马迁的《史记》结语部分突出强调的"名家"的观点相吻合。在《史记》之后第一部关于朝代历史的论著《汉书》的《艺文志》中，尹文被直接列入"名

家"一节，有专门以"尹文子"命名的一篇论述。

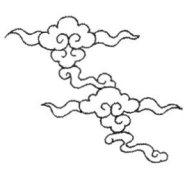

大多数专家认为，尹文作品现存文本的编写大大晚于他生活的时代，是在公元前3世纪至公元1000年间完成的（也就是说，今存《尹文子》为后人伪作）。论著今本由两篇组成，只是形式上不同，分成了上、下篇即第1、第2篇。看得出来，这也与原本的两篇保持了一致。

马总的《意林》中保留了《尹文子》的片段。《尹文子》也被收入其他一些出版物中。该文本配有最早的、由"仲长先生"所作的序。后来他写的序都是匿名的，此名与著名哲学家仲长统同名。仲长统认为，尹文同宋钘、彭蒙及田骈一起在稷下学习，师从公孙龙，尹文很受公孙龙赞赏，尽管传统认为他们都比自己的老师年龄大。序言中写道，刘向认为尹文的学说总体属于"形名家"，但以道家"为根"。《尹文子》实际被收入道教经籍的总集《道藏》第840卷，该集予以道家的评价高于与之并列的名家、法家、儒家及墨家。

"形名"和"法术"是《尹文子》的两个基本论题。源于《周易》的"大道无形"与"称器有名"及"形正由名"的对立构成其哲学基础。世界上的万物生来与大道"不称"，是群形"自得"其性状，并由此产生它们的名，"众名得其所称也"。《尹文子》提出了一个重要见解：既存在没有实体指涉的词，也存在不能用词表述的实体。"有形者必有名，有名者未必有形。形而不名，未必失其方圆白黑之实"，因此"亦有名以检形。形以定名，名以定事，事以检名"，形名与事物之间的关系就一目了然了："则形名之与事物，无所隐其理矣。"在《尹文子》中划分出了"三科"："命物"——"方圆白黑"；"毁誉"——"善恶贵贱"；"况谓"——"贤愚爱憎"。

社会的理想状态就是"用"，意为"无为"和"自治"的"道"。如果有不足，就使用"法"，然后是"术"，再后是"权"，最后用"势"。由此得出法家的结论：在现实社会中最好的治理方式是借助法律。法律又分为"四呈"："不变之法"——"君臣上下"之间的关系；"齐俗之

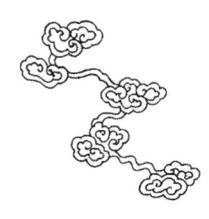

法"——"能鄙同异"之间的关系;"治众之法"——"庆赏刑罚";"平准之法"——"律度权量"。君王应该秘密使用权术,尽管仁、义、礼、乐、名、法、刑、赏这八条是古时最好的君王的"治世"权术。

孔子提出了法治应在"正名"之后的原则,《尹文子》中也得出了接近儒家的社会政治定义:"君不可与臣业,臣不可侵君事。上下不相侵与,谓之名正。"这和《庄子》所描述的能够成为"主"的"仁君之德"是一致的。"接万物"时必须坚持"分别"和"不杂","见侮不辱,救民之斗,禁攻寝兵,救世之战"。

《庄子》中强调的宋钘的格言式主张"见侮不辱,救民之斗",在《荀子》中却遭到尖锐的批评。被收入《吕氏春秋》的这一主张构成《正名》篇的争论焦点。该篇中主要人物尹文提出了完全儒家式的"士"的"四行":"事君则忠,事亲则孝,交友则信,处乡则顺。"在《管子》的《白心》篇中,对一般认知过程的描写与邓析所作的《邓析子》相同:"知其象则索其形,缘其理则知其情,索其端则知其名。"这里倡导的"正名"原则结合"法备",表示被赋予了"自治""物至"等名的"明"君、"圣"君的"静身""无事",因为世间万物按照自己的常规常道,"天行其所行而万物被其利,圣人亦行其所行而百姓被其利"。这是以反义形式表达出来的道家之"道","事无事""法无法""始无始""终无终""弱无弱",进入"有中有中""得夫中之衷",返回到"无成"和"无名"状态,"不发于名声,不凝于体色,此其不可谕者也"。天道如此,"名进而身退"。

总体而言,尹文以这种结构来整体阐释儒家和道家提出的对立理念"正名"和"无名",放弃"辩","与众人同道",在这些呼吁中可以发现墨家的影响。

* 《尹文子》,钱熙祚校,北京,1954年,《诸子集成》,第6册;《中国古代哲学》,第1册,莫斯科,1972年,第288—

289页；《中国古代哲学》，第2册，莫斯科，1973年，第34—40页；《庄子 列子》，B. B. 马良文译，莫斯科，1995年，第395—403页；Masson-Oursel P., Tchou Kia-kien. Yin Wentseu // T'P. 1914, Vol. XV, pp. 557-622. **Ф. С. 贝科夫《中国社会政治与哲学思想的产生》，莫斯科，1966年，第153—162页；郭沫若《青铜时代》，莫斯科，1959年，第318—361页；A. И. 科布杰夫《名家：逻辑与辩证的碰撞》，载《文明对话中的中国》，莫斯科，2004年，第555—556页；B. Ф. 费奥克季斯托夫《荀子的哲学和社会政治观点》，莫斯科，1976年；杨兴顺《古代中国的唯物主义思想》，莫斯科，1984年，第102—111页；Daor D. The Yin Wenzi and the Renaissance of Philosophy in Wei-Jin China. Thesis. L., 1974.

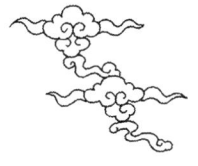

（А. И. 科布杰夫撰，穆新华译）

尹喜，约生于公元前6世纪，是一位半神话人物般的古代智者。根据传说，他曾做过函谷关关令，道家创始人老子西游时通过该关卡，似乎应尹喜请求而写下了《道德经》。道教传统认为尹喜是老子的第一位弟子，是其学说的传播者。尽管尹喜被载入一系列道教使徒行传集，例如在葛洪所著的《神仙传》中以尹公度的名字出现，但这没有得到历史考证证实。在道家的论著中他被尊称为"古之博大真人""无上真人""文始先生"。尹喜著有《关尹子》，但该著实际成书是在大约8世纪。

（Е. А. 陶奇夫撰，穆新华译）

有无，字面意义为"有或存在""无或不存在"。它们是中国哲学主要范畴中的一对反义体，从功能（意义）上说相当于欧洲哲学中的对应体——"存在—不存在"，然而它们所包含的概念意义却相对较为狭窄，即"现有的存在和非现有的存在"。"有"的词源意义是"持肉的右

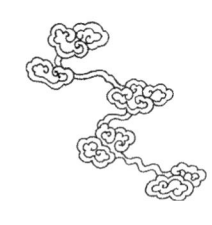

手","无"的词源意义是"一个人手持两束叶片在跳舞",它们的词汇意义分别相当于"具有(备)"和"不具有(备)",属于"拥有"的意义范畴,而不是"存在"的范畴。"有"指世界上所具备的所有对象和现象(包括人事)的总和。因此,"有"可以评定为"万有",与"万物"同义。术语"有"从本质上具有价值意义,即"财产,财富,所有物,价值",这里反映出中国哲学最高的实体论层面——价值论和实用主义。"无"指宇宙不具备物质形式的根本原因,与柏拉图第一性原理相似。"有"和"无"作为哲学范畴首次出现在道教典籍《道德经》中,然而它们在其中却表现为矛盾的相互关系:"天下万物生于有,有生于无……有无相生。"

借助迭代法,庄子运用这些术语对现实的各层面进行了区别:"有有也者,有无也者,有未始有无也者,有未始有夫未始有无也者"(《庄子·齐物论》)。中国哲学家通过一些相关的词组组合,比如"有有""有无""无有""无无",用以证明概念"有"和"无"不同于"存在"和"不存在",它们并非处于矛盾的相互关系之中。

由于佛教的渗入,"有-无"的相互关系成为中国玄学的中心问题。在这个问题上,王弼提出把"无"当作所有存在物的"本"和"体",并因此将"无"与"道"视为同一;而裴頠在《崇有论》中批驳了这一观点,并得出证明,"有"是自生的本质,就它与"无"的关系而言,"无"只是没有或缺乏。郭象支持这一观点,他反对"无中生有",并首次意识到,"生于无"——只能理解为一个单次行为。在中国佛教中,"有"这个范畴曾用于确定感性的真实,与"空"相对。

*《中国古代哲学》,第1—2册,莫斯科,1972—1973年;《中国古代哲学·汉代卷》,莫斯科,1990年。**А.И.科布杰夫《王阳明学说与中国古典哲学》,莫斯科,1983年,第99—107页;А.И.科布杰夫《中国古典哲学中的象数学》,莫斯科,1994年,第214—227页;В.Ф.费奥克季斯托夫《王

弱是否唯心主义者？再谈范畴"有"与"无"》，载《第8届全俄"东亚地区哲学与现代文明"研讨会论文集》，莫斯科，2002年，第13—26页；冯友兰《中国哲学简史》，圣彼得堡，1998年；高振农《空与有》，载《中国哲学史研究》，1981年第4期；葛荣晋《中国哲学范畴史》，哈尔滨，1987年，第99—129页；司马文《有与无》，载《中国哲学史研究》，1984年第4期；Graham A. C. "Being" in Western Philosophy Compared with Shih / Fei and Yu / Wu in Chinese Philosophy // Asia Major. 1959, Vol. 7, No. 1-2.

（А. И. 科布杰夫撰，王艳卿译）

宇宙

宇宙，字面意义为"空间－时间""全世界""天下"。它是中国哲学文化中的一个研究范畴，体现了作为世界属性的空间和时间统一性的思想，以及整个世界的实体性和结构有序性的思想。从词源学意义上，它源于一种符号标识——建造屋顶时所用的两根相互垂直交叉的栋梁。庄子对"宇"和"宙"的概念阐释与他对道的理解——作为时空的实质联系在一起。对他来说，"宇"表现为空间的无界性（"有实而无乎处者"），而"宙"则表现为时间的无尽性（"有长而无本剽者"）（《庄子·庚桑楚》）。在《墨子》的经部中，"宇"是一种空间的概称——"弥异所也"（《经上》）。与时空连续体的表达相比，这一研究范畴首次出现在《墨子》中，借助于"宇徙久"表达出来，其中"宇徙"指物理空间位移和事件—运动的连续性，而"久"则指事件—运动的连续性更替在时间上的延展（《经说下》）。在《管子》中，宇宙实体的充实性和有序性通过"宙合"——空间和时间的定义被强调出来，"宙合"中的"合"字意为"六合"。这一提法指组成世界的实体在空间上相互的转"化"协调（"四方上下"）。此处"宙合"这个概念被定义为某种掌控着天地的"橐"，而"天地"也正是"万物"之"橐"。

"宇宙"这个术语整合了之前很多同义概念在词义上的

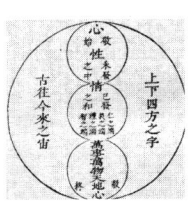

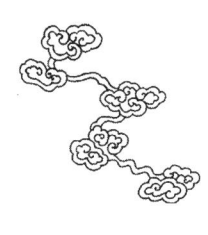

意味差别。从《淮南子》起,它开始被用于哲学语境。其中"宇"被直接定义为"四方上下",而"宙"则指"古往今来"。此处的"宇宙"还符合世界同体的思想——天与地,而且它被比作"人体"。这种比拟表现了微观世界和宏观世界之间的异质同态性,这一思想也成为中国哲学中具有决定性意义的传统。

**B. E. 叶列梅耶夫《论中国古代的世界时空模式》,载《第20届"中国社会与国家"学术研讨会论文集》,第1册,莫斯科,1989年;А. И. 科布杰夫《王阳明学说与中国古典哲学》,莫斯科,1983年,第162—163页;А. И. 科布杰夫《中国理学哲学》,莫斯科,2002年,第304—306页;И. С. 李谢维奇《古代中国的文学思想》,莫斯科,1979年,第33页。

(А. Г. 尤尔克维奇撰,王艳卿译)

杂家

杂家是中国古代糅合各派学说的哲学学派,主要出现于公元前6世纪至公元前3世纪。在《汉书·艺文志》中,"杂家"被列为古代中国思想"九流"之一。根据《汉书》注释者颜师古的定义,杂家"兼儒墨,合名法","于百家之道无不贯综",这反映了中央集权国家建立过程中的文化融合趋势。有时,这一流派的代表被称为新道家学派。《吕氏春秋》与《淮南子》为杂家的代表作,《管子》亦常被列入其中。

**《哲学大辞典·中国哲学史卷》,上海,1985年。

(А. Г. 尤尔克维奇撰,陈爱香译)

《战国策》

《战国策》，是由史料研究专家和图书编目专家刘向根据帝国藏书阁（秘阁）资料编撰的历史文献。它记载了战国时期国务活动家的事迹以及相关历史事件，即古代中国七雄争霸时代的历史，最终秦国获胜，建立了第一个中央集权国家——秦。《战国策》包括受口头历史传说影响的文本和接近纵横家思想流派的政论体裁文献资料，内容还有当时政治集团斗争、社会政治思想冲突以及古代中国社会经济结构等方面的史料。《战国策》的意识形态特点是认可政治功利主义，允许欺诈和暴力。公元2世纪末—3世纪初高诱为此书作注。公元3世纪后，儒家学者将此书列入危害个人精神与道德状态的书籍。目前通行的《战国策》文本以11世纪曾巩校注过的版本为基础。

* 《战国策》，K.B. 瓦西里耶夫译，莫斯科，1968年。

（K.B. 瓦西里耶夫撰，韩万舟译）

战国策派

战国策派，指紧密围绕《战国策》杂志周围而形成的哲学思想流派。从1940年4月至1941年7月，《战国策》杂志在昆明发行17期，后来在重庆继续发行。陈铨、林同济为此派思潮主要代表。按后者观点，抗日战争把中国带回到2000年前的战国时代。虽然"战"一直存在于民族生活中，但在特殊年代它仍是国家生存和发展的主要准则。战国时期战争是全面的，它并不为经济利益，而是要全面摧毁敌人，因此"国"在首位，它拥有最高权能，是战争的组织者，其首要任务是组建军队和组织后备。在这方面，战国策派支持苏联社会主义、欧洲法西斯主义和罗斯福政策，它们都通过不同路线达到了一个相同目的——国家主义。为创建世界帝国的争斗使战争处于一切的中心，由此产生新的英雄主义价值观和暴力恐怖美学。

此派别的拥戴者认为,现代中国思想发展的第一期是以胡适为代表的"经验事实"阶段（1920—1940）,其基本特点是个人觉悟增长。第二期是以郭沫若为主要代表的"辩证革命"阶段,其标志是阶级意识的出现。他们认为自己与第三期的代表相同,这一期是"文化综合"或"文化全体""提升民族意识"阶段。中国知识分子必须摆脱阻碍民族生存斗争的"不合时宜"思想,即传统的"大同"问题、面对整体利益凸显个人或阶级利益的新思想等。在中华人民共和国现代文学中将"战国策派"视为"宣扬法西斯主义"流派。

*《中国现代资产阶级哲学资料选辑》,第四辑,长春,1983年；吕希晨、王育民《中国现代哲学史新编：1919—1949》,长春,1984年。

（A. B. 洛曼诺夫撰,韩万舟译）

湛若水

湛若水,字元明,号甘泉。1466年生于广东增城,卒于1560年。他是理学家、国务活动家、教育家、翰林院成员,出身富裕家庭。1505年中进士,深得世宗皇帝赏识,1524年成为南京国子监祭酒,1533—1540年在南京历任礼、吏、兵三部尚书,之后官场失宠,被定为异见人士。直至新帝穆宗时期被平反,赐谥号文简,表彰其积极从事教育活动、讲学不息。他创建了数十所书院,有学生千余人。

1494—1500年,湛若水就学于非主流思想家陈献章,1505年与另一位革新家王阳明结友,他们讨论很多问题,这些问题源自陆九渊,经吴与弼及其学生陈献章传承下来。16世纪,王阳明和湛若水哲学流派在中国占据主导地位。

湛若水遗著分三类：（1）介绍个人学术思想的；（2）重建、厘清和重新诠释儒家经典文献的；（3）讲述儒家、理学学说的。第一类中最重要的典籍有：《心性书》《新论》；第二类有：《古文小学》（以朱熹的《小学》和《礼记》文本为基础编撰而成，9卷，1533）、《二礼经传测》（在《礼记》和《仪礼》基础上编撰而成，68卷，1536）、《春秋正传》（37卷）；第三类有：《圣学格物通》（100卷，1528）、《白沙诗教解》（10卷）。以编撰时间算，湛若水最后一部全集为《湛甘泉文集》（32卷），1681年初刻，1866年再刻。

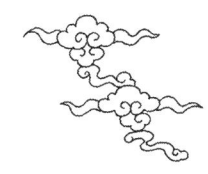

湛若水将自己的哲学定为"心学"，它涵盖先前理学家的"理学"。这种同化以一系列理学基本范畴相互鉴定为基础，它们是成对或三个字的组合——"道"与"器"、"形而上"与"形而下"、"理"与"气"、"性"与"心"——一体；"气""性"和"理"，"更无三者相对"；"心""事"和"理"，"浑沦一体"，所有一切不超"心"之极限。湛若水把"心"的这种全面性体现在一个普遍的世界描述图——"心性图"中，并有专门的著作《心性图说》讲解此图，它是《心性书》的基础。黄宗羲在其经典历史哲学概要《明儒学案》中有专门讲述湛若水的章节。据《心性图说》："故心也者，包乎天地万物之外，而贯夫天地万物之中者也。中外非二也。天地无内外，心亦无内外。""知觉者心之体也，思虑者心之用也。"而"知觉而察知天理焉，乃为心之全体"。

"合一论"的本体论基础起源于张载的"太虚"理论，那是充满无形、未分化"气"的"虚无"，"虚无"在认识论层面上转为心之"虚灵"。由此引出实践认识论的需求——天理贯穿于内，字面意为"体认天理"，在任何地点、时间和状态的条件下，因为"天理是一大头脑，千圣千贤，共此头脑"，此学说亦为"体认于心"。以此概念为前提的"行"便是"知行合一"。

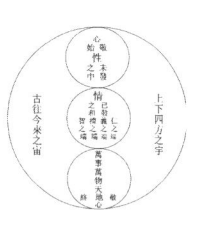

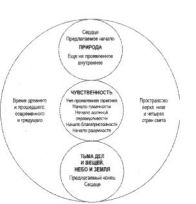

* 《圣学格物通》，扬州，1528年；《湛甘泉文集》，1866年。**А. И. Кобзев 《王阳明学说与中国古典哲学》，莫斯科，1983年；А. И. Кобзев 《中国理学哲学》，莫斯科，2002年；Араки Кэнго. Чжань Жошй и Ван Ян$мин (на япон.

яз.) // Тэцугаку нэмпо. 1968, т. 27; 林继平《甘泉学探究及王湛比较》，载《人生》，第30卷，1965年9月；李书增等《中国明代哲学》，郑州，2002年，第351—381页；Сига Итиро. Ван Ян$мин и Чжань Жошуй (на япон.яз.) // Синтося. 1975; 《宋明理学史》，侯外庐等主编，北京，1987年，第170—200页；Grimm T. Some Remarks on the Suppression of Shu-yuan in Ming China // International Conference of Orientalists in Japan. Transactions 2, 1957, pp. 8-16; Dictionary of Ming Biography. Vol. I. N. Y.-L., 1976, pp. 36-42.

（А. И. 科布杰夫撰，韩万舟译）

张伯端

张伯端，字平叔，号紫阳，984年生于天台（今浙江省境内），卒于1082年。他是道家学者、医学家、律法专家，天文、地理以及谋略专家，著名的"内丹"理论家之一。曾中进士，通晓儒家与佛教文献，是"三教合一"思想的拥护者，主要著作有《悟真篇》。张伯端在著作中确立使用"炼丹"术语的传统，用来描述一种操作，它使信徒体内生成"内丹"，进而开始进行提炼"内"物质。张伯端也同样肯定修炼"内丹"的目的主要是体验这些活动与宗教仪式、宇宙一般进程的一致性。他强调仪式内部化和返回自己内部世界之根本，内部世界如独立之实。《悟真篇》是"内丹"高等级修炼传统最权威文本之一，它对其后理论家的思想构建有实质性影响，如白玉蟾、李道纯等。

14—15世纪，张伯端被尊为全真教南宗始祖，它与北宗的区别在于：主张不必隐世来自我修炼"内丹"。后来张伯端被奉为"紫阳真人"，他的另外两部作品与《悟真篇》一起被编入《道藏》。

张伯端被认为是道家南传金丹道创始人。

*张伯端《悟真篇正义》，台北，1965年；张伯端《悟真篇》，Е. А. 陶奇夫译，圣彼得堡，1994年；《道家炼丹术》，Е. А. 陶奇夫译，圣彼得堡，2001年；Davis T. L., Chao

Yun-ts'ung. Chang Po-tuan of T'ien-T'ai, his Wuchen P'ien. Essay of the Understanding of Truth. A Contribution to the Study of Chinese Alchemy // Proceedings of the American Academy of Arts and Sciences. Boston, 1939, Vol. 73, No. 5; E. A. 陶奇夫《道家中的伦理与仪式》，载《传统中国的伦理与仪式》，莫斯科，1988年。

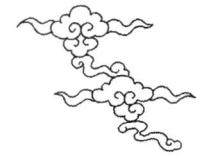

(E. A. 陶奇夫撰，韩万舟译)

张岱年

张岱年，张季同，曾名宇同，1909年5月23日生于河北省献县，2004年4月24日逝世。他是哲学家、中国哲学史家。1933年北京师范大学毕业，任清华大学哲学系助教。1943—1946年任教于私立中国大学哲学系。1946年起任清华大学哲学系副教授，1951年任教授。1952年起任北京大学哲学系教授。曾任中国哲学史学会第一、二届会长，清华大学人文研究所（清华大学思想文化研究所）所长，《中国大百科全书》哲学卷之"中国哲学史"主编。

张岱年的哲学观点形成于20世纪30年代，深受其兄长、清华大学哲学系教授张申府影响，后者是中国第一批马克思主义者，同时也宣扬罗素的思想，并翻译维特根斯坦的《逻辑哲学论》。张岱年的注意力主要集中在西方两大哲学思想流派：马克思的辩证唯物主义和以罗素、穆尔、怀特海为代表的英国实验哲学。30年代上半叶张岱年发表了二十多篇文章，阐述其"唯物主义哲学综合创新论"。此论题认为有必要用现代唯心主义理论和20世纪西方哲学家的逻辑分析方法补充马克思唯物主义，同时，在中国哲学中探寻"现象与事实统一""唯物与唯心相融"的趋势，张岱年提出要实现唯物主义、理想论和解析法的综合。他认为，在最近三个世纪，中国哲学中占据主导、最有前景的是以王夫之、颜元、戴震等思想为代表的主张唯物论的思潮，张岱年致力于研究、吸收与此思潮相应的西方学说，并使这些西方学说"中国化"，再用其补充中国唯物论思潮，然后在此基础上发展

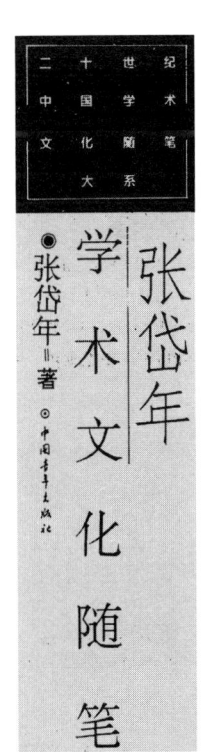

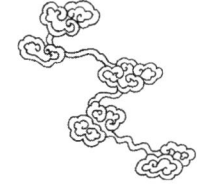

中国哲学之路。根据他的思想，在重建唯物论时唯物主义不能解释唯心论的可能性："心乃物质演化而有，物源而心流，并能克服物。"人服从于周围环境，并能改变它。宇宙真理是"物本"，但人类理想论的原则是"克物"。根据多元方法论原则，张岱年提出辩证法和逻辑分析法要互相补充综合。

在那些关于综合中西文化问题的著作中，他提出"文化创造主义"辩证方法论，并用以下论点作为原始前提：中西文化在精神上有区别，任何文化都有复杂的、结构完整的构成，所有文化内部都含有对立性和矛盾性，文化创造不能不依赖物质基础，并且应该像批判旧国粹那样，批判国外新文化。根据张岱年的结论，"全盘西化不可能也没必要"，文化综合应该只是针对中国创新社会主义文化的准备工作。他把自己的"文化创造主义"与折中主义对立，并指出，每种新文化都应该具有某种"根本的原则"，它能贯穿其所有层面。

30年代下半叶张岱年专注研究中国哲学史问题，并完成《中国哲学大纲》的写作，但20年后（1958）才署名字同出版，内容包括对中国哲学史概念与范畴的系统阐述。张岱年在以下层面看到中国哲学传统与国外的差别：热衷于"客观"辩证法（相对于西方的主观辩证法）、本质与现象同一、知行合一（在西方它们各自独立，在印度哲学中"行"根本不起作用）、强调人际关系和谐与自我完善，而这些特征的缺点导致对科学与重建周围世界等问题研究的不足。

在1957年的哲学讨论过程中，张岱年阐述在中古时期的中国，已经具有"中国封建主义进步学者的唯物主义"，并有这样一些特点：严厉批判唯心主义。针对冯友兰提出继承儒家范畴的抽象、普遍的人道主义思想，张岱年坚持主张继承传统哲学的丰富资源，继承准则是"科学性和民主性"，即主要接受辩证唯物主义思想，批判与其相左倾向。

80年代张岱年继续中国伦理学史、中国古代哲学史方法论与范畴等领域的研究，包括署自己名重新出版论文集。他注意到中国哲学传统的特殊性，整理出其主要特点：本体论、认识论和道德理论的同一性，从完整性和程序性角度看待被研究现象，现实生活与道德理想统一的倾向，哲学与刻板教条的融合。

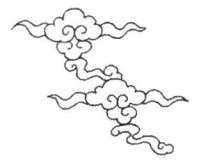

*张岱年《中国唯物主义思想简史》，北京，1957年；张岱年《中国伦理思想发展规律的初步研究》，北京，1957年；宇同《中国哲学大纲》，两卷本，北京，1958年；张岱年《中国哲学发微》，太原，1981年；张岱年《中国哲学史史料学》，北京，1982年；张岱年《求真集》，长沙，1985年；张岱年《中国哲学史方法论发凡》，北京，1983年；张岱年《文化与哲学》，北京，1988年；张岱年《中国古典哲学概念范畴要论》，北京，1989年；张岱年《中国伦理思想研究》，上海，1989；《张岱年文集》，北京，1989年；《张岱年学术论著自选集》，北京，1993年；《张岱年全集》，石家庄，1996年；В. Г. 布罗夫《现代中国哲学》，莫斯科，1980年；《当代中国十哲》，李振霞编，北京，1991年；范学德《论张岱年哲学思想的形成》，载《中国现代哲学与文化思潮》，北京，1989年；《中国哲学四十年》，杨春贵主编，北京，1989年；《社会科学争鸣大系（1949—1989）·哲学卷》，冯契主编，上海，1990年；《中国哲学的诠释与发展》，北京大学哲学系编，北京，1999年；Lian Cheng. Zhang Dainian: Creative Synthesis and Chinese Philisophy // Contemporary Chinese Philosophy / Ed. by Chung-ying Cheng and N. Bunnin. Malden (Mass.)-Oxford, 2002, pp. 235-245.

（А. В. 洛曼诺夫撰，韩万舟译）

张东荪

张东荪，1886年生于浙江杭县，卒于1973年。他是哲学家、西方思想的传播者与诠释者、政治活动家、梁启超的学生和继承者。张东荪自学成才，曾在日本学习哲学（1906—1911）。1910—1920年他参与政治改良组织——进步党和研究系；曾任中国公学大学部学长（1925—1930）、燕京大学哲学教授（1930—1952）和一系列报纸杂志的主编（1916—1946）。1934—1946年与张君劢共同组织和领导中国"国家

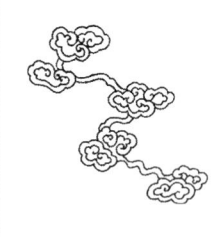

社会党"（后改为"民主社会党"），是"中国民主同盟"领导人之一。第二次世界大战期间在北京被日本人逮捕。中华人民共和国成立后，任中央人民政府委员。

在中国，张东荪是最权威的西方哲学专家之一。他将柏拉图的《对话录》和柏格森的《物质与记忆》《创造进化论》翻译成中文。对张东荪世界观产生巨大影响的有康德、休谟、罗素、刘易斯、怀特海。认识论是他哲学问题的基本点，他致力于综合东西方文化，将理学的理性哲学与经过重新阐释的康德学说相结合，这样，整体上具有"多元认识论"或泛架构主义形式。他称自己的哲学立场为"存疑唯心论"。在其著作中最具理论意义的有《认识论》《知识与文化》《新哲学论丛》《道德哲学》。在一般语义域探讨时，张东荪强调，欧洲主要语言中句子结构倾向于"a是b"这样的基础模式，而中文基础结构则是"a与b相关联"，这是因为汉语文言文中缺少关系动词"是"。因此，文言文的句法更接近于关系逻辑，而不是亚里士多德的三段论法。缺少连接词"是"的原因是中国哲学（如果脱离佛教带来的影响）不知道同一性、实体（主体）、因果关系、原子（核心）这些范畴，并且完全没有本体论和宇宙学（不具有"宇宙观"和"人生观"）。总体上，他认为中国思想家异于矛盾规律的逻辑是"矛盾逻辑"或"交互二元"，同时也支持在中国占主导的"交互思维"理论。

张东荪论证民主时，致力于综合东西方价值观，认为它不仅是社会政治管理体系，还体现文明发展的一定程度，其特征为具备高度的精神道德准则。他在中国的"自得"概念中找到西方"自由"范畴的等价物，当每个人谨守自己的天性、与理性和谐相处时，即可达到"自得"。20世纪40年代末张东荪的兴趣由形而上学转向社会认知论，相信概念具有文化属性，这使他开始与马克思主义对话。对话结果产生"中间路线"这一概念，它指社会各方广泛合作，实行资产阶级民主政治和社会主义计划经济。

*张东荪《科学与哲学》,上海,1924年;《现代伦理学》,上海,1932年;《认识论》,上海,1934年;《价值哲学》,上海,1934年;《唯物辩证法论战》,第1、2卷,北京,1934年;《从中国言语构造上看中国哲学》,载《东方杂志》,第33卷,第7号,1936年;《理想与民主》,上海,1946年;《理想与社会》,上海,1946年;《知识与文化》,上海,1946年;《民主主义与社会主义》,上海,1948年;《道德哲学》,台北,1972年;《新哲学论丛》,台北,1979年;张耀南《知识与文化:张东荪文化论著辑要》,北京,1995年;Chang Tung-sun. A Chinese Philosopher's Theory of Knowledge // A Review of General Semantics. 1952, Vol. 9; Chan Wing-tsit. A Source Book in Chinese Philosophy. Princ.-L., 1963, pp. 743-750; Chang Tung-sun. La logique chinoise // Tel quel. 1969, t. 38; Э.阿利布列赫特《现代语言哲学批评》,莫斯科,1977年,第66—70页;С. Р. 别洛乌索夫《中华民族资产阶级的一个种类》,《远东问题》,1983年第2期;Л. П. 杰柳辛《关于社会主义的讨论:从20年代初中国社会政治思想谈起》,莫斯科,1980年;《中国哲学百科词典》,莫斯科,1994年,第443—444页;А. И. 科布杰夫《中国古典哲学中的象数学》,莫斯科,1994年;左玉河《张东荪传》,济南,1998年;《张东荪的多元认识论及其批评》,上海,1936年;张耀南《张东荪知识论研究》,台北,1995年;张耀南《张东荪》,台北,1998年;Jiang Xinyan. Zhang Dongsun: Pluralist Epistemology and Chinese Philosophy // Contemporary Chinese Philosophy / Ed. by Chung-ying Cheng and N. Bunnin. Malden (Mass.)-Oxford, 2002, pp. 57-81.

(А. И. 科布杰夫撰,韩万舟译)

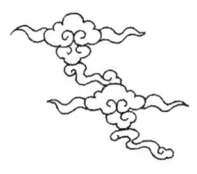

张衡

张衡,字平子,公元78年生于南阳西鄂,卒于139年。他是哲学家、思想家、文学家、诗人、国务活动家、百科全书式的学者,在数学、天文学、机械学、地震学、地理学领域均有世界性发明和创新。曾出任朝廷官职,两次出任朝廷太史令,成为朝廷主要的天文学家,晚年任河间(今河北)诸侯国之相。张衡创造出漏水转动浑天仪、齿轮转动指南车、地动仪。在中国,张衡最早指出月光是日光的反射,他也是在直角坐标系上进行数字制图的鼻祖，他精确了圆周率π的数值。张衡的理论著作仅保存下一些片段，被编入其他著作中。他的生平和创作最早记载于《后汉书》，其中有专门讲述张衡的一篇。张衡的科学遗产被完整记录在严可均所编文集《全上古三代秦汉三国六朝文》中。

张衡的基本宇宙天文观体现在一篇不长的文章《浑仪》中，文中有对此天文仪器的描述和解释，并阐释了"浑仪"的地心概念，据此，天如鸡蛋形状，且不停周转。"气"是此"鸡蛋宇宙"的载体，并充满宇宙，而水是"气"世界的基本体现。张衡的宇宙和基本哲学观承自道家术士，它们主要体现在其文章《灵宪》和散文诗作品《思玄赋》中。张衡在其作品《玄图》中继承发展了扬雄的"太玄"思想，他把承认天下的不可知性和精密的天文计算相结合，把相信地面物质的天体相关性和批判占卜预测传统结合起来，后者为他那个时代兴盛的"谶纬之学"。

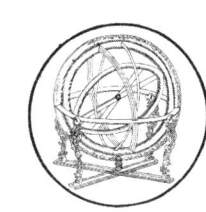

张衡确定天体的不同范畴，并指出存在2500个运行星球和11520个隐秘星球。2500个是肉眼可见星体的最大整数，即原始经验数值，而11520则是根据《系辞传》推断出的数字，是《周易》"象数学"的产物，象征"万物"。天体在穹苍运行的速度取决于它们与地球的距离，离地近者运行快，远者则慢。

张衡最有名的作品有：关于西汉、东汉王朝的《二京赋》（《西京赋》《东京赋》）和《南都赋》，充满革新诗体精神的《同声歌》，融合赞颂自然与文化、道家与儒家的《归田赋》和《髑髅赋》。

*《中国哲学史资料选辑：两汉之部》，下册，北京，1961年，第422—437页；《张衡诗文集校注》，上海，1986年；张衡《归田赋》，B.M.阿理克译，载《古东方诗文》，莫斯科，1973年，第300—301页；《中国古代诗歌选》，E.A.陶

奇夫译，载《彼得堡东方研究》，第1版，圣彼得堡，1992年；张衡《西京赋》，С. В. 德米特里耶夫译，载《古代东方与古典世界》，第5版，莫斯科，2002年；第7版，莫斯科，2005年。**Э. И. 别列兹金《中国古代数学》，莫斯科，1980年；О. М. 戈罗杰茨卡娅《从象形文字到文字》，载《第32届"中国社会与国家"学术研讨会论文集》，莫斯科，2002年，第195—213页；О. М. 戈罗杰茨卡娅《4首忧郁的诗》，载《第33届"中国社会与国家"学术研讨会论文集》，莫斯科，2003年，第183—192页；М. Е. 克拉夫佐娃《中国古代诗歌》，莫斯科，1994年；И. С. 李谢维奇《古代中国的文学思想》，莫斯科，1979年。

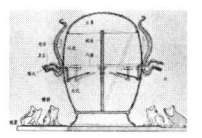

（А. И. 科布杰夫撰，韩万舟译）

张载

张载，字子厚，世称横渠先生、张子。他生于1020年，卒于1078年，是哲学家、理学主要奠基人之一。曾任崇文院校书，在关中（函谷关以西）讲学，因此其后人被称为关学传人。其主要著作《正蒙》收录著名文章《西铭》和《东铭》，还有《经学理窟》《易说》。

张载把"气"的概念和宇宙范畴"无极""太虚"联系起来。"太虚"无"形"，为"气"之根本，与绝对"虚空"同，并且，内为"散"。"气之聚散"与天下"理"相应，继王充后，张载将其比作如水中冰之凝释，由此形成种类纷繁之万物。"气"不灭："有"与"无"为"一物两体"，即"气"之状态："聚"——"有形"，"散"——"无形"。"气"之"散"状态与"太和"同，"太和"潜在有"两端"，呈现在物质世界中，如"天地"——两个主要自然始端——变化。"两端不立"，"则不可见"。

张载认为，"端"的"两一"性与相互依存是"反"和"仇"，但同时，一般天下趋势为"仇必和而解"。这些"端"趋势的相互影响表现为世界变化的两种形式："变言

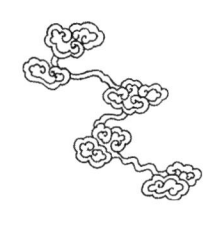

其著，化言其渐。"后者在一定时刻会"著变"，之后又重新进入"渐化"过程。在"化"进程中，"端"之"用"即是"道"之表现。其"德"之表现为"神"，它能够使物相互感知。

由以上观点得出的论题是张载认知论学说的基础：知取决于"感"，"感"产生于被认知的事物中。"人本无心"，"心"指意识和心理，"因物为心"。此论断的悖论被以下观点消除："神"的普世性，即相互感知的普遍能力，这种能力由人优先实现，因为人具有感觉器官，并有学习的能力，还因为人类知识的特殊性。通过感官感知物而得到知识是"合内外"的结果，即人（"内"）与物（"外"）"精神"实体的碰撞。但人类知识的特点首先是它的两一性：由"见闻之知"的经验性知识和"德性所知"的先验知识构成，张载将后者之源视为超经验的"天德良知"。

这个矛盾与张载提出的二元对立的"天地之性"相符，即普遍、完善的宇宙之"性"和"气质之性"，在后者中呈现个人品质，包括负面的品质。自觉克服"气质之性"，首先要通过"学"，以达到"变化气质"，返回原始的"天地之性"。

张载强烈批评道家和佛教对概念"空"和"无"的诠释，还有佛教认为的"识（心）"为现象世界之源。他在其中看到：错误夸大"识（心）"的作用、即"本我"，否认世界（人类活动环境）的存在之实。关于佛教轮回学说对"神不灭"思想的辩解，张载在源自公元4—6世纪以来的儒家传统框架内进行阐释，他发现轮回学说与佛教关于"识（心）"作用之间的逻辑矛盾关系（天之生灭与人之生死），由此证明佛教在解决认知周围世界的问题上是不成功的。

张载社会政治观念的基本点，是涵盖万物的"天地之气"全面统一（融合），以及"民吾同胞，物吾与也"。由此引出"天之所命"的普遍性概念，以"乐且不忧"来接受"命"，包括尊崇"大君"，这与维护天下整体的秩序相

符。张载发现，可以用儒家精神中的"度于礼"教化民众，来抗衡佛教在社会意识领域的影响。

张载的思想观点在理学和心学主要流派中得到延续。人性两个层面的矛盾性思想被他的晚辈程颐接受，"气"不灭理论由朱熹与其后人继承，"良知"概念成为王阳明学说的主要范畴；"有"和"无"相互关系的论题以及张载的其他一系列论点在王夫之的学说中得到发展。

*《张子全书》，上海，1935年；《张载集》，北京，1978年。**《自然哲学观点：关于认知》，М. Л. 季塔连科译，《世界哲学文集》，第1卷第1部分，莫斯科，1969年；Chang Wing-tsit. Source Book in Chinese Philosophy. Princ., 1963, pp. 495－517; Friedrich M., Lackner M., Reimann F. Chang Tsai, Rechtes Auflichten/Cheng-meng. Hamburg, 1996; В. Г. 布罗夫《宋代哲学的唯物主义倾向（张载）》，载《亚非人民学院研究生与青年学者研讨会，1963年5月20—24日》，莫斯科，1963年；В. Г. 布罗夫《17世纪中国思想家王船山的世界观》，莫斯科，1976年，第39—68页；Н. И. 康拉德《西方与东方》，莫斯科，1972年，第174—207页；姜国柱《张载的哲学思想》，沈阳，1982年；张岱年《张载——十一世纪中国唯物主义哲学家》，武汉，1956年；Huang Siu-chi. Chang Tsai's Concept of Ch'i // PEW. 1968, Vol. 18, No. 4; Kasoff I.E. The Thought of Chang Tsai（1020－1077）. Camb., 1984.

（А. Г. 尤尔克维奇撰，韩万舟译）

章炳麟，号太炎，1869年生于浙江省余杭县仓前镇，1936年卒于苏州。章炳麟是著名的社会活动家、思想家、政论家、教育家，是中国资产阶级民主运动的思想家之一。他生于一个破落的地主家庭，其父崇尚传统中国文化，反对清政府，这对章炳麟世界观的形成产生了重大影响。他曾在杭州诂经精舍求学，表现出对科学探索的兴趣，但因病未能参加科举考试。1897年开始他在上海《时务报》任职，宣传改

革。之后任职于三家报社,继续宣传维新变法思想。为吸引高官政要支持变革,章炳麟曾上书李鸿章,之后受湖广总督张之洞的邀请筹办《正学报》,但与官员们的关系并未建立起来。依据法家学说,他在上海的报刊上宣传革命强国思想。维新变法失败后(1898年9月),因担心被捕逃到台湾(1898年12月),在台北发行报纸批评政治和清朝统治者。应台湾当局的要求,1899年离开台湾流亡日本。之后在梁启超创办的《清议报》任职,在此结识了孙中山。1898年返回上海。义和团起义等一系列悲剧事件惊醒了章炳麟,他转向反清革命的思想,宣传民族主义。他在上海积极从事政治活动:在英租界蔡元培建立的爱国学社宣传进步思想,为《苏报》撰写革命文章。当权者查封报社和解散爱国学社后,章炳麟被捕入狱,被监禁三年。出狱后(1906年6月)赴日,应孙中山属下之邀参加同盟会,主编机关报《民报》。章炳麟在报纸上发表大量文章讨论广泛的问题——从社会体制问题(《代议然否论》等)到哲学问题(《俱分进化论》)。同时章炳麟也积极从事教育工作:创建国学振起社,举办国学讲习会和社会主义讲习会。日本政府查封《民报》(1908年10月)后,由于与同盟会一些人存在政见分歧,章炳麟退出组织并宣布成立光复会,目标是消灭君主制,使土地公有化,消除贫困。

辛亥革命初期,章炳麟回到中国上海,有段时间任职于袁世凯政府。然而,当时国内知名政治活动家、国民党党员、被袁世凯视作政敌的宋教仁被袁派人杀害后,章炳麟与孙中山重建联系。受广州最新选出的南方军政府任命,章炳麟任秘书长,赴西南各省(云南、四川、湖北、湖南等)联络北伐军,试图使这些省支持军政府,未果。之后返沪。1920年试图组织西南联省自治运动,但未成功。章炳麟不赞成孙中山改组国民党的倡议。20年代他反对"新文化运动",鼓吹"尊孔读经"。此后章炳麟主要从事科教活动,并时常在刊物上发文谴责日本侵华罪行及蒋介石国民党政府的不抵抗政策。晚年章炳麟在他设立的国学讲习会讲学并主办刊物。

章炳麟的早期创作吸取了进化论的理论。他认为竞争生智慧,斗争的法则也适应历史进程。他认为"进化"是"渐思而渐变"的过程,且"意识创造自身"。

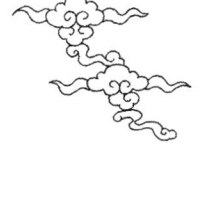

康德、休谟、老庄学说,尤其是佛教华严宗和法相宗的影响形成了章炳麟独特的宇宙历史观。

他提出"五无论"——把人类发展的未来时期分为三个阶段。第一阶段应消灭"政府",也就是无政府;然后是无聚落、无家庭,这样才没有争吵和暴力。第二阶段是无人类、无我,这样才能与涅槃的真理汇合;然后是无众生,有众生就会有痛苦和悲伤。第三阶段是无世界,只有最高意识——阿赖耶识才是众生的本原和终结。

中国延续近百年的"民族主义"时期发生在"五无论"时期之前。这一社会具有前进性、发展性的特征,因此才有"法律和道德"。以中国古代的法律规范为例,"近似社会主义"的例子就是平等(如"平均土地")和孔子的伦理道德准则。受刘师培和孙中山思想的影响,章炳麟关于"主权""无阶级""中央集权"的社会思想就建立在"三民主义"的基础上。章炳麟赞成共和国体制从低级(只选举总统)到高级(选举议会)逐渐过渡。认为执法、司法、教育权和实际的立法权应分开,并由独立的专家组修订。国家和政府的责任在于保障人民,"期于使民平夷安隐"。主张两种所有制——个人的和国家的。没有人剥削人,产业工人也能得到部分利润。经济方面要支持农业、平均地权,最大程度限制个人租赁行为。

章炳麟是中国第一批关注社会学问题的思想家之一。他定义了一些社会范畴,如社会和个人,并深入研究了它们的相互关系。他还揭示了社会政治思想研究在社会生活中的作用,确定了科学和教育在社会中的功能,分析了中国的社会结构。章炳麟反对"国家-社会",把社会作为国家创造者放在首位。同样,国家也保障了社会的正常运行,保护其社会成员免受外界危险。政府也是保护民族安全的屏障,因此社会在一定阶段支持这种社会研究所的活动。对当时的中国,他建议分成非常独特的社会层,并把社会职业纵向按

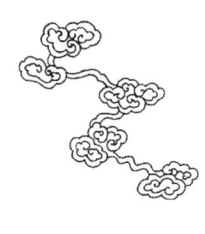

"高一低""好一坏"的准则分为16种,其中道德也相应分级。

章炳麟的社会政治与哲学观点极大地丰富了中国的社会思想。他参与推广西方的科学知识。他在1897年写道:"五大洲之册籍,吾不能博发而扬诩之,吾则瞀矣。"他关注自然科学:让中国社会了解了宇宙结构理论、微生物学家的成就、关于物质的结构及人的起源(他提到达尔文的思想)。20世纪前期他对宣传西方社会思想很感兴趣:如关于斯宾塞、费希特、叔本华、康德、黑格尔、让·卢梭等人的观念,及有关著名的世界历史政治活动家亚历山大·马其顿、成吉思汗、华盛顿、拿破仑、彼得一世、巴枯宁、克鲁泡特金等人的思想。他如同自由、平等、友爱思想的代言人,赞扬卢梭是"民权与自由"思想的奠基人,歌颂个性自由:"儿女之对于世界、社会、国家,与其对于他人,本无责任。"他批评基督教教义,否定神的存在。

辛亥革命前夕,章炳麟重点宣传国学:主要是中国历史、哲学、经典著作。他把西方的科学技术放在第二位:"中学为体,西学为用。"章炳麟认为,道德教育应依靠佛家学说,首先是华严宗和法相宗。而中国佛教整体上应剔除在道教影响下出现的一些"有害"元素:例如烧纸、拜忏、扶乱,等等。章炳麟宣扬"捍卫种族"和"爱自己的种族"等,尖锐批评所有西方他认为著名的社会政治和哲学理论,与西方的公务关系甚至被他看作是"背叛行为"。章炳麟的主要作品集有《訄书》《章氏丛书》等。

*《章太炎政论选集》,北京,1977年;《章太炎选集》,上海,1981年。**Е. В. 格里高利耶维奇《辛亥革命准备期章太炎的社会政治思想》,载《中国辛亥革命》,莫斯科,1980年;Л. П. 杰柳辛《中国关于社会主义的争论》,莫斯科,1980年;Н. М. 卡柳日纳娅《章炳麟的乌托邦国家》,载《中国社会乌托邦》,莫斯科,1987年;Н. М. 卡柳日纳娅《传统与革命:中国现代思想家、政治活动家章炳麟》莫斯科,1995年;姜义华《章太炎思想研究》,上海,1985年;Furth Ch. The Sage of Rebel. The Inner World of Chang Ping-lin // The Limits of

Change. Camb. (Mass.)-L., 1976. Sun W. Chang Ping-lin and His Political Thought // Papers on Far Eastern History. 32(1985), pp. 57-69.

（Н. М. 卡柳日纳亚撰，孙雪森译）

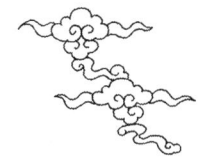

真

真，中国文化、哲学的专门概念。在印度和西方哲学中，"真"主要有本体论含义，中国的概念"真"与此不同，更多表现为价值规范意义。汉字"真"起源于象形字"头"的形象，有重要和主导的意义，但这个表象在这里可以解释为彻底转变。在《说文解字》中"真"被解释为"仙人变形而登天也"。这样，在"真"的概念中有了向另一个世界转化的神话成分，这种神话产生于道家哲学中生命过程的"倒转"思想，以及人完整化神的转变。神，是最高价值的生命的极端表现。

庄子最早在哲学文本中使用"真"这一术语，用来解释存在的本真和人之"诚"，人达到"诚"可以避免周围世界的假象。含有人类学和本体论意义的汉字"真"，阐释了其含有哲学术语内涵的特性。比如，《庄子》中首次使用日后在道家很普及的术语"真人"，指达到"至真"理想境界的人。在成玄英对《道德经》作的注疏中释"真常"为道之本质属性，如世界的本体论本质。传统社会中后期的道家论著（比如葛洪的《抱朴子》）认为，"道"在物中之化身表现为"真一"，后者同时也是人理解"道"的途径。这种悟道方式为"守一"，专注于个人的神形整体一致。其结果是突破"气"与"神"之间的界限，打开个体肉身"仙化"、生理不死的可能。

术语"真"的本体论解读体现在术语词组"真元之气"中，此术语词组由理学奠基人程颐和程颢提出，表达某种太初宇宙本体之意，由此生出构成物的"外气"。"真元之气"本身不能为构成物质而聚集，不与"外气"混合，但可以"化育"它，直至其完全形成。后来在中国文化中形成简

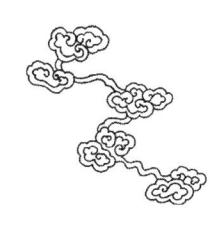

化表达形式——"真气"。在医学和心理实践中用它来表示机体整体的健康活力,而它的矛盾,可以按字面理解为"外气"与"内体"的对应。在理学家们的自然哲学结构中,术语"真气"一般与"元气"同义。

在中国佛教中,汉字"真"被用来创造出两个逻辑等值的中国术语概念:真如和真谛。

*A. И. 科布杰夫《王阳明学说与中国古典哲学》,莫斯科,1983年;А. И. 科布杰夫《中国理学哲学》,莫斯科,2002年;《庄子 列子》,В. В. 马良文译,莫斯科,1995年,第247—249页;Е. А. 陶奇夫《道家:历史宗教描述尝试》,圣彼得堡,1998年;《哲学大辞典·中国哲学史卷》,上海,1985年,第544—547页。

(А. Г. 尤尔克维奇撰,韩万舟译)

真如

真如,指意识的本真存在,它超越错觉"我"。此术语非常广泛地使用于中国佛教,特别是在法相宗和天台宗中。天台宗文献《大乘止观法门》和法相宗论著《成唯识论》对此有详细研究。"真"可理解为存在,它表现出非假;"如",指事物的恒常本来性质,不变且无法预测。在所有状况下,"真"之存在始终具备其本来天性("常如其性")。"真如"体现在空、"无我"中,它不生不灭。它非言语、非思考之所及,与一切法不一不异,是万法之"宗",因此被称作"万法之性"。讲"真如",即讲存在,是为驳斥肯定其不存在(灭),称其为"空",是为批驳我们对虚幻存在的依赖。

"法相宗"认为有七个"真如"化身:(1)"轮回真如",或入轮回的万法实性;(2)"二实真如",或二"无我"实性(指人"无我"和法"无我");(3)"唯识真如",或"唯识"法之"无垢"实性、"有垢"实性;(4)"安立真如",或苦实性(含有苦内容的、非常"真如"）；（5）"邪行真如"；（6）"清净真如"，或涅槃实性；（7）"正行真如"，或"道"之实性，被理解为与涅槃同义。

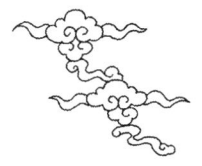

* 玄奘《成唯识论》，载《大明三藏圣教》，无出版地和出版时间，第378、379函；芷我蒂芝《涅槃和觉醒》，第1—2卷，东京，1975年；Чжи-и / Тиги. Мохэ чжи гуань / Макасикан (Великое прекращение [неведения] и постижение). Т. 1-2. Токио, 1975；《中国佛教思想资料选编》，第2册上卷，北京，1987年；А. Н. 伊格纳季耶维奇《日本的佛教》，莫斯科，1987年，第196—200页；Л. Е. 扬古托夫《中国佛教哲学的统一、同一与和谐》，新西伯利亚，1995年；黄忏华《佛教各宗大意》，台北，1973年；Murti T. R. V. The Central Philosophy of Buddhism. L., 1955, pp. 228-235.

（Л. Е. 扬古托夫撰，韩万舟译）

真心

真心，密宗分类中的第九识。它的哲学分析很大程度建立在"唯识宗"传统上。密宗认为，识分九种。前六识是与感观相连的经验意识。第七识为末那识，它是所有六识的总和，即过往时段的意识。它具有辨识"我"的功能，然后是分清主、客观。第八识是个人意识的"种子"——阿赖耶识。密宗学派在第八识后附加第九识"心"，可以用很多术语解释："真识""白净识""动识"等。中国的一行法师用大量篇幅在其著作中研究此概念，中国佛学家传统上认定他的历史贡献是在远东地区确立唯识佛教。他认为第九识是"心的实相"，特点是"本不生""清净"。

一行法师提出一些概念不可分的思想，比如，心"识"、虚"空"、道"明"。他把"心"看作"一法界心"——不生不灭，永恒存在。心识是整个天下的根基和源头，而要认知它，只有达到涅槃，别无他选。

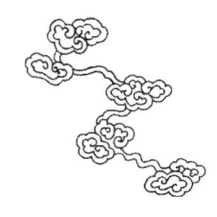

*《大正新修大藏经》，第23卷；О. О. 罗津别尔格《佛教著作》，莫斯科，1991年；Л. Е. 扬古托夫《中国佛教：文本、研究、辞典》，乌兰乌德，1998年；方立天《中国佛教哲学要义》，北京，1995年，Chou Yi-liang. Tantrism in China // Harvard Journal of Asiatic Studies. Camb., 1945, Vol. 8, No. 3, 4.

（Л. Л. 维特卢日斯卡娅撰，韩万舟译）

正名

正名是由孔子提出的社会认识论概念。正名的本质：对于政治行政管理来说，必须要求事实与名称相符。孔子的正名思想指为社会秩序考量，个人实际地位、行为必须与其伦理礼仪状况相符："君君，臣臣，父父，子子。"（《论语·颜渊》）"名不正则言不顺，言不顺则事不成。"（《论语·子路》）。这些观点反映了社会经济、政治变化情况，一方面，社会角色内容已改变，但还保留原来的名分（包括世袭贵族失去影响）；另一方面，从一般法律和传统伦理礼仪规范角度看，一些人攫取到不能得到的名号（爵位以及其他）。"名家"代表公孙龙解读"正名"时，从"名"与"实"相互关系问题的角度看："名"的独立性，以及它与单一具体"实"的联系必然是，"实"之变化引发"名"之改变，同样"名"的变化会引起"实"的改变。在《墨子》（《经说》下篇）中，直接用"正名"的定义，即"彼此"，强调这种相互依赖性。在杂家论著《管子》之《心术》（上）篇中，"正名"指属于"名"的"形"之特有角色，即命名的依据，概念"形"会呈现出拥有此名之人的行为和社会状态，而"名"首先意指其地位的称号以及依此而定的规则。这些思想在法家论著《韩非子》中得到发展，属于物与事的"名"（包括称呼、爵位等）之"命"作用要归功于"圣人"，而"正名"即是在法律基础上进行治理。《荀子》中表现出综合儒家和法家理论的最初形式，《正名》篇中，作者坚持使用统一之"名"，希望它们可以确定社会政治生活规范。这些"名"是否适宜表达"实"，

不仅取决于"实"本身，还取决于人们之间对于使用"名"之"期（约定）"。同时根据《荀子》，创立"名"的决定作用在于统治者的治理主动性，即统治者可以主动决定"名"的作用。在后来的儒家传统中，哲学和伦理政治架构与"正名"思想相符合，是正统的最重要标准之一。

（А. Г. 尤尔克维奇撰，韩万舟译）

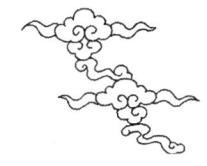

正一道

正一道，道教第一个有组织的流派。

根据道教传说，正一道由圣人张道陵创建。据说，公元142或145年，已成仙的老子（老君）给他启示，让他代替自己留驻人间，称号为"天师"。张氏后人承袭此称谓传承至清末。近2世纪末，正一道成为拥有众多信众的宗教组织，影响扩至四川省（中国西南部）大部分区域。随着"黄巾军"起义的扩展，中央政权被削弱，因此使第三代"天师"张鲁（卒于约220年）在汉中地区创建了独立的神权政体国家。215年他归顺东汉王朝军事统帅曹操，东汉瓦解后曹操建立魏王朝。3世纪"正一"学说在中国北方地区广泛传播，到4世纪已经传遍南方地区。12世纪，宋朝皇帝敕封龙虎山（江西省）为"天师"道场，并将这一地区设为政治自治区，而事实上此自治区一直保留至中华人民共和国成立为止。"正一"作为官方正式名称最终确立于12—13世纪。之前此学派一般被称作"天师道"，而在东汉时期被称作"五斗米道"，因为其所有成员都要缴纳五斗米。"正一"学说在农民阶层中有实质性影响。

这一流派的宗教实践核心是实行村社教，认为信仰此教能够恢复自然之力，促进信众居住村社的繁荣。"正一"仪式有很复杂的象征性质，此学说的特点是详细研究宗教宇宙学，据此，"三气"掌控天下："玄""元"和"始"，此"三气"生成天、地和水。"三官"中的"天官"控制整

体范围的"三位一体","三官"的祭祀仪式与村社三个节日相关,这三个节日分别在年初、年中和年末,一年的各三分之一时段,包含在太阳历二十四节气循环内,被称作"三元"节。"三元"的三个时间段对应人体的头、胸、腹部,二十四节气作为宇宙能量与人体各部位及功能相联系。用类似的方式建立(道场)活动的组织结构。组织的教主是"三天师",即张氏后嗣三代天师,后称为"天师""嗣师""系师"。在活动中妇女起到很独特的作用,她们可以是高级神职人员。

"正一"学说记录在道家文集《道藏》四辅之正一辅。

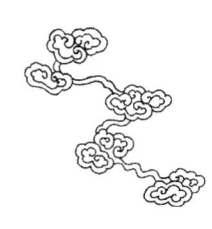

*Л. С. 瓦西里耶夫《中国的文化、宗教与传统》,莫斯科,1970年,第261—266页;Е. А. 陶奇夫《2—6世纪中国的道家乌托邦》,载《中国社会乌托邦》,莫斯科,1987年;Е. А. 陶奇夫《道家:历史宗教描述尝试》,圣彼得堡,1998年,第253—268页;Schipper K. M. The Taoist Body // HR. 1978, Vol. 17, No. 3-4; idem. Vernacular and Classical Ritual in Taoism // Journal of Asian Studies. 1985, Vol. 45; Stein R. Remarques sur le mouvements du taoïsme politico-religieux du II-e sie cle ap. J. C. // T'P. 1977, Vol. 63, No. 1.

(Е. А. 陶奇夫撰,韩万舟译)

郑观应

郑观应,本名官应,字正翔,号陶斋,别号杞忧生、慕雍山人、罗浮待鹤山人。1842年生于广东省香山县(今中山市),1922年在澳门去世。他是思想家、国务活动家、实业家。出生于教师之家,但他本人在1858年应童子试未中后放弃传统国学,转而学习英语和商务知识,为此转赴西化与商业化城市上海。在这里,郑观应结识著名英国传教士傅兰雅,傅兰雅1861年来到中国,宣传西方科学思想,翻译相关文献,与中国革新派人士建立联系,包括后来的谭嗣同。在上海,郑观应曾任职于英国贸易公司宝顺洋行(1860—

1867）和太古轮船公司（1873—1881），从事工商业活动。

1879年，郑观应捐资救灾，获政府官职。自1880年初受洋务运动大员、革新派思想家李鸿章委托，郑观应主持创办上海机器织布局、中国轮船招商局、上海电报局、汉阳铁厂、粤汉铁路①等。他参加过中法战争（1884—1885），在香港为中国军队筹备军火，与西贡（越南）、暹罗（柬埔寨）政府谈判，由中国代替法国来支持他们。

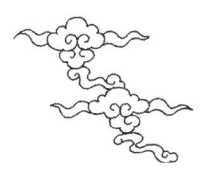

1904—1905年郑观应成为反美抵抗运动的组织者之一。他积极从事出版业，编辑出版孙中山早期文章，并促使它们发表在上海报刊上。

郑观应留下大量不同主题文献遗著。1862年他写出《救世揭要》一书，后推出《易言》，流传甚广，传播至日本、朝鲜，后经进一步增补与编辑。1893年《盛世危言》推出。光绪皇帝命令官员们必读此书，后来的革命者毛泽东也读过此书。这部书还附加其他内容，包括西方先进国家的各种资料，以及洋务运动著名思想家如张之洞、薛福成等的文章。

《道器》篇是《盛世危言》的理论核心，这里引用儒家、道家经典证明"物生于气"，而"器源自道"，同时"道自虚无"。对于每一物来说，道为"本"与"始"，而"器"则是"末"与"终"。二者的相互关系具有辩证性质，可用范畴"中"概括表达，这在儒家典籍中有著述，首先是《礼记》中的两篇——《大学》和《中庸》，还有《周易》之《系辞传》。

远古传说中"圣贤"统治者的"大道"精神传统，被孔子记录下来传承给万世后人。但在公元前后、秦汉时期，古圣智慧开始失真和失传，特别是由于儒释道三家学说一体化思想的分裂，它们已经不能说明何为"中"。在西方世界，"大道"亦未可知，尽管基督耶稣的启示接近它，而由于其信徒不同的再阐释，耶稣福音也渐失真，并且佛教、道教、藏传佛教和伊斯兰教也对基督教教义产生过影响。

不过，中国古代的"象数学"亦渗透至西方。当中国研究"本""理""虚"时，西方正致力于研究"末""质"

---

① 原文奥德利—中国铁路公司。——译者注

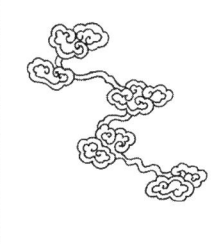

和"实",这些使西方在发展科技方面超越中国。

西方的认知道路借助于自然科学,是"博"学,实现于"器"之领域;而中国之道则"通"往"天人之故""性命之源",是"约",实施于"道"之范围。但二者又是相互联系的:"虚中有实——实者,道也;实中有虚——虚者,器也。"因为"器可变,道不可变"。当时西方开始"由外返中","由博返约",这使所有国家都趋向中国,视其为世界中心——"中土"。本末和谐、虚实和谐、理数和谐、物理和谐都应是这种"同"之结果。经过几百年后,多元信仰和学说将完全消失,孔子和孟子拟定的正道将重生,它会使数字方法论"象数学"更精确,可能渗入"性命"之本,并预知命运。

在社会领域,郑观应批评早期实行的只引进西方科技和军事成果的"自强"政策,他强调,"商战重于兵战,习兵战不如习商战",呼吁不仅学习西方文明"用"的层面,也要学习其"体"制,如民主和议会制度,为此需要从县级开始设立专门机构,用以学习西方科学。他论证法的可变性,支持社会政治变革,倡议按英国模式实行君主立宪制和通过全民选举产生两院议会制。郑观应是第一位提出在中国有必要建立议会的改革家,《盛世危言》的《议院》篇专门阐述这一问题,他写道:"无议院,则君民之间势多隔阂,志必乖违。"因此,学习政治法律是除学习经典文献外第二项最有意义的任务,第三项任务是学习策略,即人的行为规范,第四项是学习医学。还要改革教育,摆脱陈旧的科举考试形式,允许女性还有残障人、低龄犯罪者接受教育。

他号召保留古圣贤统治者遗传下来的社会基础结构,与此相结合,这份纲要的实施与"由强企霸"原则一致,在统治中土的"天圣"中国皇帝庇护下,使"四海归仁",世界"大一统"。

* 《郑观应集》,上、下册,夏东元编,上海,1982年,1988年;《中国近代进步思想家作品选集》,莫斯科,1961年;

《中国哲学百科词典》，莫斯科，1994年，第470页；А. И. 科布杰夫《中国理学哲学》，莫斯科，2002年，第457—459页；Н. А. 萨莫依洛夫《"自我强化"时期中国社会政治思想中的流派斗争》，载《世界历史与东方》，莫斯科，1989年；Н. А. 萨莫依洛夫《郑观应与19世纪60—80年代中国资产阶级改良思想的诞生》，载《第13届"中国社会与国家"学术研讨会论文集》，第3册，莫斯科，1982年；О. А. 希任斯卡娅《关于郑观应的教育观点》，载《第35届"中国社会与国家"学术研讨会论文集》，莫斯科，2005年，第230—233页。

（А. И. 科布杰夫撰，韩万舟译）

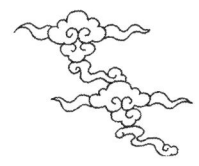

郑鲜之

郑鲜之，字道子，364年生于开封荥阳（今河南省），卒于427年。他是国务活动家、佛教思想家，出身于官宦家庭，在东晋和刘宋朝代出任过重要官职。他是早期佛教信徒居士之一，继承整理有关"神不灭"论题，此论题由中国佛教思想家慧远提出。郑鲜之的观点记载于《神不灭论》中，此书结构为对话形式，记录其与宣扬反佛教领袖何承天、范晔等人的辩论过程。他驳斥"形质神用，形神相即"的观点，批评源自桓谭的一种比较，即将神、形关系比作火、火把，他强调，火把是条件，"非火之本"，"火本自在"，而"神为生本"，"其源真妙"，不会因形体之朽腐而消灭。在《宋书》（第64卷）和6世纪的佛教文集《弘明集》（第5卷）中，官方正式记载郑鲜之生平，并编入《神不灭论》。

*《中国哲学史资料选辑》，中册，北京，1990年，第596—604页；任继愈，《中国哲学史》，北京，1979年；Ch'en K. Anti-Buddhist Propaganda during the Nan-ch'ao // Harvard Journal of Asiatic Studies. 1952, Vol. 15.

（А. Н. 科布杰夫、М. Е. 克拉夫佐娃撰，韩万舟译）

支遁

支遁，字道林。公元314年生于陈留（今河南省）或河东林虑（今河南林县），卒于366年。他是佛教僧人、哲学家、文学家、诗人和书法家。出身官宦书香之家，本姓关，世代侍佛。25岁出家，般若学流派之一——即色宗创始人。他是公认的道家文献博学之士，他广泛使用道家和名家术语。在其只保存下来一些片段的论著《即色游玄论》中，他通过"色不自色"论证"空""即色"。他还著有论文《释蒙论》《圣不辩之论》《学道解》等，都在后世亡佚。他把强调"顿悟"本真放在首位，成为中国禅学的先驱。支遁研究佛教的心理接受过程，将道家隐秘与公开的修炼元素加入其中。他在诗歌作品中描写沉浸冥想的过程。公元6世纪的佛教史料文献《高僧传》中记载了支遁的生平，7世纪的佛教选集《广弘明集》载录其二十多首诗歌。19世纪末，邵武徐幹将保存下来的一些片段文稿编撰成一个小文集《支遁集》。

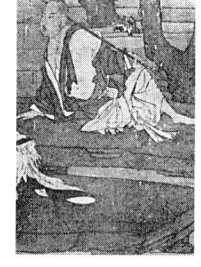

*慧皎《高僧传》，М. Е. 叶尔马科夫译，第2版，圣彼得堡，2005年，第25—32页；《中国佛教史》，伍继愈主编，第2卷，北京，1985年，第27—28页；Zurcher E. The Buddhist Conquest of China. The Spread and Adaptation of Buddhism in Early Medieval China. Vol. 1-2. Leiden, 1959.

（А. И. 科布杰夫撰，韩万舟译）

知行

知行是一对反义术语，表达中国哲学两个专门范畴的相互关系：知——"（积极、主动地）学习"（知觉，认知，理智，智慧，理解，看见）和行——"（有意识的）行为"（活动，积极性，行为，执行，走）。

作为哲学范畴，"知"一方面是指纯粹的认知模式，另一方面是指适宜的自觉行为、实践经验（比较"体验、体会到、经受"）。《论语》中已有"知"的效能学阐释："务民之义，敬鬼神而远之，可谓知矣"；"知者动"；

"知",即"知人",了解人。

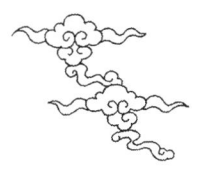

儒家文集《大学》提出"知"的"活动"性质:"致知在格物。"这里,"致知"与"格物"是对治理天下互为条件的要求。朱熹解释"格物"为"穷至事物之理","事物"泛指道德、政治等问题;王阳明定义"格"为"正",而"物"为"事","事"只能"正"于"吾心"。道家认为,"知"与行动层面相交织主要通过否定联系:"不行而知。"(《道德经》)此处"不行"与"无为"同义,即没有与"道"不符的有意行为。儒家有为的"知"概念与道家的"无为"(但有效)在理学中得到综合,这种合成是通过间接表示先天"知"学说和用儒家诠释道家观点(主要源自庄子),即发展直观阐释真知能力的可能性观点。

可以通过以下两点确定范畴"行"的特性:(1)它不仅表现为生理还表现为心理行为过程(比如王阳明讲的爱和恨);(2)它与概念"为""事""义"相关联。概念"为"与"事""行"同源。在《论语》《左传》《管子》《孟子》以及公元前5—公元前3世纪的其他文献中有对两个术语概念的类似阐释,荀子给出了这两个术语的定义:"正利而为谓之事,正义而为谓之行。"在《论语》中,"行"是"子曰"的原则基础之一,与"文""忠""信"并列。法家学者把此概念与"利"结合,并与儒家"行"的阐释相对立:"行而无富则生乱。"(《商君书》)

无论此论题的内容,还是儒家对"为"的阐释,都以实际执行作为"行"的前提。它的其他层面含义——计划的智慧(意识),出自相关术语"义"的语义场(除包括"含义""意义"的"义"),这些在《论语》中通过概念"行"与"思""虑""谋"的必要组合句来揭示。"行"字的原始意义是"走",它的哲学含义是实行本体论前提的生活(社会伦理)原则,二者在起源于孟子的术语词组"行道"中交融。这一思维形式的前提包含在具有"排、列"意义的汉字"行"(读"háng")中,还在它表达的"五行"元素分类中,"五行"相互作用是世界进程最重要的规律——"道"的表现。

"知"与"行"的相互关系问题有三个基本解决方案：（1）"知易行难"；（2）"知行合一"；（3）"知难行易"。第一个论点出自儒家对"知"的阐释，因此，得到真知的主要方式是学习它。（比如，扬雄的观点："务学不如务求师。"《尚书》："非知之艰，行之惟艰。"）20世纪初孙中山再次提出"知易行难"这一观点，"数千年来，深中于中国之人心，已成牢不可破矣"。他还说明，"知"在"行"前。（《荀子》："学至于行之而止矣。"）朱熹给出它们相互关系的常规模式："论先后，知为先；论轻重，行为重。"王阳明强调理解"行"或"为"的认知功能，以及"知"的道德含义，既从心理功能又从伦理角度提出"知行合一"的观点。王廷相批评朱熹和王阳明的观点，提出"真知"这一论题，在此，"行事"与其"知"同。王夫之提倡《尚书》的观点"千圣复起，不易之言"，否认"知"先于"行"，针对后者提出"力行而知之真"；尽管"知行相资以为用"，"行可兼知，而知不可兼行"，即"未尝离行以为知也"，践"行"是"知"的前提，也在其本身体现"知"，即"知源于行"。受西方科学成就启发的革新思想家谭嗣同却相反，他撰文推崇"知"："吾贵知，不贵行。知者，灵魂之事也；行者，体魄之事也。"他肯定王廷相的思想："真知则必能行。"章炳麟又重回支持"行"，强调"人心之智慧，自竞争而后发生"，而为开启民智需要革命，即必行之体现。

孙中山起初接受王阳明思想，后形成其个人观点"行易知难"，这起源于他对西方文化的熟知："倘能由科学之理则，以求得其真知，则行之决无所难。"并且"行先知后"，所以"以行而求知，因知以进行"。孙中山将知行关系分为三种，分别在人类发展的三个阶段实施："不知而行"——在走向文明阶段；"行而后知"——在文明诞生和初步发展阶段；"知而后行"——在科学发现之后开始的阶段。

*《古代中国哲学》，第1—2卷，莫斯科，1972—1973年；《孙中山作品集》，莫斯科，1985年，第145—284页；《中国古代哲学·汉代卷》，莫斯科，1990年。**В. Г. 布罗夫《17世纪中国思想家王船山的世界观》，莫斯科，1976年，第117—120页；《中国哲学百科词典》，莫斯科，1994年；А. И. 科布杰夫《王阳明学说与中国古典哲学》，莫斯科，1983年，第184—198页；А. И. 科布杰夫《中国理学哲学》，莫斯科，2002年，第332—380页；М. Л. 季塔连科《中国古代哲学家墨子及其学说》，莫斯科，1985年；В. Ф. 费奥克季斯托夫《荀子的哲学与社会政治观点》，莫斯科，1976年，第91—107页；葛荣晋《中国哲学范畴史》，哈尔滨，1987年，第239—265页；张立文《中国哲学逻辑结构论》，北京，1989年，第248—260页；宇同《中国哲学大纲》，第2册，北京，1958年；Cua A. S. The Unity of Knowledge and Action. A Study in Wang Yang-ming's Moral Philosophy. Honolulu, 1982; Nivison D. S. The Problem of "Knowledge" and "Action" in Chinese Thought since Wang Yan-ming // Studies in Chinese Thought. Chic., 1953; Tu Wei-ming. The Unity of Knowing and Acting: From a Neo-Confucian Perspective // Philosophy: Theory and Practice. Madras, 1970.

（А. И. 科布杰夫撰，韩万舟译）

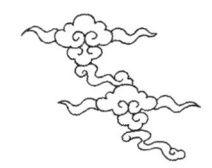

智，中国哲学范畴，表达两组不同评价意义：（1）明理、智慧、理智、贤明；（2）机敏、狡黠、谋略。第一组意义，特别是在公元前213年文字改革之前所著的古代作品中，常常由一个同音、同义的汉字"知"表示，它是汉字"智"的基本构词偏旁，而作为独立字符记载于较晚的文本中，即可用作"智"的简化形式。在最古老的儒家经典文献中，"智"意为"贤明""明理"。根据《尚书》记载，上天将它与"勇"赐予君主。在《周易》中它被定义为"见险而能止"。

在早期儒家特有的文献中，自孔子始，"智"在此意义上便和"仁"相关联，并与其同等的"勇"组成"智仁勇三者，天下之达德也"，即修身必备和"君子之道"特有的美

德。孔子定义"智":"务民之义,敬鬼神而远之,可谓知也。"并原则性区分"智"与"仁",使其作为两个文化和整体生活结构的基本行为模式:智者乐水,仁者乐山;智者动,仁者静;智者乐,仁者寿。

孟子一方面明确"智"与"圣"的区别:"始条理者,智之事也;终条理者,圣之事也。""智,譬则巧也;圣,譬则力也。"另一方面将儒家对"智"的理解拓宽至"明理",与"仁""义""礼"同为人类固有、与生俱来之特性,亦"是非之心,智之端也"。(《孟子·公孙丑上》)。在此概念上,"智"和"明理"词意相同,共同奠定承认人"性"之初善的基础。"智"的含义相应转入道德价值观,首先归入"仁"和"义"。

因此孔子在人群中界定出范畴"生而知之者"具有"不移"之"上智",后来在伦理层面,而非认知或心理学意义上,对它做出阐释:"可与为善,不可与为恶,是谓上智。"(《汉书》第20卷)与这一范畴相对的是"下愚",亦"不移",其特征为:"可与为恶,不可与为善,是谓下愚。""可与为善,可与为恶,是谓中人。"《汉书》在此理论基础上对历史、神话人物进行全面的分类。

王充将此论断推到极致,定义"上智""下愚"为"极善""极恶",并相应打破儒家关于所有人性本质同一的推定。

相反,他的前辈、汉代儒家领袖董仲舒承认人性的复杂性,同时,作为官方国家社会学说的创立者,他致力于把这种普遍的人本性确立在"五常"概念中:"仁""义""礼""智""信",此中之"道"应该由君主完善,对应人类社会,它们相当于自然界的"五行",此前也曾用术语"五常"来解释"五行"。

韩愈肯定董仲舒的观点,他稍微改动了人性五品质的顺序,让人性回归本来面目,即"仁""礼""信""义"和"智"(《原性》)。

后来此观点被理学界认可,成为中国传统文化准则。在这个组成人的基本因素框架内,智被移至倒数第二或最后、

最好的位置，这表明要了解人，应优先考察人的道德，而不是人的智慧。根据康有为对中国传统哲学和文化所作的总结："就一人之本然而论之，则智其体，仁其用也。就人人之当然而论之，则仁其体，智其用也。"

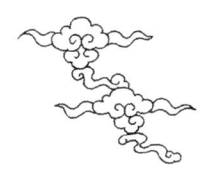

初看道家文献《列子》，其表现出另一种理解，它强调："人之所以贵于禽兽者，智虑。"但接下来认为："智虑之所将者，礼义。"（第7卷）在道家最根本的文献《道德经》中，提出"绝圣弃智"与"绝仁弃义"，则"民利百倍"，尽管其他论断仍认为"圣"确立"治"，在其"治"下"常使民无知无欲，而夫智者不敢为"。对"圣"的这种不同解读，是因为在道家文献中对"智"的基本理解本身经历过批评反思。一方面分开"小智"（相对的、局限的）和"大智"，另一方面，后者与"愚"等同，即无私、烂漫、自然的童真行为。在这个语境中强调"智"的第二层含义，即精妙和技巧。在《韩非子》中体现的、与世界本源一致的道家法则得出结论，"大人寄形于天地"，"不以智累心"，因为"心"是自私的，因此它与天下"全大体"相矛盾，而在《列子》中展示无限定可能性的"大同"与"万物"则以"刳心去智"为基础。

相反，在兵家学说中，含有狡猾、聪明、诡计、足智多谋等意义的"智"思想得到自然发展。在《孙子》中，"存亡之道"的战争"大事"五要素之一是统帅，其必备五个品质，相当于儒家的"五常"，但与其区别在于"智"并不居末，而是居首："将者，智、信、仁、勇、严也。"（卷上）这种对战争的广义理解，即完全存在于生活中的斗争之"道"，使得汉字"智"具有"计谋"的一般文化意义。

《墨子》给出了"智"的直接定义，它最接近现代西方对智的理解："知，知也者以其知过物而能貌之，若见。"（《墨子·经说上》）大约在同一时代，荀子在其著作《正名》中给出类似定义，将"智"和"知"两个术语明确区分："所以知之在人者谓之知，知有所合谓之智。"

在中国佛教中"智"有两层含义，即表示"知"最高形式的两个等值基本术语："若那"（джняна），即"事理"

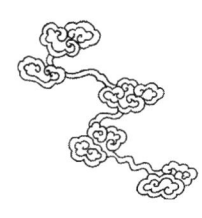

或现象与本体的完整知识，它消除主体与客体的矛盾性，在冥想中达到，引向涅槃；还有"般若"（праджня），即神的智慧、菩萨的六或十"圆满"（波罗蜜）之一、佛的二或三德之一。

在现代汉语中"智"是一系列术语的基本组成部分，涵盖所有书写层面词义，也包括这样一些现代概念，如"智能权"。

* 《世界哲学文集》，第1卷第1部分，莫斯科，1969年；《古代中国哲学》，第1—2卷，莫斯科，1972—1973年；《中国古代哲学·汉代卷》，莫斯科，1990年；《36计：中国的成功秘诀》，В.В.马良文译，莫斯科，1997年；《中国的战略思想》，В.В.马良文编译，莫斯科，2002年；《治理的艺术》，В.В.马良文编译，莫斯科，2003年；X.津格尔《谋略：关于中国生活与生存的艺术》，第1—2卷，莫斯科，2004年；А.И.科布杰夫《王阳明学说与中国古典哲学》，莫斯科，1983年；А.И.科布杰夫《中国理学哲学》，莫斯科，2002年；张岱年《中国古典哲学概念范畴要论》，北京，1989年，第214—219页；Wu Yi. Chinese Philosophical Terms. Lanham-London, 1986, pp. 56-57.

（А.И.科布杰夫撰，韩万舟译）

中道

中道，佛教基本范畴，有几种含义，在早期佛教中与宗教学同义。佛说，佛法信众应按"中道"行事，避免堕两极端：运用宗教仪式，达成世俗目的；为得自在，需禁欲和发愿以修炼身体与智慧。遵循中道会达到开悟、明觉、涅槃。在巴利文典籍中，"中道"与"八正道"同义。

大乘佛教理解其为不纠缠"是""非"矛盾。中道否认唯一本质（法）的实际存在，也否认所谓"空"的现实存在。中观宗对中道概念做过详细研究。在龙树的文集《中观论》中把中道与"八不中道"连在一起。

三论宗学说整理者吉藏继续研究此学说，将"二谛""空""八不中道"理论概括其中。他借助"四句法"，提出"中道"形式理论，分为以下几种形式："一中（道）"，"二中（道）"，"三中（道）"，"四中（道）"。

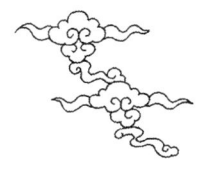

"一中"为"净道"，解救人于轮回之路。在此意义上仅存在一个中道，别无其他。

"二中"即"二谛"中道："世谛中道"和"真谛中道"。"世谛中道"是诸佛、菩萨面向普通人讲道，并针对他们的不同能力，因材施教。"真谛中道"没有单向缺陷，相应于"二谛"的第二种形式。

"三中"包括"世谛中道""真谛中道"和"非真非俗中道"。它相应于"二谛"的第三种形式。

"四中"包括：（1）"对偏中"；（2）"尽偏中"；（3）"绝待中"；（4）"成假中"。"对偏中"意为存在这样的矛盾（偏），就像小乘和大乘、断渐学说和常渐学说。"中道"在它们之间。"尽偏中"意为若想达成"中道"必须消除这些矛盾：若它们（矛盾）在，则未得"中道"。只有能够理解在断渐和常渐两个概念之间存在"中道"才能达到"中道"：只断渐，或只常渐，二者皆非"中道"。当矛盾的所有缺陷都被消除，"绝待中"就会产生。但如果缺少矛盾，也不能确立"中道"。此概念无法让大多数人理解。因此诸佛、菩萨讲道时，不得已转向"成假中"，并这样解释它："有"和"无"实际是"假名"。"中道"在非"有"和非"无"之间。为讲解佛法，法师们不得不转向"假名"。

吉藏将中道的四种形式对应于其他流派学说：第一种形式与"外道"学说中对"中道"的理解相同。他们所使用的"中"字有"本、真"之意，因为那里没有"中道"概念本身。第二种形式即阿比坛对"中道"的理解。第三种形式由成实论派学说表达出来。第四种形式最完善，大乘佛教指出："中道"在涅槃与轮回间，引向本真开悟。

*吉藏《三论玄义》，载《中国佛教思想资料选编》，第2卷第1册，北京，1983年。**B. П. 安德罗索夫《龙树佛教：宗教哲学文集》，莫斯科，2000年；Т. П. 格里戈利耶娃《道与逻各斯》，莫斯科，1993年；А. Н. 伊格纳季耶维奇《日本的佛教》，莫斯科，1987年；А. Н. 伊格纳季耶维奇《日莲教派》，莫斯科，2002年；韩廷杰《三论玄义校释》，北京，1987年；黄忏华《佛教各宗大意》，台北，1973年；Chen K. Buddhism in China: A Historical Survey. Princ., 1964; Robinson R. H. Early Madhyamika in India and China. L., 1967; Takakusu J. The Essentials of Buddhist Philosophy. Honolulu, 1956.

（M. B. 安娜希娜撰，韩万舟译）

《中庸》

《中庸》，儒家哲学文献，传统上认为是子思所著，但很明显它成书于公元前3世纪左右（有不同的版本，分别是前5—前3世纪，前4—前3世纪，前3—前2世纪）。最初曾是文献《礼记》中的一部分，在公元4—6世纪，逐渐被独立为作品。其突出特点是其主题不同、结构复杂。

"中庸"这个名称是《论语》中一系列术语的结合，其中有反映《论语》基本思想的"德"。在中国，"德"表现出和谐（"中庸"）的根本是人性。不变之性和天性的自我显现是完善治理的方法；作为自然界的投射的人的潜力的内在完善，会在要求内在努力的正确（即"中庸"）之道的漫长过程中得到实现。

通过实行"反身"来统一表现个体"天性"和完善统治方法。此观点起源于孟子，在《中庸》中表达优先倾向关注个人及其意识分析与定位的思想。依孔子之言，首先在社会领域实践"道"，然后转向政治领域，施行周朝早期统治者——文王和武王的治理方法。

根据《中庸》，人死后，他的统治术也随之而去，因此治理领域的任何完善都应该从自我完善开始。选拔管理者不应只看能力、经验、立场，还特别要察看个人品质。被正确选出者将遵循"中间与不易"之道。完成此任务的必要品质为"诚"。"诚"表现在两个基本层面上：（1）"天诚"，内在具有"圣人"品质，并且能够用自己存在的事实本身治理和影响世界；（2）普通人的"诚"，是能够支撑应有社会体系（包括在与亲人、朋友、长辈及上级的关系之间具有"信"）以及正常社会功能的品质，还有在探寻和自觉选择目的（"诚之者，择善而固执之者也"）过程中所获得的品质。为达到"诚"，普通人应"博学之，审问之，慎思之，明辨之，笃行之"。其结果为"虽愚必明"，即可"明辨"。

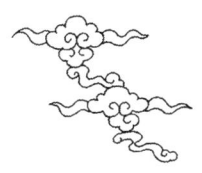

"至诚"者与"至圣"同，"可以前知"，"故至诚如神"，但如果"至圣"是直接为民众做有益之事，则"至诚"将作用于较抽象的范围——"立天下之大本，知天地之化育"。"至诚"者"则可以与天地参矣"，有可能参与天地化育万物的宇宙进程。

根据《中庸》，在"自成"与实践之间，正如同在具有"明"与实践之间，对于意志选择没有中间范围："能尽其性，则能尽人之性。"明能尽人之性，同样也能改变他们。于是，正确的内部发展提升必将导致有效的社会实践。

从理学奠基者这方面来看，首先是周敦颐和朱熹把《中庸》从儒家"自省"主题的一般文本中分离出来，引发提升对这部著作思想的关注，他们对人性与觉悟的相互关系表现出特别的兴趣。

*《中国古代哲学》，第2卷，莫斯科，1973年，第119—136页；《儒家著作〈中庸〉：翻译与研究》，莫斯科，2003年；A. C. 马丁诺夫《圣人、君子、帝王之"诚"》，载《中国传统思想史》，莫斯科，1984年；Legge J. The Chinese Classics. T. 1. Confucian Analects, the Great Learning and the Doctrine of the Mean. Hong Kong, 1893.

（A. C. 马尔蒂诺夫撰，韩万舟译）

忠恕

忠恕,儒家伦理学范畴。据《论语》,"忠"意为"己欲立而立人,己欲达而达人"(《雍也》)。也在《论语》中,孔子口头解释"恕":人应有行为的全部性质,并以"金律"格言揭示出来:"己所不欲,勿施于人"(《卫灵公》)。孔子学生曾子在《论语》中把两个概念合二为一——忠恕,他在论述中提出"忠恕"是"夫子之道"的前提(《墨仁》)。总之,孔子认为"忠恕"是实现"仁"的方式。孟子在"恕"的关系中明确阐释此观点。后来,"忠"被理解为下属对待上级的主要原则。按照朱熹对《论语》的注解,"忠"是"尽己"——在对待他人时尽自我最大可能,这就如同"恕"是"推己"及人。

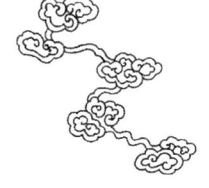

*Wu Yi. Chinese Philosophical Terms. Lanham-London, 1986, pp. 54-55, 76-81.

(А. Г. 尤尔克维奇撰,韩万舟译)

仲长统

仲长统,字公理,公元180年出生于山阳高平县(今山东省邹县),卒于220年。他是哲学家、纯理性主义者、唯理论者。东汉末年出任民事(尚书郎)与军事官员,主要著作为《昌言》。仲长统的生平记载于《后汉书》,在文集《意林》中有其作品片段。在自然哲学领域他拒绝所谓天道之学,即流行于彼时的神秘占卜传统形式。他提出"人事为本,天道为末",认为抽象哲思与占卜查问是实践的次要领域。在历史哲学领域,他支持王朝兴衰循环交替思想,认为"天命"在历史层面是"角力"和"角智"的结果。仲长统的认知学说建立在"智"与"能"二分法上,它们表现出某种统一,类似于言与行、名与实。他承认真与假的客观性。仲长统在《天下士有三俗》文中表述认识论和伦理学的联系。认为天下士有三种不合理行为:其一,"慕名而不知实","名"包括官爵名号和社会角色,即不愿意把这些

爵位和角色与人的具体行为联系起来。其二，"不敢正是非于富贵"，面对富人与权贵时，没有能力区分真假。其三，"向盛背衰"。仲长统作为政治思想家，强烈反对官场唯世族选拔人才、任命高职，而建议选拔掌握"戡乱"秘籍之人、谙熟农事之人，以及有能力实施仁政与"教化"臣子之人。一些有社会良知的官场精英目睹大汉中央王朝的崩溃，在他们基本精神中，仲长统融合儒家的"义"与道家的"隐世"思想，解释在天下"失道"时，要保全自我"性"与"命"。

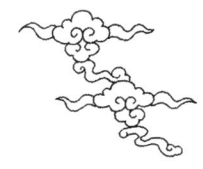

*《阿理克院士翻译的中国古典散文》，第2版，莫斯科，1959年，第170—171页；《中国古代哲学·汉代卷》，莫斯科，1990年；《仲长统》，载《中国古代著名哲学家评传·续编一》，济南，1982年；Balazs E. La Bureaucratie celeste. P., 1968, pp. 71-107.

（А. Г. 尤尔克维奇撰，韩万舟译）

周敦颐

周敦颐，字茂叔，谥元公，世称濂溪先生。1017年生于营道（今湖南省道县），1073年卒于江西庐山。他是哲学家、文学家，理学主要奠基人，出生于官僚家庭，1036—1071年出仕。周敦颐幼年过继给舅舅作养子，通过身为朝廷重臣的舅舅郑向，他与反对王安石变革的朝廷保守集团过从甚密。但有证据显示，1060年周敦颐与王安石有过私人会面，并给对方留下深刻印象。理学奠基人程氏兄弟是周敦颐的直系学生。1120年被赐谥"元公"，1241年获封汝南伯，其牌位入祀孔庙。在之后的朝代他荣获更高封号（1319获封"道国公"，1714年获封"古圣"）。

周敦颐的主要哲学著作是《太极图说》（俄译本：И. Я. 比丘林，1832；Н. 佐梅尔，1851；В. А. 克立朝，1958；Е. А. 陶奇夫，1982；В. Е. 叶列梅耶夫，1993）

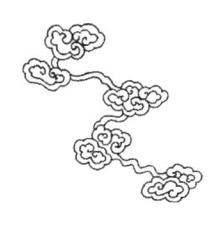

和《通书》（或称《易通》，俄译本：И.Я.比丘林，1832）。朱熹在注疏中认为这些文献以及它们阐释的思想是正统的，他认可《太极图说》的考证，而其同时代人陆九渊对此存疑，后者指出此文章与《易通》存在原则性差异。明朝期间，周敦颐的遗著被整理、加入注解文本编成全集，后来逐渐形成三个名称不同的版本：《周子全书》《周濂溪集》和《周元公集》。

《太极图说》很简练，但包涵对太极图文的注解，名为"太极图"，它衍生自一些类似的图，如道士陈抟的"无极图"和"太极先天之图"，后者出自《道藏》辑录的道家论文《上访大洞真原妙经图》，此文创作期应不晚于8世纪，它们的源头之一是道家炼丹术第一部典籍——魏伯阳的《参同契》。根据《太极图说》，世界的所有多样性都起源于"太极"：如，阴阳、"五行"、"五气"、一年四季，乃至"万物"。同样，还有善恶、"五常"、"五性"乃至"万事"。因此，"太极"也在"无极"之后。术语"无极"有双重理解，其诞生于早期道家文献（《道德经》），而与之关联的术语"太极"则来自儒家文献（《周易·系辞传上》）。朱熹解释这些异质术语的共性：它们可做同义词使用，表达"太极"和"无极"的本质同一性。但他的反对者陆九渊指出，这里表现出道家思想——"无"的原初性，因此《太极图说》不可能是热衷儒家学说的周敦颐所写。"太极"的化育功能通过互为条件、互相变换的"动"与"静"来实现。《太极图说》更符合原始道家的原则和范式。宇宙稳定和不动的本质，即"无极"，对于人来说，体现为"诚"。此范畴融合本体论（"天道"）与人类学（"人道"）思想，它在《通书》中占据中心位置。以"诚"定义"至善"和"圣"，在理想情况下，它要求"主静"，即无愿、无思、无为。周敦颐主要的理论成就——把最重要的儒家哲学范畴和与之相关联的概念导入综合的（由宇宙学到伦理学）、最简单的、首先以《周易》为基础的世界观体系，在此框架下，不仅儒家，还有道家、佛教的学理问题均获得发扬光大。

*《周子全书》，董榕辑，1756年；《周濂溪集》，上海，1937年；《周敦颐集》，北京，1990年；Н. Я. 比丘林《原初的表现，或物理与道德规律的起源》，载《莫斯科邮报》，1832年，第48部分第21—23期，第3—33、157—197、285—316页；周濂溪《爱莲说》，载《东方》，第1辑，莫斯科、列宁格勒，1935年，第204页。**В. А. 克立朝《11世纪中国宇宙论著作》，载《东方哲学》，1958年第12期；《佛教世界观》，圣彼得堡，1994年，第209—213页；《关于中国的一切》，第2卷，莫斯科，2002年，第305—310页；К. И. 郭黎贞《"太极"：1—13世纪中国文学与文化的世界模式》，莫斯科，1995年，第251—266页；В. Е. 叶列梅耶夫《天人图》，莫斯科，1993年；С. В. 济宁《周敦颐哲学中的人与世界》，《第17届"中国社会与国家"学术研讨会论文集》，第1册，莫斯科，1986年；Н. 佐梅尔《中国哲学的根据》，《1851年喀山大学的西方学》，第1卷；А. Б. 卡尔卡耶娃《〈通书〉中的"五常"》，《第34届"中国社会与国家"学术研讨会论文集》，莫斯科，2004年，第142—145页；Е. А. 陶奇夫《理学伦理学说的特征》，《宗教批评的社会哲学层面》，列宁格勒，1982年；冯友兰《中国哲学简史》，圣彼得堡，1998年；《宋史》，第427卷；黄宗羲《宋元学案》，第11、12卷；朱伯崑《周敦颐》，载《中国古代著名哲学家评传》，第3卷，上册，济南，1981年；Bruce J. P. Chu Hsi and His Masters. L., 1923; Chou Yin-ching. La Philosophie morale dans le neo-confucianisme (Tcheou Touen-yi). P., 1954; Eichhorn W. Chou Tun-i. Ein chinesisches Gelehrtenleben aus dem 11. Jahrhundert. Lpz., 1936.

（А. И. 科布杰夫撰，韩万舟译）

《周礼》又称《周官》《周官经》，是儒家经典"十三经"之一。传统认为其作者是周公，乃周朝第一位国君武王的弟弟；武王去世后，成王继位，周公作为摄政王辅佐侄儿。据说，他最早设立常规行政管理机构。关于《周礼》的成书日期说法不一：（1）公元前11世纪；（2）公元前一千纪上半叶或下半叶；（3）公元前3世纪。也有观点认为，公元前后出现的此书复制文本是刘歆伪作。文章内容可能整

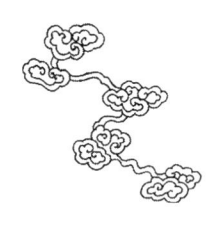

体反映了公元前7世纪—公元前5世纪古代中国各诸侯国的国家体制、行政体系、社会结构、立法、礼仪、经济生活、官吏组成与责任等特征，以及周朝文化相关领域的状况。

《汉书·艺文志》提到《周官经》有6篇、《周官传》有4篇，而在《史记》中特别提到《周官》的内容包括祭祀仪式活动。《周礼》的建构、内容与古时宇宙及历法概念相连，与此相应，人们预先安排社会生活。《周礼》的现代文本包括《天官》《地官》《春官》《夏官》《秋官》篇，《冬官》篇已经失传，大约3世纪，曾用与之内容类似的书《考工记》替代。在郑玄的《周礼》注本中仅保留下《考工记》注疏。孙诒让的《周礼》注本被认为是最权威的版本。

*林尹《周礼今注今译》，北京，1985年；孙诒让《周礼正义》，北京，1987年；郑玄注，贾公彦疏《周礼注疏》，上海，1990年；В. М. 施泰因《〈管子〉研究与翻译》，莫斯科，1959年；Tcheou-Li, ou Ritesdes Tcheou / Tr. duchinois par Ed. Biot. T. 1. P., 1851；Л. С. 瓦西里耶夫《中国思想的起源问题》，莫斯科，1989年；Л. С. 瓦西里耶夫《古代中国》，第1卷，莫斯科，1995年；С. 库切拉《关于〈周礼〉的日期和真实性问题》，《古代史学报》，1961年第3期；Karlgren B. The Early History of the Chou Li and Tso Chuan Texts Bulletin of the Museum of Far Eastern Antiquities. 1931, No. 3.

（А. Г. 尤尔克维奇撰，韩万舟译）

《周易》

《周易》，最具权威性和创造性的中国经典哲学文献，位列"十三经""五经"之首，它对中国乃至远东、东南亚各国家的所有传统文化均产生了根本性的影响。《周易》书名两字中的每一个都可以最大限度地理解为三层含义。周：（1）朝代名称，从公元前两千纪末至公元前3世纪中期统治中国，也是那个时代的称呼；（2）有"周而复始、圆、循环"之意；（3）到处、随处、圆满、全面。易：（1）

轻易、容易；（2）变化、转换形态；（3）恒常、强韧。因此，《周易》完全可以由这些意义组合来形成不同定义：周代的变化典籍；周代的简易经典；周代不变；全方位变化；涵盖一切的简易经典；恒久的循环往复；恒常（这里的"经典"一词相当于汉字"经"，组成与《周易》同义的名称《易经》："变化之经典""变化之书"）。《周易》的典籍部分（两个章节），显然创作于公元前8至公元前7世纪，即狭义上的《易经》；还有注解部分《易传》（或称《十翼》），创作于公元前6世纪至公元前4世纪。《易经》最根本的内容是大约产生于公元前两千纪末至公元前一千纪初的六十四卦，"卦"即特殊的图形符号象征，由6个爻线上下互相叠加，构成所有可能的组合体形式。"爻"分两种形式：一条完整的横线和中间断开的横线，整线对应阳，断线对应阴，爻线被解释为包罗万象、构建全部世界的符号，即阴阳。而它们两个、三个以及类似的组合，是阴阳在所有存在领域比较具体的表现符号。在这一系统中八卦起中心作用，三个爻组成八个卦，意指宇宙八部：

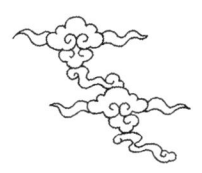

  乾——创造、稳固、天、父亲、头、马，等等；
  坤——执行、奉献、大地、母亲、肚子、奶牛，等等；
  震——兴奋、行动性、雷、长子、脚、龙，等等；
  坎——浸入、危险、水、次子、耳朵、猪，等等；
  艮——留下（处于）、不变、山、第三个儿子、手、狗，等等；
  巽——确切、渗透、风/木、长女、臀部、鸡，等等；
  离——链接、清晰、火、次女、眼睛、雉，等等；
  兑——允许、高兴、池塘、三女儿、口、羊，等等。

  《周易》典籍部分的起源和占卜活动的两个最重要的形式相关：在龟甲壳或大型黄牛骨上刻几何象征符号和在蓍草秸上写有不同的数字组合。在《周礼》中有描写使用"三易之法"之"大卜"的信息：《连山》《归藏》和《周易》。在传统"易学"中上述名称与一部作品的三个形式有关，它们分别对应传说中三位远古时期的统治者：伏羲（或他之后的神农）、黄帝（神农的继任者）和周朝的奠基者文王。抑

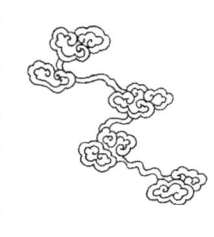

或对应最早的三个朝代：夏、商、周。《连山》和《归藏》两部文本被认为已经失传。根据皮锡瑞的推测，在孔子之前，类似《周易》这样已经完全记录成书的文本根本不存在，仅仅是口头流传有一些不同卦系。最古老的占卜方式在《周易》中被整理成象数体系，它类似带有数字和几何图形的数学解析式，这个象数体系的任务是"以类万物"（《周易·系辞传下》）。《周易》注解部分被认为由孔子撰写，但实际成书于公元前5世纪—公元前4世纪，《系辞传》是最具哲理意义的部分，在这里，此体系被阐释为一个封闭结构，即恒常、循环变化的世界，它由64个基本卦体构成。操作卜卦及其元素的形式化特点使《周易》具有普遍方法论地位，功能上类似于欧洲亚里士多德的"欧加农"。在汉代，受阴阳家神秘自然哲学学说、今文经学和谶纬的影响，卦图的一般方法论潜力被发掘、实施，主要为最大程度提高它们的本体论参照物、并与所有其他类似图进行协调，如五行、循环十二生肖（黄道十二宫）、河图和洛书中的神奇象形数字。在公元前后，焦延寿或崔篆的《易林》和扬雄的《太玄经》（英译本：D. Walters，1983；M. Nylan，1993；俄译本：Д. 乌奥尔捷尔斯，2002）曾尝试丰富、繁化《周易》的命理学，或用可供选择的三元系统来补充。但它们并未得到普遍认可，不论对于儒家还是道家，《周易》始终保持其核心方法论和世界观意义，而这一意义在宋代理学形成后得以最终确认。

也是在这个时代，命理方法论的"图书之学"形成，在此框架内用图志系统阐明《周易》的内容，其首先使用文王（在实际文本中）或伏羲（理想模式）之卦象图。在伏羲图序中卦的阴阳爻线逐渐转换，遵循的规律是：在二进制算数中，以自然数列1、0为符号进行二进制交替转换，这是所有现代电脑程序的基础。二进制算数的发明者莱布尼茨通过与当时在清朝的法国耶稣会传教士白晋的通信熟知《周易》体系，他发现这个系统可以证明在中国很早就存在上帝思想启示，而且早于欧洲几千年。

1973年在中国考古发掘（马王堆：长沙附近）中发现最

古老的《周易》文本，其中有特别的（第三种）卦序图，类型与伏羲图相似。从17世纪下半叶开始出现首批《周易》译本，先是中国清朝的官方语言——满语译本，之后是欧洲学术官方语言——拉丁语译本。在当时中国的耶稣会传教士中甚至出现了"易经主义者"流派，它的奠基者白晋认为《周易》含有原始神谕，是中国文化的"《圣经》"。

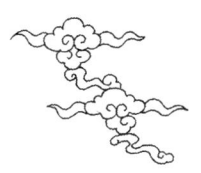

《周易》经典版本最权威的欧洲译本如下：理雅各的英译本（1899），卫礼贤的德译本（1924），还有部分的俄译本（Ю. К. 楚紫气，1935），以及马王堆"帛书"的英译本（夏含夷，1996）。

围绕《周易》产生了一大批学术文献。研究易经学的期刊有《周易研究》（1988年开始出版）、《国际易学研究》（1995年开始出版）和《易学与科学》（1997年开始出版）。

乾	坤	震	坎	艮	巽	離	兌
☰	☷	☳	☵	☶	☴	☲	☱

文王图卦序（线性顺序）

乾	兌	離	震	巽	坎	艮	坤
☰	☱	☲	☳	☴	☵	☶	☷
111	110	101	100	011	010	001	000

二进制代码伏羲图卦序（线性顺序）

*《周易正义》，《十三经注疏》本，北京，1957年；南怀瑾等《周易今注今译》，台北，1978年；屈万里《周易集释》，台北，1986年；邓球柏《帛书周易校释》，长沙，2002年；Ю. К. 楚紫气《易经》，莫斯科，1993年。**A. E. 卢基扬诺夫《〈易经〉之道》，莫斯科，1993年；A. E. 卢基扬诺夫《中国古代哲学之始：〈易经〉、〈道德经〉、〈论语〉》，莫斯科，1994年；《〈易经〉——〈周易〉，变化体系——周期变化》，В. Б. 库尔诺索夫，莫斯科，1999年；Д. 乌奥尔捷尔斯《"伟大的秘籍"：〈易经〉拾遗》，A. 科斯坚科主编，莫斯科，2002年；《〈易经〉翻译与研究》，A. E. 卢基扬诺夫编，莫斯科，2005；《炼丹术之"易"》，Б. Б. 维诺格罗

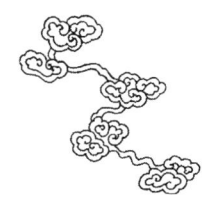

茨斯基译，莫斯科，2006年；《易经·文王卦》，Б. Б. 维诺格罗茨斯基编译，莫斯科，2006年；Wilhelm R. I Ging: Das Buch der Wandlungen. Bd. 1-2. Jena, 1924 (англ. пер.: N. Y., 1950; The Yi King / Tr. by J. Legge // The Sacred Books of the East. Vol. 16. Delhi, 1966; Le Yi: King ou Livre des changements de dynastie des Tsheou / Tr. Par P.-L.-F. Philastre. Pt. 1-2. P., 1975; Shaughnessy E. L. I Ching: The Classic of Changes. N. Y., 1996; Rutt R. The Book of Changes (Zhouyi). L.-N. Y., 2002; P. 维利格利姆、Г. 维利格利姆《〈易经〉解读》，В. Б. 库尔诺索娃译，莫斯科，1998年；В. Е. 叶列梅耶夫《〈易经〉的象征符号与数字》，莫斯科，2002年；С. В. 济宁《〈易经〉——中国文学的里程碑》，载《彼得堡东方学》，第3版，圣彼得堡，1993年，第189—227页；《〈易经〉和中国古代的历史哲学传统》（В. В. 扎伊采夫节选译自刘大钧《周易概论》），莫斯科，1992年；《中国风水》，圣彼得堡，1998年，第238—263页；А. И. 科布杰夫《中国古典哲学中的象数学》，莫斯科，1994年；《由神秘力量向道德指令的转化：中国文化中的范畴"德"》，莫斯科，1998年，第118—185页；武晋、王永生《周易百题问答》，基辅，2001年；周宗华《〈易经〉之道》，基辅，2000年；刘大钧《周易概论》，济南，1986年；徐芹庭《易经研究》，台北，1970年；《周易大辞典》，萧元主编，北京，1991年；《周易辞典》，吕绍纲主编，长沙，1992年；《周易知识通览》，朱伯崑主编，济南，1996年，第582页；朱伯崑《易学哲学史》，北京，1995年；陈梦雷《周易浅述》，上海，1988年；Liu Da. I Ching Numerology: Based on Shao Yung's Classic "Plum Blossom Numerology". S. F., 1979; Nielsen B. A Companion to Yi Jing Numerology and Cosmology. L.-N. Y., 2003; Offermann P. H. Das alte chinesische Orakel und Weisheitsbuch I Ging: Konflikte klaren, Zweifel losen. B., 1985; Sherril W. A., Chu W. K. An Anthology of I Ching. L., 1977; Sung Z. D. The Symbols of Yi King. N. Y., 1969; Wilhelm H. Change: Eight Lectures on the I Ching. N. Y., 1960; idem. Heaven, Earth and Man in the Book of Changes. Seattle-London, 1977.

（А. И. 科布杰夫撰，韩万舟译）

朱熹

朱熹，字元晦，又字仲晦，号晦庵，1130年10月18日生于福建尤溪，1200年4月23日卒于福建考亭。他是杰出的哲学家、百科学者、文学家、儒家经典文献勘校者和注疏者、教育家，他还是理学主要代表，并为此学说建立了综合系统模式（"程朱学派"，或理学），此模式下的理学在中国及周边国家，尤其是日本、韩国具有正统意识形态和文化标准的地位。

朱熹出身于书香官宦世家，童年时便展露出色的才能，四岁开始接受传统教育，早在18岁时便考取进士，并依此出任官职，在同安（福建南部）县衙任职3年，获得民众尊敬，任职期间他在地方书院开坛讲学。朱熹33岁第一次获得皇帝召见，并被任职于专业军事部门，但两年后辞官。尽管权贵人士不断请朱熹出任官职，但类似建议总是遭到拒绝，他更喜爱从事科学、文学和教育活动。历经14年赋闲后，1178年朱熹重返仕途，曾多次短暂担任高级行政官员。朱熹喜欢在祭酒后的宴会上高唱壮士歌。他在日常生活中时常显露其稳定的气质，此亦影响其政治态度，对待当时强敌女真"金国"时，朱熹持强硬抵抗立场。这与朝廷当局持绥靖政策相矛盾。结果，朱熹在职为官仅9年，1195年，在给朝廷写完例行批评奏折后，预感将遇麻烦，他按《周易》卜一卦，得第33卦——"遯"卦（跑），后来他把此卦名作为自己的别号"遯翁"。

朱熹一生大部分时间都未任官职，他常常处于贫困中，曾被迫写书赚钱，写书被儒家学者认为是不光彩之事，但这样做的同时却让朱熹达到了另一个目的——最大程度普及推广自己的思想。朱熹是当时最多产的作家，其作品有八十部左右，其书札目前存世大约两千封，而记录其语录的笔记有140篇，这些是中国文学最丰富的遗产。他有四百余名学生，比任何其他理学家的学生都要多。他建书院的数量创下纪录，还参与过多个书院的具体活动。朱熹给后人留下大量书法作品，他本人的画像也被大量印制在书籍（纸）上或刻在石碑上。

1196年，由于朱熹的特立独行，以及在接待某位高官

时表现出未守礼制，被当时一位权贵文人以十宗罪弹劾：从对帝王不敬到散布伪学。这导致朱熹失去所有官职和称号，其学说亦被禁止。1199年，在去世前一年，朱熹得到平反，1209年获谥曰"文"，1230年追封徽国公，1241年朱熹被列为最伟大的儒家权威学者之一，牌位从祀孔子庙。自1313年起，元朝政权将其学说正式纳入国家科举考试体系。

朱熹基本思想的大部分体现在其对儒家经典文献（尤其是"五经""四书"）的注解和由其学生记载的"朱子语录"中。朱熹发行、作注、解读其直系前辈的作品，如四位宋代理学泰斗：周敦颐、张载、程颢、程颐，并选取他们的作品编撰成第一部理学样本选集《近思录》（14篇，与吕祖谦合编，1175年）。朱熹不同形式的全集有《朱子语类》（140卷，黎靖德编）、《朱子文集》（121卷，被收入《四部备要》）、《朱子全书》（1741年根据皇帝指令刊行，66卷，共25册）。

朱熹与其友人、对手陆九渊不同，他阐释周敦颐的"太极"与"无极"的关系，认为它们本质同一，为此他运用程颐研究的综合概念"理"。按照朱熹的解释，"天地生于太极"，"太极只是天地万物之理"。"太极"存在于每一具体"物"，即物品、现象或事情中，如同月亮形象存在于其任何一个影子中。因此，太极作为唯心本质不与现实世界分离，它被定义为"无形""无式"，即不受任何形式限制的独立形态。它完全存在于"物"中，使"格物"成为人的主要任务，"格物"即"穷理"。此"致知"过程应为"诚意""正心""修身"，而后是"齐家""治国""平天下"（语句出自《大学》），因为"理"包涵理性和道德规范的特点："性即天理，未有不善者也。""理者，仁义礼智皆有之。"朱熹认为，宇宙万物由"理"和"气"组成，它们物理上不可分割，但逻辑上"理"优于"气"。朱熹接受程颐提出的"基本穷原之性"和"气质之性"的区别，把它们与"理""气"对应联系起来，最终形成人"性"之原始普遍"善"的概念，并具有次要和具体样态，此为不同程度的"善""恶"。

16—17世纪上半叶，陆王学派（或称"心学"）占据中国思想主流，是理学第二大重要流派，它形成批判朱熹的基本理论。后来统治中国的清王朝推崇朱熹学说。20世纪30年代冯友兰在《新理学》中将其现代化。目前中国有众多哲学家正积极进行类似的尝试，他们生活于中华人民共和国成立后，被称为新儒家或后理学代表。

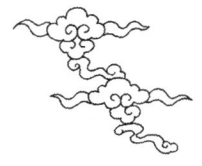

*《朱子大全》，台北，1970年；《朱子语类》，《人之哲学问题：东方与西方》，В.В.扎伊采夫译，莫斯科，1991年。
**《关于"心"：源自朱熹哲学遗产》，А.С.马丁诺夫、И.Т.佐格拉夫译，莫斯科，2002年；De Harles Ch. (tr.). Tchou Hi. La Siao Hio, ou morale de la jeunesse. P., 1889; Bruce J. P. (tr.). The Philosophy of Human Nature by Chu Hsi. L., 1922; Graf O. (verdeut.) Tschu Hsi, Djin-sï lu, die sungkonfuzianische Summa. Bd 1-3. Tokyo, 1953-1954; Chan Wing-tsit (tr.). Reflections on Things at Hand: The Neo-Confucian Anthology Compiled by Chu His and Lu Tsu-ch'ien. N. Y.-L., 1967; Gardner D. K. (tr.). Chu Hsi. Learning to be a Sage: Selections from the Conversations of Master Chu, Arranged Topically. Berk., 1990; Ebrey P. B. (tr.) Chu Hsi's Family Rituals: A Twelfth Century Manual for the Performance of Cappings, Weddings, Funerals and Ancestral Rites. Princ., 1991; В.М.阿理克《中国文学作品选集》，第1卷，莫斯科，2003年，第164—248页；К.И.郭黎贞《"太极"：1—13世纪中国文学与文化的世界模式》，莫斯科，1995年，第306—323页；В.В.扎伊采夫《朱熹哲学学说的形成》，载《中国哲学史：生成与基本流派》，莫斯科，1978年；《中国哲学史》，莫斯科，1989年，第332—349页；А.И.科布杰夫《中国理学哲学》，莫斯科，2002年；А.Б.克拉斯诺夫《朱熹关于人性的学说》，载《中国儒家、理论与实践问题》，莫斯科，1982年；А.С.马丁诺夫《朱熹与中国天朝官方意识形态》，载《中国儒家、理论与实践问题》，莫斯科，1982年；А.С.马丁诺夫《佛教与儒家学者：苏东坡、朱熹》，载《传统社会后期中东亚国家的佛教、国家与社会》，莫斯科，1982年；Х.К.季尔曼《朱熹世界观体系中的"天"心》，载《回顾与比较政治学》，第1版，莫斯科，1991年；《太京修学馆》（朱熹学说普通教程），第1—9卷，东京，1974—1975年；刘述先《朱子哲学思想的发展与完成》，台

北，1986年，第595页；熊琬《朱子理学与佛学》，载《华冈佛学学报》，第7期，1984年1月7日，第261—285页；《朱熹学说普通教程》，第1—9卷，东京，1974—1975年；Сюсигаку тайкэй (Общий курс учения Чжу Си). Т. 1-9. Токио, 1974-1975；范寿康《朱子及其哲学》，北京，1983年；钱穆《朱子新学案》，共5册，台北，1971年；张立文《朱熹思想研究》，北京，1981年；陈来《朱熹哲学研究》，北京，1993年；Adler J. A. The Interpenetration of Stillness and Activity in Chu Hsi's Appropriation of Chou Tun-i // Association for Asian Studies Annual Meeting. Bost., 1999; Angle S. C. The Possibility of Sagehood: Reverence and Ethical Perfection in Zhu Xi's Thought // JCP. 1998, No. 25 (3), pp. 281-303; Bruce J. P. Chu Hsi and His Masters. L., 1923; Chan Wing-tsit. Chu Hsi: Life and Thought. Hong Kong, 1986; idem. Chu Hsi: New Studies. Honolulu, 1989; Cheng Chung-ying. New Dimensions of Confucian / Neo-Confucian Philosophy. Albany, 1991; Ching J. The Religious Thought of Chu Hsi. N. Y., 2000; Chu Hsi and Neo-Confucianism. Honolulu, 1988; De Bary W. T. Neo-Confucian Orthodoxy and the Learning of the Mind-and-Heart. N. Y., 1981; Gardner D. K. Chu Hsi and the Ta-hsueh: Neo-Confucian Reflection on the Confucian Canon. Camb. (Mass.), 1986; KimYung Sik. The Natural Philosophy of Chu Hsi (1130-1200). Phil., 2000; LeGall S. Le philosophe Tchou Hi, sa doctrine, son influence. Chang-hai. 1894; Munro D. J. Images of Human Nature: A Sung Portrait. Princ., 1988; Sargent G. E. Tchou Hi contre le Bouddhisme. P., 1955; Tillman H. C. Utilitarian Confucianism: Ch'en Liang's Challenge to Chu Hsi. Camb. (Mass.), 1982.

（А. И. 科布杰夫撰，韩万舟译）

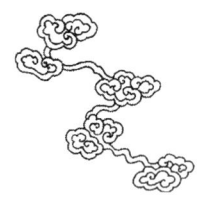

庄子

庄子（约前369—约前286），名周，字子休，是中国最伟大的哲学家之一，继老子之后的道家第二位奠基人，他是中国古代哲学与文学领域最杰出的丰碑。

有关他生平的文献存世不多，主要资料来自司马迁的《史记》第63卷。庄子出生于蒙地的知名贵族之家，但当时已失势落败。此地栖居着远古中国被推翻的殷商王朝统治者的后裔,当时古风犹存。他一生大部分时间主要在南方蛮夷楚国度过,老子便来自此,那里保留有根深蒂固的巫术传统。庄子在蒙地做过小官(漆园吏),后来拒绝出任楚国相,崇尚"无为"和自由无拘无束的生活。公元742年,唐代奢靡的皇帝李隆基(玄宗)认为自己与老子同宗,因为都是李姓,从而崇奉道教,于是诏封庄子为南华真人,南华是庄子的出生地,亦指道家圣人南华真人源自南部中国之意,或称南华老仙,简称南华,庄子著作也被奉为经典——《南华真经》,简称《南华》。20世纪马叙伦重新整理其传记,编成《庄子年表》。

庄子的精神遗产留存于其同名著作中,文本独具南方语言风格(据A. M. 高辟天观点),与南方楚地神话诗歌传统有关,大概仅有原作品全部的三分之二流传至今,因为《史记》记载其著作约十万几千字,而现代文本(约六万六千个汉字)要少三分之一,据《汉书·艺文志》记载,《庄子》共52篇,而当前版本源自郭象,仅33篇。

经刘向编辑后的版本分为三部分:内篇——前7篇,外篇——第8至第22篇,杂篇——最后11篇。《庄子》术语中,《内篇》对应"天",《外篇》对应"人",表达"天(自然)—人(人为)"观点(第17篇)。很有可能,仅《内篇》为庄子本人所写,这些篇名的表达内容均无形式化特征,写作时间甚至可能要早于《道德经》,如果这样,它应该是道家最早的史料源头。其他篇是庄子学生后来编撰而成,形式化篇名取用篇首的两个字(少部分也用三个字);现代分析表明其创作起源各异:(1)"原始主义"拥戴者,他们可能是公元前3世纪末老子的信徒(第8—11篇);(2)庄子学派传人(第17—22篇);(3)公元前3世纪末杨朱的追随者(第28—31篇,1078年著名诗人、思想家苏轼首先指出它们与其他篇的异质性);(4)公元前2世纪一些不明身份的作者,他们试图把道家、儒家以及其他学说综合起来(第12—14篇,第33篇)。

现存最早的郭象注疏被认为比较权威,它以向秀的资料为基础,包括综合道家和儒家的独立哲学理论"玄学"(部

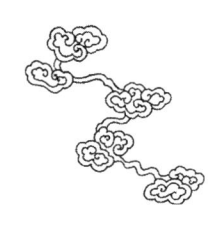

分被翻译成英语、俄语：陈荣捷1963年节选英译；Б.Б.马良文2002年节选俄译）。对《庄子》进行专门研究的杰出学者、思想家有陆德明、成玄英、焦竑、方以智、王夫之，19—20世纪的学者有俞樾、章炳麟、刘师培、钱穆、闻一多、高亨。目前最重要的文本为郭庆藩《庄子集释》、王先谦《庄子集解》（两部著作均被编入《诸子集成》），以及陈鼓应《庄子今注今译》。

目前《庄子》译本有英译本（F. H. 巴尔福，1881年；H. A. 翟理斯，1889年；J. 理雅各，1891年；冯友兰，1933年；J. R. 魏鲁男，1963年；B. 华兹生，1968年；A. C. 葛瑞汉，1981年；V. H. 梅维恒，1994年）、德译本（卫礼贤，1920年）、法译本（L. 戴遂良，1913年；刘家槐，1969年；J.-C. 帕斯塔，1990年）、日译本（福永光三，1966—1967年；关政夫，1973年；金屋治，1973—1975年；赤冢清，1974—1977年）、现代汉语译本（陈鼓应，1974年；黄锦铉，1976年）和俄译本（Л. Д. 波兹德涅耶娃，1967年；С. 库切拉，1972年；Б. Б. 马良文，1994年）。

第33篇《天下》的写作日期几乎是《庄子》中最晚的，它含有中国历史哲学最早的一种分类。据此，除主要继承古圣智慧的儒家学者学说外，还有诸子"百家"与之抗衡，他们被分为六个派别：（1）墨家创始人墨翟及其学生禽滑釐；（2）接近道家和墨家的独立学派始祖宋钘；（3）道家与法家学者慎到及其支持者彭蒙、田骈；（4）道家学者关尹和老聃；（5）庄子本人；（6）辩者、名家奠基人惠施，以及桓团和公孙龙。这个分类，首先直接复制《荀子》第21篇，与其讲述内容仅有一点差异（《荀子》中以公元前4世纪的法家学者申不害代替老子）。其次，将庄子和老子分开。这些名字曾分属道家的两个系统，从公元前2世纪开始融合，公元1世纪时被编入《汉书·艺文志》。

根据冯友兰的观点，庄子学说是（继杨朱、老子后）道家发展的第三个较高阶段。但谭嗣同却认为，庄子属于自孔子发展而来的原始儒家两个分支之一：一支是曾子、子思和孟子，而另一支是子夏、田子方和庄子。郭沫若肯定章炳麟的观点，认为庄子是"颜回学派"的儒家学者，"颜回学派"是在《韩非子》中提到的孔子嗣后八个派别之一。他同时提出假设，起初庄子为儒家追随者，后转而批判其各支派学说，最终彻底成为道家学者，但没有他道家可能无法形成，因为在他之前道家各派别正向其他学理方向演化——先是"名家"，然后是法家和阴阳家。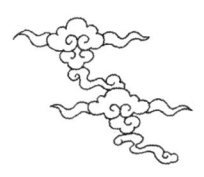

《庄子》的理论核心是"道"学："夫道，有情有信，无为无形；可传而不可受，可得而不可见；自本自根，未有天地，自古以固存。"

根据传统象数学图表，《庄子》分出五个存在等级：（1）"知"；（2）"生"；（3）"形"；（4）"气"；（5）"死"。最后一阶段最高深，"而无从出乎"，引起"万物皆化生"。它类似《道德经》，与"道"等同，混混沌沌，也用神人同形的混沌形象表现出来。《庄子》整体上强化了"道"与"无"接近的趋势，这也是后来何晏、王弼和郭象最终引向新道家"玄学"的趋势，而"无"的最高形式是"无无"。其结果是与《道德经》产生分歧。《道德经》中"道"被称作"有象"之"物"，而据《庄子》，道"无有象"，"非物"，其特征为"无形、无象、无声、无色"。由此形成道家普遍观点——道"物物而不物于物"。另一结果是强调它的"无名"和不可知："夫大道不称。"

《庄子》不仅强调指出"道"具有认知层面，还给出定义，即反映在论题中："道，理也。""知道者必达于理。""理"是宇宙所有客体与现象的结构性质，并引发它们的质量特征："与物同理。""物成生理，谓之形。"但不能容易地感知"理"，因为它"不可睹"，要借助专门的分析程序"析"才可显现。这种"辩理"的确影响并促使"理"转化为中国哲学和科学的一个主要范畴，甚至形成术语"理学"，意为"新的儒学"和自然学。

因此，在《庄子》中认识论是人类学的配角："且有真人而后有真知。"而君子"以义为理"，并掌握"道术"，因为"道无不理，义也"。总之，这意味着仅得道者和执道者可知、释"道"，这也应了一个古理：彼出于是（以彼

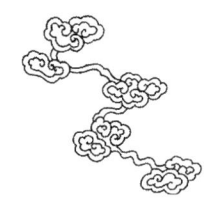

知彼）。

　　《庄子》最大限度强调"道"无所不在，它构成天下，即"宇宙"，"有实而无乎处者，宇也。有长而无本剽者，宙也"，本剽即始和终。"道""行于万物"，"精神生于道"，道"生天生地""神鬼神帝"，道亦存于万物中，甚至"在屎溺"。这种"万物一"的物质能量基础是："通天下一气耳。"以及"人之生，气之聚也；聚则为生"。人者，"形全者神全"。他把整个世界比喻为"大块"，它呼吸气，给人以形、生命、衰老、死亡。道，为德兼、天地公、阴阳、物之极，在太极中所有客体和主体"我"——"齐"，且一致。

　　道之无所不能体现在德的自然选择中："知其不可奈何而安之若命，德之至也。"德"通于天地"，分八类："有左有右，有伦有义，有分有辩，有竞有争，此之谓八德。"凡天下人有三德：高、勇、美，而"心不忧乐，德之至也"，但"至乐活身"。总之，庄子的热情所致与其之后的道家区别很大，后者为完全以达到长生为目标的道家，庄子肯定这种"万物一齐"，即"死生，命也"。死生，无所谓，"圣人"所悟，"万化"为"道"所系，而未始有极也，其为乐可胜计邪？此悟，才能带来最高快乐。彼著名梦喻——梦中不知是庄子变成蝴蝶，还是蝴蝶梦到变成庄子——也可以说是互为"物化"，而不是指生命如超越现实的梦。早期道家批评"仁"为非自然（"天与地"）属性的人为教化，是道与德之衰退产物。《道德经》认可"仁"是人际交往的良好基础，而在《庄子》中把它扩展至非自然（非生命）本性："爱人利物之谓仁。"与其他学派相反，道家坚持自然超脱（非利益的）的理想，同时批评"利"以及"义"。《道德经》提出精确的递减次序："失德而后仁，失仁而后义。"清晰界定了"无以为"之"仁"和"有以为"之"义"，但《庄子》与此不同，拒绝区分"仁"与"义"，而是要把二者与"利"一起"忘"掉。在《庄子》中，"忘"如同自觉分离（忽略、无欲、淡漠、不干涉），他给自己标出一个特别方法："忘心"、"解心"和"心

养"，或使意识"虚"的"心斋"。而达到此成就者，则与自己身体、感觉、感知、知识分离，与"大同"[1]、元气"滓溟"同一，在"元气"中所有一切"自然"、恒久不变地"自生"和"自化"。

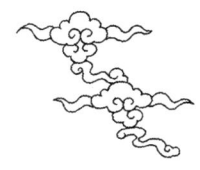

"坐忘"修炼使人联想到佛教的"坐禅"。公元7世纪司马承祯的《坐忘论》便是一部专门讲述"坐忘"技巧的道家著作，它曾影响道家"内丹"和理学奠基人周敦颐的"主静"概念。《庄子》内容更多只是讲述关于中国古代长生不老的一般观点，后来道家将其发展，形成以蓄"精"达到"养生"和"长生"的理论，还有与气功（瑜伽）相关的"天机"概念，指自然活力与反"嗜欲"。后来《道藏》中的《天机经》对此有专门论述。

总之，庄子赋予术语"机"以生理意义：人体自然之"机发于踵"，引发更具生机、穿透整个机体的"踵吸"，其首先是"真人"具有之特征，"真人之息以踵"。相反，使用劳动机械为"机物"之源，乃出于"机心"、自私、狡猾，它使违背"道"之"心不齐"。类似"机"之多义性留存于后世的道家文献中。

《道德经》对人类创造的文明成果进行了简要的批评，赞扬远古社会的淳朴，《庄子》对此观点进行细化，并作出重大贡献，将其发展为道家社会乌托邦，即生命自然方式与大自然的和谐理想。《庄子》的矛盾性和多义性与文本的艺术形式有关，这也是其最高价值所在，并在中国以及全世界范围都得到广泛的认可与高度评价。

*郭庆藩《庄子集释》，共4册，北京，1961年；王夫之《庄子解》，北京，1964年；刘文典《庄子补正》，共2册，昆明，1980年；曹础基《〈庄子〉简注》，北京，1982年；欧阳景贤、欧阳超《庄子释译》，上、下册，武汉，1986年；沙少海《庄子集注》，贵阳，1987年；张耿光《庄子全译》，贵阳，1991年；《中国古代的无神论者、唯物主义者、辩证法者：杨朱、列子、庄子》，Л. Д. 波兹德涅耶娃译，莫斯科，

① 此处俄语原文великое проницание，意为"渗透"。——译者注

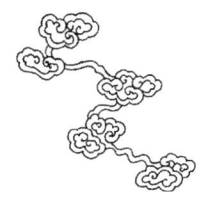

1967年，第133—321页；《世界哲学文集》，第1卷第1部分，莫斯科，1969年，第210—217页；《中国古代哲学》，第1卷，莫斯科，1972年，第248—294页；《圣人的书：中国古代文集》，莫斯科，1987年，第79—113页；《竹简：中国古代文选》，莫斯科，1994年，第74—81页；《庄子 列子》，В. В. 马良文译，莫斯科，1995年；The Texts of Taoism / Tr. by J. Legge. Vol. I–II. N. Y., 1962; Chan Wing-tsit. A Source Book in Chinese Philosophy. Princ.-L., 1963, pp. 177-210, 326-335; The Sayings of Chuang Chou / Tr. by J. R. Ware. N. Y., 1963; Chuang Tzu: A New Selected Translation with an Exposition of the Philosophy of Kuo Hsiang / Tr. by Fung Yu-lan. N. Y., 1964; The Complete Works of Chuang Tzu / Tr. by B. Watson. N. Y., 1968; L'OEuvre comple te de Tchouang-tseu / Tr. par Liou Kia-hway. P., 1969; Dschuang Dsi, das wahre Buch vom sudlichen Blutenland / Ubers. von R. Wilhelm. Dusseldorf-Koln, 1977; Chuang Tzu: The Seven Inner Chapters and Other Writings from the Book of Chuang-tzu / Tr. by A. C. Graham. L., 1981; Zhuangzi (Tchouang-tseu), les chapitres inte rieurs / Tr. par J.-C. Pastor. P., 1990; Ф. С. 贝科夫《中国社会政治与哲学思想的产生》，莫斯科，1966年，第185—192页；Л. С. 瓦西里耶夫《中国思想的起源问题》，莫斯科，1989年，第166—172页；郭沫若《中国古代哲学》，莫斯科，1961年，第267—301页；Г. С. 戈罗霍娃《早期道家的多面性》，载《中国道家》，莫斯科，1982年，第588页；Ф. 茹利延《通往目的之路：迂回或径直——中国与希腊思想策略》，莫斯科，2001年，第275—302页；Е. В. 扎娃茨卡娅《古代中国绘画的审美问题》，莫斯科，1975年；《中国哲学史》，莫斯科，1989年，第100—110页；А. М. 高辟天《〈庄子〉文本均匀性的形式：语言分析》，载《东方哲学问题》，莫斯科，1979年；А. А. 米哈列夫《庄子：意识的结构》，载《中国理性主义的传统与现代性》，莫斯科，1993年；В. А. 鲁宾《中国古代的个性与权力》，莫斯科，1999年，第54—74、125—127页；司马迁《史记》，第7卷，Р. В. 越特金译，莫斯科，1996年，第39—40页；Е. А. 陶奇夫《道家：历史宗教描述尝试》，圣彼得堡，1998年，第230—237页；范文澜《中国通史》，莫斯科，1958年，第259—260页；冯友兰《中国哲学简史》，圣彼得堡，1998年，第127—141页；Ю. К. 楚紫气《老子与庄子书中的"道"与"德"》，载《由神秘力量转向道德指令：中国文化中的范畴"德"》，莫斯科，1998年；杨兴顺《古代中国的唯物主义思想》，莫斯科，1984年，第143—151页；杨荣国《中国古代思想史》，莫斯

科，1957年，第237—265页；Ames R. T. (ed.). Wandering at Ease in the Zhuangzi. Albany, 1998; Billeter J.-F. Lec, ons sur Tchouang-tseu. P., 2002; Buber M. Reden und Gleichnisse des Tschuang-tse. Zurich, 1951; Chang Tsung-tung. Methaphysik, Erkenntnis und praktische Philosophie im Chuang-Tzu. Frankfurt, 1982; Kjellberg P., Ivanhoe P. J. (ed.). Essays on Scepticism, Relativism, and Ethics in the Zhuangzi. Albany, 1996; Mair V. H. (ed.). Experimental Essays on Chuang Tzu. Honolulu, 1983; Robinet L. Chuang tzu et le taoïsme 《religieux》 // JCP. 1983, No. 11, pp. 59-105.

（А. И. 科布杰夫撰，韩万舟译）

拙，道家概念，主要在中国美学思想中使用。汉字"拙"由提手旁和"出"构成，意指"粗糙的手工制作"。它起源于道家奠基之作《道德经》，其中肯定"大智若愚"，即由于自己极度自然的本性而给人笨拙的印象。与概念"古"相关联，"拙""巧"两个概念是反义词。概念"生"与"拙"意义相近，它有时用来表示艺术上的不成熟。在中国传统美学中"拙"和"生"被认为是真正"雅"和符合自然天性"文"的条件。按照著名绘画理论家林纾的解释，"拙者精神到，看似极拙，即之却雅极"。

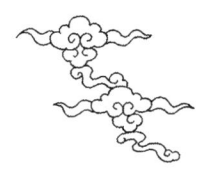

**В. А. 克立朝《道家美学》，莫斯科，1993年，第87—89页。

（В. А. 克立朝撰，韩万舟译）

子产

子产，即公孙侨、公孙成子，郑国贵族，法家的实干家。子产的生活和活动主要记载于《左传》中。子产出生于郑国的贵族家庭，公元前544年被立为卿，公元前543年成为正卿。他制定统一的法律和刑书，将刑书条文铸在铁鼎上。他命令登记有固定田产的人，划定田块界限，承认私有土地的合法性；把农户按五家为"伍"的方式编制起来，相互承担责任；根据"统一律法"，简化税收方式，行政管理按区划分。他还提出不根据出身而根据对国家的忠诚和正直的原则，来提拔官员。子产是推行"官员着官服"法令的首倡者。子产的言论，体现了法家的功利主义思想，随后常常出现在认同法家学说的思想家的著述中："天道远，人道迩，非所及也。"子产认为，对老百姓来说，惧怕国君的威严，听从他的政令，尊重贵人，事奉长者，奉养亲属，这五条是必需的。子产的某些思想接近儒家学说，如"天之经也，地之义也，民之行也"，这与他的政治措施相一致。他反对贵族的世袭继承，关注社会中等阶层的利益，因为他们是社会主要的成员。新的富裕贵族由此与政权结成同盟。

**Л. С. 佩列洛莫夫《中国政治史上的儒家与法家》，莫斯科，第45—50页；B. A. 鲁宾《中国古代的个体与权力》，莫斯科，1999年，第227—241页；郑克堂《子产评传》，上海，1941年；Eichler E. H. The Life of Tsze-ch'an // China Review. 1886-1887, pp. 12-23, 65-78; Parker E. H. What We May Learn from Ancient Chinese Statesmen // Asiatic Quarterly Review. 1903, No. 53, pp. 100-130; Rubin V. A. Tzu-ch'an and the City of Ancient China // T'P. 1965, Vol. 52, livr. 1-3.

（Л. С. 佩列洛莫夫，陈爱香译）

子孟学派

子孟学派[①]是八大哲学流派之一。根据《韩非子》的相关论述,将孔子去世后的早期儒学称为子孟学派。该学派出现于公元前5世纪至前3世纪,主要代表人物是孔子之孙子思和子思之私淑弟子孟子。他们的思想主要收录于《中庸》。该学派主要宣扬在统治者与被统治者之间保持"中立"和宽容态度的必要性。子思和孟子遵循儒家"和为贵"的思想,反对统治者采取极端的政治手段。子思寻求"中和",因而"天地位焉,万物育焉"。确保君子所倡导的和、"君子"仁义治天下,即孟子后来所提倡的仁政。"君子之道"是他的学说基础。这种统治要求消除人们对利益的追逐以及邻人之恶。王道以严格稳定的社会等级制度为前提,不允许从一个等级逾越到另一等级,要求人们彼此宽容,不要因为自己的命运而怨天。为了实现这一社会道德,个人需要不断完善自我。个人先天可能是善的,但是由于外在环境而产生不良的品质。子思教导说,一个人的灵魂中不存在一丁点恶,自我完善会消除所有外部产生的恶,使人集中于其内在的善,在此情况下,可寻求对"天"道(即诚)的最大理解。对个体这种普遍性和先验的规律与解释,允许在人世间构建和平与和谐。子思确信,"诚者,物之终始"。"诚"不仅仅是万物之本源,而且它在此之前已存在。因而理解"诚",达到诚之"尽",唯"天下"尽其性,并尽人之性——人的特征和自然本性。在这一过程中,当万事"在我之中"时,人与"万物"实现统一。实现"诚",并充分展示事物的自然性,意味着与天合一。在子思和孟子的学说中得以发展和论述的,只有儒家学说中的"天人合一"思想。子孟学派认为,知识是理解"诚"的另一途径,其过程分为五个阶段:博学之,审问之,慎思之,明辨之,笃行之。掌握知识五阶段论的提出,是对孔子提出的"学而不思则罔,思而不学则殆"思想的发展。子思和孟子将自我完善的过程与"天命""德"和"道"联系在一起。人们通过这五个阶段的学习和完善,从而实现"天命",怀抱"德",理解"道"。通过这条途径,能够轻松治理天下。子思和孟子认为这种统

[①] 子孟学派,国内一般称之为思孟学派。——译者注

治是施行"仁"的原则。子孟学派对儒家思想的进一步发展产生了极为深刻的影响。《中庸》和《孟子》成为最权威的儒家经典，成为"四书"的组成部分。

**《中国哲学》，莫斯科，1988年，第87—99页；杨荣国《中国古代思想史》，莫斯科，1957年，第173—225页。

（В.Ф.费奥克季斯托夫撰，陈爱香译）

自然

自然，是中国道家哲学中的重要概念，它有不同的俄文译法："自生性"（спонтанность）、"天然"（естество）、"随性自然"（"само собой""исходить из самого себя"）。在《道德经》中，"自然"意味着非创造性的存在，即"夫莫之命而常自然"。"道法自然"即遵循自我（在某些西方语言中翻译成"信奉自然"，这不是很准确，因为在这种情况下，"道"从属于某种个别的存在）。在庄子的理解中，"自然"在事物的再生产中缺乏意图性与目标定向性，是"不益生"的过程。法家代表人物韩非在道家释义中，将"自然"一词用于指明"理"。理，即作为物质世界中具体现象结构生成法则的原因。在《淮南子》中，"自然"成为道家管理社会行为的理想："天下事"不应受到随意调整，只能"遵循其本性"。王充特别关注到"自然"这一概念，用该词作为《论衡》中一章的名称。他继承了道家关于"自然"的解释，即世界产生和发展的规律，将"自然"解释为"无为"的同义语。同时，他批评道家将适合于人类的规律绝对化，以及拒绝以经验作为检验标准的做法。王充认为，在人类的实践活动中，自然应该帮助有目的的行动。自然的种类在玄学中发挥着存在的作用。王弼反对儒家学说中"天地"之"仁"的人为性，他认为天地任自然，"无为无造""万物自相治理"。在嵇康的学说中，"自然"被视为人所希望的社会调节的真正准则，

他反对强迫服从儒家的行为规范（《难自然好学论》）。郭象阐释对"天言"的理解，认为感觉器官对它的感受是微弱的，即宇宙不甚明了的深处的信息，是作为其"自然性"的"洞察"。在玄学代表人物何晏的学说中，"自然"不是以属性的形式出现，而是直接等同于"道"（《无名论》）。这一思想被理学创始人之一程颐予以系统化。在王阳明的学说中，"自然"成为"良知"自我革新的表述，是先天的"好知识"，同时也是人与世界存在的最高准则。在18世纪，戴震以"血气自然性"为例，将"自然"与"必然"混为一谈（《孟子字义疏证·理》）。在现代汉语中，"自然"一词有"大自然""自然的""天然的"等意思，广泛运用于教育科学术语和词组术语，如自然科学、自然哲学、自然主义、自然经济，等等。

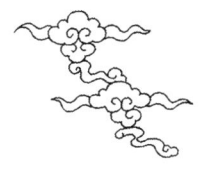

**《哲学大辞典·中国哲学史卷》，上海，1985年，第251页；宇同《中国哲学大纲》，第2册，北京，1958年，第425—435页；Morgan E. Tao, the Great Luminant. Essays from Huainan-tzu. L., 1933, pp. 1-45.

（А. Г. 尤尔克维奇撰，陈爱香译）

宗密

宗密（780—841），华严宗五祖，亦为禅宗菏泽系四传弟子，或被称为圭峰宗密（圭峰是陕西省终南山高峰，其上坐落着草堂寺，宗密曾住于此）。其诸多哲学著作（约200卷）中最为重要的有《原人论》和《禅源诸诠集都序》。他也是当今已佚失的《禅藏》的修订编辑者。宗密致力于研究在华严宗领导下的中国佛教诸流派融合的思想。他分析禅宗演示内心活动的技巧，如同华严哲学的实现，由此提出教禅一致的观点。在《原人论》中，佛教历史被视为从低级形式向华严思想运动的过程，华严思想被视为一种绝对完美的思想，在综合其他思想精髓的基础上予以整体超越。趋向完美

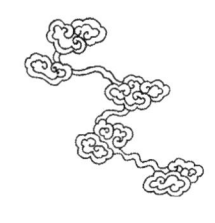

知识的运动,被描述为按时间顺序的连续性进行:每一种新思想均含有旧思想正确的时刻。对宗密来说,儒、道是低级阶段的学说,不受时间顺序的约束;随后是人天教,秉持对佛教教义标准的原初水平的理解,也即小乘教;①而唯识宗、中观宗和从大乘教中分离出来的华严宗都属于大乘教。宗密使概念分类更为具体化和合理化,并提出将法藏纳入五教的思想。

*《大正藏》,第45卷,东京,1968年;宗密《原人论》,К. Ю. 索洛宁译,《佛经翻译》,第1辑,圣彼得堡,1992年,第72—100页;宗密《禅源诸诠集都序》,К. Ю. 索洛宁译,《佛经翻译》,第1辑,圣彼得堡,1992年,第100—128页;第2辑,圣彼得堡,1993年,第99—127页;《圭峰大师传记》,К. Ю. 索洛宁译,《佛经翻译》,第1辑,圣彼得堡,1992年,第128—130页;宗密《禅源》,Е. А. 陶奇夫、К. Ю. 索洛宁译,圣彼得堡,1998年。**Е. А. 陶奇夫《道家:历史宗教描述尝试》,圣彼得堡,1998年,第119—121页;Л. Е. 扬古托夫《华严宗哲学》,新西伯利亚,1982年;《中国古代著名哲学家评传·续篇三》,济南,1982年,第83—138页;Jan Jun-hua. Tsung-mi: His Analysis of Ch'an Buddhism // T'P. 1972, Vol. 58, No. 4; Verdu A. Dialectical Aspects in Buddhist Thought: Studies in Sino-Japanese Mahayana Idealism. Kansas-New York, [1974].

(Е. А. 陶奇夫撰,陈爱香译)

纵横家

纵横家指以从事政治和外交活动为主的派别。这一哲学流派由公元前5世纪至公元前3世纪的外交理论家和实践家(封建诸侯的顾问)所组成。刘歆将"纵横家"视为战国时期哲学思想流派——"九流"中独立的"一流"(派别)。据《史记》,"纵横家"的主要代表人物有苏秦和张仪。南北诸国联合称之为"合纵",东西诸国联合称之为"连

---

① 这种说法不准确,密宗也认为人天教不是小乘教,两者是分开的、并列的。——译者注

横"。苏秦力主由南往北,联合燕、赵、韩、魏、齐、楚等诸侯国,建立"(六国)合纵",以抵抗秦国。张仪反对合纵,他力主由东至西"连横"以事秦。两派的拥护者合起来,被称为"纵横家"。据《隋书》,纵横家的主要论著有《鬼谷子》,该书同时亦属于道家。纵横家代表人物的活动和观点主要见于《战国策》。1973年,在马王堆(位于今湖南省长沙市)的考古挖掘中,发现了《战国纵横家书》,它与《战国策》中的内容相同。《汉书·艺文志》所列举的纵横家12位代表人物的作品达百余篇。

(А. Г. 尤尔克维奇撰,陈爱香译)

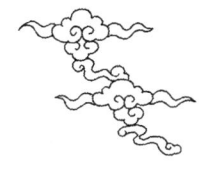

邹衍

邹衍,或称邹子,阴阳家学派的创始人和代表人物。他属于稷下学派。他的思想和生平资料主要保存于《史记》《汉书》《论衡》和《吕氏春秋》的若干片段中。作为学者的邹衍享誉甚隆,世人称之为"谈天衍",在魏、赵、燕诸国颇受礼遇。他是燕昭王的老师。邹衍将对立的宇宙力量——阴阳的相互作用观念与五行循环秩序思想结合起来深入研究,尽管其留存下来的资料对阴阳思想未曾提及。五行体系在他的"五德终始"学说中,是作为宇宙起源过程中内容丰富的首要元素或周期,这是在"天地分离"之后出现的,也是促发世界的时代更替与秩序调整的原因。邹衍推广在历史进程中"五德"的循环性,并将其与统治王朝的兴衰更替联系在一起。在与占卜相连的宗教神秘性传统上,邹衍的观点在董仲舒的哲学思想中得到发展,同时他的观点亦在他之后的历史思想中获得发展。根据象数学,邹衍发展了孟子关于"中国"(古代中国的王朝)的构造和面积大小的图略,孟子将"中国"想象成边长九千里的九方格。邹衍解释说,这仅仅占九州的九分之一,亦只是天下的八十一分之一。邹衍置换孟子的上述数字,他将天下视为边长二万七千里的方格,这个数据与《吕氏春秋》和《淮南子》中提供的

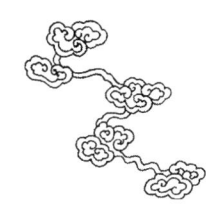

数据相近,即地球的实际直径从东往西二万八千里,从南往北二万六千里。这些数据的来源,对于研究者来说仍是个谜。在《汉书·艺文志》(关于艺术和经文的论著)中,关于邹衍的论著有两种:《邹子》49篇和《邹子终始》56篇,二者皆已佚。

*《中国古代哲学·汉代卷》,莫斯科,1990年,第275—278页,索引;司马迁《史记》,第7卷,Р. В. 越特金译,莫斯科,1996年,第168—171页;《吕氏春秋》,莫斯科,2001年,第181—183页;《淮南子》,莫斯科,2004年,第51—86页。**Ф. С. 贝科夫《中国社会政治与哲学思想的诞生》,莫斯科,1966年,第162—169页;А. И. 科布杰夫《中国传统科学的历史与理论之实际问题》,载《现代历史科学研究:中国传统科学》,莫斯科,1987年,第27—29页;А. И. 科布杰夫《中国古典哲学中的象数学》,莫斯科,1994年,第343—345页;冯友兰《中国哲学简史》,圣彼得堡,1998年,第159—160页;Fung Yu-lan. A History of Chinese Philosophy. Vol. 1. Princ., 1952, pp. 159-169.

(А. И. 科布杰夫撰,陈爱香译)

《左传》

《左传》,亦称《春秋左氏传》。它是儒家经典之一,也是使"古文经书""一体化"的历史纪念碑。根据《汉书》的说法,它的作者是左丘明,是鲁国的历史编纂学家。在清代,古文经学认为,《左传》的文本是刘歆修正的。根据今文经学的一个说法,《左传》的文本材料是由战国时期诸国的编年史组成。流传至今的《左传》可能是公元前1世纪的印本。相传《左传》是对孔子写的鲁国编年史《春秋》的解释。它的解释和描述事件的详情,通常与其他对《春秋》的解释(如《谷梁传》《公羊传》)不同。它们是儒家经典"十三经"的组成部分。文本以编年体的形式,记述公元前722年至公元前468年间的事件。《左传》的内容包括对重大历史事件、历史人物对话的叙述,以及世界观、自然哲学、宗教观念和儒家道德观念的揭示。它是古代中国诸国的相互关系,以及它们的文化、经济和生活的重要文献资料。《左传》的文献资料中对于古代中国自然哲学思想之根源与运用原则的评论,可作为对政治、社会、经济领域问题作决策的依据。后人主要的评论著述有《春秋左氏经传集解》(杜预)、《春秋左传正义》(孔颖达)和《春秋左传诂》(洪亮吉)等。前两部著作成为"十三经注疏"的组成部分,杜预的集解常与林唐翁的评论共同刊刻。

*《左传译文》,沈玉成译,北京,1981年;《左传》,Л. Д. 波兹德涅耶娃译,载《古代东方史选集》,莫斯科,1963年;《左传》(节选),В. А. 鲁宾译,载《东方国家的音乐美学》,莫斯科,1967年;《左传》(第1—6卷),Е. П. 锡尼岑译,载《中国古代哲学》,第2卷,莫斯科,1973年;Legge J. The Chinese Classics. Vol. V, pt I-II. Hong Kong, 1960。
**В. А. 鲁宾《中国古代的个人与权力》,莫斯科,1999年,第159—248页;杨伯峻、徐提《春秋左传词典》,北京,1985年;Fraser E. D. H. Index to the Tso Chuan. London-New York-Shanghai, 1930; Karlgren B. On the Authenticity and Nature of the Tso Chuan // Göteborg högskolas årsskrift. 1926. Vol. 32.

(А. Г. 尤尔克维奇撰,陈爱香译)

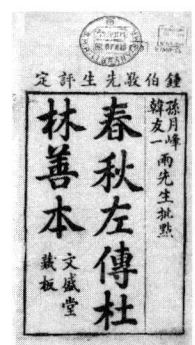

丙部 附录

中国精神文化大典

缩略词
主要缩略词

абс. — абсолютный
авг. — август
авт. — автор
азиат. — азиатский
акад. — академик
амер. — американский
англ. — английский
апр. — апрель
араб. — арабский
б-ка — библиотека
буд. — буддийский
букв. — буквально
бурж. — буржуазный
в., вв. — век, века
введ. — введение
ввод. — вводный
венг. — венгерский
внеш. — внешний
внутр. — внутренний
вост. — восточный
вступ. — вступительный
в т. ч. — в том числе
г. — город
гг. — годы
гл. — главный
гл. обр. — главным образом
гол. — голландский
гор. — городской
гос. — государственный
гос-во — государство
греч. — греческий
даос. — даосский
дек. — декабрь
дер. — деревня
дин. — династия, династийный
дис. — диссертация
доп. — дополненный
д-р — доктор
др. — другой, другие
европ. — европейский
журн. — журнал
зав. — заведующий
зам. — заместитель
зап. — западный
избр. — избранный
изд. — издание
изл. — изложение
им. — имени
имп. — императорский
инд. — индийский
иностр. — иностранный
ин-т — институт

исп. — испанский
испр. — исправленный
исслед. — исследование
итал. — итальянский
канад. — канадский
канд. — кандидат
кит. — китайский
к.-л. — какой-либо
к.-н. — какой-нибудь
кн. — книга
коммент. — комментарий
кон. — конец
конф. — конфуцианский; конференция
крест. — крестьянский
к-рый — который
лат. — латинский
лит. — литературный
лит-ра — литература
макс. — максимальный
м. б. — может быть
мань-ж. — маньчжурский
междунар. — международный
млн. — миллион
мн. — многие
монг. — монгольский
моск. — московский
назв. — название, названный
напр. — например
нар. — народный
наст. время — настоящее время
науч. — научный
нац. — национальный
нач. — начало
нек-рый — некоторый
нем. — немецкий
неск. — несколько
нидерл. — нидерландский
нояб. — ноябрь
н. э. — наша эра
об-во — общество
обл. — область, областной
обраб. — обработка
общ. — общий
ок. — около
окт. — октябрь, октябрьский
опубл. — опубликован, опубликованный
орг-ция — организация
осн. — основной
отв. — ответственный
отд. — отдельный, отдел, отделение
офиц. — официальный
парт. — партийный

пер. — перевод
перераб. — переработанный
перс. — персидский
пол. — половина
послеслов. — послесловие
пр-во — правительство
пред. — председатель
предисл. — предисловие
прил. — приложение
примеч. — примечание
пров. — провинция
произв. — произведение
пром. — промышленный
проф. — профессор
псевд. — псевдоним
разд. — раздел
ред. — редакция, редакционный, редактор
редкол. — редколлегия
религ. — религиозный
респ. — республиканский
реф. — реферативный, реферат
рос. — российский
рум. — румынский
рус. — русский
санскр. — санскритский
сб. — сборник
сент. — сентябрь
сер. — середина; серия
сиб. — сибирский
след. — следующий
см. — смотри
собр. — собрание
собств. — собственный
совм. — совместно
совр. — современный
содерж. — содержание
сокр. — сокращенно

сост. — составитель
соч. — сочинение
спец. — специальный
ср. века — средние века
ст. — статья
стер. — стереотипный
т. — том, тома
тангут. — тангутский
т.е. — то есть
темат., тематич. — тематический
т.зр. — точка зрения
тибет. — тибетский
т.к. — так как
т.н. — так называемый
т.о. — таким образом
тр. — труды
тыс. — тысячелетие, тысяча
указ. — указатель
ум. — умер
ун-т — университет
учеб. — учебный
февр. — февраль
феод. — феодальный
фил. — филиал
филол. — филологический
филос. — философский
франц. — французский
ф-т — факультет
хоз. — хозяйственный
хоз-во — хозяйство
центр. — центральный
чл. — член
чл.-кор. — член-корреспондент
яз. — язык
янв. — январь
япон. — японский

机构组织名称

АН СССР — Академия наук СССР
АОН — Академия общественных наук
БИОН — Бурятский институт общественных наук Сибирского отделения Российской академии наук
Бурят. кн. изд-во — Бурятское книжное издатель-ство
Вост. лит. — Издательская фирма «Восточная ли-тература» РАН
ВСНП — Всекитайское собрание народных пред-ставителей
ВФК — Всемирный философский конгресс
ДВГУ — Дальневосточный государственный уни-верситет

ИВАН — Институт востоковедения АН СССР
ИВЛ — Издательство восточной литературы
ИВ РАН — Институт востоковедения РАН
ИДВ — Институт Дальнего Востока АН СССР (ныне РАН)
Изв. АН СССР — Известия АН СССР. М.
ИКАН — Институт китаеведения АН СССР
ИЛ — Издательство иностранной литературы
ИМЛИ — Институт мировой литературы АН СССР (ныне РАН)
ИНИБОН — Институт научной информации. Биб- лиотека общественных наук АН СССР
ИНИОН — Институт научной информации по об- щественным наукам АН СССР (ныне

РАН)
ИСАА　Институт стран Азии и Африки при Московском государственном университете им. М.В. Ломоносова
КПК　Коммунистическая партия Китая
ЛГУ　Ленинградский государственный университет
ЛО ИВАН　Ленинградское отделение Института востоковедения Академии наук СССР
МГУ　Московский государственный университет им. М.В. Ломоносова
НИИ　научно-исследовательский институт
НПКСК　Народный политический консультативный совет Китая
Петербург . востоковедение　Центр «Петербург-ское востоковедение»
ПК　Постоянный комитет
РАН　Российская академия наук
СПбГТУ　Санкт-Петербургский государственный технический университет
СПбФ ИВ РАН — Санкт-Петербургский филиал Института востоковедения РАН
ЦИК — Центральный исполнительный комитет
ЦК — Центральный комитет
ЦКК — Центральная контрольная комиссия
ЧитГТУ — Читинский государственный технический университет
ЯГУ — Ярославский государственный университет

出版地标注

Л. — Ленинград
М. — Москва
М.–Л. — Москва–Ленинград
Новосиб. — Новосибирск
Пг. — Петроград
Ростов н/Д — Ростов-на-Дону
СПб. — Санкт-Петербург

B. — Berlin
Berk. — Berkeley
Bost. — Boston
Brux. — Bruxelles
Camb. — Cambridge
Chic. — Chicago
Fr./M. — Frankfurt am Main
Hamb. — Hamburg
Ill. — Illinois
L. — London
Los Ang. — Los Angeles
Lpz. — Leipzig
Mass. — Massachusets
N.J. — New Jersey
N.Y. — New York
Oxf. — Oxford
P. — Paris
Phil. — Philadelphia
Princ. — Princeton
S.F. — San Francisco
Stanf. — Stanford
Stockh. — Stockholm

定期出版物书籍

ААС — Азия и Африка сегодня. М.
ВДИ — Вестник древней истории. М.
ВМУ — Вестник Московского университета. М.
ВФ — Вопросы философии. М.
ИБ — Информационный бюллетень / РАН. Институт Дальнего Востока. М.
ИМ. Сер. *См.* ИМ. ИТТ
ИМ. ИТТ — Информационные материалы. Серия: Идейно-теоретические тенденции в современ- ном Китае: национальные традиции и поиски путей модернизации / Российская академия наук. Институт Дальнего Востока. М.
НАА — Народы Азии и Африки. М.
НК ОГК — Научная конференция «Общество и государство в Китае». М.
ПДВ — Проблемы Дальнего Востока. М.
ПП и ПИКНВ — Письменные памятники и про- блемы истории культуры народов Востока. М.–Л.
СББЯ — Сы бу бэй яо (Главные в полноте [всех произведений] по четырем разделам), серия. Шанхай, Пекин, 1936
СБЦК — Сы бу цун кань (Собрание публикаций по четырем разделам), серия. Шанхай, Пекин, 1929–1937
ТПИЛДВ — Теоретические проблемы изучения литератур Дальнего Востока. М.
ТСД — Тайсё синсю дайдзокё 大正新修大藏经 (Заново отредактированное собрание сутр [го- дов] Тайсё). Токио, 1924–1931
ЦШЦЧ — Цун шу цзи чэн (Корпус классических книг), серия. Шанхай, Пекин, 1935
ЧЦЦЧ — Чжу цзы цзи чэн 诸子集成 (Корпус

философской классики), серия . Т . 1–8. Шан- хай, Пекин, 1935
ЭИ — Экспресс-информация / РАН . Институт Даль- него Востока . М .

HR — History of Religions
JCP — Journal of Chinese Philosophy. Honolulu
JHI — Journal of the History of Ideas
JNCBRAS — Journal of the North China Branch of the Royal Asiatic Society. Shanghai
PEW — Philosophy East and West. Honolulu
T'P — T'oung Pao. [Paris]–Leiden

人名索引

阿佛罗狄西亚的亚历山大 Александр Афродисийский 47
阿理克 Алексеев В .М . 269, 365, 533
阿弥陀佛 Амитабха (санскр. Amitābha, кит. Амито) 230, 318, 338-341, 686
阿那克萨哥拉 Анаксагор 33, 69
埃利亚 Зенон Элейский 239
爱丁顿 Эддингтон А . (Eddington A.) 197
爱森斯坦 Эйзенштейн С .М . 552
爱因斯坦 Эйнштейн А . (Einstein A.) 232
安世高 Ань Ши-гао 120, 129, 225
巴枯宁 Бакунин М .А . 716
巴拉第 Кафаров П .И . 48
巴利蒙特 Бальмонт К .Д . 172
巴门尼德 Парменид 64, 135
白晋 Буве Ж . (Bouvet J.) 254, 549, 742, 743
白玉蟾 Бо Юй-чань 704
百丈 Бай-чжан (怀海 Хуай-хай) 130
柏格森 Бергсон А . (Bergson H.) 212, 353, 375, 396, 474, 639, 640, 651, 708
柏拉图 Платон 2, 4, 5, 23, 33, 47, 49, 50, 52, 53, 56, 57, 59, 66, 80, 92, 220, 221, 283, 454, 466, 543, 549, 698, 708
班彪 Бань Бяо 123, 272, 585
班固 Бань Гу 8, 10, 18, 68, 122, 123, 168, 175, 185, 252, 265, 272, 273, 298, 405, 417, 436, 446, 457, 532, 585
班昭 Бань Чжао 272
保罗·蒂利希 Тиллих П . (Tillich P.) 99, 341
抱朴子 Бао-пу-цзы см. Гэ Хун 236
鲍敬言 Бао Цзин-янь 124, 237, 405
鲍时祥 Бао Ши-сян 358
贝科夫 Быков Ф .С . 668, 682
贝克莱 Беркли Дж . (Berkeley J.) 186
比丘林 Иакинф см. Бичурин Н .Я . 151, 737, 738
彼得罗夫 Петров А .А . 522
彼得一世 Петр I 348, 716
毕来德 Биллетер Ж .-Ф . (Billeter J.-F.) 376, 580
毕颖之 Би Инь-чжи 318
毕沅 Би Юань 171, 419, 457, 502, 535
玻尔 Бор Н . (Bohr N.) 232, 552
伯阳父 Бо Ян-фу 465
波兹德涅耶娃 Позднеева Л .Д . 313, 580, 684, 750
卜德 Бодде Д . (Bodde D.) 94, 222, 313
不空 Бу-кун см. Амогхаваджра 342, 431
布拉德雷 Брэдли Ф .Г . (Bradley F.H.) 562
布朗热 Буланже П .А . 151
蔡谟 Цай Мо (Цай Дао-лин) 127, 210, 275
蔡沈 Цай Шэнь (蔡九峰 Цай Цзю-фэн) 254, 386, 511, 634
蔡邕 Цай Юн 111
蔡元定 Цай Юань-дин 280, 550
蔡元培 Цай Юань-пэй 295, 326, 404, 405, 714
曹操 Цао Цао 547, 721
曹丕 Цао Пи 413
曹山 Цао-шань (本寂 Бэнь-цзи) 131, 229
曹思文 Цао Сы-вэнь 521
曹雪芹 Цао Сюэ-цинь 595

岑克尔 Ценкер Э . (Zenker E.V.) 313, 668
曾巩 Цзэн Гун 701
曾国藩 Цзэн Го-фань 588
曾子 Цзэн-цзы см. Цзэн Шэнь 148, 367, 635, 668, 736, 750
陈宝箴 Чэнь Бао-чжэнь 555
陈独秀 Чэнь Ду-сю 183, 354
陈奂 Чэнь Хуань 529
陈健夫 Чэнь Цзянь-фу (Wilbur Chien-Fu Chen) 132
陈澧 Чэнь Ли 438
陈立 Чэнь Ли 242
陈亮 Чэнь Лян 386, 573, 689
陈龙正 Чэнь Лун-чжэн 605
陈启天 Чэнь Ци-тянь 207
陈铨 Чэнь Цюань (Чэнь Да-шу, Чэнь Тао-хай) 133, 701
陈确 Чэнь Цюэ 370, 407, 605
陈荣捷 Чэнь Юн-цзе (Chan Wing-tsit) 28, 37, 38, 40, 139, 150, 170, 269, 312-314, 437, 640, 750
陈抟 Чэнь Туань (陈图南 Чэнь Ту-нань) 279, 550, 551, 738
陈显微 Чэнь Сянь-вэй 128
陈献章 Чэнь Сянь-чжан 702
陈仲 Чэнь Чжун 667
陈竺 Чэнь Чжу 438
成公生 Чэнгун-шэн 313, 436
成吉思汗 Чингис-хан 362, 472, 716
成汤 Чэн Тан см. Тан 181, 270, 677
成王 Чэн-ван 84, 102, 103, 739
成玄英 Чэн Сюань-ин 171, 465, 655, 717, 750
成中英 Чэн Чжун-ин (Cheng Chung-ying) 134, 135, 152, 640
程颢 Чэн Хао (Чэн Бо-чунь, 程明道 Чэн Мин-дао, 明道先生 Мин-дао сянь-шэн) 137-139, 148, 161, 181, 192, 334, 375, 383, 386, 459, 467, 476, 489, 514, 534, 559, 582, 668, 717, 746
程廷祚 Чэн Тин-цзо 676
程瑶田 Чэн Яо-тянь 334
程颐 Чэн И (Чэн Чжэн-шу, 程伊川 Чэн И-чуань, 伊川先生 Ичуань сянь-шэн) 137-140, 148, 149, 161, 181, 192, 235, 334, 375, 380, 383, 386, 459, 466, 489, 490, 514, 534, 567, 573, 582, 584, 588, 646, 649, 655, 668, 689, 713, 717, 746, 759
澄观 Дэн-гуань 297
赤松子 Чи-сун-цзы 254
楚圆 Чу-юань 403
楚紫气 Щуцкий Ю .К . 6, 44, 48, 743
褚少孙 Чу Шао-сюнь 533
慈禧 Цы-си 349, 556
崔憬 Цуй Цзин 160, 566
崔适 Цуй Ши 533
崔述 Цуй Шу 425
崔篆 Цуй Чжуань 254, 634, 742
达尔文 Дарвин Ч . (Darwin Ch.) 392, 543, 630, 716
达朗贝尔 Д'Аламбер Ж .-Л . (D'Alembert J.-L.) 27
大慈 Да-цы 421
大慧 Да-хуй 404

大日如来 Да-жи см. Вайрочана 432
大卫·阿拉赫特 Давид Анахт 78
戴德 Дай Дэ (I в. до н.э.) 367
戴季陶 Дай Цзи-тао 434
戴逵 Дай Куй 484
戴圣 Дай Шэн 148, 367
戴望 Дай Ван 676
戴震 Дай Чжэнь (Дай Дун-юань, Дай Шэнь-сю) 138, 152, 153, 161, 334, 384, 387, 425, 427, 464, 467, 482, 491, 573, 646, 649, 676, 705, 759
聃 Дань 168, 360, 362
岛田虔次 Симада Кэндзи 381
道安 Дао-ань (释道安 Ши Дао-ань) 164, 225, 318, 410, 422
道绰 Дао-чо 339, 340
道德天尊 Дао-дэ-тянь-цзюнь см. Лао-цзы 361
道覆 421
道融 Дао-жун 343
道生 Дао-шэн (Чжу Дао-шэн, Ши Дао-шэн) 180, 196, 343, 498
道宣 Дао-сюань 230, 421, 422
道育 Дао-юй 463
道元 Догэн 131
德谟克利特 Демокрит 5, 33
德清 Дэ-цин (Хань-шань) 171
德日进 Тейяр де Шарден П. (Teilhard de Chardin P.) 2
德效骞 Дабс Г. (Dubs H.H.) 668
邓粲 Дэн Цань 471
邓陵子 Дэн Лин-цзы 448
邓牧 Дэн Му (Дэн Му-синь) 184
邓析 Дэн Си (Дэн Си-цзы) 61, 62, 185, 204, 205, 312, 313, 419, 435, 436, 438-442, 667, 694, 696
邓中夏 Дэн Чжун-ся 354
狄德罗 Дидро Д. (Diderot D.) 27
狄子奇 Ди Цзы-ци 425
迪姆博格 Димберг Р. (Dimberg R.G.) 277
丁文江 Дин Вэнь-цзян (Дин Цзай-цзюнь) 186, 293, 295, 353, 354
董国西 Тун Го-си 353
董斯张 Дун Сы-чжан 214
董旸 Дун Ян 407
董仲舒 Дун Чжун-шу 11, 65, 147, 157, 188, 189, 241, 270, 272, 305, 308, 332, 333, 347, 350, 392, 413, 429, 446, 460, 465, 475, 481, 488, 489, 494, 496, 518, 536-538, 571, 572, 586, 599, 619, 637, 643, 648, 655, 675, 689, 692, 693, 730, 761
洞山 Дун-шань (良价 Лян-цзе) 131
杜光庭 Ду Гуан-тин (Бинь-шэн, Гуан-чэн сянь-шэн, Дун-ин) 171, 194
杜国庠 Ду Го-сян 441, 457
杜里舒 Дриш Х. (Driesch H.) 353, 474
杜顺 Ду-шунь (Фа-шунь) 194, 227, 296, 385
杜威 Дьюи Дж. (Dewey J.) 232, 293, 295, 354
杜维明 Ду Вэй-мин (Tu Wei-ming) 95, 195, 196, 387, 469, 640
杜预 Ду Юй 334, 613, 763
段祺瑞 Дуань Ци-жуй 293, 393
段玉裁 Дуань Юй-цай 334
厄威克 Урвик Э. Дж. (Urwick E.J.) 353

恩培多克勒 Эмпедокл 69
兒说 Ни Юэ (Эр Шо) 46, 325, 436, 441, 442
法藏 Фа-цзан (Сянь-шоу) 202, 203, 228, 297, 385, 568, 760
法聪 Фа Сун 421
法度 Фа-ду 498
法海 Фа-хай 411
法拉比 Аль-Фараби 87
法朗 Фа-лан 324, 498
法然 Фа-жань 341
范寿康 Фань Шоу-кан 353, 437
范文澜 Фань Вэнь-лань 168
范晔 Фань Е (Фань Юй-цзун) 210, 316, 520, 585, 725
范缜 Фань Чжэнь 210, 211, 275, 397, 520-523, 566, 568, 645
范仲淹 Фань Чжун-янь 329, 371
方东美 Фан Дун-мэй (Фан Сюнь, Дун-инь) 212, 213
方以智 Фан И-чжи (Фан Ми-чжи, Фан Мань-гун) 65, 161, 213-216, 386, 588, 750
菲茨杰拉德 Фицджералд Ч. (Fitzgerald C.) 668
斐洛波努 Иоанн Филопон 47
费希特 Фихте И. (Fichte I.) 220, 716
丰塞卡 Фонсека П. да (da Fonseca P.) 440
冯今源 Фэн Цзинь-юань 362
冯契 Фэн Ци 314, 466
冯维津 Фонвизин Д.И. 151
冯友兰 Фэн Ю-лань (Фэн Чжи-шэн) 10, 12, 29, 42, 80, 96, 105, 149, 168, 178, 219-222, 239, 249, 282, 286, 312-314, 327, 362, 375, 386, 436, 438, 457, 466, 549, 562, 604, 639, 664, 668, 706, 747, 750
弗洛姆 Фромм Эрих (Fromm E.) 88
伏生 Фу Шэн 333, 509
伏羲 Фу-си (Пао-си, 包牺 Бао-си) 17, 181, 248-250, 253, 254, 279, 281, 679, 741-743
佛尔克 Форке А. (Forke A.) 6, 44, 313, 314, 440
佛图澄 Фо Ту-чэн 164
佛陀跋陀罗 Буддхабхадра (санскр. Buddhabhadra; кит. Фото-батоло) 296, 318
佛陀耶舍 Буддхаяшас (Buddhayaśas) 318
苻坚 Фу Цзянь 164
服虔 Фу Цянь 334
傅兰雅 Фрайер Дж. (Fryer J.) 555, 772
傅统先 Фу Тун-сянь 232
傅伟勋 Фу Вэй-сюнь (Charles Wei-hsun Fu) 233, 234
腹䵍 Фу Дунь 448
高亨 Гао Хэн 168, 172, 249, 280, 362, 457, 504, 750
高攀龙 Гао Пань-лун (Гао Юнь-цун, Гао Цунь-чжи, прозв. Цзин-и,) 187, 235, 605
高辟天 Карапетьянц А.М. 6, 29, 30, 38, 90, 91, 168, 169, 238, 438, 440, 533, 613, 749
高世泰 Гао Ши-тай 187
高堂生 Гао Тан-шэн (II в. до н.э.) 333
高诱 Гао Ю 299, 419, 701
(汉) 高祖 Гао-цзу (Лю Бан) 298, 412
告子 Гао-цзы (IV в. до н.э.) 244, 441, 460, 647, 665
戈利施坦 Гольштейн А.Ю. 169
歌德 Гёте (Goethe J.W.) 133
格鲁别 Грубе В. (Grube V.) 22

丙

771

葛洪 Гэ Хун (葛稚川 Гэ Чжи-чуань, 抱朴子 прозв. Бао-пу- цзы) 124, 160, 165, 236, 237, 242, 298, 329, 518, 611, 631, 697, 717
葛兰言 Гране П .М . (Granet P.M.) 6, 552
葛荣晋 Гэ Жун-цзинь 28, 37, 38, 40, 41
葛瑞汉 Грэм А .Ч . (Graham A.C.) 55, 59-62, 72, 80, 89, 92, 168, 438, 442, 684, 750
耿定理 Гэн Дин-ли 276, 379
耿定向 Гэн Дин-сян 276, 379
公孙丑 Гунсунь Чоу 425
公孙弘 Гунсунь Хун 333
公孙龙 Гунсунь Лун (Гунсунь Лун-цзы, Цзы-бин; сер.) 56, 71, 72, 81, 238-241, 312-314, 435-442, 695, 720, 750
公孙尼子 Гунсунь Ни-цзы 367
公羊高 Гунъян Гао 333
公羊寿 Гунъян Шоу 241, 333
公子牟 Моу, княжич 437, 439
龚自珍 Гун цзы-чжэнь 244, 335, 347, 399, 611
古米廖夫 Гумилев Н .С . 572
顾保鹄 Гу Бао-гу (I. Kou Pao-koh) 313
顾颉刚 Гу Цзе-ган 168, 362
顾恺之 Гу Кай-чжи 217
顾立雅 Крил Х .Г . (Creel H.G.) 30, 515, 668
顾施 Гу Ши 313
顾宪成 Гу Сянь-чэн (Гу Шу-ши, прозв. Цзин-ян) 187, 246, 276, 605
顾炎武 Гу Янь-у (Гу Нин-жэнь, прозв. Тинлинь) 246, 247, 329, 334, 381, 387, 464, 471, 482, 587, 588, 589, 591
顾野王 Гу Е-ван 248
顾允成 Гу Юнь-чэн 187
关尹子 Гуань Инь-(цзы) см. Инь Си 167
管仲 Гуань Чжун (管夷吾 Гуань И-у, Гуань Цзинчжун, Гуань-цзы) 203, 204, 257, 258, 398, 677
管子 Гуань-цзы см. Гуань Чжун 105
光武帝 Гуан-у-ди 247
光绪 Гуан-сюй (德宗 Дэ-цзун) 347-349, 391, 555, 556, 671, 723
广成子 Гуан-чэн-цзы 361
归有光 Гуй Ю-гуан 438
圭峰宗密 Гуй-фэн Цзун-ми (IX в.) 759
鬼谷子 Гуй-гу-цзы (IV в . до н .э.) 261
郭沫若 Го Мо-жо 149, 168, 239, 312, 314, 362, 435, 437, 441, 457, 540, 667, 668, 694, 702, 750
郭璞 Го Пу 68, 502
郭象 Го Сян (Го Цзы-сюань) 160, 262-264, 471, 485, 569, 659, 698, 749, 751, 759
郭湛波 Го Чжань-бо 312, 313, 441
果果茨基 Гогоцкий С .С . 27
哈尔普斯麦斯耶尔 Харбсмайер Ч . (Harbsmeier C.) 442
海德格尔 Хайдеггер М . (Heidegger M.) 234, 375
海森伯格 Гейзенберг В . (Heisenberg W.) 286
韩非子 Хань Фэй (Хань Фэй-цзы) 58-65, 71, 83, 157, 159, 171, 189, 204-206, 383, 456, 481, 505, 507, 614, 636
韩康伯 Хань Кан-бо 566, 584, 659
韩婴 Хань Ин 529
韩愈 Хань Юй (Хань Туй-чжи, Хань Чан-ли) 31, 58, 83, 85, 86, 156, 161, 181, 269-271, 408, 409, 425, 476, 482, 518, 559, 600, 643, 648, 661, 668, 730
汉成帝 Чэн-ди 553, 679
汉顺帝 Шунь-ди 553
汉武帝 У-ди (дин . Хань) 241, 298, 332, 333, 527, 532, 536, 627, 631
汉章帝 Чжан-ди, имп . дин . Вост . Хань 122
诃梨跋摩 Хариварман (санскр. Harivarman, кит . Хэлибамо) 134
何承天 Хэ Чэн-тянь (Хэ Хэн-ян) 210, 274, 275, 316, 520, 725
何劭 Хэ Шао 583, 584
何塘 Хэ Тан 645, 646
何心隐 Хэ Синь-инь (梁汝元 наст. имя Лян Жуюань, 夫山 прозв. Фу-шань) 275-277, 378, 379
何休 Хэ Сю 147, 189, 242, 291, 308, 334, 347, 350, 392, 559
何晏 Хэ Янь 160, 164, 471, 584, 658, 659, 751, 759
和珅 Хэ-шэнь 285
河上公 Хэ-шан-гун 169-171, 362
贺麟 Хэ Линь (Хэ Цзы-шао) 282, 283, 604, 639, 640
赫拉克利特 Гераклит 49, 51
赫梅列夫斯基 Хмелевский Я . (Chmielewski J.) 53, 54, 58, 59, 62, 65, 442
赫胥黎 Гексли Т . (Huxley T.) 293, 354, 543, 672
黑格尔 Гегель Г .В .Ф . (Hegel G.W.F.) 30, 48, 50, 51, 212, 220, 232, 283, 374, 562, 640, 651, 716
黑塞 Гессе Г . (Hesse H.) 173
弘忍 Хун-жэнь 130, 317
洪亮吉 Хун Лян-цзи (Хун Цзюнь-чжи, 洪更生 Хун Гэн- шэн, 洪北江 Хун Бэй-цзян, Хун Гэн- шэн) 284, 285, 677, 763
洪谦 Хун Цянь 286, 287
洪仁玕 Хун Жэнь-гань (Хун И-цянь, Хун Цзи- фу, 干王 титул Гань-ван (Ганьский князь) 287-290
洪秀全 Хун Сю-цюань (Хун Жэнь-кунь, Хун Хо- сю) 146, 287, 288, 290-292
侯外庐 Хоу Вай-лу 216, 312, 313, 435, 441, 457
忽必烈 Хубилай 171, 362
胡洪 Ху Хун 689
胡曲园 Ху Цюй-юань 457
胡适 Ху Ши (Ху Ши-чжи) 5, 6, 10, 49, 55, 59, 87, 132, 153, 168, 186, 239, 293-295, 300, 312-314, 354, 373, 413, 435, 437, 440-442, 457, 702
胡渭 Ху Вэй 280, 464, 551
胡毋生 Хуму-шэн (Хуму Цзы Ду.) 241, 333
胡瑗 Ху Юань 386
华盛顿 Вашингтон Дж . (Washington G.) 716
怀特海 Уайтхед А .Н . (Whitehead A.N.) 197, 459, 562, 705, 708
环渊 Хуань Юань 168, 304, 325
桓公 Хуань-гун 258
桓谭 Хуань Тань 413, 437, 441, 518, 586, 645, 725
桓团 Хуань Туань 313, 435, 750
皇甫谧 Хуан Пу(Фу)-ми 260, 303
黄檗 Хуан-бо (希运 Си-юнь) 130
黄巢 Хуан Чао 165
黄帝 Хуан-ди 104, 181, 261, 303, 304, 320, 361, 419, 444, 502, 532, 619, 690, 741
黄公疵 Хуан-гун Цы 313, 436
黄侃 Хуан Кань 334
黄石公 Хуан Ши-гун 125

黄庭坚 Хуан Тин-цзянь 256
黄以周 Хуан И-чжоу 326, 678
黄钺 Хуан Юэ 109
黄宗羲 Хуан Цзун-си (Хуан Тай-чжун, Хуан Нань-лэй, Хуан Ли-чжоу) 213, 247, 280, 306-311, 401, 404, 405, 407, 587, 589, 591, 605, 703
惠栋 Хуй Дун 334, 464, 539
惠施 Хуй Ши (惠子 Хуй-цзы) 56, 71, 81, 145, 239, 312-315, 419, 435-438, 440-442, 667, 750
惠周惕 Хуй Чжоу-ти 334
慧观 Хуй-гуань 394
慧光 Хуй-гуан 421
慧可 Хуй-кэ 463
慧琳 Хуй-линь 275, 316, 520
慧能 Хуй-нэн 130, 196, 197, 228, 229, 317, 411, 568, 604
慧然 Хуй-жань 402
慧融 Хуй-жун 228
慧思 Хуй-сы 574
慧文 Хуй-вэнь 574
慧远 Хуй-юань 180, 210, 230, 318, 319, 339-341, 343, 498, 500, 520, 645, 725
姬昌 Цзи Чан см. Си-бо [Чан] 101
姬旦 Цзи Дань см. Чжоу-гун 101
姬发 Цзи Фа см. У-ван 101
基德 Кидд Б. (Kidd B.) 147
嵇康 Цзи Кан 217, 484, 758
吉藏 Цзи-цзан (Цзя-сян да-ши) 119-121, 199, 200, 226, 227, 324, 355, 410, 498, 733
吉田松阴 Ёсида Сёин 381
加德纳 Гарднер Д.К. (Gardner D.K.) 150
加鲁尚茨 Гарушянц Ю.М. 433
嘉庆 Цзя-цин 464
贾谊 Цзя И 60, 413, 532
鉴真 Цзянь-чжэнь 421
江藩 Цзян Фань 334
江声 Цзян Шэн 334
江永 Цзян Юн 334
姜太公 Цзян-тай-гун (太公望 Тай-гун Ван, 吕尚 Люй Шан) 254, 690
蒋介石 Цзян Цзе-ши (Чан Кай-ши) 651, 714
蒋维乔 Цзян Вэй-цяо (Цзян Чжу-чжуан, прозв. Инь Ши-цзи, У-ши) 326, 420
焦竑 Цзяо Хун 171, 379, 750
焦循 Цзяо Сюнь 425
焦延寿 Цзяо Янь-шоу 254, 742
接子 Цзе-цзы 304
桀 Цзе 254
介之推 Цзе-цзы Туй 254
金刚智 Ваджрабодхи (санскр. Vajrabodhi, кит. Цзинь-ган-чжи) 431
金谷治 Канэя Осаму 662, 664
金尼阁 Триго Н. (Trigault N.) см. Цзинь Ни-гэ 215
金岳霖 Цзинь Юэ-линь 327, 328
(齐) 景公 Цзин-гун 677
竟陵子良 Цзинлин Цзы-лян (Сяо Цзы-лян, Сяо Юнь-ин) 342
鸠摩罗什 Кумараджива (санскр. Kumārajīva, кит. Цзюмолоши, 罗什 сокр. Лоши, 什 Ши, прозв. Тун-шоу) 180, 225, 319, 342, 343, 497, 498, 500, 542

鸠摩罗炎 Кумараяна (кит. Цзюмолоянь) 342
卡尔纳普 Карнап Р. (Karnap R.) 221
康德 Кант И. (Kant I.) 34, 41, 94-96, 197, 283, 327, 375, 390, 392, 394, 396, 459, 460, 562, 595, 640, 651, 708, 715, 716
康拉德 Конрад Н.И. 124, 125, 269, 547
康僧会 Кан Сэн-хуй 346
康熙 Кан-си 254
康有为 Кан Ю-вэй (Кан Нань-хай, Кан Гуан-ся, Кан Цзу-и, Кан Чан-су, Кан Гэн-шэн, Кан Мин-и) 147, 166, 189, 335, 347-351, 387, 391-393, 400, 437, 469, 476, 477, 555-557, 559, 560, 583, 591, 595, 604, 638, 686, 731
柯雄文 Kya A.C. (Cua A.S.) 84-86
克鲁泡特金 Кропоткин П.А. 716
克鲁申斯基 Крушинский А.А. 169
孔安国 Кун Ань-го (II в. до н.э.) 280, 333, 334, 416, 494, 509, 536, 635
孔穿 Кун Чуань 437, 439
孔德 Конт О. (Kont O.) 353
孔父嘉 Кун-фу Цзя 15
孔广森 Кун Гуан-фэнь 242
孔清觉 Кун Цин-цзюэ 297
孔颖达 Кун Ин-да (Кун Чун-юань) 148, 149, 249, 334, 368, 511, 529, 549, 646, 763
孔子 Конфуций (孔丘 Кун-цзы, Кун Цю, 孔夫子 Кун Фу-цзы, Кун Чжун-ни) 3, 4, 8, 10, 11, 14-20, 22-24, 26, 61, 65-67, 85, 101, 103, 104, 107, 141, 146-148, 156, 157, 168, 177, 181, 188, 189, 192, 220, 222, 239, 241, 247, 252, 254, 261, 265, 270, 275, 278, 280, 310, 333, 345, 347-350, 357-360, 362, 364, 367, 374, 375, 380, 387, 396, 416, 417, 424-428, 435-437, 441, 446, 447, 475, 479-481, 486, 496, 509, 517, 525, 526, 528, 532, 536, 537, 539, 542, 547, 557, 559-561, 579, 581, 591, 600, 614, 615, 626, 635, 639, 642, 643, 647, 648, 653, 664-668, 674, 677, 682, 684, 688, 696, 715, 720, 723, 724, 729, 730, 734, 736, 742, 746, 750, 751, 757, 762
窥基 Куй-цзи 209, 227, 610
来知德 Лай Чжи-дэ 551
莱布尼茨 Лейбниц Г.В. (Leibniz G.W.) 11, 52, 69, 253, 254, 742
老君 Лао-цзюнь см. Лао-цзы 361, 553, 721
老彭 Лао Пэн см. Лао-цзы 362
老子 Лао-цзы (老聃 Лао Дань, 老莱子 Лао Лай-цзы, 李耳 Ли Эр, 边李伯阳 Ли Бо-ян, 道德天尊 Дао-дэ- тянь-цзюнь; Лао Пэн, Лао-цзюнь) 3, 14-16, 18-20, 26, 105, 112, 135, 167-171, 177, 181, 189, 205, 225, 255, 261, 269, 299, 304, 320, 360-362, 375, 441, 500, 540, 560, 561, 579, 603, 614, 615, 667, 697, 721, 748-750,
乐正克 Юэ-чжэн Кэ 149
黎靖德 Ли Цзин-дэ 746
黎子耀 Ли Цзы-яо 250
李翱 Ли Ао 137, 482
李白 Ли Бо (Ли Тайбо) 509
李材 Ли Цай 605
李道纯 Ли Дао-чунь 704

李埴 Ли Гун (Ган-чжу, прозв. Шу-гу) 369-371, 384, 673, 674, 676
李覯 Ли Гоу (Ли Тай-бо) 329, 364, 365, 371-373
李鸿章 Ли Хун-чжан 670, 714, 723
李靖 Ли Цзин (李卫公 Ли Вэй-гун) 125
李镜池 Ли Цзин-чи 249
李凯尔特 Риккерт Г. (Rickert H.) 353
李林江 Ли Линь-цзян 48, 440
李隆基 Ли Лун-цзи (玄宗 имп. Сюань-цзун) 749
李明性 Ли Мин-син 369
李筌 Ли Цюань 690
李斯 Ли Сы 266, 559, 560, 661, 664, 668
李谢维奇 Лисевич И.С. 172
李约瑟 Нидэм Дж. (Needham J.) 6, 28, 40, 54, 59
李泽厚 Ли Цзэ-хоу 374, 375
李之藻 Ли Чжи-цзао 48, 76, 440
李贽 Ли Чжи (李载贽 Ли Цзай-чжи, 林载贽 Ли Чжоу, Линь Цзай) 21, 184, 276, 375-381, 580, 605, 606, 614, 637
理雅各 Легг Дж. (Legge J.) 141, 150, 151, 511, 529, 598, 743, 750
利玛窦 Риччи М. (Ricci M., Ли Ма-доу) 49, 215, 380, 440
梁启超 Лян Ци-чао (Лян Чжо-жу, Лян Жэнь-гун, прозв. 饮冰室主人 Инь-бин-ши-чжу-жэнь) 147, 153, 166, 169, 216, 293, 311, 312, 348, 353, 362, 390-394, 435, 440, 457, 472, 555, 556, 583, 591, 595, 638, 707, 714
梁漱溟 Лян Шу-мин (Лян Хуань-дин, Лян Шоу- мин) 105, 219, 295, 353, 375, 393, 395, 396, 424, 562, 604, 639, 641
梁武帝 Лян У-ди (У-ди, Сяо Янь, Сяо Шу-да) 397, 521, 564
梁玉绳 Лян Юй-шэн 533
廖平 Ляо Пин 347
列昂节夫 Леонтьев (Леонтиев) А.Л. 151
列维—布留尔 Леви-Брюль Л. 15
列子 Ле-цзы (Ле Юй-коу) 105, 177, 398
林广齐 Линь Гуан-ци 376
林弩 Линь Ну 376
林纾 Линь Шу 755
林唐翁 Линь Яо-соу 763
林同济 Линь Тун-цзи 701
林旭 Линь Сюй 556
林语堂 Линь Юй-тан (Lin Yu-tang) 150
林宰平 Линь Цзай-пин 353
林则徐 Линь Цзэ-сюй (文忠公 Вэнь-чжун-гун, 林文忠 Линь Вэнь-чжун) 244, 347, 399, 400, 611
林兆恩 Линь Чжао-энь (Линь Мао-сюнь, прозв. Лун-цзян, Цзы-гу-цзы) 276, 380, 401, 495
临济 Линь-цзи (义玄 И-сюань) 130, 197, 402, 403
铃木大拙 Судзуки Дайсэцу Тэйтаро (Suzuki Daisetsu) 144, 229
凌廷堪 Лин Тин-кань 364
刘安 Лю Ань 298, 299, 304
刘邦 Лю Бан см. Гао-цзу 298, 412
刘逢禄 Лю Фэн-лу 335, 347, 399
刘光第 Лю Гуан-ди 556
刘节 Лю Цзе 314, 694
刘伶 Лю Лин 484
刘牧 Лю Му 280
刘邵 Лю Шао 471

刘师培 Лю Ши-пэй (Гуан-хань, Шэнь-шу) 404, 405, 715, 750
刘述先 Лю Шу-сянь 640
刘文典 Лю Вэнь-дянь 300
刘文敏 Лю Вэнь-минь 606
刘文英 Лю Вэнь-ин 314
刘熙 Лю Си 249
刘向 Лю Сян (Лю Гэн-шэн, 刘子政 Лю Цзы-чжэн) 169, 185, 258, 265, 272, 299, 367, 398, 405, 406, 413, 424, 436, 438, 439, 457, 504, 648, 660-662, 677, 695, 701, 749
刘歆 Лю Синь 8, 10, 169, 175, 220, 265, 272, 279, 280, 299, 333, 347, 348, 405, 436, 462, 469, 504, 559, 560, 739, 760, 762
刘炫 Лю Сюань 635
刘遗民 Лю И-минь 318, 500
刘义庆 Лю И-цин 484
刘易斯 Льюис К.И. (Lewis K.I.) 197, 708
刘雨 Лю Юй 251
刘禹锡 Лю Юй-си 408, 490, 579
刘宗周 Лю Цзун-чжоу (Лю Ци-дун, Лю-цзы, прозв. Нянь-тай, Цзи-шань сянь-шэн; посмертные почетные имена 忠端 Чжун-дуань, 点忠介 Чжун-цзе, 忠正 Чжун-чжэн) 306, 369, 370, 406, 407, 459, 594, 605
柳存仁 Лю Цунь-жэнь (Liu Ts'un-yan) 30
柳宗元 Лю Цзун-юань (Лю Цзы-хоу, прозв. Лю Хэ-дун (Лю из Хэдуна)) 269, 408, 409, 490, 677
龙树 Лун-шу см. Нагарджуна 120, 199, 200, 226, 227, 339, 497, 498, 501, 574, 576, 577, 686, 732
楼宇栋 Лоу Юй-дун 251
卢克莱修 Лукреций 453
卢梭 Руссо Ж.-Ж. (Russeau J.-J.) 350, 392, 404, 670, 716
鲁胜 Лу Шэн 239, 312, 435, 441, 442, 452, 457
鲁迅 Лу Синь 452
陆德明 Лу Дэ-мин 171, 750
陆贾 Лу Цзя 412, 413, 532
陆九渊 Лу Цзю-юань (陆象山 Лу Сян-шань , 陆子静 Лу Цзы-цзин, прозв. Цунь-чжай, 象山先生 Сян- шань-вэн, Сян-шань сянь шэн) 139, 152, 161, 307, 375, 394, 413, 414, 459, 519, 549, 602, 604, 637, 640, 649, 702, 738, 746
陆修静 Лу Сю-цзин 165
陆志伟 Лу Чжи-вэй 354
罗从彦 Ло Цун-янь 329
罗根泽 Ло Гэнь-цзэ 168, 362, 457, 662
罗洪先 Ло Хун-сянь 401, 606
罗睺罗尊者 Рахулабхадра (Rāhulabhadra) 498
罗钦顺 Ло Цинь-шунь 491
罗汝芳 Ло Жу-фан 276, 606
罗森堡 Розенберг О.О. 118
罗斯 Росс Д. 46
罗斯福 Рузвельт Ф. (Roosevelt F.D.) 283, 701
罗素 Рассел Б. (Russel B.) 73, 221, 327, 328, 375, 459, 705, 708
罗索欣 Россохин И.К. 151
罗泽蒙特 Розэмонт Г. (Rosemont H.) 95
罗振玉 Ло Чжэнь-юй 172, 569
洛谢夫 Лосев А.Ф. 50

落下闳（落下宏）Ло Ся-хун (Зап. Хань) 536
闾丘方远 Люйцю Фан-юань 553
吕不韦 Люй Бу-вэй 299, 417, 418
吕振羽 Люй Чжэнь-юй 362, 457
吕祖谦 Люй Цзу-цянь 386, 413, 746
马伯乐 Масперо А. (Maspero H.) 6, 44, 45, 59, 87, 668
马尔 Марр Н.Я. 88
马尔萨斯 Мальтус (Malthus T.R.) 284, 285
马国翰 Ма Го-хань 515
马赫 Мах Э. (Mach E.) 186, 354
马经伦 Ма Цзин-лунь 380
马克思 Маркс К. (Marx K.) 544, 705
马良文 Малявин В.В. 16, 30, 86, 125, 172, 260, 305, 313, 516, 547, 684, 694, 750
马鸣 Ашвагхоша (санскр. Aśvaghoṣa, кит. Мамин) 142
马努辛 Манухин В.С. 580
马融 Ма Жун 71, 592
马瑞辰 Ма Жуй-чэнь 529
马塞尔 Марсель Г. (Marcel G.) 88, 90
马松·乌尔色 Массон-Урсель П. (Masson-Oursel P.) 440
马叙伦 Ма Сюй-лунь 168, 172, 362, 749
马一浮 Ма И-фу 423, 424
马总 Ма Цзун 695
马祖 Ма-цзу (道一 Дао-и) 130
麦孟华 Май Мэн-хуа 348, 391
毛公 Мао-гун 313, 346, 441, 442
毛奇龄 Мао Ци-лин 370
毛泽东 Мао Цзэ-дун 147, 670, 723
梅耶 Мейе А. 88
梅赜（枚赜）Мэй Цзэ 509, 510
蒙时雍 Мэн Ши-юн 288
蒙太格 Монтегю У.П. (Montague W.P.) 221
蒙文通 Мэн Вэнь-тун 171
孟德斯鸠 Монтескье Ш. (Montesquieu C.) 672
孟胜 Мэн Шэн 448
孟子 Мэн-цзы (孟轲 Мэнций, Мэн Кэ, Мэн Цзы-юй) 11, 20, 23, 85, 123, 136, 147, 149, 157, 181, 182, 189, 244, 246, 270, 273, 301, 307, 308, 325, 337, 350, 358, 364, 365, 375, 377, 383, 387-390, 392, 396, 400, 424-430, 433, 441, 446, 475, 481, 482, 488, 513, 525, 526, 559, 579-581, 586, 589, 590, 599, 637, 640, 642, 643, 647, 653, 657, 664, 665, 667, 668, 670, 673, 674, 677, 683, 684, 688, 724, 727, 730, 734, 736, 750, 757, 761
明帝 Мин-ди (правил) 458
明太祖 Тай-цзу (дин. Мин) см. Чжу Юань-чжан 495
摩尔根 Морган Л.Г. (Morgan L.) 186, 354
墨翟 Мо Ди 8, 178, 201, 220, 383, 428, 446, 448-450, 453-457, 477, 526, 572, 667, 677, 750
墨子 Мо-цзы см. Мо Ди 32, 45, 46, 61-63, 81, 312, 448, 453, 454, 566, 684
牟钟鉴 Моу Чжун-цзянь 250
牟子 Моу-цзы 684
牟宗三 Моу Цзун-сань (Моу Ли-чжун) 95, 105, 162, 234, 375, 387, 459, 460, 462, 608, 639, 640, 652, 657

穆尔 Мур Дж.Э. (Moore G.E.) 705
穆勒 Милль Дж.С. (Mill J.S.) 392, 440, 672
穆宗 Му-цзун (朱载垕 Чжу Цзай-хоу) 376, 702
拿破仑 Наполеон I (Napoléon Bonaparte) 547, 716
纳皮尔 Непер Дж. (Napier J.) 152
尼采 Ницше Ф. (Nietzsche F.) 133, 212, 595
聂豹 Не Бао 606, 655
欧阳德 Оуян Дэ 605, 606
欧阳竟无 Оуян Цзин-у (Оуян Чжэ, прозв. И-хуан да-ши) 209, 231, 462, 651
欧阳修 Оуян Сю (Оуян Юн-шу, Цзуй-вэн, Люй Цзюй-ши, Вэнь-чжун) 329, 582
盘古 Пань-гу 17
盘头达多 Бандхудатта (кит. Паньтоудадо) 343
庞朴 Пан Пу 238, 437, 438
培根 Бэкон Ф. 220
裴頠 Пэй Вэй 160, 566, 659, 698
裴骃 Пэй Инь 533
佩列列申 Перелешин В.Ф. 172
佩列洛莫夫（嵇辽拉）Переломов Л.С. 16, 358, 504
彭康 Пэн Кан 354
彭蒙 Пэн Мэн 437, 441, 695, 750
彭晓 Пэн Сяо 128
皮埃尔·贝尔 Бейль П. (Bayle P.) 27
皮尔逊 Пирсон К. (Pearson C.) 186, 354
皮锡瑞 Пи Си-жуй 635, 742
平原君 Пин-юань-цзюнь 437
菩提达摩 Бодхидхарма (санскр. Bodhidharma, кит. Путидамо, сокр. Дамо) 130, 228, 463
普罗提诺 Плотин 47
耆婆 Джива, мать Кумарадживы 342
綦毋子 Циу-цзы см. Циму-цзы 439, 442
恰内舍夫 Чанышев А.Н. 30
钱大昕 Цянь Да-синь 334
钱德洪 Цянь Дэ-хун (Цянь Куань, Цянь Хун-фу, прозв. Сюй-шань) 468, 469, 596, 604, 606
钱穆 Цянь Му 168, 312, 375, 435, 437, 438, 469, 470, 562, 639, 657, 750
乾隆 Цянь-лун (правил) 285
乔达摩·悉达多 Сиддхартха Гаутама (Siddhārtha Gautama) см. Будда 224
秦始皇 Цинь Ши-хуан(-ди) (Ин Чжэн) 3, 266, 267, 333, 380, 417, 531, 631, 661, 668
禽滑釐 Цинь Гу-ли 448, 750
青目 Пингала (Piṅgala) 498
丘长春 Цю Чан-чунь (丘处机 Цю Чу-цзи) 472
屈原 Цюй Юань 254, 503
瞿菊农 Цюй Цзюй-нун 353
瞿秋白 Цюй Цю-бо 354
饶宗颐 Жао Цзун-и 171
仁宗 Жэнь-цзун 285
任鸿隽 Жэнь Хун-цзюнь 354
任继愈 Жэнь Цзи-юй 172, 312, 313, 441, 457, 522, 562
日莲 Жи-лянь см. Нитирэн 229, 339, 577
荣禄 Жун-лу 556
荣西 Эйсай 131
阮籍 Жуань Цзи (Жуань Сы-цзун) 484, 485
阮咸 Жуань Сянь 484
阮元 Жуань Юань 148, 260, 510, 531
萨夫鲁欣 Саврухин А.П. 172

萨特 Сартр Ж.-П. (Sartre J.-P.) 233
僧朗 Сэн-лан 226, 498
僧诠 Сэн-цюань 498
僧敳 Сэн-жуй 343
僧肇 Сэн-чжао 126, 180, 191, 343, 355, 498, 500, 501, 568
山涛 Шань Тао 484
善导 Шань-дао 340, 341
善无畏 Шань-у-вэй см. Шубхакарасимха 431
商鞅 Шан Ян (Гунсунь Ян, Вэй Ян) 204, 205, 266, 268, 504-508
邵武徐 Шао У-сюй 726
邵懿辰 Шао И-чэнь 335
邵雍 Шао Юн (Шао Яо-фу, Шао Кан-цзе, прозв. Ань-лэ сянь-шэн, Байюань сянь-шэн, Ичуань Вэн) 161, 253, 254, 280, 386, 512-514, 534, 539, 582, 599, 631, 633, 634, 637, 689
申不害 Шэнь Бу-хай (申子 Шэнь-цзы) 204, 205, 266, 268, 305, 441, 515, 536, 667, 750
申培 Шэнь Пэй 333, 529
施图金 Штраус Ф., фон 22, 529
神会 Шэнь-хуй 317, 604
神农 Шэнь-нун 17, 181, 741
神秀 Шэнь-сю 130, 197, 228, 317, 411
沈复粲 Шэнь Фу-цань 407
沈约 Шэнь Юэ (Шэнь Сю-вэнь) 520, 523
沈仲涛 Шэнь Чжун-тао см. Сун Ч.Т. 6
慎到 Шэнь Дао 204, 205, 304, 325, 441, 667, 750
尸佼 Ши Цзяо 441
施韦策 Швейцер А. (Schweitzer A.) 94, 95, 173
石介 Ши Цзе 386
石涛 Ши Тао 110
石头希迁 Си-цянь Ши-тоу (Си-цянь, Ши-тоу-хэшань, ум.) 128
实叉难陀 Шикшананда (санскр. Śikwānanda, кит. Шича-наньто) 142
史鰌 Ши Цю 667
斯特劳斯 Штукин А.А. 22
世亲 Ши-цинь см. Васубандху 119, 227, 610, 686
世宗 Ши-цзун 702
释迦牟尼 Шицзямоуни см. Будда 164, 182, 339, 396, 491, 574, 576, 577
叔本华 Шопенгауэр А. (Schopenhauer A.) 133, 220, 396, 595, 716
舜 Шунь 24, 103, 181, 270, 400, 426, 433, 454, 502, 525, 641, 665, 683
硕法师 Шо-фа (Шо-фа-ши) 498
司马承祯 Сыма Чэн-чжэнь 509, 753
司马光 Сыма Гуан (Сыма Цзюнь-ши) 148, 170, 512, 534, 535, 582, 680
司马迁 Сыма Цянь (Сыма Цзы-чжан) 8, 15-17, 22, 23, 67, 68, 71, 101, 167, 168, 175, 188, 261, 272, 298, 304, 325, 360, 413, 424, 425, 435, 528, 532, 533, 536-538, 547, 626, 631, 661, 662, 667, 690, 693, 694, 748
司马穰苴 Сыма Жан-цзюй (田穰苴 Тянь Жан-цзюй) 125
司马谈 Сыма Тань 8, 175, 435, 536, 538, 655, 693
司马贞 Сыма Чжэнь 17, 261, 437, 533
斯宾诺莎 Спиноза Б. (Spinoza B.) 94, 232
斯宾塞 Спенсер Г. (Spencer H.) 392, 716

斯皮林 Спирин В.С. 6, 30, 82, 169, 442
宋教仁 Сун Цзяо-жэнь 714
宋微子 Вэй-цзы, первопредок Конфуция 22
宋钘 Сун Цзянь (Сун Син) 159, 160, 206, 259, 305, 314, 425, 419, 437, 441, 540, 541, 663, 667, 694-696, 750
苏格拉底 Сократ 44, 283
苏霍鲁科夫 Сухоруков В.Т. 172
苏秦 Су Цинь 261, 690, 760, 761
苏轼 Су Ши (苏东坡 Су Дун-по) 171, 329, 582, 749
苏洵 Су Сюнь 365
苏辙 Су Чжэ 379
隋文帝 Вэнь-ди (дин. Суй) см. Ян Цзянь 600
燧人 Суй-жэнь 17
孙绰 Сунь Чо (Сунь Син-гун) 226, 231, 542
孙伏园 Сунь Фу-юань 353
孙复 Сунь Фу 386, 559, 668
孙思邈 Сунь Сы-мяо 171
孙希旦 Сунь Си-дань 368
孙星衍 Сунь Син-янь 511, 678
孙诒让 Сунь И-жан 457, 740
孙中山 Сунь Ят-сен (Сунь И-сянь, Сунь Чжун+шань, псевд. 孙文 Сунь Вэнь) 48, 70, 147, 405, 434, 452, 456, 542-545, 549, 568, 604, 651, 671, 686, 714, 715, 723, 728
孙子 Сунь-цзы (孙武 Сунь У, Чжан Цин) 124, 125, 441, 546
梭罗 Торо Г. (Thoreau H.) 173
索绽 Су Тань 171
索洛维耶夫 Соловьев В.С. 173
它嚣 То Сяо 667
太康 Тай-кан (третий император дин. Ся) 22
太虚 Тай-сюй (Люй Пэй-линь, Вэй-синь) 231
昙济 Тань Цзи 410, 498
昙柯迦罗 Дхармакала (санскр. Dharmakāla, кит. Таньнкэцзяло) 225, 230, 421
昙林 Тань-линь 463
昙鸾 Тань-луань 339, 340
谭戒甫 Тань Цзе-фу 313, 441, 457
谭嗣同 Тань Сы-тун (Тань Фу-шэн, Тань Чжуан-фэй, Тань Лю-ян, псевд. Хуа-сян-чжун-шэн) 162, 349, 452, 456, 467, 476, 477, 555-560, 591, 595, 604, 638, 668, 686, 687, 722, 728, 750
汤 Тан [2] (成汤 Чэн Тан) 181, 270, 454, 525, 677
汤若望 Шалль А. (Schall A.) 407
汤一介 Тан И-цзе 28, 37-41, 561, 562
唐都 Тан Ду 536
唐君毅 Тан Цзюнь-и 105, 132, 162, 375, 562-564, 608, 639, 640, 652, 657
唐兰 Тан Лань 168
唐阑 Тан Лань 362
唐太宗 Тай-цзун 125
唐玄宗 Сюань-цзун (玄宗 дин. Тан) 171, 509, 635, 749
唐钺 Тан Юэ 354
陶弘景 Тао Хун-цзин (Тао Тун-мин, Хуаян сянь-шэн, Хуаян иньцзю) 260, 339, 508, 564
陶奇夫 Торчинов Е.А. 144, 172, 176
特卡琴科 Ткаченко Г.А. 28, 41, 172, 420
提婆 Шэнтипо см. Арьядева 199, 226, 497, 498
田巴 Тянь Ба 325, 441

田骈 Тянь Пянь 304, 325, 419, 436, 437, 441, 442, 667, 695, 750
田系 Тянь Цзи 448
田襄子 Тянь Сян-цзы (Тянь Цзи) 448
田子方 Тань Цзы-фан 750
托尔斯泰 Толстой Л.Н. 151, 172, 173
托马斯·阿奎那 Фома Аквинский 53
万斯大 Вань Сы-да 335
万廷言 Вань Тин-янь 606
万章 Вань Чжан 425
汪中 Ван Чжун (Ван Жун-фу, Ван Бин-чжун) 413, 452, 457, 581
王安石 Ван Ань-ши (Ван Цзе-фу, Ван Бань-шань) 138, 139, 170, 206, 329, 334, 338, 373, 413, 511, 534, 535, 567, 581-583, 737
王柏 Ван Бо 149
王弼 Ван Би (Ван Фу-сы) 63, 160, 164, 170, 171, 191, 249, 383, 385, 471, 549, 566, 583, 584, 659, 698, 751, 758
王冰 Ван Бин 303
王充 Ван Чун (王仲任 Ван Чжун-жэнь) 16, 17, 19, 285, 298, 336, 446, 447, 452, 465, 518, 585, 586, 592, 616, 645, 648, 711, 730, 758
汪奠基 Ван Дянь-цзи 312, 441
王凤故 Ван Фэн-гу 370
王夫之 Ван Фу-чжи (王船山 Ван Чуань-шань, Ван Эр-нун, Ван Цзян-чжай) 161, 162, 191-193, 214, 278, 384, 386, 404, 405, 467, 489, 491, 539, 557, 567, 573, 587-591, 599, 646, 649, 656, 689, 692, 705, 713, 728, 750
王符 Ван Фу (Ван Цзе-синь) 413, 471, 592, 593, 608
王福郊 Ван Фу-цзяо 600
王福峙 Ван Фу-ши 600
王艮 Ван Гэнь (Ван Инь, Ван Жу-чжи, 王心斋 Ван Синь-чжай) 46, 275, 379, 593, 594, 605
王瓘 Ван Гуань (王献唐 Ван Сянь-тан) 438
王国维 Ван Го-вэй (王静安 Ван Цзин-ань, Ван Гуань-тан) 49, 440, 569, 594-596
王宏印 Ван Хун-инь 238, 437, 438
王畿 Ван Цзи (王汝中 Ван Жу-чжун, Ван垄溪 Ван Лун-си) 468, 596, 597, 604-606
王履仁 Ван Фу-жэнь 217
王莽 Ван Ман 333, 334, 348, 679, 680
王懋竑 Ван Мао-хун 673
王鸣盛 Ван Мин-шэн 334
王念孙 Ван Нянь-сунь 334
王平陵 Ван Пин-лин 353
王戎 Ван Жун 484
王时槐 Ван Ши-хуай 606
王实甫 Ван Ши-фу 378
王叔文 Ван Шу-вэнь 408
王肃 Ван Су 465
王韬 Ван Тао (Ван Цзы-юань, Ван Цзы-цянь, 王弢圆 Тао-юань) 598
王廷相 Ван Тин-сян (王子衡 Ван Цзы-хэн, 王浚川 Ван Цзюнь-чуань) 70, 193, 231, 386, 599, 645, 646, 655, 728
王通 Ван Тун (Ван Чжун-янь, 文中子 Вэнь-чжун-цзы) 329, 482, 600
王微 Ван Вэй 217

王维诚 Ван Вэй-чэн 584
王西里 Васильев В.П. 68, 358, 529
王羲之 Ван Си-чжи 217
王先谦 Ван Сянь-цянь 529, 662, 750
王星拱 Ван Син-гун 354
王诩 Ван Сюй 261
王玄览 Ван Сюань-лань 601
王阳明 Ван Ян-мин (王守仁 Ван Шоу-жэнь, 伯安 прозв. Бо-ань, 文成公 Вэнь-чэн-гун) 20, 84, 92, 129, 134, 137, 149-151, 161, 187, 192, 212, 235, 236, 246, 247, 275, 276, 307, 323, 353, 365, 369, 375, 377-381, 384, 388-390, 394, 406, 414, 459, 466, 468, 469, 476, 482, 490, 519, 543, 559, 573, 580, 583, 593, 596, 597, 602-606, 614, 629, 637, 640, 649, 655, 668, 702, 713, 727, 728, 759
王养粹 Ван Ян-цуй 369
王引之 Ван Инь-чжи 334
王应麟 Ван Ин-линь 437
王渝生 Ван Юй-шэн 250, 251
王章焕 Ван Чжан-хуань 441
王至顺 Ван Чжи-шунь 369
王重阳 Ван Чунь-ян 472
韦伯 Вебер М. 195
维特根斯坦 Витгенштейн Л. (Wittgenstein L.) 221, 286, 705
卫匡国 Мартини М. (Martini M.) 254
卫礼贤 Вильгельм Р. (Wilhelm R.) 743, 750
尉缭 Вэй Ляо 125
魏伯阳 Вэй Бо-ян (Вэй Ао, Юнь Я-цзы) 128, 611, 738
魏牟 Вэй Моу 437, 667
魏 源 Вэй Юань (魏默深 Вэй Хань-ши, Вэй Мо-шэнь) 171, 244, 330, 335, 347, 399, 425, 611, 612
文安 Вэнь-ань 414
文纲 Вэнь-ган 421, 422
文侯 Вэнь-хоу 437
文王 Вэнь-ван 101, 102, 104, 125, 181, 253, 270, 281, 368, 525, 614, 677, 734, 741
文子 Вэнь-цзы 615
闻一多 Вэнь И-до 750
沃尔科夫 Волков Я. 151
无著 Асанга (санскр. Asaṅga, кит. 阿僧祇 Асэн-чжи) 198, 227, 610
吴澄 У Чэн 171, 611
吴桂森 У Гуй-сэнь 187
吴起 У Ци 125, 618
吴怡 У И (WuYi) 27, 28, 40
吴与弼 У Юй-би 702
吴稚晖 У Чжи-хуй 147, 354
伍德布里奇 Вудбридж Ф.Э. (Woodbridge F.J.E.) 221
伍守阳 У Чун-сюй (У Шоу-ян) 495
武则天 У Цзэ-тянь (У-хоу) 202
武宗 У-цзун 231
西维洛夫 Сивиллов Д.П. (архимандрит Даниил) 151, 172
席勒 Шиллер Ф. (Schiller F.) 133
夏含夷 Шонесси Э.Л. (Shaughnessy E.L.) 743
夏侯玄 Ся Хо-сюань 471
夏燮 Ся Се 535

宪宗 [李纯] Сянь-цзун [Ли-чунь] 269, 317
襄楷 Сян Кай 553
向秀 Сян Сю 484, 659, 749
小西增太郎 Кониси Масутаро (Даниил Петрович) 172
孝公 Сяо-гун 505
谢赫 Се Хэ 109, 112, 217, 218
谢灵运 Се Лин-юнь 180, 319, 339
谢麦年科 Семененко И .И . 16, 358
谢希深 Се Си-шэнь 238, 241, 438
辛从益 Синь Цунъ-и 438
邢昺 Син Бин 635
熊安生 Сюн Ань-шэн 334
熊十力 Сюн Ши-ли (熊升恒 Сюн Шэн-хэн, Сюн Цзы-чжэн) 375, 423, 424, 459, 462, 562, 568, 604, 639, 641, 651, 652
休谟 Юм Д . (Hume D.) 327, 708, 715
修中诚 Хьюз Э .Р . (Hughes E.R) 151, 222
须梨 (利) 耶苏摩 Сурьясома (санскр. Suryasoma, кит. Сюйлиесумо) 343, 498
徐爱 Сюй Ай 606
徐复观 Сюй Фу-гуань 105, 132, 375, 424, 470, 562, 608, 639, 640, 657
徐仁铸 Сюй Жэнь-чжу 555
徐世昌 Сюй Ши-чан 166, 676
徐彦 Сюй Янь 242
徐致靖 Сюй Чжи-цзин 555
徐遵明 Сюй Цзунь-мин 334
许犯 Сюй Фань 448
许慎 Сюй Шэнь 299
许维遹 Сюй Вэй-юй 419
许行 Сюй Син 405, 462
宣王 Сюань-ван 325
玄奘 Сюань-цзан 48, 118, 202, 209, 227, 342, 421, 610
薛福成 Сюэ Фу-чэн 723
荀悦 Сюнь Юэ (Сюнь Чжун-юй) 330, 447, 518, 645, 660
荀子 Сюнь-цзы (荀况 Сюнь Куан, 荀荀 (孙 Сунь) 卿 Цин) 8, 44, 49, 55, 77, 82, 85, 86, 123, 136, 137, 149, 157, 159, 189, 201, 206, 239, 266, 270, 271, 273, 312, 313, 315, 325, 332, 358, 364, 365, 367, 383, 425, 439, 441, 446, 452, 456, 460, 481, 482, 517, 526, 537, 559, 560, 566, 570, 581, 586, 599, 629, 633, 645, 647, 648, 660-668, 677, 682, 688, 727, 731
雅斯贝尔斯 Ясперс К . (Jaspers K.) 173
亚当 · 斯密 Смит А . (Smith A.) 672
亚里士多德 Аристотель 5, 33, 37, 41, 46, 47, 49-52, 54-59, 64-66, 76, 80, 87-90, 92, 94, 220, 283, 327, 466, 549, 708, 742
亚历山大 · 马其顿 Александр Македонский 716
严复 Янь Фу (Янь Ю-лин, Янь Цзи-дао, псевд . Юй-е Лао-жэнь) 48, 49, 293, 440, 466, 567, 595, 630, 670-672
严可均 Янь Кэ-цзюнь 515, 635, 679, 710
严灵峰 Янь Лин-фэн 172
阎若璩 Янь Жо-цюй 464
颜昶 Янь Чан 673
颜师古 Янь Ши-гу 299, 700
颜渊 Янь Юань (颜回 Янь Хуй, Цзы Юань) 66, 182, 367, 751

颜元 Янь Юань (Чжу Бан-лян, 习斋 прозв. Си-чжай) 193, 236, 364, 369-371, 384, 386, 673-676, 689, 705
晏婴 Янь Ин см. Янь-цзы 677, 678
扬雄 (Ян Цзы-юнь) 23, 29, 66, 69, 85, 160, 169, 181, 251, 254, 270, 274, 279, 332, 438, 535, 549, 570, 586, 600, 634, 648, 658, 679, 680, 710, 728, 742
杨 · 卢卡西维茨 Лукасевич Я . (Łukasiewicz J.) 46
杨简 Ян Цзянь 597
杨惊 Ян Лян 662
杨宽 Ян Куань 420
杨荣国 Ян Юн-го (Ян Жун-го) 168, 312, 313, 457, 681, 682
杨锐 Ян Жуй 556
杨深秀 Ян Шэнь-сю 556
杨慎 Ян Шэнь 437
杨时 Ян Ши 187, 246
杨士勋 Ян Ши-сюнь 58, 63
杨树达 Ян Шу-да 172
杨文会 Ян Вэнь-хуй 462, 555
杨兴顺 Ян Хин-шун 172, 313, 694
杨朱 Ян Чжу (Ян Цзы-цзюй, Ян Шэн) 177, 178, 220, 312, 398, 428, 607, 683, 684, 749, 750
尧 Яо 24, 103, 181, 270, 400, 426, 433, 454, 502, 525, 641, 665, 674
姚士粦 Яо Ши-линь 425
姚振宗 Яо Чжэнь-цзун 260
姚最 Яо Цзуй 217
耶方斯 Джевонс У .С . (Jevons W.S.) 440
耶稣 Иисус Христос 69, 290, 557, 723
叶适 Е Ши 386, 573, 689
一行 И-син 719
一真 И-чжэн 422
伊壁鸠鲁 Эпикур 453
伊藤仁齐 Ито Дзинсай 425
义玄 И-сюань см. Линь-цзи 130, 403
易卜生 Ибсен Г . (Ibsen H.) 294
尹文 Инь Вэнь (尹文子 Инь Вэнь-цзы) 159, 160, 165, 206, 305, 313, 314, 325, 419, 436, 437, 441, 442, 540, 541, 663, 694-695
尹文操 Инь Вэнь-цао 165
尹喜 Инь Си (关尹子 Гуань Инь-цзы, уп . под именем Гун Гун-ду; VI в . до н .э.) 167, 168, 255, 360, 362, 397
英宗 Ин-цзун 166
嬴政 Ин Чжэн см. Цинь Ши-хуан(-ди) 266
于道邃 Юй Дао-суй 410
于法开 Юй Фа-кай 410
于吉 Юй Цзи (Гань Цзи) 553
余敦康 Юй Дунь-кан 250
余萧客 Юй Су-кэ 334
余英时 Юй Ин-ши 640
俞琰 Юй Янь 128
俞樾 Юй Юэ 299, 438, 750
虞翻 Юй Фань 539
宇同 Юй Тун см. Чжан Дай-нянь 27, 705, 706
禹 Юй 24, 103, 104, 145, 181, 270, 279, 344, 448, 454, 455, 502, 525, 579, 665
玉皇上帝 Юй-хуан Шан-ди 184
元康 Юань-кан 410, 498
(楚) 元王 Юань-ван 405

元照 Юань-чжао 422
袁世凯 Юань Ши-кай 326, 349, 393, 405, 543, 556, 671, 714
圆悟 Юань-у 404
辕固 Юань Гу 333, 529
月称 Чандракирти 198
越特金 Вяткин Р.В. 16, 17, 533
越王勾践 Юэ-ван Гоу-цзянь 254
赞宁 Цзань-нин 214
扎瓦茨卡娅 Завадская Е.В. 30
詹何 Чжань Хэ 419
詹剑峰 Чжань Цзянь-фэн 457
詹姆斯 Джемс У. (James W.) 186, 212, 220, 354
湛若水 Чжань Жо-шуй (Чжань Юань-мин, Чжань Мин-цзэ, прозв. 甘泉 Гань-цюань) 702, 703
张伯端 Чжан Бо-дуань (Чжан Цзы-ян, Чжан Пин-шу) 649, 704
张岱年 Чжан Дай-нянь (Чжан Цзи-тун, псевд. 宇同 Юй Тун) 27, 30, 31, 37, 40, 41, 86, 313, 705, 706
张道陵 Чжан Дао-лин 170, 361, 362, 553, 721
张东荪 Чжан Дун-сунь (Чжан Дун-шэн) 37, 51, 52, 54, 88, 197, 198, 353, 393, 707, 708
张海鹏 Чжан Хай-пэн 438
张衡 Чжан Хэн (Чжан Пин-цзы) 68, 332, 592, 709, 710
张华 Чжан Хуа 214
张角 Чжан Цзюэ (Цзяо) 553
张居正 Чжан Цзюй-чжэн 276
张君房 Чжан Цзюнь-фан 165
张君劢 Чжан Цзюнь-май 186, 198, 353, 375, 393, 424, 474, 562, 608, 639, 640, 657, 707
张立文 Чжан Ли-вэнь 28, 37, 38, 40, 41
张鲁 Чжан Лу 170, 721
张丕介 Чжан Пи-цзе 562
张三丰 Чжан Сань-фэн 495
张申府 Чжан Шэнь-фу 705
张守节 Чжан Шоу-цзе 437, 533
张说 Чжан Шо 309
张廷发 Чжан Тин-фа 293
张问达 Чжан Вэнь-да 380
张亚初 Чжан Я-чу 251
张仪 Чжан И 261, 312, 760, 761
张禹 Чжан Юй 416
张载 (Чжан Цзы-хоу, Чжан Хэн-цюй, Чжан-цзы) 137, 138, 140, 160, 161, 192, 278, 323, 386, 388, 389, 459, 466, 476, 489, 512, 514, 519, 534, 539, 559, 567, 571, 588, 599, 645, 646, 649, 655, 689, 703, 711-713, 746
张湛 Чжан Чжань 398, 437, 677
张政烺 Чжан Чжэн-лан 251, 252
张之洞 Чжан Чжи-дун 400, 471, 567, 638, 714, 723
张志聪 Чжан Чжи-цун 303
章安 Чжан-ань 577
章炳麟 Чжан Бин-линь (章太炎 Чжан Тай-янь) 10, 313, 314, 326, 390, 404, 436, 440, 452, 472, 591, 713-716, 728, 750, 751
章学诚 Чжан Сюэ-чэн 10, 436, 469
赵纪彬 Чжао Цзи-бинь 441
赵岐 Чжао Ци 389, 425
赵元任 Чжао Юань-жэнь 87, 293

赵贞吉 Чжао Чжэнь-цзи 605
真谛 Чжэнь-ди см. Парамартха 142, 143, 199, 227, 229, 324, 342
真宗 Чжэнь-цзун 165, 341
郑观应 Чжэн Гуань-ин (Чжэн Чжэнь-сян, Чжэн Тао-чжай, прозв. Ци-ю-шэн, Му-юн шань-жэнь, Чжи-хэ (Дай-хэ) шань-жэнь) 468, 722-724
郑鲜之 Чжэн Сянь-чжи (Чжэн Дао-цзы) 316, 520, 725
郑向 Чжэн Сян 737
郑玄 Чжэн Сюань (Чжэн Кан-чэн) 76, 148, 149, 151, 201, 235, 334, 368, 529, 629, 635, 740
支谶 Чжи-чэнь см. Локакшема 126
支遁 Чжи Дунь (支道林 Чжи Дао-линь, Чжи-гун, Чжи-син, Чжисин-шань) 410
支亮 Чжи-лян 126
支愍度 Чжи Минь-ду 410
支谦 Чжи-цянь 126
智拔 Чжи-ба 498
智首 Чжи-шоу 421
智旭 Чжи-сюй 340
智顗 Чжи-и (Чэн Дэ-ань) 229, 574, 577, 578
钟会 Чжун Хуй 583
钟錂 Чжун Лин 675
钟嵘 Чжун Жун 217
仲长统 Чжунчан Тун (Чжун Гун-ли) 413, 437, 695, 736, 737
周敦颐 Чжоу Дунь-и (Чжоу Мао-шу, Чжоу Лянь-си, Чжоу-цзы, Чжоу Юань-гун) 70, 137-139, 181, 191, 192, 246, 365, 386, 459, 482, 512, 514, 519, 524, 534, 549, 550, 599, 668, 688, 692, 735, 737, 738, 746, 753
周公 Чжоу-гун 101-104, 181, 254, 270, 275, 333, 368, 525, 635, 739
周广业 Чжоу Гуан-е 425
周汝登 Чжоу Жу-дэн 605
周秀 Чжоу-сю 421
周续之 Чжоу Сюй-чжи 318
周云之 Чжоу Юнь-чжи 442
纣 Чжоу 102, 254, 427, 433
朱服 Чжу Фу 125
朱经农 Чжу Цзин-нун 354
朱景玄 Чжу Цзин-сюань 110
朱九祚 Чжу Цзю-цзо 673
朱谦之 Чжу Цянь-чжи 171
朱师辙 Чжу ши-чэ 504
朱世杰 Чжу Ши-цзе 70
朱熹 Чжу Си (朱元晦 Чжу Юань-хуй, Чжу Чжун-хуй, 朱晦庵 Чжу Хуй-ань) 69, 70, 128, 134, 137, 140, 141, 147-152, 161, 181, 187, 191, 192, 235, 236, 246, 253, 280, 334, 365, 370, 375, 378, 380, 383, 384, 386, 388, 389, 413, 414, 425, 459, 466, 467, 482, 490, 491, 494, 509, 513, 514, 519, 529, 534, 549, 550, 562, 567, 573, 582, 588, 602, 603, 629, 637, 646, 649, 668, 673, 690, 703, 713, 727, 728, 735-738, 745-747
朱由榔 Чжу Ю-лан (桂王 Гуй-ван) 214, 587
朱元璋 Чжу Юань-чжан 309
朱震 Чжу Чжэнь 280

竺法护 Дхармаракша (санскр. Dharmarakwa, кит. Чжу Фа-ху) 225
竺法深 Чжу Фа-шэнь 410,
竺法汰 Чжу Фа-тай 180, 410
颛顼 Чжуань-сюй 17
庄存与 Чжуан Цунь-юй 244, 347, 399
庄逵吉 Чжан Куй-цзы 299
庄子 Чжуан-цзы (庄周 Чжуан (Янь) Чжоу, Цзы- сю) 58, 62, 105, 168, 177, 193, 220, 263, 264, 312, 364, 391, 398, 441, 484, 488, 500, 517, 562, 586, 599, 667, 698, 699, 717, 727, 748-753, 758
子产 Цзы Чань (Гунсунь Цяо, Гунсунь Чэн) 204, 756
子贡 Цзы Гун 435, 667
子华子 Цзы Хуа-цзы 419
子师 Цзы-ши 438
子思 Цзы Сы 149, 182, 367, 424, 427, 667, 668, 677, 734, 750, 757
子夏 Цзы Ся 332, 750
子襄 Цзы Сян 15
宗炳 Цзун Бин 108, 109, 318
宗密 Цзун-ми 203, 297, 385, 759, 760
邹奭 Цзоу Ши 325
邹守益 Цзоу Шоу-и 605, 606
邹衍 Цзоу Янь (邹子 Цзоу-цзы) 301, 325, 337, 430, 437, 441, 619, 626, 693, 761, 762
最澄 Цзуй-дэн см. Сайтё 577
左丘明 Цзо Цю-мин 265, 579, 762

作品索引

《阿弥陀佛经》Амитабха-сутра (санскр. Amitābha-sūtra, кит. Амитофо цзин) «Сутра [будды] Амитабхи», «Сутра о [будде] Амитабхе» 341

《阿毗达摩俱舍论》Абхидхарма-коша (санскр. Abhidharmakośa, кит. Цзюй шэ лунь) «Сокровищница высшего Законоучения» 119

《阿毗昙心论》Абхидхарма-хридая-шастра (санскр. Abhidharma-hṛdaya-śāstra, кит. Апитань синь лунь) 119

《安民策》Ань минь цэ «План успокоения народа» 371

"八览" Ба лань «Восемь обозрений» 418

《八十一化图》Ба ши и хуа ту «Планы 81-го преобразования» 362

《白黑论》Бай хэй лунь «Суждения Белого и черного» (др. назв. Цзюнь шань лунь, Цзюнь шэн лунь) 316

《白虎通》Бо ху тун «Диспут в Зале белого тигра» (др. назв. Бо ху тун дэ лунь, Бо ху тун и) 18, 122, 446, 622, 624

《白虎通德论》Бо ху тун дэ лунь «Рассуждения о благодати/добродетели [в Зале] белого тигра» см. Бо ху тун 122, 622

《白虎通义》Бо ху тун и «Исчерпывающий отчет [о дискуссии в Зале] белого тигра» см. Бо ху тун 122, 123

"白鹿洞学规" Бай лу дун сюэ гуй «Правила ученичества в Пещере белого оленя» 187

《白马论》Бай ма лунь «Суждения о белой лошади» 46, 72, 438

《白沙诗教解》Байша ши цзяо цзе «Разъяснение поэтических наставлений [Чэнь Сянь-чжана из] Байша» 703

《百论》Бай лунь см. Шата-шастра 226, 343, 497

《百论疏》Бай лунь шу «Комментарий к шастре в ста [фразах]» 324

《般若波罗蜜多经》Праджняпарамита-сутра (санскр. Prajñāpāramitā-sūtra) см. Махапраджняпарамита-шастра 410

《般若波罗蜜多心经略疏》Божэ боломидо синь цзин см. Махапраджняпарамита-хридая-сутра 202

《般若放光品折疑准》Фа гуан божэ си и чжунь «О разъяснении неясностей в испускающей сияние „Праджняпарамита-сутре"» 164

《般若无知论》Божэ у чжи лунь (Баньжо у чжи лунь) «Рассуждение о праджне, не имеющей знания», «Рассуждения о непознаваемости прадж- ни», «Шастра о праджне как о незнании» 500, 568

《报应问》Бао ин вэнь «Вопрошаю о воздаянии по деяниям» 274

《抱朴子》Бао-пу-цзы «Трактат Мудреца, объемлющего первозданную простоту» 124, 160, 165, 236, 237, 234, 242, 717

本文类 Бэнь вэнь «Основные письмена» 166

《碧岩录》Би янь лу «Записи, [сделанные] у бирюзовой скалы» 130

《辩学》Бянь сюэ «Учение о диалектике» 440

《辩学启蒙》Бянь сюэ ци мэн «Азы бянь-сюэ» 440

《辩学遗牍》Бянь сюэ и цзи «Наследие бянь-сюэ» 440

《别录》Бе лу «Отдельные записи» 406

《伯牙琴》Бо Я цинь «Цитра Бо Я» 184

《博物志》Бо у чжи «Трактат обо всех вещах» 214

《博依集》Бо-и цзи «Собрание притч» 214

《不真空论》Бу чжэнь кун лунь «Суждения/шастра о пустотности неистинного», «Рассуждения об отсутствии подлинной пустоты» 500, 501

《参同契》Цань тун ци (Сань тун ци) «Единение триады», «Свидетельство триединого согласия» 128, 129, 738

《藏书》Цан шу «Книга для сокрытия» 381

《禅藏》Чань цзан «Чаньская сокровищница» 759

《禅宗无门关》У мэнь гуань «Врата без входа», «Застава без ворот» 130

《禅源诸诠集都序》Чань юань чжу цюань цзи ду сюй «Предисловие к полному собранию сочинений об истоках чаньского созерцания» 759

《昌黎先生集》Чан-ли сяньшэн цзи «Собрание [произведений] господина Чан-ли» 269

《昌言》Чан янь «Откровенные речи» 736

《成实论》Чэн ши лунь см. Сатьясиддхи-шастра 134, 200, 343

《成唯识论》Чэн вэй ши лунь см. Виджняпти-матра-сиддхи-шастра 118, 718

《冲虚真经》Чун сюй чжэнь цзин «Истинная каноническая книга прорыва в пустоту», «Истинный канон прорыва в пустоту» см. Ле-цзы 398

《崇有论》Чун ю лунь «Суждения о почитании нали- чия/бытия» 566, 659, 698

《瘳忘编》Чоу ван бянь «Сочинение, исцеляющее от беспамятства» 370

《初潭集》Чу тань цзи «Первый сборник, [изданный у] заводи» 379

《楚辞》Чу цы «Чуские строфы» 631

《楚汉春秋》Чу Хань чунь цю «„Вёсны и осени" [царств] Чу и Хань» 413

《传习录》Чуань си лу «Записи преподанного и вос- принятого» 161, 366, 490, 602

《春秋》Чунь цю «Вёсны и осени» 141, 241, 265, 270, 332, 333, 337, 358, 367, 417, 423, 481, 530, 536, 537, 579, 582, 600, 627, 635, 678, 762

《春秋》三传 Чунь цю сань чжуань «Три предания к „Вёснам и осеням"» 141

《春秋传注》Чунь цю чжуань чжу «„Вёсны и осени" с комментариями и примечаниями» 370

《春秋董氏学》Чунь цю Дун-ши сюэ «Учение господина Дун [Чжуншу] о „Вёснах и осенях"» 349

丙

781

《春秋繁露》Чунь цю фань лу «Обильные росы „Вё- сен и осеней"» 188, 488, 494, 692

《春秋公羊传》Чунь цю Гунъян чжуань «Комментарий Гунъяна к „Вёснам и осеням"», «„[Летопись] вёсен и осеней" с преданием Гунъяна» см. Гунъян чжуань 141, 241, 350

《春秋公羊解诂》Чунь цю Гунъян цзе гу «Комментарий к толкованию „Вёсен и осеней" [в версии] Гунъяна», «Разъяснение слов „Вёсен и осеней" [в версии] Гунъяна» 242

《春秋公羊通义》Чунь цю Гунъян тун и «Проникновение в смысл „Вёсен и осеней" [в версии] Гунъяна» 242

《春秋谷梁传》Чунь цю Гулян чжуань «„Вёсны и осени" с комментариями Гуляна», «[Летопись] вёсен и осеней с преданием Гуляна» см. Гулян чжуань 141

《春秋家说》Чунь цю цзя шо «Семейные наставления [по канонической летописи] „Вёсны и осени"» 589

《春秋正传》Чунь цю чжэн чжуань «„Вёсны и осени" с исправленным комментарием» 703

《春秋左传注》Чунь цю Цзо чжуань гу «Толкование „Вёсен и осеней" с комментарием Цзо» 285, 763

《春秋左传正义》Чунь цю Цзо чжуань чжэн и «Комментарии Цзо к „Вёснам и осеням" в правильном толковании» 763

《春秋左氏传》Чунь цю Цзо-ши чжуань «„Вёсны и осени" с комментарием Цзо» см. Цзо чжуань 141, 762

《春秋左氏经传集解》Чунь цю Цзо-ши цзин чжуань цзи цзе «Сборник толкований канонических комментариев господина Цзо к „Вёснам и осеням"» 763

《辞海》Цы хай «Море слов» 27, 39, 40

《爨桐集》Цуань тун цзи «Сборник, [подобный] цитре, изготовленной из обгоревшего тунгового полена» 277

《存人编》Цунь жэнь бянь «Сочинение о поддержании человека» 649

《存性编》Цунь син бянь «Сочинение о поддержании [индивидуальной] природы» 369, 673, 675

《存学编》Цунь сюэ бянь «Сочинение о поддержании учения» 673-675

《存治编》Цунь чжи бянь «Сочинение о поддержании порядка» (др. назв. Ван дао лунь) 673

《达性论》Да син лунь «Рассуждения о постижении природы человека» 274

《达庄论》Да Чжуан лунь «О постижении Чжуан [-цзы]» 484

《答曹录事难神灭论》Да цао лу ши нань Шэнь ме лунь «Ответ на все запротоколированные возражения Суждениям об уничтожимости духа» 521

《答刘遗民书》Да Лю И-минь шу «Книга ответов Лю И-миню» 500

《答刘禹锡天论书》Да Лю Юй-си тянь лунь шу «Книга ответов на вопросы Лю Юй-си о Небе», «Ответное письмо Лю Юй-си с суждениями о Небе» 408

《答以女人学道为见短书》Да и нюй жэнь сюэ дао вэй цзянь дуань шу (неполный перевод названия) «Письмо в ответ на [утверждение, будто] недалекие взгляды женщин [несовместимы] с изучением Пути-дао» 378, 381

《大安般守意经》Да ань бо шоу и цзин см. Махаанапана-самадхи-сутра 120

《大般涅槃经》Да бо Непань цзин см. Махапаринирвана-сутра 296, 497, 574

《大藏经》Да цан цзин см. Трипитака 48, 318, 343

《大乘起信论》Да шэн ци синь лунь см. Махаяна-шраддхотпада-шастра 142, 143, 202, 296, 478

《大乘玄论》Да шэн сюань лунь «Суждения о сокровенном в махаяне» 120, 200

《大乘玄义》Да шэн сюань и «Сокровенный смысл махаяны» 324

《大乘止观法门》Да шэн чжи гуань фа мэнь «Учение махаяны о самопрекращении и самостижении», «Врата Дхармы/Учения Великой колесницы о прекращении [неведения] и постижении» 478, 718,

《大戴礼记》Да Дай ли цзи «Записки о благопристойности Старшего Дая» 157, 336, 367

《大道》Да дао «Великий Путь» 439

《大金玄都宝藏》Да Цзинь сюань ду бао цзан «Драгоценная сокровищница сокровенного поселе- ния [эпохи] Великая Цзинь» 166

《大毗婆沙论》Вибхаша-шастра (санскр. Vibhāwā-śastra, кит. Да пипоша лунь) 119

《大品般若经》Да пинь божэ [боломидо] цзин см. Махапраджня[парамита]-сутра 497

《大品经》Да пинь см. Махапраджня[парамита]-сутра 343

《大品经广疏》Да пинь цзин гуан шу «Пространный комментарий к Махапраджня[парамита]-сут-ре» 324

《大人先生传》Да жэнь сянь шэн чжуань «Жизнь великого человека» 484, 485

《大宋天宫宝藏》Да Сун тянь гун бао цзан «Драгоценная сокровищница тянь гун [эпохи] Вели- кая Сун» 165

《大同书》Да тун шу «Книга о Великом единении» 147, 347, 349, 477, 557

《大同学》Да тун сюэ «Учение о Великом единении», «Социальная революция» 147

《大学》Да сюэ «Великое учение» 137, 148-151, 183, 235, 247, 270, 365, 367, 391, 407, 416, 459, 481, 531, 535, 603, 629, 653, 688, 723, 727, 746

《大学辩》Да сюэ бянь «Обсуждение Великого учения» 370

《大学辩业》Да сюэ бянь е «Опыт обсуждения Великого учения» 370, 371

《大学古本》Да сюэ гу бэнь «Древний оригинал Великого учения» 149

《大学问》Да сюэ вэнь «Вопросы к Великому учению» 149, 602

《大学章句》Да сюэ чжан цзюй «Великое учение с постатейными и пофразовыми [разъяснениями]» 148

《大智度论》Да чжи ду лунь см. Махапраджняпарамита-шастра 120, 343, 497

《道藏》Дао цзан «Сокровищница Пути-дао», «Собрание даосских писаний», «Даосская сокровищница», «Даосский канон», «Сокровищница даосских писаний» 48, 70, 73, 105, 128, 165, 166, 171, 177, 194, 237, 261, 438, 457, 512, 550, 553, 564, 584, 691, 695, 704, 722, 738, 753

《道藏目录》Дао цзан му лу «Каталог к Дао цзану» 261

《道德经》Дао дэ цзин «Канон Пути и благодати», «Канон дао и дэ» (др. назв. Дао дэ чжэнь цзин, Лао-цзы) 14, 24, 25, 33, 51, 58, 67, 75, 82, 91, 154, 158, 159, 165-173, 175-178, 190-192, 201, 220, 243, 245, 269, 288, 301, 304, 331, 335, 360-362, 378, 379, 465, 467, 471, 475, 487, 517, 518, 525, 526, 549, 558, 566, 569, 579, 582-584, 597, 601, 611, 613, 615, 616, 629, 632, 636, 643, 654, 655, 658, 659, 689-691, 697, 698, 717, 727, 731, 738, 749, 751-753, 755, 758

《道德哲学》Дао дэ чжэсюэ «Моральная философия» 708

《道德真经》Дао дэ чжэнь цзин «Истинный канон Пути и благодати» см. Дао дэ цзин 167

《道德真经广圣义》Дао дэ чжэнь цзин гуан шэн и «Объяснение смысла всеобъемлющей и свя- щённой истинной книги о дао и дэ» 194

《道经》Дао цзин «Канон Пути», «Книга о дао» 167, 170

《道术》Дао шу «Искусство дао» 60

《道寓论》Дао юй лунь «Аллегорические рассуждения о дао» 542

《德道经》Дэ дао цзин «Канон благодати и Пути» см. Дао дэ цзин 167

《德经》Дэ цзин «Канон благодати», «Книга о дэ» 167, 170

"地论" Ши ди лунь см. Дашабхумика-шастра 356, 610

《邓析子》Дэн Си-цзы «[Трактат] Учителя Дэн Си» 185, 203, 204, 314, 439, 696

《定性书》Дин син шу «Книга об установлении индивидуальной природы», «Письмо об утверждении природы» 138

《东京赋》Дун цзин фу «Ода о Восточном престоле [династии Хань]» 710

"东林会约" Дунлинь хуй юэ «Положение о Дун- линьском сходе» 187

《东铭》Дун мин «Восточная надпись» 711

《东西均》Дун си цзюнь «Равенство сторон» 214, 216

《东西文化及其哲学》Дун си вэньхуа цзи ци чжэ- сюэ «Культуры Востока и Запада и их философии» 395

洞神 Дун шэнь «Вместилище духовного» 166

洞玄 Дун сюань «Вместилище сокровенного» 166

洞真 Дун чжэнь «Вместилище истинного» 166

《独立评论》Дули пинлунь (журн.) 186, 293

《读经示要》Ду цзин ши яо «Основные наставления в чтении канонов» 651

《读孟子界说》Ду Мэн-цзы цзе шо «Разъяснения к прочтению Мэн-цзы» 392

《读四书大全说》Ду Сы шу да цюань шо «Наставления к прочтению Четверокнижия в великой полноте [изъяснений]» 588

《读通鉴论》Ду Тун цзянь лунь «Суждения к прочтению Всеобщего зерцала [истории]» 588-591

《髑髅赋》Ду лоу фу «Ода черепу» 710

《对禹问》Дуй Юй вэнь «Ответ на вопросы о Юе» 269

《噩梦》Э мэн «Зловещий сон» 588

《尔雅》Эр я «Приближение к классике» 55, 68, 235, 334, 532, 679

《二程集》Эр Чэн цюань шу «Полное [собрание] произведений двух [братьев] Чэн» 138, 139

《二谛义》Эр ди и «Смысл двойственной истины» 199, 324

《二礼经传测》Эр ли цзин чжуань цэ «Выявление канонической и комментаторской [частей] в двух [трактатах о] благопристойности» 703

《二入四行论》Эр жу сы син лунь «О двух вхождениях и четырех практиках», «Суждение о двух вхождениях и четырех практиках» 130

《二十二子》Эр ши эр цзы «[Трактаты] двадцати двух Учителей» (серия) 299, 678

《二十四画品》Хуа пинь «Категории картин» 109

《法华经》Фа хуа цзин см. Саддхарма-пундарика-сутра 229, 343, 574

《法相毗昙》Фасян питань «Абидхарма свойств дхарм» 119

《法性论》Фа син лунь «Суждения/шастра о сущности дхарм» 319

《法言》Фа янь «Образцовые слова», «Законные слова» 23, 160, 181, 668, 679

《反离骚》Фань Ли сао «Опровержение „Скорби отрешенного" [Цюй Юаня]» 679

方法类 Фан фа «Практические методы» 166

《方言》Фан янь «Диалекты», «Местные слова» 679

《非国语》Фэй го юй «Против „Речей царств"» 408, 409

《非十二子》Фэй ши эр цзы «Против двенадцати мыслителей» 8, 312, 313, 642, 667

《焚书》Фэнь шу «Книга для сожжения» 276, 381, 580, 627

《风俗通义》Фэн су тун и «Исчерпывающий отчет о распространенных нравах» 298

《夫妇论》Фу фу лунь «Суждения о муже и жене» 378, 381

《佛说罗摩伽经》Гандавьюха-сутра (санскр. Gandhavyūha-sūtra) 385

《浮山前后集》Фушань цянь хоу цзи «Прежнее и последующее собрание фушаньских [произведений]» 214

《附鲒轩诗集》Фу цзе сюань цзи «Собрание [сочинений] из облепленного моллюсками домика» 285

《复性书院讲录》Фусин шуюань цзян лу «Записи лекций из академии Фусин» 423

《富国策》Фу го цэ «План обогащения государства» 371

《改邪归正》Гай се гуй чжэн «Исправление порочного и возвращение правильного» 290

《甘泉赋》Гань цюань фу «Ода [дворцу] Сладкого источника» 679

《高僧传》Гао сэн чжуань «Жизнеописания достойных монахов», «Жизнеописания Высоких наставников» 316, 318, 343, 346, 500, 726

《更生斋诗文集》Гэн шэн чжай цзи «Собрание [сочинений] из кабинета Возродившегося» 285

《公孙龙子》Гунсунь Лун-цзы 6, 46, 72, 238, 241, 437, 438, 439, 442, 629, 644

《公孙龙子形名发微》Син мин фа вэй «Раскрытие тонкостей [школы] телесных форм и имён» 442

《公羊传》Гунъян чжуань «Предание Гунъяна» (др. назв. Гунъян чунь цю, [Чунь цю] Гунъян чжуань) 141, 147, 241, 242, 308, 333, 392, 530, 536, 559, 762

《公羊传疏》Гунъян чжуань шу «Комментарий с разрядкой в тексте к „Комментарию Гунъяна"», „Толкование „Комментария Гунъяна"» 242

《公羊春秋》Гунъян чунь цю «„Вёсны и осени" [в вер- сии] Гунъяна» см. Гунъян чжуань 241

《公羊谷梁古义》Гунъян Гулян гу и «Древний смысл [комментариев] Гунъяна и Гуляна [к „Вёснам и осеням"]» 285

《公羊义疏》Гунъян и шу «Изъяснение принципов Гунъяна» 242

《勾股割圆记》Гоу гу гэ юань цзи «Записки о вписывании многоугольника в круг» 152

《古画品论》Гу хуа пин лунь «Заметки о категориях старинной живописи», «Заметки о категориях китайской живописи» 218

《古微堂集》Гу вэй тан цзи «Собрание [сочинений] из Зала древних сокровенностей» 611

《古文论语》Гу вэнь лу Лунь юй «Древний текст [из царства] Лу» 416

《古文尚书》Гу вэнь Шан шу «Книга преданий старых письмен», „„Почтенные писания" в древних знаках» 335, 509

《古文小学》Гу вэнь сяо сюэ «Малое учение в старых письменах» 703

《谷梁传》Гулян чжуань «Предание Гуляна» (др. wназв. [Чунь цю] Гулян чжуань) 58, 141, 337, 530, 762

《关尹子》Гуань Инь-цзы «Мудрец Инь с заставы», «Учитель Инь с Заставы» (др. назв. У шан мяо дао вэнь ши чжэнь цзин) 230, 255, 256, 697

《观无量寿佛经》«Сутра о бесконечном» 19

《观无量寿经》Гуань у лян шоу цзин см. Амита-юрдхьяна-сутра 341

《观物内篇》Гуань у нэй пянь «Рассмотрение вещей. Внутренняя глава» 161, 512

《观物外篇》Гуань у вай пянь «Внешние главы о созерцании вещей» 512

《管公明卜要诀》Гуань Гун-мин бу яо цзюэ [цзин] «[Канон] главных секретов прорицания Гуань Гун-мина» 254

《管子》Гуань-цзы «[Трактат] Учителя Гуань [Чжуна]» 33, 70, 74, 166, 177, 193, 201, 203, 204, 257-259, 279, 314, 325, 336, 398, 419, 437, 462, 465, 540, 541, 619, 629, 636, 643, 654, 691, 694, 696, 699, 700, 720, 727

《管子中有见之宋钘一派学说》Гуань цзы чжун ю цзянь чжи Сун Цзянь и пай сюэ шо «„Обнаружившееся в „Гуаньцзы"" учение группировки Сун Цзяня» 694

《光明报》Гуанмин бао (газ.) 395

《光赞折中解》Гуан цзань чжэ чжун цзе «Разъяснение о приведении в согласие толкований к „Панчавимшатисахасрика-сутре"» 164

《广博物志》Гуан Бо у чжи «Расширение „Трактата обо всех вещах"» 214

《广弘明集》Гуан Хун мин цзи «Расширенное „Собрание [сочинений], светоч [истины] распространяющих"», «Собрание [сочинений], светоч [истины] широко распространяющих» 127, 316, 397, 523, 726

《归藏》Гуй цзан «Возвращение в сокровищницу» 250, 741, 742

《归田赋》Гуй тянь фу «Ода о возвращении к полям» 710

《鬼谷子》Гуй-гу-цзы «Мудрец из Ущелья навей», «Учитель из Ущелья навей» 166, 260-262, 761

《鬼谷子天髓灵文》Гуй-гу-цзы тянь суй лин вэнь «Духовный текст Мудреца из Ущелья навей о небесной сердцевине», «Духовные письмена Учителя из Ущелья навей о небесной сердцевине» 261

《国富论》«Исследование о природе и причинах богатстванародов» 672

《国际易学研究》Гоцзи исюэ яньцзю «Международные ицзинистические исследования» 743

《国史大纲》Го ши да ган «Очерк истории государства» 470

《国闻报》Го вэнь бао «Вестник оглашаемого в стране» (газ.) 671

《国语》Го юй «Государственные речи», «Речи царств», «Рассказы о царствах», «Поучения царям» 145, 213, 265, 278, 465, 532, 613, 631, 643, 691

《海国图志》Хай го ту чжи «Описания заморских государств с приложением карт» 611

《韩非子》Хань Фэй-цзы «[Трактат] Учителя Хань Фэя» 58-60, 65, 159, 167, 168, 201, 203, 206, 215, 266, 268, 305, 321, 361, 436, 439, 448, 453, 504, 540, 614, 630, 643, 668, 683, 720, 731, 751, 757

《韩诗》Хань ши «Песни [рода] Хань», «[Канон] сти- хов [в версии] Ханя», „„Песни/Стихи" [в пре- дании] Ханя» 529

《汉书》Хань шу «История династии Хань», «Книга об [истории династии] Хань», «Книга [об эпохе] Хань», «Книга [о династии] Хань» (др. назв. Цянь Хань шу) 8, 9, 14, 20, 22, 68, 123, 124, 141, 168,

175, 185, 188, 252, 260, 272, 273, 279, 298, 299, 303, 313, 333, 367, 405, 417, 425, 436, 438, 439, 453, 457, 462, 464, 502, 515, 527, 532, 533, 540, 615, 618, 660, 668, 679, 694, 700, 730, 740, 749, 750, 761, 762

《汉书艺文志拾补》 Хань шу И вэнь чжи ши бу «Собрание дополнений к „Трактату об искусствах и текстах" „Книги об эпохе Хань"» 260

《何心隐论》 Хэ Синь-инь лунь «Суждения о Хэ Синь-ине» 276, 378, 381

《河东赋》 Хэ дун фу «Ода [местности] к востоку от [Желтой] реки» 679

《河东先生集》 Хэ-дун сянь-шэн цзи «Собрание [сочинений] наставника [Лю из] Хэдуна» 408

《鹖冠子》 Хэ Гуань-цзы «Мудрец в шляпе из перьев фазана» 305, 465

《弘明集》 Хун мин цзи «Собрание [сочинений], светоч [истины] распространяющих», «Собрание [сочинений], светоч [истины] широко распро- страняющих» 458, 520, 521, 725

《红楼梦》 Хун лоу мэн «Сон в красном тереме» 595

《洪北江全集》 Хун Бэйцзян сянь шэн и цзи «Полное собрание сочинений господина Хун Бэйцзяна» 285

《洪范》 Хун фань «Великий план», «Великие правила», «Великий образец», «Величественный образец» 3, 5, 6, 9, 11, 68, 74, 124, 145, 213, 279, 344, 406, 462, 510, 511, 582, 619, 631, 673

《洪范传》 Хун фань чжуань «Комментарий к „Великому образцу"» 582

《洪范五行传论》 Хун фань у син чжуань «Комментарий к [воплощению учения о] пяти элементах в „Великом плане"» 406

《鸿烈》 Хун ле «Великое просветление» см. Хуайнань-цзы 298, 299

《后汉书》 Хоу Хань шу «История Поздней Хань», «Книга о Поздней Хань», «Книга [об эпохе] поздней [династии] Хань» 210, 585, 710, 736

《华严法界观门》 Хуа янь фа цзе гуань «О созерцании дхармадхату [по учению] „Хуа янь [цзин]"» 194

《华严经》 Хуа янь цзин см. Аватамсака-сутра 18, 227, 296, 385, 497, 574

《华严经义海百门》 Хуа янь цзин и хай бай мэнь «Сто врат к морю смысла „Канона цветочной гирлянды"», «Сто врат в море смысла „Сутры цветочной гирлянды"» 568

《淮南鸿烈》 Хуайнань хун ле «Хуайнань Великая мудрость» см. Хуайнань-цзы 289

《淮南鸿烈集解》 Хуайнань хун ле цзи цзе «„Великое просветление из Хуайнани" с собранием разъяснений» 299

《淮南内经》 Хуайнань нэй цзин «Внутренний канон из Хуайнани» 299

《淮南内篇》 Хуайнань нэй пянь «Внутренние главы из Хуайнани» 299

《淮南外》 Хуайнань вай «Внешняя из Хуайнани» 299

《淮南王书》 Хуайнань-ван шу «Книга Хуайнаньского князя 300

《淮南子》 Хуайнань-цзы «[Трактат] Учителя из Хуайнани», «Философы из Хуайнани» (др. назв. Ху- айнань хун ле, Хун ле) 10, 22, 23, 66, 67, 74, 82, 92, 159, 177, 192, 259, 278, 298-301, 305, 323, 336, 377, 439, 444, 453, 465, 503, 517, 570, 571, 579, 615, 616, 622, 683, 700, 758, 761

《唤迷途》 Хуань ми ту «Оклики заблудшим» 674

《皇极经世书》 Хуан цзи цзин ши «Предел-владыка, правящий миром» 512

《黄帝内经》 Хуан-ди нэй цзин «Канон Желтого императора о внутреннем», «Внутренний канон Желтого императора» 303, 518, 524, 645, 654, 658, 692

《黄帝内经素问》 Хуан-ди нэй цзин Су вэнь ««Вопросы о простом" „Канона Желтого императора о внутреннем"» 303

《黄帝内经素问集注》 Хуан-ди нэй цзин Су вэнь цзи чжу «Собрание резюмирующих комментариев к „Вопросам о простом" „Канона Желтого императора о внутреннем"» 303

《黄帝四经》 Хуан-ди сы цзин «Четыре канона Желтого императора» 201, 305

《黄书》 Хуан шу «Желтая книга» 588

《惠子》 Хуй-цзы «[Трактат] Учителя Хуй [Ши]» 313

《浑仪》 Хунь тянь и [ту чжу] «Иллюстрированное описание полной армиллярной сферы», «[Комментарий к плану] армиллярной сферы», «[Комментарий к плану] коловращающегося неба» 710

《稽古录》 Цзи гу лу «Записки об учебе у древности» 535

《畿辅通志》 Цзи фу тун чжи «Географическое описание столичной области» 370

《即色游玄论》 Цзи сэ ю сюань лунь «Суждения о рупе как таковой и блуждании в таинственном/ сокровенном» 726

记传类 Цзи чжуань «Сказания и повествования» 166

《纪过格》 Цзи го гэ «Выверение фиксированных нарушений» 369

《简明中国哲学史》 Цзяньмин Чжунго чжэсюэ ши «Краткая история китайской философии» 682

"建国方略" Цзянь го фан люэ «Программа строи тельства государства» 544

《教育研究》 Цзяоюй яньцзю «Педагогические исследования» (журн.) 233

《解蔽》 Цзе би «Освобождение от заблуждений» 074, 313, 566, 663, 664, 667

《解老》 Цзе Лао «Разъяснения Лао-[цзы]» 159, 168

《解深密经》 Цзе шэнь ми цзин см. Сандхи-нирмо-чана-сутра 207

戒律类 Цзе люй «Заповеди и предписания» 166

《今文尚书》 Цзинь вэнь Шан шу «Книга преданий новых письмен», « Почтенные писания в со- временных знаках» 509

《金刚经》Цзинь ган [божэ] цзин см. Ваджраччхедика-праджняпарамита-сутра 130, 317, 343
《金瓶梅》Цзинь пин мэй «Цзинь, Пин, Мэй», «Цветы сливы в золотой вазе» 378
《进呈俄罗斯大彼得变政记序》Цзинь-чэн Элосы Да Бидэ бянь чжэн цзи сюй «Направленная вверх представительная записка об административных реформах Российского [царя] Петра Великого» 348
《近思录》Цзинь сы лу «Записи размышлений о близком» 746
《晋书》Цзинь шу «История династии Цзинь», «Книга [об эпохе] Цзинь» 484, 523
《经法》Цзин фа 654
《隋书·经籍志》Цзин цзи чжи «Трактат о канонах и книгах» 260, 584
《经学理窟》Цзин сюэ ли ку Бездонность принципов изучения канонов» 711
《鸠摩罗什法师大义》Цзюмолоши фа ши да и «Ве-ликий смысл [учения] учителя Дхармы Кума- радживы» 343
《鸠摩罗什法师诔》Цзюмолоши фа ши «Учитель дхар-мы Кумараджива» 500
《九主》Цзю чжу «Девять правителей» 487
《救国日报》Цзюго жибао «Ежедневный вестникспасения государства» (газ.) 132
《救世揭要》Цзю ши цзе яо «Раскрытие главного для спасения мира» (др. назв. И янь) 723
《救亡决论》Цзю ван цзюэ лунь «Окончательноесуждение [о путях] спасения от гибели» 670
《居忧见见》Цзюй ю юй цзянь «Скромные взглядыпребывающего в траурной скорби» 673
《卷施阁文集》Цзюаньши гэ [вэнь] цзи «Собрание [сочинений] из Дурнишниковой палаты» 285
《均善论》Цзюнь шань лунь «Рассуждения о равном благе» см. Бай хэй лунь 316
《均圣论》Цзюнь шэн лунь «Рассуждения о всех добродетельных» см. Бай хэй лунь 316
《考工记》Као гун цзи «Записи о ремеслах», «Записки об изучении ремесел» 67, 740
《孔壁古文》Кун би гу вэнь «Тексты древних письмен из стены дома Конфуция» 333
《孔丛子》Кун цун цзы «Учители Кун» 437
《孔墨的思想》Кун Мо ды сысян «Идеи Концуфияи Мо [Ди]» 682
《孔子改制考》Кун-цзы гай чжи као «Исследование [учения] Конфуция об изменении правления» 348
《孔子研究》Кун-цзы яньцзю «Исследования Конфуция» (ежеквартальник) 359
《老子》Лао-цзы «[Трактат] Учителя Лао/Старого Младенца» см. Дао дэ цзин 14-16, 24, 167, 169, 177
《老子本义》Лао-цзы бэнь и «Коренной смысл [сочинения] Лао-цзы» 171, 611
《老子道德经注》Лао-цзы Дао дэ цзин чжу «Комментарий к „Канону Пути и благодати" Лао-цзы» 583
《老子化胡经》Лао-цзы хуа ху цзин «Канон о Лао-цзы, преобразующем варваров» 362

《老子微指略》Лао-цзы вэй чжи люэ «Глубинный замысел Лао-цзы в сжатых положениях» (сокр. назв. Лао-цзы чжи люэ) 170
《老子衍》Лао-цзы янь «Раскрытие „Лао-цзы"» 588
《老子翼》Лао-цзы и «Крылья к „Лао-цзы"» 171
《老子指归略例》Лао-цзюнь чжи гуй люэ ли «Сжатые положения об основном замысле господина Лао» 584
《老子指略》Лао-цзы чжи люэ «Сжатое [изложение] замысла Лао-цзы» 584
《乐记》Юэ цзи «Записи о музыке» 192, 367, 490, 531, 571, 666
《乐经》Юэ цзин «Канон музыки» 333, 423, 530, 531
《乐论》Юэ лунь «О музыке» 484, 485,
《楞伽经》Ланкаватара-сутра (Laṅkāvatāra-sūtra, кит. Жу Лэнцзя цзин) «Сутра о вступлении на Ланку» 463
《礼记》Ли цзи «Записки [о правилах] благопристойности», «Книга ритуалов», «Записки о нор- мах поведения», «Записи ритуалов», «Записи о благопристойности» 22, 146, 148, 149, 192, 201, 235, 270, 277, 333, 349, 361, 365, 367, 368, 383, 392, 418, 423, 487, 490, 494, 530, 531, 560, 598, 627, 629, 635, 664, 666, 668, 703, 723, 734
《礼记集解》Ли цзи цзи цзе «Сборник толкований„ Записок о правилах благопристойности"» 368
《礼记训纂》Ли цзи сюнь цзуань «Компиляция из исследований „Записок о правилах благопристойности"» 368
《礼记正义》Ли цзи чжэн и «Правильное толкование„ Записок о правилах благопристойности"» 368
《礼注》Ли цзи чжу «Комментарий к „Запискам о правилах благопристойности"» 368
《礼论》Ли лунь «Суждения о благопристойности» 371
《礼运》Ли юнь «Действенность ритуала», «Распространение ритуала», «Циркуляция правил благопристойности 146, 349, 350, 367, 560
《礼运注》Ли юнь чжу «Комментарий к [главе]„ Циркуляция благопристойности" [„Записоко благопристойности"]» 349
《李氏学乐录》Ли-ши сюэ юэ лу «Записи об изучении музыки господина Ли» 370
《李恕谷先生年谱》Ли Шу-гу сянь-шэн нянь пу «Погодичная биография наставника Ли Ши-гу» 367
《李卫公问对》Вэй-гун вэнь дуй см. Ли Вэй-гун вэнь дуй 125, 628
《理惑论》Ли хо лунь «О понимании и заблуждении» (др. назв. Моу-цзы ли хо лунь, Моу-цзы) 458
《历代三宝纪》Ли дай сань бао цзи «Записки о трех сокровищах буддизма [на протяжении] всех эпох» 346
《历物》Ли у «Распорядок вещей» 313

《厉佛论》Ли фо лунь «Суждения, разоблачающие буддизм» 370

《立教十五论》Ли цзяо ши у лунь «Пятнадцать статей, устанавливающих учение» 472

《连山》Лянь шань «Цепь гор», «Смыкающиеся горы» 250, 741, 742

《梁夫山集》Лян Фу-шань и цзи «Посмертное собрание [сочинений] Лян Фу-шаня» 277

《梁启超研究》Лян Ци-чао яньцзю «Исследования Лян Ци-чао» 394

《梁书》Лян шу «Книга о [династии] Лян» 521, 523

《两汉思想史》Лян Хань сысян ши «История мысли эпохи двух Хань» 657

《列传》Ле чжуань «Жизнеописания» 272, 537

《列子》Ле-цзы «[Трактат] Учителя Ле» (др. назв. Чун сюй чжэнь цзин) 145, 146, 167, 176, 177, 238, 323, 361, 398, 437, 439, 465, 677, 683, 731

《烈女传》Ле нюй чжуань «Жизнеописания великих женщин» 424

《林文忠公政书》Линь Вэнь-чжун гун чжэн шу «Административные документы Линя, князя Культурности и Преданности» 400

《林子全集》Линь-цзы цюань цзи «Полное собрание [сочинений] Учителя Линя» 401

《临济录》Линь-цзи [юй] лу «Записи бесед Линь-цзи» 130, 402, 403

《灵枢》Лин шу «Ось духа» 303

灵图类 Лин ту «Одухотворенные схемы» 166

《灵宪》Лин сянь «Законы [действия] одухотворяющейсилы», «Основоположения животворности» 710

《刘氏之书》Лю-ши чжи шу «Книга господина Лю» см. Люй-ши чунь цю

《刘子全书》Лю-цзы цюань шу «Полное собрание произведений Учителя Лю» 407

《刘子全书遗编》Лю-цзы цюань шу и бянь «Сочинения, упущенные в „Полном собрании сочинений Учителя Лю"» 407

《六度集经》Лю ду цзи цзин «Шесть ступеней [спасения] в собрании сутр» 346

《六家七宗论》Лю-цзя ци-цзун лунь «Суждения/шастры семи учений семи школ» 410

"六经" Лю цзин «Шесть канонов» («„Пять канонов" и утраченный „Канон музыки"») 9, 148, 333, 423, 435, 530, 531

《六经论》Лю цзин лунь «Суждения о „Шестиканонии"» 365

"六论" Лю лунь «Шесть [видов] суждений» 418, 419

《六书转注录》Лю шу чжуань чжу лу «Записи комментариев и примечаний к Шестикнижию» 285

《六韬》Лю тао «Шесть планов» 125, 126, 628

六艺 Лю и «Шесть искусств» 9

《六祖坛经》Лю цзу тань цзин «Сутра помоста шестого патриарха» (др. назв. Хуй-нэн цзин) 130, 229, 317, 403, 411

《鲁论》Лу лунь см. Лу лунь юй 333

《鲁论语》Лу Лунь юй «Суждения [и беседы] в луской версии» (сокр. назв. Лунь юй) 416

《鲁诗》Лу ши «[Канон] песен" в луской версии», «„Песни/Стихи" [в предании царства] Лу» 333, 529

《论法的精神》«О духе законов» 672

《论佛骨表》Лунь Фо гу бяо «О кости будды» 269

《论衡》Лунь хэн «Критические рассуждения», «Взвешивание суждений», «Весы теорий» (др. назв. Лунь хэн со инь) 16, 17, 22, 298, 585, 617, 645, 758, 761

《论君政民政相嬗之理》Лунь цзюнь чжэн минь чжэн сян шань чжи ли «О закономерности смены монархии демократией» 391

《论理古例》Лунь ли гу ли «Древние образцы примеров суждений» 60

《论世变之亟》Лунь ши бянь чжи цзи «О стремительности перемен в мире» 670

《论新革命运动》Лунь синь гэмин юньдун «О новом революционном движении» 132

《论语》Лунь юй «Теоретические речи», «Суждения и беседы», «Беседы и высказывания», «Рассуждения и высказывания», «Аналекты», «Изречения» 4, 19, 20, 31, 33, 61, 66-68, 91, 124, 146, 150, 156, 157, 177, 192, 195, 213, 278, 279, 310, 333, 345, 358, 362, 416, 424-428, 445, 459, 475, 479, 486, 496, 517, 530, 531, 560, 584, 600, 635, 637, 642, 643, 653, 658, 666, 679, 720, 726, 727, 734, 736

《论语传注问》Лунь юй чжуань чжу вэнь «Текст комментариев и примечаний к „Суждениям и беседам"» 370

《论语注》Лунь юй чжу «Комментарий к „Суждениям и беседам"» 349

《逻辑辞典》Лоцзи цыдянь «Логический словарь» 62

《吕览》Люй лань «Обозрения Люя» см. Люй ши чунь цю 417

《吕氏春秋》Люй-ши чунь цю «Вёсны и осени" господина Люя» (др. назв. Люй лань) 10, 60, 61, 68, 70, 75, 82, 145, 146, 159, 167, 177, 259, 299, 305, 312, 331, 336, 361, 417-419, 437, 439, 448, 453, 462, 488, 489, 503, 515, 540, 654, 683, 693, 696, 700, 761

《吕氏春秋汇校》Люй-ши чунь цю хуй цзяо «Вёсны и осени господина Люя" со сводной сверкой» 420

《吕氏春秋新校正》Люй-ши чунь цю синь цзяо чжэн «„Вёсны и осени господина Люя" с новыми уточнениями и свидетельствами» 420

《毛经》Мао цзин «"Канон [песен/стихов в предании] Мао» см. Ши цзин 529

《毛诗》Мао Ши «[Канон] стихов Мао», «Канон стихов [в версии] Мао», «"Песни/Стихи" [в предании] Мао» см. Ши цзин 335, 529

《毛诗传笺通释》Мао Ши чжуань цзянь тун ши «Разъяснения и комментарий к „[Канону] стихов [в версии] Мао"» 529

《毛诗笺》Мао Ши цзянь «Комментарий к„[Канону] стихов [в версии] Мао"» 529

《毛诗正义》 Мао Ши чжэн и «Истинное толкование „[Канона] стихов [в версии] Мао"» 529

《茅山经》 Маошань цзин «Канон Шанцин-пай» 508

《梅花易数》 Мэй хуа и шу «Числа "Перемен", [усмотренные в цветах] сливы-мэй», «Числа превращений дикой сливы мэй-хуа» 513

《每周评论》 Мэй-чжоу пинлунь (журн.) 293

《孟子》 Мэн-цзы 14, 20, 23, 24, 77, 85, 141, 157, 181, 388, 389, 392, 398, 416, 424-430, 433, 446, 448, 459, 462, 464, 465, 488, 489, 526, 530, 531, 589, 603, 636, 637, 643, 653, 665, 666, 683, 688, 727, 730, 758

《孟子编年》 Мэн-цзы бянь нянь «Хроника жизни Мэн-цзы» 425

《孟子古义》 Мо-си ко ги «Древний смысл „Мэн-цзы"» (яп.) 425

《孟子年表》 Мэн-цзы нянь бяо «Хронология Мэн-цзы» 425

《孟子事实考》 Мэн-цзы ши ши као «Исследованиереальных фактов, касающихся Мэн-цзы» 425

《孟子四考》 Мэн-цзы сы као «Четыре исследования Мэн-цзы» 425

《孟子外书》 Мэн-цзы вай шу «Неканонический „Мэн-цзы"» 425

《孟子微》 Мэн-цзы вэй «Тонкости „Мэн-цзы"» 349

《孟子字义疏证》 Мэн-цзы цзы и шу чжэн «Значения слов Мэн-цзы в комментариях и свидетельствах» 152, 161, 427, 491, 759

《妙法莲华经》 Мяо фа лянь хуа цзин см. Саддхарма-пундарика-сутра 229, 497, 574, 576

《妙法莲华经疏》 Мяо фа лянь хуа цзин шу «Толкование „Сутры лотоса благого Закона"» 180

《民报》 Минь бао «Народный вестник» 404, 714

《民主评论》 Минь-чжу пинлунь «Демократическое обозрение» (журн.) 459, 608, 640, 657

《名辩思潮的批判》 Мин бянь сы чао ды пи пань «Критика идейного течения мин бянь» 441

《名辩学论》 Мин бянь сюэ лунь «Суждения об учении об именах и диалектике» 442

《名理探》 Мин ли тань «Исследование имен и принципов» 440

"名学" Милэ мин сюэ «Милль. Система логики» 440, 441

《名学类通》 Мин сюэ лэй тун «Энциклопедия учения об именах» 440

《名学浅说》 Мин сюэ цянь шо «Элементарный учебник логики» 440

《明定国是诏》 Мин дин го ши «Об установлении основной линии гос. [политики] 349, 555

《明儒学案》 Мин жу сюэ ань «Учения конфуцианцев эпохи Мин», «Отчет об учениях конфуцианцев [эпохи] Мин» 307, 703

《明夷待访录》 Мин и дай фан лу «Записки для ожидаемого с визитом [правителя в период] Поражения Света» 307

《摩诃僧祇律》 Мо хэ сэн ци люй «Великое множество монашеских обетов» 421

《摩诃止观》 Мо хэ чжи гуань «Великое самопрекращение и самопостижение» 577

《墨辩》 Мо бянь «Моисты — спорщики» (др. назв. Мо цзин) 448, 457

《墨经》 Мо цзин «Моистский канон» см. Мо бянь 448, 457

《墨子》 Мо-цзы [Трактат Учителя Мо] 5, 6, 29, 33, 44, 48, 49, 54-56, 59-61, 64, 68, 75, 80, 81, 91, 144, 145, 158, 166, 434, 442, 448, 453, 457, 486, 566, 581, 607, 616, 629, 635, 642, 644, 653, 659, 699, 720, 731

《墨子间诂》 Мо-цзы цзянь гу «Доступное толкование Мо-цзы» 457

《牟子》 Моу-цзы см. Ли хо лунь 458

《牟子理惑论》 Моу-цзы ли хо лунь см. Ли хо лунь 458

《穆勒名学》 «Система логики силлогистической и индуктивной» 440 672

《南都赋》 Нань ду фу «Ода о южной столице [Нань- яне]» 710

《南海康先生传》 Нань-хай Кан сянь-шэн чжуань «Биография наставника Кан [Ю-вэя] из Наньхая» 392

《南华真经》 Наньхуа чжэнь цзин «Истинная каноническая книга [философа из] Наньхуа» (сокр.назв. Наньхуа) см. Чжуан-цзы 749

《南齐书》 Нань Ци шу «Книга [об эпохе] Южная Ци» 242

《南史》 Нань ши «История южных [династий]» 521

《难范缜神灭义》 Нань Фань Чжэнь шэнь ме и «Истинная сущность возражений рассуждениям Фань Чжэня об уничтожимости духа», «Смысл возражений „Суждениям об уничтожимости духа" Фань Чжэня» 523

《难经》 Нань цзин «Канон трудностей» 169

《难神灭论》 Нань Шэнь ме лунь «Возражение „Суждениям об уничтожимости духа"» 521

《难自然好学论》 Нань цзы жань хао сюэ лунь 759

《内经》 Нэй цзин «Внутренний канон» 303

《内书》 Нэй шу «Внутренняя книга» 298, 299

《内业》 Нэй е «Внутренняя деятельность» 325, 465, 540, 694

《拟太平策》 Ни тай пин цэ «План великого равновесия» 370

《涅槃经》 Непань цзин см. Нирвана-сутра 180, 498

《涅槃无名论》 Непань у мин лунь «Рассуждениео безымянности нирваны» 500, 501

《努力周报》 Нули чжоубао (еженедельник) 186, 293

《辟韩》 Пи Хань «Опровержение Хань [Юя]» 670, 671

《平濠记》 Пин хао цзи «Записки об умиротворении [восставшего принца Чжу Чэнь-]хао» 468

《平书订》 Пин шу дин «Выправленная „Книга равновесия"» 371

谱录类 Цун лу «Генеалогии и описания» 166

"七经" Ци цзин «Семь канонов» 635

《七略》 Ци люэ «Семь сводов», «Семь компендиев» 169, 299, 462

《齐论》Ци лунь [юй] «Суждения [и беседы] в циской версии» 333

《齐诗》Ци ши «[Канон] песен в циской версии», «Песни/Стихи [в предании царства] Ци» 333, 529

《俟解》Сы цзе «Ожидаемые разъяснения» 589, 591

《千字文》Цянь цзы вэнь «Тысячесловие», «Тысячесловный текст» 40, 41, 165

《前汉纪》Цянь Хань шу «Книга о ранней [династии] Хань» см. Хань шу 660

《乾隆府厅州县图志》Цянь-лун фу тин чжоу сянь чжи «Трактат об округах, префектурах, областях и уездах [Китая эпохи] Цянь-лун» 285

《潜夫论》Цянь фу лунь «Суждения сокровенного человека» 592, 608

《谴戍伊犁日记》И ли жи цзи «Илийские ежедневные записи» 285

《强兵策》цян бин цэ «План усиления армии» 371

《清代学术概论》Цин дай сюэшу гайлунь «Очерк учений эпохи Цин» 394

《清议》Цин и «Чистые обсуждения», «Чистые мнения» 471

《清议报》Цин и бао «Вестник чистых обсуждений» (журн.) 391, 472, 477, 556, 714

《庆历民言》Цин-ли минь янь «Высказывания [представителя] народа в период Цин-ли» 371

《鼽书》Цю шу «Вынужденные записки» 716

《取孝集》Цю сяо цзи «Сборник о стремлении к сыновней почтительности» 369

《劝学篇》Цюань сюэ пянь «Советы [по поводу] наук», «Главы об управлении просвещением» 567

《人生观》Жэньшэнгуань «Жизнесозерцание» 353

《人物志》Жэнь у чжи «О человеческом существе», «Трактат о типах людей» 471

《人心与人生》Жэньсинь юй жэнь шэн «Человеческое сознание и человеческая жизнь» 395

《仁学》Жэнь сюэ «Учение о гуманности», «Гуманность и учение» 476, 477, 556, 557

《认识论》Жэньшилунь «Гносеология» 708

《任地》Жэнь ди «Пользование землёй» 419, 462

《日知录》Жи чжи лу «Записи ежедневных познаний» 246, 381, 471

《儒行》Жу син «Поведение учёного» 20, 367, 368

《入法界品》Жу фа цзе пинь «О вхождении в дхармадхату» 296, 385

《三宝经》Сань бао цзи «Записи о трёх драгоценностях» 342

《三藏》Сань цзан см. Трипитака 500

《三洞珠囊》Чжу нан цзин му «Указатель канонов в красных обёртках» 165

《三国志》Сань го чжи «Троецарствие», «Трактат о Троецарствии» 583

《三论玄义》Сань лунь сюань и «Сокровенный смысл трёх шастр» 119, 324, 498

《三论游意义》Сань лунь ю и и «Общий смысл содержания трёх шастр» 498

《三略》Сань люэ «Три стратегии» 125, 628

《三十二相经》Сань ши эр сян цзин «Сутра о 32 при-знаках» см. Лакшана-сутра 18

《三字经》Сань цзы цзин «Троесловный канон» 40, 41, 83

《僧尼规范》Сэн ни гуй фань «Образцовые правила для монахов и монахинь» 164

《僧祇戒心》Сэн ци цзе синь «Бдительность в соблюдении обетов для множества монахов» 421

《沙门不敬王者论》Шамэнь бу цзин ван-чжэ лунь «Суждения/шастра о том, что шрамана не чтут царей» 318

《山海经》Шань хай цзин «Канон гор и морей», «Каталог гор и морей» 320, 502, 503

《删定易图序论》Шань дин И ту сюй лунь «Сокращённое введение в план [Чжоуских] перемен» 371

《伤往赋》Шан ван фу «Ода скорби об ушедшем» 580

《商君》Шан цзюнь см. Шан цзюнь шу 504

《商君书》Шан цзюнь шу «Книга правителя [области] Шан» (др. назв. Шан цзюнь, Шан-цзы) 201, 203, 205, 504, 505, 615, 689, 727

《商子》Шан-цзы см. Шан цзюнь шу 504

《上访大洞真原妙经图》Шан фан да дун чжэнь юань мяо цзин ту «Планы чудесного канона высочайшего и величайшего проникновения в истинное начало» 738

《上李鸿章书》«Представление Ли Хун-чжану» 544

《上农》Шан нун «Почитание земледелия» 419

《尚书》Шан шу «Книга преданий», «Почтенные писания» см. Шу цзин 3, 4, 14, 22, 68, 70, 74, 101, 104, 145, 150, 156, 213, 270, 272, 279, 332, 333, 335, 344, 357, 364, 367, 406, 423, 424, 427, 446, 462, 475, 479, 494, 502, 505, 507, 509, 510, 511, 530, 531, 532, 565, 570, 582, 613, 619, 627, 631, 635, 642, 673, 688, 728, 729, 736

《尚书集解》Шу цзин цзи цзе «Сводные толкования „Канона [исторических] писаний"», „Канон [исторических] писаний" с собранием разъяс- нений» 511

《尚书今古文注疏》Шан шу цзинь гу вэнь чжу шу «Комментарии с разрядкой в тексте на резюмирующие комментарии к „Книге преданий" новых и старых письмен», «„Почтенные писания в современных и древних знаках с комментариями и толкованиями» 511

《尚书引义》Шан шу инь и «Извлечение смысла „Книги преданий"», «Введение в „Досточтимые писания"» 588

《尚书正义》Шан шу чжэн и «Правильный смысл „Книги преданий"», «Правильный смысл „Почтенных писаний"» 511

《邵子神数》Шао-цзы шэнь шу «Священные числа Учителя Шао» 513

《舍利弗阿毗昙》Шэлифу апитань «Абхидхарма Шарипутры» 119

《社会进化论》«Социальная эволюция» см. Да тун сюэ 147

《社会科学新词典》Шэхуй кэсюэ синь цыдянь «Новый словарь общественных наук» 40

《摄大乘论》Шэ да шэн лунь см. Махаяна-санграха-шастра 227, 610

《申鉴》Шэнь цзянь «Расширенное зерцало» 660

《申子》Шэнь-цзы «[Трактат] Учителя Шэнь [Бухая]» 203, 515

《神不灭论》Шэнь бу ме лунь «Рассуждения о неуничтожимости духа» 725

《神不灭义》Шэнь бу ме и «Истинная сущность неуничтожимости духа», «Смысл неуничтожимости духа» 523

神符类 Шэнь фу «Духовные формулы» 166

《神灭论》Шэнь ме лунь «Суждения об уничтожимости духа» 210, 520-523, 566, 645

《神农本草经》Шэнь-нун бэнь цао цзин «Канон корней и трав Шэнь-нуна» 565

《神仙传》Шэнь сянь чжуань «Жизнеописания святых-бессмертных» 237, 298, 611, 631, 697

《慎言》Шэнь янь «Осмотрительные слова» 599

《慎子》Шэнь-цзы «[Трактат] Учителя Шэнь [Дао]» 203, 305

《声类表》Шэн лэй бяо «Таблицы категорий звуков» 152

《声韵考》Шэн юнь као «Исследование звуков и рифм» 152

《圣不辩之论》Шэн бу бянь чжи лунь «Суждения о том, что совершенномудрый не спорит об известном» 726

《圣经学规纂》Шан цзин сюэ гуй цзуань «Сводка правил учения из канонов совершенномудрых» 370

《圣武记》Шэн у цзи «Записки о священной войне» 611

《圣学格物通》Шэн сюэ гэ у тун «Проникновение в учение совершенномудрых о выверении вещей» 703

《盛世危言》Шэн ши вэй янь «Слова об опасности в век процветания» 723, 724

《师说》Ши шо «Речи учителя» 269

《诗》Ши см. Ши цзин 527

《诗经》Ши цзин «Канон стихов», «Книга песен» (др. назв. Ши сань бай, Мао Ши, Ши) 3, 4, 15, 22, 23, 68, 101, 102, 104, 150, 156, 183, 270, 332, 333, 335, 346, 357, 364, 367, 423, 424, 427, 445, 475, 479, 505, 507, 527-530, 565, 582, 598, 627, 635, 642, 688

《诗经传》Ши цзи чжуань «[Канон] стихов с собранием комментариев» 529

《诗毛氏传疏》Ши Мао чжуань шу «История [„Канона] стихов" [в версии] Мао и комментарий [к нему]» 529

《诗品》Ши пинь «Категории стиха» 217

《诗三百》Ши сань бай см. Ши цзин 527

《诗三家义集疏》Ши сань цзя и цзи шу «Сводный комментарий к трем спискам [„Канона] стихов"» 529

《十地经论》Ши ди цзин лунь см. Дашабхумика сутра-шастра 200, 227, 610

"十二纪" Ши эр цзи «Двенадцать описаний» 418

《十二门论》Ши эр мэнь лунь см. Двадаша-никая-шастра 226, 343, 497

《十二门论疏》Ши эр мэнь шу «Комментарий к „Шастре двенадцати врат"» 324

"十三经" Ши сань цзин «Тринадцатиканоние» 9, 141, 148, 149, 365, 387, 424, 509, 527, 530, 531, 579, 664, 739, 740, 762

《十三经注疏》Ши сань цзин чжу шу «Тринадцать канонов с комментарием», «Тринадцать канонов с комментариями и толкованиями», «Три"надцатиканоние с комментариями и толкованиями» 70, 148, 242, 510

《十诵律》Ши тун люй «Десять речей винаи» 421

《十一家注孙子》Ши и цзя чжу Сунь-цзы "«Сунь-цзы», прокомментированный одиннадцатью знатоками" 547

《十翼》Ши и «Десять крыльев» см. Чжоу и 741

《十住毗婆沙论》Ши чжу пипоша лунь см. Дашабхумика-вибхаша- шастра 686

《时务报》Ши у бао «Вестник современных событий», «Вестник современных задач» (журн.) 391, 713

《识仁篇》Ши жэнь пянь «Очерк о познании человечности» 138

《史记》Ши цзи «Исторические записки», «Записки историографа/историка/скриба-астролога» 8, 10, 15-18, 20, 22, 23, 67, 68, 101, 141, 167, 168, 175, 261, 266, 272, 298, 304, 305, 325, 360, 417, 425, 435-437, 439, 453, 502, 505, 528, 532, 533, 536, 537, 547, 615, 631, 661, 677, 690, 693, 694, 740, 748, 749, 760, 761

《史记集解》Ши цзи цзи цзе «Собрание толкований к „Историческим запискам"», «„Исторические записки" с собранием разъяснений» 533

《史记索隐》Ши цзи со инь «Извлечение сокрытого в „Исторических записках"», «Разыскание сокрытого в „Исторических записках"» 17, 533

《史记探源》Ши цзи тань юань «Исследование происхождения „Исторических записок"», «Исследование истоков „Исторических записок"» 533

《史记新校注稿》Ши цзи синь цзяо чжу гао «Новый исправленный комментарий к „Историческим запискам"», «„Исторические записки" с наброском новых уточнений и комментариев» 533

《史记札记》Ши цзи чжа цзи «Заметки об „Исторических записках"» 670

《史记正义》Ши цзи чжэн и «Правильное толкование „Исторических записок"», «Правильный смысл „Исторических записок"» 533

《史记志疑》Ши цзи чжи и «Заметки об „Исторических записках"», «Заметки о проблемах в „Исторических записках"» 533

《世说新语》Ши шо синь юй «Новое изложение рассказов, в свете ходящих» 484

《释蒙论》Ши мэн лунь «Суждения о рассеянии невежества» 726

《释名》Ши мин «Толкование имен» 249

《守白论》Шоу бай лунь «Суждения в защиту [положения о]белом» 438

《枢言》Шу янь «Стержневые слова» 437

《述学》Шу сюэ «Изложение учения» 581

《恕谷后集》Шу-гу хоу цзи «Последующее собрание [сочинений] Шу-гу» 370

《恕谷中庸讲语》Шу-гу Чжун юн цзян юй «Лекции Шу-гу о „Срединном и неизменном"» 370

《数学原理》«Основания математики» 459

《水浒传》Шуй ху чжуань «Речные заводи» 378

《说卦传》Шо гуа чжуань «Комментарий изъяснения триграмм» 29, 487

《说文解字》Шо вэнь цзе цзы «Изъяснение знаков и толкование иероглифов», «Изъяснение [простых письменных] знаков и анализ [составных] иероглифов», «Истолкование знаков и разъяснение иероглифов» 55, 68, 248, 299, 334, 569, 615, 717

《说苑》Шо юань «Хранилище учений» 406, 439

《司马法》Сыма фа «Правила Сыма» 125, 325, 628

《司马文正公集》Сыма Вэнь-чжэн-гун цзи «Собрание произведений Сыма — князя Культурной правильности» 535

《思纬氤氲台短书》Сы-вэй инь-юнь тай дуань-шу «Краткие заметки о беспокойстве за отчизну» 557

《思问录》Сы вэнь лу «Записи о размышлениях над вопросами», «Записи размышлений над вопросами» 588

《思玄赋》Сы сюань фу «Ода мышлению о таинственном» 710

《四部备要》Сы бу бэй яо «Главное в полноте [всех произведений] по четырем разделам» (серия) 438, 680, 746

《四部丛刊》Сы бу цун кань «Собрание публикаций по четырем разделам» (серия) 299

《四分律》Сы фэнь люй «Виная в четырех частях», «Четыре части винаи» 421

《四库全书》Сы ку цюань шу «Полное собрание всех книг по четырем разделам» 128, 152, 274, 457

《四库全书总目提要》Сыку цюань шу цзун му Каталог сутр «Полного собрания всех книг по четырем разделам» 439

"四律" Сы люй «Четыре [заповеди] винаи» 421

《四十二章经》Сы ши эр чжан цзин «Сутра в сорока двух главах» 458

"四书" Сы шу «Четверокнижие» 148, 149, 151, 235, 365, 367, 370, 380, 387, 407, 416, 424, 425, 531, 643, 746, 758

《四书训义》Сы шу сюнь и «Истолкование смысла „Четверокнижия"» 589

《四书章句集注》Сы шу чжан цзюй цзи чжу «Четверокнижие с постатейными и пофразовыми [разъ-яснениями] и собранием комментариев» 148

《四书正误》Сы шу чжэн у «Исправление ошибок в Четверокнижии» 675, 676

《四洲志》Сы чжоу чжи «Трактат о четырех материках» 400, 611

《讼过则例》Сун го цзэ ли «Правила и нормы осуждения нарушений» 369

《宋论》Сун лунь «Суждения [об эпохе] Сун» 588, 590

《宋史》Сун ши «История династии Сун» 386

《宋书》Сун шу «История [династии] Сун», «Книга [об эпохе] Сун» 316, 523, 725

《宋钘尹文遗嘱考》Сун Цзянь Инь Вэнь и чжу као Исследование наследия Сун Цзяня и Инь Вэня 694

《宋元学案》Сун Юань сюэ ань «Отчет об учениях [эпох] Сун и Юань» 306

《宋子》Сун цзы 540

《搜神记》Соу шэнь цзи «Записки о поисках духов» 298

《苏报》Су бао (газ.) 714

《隋书》Суй шу «Книга [об эпохе] Суй» 10, 260, 438, 584, 761

《孙膑兵法》Сунь Бинь бин фа «Военные законы Сунь Биня» 125

《孙子》Сунь-цзы см. Сунь-цзы бин фа 124, 125, 159, 379, 546, 547, 731

《孙子兵法》Сунь-цзы бин фа «Сунь-цзы о военном искусстве» (сокр. назв. Сунь-цзы) 546, 547, 628

《太初历》Тай-чу ли «Календарь, [созданный в период правления под девизом] Тай-чу» 536

《太和篇》Тай хэ пянь «Глава о Великой гармонии» 489, 656

《太极辨》Тай цзи бянь «Спор о Великом пределе», «Рассуждения о Великом пределе» 70

《太极图说》Тай цзи ту шо «Изъяснение „Плана Великого предела"» 70, 191, 524, 525, 549, 737, 738

《太平洞极之经》Тай пин дун цзи цзин «Канон о вмещающем пре-деле Великого благоденствия» 553

《太平经》Тай пин цзин «Канон Великого равновесия», «Канон равенства/благоденствия» 165, 291, 508, 526, 553, 554, 636

《太平经圣君秘旨》Тай пин цзин шэн цзюнь мичжи «Секретные указания совершенномудрого владыки, исходящие из „Канона Великого равно- весия"» 73

《太平清领书》Тай пин цин лин шу «Книга чистого правления Великого благоденствия» 553

太清辅 Тай цин бу «Великая чистота» 166

《太上老君说常清静经注》Тай шан Лао-цзюнь шо чан цин цзин чжу «Комментарий к книге неизменной чистоты и покоя, проповеданной высочайшим владыкой Лао[-цзы]» 194

《太史公记》Тай-ши-гун цзи «Книга/записки придворного великого историографа-астролога» (др. назв. Тай-ши-гун шу, Тай-ши цзи) 532

《太史公书》Тай-ши-гун шу см. Тай-ши-гун цзи 532

《太史记》Тай-ши цзи см. Тай-ши-гун цзи 532

太玄辅 Тай сюань бу «Великое сокрытое/сокровенное/таинственное» 166

《太玄经》 Тай сюань [цзин] «[Канон] Великого сокровенного/Великой тайны» 6, 69, 160, 169, 254, 549, 570, 634, 659, 742

《太玄注》 Тай сюань чжу «Резюмирующий комментарий к „[Канону] Великого сокровенного"» 535

《泰和会语》 Тай хэ хуй юй «Собрание речей из Тай-хэ» 423

《坛经》 Тань цзин «Алтарная сутра» 568

《唐书》 Тан шу «Книга об [истории династии] Тан» 584

《弢园尺牍》 Тао-юань чи ду «Письма Ван Тао» 598

《弢园尺牍续抄》 Тао-юань чи ду сюй чао «Продолженное воспроизведение писем Ван Тао» 598

《弢园文录外编》 Тао-юань вэнь Лу вай бянь «Внешняя часть собрания прозы Ван Тао» 598

《天朝田亩制度》 Тянь чао тянь му чжи ду «Земельная система Небесной династии» 291

《天对》 Тянь дуй «Обращение к Небу» 408

《天官历包元太平经》Тянь гуань ли бао юань Тай пин цзин «Дарованный небесным чиновником, основанный на календаре и объемлющий изначальное канон Великого равновесия» см. Тай пин цзин 553

《天机经》 Тянь цзи цзин «Канон небесной пружины» 753

《天人三策》 Тянь жэнь сань цэ «Три доклада о небе и человеке» 272

《天山客话》 Тяньшань кэ хуа «Рассказ гостившего в горах Тяньшань» 285

《天说》 Тянь шо «Слово о Небе» 408

"天台三大部" Тяньтай да сань бу «Три великие тяньтайские части» 577

《天问》 Тянь вэнь «Вопросы к Небу» 503

《天演论》 «Эволюция и этика» 672

《天义报》 Тяньи бао «Естественный закон» 405

《亭林诗文集》 Тин-линь ши вэнь цзи «Собрание прозы[Гу] Тин-линя» 246

《通典》 Тун дянь «Всепроникающий свод» 547

《通书》 Тун шу «Книга проникновения» см. И тун цзы вэнь 191, 519, 688, 738

《通玄真经》 Тун сюань чжэнь цзин «Трактат проникновения в истинную таинственность», «Истинный канон проникновения в сокровенное» см. Вэнь-цзы 615

《通雅》 Тун я «Проникновение в классику» 214, 216

《通易论》 Тун и лунь «О проникновении в „[Канон] перемен"» 484, 485

《同声歌》 Тун шэн гэ «Песнь о созвучии» 710

《童心说》 Тун синь шо «Изъяснения детского сердца» 377, 381, 614

《彖传》 Туань чжуань «Комментарий суждений» 278

《外书》 Вай шу «Внешняя книга» 298

《万国公报》 Вань го гун бао «Всемирный вестник», «Всемирные ведомости» (газ.) 391

《王道论》 Ван дао лунь «Суждения о Пути-дао государя» (др. назв. Цунь чжи бянь) 673

《王氏家藏集》 Ван-ши цзя цзан цзи «Собрание [сочинений] из домашнего книгохранилища господина Вана» 599

威仪类 Вэй и «Правила этикета» 166

《维摩诘经》 Вималакирти[нирдеша]-сутра (санскр. Vimalakīrti-nirdeśa-sūtra, кит. Вэймоцзе [со шо] цзин) «Сутра о том, что сказал Вимал акирти», «Сутра о Вималакирти» 180, 343, 500

《维摩经义疏》 Вэймо цзин и шу «Толковый комментарий к сутре о Вималакирти» 324

《为中国文化敬告世界人士宣言》 «Манифест китайской культуры людям мира» Вэй Чжунго вэньхуа цзингао шицзе жэньши сюаньянь 459, 640, 657

《尉缭子》 Вэй Ляо-цзы 125, 126, 628

《魏默深文集》 Вэй Мо-шэнь вэнь цзи «Собрание прозы Вэй Мо-шэня» 611

《魏书》 Вэй шу «История династии Вэй», «Книга [о династии] Вэй» 58, 484

《魏武帝注孙子》 Вэй У-ди чжу Сунь-цзы «„Сунь-цзы", прокомментированный вэйским государем Воинственным» 547

《文王世子》 Вэнь-ван ши цзы «Наследники Вэнь-вана» 368

《文心雕龙》 Вэнь синь дяо лун «Дракон, изваянный в сердце письмен», «Резной дракон литературной мысли» 217

《文言传》 Вэнь янь чжуань «Комментарий узоров-вэнь и речей-янь», «Комментарий изящных выражений» 488

《文中子说》 Вэнь-чжун-цзы «Мудрец культурной срединности» 600

《文子》 Вэнь-цзы «Трактат проникновения в истинную таинственность», «Истинный канон проникновения в сокровенное» (см. тж. Тун сюань чжэнь цзин) 615, 616

《无厚篇》 У хоу «Отсутствие благосклонности» 185, 439

《无量寿经》 У лян шоу цзин см. Сукхавативьюха-сутра 341, 489

《无上妙道文始真经》 У шан мяо дао вэнь ши чжэнь цзин «Истинный канон начала письмен высочайшего и чудесного дао» см. Гуань Инь-цзы 255

《吴品》 У пинь «Добродетели при династии У» 346

《吴子》 У-цзы «У-цзы о военном искусстве» (др. назв. У-цзы бин фа) 82, 125, 159, 618

《吴子兵法》 У-цзы бин фа см. У-цзы 618, 628

《五分律》 У бу люй «Пять разделов винаи» 421

"五经" У цзин [2] «Пять канонов», «Пятиканоние», «Пятикнижие» 9, 148, 332, 333, 367, 380, 509, 527, 531, 579, 627, 643, 661, 740, 746

《五经臆说》 У цзин и шо «Собственное мнение о „Пяти канонах"» 602

《五经正义》 У цзин чжэн и «Правильные толкования на „Пять канонов"» 334

《五行志》 У син чжи «Трактат о пяти элементах» 279

《武经》 У цзин [1] «Военный канон» см. У цзин цишу 125, 628

《武经七书》 У цзин ци шу «Семикнижие военного канона» (сокр. назв. У цзин [1]) 125, 546, 547, 628

《物不迁论》 У бу цянь лунь «О неизменности вещей» 500, 501

《物类相感志》 У лэй сян гань чжи «Трактат о взаимном восприятии родов вещей» 214

《物理所》 У ли со «Основы принципов вещей» 214

《物理小识》 У ли сяо ши «Малое знание о принципах вещей» 214, 216

《悟真篇》 У чжэнь пянь «Главы о прозрении истины» 704

《西京赋》 Си цзин фу «Ода о Западном престоле [династиии Хань]» 710

《西京杂记》 Си цзин цза цзи «Разнообразные записи о Западном престоле» 298

《西铭》 Си мин «Западная надпись» 711

《西儒耳目资》 Си жу эр му цзы «Пособие западных ученых для ушей и глаз» 215

《西厢记》 Си сян цзи «Западный флигель» 378

《西学书目表》 Си сюэ шу му чжи «Каталог книг о западных науках» 391

《西洋哲学史》 Сиян чжэсюэ ши «История западной философии» 233

《惜阴说》 Си инь шо «Изъяснение относительно сбережения времени» 161

《习斋记余》 Си-чжай цзи юй «Дополнительные записи Си-чжая» 676

《系辞传》 Си цы чжуань «Предание привязанных афоризмов», «Комментарий привязанных афоризмов», «Комментарий привязанных слов» 3, 31, 68-71, 77, 96, 124, 153, 160, 161, 190, 215, 249, 252, 279, 280, 331, 336, 344, 383, 465, 467, 481, 487, 517, 524, 525, 539, 548, 565, 566, 584, 614, 629, 631, 644, 691, 692, 710, 723, 738, 742

《先秦辩学史》 Сянь Цинь бянь-сюэ ши «История бянь-сюэ до Цинь» 441

《先秦政治思想史》 Сянь Цинь чжэн-чжи сысян ши «Исследование политической мысли до [эпо-хи] Цинь» 394

《相宗络索》 Сян цзун ло со «Основы [вероучения буддийской] школы [фа]сян» 588

《湘学新报》 Сян сюэ синь бао «Новый вестник худаньской науки» (газ.) 555

《想尔注》 Лао-цзы Сян Эр чжу «Комментарий Сян Эра к „Лао-цзы"» (сокр. назв. Сян Эр) 170

《象传》 Сян чжуань «Комментарий символов/образов», «Комментарий к „образам" [триграмм, составляющим гексаграммы]» 160

《小戴礼记》 Сяо Дай [«Ли] цзи» «Записки [о правилах благопристойности] младшего Дая» 367

《小品般若》 Сяо пинь божэ «Праджня малых добродетелей» 346

《小品经》 Сяо пинь «Малое творение» см. Махапраджня[парамита]-сутра 343

《小学稽业》 Сяо сюэ цзи е «Опыт исследования малого учения» 370

《孝经》 Сяо цзин сти»», «Канон сыновней почтительности», «Канонсыновнего благочестия» 333, 364, 480, 481, 530, 635

《心经》 Хридая-сутра см. Махапраджня[парамита]-хридая-сутра 130

《心理学名词》 Синьлисюэ минцы «Словарь психологических терминов» 40

《心术》 Синь шу [2] «Искусство сердца», «Мастерство сердца» 70, 193, 314, 325, 540, 541, 694, 720

《心体与性体》 Синь ти юй син ти «Сущность сердца (духа) и сущность [человеческой] природы» 95

《心性书》 Синь син шу «Книга о сердце и природе» 702, 703

《心性图说》 Синь син ту шо «Изъяснение плана сердца и природы» 703

《新编诸子集成》 Синь бянь Чжу цзы цзи чэн «Заново составленныйКорпус философской классики» (серия) 438

《新潮》 Синь чао (журн.) 293

《新论》 Синь лунь «Новые суждения», «Суждения о новом» 413, 437,

《新民丛报》 Синь минь цун бао «Вестник обновления народа» 391

《新民说》 Синь минь шо «Изъяснение обновления народа» 391

《新青年》 Синь циннянь «Новая молодежь» (журн.) 293

《新史学》 Синь ши сюэ «Новое учение об истории» 394

《新书》 Синь шу [1] «Новая книга», «Книга о новом», «Новые писания» 60, 413

《新唐书》 Синь Тан шу «Новая книга об [истории] династии] Тан» 584

《新序》 Синь сюй «Новое введение» 406

《新学伪经考》 Синь сюэ вэй цзин као «Исследование поддельных канонов синьского учения» 347, 348

《新语》 Синь юй «Новые речи» 412

《新哲学论丛》 Синь чжэсюэ лунь цун «Сборник статей о новой философии», «Эссе о новой философии» 708

《新知言》 Синь чжи янь «Новое слово о знании» 222

《形而上学》 «Метафизика» см. Син эр шан сюэ 57, 88, 89

《形神义》 Син шэнь и «Истинная сущность тела и духа», «Смысл [соотношения] телесной фор- мы и духа» 523

《性故》 Син гу «Основа [индивидуальной] природы» 214

《绪山会语》 Сюй-шань хуй юй «Свод изреченного Сюй-шанем» 468

《绪山集》 Сюй-шань цзи «Собрание [произведений] Сюй-шаня» 468

《续藏书》 Сюй цан шу «Продолжение „Книги для сокрытия"» 381

《续焚书》 Сюй фэнь шу «Продолжение „Книги для сожжения"» 381

《续资治通鉴》 Сюй Цзы чжи тун цзянь «Продолжение „Всеобщего зерцала,

管лению помогающего"» 535
《续资治通鉴长编》Сюй Цзы чжи тун цзянь чан бянь «Материалы, продолжающие „Всеобщее зерцало, управлению помогающее"» 535
《玄图》Сюань ту «План таинственного» 710
《玄学与科学》Сюаньсюэ юй кэсюэ «Метафизика и наука» 353
《玄珠录》Сюань чжу лу «Записи о сокровенной жемчужине» 601
《学道解》Сюэ дао цзе «Наставления к изучению Пути» 726
《学记》Сюэ цзи «Записки об учении» 368
《学礼》Сюэ ли «Изучение благопристойности» 369
《学射论》Сюэ шэ лу «Записи об изучении стрельбы из лука» 369
《学原》Сюэ юань «Истоки учения» (журн.) 657
《荀卿新书》Сунь Цин синь шу «Новая книга Сунь Цина» 662
《荀子》Сюнь-цзы «[Трактат] Учителя Сюнь-[Куана]» 6, 8, 16, 24, 66, 67, 72, 74, 77, 80, 85, 193, 248, 312, 313, 361, 435, 439, 442, 453, 489, 518, 540, 566, 570, 571, 642, 645, 653, 655, 661-666, 668, 696, 720, 721, 728, 750
《荀子新注》Сюнь-цзы синь чжу «Новый комментарий к Сюнь-цзы» 662
《雅述》Я шу «Переложения классики» 599
《亚东时报》Ядун шибао «Современный вестник Восточной Азии» 477, 556
《盐铁论》Янь те лунь «Суждения о соли и железе» 661
《颜李丛书》Янь Ли цун шу «Литературное наследие Янь [Юаня] и Ли [Гуна]», «Собрание сочинений Янь [Юаня] и Ли [Гуна]» 370, 676
《颜李师承记》Янь Ли ши чэн цзи «Записки о школе Янь [Юаня] и Ли [Гуна]» 676
《颜李遗书》Янь Ли и шу «Оставленные [после смерти] произведения Янь [Юаня] и Ли [Гуна]» 676
《颜李语要》Янь Ли юй яо «Главное из речей Янь [Юаня] и Ли [Гуна]» 676
《颜氏学记》Янь ши сюэ цзи «Записки об учении господина Яня» 676
《颜习斋先生年谱》Янь Си-чжай сянь-шэн нянь пу «Погодичная биография наставника Янь Си-чжая» 370, 674
《颜习斋先生辟异录》Янь Си-чжай сянь-шэн пи и лу «Записи о разоблачении ереси наставником Янь Си-чжаем» 675
《颜习斋先生言行录》Янь Си-чжай сянь-шэн янь син лу «Записи слов и дел наставника Янь Си-чжая» 675
《颜子所好何学论》Янь-цзы со хао хэ сюэ лунь «Учение Янь-цзы о благе и научении ему», «Суждения о том, чему Янь-цзы любил учить» 139
《晏子春秋》Янь-цзы чунь цю «„Вёсны и осени" Учителя Яня» 325, 677, 678
《燕京学报》Яньцзин сюэбао «Пекинский научный вестник» (журн.) 469

《扬子云集》Ян Цзы-юнь цзи «Собрание [произведений] Ян Цзы-юня» 679
《阳明先生道学钞》Ян-мин сянь шэн дао сюэ чао «Антология учения о Пути-дао учителя [Ван] Ян-мина» 380
《阳明先生年谱》Ян-мин сянь шэн нянь пу «Погодичная биография наставника [Ван] Ян-мина» 380
《药地炮庄》Яо-ди пао-чжуан «Аптека Земли Исцеления» 214
《一贯问答》И гуань вэнь да «Вопросы и ответы о пронизывании единым», «Пронизанные единым вопросы и ответы» 214, 215
《伊川击壤集》Ичуань цзи жан цзи «Собрание сочинений игравшего в городки в Ичуане» 512
《仪礼》И ли «Образцовые церемонии и [правила] благопристойности», «Церемониальность и благопристойность» 335, 365, 530, 664, 703
《宜山会语》Ишань хуй юй «Собрание речей из Ишаня» 423
《遗书》И шу «Унаследованные книги», «Оставленные [после смерти] произведения» 138, 139, 489, 490, 571, 573
"疑鬼论" И гуй лунь «Рассуждения об отсутствии духа-гуй [1]» 210
《易传》И чжуань «Комментарий к [Канону] перемен» 139, 250, 459, 741
《易经》И цзин «Книга перемен», «Канон перемен» см. Чжоу и 3, 16, 28, 212, 213, 459, 530, 621, 622, 625, 741
《易经来注图解》И цзин Лай чжу ту цзе «Канон перемен с комментариями Лая и разъяснением планов» 551
《易林》И линь «Лес перемен», «Лес помыслов» 254, 634, 742
《易说》И шо «Учение [Канона] перемен», «Изъяснение Книги перемен» 711
《易通》И тун «Проникновение в Перемены» см. И тун цзы вэнь 738
《易图明辨》И ту мин бянь «Высветляющее рассмотрение планов Перемен» 551
《易学入门》И сюэ жу мэнь «Введение в ицзин-истику» 551
《易学与科学》Исюэ юй кэсюэ «Ицзинистика и наука» 743
《易言》И янь «Слова перемен» (др. назв. Цзю ши цзе яо) 723
《易余》И юй «Остатки перемен», «Дополнения к Переменам» 214
《意言》И янь «Осмысленные слова» 285
《阴符经》Инь фу цзин «Канон тайных знаков», «Книга/Канон сокровенных свидетельств» 323, 690, 691
《尹文子》Инь Вэнь-цзы 437, 439, 440, 540, 644, 695, 696
《应同》Ин тун «Отклик одинаков» 419
《英杰归真》Ин цзе гуй чжэнь «Герои возвращаются к истине» 287
《庸言》Юн янь «Обыденные слова» 393
《咏怀诗》Юн хуай ши «Пою о чувствах» 484

《游天台山赋》Ю Тяньтайшань фу «Ода о восхождении на гору Тяньтай» 542

《瑜伽师地论》 [Юй цзя ши] ди лунь см. Йогачарьяб-хуми-шастра 462

《愚者智禅师语录》Юй-чжэ-чжи-чаньши юй лу «Записи высказываний премудрого Наставника-простака» 214

《与合》Юй хэ «Встреча и соединение» 419

《与吕大临论中书》Юй Люй Да-линь лунь чжун шу «Письмо Люй Да-линю о срединности» 161

《与朱元晦》Юй Чжу Юань-хуй «Послание Чжу Юань-хую» 161

《羽猎赋》Си ле фу «Ода занятиям охотой» 679

《玉篇》Юй пянь «Нефритовые главы» 248

《玉维经目》Юй вэй цзин му «Указатель нефритовых апокрифов и канонов» 165

《元史新编》Юань ши синь бянь «Новая редакция истории [династии] Юань» 611

《原道》Юань дао «Изначальное дао», «Истоки дао», «Обращение к [началу] Пути» 86, 181, 269, 299, 668

《原道救世歌》Юань дао цзю ши гэ «Песнь об обращении к истоку Пути и спасении мира» 290

《原道觉世训》Юань дао цзюэ ши сюнь «Поучение об обращении к истоку Пути и познании мира» 290

《原道醒世训》Юань дао син ши сюнь «Поучение об обращении к истоку Пути и пробуждении мира» 290, 291

《原鬼》Юань гуй «Изначальное духов», «Обращение к истокам навей» 269, 518

《原毁》Юань хуй «Изначальное клеветы» 479
原經 Юань цзин «Канон начала» 269

《原强》Юань цян «Обращение к источникам могущества», «Источники силы» 670, 671

《原人》Юань жэнь «Изначальное человека», «Обращение к началу человека» 83

《原人论》Юань жэнь лунь «О началах человека», «Суждения о началах человека» 759

《原儒》Юань жу «Основы конфуцианства» 639

《原善》Юань шань «Обращение к началу добра» 152

《原性》Юань син «Изначальное природы», «О природе [человека]» 269, 643, 730

《原学原讲》Юань сюэ юань цзян «Обращение к началу учения, обращение к началу преподавания» 277

《月令》Юэ лин «Полунные указы» 367, 418

《云笈七签》Юнь цзи ци цянь «Семь грамот из Облачного хранилища», «Семь заглавий облачного хранилища» 165

《杂阿毗昙心论》Цза апитань синь лунь «Составная „Абхидхарма-хридая-шастра"» 119

《再生》Цзай шэн «Возрождение» (журн.) 459, 608

赞颂类 Цзань сун «Оды и гимны» 166

《赠西人利西泰》Цзэн си жэнь Ли Си-тай «В дар западному человеку Ли Си-таю» 380

《赠阳伯》Цзэн Ян-бо 161

《战国策》Чжань го цэ «Планы Сражающихся царств» 312, 405, 532, 701, 761

《战国纵横家书》Чжань го цзун хэн цзя шу «Книга школы дипломатов [периода] Сражающихся царств» 761

《湛甘泉文集》Чжань Гань-цюань вэнь цзи «Собрание сочинений Чжань Гань-цюаня» 703

《张载语录》Чжан-цзы юй лу «Записи высказываний Чжан-цзы» 655

《张子正蒙注》Чжан-цзы Чжэн мэн чжу «Комментарий к сочинению Чжан-цзы „Наставление непросвещенным"», «Комментарии к „Исправлению невежественной незрелости"» 489, 588, 656

《章氏丛书》Чжан ши цун шу «Сочинения господина Чжана» 716

《长杨赋》Чан ян фу «Ода [дворцу] Высокого тополя» 274, 679

《肇论》Чжао лунь «Рассуждения [Сэн-]цзао» 500

《肇论疏》Чжао лунь шу «Толкования суждений/шастр [Сэн]-цзао» 410, 498

《哲学大辞典》Чжэсюэ да цыдянь «Большой философский словарь» 27, 29

《针灸甲乙经》Чжэнь-цзю цзя и цзин «Канон правил иглоукалывания» 303

《真诰》Чжэнь гао «Речи совершенных/истинных [лю-дей]» 508

《正蒙》Чжэн мэн «Наставление непросвещенным» 388, 389, 489, 519, 689, 711

《正名》Чжэн мин «Правильное [употребление] имен» 80, 442, 666, 696, 720, 731

《正统道藏》Чжэн-тун дао цзан «Сокровищница дао [эры] Чжэн-тун» 165

《正学报》Чжэн сюэ бао «Вестник правильного учения» 714

正一辅 Чжэн и бу «Истинное единство» 166, 722

《证人小谱》Чжэн жэнь сяо пу «Малый реестр освидетельствования людей» 407

《支遁集》Чжи Дунь цзи «Собр. [соч.] Чжи Дуня» 726

《知识与文化》Чжиши юй вэньхуа «Познание и культура» 708

《直讲李先生文集》Чжи цзян Ли сянь-шэн вэнь цзи «Собрание непосредственных поучений учителя Ли» (см. тж. Ганьцзян цзи, Сюйцзян цзи) 372

《中观论》Мадхьямика-шастра (санскр. Mādhyamika-śāstra, кит. Чжун [гуань] лунь) «Шастра о срединном видении» 343, 355, 732

《中国大百科全书》Чжунго да байкэ цюаньшу. Чжэсюэ «Большая китайская энциклопедия. Философия» 40, 705

《中国古代思想史》Чжунго гудай сысян ши «История древнекитайской идеологии» 682

《中国古代唯物论研究》Чжунго гудай вэйулунь яньцзю «Исследование древнекитайского материализма» 681

《中国古代哲学史》Чжунго гудай чжэсюэ ши «История древнекитайской философии» 441

《中国近三百年学术史》Чжунго цзинь сань бай нянь сюэшу ши «История китайских учений трех последних столетий» 394

《中国经学史基础》Чжунго цзин сюэ ши ды цзичу «Основы истории изучения канонов в Китае» 657

《中国历史研究法》Чжунго лиши яньцзю фа «Методы исследования китайской истории» 394

《中国逻辑思想史料分析》Чжунго лоцзи сысян шиляо фэньси «Анализ материалов по истории китайской логической мысли» 441

《中国思想史论集》Чжунго сысян ши луньцзи х «Сборник статей по истории китайской мысли» 657

《中国文化要义》Чжунго вэньхуа яо и «Главныйсмысл китайской культуры» 395

《中国哲学史研究》Чжунго чжэсюэ ши яньцзю «Изучение истории китайской философии» 28, 38

《中论》Мула-мадхьямика-карики (санскр. Mūla-mādhyamika-kārikāḥ, кит. Чжун [гуань] лунь) «Коренные строфы о срединном [видении]» 120, 226, 493, 497

《中论疏》Чжун лунь шу «Комментарий к шастре о срединности», «Комментарий к „Шастре о срединном [видении]"» 410

《中篇》Чжун пянь «Срединные главы» 298

《中说》Чжун шо «Срединные изъяснения», «Изъяснения срединности» 600

《中庸》Чжун юн [«Учение] о срединном и неизменном [Пути]», «Следование Середине», «Срединное и неизменное», «Учение о середине», «Срединность и постоянство» 74, 84, 136, 137, 157, 365, 367, 407, 416, 427, 446, 459, 481, 488, 489, 517, 531, 643, 687, 723, 734, 735, 757, 758

《中庸注》Чжун юн чжу «Комментарий к „Срединному и неизменному"» 349

《周本纪》Чжоу бэнь цзи «Основные записи [о деяниях дома] Чжоу» 101

《周髀》Чжоу би «Чжоуский гномон» 633

《周官》Чжоу гуань «Чжоуские чиновники» см. Чжоули 739, 740

《周官传》Чжоу гуань чжуань «Описание чжоуского чиновничества», «Предание о чжоуском чиновничестве» 740

《周官经》Чжоу гуань цзин «Канон чжоуских чиновников» см. Чжоу ли 739, 740

《周官新义》Чжоу гуань синь и «Новое толкование чжоуских чинов», «Новый смысл чжоуского управления» 582

《周礼》Чжоу ли «[Правила] благопристойности [эпохи] Чжоу», «Чжоуские правила благопристойности», «Чжоуский ритуал», «Чжоуские ритуалы» (др. назв. Чжоу гуань, Чжоу гуань цзин) 29, 67, 103, 337, 365, 444, 530, 582, 664, 739-741

《周濂溪集》Чжоу Лянь-си цзи «Собрание [сочинений] Чжоу Лянь-си» 738

《周易》Чжоу и «Чжоуские перемены», «Канон пе ремен», «Книга перемен», «Всеохватные/круговые перемены», «Всеохватный/круговой лёгкий [канон]» (др. назв. И цзин, Ши и) 3, 5, 6, 12, 28, 29, 49, 63, 65, 66, 69, 77, 82, 96, 128, 129, 134, 135, 140, 149, 160, 169, 176, 190, 191, 212, 215, 235, 245, 249, 250, 252-254, 261, 270, 278, 279, 332, 333, 335, 346, 362, 367, 378, 379, 387, 423, 427, 439, 441, 445, 446, 465, 467, 468, 471, 481, 485, 487, 488, 513, 524, 530, 539, 548, 550, 565, 566, 570, 579, 584, 586, 588, 598, 611, 613, 614, 627, 629, 631-633, 635, 637, 644, 651, 658, 679, 680, 691-693, 695, 710, 723, 729, 738, 740-743, 745

《周易本义》Чжоу и бэнь и «Коренной смысл „Чжоуских перемен"» 280

《周易参同契》[Чжоу и] цань тун ци «Единение триады согласно „Чжоу и"», «О единении триады согласно „Чжоуским переменам"», «Триединое согласие „Чжоуских перемен"» 128, 611

《周易参同契分章通真义》Чжоу и цань тун ци ци тун чжэнь и «Проникновение в истинный смысл [разделенного на параграфы] „Цань тун ци"» 128

《周易参同契解》Чжоу и цань тун ци цзе «Разъяснение „Цань тун ци"» 128

《周易参同契考异》Чжоу и цань тун ци као и «Исследование разночтений „Единения триады согласно „Чжоуским переменам""» 128

《周易传注》Чжоу и чжуань чжу «„Чжоуские пере мены" с комментариями и примечаниями» 370

《周易大衍论》Чжоу и да янь лунь «Суждения о большом расширении „Чжоуских перемен"» 584

《周易集注》Чжоу и цзи шу «„Чжоуские перемены" с собранием комментариев» 551

《周易略例》Чжоу и люэ ли «Сжатые положения „Чжоуских перемен"», «Основные принципы „Чжоуских перемен"» 249

《周易内传》Чжоу и нэй чжуань «Основной комментарий к „Чжоуским переменам"» 588

《周易乾凿度》Чжоу и цянь цзо ду «Пронзающее измерение творчества „Чжоуских перемен"» 249, 252, 634

《周易图》Чжоу и ту «Планы „Чжоуских перемен"» 70

《周易外传》Чжоу и вай чжуань «Внешний комментарий к „Чжоуским переменам"» 161, 588

《周易研究》Чжоу и яньцзю «Исследования „Чжоу и"» (период. изд.) 743

《周易注》Чжоу и чжу «Комментарий к „Чжоуским переменам"» 583

《周元公集》Чжоу Юань-гун цзи «Собрание [сочинений] Чжоу — князя Изначального» 738

《周子全书》Чжоу-цзы цюань шу «Полное [собрание] письмен Учителя Чжоу» 738

《朱文公文集》Чжу Вэнь-гун вэнь цзи «Собраниепроизведений Чжу — князя Культуры» 494, 495

《朱子家礼》Цзя ли «Семейная благопристойность» 673

《朱子全书》Чжу-цзы цюань шу «Полное [собрание] произведений Учителя Чжу [Си]» 746

《朱子晚年定论》Чжу-цзы вань нянь дин лунь «Положения, установленные Учителем Чжу в конце жизни» 602

《朱子文集》Чжу-цзы вэнь цзи «Собрание письмен учителя Чжу» 746

《朱子语类》Чжу-цзы юй лэй «Высказывания Чжу-цзы, классифицированные по родам», «Классифицированные речи Учителя Чжу [Си]» 161, 365, 490, 494, 573, 746

《朱子语类评》Чжу-цзы юй лэй пин «Критика „Классифицирующих речей" Учителя Чжу [Си]» 676

《诸子集成》Чжу цзы цзи чэн «Корпус философской классики» (серия) 170, 171, 299, 419, 425, 678, 750

《诸子平议》Чжу цзы пин и «Взвешенное обсуждение всех философов» 299

《竹林七贤论》Чжу линь ци сянь лунь «О семи мудрецах из бамбуковой рощи» 484, 439

《转辞篇》Чжуань цы «Перевертывание высказываний» 185

《庄子》Чжуан-цзы «[Трактат] Учителя Чжуана» (см. тж. Наньхуа чжэнь цзин) 8, 16, 20, 22, 24, 33, 56, 61, 66, 70, 71, 75, 76, 82, 83, 91, 92, 108, 145, 159, 160, 167, 168, 176-178, 183, 193, 220, 238, 245, 262, 263, 301, 312, 313, 323, 361, 391, 398, 435, 437, 439, 453, 464, 465, 471, 475, 487, 517, 518, 559, 569-571, 597, 616, 629, 631, 644, 654, 658, 666, 683, 689, 691, 694, 696, 698, 699, 717, 749-753

《庄子集解》Чжуан-цзы цзи цзе ««Чжуан-цзы" с собранием разъяснений» 750

《庄子集释》Чжуан-цзы цзи ши ««Чжуан-цзы" с собранием толкований» 750

《庄子今注今译》Чжуан-цзы цзинь чжу цзинь и ««Чжуан-цзы" с современным комментарием и современным переводом» 750

《庄子年表》Чжуан-цзы нянь бяо «Хронология Чжуан-цзы» 749

《庄子通》Чжуан-цзы тун «Проникновение в „Чжуан-цзы"» 588

《资政新篇》Цзы чжи синь пянь «Новое сочинением помощь правлению» 287, 288

《资治通鉴》Цзы чжи тун цзянь «Всеобщее зерцало, управлению помогающее» 535

《子汇》Цзы хуй «Свод философских трактатов» 438

《自由书》Цзыю шу «Книга свободы» 393

《宗本义》Цзун бэнь и «Основание учения» 500

《综理众经目录》Цзун ли чжун цзин му лу «Упорядоченный каталог множества сутр» 164

众术类 Сян шу «Искусства образов» 166

《邹子》Цзоу-цзы «[Трактат] Учителя Цзоу» 762

《邹子终始》Цзоу-цзы чжун ши «[Трактат] УчителяЦзоу о концах и началах» 762

《左传》Цзо чжуань «Комментарий Цзо», «Предание Цзо» (др. назв. Чунь цю Цзо чжуань) 14, 30, 141, 204, 213, 248, 265, 333, 335, 404, 426, 465, 488, 494, 530, 532, 579, 613, 631, 633, 643, 660, 665, 727, 756, 762, 763

《坐忘论》Цзо ван лунь «Суждения о сидячем забвении» 753

术语索引

阿赖耶识 алайе ши (цзан ши, чжи цзан, *санскр*. алая-виджняна) 118, 121, 122, 143, 208, 223, 227, 297, 422, 610, 637, 715, 719
阿罗汉 архат 578
阿毗昙 апитань (*санскр*. абхидхарма) 119, 199
哀 ай [2] 271, 665
爱 адана (ādāna) *см*. атона ай [1] 365, 366
爱国女校 Айго нюйсяо 326
爱国学社 Айго сюэшэ 326, 714
爱获, 爱人也 ай Хо ай жэнь е 44, 45, 81
爱力 ай ли 476, 558
爱人 ай жэнь 45, 46, 81, 358, 429, 449, 455, 475
爱物 ай у 475
安 ань [1] 510
安存 ань цунь 667
安民 ань минь 329, 373
安宁 ань нин 656
暗 ань [2] 143
八 ба [2] 76, 251
八不 ба бу 120
八不中道 ба бу чжун дао 120, 227, 501, 732, 733
八代 ба дай 76
八法 ба фа 76
八方 ба фан 76, 82, 149
八公 ба гун 299
八卦 ба гуа 76, 128, 149, 248, 249, 250, 252, 279-281, 289, 548, 632
八人 ба жэнь 299
八识 ба ши (*санскр*. ашта-виджняна) 121, 610
八识体别 ба ши ти бе 122
八识体一 ба ши ти и 122
八世 ба ши 76
八条目 ба тяо му 150, 235
八仙 ба сянь 630
八正道 ба чжэн дао (*санскр*. арья-аштангика-мар-га) 499, 732
八政 ба чжэн 9, 462, 510
霸 ба [1] 39, 155, 667
霸道 ба дао 155, 428
白话 байхуа 672
白莲教 байлянь-цзяо 276, 318, 341
白莲社 байлянь-шэ (байлянь-цзун) 318, 339
白马 бай ма 56, 64, 72, 82, 239
白马非马 бай ма фэй ма 46, 56, 64, 239, 439
白心 бай синь 694
白云宗 байюнь-цзун 297
百 бай [1] 435
百家 бай цзя 8, 176, 216, 313, 435, 694, 700, 750
百家争鸣 бай цзя чжэн мин 3, 10, 96, 434, 667
百姓 бай син 14, 450
百姓日用 бай син жи юн 594
拜上帝会 байшанди-хуй 287, 290
薄 бао [3] 496
宝 бао [1] 165, 518
保 бао [2] 594
保国会 Баого-хуй 348, 391

保皇党 Баохуан-дан 349
保民 бао минь 429
堡 бу [2] 641
北 бэй [1] 418
北辰 бэй чэнь 67, 68, 71, 245
北方 бэйфан 17
北极 бэй цзи 68, 71
北学 бэй-сюэ 334
北宗 бэй цзун 130, 197, 229, 317, 411, 704
本 бэнь 257, 372, 373, 410, 433, 512, 516, 566, 640, 698, 723
本不生 бэнь бу шэн 719
本觉 бэнь цзюэ/цзяо 130, 390
本能 бэнь нэн 388-390
本然之善 бэнь жань чжи шань 389
本数 бэнь шу 551
本体 бэнь ти 408, 422, 551, 568, 651, 659
本无学 бэньу-сюэ 164
本无异宗 бэньу-и-цзун 410
本无宗 бэньу-цзун 410
本心 бэнь синь 390, 403, 407, 460, 597, 602, 652
本性 бэнь син 130, 464, 586, 647, 663
鼻 би [1] (*санскр*. гхрана) 73, 121
比 би [6] 452
彼此 би цы 261, 720
必 би [5] 60
必合 би хэ 451
必然 би жань 759
壁观 би гуань 130, 463
壁经 би цзин 333
变 бянь [2] 149, 288, 651, 711
变法 бянь фа 399
变化 бянь хуа 138, 539, 563
变命 бянь мин 189, 446
变易 бянь и 140, 524, 586
遍计所执相 бянь цзи со чжи син (*санскр*. парикалпита) 207, 208
辩 бянь [1] 49, 59, 312, 434, 439, 441, 442, 455, 696
辩护 бянь ху 442
辩论法 бяньлуньфа 442
辩学 бянь-сюэ 49, 434, 440, 441
辩者 бянь чжэ диалектик 313, 435, 750
辩证法 бянь-чжэн(фа) диалектика 442
表 бяо 532, 663
别 бе 250, 666
别爱 бе ай 449, 455
宾客 бинь кэ 298, 417
兵房 бин фан 309
兵家 бин-цзя 9, 124, 159, 374, 546
并 бин 80
波罗蜜(多) боломи(до) (*санскр*. парамита) 124, 492, 732
般若 божэ (*др. чтение* божо, *санскр*. праджня) 164, 199, 355, 410, 432, 499, 500, 732
般若三昧 божэ саньмэй (*санскр*. праджня-самадхи) 130

般若学 божэ-сюэ 126, 127, 164, 726
伯 бо [1] 101, 308, 444, 737
博 бо [2] 439, 724
博士 бо ши 241, 333, 527
博物 бо у 214
卜 бу [1] 248, 633
不爱人 бу ай жэнь 449
不变 бу бянь 537
不常 бу чан 120
不称 бу чэн 439, 695
不当 бу дан 155
不动 бу дун 558
不断 бу дуань 120
不合 бу хэ 54
不合之异 бу хэ чжи и 450
不可 бу кэ 72
不可睹 бу кэ ду 751
不可两 бу кэ лян 61, 62
不可两不可 бу кэ лян бу кэ 60, 61, 63
不可两立 бу кэ лян ли 61, 63, 64
不可同世而立 бу кэ тун ши эр ли 58
不来 бу лай 120, 501
不类 бу лэй 54
不类之异 бу лэй чжи и 450
不立 бу ли 711
不器 бу ци 345, 358
不去 бу чу 152
不仁 бу жэнь 476, 487, 559
不忍 бу жэнь 686
不神 бу шэнь 517
不生 бу шэн 120
不体 бу ти 54
不体之异 бу ти чжи и 450
不孝 бу сяо 636
不行 бу син 239, 727
不一 бу и 120
不一不二 бу и бу эр 601
不异 бу и 120
不有 бу ю 276
不杂 бу цза 696
不真 бу чжэнь 501
才 цай 35, 153, 471
参两 сань лян 215
参伍 (三五) сань у 215, 430, 436, 621
参直 сань чжи 68
藏 цан 185, 263
藏识 цзан ши см. алайе ши 118, 121, 143, 227, 228, 610, 637
曹洞宗 цаодун-цзун 131, 229
策 цэ [2] 329
察 ча 450
禅定 чань дин 129, 228, 422, 499
禅让天下 шань жан Тянься 103
禅学 чань-сюэ 129, 130, 203, 726
禅宗 чань-цзун 30, 109, 110, 129-131, 134, 180, 182, 196, 197, 222, 227-229, 233, 237, 238, 247, 297, 317, 338, 340, 356, 402-404, 411, 414, 463, 472, 501, 568, 580, 603-605, 649, 652, 759
常 чан [2] 140, 191, 372, 478
常道 чан дао 494, 601, 655

常法 чан фа 601
常渐 чан цзянь 733
常住 чан чжу 578
彻 чэ 597
臣主 чэнь чжу 74
辰 чэнь 73, 336
谶纬 чэнь вэй 254, 554, 586, 742
谶纬之学 чэньвэй-чжи-сюэ , 632, 710
成 чэн [2] 160, 206, 570, 662
成德 чэн дэ 460
成假中 чэн цзя чжун 733
成实论 чэнши-лунь (др. назв . 成实宗 чэнши-цзун) 355
成数 чэн шу 281
成语 чэньюй 22, 32, 458
诚 чэн [1] 36, 95, 136-138, 157, 427, 460, 606, 643, 717, 735, 738, 757
诚意 чэн и 36, 137, 150, 604, 746
程朱学派 чэнчжу-сюэпай 140, 307, 386, 387, 513, 519, 599, 674, 745
痴 чи [3] (санскр. моха) 194
弛 ши [19] 261
尺 чи [1] 15, 239
耻 чи [2] 257
赤子 чи цзы 14, 21, 24, 177, 579
赤子之心 чи цзы чжи синь 14, 377, 579, 580, 606, 637
充同 чун тун 450
崇无论 чун у 659
仇 чоу [1] 711
畴 чоу [2] 41, 78, 344
筹 чоу [3] 103, 109
楚中 чу чжун 605
触 чу 121
传 чжуань [2] 148, 150
传佛心印 чуань фо синь инь; см. тж . чань-цзун 228
传神 чуань шэнь 218
词 цы [1] 679
慈 цы [3] 481
慈悲 цыбэй 432, 557
慈恩 цы энь 422
慈恩寺 цы энь 209
慈恩宗 цыэнь-цзун 209
次序 цы сюй 680, 752
从性 цун син 665, 684
存 цунь [1] 263
存童子之心 цунь тун цзы чжи синь 20
存亡 цунь ван 82, 308
存疑唯心论 цуньи вэйсиньлунь 708
寸 цунь [2] (3, 33 см) 15
错 цо 23
达 да [1] 32
达道 да дао 157
答曰 да юэ 522
大 да [2] 569, 663
大卜 да бу 741
大乘 да шэн (санскр. махаяна) 120, 142, 143, 224, 355, 500, 617, 733
大德 да дэ 119, 157, 160, 182, 524

丙

799

大二 да эр 215
大分 да фэнь 514
大夫 да фу 308, 405, 454
大共名 да гун мин 67, 629
大块 да куай 752
大名 да мин 80, 82, 312, 629
大命 да мин 446
大清明 да цин мин 655
大全 да цюань 221
大人 да жэнь 20, 184, 345, 485, 579, 637, 643
大声 да шэн 23
大体 да ти 430
大同 да тун 56, 134, 144, 145, 146, 147, 245, 291, 314, 350, 351, 367, 392, 702, 731, 753
大虚 да сюй 654
大衍之数 да янь чжи шу 280
大一 да и 215, 216, 314
大一统 да и тун 218, 241, 545, 560, 724
大义 да и 241, 335
丹 дань [3] 11, 25, 128, 129, 630
丹胎 дань тай 25
丹田 дань тянь 25, 237, 519
单 дань [1] 72, 450, 666
单名 дань мин 39
淡 дань [2] 113, 154
当 дан [1] 59, 104, 155
党 дан [2] 146
盗机 дао цзи 25
道 дао 5, 10-12, 14, 31, 33, 41, 51, 66, 67, 70, 76, 82, 124, 125, 138, 140, 146, 153, 156-162, 167, 172, 175, 178, 182, 183, 185, 188, 189, 191, 194, 201, 206, 217, 221, 245, 255, 256, 259, 263, 264, 267, 270, 271, 278, 288, 299, 319, 320, 327, 357, 360, 364, 382, 383, 386, 390, 401, 412, 416, 419, 428, 435, 465, 481, 484, 486, 487, 494, 512, 513, 517, 519, 547, 571, 582, 584, 588, 589, 599, 608, 614, 620, 621, 622, 644, 654, 659, 671, 674, 688, 689, 695, 696, 698, 703, 717, 719, 724, 727, 730, 731, 734, 751, 752, 757-759
道德 дао дэ 33, 94, 156, 183, 646
道德(的)形而上学 даодэ (ды) синъэршан-сюэ 94, 95, 103, 162, 387, 476, 483, 641
道德的宗教 даодэ ды цзунцзяо 95
道德家 даодэ-цзя 156, 175, 177, 417, 418
道德学 этика см. даодэсюэ 97
道德之术 дао дэ чжи шу 305
道德之形上学 даодэ чжи синшансюэ 95
道德之意 дао дэ чжи и 167
道即天 дао цзи тянь 84
道家 дао-цзя (дао-цзяо) 8, 33, 65, 97, 98, 105, 125, 146, 147, 156, 175, 188, 192, 204, 205, 265, 272, 273, 325, 349, 438, 462, 557, 602, 603, 625, 634, 667, 738, 749
道家之用 дао цзя чжи юн 360
道教 дао-цзяо см. дао-цзя 4, 33, 175, 326, 475, 723
道教禅 дао-цзяо чань 472
道可道 дао кэ дао 51
道可道非常道 дао кэ дао фэй чан дао 51
道理 дао ли 267
道人 дао жэнь 175, 526

道士 дао ши 175, 473
道术 дао-шу 175, 751
道术之士 дао шу чжи ши 299
道体 дао ти 221, 663
道统 дао тун 181, 182, 189, 270, 424, 518, 581, 641, 668
道心 дао синь 407
道学 дао-сюэ 33, 175, 182, 236
得 дэ [2] 182, 449
得道 дэ дао 298, 535
得我 дэ во 300
德 дэ [1] 13, 31, 33, 95, 100, 102, 104, 126, 150, 153, 155-161, 167, 172, 177, 182, 183, 201, 206, 262, 266, 299, 358, 360, 364, 389, 409, 419, 428, 481, 588, 673, 688, 711, 734, 757
德善 дэ шань 177
德先生 Дэ сяньшэн 183
德治 дэ чжи 102
地 ди [2] 83, 128, 159, 161, 189, 249, 250, 252, 253, 259, 261, 271, 321, 378, 401, 408, 444, 486, 487, 491, 496, 547, 568, 570, 571, 627, 632, 679, 691, 693
地理 ди ли 383, 614
地论 ди лунь 356, 610
地气 ди ци 517, 520
地仙 ди сянь 631
地狱 ди юй 321, 322
地支 ди чжи 28, 41, 73
柢 ди [5] 158
弟 ди [3] 23, 481
帝 ди [1] 100, 158, 486
帝鸿神 ди хун шэнь 320
帝江神 ди цзян шэнь 320
第一义谛 ди и и ди (санскр. парамартха-сатья) 199, 410, 493
谛 ди [4] 410, 493
电 дянь 336, 351, 557, 686, 687
定 дин 493, 499, 517
定名 дин мин 31, 86
定数 дин шу 184, 445
东林党 дунлинь-дан 187, 407
东林书院 Дунлинь шуюань 187, 235, 246, 407
东林学派 дунлинь-сюэпай 187, 214, 235, 246, 306, 605
东派 дун пай 495
东塔律宗 дунта(-цзун) 421
动 дун [1] 137, 190-193, 582, 691, 692, 738
动静 дун–цзин 190-193, 588, 603
动静合一 дун цзин хэ и 192
栋 дун [3] 68
洞 дун [2] 165
洞天 дун тянь 339
独 ду [1] 76, 407
"独"心 ду синь 407
独化 ду хуа 263, 659
独觉种性 ду цзюэ дин син 628
独尊儒术 ду цзунь жу шу 241, 305
端 дуань 139, 696, 711
断渐 дуань цзянь 733
对 дуй [2] 63, 253, 612

对面 дуй мянь 63
对偏中 дуй пянь чжун 733
兑 дуй [1] 249, 741
顿悟 дунь у 109, 110, 130, 143, 180, 196, 197, 229, 317, 402, 403, 411, 574, 602, 604, 605, 652, 726
遁 дунь 745
多 до [1] 82
多方 до фан 313
多少 до шао 82
多元认识论 доюань жэньшилунь 197, 393, 708
垛 до [2] 19
恶 э 137, 365, 582, 647, 648, 648, 649, 661, 674, 688, 746
恶德 э дэ (сюн дэ, хунь дэ) 182
二谛 эр ди 198-200, 227, 343, 410, 493, 498, 500, 576, 733
二氏 эр ши 19
二氏之学 эршичжи-сюэ 603
二之异 эр чжи и 450
发心 фа синь 578
罚 фа [2] 449, 591
法 фа [1] (санскр. дхарма; метод) 9, 121, 126, 159, 182, 201-205, 207, 223, 273, 297, 400, 412, 417, 439, 449, 451, 454, 547, 610, 617, 627, 661, 689, 695, 696, 732
法备 фа бэй 696
法贵责上 фа гуй цзэ шан 591
法家 фа-цзя 8, 97, 98, 125, 176, 265, 272, 273, 299, 304, 305, 325, 359, 439, 462, 547, 607, 695
法界 фа цзе (санскр. дхармадхату) 229, 461, 558, 687
法界宗 фацзе-цзун 296
法空 фа кун 355, 356
法身 фа шэнь (санскр. дхармакая) 202, 224, 319, 340, 355, 385, 461
法术 фа шу 439, 695
法天 фа тянь 201, 455
法无我 фа у во (санскр. дхарманайратмья) 223, 229, 627
法相 фа сян (санскр. дхармалакшана) 207, 208, 209, 227, 326, 637
法相宗 фасян-цзун 118, 202, 207-209, 227, 230, 356, 422, 462, 478, 628, 715, 716, 718
法性 фа син (санскр. дхармата) 134, 230, 576,
法性宗 фасин-цзун 209, 230, 462, 610, 649
法有 фа ю 355
烦气 фань ци 336
反 фань [1] 60, 63, 65, 82, 158, 190, 253, 711
反复 фань фу 60, 160
反身而诚 фань шэнь эр чэн 136, 427
反于性 фань юй син 665
反宇 фань юй 17, 18
仮 фань [2] 60-62
返本开新 фань бэнь кай синь 640
范畴 фаньчоу 5, 41, 78, 197, 344, 345
方 фан 679
方便 фан бянь (санскр. упая-каушалья) 432
方士 фан ши 128, 304, 631, 693
方术之士 фан шу чжи ши 298
仿古 фан гу 113

飞箝 фэй цянь 262
非 фэй 60, 63, 65, 72, 732
非法之法 фэй фа чжи фа 308
非攻 фэй гун 452, 454
非乐 фэй юэ 453
非物 фэй у 751
非性 фэй син 666
分 фэнь 263, 264
分别 фэнь бе 696
分身 фэнь шэнь 308
风 фэн 108, 217, 527, 528
风流 фэн лю 217, 218, 219
风水 фэн шуй 217, 289, 619, 634
风俗 фэнсю 94, 217
风习 фэнси 217
封建 фэн цзянь 371, 409, 675
佛 будда 152, 197, 229, 338–341, 402, 432, 600, 603
佛机 фо цзи 323
佛教 фо-цзяо 4, 11, 97, 109, 119, 120, 129, 130, 132, 134, 161, 184, 192, 198, 207, 222-231, 234, 246, 256, 270, 316, 326, 339, 343, 386, 387, 394, 409, 415, 447, 461, 475, 482, 495, 557, 563, 602, 603, 634, 658, 660, 712, 723, 738
佛身 фо шэнь (санскр. дхармакая) 224, 422
佛心 фо синь 580
佛心宗 фосинь-цзун 228
佛性 фо син 130, 180, 196, 197, 209, 229, 319, 402, 403, 478, 576, 578, 604, 610, 649, 656
福地 фу ди 230, 339
腐儒 фу жу 675
复古 фу гу 269, 409
复命 фу мин 190
复社 Фу шэ 213, 306
改制之圣法 гай чжи чжи шэн фа 347
盖天 гай тянь 586
感 гань 160, 519, 571, 712
感果 гань го 578
感觉的复合 ганьцзюэ фухэлунь 186
感应 гань ин 82, 489, 490, 524
刚 ган [1] 191, 261, 566
刚柔 ган жоу 160
纲 ган [2] 494
纲常 ган чан 155, 494
革 гэ [1] 6, 680
革命 гэ мин 309
格 гэ [2] 235, 535, 727
格物 гэ у 39, 137, 140, 150, 235, 236, 468, 535, 593, 602, 727, 746
格义 гэ и 120
格致 гэ чжи 558
根 гэнь [1] 158, 751
艮 гэнь [2] 63, 249, 741
工 гун [5] 242
公 гун [2] 33, 75-78, 102, 104, 146, 155, 245, 308, 453, 589, 666, 689
公案 гун-ань (япон. коан) 130, 197, 229, 237, 238, 403
公田 гун тянь 76-78, 337, 430
功 гун [3] 182, 242, 449

丙

801

中国精神文化大典

哲学卷

功德 гун дэ 499, 528
功夫 (1), 工夫 (2) гун-фу 242, 243, 408, 606
功利 гунли 221
宫 гун [4] 165
恭 гун [6] 105
恭敬 гун цзин 664
共 гун [1] 67, 71, 75, 76, 77, 78, 245, 450
共产主义 гунчань-жуи 147, 347, 545
共和国 гунхэго 715
共理 гун ли 392
共名 гун мин 67, 75, 80, 245
贡生 гун-шэн 581
狗 гоу [2] 55
狗, 犬也 гоу цюань е 55, 56
狗非犬 гоу фэй цюань 56
构精 гоу цзин 336, 465
古 гу [2] 154, 207, 335, 412, 537, 755
古本 гу бэнь 171
古淡 гу дань 154
古今同一 гу цзинь тун и 412
古太极图 гу тай цзи ту 551
古文 гувэнь 510
古文经学 гувэньцзин-сюэ 141, 333-335, 347, 464, 531, 559, 762
古意 гу и 113
古之博大真人 гу чжи бо да чжэнь жэнь 697
谷 гу [4] 76, 77
谷神 гу шэнь 517
骨 гу [6] 565
固 гу [3] 426, 751
故 гу [1] 35, 383, 450, 451, 455
寡 гуа [1] 659
寡欲 гуа юй 277, 368
卦 гуа [2] 69, 248-254, 310, 584, 679, 692, 741
卦辞 гуа цы 249
掛 гуа [3] 249
乖气 гуай ци 406
关学 гуань-сюэ 711
观 гуань [2] 366, 579
观察 гуань ча 340
官 гуань [3] 702
馆 гуань [1] 276
光明 гуан мин 691
归 гуй [3] 158
归根 гуй гэнь 190
归故 гуй гу 578
归寂 гуй цзи 606
规 гуй [2] 451
诡 гуй [4] 126
诡辩 (学) гуйбянь(-сюэ) 441
诡词 гуй цы 439
鬼 гуй [1] 9, 455, 516, 517, 518, 520
鬼神 гуй шэнь 99, 285, 516-519, 677
鬼仙 гуй сянь 631
贵 гуй [5] 85
贵无论 гуй у лунь 659
贵有论 гуй ю см. чун ю 659
国 го [1] 608, 701
国家以法治为先 гоцзя и фачжи вэй сянь 288
国家主义 гоцзячжуи 560, 701

国家主义派 гоцзячжуи-пай 207
国民党 Гоминьдан 434, 543, 545, 657, 682, 714
国师 го ши 342
国学保存会 Госюэ баоцунь-хуй 404
国一法师 го и фа ши 202
国子(监)博士 го цзы (цзянь) бо ши 171, 269, 274, 376
国子监 Гоцзы-цзянь 274, 347, 376, 414, 468, 702
果 го [2] 449
过 го [3] 10
海印三昧 хай инь саньмэй 574
害 хай 204
函 хань 165
汉人 ханьжэнь 3, 4
汉学 хань-сюэ (др. назв. пу-сюэ) 152, 187, 247, 334, 347, 482
翰林院 Ханьлинь-(юань) 152, 171, 214, 274, 284, 285, 399, 471, 534, 555, 567, 599, 680, 702
好德 ю хао дэ 510
好人政府 хаожэнь чжэнфу 295
合 хэ [3] 54, 80, 143, 699
合二而一 хэ эр эр и 216
合散 хэ сань 468
合同 хэ тун 450
合同异 хэ тун и 314
合纵 хэ цзун 312, 760, 761
和 хэ [1] 157, 159, 277, 278, 433, 485
河图 хэ ту 7, 254, 261, 279-281, 551, 552, 632, 742
河图之学 хэтучжи-сюэ 632
菏泽 хэцзэ 759
阖 хэ [2] 261
黑暗 хэй ань 691
恒产 хэн чань 429
横 хэн [1] 261
衡 хэн [2] 158
衡指 хэн чжи 68
洪范九畴 хун фань цзю чоу 344, 345
洪水 хун шуй 104, 674
侯 хоу [3] 146, 308, 444
后天 хоу тянь 281, 469, 512, 513
后知 хоу чжи 543
厚 хоу [2] 185, 204, 314
壶 ху 552
户房 ху фан 309
华藏世界 хуа цан ши цзе 558, 687
华严宗 хуаянь-(цзун)118, 134, 194, 202, 203, 209, 227-231, 296-298, 356, 383, 385, 492, 568, 584, 715, 716, 759, 760
化 хуа 5, 9, 22, 108, 110, 160, 475, 519, 524, 699, 711
化教 хуа-цзяо 422
化神 хуа шэнь 401
化生 хуа шэн 751
化性 хуа син 665
环 хуань 67
幻化宗 хуаньхуа-цзун 410
皇 хуан 514
皇帝菩萨 хуанди-пуса 397
皇极 хуан цзи 68, 510
黄老学派 хуанлао-сюэпай 128, 304, 305, 654

802

黄龙 хуан лун 403
黄面 хуан мянь 19, 362
黄泉 хуан цюань 321, 517
恍惚 хуан ху 321
回 хуй [2] 60
悔 хуй [3] 539
毁誉 хуй юй 695
会 хуй [1] 514
会馆 хуй гуань 276
慧观 хуй гуань 394
昏德 хунь дэ 182
浑天 хунь тянь 709
魂 хунь 321, 516-518
魂魄 хунь по 321, 322
混沌 хунь дунь 70, 108, 109, 111, 159, 264, 278, 319, 320, 383, 464, 619, 620, 691, 751
混混沌沌 хунь хунь дунь дунь 751
火 хо [1] 216, 619
或 хо [2] 62, 90, 451
机 цзи [1] 301, 322, 323, 597, 753
机械 цзи се 597
机心 цзи синь 323, 517, 753
基本穷原之性 цзи бэнь цюн юань чжи син 746
基督教 цзиду-цзяо 2, 11, 24, 97, 132, 156, 201, 215, 283, 287, 288, 290, 291, 366, 376, 380, 396, 407, 445, 477, 549, 557, 608, 716, 723
箕畴 цзи чоу 344
吉 цзи [9] 249, 250, 539
极 цзи [2] 68-70, 76, 82, 108, 156, 158, 245, 264, 548, 584
极恶 цзи э 730
极乐世界 цзи лэ ши цзе 340, 558
极善 цзи шань 730
极数 цзи шу 69
极星 цзи син 68
极则 цзи цзэ 401
极则复反 цзи цзэ фу фань 82
即 цзи [8] 84
即色宗 цзисэ-цзун 410, 726
即身成佛 цзи шэнь чэн фо 229, 324, 432
集 цзи [6] 336
蕺山学派 цзишань-сюэпай 369, 406, 407
几人 цзи жэнь 45
己 цзи [10] 46
计 цзи [12] 547
纪 цзи [11] 372
纪纲 цзи ган 613
技巧 цзи цяо 125, 242
迹 цзи [4] 108, 110, 112, 113
济世 цзин ши 371
祭酒 цзи цзю 310, 745
寂 цзи [5] 185, 410, 656
寂灭 цзи ме 119, 461
稷下学 цзися-сюэ 325
稷下学宫 Цзися (сюэ гун) 258, 304, 325, 424, 436, 437, 540, 661, 694
甲骨文 цзя гу вэнь 7, 21, 99, 594
假谛 цзя ди 200, 493, 576
假名 цзя мин 355, 733
奸德 цзянь дэ 182

奸人 цзянь жэнь 663
兼爱 цзянь 9, 96, 239, 314, 428, 449, 455, 477, 486, 557, 629
兼爱相利 цзянь ай сян ли 455
兼相爱 цзянь сян ай 201, 448-450, 453
兼知 цзянь чжи 450, 728
渐次 цзянь цы 578
渐悟 цзянь у 130, 143, 196, 229, 317, 411
江右 цзян ю 605
交错 цзяо цо 23
交相利 цзяо сян ли 201, 448-450, 453
角力 цзюэ ли 736
角智 цзюэ чжи 736
教禅一致 цзяо чань и чжи 759
教化 цзяо хуа 373, 429, 495, 496, 535, 537, 653, 660, 661, 713, 737
教谕 цзяо юй 376
皆实 цзе ши 656
接 цзе [4] 300
节 цзе [3] 481
节气 цзе ци 300, 722
节文 цзе вэнь 365
节用 цзе юн 9, 448, 453
节葬 цзе цзан 453
劫 цзе [1] (санскр. кальпа) 513
结绳 цзе шэн 249, 331, 613
解 цзе [2] 171, 597
解说 цзе шо 51, 70
解悟 цзе у 402
解析法 цзесифа 705
解心 цзе синь 752
借景 цзе цзин 113
斤 цзинь [1] 412
今太极图 цзинь тай цзи ту 551
今文经学 цзиньвэньцзин-сюэ 141, 147, 188, 241, 244, 254, 308, 333-335, 347, 350, 391, 392, 399, 400, 531, 559, 611, 632, 693, 742, 762
金 цзинь [2] 6, 250, 265, 494, 510, 539, 619, 621, 623
金丹 цзинь дань 236, 630
金丹道 цзиньдань-[дао] 704
金刚乘 цзиньган-шэн (санскр. ваджраяна) 431
仅存 цзинь цунь 667
尽 цзинь [3] 430, 757
尽己 цзинь цзи 736
尽伦 цзинь лунь 664
尽偏中 цзинь пянь чжун 733
尽性 цзинь син 136, 139, 446
谨 цзинь [4] 642
进步党 цзиньбу дан 393, 707
进士 цзинь ши 138, 139, 148, 152, 213, 214, 235, 244, 246, 269, 274, 284, 348, 371, 376, 399, 406, 408, 413, 468, 534, 555, 581, 596, 599, 602, 611, 670, 702, 704, 745
经 цзин [1] 77, 148, 150, 169, 250, 329-332, 409, 411, 430, 531, 625, 741
经济 цзин цзи 329, 330, 600
经济特科 цзин цзи тэ кэ 330
经济学 цзинцзи-сюэ 330
经界 цзин цзе 337

经络 цзин ло 332
经诗 гатха 411
经世济民 цзин ши цзи минь 329
经世济物 цзин ши цзи у 329
经世致用 цзин ши чжи юн 329, 334
经纬 цзин-вэй 30, 330, 331, 332, 613
经学 цзин-сюэ 4, 122, 129, 201, 326, 332-335, 405, 411, 464, 509, 613, 742
经学时代 цзин сюэ ши дай 220
精 цзин [3] 158, 159, 206, 259, 300, 335, 336, 465, 466, 517, 519, 592, 644, 753
精粹 цзин цуй 468
精气 цзин ци 336, 465, 517-519, 629
精神 цзин шэнь 645
精微 цзин вэй 655
井 цзин [6] 76, 77, 145, 331, 337
井地 цзин ди 76, 337, 430
井田 цзин тянь 76, 77, 145, 245, 273, 331, 334, 337, 338, 371, 372, 429
景 цзин [5] 113
净道 цзин дао 733
净土 цзинту 318, 341, 686
净土宗 цзинту-цзун 180, 230, 318, 338, 339, 340, 341, 498, 686
敬 цзин [4] 137, 364, 481, 642
静 цзин [2] 19, 137, 158, 190-193, 246, 299, 582, 604, 606, 655, 674, 691, 692, 738
静身 цзин шэнь 696
静思 цзин сы 535
静心 дин синь 193, 340, 341, 346
静因之道 цзин инь чжи дао 193
境 цзин [7] (санскр. вишая) 651
九畴 цзю чоу 41, 68, 149, 344, 510
九方 цзю фан 41, 76, 82
九宫道 цзюгун-дао 181
九九 цзю цзю 28, 149, 169
九州 цзю чжоу 145, 331, 337, 761
旧党 цзю дан 534
举人 цзюй жэнь 152, 275, 284, 348, 370, 376, 391, 404, 468, 670
巨子 цзюй цзы 448
据乱世 цзюй луань 350, 392, 559
聚合堂 цзюй хэ тан 275
觉 цзюэ 143
绝待中 цзюэ дай чжун 733
君子 цзюнь цзы 20, 24, 36, 101-104, 146, 155-157, 160, 183, 195, 278, 323, 345, 358, 364, 407, 416, 426-428, 446, 454, 455, 467, 475, 480, 485, 496, 526, 570, 589, 608, 614, 617, 642, 663, 665, 668, 688, 729, 751, 757
郡县 цзюнь сянь 257, 310, 311, 507, 591
开 кай 261, 262
坎 кань 249, 549, 741
康宁 кан нин 344, 510
考据 као цзюй 152, 334, 387, 522
苛察 кэ ча 694
科举 кэ цзюй 188, 244, 274, 292, 329, 330, 334, 349, 371, 376, 429, 470, 482, 530, 611, 670, 713, 724, 746
科学 кэсюэ 133, 213, 215, 353, 354, 368, 474

科学派 кэсюэ-пай 353, 354
科学与玄学论战 кэсюэ юй сюаньсюэ лунь чжань 353, 354, 393, 474
可 кэ [1] 55, 665, 751
可两可 кэ лян кэ 61
克服物 кэфу у 706
克己复礼 кэ цзи фу ли 358, 364, 475
克物 кэ у 706
客 кэ [2] 471, 521
客家 кэ цзя 290
空 кун [1] (санскр. шуньята) 110, 112, 130, 134, 143, 158, 164, 194, 223, 224, 343, 355, 356, 383, 404, 410, 500, 501, 597, 610, 617, 698, 712, 718, 726, 732, 733
空谛 кун ди 200, 493, 576
空格子 кун гэцзы 31
空空 кун кун 355, 356
空明 кун мин 221
空虚 кун сюй (санскр. акаша) 355, 604, 654, 656
空宗 шуньявада (śūnyavāda) 343
孔 кун [2] 15-17
口 коу 76
苦 ку (санскр. духкха) 465, 511
狂 куан 206, 661
况谓 куан вэй 695
坤 кунь 160, 191, 249, 252, 514, 632, 741
徕 лай 235
郎中 лан чжун 536
老君 Лао-цзюнь 361, 721
乐 лэ 107, 359, 368, 423
雷夫孜 лэйфуцзы 251
类 лэй 54, 56, 75, 76, 145, 383, 450, 451, 571, 629
类名 лэй мин 80
类同 лэй тун 64, 144, 450
离 ли [8] 6, 249, 549, 741
离德 ли дэ 182
离坚白 ли цзянь бай 314, 438
黎 ли [11] 393
礼 этикет см. ли [2] 9, 71, 84, 97, 126, 139, 153, 158, 159, 178, 182, 201, 273, 283, 358-360, 363-368, 374, 383, 400, 415, 423, 475, 480, 481, 494, 505, 507, 559, 565, 573, 588, 591, 602, 636, 663, 664, 665, 677, 688, 696, 730
礼运 жэнь юнь 350
礼表法理 ли бяо фа ли 682
礼官 ли гуань 9, 273, 313, 436
礼即理 ли цзи ли 84
礼仪之邦 ли и чжи бан 197
李 ли [7] 16, 361
里 ли [10] 111, 301, 337, 380, 430, 761
理 ли [1] 5, 41, 69, 77, 81, 138-141, 153, 155, 159, 161, 191, 194, 202, 206, 214, 215, 221, 228, 230, 231, 244, 261-263, 266, 267, 277, 282, 297, 298, 307, 327, 328, 340, 365, 370, 371, 382, 383, 384, 385, 414, 423, 460, 464, 466, 471, 482, 490, 491, 512, 519, 567, 568, 584, 602, 614, 647, 649, 655, 663, 664, 675, 703, 711, 723, 746, 751, 758
理佛身 ли фо шэнь 385
理佛性 ли фо син 385
理气 ли ци 423

理事 ли–ши 385
理事无碍 ли ши у ай 194, 202, 228, 297, 385, 568
理想论 лисянлунь 705, 706
理性 лисин 221, 396
理性哲学 лисин чжэсюэ 708
理学 ли-сюэ 134, 138, 139, 152, 153, 187, 191, 192, 193, 197, 203, 215, 235, 236, 242, 246, 326, 327, 348, 365, 383, 386, 387, 389, 394, 396, 399, 406, 482, 483, 494, 514, 559, 634, 635, 637, 638, 640, 641, 642, 643, 645, 646, 648, 652, 653, 655, 674, 702, 703, 711, 751
理则学 лицзэсюэ 49
理智 ли чжи 396
力 ли [4] 155, 182, 339
立 ли [9] 61
立本 ли бэнь 401
吏 ли [6] 702
吏房 ли фан 309
利 ли [3] 126, 150, 307, 358, 449, 513, 607, 665, 675, 688, 689, 727, 752
利害 ли хай 611
利物 ли у 475, 752
隶书 ли шу 333
连横 лянь хэн 312, 761
莲社 лянь-шэ см. байлянь-шэ 339
莲宗 лянь-цзун 338
联 лянь [2] 54
廉 лянь [1] 257
炼丹术 лянь дань шу 129, 178, 236, 254, 508, 564, 634
良 лян [1] 336, 388, 389
良能 лян нэн 388, 389, 603
良心 лян синь 390, 460
良知 лян чжи 161, 377, 388, 389, 390, 396, 430, 460, 468, 490, 543, 564, 580, 594, 597, 599, 603, 604, 605, 609, 641, 652, 655, 713, 759
两 лян [2] 34, 59, 62, 63
两端 лян дуань 65, 161, 711
两可 лян кэ 61, 62, 63
两可说 лян кэ шо 185, 439
两可之说 лян кэ чжи шо 61
两司马 лянсыма 291
两忘 лян ван 61, 63
两仪 лян и 65, 66, 69, 70, 277, 350, 372, 512, 513, 539, 548, 632, 634, 692
裂网 ле ван 578
临济宗 линьцзи-цзун 130, 131, 229, 238, 402-404
吝 линь 539
灵 лин [1] 159, 336, 518, 524
灵宝派 линбао-пай 165
灵府 лин фу 465
灵魂 лин хунь 35, 99, 264, 291, 321, 336, 338, 477, 516, 558, 617, 627, 631, 656, 728
灵气 лин ци 321, 465, 518
灵枢 лин шу 518
灵爽 лин шуан 612
灵台 лин тай 518
令 лин [2] 99, 373, 445
流 лю 217
流行 лю син 307, 468

六畜 лю чу 64
六法 лю фа 109, 218
六府 лю фу 619
六合 лю хэ 82, 435, 699
六家 лю цзя 8, 10, 175, 272, 313, 435
六家七宗 лю-цзя ци-цзун 410
六十四卦 лю ши сы гуа 28, 128, 248, 249, 252, 254, 418, 513, 679, 741
六说 лю шо 8, 312, 313, 435, 667
六艺 лю и 423, 435, 455
六艺经传 лю и цзин чжуань 435
龙马 лун ма 279
龙门 лунмэнь 600
鲁学 лу-сюэ 333
陆王学派 луван-сюэпай 347, 386, 394, 396, 413, 414, 482, 519, 580, 599, 604, 637, 673, 674, 747
路 лу 428
乱 луань 36, 105, 430, 663
乱道 луань дао 380
乱家 луань цзя 8, 667
乱人 луань жэнь 663
轮回 лунь хуй (санскр. сансара) 121, 130, 199, 202, 210, 224, 226, 275, 297, 339, 355, 385, 402, 415, 461, 478, 518, 520, 521, 568, 575, 577, 638, 685, 712, 718, 733
论 лунь (санскр. шастра) 170, 329, 343, 421
论理学 луньли-сюэ 49, 441
逻辑(学) лоцзи(-сюэ) 49, 440
逻辑科学 лоцзи кэсюэ 49, 441
洛书 ло шу 7, 254, 279, 280, 281, 551, 625, 632, 742
律 люй [1] (санскр. виная) 73, 155
律吕 люй люй 73
律宗 люй-цзун 230, 340, 421, 422
虑 люй [2] 450, 666, 727
马克思主义 марксизм 97, 282, 283, 609, 705, 708
曼荼罗 маньтоло (санскр. мандала) 230, 431, 432
矛盾 мао дунь 7, 37, 39, 53, 58, 59, 61, 63, 64, 65, 215, 708
矛盾之说 мао дунь чжи шо 65
貌 мао 73, 680
貌像声色 мао сян син шэн сэ 629
美 мэй 96, 108, 336, 374, 423, 426, 688
美学 эстетика см. мэйсюэ 107-113, 154, 217, 218, 233, 374, 426, 470, 519, 564, 595, 612, 660, 688, 755
门户 мэнь ху 262
密宗 ми-цзун 230, 324, 340, 431, 432, 719
妙 мяо [1] 109, 595, 603
妙 утонченность см. мяо 109
妙理 мяо ли 212
妙明 мяо мин 377
妙一 мяо и 263
妙用 мяо юн 519, 566, 646
灭 ме (санскр. ниродха) 211, 461, 718
灭度 ме ду 461
灭亡 ме ван 667
民 минь 101, 265, 329, 433
民本 минь бэнь 433
民权主义 миньцюань-жуи 544, 545

丙

805

民生哲学 миньшэн чжэсюэ 434
民生主义 миньшэн-чжуи 544, 545
民心 минь синь 433
民政 минь чжэн 391, 392
民主党 Миньчжу дан 393
民族形式 миньцзу синши 354
民族主义 миньцзу-чжуи 544, 545, 715
名 мин [2] 54, 66, 68, 76, 87, 159, 172, 177, 185, 204, 239, 262, 314, 359, 404, 405, 419, 440, 442, 449-451, 471, 515, 541, 582, 629, 644, 645, 666, 720, 721, 736
名, 公之器也 мин гун ци е 76
名辩思潮 мин бянь сы чао 441
名词 минцы 442
名家 школа имен см. мин-цзя 8-10, 44, 46, 49, 56, 61, 63-65, 71, 145, 185, 203, 204, 205, 238, 239, 241, 259, 272, 312-315, 325, 435, 434, 436-438, 439, 440-442, 448, 450, 462, 633, 658, 667, 694, 695, 720, 726, 750, 751
名家者流 мин-цзя чжэ лю 273, 436
名理 мин ли 48, 440
名理学 минли-сюэ 48, 440
名目论 минмулунь 442
名实 мин ши 204, 436, 439
名数 мин шу 442
名学 мин-сюэ 48, 440, 441
名字 минцзы 442
明 мин [3] 5, 74, 185, 228, 336, 443, 478, 696, 719, 735
明参日月 мин цань жи юэ 74
明德 мин дэ 150, 182, 377
明鬼 мин гуй 454
明教 мин-цзяо 39
明明德 мин мин дэ 150
明堂 мин тан 281, 443, 444
明哲 мин чжэ 594
冥 мин [4] 264
冥化 мин хуа 264
命 мин [1] 9, 99, 140, 150, 153, 156, 157, 161, 189, 263, 285, 358, 409, 427, 445-447, 454, 512, 584, 598, 647, 648, 683, 712, 720, 737
命维新 мин вэй синь 445
命物 мин у 695
末 мо 257, 372, 723
末那识 атона (санскр. адана) 118, 121, 719
墨辩 мо бянь 441, 442
墨家 мо-цзя 5, 6, 8, 9, 10, 11, 44, 45, 46, 48, 49, 54, 59-65, 72, 81, 82, 83, 87, 97, 98, 105, 124, 146, 147, 188, 201, 204, 205, 239, 259, 265, 272, 273, 301, 314, 315, 325, 349, 359, 364, 383, 433, 435, 439, 441, 446, 448-453, 455, 456, 457, 462, 486, 526, 541, 547, 557, 560, 581, 594, 607, 615, 629, 633, 642, 665, 666, 667, 677, 678, 682, 688, 689, 694-696, 750
墨戏 мо си 113
谋 моу 159, 452, 727
母 му [1] 158, 625
亩 му [2] 337, 430
木 му [3] 619
男 нань [2] 308, 444

南山律宗 наньшаньлюй[-цзун] (сокр. наньшань) 421
南学 нань-сюэ 334, 555
南学会 Нань сюэ хуй 555
南中 нань чжун 605
南宗 нань цзун 130, 197, 317, 411, 472, 704
难 нань [1] 169
难曰 нань юэ 522
内 нэй 278, 704, 712
内丹 нэй дань 128, 170, 447, 472, 473, 495, 630, 704, 753
内功 нэй гун 242, 243
内家 нэй цзя 242, 243
内圣 нэй шэн 640, 652
内圣外王 нэй шэн вай ван 221
内因 нэй инь 340, 478
能 нэн 327, 736
尼丘 ни цю 18
泥洹 нихуань см. непань 461
拟 ни 679
念佛 нянь фо 230, 338, 340
鸟兽之文 няо шоу чжи вэнь 614
涅槃 непань (санскр. нирвана) 118, 121, 122, 126, 130, 164, 197, 199, 202, 223, 224, 229, 270, 297, 319, 324, 339, 355, 385, 402, 415, 432, 461, 492, 499, 501, 568, 574, 577, 578, 610, 628, 715, 719, 732
牛马 ню ма 72
牛马非牛 ню ма фэй ню е 72
农 нумерология см. сяншу(чжи)-сюэ, шу шу нун 504
农家 нун-цзя 8, 9, 146, 147, 272, 273, 419, 462
怒 ну 271, 665
辟 пи (би) 651
辟支佛 би чжи фо (санскр. пратьекабудда) 492
偏 пянь [2] 62, 67, 733
品 пинь 109, 217, 218
平 пин 154, 428, 485, 559
平淡 пин дань 154
平等 пин дэн (санскр. сама) 558, 559
平均 пин цзюнь 244, 593
平天下 пин тянь ся 137, 150, 270, 746
平准之法 пин чжунь 696
婆罗门教 брахманизм 198, 224, 226, 324, 355, 415, 617
破邪显正 по се сянь чжэн 227
魄 по 262, 321, 516-518
菩萨 пуса (санскр. бодхисаттва) 224, 362, 411, 473, 492, 495, 574, 575, 732, 733
菩提 пути (санскр. бодхи) 403, 492, 576
朴学 пу-сюэ 187, 246, 387, 464, 482
七真人 ци чжэнь жэнь 472
齐 ци [5] 752
齐家 ци цзя 137, 150, 270, 746
齐俗 ци су 695
齐武 цзи у 412
齐学 ци-сюэ 333
奇方异术 ци фан и шу 299
耆那教 джайнизм 134, 212, 355, 377
启 ци [4]

气 ци [1] 33, 37, 41, 73, 108, 112, 138, 140, 153, 158-161, 188, 191, 192, 193, 211, 216-218, 221, 235, 259, 261, 262, 270, 271, 298, 300, 303, 307, 327, 332, 336, 351, 370, 372, 383, 384, 406, 407, 423, 428, 446, 460, 464, 465, 466, 475, 516, 519, 520, 567, 582, 586, 588, 599, 629, 631, 646, 649, 655, 656, 675, 679, 688, 691, 692, 703, 710, 711, 713, 717, 746, 751

气功 ци гун 176, 243, 326, 518, 753

气化 ци хуа 612

气韵生动 ци юнь шэн дун 109, 112, 218

气之精 ци чжи цзин 336

气质 ци чжи 464, 649

气质之性 ци чжи чжи син 407, 649, 674, 712, 746

器 ци [2] 153, 156, 157, 159-162, 247, 345, 423, 467, 588, 644, 646, 703, 723, 724

乾 цянь [1] 82, 160, 191, 249, 252, 278, 514, 560, 632, 741

乾嘉学派 цяньцзя-сюэпай 334, 464

强权 цян цюань 392

强学会 Цянсюэ-хуй 348, 555

巧 цяо 755

亲 цинь 428

亲民 цинь минь 150

亲知 цинь чжи 450

禽兽 цинь шоу 83, 85, 188, 428, 589, 590, 664, 665, 731

轻重 цин чжун 82, 259, 267

卿 цин [3] 308

清 цин [1] 472

清净 цин цзин 143, 478, 610, 719

清谈 цин тань 217, 262, 470, 471, 583, 659

清言 цин янь 471

清意 цин и 247

情 цин [2] 153, 155, 262, 270, 271, 426, 491, 413, 524, 567, 583, 647-649, 660, 687

穷理 цюн ли 139, 235, 603, 746

丘 цю 18

渠头 цюй тоу 17

趣 цюй [2] 111

权 цюань [1] 204, 327, 409, 695

权谋 цюань моу 125, 205, 559

权能 цюань нэн 701

全大体 цюань да ти 731

全盘西化 цюаньпань сихуа 354, 706

全体 цюань ти 702, 703

全真教 цюань-чжэнь-цзяо 472, 473, 704

犬 цюань [2] 55

让 жан 36, 124, 265

人 жэнь [1] 41, 45, 46, 60, 74, 79, 80, 81, 83, 101, 156, 158, 416, 486, 491, 571, 632, 749

人"无我" жэнь у во 617, 718

人情 жэнь цин 666

人生观 жэньшэнгуань 353, 393, 474, 708

人天教 жэнь тянь цзяо 760

人文主义的自由主义 жэньвэнь-жуи ды цзыю-чжи 657

人-我 жэнь во 627

人仙 жэнь сянь 631

人心 жэнь синь 244, 407

人性之善也 жэнь син шань е 426

人一口 жэнь и коу 45

人欲 жэнь юй 277, 377, 384, 490, 491, 573, 588, 674

仁 жэнь [2] 9, 19, 20, 31, 33, 95, 101, 105, 126, 139, 150, 153, 157, 159, 161, 184, 269, 271, 299, 358, 364, 365, 374, 383, 409, 412, 416, 428, 455, 460, 475, 476, 477, 480, 489, 507, 524, 556-559, 567, 581, 590, 626, 636, 652, 665, 677, 686, 687, 688, 729, 730, 736, 752, 758

仁爱 жэньай 96, 434

仁道 жэнь дао 346

仁民 жэнь минь 428, 475

仁人 жэнь жэнь 689

仁义道德思想 жэньи даодэ сысян 434

仁政 жэнь чжэн 337, 400, 428, 475, 481, 504, 506, 640, 737, 757

仁治 жэнь чжи 102, 433, 673

认识的多元化 жэньшилунь ды доюаньлунь 197

认识论 жэньшилунь 56, 58, 75, 79, 84, 85, 95, 122, 132, 150, 595, 621, 639, 654, 707

任数者 жэнь шу чжэ 301

任侠 жэнь ся 557

荣誉 жун юй 449

冗者 жун чжэ 372

柔 жоу 190, 261, 566

柔刚 жоу ган 487

如来藏 жулай цзан (санскр. татхагата-гарбха) 143, 228, 297, 356, 478, 575

儒家 жу-цзя (жу-сюэ, жу-цзяо) 8, 9, 33, 49, 65, 95, 97, 98, 103, 104, 123, 124, 147, 159, 175, 183, 217, 224, 241, 259, 265, 272, 299, 324, 325, 462, 479, 482, 557, 602, 607, 615, 625, 632, 634, 667, 688, 702, 723, 745

儒教 жу-цзяо см. жу-цзя 479

儒学 жу-сюэ (др. назв. жу-цзя, жу-цзяо) 132

孺 жу [2] 20

入理 жу ли 130

入门 жу мэнь 401

入灭 жу ме 461

入涅槃 жу непань 229, 461

入神 жу шэнь 113

三 сань [2] 34, 149, 679

三表 сань бяо 449, 455, 566, 689

三才 сань цай 74, 100, 160, 271, 401, 486, 487, 491, 496, 513, 568, 571, 632

三乘 сань шэн (санскр. трияна) 165, 491, 492, 628

三乘不定性 сань шэн бу дин син 628

三大主义 сань да чжуи 544

三代 сань дай 496

三德 сань дэ 752

三谛圆融 сань ди юань жун 200, 493

三洞 сань дун 165, 166

三洞宗 саньдун-цзун 194

三丰派 саньфэн-пай 495

三纲(领) сань ган (лин) 150, 189, 391, 494

三纲五常 сань ган у чан (сокр. ган чан) 94, 494; см. тж. у чан

三纲五常 три устоя и пять постоянств см. сань ган у чан 494

丙

807

三花 сань хуа 517
三皇文(经) сань хуан вэнь (цзин) 165
三极 три предела см. сань цзи 160
三教 сань цзяо 224, 276, 401, 409, 473, 495
三教归一 сань цзяо гуй и 495
三教合一 сань цзяо хэ и 216, 297, 380, 401, 473, 495, 704
三教金莲会 саньцзяо цзиньлянь-хуй 473, 495
三科 сань кэ 446, 695
三礼 сань ли 664
三论宗 саньлунь-(цзун)119, 120, 127, 134, 143, 199, 209, 226, 227, 229, 256, 297, 324, 343, 355, 497, 498, 733
三昧 саньмэй (санскр. самадхи) 143, 194, 499
三民主义 сань минь чжуи (тж. сань да чжуи) 544, 715
三品 сань пинь 270, 447, 648, 660, 661
三气 сань ци 73, 721
三身 трикая (trikāya) см. сань шэнь 143, 461
三世 сань ши 147, 189, 241, 350, 559, 560
三物 сань у 383, 451
三玄 сань сюань 471, 658
三易之法 сань и чжи фа 741
三元 сань юань 722
三正 сань чжэн 496
三中(道) сань чжун (дао) 733
三种二谛 сань чжун эр ди 199, 200
三种止观 сань чжун чжи гуань 578
三宗 сань цзун 401
叁 сань [3] 34, 74, 621
散 сань [1] 111, 711
散心 сань синь 341
色 сэ (санскр. рупа) 121, 627
山 шань [1] 19
山水 шань шуй 19, 108
山水画 шань шуй хуа 112, 113
善 шань [2] 95, 96, 137, 153, 188, 189, 365, 423, 426, 427, 514, 582, 597, 599, 640, 647-649, 661, 675, 688, 746
善恶 шань э 738
善终кao чжун мин 344, 510
赏 шан [3] 696
上帝 шан ди 71, 99, 102, 132, 156, 288, 292, 486, 549, 568, 569, 572, 617, 682, 742
上古 шан гу 146, 181, 449, 525, 554, 560, 636
上品 шан пинь 270, 271, 648
上清派 шанцин-пай 165, 508, 509, 564
上主 шан чжу 291
尚法 шан фа 204
尚能文化 шан нэн 212
尚书郎 шан шу лан 583, 736
尚同 шан тун 454
尚贤 шан сянь 433, 526
舌 шэ [1] (санскр. джихва) 73, 118, 121
舍 шэ [2] 259
设教 шэ цзяо 65, 215
社会主义论战 шэхуйчжуи лунь-жань 393
摄岭相传 шэлин-сянчуань 226
摄论 шэлунь 356, 610
伸 шэнь [3] 519

身 шэнь [2] (санскр. кая) 73, 104, 518
身、舌、鼻、耳、眼 шэнь шэ би эр янь 73
身得 шэнь дэ 300
身心 шэнь синь 73, 96, 155, 170, 176, 183, 226, 236, 326, 402, 428, 432, 558, 567, 577, 653, 675
神 шэнь [1] 99, 109, 159, 160, 188, 191, 206, 210, 211, 218, 226, 250, 259, 262, 336, 351, 355, 444, 465, 466, 481, 512, 513, 516, 517, 518, 519, 520, 523, 524, 572, 582, 644, 645, 711, 712, 717
神保 шэнь бао 23
神不灭 шэнь бу ме 210, 226, 275, 316, 319, 342, 397, 518, 520, 523, 645, 712, 725
神德 шэнь дэ 301
神龟 шэнь гуй 279, 344
神会 шэнь хуй 109
神灵 шэнь лин 19, 99, 261, 480, 481, 496, 516, 517, 528, 561
神明 шэнь мин 124, 215, 249
神气 шэнь ци 465, 516, 646
神器 шэнь ци 91
神人 шэнь жэнь 517, 526, 554, 589, 751
神生 шэнь шэн 517, 582
神仙 шэнь сянь 398, 527, 630, 631
神心 шэнь синь 127, 535
慎独 шэнь ду 107, 407
升平 шэн пин 147, 291
生 шэн [2] 25, 160, 206, 525, 585, 751, 755
生存的欲望 шэнцунь ды юйван 434
生德 шэн дэ 205
生化 шэн хуа 524
生机 шэн цзи1 597
生命 шэнмин 99, 396
生命情调 шэнмин циндяо 212
生命之学 шэнмин чжи сюэ 469
生气 шэн ци 599
生生 шэн шэн 26, 153, 160, 524, 526
生生之德 шэн шэн чжи дэ 212
生数 шэн шу 281
生无自性性 шэн у цзы син син 208
生元 шэн юань 543
生知 шэн чжи 407, 455, 540, 586
声 шэн [3] 121
声闻 шэн вэнь (санскр. шравака) 229, 491, 492, 575, 628
圣 шэн [1] 137, 157, 188, 201, 215, 270, 316, 329, 333, 357, 372, 386, 401, 409, 429, 513, 525, 626, 730, 731, 738
圣人 шэн жэнь 14, 108, 136, 137, 140, 157, 160, 178, 181, 188, 193, 230, 264, 268, 270, 271, 279, 297, 301, 304, 307, 323, 336, 345, 347, 361, 377, 380, 426, 485, 490, 513, 525, 526, 541, 570, 579, 594, 603, 616, 626, 636, 637, 648, 663, 664, 667, 684, 689, 696, 720, 721, 735, 749, 752
圣人之学 шэнжэнь-жи-сюэ (др. назв. шэн-сюэ) 301, 603
圣贤 шэн сянь 36, 368, 449, 525, 526, 723, 724
圣性 шэн син 526
圣学 шэн-сюэ см. шэнжэнь-жи-сюэ 247, 386
胜 шэн [4] 60, 490
胜物 шэн у 616, 665,

胜义无自性性 шэн и у цзы син син 208
尸 ши [20] 21-23
尸解 ши цзе 25, 473
尸神象也 ши шэнь сян е 22
尸位 ши вэй 22, 23
尸位素餐 ши вэй су цань 22
诗 ши [6] 10, 423, 527
施 ши [15] 608
蓍 ши [7] 248
十家 ши цзя 8, 272, 436
十圆 ши сюань 297
时 ши [1] 249, 514, 570
识 ши [4] (санскр. виджняна) 118, 121, 478, 597, 610, 651, 719
识含宗 шихань-цзун 410
实 ши [2] 56, 68, 87, 137, 140, 185, 204, 239, 262, 262, 359, 419, 449-451, 515, 654, 656, 720, 721, 724
实儒 ши жу 379
实体 ши ти 568
实体实事 ши ти ши ши 649
实习 ши си 674
实相 ши сян (санскр. татхата) 207-209, 227, 493, 719
实行 ши син 674
实形 ши син 216
实学 ши-сюэ 386, 674
实证主义 ши-чжэн-чжуи 132, 221, 286, 287, 641, 670
实质 ши-чжи 31
使然 ши жань 39
始 ши [10] 158, 721, 723
士 ши [13] 103, 104, 696
士大夫 ши да фу 127, 133, 344
世 ши [11] 350, 514
世谛 ши ди (санскр. самврити-сатья); тж. суди 199, 410
世谛中道 ши ди чжун (дао) 733
世家 ши цзя 15, 22, 532
世界观 шицзегуань 474
世界海 ши цзе хай 558
世界性 ши цзе син 558
世界种 шицзе чжун 558
式 ши [14] 327
势 ши [5] 204, 205, 372 409, 695
势利之心 ши ли чжи синь 377
事 ши [3] 194, 202, 216, 235, 236, 277, 371, 383, 385, 511, 567, 568, 584, 607, 666, 703, 727
事理 ши-ли 731
事事无碍 ши ши у ай 194, 202, 228, 385
事物 ши у 235, 450, 727
是 ши [12] 60, 63, 87-91, 708, 732
是非 ши фэй 611, 636, 730
释 ши [17] 164
嗜欲 ши юй 323, 541, 753
筮 ши [18] 249
手格其物 шоу гэ ци у 236
守一 шоу и 181, 717
首 шоу [1] 89, 156, 254
寿 шоу [2] 19

寿命 шоу мин 447
受 шоу [3] (санскр. ведана) 627
书 шу [4] 10, 423, 531, 532
书法 шу фа 109, 110, 111, 154, 217, 284, 399, 726, 745
书契 шу ци 249
书院 шу юань 187, 195, 235, 246, 285, 309, 371, 396, 407, 423, 459, 469, 542, 561, 562, 598, 639, 657, 674, 702, 745
枢机房 шу цзи фан 309
殊 шу [5] 76
术 шу [2] 185, 204, 205, 515, 695
术数 шу шу 279, 387, 486, 539, 634
恕 шу [3] 150, 156, 359, 480, 736
庶吉士 шу цзи ши 152, 599
庶民 шу минь 150, 450, 589
庶人 шу жэнь 526, 589
数 шу [1] 7, 280, 512, 632, 633,
数卜法 шу бу фа 250, 251
衰乱 шуай луань 147, 291
水 шуй 510, 619
顺 шунь 487
说知 шо чжи 450
硕士 шоши 133, 134, 212, 232, 327
私 сы [1] 75, 104, 496, 689
私德 сы дэ 182
私名 сы мин 75, 78, 80
私田 сы тянь 78, 337
思 сы [2] 157, 256, 727
思构 сыгоу 186
思量 сы лян 121
思虑 сы люй 703
死 сы [3] 623, 625, 751
四呈 сы чэн 695
四德 сы дэ 159
四端 сы дуань 428, 481
四方 сы фан 82, 145
四分律宗 сыфэньлюй[-цзун] 421
四辅 сы фу 165, 166
四海 сы хай 82, 145
四句 сы цзюй 199, 733
四句宗旨 сы цзюй цзун чжи 603, 606
四时 сы ши 68, 104, 108, 300, 468, 486, 537-539, 643
四维 сы вэй 257
四无 сы у 468, 596
四象 сы сян 69, 513, 539, 548, 632
四行 сы син 463
四夷传 сы и чжуань 533
四有 сы ю 468
四哲 сы чжэ 343
四中（道）сы чжун (дао) 733
四种二谛 сы чжун эр ди 200
四重 сы чун 679
宋本 сун бэнь 531
宋学 сун-сюэ 386
宋尹学派 сун-инь-(сюэ)пай 303, 540
俗 су [2] 36
俗谛 су ди (санскр. самврити-сатья)199, 227; тж. ши ди

俗人 су жэнь 575
素餐 су цань 22
素王 су ван 22, 24, 347, 358, 361, 481
宿 сю [2] 67
算术 суань шу 42, 584, 632
随命 суй мин 446
损道 сунь дао 220
损欲 сунь юй 490
所 со 90
所传闻 со чуань вэнь 241
所见 софистика см. гуйбянь со цзянь 241
所闻 со вэнь 241
所有 со ю 90
所与 со юй 327, 328
太初 тай чу 464, 525, 548, 592
太和 тай хэ 160, 278, 711
太极 тай цзи 13, 33, 39, 69–71, 149, 188, 191, 221, 253, 277, 327, 378, 383, 414, 444, 464, 512, 513, 539, 543, 548, 549, 599, 619, 634, 637, 692, 737, 738, 746
太极, 形而上之道也 тай цзи син эр шан чжи дао е 70
太极河图 тай цзи хэ ту 551
太极图 тай цзи ту 550, 551, 552, 738
太极先天之图 тай цзи сянь тянь чжи ту 550, 738
太平 тай пин 146, 147, 291, 350, 392, 406, 554, 560, 593
太平天国 Тай пин тянь го 287, 290
太平之太平 тай пин чжи тай пин 3992
太上 тай шан 361
太史 тай ши 168, 171, 360
太史令 тай ши лан 536
太始 тай ши 525
太素 тай су 525
太虚 тай сюй 138, 140, 160, 192, 390, 464, 567, 603, 645, 654–656, 711
太虚寥廓 тай сюй ляо ко 654
太虚一实 тай сюй и ши чжэ е 588
太玄 тай сюань 160, 512, 549, 710
太学 тай сюэ 310, 371
太一 тай и 68, 70, 159, 419, 512, 549, 632
太一教 тайи-цзяо 473
太易 тай и 398, 464, 465
太中大夫 тай чжун да фу 412
泰州学派 тай-чжоу-сюэпай 275, 378, 605
谈道 тань дао 276
堂 тан зал, храм 443
体 ти [1] 35, 54, 145, 191, 363, 400, 423, 446, 468, 475, 487, 512, 557, 565, 566, 567, 582, 597, 652, 659, 663, 689, 696, 698, 703, 724
体道者 ти дао чжэ 301
体认天理 ти жэнь тянь ли 703
体同 ти тун 450
体形 телесная форма см. ти син 486, 582
体用 ти-юн 234, 565, 603, 651
体用不二 ти юн бу эр 651
体知 ти чжи 450
悌 ти [2] 156, 427, 429, 635, 642, 653
天 тянь [1] 2, 7, 5, 41, 77, 73, 100, 102, 123, 122, 165, 188, 189, 185, 476, 694, 480, 358, 204, 372, 408, 445-446, 433, 454, 460, 449, 494, 486, 487, 491, 647, 636, 547, 535, 537, 654, 662, 553, 561, 563, 568–572, 617, 201, 221, 299, 300, 276, 331, 761, 545–548, 468, 710, 729, 749, 735, 136, 139, 149, 512, 526, 517, 679, 683, 670
"天道" тянь дао 104 , 156, 157, 160, 181, 427, 460, 487, 538, 586, 738
天道之学 тяньдаочжи-сюэ 736
天道之自然 тянь дао чжи цзы жань 288
天德 тянь дэ 560
天德良知 дэ син со чжи 568 , 712
天地 тянь ди 82, 83, 90, 91, 445, 486, 487, 571, 216, 221, 319, 712
天地人 тянь ди жэнь 32, 489
天地之经纬 тянь ди чжи цзин вэй 614
天地之数 тянь ди чжи шу 280
天地之性 тянь ди чжи син 649, 712
天赋人权 тянь юй жэнь чжи цюань 350
天干 тянь гань 28, 41, 250, 553
天功 тянь гун 242
天机 тянь цзи 322, 323, 753
天极 тянь цзи 68, 71
天爵 тянь цзюэ 643
天理 тянь ли 603, 161, 384, 365, 377, 408, 494, 487, 490, 649, 580, 573, 703, 137
天理人欲 тянь ли жэнь юй 588, 573
天人感应 тянь жэнь гань ин 189, 488
天人合一 тянь жэнь хэ и 107, 314, 488, 571, 641
天人之故 тянь жэнь чжи гу 724
天师 тянь ши 170, 361, 554, 721
天师道 тянь ши дао 361, 362, 721
天台（宗） тяньтай-(цзун) 118, 200, 209, 227, 229, 231, 323, 340, 356, 422, 478, 492, 493, 574-577, 638, 718
天下之法 тянься чжи фа 308
天仙 тянь сянь 631
天性 тянь син 137, 322, 579
天言 тянь янь 759
天游 тянь ю 349
天元术 тянь юань шу 70
天之道 тянь чжи дао 156, 157, 291
天之实 тянь чжи ши 655
天之所命 тянь чжи со мин 712
天志 тянь чжи 446, 454, 455, 457, 475, 481
天治 тянь чжи 560
天主教 тянь-чжу-цзяо 18, 65
天子 тянь цзы 24, 77, 285, 309, 330, 445, 480, 569
条目 тяо му 235
通 тун [2] 160, 183, 406, 558, 571, 680, 724
通几 тун цзи 215
同 тун [1] 9, 52–56, 67, 78, 144–147, 265, 330, 566, 724, 753
同道 тун дао 696
同德 тун дэ 182
同类 тун лэй 56, 83, 245, 429, 489, 538, 633
同盟会 Тунмэн-хуй 404, 543, 714
同世 тун ши 59
同姓 тун син 22
同异 тун и 314, 450, 696
童蒙之心 тун мэн чжи синь 301, 377, 579

童心 тун синь 14, 20, 21, 377, 579, 580, 637
"童心说" тунсинь-шо 580
统 тун [3] 658
偷 тоу 663
图 ту 279
图书之学 тушучжи-сюэ 279, 742
土 ту 15, 182, 619
推 туй 448
陀罗尼 толони (санскр. дхарани) 230, 431
外 вай 749
外丹 вай дань 128, 630
外道 вай дао 355, 733
外篇 вай пянь 237, 512
外其身而身存 вай ци шэнь эр шэнь цунь 14, 178
外气 вай ци 717, 718
外王 вай ван 640, 652
外相 вай сян 340
皖派 вань-пай 152, 334
万 вань 69, , 215, 245
万化 вань хуа 752
万类 вань лэй 679
万理 вань ли 81
万事 вань ши 738
万物 вань у 7, 69, 81, 83, 90, 100, 157, 158, 159, 161, 172, 177, 190, 215, 300, 320, 398, 465, 490, 512, 513, 569, 663, 679, 691, 698, 699, 710, 731, 738, 757
万物一 вань у и 752
万物一齐 вань у и ци у 752
万象 вань сян 268
万有 вань ю 90, 698
亡 ван [3] 261
王 ван [1] 100, 155, 189, 454, 632, 667
王霸 ван ба 39
王道 ван дао 9, 155, 189, 428, 436, 494, 536, 537, 673, 757
王阳明学派 янмин-сюэпай 152, 414, 605, 606
王治 ван чжи 560
网 ван [4] 31
罔民 ван минь 429
忘 ван [2] 61, 108, 752
忘心 ван синь 752
危殆 вэй дай 667
威 вэй [2] 185, 204
微 вэй [7] 567
微言 вэй янь 241
圩 юй [3] 17
圩顶 юй дин 16-19
唯名论 вэйминлунь 442
唯识 вэй ши (санскр . виджняпти-матрата, читта-матра) 130, 718
唯识宗 вэйши-цзун 121, 130, 143, 202, 209, 223, 227, 228, 230, 256, 297, 356, 462, 610, 719, 760
唯物主义 вэйучжуи 5, 7, 33, 50, 211, 222, 275, 278, 353, 354, 393, 397, 409, 452, 456, 489, 521, 522, 523, 540, 561, 587, 592, 630, 656, 684, 705, 706
唯心主义 вэйсиньчжуи 4, 5, 7, 11, 33, 47, 48, 50, 52, 56, 69, 92, 211, 230, 327, 385, 561, 562, 610, 657, 705, 706
伪 вэй [4] 122

伪书 вэй шу 677
纬 вэй [3] 34, 122, 330, 331, 613
纬书 вэй шу 34, 330, 333
为 вэй [1] 449, 592, 607, 616, 727, 728
为而弗恃 вэй эр бу ши 189
为我 вэй во 178, 428, 607
为我之物 вэй во чжи у 607
为无为 вэй у вэй 13, 607, 616
未发 вэй фа 567, 603
未可 вэй кэ 46, 72
位 вэй [6] 23, 204
味 вэй [5] 121
文 вэнь 4, 9, 25, 126, 218, 263-265, 330, 357, 365, 412, 416, 479, 496, 612-615, 642, 727, 746, 755
文化 вэньхуа 5, 22, 23, 102, 537, 615, 664
文化创造主义 вэньхуа чуанцзаочжуи 706
文明 вэньмин 12, 496, 615, 621, 622
文人 вэнь жэнь 218, 244, 357, 369, 470, 479, 480
文人画 вэнь жэнь хуа 218
文史馆 вэньшигуань 423
文始先生 вэнь ши сянь шэн 697
文物 вэньу 251, 313, 615
文学 вэньсюэ 23, 615
文学之士 вэнь-сюэ чжи ши 614
文言 вэньянь 27, 31, 51, 87, 88, 91, 344, 572, 708
文字 вэньцзы 23, 615
闻知 вэнь чжи 450
问答 вэнь да 130, 197
我 во 46, 118, 145, 178, 207, 208, 226, 238, 256, 297, 353, 355, 474, 475, 478, 491, 513, 558, 604, 617, 656, 688, 718, 752
无 у [1] 5, 66, 88, 89, 91, 92, 107, 584, 597, 607, 172, 164, 172, 177, 191, 355, 383, 423, 501, 658-659, 557, 558, 566, 617, 327, 466, 467, 711, 751, 733, 512, 199, 698
无碍 у ай 655
无表 у бяо 422
无不为 у бу вэй 654
无成 у чэн 696
无谛 у ди 493
无法之法 у фа чжи фа 308
无厚 у хоу 314, 694
无极 у цзи 191, 259, 327, 414, 466, 468, 512, 548, 549, 619, 711, 738, 746
无极图 у цзи ту 550, 738
无家 у цзя 439
无君论 у цзюнь лунь 124
无可无不可 у кэ у бу кэ 61
无名 у мин 158, 172, 435, 696, 751
无明 у мин (санскр. авидья) 143, 288, 235, 463, 685
无念 у нянь 130 , 604
无若无焉 у жо у янь 91
无上真人 у шан чжэнь жэнь 697
无神 у шэнь 312, 561
无世界 у шицзе 394, 715
无事 у ши 696
无体 у ти 646
无为 у вэй 124, 137, 171, 177, 185, 188, 205, 299, 301, 304, 310, 368, 401, 412, 461, 487, 514, 515,

丙

811

526, 541, 586, 616, 617, 645, 654, 659, 695, 727, 749, 758
无为而无不为 у вэй у вэй эр у бу вэй 242, 616
无为法 у вэй фа (санскр. асанскрита-дхарма) 223
无位真人 у вэй чжэнь жэнь 130, 403
无我 у во (санскр. анатман) 476, 617, 629
无无 у у 92, 159, 558, 655, 698, 751
无物 у у 158, 276
无相 у сян 500
无象之象 у сян чжи сян 551
无信 у синь 130
无形 у син 138
无性有情 у син ю цин 628
无焉 у янь 91
无一成之法 у и чэн чжи фа 590
无义为 у и вэй 689
无有 у ю 92, 698
无有象 у ю сян 751
无作 у цзо 422
吴派 у-пай 334
五 у [5] 74
五材 у цай 619, 648
五藏 у цзан 300, 336
五常 у чан 270, 383, 494, 643, 730, 731, 738
五常之道 у чан чжи дао 643
五德 у дэ 619, 626, 693, 761
五德终始 у дэ чжун ши 761
五等 у дэн 667
五帝时期 У ди цзи 103
五斗米[道] у доу ми [дао] 721
五方 у фан 82, 619
五风 у фэн 619
五福 у фу 510
五公 у гун 76
五官 у гуань 155
五纪 у цзи 511
五家七宗 у цзя ци цзун пять домов и семь школ 130
五教 у цзяо 203, 760
五经博士 у цзин бо ши 169, 436
五气 у ци 619, 738
五声 у шэн (др. назв. у инь) 278, 619
五圣种性 у шэн чжун син см. у чжун син 628
五时八教 у ши ба цзяо 229, 574
五事 у ши 159, 511
五数 у шу 619
五四 у сы 293, 294, 672
五行 у син 41, 125, 188, 216, 254, 265, 273, 300, 303, 344, 350, 444, 464, 494, 510, 538, 539, 550, 553, 619, 620, 621, 623, 624, 625, 626, 632, 649, 692, 727, 730, 738, 742, 761
五行相生说 у син сян шэн шо 250
五蕴 у юнь (санскр. панча-скандха) 121, 223, 575, 617, 627
五贼 у цзэй 690
五种性 у чжун син (у шэн чжун син) 628
伍 у [7] 74
武 у [2] 22, 126, 613, 207, 368, 412
武术 у-шу 243, 619

物 у [3] 81, 83, 138-140, 194, 323, 468, 569, 584, 599, 629, 636, 644, 651, 659, 683, 694, 723, 727, 746
物本 у бэнь 706
物化 у хуа 616, 752
物极必反 у цзи би фань 291
物竞 у цзин 630, 670
物理 у ли 214, 630
物理学 улисюэ 382, 630
物生 у шэн 524
物之极 у чжи цзи 70, 752
物至 у чжи 696
物质 у чжи 32, 33, 353, 474, 543, 568, 630
物种 у чжун 543, 630
悟 у [4] 164, 246, 463, 597
西方派 сифан-пай 132, 353
西化 сихуа 396
析 си [4] 751
习 си [2] 371, 666, 674
习动 си дун 674
习心 си синь 652
习行 си син 674
系 си [3] 11, 12
下 ся [2] 694
下品 ся пинь 648
仙 сянь [1] 263, 298, 472, 473, 518, 526, 630
仙成 сянь чэн 605
仙佛派 сяньфо-пай 495
仙学 сянь-сюэ 236, 237, 263, 630, 673
先天 сянь тянь 512, 549
先天太极图 сянь тянь тай (цзи) ту 550
先天学 сяньтянь-сюэ 513
先知 сянь чжи 586, 728
贤 сянь [2] 9, 134, 575, 593
显 сянь [3] 84
现象 сянь сян 651
乡 сян [3] 337
乡村建设 сянцунь цзяньшэ 395
相 сян [2] (санскр. лакшана) 64, 314, 377, 661, 677, 753
相部律宗 сянбу-цзун 421
相错 сян цо 613, 614
相得 сян дэ 185
相反而相成 сян фань эр сян чэн 9
相空 сян кун 422
相生 сян шэн 188, 619
相无自性性 сян у цзы син син 208
香 сян [4] 121
想 сян [5] (санскр. самджня) 627
象 сян [1] 17, 31, 69, 82, 206, 218, 372, 439, 465, 488, 513, 551, 558, 565, 613, 632, 696
象数学 сяншучжи-сюэ 2, 5–7, 31, 215, 255, 300, 301, 425, 440, 442, 513, 539, 619, 631–634, 666, 710, 723, 751, 761
象物 сян у 143, 610
逍遥 сяо яо 263
消息 сяо си 82
小 сяо [2] 663
小乘 сяо шэн 119, 122, 224, 355, 461, 491, 574, 760
小康 сяо кан 11, 24, 146, 147, 350, 367, 392

小人 сяо жэнь 20, 146, 183, 278, 345, 358, 416, 428, 475, 579, 589, 663
小人之事 сяо жэнь чжи ши 429
小说 сяо шо 9
小说家 сяошо-цзя 8, 9, 273, 462, 541
小体 сяо ти 430
小同 сяо тун 314
小一 сяо и 314
小知 сяо чжи 389
孝 сяо [1] 156, 177, 265, 358, 427, 429, 458, 480, 481, 559, 631, 642, 696
孝悌 сяо ти 157, 189, 429, 507, 635, 653
邪 се 104, 663, 680
邪教 се цзяо 322
邪说 се шо 180, 289, 380, 581
写神 се шэнь 218
械机之心 цзи се чжи синь 301
心 синь [1] 14, 118, 130, 140, 150, 153, 155, 158, 161, 216, 230, 231, 278, 307, 361, 382, 384, 390, 401, 414, 423, 429, 447, 459, 475, 478, 513, 518, 541, 588, 594, 603, 609, 636, 637, 649, 655, 687, 703, 712, 719, 731
心的实相 синь дэ ши сян 719
心即道 синь цзи дао 84
心即理 синь цзи ли 84, 192, 602, 637
心即气 синь цзи ци 307
心理 синь ли 663
心理学 синьлисюэ 73, 94, 233, 297, 325, 382, 396, 621, 638, 654, 730
心力 синь ли 557, 558, 638
心无宗 синьу-цзун 410
心性学 синьсин-сюэ 609
心学 синь-сюэ 139, 247, 282, 365, 375, 386, 394, 396, 430, 460, 514, 602, 609, 640, 703, 747
心斋 синь чжай 654, 753
心之本体 синь чжи бэнь ти 192, 649
心之容 синь чжи жун 694
心之体 синь чжи ти 468, 603
心之心 синь чжи синь 259
心之行 синь чжи син 694
新 синь [3] 412
新道家 синь дао-цзя 658, 751
新理学 синь ли-сюэ 220, 282, 287, 327, 386
新民 синь минь 150
新儒学 синь жу-сюэ 132, 196, 212, 234, 306, 459, 470, 562, 563, 638-641, 652, 657
新社会党 синь шэхуй дан 132
新唯识论 синь вэйши-лунь 639, 651
新心学 синь синь-сюэ 282
新学 синь сюэ 413, 582
信 синь [2] 161, 182, 364, 383, 475, 588, 590, 602, 642, 727, 730, 731, 735
信仰 синьян 643
信仰主义 синьян-чжуи 644
刑 син [4] 126, 182, 507, 515, 645
刑礼房 син ли фан 309
刑书 син шу 204, 756
行 син [3] 153, 156, 161, 307, 371, 383, 449, 612, 619, 642, 666, 680, 694, 703, 706, 727, 728
行道 син дао 67, 727

行人 син жэнь 9, 273, 406
行入 жу ши 463
形 син [2] 73, 74, 157, 159, 161, 206, 211, 271, 319, 372, 382, 512, 515, 518, 520, 523, 525, 588, 592, 599, 644, 645, 711, 720, 751
刑名法术之学 син мин фа шу чжи сюэ 305
形而上 син эр шан 152, 160, 194, 370, 467, 513, 566, 588, 644, 646, 703
形而下 син эр ся 153, 160, 194, 467, 512, 513, 524, 566, 644, 646, 703
形名 син мин 439, 654, 695
形名家 синмин-цзя 442, 695
形气 син ци 646
形神二元论 син шэнь эр юань лунь 646
形神相即 син шэнь сян цзи 725
形式 синши 31, 451, 644-646
形势 син ши 124
形体 син ти 515, 517, 645
形之形 син чжи син 160
型 син [5] 76, 77
性 син [1] 73, 83, 153, 157, 161, 263, 270, 271, 319, 365, 407, 433, 445-447, 459, 471, 512, 518, 557, 567, 582, 594, 599, 636, 640, 647-649, 660, 675, 680, 703, 712, 730, 737, 746
性恶 син э 425
性空 син кун 230, 422, 492
性命双修 син мин шуан сю 649
性情 син цин 73
性善 син шань 386
性宗 син-цзун см. фасин-цзун 209
淬溟 син мин 753
凶 сюн 249, 539
凶德 сюн дэ 182
匈奴 сюнну 398, 536, 537
修 сю [1] 246, 606, 680
修得 сю дэ 499
修身 сю шэнь 3, 4, 137, 150, 236, 457, 653, 664, 679, 729, 746
修行 сю син 575
秀才 сю цай 284, 290, 326, 369, 401, 413, 598
虚 сюй 107, 140, 191, 216, 299, 485, 468, 500, 541, 597, 654–656, 663, 724, 753
虚空 сюй кун 36, 112, 320, 558, 574, 616, 620, 621, 654-656, 687, 711
虚灵 сюй лин 656, 703
虚实 сюй ши 400, 724
虚室生白 сюй ши шэн бай 654
虚位 сюй вэй 31, 86, 156, 270
虚无 сюй у 674, 703, 723
虚无形 сюй у син 654
虚无有 сюй у ю 654
虚一而静 сюй и эр цзин 655
旭明 сюй мин 469
玄 сюань 24, 177, 236, 658, 659, 679, 721
玄牝 сюань пинь 262
玄圣 сюань шэн 24
玄谈 сюань тань 471
玄同 сюань тун 158
玄学 сюань-сюэ 124, 129, 160, 170, 179, 186, 191, 231, 304, 353, 383, 385, 393, 398, 471, 475, 482,

丙

813

484, 485, 542, 549, 561, 566, 658, 660, 698, 749, 751, 758
玄学派 сюаньсюэ-пай 353, 354, 385, 398
玄一 сюань и 160, 264
学 сюэ 25, 51, 83, 104, 195, 275, 368, 391, 435, 503, 661
学天地 сюэ тянь ди 65, 215
学统 сюэ тун 641
学校 сюэсяо 371, 675
熏习 сюнь си 610
循名责实 сюнь мин цзэ ши 204, 205, 515
训 сюнь [1] 299
训诂 сюньгу 299
巽 сюнь [2] 249, 741
雅 я 527, 755
亚圣 я шэн 424
言 янь [2] 680
言必信 янь би синь 642
言不必信 янь бу би синь 643
言之术 янь чжи шу 185, 439
颜李学派 яньли-сюэпай 369, 673, 676
眼 янь [1] (санскр. чакшур) 73, 741
羊 ян [2] 96, 688
阳 ян [1] 77, 155, 169, 189, 300, 512, 514, 588, 590, 605, 691, 692
阳明学派 янминизм см. янмин-сюэпай; синь-сюэ 306, 597, 605
阳气 ян ци 336
杨岐 ян ци 403
洋务 ян у / янъу 400, 471, 723
洋务运动 ян у / янъу юньдун 400, 471, 723
仰韶 яншао 552
养生 ян шэн 320, 596, 603, 630, 634, 753
养生学 яншэн-сюэ 596, 630
养心 ян синь 193, 430, 513
爻 яо [1] 613, 741
爻辞 яо цы 249
繇辞 чжоу цы 249
野 е [2] 496, 497, 612
业 е [1] (санскр. карма) 182, 355, 685
页 е [3] 89
一本 и бэнь 291, 307
一本性 и бэнь син 608
一乘 и шэн (санскр. эка-яна) 228, 229, 297, 492
一贯道 игуань-дао 341
一画 и хуа 110
一家之法 и цзя чжи фа 308
一马马也, 二马马也 и ма ма е, эр ма ма е 45, 81
一念三千 и нянь сань цянь 229, 575, 577
一气 и ци 307, 407
一人 и жэнь 45, 99
一身 и шэнь 558
一生二 и шэн лян 378, 525
一体 и ти 108, 314, 566, 568, 637
一位 и вэй 73
一物 и у 256, 365, 366, 558
一心 эка-читта (eka-citta) см. и синь 130, 143, 196, 202, 228, 297, 383, 385, 478, 479, 575, 576
一性 и син 467
一与多 и до 66, 81, 202, 385

一元 и юань 687
一元之气 и юань чжи ци 291
一中 (道) и чжун (дао) 733
依 и [12] 76
依他 и та 686
依他起性 и та ци син (санскр. паратантра-свабхава) 202
仪 и [8] 97
宜 и [5] 566, 687, 688
移神 и шэнь 110
彝族 ицзу 250
乙 и [9] 167
已发 и фа 567
以法法之 и фа фа чжи 288
以太 итай 351, 466, 476, 543, 549, 557, 558, 686, 687
义 и [1] 9, 23, 31, 85, 96, 105, 124, 141, 145, 150, 153, 159, 161, 182, 218, 269, 299, 358, 364, 382, 383, 406, 412, 428, 449, 475, 480, 514, 567, 588, 590, 602, 607, 636, 665, 675, 677, 687, 688, 689, 690, 727, 730, 737, 752
义合 и хэ 451
义和团 ихэтуань 166, 243, 714
义理 и ли 407, 577, 578
艺 и [10] 36
异类 и лэй 590
异同 и тун 438
抑末之术 и мо чжи шу 373
易 и [4] 69, 160, 423, 524, 607
易学 и-сюэ 741
益道 и дао 220
谊 и [6] 689
意 и [3] (мысль/идея; санскр. манас) 31, 113, 118, 188, 512, 516
意数 и шу 122
意欲 и юй 396
翼 и [7] 11, 68, 171, 513, 741
因 инь [2] 48, 680
因明 инь мин (санскр. хетувидья) 48, 209
阴 инь [1] 7, 16, 23, 60, 69, 155, 188, 189, 250, 253, 261, 300, 320, 321, 350, 487, 512, 514, 525, 539, 550, 588, 590, 620, 621, 624, 632, 691, 692, 752
阴气 инь ци 336
阴阳 инь-ян 5, 7, 9, 66, 124, 125, 155, 160, 161, 188, 191, 250, 253, 259, 265, 278, 350, 372, 375, 378, 417, 444, 464, 487, 488, 512, 519, 524, 538, 539, 550, 566, 582, 586, 588, 592, 619-622, 626, 632, 634, 646, 648, 656, 679, 680, 691-693, 738, 741, 742, 752, 761
阴阳家 школа инь ян см. иньян-цзя 8-11, 98, 105, 124, 188, 254, 259, 268, 273, 299, 325, 373, 418, 462, 481, 536, 538, 547, 586, 626, 632, 638, 692, 693, 742, 751, 761
阴爻 инь яо 250-252
阴-子-阳 инь цзы ян 620, 621, 624
音义 инь и 171
隐 инь [3] 84, 466, 471, 591
隐君子 инь цзюнь цзы 360
隐世 инь ши 737
印度教 индуизм 224, 685

应 ин 488, 571, 665
应物象形 ин у се сян 109, 218
勇 юн [1] 156, 157, 481, 729
用 юн [2] 158-161, 234, 423, 565, 566, 567, 582, 589, 659, 689, 695, 711, 724
用之止 юн чжи чжи 160
由心不由境 ю синь бу ю цзин 184
游侠 ю ся 448
有 ю [1] 58, 66, 87-92, 143, 158, 160, 162, 164, 172, 177, 178, 191, 199, 227, 383, 385, 410, 501, 566, 584, 501, 566, 584, 626, 644, 659, 658, 697, 698, 711, 713, 733
有名 ю мин 439, 644, 695
有若无 ю жо у 91
有为法 ю вэй фа (санскр. санскрита-дхарма) 223
有无 ю-у 14, 39, 92, 234, 697, 698
有无相生 ю у сян шэн 14, 698
有象 ю сян 751
有形 ю син 138, 226, 512, 646, 711
有以为 ю и вэй 752
有有 ю ю 98, 698
又 ю [2] 571
隅 юй [8] 66, 67, 187
愚 юй [6] 731
与 юй [4] 571
宇 юй [2] 17, 68, 699, 700
宇宙 юй чжоу 68, 300, 319, 571, 699, 700, 752
羽 юй [5] 17
语录 юй лу 169, 247, 402, 403, 506, 745
玉女 юй нюй 361
育欲 юй юй 277
欲 юй [1] 153, 155, 193, 346, 430, 490, 491
御 юй [7] 535
鹭 чжу [5] 20
元 юань [1] 188, 517, 557, 558, 687, 721
元气 юань ци; см. тж. чжэнь ци 70, 194, 231, 408, 465, 516, 549, 567, 582, 586, 592, 599, 718, 753
元神 юань шэнь 649
元统 юань тун 560
员外郎 юань вай лан 378, 408
圆 юань [4] 67
圆成 юань чэн (санскр. паринишпанна) 355
圆成实性 юань чэн ши син 202
圆顿 юань дунь 578
圆寂 юань цзи 224, 461, 574
援 юань [2] 452
缘 юань [3] 451
缘会宗 юаньхуй-цзун 410
缘觉乘 юань цзюэ фо (санскр. пратьекабудда); см. тж. ду цзюэ 229, 492
缘起 юань ци 124, 199, 202, 209
曰 юэ [2] 108, 160, 206, 224, 227, 259, 319, 321, 330, 370, 391, 427, 434, 436, 477, 522, 524, 608, 613, 614, 665, 671, 688, 689, 727, 745
约 юэ [4] 724
约名 юэ мин 71
月 юэ [3] 74
月氏 юэчжи 126, 225, 458
粤闽 юэ минь 605
粤学会 Юэсюэ-хуй 348

运 юнь [1] 514
运动 юнь дун 619
运气 юнь ци 445, 538
蕴 юнь [2] (санскр. скандха) 627
杂 цза см. цза-цзя 8, 128, 299
杂家 цза-цзя 8, 105, 122, 299, 417, 700
杂行 цза син 341
宰理 цзай ли 215
宰相 цзай сян 581
遭命 цзао мин 446
早期墨家 цянь ци мо цзя 448, 449, 457
造端 цзао дуань 378
造化 цзао хуа 160, 216, 612
战 чжань 701
战国 чжань-го 167, 242, 251, 266, 381, 448, 677, 701, 760, 762
战国策派 чжаньгоцэ-пай 133, 701, 702
张 чжан [2] 261
章 чжан [1] 169, 361, 758
章句 чжан цзюй 149
长 чан [1] 252, 623
长生 чан шэн 753
长生不死 чан шэн бу сы ; см. тж. чан шэн у сы 176, 285, 630
兆 чжао 248, 249
兆之体 чжао чжи ти 29
哲学 чжэсюэ 30, 213, 215, 368
浙中 чжэ чжун 596, 605
针灸 чжэнь цзю 281, 303, 444
真 чжэнь [1] 37, 89, 109, 203, 218, 355, 356, 378, 423, 478, 485, 717, 718,
真常 чжэнь чан 717
真大道教 чжэньдадао-цзяо 473
真谛 чжэнь ди (санскр. парамартха-сатья) 199, 227, 228, 500
真谛中道 чжэнь ди чжун (дао) 733
真际 чжэнь цзи 221
真空 чжэнь кун 226
真理 чжэнь ли 394
真气 чжэнь ци 718
真人 чжэнь жэнь 263, 323, 403, 508, 526, 527, 580, 717, 753
真如 чжэнь жу (санскр . татхата, бхутататхата) 130, 143, 208, 209, 228, 297, 355, 356, 383, 402, 463, 478, 493, 718
真识 чжэнь ши 403, 719
真俗二谛 чжэнь су эр ди 199, 200
真我 чжэнь во 196, 355, 390
真我 чжэнь у 390
真心 чжэнь синь 21, 337, 478, 580, 637, 719
真言 чжэнь янь (санскр. мантра) 432
真言宗 чжэньянь-цзун 432
真一 чжэнь и 160, 236, 717
真知 чжэнь чжи 382, 728
震 чжэнь [2] 249
争 чжэн [4] 59
正 чжэн [1] 100, 102, 104, 105, 126, 137, 221, 236, 485, 680, 727
正合 чжэн хэ 451

丙

815

正名 чжэн мин 16, 359, 404, 431, 435, 541, 696, 720, 721
正心 чжэн синь 137, 150, 604, 746
正行 чжэн син 341
正一 чжэн и ; см. тж. чжэнъи-дао 216, 721, 722
正一道 чжэнъи-дао 165, 362, 508, 523, 553, 721
证 чжэн [2] 597
政 чжэн [3] 104, 195, 446, 666
政事堂 чжэн ши тан 309
政统 чжэн тун 641
知 чжи [2] 20, 336, 358, 371, 597, 602, 607, 612, 726-729, 731, 751
知常 чжи чан 654
知觉 чжи цзюэ 703, 726
知命 чжи мин 345, 427, 446
知难行易 чжи нань син и 728
知人 чжи жэнь 358, 727
知行 чжи–син 543, 680, 726, 728
知行合一 чжи син хэ и ; см. тж . чжи син 192, 446, 543, 602, 603, 674, 688, 703, 706, 728
知易行难 чжи и син нань 728
织 чжи [14] 613
执道 чжи дао 751
直 чжи [15] 68
职 чжи [10] 570, 662
止观 чжи гуань 229, 575, 578,
止于至善 чжи юй чжи шань 150, 593
旨 чжи [7] 531
指 чжи [9] 67, 68, 80, 239, 340, 629
指法 чжи фа (санскр. мудра) 432
至 чжи [12] 663
至诚 чжи чэн 136, 137, 513, 517, 735
至德之时 чжи дэ чжи ши 377
至定 чжи дин 216
至精 чжи цзин 159
至善 чжи шань 192, 407, 597, 605, 649, 738
至圣 чжи шэн 525, 643, 735
至一 чжи и 263
志 чжи [3] 105, 158, 172, 177, 262, 584, 272, 428, 449, 465, 516, 532, 607
制 чжи [8] 205, 570, 663
制度 чжи ду 201
制教 чжи цзяо 422
质 чжи [4] 496, 497, 537, 566, 723
质测 чжи цэ 215
治国 чжи го 137, 150, 746
治世 чжи ши 538, 696
治众 чжи чжун 696
致 чжи [5] 235, 307, 606
致良知 чжи лян чжи 129, 307, 388, 389, 394, 490, 573, 594, 597, 603, 606
致修 чжи–сю 605
致虚守寂 чжи сюй шоу цзи 371
致知 чжи чжи 137, 140, 150, 235, 459, 603, 604, 727, 746
智 чжи [1] 105, 139, 140, 156, 157, 259, 265, 365, 383, 409, 410, 428, 450, 475, 481, 494, 526, 559, 573, 621, 636, 643, 648, 688, 729-732, 736
智慧 чжи хуй 558
智能权 чжи нэн цюань 732

中 чжун [1] 68, 104, 567, 584, 659, 723, 733
中道 чжун дао 120, 157, 199, 427, 498, 732, 733
中谛 чжун ди 200, 493, 576
中宫 чжун гун 68
中观 чжун гуань 227
中国本位 чжунго бэнь вэй вэньхуа 354
中国道教协会 Чжунго дао-цзяо сехуй 473
中国佛教协会 Чжунго фоцзяо сехуй 231
中国教育会 Чжунго цзяоюй хуй 326
中和 чжун хэ 757
中华民国联合会 Чжунхуа миньго ляньхэ-хуй 326
中品 чжун пинь 271, 648
中书郎 чжун шу лан 536
中体西用 чжун ти си юн 638, 670
中土 чжун ту 724
中五 чжун у 215
中西互为体用 чжун си ху вэй ти юн 234
中央 чжун ян 41
中医 чжун и 332, 466, 519, 619, 630, 646, 656, 670, 692
中庸 чжун юн 161, 359, 433, 734
忠 чжун [2] 156, 182, 189, 265, 358, 364, 481, 496, 497, 559, 642, 727, 736
忠恕 чжун шу 736
终 чжун [4] 723
种 чжун [3] 76
种子 чжун цзы (санскр. биджа) 25, 112, 113, 118, 227, 231, 278, 335, 610, 628, 719
踵吸 чжун си 753
众生 чжун шэн (санскр. саттва) 558, 578, 628, 649, 685, 715
重 чун [1] 54, 144
重卦 чун гуа 251
重势 чжун ши 204
州 чжоу [2] 679
周 чжоу [3] 663
周爱人 чжоу ай жэнь 449
周行 чжоу син 158
周易 чжоу и 253
粥 чжу [4] 20
粥粥若无能 чжу-чжу жо у нэн 20
宙合 чжоу хэ 699
朱熹学派 чжуси-сюэпай 152
诸法 чжу фа 207, 208, 209, 226, 227, 230, 355, 385, 410, 576, 601
诸法实相 чжу фа ши сян 209, 227
诸侯 чжу хоу 412, 453
诸人 чжу жэнь 45
诸子 чжу цзы 8, 272, 299, 313, 436, 527, 750
主 чжу [1] 471, 521, 584, 612, 659, 696
主动 чжу дун 605
主静 чжу цзин 192, 606, 738, 753
主宰 чжу цзай 408, 637
拙 чжо 113, 755
资始 цзы ши 489, 654
子孟学派 цзымэн-сюэпай 757, 758
子学时代 цзы сюэ ши дай 220
自得 цзы дэ 695, 708
自化 цзы хуа 753
自强 цзы цян 400, 598, 724

自然 цзы жань 73, 124, 153, 159, 177, 220, 301, 379, 526, 586, 605, 617, 621-623, 625, 656, 659, 683, 753, 758, 759
自然而然 цзы жань эр жань 288
自然经济 цзыжань цзинцзи 759
自然科学 цзыжань кэсюэ 214, 215, 232, 236, 259, 272, 353
自然哲学 цзыжань чжэсюэ 759
自然之道 цзы жань чжи дао 305, 541, 680
自然主义 цзыжань-жуи 660, 662, 675
自生 цзы шэн 566, 659, 753
自性 цзы син 647, 659
自序 цзы сюй 435
自由 цзыю 198, 559, 708
自有 цзы ю 288
自治 цзы чжи 695, 696
宗 цзун [1] 158, 718
综 цзун [3] 6
总 цзун [4] 659
总名 цзун мин 569
纵 цзун [2] 23
纵横家 цзунхэн-цзя 8, 9, 259, 260, 261, 272, 273, 312, 441, 462, 690, 701, 760, 761
最高范畴 цзуй гао фань-чоу 41
罪 цзуй 449
作持戒 цзо тэ цзе 422
坐禅 цзо чань 319, 463, 753
坐忘 цзо ван 753

主要参考文献
1958–2005 年出版的俄语哲学著作[*]

I Всероссийская научная конференция «Китайская философия и современная цивилизация» (Москва, 22–23 мая 1995 г.). М., 1995. 126 с. (ЭИ; № 5).

II Всероссийская конференция «Китайская философия и современная цивилизация» (Москва, 22–24 мая 1996 г.). М., 1996. 143 с. (ИМ. ИТТ; вып. 1).

III Всероссийская конференция «Китайская философия и современная цивилизация» (Москва, 27–28 мая 1997 г.). М., 1997. 161 с. (ИМ. ИТТ; вып. 2).

IV Всероссийская конференция «Философия Восточно-Азиатского региона и современная цивилизация» (Москва, 27–28 мая 1998 г.). М., 1998. 124 с. (ИМ. ИТТ; вып. 3).

V Всероссийская конференция «Философии Восточно-Азиатского региона и современная цивилизация» (Москва, 24–25 мая 1999 г.). М., 1999. 146 с. (ИМ. ИТТ; вып. 4).

VI Всероссийская конференция «Философии Восточно-Азиатского региона и современная цивилизация» (Москва, 25–26 мая 2000 г.). М., 2000. 151 с. (ИМ. ИТТ; вып. 6).

VII Всероссийская конференция «Философии Восточно-Азиатского региона и современная цивилизация» (Москва, 28–29 мая 2001 г.). М., 2001. 200 с. (ИМ. Сер. Г; вып. 7/8).

VIII Всероссийская конференция «Философии Восточно-Азиатского региона и современная цивилизация» (Москва, 28–29 мая 2002 г.). М., 2002. 165 с. (ИМ. Сер. Г; вып. 9/10).

IX Всероссийская конференция «Философии Восточно-Азиатского региона и современная цивилизация» (Москва, 26–27 мая 2003 г.). М., 2004. 215 с. (ИМ. Сер. Г; вып. 11/12).

Абаев Н.В. О культуре психической деятельности в раннем конфуцианстве. Новосиб., 1983. 5 с. Препринт.

Абаев Н.В. Чань-буддизм и культура психической деятельности в средневековом Китае. Новосиб.: Наука. Сиб. отд., 1983. 125 с.; то же. 2-е изд., перераб. и доп. 1989. 271 с.

Абаев Н.В., Горбунов И.В. Сунь Лутан о философско-психологических основах «внутренних» школ у-шу. Новосиб.: Наука. Сиб. отд., 1992. 168 с.

Абрамов В.А., Абрамова Н.А. История философии Китая: Истоки, основные этапы развития, со- временность: Курс лекций. Чита: ЧитГТУ, 1997. 204 с.

Абрамов В.А. История философии Китая: Истоки, основные этапы развития, современность: Учеб. пособие. Чита: ЧитГТУ, 1996. 148 с.

Абрамова Н.А. Политическая культура Китая: Традиции и современность. М.: Муравей, 2001. 319 с.

Абрамова Н.А. Традиционная культура Китая и межкультурное взаимодействие (социально-фи- лософский аспект). Чита: ЧитГТУ, 1998. 303 с.

Ай Сыци. Лекции по диалектическому материализму / Пер. с кит. М.: Госполитиздат, 1959. 307 с.

Актуальные проблемы истории китайской философии: Реф. сб. / Редкол.: Степанянц М.Т. (отв. ред.) и др. М., 1983. 92 с.

Алимов И.А., Ермаков М.Е., Мартынов А.С. Срединное государство: Введение в традиционную культуру Китая. М.: Муравей, 1998. 287 с.

Антология даосской философии / Сост. В.В. Малявин, Б.Б. Виногродский. М.: Клышников-Комаров и Ко, 1994. 447 с.

Атеисты, материалисты, диалектики древнего Китая / Вступ. ст., пер. и коммент. Л.Д. Позднеевой. М.: Наука, 1967. 404 с.

Афоризмы старого Китая / Пер. с кит., сост., вступ. ст. и примеч. В.В. Малявина. М.: Наука, 1988. 192 с.; то же. 2-е изд., испр. 1991. 79 с.; то же. М.: АСТ. Астрель, 2003. 415 с.

Базаров А.А. Институт философского диспута в тибетском буддизме. СПб.: Наука, 1998. 183 с.

Бамбуковые страницы: Антология древнекитайской литературы / Пер. с древнекит. / Сост., вступ. ст., ст. об авт. и коммент. И.С. Лисевича. М.: Вост. лит., 1994. 415 с.

Белоусов С.Р. Китайская версия «государственного социализма» (20–40-е гг. XX в.). М.: Наука, 1989. 222 с.

Бондаренко Ю.Я. Этика парадоксов: Очерк этики и философии даосизма. М.: Знание, 1992. 63 с.

Борох Л.Н. Конфуцианство и европейская мысль на рубеже XIX–XX веков. Лян Цичао: теория обновления народа. М.: Вост. лит., 2001. 287 с.

Борох Л.Н. Общественная мысль Китая и социализм (начало XX в.). М.: Наука, 1984. 296 с.

Буддизм и государство на Дальнем Востоке: Сборник статей / Отв. ред. Л.П. Делюсин. М.: Наука, 1987. 228 с.

Буддизм и культурно-психологические традиции народов Востока: Сборник / Отв. ред. Н.В. Абаев. Новосиб.: Наука. Сиб. отд., 1990. 216 с.

---

[*] 书目还包括俄罗斯科学院远东研究所信息出版物中出版的专题文集。2005年仅将1–2月出版的书籍纳入书目。1958年之前出版的书籍见П.Е.斯卡奇科夫《中国书目》。莫斯科：东方文献出版社，1960年。

Буддийский взгляд на мир / Ред.-сост. Е.П. Островская, В.И. Рудой. М.: Андреев и сыновья, 1994. 461 с. [*Торчинов Е.А.* Формирование буд- дийских космологических представлений в Ки- тае (буддо-даосская традиция). С. 188–267; прил.: *Чжоу Дуньи*. Объяснение схемы Вели- кого Предела / Пер. с кит. С. 209–213; *Ерма- ков М.Е.* «Блаженные небеса и адские земли»: Потусторонний мир раннего китайского буд- дизма популярных форм. С. 268–320; *Ольден- бург С. Ф.* Первая буддийская выставка в Пе- тербурге. С. 403–427; *Владимирцов Б.Я.* Буд- дизм в Монголии и Тибете: лекция, читанная 31 сент. 1919 г. С. 429–458].

Будон Ринчендуб. История буддизма / Пер. с англ. / Пер. с тибет. Е.Е. Обермиллера. 2-е изд., доп. СПб: Евразия, 1999. 336 с.

Буланже П.А. Будда. Конфуций: жизнь и учение / В излож. и пер. П.А. Буланже. М.: Искусство, 1995. 319 с. [Жизнь и учение Конфуция; Изложение китайского учения Л.Н. Толстым; Да сюэ, или Великая наука Конфуция; Чжун-ю: о неизменных законах духовной жизни, или Учение о неизменяемости в состоянии середи- ны; *Мюллер М.* Религии Китая: (Конфуцианст- во, даосизм, буддизм и христианство)].

Буров В.Г. Китай и китайцы глазами российского ученого. М., 2000. 206 с. [Дискуссии о конфуцианстве. С. 115–152].

Буров В.Г. Мировоззрение китайского мыслителя XVII века Ван Чуаньшаня. М.: Наука, 1976. 221 с.

Буров В.Г. Современная китайская философия. М.: Наука, 1980. 311 с.

Быков Ф.С. Зарождение общественно-политической и философской мысли в Китае. М.: Наука, 1966. 242 с.

Васильев Л. С. Культы, религии, традиции в Китае. М.: Наука, 1970. 484 с.; *то же*. 2-е изд., [стер.]. Вост. лит., 2001. 488 с. Послеслов. авт.: с. 482–485.

Васильев Л. С. Проблемы генезиса китайской мыс- ли: (Формирование основ мировоззрения и мен- талитета). М.: Наука, 1989. 309 с.

Великие мыслители Востока: Выдающиеся мыс- лители, философские и религиозные произве- дения Китая, Индии, Японии, Кореи, ислам- ского мира / Пер. с англ. / Под ред. Я. П. Мак- Грила. М.: КРОН-Пресс, 1999. 655 с. [Китай. С. 10–182. / Пер. С. Зинина. 31 очерк о китай- ских философах и их трудах от Конфуция до Фэнь Юланя].

Великий и загадочный «И цзин» / Сост., введ. и вступ. ст. Н. Болдырева. Челябинск: Аркаим, 2004. 414 с.

Вильгельм Р., Вильгельм Г. Понимание «И цзин» / Пер. с нем. и англ. В.Б. Курносовой. М.: Але- тейя, 1998. 207 с.

Виногродский Б.Б., Кузык Б.Н. Законы гармонии на Пути правителя. М.: Гермитаж-Пресс, 2005. 430 с.

Вонг Е. Даосизм / Пер. с англ. М.: ФАИР-Пресс, 2001. 352 с.

Вон Кью-Кит. Энциклопедия дзэн / Пер. с англ. М.: ФАИР-Пресс, 1999. 395 с.

Восток: Философия. Религия. Культура: Труды теоретического семинара / Под ред. Е.А. Тор- чинова. СПб.: Изд-во СПбГУ, 2001. 260 с.

Восточный альманах. 2: Мир Будды и китайская цивилизация / Гл. ред. Т.П. Григорьева. М.: Толк, 1996. 415 с.

Восхождение к Дао / Сост., пер. с кит. и нем., вступ. ст. и коммент. В.В. Малявина. М.: Наталис, 1997. 399 с.; *то же*. М.: АСТ. Астрель, 2002. 431 с. [*Чэнь Кайго, Чжэнь Шуньчао*. Восхождение к Великому Дао: Жизнь даосского учителя Ван Липина; *Руссель Э*. Духовное совершенствование в современном даосизме; Книга сознания и жиз- ни; Методы внутреннего созерцания; Канон со- средоточения и созерцания].

Вэнь Цзянь, Горобец Л.А. Даосизм в современном Китае. СПб.: Петербург. востоковедение, 2005. 160 с.

Гавристова Т.М. Буддизм. Даосизм. Конфуцианст- во: Учеб. пособие. Ярославль: ЯГУ, 1995. 120 с.

Герасимова К.М. Памятники эстетической мысли Востока: Тибетский канон пропорций: Трактаты по иконометрии и композиции Амдо, XVIII в. Улан-Удэ: Бурят. кн. изд-во, 1971. 303 с.

Го Мо-жо. Философы древнего Китая: Десять кри- тических статей / Пер. с кит. / Общ. ред. и послеслов. Н.Т. Федоренко. М.: ИЛ, 1961. 738 с.

Гой-лоцава Шоннупэл. Синяя летопись: история буд- дизма в Тибете, VI–XV вв. / Пер. с англ. / [Пер. с тиб. на англ. Ю.Н. Рериха]. СПб.: Евразия, 2001. 768 с.

Голыгина К.И. «Великий предел»: Китайская модель мира в литературе и культуре (I–XIII вв.). М.: Вост. лит., 1995. 363 с.

Голыгина К.И. Звездное небо и «Книга перемен». М., 2003. 208 с.

Гоч В.П. Дороги «Книги перемен»; Азбука «Книги перемен». Екатеринбург, 1997. 448 с.

Гране М. Китайская мысль / Пер. с франц. / Общ. ред. И.И. Семененко. М.: Республика, 2004. 526 с.

Григорьева Т.П. Дао и логос (встреча культур). М.: Наука, 1992. 424 с.

Гулик Р. ван. Искусство секса в Древнем Китае / Пер. с англ. М.: Центрполиграф, 2003. 507 с.

Гэ Хун. Баопу-цзы / Пер. с кит., коммент., предисл. Е.А. Торчинова. СПб.: Петербург. востоковеде- ние, 1999. 380 с.

Дао: гармония мира / Пер. с кит. / Гл. ред. В. Галий. М: Эксмо-Пресс; Харьков: Фолио, 1999. 861 с. [Из содерж.: Дао дэ цзин. Ле-цзы. Чжуан-цзы].

Дао дэ цзин. Ле-цзы. Гуань-цзы: Даосские каноны / Пер., вступ. ст. и коммент. В.В. Малявина. М.: АСТ. Астрель, 2002. 541 с.

Дао и даосизм в Китае: Сборник статей / Отв. ред. Л.С. Васильев, Е.Б. Поршнева. М.: Наука, 1982. 287 с.

Даосская алхимия / Пер. с кит., вступ. ст., коммент., примеч. Е.А. Торчинова. СПб.: Азбука; Петербург. востоковедение, 2001. 469 с. [Чжан Бодуань. Главы о прозрении истины; Гэ Хун. Баопу-цзы].

Даосская алхимия бессмертия: Антология древнекитайской эзотерики / Пер., сост. Б.Б. Виногродский. М.: София: Гелиос, 2003. 380 с.

Даосские притчи. М.: Гиль-Эстель: Междунар. кн., 1992. 66 с.

Делюсин Л.П. Китай в поисках путей развития. М.: Муравей, 2004. 445 с.

Делюсин Л.П. Спор о социализме в Китае: Из истории общественно-политической мысли Китая в начале 20-х гг. М.: Наука, 1970. 92 с.; то же. 2-е изд., испр. и доп. 1980. 151 с.

Ден Мин Дао. Хроники Дао: Тайная жизнь даосского учителя / Пер. с англ. Киев: София, 1997. 431 с.

Древнекитайская философия. Собрание текстов в двух томах / Пер. с кит. / Сост. Ян Хиншун; вступ. ст. В.Г. Бурова, М.Л. Титаренко. М.: Мысль, 1972–1973. Т. 1. 1972. 363 с.; Т. 2. 1973. 384 с.; то же. [Стер. изд.]. М., 1994.

Древнекитайская философия: Эпоха Хань. [Собр. текстов] / Пер. с кит. / Сост. Ян Хиншун; вступ. ст. В.Г. Бурова. М.: Наука, 1990. 523 с.

Дудоров О.Е. Основы теории перемен: И цзин. М.: Флинта, 2003. 160 с.

Дюмулен Г. История Дзэн буддизма: Индия и Китай / Пер. с англ. СПб.: ОРИС, 1994. 335 с.

Дюмулен Г. История дзэн-буддизма / Пер. с англ. М.: Центрполиграф, 2003. 317 с.

Еремеев В.Е. Арифмосемиотика «Книги перемен». М.: Спутник+, 2001. 152 с.

Еремеев В.Е. Символы и числа «Книги перемен». 2-е изд., испр. и доп. М.: Ладомир, 2005. 599 с.

Еремеев В.Е. Чертеж антропокосмоса. 2-е изд., доп. М., 1993. 383 с.

Ефимов Г.В. Сунь Ятсен: Поиск пути, 1914–1922. М.: Наука, 1981. 239 с.

Железная флейта: Сто коанов дзэн. [Пер. с япон.; изд. 1961 г.]. М.: Единство, 1993. 111 с.

Жюльен Ф. Путь к цели: в обход или напрямик. Стратегия смысла в Китае и Греции / Пер. с франц. М.: Моск. филос. фонд, 2001. 359 с.

Жюльен Ф. Трактат об эффективности / Пер. с франц. М.: Моск. филос. фонд; СПб.: Университетская кн., 1999. 236 с. [Сопоставление европейской и китайской концепции эффективности].

Завадская Е.В. Восток на Западе. М.: Наука, 1970. 127 с.

Завадская Е.В. Культура Востока в современном западном мире. М.: Наука, 1977. 168 с.

Завадская Е.В. Мудрое вдохновение: Ми Фу, 1052–1107. М.: Наука, 1983. 200 с.

Завадская Е.В. Эстетические проблемы живописи старого Китая. М.: Искусство, 1975. 439 с.

Завет Пути Силы: Современное прочтение «Дао дэ цзин» Лао-цзы, исполненное в русской традиции М. Соловьевой. М.: Амрита-Русь: Центр экологии живой природы, 2002. 109 с.

Запись у алтаря о примирении Конфуция / Факсимиле рукописи. Изд. текста, пер. с тангут., вступ. ст., коммент. и словарь Е.И. Кычанова. М.: Вост. лит., 2000. 151 с.

Зенгер Х. фон. Стратагемы: О китайском искусстве жить и выживать: Знаменитые тридцать шесть стратагем за три тысячелетия [Восемнадцать стратагем] / Пер. с нем. / Общ. ред., вступ. ст. и коммент. В.С. Мясникова. М.: Прогресс: Культура. 1995. 380 с.; то же [Тридцать шесть стратагем]: В 2 т. М.: ЭКСМО, 2004. Т. 1. 511 с.; Т. 2. 1023 с.

Золотой век дзэн: Антология классических коанов дзэн эпохи Тан / Пер. с англ. / Сост., предисл. и коммент. Р.Х. Блайса. СПб.: Евразия, 2001. 415 с. [В кн. также: Синдзинмэй. Трактат о верящем уме; Три дзэнских эссе; Жизненный путь Р.Х. Блайса].

Иванов В.Г. История этики Древнего мира. Л.: Изд-во Ленингр. ун-та, 1980. 224 с. [Этические учения Древнего Китая. С. 72–129].

Избранные произведения прогрессивных китайских мыслителей нового времени (1840–1898 гг.) / Пер. с кит. / Сост. и общ. ред. Н.Г. Сенина, Ян Хиншуна; вступ. ст. Н.Г. Сенина. М.: АН СССР, 1961. 299 с.

Избранные сутры китайского буддизма / Пер. с кит., коммент. Д.В. Поповцева, К.Ю. Солонина, Е.А. Торчинова; Отв. ред. и авт. предисл. Е.А. Торчинов. СПб.: Наука, 1999. 463 с.

Из истории китайской философии: Становление и основные направления (даосизм, буддизм, неоконфуцианство). Темат. сборник статей / Ред.-кол.: Н.П. Аникеев и др. М., 1978. 112 с.

Из истории традиционной китайской идеологии: Сборник статей / Сост. и отв. ред. О.Л. Фишман. М.: Наука, 1984. 296 с.

Из книг мудрецов: Проза Древнего Китая / Пер. с кит. / Сост., вступ. ст. и коммент. И.С. Лисевича. М.: Худож. лит-ра, 1987. 352 с.

Исаева М.В. Представление о мире и государстве в Китае в III–VI веках н.э. (по данным «нормативных историописаний»). М.: ИВ РАН, 2000. 263 с.

Искусство властвовать: Ли Гоу (XI в.). План обогащения государства. План усиления армии. План успокоения народа / Пер. с кит. З.Г. Лапиной; Лю Шао (III в.). О человеческом существе / Пер. с кит. Г.В. Зиновьева. М.: Белые альвы, 2001. 288 с.

Искусство управления / Сост., вступ. ст. и коммент. В.В. Малявина. М.: АСТ: Астрель, 2003. 431 с.

История изучения «И цзина» («Книги перемен»): Методические указания к спецкурсу «Обычаи, обряды, верования Китая» / Сост. С.И.

Блюм- хен, С .А . Комиссаров . Новосиб., 1991. 20 с .

История китайской философии / Пер . с кит . В . С . Таскина; общ . ред . и послесл . М .Л . Титаренко. М.: Прогресс, 1989. 552 с .

История политических и правовых учений XVII–XVIII вв . / Отв . ред . В .С . Нерсесянц . М.: Наука, 1989. 448 с . [*Кобзев А.И.* Китай . С . 396–412].

История эстетики: Памятники мировой эстетической мысли . Т . 1. М.: Изд-во Акад . художеств СССР, 1962. [Средние века: Китай . С . 344–386; Предисл . Е .В . Виноградовой].

История эстетической мысли . Т . 4: Вторая половина XIX в . М ., 1987. [*Голыгина К.И.* Китай . С . 350–368].

История этических учений: Учебник для студентов вузов / Под общ . ред . А .А . Гусейнова . М.: Гардарики, 1993. 911 с . [*Кобзев А.И.* Китай . С . 7–109].

Источник мудрецов: Тибетско-монгольский терминологический словарь буддизма . Вып . 1. Парамита и Мадхьямика / Подгот . текста, пер . и примеч . Р .Е . Пубаева, Б .Д . Дандарона . Улан- Удэ: Бурят . кн . изд-во, 1968. 167 с .

Источниковедение и историография истории буддизма: Страны Центральной Азии . Сборник / Отв . ред . Р .Е . Пубаев . Новосиб.: Наука . Сиб . отд ., 1986. 124 с .

И цзин: Канон перемен / Сост . и исслед . А .Е . Лукьянова / Пер . Ю .К . Щуцкого . М.: Вост . лит ., 2005. 246 с . [В кн . также: «Туань чжуань», «Сян чжуань», «Вэнь янь чжуань», «Си цы чжуань», «Шо гуа чжуань», «Сюй гуа чжуань», «Цза гуа чжуань» / Пер . и примеч . А . Е . Лукьянова].

И цзин («Книга перемен») и ее канонические комментарии / Пер . с кит ., предисл ., примеч . В .М . Яковлева . М.: Янус-К, 1998. 267 с .

«Ицзин»: Техника гадания древнего Китая по «Книге перемен» / Пер . с венг . М.: Рекламэкспорт, 1990. 32 с .

Каидзука С. Конфуций: Первый учитель Поднебесной / Пер . с англ . М.: Центрполиграф, 2003. 269 с .

Калюжная Н.М. Проблемы социологии в трудах китайских просветителей (начало XX века). М.: ИВ РАН, 2002. 238 с .

Калюжная Н.М. Традиция и революция: Чжан Бинлинь (1869–1936) — китайский мыслитель и политический деятель нового времени . М.: ИВ РАН, 1995. 342 с .

Камалашила. Бхаванакрама: Трактат о созерцании / Предисл . Е .Е . Обермиллера . М.: ИВЛ, 1963. 68 с . Факсимиле .

Карапетьянц А.М. Древнекитайская системология: генеральная схема и приложения . М ., 1990. 60 с .

Карапетьянц А.М. Древнекитайская системология: уровень протосхем и символов-гуа . М ., 1989. 78 с . Препринт.

Китай: Поиски путей социального развития (из истории общественно-политической мыс -ли XX в.): Сборник статей / Редкол.: Л .П . Делюсин (отв . ред .) и др . М.: Наука, 1979. 245 с .

Китайская военная стратегия / Сост ., пер ., вступ . ст . и коммент . В .В . Малявина . М.: АСТ . Астрель, 2002. 429 с .

Китайская классика в тангутском переводе (Лунь юй, Мэн-цзы, Сяо цзин). Факсимиле текстов / Предисл ., словарь и указ . В .С . Ко -локолова, Е .И . Кычанова . М.: Наука, 1966. 148, 211 с .

Китайская классическая «Книга перемен» и современная наука: Сборник статей / Отв . ред . и авт . предисл . П .М . Кожин . М.: НОУ «Луч», 2003. 94 с .

Китайская наука стратегии / Сост . В .В . Малявин . М.: Белые альвы, 1999. 415 с .

Китайская философия и современная цивилизация: Сборник статей / Междунар . редсовет: М . Л . Титаренко и др . М.: Вост . лит ., 1997. 192 с .

Китайская философия: история и современность . М ., 2002. 78 с . (ЭИ; № 1).

Китайская философия: Энциклопедический словарь / Гл . ред . М .Л . Титаренко . М.: Мысль, 1994. 573 с .

Китайские социальные утопии: Сборник статей / Отв . ред . и авт . предисл . Л .П . Делюсин, Л . Н . Бо- рох . М.: Наука, 1987. 311 с .

Китайский эрос: Научно-художественный сборник / Сост . и отв . ред . А .И . Кобзев; Авт . предисл . И .С . Кон . М.: Квадрат, 1993. 504 с .

Классические тексты дзэн / Сост ., вступ . ст ., пер ., коммент . А .А . Маслова . Ростов н/Д: Феникс, 2004. 480 с .

Классическое конфуцианство: Лунь юй, Мэн-цзы. Сюнь-цзы / Пер . с кит.: в 2 т . СПб.: Нева; М.: ОЛМА-Пресс, 2000. Т . 1: *Конфуций.* Луньюй / Введ ., пер ., ст . и коммент . А . Мартынова . 383 с.; Т . 2: Мэн-цзы . Сюнь-цзы / Введ ., пер ., ст . и коммент . И.Т. Зограф. 207 с .

Книга мудрых радостей / Сост . В .В . Малявин . М.: Наталис, 1997. 430 с . [Из содерж.: Конфуций: Когда человек верен себе; Мастера беззабот- ных скитаний: Рассказы Чжуан-цзы и Ле-цзы; Сокровища Чань].

Книга правителя области Шан (Шан цзюнь шу) / Пер . с кит ., вступ . ст . и коммент . Л .С . Перело- мова; М.: Наука, 1968. 351 с.; *то же.* 2-е изд ., доп . М.: Ладомир, 1993. 391 с .

Кобзев А.И. Учение Ван Янмина и классическая китайская философия . М.: Наука, 1983. 352 с .

Кобзев А.И. Учение о символах и числах в китайской классической философии . М.: Наука: Вост . лит ., 1994. 431 с .

Кобзев А.И. Философия китайского неоконфуцианства . М.: Вост . лит ., 2002. 606 с .

Кобзев А.И . Эрос за китайской стеной . СПб.: Пио- нер; М.: АСТ . Астрель, 2002. 144 с .

Конфуцианский трактат «Чжун юн»: Пер . и ис- след . / Сост . А .Е . Лукьянов; Пер . Д . Конисси, В .Г . Бурова, А .Е . Лукьянова, В .Б . Югай . М.: Вост . лит ., 2003. 247 с .

Конфуцианское «Четверокнижие» («Сы шу») / Пер. с кит. и коммент. А.И. Кобзева, А.Е. Лукьянова, Л.С. Переломова, П.С. Попова. М.: Вост. лит., 2004. 431 с.

Конфуцианство в Китае: Проблемы теории и практики / Отв. ред. Л.П. Делюсин. М.: Наука, 1982. 264 с.

Конфуциева летопись «Чуньцю» («Вёсны и осени») / Пер. и примеч. Н.И. Монастырева; Исслед. Д.В. Деопика, А.М. Карапетьянца; Отв. ред. А.М. Карапетьянц. М.: Вост. лит., 1999. 351 с.

Конфуций / Сост. и авт. предисл. В.В. Малявин. М.: Изд. дом Ш. Амонашвили, 1996. 175 с.; *то же*. [Стер. изд.] 2002. [Педагогическая хрестоматия конфуцианства].

Конфуций. Беседы и суждения Конфуция: [В рус. пер. XIX—XX вв.] / Сост., подгот. текста, примеч. и общ. ред. Р.В. Грищенкова; предисл. Л.С. Переломова. СПб.: Кристалл: Терция, 1999. 1119 с.; *то же*. 2-е изд., испр. 2001.

Конфуций. Изречения / Сост. В. Гаврищук. М.: Соврем. гуманит. ин-т, 2001. 156 с.

Конфуций. Луньюй: Изречения / Пер. с кит. и вступ. ст. И.И. Семененко. М.: ЭКСМО-Пресс, 2003. 463 с. [В кн. также: *Сыма Цянь*. Старинный род Конфуция; *Толстой Л.Н.* Великая наука: Изложение учения Конфуция; Общие примечания к Великой книге и Учению о середине; Да сюэ, или Великая наука Конфуция; Чжун-юн [Чжун юн], о неизменных законах духовной жизни, или Учение о неизменяемости в состоянии середины]; *то же*. 2005.

Конфуций. Суждения и беседы / Пер. с кит. П.С. Попова; Исслед. А.А. Маслова. Ростов н/Д: Феникс, 2004. 304 с.

Конфуций. Уроки мудрости / Пер. с древнекит. / Сост., вступ. ст., коммент. М.А. Блюменкранца. М.: ЭКСМО-Пресс; Харьков: Фолио, 1998. 658 с. [Луньюй (Изречения) / Пер. И.И. Семененко; Шицзин = Книга песен и гимнов / Пер. А. Штукина; *Щуцкий Ю.К.* Китайская классическая «Книга перемен»: Пер. и исслед.; прил.: *Сыма Цянь*. Старинный род Конфуция / Пер. И.И. Семененко; *Вольтер*. О Конфуции / Пер. с франц.; *Толстой Л.Н.* Изложение китайского учения]; *то же*. 2003. 958 с.; *то же*. 2005.

Конфуций. Я верю в древность / Сост., авт. 1-го разд., предисл., пер. с древнекит. и англ., коммент. И.И. Семененко. М.: Республика, 1995. 382 с.; *то же*. М.: ТЕРРА-Книж. клуб: Республика, 1998 [Содержит пер. «Луньюя», Сыма Цяня, Вольтера, Г. Фингаретта, статьи Л.Н. Толстого, В.П. Васильева, Н.Я. Бичурина].

Корнев В.И. Синтоизм и конфуцианство: Теоретический курс авторизованного изложения / Моск. экстер. гуманит. ун-т. М., 1994. 169 с.

Кости и плоть дзэн. М.: ЭКСМО-Пресс, 2000. 399 с.

Кравцова М.Е. История культуры Китая: Учебное пособие. СПб.: Лань, 1999. 415 с. [Оформленные идеологические системы. Национальные учения, вероучения и китайско-буддийская традиция. С. 194—279].

Кривцов В.А., Краснова В.А. Ли Дачжао: От революционного демократизма к марксизму-ленинизму. М.: Наука, 1978. 166 с.

Кривцов В.А. Эстетика даосизма. М.: Фабула, 1993. 166 с.

Крушинский А.А. Логика «И цзина»: Дедукция в древнем Китае. М.: Вост. лит., 1999. 176 с.

Крушинский А.А. Творчество Янь Фу и проблема перевода. М.: Наука, 1989. 112 с.

Крымов А.Г. Общественная мысль и идеологическая борьба в Китае (1900—1917). М.: Наука, 1972. 367 с.

Кузнецов Б.И. Ранний буддизм и философия индуизма по тибетским источникам. СПб.: Евразия, 2002. 223 с.

Кульпин Э. Человек и природа в Китае. М.: Наука, 1990. 245 с.

Кюзаджян Л.С. Идеологические кампании в КНР (1949—1966). М.: Наука, 1970. 239 с.

Лао-цзы: [Статьи и тексты] / Сост. и авт. предисл. А.Л. Семенов. М.: Изд. дом Ш. Амонашвили, 2001. 223 с. [Педагогическая хрестоматия даосизма].

Лао-цзы. Дао дэ цзин / Пер. с кит. и примеч. Ян Хиншуна. СПб.: Азбука, 1999. 182 с. [В кн. также: Пер. из Сыма Цяня и ст. Л.Н. Толстого].

Лао-цзы. Дао Дэ цзин / Пер. с кит., введ., коммент. Б.Б. Виногродского; *Виногродский Б.Б.* Поэтическая матрица. М.: София, 2003. 189 с. [Паг. единая. Дао дэ цзин — нечет. стр.; Поэт. матрица — чет. стр.].

Лао-цзы. Дао дэ цзин / Пер. с кит., вступ. ст., коммент. В.В. Малявина. М.: АСТ. Астрель, 2003. 559 с.

Лао-цзы. Дао дэ цзин / Вступ. ст., пер. и коммент. А.А. Маслова. Ростов н/Д: Феникс: Эксперимент. колледж Кубанской гос. академии физ. культуры, 2003. 479 с. (Мастера боевых искусств).

Лао-цзы. Дао дэ цзин, или Писание о нравственности / Под ред. Л.Н. Толстого. Пер. с кит. Д.П. Конисси. Ростов н/Д: Пегас, 1994. 51 с.

Лао-цзы. Дао-дэ цзин, или Трактат о пути и морали / Пер. с древнекит., предисл. и послесл. Л.И. Кондрашовой. М.: РИПОЛ КЛАССИК, 2003. 225 с.

Лао-цзы. Дао дэ цзин: Книга в пять тысяч слов / Пер. с кит. Ян Хиншуна; Ле-цзы. Чжуан-цзы. Что случилось к югу от рынка в пятом веке до Рождества Христова / Пер. с кит. Л.Д. Позднеевой; Лит. обраб. и предисл. Н.А. Доброхотовой. М.: Грантъ, 2000. 223 с.

Лао-цзы. Дао дэ цзин: Книга о пути и силе / Пер. с древнекит. и коммент. А. Кувшинова. М.: Михайлов, 2001. 169 с.

Лао-цзы. Дао дэ цзин: Книга пути и благодати /

Пер. с кит. Ян Хиншуна. М.: ЭКСМО-Пресс, 2001. 399 с. [В кн. также: Хуайнань-цзы: Учителя из южного Заречья / Пер. с кит. Л. Померанцевой].

Лао-цзы. Дао дэ цзин: Поэма / Пер. с кит. В. Перелешина; послесл. и коммент. Д.Н. Воскресенского. М.: Время, 2000. 253 с.

Лао-цзы. Дао дэ цзин: Поэтическое переложение / Пер. О. Борушко. М.: Вагриус, 1996. 167 с.

Лао-цзы. Дао дэ цзин: Учение о пути и благой силе с параллелями из Библии и Бхагавад Гиты / Пер. с англ. / Сост., пер., поэт. перелож. и коммент. С.Н. Батонова. М.: КСП: Серебряные нити, 1998. 218 с.; *то же.* М.: КСП+, 2003. 224 с.

Лао-цзы. Книга пути и благодати (Дао дэ цзин) / Вступ. ст., пер. и коммент. И.С. Лисевича. М.: Мусагет, 1994. 191 с. [В кн. также: *Лао-си*. Тао-те-кингъ, или Писание о нравственности / Под ред. и предисл. Л.Н. Толстого; пер. с кит. Д. Конисси; примеч. С.Н. Дурылина. С. 141–189]; *то же.* М.: АиФ-Принт, 2002. 315 с.

Лао-цзы: Обрести себя в Дао / Сост., авт. 1-го разд., предисл., пер. с древнекит. и нем., коммент. И.И. Семененко. М.: Республика, 1999. 446 с.; *то же.* 2000.

Лапина З.Г. Учение об управлении государством в средневековом Китае. М.: Наука, 1985. 383 с.

Лапина З.Г., Чжоу Хун, Шилин К.И. Экологическое воспитание — творческая индивидуальность будущего. М.: Изд-во «Нефть и газ» РГУ нефти и газа им. И.М. Губкина, 2002. 254 с.

Ли Вэйу. Проблема человека в истории философской мысли традиционного Китая. М.: ИНИОН, 1992. 36 с. [Реф. кн.: *Ли Вэйу.* Чжунго чжэсюэ шиган].

Ли Дачжао. Избранные статьи и речи / Сост., пер., авт. вступ. ст. и коммент. Ю.М. Гарушянца. М.: Наука, 1965. 295 с.

Ли Дачжао. Избранные произведения / Пер. с кит. / Отв. ред. Н.Г. Сенин, М.Л. Титаренко. М.: Наука, 1989. 488 с.

Линь-цзи лу / Пер. с кит., вступ. ст., коммент. и граммат. очерк И.С. Гуревич. СПб.: Петербург. востоковедение, 2001. 271 с. [Записи мирянина Пана. Записи бесед «мудростью освещающего» наставника Чань Линь-цзи из области Чжэнь].

Личность в традиционном Китае: Сборник статей / Отв. ред. Л.П. Делюсин. М.: Наука: Вост. лит., 1992. 327 с.

Ломанов А.В. Современное конфуцианство: Философия Фэн Юланя. М.: Вост. лит., 1996. 248 с.

Ломанов А.В. Судьбы китайской философской традиции во второй половине XX века: Фэн Юлань и его интеллектуальная эволюция. М., 1998. 155 с. (ИБ; № 1).

Лу Куаньюй. Даосская йога, алхимия и бессмертие / Пер. с англ., вступ. ст., примеч. Е.А. Торчинова. СПб.: ОРИС, 1993. 368 с. [Прил.: *Стулова Э.С.* Даосская практика достижения бессмертия].

Лукьянов А.Е. Дао «Книги перемен». М.: НПО «ИНСАН», 1993. 235 с.

Лукьянов А.Е. Истоки Дао: Древнекитайский миф. М.: НПО «ИНСАН», 1992. 160 с.

Лукьянов А.Е. Лао-цзы и Конфуций: Философия Дао. М.: Вост. лит., 2000. 384 с.

Лукьянов А.Е. Лао-цзы: (Философия раннего даосизма). М.: Изд-во Ун-та дружбы народов, 1991. 164 с.

Лукьянов А.Е. Начало древнекитайской философии: И цзин, Дао дэ цзин, Лунь юй. М.: Радикс, 1994. 111 с.

Лукьянов А.Е. Становление философии на Востоке: (Древний Китай и Индия). М.: НПО «ИНСАН», 1992. 207 с.

Лукьянов А.Е., Феоктистов В.Ф. Программа курса лекций «История китайской философии» для студентов филос. факультетов вузов России. М.: ИДВ, 1998. 126 с.

Лю Дацзюнь. «И цзин» и историко-философская традиция древности и средневековья / Пер. с кит. и отв. ред. В.В. Зайцев. М.: ИФРАН, 1992. 157 с.

Лю И Мин. Алхимические «Перемены» / Сост., пер. с кит. Б.Б. Виногродского. М.: Гермитаж-Пресс, 2005. 672 с.

Люйши чуньцю: «Вёсны и осени» господина Люя; Дао дэ цзин: Трактат о пути и доблести / Пер. с кит., предисл., примеч. и словарь Г.А. Ткаченко. М.: Мысль, 2001. 526 с.

Лю Цзэхуа. Концепции человека в политической мысли древнего Китая: Анализ традиционных политических идей Китая. М.: ИНИОН, 1991. 40 с.

Ма Цзижэнь. Китайское учение о жизненной энергии цигун: В 2 кн. / Пер. с кит., коммент. М.М. Богачихина. СПб.: Тимошка, 1996. Кн. 1. 224 с.; Кн. 2. 336 с.

Малявин В.В. Жуань Цзи. М.: Наука, 1978. 167 с.

Малявин В.В. Китайская цивилизация. М.: Дизайн. Информация. Картография: АСТ. Астрель, 2001. 631 с. [Из содерж.: Мудрость: Классические школы китайской морали; Философская традиция; Эпохи китайской философии. Буддизм; Даосизм].

Малявин В.В. Конфуций. М.: Молодая гвардия, 1992. 335 с.; *то же.* 2-е изд., испр. и доп. 2001. 357 с.

Малявин В.В. Молния в сердце: [Духовное пробуждение в кит. традиции]. М.: Наталис, 1997. 365 с. [Даосский Путь, или Польза снов; *Сыма Чэнчжэнь.* О пребывании в забытьи. С. 54–119; Укрощение буйвола. Духовное пробуждение в буддийской традиции. С. 120–191].

Малявин В.В. Сумерки Дао: Культура Китая на пороге Нового времени. М.: Дизайн. Информация, Картография: АСТ. Астрель, 2000. 439 с.; *то же.* 2003.

Малявин В.В. Традиционная эстетика в странах Дальнего Востока. М.: Знание, 1987. 63 с.

Малявин В.В. Чжуан-цзы . М.: Наука, 1985. 334 с.

Мартыненко Н.П. Семиотика древнекитайских текстов: введение в метод. М.: Соц .-полит . мысль, 2003. 95 с.

Мартынов А.С. Конфуцианство . «Лунь юй» [Ста- тьи и переводы]: в двух томах . СПб.: Петербург . востоковедение, 2001. Т . 1. 367 с.; Т . 2. 372 с.

Масленников В.Г. Теория перемен: Опыт соединения древнего и современного знания . М.: Гло- бус, 2000. 250 с.

Маслов А.А. Встретить дракона: Толкование изначального смысла «Лао-цзы» . М.: Логос, 2003. 360 с.

Маслов А.А. Загадки, тайны и коды «Дао дэ цзина». Ростов н/Д: Феникс, 2005. 268 с.

Маслов А.А. Тайный код Конфуция: Что пытался передать Великий Учитель? Ростов н/Д: Феникс, 2005. 284 с.

Маслов А.А. Тайный смысл и разгадка кодов Лаоцзы . Ростов н/Д: Феникс, 2005. 287 с.

Мистерия Дао: Мир «Дао дэ цзина» / Сост ., пер . с древнекит ., исслед . и коммент . А .А . Маслова . М.: Сфера, 1996. 511 с. [В кн . также пер.: *Ван Би* . Комментарии].

Моаканин Р. Психология Юнга и тибетский буддизм: Западный и Восточный пути к сердцу / Пер . с англ . Томск: Водолей, 1993. 111 с .

Моральная философия в контексте многообразия культур / Отв . ред . М .Т . Степанянц . М.: Вост . лит ., 2004. 319 с. (Сравнительная философия / РАН . Ин-т философии; Вып. 2) [Разд . 2: Даль- невосточные традиции].

Мудрость дзэн: Сто историй пробуждения / Пер . с англ . / Сост . и ред . англ . текста Т . Клири . СПб.: Евразия, 2001. 253 с .

Музыкальная эстетика стран Востока / Общ . ред . и вступ . ст . В .П . Шестакова . М.: Музыка, 1967. 414 с. [Китай . С . 140–244].

Мумонкан: Застава без ворот: Сорок восемь классических коанов дзэн / Пер . с англ . / Введ ., примеч . и коммент . Р .Х . Блайса . СПб.: Евра- зия, 1997. 324 с .

Мэн-цзы / Пер . с кит . В .С . Колоколова; предисл . Л .Н . Меньшикова . СПб.: Петербург . востоковедение, 1999. 264 с.

Нерожденный: жизнь и учение мастера дзэн Банкэя, 1622–1693 / Пер . с англ . / Науч . ред . и авт . предисл . Е .А . Торчинов . СПб.: Евразия, 2000. 336 с.

Новые философские тенденции в КНР и в западной философии . М ., 2000. 109 с . (ИМ . Сер . Г; Вып . 5).

Нукария К. Религия самураев: Исследование дзэн- буддийской философии и практики в Китае и Японии / Пер . с англ . СПб.: Наука, 2003. 245 с .

Общественно-политическая мысль в Китае (конец XIX — начало XX в.): Сборник статей / Ред- кол.: Л .П . Делюсин (отв . ред .) и др . М.: Наука, 1988. 244 с.

От магической силы к моральному императиву: Категория дэ в китайской культуре / Сост . и отв . ред . Л .Н . Борох, А .И . Кобзев . М.: Вост . лит ., 1998. 422 с .

Передельский А.Л. Поиски духовного и физического совершенства в культурологических учениях древнего и средневекового Китая . М.: Исслед . центр по проблемам управления каче- ством подготовки специалистов, 1992. 138 с .

Переломов Л. С. Конфуцианство и легизм в политической истории Китая . М.: Наука, 1981. 333 с .

Переломов Л. С. Конфуций: жизнь, учение, судьба . М.: Наука, 1993. 440 с .

Переломов Л. С. Конфуций: Лунь юй / Исслед ., пер . с кит ., коммент.; Факсимильный текст «Лунь юя» с комментариями Чжу Си . М.: Вост . лит ., 1998. 590 с .

Переломов Л. С. Слово Конфуция . М.: Фабула, 1992. 191 с .

Письмена на воде / Пер . с кит ., исслед . и коммент . А .А . Маслова . М.: Сфера, 2000. 605 с. (Первые наставники Чань в Китае).

Померанцева Л.Е. Поздние даосы о природе, обществе и искусстве («Хуайнаньцзы» — II в . до н .э.). М.: Изд-во Моск . ун-та, 1979. 243 с .

Попов П. С. Китайский философ Мэн-цзы / Пер . с кит ., снабженный примечаниями / Послесл . Л . С . Переломова . [Репринт . изд.] М.: Вост . лит ., 1998. 5, V, 278 с .

Поэзия и проза Древнего Востока / Общ . ред . и вступ . ст . И . Брагинского . М.: Худож . лит ., 1973. 735 с. [Литература Древнего Китая: Философская проза . С . 313–336].

Притчи китайских мудрецов / Пер . с кит . И .А . Зуе- ва, И .С . Лисевича . М.: Муравей, 1997. 215 с .

Проблема человека в традиционных китайских учениях / Отв . ред . Т .П . Григорьева . М.: Мура- вей, 1983. 262 с .

Психологические аспекты буддизма / Отв . ред . В .В . Мантатов . Новосиб.: Наука . Сиб . отд ., 1986. 157 с; *то же.* 2-е изд . / Отв . ред . Н .В . Абаев . 1991. 182 с .

Пять домов дзэн / Пер . с англ . / Сост . и ред . англ . текста Т . Клири . СПб.: Евразия, 2001. 269 с .

Рационалистическая традиция и современность . [Кн . 3]: Китай / Отв . ред . В .В . Зайцев . М.: Нау- ка, 1993. 207 с .

Религии Китая: Хрестоматия / Пер ., авт. вступ . ст ., коммент: М .Е . Ермаков и др.; Ред .-сост . Е .А . Торчинов . СПб.: Евразия, 2001. 511 с .

Рерих Ю.Н. Буддизм и культурное единство Азии . М.: Междунар . центр Рерихов: Мастер-Банк, 2002. 125 с., 21 л . ил .

Рубин В.А. Идеология и культура древнего Китая (четыре силуэта). М ., 1970. 163 с .

Рубин В.А. Личность и власть в древнем Китае: Избр . тр . / Сост ., ред ., авт . предисл . А .И . Коб- зев . М.: Иголи, 1993. 315 с .

Рубин В.А. Личность и власть в древнем Китае: Собрание трудов . М.: Вост . лит ., 1999. 383 с .

Сах Сварнкар М. Философские истоки концепции ненасилия в древних культурах Индии и Китая . М ., 1994. 100 с .

Семененко И.И. Афоризмы Конфуция . М.: Изд-во Моск . ун-та, 1987. 302 с .

Семененко И.И. Милосердие в конфуцианском учении . М.: Знание, 1989. 62 с .

Сенин Н.Г. Прогрессивные мыслители Китая конца XIX в . М.: Знание, 1958. 40 с .

Сидихменов В.Я. Эволюция представлений о социализме в КНР (1953-1994). М ., 1996. 166 с . (ИБ; № 12).

Слово о живописи из Сада с горчичное зерно / Пер . с кит . и коммент . Е .В . Завадской . М.: Наука, 1969. 518 с . Библиогр.: С . 506–512; то же . М.: Шевчук, 2001. 508 с .

Современная общественная мысль в КНР и запад- ная философская синология . М ., 2004. 75 с . (ЭИ; № 6).

Современные историко-научные исследования: наука в традиционном Китае: Реф . сб / Сост . и отв . ред . А .И . Кобзев . М.: ИНИОН, 1987. 200 с .

Спирин В. С. Построение древнекитайских текстов . М.: Наука, 1976. 231 с .

Стайн Д. Женский И цзин / Пер . с англ . Киев: София, 1999. 261 с .

Степанянц М. Т. Восточная философия: [Учебник]: Вводный курс . Избр . тексты . М.: Вост . лит ., 1997. 503 с . [Китайская философия . С . 249–363]; то же. 2-е изд ., испр . и доп . 2001. 511 с . [Китайская философия . С. 261–373].

Сунь-цзы в тангутском переводе . Факсимиле ксилографа / Изд . текста, пер ., введ ., коммент ., граммат . очерк, словарь и прил . К . В . Кепинг . М.: Наука, 1979. 578 с .

Сунь-цзы. Искусство войны: Стратегия и тактика победителя / Пер . с кит ., вступ . ст . и коммент . Н .И . Конрада; Сост . К . Королев . М.: ЭКСМО; СПб.: Terra Fantastica, 2003. 794 с . [В кн . так- же: *У-цзы*. Трактат о военном искусстве].

Сунь-цзы. Трактат о военном искусстве / Пер . и ис- след . Н .И . Конрада // Конрад Н .И . Избранные труды: Синология . М ., 1977; 1995. С . 5–304.

Сунь Ятсен. Избранные произведения / Пер . с кит . / Вступ . ст . С .Л . Тихвинского . М.: Наука, 1964, 573 с.; то же. 2-е изд ., испр . и доп . 1985. 781 с .

Сутра о бесчисленных значениях . Сутра о цветке лотоса чудесной дхармы . Сутра о постижении деяний и дхармы бодхисаттвы Всеобъемлющая Мудрость / Пер . с кит ., коммент . и подготовка изд . А .Н . Игнатовича. М.: Янус-К, 1998. 537 с .

Сутра о мудрости и глупости (Дзанлундо) / Пер . с тибет ., введ . и коммент . Ю .М . Парфионовича. М.: Наука, 1978. 326 с.; то же. 2-е изд . Вост . лит ., 2002. 320 с .

Сухарчук Г.Д. Социально-экономические взгляды политических лидеров Китая первой половины XX в.: Сравнительный анализ . М.: Наука, 1983. 227 с .

Тезисы Всесоюзной буддологической конференции (Москва, ноябрь 1987 г.) / Отв . ред . В .И . Корнев . М.: Наука, 1987. 258 с .

Титаренко М.Л. Древнекитайский философ Мо Ди, его школа и учение . М.: Наука, 1985. 245 с .

Тихвинский С.Л. Движение за реформы в Китае и Кан Ювэй . М.: ИВЛ, 1959. 419 с.; то же. 2-е изд ., доп . Наука, 1980. 360 с .

Ткаченко Г.А. Космос, музыка, ритуал: Миф и эстетика в «Люйши чуньцю» . М.: Наука, 1990. 284 с .

Ткаченко Г.А. Культура Китая: Словарь-справочник . М.: Муравей, 1999. 383 с .

Торчинов Е.А. Введение в буддизм: Курс лекций . СПб.: Амфора, 2005. 430 с .

Торчинов Е.А. Введение в буддологию: Курс лекций: Учеб . пособие . СПб.: С .-Петербург . филос . об-во, 2000. 303 с .

Торчинов Е.А. Даосизм . «Дао дэ цзин» . СПб.: Петербург . востоковедение, 1999. 288 с .

Торчинов Е.А. Даосизм: Опыт историко-религиоведческого описания . СПб.: Андреев и сыновья, 1993. 309 с.; то же. 2-е изд ., доп . СПб.: Лань, 1998. 446 с .

Торчинов Е.А. Даосские практики . СПб.: Петербург . востоковедение, 2001. 314 с .

Торчинов Е. А. Пути философии Востока и Запада: Познание запредельного . СПб.: Азбука-клас- сика; Петербург . востоковедение, 2005. 474 с .

Торчинов Е .А. Философия буддизма Махаяны . СПб.: Петербург . востоковедение, 2002. 320 с .

Тридцать шесть стратагем: Китайские секреты успеха / Пер . с кит . и предисл . В .В . Малявина . М.: Белые альвы, 1998. 186 с .

Тюрин А.Ю. Концепция человека в традиционной китайской культуре: Обзор . Вып . 1–2. М.: ИНИОН, 1992. Вып . 1: Возникновение и основные этапы эволюции концепции человека . 42 с.; вып . 2: О значении понятия «человек» . 26 с .

Ум и знание: Традиция теории познания в Гомандацане тибетского монастыря Дрэпун / Авт.-сост ., пер . с тибет . Р .Н . Крапивина . СПб ., 2005. 307 с .

Универсалии восточных культур / Отв . ред . М .Т . Степанянц . М.: Вост . лит ., 2001. 431 с . [*Кобзев А.И.* Категория «философия» и генезис философии в Китае . С . 200–219; он же. Кате- гории и основные понятия китайской филосо- фии и культуры . С . 220–243; он же . Словарь категорий и понятий: Китайская традиция . С . 383–428].

У-цзин: Семь военных канонов / Пер . с англ . / Науч . ред . Е .А . Торчинов . СПб.: Евразия, 1998. 336 с .

У-цзы: Трактат о военном искусстве / Пер . и коммент . Н .И . Конрада . М.: ИВЛ, 1958. 131 с.; то же // *Конрад Н.И.* Избранные труды: Синоло- гия . М ., 1977; 1995. С . 305–384.

Ушков А.М. Утопическая мысль в странах Востока: традиции и современность. М.: Изд-во Моск. ун-та, 1982. 184 с.

Феоктистов В. Ф. Философские и общественно-политические взгляды Сюнь-цзы: Исслед. и пер. М.: Наука, 1976. 293 с.

Философия китайского буддизма: [Трактат о про- буждении веры в Махаяну; *Цзун-ми*. О началах человека; *Хун-жэнь*.Трактат об основах со- вершенствования сознания] / Пер. с кит., вступ. ст., предисл. и коммент. Е.А. Торчи- нова. СПб.: Азбука-классика, 2001. 243 с.

Философские вопросы буддизма: Сборник / Ред-кол.: В.В. Мантатов (отв. ред.) и др. Новосиб.: Наука. Сиб. отд., 1984. 124 с.

Философы из Хуайнани: Хуайнаньцзы / Пер. с кит., вступ. ст., примеч., указ. Л.Е. Померанцевой. М.: Мысль, 2004. 430 с.

Фирсов В. Последние перемены «Книги перемен». «Книга перемен». Мистики и маги Древнего Китая. М.: Центрполиграф, 2004. 535 с.

Фицджеральд Ч.П. История Китая / Пер. с англ. М.: Центрполиграф, 2004. 460 с.

Фицджеральд Ч.П. Китай: Краткая история куль- туры / Пер. с англ. / Науч. ред. и авт. предисл. Е.А. Торчинов. СПб., Евразия, 1998. 456 с.

Фу Чек Тек. Воспоминания древнего стратега: Мышление Сунь-цзы / Пер. с англ. М.: HIPPO, 2004. 537 с.

Фэн Ю-лань. Краткая история китайской философии / Пер. с англ. / Науч. ред. Е.А. Торчинов. СПб.: Евразия, 1998. 373 с. Хайдеггер и восточная философия: поиски взаимодополнительности культур / Отв. ред. М.Я. Корнеев, Е.А. Торчинов. СПб.: С.-Петербург. филос. об-во, 2000. 227 с.; *то же*. 2-е изд. 2001. 324 с. [Из содерж. (2-е изд.): *Корнеев М.Я.* Хайдеггер и востоковедная тенденция в немецкой мыс- ли. С. 59–88; *Торчинов Е.А.* Беззаботное ски-тание в мире сокровенного и таинственного: М. Хайдеггер и даосизм. С. 89–114; *Соло- нин К.Ю.* Мартин Хайдеггер и буддизм дальне- восточной Махаяны. С. 115–138; *Торчинов Е.А.* Хайдеггер и традиционалистская мысль Китая XX века. С. 163-182].

Хуань Куань. Спор о соли и железе (Янь те лунь). Т. 1–2 / Пер. с кит., введ. и коммент. Ю.Л. Кроля. СПб.: Петербург. востоковедение, 1997. Т. 1. 416 с.; *то же*. М.: Вост. лит., 2001. Т. 1. 407 с.; т. 2, 831 с.

Хун-жэнь, 5-й чаньский партриарх. Трактат об основах совершенствования сознания = Сю синь яо лунь / Пер. с кит., предисл., комент. Е.А. Торчинова. СПб.: Дацан Гунзэчойнэй, 1994. 68 с.

Цзе Кун. Восемь последовательностей Люй Дун-биня: Алхимия пьяных бессмертных. Орел: ИНБИ, 2003. 112 с.

Цзе Кун. Искусство брачных покоев. Ч. 1. Орел: ИНБИ, 2004. 116 с.

Цзе Кун. Искусство укрепления Инь. Орел: ИНБИ, 2004. 136 с.

Цзун-ми. Чаньские истины / Пер. с кит., предисл. и коммент. Е.А. Торчинова, К.Ю. Солонина. СПб.: СПбГУ, 1998. 144 с.

Человек и духовная культура Востока: [Вып. 1]. М.: ИДВ РАН, 2000. 151 с. (ИБ; № 3); *то же*: [Вып. 2] / Отв. ред. и авт. предисл. А.Е. Лукьянов. М.: ИДВ РАН, 2003. 203 с.; *то же*. Человек и духовная культура Востока: Альманах: Вып. 1–2 / Отв. ред. и авт. предисл. А.Е. Лукьянов. М.: Огни, 2003. Вып. 1. 184 с.; Вып. 2. 172 с.

Чжан Бодуань. Главы о прозрении истины (У чжэнь пянь) / Пер. с кит., предисл., ком- мент. Е.А. Торчинова. СПб.: Петербург. востоковедение, 1994. 343 с.

Чжан Жусинь. Критика прагматической философии Ху Ши / Пер. с кит. М.: ИЛ, 1958. 107 с.

Чжу Си. О сознании (синь): Из филос. наследия Чжу Си / Пер. с кит. А.С. Мартынова, И.Т. Зо- граф; Вступ. ст. и коммент. А.С. Мартынова; Граммат. очерк И.Т. Зограф. М.: Вост. лит., 2002. 318 с.

Чжуан-цзы / Пер. с кит. Л.Д. Позднеевой; Предисл. Е.А. Торчинова. СПб.: Амфора, 2000. 367 с.; *то же*. 2005.

Чжуан-цзы. Даосские каноны / Пер., вступ. ст. и коммент. В.В. Малявина. М.: АСТ. Астрель, 2002. 420 с. [В кн. также: *Го Сян*. Комментарии к «Чжуан-цзы»].

Чжуан-цзы. Ле-цзы / Пер. с кит., вступ. ст., примеч. В.В. Малявина. М.: Мысль, 1995. 440 с.

Чжугэ Лян, Лю Цзи. Китайское искусство войны: Постижение стратегии / Пер. с англ. / Сост., ред. и авт. предисл. Т. Клири. СПб.: Евразия, 2000. 255 с.

Чуев Н.И. Военная мысль в древнем Китае: История формирования военных теорий. М.: Любимая кн., 1999. 218 с.

Чэнь Кайго, Чжэн Шуньчао. Путь мастера цигун. Подвижничество Великого Дао: История жиз- ни учителя Ван Липина, отшельника в миру, записанная с его слов Чэнь Кайго, Чжэн Шунь- чао / Пер. с кит. и предисл. Л.И. Головачевой. М.: АСТ. Астрель, 2002. 445 с.

Чэнь Кайкэ. Конфуцианство и «культура предприятия» в современной Восточной Азии. М.: ИДВ РАН, 2001. 241 с.

Штейн В.М. Гуань-цзы: Исслед. и пер. М.: ИВЛ, 1959. 380 с.

Шэн-янь. Поэзия просветления: Поэмы древних чаньских мастеров / Пер. с англ. СПб.: Дхарма центр, 2000. 355 с.

Щуцкий Ю.К. Китайская классическая «Книга перемен»: [Пер. и исслед.] / Предисл. Н.И. Конрада. М.: ИВЛ, 1960. 424 с.; *то же*. 2-е изд., испр. и доп. / Ред. и сост. А.И. Кобзев; Примеч. А.И. Кобзева, Н.И. Конрада. М.: Вост. лит., 1993. 605 с. [В кн. также: *Кобзев А.И.*

Китайская книга книг; *он же*. Краткая биография Ю.К. Щуцкого; *Щуцкий Ю.К.* Жизнеописание; *Алексеев В.М.* Записка о научных трудах и научной деятельности проф.-китаеведа Ю.К. Щуцкого; *Кобзев А.И.* Библиогр. работ Ю.К. Щуцкого и о нем; *Конрад Н.И.* Предисл. к первому изданию <...>; *Алексеев В.М.* Замечания на книгу-диссертацию Ю.К. Щуцкого <...>; *Кобзев А.И.* Гадание по «Канону перемен»; Текст: «Чжоу и» (кит. яз.)]; *то же*. [Стер. изд.]. 1997; *то же*. [Стер. изд.]. 2003; *то же*: В 2 т. [3-е изд., испр. и доп.]. СПб.: Не-ва; М.: ОЛМА-Пресс, 2000. Т. 1. 479 с.; Т. 2. 479 с.

Элиаде М. Азиатская алхимия / Пер. с рум., англ. и фр. / Отв. ред. Н.Л. Сухачев. М.: Янус-К, 1998. 604 с. [Из содерж.: Азиатская алхимия (Китай и Индия). С. 41–76].

Этика и ритуал в традиционном Китае: Сборник статей / Редкол.: Л.С. Васильев (отв. ред.) и др. М.: Наука, 1988. 331 с.

Юнг К.-Г. О психологии восточных религий и философий / Сост. В. Бакусеев. М.: Медиум, 1994. 255 с. [Комментарий к «Тайне Золотого цветка» (из трактата Лю Хуаяна «Тайи цзиньхуа цзун-чжи». XVIII в.). С. 149–222].

Янгутов Л.Е. Единство, тождество и гармония в философии китайского буддизма. Новосиб.: Наука. Сиб. изд. фирма, 1995. 223 с.

Янгутов Л.Е. Из истории формирования школ китайского буддизма / Новосиб., 1983. 6 с. Препринт.

Янгутов Л.Е. Китайский буддизм: тексты, исследования, словарь. Улан-Удэ: Изд-во Бурят. гос. ун-та, 1998. 160 с.

Янгутов Л.Е. Философское учение школы хуаянь. Новосиб.: Наука. Сиб. отд., 1982. 142 с. [В прил. пер.: *Ту Шунь*. Созерцание мира дхарм в хуа-янь; *Фа Цзан*. Очерк о золотом льве в хуаянь].

Ян Хиншун. Материалистическая мысль в древнем Китае. М.: Наука, 1984. 181 с.

Составитель В.П. Журавлева

年代表①

Ся 夏 约公元前 21 世纪–前 17 世纪
Шан-Инь 商殷 约公元前 17 世纪–前 11 世纪
Чжоу 周 前 1046–前 256
    Си Чжоу (Западная Чжоу) 西周 前 1046–前 771
    Дун Чжоу (Восточная Чжоу) 东周 前 770–前 256
        Чунь-цю (Вёсны и осени) 春秋时代 前 770–前 476
        Чжань-го (Сражающиеся царства) 战国时代 前 475–前 221
Цинь 秦 前 221–前 206
Хань 汉 前 206–220
    Си Хань (Западная Хань) 西汉 前 206–25
    Дун Хань (Восточная Хань) 东汉 25–220
Сань-го (Троецарствие) 三国 220–280
    Вэй 魏 220–265
    Шу 蜀 221–263
    У 吴 222–280
Цзинь 晋 265–420
    Си Цзинь (Западная Цзинь) 西晋 265–317
    Дун Цзинь (Восточная Цзинь) 东晋 317–420
Лю-чао (Шесть династий) 六朝 222–589
Нань-бэй-чао (Южные и Северные династии) 南北朝 420–589
    Нань-чао (Южные династии) 南朝 420–589
        Сун 宋 420–479
        Ци 齐 479–502
        Лян 梁 502–557
        Чэнь 陈 557–589
    Бэй чао (Северные династии) 北朝 386–581
        Бэй Вэй (Северная Вэй) 北魏 386–534
        Дун Вэй (Восточная Вэй) 东魏 534–550
        Си Вэй (Западная Вэй) 西魏 535–556
        Бэй Ци (Северная Ци) 北齐 550–577
        Бэй Чжоу (Северная Чжоу) 北周 557–581
Суй 隋 581–618
Тан 唐 618–907
У-дай (Пять династий) 五代 907–960
    Хоу Лян (Поздняя Лян) 后梁 907–923
    Хоу Тан (Поздняя Тан) 后唐 923–936
    Хоу Цзинь (Поздняя Цзинь) 后晋 936–947
    Хоу Хань (Поздняя Хань) 后汉 947–950
    Хоу Чжоу (Поздняя Чжоу) 后周 951–960
Ши-го (Десять царств) 十国 902–979
Сун 宋 960–1279
    Бэй Сун (Северная Сун) 北宋 960–1127
    Нань Сун (Южная Сун) 南宋 1127–1279
Ляо (кидани) 辽 907–1125
Си Ся (тангуты) 西夏 1038–1227
Цзинь (чжур-жэни) 金 1115–1234
Юань 元 1206–1368
Мин 明 1368–1644
Цин 清 1616–1911
Китайская Республика 中华民国 1912–1949
Китайская Народная Республика 中华人民共和国 1949 年成立

---

① 本表为俄文原版表格，编译过程中，据《现代汉语词典》（第 7 版）"我国历代纪元表"及《辞海》（第 7 版）相关词条对本表表内文字及朝代时间进行了订正。——译者注

中国精神文化大典

哲学卷

本卷作者名单

Н.В.阿巴耶夫（Абаев Н.В.） 《大乘起信论》；公案（与С.П.涅斯杰尔金合编）；慧能；《临济录》；临济宗；《六祖坛经》；菩提达摩；三昧（与С.Ю.列佩霍夫合编）

М.В.安娜希娜（Анашина М.В.） 阿毗昙；成实宗；二谛；吉藏；鸠摩罗什；空；六家七宗；三论宗；僧肇；中道

С.Р.别洛乌索夫（Белоусов С.Р.） 丁文江；多元认识论；贺麟；胡适；科学与玄学论战；民生哲学；人生观

Е.А.布利诺娃（Блинова Е.А.） 明堂

К.В.瓦西里耶夫（Васильев К.В.） 《战国策》（据资料）

Л.Л.维特卢日斯卡娅（Ветлужская Л.Л.） 即身成佛；真心

А.В.维诺格拉多夫（Виноградов А.В.） 传统先；蒋维乔；熊十力

В.В.扎伊采夫（Зайцев В.В.） 天理人欲

А.Н.伊格纳托维奇（Игнатович А.Н.） 天台宗（第二篇，据资料）

Е.Г.卡尔卡耶夫（Калкаев Е.Г.） 韩愈；邵雍

Н.М.卡柳日纳亚（Калюжная Н.М.） 章炳麟

А.И.科布杰夫（Кобзев А.И.） 作为汉学集大成之作的《中国精神文化大典》；中国哲学和精神文化；中国哲学的自我界定；中国哲学和文化的范畴和基本概念；中国的逻辑学和辩证法；中国伦理思想（第一篇）；《白虎通》；班固；兵家；《参同契》（与Е.А.陶奇夫合编）；大同；《大学》；戴震；道；《道德经》；道家；德；邓牧；邓析；《邓析子》；东林学派；董仲舒；动静；法家；方以智；高攀龙；格物；公孙龙；《公孙龙子》；龚自珍；共；顾宪成；顾炎武；卦；《管子》；《鬼谷子》；《国语》；《汉书》；何心隐；河图洛书；洪亮吉；洪仁玕；洪秀全；《淮南子》；黄老学派（第二篇）；黄宗羲；惠施；机；稷下；经纬；精；井田；君子；康有为；孔子；老子；礼；李塨；李贽；理学；良能；良知；梁启超；林则徐；刘宗周；陆九渊；孟子；命；气；器；钱德洪；清谈（第二篇）；仁；儒家；《神灭论》（与М.Е.克拉夫佐娃合编）；《十三经》；四象；《孙子》；太极；谭嗣同；体用；天；童心；汪中；王安石；王弼；王充；王夫之；王符；王艮；王畿；王韬；王廷相；王通；王阳明；王阳明学派；为；魏源；文；无为；五行（第一篇）；物；象数学；性；玄学；荀子；严复；颜元；《晏子春秋》（第二篇）；扬雄（与李西合编）；义；阴阳；阴阳家；尹文；有无；湛若水；张东荪；张衡；郑观应；郑鲜之（与克拉夫佐娃合编）；支遁（与М.Е.克拉夫佐娃合编）；知行；智；周敦颐；《周易》；朱熹；庄子；邹衍

М.Е.克拉夫佐娃（Кравцова М.Е.） 蔡谟；范晔；范缜；何承天；慧琳；竟陵子良；梁武帝；神不灭；神灭论（与科布杰夫合编）；沈约；孙绰；陶弘景；郑鲜之（与科布杰夫合编）

В.А.克立朝（Кривцов В.А.） 淡（据资料）；拙（据资料）

Ю.Л.科罗里（Кроль Ю.Л.） 三教；司马迁（第二篇）

З.Г.拉宾娜（Лапина З.Г.） 经济；李觏；司马光

С.Ю.列佩霍夫（Лепехов С.Ю.） 禅宗；三昧（与Н.В.阿巴耶夫合编）

李熙（Ли Си） 扬雄（与А.И.科布杰夫合编）

А.В.洛曼诺夫（Ломанов А.В.） 陈健夫；陈铨；成中英；杜维明；方东美；冯友兰；傅伟勋；洪谦；金岳霖；李泽厚；梁漱溟；马一浮；民本；名家；牟宗三；钱穆；汤一介；唐君毅；《为中国文化敬告世界人士宣言》；新儒学；徐复观；杨荣国；战国策派；张岱年

А.Е.卢基扬诺夫（Лукьянов А.Е.） 中国精神文化（与季塔连科合编）；五行（第二篇）

В.В.马良文（Малявин В.В.） 中国美学思想；郭象（与特卡琴科合编）；清谈（第一篇）；庄子

А.С.马尔蒂诺夫（Мартынов А.С.） 诚；林兆恩；《中庸》

А.А.马斯洛夫（Маслов А.А.） 八识；道统；法相宗；法性宗；功夫 工夫；净土宗（与Е.А.陶奇夫合编）；律宗；《文子》；五蕴（与Е.А.陶奇夫合编）

С.П.涅斯捷尔金（Нестеркин С.П.） 公案（与Н.В.阿巴耶夫合编）

潘富恩（Пань Фу-энь） 吕氏春秋（与Г.А.特卡琴科合编）；《诗经》；《史记》；司马迁（第一篇）

М.А.皮沃瓦罗娃（Пивоварова М.А.） 道生；顿悟

Л.В.波波夫（Попова Л.В.） 翰林院（据资料）

В.И.罗斯曼（Россман В.И.） 王国维

Е.Ю.斯塔布罗娃（Стабурова Е.Ю.） 刘师培；仁学；以太

Л.В.斯托切沃伊（Сторчевой Л.В.） 晏子春秋（第一篇）

Г.Д.苏哈尔丘克（Сухарчук Г.Д.） 孙中山（第二篇）

М.Л.季塔连科（Титаренко М.Л.） 中国精神文化（与А.Е.卢基扬诺夫合编）；墨翟；墨家；《墨子》

Г.А.特卡琴科（Ткаченко Г.А.） 中国伦理思想（第二篇）；般若学；禅学；当；道安（与Е.А.塔尔契诺夫合编）；郭象（与马良文合编）；魂魄；混沌；《吕氏春秋》

（与潘富恩合编）；仙学
Е.А.陶奇夫（Торчинов Е.А.）　鲍敬言；伯阳；参同契（与科布杰夫合编）；道安（与Г.А.特卡琴科合编）《道藏》；杜光庭；法藏；佛法；佛教；葛洪；关尹子；华严宗；黄老学派（第一篇）；净土宗（与А.А.马斯洛夫合编）；理事；《列子》；轮回；密宗；涅槃；全真教；三乘；上清派《太平经》；天台宗（第一篇）；王玄览；唯识宗；无我；五蕴（与А.А.马斯洛夫合编）；业；《阴符经》；尹喜；张伯端；正一道；宗密
В.Ф.费奥克季斯托夫（Феоктистов В.Ф.）　宋尹学派；杨朱；子孟学派
傅云龙（Фу Юнь-лун）　柳宗元
А.К.哈布达耶娃（Хабдаева А.К.）　五种性
Е.И.汉塔耶娃（Хантаева Е.И.）　慧远（与А.Г.尤尔克维奇合编）；依他

А.Г.尤尔克维奇（Юркевич А.Г.）　安世高；程颢；程颐；《春秋》；风流；《公羊传》；和；《黄帝内经》；慧远（与Е.И.汉塔耶娃合编）；经学；九畴；康僧会；《礼记》；刘向；陆贾；《论语》；农家；欧阳竟无；朴学；三才；三纲五常；《山海经》；申不害；神；生生；圣；《书经》；孙中山（第一篇）；《吴子》；"五经"；《武经》；《孝经》；孝悌；心；形；修身；虚；荀悦；宇宙；杂家；张载；真；正名；忠恕；仲长统；《周礼》；自然；纵横家；《左传》
Л.Е.扬古托夫（Янгутов Л.Е.）　阿赖耶识；八不中道；杜顺；法相；牟子；如来藏；三谛圆融；真如

专题参考文献——В.П.茹拉夫列娃

出版物标识理念，彩色标签插图的选编以及词条参考文献：临济宗，《刘氏春秋》，《六祖坛经》，天台宗，法藏，韩非，混沌，魂魄，《史记》，《诗经》——А.И.科布杰夫

索引编纂的参与者：

А.Г.阿列克桑扬，М.В.阿纳希娜，О.Д.德奥皮克，Е.А.扎维多夫斯卡娅，Н.Л.克瓦塔洛娃，А.Н.科罗波娃，Д.С.拉扎列娃，А.Р.萨亚霍娃，М.В.苏霍夫，Л.В.哈拉托娃，К.А.奇尔科夫，В.Б.尤盖。

（佟宝慧译）

孔子
（约前551—约前479）

荀子
（约前331/298—约前238/215）

孟子
（约前372—约前289）

孟子

（约前 372—约前 289）

孔子

（约前 551—约前 479）

墨翟

（前 490/468—前 403/376）

商鞅

（前 390—前 338）

老子

(约前 580—约前 500)

庄子

(前 339/328—前 295/275)

韩非

(约前 280—约前 233)

董仲舒

(前 190/179—前 120/104)

道生

（335/360—432/434）

僧肇

（374/384—414）

慧远

（334—416）

智顗

（538—597）

范缜

(450？—515？)

陶弘景

(455—536)

玄奘

(约 600—664)

法藏

(643—712)

王弼

(226—249)

郭象

(252—312)

葛洪

(283/284—343/363)

韩愈

(768—824)

张载

(1020—1078)

陆九渊

(1139—1193)

王阳明

(1472—1529)

王廷相

(1474—1544)

司马光

（1019—1086）

王安石

（1021—1086）

朱熹

（1130—1200）

王阳明

（1472—1529）

黄宗羲
（1610—1695）

顾炎武
（1613—1682）

林则徐
（1785—1850）

王夫之
（1619—1692）

颜元

（1635—1704）

戴震

（1723—1777）

严复

（1853—1921）

章炳麟

（1896—1936）

康有为

（1858—1927）

梁启超

（1873—1923）

谭嗣同

（1865—1898）

孙中山

（1866—1925）

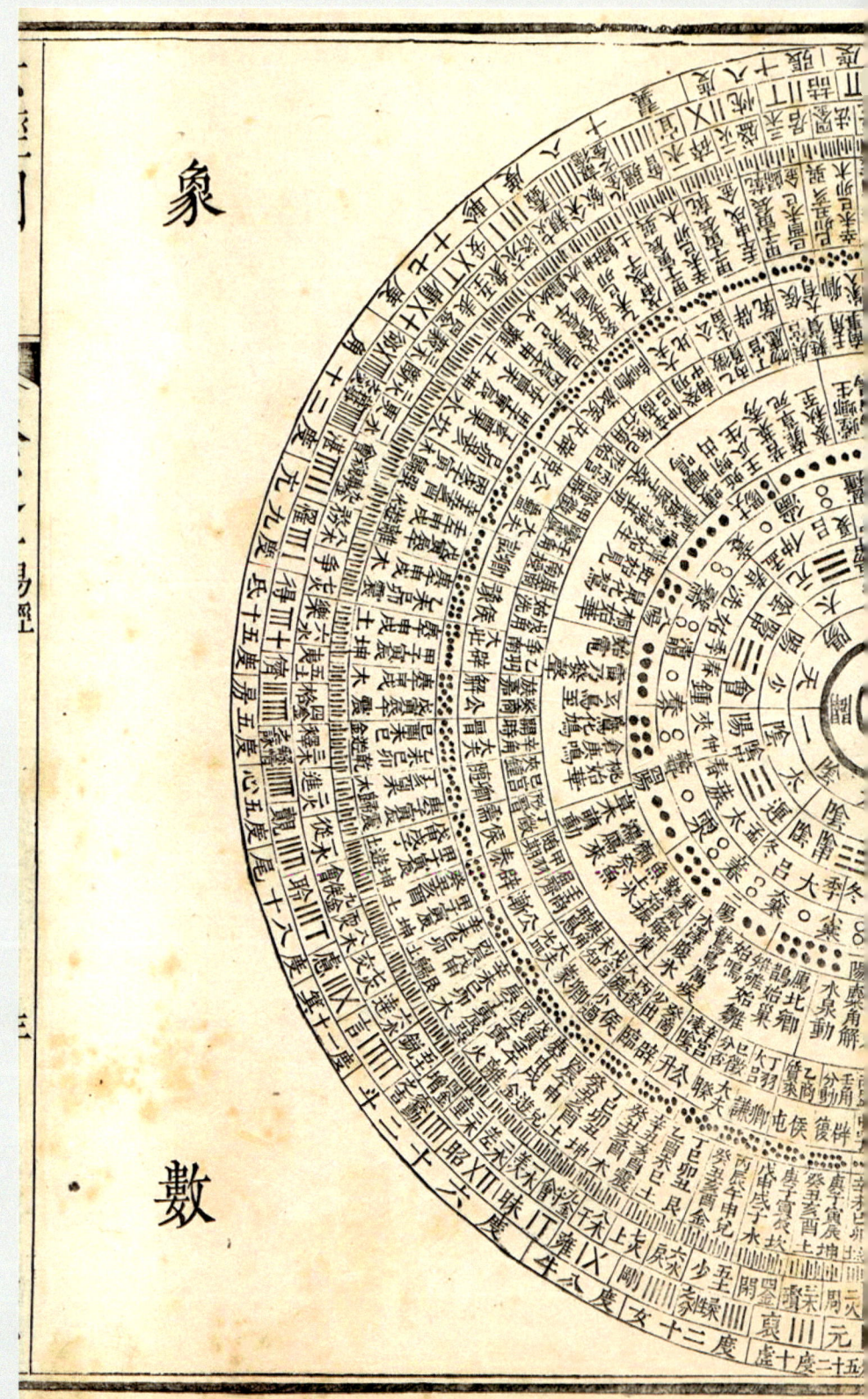

《象数总括》《周易》图表
（参见条目：卦；太极；象数学；《周易》）

總

括

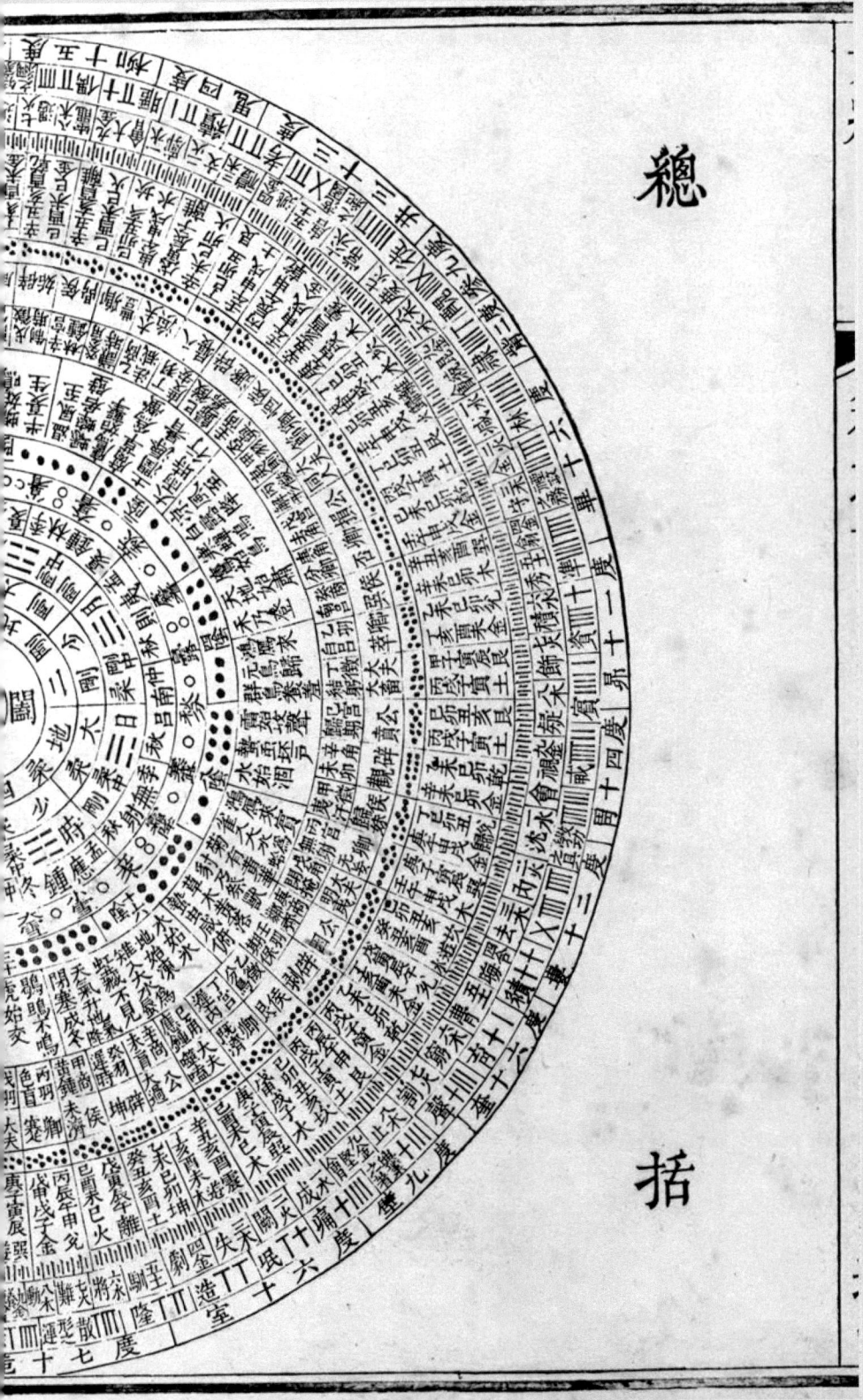

《孔夫子周游列国》(木版年画,1905年)
(内容来自《论语》片段,参见条目:孔子;《论语》)

《孙武子演阵教美人战》(木版年画,十九世纪末—二十世纪初)
(内容来自司马迁《史记》片段,参见条目:兵家;《孙子》)

《孟母断机杼》（木版年画，十七世纪末—十九世纪初）
（内容来自刘向《列女传》情节，参见条目：孟子；刘向）

《孟母择邻》（木版年画，十九世纪末—二十世纪初）
（内容来自刘向《列女传》情节，参见条目：孟子；刘向）

《忠恕治国》（木版年画，十九世纪末—二十世纪初）
（内容来自《论语》中的孔子训诫，参见条目：孔子；《论语》；忠恕）

《延年益寿》（木版年画，十九世纪末—二十世纪初）
（内容来自通过自然无为获得神圣和长寿的道家思想插图，参见条目：道家；仙学；无为）